U1075313

2012
中国区域经济统计年鉴

国家统计局 国民经济综合统计司 农村社会经济调查司 编

Compiled by
Department of Comprehensive Statisitics and
Department of Rural Survey of
National Bureau of Statistics

CHINA STATISTICAL YEARBOOK FOR REGIONAL ECONOMY 2012

中国统计出版社
China Statistics Press

© 中国统计出版社 2012
版权所有。未经许可，本书的任何部分不得以任何方式在世界任何地区以任何文字翻印、拷贝、仿制或转载。

© 2012 China Statistics Press
All rights reserved. No part of the publication may be reproduced or transmitted in any form or by any means, electronic or mechanical, including photocopying, recording, or any information storage and retrieval system, without written permission from the publisher.

图书在版编目（CIP）数据

中国区域经济统计年鉴. 2012：汉英对照 / 国家统计局国民经济综合统计司，国家统计局农村社会经济调查司编. -- 北京：中国统计出版社, 2012.12
ISBN 978-7-5037-6755-5

Ⅰ. ①中… Ⅱ. ①国… Ⅲ. ①区域经济－统计资料－中国－2011－年鉴－汉、英 Ⅳ. ①F127-66

中国版本图书馆 CIP 数据核字(2012)第 280564 号

中国区域经济统计年鉴—2012

作　　者/国家统计局国民经济综合统计司　国家统计局农村社会经济调查司
责任编辑/郭　栋
封面设计/李雪燕
出版发行/中国统计出版社
通信地址/北京市丰台区西三环南路甲 6 号　邮政编码/100073
电　　话/邮购（010）63376909　书店（010）68783171
网　　址/http://csp.stats.gov.cn
印　　刷/河北天普润印刷厂
经　　销/新华书店
开　　本/880mm×1230mm　1/16
字　　数/1160 千字
印　　张/33.25
版　　别/2012 年 12 月第 1 版
版　　次/2012 年 12 月第 1 次印刷
定　　价/500.00 元

如有印装差错，由本社发行部调换。

《中国区域经济统计年鉴—2012》

编辑委员会和编辑人员名单

编辑委员会

顾　　　问：马建堂　张为民

主　　　任：谢鸿光

副　主　任：盛来运　张淑英

编　　　委：（按姓氏笔划排列）

王作成　王忠山　王建农　卢建明　朱遂文　多吉战都　刘兴慧
刘树胜　严　军　李芳源　杨海涛　杨景祥　张　强　张世平
张兆臣　张晓光　林文芳　金汝斌　胡敏谦　侯碧波　姚堂文
夏沁芳　钱晓康　徐　劼　唐　泽　陶谋立　梅廷彦　程建华
蓝庆华　熊建中　樊怀玉

编辑人员

总　编　辑：盛来运　严建辉

副 总 编 辑：张　芃　王文波　刘国宁　钟守洋　徐志全

编辑部主任：郝胜龙　叶礼奇　李永强

编辑部副主任：卞丽华　张　蕾　石毅华　柏先红　尚　东

编 辑 人 员：（按姓氏笔划排列）

马　兰　马　靖　马玉蓉　王　洁　王晓蓉　达　娃　朱　涛
仲　玲　刘　慧　刘学军　刘雅杰　杜国喜　李　乐　李　亮
杨洪春　吴天铁　张旭东　张志强　张明俊　周惠云　周媛媛
庞江倩　郑子彬　胡　东　莫小峰　郭利平　曹　亮　康　玲
梁建民　董晓玲　舒　猛

责 任 编 辑：郭　栋

China Statistical Yearbook for Regional Economy-2012

Editorial Board and Staff

Editorial Board

Adviser: Ma Jiantang Zhang Weimin

Director: Xie Hongguang

Deputy-Director: Sheng Laiyun Zhang Shuying

Editorial Board: (in order of strokes of Chinese surname)

Wang Zuocheng Wang Zhongshan Wang Jiannong Lu Jianming
Zhu Suiwen Duoji Zhandu Liu Xinghui Liu Shusheng Yan Jun
Li Fangyuan Yang Haitao Yang Jingxiang Zhang Qiang Zhang Shiping
Zhang Zhaochen Zhang Xiaoguang Lin Wenfang Jin Rubin Hu Minqian
Hou Bibo Yao Tangwen Xia Qinfang Qian Xiaokang Xu Jie Tang Ze
Tao Mouli Mei Tingyan Cheng Jianhua Lan Qinghua Xiong Jianzhong
Fan Huaiyu

Editorial Staff

Chief Editors: Sheng Laiyun Yan Jianhui

Deputy Chief Editors: Zhang Peng Wang Wenbo Liu Guoning Zhong Shouyang
Xu Zhiquan

Directors of Editorial Department: Hao Shenglong Ye Liqi Li Yongqiang

Deputy Directors of Editorial Department: Bian Lihua Zhang Lei Shi Yihua Bai Xianhong
Shang Dong

Editorial Staff: (in order of strokes of Chinese surname)

Ma Lan Ma Jing Ma Yurong Wang Jie Wang Xiaorong Dawa
Zhu Tao Zhong Ling Liu Hui Liu Xuejun Liu Yajie Du Guoxi
Li Le Li Liang Yang Hongchun Wu Tiantie Zhang Xudong
Zhang Zhiqiang Zhang Mingjun Zhou Huiyun Zhou Yuanyuan
Pang Jiangqian Zheng Zibin Hu Dong Mo Xiaofeng Guo Liping
Cao Liang Kang Ling Liang Jianmin DongXiaoling Shu Meng

Coordinator: Guo Dong

编 者 说 明

一、《中国区域经济统计年鉴—2012》是一部全面、系统反映中国区域经济与社会发展状况的大型统计资料书。本书资料来源于各级政府统计年报或相关的抽样调查资料，系统收集了2011年全国及其10个经济区域、31个省级行政单位、330多个地级行政单位和2000多个县级行政单位的主要社会经济统计指标。主要内容涵盖自然资源、人口与就业、国民核算、固定资产投资、财政、物价、人民生活、农业、工业、建筑业、运输邮电业、国内贸易、对外经济贸易、旅游、金融保险、教育、科技、文化、卫生、社会福利、环境保护和市政建设等社会经济发展的各个方面。本书中未做特殊说明的数据均不包括香港、澳门特别行政区和台湾省在内。

二、本书所涉及东部、中部、西部和东北地区的具体划分为：

东部10省（市）包括北京、天津、河北、上海、江苏、浙江、福建、山东、广东和海南；

中部6省包括山西、安徽、江西、河南、湖北和湖南；

西部12省（区、市）包括内蒙古、广西、重庆、四川、贵州、云南、西藏、陕西、甘肃、青海、宁夏和新疆；

东北3省包括辽宁、吉林和黑龙江。

三、本书中部分指标因全国或全省数据有调整，存在分地区数据相加不等于总计的情况。

四、本书资料表使用符号说明："#"表示其中主要项；"空格"表示数据不详、无数据或数据不足最小计量单位。

五、本书有关加工数据因小数取舍产生的误差均未做人为调整。

编者

2012年12月

Preface

Ⅰ. *China Statistical Yearbook for Regional Economy-2012* is a massive statistical publication, which comprehensively describes China's regional economy and social development status. This yearbook has collected major social and economic indicators of China in 2011. There are indicators at national and provincial level (including 31 provinces, autonomous regions and municipalities), indicators of 10 economic zones, indicators of prefecture (over 330 prefectures including city at prefecture level) and indicators of county (over 2000 counties including city at county level). It contains the following aspects: natural resources, population and employment, national accounts, investment in fixed assets, government finance, price indices, people's livelihood, agriculture, industry, construction, transportation, postal and telecommunications, domestic trade, foreign trade, tourism, banking and insurance, education, science, culture, public health, social welfare, environment protection and city construction. Statistical data in this yearbook exclude those of Hong Kong SAR, Macao SAR and Taiwan Province, if not noted specially.

Ⅱ. Eastern region, central region, western region and northeastern region in the Yearbook are divided as following:

Eastern 10 provinces (municipalities) include: Beijing, Tianjin, Hebei, Shanghai, Jiangsu, Zhejiang, Fujian, Shandong, Guangdong and Hainan;

Central 6 provinces include: Shanxi, Anhui, Jiangxi, Henan, Hubei and Hunan;

Western 12 provinces (autonomous regions and municipalities) include: Inner Mongolia, Guangxi, Chongqing, Sichuan, Guizhou, Yunnan, Tibet, Shaanxi, Gansu, Qinghai, Ningxia and Xinjiang;

Northeastern 3 provinces include: Liaoning, Jilin and Heilongjiang.

Ⅲ. For some indicators in this yearbook, the sum of each regional data is not equal to the total of the national one since some adjustments on national and provincial data have been made.

Ⅳ. Notions used in this yearbook: "#" indicates the major items of the total; "(blank)" indicates that data are not available or the figure is not large enough to be measured with the smallest unit in the table.

Ⅴ. Data in this yearbook are not adjusted manually for the errors occurring from summing or rounding off.

Editors

December 2012

目　录

Contents

第一章　经济区域统计资料

Chapter 1. Statistics of Economic Zone

第二章　省、自治区、直辖市统计资料

Chapter 2. Statistics of Province

第三章　地级统计资料

Chapter 3. Statistics of Prefecture

第四章　县级统计资料
Chapter 4. Statistics of County

Chapter 1

第一章

经济区域统计资料

Statistics of Economic Zone

1-1 东部10省(市)国民经济和社会发展主要指标 (2011年)
Main Indicators of National Economic and Social Development of 10 Eastern Provinces (2011)

指标	Item	东部10省(市)合计 Total of 10 Eastern Provinces	东部10省(市)占全国比重(%) Percentage of 10 Eastern Provinces to National Total (%)
自然资源	**Natural Resources**		
土地面积 (万平方公里)	Area of Land (10 000 sq.km)	91.6	9.5
人口	**Population**		
年底总人口 (万人)	Population at Year-end (10 000 persons)	51062.6	38.1
劳动就业	**Employment**		
城镇单位就业人员 (万人)	Number of Employed Persons in Urban Units (10 000 persons)	6784.0	47.1
城镇登记失业率 (%)	Registered Unemployment Rate in Urban Area (%)	3.1	
国民经济核算	**National Accounting**		
国内(地区)生产总值 (亿元)	Gross Domestic Product (100 million yuan)	271354.8	52.0
第一产业	Primary Industry	16885.0	35.6
第二产业	Secondary Industry	132742.6	50.3
#工业	Industry	118497.9	51.1
第三产业	Tertiary Industry	121727.2	57.9
人均国内(地区)生产总值 (元)	Per Capita Gross Domestic Product (yuan)	53350	
固定资产投资	**Investment in Fixed Assets**		
全社会固定资产投资总额 (亿元)	Total Investment in Fixed Assets (100 million yuan)	130262.9	42.6
#房地产开发	Real Estate Development	31104.0	50.3
国内商业	**Domestic Trade**		
社会消费品零售总额 (亿元)	Total Retail Sales of Consumer Goods (100 million yuan)	97650.8	53.1
对外贸易	**Foreign Trade**		
货物进出口总额 (亿美元)	Total Value of Imports and Exports(100 million USD)	31386.7	86.2
出口额	Exports	16236.8	85.5
进口额	Imports	15149.9	86.9
财政	**Government Finance**		
地方财政收入 (亿元)	Local Governments Revenue (100 million yuan)	28741.1	54.7
地方财政支出 (亿元)	Local Governments Expenditure (100 million yuan)	37249.6	40.2
物价	**Price Indices**		
居民消费价格指数 (上年=100)	Consumer Price Index (preceding year=100)	105.4	
农业	**Agriculture**		
主要农产品产量 (万吨)	Output of Major Farm Products (10 000 tons)		
粮食	Grain	14315.6	25.1
棉花	Cotton	179.5	27.2
油料	Oil-bearing Crops	799.9	24.2

1-1 续表 continued

指 标	Item	东部10省(市)合 计 Total of 10 Eastern Provinces	东部10省(市)占全国比重(%) Percentage of 10 Eastern Provinces to National Total (%)
工业	**Industry**		
主要工业产品产量	Output of Major Industrial Products		
原油 (万吨)	Crude Oil (10 000 tons)	7857.0	38.7
水泥 (万吨)	Cement (10 000 tons)	80555.0	38.4
粗钢 (万吨)	Crude Steel (10 000 tons)	37299.4	54.4
发电量 (亿千瓦小时)	Electricity (100 million kwh)	19424.9	41.2
交通运输业	**Transportation**		
铁路营业里程 (公里)	Length of Railways in Operation (km)	21692	23.3
公路里程 (公里)	Length of Highways (km)	1008734	24.6
#高速公路	Expressways	27910	32.9
旅客周转量 (亿人公里)	Total Passenger-kilometer (100 million person-km)	10227.2	38.7
货物周转量 (亿吨公里)	Total Freight Ton-kilometer (100 million ton-km)	81224.3	54.7
邮电通信业	**Postal and Telecommunication Services**		
邮电业务总量 (亿元)	Total Business Revenue (100 million yuan)	7035.3	52.8
教育	**Education**		
普通高等学校	Regular Institutions of Higher Education		
学校数 (个)	Number of Institutions (unit)	971	39.1
招生数 (万人)	New Student Enrollment (10 000 persons)	267.6	39.3
在校学生数 (万人)	Student Enrollment (10 000 persons)	926.9	40.2
毕业生数 (万人)	Number of Graduates (10 000 persons)	247.1	40.6
卫生	**Health Care**		
卫生机构数 (个)	Number of Health Care Institutions (unit)	307211	32.2
#医院	Hospitals	7702	35.0
卫生技术人员 (万人)	Medical Technical Personnel (10 000 persons)	252.5	40.8
#执业(助理)医师	Licensed (Assistant) Doctors	100.0	40.5
医疗机构床位数 (万张)	Number of Hospital Beds (10 000 beds)	190.3	36.9
#医院	Hospitals	142.6	38.5
人民生活	**People's Living Conditions**		
城镇居民人均可支配收入(元)	Per Capita Disposable Income of Urban Households(yuan)	26406	
农村居民人均纯收入 (元)	Per Capita Net Income of Rural Households (yuan)	9585	

注：本表中涉及分地区数据相加不等于全国总计的指标，在计算比重时，分母为31个省(区、市)相加的合计数。

a) As the sum of some indicators by region is different to the national total, while calculating the percentage, the denominator is the sum of 31 provinces.

1-2 中部6省国民经济和社会发展主要指标（2011年）

Main Indicators of National Economic and Social Development of 6 Middle Provinces (2011)

指　　标	Item	中部6省合　计 Total of 6 Middle Provinces	中部6省占全国比重(%) Percentage of 6 Middle Provinces to National Total (%)
自然资源	**Natural Resources**		
土地面积 (万平方公里)	Area of Land (10 000 sq.km)	102.8	10.7
人口	**Population**		
年底总人口 (万人)	Population at Year-end (10 000 persons)	35790.5	26.7
劳动就业	**Employment**		
城镇单位就业人员 (万人)	Number of Employed Persons in Urban Units (10 000 persons)	3142.2	21.8
城镇登记失业率 (%)	Registered Unemployment Rate in Urban Area (%)	3.7	
国民经济核算	**National Accounting**		
国内(地区)生产总值 (亿元)	Gross Domestic Product (100 million yuan)	104473.9	20.0
第一产业	Primary Industry	12897.4	27.2
第二产业	Secondary Industry	55940.2	21.2
#工业	Industry	49043.9	21.2
第三产业	Tertiary Industry	35636.3	17.0
人均国内(地区)生产总值 (元)	Per Capita Gross Domestic Product (yuan)	29229	
固定资产投资	**Investment in Fixed Assets**		
全社会固定资产投资总额 (亿元)	Total Investment in Fixed Assets (100 million yuan)	70823.6	23.2
#房地产开发	Real Estate Development	10905.6	17.6
国内商业	**Domestic Trade**		
社会消费品零售总额 (亿元)	Total Retail Sales of Consumer Goods (100 million yuan)	36957.1	20.1
对外贸易	**Foreign Trade**		
货物进出口总额 (亿美元)	Total Value of Imports and Exports(100 million USD)	1626.7	4.5
出口额	Exports	930.6	4.9
进口额	Imports	696.1	4.0
财政	**Government Finance**		
地方财政收入 (亿元)	Local Governments Revenue (100 million yuan)	8496.2	16.2
地方财政支出 (亿元)	Local Governments Expenditure (100 million yuan)	19185.8	20.7
物价	**Price Indices**		
居民消费价格指数 (上年=100)	Consumer Price Index (preceding year=100)	105.5	
农业	**Agriculture**		
主要农产品产量 (万吨)	Output of Major Farm Products (10 000 tons)		
粮食	Grain	17251.7	30.2
棉花	Cotton	171.9	26.1
油料	Oil-bearing Crops	1398.4	42.3

1-2 续表 continued

指 标	Item	中部6省合计 Total of 6 Middle Provinces	中部6省占全国比重(%) Percentage of 6 Middle Provinces to National Total (%)
工业	**Industry**		
主要工业产品产量	Output of Major Industrial Products		
原油 (万吨)	Crude Oil (10 000 tons)	564.5	2.8
水泥 (万吨)	Cement (10 000 tons)	53240.5	25.4
粗钢 (万吨)	Crude Steel (10 000 tons)	14584.0	21.3
发电量 (亿千瓦小时)	Electricity (100 million kwh)	10726.7	22.8
交通运输业	**Transportation**		
铁路营业里程 (公里)	Length of Railways in Operation (km)	21041	22.6
公路里程 (公里)	Length of Highways (km)	1123499	27.4
#高速公路	Expressways	22468	26.4
旅客周转量 (亿人公里)	Total Passenger-kilometer (100 million person-km)	7775.0	29.4
货物周转量 (亿吨公里)	Total Freight Ton-kilometer (100 million ton-km)	30193.6	20.3
邮电通信业	**Postal and Telecommunication Services**		
邮电业务总量 (亿元)	Total Business Revenue (100 million yuan)	2429.4	18.2
教育	**Education**		
普通高等学校	Regular Institutions of Higher Education		
学校数 (个)	Number of Institutions (unit)	658	26.5
招生数 (万人)	New Student Enrollment (10 000 persons)	189.7	27.8
在校学生数 (万人)	Student Enrollment (10 000 persons)	632.3	27.4
毕业生数 (万人)	Number of Graduates (10 000 persons)	171.5	28.2
卫生	**Health Care**		
卫生机构数 (个)	Number of Health Care Institutions (unit)	273764	28.7
#医院	Hospitals	5274	24.0
卫生技术人员 (万人)	Medical Technical Personnel (10 000 persons)	152.2	24.6
#执业(助理)医师	Licensed (Assistant) Doctors	60.4	24.5
医疗机构床位数 (万张)	Number of Hospital Beds (10 000 beds)	132.8	25.7
#医院	Hospitals	89.9	24.3
人民生活	**People's Living Conditions**		
城镇居民人均可支配收入(元)	Per Capita Disposable Income of Urban Households(yuan)	18323	
农村居民人均纯收入 (元)	Per Capita Net Income of Rural Households (yuan)	6530	

注：本表中涉及分地区数据相加不等于全国总计的指标，在计算比重时，分母为31个省(区、市)相加的合计数。

a) As the sum of some indicators by region is different to the national total, while calculating the percentage, the denominator is the sum of 31 provinces.

1-3 西部12省(区、市)国民经济和社会发展主要指标（2011年）
Main Indicators of National Economic and Social Development of 12 Western Provinces (2011)

指标	Item	西部12省(区、市)合计 Total of 12 Eastern Provinces	西部12省(区、市)占全国比重(%) Percentage of 12 Eastern Provinces to National Total (%)
自然资源	**Natural Resources**		
土地面积 (万平方公里)	Area of Land (10 000 sq.km)	686.7	71.5
人口	**Population**		
年底总人口 (万人)	Population at Year-end (10 000 persons)	36221.7	27.0
劳动就业	**Employment**		
城镇单位就业人员 (万人)	Number of Employed Persons in Urban Units (10 000 persons)	3163.5	21.9
城镇登记失业率 (%)	Registered Unemployment Rate in Urban Area (%)	3.7	
国民经济核算	**National Accounting**		
国内(地区)生产总值 (亿元)	Gross Domestic Product (100 million yuan)	100235.0	19.2
第一产业	Primary Industry	12771.2	26.9
第二产业	Secondary Industry	51039.3	19.3
#工业	Industry	43116.8	18.6
第三产业	Tertiary Industry	36424.5	17.3
人均国内(地区)生产总值 (元)	Per Capita Gross Domestic Product (yuan)	27731	
固定资产投资	**Investment in Fixed Assets**		
全社会固定资产投资总额 (亿元)	Total Investment in Fixed Assets (100 million yuan)	72104.0	23.6
#房地产开发	Real Estate Development	12876.8	20.8
国内商业	**Domestic Trade**		
社会消费品零售总额 (亿元)	Total Retail Sales of Consumer Goods (100 million yuan)	32345.3	17.6
对外贸易	**Foreign Trade**		
货物进出口总额 (亿美元)	Total Value of Imports and Exports(100 million USD)	1839.0	5.0
出口额	Exports	1079.2	5.7
进口额	Imports	759.7	4.4
财政	**Government Finance**		
地方财政收入 (亿元)	Local Governments Revenue (100 million yuan)	10819.0	20.6
地方财政支出 (亿元)	Local Governments Expenditure (100 million yuan)	27396.7	29.5
物价	**Price Indices**		
居民消费价格指数 (上年=100)	Consumer Price Index (preceding year=100)	105.6	
农业	**Agriculture**		
主要农产品产量 (万吨)	Output of Major Farm Products (10 000 tons)		
粮食	Grain	14776.5	25.9
棉花	Cotton	306.1	46.5
油料	Oil-bearing Crops	895.9	27.1

1-3 续表 continued

指 标		Item		西部12省(区、市)合 计 Total of 12 Eastern Provinces	西部12省(区、市)占全国比重(%) Percentage of 12 Eastern Provinces to National Total (%)
工业		**Industry**			
主要工业产品产量		Output of Major Industrial Products			
原油	(万吨)	Crude Oil	(10 000 tons)	6120.7	30.2
水泥	(万吨)	Cement	(10 000 tons)	62149.7	29.6
粗钢	(万吨)	Crude Steel	(10 000 tons)	9645.9	14.1
发电量	(亿千瓦小时)	Electricity	(100 million kwh)	14064.3	29.8
交通运输业		**Transportation**			
铁路营业里程	(公里)	Length of Railways in Operation	(km)	36307	38.9
公路里程	(公里)	Length of Highways	(km)	1622784	39.5
#高速公路		Expressways		25310	29.8
旅客周转量	(亿人公里)	Total Passenger-kilometer	(100 million person-km)	6431.7	24.3
货物周转量	(亿吨公里)	Total Freight Ton-kilometer	(100 million ton-km)	23327.0	15.7
邮电通信业		**Postal and Telecommunication Services**			
邮电业务总量	(亿元)	Total Business Revenue	(100 million yuan)	2849.8	21.4
教育		**Education**			
普通高等学校		Regular Institutions of Higher Education			
学校数	(个)	Number of Institutions	(unit)	599	24.1
招生数	(万人)	New Student Enrollment	(10 000 persons)	162.7	23.9
在校学生数	(万人)	Student Enrollment	(10 000 persons)	531.8	23.0
毕业生数	(万人)	Number of Graduates	(10 000 persons)	132.1	21.7
卫生		**Health Care**			
卫生机构数	(个)	Number of Health Care Institutions	(unit)	296651	31.1
#医院		Hospitals		6701	30.5
卫生技术人员	(万人)	Medical Technical Personnel	(10 000 persons)	157.7	25.5
#执业(助理)医师		Licensed (Assistant) Doctors		62.9	25.5
医疗机构床位数	(万张)	Number of Hospital Beds	(10 000 beds)	142.7	27.6
#医院		Hospitals		98.5	26.6
人民生活		**People's Living Conditions**			
城镇居民人均可支配收入(元)		Per Capita Disposable Income of Urban Households(yuan)		18159	
农村居民人均纯收入	(元)	Per Capita Net Income of Rural Households	(yuan)	5247	

注：本表中涉及分地区数据相加不等于全国总计的指标，在计算比重时，分母为31个省(区、市)相加的合计数。

a) As the sum of some indicators by region is different to the national total, while calculating the percentage, the denominator is the sum of 31 provinces.

1-4 东北3省国民经济和社会发展主要指标（2011年）
Main Indicators of National Economic and Social Development of 3 Northeastern Provinces (2011)

指　　标	Item	东北3省合　计 Total of 3 Northeastern Provinces	东北3省占全国比重(%) Percentage of 3 Northeastern Provinces to National Total (%)
自然资源	**Natural Resources**		
土地面积 (万平方公里)	Area of Land (10 000 sq.km)	78.8	8.2
人口	**Population**		
年底总人口 (万人)	Population at Year-end (10 000 persons)	10966.4	8.2
劳动就业	**Employment**		
城镇单位就业人员 (万人)	Number of Employed Persons in Urban Units (10 000 persons)	1323.6	9.2
城镇登记失业率 (%)	Registered Unemployment Rate in Urban Area (%)	3.8	
国民经济核算	**National Accounting**		
国内(地区)生产总值 (亿元)	Gross Domestic Product (100 million yuan)	45377.5	8.7
第一产业	Primary Industry	4894.5	10.3
第二产业	Secondary Industry	24094.2	9.1
#工业	Industry	21217.3	9.2
第三产业	Tertiary Industry	16388.9	7.8
人均国内(地区)生产总值 (元)	Per Capita Gross Domestic Product (yuan)	41400	
固定资产投资	**Investment in Fixed Assets**		
全社会固定资产投资总额 (亿元)	Total Investment in Fixed Assets (100 million yuan)	32643.4	10.7
#房地产开发	Real Estate Development	6910.5	11.2
国内商业	**Domestic Trade**		
社会消费品零售总额 (亿元)	Total Retail Sales of Consumer Goods (100 million yuan)	16965.3	9.2
对外贸易	**Foreign Trade**		
货物进出口总额 (亿美元)	Total Value of Imports and Exports(100 million USD)	1566.2	4.3
出口额	Exports	737.1	3.9
进口额	Imports	829.1	4.8
财政	**Government Finance**		
地方财政收入 (亿元)	Local Governments Revenue (100 million yuan)	4490.8	8.5
地方财政支出 (亿元)	Local Governments Expenditure (100 million yuan)	8901.7	9.6
物价	**Price Indices**		
居民消费价格指数 (上年=100)	Consumer Price Index (preceding year=100)	105.4	
农业	**Agriculture**		
主要农产品产量 (万吨)	Output of Major Farm Products (10 000 tons)		
粮食	Grain	10777.1	18.9
棉花	Cotton	1.3	0.2
油料	Oil-bearing Crops	212.6	6.4

指　　标	Item	东北3省合　计 Total of 3 Northeastern Provinces	东北3省占全国比重(%) Percentage of 3 Northeastern Provinces to National Total (%)
工业	**Industry**		
主要工业产品产量	Output of Major Industrial Products		
原油 (万吨)	Crude Oil (10 000 tons)	5745.4	28.3
水泥 (万吨)	Cement (10 000 tons)	13980.7	6.7
粗钢 (万吨)	Crude Steel (10 000 tons)	6999.1	10.2
发电量 (亿千瓦小时)	Electricity (100 million kwh)	2914.4	6.2
交通运输业	**Transportation**		
铁路营业里程 (公里)	Length of Railways in Operation (km)	14236	15.3
公路里程 (公里)	Length of Highways (km)	351372	8.6
#高速公路	Expressways	9260	10.9
旅客周转量 (亿人公里)	Total Passenger-kilometer (100 million person-km)	2013.2	7.6
货物周转量 (亿吨公里)	Total Freight Ton-kilometer (100 million ton-km)	13825.4	9.3
邮电通信业	**Postal and Telecommunication Services**		
邮电业务总量 (亿元)	Total Business Revenue (100 million yuan)	1019.0	7.6
教育	**Education**		
普通高等学校	Regular Institutions of Higher Education		
学校数 (个)	Number of Institutions (unit)	255	10.3
招生数 (万人)	New Student Enrollment (10 000 persons)	61.5	9.0
在校学生数 (万人)	Student Enrollment (10 000 persons)	217.5	9.4
毕业生数 (万人)	Number of Graduates (10 000 persons)	57.4	9.4
卫生	**Health Care**		
卫生机构数 (个)	Number of Health Care Institutions (unit)	76763	8.0
#医院	Hospitals	2302	10.5
卫生技术人员 (万人)	Medical Technical Personnel (10 000 persons)	57.0	9.2
#执业(助理)医师	Licensed (Assistant) Doctors	23.4	9.5
医疗机构床位数 (万张)	Number of Hospital Beds (10 000 beds)	50.2	9.7
#医院	Hospitals	39.5	10.7
人民生活	**People's Living Conditions**		
城镇居民人均可支配收入(元)	Per Capita Disposable Income of Urban Households(yuan)	18301	
农村居民人均纯收入 (元)	Per Capita Net Income of Rural Households (yuan)	7791	

注：本表中涉及分地区数据相加不等于全国总计的指标，在计算比重时，分母为31个省(区、市)相加的合计数。

a) As the sum of some indicators by region is different to the national total, while calculating the percentage, the denominator is the sum of 31 provinces.

1-5 民族自治地方国民经济和社会发展主要指标（2011年）

Principal Aggregate Indicators on National Economic and Social Development of Minority Nationality Autonomous Areas (2011)

指　　标	Item	合　　计 Total	比上年增长(%) Growth Rate as Last Year (%)
人口与就业	**Population and Employment**		
人口　　（万人）	**Population　(10 000 persons)**		
年底总人口	Population at Year-end	18653	0.7
#少数民族人口	Ethnic Minority Population	8924	1.2
就业	**Employment**		
单位从业人员数（万人）	Persons Employed in Various Units (10 000 persons)	1384	6.7
宏观经济	**Macro Economy**		
地区生产总值　（亿元）	**Gross Regional Product　(100 million yuan)**	**48296**	**13.5**
第一产业	Primary Industry	7243	5.7
第二产业	Secondary Industry	23885	17.1
第三产业	Tertiary Industry	16788	12.2
人均地区生产总值　（元）	**Per Capita Gross Regional Product　(yuan)**	**27519**	**24.7**
固定资产投资　（亿元）	**Fixed Assets　(100 million yuan)**		
全社会固定资产投资总额	Total Investment in Fixed Assets	35381	18.4
#国有单位	State-owned Units	12434	3.2
财政　（亿元）	**Government Finance　(100 million yuan)**		
地方财政收入	Revenue of Local Governments	4287	31.6
地方财政支出	Expenditure of Local Governments	13594	29.3
产　业	**Industry**		
农业	**Agriculture**		
耕地面积　（万公顷）	Cultivated Area (10 000 hectares)	2451	3.0
灌溉面积　（万公顷）	Irrigated Areas (10 000 hectares)	1217	5.3
农林牧渔总产值（亿元）	Gross Output Value of Agriculture, Forestry, Animal Husbandry and Fishery (100 million yuan)	12140	6.8
主要农产品产量	Output of Major Farm Products		
粮食产量　（万吨）	Grain Output (10 000 tons)	8691	4.6
棉花产量　（万吨）	Cotton Output (10 000 tons)	290	16.9
油料产量　（万吨）	Oil-bearing Crops Output (10 000 tons)	448	6.0
大牲畜年底头数(万头)	Number of Large Domestic Animals (year-end)(10 000 heads)	5766	-5.0
羊年底头数　（万只）	Goats and Sheep (10 000 heads)	15091	1.4
猪年底头数　（万头）	Hogs (year-end) (10 000 heads)	8099	-0.5
工业	**Industry**		
工业总产值　（亿元）	Gross Industrial Output Value (100 million yuan)	50976	
主要工业产品产量	Output of Major Industrial Products		
布　（亿米）	Cloth (100 million m)	2.9	-21.1
机制纸及纸板（万吨）	Machine-made Paper and Paperboard (10 000 tons)	437	13.5
成品糖　（万吨）	Refined Sugar (10 000 tons)	935	3.1
原煤　（亿吨）	Coal (100 million tons)	11.8	13.4
原油　（万吨）	Crude Oil (10 000 tons)	3186	4.1
发电量（亿千瓦小时）	Amount of Electric Power Generation (100 million kwh)	8131	20.8
粗钢　（万吨）	Crude Steel (10 000 tons)	4533	13.2
生铁　（万吨）	Pig Iron (10 000 tons)	4799	7.9
水泥　（万吨）	Cement (10 000 tons)	27646	27.7
木材　（万立方米）	Timber (10 000 cu.m)	342	-18.0

注：民族自治地方是指5个民族自治区、30个民族自治州和120个民族自治县(旗)的全部民族自治范围，且不重复计算。

a) Ethnic minority autonomous areas refer to the areas of 5 ethnic minority autonomous regions, 30 ethnic minority autonomous prefectures, and 120 ethnic minority autonomous counties(Qi), and without repetitive computation.

1-5 续表 continued

指 标	Item	合计 Total	比上年增长(%) Growth Rate as Last Year (%)
建筑业	**Construction**		
建筑业企业人数 (万人)	Number of Employed Persons (10 000 persons)	190	-2.1
建筑业总产值 (亿元)	Gross Output Value of Construction (100 million yuan)	6690	28.6
施工房屋面积 (万平方米)	Floor Space of Buildings under Construction (10 000 sq.m)	42753	22.0
竣工房屋面积 (万平方米)	Floor Space of Buildings Completed (10 000 sq.m)	17483	13.4
邮电运输	**Transportation, Postal and Telecommunication Services**		
铁路营业里程 (万公里)	Length of Railways in Operation (10 000 km)	2.29	7.8
公路通车里程 (万公里)	Highways (10 000 km)	98	7.2
邮电业务总量 (亿元)	Business Volume of Postal and Telecommunication Services (100 million yuan)	1156	
邮路及农村投递线路总长度 (万公里)	Total Length of Postal Routes and Rural Delivery Routes (10 000 km)	139	9.8
国内商业	**Domestic Trade**		
社会消费品零售总额(亿元)	Total Retail Sales of Consumer Goods (100 million yuan)	13718	17.4
对外经济贸易	**Foreign Trade**		
进出口总额 (亿美元)	Total Value of Imports and Exports (100 million USD)	699	31.0
出口额	Exports	426	28.5
进口额	Imports	273	35.1
国际旅游	**International Tourism**		
国际旅游人数 (万人次)	Number of International Tourists (10 000 person-times)	1167	24.2
旅游外汇收入 (亿美元)	Foreign Exchange Earnings from International Tourism (100 million USD)	40	32.4
金融	**Finance**		
金融机构各项存款 (亿元)	Deposits of National Banking System (100 million yuan)	53011	13.7
金融机构各项贷款 (亿元)	Loans of National Banking System (100 million yuan)	36890	20.6
教育、文化、卫生	**Education, Culture and Public Health**		
教育	**Education**		
在校学生数 (万人)	Number of Students (10 000 persons)		
普通高等学校	Regular Institutions of Higher Education	165.9	2.5
普通中学	Regular Secondary Schools	1040	-1.0
普通小学	Regular Primary Schools	1484	-3.4
专任教师数 (万人)	Full-time Teachers (10 000 persons)		
普通高等学校	Regular Institutions of Higher Education	9.7	2.3
普通中学	Regular Secondary Schools	69.8	3.5
普通小学	Regular Primary Schools	89.2	-1.7
文化	**Culture**		
出版数量	Publications		
图书 (万册)	Books Published (10 000 copies)	49303	14.4
杂志 (万册)	Number of Magazines Issued (10 000 copies)	11091	34.0
报纸 (万份)	Number of Newspapers (10 000 copies)	171833	-1.7
卫生	**Public Health**		
医院、卫生院数 (万个)	Number of Hospitals and Health Centers (10 000 ports)	1.20	0.3
医院、卫生院床位 (万张)	Number of Beds of Hospitals and Health Centers(10 000 beds)	60.1	7.8
社会服务	**Social Services**		
福利类收养单位床位数(万张)	Beds on Social Welfare Institutions (10 000 beds)	30.0	9.9
城乡最低生活保障人数(万人)	Number of Persons Receiving Minimum Living Allowance in Urban and Rural Areas (10 000 persons)	1962.4	2.9

1-6 长江三角洲经济区主要经济指标
Main Economic Indicators of Yangtze River Delta Economic Zone

指标	Item	2010	2011	2011年比上年增长(%) Growth Rate in 2011 over 2010 (%)
土地面积 (万平方公里)	Area of Land (10 000 sq.km)	21.1	21.1	
年末总人口 (万人)	Population at Year-end (10 000 persons)	15618.5	15709.3	0.6
年底就业人员 (万人)	Number of Employed Persons At the Year-end (10 000 persons)	9481.5	9536.7	0.6
地区生产总值 (亿元)	Gross Domestic Product (100 million yuan)	86313.8	100624.8	9.8
第一产业	Primary Industry	4014.8	4772.8	3.7
第二产业	Secondary Industry	43270.2	49686.8	10.0
#工业	Industry	38471.6	44172.2	10.7
第三产业	Tertiary Industry	39028.8	46165.3	10.2
人均地区生产总值 (元)	Per Capita Gross Domestic Product (yuan)	55841	64240	8.3
全社会固定资产投资总额(亿元)	Total Investment in Fixed Assets (100 million yuan)	40878.0	45840.0	
#固定资产投资(不含农户)	Investment in Fixed Assets (Excluding Farm Households)	30485.0	44925.0	
#房地产开发	Real Estate Development	9305.5	11959.0	28.5
地方财政一般预算收入 (亿元)	Local Government Budgetary Revenue (100 million yuan)	9561.9	11729.5	22.7
地方财政一般预算支出 (亿元)	Local Government Budgetary Expenditure (100 million yuan)	11425.3	13979.2	22.4
金融机构本外币存款余额(亿元)	Deposits of National Banking System (100 million yuan)	167251.2	186718.4	11.6
#居民储蓄存款	Household Savings Deposits	60876.0	68015.3	11.7
金融机构本外币贷款余额(亿元)	Loans of National Banking System (100 million yuan)	125272.9	140719.6	12.3
客运量 (亿人)	Passenger Traffic (100 million persons)	46.8	48.8	4.3
货运量 (亿吨)	Freight Traffic (100 million tons)	44.0	49.2	11.8
社会消费品零售总额 (亿元)	Total Amount of Rtail Sales of Consumer Goods (100 million yuan)	29840.5	34831.2	16.7
进出口总额 (亿美元)	Total Imports and Exports (100 million USD)	10881.6	12864.7	18.2
出口额	Exports	6317.5	7386.7	16.9
进口额	Imports	4564.1	5477.9	20.0
实际外商直接投资 (亿美元)	Actually Used Amount of Foreign Direct Investment (100 million USD)	506.2	564.0	11.4
国际旅游外汇收入 (亿美元)	Foreign Exchange Earnings from Tourism (USD 100 million)	151.2	159.5	5.5
在读研究生 (万人)	Students Enrollment of Higher Education (10 000 persons)	28.5	30.5	7.0
普通高等学校在校学生数(万人)	Postgraduate Students of Higher Education (10 000 persons)	305.0	307.8	0.9
专利申请受理数 (万件)	Number of Patents Application Accepted (10 000 pieces)	42.8	60.6	41.6
专利申请授权数 (万件)	Number of Patents Application Granted (10 000 pieces)	30.1	37.8	25.5
图书出版量 (亿册)	Printed Copies of Books (100 million copies)	10.9	11.5	5.1
执业(助理)医师 (万人)	Number of Licensed (Assistant) Doctors (10 000 persons)	29.5	31.1	5.6
医院、卫生院床位数 (万张)	Number of Beds of Hospitals and Health Centers (10 000 units)	50.2	59.8	19.2

注：1.本表资料由江苏省统计局提供。长江三角洲经济区包括上海市、江苏省和浙江省。
2.本表地区生产总值按当年价格计算，指数按不变价格计算。

a) Data in this table are from Jiangsu Statistics Bureau.The Yangzi River Delta Economic Zone covers the Shanghai, Jiangsu and Zhejiang provinces.

b) The figures in value terms on GDP are calculated at current prices, whereas indices are calculated at comparable prices.

1-7 珠江三角洲经济区主要经济指标

Main Economic Indicators of The Pearl River Delta Economic Zone

指　　标	Item	2010	2011	2011年比上年增长(%) Growth Rate in 2011 over 2010 (%)
土地面积　(平方公里)	Land Area　(sq.km.)	54733	54733	
年末常住人口　(万人)	Permanent Population at the Year-end　(10000 persons)	5616	5647	0.5
#城镇人口　(万人)	Urban Population　(10000 persons)	4646	4687	0.9
年末从业人员　(万人)	Employed Persons at the Year-end　(10000 persons)	3572	3630	1.6
地区生产总值　(亿元)	Gross Domestic Product　(100 million yuan)	37673.26	43720.86	9.9
第一产业	Primary Industry	809.78	924.09	3.5
第二产业	Secondary Industry	18313.49	20952.91	10.4
第三产业	Tertiary Industry	18549.99	21843.86	9.7
人均生产总值　(元)	Per Capita GDP　(yuan)	68633	77637	7.1
地区生产总值指数(上年=100)	Index of Gross Domestic Product　(preceding year=100)	112.2	109.9	
第一产业	Primary Industry	104.2	103.5	
第二产业	Secondary Industry	114.1	110.4	
第三产业	Tertiary Industry	110.4	109.7	
人均生产总值指数(上年=100)	Index of Per Capita Gross Domestic Product (preceding year=100)	107.3	107.1	
规模以上工业增加值　(亿元)	Value-added of Industry above Designated Size(100 million yuan)	19079.95	17976.18	
固定资产投资总额　(亿元)	Total Investment in Fixed Assets　(100 million yuan)	11355.80	12366.76	
社会消费品零售总额(亿元)	Total Retail Sales of Consumer Goods　(100 million yuan)	12613.24	14575.57	15.6
出口总额　(亿美元)	Total Exports　(USD 100 million)	4318.02	5064.89	17.3
进口总额　(亿美元)	Total Imports　(USD 100 million)	3195.01	3678.00	15.1
实际外商直接投资(亿美元)	Foreign Direct Investment Actually Utilized (USD 100 million)	183.47	195.29	6.4
地方财政一般预算收入(亿元)	Local Government Budgetary Revenue　(100 million yuan)	3139.58	3674.70	17.0
地方财政一般预算支出(亿元)	Local Government Budgetary Expenditure(100 million yuan)	3654.91	4444.97	21.6
中外资金融机构本外币储蓄存款　(亿元)	Savings Deposits in Renminbi and Foreign Currencies inAll Financial Institutions(100 million yuan)	29770.92	33015.57	10.9

注：1.本表资料来源于2012年版《广东统计年鉴》。
2.珠江三角洲包括：广州、深圳、珠海、佛山、江门、东莞、中山、惠州和肇庆市。
3.本表地区生产总值、工业增加值按当年价格计算，指数按不变价格计算。
4.2011年固定资产投资项目统计起点由50万元提高至500万元，且不包含农村农户投资；2010年为全社会固定资产投资。

a) Data in this table are from Guangdong Statistical Yearbook-2012.
b) The nine cities in pearl river delta include Guangzhou, Shenzhen, Zhuhai, Foshan, Jiangmen, Dongguan, Zhongshan, Huizhou and Zhaoqing.
c) The figures in value terms on GDP and value-added of industry are calculated at current prices, whereas indices are calculated at comparable prices.
d) Since 2011, the cut-off point of investment statistics is changed from a minimum of 500,000 yuan to a minimum of 5,000,000 yuan, and the data do not include the investment made by rural households. Data before 2010 refer to total investment in fixed assets.

1-8　海峡西岸经济区主要经济指标

Main Economic Indicators of the Economic Zone on the West Coast of Taiwan Straits

指　标	Item	2010 绝对数 Value	2010 增长(%) Growth Rate (%)	2011 绝对数 Value	2011 增长(%) Growth Rate (%)
地区生产总值　(亿元)	Gross Regional Product　(100 million yuan)	25191	13.9	30252	13.0
规模以上工业增加值　(亿元)	Value-added of Industry　(100 million yuan)	9975	21.5	11395	19.4
全社会固定资产投资额 (亿元)	Total Investment in Fixed Assets　(100 million yuan)	14001	28.6	16467	31.1
社会消费品零售总额　(亿元)	Total Retail Sales of Consumer Goods　(100 million yuan)	10287	19.7	12173	18.3
货物进出口总额　(亿美元)	Total Value of Imports and Exports　(100 million USD)	1531	36.4	1994	31.4
进口总额	Total Imports	495	41.1	648	35.7
出口总额	Total Exports	1036	34.2	1346	31.3
实际利用外商直接投资(亿美元)	Actually Utilization of Foreign Investment(100 million USD)	82	6.0	89	9.0
地方财政一般预算收入　(亿元)	Local Government Budgetary Revenue　(100 million yuan)	1781	25.1	2283	28.2

注：1.本表资料来源于2012年版《福建统计年鉴》。
2.海峡西岸经济区是指台湾海峡西岸以福建为主体及周边地区，包括福建福州、厦门、泉州、漳州、龙岩、莆田、三明、南平、宁德以及福建周边的浙江温州、丽水、衢州，江西上饶、鹰潭、抚州、赣州，广东梅州、潮州、汕头、揭阳等20个城市。
3. 2011年起固定资产投资统计起点由50万元提高至500万元，且不包含农村农户投资；2010年为全社会固定资产投资。增长速度为可比口径。

a) Data in this table come from *Fujian Statistical Yearbook-2012*.
b) The economic zone on the west coast of Taiwan Straits refers to Fujian province and its adjacent region, which includes 20 cities, Fuzhou, Xiamen, Quanzhou, Zhangzhou, Longyan, Putian, Sanming, Nanping, Ningde in Fujian province, and Wenzhou, Lishui, Quzhou in Zhejiang province, and Shangrao, Yingtan, Fuzhou, Ganzhou in Jiangxi province, and Meizhou, Chaozhou, Shantou, Jieyang in Guangdong province.
c) Since 2011, starting point of fixed asset investment increased from 0.5 million to 5 million yuan, and does not contain rural farmers investment; in 2010, it referred to fixed assets investment in the whole country, Growth rates are of comparable size.

1-9　北部湾经济区主要经济指标

Main Economic Indicators of Beibu Gulf Economic Zone

指　标	Item	2010 北部湾经济区(4市) Beibu Gulf Economic Zone(4 cities)	2010 北部湾经济区(6市) Beibu Gulf Economic Zone (6 cities)	2011 北部湾经济区(4市) Beibu Gulf Economic Zone(4 cities)	2011 北部湾经济区(6市) Beibu Gulf Economic Zone (6 cities)
土地面积　(平方公里)	Area of Land　(sq.km)	42514	72703	42514	72703
年末常住人口　(万人)	Population at Year-end　(10 000 persons)	1215	1963	1228	1983
地区生产总值　(亿元)	Gross Regional Product　(100 million yuan)	3043	4275	3770	5282
第一产业	Primary Industry	511	798	635	994
第二产业	Secondary Industry	1198	1721	1545	2201
#工业	Industry	955	1406	1229	1794
第三产业	Tertiary Industry	1333	1757	1590	2087
全社会固定资产投资额(亿元)	Total Investment in Fixed Assets　(100 million yuan)	2797	3721	3672	4879
地方财政一般预算收入(亿元)	Local Government Budgetary Revenue　(100 million yuan)	229	292	277	356
地方财政一般预算支出(亿元)	Local Government Budgetary Expenditure　(100 million yuan)	455	670	544	807
粮食产量　(万吨)	Grain Output　(10 000 tons)	368	593	365	591
肉类产量　(万吨)	Output of Meat　(10 000 tons)	106	189	108	193
社会消费品零售总额 (亿元)	Total Retail Sales of Consumer Goods　(100 million yuan)	1238	1606	1466	1901
个人存款余额　(亿元)	Savings Deposits　(100 million yuan)	2061	2796	2393	3264

注：1.本表资料来源于2012年版《广西统计年鉴》。
2.北部湾经济区城市(4市)：南宁、北海、钦州、防城港。
3.北部湾经济区城市(6市)：南宁、北海、钦州、防城港、玉林、崇左。

a) Data in this table come from *Guangxi Statistical Yearbook-2012*.
b) City of Beibu Gulf Economic Zone(4 cities): Nanning, Beihai, Qinzhou, Fangchenggang.
c) City of Beibu Gulf Economic Zone(6 cities): Nanning, Beihai, Qinzhou, Fangchenggang, Yulin, Chongzuo.

1-10 关中-天水经济区主要经济指标

Main Economic Indicators of Guanzhong & Tianshui Economic Zone

指　标	Item	2010	2011	2011年比上年增长(%) Growth Rate in 2011 over 2010 (%)
土地面积　(万平方公里)	Area of Land (10 000 sq.km)	8.00	8.00	
总人口(年末常住)　(万人)	Population at Year-end (10 000 persons)	2858.34	2870.07	0.4
城镇单位在岗职工人数(万人)	Number of Staff and Workers (10 000 persons)	269.36	286.81	6.5
地区生产总值　(亿元)	Gross Domestic Product (100 million yuan)	6831.63	8304.98	
第一产业	Primary Industry	688.16	844.75	
第二产业	Secondary Industry	3317.91	4133.10	
#工业	Industry	2565.91	3220.74	
第三产业	Tertiary Industry	2825.56	3327.13	
人均地区生产总值　(元)	Per Capita Gross Domestic Product (yuan)	23974	28996	
全社会固定资产投资 (亿元)	Total Investment in Fixed Assets (100 million yuan)	6433.82	7223.56	
地方财政一般预算收入(亿元)	Local Government Budgetary Revenue (100 million yuan)	394.95	522.36	32.3
地方财政一般预算支出(亿元)	Local Government Budgetary Expenditure(100 million yuan)	1025.46	1308.36	27.6
粮食产量　(万吨)	Grain Output (10 000 tons)	1062.45	891.94	-16.0
水果产量　(万吨)	Fruits Output (10 000 tons)	1073.29	1174.48	9.4
#苹果	Apples	756.56	827.60	9.4
社会消费品零售总额 (亿元)	Total Retail Sales of Consumer Goods (100 million yuan)	2708.12	3219.53	18.9
进出口总额　(亿美元)	Total Imports and Exports (100 million USD)	121.50	146.85	20.9
进口额	Imports	59.23	76.50	29.2
出口额	Exports	62.27	70.34	13.0
实际外商直接投资额(亿美元)	Actually Used Amount of Foreign Direct Investment (100 million USD)	17.77	22.89	28.8
卫生机构床位数　(万张)	Number of Hospital Beds (10 000 beds)	10.55	11.38	7.9
卫生技术人员　(万人)	Medical Technical Personnel (10 000 persons)	13.45	15.41	14.6
#执业(助理)医师	Certified (Assistant) Doctors	4.69	5.22	11.2
注册护师、护士	Registration Nurses	4.71	5.14	9.2

注：1.本表资料由陕西省统计局提供。

2.关中—天水经济区包括陕西省西安市、铜川市、宝鸡市、咸阳市、渭南市、杨凌示范区、商洛市(部分区县：商州、洛南、丹凤、柞水一区四县)和甘肃省天水市。

3.2011年起，固定资产投资统计的起点标准从计划总投资50万元提高到500万元。

a) Data in this table are provided by *Shaanxi Provincial Bureau of Statistics*.

b) The Guanzhong & Tianshui Economic Zone covers Xi'an, Tongchuan, Baoji, Xianyang, Weinan, Shangluo (including Shangzhou, Luonan and Zashui counties) cities, the Yangling agricultural hi-tech industries demonstration zone of Shaanxi province and Tianhui city of Gansu Province.

c) Since 2011, the cut-off point of investment statistics is changed from a minimum of 500,000 yuan to a minimum of 5,000,000 yuan.

Chapter 2

第二章

省、自治区、直辖市统计资料

Statistics of Province

2-1 全国行政区划（2011年底）

Divisions of Administrative Areas in China (End of 2011)

单位：个 (unit)

省级区划名称 Provinces, Autonomous Regions and Municipalities	地级区划数 Number of Regions at Prefecture Level	#地级市 Cities at Prefecture Level	县级区划数 Number of Regions at County Level	#市辖区 Districts under the Jurisdiction of Cities	#县级市 Cities at County Level	#县 Counties	#自治县 Autonomous Counties	乡镇级区划数 Number of Regions at Townships Level	#镇 Towns	#乡级 Towns	#街道办事处 Street Communities
全国 National Total	**332**	**284**	**2853**	**857**	**369**	**1456**	**117**	**40466**	**19683**	**13587**	**7194**
北京市 Beijing			16	14		2		322	144	38	140
天津市 Tianjin			16	13		3		244	123	11	110
河北省 Hebei	11	11	172	36	22	108	6	2233	1013	946	273
山西省 Shanxi	11	11	119	23	11	85		1397	564	632	201
内蒙古自治区 Inner Mongolia	12	9	101	21	11	17		909	477	192	240
辽宁省 Liaoning	14	14	100	56	17	19	8	1508	607	290	611
吉林省 Jilin	9	8	60	20	20	17	3	898	428	190	280
黑龙江省 Heilongjiang	13	12	128	64	18	45	1	1278	478	417	383
上海市 Shanghai			17	16		1		209	108	2	99
江苏省 Jiangsu	13	13	104	55	25	24		1300	860	96	344
浙江省 Zhejiang	11	11	90	32	22	35	1	1346	654	290	402
安徽省 Anhui	16	16	105	43	6	56		1522	914	343	265
福建省 Fujian	9	9	85	26	14	45		1102	600	329	173
江西省 Jiangxi	11	11	100	19	11	70		1539	794	602	143
山东省 Shandong	17	17	140	49	31	60		1857	1118	128	611
河南省 Henan	17	17	159	50	21	88		2381	1011	852	518
湖北省 Hubei	13	12	103	38	24	38	2	1233	742	194	297
湖南省 Hunan	14	13	122	35	16	64	7	2426	1121	1038	267
广东省 Guangdong	21	21	121	54	23	41	3	1585	1132	11	442
广西壮族自治区 Guangxi	14	14	109	34	7	56	12	1235	702	424	109
海南省 Hainan	2	2	20	4	6	4	6	222	183	21	18
重庆市 Chongqing			38	19		15	4	1012	598	225	189
四川省 Sichuan	21	18	181	44	14	119	4	4672	1816	2579	277
贵州省 Guizhou	9	6	88	13	7	56	11	1558	694	751	113
云南省 Yunnan	16	8	129	13	11	76	29	1362	577	667	118
西藏自治区 Tibet	7	1	73	1	1	71		692	140	542	10
陕西省 Shaanxi	10	10	107	24	3	80		1418	1137	82	199
甘肃省 Gansu	14	12	86	17	4	58	7	1353	468	759	126
青海省 Qinghai	8	1	43	4	2	30	7	396	137	229	30
宁夏回族自治区 Ningxia	5	5	22	9	2	11		237	101	92	44
新疆维吾尔自治区 Xinjiang	14	2	99	11	20	62	6	1020	242	615	162
香港特别行政区 Hong Kong Special Administrative Region											
澳门特别行政区 Macao Special Administrative Region											
台湾省 Taiwan											

2-2 国内生产总值和地区生产总值（2011年）

Gross Regional Product and Gross Regional Product (2011)

单位：亿元 (100 million yuan)

地 区	Region	地区生产总值 Gross Regional Product	第一产业 Primary Industry	第二产业 Secondary Industry	第三产业 Tertiary Industry	构 成（地区生产总值=100） Composition (GRP=100) 第一产业 Primary Industry	第二产业 Secondary Industry	第三产业 Tertiary Industry	人均地区生产总值（元） Per Capita GRP (yuan)
全 国	**National Total**	**472881.56**	**47486.21**	**220412.81**	**204982.53**	**10.0**	**46.6**	**43.4**	**35181**
北 京	Beijing	16251.93	136.27	3752.48	12363.18	0.8	23.1	76.1	81658
天 津	Tianjin	11307.28	159.72	5928.32	5219.24	1.4	52.4	46.2	85213
河 北	Hebei	24515.76	2905.73	13126.86	8483.17	11.9	53.5	34.6	33969
山 西	Shanxi	11237.55	641.42	6635.26	3960.87	5.7	59.0	35.2	31357
内蒙古	Inner Mongolia	14359.88	1306.30	8037.69	5015.89	9.1	56.0	34.9	57974
辽 宁	Liaoning	22226.70	1915.57	12152.15	8158.98	8.6	54.7	36.7	50760
吉 林	Jilin	10568.83	1277.44	5611.48	3679.91	12.1	53.1	34.8	38460
黑龙江	Heilongjiang	12582.00	1701.50	6330.53	4549.97	13.5	50.3	36.2	32819
上 海	Shanghai	19195.69	124.94	7927.89	11142.86	0.7	41.3	58.0	82560
江 苏	Jiangsu	49110.27	3064.77	25203.28	20842.21	6.2	51.3	42.4	62290
浙 江	Zhejiang	32318.85	1583.04	16555.58	14180.23	4.9	51.2	43.9	59249
安 徽	Anhui	15300.65	2015.31	8309.38	4975.95	13.2	54.3	32.5	25659
福 建	Fujian	17560.18	1612.24	9069.20	6878.74	9.2	51.6	39.2	47377
江 西	Jiangxi	11702.82	1391.07	6390.55	3921.20	11.9	54.6	33.5	26150
山 东	Shandong	45361.85	3973.85	24017.11	17370.89	8.8	52.9	38.3	47335
河 南	Henan	26931.03	3512.24	15427.08	7991.72	13.0	57.3	29.7	28661
湖 北	Hubei	19632.26	2569.30	9815.94	7247.02	13.1	50.0	36.9	34197
湖 南	Hunan	19669.56	2768.03	9361.99	7539.54	14.1	47.6	38.3	29880
广 东	Guangdong	53210.28	2665.20	26447.38	24097.70	5.0	49.7	45.3	50807
广 西	Guangxi	11720.87	2047.23	5675.32	3998.33	17.5	48.4	34.1	25326
海 南	Hainan	2522.66	659.23	714.50	1148.93	26.1	28.3	45.5	28898
重 庆	Chongqing	10011.37	844.52	5543.04	3623.81	8.4	55.4	36.2	34500
四 川	Sichuan	21026.68	2983.51	11029.13	7014.04	14.2	52.5	33.4	26133
贵 州	Guizhou	5701.84	726.22	2194.33	2781.29	12.7	38.5	48.8	16413
云 南	Yunnan	8893.12	1411.01	3780.32	3701.79	15.9	42.5	41.6	19265
西 藏	Tibet	605.83	74.47	208.79	322.57	12.3	34.5	53.2	20077
陕 西	Shaanxi	12512.30	1220.90	6935.59	4355.81	9.8	55.4	34.8	33464
甘 肃	Gansu	5020.37	678.75	2377.83	1963.79	13.5	47.4	39.1	19595
青 海	Qinghai	1670.44	155.08	975.18	540.18	9.3	58.4	32.3	29522
宁 夏	Ningxia	2102.21	184.14	1056.15	861.92	8.8	50.2	41.0	33043
新 疆	Xinjiang	6610.05	1139.03	3225.90	2245.12	17.2	48.8	34.0	30087

注：本表绝对数按当年价格计算。

a) Level data in this table are calculated at current prices.

2-3 地区生产总值收入法构成项目（2011年）
Income Approach Components of Gross Regional Product (2011)

单位：亿元 (100 million yuan)

地 区	Region	地区生产总值 Gross Regional Product	劳动者报酬 Compensation of Employees	生产税净额 Net Taxes on Production	固定资产折旧 Depreciation of Fixed Assets	营业盈余 Operating Surplus
北 京	Beijing	16251.93	7992.38	2566.16	2155.80	3537.59
天 津	Tianjin	11307.28	4378.14	1771.81	1416.06	3741.27
河 北	Hebei	24515.76	12496.98	2951.14	3130.75	5936.89
山 西	Shanxi	11237.55	4675.44	1833.04	1794.36	2934.71
内蒙古	Inner Mongolia	14359.88	6240.45	2083.49	1590.76	4445.18
辽 宁	Liaoning	22226.70	10268.90	4142.88	3041.69	4773.23
吉 林	Jilin	10568.83	4085.94	1637.88	1825.16	3019.85
黑龙江	Heilongjiang	12582.00	4615.53	2117.20	1410.16	4439.11
上 海	Shanghai	19195.69	7709.62	3713.40	2298.34	5474.33
江 苏	Jiangsu	49110.27	20523.13	7272.03	6588.02	14727.09
浙 江	Zhejiang	32318.85	13185.55	5248.01	3908.75	9976.54
安 徽	Anhui	15300.65	7435.30	2076.10	1881.07	3908.18
福 建	Fujian	17560.18	8741.77	2287.51	1834.11	4696.79
江 西	Jiangxi	11702.82	5143.98	1965.45	1607.25	2986.14
山 东	Shandong	45361.85	17443.68	7605.50	6510.37	13802.30
河 南	Henan	26931.03	13439.43	3358.46	3179.39	6953.75
湖 北	Hubei	19632.26	9432.57	2676.10	2485.28	5038.31
湖 南	Hunan	19669.56	9802.10	3240.66	2134.42	4492.39
广 东	Guangdong	53210.28	24287.53	8567.19	6986.46	13369.10
广 西	Guangxi	11720.87	6806.45	1484.65	1659.59	1770.18
海 南	Hainan	2522.66	1273.37	438.44	377.71	433.14
重 庆	Chongqing	10011.37	4930.41	1486.41	1068.85	2525.70
四 川	Sichuan	21026.68	9381.81	3241.96	2683.30	5719.61
贵 州	Guizhou	5701.84	2982.45	946.78	794.52	978.09
云 南	Yunnan	8893.12	4271.34	1822.40	1100.03	1699.35
西 藏	Tibet	605.83	384.47	48.78	89.32	83.26
陕 西	Shaanxi	12512.30	4911.66	2272.65	1464.67	3863.32
甘 肃	Gansu	5020.37	2307.07	909.98	855.36	947.95
青 海	Qinghai	1670.44	756.12	292.11	270.88	351.33
宁 夏	Ningxia	2102.21	1061.65	256.71	317.36	466.49
新 疆	Xinjiang	6610.05	3345.03	1084.37	884.74	1295.91

注：本表按当年价格计算。

a) Data in this table are calculated at current prices.

2-4 支出法国内生产总值和地区生产总值（2011年）

GDP & Gross Regional Product by Expenditure Approach (2011)

地 区	Region	支出法地区生产总值(亿元) Gross Regional Product by Expenditure Approach (100 million yuan)	最终消费支出 Final Consumption Expenditures	资本形成总额 Gross Capital Formation	货物和服务净流出 Net Outflow of Goods and Services	最终消费率(消费率)(%) Final Consumption Rate (%)	资本形成率(投资率)(%) Capital Formation Rate (%)
全 国	**National Total**	**465731.3**	**228561.3**	**225006.7**	**12163.3**	**49.1**	**48.3**
北 京	Beijing	16251.9	9488.2	6683.6	80.1	58.4	41.1
天 津	Tianjin	11307.3	4286.3	8594.4	-1573.4	37.9	76.0
河 北	Hebei	24515.8	9633.8	13890.4	991.6	39.3	56.7
山 西	Shanxi	11237.6	4868.1	7251.4	-881.9	43.3	64.5
内蒙古	Inner Mongolia	14359.9	5526.6	11014.6	-2181.4	38.5	76.7
辽 宁	Liaoning	22226.7	8867.2	13930.2	-570.7	39.9	62.7
吉 林	Jilin	11162.2	4423.7	8206.9	-1468.3	39.6	73.5
黑龙江	Heilongjiang	12582.0	6586.7	6887.5	-892.2	52.4	54.7
上 海	Shanghai	19195.7	10821.2	7729.1	645.5	56.4	40.3
江 苏	Jiangsu	49110.3	20649.3	25049.1	3411.9	42.0	51.0
浙 江	Zhejiang	32318.9	15042.0	14743.6	2533.3	46.5	45.6
安 徽	Anhui	15300.7	7604.3	7725.0	-28.7	49.7	50.5
福 建	Fujian	17932.9	7300.5	10074.8	557.6	40.7	56.2
江 西	Jiangxi	11702.8	5593.9	5989.1	119.8	47.8	51.2
山 东	Shandong	45361.9	18095.4	24944.3	2322.1	39.9	55.0
河 南	Henan	26931.0	11783.1	19166.6	-4018.6	43.8	71.2
湖 北	Hubei	20167.3	8931.5	11027.3	208.5	44.3	54.7
湖 南	Hunan	19669.6	9088.7	10913.4	-332.6	46.2	55.5
广 东	Guangdong	53210.3	26074.8	21003.6	6131.9	49.0	39.5
广 西	Guangxi	11720.9	5601.6	9989.0	-3869.7	47.8	85.2
海 南	Hainan	2522.7	1180.0	1497.0	-154.4	46.8	59.3
重 庆	Chongqing	10011.4	4641.6	5757.5	-387.8	46.4	57.5
四 川	Sichuan	21026.7	10424.4	11067.7	-465.4	49.6	52.6
贵 州	Guizhou	5701.8	3438.7	3229.3	-966.2	60.3	56.6
云 南	Yunnan	8893.1	5273.6	7138.9	-3519.4	59.3	80.3
西 藏	Tibet	605.8	373.4	542.6	-310.1	61.6	89.6
陕 西	Shaanxi	12512.3	5573.3	8487.3	-1548.3	44.5	67.8
甘 肃	Gansu	5020.4	2967.0	2872.3	-818.9	59.1	57.2
青 海	Qinghai	1670.4	859.8	1399.7	-589.0	51.5	83.8
宁 夏	Ningxia	2102.2	1020.2	1754.6	-672.6	48.5	83.5
新 疆	Xinjiang	6610.1	3518.8	4162.3	-1071.1	53.2	63.0

注：本表按当年价格计算。

a) Data in value terms in this table are calculated at current prices.

2-5 资本形成总额及构成（2011年）
Gross Capital Formation and Its Composition (2011)

地 区	Region	资本形成总额（亿元）Gross Capital Formation (100 million yuan)	固定资本形成总额 Gross Fixed Capital Formation	存货增加 Change in Inventories	构成（资本形成总额=100）Composition (Total=100) 固定资本形成总额 Gross Fixed Capital Formation	存货增加 Change in Inventories
全 国	**National Total**	**225006.7**	**213043.1**	**11963.5**	**94.7**	**5.3**
北 京	Beijing	6683.6	5953.9	729.8	89.1	10.9
天 津	Tianjin	8594.4	8069.9	524.4	93.9	6.1
河 北	Hebei	13890.4	13688.8	201.6	98.5	1.5
山 西	Shanxi	7251.4	7256.1	-4.7	100.1	-0.1
内蒙古	Inner Mongolia	11014.6	10837.1	177.5	98.4	1.6
辽 宁	Liaoning	13930.2	13474.6	455.6	96.7	3.3
吉 林	Jilin	8206.9	8355.5	-148.7	101.8	-1.8
黑龙江	Heilongjiang	6887.5	6599.3	288.2	95.8	4.2
上 海	Shanghai	7729.1	6801.8	927.3	88.0	12.0
江 苏	Jiangsu	25049.1	24522.2	526.8	97.9	2.1
浙 江	Zhejiang	14743.6	13822.9	920.7	93.8	6.2
安 徽	Anhui	7725.0	7594.4	130.7	98.3	1.7
福 建	Fujian	10074.8	9060.5	1014.2	89.9	10.1
江 西	Jiangxi	5989.1	5785.8	203.3	96.6	3.4
山 东	Shandong	24944.3	24281.2	663.1	97.3	2.7
河 南	Henan	19166.6	18819.2	347.4	98.2	1.8
湖 北	Hubei	11027.3	10597.8	429.5	96.1	3.9
湖 南	Hunan	10913.4	10487.3	426.2	96.1	3.9
广 东	Guangdong	21003.6	19432.8	1570.8	92.5	7.5
广 西	Guangxi	9989.0	9745.7	243.3	97.6	2.4
海 南	Hainan	1497.0	1460.5	36.5	97.6	2.4
重 庆	Chongqing	5757.5	5511.2	246.3	95.7	4.3
四 川	Sichuan	11067.7	10691.3	376.4	96.6	3.4
贵 州	Guizhou	3229.3	3147.5	81.8	97.5	2.5
云 南	Yunnan	7138.9	6678.2	460.7	93.5	6.5
西 藏	Tibet	542.6	547.5	-5.0	100.9	-0.9
陕 西	Shaanxi	8487.3	8190.2	297.1	96.5	3.5
甘 肃	Gansu	2872.3	2685.8	186.5	93.5	6.5
青 海	Qinghai	1399.7	1369.9	29.8	97.9	2.1
宁 夏	Ningxia	1754.6	1653.2	101.4	94.2	5.8
新 疆	Xinjiang	4162.3	3948.9	213.5	94.9	5.1

注：本表按当年价格计算。

a) Data in value terms in this table are calculated at current prices.

2-6 最终消费支出及构成（2011年）
Final Consumption Expenditure and Its Composition (2011)

地区	Region	最终消费支出（亿元） Final Consumption Expenditures (100 million yuan)	居民消费支出 Household Consumption	农村居民 Rural Household	城镇居民 Urban Household	政府消费支出 Government Consumption	最终消费支出=100 Final Consumption Expenditures=100: 居民消费支出 Household Consumption	政府消费支出 Government Consumption	居民消费支出=100 Household Consumption Expenditures=100: 农村居民 Rural Household	城镇居民 Urban Household
全国	**National Total**	**228561.3**	**164945.2**	**37394.6**	**127550.6**	**63616.1**	**72.2**	**27.8**	**22.7**	**77.3**
北京	Beijing	9488.2	5525.0	378.0	5147.1	3963.2	58.2	41.8	6.8	93.2
天津	Tianjin	4286.3	2736.7	255.9	2480.9	1549.6	63.8	36.2	9.3	90.7
河北	Hebei	9633.8	6892.7	1955.4	4937.3	2741.2	71.5	28.5	28.4	71.6
山西	Shanxi	4868.1	3492.5	1031.0	2461.5	1375.6	71.7	28.3	29.5	70.5
内蒙古	Inner Mongolia	5526.6	3285.5	646.8	2638.7	2241.1	59.4	40.6	19.7	80.3
辽宁	Liaoning	8867.2	6846.4	1167.5	5678.9	2020.8	77.2	22.8	17.1	82.9
吉林	Jilin	4423.7	2970.8	799.3	2171.5	1452.9	67.2	32.8	26.9	73.1
黑龙江	Heilongjiang	6586.7	4075.4	993.5	3081.8	2511.4	61.9	38.1	24.4	75.6
上海	Shanghai	10821.2	8239.8	441.8	7798.0	2581.4	76.1	23.9	5.4	94.6
江苏	Jiangsu	20649.3	13534.2	3105.8	10428.4	7115.1	65.5	34.5	22.9	77.1
浙江	Zhejiang	15042.0	11643.9	2567.0	9076.9	3398.1	77.4	22.6	22.0	78.0
安徽	Anhui	7604.3	5995.1	1625.2	4369.9	1609.2	78.8	21.2	27.1	72.9
福建	Fujian	7300.5	5544.3	1326.2	4218.1	1756.2	75.9	24.1	23.9	76.1
江西	Jiangxi	5593.9	4261.7	1443.7	2817.9	1332.3	76.2	23.8	33.9	66.1
山东	Shandong	18095.4	13000.0	3362.2	9637.8	5095.5	71.8	28.2	25.9	74.1
河南	Henan	11783.1	8617.9	2792.8	5825.1	3165.2	73.1	26.9	32.4	67.6
湖北	Hubei	8931.5	6242.0	1597.7	4644.3	2689.5	69.9	30.1	25.6	74.4
湖南	Hunan	9088.7	6942.9	2059.4	4883.4	2145.9	76.4	23.6	29.7	70.3
广东	Guangdong	26074.8	20504.1	2768.6	17735.5	5570.7	78.6	21.4	13.5	86.5
广西	Guangxi	5601.6	4248.3	1276.2	2972.2	1353.3	75.8	24.2	30.0	70.0
海南	Hainan	1180.0	806.4	227.1	579.3	373.6	68.3	31.7	28.2	71.8
重庆	Chongqing	4641.6	3433.3	615.7	2817.7	1208.3	74.0	26.0	17.9	82.1
四川	Sichuan	10424.4	7967.5	2791.8	5175.7	2456.9	76.4	23.6	35.0	65.0
贵州	Guizhou	3438.7	2566.8	908.5	1658.3	871.9	74.6	25.4	35.4	64.6
云南	Yunnan	5273.6	3821.4	1429.2	2392.2	1452.2	72.5	27.5	37.4	62.6
西藏	Tibet	373.4	142.7	64.7	78.0	230.6	38.2	61.8	45.3	54.7
陕西	Shaanxi	5573.3	3759.0	939.5	2819.5	1814.3	67.4	32.6	25.0	75.0
甘肃	Gansu	2967.0	1919.7	645.6	1274.1	1047.3	64.7	35.3	33.6	66.4
青海	Qinghai	859.8	494.8	151.3	343.5	365.0	57.5	42.5	30.6	69.4
宁夏	Ningxia	1020.2	695.8	165.8	530.0	324.4	68.2	31.8	23.8	76.2
新疆	Xinjiang	3518.8	1954.3	560.3	1394.0	1564.5	55.5	44.5	28.7	71.3

注：本表按当年价格计算。

a) Data in value terms in this table are calculated at current prices.

2-7 居民消费水平（2011年）
Household Consumption Expenditure (2011)

地区	Region	绝对数(元) Level (yuan) 全体居民 All Households	农村居民 Rural Household	城镇居民 Urban Household	城乡消费水平对比（农村居民=1） Urban/Rural Consumption Ratio (Rural Household=1)	指数（上年=100） Index (Preceding Year=100) 全体居民 All Households	农村居民 Rural Household	城镇居民 Urban Household
全　国	**National Total**	**12271.5**	**5633.0**	**18749.6**	**3.3**	**109.5**	**111.7**	**106.6**
北　京	Beijing	27760.0	13659.2	30037.0	2.2	111.1	102.0	111.5
天　津	Tianjin	20624.3	9658.4	23359.7	2.4	115.5	119.6	114.1
河　北	Hebei	9550.5	4892.7	15330.7	3.1	118.5	126.5	112.6
山　西	Shanxi	9745.6	5626.7	14055.0	2.5	115.4	120.0	110.8
内蒙古	Inner Mongolia	13264.2	5945.3	18996.3	3.2	121.4	126.7	117.7
辽　宁	Liaoning	15635.4	7221.4	20560.5	2.8	120.1	121.3	117.6
吉　林	Jilin	10810.8	6238.8	14803.8	2.4	117.0	128.9	113.1
黑龙江	Heilongjiang	10633.7	5898.5	14346.7	2.4	116.6	123.0	114.1
上　海	Shanghai	35438.9	17757.5	37557.5	2.1	112.2	121.0	111.5
江　苏	Jiangsu	17166.5	10164.2	21597.7	2.1	123.0	124.7	119.0
浙　江	Zhejiang	21346.3	12371.1	26856.4	2.2	116.8	120.4	113.5
安　徽	Anhui	10054.7	5356.2	14923.3	2.8	122.1	120.5	112.6
福　建	Fujian	14958.3	8436.4	19761.6	2.3	113.4	117.7	110.4
江　西	Jiangxi	9522.5	5852.9	14028.9	2.4	119.2	126.9	113.6
山　东	Shandong	13565.4	7062.9	19983.5	2.8	116.4	122.5	112.4
河　南	Henan	9171.4	4928.9	15615.5	3.2	117.0	121.4	111.9
湖　北	Hubei	10872.8	5652.6	15935.5	2.8	121.1	118.8	117.4
湖　南	Hunan	10546.9	5606.8	16783.0	3.0	117.6	118.3	115.6
广　东	Guangdong	19578.1	7853.8	25526.8	3.3	113.8	125.6	110.2
广　西	Guangxi	9180.6	4670.8	15681.4	3.4	115.9	121.6	111.9
海　南	Hainan	9237.7	5203.6	13271.9	2.6	122.3	135.3	116.8
重　庆	Chongqing	11831.7	4614.9	17972.6	3.9	121.7	126.4	117.8
四　川	Sichuan	9902.6	5881.6	15687.5	2.7	121.0	123.9	116.6
贵　州	Guizhou	7388.5	3986.4	13876.7	3.5	118.8	123.8	109.8
云　南	Yunnan	8278.1	4824.6	14463.6	3.0	121.5	127.6	114.9
西　藏	Tibet	4730.2	2774.7	11393.3	4.1	109.3	116.5	103.3
陕　西	Shaanxi	10053.5	4697.4	16213.4	3.5	118.6	119.9	114.7
甘　肃	Gansu	7492.6	3976.7	13573.8	3.4	120.2	127.2	114.2
青　海	Qinghai	8744.3	4904.7	13348.2	2.7	119.4	127.5	112.4
宁　夏	Ningxia	10491.9	4709.2	17038.0	3.6	116.7	120.9	115.6
新　疆	Xinjiang	8895.0	4495.4	14662.9	3.3	120.2	122.4	115.8

注：本表绝对数按当年价格计算，指数按不变价格计算。

a) Level in this table are calculated at current prices, while indices are calculated at constant prices.

2-8 人口的城乡构成和出生率、死亡率、自然增长率（2011年）

Total Population by Urban and Rural Residence and Birth Rate, Death Rate, Natural Growth Rate (2011)

地 区	Region	总人口(年末)(万人) Total Population (year-end) (10 000 persons)	城镇人口 Urban Population		乡村人口 Rural Population		出生率(‰) Birth Rate (‰)	死亡率(‰) Death Rate (‰)	自然增长率(‰) Natural Growth Rate (‰)
			人口数 Population	比重（%）Proportion	人口数 Population	比重（%）Proportion			
全 国	**National Total**	**134735**	**69079**	**51.27**	**65656**	**48.73**	**11.93**	**7.14**	**4.79**
北 京	Beijing	2019	1740	86.20	279	13.80	8.29	4.27	4.02
天 津	Tianjin	1355	1091	80.50	264	19.50	8.58	6.08	2.50
河 北	Hebei	7241	3302	45.60	3939	54.40	13.02	6.52	6.50
山 西	Shanxi	3593	1785	49.68	1808	50.32	10.47	5.61	4.86
内蒙古	Inner Mongolia	2482	1405	56.62	1077	43.38	8.94	5.43	3.51
辽 宁	Liaoning	4383	2807	64.05	1576	35.95	5.71	6.05	-0.34
吉 林	Jilin	2749	1468	53.40	1281	46.60	6.53	5.51	1.02
黑龙江	Heilongjiang	3834	2166	56.50	1668	43.50	6.99	5.92	1.07
上 海	Shanghai	2347	2096	89.30	251	10.70	6.97	5.10	1.87
江 苏	Jiangsu	7899	4889	61.90	3010	38.10	9.59	6.98	2.61
浙 江	Zhejiang	5463	3403	62.30	2060	37.70	9.47	5.40	4.07
安 徽	Anhui	5968	2674	44.80	3294	55.20	12.23	5.91	6.32
福 建	Fujian	3720	2161	58.10	1559	41.90	11.41	5.20	6.21
江 西	Jiangxi	4488	2051	45.70	2437	54.30	13.48	5.98	7.50
山 东	Shandong	9637	4910	50.95	4727	49.05	11.50	6.40	5.10
河 南	Henan	9388	3809	40.57	5579	59.43	11.56	6.62	4.94
湖 北	Hubei	5758	2984	51.83	2774	48.17	10.39	6.01	4.38
湖 南	Hunan	6596	2975	45.10	3621	54.90	13.35	6.80	6.55
广 东	Guangdong	10505	6986	66.50	3519	33.50	10.45	4.35	6.10
广 西	Guangxi	4645	1942	41.80	2703	58.20	13.71	6.04	7.67
海 南	Hainan	877	443	50.50	434	49.50	14.72	5.75	8.97
重 庆	Chongqing	2919	1606	55.02	1313	44.98	9.88	6.71	3.17
四 川	Sichuan	8050	3367	41.83	4683	58.17	9.79	6.81	2.98
贵 州	Guizhou	3469	1213	34.96	2256	65.04	13.31	6.93	6.38
云 南	Yunnan	4631	1704	36.80	2927	63.20	12.71	6.36	6.35
西 藏	Tibet	303	69	22.71	234	77.29	15.39	5.13	10.26
陕 西	Shaanxi	3743	1770	47.30	1973	52.70	9.75	6.06	3.69
甘 肃	Gansu	2564	953	37.15	1611	62.85	12.08	6.03	6.05
青 海	Qinghai	568	263	46.22	305	53.78	14.43	6.12	8.31
宁 夏	Ningxia	639	318	49.82	321	50.18	13.65	4.68	8.97
新 疆	Xinjiang	2209	962	43.54	1247	56.46	14.99	4.42	10.57

注：1.本表数据根据2011年人口变动情况抽样调查数据推算。全国总人口根据抽样误差和调查误差进行了修正，分地区人口未作修正。
　　2.全国总人口包括现役军人数，分地区数字中未包括。

a) Data in the table are estimates from the 2011 National Sample Survey on Population Changes. The national total population was adjusted on the basis of sampling errors and survey errors. Similar adjustments were not made to regional figures.

b) The military personnel were included in the national total population, but were not included in the population by region.

2-9 户数、人口数和性别比（2011年）
Household, Population and Sex Ratio (2011)

地 区	Region	户数（户）Number of Households (household)	家庭户 Family Household	集体户 Collective Household	人口数（人）Population (person)	男 Male	女 Female	性别比（女=100）Sex Ratio (Female=100)
全 国	**National Total**	**371977**	**360447**	**11530**	**1145209**	**587039**	**558170**	**105.17**
北 京	Beijing	6678	6166	512	17246	8796	8450	104.09
天 津	Tianjin	4093	3887	206	11577	5754	5822	98.83
河 北	Hebei	18239	18033	206	61861	32083	29778	107.74
山 西	Shanxi	9392	9287	105	30698	15718	14980	104.93
内蒙古	Inner Mongolia	7591	7365	226	21203	10540	10663	98.85
辽 宁	Liaoning	13691	13583	108	37447	18846	18601	101.32
吉 林	Jilin	8059	7996	63	23490	12002	11488	104.48
黑龙江	Heilongjiang	11535	11439	96	32757	16483	16273	101.29
上 海	Shanghai	8294	7564	730	20056	10644	9412	113.09
江 苏	Jiangsu	22592	21717	875	67485	33888	33597	100.86
浙 江	Zhejiang	17425	16306	1119	46674	22833	23842	95.77
安 徽	Anhui	16880	16591	289	50989	25834	25155	102.70
福 建	Fujian	11010	10128	882	31783	15680	16103	97.37
江 西	Jiangxi	10972	10758	214	38348	20190	18157	111.20
山 东	Shandong	28335	28063	272	82336	41319	41017	100.74
河 南	Henan	22882	22346	536	80208	41614	38595	107.82
湖 北	Hubei	15736	15450	286	49190	25274	23917	105.67
湖 南	Hunan	18336	18054	282	56351	28993	27358	105.98
广 东	Guangdong	26340	23808	2532	89750	48050	41700	115.23
广 西	Guangxi	12450	12130	320	39686	20785	18900	109.97
海 南	Hainan	2102	2031	71	7496	3897	3599	108.28
重 庆	Chongqing	8787	8609	178	24939	12716	12223	104.03
四 川	Sichuan	23453	22994	459	68777	35134	33643	104.43
贵 州	Guizhou	9236	9155	81	29636	15658	13978	112.01
云 南	Yunnan	11701	11401	300	39564	20179	19385	104.10
西 藏	Tibet	611	598	13	2591	1324	1268	104.43
陕 西	Shaanxi	9983	9715	268	31976	16410	15566	105.42
甘 肃	Gansu	6679	6593	86	21908	11384	10523	108.18
青 海	Qinghai	1372	1316	56	4854	2458	2396	102.61
宁 夏	Ningxia	1622	1566	56	5463	2875	2588	111.07
新 疆	Xinjiang	5901	5798	103	18871	9679	9191	105.31

注：本表是2011年全国人口变动情况抽样调查样本数据，抽样比为0.850‰。

a) Data in this table are obtained from the 2011 National Sample Survey on Population Changes. The sampling fraction is 0.850‰.

2-10 按行业分城镇单位就业人员数(年底数)(2011年)

Number of Employed Persons in Urban Units at Year-end by Sector (2011)

单位: 万人 (10 000 persons)

地 区	Region	合 计 Total	农、林、牧、渔业 Agriculture, Forestry, Animal Husbandry and Fishery	采矿业 Mining	制造业 Manufacturing	电力、燃气及水的生产和供应业 Production and Distribution of Electricity, Gas and Water	建筑业 Construction	交通运输、仓储和邮政业 Transport, Storage and Post
全 国	**National Total**	**14413.3**	**359.5**	**611.6**	**4088.3**	**334.7**	**1724.8**	**662.8**
北 京	Beijing	685.9	2.4	6.7	107.8	9.0	42.5	57.4
天 津	Tianjin	268.2	0.6	10.4	112.7	4.2	30.6	11.4
河 北	Hebei	555.4	5.7	28.4	130.6	20.2	50.6	24.4
山 西	Shanxi	409.7	3.2	85.7	70.2	10.3	25.1	21.9
内蒙古	Inner Mongolia	262.4	26.2	20.5	40.0	11.1	16.7	16.4
辽 宁	Liaoning	579.6	26.5	33.1	167.6	17.1	47.9	32.9
吉 林	Jilin	277.9	16.3	14.8	64.9	9.0	13.4	14.3
黑龙江	Heilongjiang	466.2	93.9	43.5	65.7	14.6	30.6	25.6
上 海	Shanghai	497.3	1.4	0.1	186.8	6.1	36.8	41.0
江 苏	Jiangsu	811.3	9.4	12.9	353.7	13.2	65.2	31.4
浙 江	Zhejiang	995.7	1.5	1.6	376.7	13.9	236.7	27.4
安 徽	Anhui	411.6	6.0	34.0	85.5	9.8	58.4	16.7
福 建	Fujian	596.3	6.1	6.9	283.0	9.5	99.9	17.9
江 西	Jiangxi	344.4	10.8	9.0	87.8	10.3	49.5	14.0
山 东	Shandong	1050.4	4.8	73.4	372.2	20.8	121.9	35.7
河 南	Henan	839.1	7.3	63.7	193.8	21.5	116.1	30.2
湖 北	Hubei	586.1	9.4	13.0	168.2	17.8	103.1	25.6
湖 南	Hunan	551.4	5.4	15.3	129.0	14.3	87.3	23.2
广 东	Guangdong	1238.2	8.2	3.2	519.0	19.9	92.7	61.8
广 西	Guangxi	341.6	10.8	4.7	67.8	9.2	38.7	18.4
海 南	Hainan	85.1	11.8	1.0	8.4	2.0	5.6	4.6
重 庆	Chongqing	337.2	1.6	10.4	79.6	6.9	82.8	15.1
四 川	Sichuan	614.0	4.6	21.3	141.6	16.3	111.8	22.6
贵 州	Guizhou	241.0	1.9	13.5	39.9	8.3	28.3	9.7
云 南	Yunnan	350.1	11.0	18.4	63.2	9.5	48.1	13.6
西 藏	Tibet	23.3	0.9	0.1	0.7	0.7	0.8	0.6
陕 西	Shaanxi	393.7	4.2	28.9	85.1	9.7	34.6	19.7
甘 肃	Gansu	199.3	5.2	9.7	33.9	7.0	19.1	10.4
青 海	Qinghai	60.6	1.8	2.6	12.1	1.5	6.6	3.4
宁 夏	Ningxia	60.9	2.7	6.0	10.8	3.5	2.6	3.2
新 疆	Xinjiang	279.4	57.9	18.7	30.1	7.6	20.6	12.3

注：本表城镇单位数据不含私营单位。

a) Data of employed persons in urban units do not include those of private enterprises.

2-10 续表 1 continued

单位: 万人 (10 000 persons)

地 区	Region	信息传输、计算机服务和软件业 Information Transmission, Computer Service and Software	批发和零售业 Wholesale and Retail Trades	住宿和餐饮业 Hotels and Catering Services	金融业 Financial Intermediation	房地产业 Real Estate	租赁和商务服务业 Leasing and Business Services
全 国	**National Total**	**212.8**	**647.5**	**242.7**	**505.3**	**248.6**	**286.6**
北 京	Beijing	49.1	63.6	29.2	32.9	35.1	58.7
天 津	Tianjin	2.1	14.7	6.7	7.7	4.2	6.4
河 北	Hebei	5.9	23.5	5.3	23.8	4.9	5.1
山 西	Shanxi	4.9	18.1	4.9	15.0	2.1	5.5
内蒙古	Inner Mongolia	4.2	7.6	2.7	10.4	2.0	2.9
辽 宁	Liaoning	8.5	22.0	7.3	22.4	11.5	12.6
吉 林	Jilin	5.8	9.4	3.1	10.5	5.3	4.4
黑龙江	Heilongjiang	6.1	16.4	3.8	14.7	5.6	5.0
上 海	Shanghai	8.2	47.5	16.7	27.8	15.5	18.4
江 苏	Jiangsu	9.9	32.1	11.7	28.9	7.9	11.2
浙 江	Zhejiang	12.6	37.9	18.1	31.9	15.3	27.7
安 徽	Anhui	4.4	15.5	3.9	16.0	6.1	4.8
福 建	Fujian	5.4	20.1	8.7	13.6	9.1	6.6
江 西	Jiangxi	3.2	13.1	3.3	10.9	3.6	3.5
山 东	Shandong	8.4	48.2	13.6	34.6	13.4	10.3
河 南	Henan	5.9	42.7	10.5	23.8	11.6	11.1
湖 北	Hubei	5.6	27.4	8.2	15.8	8.1	4.5
湖 南	Hunan	6.9	17.3	9.1	20.4	9.3	8.7
广 东	Guangdong	19.7	55.6	29.0	46.1	33.4	31.7
广 西	Guangxi	4.2	12.8	4.3	11.0	4.9	9.3
海 南	Hainan	1.0	4.4	5.2	2.4	3.5	2.4
重 庆	Chongqing	3.9	16.4	7.1	11.5	7.3	5.7
四 川	Sichuan	6.5	17.8	6.1	21.4	6.5	6.4
贵 州	Guizhou	2.7	10.6	2.9	7.2	4.3	3.1
云 南	Yunnan	4.1	19.4	7.4	9.7	5.4	6.7
西 藏	Tibet	0.2	0.5	0.3	0.9		0.2
陕 西	Shaanxi	7.7	14.9	7.4	14.0	6.3	4.1
甘 肃	Gansu	1.8	5.6	1.9	6.9	1.6	1.9
青 海	Qinghai	0.9	2.3	0.8	2.0	1.0	0.8
宁 夏	Ningxia	0.6	1.6	0.4	2.8	1.1	1.4
新 疆	Xinjiang	2.5	8.5	2.9	8.1	2.8	5.3

2-10 续表 2 continued

单位: 万人 (10 000 persons)

地 区	Region	科学研究、技术服务和地质勘查业 Scientific Research, Technical Services, and Geological Prospecting	水利、环境和公共设施管理业 Management of Water Conservancy, Environment and Public Facilities	居民服务和其他服务业 Services to Households and Other Services	教育 Education	卫生、社会保障和社会福利业 Health, Social Securities and Social Welfare	文化、体育和娱乐业 Culture, Sports and Entertainment	公共管理和社会组织 Public Management and Social Organization
全 国	**National Total**	**298.5**	**230.3**	**59.9**	**1617.8**	**679.1**	**135.0**	**1467.6**
北 京	Beijing	50.6	9.0	7.3	42.6	22.4	16.5	43.1
天 津	Tianjin	5.3	3.4	6.8	16.5	8.9	1.6	14.1
河 北	Hebei	10.0	10.1	2.1	88.8	30.0	5.1	81.0
山 西	Shanxi	6.1	7.0	0.7	49.2	16.7	4.6	58.4
内蒙古	Inner Mongolia	4.4	7.8	2.1	34.6	12.8	3.3	36.6
辽 宁	Liaoning	13.9	14.2	3.0	55.1	28.1	5.2	50.6
吉 林	Jilin	6.8	8.5	0.9	36.8	17.5	3.7	32.5
黑龙江	Heilongjiang	12.2	10.2	5.1	45.9	20.4	4.1	42.8
上 海	Shanghai	12.4	6.3	2.4	27.7	17.7	5.2	19.4
江 苏	Jiangsu	12.0	13.0	1.1	87.1	39.7	6.0	65.0
浙 江	Zhejiang	15.5	11.9	1.7	63.5	35.3	6.6	59.9
安 徽	Anhui	7.5	7.2	0.5	61.6	23.1	3.3	47.1
福 建	Fujian	5.7	4.7	1.3	46.1	17.1	3.8	30.6
江 西	Jiangxi	5.5	5.4	0.5	47.8	17.4	2.9	46.1
山 东	Shandong	10.8	12.0	3.6	107.9	46.4	6.6	105.8
河 南	Henan	12.3	12.9	1.9	117.4	43.2	7.1	106.1
湖 北	Hubei	11.6	9.0	1.5	65.9	31.3	5.4	54.7
湖 南	Hunan	8.5	8.9	1.7	71.5	32.9	5.2	76.7
广 东	Guangdong	18.6	14.4	6.8	116.1	53.9	9.2	98.9
广 西	Guangxi	7.6	8.1	0.8	60.2	24.7	3.3	40.5
海 南	Hainan	1.6	2.2	0.4	12.5	4.5	1.2	10.6
重 庆	Chongqing	5.1	4.2	0.9	36.6	12.8	2.6	26.6
四 川	Sichuan	14.6	10.1	1.0	85.1	36.6	4.4	79.3
贵 州	Guizhou	4.6	3.8	1.3	42.5	13.1	1.9	41.4
云 南	Yunnan	6.4	5.5	0.7	52.9	17.6	3.4	47.0
西 藏	Tibet	0.7	0.2		4.3	1.5	0.6	10.0
陕 西	Shaanxi	14.4	8.5	1.4	56.7	20.6	4.9	50.6
甘 肃	Gansu	5.0	4.0	0.4	35.2	11.0	2.5	36.4
青 海	Qinghai	2.7	1.0	0.3	7.6	3.4	0.7	9.2
宁 夏	Ningxia	1.3	1.8		8.2	3.6	0.7	8.4
新 疆	Xinjiang	5.0	5.3	1.6	33.9	14.8	3.2	38.2

2-11 城镇单位就业人员工资总额和指数(2011年)
Total Wage Bill of Employed Persons in Urban Units and Related Indices (2011)

地 区	Region	工资总额（亿元）Total Wage Bill (100 million yuan)				指数（上年=100）Indices (preceding year=100)			
		合 计 Total	国有单位 State-owned Units	城镇集体单位 Urban Collective-owned Units	其他单位 Units of Other Types of Ownership	合 计 Total	国有单位 State-owned Units	城镇集体单位 Urban Collective-owned Units	其他单位 Units of Other Types of Ownership
全 国	**National Total**	**59954.7**	**28954.8**	**1737.4**	**29262.4**	**126.8**	**116.3**	**121.2**	**139.7**
北 京	Beijing	5099.7	1460.2	66.9	3572.6	123.3	115.5	109.2	127.1
天 津	Tianjin	1483.2	551.4	32.2	899.6	141.1	120.9	179.3	155.8
河 北	Hebei	1975.3	1152.9	56.1	766.2	121.2	109.3	97.0	148.1
山 西	Shanxi	1598.9	885.7	66.4	646.8	124.3	115.1	129.9	138.8
内蒙古	Inner Mongolia	1122.0	762.4	33.1	326.6	126.3	121.0	124.0	140.9
辽 宁	Liaoning	2242.7	1206.6	86.9	949.3	125.5	120.1	137.6	132.0
吉 林	Jilin	940.3	581.9	24.5	333.9	121.1	116.8	105.2	131.1
黑龙江	Heilongjiang	1486.0	1055.0	44.0	387.0	116.3	112.2	99.7	132.1
上 海	Shanghai	3735.5	1213.6	53.9	2468.1	143.1	115.0	140.4	162.7
江 苏	Jiangsu	3673.3	1606.2	111.1	1955.9	122.5	116.1	122.5	128.3
浙 江	Zhejiang	4440.1	1499.0	115.9	2825.3	126.2	113.1	114.9	135.1
安 徽	Anhui	1590.1	849.5	51.8	688.8	129.8	122.9	121.6	140.3
福 建	Fujian	2270.3	749.7	51.6	1469.0	141.7	122.0	118.5	155.6
江 西	Jiangxi	1080.6	656.4	43.6	380.6	129.1	109.4	176.5	179.5
山 东	Shandong	3956.1	1885.8	182.1	1888.2	124.9	112.0	123.8	141.3
河 南	Henan	2775.3	1408.1	123.1	1244.0	125.4	115.8	121.3	138.8
湖 北	Hubei	2083.9	1132.5	47.7	903.7	130.1	116.8	94.8	155.5
湖 南	Hunan	1869.6	972.1	71.2	826.2	126.3	113.0	112.6	148.5
广 东	Guangdong	5574.9	2272.4	154.5	3148.0	124.3	116.5	119.7	130.9
广 西	Guangxi	1113.5	726.2	43.1	344.2	116.9	110.3	118.3	133.4
海 南	Hainan	306.1	199.6	8.7	97.8	122.4	117.7	115.9	134.1
重 庆	Chongqing	1298.8	565.4	30.3	703.0	144.7	123.9	121.4	168.9
四 川	Sichuan	2268.9	1447.9	95.2	725.8	123.3	118.0	121.2	135.6
贵 州	Guizhou	856.8	627.9	23.1	205.8	128.1	130.0	134.0	121.9
云 南	Yunnan	1176.3	739.6	34.5	402.2	126.4	117.1	135.8	146.9
西 藏	Tibet	114.6	110.3	0.6	3.7	105.1	104.9	77.6	120.2
陕 西	Shaanxi	1537.0	1088.6	41.1	407.2	126.5	123.9	128.9	133.8
甘 肃	Gansu	643.3	488.9	21.0	133.4	113.1	110.0	134.8	122.3
青 海	Qinghai	250.6	192.5	4.5	53.6	132.2	123.9	129.9	174.3
宁 夏	Ningxia	266.4	156.4	4.3	105.7	117.9	119.0	117.8	116.4
新 疆	Xinjiang	1124.6	709.8	14.4	400.3	132.2	122.9	132.2	152.6

2-12 城镇单位就业人员平均工资和指数(2011年)
Average Wage of Employed Persons in Urban Units and Related Indices (2011)

地 区	Region	平均工资 (元) Average Wage (yuan)					平均实际工资指数(上年=100) Indices of Average Real Wage(preceding year=100)				
		合 计 Total	#在岗职工 Staff and Workers	国有单位 State-owned Units	城镇集体单位 Urban Collective-owned Units	其他单位 Units of Other Types of Ownership	合 计 Total	#在岗职工 Staff and Workers	国有单位 State-owned Units	城镇集体单位 Urban Collective-owned Units	其他单位 Units of Other Types of Ownership
全 国	**National Total**	**41799**	**42452**	**43483**	**28791**	**41323**	**108.6**	**108.5**	**107.7**	**113.9**	**109.6**
北 京	Beijing	75482	75834	78270	32574	76251	110.0	109.6	110.3	116.0	109.3
天 津	Tianjin	55658	56477	64153	35213	52489	102.7	101.3	107.6	88.7	102.7
河 北	Hebei	35309	35973	35872	24788	35575	106.6	105.7	106.5	107.9	105.7
山 西	Shanxi	39230	39903	36542	27038	45992	112.7	113.0	106.2	119.0	121.8
内蒙古	Inner Mongolia	41118	41481	43788	37382	36317	110.9	110.9	111.6	121.2	110.3
辽 宁	Liaoning	38154	38713	39910	23845	38116	105.2	104.9	106.7	113.8	102.9
吉 林	Jilin	33610	34197	34230	25252	33366	110.1	110.5	108.1	142.1	109.7
黑龙江	Heilongjiang	31302	33503	31693	24712	31200	107.2	107.5	106.1	119.8	107.9
上 海	Shanghai	75591	77031	83519	51422	72935	108.6	101.8	110.3	118.8	109.0
江 苏	Jiangsu	45487	45987	55522	36085	40126	108.6	107.8	106.4	113.2	111.2
浙 江	Zhejiang	45162	45780	67781	41039	38504	105.5	104.7	103.2	109.3	109.2
安 徽	Anhui	39352	40640	39287	29539	40445	112.1	112.4	110.4	117.5	113.4
福 建	Fujian	38588	38989	46846	33760	35568	113.3	113.4	111.0	120.3	116.6
江 西	Jiangxi	33239	34102	35597	24403	30984	111.3	111.3	112.6	129.5	113.0
山 东	Shandong	37618	37992	43469	29683	33931	107.2	107.0	107.3	110.0	109.9
河 南	Henan	33634	34203	35386	24220	33054	107.1	107.2	106.8	112.8	107.2
湖 北	Hubei	36128	37134	39104	26536	33568	107.9	108.2	106.0	105.2	112.8
湖 南	Hunan	34586	35520	35626	26066	34374	110.7	110.7	106.1	114.6	117.2
广 东	Guangdong	45060	45152	53976	25573	41651	105.8	106.2	104.6	108.2	107.5
广 西	Guangxi	33032	34064	34886	22123	31449	102.3	101.6	101.7	97.6	106.1
海 南	Hainan	36244	36716	37562	24862	35165	111.8	112.4	112.9	115.5	109.3
重 庆	Chongqing	39430	40042	43617	28078	37206	107.8	107.6	111.4	112.0	106.4
四 川	Sichuan	37330	37924	42048	28342	31575	108.9	108.8	108.7	114.8	110.7
贵 州	Guizhou	36102	37331	37359	30894	33314	112.7	112.7	112.7	121.9	110.9
云 南	Yunnan	34004	35031	38684	32102	27932	110.6	110.2	110.9	125.9	114.1
西 藏	Tibet	49464	55845	50770	15163	35405	94.1	97.5	93.8	88.9	99.9
陕 西	Shaanxi	38143	39043	40349	26670	34591	108.5	108.1	111.0	124.2	101.2
甘 肃	Gansu	32092	32724	32366	27826	31869	104.7	105.0	102.8	119.7	110.6
青 海	Qinghai	41370	42493	46936	23745	30327	108.8	108.5	107.6	111.1	124.3
宁 夏	Ningxia	42703	44574	41217	37143	45402	109.1	108.1	110.8	92.5	107.4
新 疆	Xinjiang	38238	38820	36309	38944	42184	113.5	113.9	111.2	118.4	116.2

2-13 城镇登记失业人员及失业率

Registered Unemployed Persons and Unemployment Rate in Urban Area

地 区	Region	失业人员（万人） Unemployed Persons (10 000 persons)				失业率（%） Unemployment Rate (%)			
		1990	2005	2010	2011	1990	2005	2010	2011
全 国	**National Total**	**383.2**	**839.0**	**908.0**	**922.0**	**2.5**	**4.2**	**4.1**	**4.1**
北 京	Beijing	1.7	10.6	7.7	8.1	0.4	2.1	1.4	1.4
天 津	Tianjin	8.1	11.7	16.1	20.1	2.7	3.7	3.6	3.6
河 北	Hebei	7.7	27.8	35.1	36.0	1.1	3.9	3.9	3.8
山 西	Shanxi	5.5	14.3	20.4	21.1	1.2	3.0	3.6	3.5
内蒙古	Inner Mongolia	15.2	17.7	20.8	21.8	3.8	4.3	3.9	3.8
辽 宁	Liaoning	23.7	60.4	38.9	39.4	2.2	5.6	3.6	3.7
吉 林	Jilin	10.5	27.6	22.7	22.2	1.9	4.2	3.8	3.7
黑龙江	Heilongjiang	20.4	31.3	36.2	35.0	2.2	4.4	4.3	4.1
上 海	Shanghai	7.7	27.5	27.7	27.0	1.5		4.4	3.5
江 苏	Jiangsu	22.5	41.6	40.6	41.4	2.4	3.6	3.2	3.2
浙 江	Zhejiang	11.2	29.0	31.1	31.7	2.2	3.7	3.2	3.1
安 徽	Anhui	15.2	27.8	26.9	33.1	2.8	4.4	3.7	3.7
福 建	Fujian	9.0	14.9	14.5	14.6	2.6	4.0	3.8	3.7
江 西	Jiangxi	10.3	22.8	26.3	24.6	2.4	3.5	3.3	3.0
山 东	Shandong	26.2	42.9	59.5	45.0	3.2	3.3	3.4	3.4
河 南	Henan	25.1	33.0	38.2	38.4	3.3	3.5	3.4	3.4
湖 北	Hubei	12.7	52.6	55.7	55.1	1.7	4.3	4.2	4.1
湖 南	Hunan	15.9	41.9	43.2	43.1	2.7	4.3	4.2	4.2
广 东	Guangdong	19.2	34.5	39.3	38.8	2.2	2.6	2.5	2.5
广 西	Guangxi	13.9	18.5	19.1	18.8	3.9	4.2	3.7	3.5
海 南	Hainan	3.5	5.1	4.8	2.9	3.0	3.6	3.0	1.7
重 庆	Chongqing		16.9	13.0	13.0		4.1	3.9	3.5
四 川	Sichuan	38.0	34.3	34.6	36.9	3.7	4.6	4.1	4.2
贵 州	Guizhou	10.7	12.1	12.2	12.5	4.1	4.2	3.6	3.6
云 南	Yunnan	7.8	13.0	15.7	16.0	2.5	4.2	4.2	4.1
西 藏	Tibet			2.1	1.0			4.0	3.2
陕 西	Shaanxi	11.2	21.5	21.4	20.9	2.8	4.2	3.9	3.6
甘 肃	Gansu	12.5	9.3	10.7	10.8	4.9	3.3	3.2	3.1
青 海	Qinghai	4.2	3.6	4.2	4.4	5.6	3.9	3.8	3.8
宁 夏	Ningxia	4.0	4.4	4.8	5.2	5.4	4.5	4.4	4.4
新 疆	Xinjiang	9.6	11.1	11.0	11.1	3.0	3.9	3.2	3.2

2-14 全社会固定资产投资和住宅投资(2011年)
Total Investment in Fixed Assets in the Whole Country and Investment in Residential Buildings (2011)

单位：亿元 (100 million yuan)

地 区	Region	全社会投资 Total Investment	固定资产投资 (不含农户) Investment in Fixed Assets (excluding rural households)	#房地产开发 Real Estate Development	全社会住宅投资 Total Investment in Residential Buildings	固定资产投资 (不含农户) Investment in Fixed Assets (excluding rural households)	#房地产 Real Estate Development
全 国	**National Total**	**311485.1**	**302396.1**	**61796.9**	**57824.4**	**51773.4**	**44319.5**
北 京	Beijing	5578.9	5519.8	3036.3	1942.6	1893.0	1778.3
天 津	Tianjin	7067.7	7040.7	1080.2	910.7	896.0	689.3
河 北	Hebei	16389.3	15780.3	3054.6	3141.5	2768.4	2282.6
山 西	Shanxi	7073.1	6837.7	790.2	1187.7	1034.8	615.3
内蒙古	Inner Mongolia	10365.2	10253.0	1591.2	1312.8	1277.7	1069.5
辽 宁	Liaoning	17726.3	17431.5	4487.6	3691.6	3514.1	3410.5
吉 林	Jilin	7441.7	7226.6	1195.4	1059.3	993.4	920.8
黑龙江	Heilongjiang	7475.4	7157.9	1227.6	1378.2	1297.5	947.9
上 海	Shanghai	4962.1	4959.9	2253.8	1469.2	1467.2	1465.5
江 苏	Jiangsu	26692.6	26313.5	5567.9	4687.6	4515.8	4094.0
浙 江	Zhejiang	14185.3	13651.7	4137.3	3510.6	3068.8	2723.7
安 徽	Anhui	12455.7	12007.9	2611.5	2478.6	2153.1	1869.6
福 建	Fujian	9910.9	9677.1	2406.3	1924.8	1737.6	1572.1
江 西	Jiangxi	9087.6	8753.9	867.0	1030.9	787.6	661.1
山 东	Shandong	26749.7	25907.4	4106.8	4481.0	4002.7	3198.8
河 南	Henan	17769.0	16934.3	2626.5	3033.4	2336.5	2021.2
湖 北	Hubei	12557.3	12195.4	2066.5	1816.8	1497.7	1334.4
湖 南	Hunan	11880.9	11407.7	1943.8	1978.2	1599.1	1487.9
广 东	Guangdong	17069.2	16599.2	4809.9	4021.1	3666.5	3453.0
广 西	Guangxi	7990.7	7580.9	1517.5	1455.9	1172.5	1079.0
海 南	Hainan	1657.2	1599.1	650.8	688.0	643.1	562.3
重 庆	Chongqing	7473.4	7367.0	2015.1	1676.9	1622.8	1438.4
四 川	Sichuan	14222.2	13687.7	2819.2	2846.3	2497.9	1989.4
贵 州	Guizhou	4235.9	4026.5	873.5	803.5	651.4	576.4
云 南	Yunnan	6191.0	5932.7	1280.1	1200.0	1037.2	884.8
西 藏	Tibet	516.3	516.3	5.1	28.1	28.1	3.7
陕 西	Shaanxi	9431.1	9109.0	1410.9	1902.9	1673.8	1176.9
甘 肃	Gansu	3965.8	3870.1	367.0	622.9	561.7	266.7
青 海	Qinghai	1435.6	1365.9	144.7	306.4	250.5	90.1
宁 夏	Ningxia	1644.7	1589.1	336.2	305.2	272.9	239.5
新 疆	Xinjiang	4632.1	4445.0	516.4	886.9	808.8	416.4
不分地区	Not Classified by Region	5651.3	5651.3		45.0	45.0	

注：2011年起，除房地产投资、农村个人投资外，固定资产投资的统计起点由50万元提高至500万元；城镇固定资产投资数据发布口径改为固定资产投资（不含农户），固定资产投资（不含农户）等于原口径的城镇固定资产投资加上农村企事业组织的项目投资。

a) Since 2011, the cut-off point has changed from 500 000 to 5 million yuan, published coverage of investment in fixed assets in urban area changed into investment in fixed assets (excluding rural households) which included investment in urban area and investment in rural enterprises(units).

2-15 按登记注册类型分全社会固定资产投资(2011年)

Total Investment in Fixed Assets in the Whole Country by Status of Registration (2011)

单位：亿元 (100 million yuan)

地区	Region	总计 Total	内资 Domestic	国有 State-owned	集体 Collective-owned	股份合作 Cooperative	联营 Joint
全国总计	**National Total**	**311485.1**	**292768.3**	**82494.8**	**10245.1**	**1627.5**	**988.6**
北京	Beijing	5578.9	5063.5	1274.1	90.4	4.9	1.4
天津	Tianjin	7067.7	6576.7	2483.8	414.1	35.8	28.9
河北	Hebei	16389.3	15929.7	2874.0	932.3	68.5	53.6
山西	Shanxi	7073.1	6949.1	2780.8	333.4	59.6	36.9
内蒙古	Inner Mongolia	10365.2	10260.4	3448.2	109.2	63.4	9.3
辽宁	Liaoning	17726.3	15901.8	3475.3	410.7	37.1	18.9
吉林	Jilin	7441.7	7170.9	1650.5	44.2	17.4	11.0
黑龙江	Heilongjiang	7475.4	7327.6	2831.5	57.9	34.3	23.7
上海	Shanghai	4962.1	4201.4	1553.4	119.4	4.3	37.6
江苏	Jiangsu	26692.6	23379.4	4556.4	1042.6	85.2	97.9
浙江	Zhejiang	14185.3	12969.3	3197.5	333.0	34.5	76.6
安徽	Anhui	12455.7	11983.9	2635.4	255.5	59.9	31.8
福建	Fujian	9910.9	8686.3	2713.4	238.9	23.3	64.7
江西	Jiangxi	9087.6	8658.3	1907.5	96.2	114.1	27.0
山东	Shandong	26749.7	25438.4	3448.7	2549.7	151.3	53.9
河南	Henan	17769.0	17352.3	2696.2	888.6	148.6	74.6
湖北	Hubei	12557.3	11986.9	3315.2	517.8	92.6	46.4
湖南	Hunan	11880.9	11527.5	3268.6	257.4	238.2	39.4
广东	Guangdong	17069.2	14621.7	3689.7	689.7	76.5	47.3
广西	Guangxi	7990.7	7635.8	2120.5	112.2	58.9	26.7
海南	Hainan	1657.2	1462.1	438.2	0.8	12.4	6.8
重庆	Chongqing	7473.4	6993.3	2619.5	63.6	9.9	42.0
四川	Sichuan	14222.2	13616.7	4622.3	89.0	80.9	57.0
贵州	Guizhou	4235.9	4121.9	1733.0	17.3	26.3	9.2
云南	Yunnan	6191.0	6058.6	2376.8	74.3	24.9	7.8
西藏	Tibet	516.3	514.1	378.8	4.6		1.1
陕西	Shaanxi	9431.1	9213.5	3902.1	390.0	47.6	38.1
甘肃	Gansu	3965.8	3932.7	1991.3	88.9	9.3	8.1
青海	Qinghai	1435.6	1394.3	660.3	13.4	3.3	1.4
宁夏	Ningxia	1644.7	1618.6	566.7	2.3		0.6
新疆	Xinjiang	4632.1	4570.3	1633.8	7.7	4.6	8.9
不分地区	Not Classified by Region	5651.3	5651.3	5651.3			

2-15 续表 continued

单位：亿元 (100 million yuan)

地 区 Region	有限责任公司 Limited Liability	股份有限公司 Share-holding	私营 Private	个体 Self-employed Individual	其他 Others	港、澳、台商投资 Funds from Hong Kong, Macao and Taiwan	外商投资 Foreign Funded
全国总计 National Total	**86254.9**	**19023.4**	**71338.0**	**10483.2**	**10312.7**	**9431.0**	**9285.9**
北 京 Beijing	3229.2	189.8	188.6	59.2	26.0	252.7	262.7
天 津 Tianjin	2276.0	412.7	736.4	63.1	125.9	197.4	293.6
河 北 Hebei	4802.1	1036.3	4977.8	630.6	554.4	149.7	310.0
山 西 Shanxi	2045.6	426.3	880.4	249.2	137.0	44.1	79.8
内蒙古 Inner Mongolia	3972.7	724.0	1496.1	129.2	308.3	52.4	52.3
辽 宁 Liaoning	4225.5	833.3	6182.5	372.6	346.0	1094.0	730.6
吉 林 Jilin	2718.5	449.1	1805.5	281.3	193.3	126.7	144.1
黑龙江 Heilongjiang	2107.1	544.4	1165.7	358.7	204.3	55.7	92.0
上 海 Shanghai	1364.6	142.5	967.4	2.1	10.1	250.1	510.6
江 苏 Jiangsu	5634.8	1298.5	9624.4	417.9	621.6	1365.2	1948.0
浙 江 Zhejiang	4495.0	481.2	3584.3	557.7	209.5	659.3	556.7
安 徽 Anhui	3533.3	734.1	3841.7	487.2	404.9	249.9	222.0
福 建 Fujian	2436.3	357.1	2366.1	248.1	238.5	712.5	512.1
江 西 Jiangxi	2460.6	575.6	2811.1	429.7	236.4	216.2	213.1
山 东 Shandong	7348.2	1821.7	7343.5	890.7	1830.7	537.1	774.2
河 南 Henan	4613.8	1716.6	4748.6	959.5	1505.8	230.7	185.9
湖 北 Hubei	3108.9	1021.9	2848.0	424.4	611.8	247.8	322.7
湖 南 Hunan	2785.2	900.9	2805.6	586.0	646.2	205.7	147.8
广 东 Guangdong	5171.4	979.1	2817.7	658.0	492.2	1531.5	916.0
广 西 Guangxi	2078.2	596.2	1837.1	510.4	295.8	196.8	158.0
海 南 Hainan	635.2	137.1	151.7	60.9	18.9	166.5	28.6
重 庆 Chongqing	1961.1	335.9	1607.9	161.4	192.1	264.5	215.6
四 川 Sichuan	4792.5	917.8	2056.1	581.3	419.8	302.5	303.1
贵 州 Guizhou	1298.5	201.3	575.3	219.1	41.9	87.9	26.2
云 南 Yunnan	1639.4	368.1	1192.4	294.4	80.6	58.6	73.8
西 藏 Tibet	17.0	14.8	30.8	21.3	45.7	0.7	1.6
陕 西 Shaanxi	2509.0	596.1	1052.3	392.6	285.8	114.1	103.5
甘 肃 Gansu	857.2	299.3	465.4	106.6	106.6	18.7	14.4
青 海 Qinghai	382.2	103.7	125.6	70.4	33.9	7.0	34.3
宁 夏 Ningxia	432.7	105.7	447.1	56.5	7.0	11.6	14.6
新 疆 Xinjiang	1323.3	702.1	605.0	203.3	81.7	23.5	38.4
不分地区 Not Classified by Region							

2-16 全社会固定资产投资资金来源(2011年)

Sources of Funds for Investment in Fixed Assets in the Whole Country (2011)

单位：亿元　　　　(100 million yuan)

地 区	Region	本年资金来源小计 Subtotal of Sources of Funds This Year	国家预算资金 State Budget	国内贷款 Domestic Loans	利用外资 Foreign Investment	自筹资金 Self-raising Funds	其他资金 Others
全 国	**National Total**	**345984.2**	**14843.3**	**46344.5**	**5062.0**	**229346.8**	**50387.5**
北 京	Beijing	7928.7	70.7	1711.8	29.5	3433.1	2683.6
天 津	Tianjin	8102.6	61.2	1677.0	94.8	5131.9	1137.7
河 北	Hebei	18047.1	380.0	1655.8	111.6	14132.0	1767.8
山 西	Shanxi	6933.1	379.7	805.2	19.5	4967.6	761.2
内蒙古	Inner Mongolia	10885.7	424.5	1253.6	12.8	8627.7	567.1
辽 宁	Liaoning	21125.0	995.3	3151.0	380.6	14291.5	2306.6
吉 林	Jilin	7617.9	234.4	461.7	66.8	6139.6	715.5
黑龙江	Heilongjiang	8173.1	412.8	523.3	22.9	6389.1	825.0
上 海	Shanghai	6339.4	75.9	1346.0	147.7	3358.0	1411.8
江 苏	Jiangsu	30753.6	344.9	3778.1	1241.6	20972.8	4416.1
浙 江	Zhejiang	16451.0	687.1	2622.6	270.8	9377.8	3492.6
安 徽	Anhui	13782.9	701.1	1194.1	106.3	9790.9	1990.6
福 建	Fujian	11226.2	761.1	1541.9	387.2	6520.8	2015.3
江 西	Jiangxi	9801.6	435.7	743.3	176.2	7413.4	1033.1
山 东	Shandong	28879.4	632.6	3000.9	460.2	21552.4	3233.3
河 南	Henan	18087.3	352.5	2097.7	100.7	13987.2	1549.1
湖 北	Hubei	13832.9	622.3	1719.3	201.9	9627.3	1662.1
湖 南	Hunan	13188.1	666.9	1455.4	179.5	9092.6	1793.8
广 东	Guangdong	19707.0	378.9	2769.8	574.0	11725.8	4258.5
广 西	Guangxi	8233.3	281.0	1061.5	67.0	5703.8	1120.0
海 南	Hainan	2024.0	112.4	543.8	34.0	811.1	522.6
重 庆	Chongqing	9079.7	542.7	1592.3	108.6	4618.4	2217.7
四 川	Sichuan	15219.9	1013.5	2067.7	127.3	9490.2	2521.0
贵 州	Guizhou	4609.7	379.6	900.3	15.0	2607.3	707.4
云 南	Yunnan	6560.5	422.2	1103.5	11.8	3876.3	1146.7
西 藏	Tibet	607.7	377.4	16.2	4.8	166.1	43.3
陕 西	Shaanxi	10707.2	776.1	1098.3	32.7	7290.0	1510.1
甘 肃	Gansu	3873.8	624.9	516.1	17.5	2318.6	396.7
青 海	Qinghai	1488.1	298.7	226.9	7.6	780.8	174.1
宁 夏	Ningxia	1655.6	132.7	353.4	8.9	885.9	274.8
新 疆	Xinjiang	5045.5	585.2	667.2	13.7	3021.3	758.1
不分地区	Not Classified by Region	6016.6	679.5	2688.9	28.5	1245.4	1374.3

2-17 按主要行业分的全社会固定资产投资(2011年)
Total Investment in Fixed Assets in the Whole Country by Sector (2011)

单位：亿元 (100 million yuan)

地 区	Region	合 计 Total	农、林、牧、渔业 Agriculture, Forestry, Animal Husbandry and Fishery	采矿业 Mining	制造业 Manufacturing	电力、燃气及水的生产和供应业 Production and Supply of Electricity, Gas and Water	建筑业 Construction	交通运输、仓储和邮政业 Transport, Storage and Post
全 国	**National Total**	**311485.1**	**8757.8**	**11747.0**	**102712.9**	**14659.7**	**3357.1**	**28291.7**
北 京	Beijing	5578.9	47.2	8.7	570.2	161.8	10.3	506.0
天 津	Tianjin	7067.7	151.2	227.5	2546.4	235.2	52.6	506.5
河 北	Hebei	16389.3	590.4	576.0	6129.0	717.0	42.0	1433.1
山 西	Shanxi	7073.1	271.2	1425.9	1365.4	547.6	9.6	935.8
内蒙古	Inner Mongolia	10365.2	490.3	975.6	2787.5	1144.3	103.4	988.0
辽 宁	Liaoning	17726.3	536.9	546.6	5976.4	698.4	245.6	909.4
吉 林	Jilin	7441.7	320.0	394.6	3207.1	386.9	38.8	497.8
黑龙江	Heilongjiang	7475.4	655.7	567.8	2012.7	364.9	246.1	572.7
上 海	Shanghai	4962.1	18.6	0.6	1097.5	159.0	12.9	519.8
江 苏	Jiangsu	26692.6	225.4	68.0	13103.6	629.3	156.2	1225.6
浙 江	Zhejiang	14185.3	131.6	25.0	4504.7	618.9	39.3	1119.2
安 徽	Anhui	12455.7	256.4	305.5	5072.9	335.8	269.6	464.8
福 建	Fujian	9910.9	175.7	111.1	3064.8	538.1	30.9	1207.6
江 西	Jiangxi	9087.6	235.1	228.7	4644.4	276.9	57.6	456.8
山 东	Shandong	26749.7	731.7	592.6	10808.1	632.6	440.6	1456.8
河 南	Henan	17769.0	720.9	717.4	7903.6	492.3	14.4	812.5
湖 北	Hubei	12557.3	339.2	229.1	4733.9	427.4	33.2	1030.8
湖 南	Hunan	11880.9	399.6	442.2	3929.1	471.6	92.3	1171.7
广 东	Guangdong	17069.2	302.1	74.7	4523.3	924.5	28.6	1677.2
广 西	Guangxi	7990.7	314.3	250.6	2291.0	398.3	24.8	791.8
海 南	Hainan	1657.2	24.2	14.9	132.6	119.6	30.7	100.3
重 庆	Chongqing	7473.4	323.6	148.3	2056.1	277.8	300.5	714.7
四 川	Sichuan	14222.2	361.6	409.2	3893.2	1048.1	11.5	1742.7
贵 州	Guizhou	4235.9	83.2	407.8	792.4	317.2	24.9	588.9
云 南	Yunnan	6191.0	153.9	262.0	988.3	783.1	65.1	904.0
西 藏	Tibet	516.3	24.2	15.3	34.8	65.1	31.2	146.1
陕 西	Shaanxi	9431.1	393.2	892.2	1877.0	303.6	320.3	809.0
甘 肃	Gansu	3965.8	128.6	213.7	735.0	486.4	480.8	252.5
青 海	Qinghai	1435.6	85.0	88.0	360.0	181.5	34.1	134.0
宁 夏	Ningxia	1644.7	47.8	124.8	423.2	241.6	28.1	105.5
新 疆	Xinjiang	4632.1	219.2	653.1	1148.4	569.5	81.3	387.8
不分地区	Not Classified by Region	5651.3		749.4		105.4		4122.3

2-17 续表 1 continued

单位：亿元 (100 million yuan)

地 区	Region	信息传输、计算机服务和软件业 Information Transmission, Computer Services and Software	批发和零售业 Wholesale and Retail Trades	住宿和餐饮业 Hotels and Catering Services	金融业 Financial Intermediation	房地产业 Real Estate	租赁和商务服务业 Leasing and Business Services	科学研究、技术服务和地质勘查业 Scientific Research, Technical Services, and Geological Prospecting
全 国	**National Total**	**2174.4**	**7439.4**	**3956.6**	**638.7**	**81686.1**	**3382.8**	**1679.8**
北 京	Beijing	112.9	28.7	38.1	38.1	3241.7	46.2	92.0
天 津	Tianjin	70.3	129.0	57.3	34.7	1357.2	478.5	24.6
河 北	Hebei	78.6	440.3	130.4	24.1	4437.6	80.8	73.5
山 西	Shanxi	26.0	148.2	51.7	1.7	1478.7	15.8	24.2
内蒙古	Inner Mongolia	70.4	347.2	87.3	45.2	1861.2	97.7	51.2
辽 宁	Liaoning	105.5	532.0	323.7	56.7	4884.5	410.4	107.8
吉 林	Jilin	38.1	243.5	53.4	4.9	1480.6	33.1	28.8
黑龙江	Heilongjiang	82.4	211.1	62.0	9.3	1731.2	77.3	30.6
上 海	Shanghai	82.2	52.3	36.1	23.3	2309.7	50.8	50.5
江 苏	Jiangsu	180.4	609.4	344.5	55.4	6746.6	394.2	226.1
浙 江	Zhejiang	138.4	226.5	163.8	25.1	5287.2	119.7	49.7
安 徽	Anhui	58.4	253.1	170.5	58.2	3582.5	139.6	57.4
福 建	Fujian	106.7	172.1	142.7	23.2	2877.6	87.0	35.8
江 西	Jiangxi	44.5	283.5	205.4	23.6	1349.4	87.4	23.7
山 东	Shandong	69.1	950.0	408.8	33.3	6550.1	251.4	238.4
河 南	Henan	31.9	409.8	175.2	16.6	4454.9	56.4	41.3
湖 北	Hubei	82.2	397.2	212.9	30.3	2828.9	103.8	38.2
湖 南	Hunan	73.0	360.5	169.2	19.6	2654.8	195.1	102.3
广 东	Guangdong	243.3	421.9	288.2	30.6	5874.7	202.9	124.0
广 西	Guangxi	93.2	143.0	104.7	17.8	2050.6	87.1	20.6
海 南	Hainan	29.1	7.0	148.4	6.4	779.2	4.4	3.7
重 庆	Chongqing	47.8	81.0	45.4	2.5	2298.3	23.4	14.8
四 川	Sichuan	79.9	223.8	155.3	31.8	3993.9	135.4	44.6
贵 州	Guizhou	15.5	35.8	41.3	0.9	1148.4	10.5	7.3
云 南	Yunnan	49.2	254.2	116.9	4.1	1640.7	41.0	33.5
西 藏	Tibet	6.0	3.4	13.4	0.5	52.1	1.7	0.8
陕 西	Shaanxi	62.7	272.8	128.1	2.9	2306.5	110.7	56.0
甘 肃	Gansu	32.5	101.6	42.2	10.4	688.7	15.4	23.0
青 海	Qinghai	0.6	13.3	7.7	0.3	334.0	7.5	6.3
宁 夏	Ningxia	16.3	41.6	11.1	2.7	416.6	0.8	1.3
新 疆	Xinjiang	47.6	45.6	20.8	4.7	988.0	16.9	17.6
不分地区	Not Classified by Region							30.3

2-17 续表 2 continued

单位: 亿元 (100 million yuan)

地 区	Region	水利、环境和公共设施管理业 Management of Water Conservancy, Environment and Public Facilities	居民服务和其他服务业 Services to Households and Other Services	教育 Education	卫生、社会保障和社会福利业 Health, Social Securities and Social Welfare	文化、体育和娱乐业 Culture, Sports and Entertainment	公共管理和社会组织 Public Management and Social Organizations	国际组织 International Organizations
全 国	**National Total**	**24523.1**	**1443.3**	**3894.6**	**2330.3**	**3162.0**	**5647.8**	
北 京	Beijing	380.7	11.5	133.0	48.1	55.0	48.8	
天 津	Tianjin	794.2	94.4	70.6	21.1	105.1	111.1	
河 北	Hebei	1067.3	69.3	143.3	91.0	157.8	107.8	
山 西	Shanxi	490.3	9.6	125.5	52.0	77.7	16.2	
内蒙古	Inner Mongolia	822.0	21.0	142.3	60.3	71.4	199.0	
辽 宁	Liaoning	1489.2	156.5	178.1	93.0	184.3	291.1	
吉 林	Jilin	437.3	35.3	59.7	41.0	72.7	68.2	
黑龙江	Heilongjiang	497.7	32.2	69.0	59.2	63.8	130.0	
上 海	Shanghai	363.1	3.3	46.9	66.3	39.4	29.8	
江 苏	Jiangsu	1736.2	159.1	218.8	145.7	209.8	258.2	
浙 江	Zhejiang	1187.2	24.8	148.7	94.3	114.6	166.7	
安 徽	Anhui	822.5	28.4	177.5	96.7	109.7	196.1	
福 建	Fujian	809.1	16.2	147.8	60.0	129.2	175.3	
江 西	Jiangxi	744.1	52.9	106.3	74.3	106.5	86.6	
山 东	Shandong	1351.3	350.5	273.4	191.4	544.8	874.8	
河 南	Henan	1283.8	68.7	230.4	157.4	110.4	70.9	
湖 北	Hubei	1124.1	45.0	151.8	128.5	121.3	499.6	
湖 南	Hunan	1092.3	56.3	157.4	129.7	94.5	269.8	
广 东	Guangdong	1608.1	40.4	279.2	127.8	189.9	107.8	
广 西	Guangxi	948.9	19.2	162.2	72.5	94.4	105.7	
海 南	Hainan	108.0	0.5	29.2	36.7	46.2	36.1	
重 庆	Chongqing	770.0	33.1	90.9	44.8	58.2	142.2	
四 川	Sichuan	1371.9	31.6	208.4	124.0	140.6	214.6	
贵 州	Guizhou	636.6	4.8	54.3	15.5	20.5	30.1	
云 南	Yunnan	471.6	18.2	125.5	62.2	100.5	116.9	
西 藏	Tibet	43.5	1.8	15.9	7.1	11.7	41.9	
陕 西	Shaanxi	1030.5	31.4	155.4	119.3	54.9	504.7	
甘 肃	Gansu	261.1	17.9	63.8	49.2	36.1	326.9	
青 海	Qinghai	59.2	3.6	45.4	18.0	14.0	43.1	
宁 夏	Ningxia	96.8	1.5	27.1	11.6	11.1	35.4	
新 疆	Xinjiang	195.6	4.2	57.0	31.9	15.9	127.1	
不分地区	Not Classified by Region	428.7					215.1	

2-18 全社会房屋施工、竣工面积和价值(2011年)
Value and Floor Space of Buildings under Construction and Completed in the Whole Country (2011)

地 区	Region	房屋施工面积(万平方米) Floor Space of Buildings under Construction (10 000 sq.m)	#住宅 Residential Buildings	#商品住宅 Commercialized Buildings	房屋竣工面积(万平方米) Floor Space of Buildings Completed (10 000 sq.m)	#住宅 Residential Buildings	#商品住宅 Commercialized Buildings	房屋竣工价值(亿元) Value of Buildings Completed (100 million yuan)	#住宅 Residential Buildings	#商品住宅 Commercialized Buildings
全 国	**National Total**	**1035518.9**	**574909.9**	**387706.0**	**329073.3**	**197452.2**	**74319.1**	**48393.1**	**26465.1**	**16947.7**
北 京	Beijing	18041.6	8817.1	7168.1	4032.9	2121.8	1316.1	1067.2	455.1	340.3
天 津	Tianjin	17475.9	7784.6	6624.0	3491.2	1960.7	1645.1	966.1	577.3	513.8
河 北	Hebei	57110.6	31201.6	21320.2	17580.7	10093.9	4273.7	2822.7	1554.1	1036.7
山 西	Shanxi	19196.7	13589.0	7714.3	7175.4	5314.7	1888.2	1040.7	731.8	345.9
内蒙古	Inner Mongolia	23773.9	13243.3	10900.6	5619.1	3167.1	1984.3	1077.7	551.6	393.3
辽 宁	Liaoning	60774.6	31734.3	26644.9	15210.6	9160.9	5225.2	2592.6	1406.4	1188.9
吉 林	Jilin	15635.2	9072.6	7265.1	4876.3	2647.2	1548.2	856.5	411.0	306.5
黑龙江	Heilongjiang	21792.4	14252.6	9662.9	8133.2	5555.7	2598.0	1267.3	770.6	428.6
上 海	Shanghai	16748.0	8486.7	8449.9	3054.2	1664.6	1645.5	1338.7	762.8	758.1
江 苏	Jiangsu	83720.4	35858.9	30260.4	29595.9	9851.6	6476.8	5261.8	2068.1	1673.9
浙 江	Zhejiang	71772.3	29636.8	19692.8	20831.0	9217.2	3053.6	3244.6	1399.3	797.0
安 徽	Anhui	44718.8	23986.8	16036.7	12868.8	7819.5	2886.3	1754.9	1023.8	624.4
福 建	Fujian	40505.8	18722.2	13578.7	10202.6	4113.1	2007.3	1335.3	575.5	398.7
江 西	Jiangxi	22566.3	12586.4	6999.8	8951.4	5591.0	1622.7	972.7	555.2	292.7
山 东	Shandong	83540.0	44377.1	29047.3	28705.5	17237.4	5311.8	3673.9	1959.7	1078.6
河 南	Henan	72549.2	41369.7	20620.7	28113.9	19803.9	4806.8	2683.7	1654.8	778.0
湖 北	Hubei	31614.2	17146.8	11013.3	14654.6	7972.1	2728.4	2109.1	1090.4	657.9
湖 南	Hunan	33938.8	24275.8	16409.9	12218.1	9973.9	3436.4	1455.3	1096.6	702.4
广 东	Guangdong	62791.6	33711.4	27377.9	18239.5	9471.6	4884.2	3444.0	1817.1	1396.5
广 西	Guangxi	26980.9	17861.1	11407.9	8998.9	7173.0	1936.9	919.5	641.9	326.3
海 南	Hainan	6257.4	4528.1	3141.0	1126.6	926.1	404.1	242.6	197.2	128.1
重 庆	Chongqing	41593.1	28343.2	15923.8	13755.9	11482.4	2826.8	1270.1	918.3	752.5
四 川	Sichuan	55625.5	32880.1	21437.7	19846.3	10808.7	3455.7	2917.0	1457.5	715.6
贵 州	Guizhou	16007.3	11091.2	7689.3	4862.4	3871.9	1102.1	548.6	377.5	186.2
云 南	Yunnan	22009.0	14142.2	8354.9	7293.6	5591.8	1262.7	743.9	455.7	243.4
西 藏	Tibet	788.0	544.0	36.3	420.9	334.2	19.3	55.0	31.6	5.2
陕 西	Shaanxi	27747.5	18725.1	10530.1	6375.7	4860.9	1002.5	900.6	630.3	255.5
甘 肃	Gansu	10619.0	7357.4	3370.4	2999.2	2107.9	629.0	436.0	277.6	128.2
青 海	Qinghai	5853.2	4303.0	1365.6	1990.6	1776.2	448.3	290.5	250.9	106.8
宁 夏	Ningxia	6323.4	3750.2	3086.9	1658.3	1145.1	785.0	370.5	256.0	210.5
新 疆	Xinjiang	16489.1	11257.5	4574.7	5702.4	4431.2	1108.0	647.6	464.5	177.3
不分地区	Not Classified by Region	959.4	272.6		487.4	204.7		86.4	44.7	

2-19 房地产开发企业房屋建筑面积和造价(2011年)
Floor Space and Cost of Buildings Developed by Enterprises for Real Estate Development (2011)

地区	Region	房屋施工面积(万平方米) Floor Space of Buildings under Construction (10 000 sq.m)	房屋竣工面积(万平方米) Floor Space of Buildings Completed (10 000 sq.m)	房屋建筑面积竣工率(%) Rate of Floor Space of Buildings Completed (%)	房屋竣工价值(亿元) Value of Buildings Completed (100 million yuan)	房屋竣工造价(元/平方米) Cost of Buildings Completed (yuan/sq.m)
全国	**National Total**	**506775.5**	**92619.9**	**18.3**	**21975.91**	**2373**
北京	Beijing	12065.4	2245.2	18.6	629.99	2806
天津	Tianjin	9234.0	2102.8	22.8	663.07	3153
河北	Hebei	26670.8	5180.5	19.4	1282.08	2475
山西	Shanxi	9308.0	2110.4	22.7	391.88	1857
内蒙古	Inner Mongolia	15895.3	2519.4	15.8	510.91	2028
辽宁	Liaoning	34364.3	6322.8	18.4	1517.64	2400
吉林	Jilin	9123.4	1878.9	20.6	381.89	2032
黑龙江	Heilongjiang	12122.9	3231.3	26.7	536.33	1660
上海	Shanghai	13033.2	2384.3	18.3	1143.52	4796
江苏	Jiangsu	40500.3	8448.2	20.9	2242.01	2654
浙江	Zhejiang	29927.4	4528.6	15.1	1251.92	2764
安徽	Anhui	20785.8	3628.7	17.5	803.05	2213
福建	Fujian	18938.0	2651.7	14.0	533.83	2013
江西	Jiangxi	8461.4	1906.1	22.5	348.36	1828
山东	Shandong	36339.5	6356.8	17.5	1348.32	2121
河南	Henan	25343.3	5527.4	21.8	923.85	1671
湖北	Hubei	13922.1	3221.0	23.1	805.82	2502
湖南	Hunan	20341.8	4146.3	20.4	869.57	2097
广东	Guangdong	36137.1	6140.6	17.0	1780.19	2899
广西	Guangxi	14264.0	2303.4	16.1	393.12	1707
海南	Hainan	3609.8	449.3	12.4	145.39	3236
重庆	Chongqing	20397.2	3424.3	16.8	923.78	2698
四川	Sichuan	27121.8	4232.5	15.6	910.47	2151
贵州	Guizhou	10260.6	1455.2	14.2	262.71	1805
云南	Yunnan	11010.4	1572.1	14.3	325.91	2073
西藏	Tibet	48.7	21.7	44.5	5.32	2452
陕西	Shaanxi	12221.9	1128.3	9.2	295.96	2623
甘肃	Gansu	4099.4	743.8	18.1	158.40	2130
青海	Qinghai	1666.0	520.5	31.2	126.84	2437
宁夏	Ningxia	4080.3	967.3	23.7	256.43	2651
新疆	Xinjiang	5481.4	1270.5	23.2	207.34	1632

2-20 按用途分商品房销售面积(2011年)
Floor Space of Commercialized Buildings Sold by Use (2011)

单位：万平方米 (10 000 sq.m)

地区	Region	商品房销售面积 Floor Space of Commercialized Buildings Sold	住宅 Residential Buildings	#别墅、高档公寓 Villas, High-grade Apartments	办公楼 Office Buildings	商业营业用房 Houses for Business Use	其他 Others
全国	**National Total**	**109366.75**	**96528.41**	**3729.93**	**2004.97**	**7868.65**	**2964.71**
北京	Beijing	1439.20	1034.96	93.27	211.24	108.69	84.31
天津	Tianjin	1594.57	1365.71	93.54	67.14	126.29	35.43
河北	Hebei	5888.33	5293.18	69.13	59.24	366.01	169.91
山西	Shanxi	1284.78	1170.88	1.61	14.28	82.14	17.48
内蒙古	Inner Mongolia	3509.09	2911.16	77.63	38.50	384.39	175.04
辽宁	Liaoning	7541.48	6624.05	147.85	52.42	583.55	281.46
吉林	Jilin	2432.61	2122.39	114.76	9.97	239.04	61.21
黑龙江	Heilongjiang	3432.84	2947.84	19.82	7.91	360.38	116.72
上海	Shanghai	1790.86	1500.00	254.24	141.11	90.26	59.49
江苏	Jiangsu	7970.49	6767.25	409.77	219.87	851.66	131.71
浙江	Zhejiang	3531.36	2757.18	166.52	216.49	368.27	189.40
安徽	Anhui	4605.58	3991.99	55.01	93.69	478.32	41.58
福建	Fujian	2706.72	2213.30	78.46	109.17	183.86	200.40
江西	Jiangxi	2416.85	2156.77	55.08	21.28	192.24	46.56
山东	Shandong	9576.01	8741.16	160.52	71.40	604.02	159.44
河南	Henan	6275.16	5725.12	47.16	149.18	326.49	74.37
湖北	Hubei	4187.62	3788.68	62.36	35.68	281.51	81.74
湖南	Hunan	4900.33	4455.59	164.36	51.62	303.94	89.17
广东	Guangdong	7427.87	6706.60	646.60	140.73	320.55	259.99
广西	Guangxi	2964.15	2749.33	36.36	17.50	122.66	74.65
海南	Hainan	865.74	819.02	113.52	6.10	25.76	14.86
重庆	Chongqing	4533.50	4063.42	142.19	43.88	266.32	159.89
四川	Sichuan	6543.55	5826.52	110.88	85.43	400.93	230.67
贵州	Guizhou	1882.10	1698.52	23.60	27.03	124.83	31.72
云南	Yunnan	3222.89	2829.58	405.04	41.93	252.33	99.04
西藏	Tibet	18.25	17.29	3.48		0.95	0.01
陕西	Shaanxi	3051.77	2874.51	60.24	37.53	108.36	31.36
甘肃	Gansu	838.82	758.15	0.50	8.05	62.29	10.33
青海	Qinghai	359.56	342.56	0.26	1.47	14.81	0.71
宁夏	Ningxia	846.46	705.13	18.64	9.27	114.71	17.35
新疆	Xinjiang	1728.23	1570.56	97.52	15.86	123.12	18.69

2-21 按用途分商品房平均销售价格(2011年)

Average Selling Price of Commercialized Buildings by Use (2011)

单位：元/平方米 (yuan/sq.m)

地 区	Region	商品房平均销售价格 Average Selling Price of Commercialized Buildings	住宅 Residential Buildings	#别墅、高档公寓 Villas, High-grade Apartments	办公楼 Office Buildings	商业营业用房 Houses for Business Use	其他 Others
全 国	**National Total**	**5357**	**4993**	**10994**	**12327**	**8488**	**4182**
北 京	Beijing	16852	15518	28543	23702	24920	5667
天 津	Tianjin	8745	8548	11154	8907	11222	7207
河 北	Hebei	3983	3767	8319	6900	7059	3071
山 西	Shanxi	3433	3231	3250	7092	5787	2862
内蒙古	Inner Mongolia	3783	3341	7122	6673	6704	4087
辽 宁	Liaoning	4733	4543	8551	5867	6989	4309
吉 林	Jilin	4364	4161	10584	8346	5947	4562
黑龙江	Heilongjiang	3966	3683	8172	4850	6210	4141
上 海	Shanghai	14603	13566	26396	25997	19527	6266
江 苏	Jiangsu	6554	6145	11643	9635	9375	4200
浙 江	Zhejiang	9838	9801	14922	11903	11766	4267
安 徽	Anhui	4776	4371	7888	6780	7913	3045
福 建	Fujian	7764	7452	14286	10354	14347	3763
江 西	Jiangxi	4148	3822	6730	9138	7492	3144
山 东	Shandong	4448	4299	8157	7697	6445	3592
河 南	Henan	3501	3123	6194	9303	7524	3271
湖 北	Hubei	4486	4142	8547	8089	8503	5039
湖 南	Hunan	3790	3524	7425	8550	7070	3178
广 东	Guangdong	7879	7561	9661	17213	11877	6108
广 西	Guangxi	3772	3554	7393	8007	8376	3264
海 南	Hainan	8943	9083	23565	9582	7055	4257
重 庆	Chongqing	4734	4492	8795	11687	8132	3304
四 川	Sichuan	4918	4595	10038	9723	9064	4084
贵 州	Guizhou	3889	3490	6976	6041	8634	4748
云 南	Yunnan	3635	3388	3693	5260	6368	3041
西 藏	Tibet	3475	3312	2598		6372	11159
陕 西	Shaanxi	4949	4705	9024	8672	10124	4971
甘 肃	Gansu	3318	3130	5081	7772	5152	2605
青 海	Qinghai	3248	3090	5264	1750	7019	3936
宁 夏	Ningxia	3732	3389	4806	7254	5640	3166
新 疆	Xinjiang	3549	3287	4290	7433	6335	3904

2-22 货物进出口总额(2011年)
Import and Export Value of Commodities (2011)

单位：万美元 (USD 10 000)

地区	Region	按经营单位所在地分 by Location 进出口 Total	出口 Exports	进口 Imports	按境内目的地和货源地分 by Place of Destination or Origin 进出口 Total	出口 Exports	进口 Imports
全国	**National Total**	**364186445**	**189838089**	**174348356**	**364186445**	**189838089**	**174348356**
北京	Beijing	38955598	5899715	33055883	12930059	3162521	9767537
天津	Tianjin	10337617	4448194	5889423	11167988	4506675	6661314
河北	Hebei	5360084	2856985	2503099	8415023	3585170	4829853
山西	Shanxi	1474306	542512	931793	1622226	768475	853751
内蒙古	Inner Mongolia	1193090	468697	724393	1482340	604497	877843
辽宁	Liaoning	9603585	5104236	4499350	11295144	5114215	6180929
吉林	Jilin	2206093	499772	1706322	2305211	543392	1761819
黑龙江	Heilongjiang	3852268	1767299	2084969	2616172	924669	1691503
上海	Shanghai	43754862	20967384	22787477	43314947	19852912	23462036
江苏	Jiangsu	53958089	31259006	22699084	58124401	32443897	25680505
浙江	Zhejiang	30937777	21634949	9302827	35140667	23900740	11239927
安徽	Anhui	3130925	1708264	1422661	3033058	1572974	1460084
福建	Fujian	14352243	9283778	5068465	13457421	8071660	5385761
江西	Jiangxi	3146881	2187606	959275	2799027	1664959	1134068
山东	Shandong	23588608	12571257	11017351	28455579	13449250	15006329
河南	Henan	3262258	1923991	1338267	3558760	2167255	1391505
湖北	Hubei	3358693	1953460	1405233	3374970	1907825	1467144
湖南	Hunan	1894376	990380	903997	2010303	1096948	913356
广东	Guangdong	91346733	53192657	38154076	100679396	56321600	44357796
广西	Guangxi	2335597	1245776	1089821	3232115	859064	2373051
海南	Hainan	1275604	254162	1021442	1344905	223310	1121595
重庆	Chongqing	2920764	1983165	937599	2447955	1495691	952264
四川	Sichuan	4772417	2902729	1869688	4011162	2163358	1847803
贵州	Guizhou	488758	298509	190249	491956	263411	228545
云南	Yunnan	1602877	947245	655632	1225727	620874	604853
西藏	Tibet	135837	118285	17552	110210	94546	15664
陕西	Shaanxi	1464727	703503	761225	1408348	676818	731531
甘肃	Gansu	872858	215878	656980	782746	156986	625760
青海	Qinghai	92382	66182	26199	76168	33953	42215
宁夏	Ningxia	228575	159943	68632	280921	201306	79616
新疆	Xinjiang	2281967	1682572	599395	2991542	1389141	1602401

2-23 外商投资企业货物进出口总额
Value of Imports and Exports of Foreign-funded Enterprises

单位：万美元 (USD 10 000)

地 区	Region	2010 进出口 Total	2010 出 口 Exports	2010 进 口 Imports	2011 进出口 Total	2011 出 口 Exports	2011 进 口 Imports
全 国	**National Total**	**160061524**	**86222881.97**	**73838642.36**	**185989874**	**99522703.8**	**86467170.07**
北 京	Beijing	6982928	2215220	4767708	7679756	2164526	5515230
天 津	Tianjin	5880898	2643785	3237114	7113264	3085243	4028020
河 北	Hebei	1750914	921579	829336	2022204	1017219	1004985
山 西	Shanxi	220570	87993	132577	264502	90781	173721
内蒙古	Inner Mongolia	161063	95974	65089	246266	143589	102676
辽 宁	Liaoning	3899198	2063953	1835245	4598764	2322010	2276754
吉 林	Jilin	760502	127753	632749	919356	144656	774700
黑龙江	Heilongjiang	111252	69866	41386	113682	69932	43750
上 海	Shanghai	24991842	12593270	12398571	29232879	14237994	14994885
江 苏	Jiangsu	34720361	19231357	15489004	38531121	21519202	17011920
浙 江	Zhejiang	9239699	5813714	3425985	10792591	6528698	4263893
安 徽	Anhui	811938	325294	486645	1028561	435117	593444
福 建	Fujian	5833659	3495247	2338411	6868116	3912418	2955698
江 西	Jiangxi	1193074	499473	693601	1352999	597155	755844
山 东	Shandong	9632505	5656323	3976182	10743801	6372487	4371314
河 南	Henan	451982	255577	196405	1497885	836757	661127
湖 北	Hubei	1105434	569511	535923	1409993	760056	649937
湖 南	Hunan	310208	129164	181044	455239	190455	264784
广 东	Guangdong	48449160	28184708	20264452	54988586	32479001	22509584
广 西	Guangxi	492309	203314	288994	694528	264683	429845
海 南	Hainan	623702	127682	496020	1006193	117261	888932
重 庆	Chongqing	475706	165096	310610	1342670	685554	657117
四 川	Sichuan	1278437	444301	834136	2335441	1207356	1128085
贵 州	Guizhou	17449	10528	6920	22401	13793	8608
云 南	Yunnan	64499	33003	31497	74904	36048	38857
西 藏	Tibet	549	3	546	40	2	37
陕 西	Shaanxi	506126	215667	290458	562954	236559	326395
甘 肃	Gansu	14426	9750	4676	13870	10782	3088
青 海	Qinghai	13467	984	12483	3928	1727	2201
宁 夏	Ningxia	32158	14930	17228	40091	22413	17678
新 疆	Xinjiang	35510	17864	17645	33290	19230	14061

2-24 外商投资企业年底注册登记情况
Registration Status of Foreign Funded Enterprises at Year-end

地 区	Region	企业数（户） Number of Enterprises (unit)		投资总额（亿美元） Total Investment (100 million USD)		注册资本（亿美元） Registered Capital (100 million USD)		#外 方 Foreign Investor	
		2010	2011	2010	2011	2010	2011	2010	2011
全 国	**National Total**	**445244**	**446487**	**27059**	**29931**	**15738**	**17294**	**12590**	**13810**
地区合计	**Region Total**	**445004**	**446265**	**25952**	**28796**	**14977**	**16485**	**12116**	**13303**
北 京	Beijing	24853	25672	1192	1344	715	803	579	646
天 津	Tianjin	12918	11850	1096	1148	620	648	521	544
河 北	Hebei	9531	8817	403	457	217	242	159	177
山 西	Shanxi	3665	3849	229	319	111	140	69	84
内蒙古	Inner Mongolia	3693	3601	232	255	122	136	91	105
辽 宁	Liaoning	18377	18164	1476	1660	975	1058	802	865
吉 林	Jilin	4309	4327	223	233	123	130	84	87
黑龙江	Heilongjiang	5814	5426	196	209	120	122	91	92
上 海	Shanghai	55666	58993	3394	3774	2009	2262	1640	1841
江 苏	Jiangsu	51666	52959	5081	5729	2739	3050	2326	2612
浙 江	Zhejiang	28769	29288	1832	2019	1069	1170	825	912
安 徽	Anhui	5633	5427	303	329	173	184	129	137
福 建	Fujian	23463	23727	1248	1369	694	754	594	641
江 西	Jiangxi	7574	6926	439	491	281	313	243	270
山 东	Shandong	29486	28915	1245	1434	729	817	545	616
河 南	Henan	10254	10404	379	424	205	225	149	163
湖 北	Hubei	7486	7473	429	519	243	293	181	215
湖 南	Hunan	5410	5257	324	350	161	183	115	135
广 东	Guangdong	93756	97084	4213	4525	2495	2685	2091	2207
广 西	Guangxi	5327	4650	280	299	155	161	125	130
海 南	Hainan	4171	2960	259	221	145	131	98	86
重 庆	Chongqing	4827	3985	349	452	204	257	157	202
四 川	Sichuan	12050	10026	544	574	335	344	259	259
贵 州	Guizhou	1936	2029	41	57	25	32	19	25
云 南	Yunnan	3833	3919	179	206	105	121	78	92
西 藏	Tibet	264	298	5	7	3	5	3	3
陕 西	Shaanxi	5378	5765	180	199	110	121	83	91
甘 肃	Gansu	2116	2177	63	64	28	29	19	19
青 海	Qinghai	499	471	23	31	14	15	9	9
宁 夏	Ningxia	529	579	40	44	18	21	10	12
新 疆	Xinjiang	1751	1247	52	56	33	33	25	24
部门合计	**Department Total**	**240**	**222**	**1108**	**1135**	**761**	**809**	**474**	**507**

2-25 电力消费量
Electricity Consumption

单位：亿千瓦小时 (100 million kwh)

地 区	Region	1995	2000	2005	2008	2009	2010	2011
北 京	Beijing	261.74	384.43	570.54	689.72	739.15	809.90	821.71
天 津	Tianjin	178.99	234.05	384.84	515.88	550.16	645.74	695.15
河 北	Hebei	602.68	809.34	1501.92	2095.02	2343.85	2691.52	2984.90
山 西	Shanxi	399.16	501.99	946.33	1314.33	1267.54	1460.00	1650.41
内蒙古	Inner Mongolia	186.83	254.21	667.72	1220.57	1287.93	1536.83	1864.07
辽 宁	Liaoning	622.81	748.89	1110.56	1412.00	1488.17	1715.26	1861.53
吉 林	Jilin	267.60	291.37	378.23	496.49	515.25	576.98	630.15
黑龙江	Heilongjiang	409.38	442.28	555.85	669.90	688.67	747.84	801.87
上 海	Shanghai	403.27	559.45	921.97	1138.22	1153.38	1295.87	1339.62
江 苏	Jiangsu	684.80	971.34	2193.45	3118.32	3313.99	3864.37	4281.62
浙 江	Zhejiang	439.59	738.05	1642.31	2322.87	2471.44	2820.93	3116.91
安 徽	Anhui	288.97	338.93	582.16	858.88	952.31	1077.91	1221.19
福 建	Fujian	261.28	401.51	756.59	1073.55	1134.92	1315.09	1515.86
江 西	Jiangxi	181.21	208.15	391.98	545.88	609.22	700.51	835.10
山 东	Shandong	741.07	1000.71	1911.61	2726.97	2941.07	3298.46	3635.26
河 南	Henan	571.48	718.52	1352.74	1970.77	2081.38	2353.96	2659.14
湖 北	Hubei	414.99	503.02	788.91	1058.53	1135.13	1330.44	1450.76
湖 南	Hunan	374.76	406.12	674.43	904.95	1010.57	1171.91	1293.44
广 东	Guangdong	787.66	1334.58	2673.56	3504.82	3609.64	4060.13	4399.02
广 西	Guangxi	220.77	314.44	510.15	753.39	856.35	993.24	1112.21
海 南	Hainan	32.00	38.37	81.61	121.72	133.77	159.02	185.28
重 庆	Chongqing		307.61	347.68	484.41	533.80	626.44	717.03
四 川	Sichuan	582.85	521.23	942.59	1210.13	1324.61	1549.03	1751.44
贵 州	Guizhou	203.70	287.78	486.97	679.18	750.30	835.38	944.13
云 南	Yunnan	223.71	273.58	557.25	829.44	891.19	1004.07	1204.07
西 藏	Tibet				16.00	17.70	20.41	23.77
陕 西	Shaanxi	239.68	292.76	516.43	708.03	740.11	859.22	982.47
甘 肃	Gansu	241.06	295.33	489.48	677.76	705.51	804.43	923.45
青 海	Qinghai	69.02	109.10	206.56	313.23	337.24	465.18	560.68
宁 夏	Ningxia	92.38	136.17	302.88	439.62	462.96	546.77	724.54
新 疆	Xinjiang	119.67	182.98	310.14	479.37	547.88	661.96	839.10

注：2000年及以后为电力企业联合会数据。

a) Data since 2000 are provided by the Association of Power Generation Enterprises.

2-26 能源消耗指标（2011年）

Indicators of Energy Consumption (2011)

地　区	Region	万元地区生产总值能耗(等价值) Energy Consumption per 10 000 yuan of GRP (equivalent value)		万元工业增加值能耗上升或下降(规模以上，当量值) Energy Consumption per 10 000 yuan of Industrial Value-added Change (above Designated Size, equivalent weight) (±%)	万元地区生产总值电耗上升或下降 Electricity Consumption per 10 000 yuan of GRP Change (±%)
		指标值(吨标准煤/万元) Index (ton of SCE/ 10 000 yuan)	上升或下降(±%) Change (±%)		
北　京	Beijing	0.459	-6.94	-18.50	-6.10
天　津	Tianjin	0.708	-4.28	-7.48	-7.48
河　北	Hebei	1.300	-3.69	-6.68	-0.36
山　西	Shanxi	1.762	-3.55	-5.82	0.03
内蒙古	Inner Mongolia	1.405	-2.51	-4.39	4.38
辽　宁	Liaoning	1.096	-3.40	-5.02	-3.15
吉　林	Jilin	0.923	-3.59	-4.19	-3.90
黑龙江	Heilongjiang	1.042	-3.50	-5.17	-4.43
上　海	Shanghai	0.618	-5.32	-7.33	-4.42
江　苏	Jiangsu	0.600	-3.52	-5.41	-0.14
浙　江	Zhejiang	0.590	-3.07	-2.40	1.41
安　徽	Anhui	0.754	-4.06	-9.54	-0.15
福　建	Fujian	0.644	-3.29	-1.16	2.73
江　西	Jiangxi	0.651	-3.08	-6.87	2.30
山　东	Shandong	0.855	-3.77	-7.67	-0.58
河　南	Henan	0.895	-3.57	-8.60	1.27
湖　北	Hubei	0.912	-3.79	-6.88	-4.20
湖　南	Hunan	0.894	-3.68	-8.61	-2.10
广　东	Guangdong	0.563	-3.78	-5.13	-1.46
广　西	Guangxi	0.800	-3.36	-6.13	-0.28
海　南	Hainan	0.692	5.23	12.53	3.94
重　庆	Chongqing	0.953	-3.81	-5.31	-1.63
四　川	Sichuan	0.997	-4.23	-7.78	-1.87
贵　州	Guizhou	1.714	-3.51	-8.02	-1.70
云　南	Yunnan	1.162	-3.22	-9.92	5.47
西　藏	Tibet				
陕　西	Shaanxi	0.846	-3.56	-5.60	0.38
甘　肃	Gansu	1.402	-2.51	-1.96	2.07
青　海	Qinghai	2.081	9.44	9.62	6.24
宁　夏	Ningxia	2.279	4.60	14.72	18.36
新　疆	Xinjiang	1.631	6.96	9.28	14.69

注：地区生产总值和工业增加值按2010年价格计算。

a) Gross regional product and industrial value-added are at 2010 constant prices.

2-27 财政收入（2011年）
Government Revenue (2011)

单位：亿元 (100 million yuan)

地区	Region	一般预算收入 General Budgetary Revenue	税收收入 Tax Revenue	国内增值税 Domestic Value-added Tax	营业税 Business Revenue	企业所得税 Corporate Income Tax	个人所得税 Individual Income Tax	资源税 Resource Tax
地方合计	**Region Total**	**52547.11**	**41106.74**	**5989.25**	**13504.44**	**6746.29**	**2421.04**	**595.87**
北 京	Beijing	3006.28	2854.63	237.76	1071.51	683.71	272.90	0.34
天 津	Tianjin	1455.13	1004.51	141.32	352.86	182.95	52.01	0.73
河 北	Hebei	1737.77	1348.51	229.85	457.27	199.08	57.39	32.77
山 西	Shanxi	1213.43	872.88	239.97	242.81	150.22	42.84	38.76
内蒙古	Inner Mongolia	1356.67	985.69	179.87	283.63	156.10	53.83	56.81
辽 宁	Liaoning	2643.15	1974.85	218.32	556.20	227.16	76.94	68.12
吉 林	Jilin	850.10	624.19	92.78	189.30	90.59	29.49	6.06
黑龙江	Heilongjiang	997.55	741.85	145.48	218.92	80.87	34.05	23.73
上 海	Shanghai	3429.83	3172.72	416.70	1041.49	731.05	314.95	
江 苏	Jiangsu	5148.91	4124.62	650.80	1260.60	731.17	237.74	12.48
浙 江	Zhejiang	3150.80	2952.01	461.75	915.71	497.56	185.56	8.50
安 徽	Anhui	1463.56	1108.31	164.68	379.18	153.26	40.04	14.52
福 建	Fujian	1501.51	1254.31	164.22	400.03	216.12	69.24	8.09
江 西	Jiangxi	1053.43	777.09	105.90	272.79	97.87	32.32	18.66
山 东	Shandong	3455.93	2603.13	413.82	765.72	398.30	96.58	38.36
河 南	Henan	1721.76	1263.10	181.38	404.27	185.21	48.38	26.59
湖 北	Hubei	1526.91	1067.11	148.36	366.77	155.50	48.85	10.13
湖 南	Hunan	1517.07	915.40	135.24	320.58	89.96	48.25	6.79
广 东	Guangdong	5514.84	4548.66	701.17	1431.16	827.90	341.40	11.12
广 西	Guangxi	947.72	644.80	86.13	240.75	85.65	29.41	8.56
海 南	Hainan	340.12	295.69	19.61	123.48	42.91	9.75	1.58
重 庆	Chongqing	1488.33	881.07	81.78	343.92	115.11	34.90	8.01
四 川	Sichuan	2044.79	1537.42	185.12	611.51	200.59	72.75	21.84
贵 州	Guizhou	773.08	518.14	76.41	181.73	70.69	33.24	11.95
云 南	Yunnan	1111.16	881.95	136.64	277.71	110.61	41.38	14.08
西 藏	Tibet	54.76	45.83	5.18	16.00	11.25	8.10	0.81
陕 西	Shaanxi	1500.18	933.84	176.05	332.88	124.12	44.42	49.44
甘 肃	Gansu	450.12	284.04	48.95	110.05	28.57	14.06	14.36
青 海	Qinghai	151.81	119.85	22.93	45.66	14.62	4.45	14.91
宁 夏	Ningxia	219.98	177.13	24.40	80.11	24.17	7.50	2.74
新 疆	Xinjiang	720.43	593.41	96.70	209.84	63.43	38.34	65.01

2-27 续表 1 continued

单位: 亿元 (100 million yuan)

地　区	Region	城市维护建设税 City Maintenance and Construction Tax	房产税 House Property Tax	印花税 Stamp Tax	城镇土地使用税 Urban Land Use Tax	土地增值税 Land Appreciation Tax	车船税 Tax on Vehicles and Boat Operation	耕地占用税 Farm Land Occupation Tax
地方合计	**Region Total**	**2609.92**	**1102.39**	**616.94**	**1222.26**	**2062.61**	**302.00**	**1075.46**
北　京	Beijing	145.65	99.40	39.67	16.07	121.29	18.58	11.57
天　津	Tianjin	64.44	30.61	21.65	12.70	47.44	5.78	11.98
河　北	Hebei	87.84	28.23	25.14	45.55	53.27	21.67	25.57
山　西	Shanxi	60.97	15.53	13.57	25.05	9.71	8.63	6.19
内蒙古	Inner Mongolia	59.87	23.35	13.91	52.14	30.57	7.82	30.65
辽　宁	Liaoning	102.79	55.87	27.71	145.75	128.80	14.98	140.40
吉　林	Jilin	46.39	16.26	8.61	22.76	25.21	6.23	39.69
黑龙江	Heilongjiang	61.53	20.74	8.90	43.97	22.59	8.34	17.80
上　海	Shanghai	139.08	73.66	51.82	29.10	168.22	10.87	15.10
江　苏	Jiangsu	270.82	121.39	62.64	125.73	256.97	20.17	54.33
浙　江	Zhejiang	200.07	99.19	45.37	85.50	148.05	19.13	51.38
安　徽	Anhui	74.65	23.09	13.70	42.85	51.98	7.41	41.99
福　建	Fujian	74.53	40.67	22.14	29.64	99.92	7.15	24.62
江　西	Jiangxi	41.80	11.35	8.38	18.28	37.33	5.61	47.20
山　东	Shandong	179.60	74.02	41.11	158.46	105.67	29.72	97.37
河　南	Henan	80.22	26.13	18.38	57.72	58.44	12.21	61.18
湖　北	Hubei	77.83	22.37	16.05	24.12	62.85	7.20	50.63
湖　南	Hunan	78.73	22.46	13.30	19.70	40.61	6.75	48.06
广　东	Guangdong	295.45	145.40	74.42	104.11	295.21	30.63	50.84
广　西	Guangxi	40.51	14.26	8.18	11.86	33.99	5.42	33.90
海　南	Hainan	14.01	7.06	3.93	9.01	37.83	1.30	7.04
重　庆	Chongqing	50.49	20.89	12.78	25.21	61.47	3.16	44.36
四　川	Sichuan	94.17	33.91	20.39	41.60	76.55	13.43	48.79
贵　州	Guizhou	37.82	9.73	5.72	12.61	13.76	3.67	27.58
云　南	Yunnan	79.39	18.08	9.95	15.33	30.09	7.42	46.82
西　藏	Tibet	2.59		0.40	0.56	0.36	0.30	0.28
陕　西	Shaanxi	64.74	20.04	12.08	19.21	22.19	8.75	28.99
甘　肃	Gansu	23.62	8.96	4.61	10.01	5.46	3.28	3.17
青　海	Qinghai	7.83	1.99	1.45	1.76	0.68	0.40	0.84
宁　夏	Ningxia	11.23	3.07	2.67	5.87	3.05	1.59	0.67
新　疆	Xinjiang	41.26	14.67	8.33	10.01	13.05	4.42	6.49

2-27 续表 2 continued

单位：亿元 (100 million yuan)

地区	Region	契税 Deed Tax	烟叶税 Tobacco Leaf Tax	其他税收收入 Other Tax Revenue	非税收入 Non-Tax Revenue	专项收入 Special Program Receipts	行政事业性收费收入 Charge of Administrative and Institutional Units	罚没收入 Penalty Receipts	国有资本经营收入 Operation Income of State-owned Assets	国有资源(资产)有偿使用收入 Income from Use of State-owned Resources (Assets)	其他收入 Other Non-tax Receipts
地方合计	**Region Total**	**2765.73**	**91.38**	**1.16**	**11440.37**	**2695.01**	**3635.36**	**1262.63**	**1198.86**	**1781.59**	**866.91**
北京	Beijing	136.17			151.65	79.39	43.61	33.75	-29.88	20.64	4.14
天津	Tianjin	80.05			450.62	34.48	183.88	13.58	25.05	150.79	42.84
河北	Hebei	84.78	0.10		389.26	99.98	118.25	81.21	38.32	39.53	11.98
山西	Shanxi	18.49	0.13		340.55	180.61	78.41	49.39	4.34	19.18	8.63
内蒙古	Inner Mongolia	36.93	0.20		370.98	146.70	82.36	29.61	51.22	47.84	13.24
辽宁	Liaoning	209.84	0.83	1.13	668.30	99.28	158.64	69.96	142.77	171.42	26.23
吉林	Jilin	49.98	0.84		225.91	36.48	72.00	29.87	32.43	46.92	8.20
黑龙江	Heilongjiang	52.77	2.18		255.70	45.53	84.60	32.59	48.85	36.60	7.51
上海	Shanghai	180.67			257.11	97.22	107.70	22.95	-9.15	22.38	16.00
江苏	Jiangsu	319.78			1024.29	160.76	321.22	97.53	285.63	115.98	43.17
浙江	Zhejiang	234.17	0.07		198.79	110.74	40.80	82.76	-64.07	27.28	1.28
安徽	Anhui	100.27	0.68		355.25	79.99	125.71	34.07	28.04	62.20	25.23
福建	Fujian	93.66	4.29		247.20	54.14	68.83	37.09	23.55	50.70	12.89
江西	Jiangxi	78.04	1.58	0.01	276.34	49.05	116.62	39.37	20.34	30.76	20.19
山东	Shandong	202.48	1.92		852.79	130.80	278.82	104.19	100.00	188.85	50.13
河南	Henan	98.06	4.92		458.65	90.60	161.33	59.03	71.97	46.00	29.72
湖北	Hubei	72.74	3.72		459.79	48.79	207.05	50.38	42.86	45.95	64.77
湖南	Hunan	78.07	6.91		601.67	73.77	191.76	58.20	12.54	151.53	113.87
广东	Guangdong	238.44	1.40		966.18	179.78	369.64	112.33	86.09	102.71	115.64
广西	Guangxi	45.35	0.85		302.92	30.37	95.60	29.74	75.62	53.12	18.46
海南	Hainan	18.18			44.43	8.95	11.84	7.11	6.39	7.27	2.87
重庆	Chongqing	76.32	2.67		607.26	66.36	308.78	22.63	90.02	87.53	31.95
四川	Sichuan	109.46	7.30		507.37	97.30	140.69	47.21	29.73	118.56	73.89
贵州	Guizhou	23.91	9.33		254.93	85.91	45.98	23.50	6.38	44.04	49.12
云南	Yunnan	54.90	39.55		229.21	80.32	54.18	36.26	8.97	22.17	27.32
西藏	Tibet				8.93	0.20	1.21	0.53	-0.49	2.21	5.27
陕西	Shaanxi	29.17	1.75		566.35	365.16	69.60	24.99	61.16	31.95	13.48
甘肃	Gansu	8.82	0.13		166.08	84.84	37.69	10.56	4.98	13.02	14.98
青海	Qinghai	2.32			31.96	19.56	5.40	2.90	0.25	2.75	1.10
宁夏	Ningxia	10.03	0.03		42.85	11.55	16.55	5.33	1.01	6.31	2.10
新疆	Xinjiang	21.86	0.02		127.02	46.39	36.57	14.00	3.95	15.41	10.71

2-28 财政支出（2011年）
Government Expenditure (2011)

单位：亿元 (100 million yuan)

地 区	Region	一般预算支出 General Budgetary Expenditure	一般公共服务 Expenditure for General Public Services	外交 Expenditure for Foreign Affairs	国防 Expenditure for National Defense	公共安全 Expenditure for Public Security	教育 Expenditure for Education	科学技术 Expenditure for Science and Technology	文化体育与传媒 Expenditure for Culture, Sport and Media
地方合计	**Region Total**	**92733.68**	**10084.77**	**2.75**	**198.29**	**5267.26**	**15498.28**	**1885.88**	**1704.64**
北 京	Beijing	3245.23	261.38		6.59	218.68	520.08	183.07	87.01
天 津	Tianjin	1796.33	117.81		1.01	100.41	302.32	60.17	29.76
河 北	Hebei	3537.39	414.93		11.55	200.98	652.11	33.22	50.45
山 西	Shanxi	2363.85	251.58		4.41	130.31	421.79	27.17	48.17
内蒙古	Inner Mongolia	2989.21	304.53	0.06	4.46	145.88	390.69	28.21	68.78
辽 宁	Liaoning	3905.85	415.23		11.43	210.29	544.09	87.20	68.60
吉 林	Jilin	2201.74	231.40		4.48	118.81	319.82	21.18	44.25
黑龙江	Heilongjiang	2794.08	256.37	0.09	5.13	141.22	373.83	33.23	44.94
上 海	Shanghai	3914.88	236.11		7.61	206.11	549.24	218.50	68.80
江 苏	Jiangsu	6221.72	748.45		18.46	371.40	1093.22	213.40	116.86
浙 江	Zhejiang	3842.59	471.55		7.54	290.87	751.42	143.90	85.09
安 徽	Anhui	3302.99	345.34		5.57	128.58	564.71	77.03	62.35
福 建	Fujian	2198.18	247.47		4.76	144.74	406.73	40.48	35.86
江 西	Jiangxi	2534.60	258.00		5.03	123.90	474.43	21.32	39.66
山 东	Shandong	5002.07	618.48		15.13	274.69	1047.90	108.62	91.57
河 南	Henan	4248.82	559.02		5.67	204.80	857.14	56.59	57.54
湖 北	Hubei	3214.74	394.95		2.51	188.40	488.16	44.19	47.09
湖 南	Hunan	3520.76	466.74	0.01	9.56	174.42	540.83	41.96	44.87
广 东	Guangdong	6712.40	807.41	0.04	13.04	569.85	1227.87	203.92	170.56
广 西	Guangxi	2545.28	322.18		8.21	139.44	456.89	28.25	37.48
海 南	Hainan	778.80	82.02	0.96	4.46	53.23	127.27	9.83	16.60
重 庆	Chongqing	2570.24	224.58		8.88	124.93	318.70	25.04	31.16
四 川	Sichuan	4674.92	485.11		10.72	246.07	684.66	45.75	87.35
贵 州	Guizhou	2249.40	307.21		4.15	117.31	376.86	21.68	35.31
云 南	Yunnan	2929.60	282.05	0.23	6.32	165.32	483.00	28.30	45.34
西 藏	Tibet	758.11	95.94	1.10	1.14	51.76	77.81	3.38	18.91
陕 西	Shaanxi	2930.81	341.32		3.36	128.06	529.46	29.01	61.27
甘 肃	Gansu	1791.24	174.92		1.85	80.31	284.33	13.22	33.07
青 海	Qinghai	967.47	65.40		0.67	35.10	130.11	3.76	14.32
宁 夏	Ningxia	705.91	51.96		0.85	35.12	103.02	7.87	13.94
新 疆	Xinjiang	2284.49	245.36	0.26	3.77	146.28	399.80	26.43	47.70

2-28 续表 1 continued

单位：亿元 (100 million yuan)

地　区	Region	社会保障和就业 Expenditure for Social Safety Net and Employment Effort	医疗卫生 Expenditure for Medical and Health Care	节能保护 Expenditure for Environment Protection	城乡社区事务 Expenditure for Urban and Rural Community Affairs	农林水事务 Expenditure for Agriculture, Forestry and Water Conservancy	交通运输 Expenditure for Transportation	资源勘探电力信息等事务 Expenditure for Affairs of Exploration, Power and Information	商业服务业等事务 Expenditure for Affairs of Commerce and Services
地方合计	**Region Total**	**10606.92**	**6358.19**	**2566.79**	**7608.93**	**9520.99**	**7166.69**	**3547.26**	**1394.79**
北　京	Beijing	354.88	225.49	94.51	339.27	187.34	199.12	170.35	41.06
天　津	Tianjin	168.34	90.53	32.24	485.42	91.78	97.37	75.86	20.55
河　北	Hebei	426.23	302.75	105.48	239.37	366.10	261.36	82.86	54.17
山　西	Shanxi	321.60	159.62	82.18	142.33	241.45	178.93	44.84	22.99
内蒙古	Inner Mongolia	363.97	164.59	117.55	301.40	391.68	281.48	71.04	25.82
辽　宁	Liaoning	657.36	182.07	74.20	442.58	329.20	220.53	229.09	56.39
吉　林	Jilin	298.99	143.87	102.42	154.17	255.57	149.79	73.82	22.46
黑龙江	Heilongjiang	392.05	170.78	92.27	179.71	355.98	249.88	108.67	28.72
上　海	Shanghai	417.50	190.03	51.62	579.29	161.54	137.04	379.53	51.13
江　苏	Jiangsu	481.65	349.86	170.37	812.06	618.13	391.69	294.39	128.56
浙　江	Zhejiang	291.82	278.98	78.11	338.43	373.32	273.99	137.81	96.97
安　徽	Anhui	392.98	277.23	81.96	280.76	351.87	219.59	125.40	65.63
福　建	Fujian	184.92	159.30	37.95	146.24	207.89	240.05	95.71	49.63
江　西	Jiangxi	272.75	196.32	43.76	125.34	287.99	218.05	157.36	38.16
山　东	Shandong	501.54	360.36	113.95	401.70	564.00	294.91	184.41	119.34
河　南	Henan	547.96	361.48	95.60	191.30	480.48	281.21	126.55	67.60
湖　北	Hubei	449.29	247.30	101.11	161.33	376.23	255.18	112.46	52.52
湖　南	Hunan	484.44	256.76	85.26	276.00	394.26	301.31	119.88	53.46
广　东	Guangdong	548.65	433.75	232.62	518.16	420.34	533.40	147.12	91.88
广　西	Guangxi	250.64	232.88	53.90	118.73	314.86	248.98	88.81	23.69
海　南	Hainan	94.04	50.30	23.97	39.57	105.63	53.19	21.44	10.66
重　庆	Chongqing	338.76	143.70	100.81	394.46	198.91	186.23	187.81	40.22
四　川	Sichuan	645.79	372.96	115.80	268.56	545.70	364.89	157.77	63.25
贵　州	Guizhou	194.78	173.26	55.45	65.52	278.47	305.16	55.18	19.81
云　南	Yunnan	386.50	236.98	95.86	122.96	409.80	276.19	50.40	33.72
西　藏	Tibet	57.68	35.30	16.05	21.66	126.53	77.88	49.60	5.52
陕　西	Shaanxi	365.43	197.61	96.13	147.13	333.79	313.42	76.27	41.59
甘　肃	Gansu	279.22	143.18	84.99	65.88	237.66	158.91	29.31	16.95
青　海	Qinghai	163.57	47.44	41.76	27.98	104.74	148.58	25.37	10.91
宁　夏	Ningxia	71.95	41.09	35.23	81.51	112.19	41.54	20.54	16.18
新　疆	Xinjiang	201.64	132.43	53.67	140.10	297.59	206.83	47.60	25.24

2-28 续表 2 continued

单位：亿元 (100 million yuan)

地区	Region	金融监管等事务支出 Expenditure for Affairs of Financial Supervision	地震灾后恢复重建支出 Expenditure for Post-earthquake Recovery and Reconstruction	国土资源气象等事务 Expenditure for Affairs of Land and Weather	住房保障支出 Expenditure for Affairs of Housing Security	粮油物资储备管理事务 Expenditure for Affairs of Management of Grain & Oil Reserves	国债还本付息支出 Interest Payment for Domestic and Foreign Debts	其他支出 Other Expenditure
地方合计	**Region Total**	**235.34**	**174.45**	**1289.74**	**3491.87**	**729.49**	**564.12**	**2836.25**
北京	Beijing	2.09	0.39	9.88	54.56	5.14		284.34
天津	Tianjin	1.92		25.31	20.82	2.18		72.54
河北	Hebei	2.08		73.68	142.56	25.14	6.61	85.75
山西	Shanxi	8.57	0.01	134.76	84.85	17.47	3.07	37.77
内蒙古	Inner Mongolia	4.30		70.25	140.35	59.70	10.22	44.23
辽宁	Liaoning	13.32	0.05	74.04	152.44	36.43	25.30	76.00
吉林	Jilin	7.12	0.60	24.97	124.15	55.45	34.52	13.90
黑龙江	Heilongjiang	2.56	0.05	34.41	183.17	69.00	3.14	68.89
上海	Shanghai	13.81		11.86	82.46	16.90	55.30	480.51
江苏	Jiangsu	27.45	1.59	48.16	118.92	29.34	4.57	183.18
浙江	Zhejiang	5.78	2.80	30.43	58.05	13.11	3.20	109.42
安徽	Anhui	8.06		40.87	161.22	31.21	11.90	70.76
福建	Fujian	1.58		25.25	56.45	13.78	2.98	96.41
江西	Jiangxi	2.06		28.51	108.28	47.11	12.51	74.07
山东	Shandong	21.17	0.52	68.15	67.56	35.78	32.13	80.18
河南	Henan	16.83	3.42	63.54	142.64	39.85	26.41	63.17
湖北	Hubei	7.28	1.21	45.39	103.06	35.34	12.68	89.05
湖南	Hunan	3.87		49.88	126.76	29.70	13.47	47.31
广东	Guangdong	14.61	18.61	53.77	146.42	25.72	152.31	382.36
广西	Guangxi	8.04		39.49	106.85	13.66	12.75	39.56
海南	Hainan	0.25		11.29	34.52	1.95	3.88	33.74
重庆	Chongqing	12.63	0.01	44.02	157.47	15.61	2.58	13.73
四川	Sichuan	11.19	132.49	57.28	231.26	38.06	23.86	86.39
贵州	Guizhou	0.44		32.72	121.65	8.31	13.35	62.77
云南	Yunnan	7.51	0.01	41.60	151.71	8.20	53.37	44.23
西藏	Tibet	0.37	0.08	6.21	60.79	1.74		48.68
陕西	Shaanxi	5.07	2.90	44.67	150.28	18.97	10.57	34.51
甘肃	Gansu	2.47	8.77	41.06	92.58	9.24	8.83	24.49
青海	Qinghai	6.98	0.09	16.12	106.15	4.75	8.19	5.49
宁夏	Ningxia	6.95		7.11	33.86	2.72	7.17	15.13
新疆	Xinjiang	9.00	0.85	35.06	170.04	17.91	9.23	67.70

2-29 居民消费价格指数和商品零售价格指数(2011年)

Consumer Price Indices and Retail Price Indices (2011)

(上年=100) (preceding year=100)

地 区	Region	居民消费价格 Consumer Price Index			商品零售价格 Retail Price Index		
		总指数 General	城 市 Urban Household	农 村 Rural Household	总指数 General	城 市 Urban Household	农 村 Rural Household
全 国	**National Total**	**105.4**	**105.3**	**105.8**	**104.9**	**104.7**	**105.5**
北 京	Beijing	105.6	105.6		103.2	103.2	
天 津	Tianjin	104.9	104.9		104.7	104.7	
河 北	Hebei	105.7	105.3	106.5	105.0	104.7	106.0
山 西	Shanxi	105.2	105.1	105.4	104.9	104.9	105.0
内蒙古	Inner Mongolia	105.6	105.5	105.7	104.9	105.0	104.7
辽 宁	Liaoning	105.2	105.1	105.5	105.0	105.0	105.4
吉 林	Jilin	105.2	105.2	105.4	104.9	104.8	105.5
黑龙江	Heilongjiang	105.8	105.6	106.4	104.5	104.2	105.8
上 海	Shanghai	105.2	105.2		104.1	104.1	
江 苏	Jiangsu	105.3	105.1	105.9	104.6	104.4	105.2
浙 江	Zhejiang	105.4	105.3	105.6	105.5	105.4	105.8
安 徽	Anhui	105.6	105.4	105.9	105.3	105.0	106.1
福 建	Fujian	105.3	105.2	105.3	104.8	104.7	105.1
江 西	Jiangxi	105.2	105.1	105.6	104.8	104.8	105.0
山 东	Shandong	105.0	104.7	105.9	104.7	104.3	105.3
河 南	Henan	105.6	105.4	106.1	105.7	105.4	106.1
湖 北	Hubei	105.8	105.5	106.3	105.6	105.1	106.2
湖 南	Hunan	105.5	105.5	105.6	105.5	105.4	105.6
广 东	Guangdong	105.3	105.3	105.6	105.1	104.9	105.6
广 西	Guangxi	105.9	105.7	106.4	106.0	105.7	106.6
海 南	Hainan	106.1	105.5	107.8	105.4	105.2	106.7
重 庆	Chongqing	105.3	105.3		104.7	104.7	
四 川	Sichuan	105.3	105.1	105.8	104.6	104.4	105.2
贵 州	Guizhou	105.1	105.3	104.8	105.5	105.4	105.9
云 南	Yunnan	104.9	104.8	104.9	105.1	104.9	105.3
西 藏	Tibet	105.0	105.2	104.7	103.7	103.9	103.3
陕 西	Shaanxi	105.7	105.7	105.6	104.8	104.8	104.8
甘 肃	Gansu	105.9	106.0	105.7	105.4	105.6	104.9
青 海	Qinghai	106.1	106.0	106.4	105.4	105.5	105.2
宁 夏	Ningxia	106.3	105.8	107.5	105.3	105.0	107.8
新 疆	Xinjiang	105.9	105.5	106.8	105.1	104.5	106.6

2-30 居民消费价格分类指数(2011年)

Consumer Price Indices by Category (2011)

(上年=100) (preceding year=100)

地 区	Region	总指数 General Index	食 品 Food	烟酒及用 品 Tobacco, Liquor and Articles	衣 着 Clothing	家庭设备用品及维修服务 Household Facilities, Articles and Services	医疗保健和个人用品 Health Care and Personal Articles	交通和通信 Transportation and Communication	娱乐教育文化用品及服务 Recreation, Education and Culture	居 住 Residence
全 国	**National Total**	**105.4**	**111.8**	**102.8**	**102.1**	**102.4**	**103.4**	**100.5**	**100.4**	**105.3**
北 京	Beijing	105.6	110.6	102.5	102.7	104.2	103.7	101.5	99.7	108.5
天 津	Tianjin	104.9	111.4	104.8	102.1	106.1	101.8	99.9	99.5	104.7
河 北	Hebei	105.7	112.2	103.3	101.2	101.8	103.0	100.2	100.5	106.9
山 西	Shanxi	105.2	112.0	102.9	102.1	102.3	103.4	100.5	101.3	103.8
内蒙古	Inner Mongolia	105.6	113.7	102.9	102.3	100.1	102.3	100.6	100.8	104.7
辽 宁	Liaoning	105.2	111.0	101.8	101.9	103.0	103.4	100.1	100.0	105.9
吉 林	Jilin	105.2	110.9	102.2	103.0	101.7	103.5	100.7	100.1	105.5
黑龙江	Heilongjiang	105.8	112.4	103.6	102.1	102.0	104.5	99.8	99.8	106.1
上 海	Shanghai	105.2	110.8	101.3	104.3	107.1	104.1	100.2	99.2	105.4
江 苏	Jiangsu	105.3	111.8	104.0	103.4	104.4	103.1	100.8	100.6	104.1
浙 江	Zhejiang	105.4	112.1	101.7	102.9	103.7	103.7	100.7	100.1	105.3
安 徽	Anhui	105.6	112.2	103.6	104.2	101.3	103.5	100.3	99.9	104.6
福 建	Fujian	105.3	111.2	102.8	101.7	101.7	103.8	100.9	99.6	105.6
江 西	Jiangxi	105.2	111.2	101.0	102.9	102.0	103.0	100.4	100.7	104.6
山 东	Shandong	105.0	111.3	103.9	101.5	101.0	102.5	100.6	100.4	105.8
河 南	Henan	105.6	111.9	103.9	101.9	102.1	103.0	101.0	100.9	106.6
湖 北	Hubei	105.8	111.6	104.1	103.6	102.7	103.8	101.1	100.5	105.8
湖 南	Hunan	105.5	111.2	101.6	101.0	101.0	103.3	101.1	101.5	106.6
广 东	Guangdong	105.3	111.4	102.6	101.9	102.8	103.9	99.8	101.0	104.5
广 西	Guangxi	105.9	114.4	103.7	101.9	101.7	103.5	101.9	100.1	102.2
海 南	Hainan	106.1	113.3	100.8	100.9	101.4	101.6	101.7	100.5	104.9
重 庆	Chongqing	105.3	114.1	103.7	101.3	102.2	102.0	99.1	98.9	103.7
四 川	Sichuan	105.3	112.0	103.2	100.0	101.1	102.5	101.0	100.3	106.0
贵 州	Guizhou	105.1	113.5	102.4	100.3	100.2	102.6	100.1	99.9	102.8
云 南	Yunnan	104.9	111.5	100.8	100.5	101.4	103.3	100.0	99.7	104.4
西 藏	Tibet	105.0	109.1	102.7	102.8	101.9	102.8	102.2	100.7	106.3
陕 西	Shaanxi	105.7	111.9	102.3	103.2	102.1	104.6	100.0	100.5	105.5
甘 肃	Gansu	105.9	111.4	101.8	101.3	101.6	105.8	101.1	102.9	105.7
青 海	Qinghai	106.1	111.1	103.3	103.4	101.2	103.0	99.9	101.3	110.3
宁 夏	Ningxia	106.3	113.5	101.7	104.5	102.0	103.8	101.6	100.8	104.3
新 疆	Xinjiang	105.9	112.6	103.3	101.1	102.4	104.3	100.5	101.1	105.4

2-31 农业生产资料价格分类指数(2011年)

Price Indices for Means of Agricultural Production by Category (2011)

(上年=100) (preceding year=100)

地区	Region	总指数 General Index	农用手工工具 Farm Handtools	饲料 Forage	产品畜 Commodity Animals	半机械化农具 Semi-mechanized Farm Tools	机械化农具 Mechanized Farm Machinery
全国	**National Total**	**111.3**	**105.3**	**107.6**	**137.3**	**103.6**	**104.6**
北京	Beijing						
天津	Tianjin						
河北	Hebei	112.6	105.1	108.4	153.6	108.2	111.1
山西	Shanxi	109.4	105.8	108.0	155.9	100.8	100.5
内蒙古	Inner Mongolia	106.3	100.5	103.0	115.6	102.7	102.6
辽宁	Liaoning	112.8	105.0	108.1	135.5	102.2	103.3
吉林	Jilin	111.4	109.3	108.8	124.8	100.6	103.9
黑龙江	Heilongjiang	110.2	108.3	105.4	135.5	103.6	108.5
上海	Shanghai						
江苏	Jiangsu	112.6	109.9	112.4	132.2	102.0	105.3
浙江	Zhejiang	110.8	106.3	107.5	160.4	104.6	104.1
安徽	Anhui	114.3	107.9	111.1	157.3	104.5	106.4
福建	Fujian	111.8	108.2	109.0	129.8	106.4	104.7
江西	Jiangxi	111.2	110.3	109.1	130.2	112.9	106.4
山东	Shandong	111.1	102.1	107.9	127.3	103.1	103.9
河南	Henan	111.1	104.9	105.5	136.4	105.8	103.7
湖北	Hubei	113.5	108.1	105.1	151.5	105.6	105.1
湖南	Hunan	110.9	108.5	104.7	137.9	102.3	106.9
广东	Guangdong	109.6	104.2	105.1	129.0	102.3	103.3
广西	Guangxi	112.2	105.5	107.3	142.3	103.8	104.9
海南	Hainan	115.6	110.4	105.7	157.2	104.6	114.0
重庆	Chongqing						
四川	Sichuan	112.4	104.3	106.9	142.0	100.4	100.5
贵州	Guizhou	111.1	105.5	104.1	153.9	115.7	106.0
云南	Yunnan	108.3	102.5	103.1	119.6	103.5	100.5
西藏	Tibet	102.6	100.7	99.7	100.9	100.6	102.4
陕西	Shaanxi	110.3	103.4	104.8	143.2	102.6	104.7
甘肃	Gansu	107.6	104.3	114.5	117.3	100.1	101.1
青海	Qinghai	112.4	103.7	105.9	131.5	98.5	104.1
宁夏	Ningxia	114.0	109.4	96.9	167.4	100.0	104.3
新疆	Xinjiang	106.6	100.8	106.7	120.7	102.5	104.2

2-31 续表 continued

(上年=100) (preceding year=100)

地 区	Region	化学肥料 Chemical Fertilizer	农药及农药械 Pesticide and Its Appliances	农用机油 Oil for Farm Machinery	其他农业生产资料 Other Means of Agricultural Production	农业生产服务 Service for Agricultural Production
全 国	**National Total**	**113.3**	**102.6**	**110.8**	**108.1**	**108.3**
北 京	Beijing					
天 津	Tianjin					
河 北	Hebei	111.8	105.0	113.4	113.0	107.4
山 西	Shanxi	111.2	103.2	108.4	105.9	103.2
内蒙古	Inner Mongolia	111.2	106.5	107.1	104.2	101.7
辽 宁	Liaoning	116.4	102.9	111.7	108.2	108.2
吉 林	Jilin	115.3	99.7	113.0	107.6	107.1
黑龙江	Heilongjiang	114.8	102.4	110.7	103.4	110.1
上 海	Shanghai					
江 苏	Jiangsu	111.2	99.2	110.9	113.3	113.5
浙 江	Zhejiang	113.4	100.8	109.4	106.1	105.1
安 徽	Anhui	114.5	101.5	114.5	109.8	111.7
福 建	Fujian	114.7	103.1	111.8	105.6	106.2
江 西	Jiangxi	112.2	101.6	112.6	106.5	114.4
山 东	Shandong	116.3	102.4	109.6	104.5	107.5
河 南	Henan	115.2	106.0	114.7	108.2	106.9
湖 北	Hubei	116.2	104.7	111.8	110.7	103.9
湖 南	Hunan	112.6	103.9	104.6	107.0	108.3
广 东	Guangdong	113.3	102.7	109.7	108.5	104.8
广 西	Guangxi	115.2	103.2	109.0	107.9	106.8
海 南	Hainan	113.3	105.1	108.3	113.7	118.6
重 庆	Chongqing					
四 川	Sichuan	106.4	101.6	109.4	110.9	120.2
贵 州	Guizhou	101.4	100.6	103.8	107.8	101.4
云 南	Yunnan	112.1	101.9	108.6	105.9	101.9
西 藏	Tibet	100.8	100.2	121.9	103.5	100.7
陕 西	Shaanxi	112.2	101.6	108.9	109.8	112.6
甘 肃	Gansu	110.5	103.5	107.4	103.2	104.0
青 海	Qinghai	108.3	101.4	117.7	126.1	122.6
宁 夏	Ningxia	115.4	103.3	115.1	116.8	107.8
新 疆	Xinjiang	102.1	100.1	111.7	118.3	105.8

2-32 固定资产投资价格指数

Price Indices for Investment in Fixed Assets

(上年=100) (preceding year=100)

地区	Region	2010 固定资产投资 Investment in Fixed Assets	2010 建筑安装工程 Construction and Installation	2010 设备工器具购置 Purchase of Equipment and Instruments	2010 其他费用 Others	2011 固定资产投资 Investment in Fixed Assets	2011 建筑安装工程 Construction and Installation	2011 设备工器具购置 Purchase of Equipment and Instruments	2011 其他费用 Others
全 国	**National Total**	**103.6**	**104.9**	**100.3**	**103.1**	**106.6**	**109.2**	**101.1**	**104.0**
北 京	Beijing	102.5	104.0	99.1	101.9	105.7	109.7	98.9	104.0
天 津	Tianjin	102.6	104.2	100.2	100.5	105.7	109.0	99.8	102.1
河 北	Hebei	103.7	105.0	101.2	102.8	105.5	107.9	101.6	101.9
山 西	Shanxi	103.7	105.5	100.3	100.9	105.5	107.8	101.1	101.7
内蒙古	Inner Mongolia	105.4	107.3	100.1	103.0	106.3	108.1	101.9	103.7
辽 宁	Liaoning	103.3	104.2	100.3	104.8	106.6	109.1	101.6	104.0
吉 林	Jilin	102.4	103.2	99.9	104.8	105.6	108.4	100.9	104.2
黑龙江	Heilongjiang	105.2	106.7	100.4	107.6	107.5	109.9	101.1	107.2
上 海	Shanghai	103.8	106.1	98.6	102.4	106.5	110.6	99.7	102.7
江 苏	Jiangsu	105.1	106.9	101.7	105.6	106.8	110.4	101.2	105.2
浙 江	Zhejiang	104.7	106.7	101.3	102.6	107.5	111.4	101.6	103.1
安 徽	Anhui	105.4	107.5	101.2	101.5	108.1	111.0	101.9	104.0
福 建	Fujian	103.3	104.9	99.8	102.4	106.2	109.4	100.8	102.5
江 西	Jiangxi	104.8	105.6	102.0	105.4	108.4	112.1	101.6	106.4
山 东	Shandong	103.6	105.3	100.2	103.6	106.8	109.7	101.8	104.9
河 南	Henan	103.5	104.9	100.5	101.3	107.4	110.1	102.3	103.0
湖 北	Hubei	104.7	105.9	99.8	106.1	107.3	109.3	100.4	106.6
湖 南	Hunan	104.0	104.8	101.7	103.0	107.2	108.9	102.7	106.0
广 东	Guangdong	103.0	104.3	99.8	101.4	105.5	108.0	100.5	101.8
广 西	Guangxi	103.0	103.8	101.2	102.5	106.2	108.7	101.0	103.9
海 南	Hainan	105.2	105.5	100.3	109.7	106.4	108.2	101.1	103.3
重 庆	Chongqing	102.1	102.7	99.6	101.9	105.9	107.8	101.1	102.5
四 川	Sichuan	102.5	103.2	100.8	101.9	105.2	107.1	101.9	102.5
贵 州	Guizhou	102.7	103.6	100.1	102.5	105.4	107.5	100.9	102.6
云 南	Yunnan	102.7	103.5	100.4	102.0	104.6	106.0	101.2	102.8
西 藏	Tibet								
陕 西	Shaanxi	103.6	105.3	100.4	100.8	105.9	107.9	100.8	102.8
甘 肃	Gansu	103.5	105.0	100.8	103.2	104.7	106.7	99.0	103.3
青 海	Qinghai	103.8	104.5	101.5	102.3	106.5	107.9	101.5	102.6
宁 夏	Ningxia	104.2	105.3	100.2	100.0	107.5	109.1	101.5	102.5
新 疆	Xinjiang	104.6	105.9	100.4	105.2	107.1	110.3	98.4	103.7

2-33 城镇居民平均每人全年家庭收入来源（2011年）
Per Capita Annual Income of Urban Households by Sources (2011)

单位：元 (yuan)

地区	Region	可支配收入 Disposable Income	总收入 Total Income	工资性收入 Income from Wages and Salaries	经营净收入 Net Business Income	财产性收入 Income from Properties	转移性收入 Income from Transfers
全国	**National Average**	**21809.78**	**23979.20**	**15411.91**	**2209.74**	**648.97**	**5708.58**
北京	Beijing	32903.03	37124.39	25161.22	1191.29	696.64	10075.23
天津	Tianjin	26920.86	29916.04	18794.08	1059.29	462.28	9600.40
河北	Hebei	18292.23	19591.91	11686.60	1836.45	318.43	5750.43
山西	Shanxi	18123.87	19666.10	13146.47	875.24	274.09	5370.29
内蒙古	Inner Mongolia	20407.57	21890.19	14779.08	2320.36	513.36	4277.38
辽宁	Liaoning	20466.84	22879.77	13093.86	2285.41	333.55	7166.95
吉林	Jilin	17796.57	19211.71	12217.09	1860.32	235.31	4898.99
黑龙江	Heilongjiang	15696.18	17118.49	10235.04	1529.14	141.26	5213.05
上海	Shanghai	36230.48	40532.29	28550.76	1994.12	633.12	9354.29
江苏	Jiangsu	26340.73	28971.98	17761.58	3026.57	667.06	7516.76
浙江	Zhejiang	30970.68	34264.38	20334.25	4383.89	1572.34	7973.91
安徽	Anhui	18606.13	20751.11	12915.97	1874.45	569.96	5390.73
福建	Fujian	24907.40	27378.11	17438.81	2991.66	1752.82	5194.82
江西	Jiangxi	17494.87	18656.52	11654.36	1721.84	471.73	4808.59
山东	Shandong	22791.84	24889.80	17629.40	2294.85	615.69	4349.86
河南	Henan	18194.80	19526.92	12039.24	2264.36	286.02	4937.30
湖北	Hubei	18373.87	20193.27	12622.44	1906.73	357.15	5306.95
湖南	Hunan	18844.05	20083.87	11550.09	2674.18	770.66	5088.95
广东	Guangdong	26897.48	30218.76	21092.14	3035.25	1242.95	4848.42
广西	Guangxi	18854.06	20846.11	13550.16	1699.84	844.91	4751.20
海南	Hainan	18368.95	20094.18	12876.92	2158.62	715.40	4343.24
重庆	Chongqing	20249.70	21794.27	13827.72	1779.43	433.71	5753.42
四川	Sichuan	17899.12	19688.09	12687.29	1670.51	523.24	4807.05
贵州	Guizhou	16495.01	17598.87	10754.45	1614.67	356.41	4873.34
云南	Yunnan	18575.62	20255.13	12416.17	1785.61	1273.99	4779.36
西藏	Tibet	16195.56	18115.76	15854.97	486.92	358.07	1415.80
陕西	Shaanxi	18245.23	20069.87	14051.28	771.75	214.18	5032.65
甘肃	Gansu	14988.68	16267.37	11195.26	914.30	161.66	3996.15
青海	Qinghai	15603.31	17794.98	11403.97	1054.60	78.64	5257.77
宁夏	Ningxia	17578.92	19654.59	12396.71	2367.47	198.48	4691.94
新疆	Xinjiang	15513.62	17631.15	12653.43	1412.32	149.06	3416.35

2-34 各地区城镇居民家庭平均每人全年现金消费支出（2011年）
Per Capita Annual Cash Consumption Expenditure of Urban Households by Region (2011)

单位：元 (yuan)

地区	Region	现金消费支出 Cash Consumption Expenditure	食品 Food	衣着 Clothing	居住 Residence	家庭设备及用品 Household Facilities and Articles	交通通信 Transport and Communi-cations	文教娱乐 Education, Culture and Recreation	医疗保健 Health Care and Medical Services	其他 Others
全国	**National Average**	**15160.89**	**5506.33**	**1674.70**	**1405.01**	**1023.17**	**2149.69**	**1851.74**	**968.98**	**581.26**
北京	Beijing	21984.37	6905.51	2265.88	1923.71	1562.55	3521.20	3306.82	1523.32	975.37
天津	Tianjin	18424.09	6663.31	1754.98	1763.44	1174.62	2699.53	2116.01	1415.39	836.82
河北	Hebei	11609.29	3927.26	1425.99	1372.25	809.85	1526.60	1203.99	955.95	387.40
山西	Shanxi	11354.30	3558.04	1461.90	1327.78	832.74	1487.66	1419.43	851.30	415.44
内蒙古	Inner Mongolia	15878.07	4962.40	2514.09	1418.60	1162.87	2003.54	1812.07	1239.36	765.13
辽宁	Liaoning	14789.61	5254.96	1854.63	1385.62	929.37	1899.06	1614.52	1208.30	643.15
吉林	Jilin	13010.63	4252.85	1769.47	1468.29	839.31	1541.37	1468.34	1108.51	562.48
黑龙江	Heilongjiang	12054.19	4348.45	1681.88	1185.96	723.58	1363.62	1190.87	1082.96	476.89
上海	Shanghai	25102.14	8905.95	2053.81	2225.68	1826.22	3808.41	3746.38	1140.82	1394.86
江苏	Jiangsu	16781.74	6060.91	1772.06	1187.74	1193.81	2262.19	2695.52	962.45	647.06
浙江	Zhejiang	20437.45	7066.22	2138.99	1518.06	1109.42	3728.23	2816.12	1248.90	811.51
安徽	Anhui	13181.46	5246.76	1371.01	1501.39	690.66	1365.01	1631.28	907.58	467.77
福建	Fujian	16661.05	6534.94	1494.96	1661.84	1179.84	2470.18	1879.02	773.26	667.00
江西	Jiangxi	11747.21	4675.16	1272.88	1114.49	914.88	1310.21	1429.30	641.23	389.06
山东	Shandong	14560.67	4827.61	2008.84	1510.84	1013.82	2203.99	1538.44	938.86	518.27
河南	Henan	12336.47	4212.76	1706.94	1087.08	977.52	1573.64	1373.94	919.83	484.76
湖北	Hubei	13163.77	5363.68	1677.91	1172.11	814.81	1382.20	1489.67	915.72	347.68
湖南	Hunan	13402.87	4943.89	1499.02	1292.55	940.79	1975.50	1526.10	790.76	434.25
广东	Guangdong	20251.82	7471.88	1404.60	2005.15	1370.28	3630.62	2647.94	948.18	773.17
广西	Guangxi	12848.37	5074.49	1019.34	1237.91	884.85	2000.57	1502.65	779.08	349.48
海南	Hainan	12642.75	5673.65	780.10	1342.29	729.86	1830.80	1141.81	783.34	360.91
重庆	Chongqing	14974.49	5847.90	2056.79	1205.66	1079.27	1718.73	1474.88	1050.62	540.63
四川	Sichuan	13696.30	5571.69	1483.54	1226.14	1020.16	1757.52	1369.47	735.26	532.52
贵州	Guizhou	11352.88	4565.85	1209.88	1102.99	857.55	1395.28	1331.43	578.33	311.57
云南	Yunnan	12248.03	4802.26	1587.18	827.84	570.46	1905.86	1350.65	822.41	381.38
西藏	Tibet	10398.91	5184.18	1261.29	781.12	428.03	1278.00	514.44	424.10	527.74
陕西	Shaanxi	13782.75	5040.47	1673.24	1193.81	914.26	1502.44	1857.60	1100.51	500.42
甘肃	Gansu	11188.57	4182.47	1470.26	1139.85	660.48	1289.80	1158.30	874.05	413.37
青海	Qinghai	10955.46	4260.27	1394.28	1055.15	723.23	1293.45	967.90	854.25	406.93
宁夏	Ningxia	12896.04	4483.44	1701.73	1247.14	885.36	1637.61	1441.18	978.12	521.47
新疆	Xinjiang	11839.40	4537.46	1715.94	888.16	791.43	1377.67	1122.18	912.99	493.56

2-35 城镇居民家庭平均每百户耐用消费品拥有量（2011年底）

Ownership of Major Durable Consumer Goods Per 100 Urban Households at Year-end (2011)

地 区	Region	摩托车 (辆) Motorcycle (unit)	助力车 (辆) Hand Car (unit)	家用汽车 (辆) Automobile (unit)	洗衣机 (台) Washing Machine (set)	电冰箱 (台) Refrigerator (set)	彩色电视机 (台) Color TV Set (set)	计算机 (台) Computer (set)
全 国	**National Average**	**20.13**	**32.56**	**18.58**	**97.05**	**97.23**	**135.15**	**81.88**
北 京	Beijing	3.60	12.19	37.71	99.83	102.64	137.96	103.51
天 津	Tianjin	0.50	25.98	20.62	100.13	107.50	125.16	95.40
河 北	Hebei	20.48	50.10	23.32	96.55	97.71	116.30	74.74
山 西	Shanxi	21.06	34.27	18.60	101.60	91.07	109.98	69.45
内蒙古	Inner Mongolia	21.06	28.02	19.62	96.74	98.64	105.20	60.83
辽 宁	Liaoning	5.36	8.62	11.15	91.74	96.46	115.65	71.66
吉 林	Jilin	11.56	4.69	11.24	94.75	91.38	114.76	68.04
黑龙江	Heilongjiang	8.82	2.96	5.29	93.84	87.46	108.45	55.36
上 海	Shanghai	2.48	35.42	18.15	100.10	105.16	190.18	137.70
江 苏	Jiangsu	18.56	82.36	23.92	101.04	100.70	171.79	96.94
浙 江	Zhejiang	21.61	49.22	33.85	94.60	100.04	183.89	103.17
安 徽	Anhui	18.33	41.14	9.20	94.93	96.15	140.13	74.04
福 建	Fujian	44.41	38.57	17.83	100.58	105.31	171.26	103.00
江 西	Jiangxi	19.38	39.07	8.88	93.73	94.59	155.52	73.87
山 东	Shandong	27.16	61.94	28.12	98.12	103.69	120.96	85.88
河 南	Henan	17.97	60.28	14.06	98.42	92.07	124.85	71.41
湖 北	Hubei	21.85	18.80	9.69	97.47	99.37	132.01	75.49
湖 南	Hunan	20.99	11.32	12.82	94.11	94.91	121.58	66.36
广 东	Guangdong	44.35	13.74	30.71	98.07	97.56	142.44	104.13
广 西	Guangxi	48.15	58.62	17.24	97.04	98.36	136.03	91.72
海 南	Hainan	32.03	34.69	15.82	71.58	81.12	112.95	63.82
重 庆	Chongqing	10.76	2.03	10.44	96.92	99.15	131.49	76.07
四 川	Sichuan	9.58	12.09	12.25	98.13	97.49	135.19	68.86
贵 州	Guizhou	5.46	0.99	10.48	99.15	97.21	115.78	63.89
云 南	Yunnan	31.42	22.47	23.32	97.07	85.46	119.49	63.55
西 藏	Tibet	16.43	9.27	25.30	88.01	85.77	127.54	58.83
陕 西	Shaanxi	15.11	20.97	12.22	98.32	94.27	119.51	82.43
甘 肃	Gansu	10.19	11.14	7.33	97.94	87.80	106.66	56.14
青 海	Qinghai	4.00	1.50	6.08	97.45	93.99	104.79	52.65
宁 夏	Ningxia	20.86	26.68	12.40	93.32	89.64	102.74	59.39
新 疆	Xinjiang	13.79	13.77	12.32	96.10	94.34	106.42	61.20

2-35 续表 1 continued

地区	Region	组合音响(套) Hi-Fi Stereo Component System (set)	摄像机(架) Video Camera (set)	照相机(台) Camera (set)	钢琴(架) Piano (set)	其他中高档乐器(件) Other Medium and High Grade Musical Instrument (unit)	微波炉(台) Microwave Oven (unit)	空调(台) Air Conditioner (unit)
全 国	**National Average**	**23.97**	**9.42**	**44.48**	**2.65**	**4.21**	**60.65**	**122.00**
北 京	Beijing	23.31	21.30	84.50	4.38	6.10	86.81	171.41
天 津	Tianjin	20.81	13.87	58.89	1.32	2.77	87.96	143.32
河 北	Hebei	18.36	9.20	37.04	1.72	2.23	53.63	103.17
山 西	Shanxi	13.89	6.16	30.97	1.68	3.45	37.47	45.29
内蒙古	Inner Mongolia	13.57	7.81	32.45	1.54	3.43	41.90	13.96
辽 宁	Liaoning	19.82	11.60	39.40	2.67	3.52	56.81	28.05
吉 林	Jilin	14.59	9.21	34.22	2.08	5.10	48.80	12.93
黑龙江	Heilongjiang	9.07	6.90	25.24	1.37	2.26	36.76	9.30
上 海	Shanghai	48.02	17.66	94.15	7.64	7.44	98.02	206.35
江 苏	Jiangsu	22.71	10.89	50.86	3.31	4.22	91.58	195.96
浙 江	Zhejiang	28.32	9.94	53.01	4.16	4.53	71.91	200.55
安 徽	Anhui	16.83	5.85	32.21	1.45	3.66	61.03	127.94
福 建	Fujian	28.68	8.14	50.65	3.44	4.32	79.62	193.31
江 西	Jiangxi	21.50	5.96	35.98	1.37	3.76	55.04	124.57
山 东	Shandong	21.21	13.39	58.49	4.24	7.88	54.66	108.28
河 南	Henan	15.28	6.13	35.24	1.61	4.01	42.08	132.40
湖 北	Hubei	28.90	7.91	36.53	2.63	3.82	62.82	135.56
湖 南	Hunan	18.00	6.15	27.73	1.36	1.70	44.78	128.97
广 东	Guangdong	47.46	12.29	63.81	4.51	4.74	69.57	211.55
广 西	Guangxi	34.68	7.29	47.77	1.08	5.21	70.18	133.60
海 南	Hainan	19.46	4.33	19.61	0.76	1.17	31.32	86.13
重 庆	Chongqing	22.80	7.18	32.93	1.28	2.35	68.96	164.31
四 川	Sichuan	22.70	7.10	34.58	1.40	2.64	55.69	112.59
贵 州	Guizhou	31.22	5.69	29.01	2.07	3.59	45.76	20.46
云 南	Yunnan	34.19	7.61	36.77	2.00	6.85	54.50	3.24
西 藏	Tibet	31.64	8.74	44.35	0.48	1.22	38.80	13.48
陕 西	Shaanxi	19.39	9.05	50.21	2.66	5.89	52.32	113.68
甘 肃	Gansu	18.78	5.38	23.99	1.20	3.77	36.23	5.16
青 海	Qinghai	10.53	4.35	22.25	1.23	2.37	49.54	2.42
宁 夏	Ningxia	12.97	4.55	22.76	0.93	3.10	43.83	12.04
新 疆	Xinjiang	15.10	7.98	29.24	1.36	5.05	37.75	11.87

2-35 续表 2 continued

地 区	Region	淋浴热水器 (台) Water Heater for Shower (unit)	消毒碗柜 (台) Disinfection Cupboard (unit)	洗碗机 (台) Dishwasher (unit)	健身器材 (套) Health Equipment (set)	固定电话 (部) Telephone (unit)	移动电话 (部) Mobile Telephone (unit)
全 国	**National Average**	**89.14**	**19.19**	**0.88**	**4.09**	**69.58**	**205.25**
北 京	Beijing	97.15	7.27	0.98	6.42	92.41	214.71
天 津	Tianjin	94.83	1.89	0.19	2.46	73.58	216.96
河 北	Hebei	86.73	3.13	0.86	3.60	63.60	197.30
山 西	Shanxi	65.28	2.43	0.47	3.29	72.17	178.10
内蒙古	Inner Mongolia	62.20	3.40	0.20	2.78	47.30	204.72
辽 宁	Liaoning	73.12	7.32	0.83	3.68	73.76	178.40
吉 林	Jilin	58.46	8.58	0.86	2.44	57.64	211.26
黑龙江	Heilongjiang	42.52	3.39	0.44	1.38	58.91	186.27
上 海	Shanghai	100.40	16.96	0.40	8.23	97.12	235.62
江 苏	Jiangsu	100.06	9.51	0.77	6.20	83.10	210.87
浙 江	Zhejiang	103.99	25.07	1.45	6.01	79.99	206.84
安 徽	Anhui	89.54	6.30	0.21	2.52	77.00	190.09
福 建	Fujian	110.50	48.70	0.93	5.79	81.00	236.19
江 西	Jiangxi	95.50	14.07	0.92	2.14	60.66	200.46
山 东	Shandong	91.65	7.05	1.03	6.89	61.77	213.46
河 南	Henan	76.17	7.83	0.57	2.39	51.86	194.65
湖 北	Hubei	93.51	16.89	1.10	4.25	61.19	193.76
湖 南	Hunan	89.95	23.96	0.83	2.28	56.22	189.66
广 东	Guangdong	112.26	82.70	1.99	5.59	87.32	231.75
广 西	Guangxi	109.09	69.52	1.03	4.13	57.68	231.85
海 南	Hainan	87.28	52.23	0.82	2.06	80.97	197.64
重 庆	Chongqing	98.87	11.14	1.88	2.32	65.86	207.11
四 川	Sichuan	93.20	13.63	0.46	2.82	68.09	203.29
贵 州	Guizhou	75.11	30.57	0.48	3.30	64.94	204.75
云 南	Yunnan	90.79	12.62	0.83	3.29	50.76	212.47
西 藏	Tibet	32.40	7.16	0.89	2.63	67.78	183.05
陕 西	Shaanxi	88.45	6.68	0.31	3.21	62.00	219.03
甘 肃	Gansu	64.61	1.52	0.37	2.17	55.28	186.54
青 海	Qinghai	52.46	1.54	0.05	1.91	79.84	178.99
宁 夏	Ningxia	81.56	3.67	0.55	1.40	56.31	197.05
新 疆	Xinjiang	76.53	4.76	0.25	1.08	77.15	181.54

2-36 按来源分农村居民家庭人均纯收入（2011年）

Per Capita Annual Net Income of Rural Households by Sources (2011)

单位：元 (yuan)

地区	Region	纯收入 Net Income	工资性收入 Income from Wages and Salaries	家庭经营纯收入 Income from Household Operations	财产性收入 Income from Properties	转移性收入 Income from Transfers
全国	**National Average**	**6977.29**	**2963.43**	**3221.98**	**228.57**	**563.32**
北京	Beijing	14735.68	9578.85	1363.27	1537.01	2256.55
天津	Tianjin	12321.22	6829.24	3908.07	742.43	841.48
河北	Hebei	7119.69	3423.95	3006.20	206.36	483.18
山西	Shanxi	5601.40	2684.87	2140.83	170.41	605.30
内蒙古	Inner Mongolia	6641.56	1310.86	4217.50	337.59	775.62
辽宁	Liaoning	8296.54	3179.75	4270.99	244.61	601.19
吉林	Jilin	7509.95	1469.19	4950.40	395.73	694.63
黑龙江	Heilongjiang	7590.68	1496.51	4784.08	545.24	764.85
上海	Shanghai	16053.79	10493.03	876.77	1244.05	3439.94
江苏	Jiangsu	10804.95	5969.02	3490.26	414.30	931.37
浙江	Zhejiang	13070.69	6721.32	4981.76	555.70	811.91
安徽	Anhui	6232.21	2723.17	2986.07	105.96	417.00
福建	Fujian	8778.55	3889.54	4094.78	291.47	502.75
江西	Jiangxi	6891.63	2994.49	3421.42	111.52	364.19
山东	Shandong	8342.13	3715.25	3935.24	246.45	445.19
河南	Henan	6604.03	2523.77	3601.12	108.14	370.99
湖北	Hubei	6897.92	2703.05	3731.34	84.45	379.08
湖南	Hunan	6567.06	3240.81	2725.20	112.19	488.86
广东	Guangdong	9371.73	5854.68	2498.11	490.43	528.51
广西	Guangxi	5231.33	1820.37	3007.93	41.22	361.80
海南	Hainan	6446.01	2004.63	3826.99	85.77	528.62
重庆	Chongqing	6480.41	2894.53	2748.25	139.67	697.96
四川	Sichuan	6128.55	2652.46	2761.69	140.38	574.02
贵州	Guizhou	4145.35	1713.52	1980.21	59.50	392.13
云南	Yunnan	4721.99	1138.55	2966.18	218.99	398.27
西藏	Tibet	4904.28	1008.03	3142.62	113.60	640.03
陕西	Shaanxi	5027.87	2395.45	2017.20	165.27	449.95
甘肃	Gansu	3909.37	1561.97	1866.77	82.46	398.18
青海	Qinghai	4608.46	1775.39	2088.80	93.69	650.59
宁夏	Ningxia	5409.95	2164.24	2730.43	116.43	398.85
新疆	Xinjiang	5442.15	804.73	3887.15	147.14	603.13

2-37 农村居民家庭平均每人消费支出（2011年）

Per Capita Consumption Expenditure of Rural Households (2011)

单位：元 (yuan)

地区	Region	消费支出合计 Consumption Expenditure	食品 Food	衣着 Clothing	居住 Residence	家庭设备及用品 Household Facilities and Articles	交通通信 Transport and Communications	文教娱乐 Education, Culture and Recreation	医疗保健 Health Care and Medical Services	其他 Others
全国	**National Average**	**5221.13**	**2107.34**	**341.34**	**961.45**	**308.88**	**547.03**	**396.36**	**436.75**	**121.99**
北京	Beijing	11077.66	3593.48	862.58	2350.31	714.52	1228.19	1003.67	1035.18	289.72
天津	Tianjin	6725.42	2375.97	611.73	1346.30	352.28	781.55	542.12	571.65	143.82
河北	Hebei	4711.16	1579.65	334.10	1090.29	316.90	520.18	315.41	434.67	119.95
山西	Shanxi	4586.98	1729.91	401.93	824.68	243.84	458.76	448.44	349.29	130.13
内蒙古	Inner Mongolia	5507.72	2067.03	395.21	880.26	243.27	728.94	525.89	534.18	132.92
辽宁	Liaoning	5406.41	2116.30	446.12	860.23	225.38	577.71	549.96	482.85	147.86
吉林	Jilin	5305.75	1872.09	397.48	951.93	232.29	564.26	456.75	673.57	157.38
黑龙江	Heilongjiang	5333.61	2072.44	473.78	824.72	209.70	576.31	464.71	573.59	138.36
上海	Shanghai	11049.32	4517.16	644.52	1805.91	648.89	1308.92	916.07	908.63	299.21
江苏	Jiangsu	8094.57	2839.93	554.81	1372.63	503.15	923.89	1044.64	645.59	209.93
浙江	Zhejiang	9965.08	3714.82	717.54	1616.96	542.76	1380.56	846.10	921.31	225.03
安徽	Anhui	4957.29	2055.23	297.00	885.15	304.25	475.19	376.18	440.53	123.75
福建	Fujian	6540.85	3032.17	395.42	1033.15	357.12	728.49	506.71	321.20	166.60
江西	Jiangxi	4659.87	2106.27	233.58	888.80	277.51	393.34	319.39	346.68	94.30
山东	Shandong	5900.57	2107.07	399.82	1126.98	411.59	753.05	482.66	508.38	111.02
河南	Henan	4319.95	1559.74	362.82	846.86	328.13	427.86	278.20	399.71	116.62
湖北	Hubei	5010.74	1954.62	272.12	1086.86	359.57	414.36	341.87	438.20	143.14
湖南	Hunan	5179.36	2343.06	260.44	969.74	330.73	421.67	346.62	396.54	110.55
广东	Guangdong	6725.55	3301.14	277.34	1172.30	301.29	682.54	404.15	398.54	188.27
广西	Guangxi	4210.89	1844.94	123.93	1018.56	241.61	384.81	218.72	301.25	77.07
海南	Hainan	4166.13	2137.90	139.81	700.46	176.33	370.34	224.91	290.13	126.25
重庆	Chongqing	4502.06	2108.61	309.00	555.81	348.31	401.65	334.84	375.26	68.57
四川	Sichuan	4675.47	2161.65	281.87	727.39	300.95	431.14	276.64	413.12	82.71
贵州	Guizhou	3455.78	1646.53	186.22	639.32	192.78	304.51	183.03	246.28	57.10
云南	Yunnan	3999.87	1883.95	209.05	702.41	208.24	393.04	241.13	309.25	52.80
西藏	Tibet	2741.60	1384.65	331.21	328.02	186.01	348.86	40.91	65.78	56.16
陕西	Shaanxi	4491.71	1344.99	285.37	1108.58	279.86	406.68	405.56	533.44	127.24
甘肃	Gansu	3664.91	1548.19	246.67	596.58	198.08	366.56	292.71	339.28	76.85
青海	Qinghai	4536.81	1716.39	347.47	1090.74	272.26	450.88	265.43	308.08	85.57
宁夏	Ningxia	4726.64	1762.53	380.00	935.22	264.64	483.40	324.36	444.69	131.79
新疆	Xinjiang	4397.82	1589.46	372.10	1025.28	198.57	530.59	229.66	376.87	75.28

2-38 农村居民家庭平均每人现金消费支出（2011年）
Per Capita Cash Consumption Expenditure of Rural Households (2011)

单位：元 (yuan)

地区	Region	现金消费支出合计 Cash Consumption Expenditure	食品 Food	衣着 Clothing	居住 Residence	家庭设备及用品 Household Facilities and Articles	交通通信 Transport and Communi-cations	文教娱乐 Education, Culture and Recreation	医疗保健 Health Care and Medical Services	其他 Others
全国	**National Average**	**4733.35**	**1651.29**	**341.07**	**930.24**	**308.64**	**547.03**	**396.36**	**436.75**	**121.98**
北京	Beijing	11021.24	3541.38	862.26	2346.82	714.44	1228.19	1003.67	1035.18	289.30
天津	Tianjin	6673.27	2324.06	611.50	1346.30	352.28	781.55	542.12	571.65	143.82
河北	Hebei	4514.19	1396.02	333.92	1077.17	316.88	520.18	315.41	434.67	119.95
山西	Shanxi	4355.78	1499.61	401.78	823.93	243.84	458.76	448.44	349.29	130.12
内蒙古	Inner Mongolia	4827.99	1479.67	394.79	788.44	243.15	728.94	525.89	534.18	132.92
辽宁	Liaoning	5081.40	1826.52	446.12	825.00	225.38	577.71	549.96	482.85	147.86
吉林	Jilin	4891.64	1564.24	397.47	845.67	232.29	564.26	456.75	673.57	157.38
黑龙江	Heilongjiang	5024.72	1844.29	473.78	744.21	209.46	576.31	464.71	573.59	138.36
上海	Shanghai	10834.10	4303.50	644.52	1804.36	648.89	1308.92	916.07	908.63	299.21
江苏	Jiangsu	7709.07	2468.25	554.77	1359.19	502.82	923.89	1044.64	645.59	209.93
浙江	Zhejiang	9792.50	3554.82	717.03	1604.96	542.69	1380.56	846.10	921.31	225.03
安徽	Anhui	4499.35	1645.98	296.98	836.54	304.19	475.19	376.18	440.53	123.75
福建	Fujian	6112.99	2654.57	395.41	982.89	357.12	728.49	506.71	321.20	166.60
江西	Jiangxi	4029.49	1486.74	233.58	878.30	277.15	393.34	319.39	346.68	94.30
山东	Shandong	5623.58	1831.38	398.90	1126.88	411.32	753.05	482.66	508.38	111.02
河南	Henan	4047.87	1323.43	362.78	811.35	327.92	427.86	278.20	399.71	116.62
湖北	Hubei	4382.95	1337.87	270.97	1077.19	359.36	414.36	341.87	438.20	143.14
湖南	Hunan	4355.70	1557.91	260.34	931.91	330.16	421.67	346.62	396.54	110.55
广东	Guangdong	6149.94	2817.84	277.31	1080.18	301.13	682.54	404.15	398.54	188.27
广西	Guangxi	3522.59	1212.52	123.93	962.67	241.61	384.81	218.72	301.25	77.07
海南	Hainan	3781.63	1797.48	139.81	656.38	176.33	370.34	224.91	290.13	126.25
重庆	Chongqing	3734.59	1360.35	308.95	536.73	348.24	401.65	334.84	375.26	68.57
四川	Sichuan	3924.27	1424.49	281.87	713.44	300.87	431.14	276.64	413.12	82.71
贵州	Guizhou	2670.73	880.96	186.22	619.85	192.78	304.51	183.03	246.28	57.10
云南	Yunnan	3205.35	1147.46	209.05	644.57	208.05	393.04	241.13	309.25	52.80
西藏	Tibet	2235.62	880.55	331.08	326.29	185.98	348.86	40.91	65.78	56.16
陕西	Shaanxi	4254.92	1112.06	285.34	1104.74	279.86	406.68	405.56	533.44	127.24
甘肃	Gansu	3151.10	1060.68	246.67	570.31	198.05	366.56	292.71	339.28	76.85
青海	Qinghai	3920.15	1103.73	346.75	1088.03	271.68	450.88	265.43	308.08	85.57
宁夏	Ningxia	4209.55	1245.44	380.00	935.22	264.64	483.40	324.36	444.69	131.79
新疆	Xinjiang	3889.69	1138.12	368.37	976.36	194.43	530.59	229.66	376.87	75.28

2-39 农村居民家庭平均每百户主要耐用消费品拥有量（2011年底）
Ownership of Durable Consumer Goods Per 100 Rural Households at Year-end (2011)

地 区	Region	洗衣机 (台) Washing Machine (set)	电冰箱 (台) Refrigerator (set)	空 调 (台) Air Conditioner (set)	抽油烟机 (台) Exhaust Fan (set)	自行车 (辆) Bicycle (unit)	摩托车 (辆) Motorcycle (unit)
全 国	**National Average**	**62.57**	**61.54**	**22.58**	**13.23**	**77.11**	**60.85**
北 京	Beijing	99.23	103.73	107.57	68.90	146.60	13.97
天 津	Tianjin	99.43	96.43	70.00	44.86	161.86	25.86
河 北	Hebei	91.67	78.74	36.86	13.00	165.71	57.36
山 西	Shanxi	84.24	48.43	6.67	5.19	81.19	56.24
内蒙古	Inner Mongolia	77.52	81.65	0.83	7.23	45.44	75.19
辽 宁	Liaoning	79.03	77.87	2.27	10.14	79.68	63.19
吉 林	Jilin	84.13	72.56	0.56	5.06	42.75	66.63
黑龙江	Heilongjiang	81.43	72.90	0.89	9.02	42.41	54.42
上 海	Shanghai	88.08	98.83	130.08	64.33	180.08	28.17
江 苏	Jiangsu	87.29	82.18	83.24	33.21	144.53	48.29
浙 江	Zhejiang	69.15	93.70	97.11	59.44	105.52	40.04
安 徽	Anhui	55.29	74.77	30.74	7.26	86.00	51.77
福 建	Fujian	67.33	88.44	47.67	32.81	48.72	88.19
江 西	Jiangxi	21.96	68.08	17.35	6.45	60.78	67.88
山 东	Shandong	81.76	77.76	22.29	17.69	154.38	59.74
河 南	Henan	91.14	63.31	33.24	4.07	126.17	53.52
湖 北	Hubei	57.09	73.73	28.58	13.70	44.76	72.33
湖 南	Hunan	58.38	74.59	22.59	5.70	25.84	63.52
广 东	Guangdong	50.84	60.94	50.58	26.97	86.68	107.90
广 西	Guangxi	28.92	55.71	8.23	2.81	47.88	87.75
海 南	Hainan	14.83	30.50	10.83	2.50	36.42	101.58
重 庆	Chongqing	60.50	73.17	21.67	4.28	10.00	36.28
四 川	Sichuan	69.58	65.80	10.50	3.43	26.18	44.23
贵 州	Guizhou	62.50	39.91	0.76	0.94	5.27	35.98
云 南	Yunnan	50.96	27.29	0.29	4.00	23.42	60.17
西 藏	Tibet	22.23	29.40	0.20		7.30	76.15
陕 西	Shaanxi	84.71	48.47	9.75	5.29	81.85	54.77
甘 肃	Gansu	73.72	26.50	0.22	3.11	71.11	67.94
青 海	Qinghai	89.33	75.50	1.00	3.00	20.83	81.83
宁 夏	Ningxia	84.75	52.13	0.63	7.50	108.00	86.50
新 疆	Xinjiang	72.77	63.94	1.03	4.58	62.58	77.23

2-39 续表 continued

地 区	Region	固定电话 (部) Telephone (unit)	移动电话 (部) Mobile Telephone (unit)	黑白电视机 (台) Black and White TV Set (set)	彩色电视机 (台) Color TV Set (set)	照相机 (台) Camera (set)	计算机 (台) Computer (set)
全 国	**National Average**	**43.11**	**179.74**	**1.66**	**115.46**	**4.55**	**17.96**
北 京	Beijing	88.47	231.20	0.03	134.33	36.73	62.87
天 津	Tianjin	52.43	187.86	0.14	122.43	19.29	37.00
河 北	Hebei	44.95	193.17	0.79	121.88	3.57	25.57
山 西	Shanxi	47.62	172.81	1.29	106.86	2.52	24.05
内蒙古	Inner Mongolia	15.39	200.19	0.97	106.84	2.72	8.59
辽 宁	Liaoning	80.79	150.60	0.42	112.08	5.65	16.67
吉 林	Jilin	35.75	204.31	0.44	115.25	1.88	15.94
黑龙江	Heilongjiang	36.65	182.14	0.67	110.67	2.54	15.31
上 海	Shanghai	89.00	188.92	3.92	187.50	19.75	50.25
江 苏	Jiangsu	73.65	184.91	2.71	140.47	11.00	37.56
浙 江	Zhejiang	79.41	202.19	2.67	168.26	13.63	43.52
安 徽	Anhui	57.65	163.71	4.35	113.48	1.90	10.39
福 建	Fujian	66.03	234.50	0.38	136.61	6.94	30.95
江 西	Jiangxi	25.14	189.43	2.20	116.98	2.49	10.61
山 东	Shandong	44.40	186.43	1.81	112.00	5.02	25.21
河 南	Henan	25.50	194.50	1.52	110.71	2.33	16.19
湖 北	Hubei	41.94	204.82	1.61	114.36	3.55	15.58
湖 南	Hunan	28.76	183.35	2.30	109.00	2.46	10.30
广 东	Guangdong	68.58	241.97	0.97	116.94	7.06	29.52
广 西	Guangxi	29.31	210.26	1.39	109.39	2.08	9.57
海 南	Hainan	26.33	193.67	0.58	97.50	1.50	8.42
重 庆	Chongqing	44.22	175.78	1.44	106.50	2.22	11.94
四 川	Sichuan	33.35	168.75	2.30	105.13	2.05	7.88
贵 州	Guizhou	17.90	156.96	0.36	93.93	1.38	4.11
云 南	Yunnan	14.71	194.00	0.67	101.13	3.21	4.04
西 藏	Tibet	47.16	121.35	1.55	104.73	1.42	0.34
陕 西	Shaanxi	36.19	221.46	1.44	111.89	3.51	16.55
甘 肃	Gansu	30.39	177.44	1.83	104.44	1.67	9.00
青 海	Qinghai	46.00	223.33	1.33	104.17	3.67	5.17
宁 夏	Ningxia	33.13	225.00	0.75	119.13	2.13	11.75
新 疆	Xinjiang	34.00	141.87	4.58	99.03	2.90	9.10

2-40 城市建设情况（2011年）
Statistics on City Construction (2011)

地 区	Region	城区面积 (平方公里) Urban Area (sq.km)	建成区面积 (平方公里) Area of Built Districts (sq.km)	城市建设用地面积 (平方公里) Area of Land Used for Urban Construction (sq.km)	征用土地面积 (平方公里) Land Put in Requisition for State Construction Projects (sq.km)	城市人口密度 (人/平方公里) Population Density of Urban Area (persons/sq.km)
全 国	**National Total**	**183618.0**	**43603.2**	**41860.6**	**1841.7**	**2228**
北 京	Beijing	12187.0	1231.3	1425.9	50.4	1428
天 津	Tianjin	2334.5	710.6	710.6	44.0	2636
河 北	Hebei	6627.0	1684.6	1625.2	42.7	2362
山 西	Shanxi	3400.8	956.9	878.4	25.8	2977
内蒙古	Inner Mongolia	10996.7	1077.0	1179.5	27.9	764
辽 宁	Liaoning	12821.7	2276.5	2249.1	185.7	1712
吉 林	Jilin	4718.2	1271.0	1203.8	75.3	2371
黑龙江	Heilongjiang	2653.2	1678.6	1722.1	47.7	5146
上 海	Shanghai	6340.5	998.8			3702
江 苏	Jiangsu	13272.3	3493.8	3552.6	182.9	2013
浙 江	Zhejiang	10484.3	2221.1	2263.4	88.9	1741
安 徽	Anhui	5572.9	1597.7	1565.0	117.5	2265
福 建	Fujian	4481.4	1130.0	1077.0	51.7	2306
江 西	Jiangxi	1890.7	1019.9	986.4	57.5	4527
山 东	Shandong	20157.6	3751.2	3680.7	141.6	1389
河 南	Henan	4213.7	2098.1	2019.3	41.0	5124
湖 北	Hubei	9049.2	1811.6	2042.6	74.4	1969
湖 南	Hunan	4602.4	1408.0	1474.9	84.6	2908
广 东	Guangdong	17957.2	4829.3	4172.4	73.4	2637
广 西	Guangxi	5789.1	1014.4	931.6	121.8	1569
海 南	Hainan	850.1	238.0	267.9	14.7	2639
重 庆	Chongqing	5696.6	1034.9	945.5	54.5	1830
四 川	Sichuan	5999.0	1788.1	1745.5	72.4	2782
贵 州	Guizhou	1673.8	508.3	524.2	6.6	3502
云 南	Yunnan	2084.6	804.1	887.5	61.2	3811
西 藏	Tibet	948.0	89.7	40.2	3.1	515
陕 西	Shaanxi	1373.4	809.0	706.5	33.8	5821
甘 肃	Gansu	1436.6	655.6	615.4	33.6	3824
青 海	Qinghai	512.3	122.1	121.7	0.8	2487
宁 夏	Ningxia	2063.5	371.3	313.0	10.5	1147
新 疆	Xinjiang	1429.7	921.8	933.0	15.7	4563

2-41 城市供水情况（2011年）
Basic Statistics on Tap Water Supply in Cities (2011)

地 区	Region	年末供水综合生产能力（万立方米/日）Production Capacity of Tap Water Supply (year-end) (10 000 cu.m/day)	年末供水管道长度（公里）Length of Water Supply Pipelines (year-end) (km)	全年供水总量（万立方米）Total Annual Volume of Water Supply (10 000 cu.m)	#生活用水 For Residential Use	#生产用水 For Productive Use	用水人口（万人）Number of Residents with Access to Tap Water (10 000 persons)	人均日生活用水量（升）Per Capita Daily Consumption of Tap Water for Residential Use (liter)
全 国	**National Total**	**26668.7**	**573774**	**5134222**	**2476520**	**1596521**	**39691.3**	**170.9**
北 京	Beijing	1588.3	26453	158364	109676	23363	1740.7	172.6
天 津	Tianjin	429.4	11906	74483	29525	31497	615.4	128.8
河 北	Hebei	995.8	15014	173061	71118	67748	1565.6	124.5
山 西	Shanxi	422.4	7548	81751	40134	33234	986.8	111.4
内蒙古	Inner Mongolia	357.4	9073	62762	26490	21130	768.2	94.5
辽 宁	Liaoning	1354.6	31487	266033	99394	87156	2158.4	126.2
吉 林	Jilin	758.6	9335	100330	42895	30193	1037.0	113.3
黑龙江	Heilongjiang	855.5	12149	151913	57923	61271	1239.6	128.0
上 海	Shanghai	1150.0	32217	311282	157290	58194	2347.5	183.6
江 苏	Jiangsu	2757.2	65586	477044	206120	198830	2660.5	212.3
浙 江	Zhejiang	1524.6	41646	273591	130583	99870	1822.5	196.3
安 徽	Anhui	820.2	17032	158039	75188	51387	1219.0	169.0
福 建	Fujian	682.9	15595	137724	70351	38085	1024.2	188.2
江 西	Jiangxi	444.8	10837	93615	53485	19238	838.4	174.8
山 东	Shandong	1616.9	39568	313500	132268	139700	2792.1	129.8
河 南	Henan	1037.6	18270	184588	79274	72172	2000.1	108.6
湖 北	Hubei	1351.0	24239	257586	136245	64476	1751.0	213.2
湖 南	Hunan	985.1	15956	181642	94948	43022	1280.5	203.2
广 东	Guangdong	3506.3	86022	821640	410449	218258	4658.8	241.4
广 西	Guangxi	636.6	13782	154483	75339	60101	853.2	241.9
海 南	Hainan	174.3	3145	36758	19608	4502	215.6	249.2
重 庆	Chongqing	429.3	8914	89756	51690	22150	973.8	145.4
四 川	Sichuan	812.6	21649	182239	107225	42781	1532.4	191.7
贵 州	Guizhou	244.9	7124	46694	27969	8555	536.7	142.8
云 南	Yunnan	323.6	7512	67666	34432	16574	755.3	124.9
西 藏	Tibet	57.5	827	12432	3738	567	44.9	228.1
陕 西	Shaanxi	375.9	5338	76780	45595	19505	765.2	163.3
甘 肃	Gansu	373.8	4690	55703	27164	18156	508.1	146.5
青 海	Qinghai	84.6	1501	21769	9148	9124	127.2	197.0
宁 夏	Ningxia	131.8	2471	30101	13456	12596	226.0	163.1
新 疆	Xinjiang	385.1	6888	80894	37798	23087	647.0	160.1

2-42 城市燃气情况（2011年）

Basic Statistics on Supply of Gas in Cities (2011)

地 区	Region	人工煤气生产能力（万立方米/日）Production Capacity of Gaswork Gas (10 000 cu.m/day)	管道长度（公里）Length of Gas Pipelines (km) 人工煤气 Coal Gas	天然气 Natural Gas	液化石油气 Liquefied Petroleum Gas	全年供气总量 Volume of Gas Supply 人工煤气（万立方米）Coal Gas (10 000 cu.m)	天然气（万立方米）Natural Gas (10 000 cu.m)	液化石油气（吨）Liquefied Petroleum Gas (ton)	用气人口（万人）Population with Access to Gas (10 000 persons) 人工煤气 Coal Gas	天然气 Natural Gas	液化石油气 Liquefied Petroleum Gas
全 国	**National Total**	**3311.3**	**37100**	**298972**	**12893**	**847256**	**6787997**	**11658326**	**2676.3**	**19027.8**	**16093.6**
北 京	Beijing			17278	311		729608	442535		1333.9	406.8
天 津	Tianjin			11731	184		169739	58608		598.0	17.4
河 北	Hebei	166.1	3566	9113	345	84634	193461	224873	185.2	918.8	459.4
山 西	Shanxi	207.2	4787	4115	386	93515	176342	74789	244.5	508.7	204.8
内蒙古	Inner Mongolia	164.0	507	3800	119	2806	127724	113190	49.0	287.1	355.1
辽 宁	Liaoning	313.2	5580	9059	656	56625	76601	504938	573.6	852.4	668.9
吉 林	Jilin	80.0	1723	4708	100	17445	51758	236297	167.9	359.1	460.4
黑龙江	Heilongjiang	84.2	625	6377	22	8040	85070	211074	80.7	600.9	430.1
上 海	Shanghai	817.4	4710	19068	516	118541	543314	394278	274.8	1231.0	838.7
江 苏	Jiangsu	53.0	1673	35389	917	10310	591493	766635	45.8	1557.5	1042.6
浙 江	Zhejiang	1.8	112	15916	2062	493	148674	807562	4.3	643.6	1165.6
安 徽	Anhui			11638	284		138832	567246		786.1	392.5
福 建	Fujian	8.0	293	4981	1053	2892	66297	324768	16.1	287.5	716.1
江 西	Jiangxi	230.0	1511	4904	507	49641	27004	194329	94.5	259.2	453.6
山 东	Shandong	86.8	1694	28049	908	34513	438016	541533	139.8	1628.3	1016.7
河 南	Henan	226.1	1781	13777	19	116309	194720	238178	154.5	930.5	559.9
湖 北	Hubei	57.2	1154	13025	629	9950	204472	426496	35.3	819.5	818.4
湖 南	Hunan		412	8979	24	2334	139137	265876	21.4	443.8	718.5
广 东	Guangdong	45.2	8	15035	2796	5307	1183316	4049701		1028.1	3295.0
广 西	Guangxi	10.6	416	4537	71	4503	13606	297416	45.1	133.3	649.1
海 南	Hainan			1533	18		16374	76650		90.8	119.2
重 庆	Chongqing			10565			268790	92861		862.3	107.5
四 川	Sichuan	511.0	532	24020	200	159719	564557	206628	42.6	1284.4	126.4
贵 州	Guizhou	180.0	2742	330	133	30515	5484	65375	207.7	23.7	188.1
云 南	Yunnan	13.6	2605	467	555	35309	212	162402	267.4	27.0	295.1
西 藏	Tibet							24650			40.8
陕 西	Shaanxi			7407			182495	34059		593.5	142.7
甘 肃	Gansu	9.9	393	1129		1617	88100	151715	15.4	221.1	178.9
青 海	Qinghai			887			65738	6633		99.6	17.8
宁 夏	Ningxia		207	2543		240	122647	14037	4.7	127.9	76.7
新 疆	Xinjiang	46.0	71	8613	81	1999	174413	82993	6.2	490.3	131.0

2-43 城市集中供热情况（2011年）

Basic Statistics on Heating in Cities (2011)

地 区	Region	供应能力 Heating Capacity		供热总量 Quantity of Heat Supplied		管道长度 Length of Heating Pipelines		供热面积（万平方米）
		蒸 汽（吨/小时）Steam (ton/hour)	热 水（兆瓦）Hot Water (Mega Watts)	蒸 汽（万吉焦）Steam (10 000 gigajoules)	热 水（万吉焦）Hot Water (10 000 gigajoules)	蒸 汽（公里）Steam (km)	热 水（公里）Hot Water (km)	Area of Centralized Heating (10 000 sq.m)
全 国	**National Total**	**85274**	**338752**	**51780**	**229251**	**13388**	**133965**	**473784**
北 京	Beijing	450	36805	346	35682	41	11734	50794
天 津	Tianjin	3025	19325	1757	9919	563	14715	27163
河 北	Hebei	10357	24535	7274	15532	1314	8818	42049
山 西	Shanxi	2802	18210	1436	10798	426	5547	32841
内蒙古	Inner Mongolia	1182	28560	870	16526	418	5947	29737
辽 宁	Liaoning	11544	59855	6599	41926	2283	22694	81581
吉 林	Jilin	3494	30988	1470	21752	232	11156	34811
黑龙江	Heilongjiang	4951	41000	2590	26528	408	14562	42940
上 海	Shanghai							
江 苏	Jiangsu							
浙 江	Zhejiang	4923	75	5264		870		4439
安 徽	Anhui	3753	182	2561	41	491	15	2847
福 建	Fujian							
江 西	Jiangxi							
山 东	Shandong	25634	28922	14517	18879	4089	22658	61121
河 南	Henan	5530	6763	3114	2977	1101	2950	11831
湖 北	Hubei	1816	278	763	21	179	10	1217
湖 南	Hunan							
广 东	Guangdong							
广 西	Guangxi							
海 南	Hainan							
重 庆	Chongqing							
四 川	Sichuan							
贵 州	Guizhou							
云 南	Yunnan							
西 藏	Tibet							
陕 西	Shaanxi	3681	5309	1932	3093	536	757	10069
甘 肃	Gansu		11137		6151		3718	12162
青 海	Qinghai		230		164		106	270
宁 夏	Ningxia	672	6113	313	3738	97	2144	6849
新 疆	Xinjiang	1460	20465	974	15524	340	6434	21064

2-44 城市市政设施（2011年）
Basic Statistics on Municipal Infrastructure in Cities (2011)

地区	Region	年末实有道路长度（公里）Length of Paved Roads (year-end) (km)	年末实有道路面积（万平方米）Area of Paved Roads (year-end) (10 000 sq.m)	城市桥梁（座）Number of City Bridges (unit)	城市排水管道长度（公里）Length of City Sewage Pipes (km)	城市污水日处理能力（万立方米）Daily Disposal Capacity of City Sewage (10 000 cu.m)	城市道路照明灯（千盏）Number of Street Lights (1 000 units)
全国	**National Total**	**308897**	**562523**	**53386**	**414074**	**13304.1**	**19492.1**
北京	Beijing	6258	9164	1885	11086	381.6	235.7
天津	Tianjin	5991	10492	584	16551	232.2	246.1
河北	Hebei	12286	27935	1483	15435	526.8	664.3
山西	Shanxi	6059	11349	502	6086	196.0	445.8
内蒙古	Inner Mongolia	6782	13257	344	9314	158.4	608.9
辽宁	Liaoning	14468	24727	1549	14906	635.4	1446.2
吉林	Jilin	7687	13305	681	8194	232.5	562.9
黑龙江	Heilongjiang	10629	15296	850	8106	337.2	520.7
上海	Shanghai	4708	9481	2152	17599	694.3	471.2
江苏	Jiangsu	32491	58405	12130	51735	1555.5	2330.5
浙江	Zhejiang	16819	31998	8275	28103	662.6	1190.3
安徽	Anhui	10854	22722	1176	16380	490.8	659.5
福建	Fujian	7238	13908	1292	10767	332.5	456.7
江西	Jiangxi	6086	12329	573	8580	226.0	502.3
山东	Shandong	34681	66123	4359	40110	895.4	1445.8
河南	Henan	9859	23393	1084	15836	498.3	693.2
湖北	Hubei	14887	26341	1772	17351	561.8	448.7
湖南	Hunan	9893	18234	700	10897	555.0	529.7
广东	Guangdong	42875	59215	5645	48185	1716.0	2266.6
广西	Guangxi	6823	13029	650	7264	705.7	491.9
海南	Hainan	2013	4133	149	2788	76.8	156.8
重庆	Chongqing	5435	10870	1211	8163	219.7	267.6
四川	Sichuan	10192	20258	1615	15742	391.0	750.8
贵州	Guizhou	2419	3884	408	3695	122.8	251.4
云南	Yunnan	4569	9507	672	4761	231.3	320.5
西藏	Tibet	378	658	30	293		18.7
陕西	Shaanxi	4964	10966	600	5809	212.5	552.9
甘肃	Gansu	3503	6913	379	3144	136.8	216.0
青海	Qinghai	738	1430	82	1115	32.1	99.9
宁夏	Ningxia	1832	4238	145	1487	89.5	216.5
新疆	Xinjiang	5476	8964	409	4592	197.6	423.6

2-45 城市公共交通情况（2011年）

Basic Statistics on Public Transportation in Cities (2011)

地 区	Region	年末公共交通车辆运营数(辆) Number of Public Vehicles under Operation at Year-end (unit)	公共汽、电车 Bus and Trolley Bus	轨道交通 Subways, Light Rail, Streetcar	运营线路总长度(公里) Length under Operation (km)	公共汽、电车 Bus and Trolley Bus	轨道交通 Subways, Light Rail, Streetcar	公共交通客运总量(万人次) Passengers Transported by Public Vehicles (10 000 person-times)	公共汽、电车 Bus and Trolley Bus	轨道交通 Subways, Light Rail, Streetcar	出租汽车(辆) Number of Taxi (unit)
全 国	**National Total**	**412590**	**402645**	**9945**	**521253**	**519554**	**1699**	**7439185**	**6725785**	**713400**	**1002306**
北 京	Beijing	24478	21628	2850	19832	19460	372	722552	503272	219280	66646
天 津	Tianjin	7954	7628	326	12690	12606	84	122363	114798	7565	31940
河 北	Hebei	15503	15503		17512	17512		197470	197470		47441
山 西	Shanxi	7226	7226		12592	12592		124029	124029		29116
内蒙古	Inner Mongolia	5646	5646		9673	9673		92547	92547		37520
辽 宁	Liaoning	20514	20160	354	20251	20136	115	426751	411312	15439	79248
吉 林	Jilin	10521	10273	248	10366	10327	39	156953	152458	4495	54922
黑龙江	Heilongjiang	14241	14241		13661	13661		220063	220063		62092
上 海	Shanghai	19488	16589	2899	23360	22906	454	491180	281075	210105	50438
江 苏	Jiangsu	29655	29205	450	47468	47383	85	442942	408572	34370	46342
浙 江	Zhejiang	21927	21927		39982	39982		300425	300425		33285
安 徽	Anhui	11035	11035		9551	9551		198662	198662		36525
福 建	Fujian	11203	11203		15209	15209		216866	216866		17491
江 西	Jiangxi	7297	7297		10968	10968		122042	122042		11444
山 东	Shandong	31230	31230		41492	41492		380085	380085		58462
河 南	Henan	17601	17601		17035	17035		256311	256311		44539
湖 北	Hubei	16590	16458	132	16456	16427	29	317261	309524	7737	30845
湖 南	Hunan	12600	12600		15631	15631		265211	265211		23648
广 东	Guangdong	51736	49532	2204	79498	79085	413	884536	685606	198930	60624
广 西	Guangxi	7208	7208		8360	8360		143137	143137		14139
海 南	Hainan	2356	2356		4737	4737		39908	39908		4651
重 庆	Chongqing	8118	7822	296	8950	8880	70	183262	174930	8332	15004
四 川	Sichuan	17699	17597	102	16748	16729	19	319471	313943	5528	29495
贵 州	Guizhou	4879	4879		5201	5201		122646	122646		10260
云 南	Yunnan	7531	7531		16240	16240		137730	137730		15415
西 藏	Tibet	366	366		790	790		7251	7251		1379
陕 西	Shaanxi	10692	10608	84	8857	8837	20	242897	241279	1618	22385
甘 肃	Gansu	4965	4965		4513	4513		96662	96662		19465
青 海	Qinghai	2038	2038		1870	1870		39158	39158		7119
宁 夏	Ningxia	2570	2570		4658	4658		30427	30427		12827
新 疆	Xinjiang	7723	7723		7103	7103		138388	138388		27599

注：另有上海市磁悬浮列车14辆，运营线路总长度29公里。

a) There are 14 magnetically levitated trains in Shanghai otherwise, and its network length is 29 km.

2-46 城市绿地和园林(2011年)

Basic Statistics on Parks and Green Areas in Cities (2011)

地 区	Region	城 市 绿地面积 (公顷) Area of Green Land (hectare)	#公园绿地 Park Green Areas	公 园 (个) Number of Parks (unit)	公园面积 (公顷) Area of Parks (hectare)	建成区 绿化覆盖率 (%) Green Covered Area as % of Completed Area (%)
全 国	**National Total**	**2242856**	**482620**	**10780**	**285751**	**39.2**
北 京	Beijing	63540	19728	218	10325	45.6
天 津	Tianjin	21728	6341	77	1680	34.5
河 北	Hebei	71103	22321	397	13326	42.1
山 西	Shanxi	32513	10295	193	6571	38.3
内蒙古	Inner Mongolia	41059	12161	193	9617	34.1
辽 宁	Liaoning	95968	23174	322	11693	39.8
吉 林	Jilin	38740	11776	153	4611	34.2
黑龙江	Heilongjiang	72166	15664	296	9339	36.3
上 海	Shanghai	122283	16446	153	2151	38.2
江 苏	Jiangsu	237486	35634	701	15687	42.1
浙 江	Zhejiang	105200	21480	954	13511	38.4
安 徽	Anhui	75977	15001	265	9576	39.5
福 建	Fujian	50802	12111	451	9681	41.4
江 西	Jiangxi	45063	11546	264	7501	46.8
山 东	Shandong	165577	44800	660	22919	41.5
河 南	Henan	69596	19207	267	9414	36.6
湖 北	Hubei	62062	18010	275	9844	38.4
湖 南	Hunan	49593	11790	175	7395	36.8
广 东	Guangdong	410600	67958	2811	60802	41.1
广 西	Guangxi	64461	10012	168	7205	37.4
海 南	Hainan	49784	2807	49	1892	41.8
重 庆	Chongqing	43854	18626	248	8895	40.2
四 川	Sichuan	77406	17902	377	9423	38.2
贵 州	Guizhou	30521	4255	59	4087	32.3
云 南	Yunnan	31940	8154	535	5872	38.7
西 藏	Tibet	2943	524	75	681	24.1
陕 西	Shaanxi	28164	9118	130	3217	38.7
甘 肃	Gansu	16337	4570	92	2572	27.9
青 海	Qinghai	3894	1229	26	904	31.1
宁 夏	Ningxia	18399	3795	59	2086	37.5
新 疆	Xinjiang	44097	6185	137	3274	36.6

注：公园绿地面积包括综合公园、社区公园、专类公园、带状公园和街旁绿地。

a) Area of park green areas includes comprehensive park, community park, topic park, belt-shaped park and green area nearby street.

2-47 城市市容环境卫生情况（2011年）
Basic Statistics on Urban Sanitation in Cities (2011)

地 区	Region	清扫保洁面 积（万平方米）Area under Cleaning Program (10 000 sq.m)	生活垃圾清运量（万吨）Volume of Garbage Disposal (10 000 tons)	粪 便清运量（万吨）Volume of Excrement and Urine Disposal (10 000 tons)	市容环卫专用车辆设备总数（台）Number of Special Vehicles for Environmental Sanitation (unit)	公共厕所（座）Number of Public Lavatories (unit)	#三类以上 Third Grade and Above
全 国	**National Total**	**630545**	**16395.3**	**1962.9**	**100340**	**120459**	**84524**
北 京	Beijing	13701	634.4	207.5	7991	5843	5843
天 津	Tianjin	8831	189.9	24.8	2395	1231	741
河 北	Hebei	21557	584.6	91.9	3556	6629	3763
山 西	Shanxi	11120	420.0	79.1	3823	3176	1086
内蒙古	Inner Mongolia	12555	340.0	147.1	2001	4295	1392
辽 宁	Liaoning	132135	876.0	118.5	5200	5863	1653
吉 林	Jilin	12602	493.0	72.4	2867	4378	1358
黑龙江	Heilongjiang	16884	796.6	175.5	5042	7276	1629
上 海	Shanghai	16769	704.0	207.0	5309	5768	5457
江 苏	Jiangsu	46162	1119.8	95.2	7984	10134	8097
浙 江	Zhejiang	29519	1018.1	77.1	5032	7673	6554
安 徽	Anhui	18315	435.1	64.0	2059	3087	2502
福 建	Fujian	12164	433.5	1.2	2049	2920	2426
江 西	Jiangxi	10217	306.6	36.8	1044	2009	1521
山 东	Shandong	50932	959.5	125.1	7276	5674	4769
河 南	Henan	22125	729.5	52.9	3164	7189	6219
湖 北	Hubei	18826	736.3	62.0	3419	5088	4005
湖 南	Hunan	14214	531.6	2.9	2372	2937	2722
广 东	Guangdong	67612	1978.8	104.6	9147	9558	8805
广 西	Guangxi	11133	255.8	22.0	1883	2104	1463
海 南	Hainan	6233	113.6	13.2	1902	389	270
重 庆	Chongqing	9150	281.6	75.3	1489	1835	1291
四 川	Sichuan	17247	669.0	20.6	3425	4710	2886
贵 州	Guizhou	4241	218.3	3.5	1496	1203	1010
云 南	Yunnan	12160	300.2	19.5	1860	1739	1468
西 藏	Tibet	600	17.3		10	165	7
陕 西	Shaanxi	11567	428.3	37.2	2009	2816	2581
甘 肃	Gansu	5904	276.2	17.7	1231	1286	896
青 海	Qinghai	1999	83.1	1.2	336	592	257
宁 夏	Ningxia	4120	120.5	3.9	634	764	652
新 疆	Xinjiang	9951	344.5	3.4	2335	2128	1201

2-48 城市设施水平（2011年）
Level of Public Facilities in Cities (2011)

地区	Region	城市用水普及率(%) Coverage Rate of Urban Population with Access to Tap Water (%)	城市燃气普及率(%) Coverage Rate of Urban Population with Access to Gas (%)	每万人拥有公共交通车辆(标台) Number of Public Transportation Vehicles Per 10 000 Population (unit)	人均城市道路面积(平方米) Per Capita Area of Paved Roads (sq.m)	人均公园绿地面积(平方米) Per Capita Public Green Areas (sq.m)	每万人拥有公共厕所(座) Number of Public Lavatories Per 10 000 Population (unit)
全 国	**National Average**	**97.04**	**92.41**	**11.81**	**13.75**	**11.80**	**2.95**
北 京	Beijing	100.00	100.00	22.38	5.26	11.33	3.36
天 津	Tianjin	100.00	100.00	15.19	17.05	10.30	2.00
河 北	Hebei	100.00	99.86	10.44	17.84	14.26	4.23
山 西	Shanxi	97.48	94.63	7.87	11.21	10.17	3.14
内蒙古	Inner Mongolia	91.39	82.23	7.20	15.77	14.47	5.11
辽 宁	Liaoning	98.36	95.46	11.03	11.27	10.56	2.67
吉 林	Jilin	92.71	88.28	9.31	11.90	10.53	3.91
黑龙江	Heilongjiang	90.78	81.41	11.14	11.20	11.47	5.33
上 海	Shanghai	100.00	99.87	11.79	4.04	7.01	2.46
江 苏	Jiangsu	99.58	99.03	13.21	21.86	13.34	3.79
浙 江	Zhejiang	99.84	99.34	13.55	17.53	11.77	4.20
安 徽	Anhui	96.55	93.35	9.74	18.00	11.88	2.45
福 建	Fujian	99.11	98.67	11.86	13.46	11.72	2.83
江 西	Jiangxi	97.94	94.31	9.78	14.40	13.49	2.35
山 东	Shandong	99.74	99.48	12.41	23.62	16.00	2.03
河 南	Henan	92.64	76.19	8.68	10.83	8.90	3.33
湖 北	Hubei	98.25	93.89	11.17	14.78	10.11	2.85
湖 南	Hunan	95.68	88.45	10.36	13.62	8.81	2.19
广 东	Guangdong	98.39	91.30	12.90	12.51	14.35	2.02
广 西	Guangxi	93.91	91.08	8.90	14.34	11.02	2.32
海 南	Hainan	96.09	93.59	10.76	18.42	12.51	1.73
重 庆	Chongqing	93.41	93.03	8.80	10.43	17.87	1.76
四 川	Sichuan	91.83	87.09	12.60	12.14	10.73	2.82
贵 州	Guizhou	91.55	71.56	8.70	6.63	7.26	2.05
云 南	Yunnan	95.09	74.21	10.06	11.97	10.26	2.19
西 藏	Tibet	91.93	83.44	9.02	13.48	10.73	3.38
陕 西	Shaanxi	95.72	92.09	15.59	13.72	11.41	3.52
甘 肃	Gansu	92.50	75.62	9.76	12.58	8.32	2.34
青 海	Qinghai	99.86	92.10	16.94	11.22	9.65	4.65
宁 夏	Ningxia	95.45	88.38	11.24	17.90	16.03	3.23
新 疆	Xinjiang	99.17	96.19	13.46	13.74	9.48	3.26

注：人均和普及率指标按城区人口与暂住人口之和计算，以公安部门的户籍统计和暂住人口统计为准。

a) Per capita data and coverage rate are calculated on the basis of the sum of districts area population and temporarily residing population, which are provided by the Ministry of Public Security.

2-49 废水中主要污染物排放情况(2011年)

Main Pullutant Emission in Waste Water (2011)

地区	Region	废水排放总量(万吨) Total Waste Water Discharged (10 000 tons)	废水中主要污染物排放量 Main Pullutant Emission in Waste Water 化学需氧量(万吨) COD (10 000 tons)	氨氮(万吨) Ammonia Nitrogen (10 000 tons)	总氮(万吨) Total Nitrogen (10 000 tons)	总磷(万吨) Total Phosphorus (10 000 tons)	石油类(吨) Petroleum (ton)	挥发酚(吨) Volatile Phenol (ton)
全国	**National Total**	**6591922**	**2499.9**	**260.4**	**447.1**	**55.4**	**21012.1**	**2430.6**
北京	Beijing	145469	19.3	2.1	3.3	0.4	82.1	0.9
天津	Tianjin	67147	23.6	2.6	3.7	0.5	199.6	1.3
河北	Hebei	278551	138.9	11.4	45.0	6.8	1302.2	308.8
山西	Shanxi	116132	49.0	5.9	8.8	1.0	1489.1	1048.0
内蒙古	Inner Mongolia	100389	91.9	5.4	15.9	1.7	808.1	5.9
辽宁	Liaoning	232247	134.3	11.1	20.0	2.8	897.6	70.0
吉林	Jilin	116162	82.5	5.8	11.0	1.4	287.5	4.7
黑龙江	Heilongjiang	150661	157.7	9.6	26.9	2.9	1252.1	25.7
上海	Shanghai	214155	24.9	5.0	1.5	0.2	777.0	5.8
江苏	Jiangsu	592774	124.6	15.7	17.6	1.9	1578.9	63.3
浙江	Zhejiang	420134	81.8	11.5	9.2	1.1	981.3	23.7
安徽	Anhui	243265	95.3	11.0	18.9	3.0	785.2	7.0
福建	Fujian	316178	67.9	9.5	9.5	1.3	455.0	16.7
江西	Jiangxi	194432	76.8	9.3	9.5	1.4	706.9	76.8
山东	Shandong	443331	198.2	17.3	56.0	6.5	725.7	48.6
河南	Henan	378785	143.7	15.4	41.5	4.9	1266.5	160.1
湖北	Hubei	293064	110.5	13.1	19.8	2.5	1144.2	22.8
湖南	Hunan	278811	130.5	16.5	23.1	2.8	880.4	104.5
广东	Guangdong	785587	188.4	23.1	12.5	2.1	837.1	13.2
广西	Guangxi	222439	79.3	8.4	11.6	1.4	563.8	64.5
海南	Hainan	35725	20.0	2.3	3.9	0.6	4.6	0.1
重庆	Chongqing	131450	41.7	5.5	5.5	0.7	522.8	35.0
四川	Sichuan	279852	130.2	14.4	23.0	2.7	552.7	55.6
贵州	Guizhou	77927	34.2	4.0	4.4	0.5	483.8	1.0
云南	Yunnan	147523	55.5	5.9	8.1	0.9	494.4	3.9
西藏	Tibet	4635	2.7	0.3	0.5	0.1	0.4	
陕西	Shaanxi	121815	55.8	6.3	10.2	1.0	851.5	199.2
甘肃	Gansu	59232	39.7	4.3	5.2	0.5	333.7	11.1
青海	Qinghai	21292	10.3	1.0	0.8	0.1	321.2	1.7
宁夏	Ningxia	39432	23.4	1.8	3.1	0.3	146.2	9.5
新疆	Xinjiang	83329	67.3	4.7	17.1	1.4	280.6	41.0

注：2011年环境保护部对统计制度中的指标体系、调查方法及相关技术规定等进行了修订，统计范围扩展为工业源、农业源、城镇生活源、机动车、集中式污染治理设施5个部分。

a) In 2011, indicators of statistical system, method of survey, and related technologies were revised by Ministry of Environmental Protection, statistical scope expands to 5 parts: industry source, agricultural source, urban living source, automotive vehicle, centralized pollution abatement.

2-49 续表 continued

地 区	Region	废水中主要污染物排放量 Main Pullutant Emission in Waste Water					
		铅 (千克) Plumbum (kg)	汞 (千克) Mercury (kg)	镉 (千克) Cadmium (kg)	六价铬 (千克) Hexavalent Chromium (kg)	总铬 (千克) Total Chromium (kg)	砷 (千克) Arsenic (kg)
全 国	**National Total**	**155242.0**	**2829.2**	**35899.0**	**106395.4**	**293166.3**	**146616.0**
北 京	Beijing	186.2	1.7	12.4	339.6	508.7	28.1
天 津	Tianjin	1459.4	1.1	9.8	105.9	285.2	22.8
河 北	Hebei	566.5	4.6	33.7	3141.3	8480.5	78.1
山 西	Shanxi	662.7	5.1	830.9	490.9	519.8	755.4
内蒙古	Inner Mongolia	3086.7	43.5	549.1	31.4	114.2	4929.6
辽 宁	Liaoning	982.0	10.5	96.4	462.8	692.5	478.8
吉 林	Jilin	267.8	7.7	35.3	131.5	199.8	1028.7
黑龙江	Heilongjiang	37.9	1.7	5.6	195.3	875.4	78.5
上 海	Shanghai	175.5	3.4	18.2	1024.6	2548.9	38.0
江 苏	Jiangsu	3608.5	98.0	147.8	5400.4	12318.3	804.5
浙 江	Zhejiang	568.4	8.3	281.2	10008.9	21660.5	218.1
安 徽	Anhui	3026.1	9.6	777.7	5744.0	6965.2	7166.1
福 建	Fujian	5104.5	55.0	422.1	2906.8	15327.6	1504.5
江 西	Jiangxi	9401.6	1537.1	2791.8	17352.9	22669.2	10851.6
山 东	Shandong	1096.6	48.4	1097.6	754.1	13959.0	2177.7
河 南	Henan	7140.8	27.3	2781.3	1606.9	37379.5	1810.7
湖 北	Hubei	4166.8	223.3	846.6	16645.4	17456.8	11961.7
湖 南	Hunan	42466.5	279.6	14518.2	3336.0	34606.4	55704.9
广 东	Guangdong	11512.2	66.1	1147.7	27986.6	75254.3	2287.7
广 西	Guangxi	15639.6	81.1	2498.1	4300.4	4666.5	9070.5
海 南	Hainan	32.5	0.4	6.2	0.1	137.6	28.8
重 庆	Chongqing	188.0	3.6	12.2	304.2	740.6	1418.3
四 川	Sichuan	1760.6	71.2	183.3	542.2	1809.1	3596.2
贵 州	Guizhou	536.7	40.1	123.6	202.1	268.8	619.8
云 南	Yunnan	27946.6	56.7	3343.6	46.8	134.7	15580.8
西 藏	Tibet	0.2		0.1		1.0	2721.1
陕 西	Shaanxi	4241.9	32.7	965.1	262.8	1655.1	965.6
甘 肃	Gansu	6884.8	72.5	1424.9	240.2	4672.3	5735.6
青 海	Qinghai	1120.0	11.0	148.0	1018.3	1033.3	2067.8
宁 夏	Ningxia	110.8	4.5	29.4	113.4	452.1	212.9
新 疆	Xinjiang	1263.8	23.6	760.9	1699.5	5773.5	2673.0

2-50 废气中主要污染物排放情况(2011年)
Main Pullutant Emission in Waste Gas (2011)

单位：万吨 (10 000 tons)

地 区	Region	二氧化硫 Sulphur Dioxide	氮氧化物 Nitrogen Oxides	烟(粉)尘 Smoke and Dust
全 国	**National Total**	**2217.91**	**2404.27**	**1278.83**
北 京	Beijing	9.79	18.83	6.58
天 津	Tianjin	23.09	35.89	7.59
河 北	Hebei	141.21	180.11	132.25
山 西	Shanxi	139.91	128.60	112.99
内蒙古	Inner Mongolia	140.94	142.19	73.99
辽 宁	Liaoning	112.62	106.28	69.32
吉 林	Jilin	41.32	60.47	43.22
黑龙江	Heilongjiang	52.19	78.38	65.59
上 海	Shanghai	24.01	43.54	8.98
江 苏	Jiangsu	105.38	153.57	52.74
浙 江	Zhejiang	66.20	85.91	32.33
安 徽	Anhui	52.95	95.91	45.22
福 建	Fujian	38.92	49.45	22.53
江 西	Jiangxi	58.41	61.23	39.60
山 东	Shandong	182.74	179.03	78.38
河 南	Henan	137.05	166.54	66.82
湖 北	Hubei	66.56	66.96	34.61
湖 南	Hunan	68.55	66.64	38.44
广 东	Guangdong	84.77	138.82	32.43
广 西	Guangxi	52.10	49.40	28.83
海 南	Hainan	3.26	9.54	1.58
重 庆	Chongqing	58.69	40.26	18.10
四 川	Sichuan	90.20	67.49	38.59
贵 州	Guizhou	110.43	55.32	30.35
云 南	Yunnan	69.12	54.85	38.22
西 藏	Tibet	0.42	4.06	1.00
陕 西	Shaanxi	91.68	83.17	46.34
甘 肃	Gansu	62.39	48.09	23.62
青 海	Qinghai	15.66	12.41	13.83
宁 夏	Ningxia	41.04	45.82	21.55
新 疆	Xinjiang	76.31	75.51	53.19

2-51 固体废物处理利用情况(2011年)

Disposal and Utilization of Industrial Solid Wastes (2011)

单位：万吨 (10 000 tons)

地 区	Region	一般工业固体废物产生量 Common Industrial Solid Wastes Produced	一般工业固体废物综合利用量 Common Industrial Solid Wastes Comprehensively Utilized	一般工业固体废物处置量 Common Industrial Solid Wastes Disposed	一般工业固体废物贮存量 Stock of Common Industrial Solid Wastes	一般工业固体废物倾倒丢弃量 Common Industrial Solid Wastes Discharged	危险废物产生量 Hazardous Wastes Produced	危险废物综合利用量 Hazardous Wastes Utilized	危险废物处置量 Hazardous Wastes Disposed	危险废物贮存量 Stock of Hazardous Wastes
全 国	**National Total**	**322772.34**	**195214.62**	**70465.34**	**60376.74**	**433.31**	**3431.22**	**1773.05**	**916.48**	**823.54**
北 京	Beijing	1125.59	748.70	348.61	28.34		11.92	5.05	6.86	
天 津	Tianjin	1752.22	1748.57	9.15			10.27	3.09	7.18	
河 北	Hebei	45128.51	18821.15	6806.44	20184.41	0.40	52.04	33.27	18.79	
山 西	Shanxi	27555.90	15817.63	9187.25	2577.60	29.10	22.21	18.06	4.11	0.04
内蒙古	Inner Mongolia	23584.11	13701.29	7429.33	2646.88	3.10	111.88	54.43	49.93	11.65
辽 宁	Liaoning	28269.61	10747.78	13394.29	4334.99	8.18	78.49	59.86	25.30	0.09
吉 林	Jilin	5378.59	3170.63	919.77	1290.09		90.04	60.13	29.90	0.03
黑龙江	Heilongjiang	6016.68	4138.67	642.58	1307.86	6.72	19.56	3.70	15.16	0.60
上 海	Shanghai	2442.20	2358.11	74.89	11.40	0.47	56.36	30.13	26.01	0.34
江 苏	Jiangsu	10475.50	9997.24	334.56	220.02		188.94	95.29	93.33	0.93
浙 江	Zhejiang	4445.75	4091.75	309.56	51.10	0.44	78.47	31.83	46.08	1.31
安 徽	Anhui	11473.25	9366.42	1760.99	1096.22		24.28	21.27	2.95	0.19
福 建	Fujian	4414.89	3024.33	1304.14	98.43	0.87	10.31	4.38	5.71	0.21
江 西	Jiangxi	11372.43	6304.66	651.81	4420.25	15.44	23.24	17.89	5.20	0.19
山 东	Shandong	19532.59	18298.49	1106.29	349.65	0.00	937.84	657.52	290.96	0.23
河 南	Henan	14573.83	10964.22	2602.34	1200.40	2.14	47.62	39.42	7.05	1.49
湖 北	Hubei	7595.79	6007.12	1424.46	268.48	16.64	40.53	26.85	20.85	0.32
湖 南	Hunan	8486.74	5678.78	2214.68	695.58	9.32	246.68	194.38	44.22	23.15
广 东	Guangdong	5848.91	5119.47	809.94	74.63	3.41	126.79	70.20	56.91	0.46
广 西	Guangxi	7438.11	4292.36	2050.45	1515.53	2.57	22.94	13.49	5.71	7.44
海 南	Hainan	420.76	201.30	181.67	42.38	0.05	0.71	0.12	0.52	0.07
重 庆	Chongqing	3299.18	2584.92	518.28	198.76	24.15	46.50	5.64	43.61	0.51
四 川	Sichuan	12684.47	6002.12	3988.20	2772.63	6.02	115.85	77.97	46.75	1.12
贵 州	Guizhou	7598.24	4014.64	2033.08	1552.29	28.88	38.89	12.95	1.05	25.69
云 南	Yunnan	17335.30	8727.68	4969.03	3687.40	168.70	134.10	87.74	19.51	27.05
西 藏	Tibet	301.39	8.21	16.00	284.28	0.02				
陕 西	Shaanxi	7117.63	4265.74	1836.43	1007.85	9.15	33.15	17.32	9.86	6.06
甘 肃	Gansu	6523.79	3341.77	2041.16	1095.79	6.59	24.68	10.88	17.92	8.06
青 海	Qinghai	12017.17	6785.13	13.85	5225.78	0.49	355.98	56.36	6.10	298.06
宁 夏	Ningxia	3344.12	2047.64	865.20	435.28	1.72	10.81	9.81	0.64	0.36
新 疆	Xinjiang	5219.09	2838.11	620.92	1702.43	88.73	470.14	54.01	8.33	407.91

2-52 主要城市空气质量指标（2011年）

Ambient Air Quality in Major Cities (2011)

单位：毫克/立方米 (milligram/cu.m)

城市	City	可吸入颗粒物 (PM_{10}) Particulate Matters	二氧化硫 (SO_2) Sulphur Dioxide	二氧化氮 (NO_2) Nitrogen Dioxide	空气质量达到及好于二级的天数（天） Days of Air Quality Equal to or Above Grade II (days)	空气质量达到二级以上天数占全年比重(%) Proportion of Days of Air Quality Equal to or above Grade II in the Whole Year (%)
北　京	Beijing	0.113	0.028	0.056	286	78.4
天　津	Tianjin	0.093	0.042	0.038	320	87.7
石家庄	Shijiazhuang	0.099	0.052	0.041	320	87.7
太　原	Taiyuan	0.084	0.064	0.023	308	84.4
呼和浩特	Hohhot	0.076	0.054	0.039	347	95.1
沈　阳	Shenyang	0.096	0.059	0.033	332	91.0
长　春	Changchun	0.091	0.026	0.043	345	94.5
哈尔滨	Harbin	0.099	0.041	0.046	317	86.8
上　海	Shanghai	0.080	0.029	0.051	337	92.3
南　京	Nanjing	0.097	0.034	0.049	317	86.8
杭　州	Hangzhou	0.093	0.039	0.058	333	91.2
合　肥	Hefei	0.113	0.022	0.025	303	83.0
福　州	Fuzhou	0.069	0.009	0.032	360	98.6
南　昌	Nanchang	0.088	0.056	0.038	347	95.1
济　南	Jinan	0.104	0.051	0.036	320	87.7
郑　州	Zhengzhou	0.103	0.051	0.047	318	87.1
武　汉	Wuhan	0.100	0.039	0.056	306	83.8
长　沙	Changsha	0.083	0.040	0.047	341	93.4
广　州	Guangzhou	0.069	0.028	0.049	360	98.6
南　宁	Nanning	0.073	0.026	0.033	351	96.2
海　口	Haikou	0.041	0.008	0.016	365	100.0
重　庆	Chongqing	0.093	0.038	0.031	324	88.8
成　都	Chengdu	0.100	0.031	0.051	322	88.2
贵　阳	Guiyang	0.079	0.049	0.030	349	95.6
昆　明	Kunming	0.065	0.037	0.044	365	100.0
拉　萨	Lhasa	0.040	0.009	0.023	364	99.7
西　安	Xi'an	0.118	0.042	0.041	305	83.6
兰　州	Lanzhou	0.138	0.048	0.042	244	66.8
西　宁	Xining	0.105	0.043	0.026	316	86.6
银　川	Yinchuan	0.095	0.038	0.030	333	91.2
乌鲁木齐	Urumqi	0.132	0.079	0.068	276	75.6

2-53 国控主要城市道路交通噪声监测情况（2011年）
Monitoring of Urban Road Traffic Noise in Major Cities under National Control Programme (2011)

城　市	City	等效声级 dB(A) Average Noise Value dB(A)	城　市	City	等效声级 dB(A) Average Noise Value dB(A)	城　市	City	等效声级 dB(A) Average Noise Value dB(A)
北　京	Beijing	69.6	温　州	Wenzhou	70.8	深　圳	Shenzhen	69.0
天　津	Tianjin	67.5	湖　州	Huzhou	67.4	珠　海	Zhuhai	68.0
石家庄	Shijiazhuang	68.8	绍　兴	Shaoxing	67.6	汕　头	Shantou	68.8
唐　山	Tangshan	65.2	合　肥	Hefei	67.4	湛　江	Zhanjiang	66.9
秦皇岛	Qinhuangdao	67.1	芜　湖	Wuhu	66.5	南　宁	Nanning	69.6
邯　郸	Handan	67.7	马鞍山	Maanshan	67.4	柳　州	Liuzhou	66.7
保　定	Baoding	67.9	福　州	Fuzhou	69.4	桂　林	Guilin	68.0
太　原	Taiyuan	67.9	厦　门	Xiamen	67.8	北　海	Beihai	64.0
大　同	Datong	67.3	泉　州	Quanzhou	68.5	海　口	Haikou	67.7
阳　泉	Yangquan	65.5	南　昌	Nanchang	67.4	重　庆	Chongqing	68.1
长　治	Changzhi	67.5	九　江	Jiujiang	66.2	成　都	Chengdu	69.1
临　汾	Linfen	67.8	济　南	Jinan	69.5	自　贡	Zigong	67.9
呼和浩特	Hohhot	69.3	青　岛	Qingdao	68.3	攀枝花	Panzhihua	67.8
包　头	Baotou	66.5	淄　博	Zibo	67.9	泸　州	Luzhou	67.7
赤　峰	Chifeng	66.0	枣　庄	Zaozhuang	68.6	德　阳	Deyang	66.9
沈　阳	Shenyang	69.5	烟　台	Yantai	68.4	绵　阳	Mianyang	67.9
大　连	Dalian	68.2	潍　坊	Weifang	66.6	南　充	Nanchong	67.4
鞍　山	Anshan	66.4	济　宁	Jinin	65.0	宜　宾	Yibin	66.4
抚　顺	Fushun	68.9	泰　安	Taian	67.9	贵　阳	Guiyang	67.7
本　溪	Benxi	65.0	日　照	Rizhao	65.1	遵　义	Zunyi	67.7
锦　州	Jinzhou	68.3	郑　州	Zhengzhou	67.9	昆　明	Kunming	68.4
长　春	Changchun	68.5	开　封	Kaifeng	67.7	曲　靖	Qujing	67.4
吉　林	Jilin	69.6	洛　阳	Luoyang	68.2	玉　溪	Yuxi	66.3
哈尔滨	Harbin	67.9	平顶山	Pingdingshan	68.7	拉　萨	Lhasa	65.7
齐齐哈尔	Qiqihar	68.3	安　阳	Anyang	67.3	西　安	Xi'an	68.6
牡丹江	Mudanjiang	66.7	焦　作	Jiaozuo	66.2	铜　川	Tongchuan	65.6
上　海	Shanghai	70.0	三门峡	Sanmenxia	65.9	宝　鸡	Baoji	67.6
南　京	Nanjing	67.9	武　汉	Wuhan	69.5	咸　阳	Xianyang	66.3
无　锡	Wuxi	66.8	宜　昌	Yichang	68.5	渭　南	Weinan	65.3
徐　州	Xuzhou	66.3	荆　州	Jingzhou	68.0	延　安	Yan'an	64.3
常　州	Changzhou	67.5	长　沙	Changsha	69.9	兰　州	Lanzhou	68.0
苏　州	Suzhou	67.2	株　洲	Zhuzhou	64.2	金　昌	Jinchang	66.7
南　通	Nantong	67.9	湘　潭	Xiangtan	67.2	西　宁	Xining	69.7
连云港	Lianyungang	67.3	岳　阳	Yueyang	68.7	银　川	Yinchuan	68.2
扬　州	Yangzhou	66.8	常　德	Changde	67.9	石嘴山	Shizuishan	66.1
镇　江	Zhenjiang	68.0	张家界	Zhangjiajie	69.8	乌鲁木齐	Urumqi	67.0
杭　州	Hangzhou	68.3	广　州	Guangzhou	68.9	克拉玛依	Karamay	65.7
宁　波	Ningbo	69.3	韶　关	Shaoguan	64.5			

2-54 土地利用情况（2008年）
Land Use (2008)

单位：万公顷 (10 000 hectares)

地 区	Region	土地调查面积 Area under Land Survey	农用地 Land for Agriculture Use	#园地 Garden Land	#牧草地 Grazing and Pasture Land	建设用地 Land for Construction	居民点及工矿用地 Land for Inhabitation, Mining and Manufacturing	交通运输用地 Land for Transport Facilities	水利设施用地 Land for Water Conservancy Facilities
北 京	Beijing	164.1	109.6	12.0	0.2	33.8	27.9	3.3	2.6
天 津	Tianjin	119.2	69.3	3.5	0.1	36.8	28.1	2.2	6.5
河 北	Hebei	1884.3	1308.2	70.5	79.9	179.4	154.5	12.0	12.9
山 西	Shanxi	1567.1	1014.3	29.5	65.8	86.9	77.3	6.3	3.3
内蒙古	Inner Mongolia	11451.2	9523.0	7.3	6560.9	149.2	123.9	16.0	9.3
辽 宁	Liaoning	1480.6	1122.8	59.6	34.9	139.9	115.9	9.2	14.8
吉 林	Jilin	1911.2	1639.3	11.5	104.4	106.5	84.2	6.7	15.6
黑龙江	Heilongjiang	4526.5	3792.4	6.0	220.8	149.2	116.1	11.9	21.2
上 海	Shanghai	82.4	36.7	2.1		25.4	23.0	2.1	0.2
江 苏	Jiangsu	1067.4	671.6	31.6	0.1	193.4	161.0	13.1	19.3
浙 江	Zhejiang	1054.0	867.2	66.1		104.9	81.7	9.5	13.8
安 徽	Anhui	1401.3	1119.0	33.9	2.8	166.2	133.4	10.1	22.7
福 建	Fujian	1240.2	1073.1	62.9	0.3	64.7	50.7	7.9	6.1
江 西	Jiangxi	1668.9	1416.4	27.8	0.4	95.4	67.5	7.5	20.5
山 东	Shandong	1571.3	1156.6	100.7	3.4	251.1	209.3	16.3	25.5
河 南	Henan	1655.4	1228.1	31.4	1.4	218.7	188.3	12.2	18.2
湖 北	Hubei	1858.9	1465.2	42.4	4.4	140.0	100.9	9.2	30.0
湖 南	Hunan	2118.5	1789.8	49.0	10.4	139.0	108.8	10.4	19.8
广 东	Guangdong	1798.1	1489.1	100.8	2.7	179.0	145.7	12.1	21.1
广 西	Guangxi	2375.6	1786.6	53.9	71.6	95.4	71.0	8.8	15.5
海 南	Hainan	353.5	282.3	53.2	1.9	29.8	22.3	1.4	6.1
重 庆	Chongqing	822.7	692.0	24.0	23.7	59.3	48.9	4.8	5.5
四 川	Sichuan	4840.6	4239.8	71.6	1371.1	160.3	136.6	13.5	10.2
贵 州	Guizhou	1761.5	1524.6	12.1	159.8	55.7	45.7	6.1	4.0
云 南	Yunnan	3831.9	3176.0	84.2	78.2	81.6	62.8	10.0	8.8
西 藏	Tibet	12020.7	7760.6	0.2	6444.1	6.7	4.2	2.4	0.1
陕 西	Shaanxi	2057.9	1847.8	70.6	306.4	81.7	71.0	6.6	4.0
甘 肃	Gansu	4040.9	2387.9	20.0	1261.3	97.7	88.2	6.6	2.9
青 海	Qinghai	7174.8	4372.4	0.7	4034.7	32.7	24.7	3.2	4.8
宁 夏	Ningxia	519.5	417.4	3.4	226.4	21.2	18.6	1.9	0.7
新 疆	Xinjiang	16649.0	6308.5	36.4	5111.4	124.0	99.3	6.3	18.4

2-55 主要能源、黑色金属矿产基础储量（2011年）
Ensured Reserves of Major Energy and Ferrous Metals (2011)

地 区	Region	石 油 (万吨) Petroleum (10 000 tons)	天然气 (亿立方米) Natural Gas (100 million cu.m)	煤 炭 (亿吨) Coal (100 million tons)	铁 矿 (矿石,亿吨) Iron (Ore, 100 million tons)	锰 矿 (矿石,万吨) Manganese (Ore, 10 000 tons)	铬 矿 (矿石,万吨) Chromite (Ore, 10 000 tons)	钒 矿 (万吨) Vanadium (10 000 tons)	原生钛铁矿 (万吨) Titanium (10 000 tons)
全 国	**National Total**	**323967.94**	**40206.41**	**2157.89**	**192.76**	**18240.92**	**413.31**	**1230.62**	**24585.40**
北 京	Beijing			3.76	0.86				
天 津	Tianjin	2742.16	273.66	2.97					
河 北	Hebei	27736.14	333.10	38.41	26.73	7.05	4.64	10.72	294.42
山 西	Shanxi			834.59	13.40				
内蒙古	Inner Mongolia	8520.38	8040.48	368.89	13.57	566.00	60.02	0.77	
辽 宁	Liaoning	17880.89	194.82	30.97	52.06	1386.77			
吉 林	Jilin	17788.93	827.29	9.52	2.44	0.40			
黑龙江	Heilongjiang	51273.08	1407.46	61.75	0.35				
上 海	Shanghai								
江 苏	Jiangsu	2933.35	24.04	10.81	1.83			2.40	
浙 江	Zhejiang			0.44	0.39			3.76	
安 徽	Anhui	208.80	0.15	79.91	8.41	8.17		7.82	
福 建	Fujian			4.29	3.61	136.85			
江 西	Jiangxi			4.26	1.57			2.16	
山 东	Shandong	34329.40	379.20	74.10	9.02				654.42
河 南	Henan	5190.34	98.51	97.46	2.19	0.82			0.52
湖 北	Hubei	1302.57	4.57	3.25	5.92	777.87		25.17	1053.23
湖 南	Hunan			13.29	1.48	2565.20		225.60	
广 东	Guangdong	8.05	0.30	0.23	1.12	75.23			
广 西	Guangxi	142.88	3.38	2.02	0.29	5860.10		171.49	
海 南	Hainan	-34.44	-4.24	1.19	0.73				
重 庆	Chongqing	159.05	1955.33	18.57	0.15	1739.43			
四 川	Sichuan	818.74	7973.07	51.82	29.15	97.74		689.74	22536.21
贵 州	Guizhou		10.50	58.74	0.14	2981.90			
云 南	Yunnan	12.21	2.32	59.67	3.76	935.21		0.07	
西 藏	Tibet			0.12	0.17		178.27		
陕 西	Shaanxi	29844.34	5478.00	107.59	3.87	283.37		0.89	
甘 肃	Gansu	15529.15	191.63	23.51	5.47	259.04	124.82	89.87	
青 海	Qinghai	5529.44	1329.11	16.12	0.06		0.37		
宁 夏	Ningxia	709.96	2.54	31.28					
新 疆	Xinjiang	56299.10	8809.93	148.36	4.02	559.77	45.19	0.16	46.60
海 域	Ocean	45043.41	2871.27						

2-56 主要有色金属、非金属矿产基础储量（2011年）
Ensured Reserves of Major Non-ferrous Metals and Non-metal Minerals (2011)

地 区	Region	铜 矿（铜,万吨）Copper (Metal, 10 000 tons)	铅 矿（铅,万吨）Lead (Metal, 10 000 tons)	锌 矿（锌,万吨）Zinc (Metal, 10 000 tons)	铝土矿（矿石,万吨）Bauxite (Ore, 10 000 tons)	菱镁矿（矿石,万吨）Magnesite Ore (Ore, 10 000 tons)	硫铁矿（矿石,万吨）Pyrite Ore (Ore, 10 000 tons)	磷 矿（矿石,亿吨）Phosphorus Ore (Ore, 100 million tons)	高岭土（矿石,万吨）Kaolin Ore (Ore, 10 000 tons)
全 国	**National Total**	**2812.43**	**1291.70**	**3124.39**	**105064.32**	**185163.43**	**136900.57**	**28.93**	**37764.63**
北 京	Beijing	0.02							
天 津	Tianjin								
河 北	Hebei	13.19	20.91	89.39	2.57	882.34	1140.42	1.75	58.30
山 西	Shanxi	211.44	0.55	0.32	18146.20		614.98		160.20
内蒙古	Inner Mongolia	364.19	310.56	603.13			15561.90	0.02	433.12
辽 宁	Liaoning	34.59	9.70	48.29		169189.47	1947.78	0.81	525.00
吉 林	Jilin	22.88	12.35	18.55		1.10	762.70		49.66
黑龙江	Heilongjiang	112.06	6.37	32.77			48.20		
上 海	Shanghai								
江 苏	Jiangsu	3.94	9.80	16.70			353.20	0.13	727.78
浙 江	Zhejiang	8.91	8.97	20.89			552.38		768.08
安 徽	Anhui	182.57	10.59	14.92			15078.68	0.20	158.17
福 建	Fujian	86.15	26.00	68.22			1134.33		5585.69
江 西	Jiangxi	672.05	56.22	81.84			15950.62	0.61	3138.62
山 东	Shandong	17.98	0.25	0.06	158.90	14852.02	3.18		418.82
河 南	Henan	11.67	43.82	47.37	16119.19	2.11	5706.07	0.03	32.88
湖 北	Hubei	117.55	5.22	20.49	502.87		3833.11	8.19	465.93
湖 南	Hunan	28.72	65.05	98.80	485.53		3925.77	1.41	2119.13
广 东	Guangdong	30.90	144.61	254.55			16558.90		5495.63
广 西	Guangxi	3.35	25.52	102.79	41146.02		682.25		15174.70
海 南	Hainan	3.05	0.92	0.78					1872.60
重 庆	Chongqing		5.56	18.22	6890.18		1485.60		9.00
四 川	Sichuan	74.96	80.51	217.29	14.40	186.49	40988.03	3.43	71.87
贵 州	Guizhou	0.19	1.23	11.06	20045.31		5497.32	5.28	16.05
云 南	Yunnan	277.20	199.25	713.16	1551.84		4898.29	6.42	402.30
西 藏	Tibet	233.54	8.58	5.81					
陕 西	Shaanxi	19.83	27.90	65.29	1.31		108.30	0.05	81.10
甘 肃	Gansu	164.64	82.43	332.92			1.00		
青 海	Qinghai	36.40	79.98	149.97		49.90	50.20	0.60	
宁 夏	Ningxia							0.01	
新 疆	Xinjiang	80.46	48.85	90.81			17.36		
海 域	Ocean								

2-57 水资源情况(2011年)
Water Resources (2011)

地区	Region	水资源总量(亿立方米) Total Amount of Water Resources (100 million cu.m)	地表水资源量 Surface Water Resources	地下水资源量 Groundwater Resources	地表水与地下水资源重复量 Duplicated Measurement Between Surface Water and Groundwater	人均水资源量(立方米/人) Per Capita Water Resources (cu.m/person)
全国	**National Total**	**23258.5**	**22215.2**	**7214.8**	**6171.5**	**1730.4**
北京	Beijing	26.8	9.2	21.2	3.5	134.7
天津	Tianjin	15.4	10.9	5.2	0.7	116.0
河北	Hebei	157.2	69.8	126.2	38.9	217.7
山西	Shanxi	124.3	76.6	95.0	47.3	347.0
内蒙古	Inner Mongolia	419.0	298.2	213.4	92.5	1691.6
辽宁	Liaoning	294.8	260.5	111.9	77.6	673.2
吉林	Jilin	315.9	262.9	112.9	59.9	1149.5
黑龙江	Heilongjiang	629.5	512.5	237.2	120.3	1642.0
上海	Shanghai	20.7	16.2	7.4	2.9	89.1
江苏	Jiangsu	492.4	399.0	115.1	21.7	624.6
浙江	Zhejiang	745.0	733.3	184.2	172.5	1365.7
安徽	Anhui	602.3	544.2	143.5	85.4	1010.1
福建	Fujian	774.9	773.5	243.4	242.1	2090.5
江西	Jiangxi	1037.9	1018.9	315.2	296.3	2319.1
山东	Shandong	347.6	237.5	195.9	85.8	361.6
河南	Henan	328.0	222.5	191.8	86.3	349.0
湖北	Hubei	757.5	725.4	251.9	219.8	1319.1
湖南	Hunan	1126.9	1120.7	279.9	273.6	1711.9
广东	Guangdong	1471.3	1461.3	362.1	352.1	1404.8
广西	Guangxi	1350.0	1350.0	271.2	271.2	2917.4
海南	Hainan	484.1	478.8	111.6	106.3	5545.6
重庆	Chongqing	514.6	514.6	98.3	98.3	1773.3
四川	Sichuan	2239.5	2238.3	578.2	577.1	2782.9
贵州	Guizhou	626.0	626.0	216.6	216.6	1802.1
云南	Yunnan	1480.2	1480.2	548.1	548.1	3206.5
西藏	Tibet	4402.7	4402.7	990.9	990.9	145779.8
陕西	Shaanxi	604.4	575.5	164.3	135.4	1616.6
甘肃	Gansu	242.2	233.0	129.3	120.1	945.4
青海	Qinghai	733.1	715.1	331.1	313.1	12956.8
宁夏	Ningxia	8.8	6.9	21.6	19.7	137.7
新疆	Xinjiang	885.7	841.0	540.2	495.5	4031.3

2-58 森林资源情况
Forest Resources

地 区	Region	林地面积（万公顷）Area of Afforested Land (10 000 hectares)	森林面积（万公顷）Forest Area (10 000 hectares)	#人工林 Man-made Forest	森林覆盖率（%）Forest Coverage Rate (%)	活立木总蓄积量（万立方米）Total Standing Forest Stock (10 000 cu.m)	森林蓄积量（万立方米）Stock Volume of Forest (10 000 cu.m)
全 国	**National Total**	**30590.41**	**19545.22**	**6168.84**	**20.36**	**1491268.19**	**1372080.36**
北 京	Beijing	101.46	52.05	35.65	31.72	1291.29	1038.58
天 津	Tianjin	14.22	9.32	8.88	8.24	277.01	198.89
河 北	Hebei	705.37	418.33	212.27	22.29	10183.91	8374.08
山 西	Shanxi	754.58	221.11	102.74	14.12	8846.96	7643.67
内蒙古	Inner Mongolia	4394.93	2366.40	303.91	20.00	136073.62	117720.51
辽 宁	Liaoning	666.28	511.98	283.03	35.13	21174.91	20226.85
吉 林	Jilin	848.73	736.57	148.94	38.93	88244.21	84412.29
黑龙江	Heilongjiang	2184.16	1926.97	235.68	42.39	165191.60	152104.96
上 海	Shanghai	7.46	5.97	5.97	9.41	275.20	100.95
江 苏	Jiangsu	128.64	107.51	104.15	10.48	5022.59	3501.75
浙 江	Zhejiang	667.97	584.42	267.44	57.41	19382.93	17223.14
安 徽	Anhui	439.40	360.07	209.87	26.06	16258.35	13755.41
福 建	Fujian	914.81	766.65	359.18	63.10	53226.01	48436.28
江 西	Jiangxi	1054.92	973.63	291.87	58.32	45045.51	39529.64
山 东	Shandong	342.12	254.46	244.38	16.72	8627.99	6338.53
河 南	Henan	502.02	336.59	217.39	20.16	18051.16	12936.12
湖 北	Hubei	822.01	578.82	167.01	31.14	23121.55	20942.49
湖 南	Hunan	1234.21	948.17	464.04	44.76	38177.20	34906.67
广 东	Guangdong	1073.07	873.98	503.18	49.44	32160.74	30183.37
广 西	Guangxi	1496.45	1252.50	515.52	52.71	51056.78	46875.18
海 南	Hainan	208.73	176.26	125.29	51.98	7940.93	7274.23
重 庆	Chongqing	400.18	286.92	76.20	34.85	13803.63	11331.85
四 川	Sichuan	2311.66	1659.52	415.65	34.31	168753.49	159572.37
贵 州	Guizhou	841.23	556.92	199.86	31.61	27911.53	24007.96
云 南	Yunnan	2476.11	1817.73	326.77	47.50	171216.68	155380.09
西 藏	Tibet	1746.63	1462.65	3.36	11.91	227271.36	224550.91
陕 西	Shaanxi	1205.80	767.56	183.27	37.26	36144.16	33820.54
甘 肃	Gansu	955.44	468.78	80.77	10.42	21708.26	19363.83
青 海	Qinghai	634.00	329.56	4.44	4.57	4413.80	3915.64
宁 夏	Ningxia	179.03	51.10	10.38	9.84	625.93	492.14
新 疆	Xinjiang	1066.57	661.65	61.75	4.02	33914.50	30100.54

注：1.本表为第七次全国森林资源清查（2004-2008)资料。
2.全国总计数包括台湾省和香港、澳门特别行政区数据。

a) Data in the table are the figures of the Seventh National Forestry Survey (2004-2008).
b) Data of national total include forest resources in Taiwan province and Hong Kong SAR and Macao SAR.

2-59 造林面积(2011年)
Area of Afforestation (2011)

单位：公顷 (hectare)

地 区	Region	造林总面积 Total Area of Afforestation	按造林方式分 By Approach 人工造林 Manual Planting	飞播造林 Airplane Planting	无林地和疏林地新封山育林 Area without Forest or of Sparse Forest	按林种用途分 By Function of Forest 用材林 Timber Forests	经济林 By-product Forests	防护林 Protection Forests	薪炭林 Fuel Forests	特种用途林 Forests for Special Purpose
全 国	**National Total**	**5996613**	**4065693**	**196931**	**1733989**	**1019320**	**1218281**	**3688827**	**36805**	**33380**
北 京	Beijing	20796	6510		14286	11	390	19698		697
天 津	Tianjin	7401	7401			1973	1037	4391		
河 北	Hebei	286423	175906	40665	69852	24789	21437	240164		33
山 西	Shanxi	299713	215390	2668	81655	300	81295	212168	5950	
内蒙古	Inner Mongolia	731837	335136	113598	283103	17738	14030	699445		624
辽 宁	Liaoning	246767	140167		106600	11947	16673	218032	62	53
吉 林	Jilin	36424	34090		2334	1819	3082	31480		43
黑龙江	Heilongjiang	123763	71921		51842	17005	1899	102108	260	2491
上 海	Shanghai	710	710				105	605		
江 苏	Jiangsu	57294	57294			7601	7683	41082		928
浙 江	Zhejiang	40473	36536		3937	2665	8158	28734		916
安 徽	Anhui	45629	23373		22256	10329	14924	19997	334	45
福 建	Fujian	212724	212724			144061	20590	46154	286	1633
江 西	Jiangxi	164521	141693		22828	71029	33418	56942	1617	1515
山 东	Shandong	219028	217329		1699	34598	51154	130896		2380
河 南	Henan	237740	193500		44240	56717	28704	150747	666	906
湖 北	Hubei	194654	145911		48743	66712	38733	85697	34	3478
湖 南	Hunan	402435	235823		166612	115459	48334	235527	1106	2009
广 东	Guangdong	125476	121640		3836	51541	13115	60478	200	142
广 西	Guangxi	147810	132213		15597	113198	12201	22165		246
海 南	Hainan	10914	10914			458	1133	8715		608
重 庆	Chongqing	244644	139288		105356	53047	22834	164516	3655	592
四 川	Sichuan	251926	131636		120290	84882	50926	109431	667	6020
贵 州	Guizhou	202409	98724		103685	30013	67872	101038	2365	1121
云 南	Yunnan	619961	551252		68709	67076	433746	109746	9293	100
西 藏	Tibet	46705	34306		12399	27847	2115	8789	7954	
陕 西	Shaanxi	325752	200151	40000	85601	4051	84570	237131		
甘 肃	Gansu	189807	106043		83764		15718	167756		6333
青 海	Qinghai	177492	49731		127761			177492		
宁 夏	Ningxia	90478	59810		30668	1630	21472	67376		
新 疆	Xinjiang	216907	160571		56336	824	100933	112327	2356	467

注：2011年全国合计造林面积中包括军事管理区18000公顷退耕还林工程荒山荒地造林。根据造林技术规程(GB/T 15776-2006)，自2006年起将无林地和疏林地新封山育林面积计入造林总面积。

a) The areas of afforestation in 2011 include 18000 hectares plantation of barren mountains and wasteland in the Conversion of Cropland to Forest Program. According to Afforestation Technical Regulation (GB/T 15776-2006), since 2006, area of afforestation include the area without forest or of sparse forest.

2-60 湿地面积

Area of Wetlands

地 区	Region	湿地面积 (千公顷) Area of Wetlands (1 000 hectares)	天然湿地 Natural Wetlands	近岸及海岸 Coasts and Seashores	河 流 Rivers	湖 泊 Lakes	沼 泽 Marshland	人工湿地 Man-made Wetlands	湿地面积占辖区面积比重 (%) Proportion of Wetlands in Total Area of Territory (%)
全 国	**National Total**	**38485.5**	**36200.6**	**5941.7**	**8207.0**	**8351.6**	**13700.3**	**2285.0**	**4.01**
北 京	Beijing	34.4	5.0		5.0			29.4	1.93
天 津	Tianjin	171.8	133.7	58.1	55.1	12.3	8.2	38.1	14.95
河 北	Hebei	1081.9	1042.3	278.8	319.3	307.2	136.9	39.6	5.82
山 西	Shanxi	499.9	462.2		454.1	8.1		37.7	3.19
内蒙古	Inner Mongolia	4245.0	4200.8		607.5	495.2	3098.1	44.3	3.66
辽 宁	Liaoning	1219.6	1106.8	738.1	252.2	6.3	110.2	112.9	8.37
吉 林	Jilin	1203.4	1016.4	5.8	581.4	74.5	354.7	187.0	6.37
黑龙江	Heilongjiang	4314.8	4182.8		460.7	401.9	3320.3	132.0	9.49
上 海	Shanghai	319.7	319.4	305.4	7.2	6.8		0.3	53.68
江 苏	Jiangsu	1674.7	1651.1	843.5	203.3	604.2		23.6	16.32
浙 江	Zhejiang	802.2	695.9	574.3	118.5	3.0	0.1	106.3	7.88
安 徽	Anhui	653.9	590.0		239.5	350.5		63.9	4.73
福 建	Fujian	443.0	421.2	370.6	31.1	19.5		21.8	3.65
江 西	Jiangxi	998.8	872.9		314.9	443.2	114.8	125.9	5.99
山 东	Shandong	1784.1	1681.4	1210.9	301.1	165.5	3.9	102.7	11.72
河 南	Henan	624.1	482.2		472.7	2.6	6.9	141.9	3.74
湖 北	Hubei	927.3	730.5		377.4	294.7	58.4	196.9	4.99
湖 南	Hunan	1226.9	1047.5		683.1	359.3	5.1	179.5	5.79
广 东	Guangdong	1398.1	1252.0	1017.8	231.7	1.5	1.0	146.0	7.86
广 西	Guangxi	656.1	567.5	348.4	219.1			88.6	2.76
海 南	Hainan	311.5	256.6	190.0	38.3	17.3	11.0	54.9	9.13
重 庆	Chongqing	43.2	31.9		31.6	0.3		11.3	0.52
四 川	Sichuan	961.7	919.5		563.9	13.4	342.3	42.1	1.98
贵 州	Guizhou	79.4	65.9		58.0	2.3	5.7	13.5	0.45
云 南	Yunnan	235.3	220.3		119.8	96.5	4.0	15.0	0.61
西 藏	Tibet	5232.0	5231.5		231.1	2538.6	2461.7	0.5	4.26
陕 西	Shaanxi	292.9	277.2		252.1	7.3	17.8	15.7	1.42
甘 肃	Gansu	1258.1	1131.4		565.6	44.3	521.5	126.7	2.80
青 海	Qinghai	4126.0	4087.7		107.5	1232.0	2748.1	38.3	5.72
宁 夏	Ningxia	255.6	252.4		104.1	148.3		3.2	3.85
新 疆	Xinjiang	1410.2	1264.6		200.2	694.9	369.5	145.5	0.86

注：本表为中国首次湿地调查（1995-2003）资料，不包括台湾省、香港和澳门特别行政区；湿地面积不包括水稻田湿地。

a) Data in the table are the figures of China First Wetlands Survey (1995-2003), excluding the wetlands of Taiwan province, Hong Kong SAR and Macao SAR. Area of wetlands excludes the wetland of paddyfield.

2-61 自然保护基本情况(2011年)
Basic Situation of Natural Protection (2011)

地 区	Region	自然保护区个数(个) Number of Nature Reserves (unit)	#国家级 Nation Level	自然保护区面积(万公顷) Area of Nature Reserves (10 000 hectares)	#国家级 Nation Level	自然保护区占辖区面积比重(%) Percentage of Nature Reserves in the Region (%)
全 国	**National Total**	**2640**	**335**	**14971.1**	**9315.3**	**14.9**
北 京	Beijing	20	2	13.4	2.6	8.0
天 津	Tianjin	8	3	9.1	3.8	8.1
河 北	Hebei	35	12	58.7	23.8	3.1
山 西	Shanxi	46	5	115.7	8.3	7.4
内蒙古	Inner Mongolia	184	24	1380.5	395.0	11.7
辽 宁	Liaoning	101	13	271.5	94.8	12.8
吉 林	Jilin	38	14	230.4	94.6	12.3
黑龙江	Heilongjiang	221	24	660.5	240.0	14.5
上 海	Shanghai	4	2	9.4	6.6	5.2
江 苏	Jiangsu	30	3	56.5	33.6	4.1
浙 江	Zhejiang	32	10	19.7	14.7	1.5
安 徽	Anhui	102	7	52.5	13.9	3.8
福 建	Fujian	92	12	44.5	20.6	3.0
江 西	Jiangxi	195	9	119.1	15.6	7.1
山 东	Shandong	86	7	109.8	22.0	4.8
河 南	Henan	34	11	73.5	42.6	4.4
湖 北	Hubei	64	11	95.9	26.1	5.2
湖 南	Hunan	123	18	125.0	51.8	5.9
广 东	Guangdong	368	11	355.3	22.6	6.7
广 西	Guangxi	78	16	145.3	30.8	6.0
海 南	Hainan	50	9	273.5	10.7	7.0
重 庆	Chongqing	57	4	85.0	21.9	10.3
四 川	Sichuan	167	24	899.4	277.1	18.6
贵 州	Guizhou	129	8	95.2	24.4	5.4
云 南	Yunnan	163	17	297.8	144.4	7.8
西 藏	Tibet	47	9	4136.9	3715.3	33.9
陕 西	Shaanxi	55	14	117.2	46.7	5.7
甘 肃	Gansu	59	16	734.7	482.5	16.2
青 海	Qinghai	11	5	2182.2	2025.2	30.2
宁 夏	Ningxia	14	6	53.6	42.7	10.3
新 疆	Xinjiang	27	9	2149.4	1360.6	13.0

2-62 农、林、牧、渔业总产值及指数(2011年)

Gross Output Value of Agriculture, Forestry, Animal Husbandry and Fishery and Related Indices (2011)

地 区	Region	绝对数（亿元） Gross Output Value (100 million yuan)					指 数（上年=100） Indices of Gross Output (preceding year=100)				
		农林牧渔业总产值 Total	#农 业 Farming	#林 业 Forestry	#牧 业 Animal Husbandry	#渔 业 Fishery	农林牧渔业总产值 Total	#农 业 Farming	#林 业 Forestry	#牧 业 Animal Husbandry	#渔 业 Fishery
全 国	**National Total**	**81303.9**	**41988.6**	**3120.7**	**25770.7**	**7568.0**	**104.5**	**105.6**	**107.6**	**101.7**	**104.5**
北 京	Beijing	363.1	163.4	18.9	162.7	11.5	100.9	103.5	103.7	98.2	93.2
天 津	Tianjin	349.5	179.9	2.5	98.5	58.6	104.2	105.5	104.0	102.0	102.9
河 北	Hebei	4895.9	2775.3	58.8	1674.0	163.6	103.9	105.5	103.6	101.1	101.8
山 西	Shanxi	1207.6	767.1	73.5	295.7	7.5	105.8	107.9	106.6	99.9	106.1
内蒙古	Inner Mongolia	2204.5	1057.8	93.2	998.3	23.5	105.7	108.7	105.3	102.3	108.2
辽 宁	Liaoning	3633.6	1307.2	107.4	1521.1	560.0	106.0	111.0	109.0	101.2	106.0
吉 林	Jilin	2275.1	1020.4	81.9	1074.5	31.1	105.2	107.3	105.9	102.6	105.2
黑龙江	Heilongjiang	3223.5	1801.8	110.2	1189.9	58.9	105.5	108.3	104.8	101.7	105.0
上 海	Shanghai	314.6	165.1	7.6	77.4	54.7	99.4	100.6	95.2	102.3	91.9
江 苏	Jiangsu	5237.4	2640.9	92.8	1190.5	1060.4	104.2	104.3	104.0	102.7	104.4
浙 江	Zhejiang	2534.9	1152.0	134.1	546.3	655.8	103.1	101.9	102.8	101.5	106.8
安 徽	Anhui	3459.7	1714.8	182.1	1083.5	346.2	104.0	103.9	109.0	102.6	103.9
福 建	Fujian	2730.9	1136.2	237.7	479.2	782.6	104.1	104.7	107.0	102.3	103.4
江 西	Jiangxi	2207.3	917.8	206.1	734.3	272.2	104.2	106.0	105.5	102.4	101.2
山 东	Shandong	7409.7	3843.6	100.0	2171.9	999.1	103.8	103.9	109.3	102.5	104.4
河 南	Henan	6218.6	3599.9	127.3	2198.4	72.5	103.8	104.3	107.1	102.2	107.2
湖 北	Hubei	4252.9	2299.3	86.1	1205.8	508.8	104.4	106.2	109.9	101.2	102.1
湖 南	Hunan	4508.2	2391.7	239.1	1425.6	255.0	104.3	106.9	106.9	99.6	100.4
广 东	Guangdong	4384.4	2042.2	208.7	1146.4	843.0	103.9	105.5	108.1	98.9	105.2
广 西	Guangxi	3323.4	1602.5	217.4	1096.6	303.1	104.8	105.6	112.1	101.3	106.0
海 南	Hainan	1002.4	401.0	161.4	207.1	204.6	106.6	106.2	107.2	105.1	107.8
重 庆	Chongqing	1265.3	751.2	38.1	425.3	34.9	104.8	105.2	110.0	102.5	118.4
四 川	Sichuan	4932.7	2454.3	130.1	2127.2	147.2	104.6	105.8	109.7	102.6	106.7
贵 州	Guizhou	1165.5	655.3	46.7	381.9	19.9	101.4	99.8	107.4	101.2	125.1
云 南	Yunnan	2306.5	1124.7	245.7	808.2	55.9	106.1	106.8	112.2	102.5	109.2
西 藏	Tibet	109.4	49.6	2.4	54.1	0.2	103.6	102.8	91.4	105.7	104.2
陕 西	Shaanxi	2058.6	1360.7	42.3	553.4	10.6	105.6	107.5	109.7	99.9	125.0
甘 肃	Gansu	1187.8	848.5	17.2	210.6	1.6	105.4	106.2	105.4	101.8	109.4
青 海	Qinghai	230.8	102.9	4.2	119.3	0.2	104.8	106.5	110.4	103.1	161.8
宁 夏	Ningxia	354.7	223.6	9.3	97.6	10.2	105.1	105.3	107.4	102.8	115.6
新 疆	Xinjiang	1955.4	1437.9	38.1	415.0	14.2	106.9	108.3	105.9	102.0	107.1

注：本表绝对数按当年价格计算，指数按可比价格计算。

a) Data in value terms in this table are calculated at current prices, while the indices are calculated at constant prices.

2-63 主要农业机械拥有量(年底数)(2011年)
Major Agricultural Machinery at Year-end (2011)

地 区	Region	农用机械总动力(万千瓦) Total Power of Agricultural Machinery (10 000 kw)	农用大中型拖拉机 Large and Medium-sized Agricultural Tractors 数量(台) Number (unit)	配套农具(部) Towing Farm Machinery (unit)	小型拖拉机 Small Tractors 数量(台) Number (unit)	配套农具(部) Towing Farm Machinery (unit)	农用排灌柴油机 Diesel Engines 数量(台) Number (unit)
全 国	**National Total**	**97734.7**	**4406471**	**6989501**	**18112663**	**30620134**	**9683914**
北 京	Beijing	265.2	8864	14603	11653	8444	1989
天 津	Tianjin	583.9	14300	20600	27800	38200	38600
河 北	Hebei	10349.2	193374	379600	1491000	1993800	1093600
山 西	Shanxi	2927.3	88900	184700	316100	433500	26000
内蒙古	Inner Mongolia	3172.7	547661	869986	479091	898523	200692
辽 宁	Liaoning	2399.9	174200	223700	282600	445100	215600
吉 林	Jilin	2355.0	350700	680900	637700	1828300	269500
黑龙江	Heilongjiang	4097.8	732100	946600	688300	1229400	250800
上 海	Shanghai	105.7	6100	15800	5200	4500	
江 苏	Jiangsu	4106.1	106800	191700	1234100	1735900	184000
浙 江	Zhejiang	2461.2	9583	13800	168081	185588	87282
安 徽	Anhui	5657.1	145320	276958	2380554	5374702	395299
福 建	Fujian	1250.8	2900	3100	111800	123400	96900
江 西	Jiangxi	4200.0	18000	23500	463800	331200	772200
山 东	Shandong	12098.3	454300	945100	2017900	3169700	1817292
河 南	Henan	10515.8	310700	732000	3557600	6734600	539800
湖 北	Hubei	3571.2	130774	240134	1064835	2119683	256181
湖 南	Hunan	4935.6	88998	32504	214963	105156	1276589
广 东	Guangdong	2414.8	19600	27500	345900	384000	404500
广 西	Guangxi	3033.1	26850	39129	397222	524241	504347
海 南	Hainan	444.3	34600	13600	49600	42300	173000
重 庆	Chongqing	1140.3	3600	2900	7659	2600	146000
四 川	Sichuan	3426.1	107500	39000	124700	122900	470200
贵 州	Guizhou	1851.4	31222	13779	66362	26145	184549
云 南	Yunnan	2628.4	243300	38600	355200	305100	185800
西 藏	Tibet	427.9	36465	21043	133658	79162	3319
陕 西	Shaanxi	2182.9	89100	149700	179700	265800	51800
甘 肃	Gansu	2136.5	92900	262400	490700	997000	18900
青 海	Qinghai	430.7	9060	5765	275885	243690	475
宁 夏	Ningxia	768.7	32100	61400	184000	233500	4700
新 疆	Xinjiang	1796.7	296600	519400	349000	634000	14000

2-64 有效灌溉面积、农用化肥施用量、农村水电站及用电量(2011年)
Irrigated Area, Consumption of Chemical Fertilizers and Rural Hydropower Stations and Electricity Consumption in Rural Areas (2011)

地区	Region	有效灌溉面积(千公顷) Irrigated Area (1 000 hectares)	化肥施用量(万吨) Consumption of Chemical Fertilizer (10 000 tons)	氮肥 Nitrogenous Fertilizer	磷肥 Phosphate Fertilizer	钾肥 Potash Fertilizer	复合肥 Compound Fertilizer	乡村办水电站 Hydropower Station in Rural Areas 个数 Number	装机容量(万千瓦) Generating Capacity (10 000 kw)	农村用电量(亿千瓦时) Electricity Consumed in Rural Areas (100 million kwh)
全国	**National Total**	**61681.6**	**5704.2**	**2381.4**	**819.2**	**605.1**	**1895.1**	**45151**	**6212.3**	**7139.6**
北京	Beijing	209.3	13.8	6.8	0.9	0.7	5.4	72	4.3	45.4
天津	Tianjin	338.0	24.4	11.4	3.9	1.7	7.4	1	0.6	51.3
河北	Hebei	4596.6	326.3	152.4	47.1	27.0	99.7	239	37.9	559.2
山西	Shanxi	1319.9	114.6	39.3	19.3	9.0	47.0	161	17.8	86.6
内蒙古	Inner Mongolia	3072.4	176.9	81.0	30.0	14.7	49.9	38	8.0	52.3
辽宁	Liaoning	1588.4	144.6	69.7	12.2	12.4	50.4	173	31.3	366.3
吉林	Jilin	1807.5	195.2	69.4	6.8	13.2	105.8	231	45.2	42.5
黑龙江	Heilongjiang	4332.7	228.4	81.9	49.1	34.1	63.4	77	26.0	58.2
上海	Shanghai	199.6	12.0	6.4	0.8	0.6	4.2			204.3
江苏	Jiangsu	3817.9	337.2	173.9	47.5	20.4	95.4	131	5.1	1606.8
浙江	Zhejiang	1456.8	92.1	51.6	11.9	7.4	21.3	3189	376.8	848.0
安徽	Anhui	3547.7	329.7	114.4	36.1	32.8	146.4	823	91.9	117.3
福建	Fujian	967.5	120.9	47.6	17.0	24.5	31.9	6536	703.9	270.6
江西	Jiangxi	1867.7	140.8	43.8	22.2	21.3	53.5	3586	275.4	77.3
山东	Shandong	4986.9	473.6	158.6	49.7	45.7	219.7	107	7.9	456.5
河南	Henan	5150.4	673.7	245.3	120.9	63.4	244.1	547	38.2	281.8
湖北	Hubei	2455.7	354.9	159.1	65.3	31.2	99.3	1764	296.1	112.3
湖南	Hunan	2762.4	242.5	112.2	27.3	41.2	61.8	4219	540.1	106.0
广东	Guangdong	1873.2	241.3	101.5	21.7	47.4	70.7	9645	705.6	1134.9
广西	Guangxi	1529.2	242.7	70.8	29.6	54.8	87.5	2311	395.3	56.2
海南	Hainan	247.5	47.7	13.8	3.1	7.5	23.2	322	35.7	7.1
重庆	Chongqing	692.9	95.6	50.0	18.0	5.6	21.4	1365	177.8	70.4
四川	Sichuan	2600.8	251.2	128.8	50.6	17.3	53.2	4172	761.8	148.6
贵州	Guizhou	1201.2	94.1	50.9	10.9	7.9	24.4	1370	232.9	48.0
云南	Yunnan	1634.2	200.5	103.2	29.6	19.8	47.8	1653	890.4	66.8
西藏	Tibet	245.3	4.8	1.5	1.2	0.5	1.6	358	16.7	0.9
陕西	Shaanxi	1274.3	207.3	91.4	17.8	21.8	76.3	610	101.2	131.3
甘肃	Gansu	1291.8	87.2	37.9	17.0	6.8	25.6	754	181.0	45.1
青海	Qinghai	251.7	8.3	3.7	1.3	0.4	3.0	231	82.1	4.1
宁夏	Ningxia	477.6	38.2	17.7	4.2	2.4	14.0	1	0.3	12.0
新疆	Xinjiang	3884.6	183.7	85.5	46.3	11.7	40.1	461	113.6	71.6
水利部属	Under The Ministry of Water Resources							4	11.3	

2-65 水利设施和除涝面积（2011年）

Water Conservancy Facilities and Area with Flood Prevention Measures (2011)

地 区	Region	水库数（座） Number of Reservoirs (unit)	水库总库容量（亿立方米） Capacity of Reservoirs (100 million cu.m)	除涝面积（千公顷） Area with Flood Prevention Measures (1 000 hectares)	水土流失治理面积（千公顷） Area of Soil Erosion under Control (1 000 hectares)
全 国	**National Total**	**88605**	**72005020.8**	**21721.6**	**109663.8**
北 京	Beijing	82	938716.0	149.8	579.8
天 津	Tianjin	28	264516.3	376.8	51.6
河 北	Hebei	1077	1611222.3	1649.7	6351.5
山 西	Shanxi	752	677952.5	89.1	5560.6
内蒙古	Inner Mongolia	502	1738053.0	277.0	11219.3
辽 宁	Liaoning	922	3582941.6	989.1	6486.5
吉 林	Jilin	1646	3202477.4	1022.9	3639.2
黑龙江	Heilongjiang	922	1786434.2	3349.8	4838.8
上 海	Shanghai			56.8	
江 苏	Jiangsu	907	1890761.9	2778.2	1110.2
浙 江	Zhejiang	4243	3989228.2	499.7	2457.6
安 徽	Anhui	4927	2855931.0	2283.4	2180.3
福 建	Fujian	3355	1889710.9	134.6	1493.1
江 西	Jiangxi	9824	2941127.6	378.2	4626.8
山 东	Shandong	6291	2274374.2	2666.3	4722.5
河 南	Henan	2478	4030607.8	1973.3	4412.6
湖 北	Hubei	5866	9990002.5	1219.5	4832.7
湖 南	Hunan	12251	4300615.2	448.8	2906.9
广 东	Guangdong	7475	4303749.2	519.1	1418.7
广 西	Guangxi	4349	3783933.1	211.4	1952.1
海 南	Hainan	996	1000175.0	20.2	37.7
重 庆	Chongqing	2852	790742.0		2376.7
四 川	Sichuan	6759	2150636.0	94.4	6536.2
贵 州	Guizhou	2087	3585799.7	54.8	3249.8
云 南	Yunnan	5593	1348316.2	257.8	5866.8
西 藏	Tibet	75	128665.8	22.3	42.3
陕 西	Shaanxi	1041	770063.0	132.0	9407.1
甘 肃	Gansu	318	1032069.0	12.5	8096.8
青 海	Qinghai	157	3419392.9		840.8
宁 夏	Ningxia	254	282779.7	10.5	1910.0
新 疆	Xinjiang	576	1444026.7	43.6	458.7

2-66 农村居民家庭平均每百户拥有主要生产性固定资产数量(年底数)(2011年)

Number of Major Productive Fixed Assets Per 100 Rural Households at Year-end (2011)

地 区	Region	汽 车 (辆) Motor Vehicles (set)	大中型拖拉机 (台) Large and Medium Tractors (set)	小型和手扶拖拉机 (台) Mini and Walking Tractors (set)	机 动 脱粒机 (台) Motorized Threshing Machines (set)	胶轮大车 (辆) Carts with Rubber Tyres (set)	农用水泵 (台) Pumps (unit)	役 畜 (头) Draught Animals (unit)	产品畜 (头) Commodity Animals (unit)
全 国	**National Total**	**3.78**	**3.98**	**19.85**	**10.43**	**4.32**	**23.61**	**26.48**	**81.90**
北 京	Beijing	6.53	0.50	2.20	0.33	0.13	0.90	0.53	14.30
天 津	Tianjin	9.29	1.14	7.29	0.14	0.14	11.00	1.71	26.14
河 北	Hebei	6.68	4.40	28.32	2.71	2.90	21.26	5.95	41.57
山 西	Shanxi	4.76	2.62	14.90	1.76	2.86	6.00	13.24	64.86
内蒙古	Inner Mongolia	4.81	8.83	50.70	9.78	15.15	36.55	43.54	266.36
辽 宁	Liaoning	4.54	7.18	12.64	3.89	14.04	36.85	28.16	87.78
吉 林	Jilin	3.88	16.00	45.88	5.19	5.19	26.13	35.44	141.44
黑龙江	Heilongjiang	2.72	22.01	50.40	2.50	1.43	23.93	6.61	77.90
上 海	Shanghai	0.50		0.33	1.08		3.17		
江 苏	Jiangsu	2.96	1.15	18.24	5.35	3.18	17.12	1.65	23.24
浙 江	Zhejiang	4.04	1.37	2.22	4.81	1.26	10.26	4.37	62.07
安 徽	Anhui	2.61	5.97	35.24	12.34	2.65	46.81	2.48	14.52
福 建	Fujian	3.62	1.26	4.34	9.24	1.48	10.43	3.41	126.30
江 西	Jiangxi	2.67	0.90	9.22	24.12	3.10	25.71	24.33	23.63
山 东	Shandong	4.36	4.20	25.01	1.95	4.86	43.36	1.86	43.93
河 南	Henan	3.38	4.34	35.27	9.16	2.67	41.37	6.95	45.79
湖 北	Hubei	2.41	2.24	16.48	4.76	2.30	28.95	13.65	14.09
湖 南	Hunan	2.57	0.49	3.59	17.03	1.65	28.35	12.64	26.54
广 东	Guangdong	2.41	0.58	6.84	14.20	4.69	12.89	14.83	36.77
广 西	Guangxi	1.82	1.99	18.83	26.55	3.81	28.61	40.09	35.32
海 南	Hainan	1.25	0.92	2.83	3.08	1.00	26.92	19.92	137.08
重 庆	Chongqing	2.44	0.33	1.39	22.72	0.67	21.44	25.48	51.39
四 川	Sichuan	2.70	0.95	3.00	27.35	0.88	31.85	27.71	46.18
贵 州	Guizhou	3.48	0.67	1.61	15.85	0.76	11.25	50.18	37.54
云 南	Yunnan	4.21	3.71	12.52	16.50	1.29	15.67	56.54	116.67
西 藏	Tibet	10.88	7.09	55.07	12.84	6.62		379.46	794.19
陕 西	Shaanxi	4.10	2.14	8.94	8.12	10.95	8.99	10.05	28.36
甘 肃	Gansu	3.44	4.17	28.44	11.17	8.17	10.11	49.11	64.56
青 海	Qinghai	6.92	4.83	59.55	9.92	3.00	4.33	37.67	161.17
宁 夏	Ningxia	6.50	4.25	41.75	2.25	0.88	24.88	28.00	35.13
新 疆	Xinjiang	3.97	11.61	31.81	2.58	32.84	6.58	53.16	467.68

注：本表为农村住户抽样调查资料。

a) Data in this table are obtained from the sample surveys on rural households.

2-67 农作物总播种面积(2011年)
Total Sown Areas of Farm Crops (2011)

单位：千公顷 (1 000 hectares)

地 区	Region	农作物总播种面积 Total Sown Area	粮食作物播种面积 Sown Area of Grain Crops	谷 物 Cereal	#稻 谷 Rice	#小 麦 Wheat	#玉 米 Corn	豆 类 Soybeans
全 国	**National Total**	**162283**	**110573**	**91016**	**30057**	**24270**	**33542**	**10651**
北 京	Beijing	302.6	209.4	200.8	0.2	58.1	140.5	6.3
天 津	Tianjin	468.0	310.8	296.8	14.2	112.3	169.0	12.8
河 北	Hebei	8773.7	6286.1	5836.2	83.0	2396.1	3035.8	179.3
山 西	Shanxi	3797.4	3287.9	2774.3	1.0	710.1	1646.7	321.3
内蒙古	Inner Mongolia	7109.9	5561.5	3819.3	90.0	567.9	2669.6	1022.5
辽 宁	Liaoning	4145.7	3169.8	2943.3	659.6	6.9	2134.6	143.4
吉 林	Jilin	5222.3	4545.1	3976.9	691.2	3.2	3134.2	481.9
黑龙江	Heilongjiang	12222.9	11502.9	7865.9	2945.6	297.8	4587.4	3386.7
上 海	Shanghai	400.6	186.3	179.0	106.1	59.8	4.2	6.2
江 苏	Jiangsu	7663.2	5319.2	4926.6	2248.6	2112.4	414.3	333.1
浙 江	Zhejiang	2462.7	1254.1	1033.0	894.8	72.6	30.9	124.4
安 徽	Anhui	9022.9	6621.5	5485.0	2230.8	2383.0	818.8	969.0
福 建	Fujian	2285.8	1226.8	895.0	845.3	2.8	42.6	80.6
江 西	Jiangxi	5486.8	3650.1	3359.6	3317.7	10.9	25.7	154.2
山 东	Shandong	10865.4	7145.8	6739.0	124.5	3593.5	2995.9	166.2
河 南	Henan	14258.6	9859.9	9055.4	638.0	5323.3	3025.0	505.9
湖 北	Hubei	8009.6	4122.1	3627.7	2036.2	1013.6	549.7	190.7
湖 南	Hunan	8402.0	4879.6	4455.0	4066.3	40.4	327.1	171.3
广 东	Guangdong	4572.0	2530.4	2121.6	1940.9	1.0	173.1	77.2
广 西	Guangxi	5996.5	3072.8	2665.8	2078.5	1.5	565.9	168.8
海 南	Hainan	838.3	430.6	342.2	318.6		23.5	8.5
重 庆	Chongqing	3413.1	2259.4	1316.4	686.5	138.4	466.9	224.6
四 川	Sichuan	9565.6	6440.5	4787.1	2007.9	1259.3	1363.1	441.1
贵 州	Guizhou	5021.2	3055.6	1829.0	681.5	257.6	787.8	314.0
云 南	Yunnan	6667.5	4326.9	3118.4	1073.5	437.9	1409.0	574.6
西 藏	Tibet	241.4	170.2	163.1	1.0	37.6	4.2	6.5
陕 西	Shaanxi	4181.0	3134.9	2582.4	120.9	1136.7	1177.8	225.3
甘 肃	Gansu	4094.8	2833.7	1956.9		861.6	838.7	199.6
青 海	Qinghai	547.7	279.4	159.1		94.0	20.5	32.3
宁 夏	Ningxia	1260.4	852.4	589.1	83.9	202.1	231.1	38.9
新 疆	Xinjiang	4983.5	2047.5	1916.1	70.6	1078.0	728.0	84.3

2-67 续表 1 continued

单位：千公顷 (1 000 hectares)

地 区	Region	薯 类 Tubers	油 料 Oil-bearing Crops	#花 生 Peanuts	#油菜籽 Rapeseeds	棉 花 Cotton	麻 类 Fiber Crops	#黄红麻 Jute and Ambary Hemp	糖 料 Sugar Crops
全 国	**National Total**	**8906**	**13855**	**4581**	**7347**	**5038**	**118**	**19**	**1948**
北 京	Beijing	2.4	4.9	4.4		0.4			
天 津	Tianjin	1.2	2.2	1.5		60.0			
河 北	Hebei	270.6	453.1	360.2	21.0	632.5	0.3	0.3	12.5
山 西	Shanxi	192.3	150.0	8.9	5.9	53.3	0.2		5.6
内蒙古	Inner Mongolia	719.7	717.0	17.6	218.7	1.6			39.2
辽 宁	Liaoning	83.1	392.0	377.1	0.4	0.4			1.8
吉 林	Jilin	86.3	245.1	118.5		6.7	0.3		5.0
黑龙江	Heilongjiang	250.3	148.6	22.4	0.5		2.6		82.0
上 海	Shanghai	1.1	8.6	0.8	7.6	2.5			0.2
江 苏	Jiangsu	59.4	552.3	100.2	441.3	239.2	0.8		1.6
浙 江	Zhejiang	96.8	196.0	19.0	171.6	21.7	0.1	0.1	11.3
安 徽	Anhui	167.6	878.3	188.9	640.4	350.4	9.4	4.7	5.4
福 建	Fujian	251.2	112.5	99.6	11.6	0.1	0.1	0.1	9.2
江 西	Jiangxi	136.2	732.4	157.9	542.6	82.0	6.2	0.2	14.0
山 东	Shandong	240.7	806.7	797.1	8.7	752.6	0.1		
河 南	Henan	298.7	1578.9	1010.6	383.5	396.7	8.1	8.1	4.0
湖 北	Hubei	303.6	1429.6	192.2	1141.4	488.7	14.5	0.1	7.8
湖 南	Hunan	253.3	1295.5	118.9	1167.2	192.4	17.7	0.2	14.5
广 东	Guangdong	331.6	343.3	334.4	6.7		0.2	0.2	160.3
广 西	Guangxi	238.3	202.7	179.5	15.5	2.3	4.7	4.2	1091.6
海 南	Hainan	79.9	40.4	38.6			0.2	0.2	60.5
重 庆	Chongqing	718.4	257.1	50.4	196.2	0.1	9.6	0.1	3.4
四 川	Sichuan	1212.3	1232.8	258.6	964.2	16.0	33.8	0.9	18.8
贵 州	Guizhou	912.6	536.1	38.9	489.0	1.6	0.7		12.0
云 南	Yunnan	633.9	342.3	48.6	272.9	0.3	2.9		306.7
西 藏	Tibet	0.6	24.0	0.1	23.9				
陕 西	Shaanxi	327.1	300.8	32.1	203.3	50.3	0.5		0.1
甘 肃	Gansu	677.2	351.1	1.1	184.8	47.9	1.7		4.8
青 海	Qinghai	88.1	167.9		163.6				
宁 夏	Ningxia	224.5	88.7		0.4				
新 疆	Xinjiang	47.1	264.3	3.5	64.5	1638.1	3.8		75.4

2-67 续表 2 continued

单位：千公顷 (1 000 hectares)

地 区	Region			烟 叶 Tobacco		蔬 菜 Vegetables	茶园面积 Area of Tea Plantations at Year-end	果园面积 Area of Orchards at Year-end
		#甘 蔗 Sugarcane	#甜 菜 Beetroots		#烤 烟 Flue-cured Tobacco			
全 国	**National Total**	**1721**	**227**	**1461**	**1351**	**19639**	**2113**	**11831**
北 京	Beijing					66.8		63.5
天 津	Tianjin					87.1		32.9
河 北	Hebei		12.5	2.9	2.3	1157.9		1047.4
山 西	Shanxi		5.6	3.2	3.2	228.6		322.6
内蒙古	Inner Mongolia		39.2	4.2	3.1	270.8		66.8
辽 宁	Liaoning		1.8	10.8	9.7	465.4		359.9
吉 林	Jilin		5.0	22.3	11.1	236.9		55.3
黑龙江	Heilongjiang		82.0	35.0	31.8	223.1		35.0
上 海	Shanghai	0.2				136.3		20.9
江 苏	Jiangsu	1.6		0.1		1260.2	32.3	203.0
浙 江	Zhejiang	11.3		1.2		624.5	182.0	320.9
安 徽	Anhui	5.4		11.4	11.2	789.0	138.0	110.0
福 建	Fujian	9.2		67.9	67.4	679.4	211.3	531.2
江 西	Jiangxi	14.0		20.0	19.4	535.5	59.0	381.6
山 东	Shandong			33.6	33.3	1791.2	18.8	592.0
河 南	Henan	4.0		124.7	124.7	1720.1	78.5	465.5
湖 北	Hubei	7.8		67.2	47.7	1062.2	243.0	398.8
湖 南	Hunan	14.5		104.8	99.2	1193.8	102.5	537.1
广 东	Guangdong	160.3		24.2	22.0	1208.8	41.1	1096.6
广 西	Guangxi	1091.6		16.5	12.7	1040.7	53.8	970.0
海 南	Hainan	60.5		0.1	0.1	225.0	1.1	182.8
重 庆	Chongqing	3.4		46.2	38.9	618.6	34.7	264.8
四 川	Sichuan	18.7	0.2	117.1	98.4	1205.6	239.2	580.9
贵 州	Guizhou	12.0		212.2	200.0	708.5	196.4	169.0
云 南	Yunnan	306.7		495.3	476.0	735.1	380.0	348.5
西 藏	Tibet					22.4	0.2	2.2
陕 西	Shaanxi	0.1		36.2	35.7	458.3	90.8	1121.2
甘 肃	Gansu		4.8	3.7	3.0	415.4	10.0	430.0
青 海	Qinghai			0.2		42.0		5.1
宁 夏	Ningxia			0.4	0.4	107.3		124.9
新 疆	Xinjiang		75.4			322.6		990.3

2-68 主要农产品产量(2011年)
Output of Major Farm Products (2011)

单位：万吨 (10 000 tons)

地区	Region	粮食 Grain							棉花 Cotton
			谷物 Cereal				豆类 Beans	薯类 Tubers	
				#稻谷 Rice	#小麦 Wheat	#玉米 Corn			
全　国	**National Total**	**57120.8**	**51939.4**	**20100.1**	**11740.1**	**19278.1**	**1908.4**	**3273.0**	**658.9**
北　京	Beijing	121.8	119.3	0.2	28.4	90.3	1.2	1.3	0.1
天　津	Tianjin	161.8	159.5	10.7	54.2	94.4	1.7	0.6	7.2
河　北	Hebei	3172.6	3032.3	60.2	1276.1	1639.6	35.7	104.6	65.3
山　西	Shanxi	1193.0	1138.4	0.5	240.3	854.6	24.4	30.2	6.3
内蒙古	Inner Mongolia	2387.5	2012.2	77.9	170.9	1632.1	171.3	204.0	0.2
辽　宁	Liaoning	2035.5	1933.5	505.1	3.7	1360.3	37.0	65.0	0.1
吉　林	Jilin	3171.0	3015.3	623.5	1.3	2339.0	101.3	54.5	1.2
黑龙江	Heilongjiang	5570.6	4858.2	2062.1	103.8	2675.8	577.8	134.7	
上　海	Shanghai	122.0	119.6	88.9	24.1	2.8	1.5	0.8	0.5
江　苏	Jiangsu	3307.8	3186.4	1864.2	1023.2	226.2	82.8	38.6	24.7
浙　江	Zhejiang	781.6	704.6	649.0	27.0	14.6	31.6	45.4	3.2
安　徽	Anhui	3135.5	2974.0	1387.1	1215.7	362.6	115.0	46.5	37.8
福　建	Fujian	672.8	533.2	514.1	0.8	16.6	19.9	119.7	
江　西	Jiangxi	2052.8	1964.3	1950.1	2.2	10.5	28.7	59.9	14.3
山　东	Shandong	4426.3	4194.9	104.0	2103.9	1978.7	43.3	188.1	78.5
河　南	Henan	5542.5	5308.1	474.5	3123.0	1696.5	95.2	139.3	38.2
湖　北	Hubei	2388.5	2249.2	1616.9	344.8	276.2	39.5	99.8	52.6
湖　南	Hunan	2939.4	2779.5	2575.4	10.2	188.5	41.1	118.8	22.7
广　东	Guangdong	1361.0	1178.5	1096.9	0.3	78.9	18.2	164.2	
广　西	Guangxi	1429.9	1333.2	1084.1	0.2	244.7	28.9	67.8	0.2
海　南	Hainan	188.0	155.4	145.1		10.3	2.3	30.3	
重　庆	Chongqing	1126.9	799.2	493.5	42.4	257.0	43.5	284.2	
四　川	Sichuan	3291.6	2753.7	1527.1	436.0	701.6	96.2	441.7	1.5
贵　州	Guizhou	876.9	615.6	303.9	50.4	243.7	22.0	239.3	0.1
云　南	Yunnan	1673.6	1368.9	668.7	98.9	598.2	125.7	178.9	
西　藏	Tibet	93.7	91.0	0.6	24.9	2.8	2.4	0.4	
陕　西	Shaanxi	1194.7	1069.8	84.5	410.9	550.7	44.6	80.3	6.7
甘　肃	Gansu	1014.6	750.9		247.5	425.6	34.8	228.9	7.6
青　海	Qinghai	103.4	59.4		35.4	15.2	7.1	36.9	
宁　夏	Ningxia	359.0	309.7	70.8	63.0	172.4	4.7	44.5	
新　疆	Xinjiang	1224.7	1171.7	60.6	576.6	517.7	29.1	24.0	289.8

单位: 万吨 (10 000 tons)

地 区	Region	油 料 Oil-bearing Crops	#花 生 Peanuts	#油菜籽 Rapeseeds	#芝 麻 Sesame	麻 类 Fiber Crops	#黄红麻 Jute and Ambary Hemp	甘 蔗 Sugarcane	甜 菜 Beetroots
全 国	**National Total**	**3306.8**	**1604.6**	**1342.6**	**60.5**	**29.6**	**7.5**	**11443.4**	**1073.1**
北 京	Beijing	1.4	1.3						
天 津	Tianjin	0.7	0.5						
河 北	Hebei	141.8	128.9	3.0	1.0	0.1	0.1		46.5
山 西	Shanxi	18.7	2.2	0.6	0.5				32.4
内蒙古	Inner Mongolia	133.9	3.1	24.0	0.2				157.7
辽 宁	Liaoning	119.8	116.5	0.1	0.2				7.8
吉 林	Jilin	69.6	36.0		1.4				16.3
黑龙江	Heilongjiang	23.3	5.7	0.1	0.1	1.2			275.0
上 海	Shanghai	1.9	0.2	1.6				1.1	
江 苏	Jiangsu	144.1	37.0	105.2	1.8	0.2		9.6	
浙 江	Zhejiang	39.9	5.4	33.6	0.9			71.1	
安 徽	Anhui	213.8	84.3	122.8	6.2	2.6	1.4	21.6	
福 建	Fujian	27.5	25.7	1.6	0.2			56.0	
江 西	Jiangxi	113.6	43.7	66.7	3.2	1.0	0.1	62.8	
山 东	Shandong	341.0	338.6	2.2	0.1				
河 南	Henan	532.4	429.8	77.3	24.1	4.4	4.3	26.7	
湖 北	Hubei	304.7	68.7	220.4	14.6	2.9		32.5	
湖 南	Hunan	215.3	32.0	182.0	1.4	4.2	0.1	72.2	
广 东	Guangdong	91.9	90.8	0.8	0.3			1390.0	
广 西	Guangxi	50.1	47.5	1.6	0.6	1.2	1.1	7270.0	
海 南	Hainan	9.9	9.8		0.2	0.1	0.1	387.8	
重 庆	Chongqing	46.5	10.1	35.1	0.7	1.4		11.8	
四 川	Sichuan	278.4	62.7	214.4	0.5	6.1	0.2	87.7	0.3
贵 州	Guizhou	78.9	6.1	71.8		0.1		43.6	
云 南	Yunnan	60.7	7.0	51.8		1.1		1898.8	
西 藏	Tibet	6.4		6.3					
陕 西	Shaanxi	59.0	9.3	38.4	2.4	0.1		0.2	
甘 肃	Gansu	63.5	0.3	33.1		0.2			18.1
青 海	Qinghai	33.3		32.7					
宁 夏	Ningxia	18.4		0.1					
新 疆	Xinjiang	66.8	1.3	15.2	0.1	2.6			519.0

2-68 续表 2 continued

单位：万吨 (10 000 tons)

地区	Region	烟叶 Tobacco	#烤烟 Flue-cured Tobacco	蚕茧 Silkworm Cocoons	#桑蚕茧 Mulberry Silkworm Cocoons	茶叶 Tea	水果 Fruits	#苹果 Apples	#柑桔 Citrus	#梨 Pears	#葡萄 Grapes	#香蕉 Bananas
全国	**National Total**	**313.2**	**287.0**	**91.6**	**83.6**	**162.3**	**22768.2**	**3598.5**	**2944.0**	**1579.5**	**906.7**	**1040.0**
北京	Beijing						120.9	10.5		16.2	4.2	
天津	Tianjin						62.6	5.5		3.9	12.3	
河北	Hebei	0.7	0.4	0.2	0.1		1719.2	292.6		406.9	112.5	
山西	Shanxi	1.1	1.1	0.6	0.6		617.9	333.9		59.0	25.9	
内蒙古	Inner Mongolia	1.5	1.3	0.7			301.4	10.6		7.7	7.4	
辽宁	Liaoning	3.0	2.6	5.5			810.7	239.7		140.2	67.3	
吉林	Jilin	7.2	3.0	0.4			225.7	14.4		13.3	14.2	
黑龙江	Heilongjiang	8.5	7.8	0.5			279.9	11.4		4.0	6.2	
上海	Shanghai						88.0		17.7	3.2	9.5	
江苏	Jiangsu			7.1	7.1	1.5	757.1	61.7	5.1	73.0	39.2	
浙江	Zhejiang	0.3		6.5	6.5	17.0	712.4		194.4	38.6	52.7	
安徽	Anhui	3.1	3.0	3.2	3.2	8.8	846.6	41.1	2.9	100.4	25.9	
福建	Fujian	14.3	14.2			29.6	687.9		300.4	19.7	11.2	87.0
江西	Jiangxi	4.6	4.4	0.7	0.7	3.3	580.6		356.7	13.5	3.3	
山东	Shandong	8.8	8.7	3.6	3.6	1.1	2850.8	837.9		122.7	98.5	
河南	Henan	29.2	29.2	2.6	1.9	4.9	2414.1	420.3	3.9	100.5	50.1	
湖北	Hubei	14.1	9.6	0.8	0.8	18.4	855.2	1.0	331.0	46.3	15.2	
湖南	Hunan	24.7	23.3			13.3	868.8		420.4	15.1	11.9	
广东	Guangdong	5.6	5.1	9.6	9.6	6.0	1314.3		378.7	7.4		384.9
广西	Guangxi	2.9	2.2	29.6	29.6	4.4	1223.0		355.0	24.2	27.2	205.7
海南	Hainan					0.1	403.7		4.5			189.2
重庆	Chongqing	9.4	7.6	2.0	2.0	2.8	261.1	0.6	153.3	30.4	5.4	0.2
四川	Sichuan	24.9	20.0	11.2	11.2	18.6	776.6	45.7	319.4	92.3	24.3	3.6
贵州	Guizhou	34.3	32.5			5.8	128.0	2.2	20.8	19.5	8.0	0.6
云南	Yunnan	105.6	101.8	2.9	2.9	23.8	476.4	25.3	45.0	36.4	35.6	168.7
西藏	Tibet						1.4	0.5		0.1		
陕西	Shaanxi	7.8	7.7	3.5	3.5	2.8	1587.1	902.9	34.3	88.1	36.4	
甘肃	Gansu	1.2	1.0			0.1	519.1	227.6	0.4	33.4	12.5	
青海	Qinghai	0.2					4.4	0.6				
宁夏	Ningxia	0.2	0.2				237.3	40.9		2.9	14.1	
新疆	Xinjiang						1036.0	71.5		60.6	175.5	

2-69 主要农产品单位面积产量(2011年)

Output of Major Farm Products Per Hectare (2011)

单位：公斤/公顷 (kg/hectare)

地 区	Region	谷 物 Cereals	棉 花 Cotton	花 生 Peanuts	油菜籽 Rapeseeds	芝 麻 Sesame	黄红麻 Jute and Ambary Hemp	甘 蔗 Sugarcane	甜 菜 Beetroots	烤 烟 Flue-cured Tobacco
全 国	**National Total**	**5707**	**1308**	**3502**	**1827**	**1385**	**3896**	**66485**	**47361**	**2124**
北 京	Beijing	5943	1170	2986	150	967				
天 津	Tianjin	5375	1204	3558		1438				
河 北	Hebei	5196	1033	3579	1436	1402	2219		37243	1816
山 西	Shanxi	4103	1188	2444	991	1018			57816	3428
内蒙古	Inner Mongolia	5268	1447	1739	1099	495			40222	4120
辽 宁	Liaoning	6569	1822	3091	2071	1907			44482	2733
吉 林	Jilin	7582	1812	3041		1398			32482	2745
黑龙江	Heilongjiang	6176		2541	2575	1385			33526	2440
上 海	Shanghai	6680	1940	2665	2150	929		64082		
江 苏	Jiangsu	6468	1032	3692	2385	1668	4600	58940		1700
浙 江	Zhejiang	6821	1489	2820	1958	1666	3596	62764		
安 徽	Anhui	5422	1079	4465	1917	1299	2998	39925	8000	2702
福 建	Fujian	5957	697	2581	1369	1252	3275	60904		2111
江 西	Jiangxi	5847	1743	2771	1228	997	4491	44891		2295
山 东	Shandong	6225	1043	4248	2525	1702	6700			2622
河 南	Henan	5862	964	4253	2016	1360	5353	67398		2345
湖 北	Hubei	6200	1076	3577	1931	1636	3430	41652		2024
湖 南	Hunan	6239	1180	2689	1559	1451	3097	49814		2353
广 东	Guangdong	5555		2716	1181	1189	2366	86736		2302
广 西	Guangxi	5001	974	2644	1038	1219	2571	66599		1734
海 南	Hainan	4542		2525		988	6847	64073		714
重 庆	Chongqing	6071	637	2007	1791	996	1390	34903		1951
四 川	Sichuan	5752	913	2426	2223	1301	2216	46945	17020	2037
贵 州	Guizhou	3366	643	1559	1469	1042	667	36410	4366	1625
云 南	Yunnan	4390	1648	1448	1900	904		61902		2139
西 藏	Tibet	5581		2390	2645					
陕 西	Shaanxi	4142	1341	2895	1887	1591		31120		2147
甘 肃	Gansu	3837	1585	2712	1794				37361	3310
青 海	Qinghai	3736			1999				11000	
宁 夏	Ningxia	5258			2143	813				5064
新 疆	Xinjiang	6115	1769	3768	2354	1052			68800	

2-70 主要林产品产量(2011年)
Output of Major Forest Products (2011)

地 区	Region	木 材 (万立方米) Timber (10 000 cu.m)	橡 胶 (吨) Rubber (ton)	松 脂 (吨) Pine Resin (ton)	生 漆 (吨) Lacquer (ton)	油桐籽 (吨) Tung-oil Seeds (ton)	油茶籽 (吨) Tea-oil Seeds (ton)
全 国	**National Total**	**8145.9**	**750853**	**1156612**	**18867**	**437702**	**1480044**
北 京	Beijing	10.3					
天 津	Tianjin	9.9					
河 北	Hebei	71.3					
山 西	Shanxi	5.4					
内蒙古	Inner Mongolia	217.9					
辽 宁	Liaoning	197.6					
吉 林	Jilin	434.3					
黑龙江	Heilongjiang	336.8					
上 海	Shanghai						
江 苏	Jiangsu	166.1					4
浙 江	Zhejiang	176.3		1950		80	48860
安 徽	Anhui	494.8		6467	244	2374	31608
福 建	Fujian	563.3		80553	24	21821	81899
江 西	Jiangxi	290.3		79864	638	12562	427212
山 东	Shandong	348.0					
河 南	Henan	279.0		2712	2045	115872	22375
湖 北	Hubei	292.2		35194	7547	17395	82916
湖 南	Hunan	599.9		35777	958	43400	516808
广 东	Guangdong	735.5	15474	190459	192	7191	60393
广 西	Guangxi	1525.9	213	533620	32	75525	151503
海 南	Hainan	111.2	371754	5886	1		38
重 庆	Chongqing	28.6		407	1011	13575	3854
四 川	Sichuan	239.9		6686	663	23923	4649
贵 州	Guizhou	194.1		6631	2707	68136	32550
云 南	Yunnan	533.0	363412	169652	584	16129	5447
西 藏	Tibet	97.5					
陕 西	Shaanxi	54.2		754	2190	19664	9928
甘 肃	Gansu	5.0			31	55	
青 海	Qinghai	2.3					
宁 夏	Ningxia	0.0					
新 疆	Xinjiang	40.5					
大兴安岭	Daxinganling	84.8					

2-71 牲畜饲养情况(2011年)
Number of Livestock (2011)

单位：万头、万只 (10 000 heads)

地 区	Region	大牲畜年底头数 Large Animals (year-end)	牛 Cattle and Buffaloes	马 Horses	驴 Donkeys	骡 Mules	骆驼 Camels
全 国	**National Total**	**11966.2**	**10360.5**	**670.9**	**647.8**	**259.8**	**27.3**
北 京	Beijing	22.3	21.1	0.2	0.8	0.2	
天 津	Tianjin	30.0	29.4	0.1	0.4	0.2	
河 北	Hebei	495.7	400.3	18.2	55.8	21.4	
山 西	Shanxi	121.2	86.1	1.6	18.5	15.0	
内蒙古	Inner Mongolia	846.0	634.5	74.6	94.3	31.7	10.9
辽 宁	Liaoning	530.8	371.2	24.8	116.3	18.5	
吉 林	Jilin	508.9	423.7	43.4	28.8	12.9	
黑龙江	Heilongjiang	557.7	518.8	26.7	8.7	3.4	
上 海	Shanghai	7.0	7.0				
江 苏	Jiangsu	39.1	34.1	0.4	3.6	1.1	
浙 江	Zhejiang	19.1	19.1				
安 徽	Anhui	147.7	147.2	0.1	0.2	0.1	
福 建	Fujian	69.8	69.8				
江 西	Jiangxi	281.4	281.4				
山 东	Shandong	509.1	492.9	3.1	11.1	1.9	
河 南	Henan	988.6	955.0	12.6	16.3	4.7	
湖 北	Hubei	321.8	320.5	0.8	0.4	0.1	
湖 南	Hunan	430.8	425.6	4.3	0.7	0.2	
广 东	Guangdong	234.0	233.8	0.2			
广 西	Guangxi	486.6	441.7	39.5	0.1	5.3	
海 南	Hainan	90.5	90.5				
重 庆	Chongqing	127.9	124.5	2.2	0.3	0.9	
四 川	Sichuan	1093.3	968.3	103.3	10.4	11.3	
贵 州	Guizhou	550.8	467.1	80.3	0.2	3.3	
云 南	Yunnan	927.7	745.7	75.9	39.3	66.9	
西 藏	Tibet	660.4	614.9	35.6	8.1	1.8	
陕 西	Shaanxi	170.1	150.1	0.7	14.2	5.1	
甘 肃	Gansu	593.1	433.9	14.2	101.2	41.9	2.0
青 海	Qinghai	478.8	442.4	22.3	5.4	7.7	1.0
宁 夏	Ningxia	103.1	91.8	0.3	7.8	3.2	0.1
新 疆	Xinjiang	523.0	318.2	85.7	104.7	1.1	13.3

2-71 续表 continued

单位：万头、万只 (10 000 heads)

地区	Region	肉猪出栏头数 Slaughtered Fattened Hogs	猪年底头数 Hogs (year-end)	羊年底只数 Sheep and Goats (year-end)	山羊 Goats	绵羊 Sheep
全国	**National Total**	**66170.3**	**46766.9**	**28235.8**	**14274.2**	**13961.5**
北京	Beijing	312.2	179.3	57.8	16.0	41.7
天津	Tianjin	352.7	191.3	36.1	4.6	31.5
河北	Hebei	3235.8	1885.2	1457.2	467.5	989.7
山西	Shanxi	672.1	446.1	778.7	369.2	409.5
内蒙古	Inner Mongolia	905.1	684.2	5276.0	1706.1	3569.8
辽宁	Liaoning	2652.1	1585.4	725.6	401.8	323.8
吉林	Jilin	1480.2	989.3	391.6	102.1	289.5
黑龙江	Heilongjiang	1635.9	1367.9	915.7	337.3	578.4
上海	Shanghai	267.0	180.7	24.4	23.3	1.1
江苏	Jiangsu	2878.2	1745.5	415.6	405.7	9.9
浙江	Zhejiang	1929.9	1281.9	109.5	41.9	67.5
安徽	Anhui	2721.1	1467.3	591.6	590.6	1.0
福建	Fujian	1950.4	1297.8	107.6	107.6	
江西	Jiangxi	2884.8	1570.5	53.9	53.9	
山东	Shandong	4234.2	2837.1	2150.9	1638.9	512.0
河南	Henan	5361.2	4569.0	1865.0	1785.0	80.0
湖北	Hubei	3871.4	2533.1	422.0	421.6	0.4
湖南	Hunan	5575.9	4158.2	512.6	511.1	1.5
广东	Guangdong	3664.1	2300.6	40.6	40.6	
广西	Guangxi	3195.1	2412.0	198.2	198.2	
海南	Hainan	513.7	416.5	70.1	70.1	
重庆	Chongqing	2020.9	1540.6	176.7	176.6	0.2
四川	Sichuan	7002.6	5101.8	1661.7	1435.6	226.1
贵州	Guizhou	1689.7	1521.6	256.5	243.3	13.2
云南	Yunnan	2964.7	2689.8	900.9	802.7	98.2
西藏	Tibet	16.4	32.3	1646.1	607.7	1038.3
陕西	Shaanxi	1063.7	880.0	643.0	529.5	113.5
甘肃	Gansu	633.1	560.3	1757.1	376.6	1380.5
青海	Qinghai	130.2	115.2	1497.5	193.6	1303.9
宁夏	Ningxia	99.7	68.3	479.5	125.9	353.6
新疆	Xinjiang	256.1	158.2	3016.4	489.7	2526.7

2-72 畜产品产量(2011年)
Output of Livestock Products (2011)

地 区	Region	肉 类 (万吨) Output of Meat (10 000 tons)	#猪牛羊肉 Output of Pork, Beef and Mutton	猪 肉 Pork	牛 肉 Beef	羊 肉 Mutton	奶 类 (万吨) Milk (10 000 tons)	#牛 奶 Cow Milk
全 国	**National Total**	**7957.8**	**6093.7**	**5053.1**	**647.5**	**393.1**	**3810.7**	**3657.8**
北 京	Beijing	44.4	27.6	24.2	2.1	1.3	64.0	64.0
天 津	Tianjin	42.9	32.2	27.6	3.1	1.5	69.4	69.1
河 北	Hebei	418.2	329.5	246.6	54.5	28.4	466.9	458.9
山 西	Shanxi	71.3	62.3	52.2	4.5	5.6	75.9	74.6
内蒙古	Inner Mongolia	237.4	208.3	71.3	49.7	87.2	931.4	908.2
辽 宁	Liaoning	408.2	275.8	225.9	42.0	7.9	132.0	124.5
吉 林	Jilin	243.9	169.3	122.0	43.4	3.9	46.0	45.2
黑龙江	Heilongjiang	201.2	168.0	116.9	39.3	11.8	550.4	543.1
上 海	Shanghai	27.6	19.7	19.1		0.6	29.1	29.1
江 苏	Jiangsu	375.9	226.8	215.9	3.6	7.3	59.2	59.2
浙 江	Zhejiang	176.0	138.8	135.8	1.2	1.8	19.9	19.9
安 徽	Anhui	375.5	265.1	233.1	17.8	14.2	22.5	22.5
福 建	Fujian	183.0	150.9	146.6	2.4	1.9	15.8	15.5
江 西	Jiangxi	295.6	236.9	224.1	11.7	1.1	12.3	11.8
山 东	Shandong	711.1	445.6	346.9	66.2	32.5	279.0	268.9
河 南	Henan	641.7	513.2	406.4	82.0	24.8	321.1	306.6
湖 北	Hubei	381.9	316.7	290.5	18.2	8.0	34.8	14.2
湖 南	Hunan	489.5	432.5	406.1	16.2	10.2	8.1	8.1
广 东	Guangdong	434.7	278.4	271.0	6.6	0.9	14.5	14.2
广 西	Guangxi	391.1	257.3	239.8	14.3	3.2	8.9	8.9
海 南	Hainan	71.6	45.7	42.2	2.4	1.1	0.2	0.2
重 庆	Chongqing	196.3	157.8	148.6	6.7	2.6	8.0	8.0
四 川	Sichuan	651.2	537.6	484.8	28.9	23.9	71.7	71.2
贵 州	Guizhou	180.0	163.7	148.3	12.0	3.4	4.9	4.9
云 南	Yunnan	324.4	287.6	243.9	30.7	13.0	56.6	52.4
西 藏	Tibet	26.1	24.8	1.4	14.8	8.6	29.8	23.8
陕 西	Shaanxi	99.6	91.4	77.3	7.4	6.7	182.4	140.5
甘 肃	Gansu	83.8	77.4	45.8	16.1	15.4	37.7	37.0
青 海	Qinghai	28.8	27.8	9.2	8.7	9.9	28.4	27.0
宁 夏	Ningxia	25.2	22.7	7.3	7.5	7.9	96.0	96.0
新 疆	Xinjiang	120.0	102.7	22.5	33.8	46.4	133.9	130.5

2-72 续表 continued

地 区	Region	绵羊毛 (吨) Sheep Wool (ton)	#细羊毛 Fine Wool	#半细羊毛 Semi-Fine Wool	山羊毛 (吨) Goat Wool (ton)	羊 绒 (吨) Cashmere (ton)	禽 蛋 (万吨) Poultry Eggs (10 000 tons)	蜂 蜜 (万吨) Honey (10 000 tons)
全 国	**National Total**	**393072**	**132836**	**120119**	**44047**	**17989**	**2811.4**	**43.1**
北 京	Beijing	296.2	9.7	73.8	62.9	35.0	15.1	0.3
天 津	Tianjin	518.0	60.0	458.0	2.0		18.7	0.0
河 北	Hebei	28748.0	4122.0	15570.0	2683.0	776.0	339.8	1.2
山 西	Shanxi	6855.1	2188.8	2392.7	1293.9	648.0	71.0	0.4
内蒙古	Inner Mongolia	106599.5	58854.1	14313.0	12561.2	7643.8	52.5	0.3
辽 宁	Liaoning	13471.0	2405.0	7717.0	2169.0	1116.0	277.4	0.2
吉 林	Jilin	23093.9	12398.8	9618.8	1011.3	185.5	95.3	1.5
黑龙江	Heilongjiang	28952.0	5532.0	21180.0	1464.0	701.0	105.4	2.0
上 海	Shanghai	49.0			181.0		6.3	0.1
江 苏	Jiangsu	326.0	83.0	243.0	0.8		194.9	0.4
浙 江	Zhejiang	1993.9		1993.9	424.0		47.2	7.8
安 徽	Anhui	148.0	9.0	139.0	127.0		119.7	1.8
福 建	Fujian						25.2	0.9
江 西	Jiangxi						44.5	1.3
山 东	Shandong	8922.7	1626.9	4570.2	4083.2	727.9	401.2	0.6
河 南	Henan	8250.0	875.3	4830.4	5770.0	858.8	390.5	10.0
湖 北	Hubei	3.5		3.5	4.9	101.0	137.0	2.3
湖 南	Hunan				3.0		93.5	1.1
广 东	Guangdong				6.0		34.8	1.6
广 西	Guangxi						21.0	1.0
海 南	Hainan						3.3	0.1
重 庆	Chongqing	4.0	4.0		3.0		37.4	1.2
四 川	Sichuan	7152.0	967.0	4206.0	510.0	30.0	144.8	4.3
贵 州	Guizhou	438.5	126.0	309.0	158.1	3.0	13.7	0.2
云 南	Yunnan	1602.0	172.0	1074.0	155.0	5.0	21.7	0.7
西 藏	Tibet	8514.3	443.1	3091.8	1582.0	1017.6	0.3	
陕 西	Shaanxi	6074.6	2606.1	1891.5	2248.5	1642.3	50.3	0.4
甘 肃	Gansu	28993.0	9349.0	5881.0	1877.0	375.0	14.2	0.1
青 海	Qinghai	17537.0	525.0	5185.0	1874.0	414.1	1.8	0.1
宁 夏	Ningxia	7612.0	895.0	1899.0	623.0	448.0	7.3	0.1
新 疆	Xinjiang	86918.0	29584.0	13478.0	3169.0	1261.0	25.6	1.0

2-73 水产品产量(2011年)
Output of Aquatic Products (2011)

单位：万吨 (10 000 tons)

地 区	Region	水产品总产量 Total Aquatic Products	海水产品 Seawater Aquatic Products							
				天然生产 Naturally Grown	人工养殖 Artificially Cultured	鱼 类 Fish	虾蟹类 Shrimps, Prawns and Crabs	贝 类 Shellfish	藻 类 Algae	其 他 Others
全 国	**National Total**	**5603.2**	**2908.0**	**1356.7**	**1551.3**	**1075.2**	**321.8**	**1212.8**	**162.9**	**135.3**
北 京	Beijing	6.1	0.8	0.8		0.8				
天 津	Tianjin	35.2	3.8	2.5	1.3	2.2	1.2	0.3		0.2
河 北	Hebei	106.7	56.3	25.2	31.2	14.5	7.2	29.1		5.5
山 西	Shanxi	3.6								
内蒙古	Inner Mongolia	12.3								
辽 宁	Liaoning	451.5	365.8	122.3	243.5	86.7	23.1	201.9	31.2	22.8
吉 林	Jilin	17.3								
黑龙江	Heilongjiang	42.0								
上 海	Shanghai	28.7	12.2	12.2		11.1	1.0			
江 苏	Jiangsu	476.0	142.1	57.8	84.2	40.5	21.5	72.1	2.6	5.3
浙 江	Zhejiang	515.8	411.0	326.5	84.5	237.5	82.5	68.2	4.8	17.9
安 徽	Anhui	199.6								
福 建	Fujian	603.7	526.2	210.0	316.1	182.2	40.4	227.7	63.0	12.9
江 西	Jiangxi	217.3								
山 东	Shandong	813.8	664.7	251.2	413.5	191.0	38.6	343.1	50.9	41.1
河 南	Henan	65.5								
湖 北	Hubei	356.2								
湖 南	Hunan	199.9								
广 东	Guangdong	762.5	418.2	152.7	265.6	147.8	60.2	190.5	7.2	12.6
广 西	Guangxi	289.2	159.3	66.9	92.4	43.1	31.1	75.0		10.1
海 南	Hainan	160.2	124.0	105.0	19.0	94.1	14.9	4.9	3.1	7.0
重 庆	Chongqing	27.6								
四 川	Sichuan	112.1								
贵 州	Guizhou	10.9								
云 南	Yunnan	34.2								
西 藏	Tibet									
陕 西	Shaanxi	8.2								
甘 肃	Gansu	1.3								
青 海	Qinghai	0.3								
宁 夏	Ningxia	10.5								
新 疆	Xinjiang	11.2								
中国水产总公司	China Aquatic Company	23.6	23.6	23.6		23.6				

2-73 续表 continued

单位：万吨 (10 000 tons)

地 区	Region	淡水产品 Freshwater Aquatic Products	天然生产 Naturally Grown	人工养殖 Artificially Cultured	鱼 类 Fish	虾蟹类 Shrimps, Prawns and Crabs	贝 类 Shellfish	其 他 Others
全 国	**National Total**	**2695.2**	**223.2**	**2471.9**	**2343.7**	**248.8**	**53.9**	**48.8**
北 京	Beijing	5.4	0.4	5.0	5.3			
天 津	Tianjin	31.4	1.1	30.3	25.6	5.5	0.1	0.2
河 北	Hebei	50.4	9.9	40.5	46.5	2.8	0.4	0.6
山 西	Shanxi	3.6	0.1	3.5	3.6			
内蒙古	Inner Mongolia	12.3	3.0	9.2	12.0	0.1		0.2
辽 宁	Liaoning	85.7	4.6	81.1	77.1	7.4		1.1
吉 林	Jilin	17.3	2.0	15.3	17.2	0.1		
黑龙江	Heilongjiang	42.0	5.4	36.5	41.4	0.5	0.1	
上 海	Shanghai	16.6	0.6	16.0	10.2	6.3		0.1
江 苏	Jiangsu	333.9	33.4	300.5	245.6	72.1	12.2	4.0
浙 江	Zhejiang	104.8	9.9	95.0	67.4	16.3	4.6	16.5
安 徽	Anhui	199.6	31.9	167.6	157.4	29.9	8.6	3.6
福 建	Fujian	77.6	8.5	69.1	65.3	5.8	4.8	1.7
江 西	Jiangxi	217.3	24.4	192.8	192.0	13.8	6.9	4.6
山 东	Shandong	149.1	13.5	135.6	137.6	10.2	0.9	0.5
河 南	Henan	65.5	3.8	61.6	63.2	1.7	0.2	0.4
湖 北	Hubei	356.2	20.6	335.6	308.7	40.0	4.1	3.4
湖 南	Hunan	199.9	9.6	190.3	192.3	2.9	2.1	2.7
广 东	Guangdong	344.3	12.8	331.5	302.7	30.1	6.5	5.1
广 西	Guangxi	129.9	12.3	117.6	124.6	1.4	1.7	2.2
海 南	Hainan	36.2	2.1	34.1	34.9	0.2	0.2	0.9
重 庆	Chongqing	27.6	1.3	26.3	27.3	0.2		0.1
四 川	Sichuan	112.1	5.9	106.2	110.4	0.8	0.4	0.6
贵 州	Guizhou	10.9	1.4	9.5	10.7	0.2		
云 南	Yunnan	34.2	2.4	31.8	33.8	0.3	0.1	0.1
西 藏	Tibet							
陕 西	Shaanxi	8.2	0.7	7.5	8.1			0.1
甘 肃	Gansu	1.3		1.3	1.3			
青 海	Qinghai	0.3		0.3	0.3			
宁 夏	Ningxia	10.5		10.5	10.4	0.1		
新 疆	Xinjiang	11.2	1.4	9.8	10.9	0.1		0.2
中国水产总公司	China Aquatic Company							

2-74 受灾面积和成灾面积(2011年)
Areas Covered and Affected by Natural Disaster (2011)

单位：千公顷 (1 000 hectares)

地 区	Region	受灾面积 Areas Covered	成灾面积 Areas Affected	成灾面积占受灾面积比重 (%) Percentage of Disaster Areas Affected to Areas Covered (%)	水 灾 Flood		旱 灾 Drought	
					受灾面积 Areas Covered	成灾面积 Areas Affected	受灾面积 Areas Covered	成灾面积 Areas Affected
合 计	**National Total**	**32471**	**12441**	**38.3**	**6863**	**2840**	**16304**	**6599**
北 京	Beijing	56	18	32.8	40	13	2	
天 津	Tianjin	8	3	39.5	4	2	3	2
河 北	Hebei	1383	528	38.2	227	88	856	372
山 西	Shanxi	1015	545	53.7	241	102	477	263
内蒙古	Inner Mongolia	2037	909	44.6	390	220	1131	484
辽 宁	Liaoning	450	173	38.4	256	117	7	
吉 林	Jilin	616	222	36.0	58	21	252	140
黑龙江	Heilongjiang	1537	683	44.4	234	69	703	291
上 海	Shanghai	24	9	37.9	17	9		
江 苏	Jiangsu	1032	333	32.2	290	58	482	241
浙 江	Zhejiang	431	159	37.0	284	132	4	2
安 徽	Anhui	1317	199	15.1	396	122	687	21
福 建	Fujian	133	48	36.3	9	6	56	23
江 西	Jiangxi	1075	427	39.7	447	235	518	140
山 东	Shandong	2117	416	19.6	568	187	1295	201
河 南	Henan	1478	380	25.7	287	92	1020	211
湖 北	Hubei	2580	790	30.6	891	253	1205	408
湖 南	Hunan	2375	955	40.2	503	226	1191	470
广 东	Guangdong	502	118	23.6	43	13	113	6
广 西	Guangxi	1438	638	44.4	161	174	407	201
海 南	Hainan	517	198	38.3		16	33	8
重 庆	Chongqing	816	281	34.4	204	81	388	152
四 川	Sichuan	1528	721	47.2	519	263	553	300
贵 州	Guizhou	2570	1364	53.1	111	47	1823	1181
云 南	Yunnan	1989	773	38.9	108	33	1231	592
西 藏	Tibet	18	4	22.5	5	1		
陕 西	Shaanxi	763	292	38.3	370	166	260	97
甘 肃	Gansu	1267	712	56.2	102	59	916	573
青 海	Qinghai	286	42	14.8	28	14	185	19
宁 夏	Ningxia	435	154	35.4	9	2	367	124
新 疆	Xinjiang	678	348	51.3	63	19	142	75

2-75 规模以上工业企业主要指标(2011年)

Main Indicators of Industrial Enterprises above Designated Size (2011)

单位：亿元 (100 million yuan)

地区	Region	企业单位数(个) Number of Enterprises (unit)	工业总产值 Gross Industrial Output Value	资产总计 Total Assets	流动资产合计 Total Current Assets	固定资产原价 Original Value of Fixed Assets	累计折旧 Accumulated Depreciation	负债合计 Total Liabilities	流动负债合计 Total Liquid Liabilities	所有者权益合计 Total Owners' Equities
合计	**National Total**	**325609**	**844268.79**	**675796.86**	**327778.65**	**386086.72**	**157312.32**	**392644.64**	**298911.20**	**282003.81**
北京	Beijing	3746	14513.63	25321.75	9820.26	8620.82	3509.09	12648.61	7696.32	12673.14
天津	Tianjin	5013	20862.74	17388.98	9444.93	9213.94	3723.70	10864.26	9166.78	6501.70
河北	Hebei	11570	39698.80	29687.55	12692.76	18359.33	6766.37	17865.03	13494.48	11714.09
山西	Shanxi	3675	16013.83	22186.50	10027.79	11994.91	4646.16	14936.46	10735.41	7192.48
内蒙古	Inner Mongolia	4175	17774.82	18406.42	6745.83	11898.07	4461.25	11188.94	6721.14	7200.22
辽宁	Liaoning	16914	41776.73	31417.30	14645.77	19977.69	8983.69	17980.57	13164.38	13298.77
吉林	Jilin	5158	16917.61	11898.88	5045.50	10244.46	5475.57	6484.40	4668.66	5378.56
黑龙江	Heilongjiang	3377	11514.56	11918.83	5180.86	8862.27	3798.85	6703.59	5048.86	5204.50
上海	Shanghai	9962	32445.15	29454.30	17265.35	15420.13	7424.54	15399.53	13397.12	14054.76
江苏	Jiangsu	43368	107680.68	76258.16	42801.75	41481.97	17819.09	44372.68	37481.87	31885.22
浙江	Zhejiang	34698	56410.48	50663.58	29879.85	20721.44	7511.24	30943.43	27182.93	19855.36
安徽	Anhui	12432	25875.87	19148.71	8463.30	10831.88	4073.72	11398.66	8201.43	7697.50
福建	Fujian	14116	27443.90	18582.15	9797.20	8855.37	3029.16	9699.95	7745.87	8800.24
江西	Jiangxi	6481	17949.38	10211.32	4678.86	6444.34	2422.54	5721.42	4365.99	4450.31
山东	Shandong	35813	99504.98	60818.77	28600.94	40717.84	18926.56	33847.62	26063.88	26741.14
河南	Henan	18328	46856.14	29049.22	12411.51	18484.82	6416.35	15651.99	11067.44	13272.49
湖北	Hubei	10633	28073.07	23145.87	10225.49	16663.68	7654.91	13675.79	10541.01	9321.23
湖南	Hunan	12477	26386.58	15473.38	6274.93	9600.29	3096.39	8766.13	5809.50	6707.25
广东	Guangdong	38305	94860.79	67371.40	39286.31	33238.50	14087.45	39757.31	33042.35	27631.44
广西	Guangxi	5046	12836.57	10185.46	4605.69	5738.20	1844.41	6315.95	4459.80	3821.02
海南	Hainan	358	1600.13	1747.91	690.06	926.45	312.63	920.77	639.06	825.78
重庆	Chongqing	4778	11847.06	9321.10	4508.92	5023.45	1989.28	5659.74	4197.80	3629.22
四川	Sichuan	12085	30485.09	26113.61	11248.78	15442.86	6387.90	15991.15	11119.10	10049.11
贵州	Guizhou	2329	5519.96	6990.58	2654.50	3981.19	1287.67	4520.64	2675.56	2444.26
云南	Yunnan	2773	7780.83	11053.93	4458.32	5790.80	1898.38	6763.81	4383.67	4291.24
西藏	Tibet	56	74.85	346.15	102.88	206.44	58.46	99.73	66.57	246.17
陕西	Shaanxi	3684	14283.48	17234.61	7587.33	10643.40	3909.22	9755.86	6756.56	7462.86
甘肃	Gansu	1371	6175.24	7665.01	3072.33	5033.09	1917.43	4908.30	3107.50	2745.03
青海	Qinghai	386	1893.54	3386.32	1111.03	2303.06	667.93	2141.48	1163.67	1237.81
宁夏	Ningxia	764	2491.44	4044.20	1434.73	2426.14	648.18	2655.87	1552.14	1385.19
新疆	Xinjiang	1738	6720.85	9304.95	3014.91	6939.87	2564.19	5004.99	3194.33	4285.72

2-75 续表 continued

单位：亿元 (100 million yuan)

地 区	Region	主营业务收入 Revenue from Principal Business	主营业务成本 Cost of Principal Business	主营业务税金及附加 Tax and Extra Charges from Principal Business	利润总额 Total Profits	本年应交增值税 Value Added Tax Payable	全部从业人员年平均人数(万人) Average Annual Employed Persons (10 000 persons)
合 计	**National Total**	**841830.24**	**708091.99**	**12669.53**	**61396.33**	**26302.71**	**9167.29**
北 京	Beijing	15753.36	13397.61	231.93	1129.50	427.06	117.32
天 津	Tianjin	21103.32	17770.58	278.13	1933.72	758.27	149.32
河 北	Hebei	40201.02	34556.85	361.13	2639.01	1062.04	356.03
山 西	Shanxi	16803.91	13546.84	164.98	1282.96	886.71	212.64
内蒙古	Inner Mongolia	17542.37	13564.91	224.04	2210.94	728.71	123.57
辽 宁	Liaoning	42845.44	36381.14	734.54	2511.21	1047.26	368.92
吉 林	Jilin	16745.42	14121.24	271.21	1175.97	450.65	139.51
黑龙江	Heilongjiang	11454.60	8498.87	711.90	1446.65	585.85	134.23
上 海	Shanghai	34299.95	28911.88	727.66	2253.82	834.21	269.34
江 苏	Jiangsu	107030.09	92370.05	845.98	7074.44	3118.03	1091.86
浙 江	Zhejiang	55358.44	47493.50	602.52	3320.45	1536.23	719.40
安 徽	Anhui	24960.16	21226.87	307.12	1663.16	800.44	264.08
福 建	Fujian	26850.95	22852.25	286.12	2114.54	701.84	403.82
江 西	Jiangxi	18580.33	16027.56	193.19	1215.94	554.36	202.96
山 东	Shandong	99766.24	84816.09	1219.17	7097.71	2863.60	859.77
河 南	Henan	47647.21	40301.82	589.21	4131.59	1397.73	547.10
湖 北	Hubei	27081.87	22845.38	509.63	1866.26	710.53	279.64
湖 南	Hunan	25726.21	20352.21	656.74	1832.99	1077.77	289.67
广 东	Guangdong	92983.94	79569.21	951.50	5872.23	2728.46	1451.14
广 西	Guangxi	12216.87	10305.78	226.97	894.82	376.00	147.11
海 南	Hainan	1602.00	1262.33	101.82	154.84	61.74	11.65
重 庆	Chongqing	11382.34	9738.61	135.73	660.35	365.58	145.76
四 川	Sichuan	29887.91	24721.71	450.44	2197.84	1189.55	380.48
贵 州	Guizhou	5022.11	3866.29	203.51	456.20	237.22	84.48
云 南	Yunnan	7621.91	5784.39	619.98	639.70	404.80	90.62
西 藏	Tibet	72.63	56.46	1.28	12.83	6.08	1.63
陕 西	Shaanxi	13790.12	10051.41	420.08	1976.31	720.69	156.41
甘 肃	Gansu	6568.75	5452.99	239.51	268.10	194.95	59.61
青 海	Qinghai	1722.80	1259.55	42.54	222.85	83.88	18.11
宁 夏	Ningxia	2425.70	2021.59	26.48	175.68	80.50	29.91
新 疆	Xinjiang	6782.25	4966.03	334.48	963.74	312.00	61.19

2-76 规模以上工业企业主要经济效益指标(2011年)
Main Indicators on Economic Benefit of Industrial Enterprises above Designated Size (2011)

地 区	Region	总资产贡献率 (%) Ratio of Profits, Taxes and Interests to Average Assets (%)	资产负债率 (%) Ratio of Debts to Assets (%)	流动资产周转次数 (次/年) Turnover of Current Assets (times/year)	工业成本费用利润率 (%) Ratio of Profits to Total Industrial Costs (%)	产品销售率 (%) Sales Ratio of Products (%)
全国总计	**National Total**	**16.09**	**58.10**	**2.62**	**7.71**	**98.05**
北 京	Beijing	7.59	49.95	1.64	7.46	98.92
天 津	Tianjin	17.80	62.48	2.30	9.79	99.26
河 北	Hebei	15.08	60.18	3.25	7.00	98.08
山 西	Shanxi	12.07	67.32	1.74	8.01	96.61
内蒙古	Inner Mongolia	18.65	60.79	2.63	14.68	98.22
辽 宁	Liaoning	14.78	57.23	2.96	6.26	98.38
吉 林	Jilin	18.12	54.50	3.42	7.34	98.34
黑龙江	Heilongjiang	23.82	56.24	2.27	14.97	97.20
上 海	Shanghai	13.39	52.28	2.03	6.93	98.89
江 苏	Jiangsu	15.63	58.19	2.56	6.97	98.74
浙 江	Zhejiang	12.46	61.08	1.89	6.29	97.77
安 徽	Anhui	15.78	59.53	3.02	7.04	97.63
福 建	Fujian	18.04	52.20	2.77	8.42	97.50
江 西	Jiangxi	20.46	56.03	4.04	7.15	98.91
山 东	Shandong	19.88	55.65	3.54	7.70	98.49
河 南	Henan	22.68	53.88	3.89	9.48	98.55
湖 北	Hubei	14.73	59.09	2.69	7.28	97.34
湖 南	Hunan	24.57	56.65	4.14	7.97	98.62
广 东	Guangdong	14.98	59.01	2.40	6.64	97.63
广 西	Guangxi	16.32	62.01	2.69	7.73	95.40
海 南	Hainan	19.11	52.68	2.35	1.27	98.52
重 庆	Chongqing	13.66	60.72	2.58	6.02	97.36
四 川	Sichuan	16.08	61.24	2.69	7.94	97.69
贵 州	Guizhou	14.56	64.67	1.95	9.98	95.09
云 南	Yunnan	16.49	61.19	1.79	9.18	96.75
西 藏	Tibet	6.04	28.81	0.74	18.27	99.50
陕 西	Shaanxi	19.09	56.61	1.85	17.03	96.52
甘 肃	Gansu	10.61	64.04	2.19	4.38	95.48
青 海	Qinghai	12.05	63.24	1.59	14.47	95.09
宁 夏	Ningxia	8.77	65.67	1.73	7.58	95.90
新 疆	Xinjiang	18.29	53.79	2.32	16.90	98.20

2-77 国有及国有控股工业企业主要指标(2011年)
Main Indicators of State-owned and State-holding Industrial Enterprises (2011)

单位：亿元 (100 million yuan)

地 区	Region	企业单位数(个) Number of Enterprises (unit)	工业总产值 Gross Industrial Output Value	资产总计 Total Assets	流动资产合计 Total Current Assets	固定资产原价 Original Value of Fixed Assets	累计折旧 Accumulated Depreciation	负债合计 Total Liabilities	流动负债合计 Total Working Liabilities	所有者权益合计 Total Owners' Equities
合 计	**National Total**	**17052**	**221036.25**	**281673.87**	**106550.42**	**185896.57**	**74012.68**	**172289.91**	**114629.65**	**109233.21**
北 京	Beijing	781	8176.38	19370.26	5646.88	6827.22	2712.90	9443.95	4736.93	9926.31
天 津	Tianjin	557	8345.35	8584.99	3706.63	5707.61	2293.80	5509.51	4270.88	3075.12
河 北	Hebei	690	10702.93	13506.43	4670.22	9058.84	3397.37	8814.49	5963.28	4682.88
山 西	Shanxi	645	8207.82	14008.51	5627.34	8407.64	3384.01	9346.76	6064.72	4616.06
内蒙古	Inner Mongolia	557	6116.42	10263.28	3083.20	7442.81	2801.61	6565.31	3677.16	3711.73
辽 宁	Liaoning	630	12420.83	15462.67	6783.03	10347.77	4744.84	10244.02	7303.30	5158.98
吉 林	Jilin	345	7007.86	6521.70	2835.36	4577.45	1961.29	3945.93	2731.86	2584.74
黑龙江	Heilongjiang	426	6483.92	8114.97	3188.07	7084.96	3220.34	4555.52	3260.13	3558.98
上 海	Shanghai	806	12256.44	13552.38	6434.86	8905.12	4431.70	6441.35	5248.05	7111.03
江 苏	Jiangsu	769	11720.59	12934.96	4968.52	9299.73	3786.77	7970.35	5800.13	4964.61
浙 江	Zhejiang	593	8133.34	7191.77	2365.79	6224.65	2530.25	4232.24	2686.63	3095.44
安 徽	Anhui	605	8378.91	9798.64	3400.48	6433.38	2484.77	6439.14	4080.33	3353.19
福 建	Fujian	430	3229.13	4046.69	1268.84	2947.49	1075.41	2307.82	1504.95	1733.39
江 西	Jiangxi	439	4146.96	4239.20	2050.95	2742.92	1094.22	2736.72	2008.20	1496.62
山 东	Shandong	1115	19453.71	19667.90	7762.87	13462.71	5858.80	12405.28	8832.78	7227.56
河 南	Henan	764	10311.32	11531.65	4511.38	7887.16	3080.24	7796.30	5402.19	3720.10
湖 北	Hubei	658	10512.22	13150.40	5119.37	8987.86	3252.76	8250.25	6411.68	4816.34
湖 南	Hunan	738	6705.87	7272.95	3025.33	5074.49	2052.03	4774.64	3141.23	2498.31
广 东	Guangdong	1021	13916.37	15821.22	6146.13	10885.46	4350.40	9276.54	6226.34	6544.73
广 西	Guangxi	504	4397.05	4582.87	1685.19	3142.41	1049.95	3042.43	1856.32	1533.53
海 南	Hainan	78	320.63	597.58	110.37	433.10	157.61	300.97	173.49	296.62
重 庆	Chongqing	458	3899.05	4776.56	1984.40	2665.90	940.37	3003.96	2040.06	1765.62
四 川	Sichuan	851	7759.56	13189.13	4918.31	7338.88	2684.05	8752.85	5711.90	4414.98
贵 州	Guizhou	431	2940.90	5035.78	1675.97	3217.96	1098.35	3378.65	1797.67	1645.28
云 南	Yunnan	509	4416.64	7354.57	2617.18	4075.39	1384.99	4437.71	2642.77	2929.79
西 藏	Tibet	25	47.50	261.27	71.92	183.66	52.60	66.07	39.28	195.17
陕 西	Shaanxi	632	8797.96	13181.11	5529.53	8611.91	3145.54	7620.49	5097.72	5558.29
甘 肃	Gansu	350	4923.92	6336.30	2442.12	4315.43	1603.83	4160.22	2558.88	2173.23
青 海	Qinghai	79	1104.20	2329.96	575.29	1900.62	571.40	1511.15	715.55	818.59
宁 夏	Ningxia	97	1276.73	2477.17	644.72	1800.43	490.23	1646.35	764.73	830.98
新 疆	Xinjiang	469	4925.74	6511.01	1700.17	5905.58	2320.23	3312.95	1880.49	3194.99

2-77 续表 continued

单位：亿元 (100 million yuan)

地 区	Region	主营业务收入 Revenue from Principal Business	主营业务成本 Cost of Principal Business	主营业务税金及附加 Tax and Extra Charges from Principal Business	利润总额 Total Profits	本年应交增值税 Value Added Tax Payable	全部从业人员年平均人数(万人) Average Annual Employed Persons (10 000 persons)
全 国	**National Total**	**228900.13**	**187783.79**	**9053.12**	**16457.57**	**9406.51**	**1811.98**
北 京	Beijing	8868.00	7769.23	208.53	653.49	252.26	51.33
天 津	Tianjin	8653.35	7142.81	207.34	859.82	353.31	40.17
河 北	Hebei	11554.45	10047.34	228.58	480.32	378.96	92.20
山 西	Shanxi	9207.34	7277.86	110.26	700.12	547.49	118.13
内蒙古	Inner Mongolia	6020.73	4588.07	82.54	856.30	324.53	48.30
辽 宁	Liaoning	13267.77	11489.25	543.03	253.02	404.60	103.28
吉 林	Jilin	7200.06	5980.90	190.48	576.86	240.80	55.12
黑龙江	Heilongjiang	6609.03	4417.08	680.80	1109.05	435.58	76.06
上 海	Shanghai	13761.16	11368.05	693.54	1143.80	449.65	47.17
江 苏	Jiangsu	11970.70	10126.34	445.67	709.86	490.02	69.46
浙 江	Zhejiang	8255.68	7008.40	414.56	468.52	330.89	29.78
安 徽	Anhui	8729.37	7323.41	218.22	478.77	366.19	76.28
福 建	Fujian	3218.44	2734.72	133.64	203.88	119.68	23.58
江 西	Jiangxi	4671.01	4117.82	113.14	207.54	142.93	43.95
山 东	Shandong	20040.70	16447.04	768.29	1488.60	758.48	147.74
河 南	Henan	11119.19	9539.55	322.20	434.92	396.17	129.43
湖 北	Hubei	10434.92	8771.48	391.80	660.40	333.32	80.44
湖 南	Hunan	6524.53	5195.56	460.31	361.89	316.24	62.79
广 东	Guangdong	13858.86	11733.76	565.62	721.49	656.75	70.25
广 西	Guangxi	4378.42	3769.63	178.89	139.28	150.67	35.60
海 南	Hainan	319.06	234.57	9.95	66.60	14.94	2.93
重 庆	Chongqing	3726.33	3164.84	100.93	163.13	153.76	42.70
四 川	Sichuan	7895.50	6308.18	245.71	538.74	359.19	93.40
贵 州	Guizhou	2850.54	2198.01	169.86	233.79	144.08	47.17
云 南	Yunnan	4413.64	3182.59	596.89	338.25	281.16	36.65
西 藏	Tibet	45.34	43.27	0.80	4.59	3.56	1.12
陕 西	Shaanxi	8587.81	6064.81	361.84	1350.50	474.60	87.32
甘 肃	Gansu	5490.97	4553.76	231.88	208.65	164.61	38.12
青 海	Qinghai	1020.81	701.92	34.03	147.97	57.76	10.56
宁 夏	Ningxia	1221.81	983.52	20.94	101.33	54.13	13.05
新 疆	Xinjiang	4984.65	3500.03	322.84	796.11	250.20	37.91

2-78 国有及国有控股工业企业主要经济效益指标（2011年）

Main Indicators on Economic Benefit of State-owned and State-holding Industrial Enterprises (2011)

地 区	Region	总资产贡献率 (%) Ratio of Profits, Taxes and Interests to Average Assets (%)	资产负债率 (%) Ratio of Debts to Assets (%)	流动资产周转次数 (次/年) Turnover of Current Assets (times/year)	工业成本费用利润率 (%) Ratio of Profits to Total Industrial Costs (%)	产品销售率 (%) Sales Ratio of Products (%)
全国总计	**National Total**	**13.69**	**61.17**	**2.23**	**7.66**	**98.57**
北 京	Beijing	6.35	48.75	1.60	7.65	99.29
天 津	Tianjin	17.39	64.18	2.45	10.61	99.02
河 北	Hebei	9.62	65.26	2.62	4.16	99.10
山 西	Shanxi	11.19	66.72	1.73	7.77	97.33
内蒙古	Inner Mongolia	13.94	63.97	1.99	16.35	98.80
辽 宁	Liaoning	8.96	66.25	2.01	1.95	98.94
吉 林	Jilin	18.49	60.50	2.67	8.34	99.29
黑龙江	Heilongjiang	28.12	56.14	2.14	21.62	97.79
上 海	Shanghai	17.26	47.53	2.21	9.02	99.46
江 苏	Jiangsu	13.82	61.62	2.55	6.15	99.51
浙 江	Zhejiang	18.37	58.85	3.59	6.12	100.09
安 徽	Anhui	12.17	65.71	2.68	5.72	98.71
福 建	Fujian	12.85	57.03	2.58	6.72	98.73
江 西	Jiangxi	12.24	64.56	2.40	4.62	98.79
山 东	Shandong	16.81	63.07	2.72	7.80	99.47
河 南	Henan	11.77	67.61	2.54	4.04	98.25
湖 北	Hubei	11.91	62.74	2.10	6.59	97.57
湖 南	Hunan	17.31	65.65	2.21	6.02	99.02
广 东	Guangdong	13.54	58.63	2.31	5.42	97.99
广 西	Guangxi	12.12	66.39	2.64	3.28	97.79
海 南	Hainan	16.45	50.36	2.94	25.54	97.96
重 庆	Chongqing	9.98	62.89	1.96	4.41	97.48
四 川	Sichuan	9.89	66.36	1.64	7.29	97.79
贵 州	Guizhou	12.76	67.09	1.77	8.89	96.04
云 南	Yunnan	17.93	60.34	1.81	8.49	98.06
西 藏	Tibet	3.68	25.29	0.67	8.90	99.42
陕 西	Shaanxi	17.58	57.81	1.59	19.01	97.32
甘 肃	Gansu	11.05	65.66	2.30	4.09	96.04
青 海	Qinghai	12.09	64.86	1.82	17.15	96.66
宁 夏	Ningxia	8.87	66.46	1.93	8.87	97.14
新 疆	Xinjiang	21.93	50.88	3.02	19.95	99.19

2-79 私营工业企业主要指标(2011年)

Main Indicators of Private Industrial Enterprises (2011)

单位：亿元 (100 million yuan)

地 区	Region	企业单位数(个) Number of Enterprises (unit)	工业总产值 Gross Industrial Output Value	资产总计 Total Assets	流动资产合计 Total Current Assets	固定资产原价 Original Value of Fixed Assets	累计折旧 Accumulated Depreciation	负债合计 Total Liabilities	流动负债合计 Total Working Liabilities	所有者权益合计 Total Owners' Equities
全 国	**National Total**	**180612**	**252325.74**	**127749.86**	**69059.45**	**65621.77**	**25473.61**	**69744.77**	**58996.72**	**57479.12**
北 京	Beijing	1046	791.12	800.23	560.27	183.75	64.50	464.03	429.62	336.20
天 津	Tianjin	2006	2896.70	1567.74	1003.85	510.07	171.43	958.55	878.34	601.19
河 北	Hebei	7302	15264.93	6733.58	3218.22	3972.58	1192.35	3535.81	3060.87	3154.02
山 西	Shanxi	1750	3595.52	3101.05	1716.36	1417.73	483.03	2179.29	1895.87	916.86
内蒙古	Inner Mongolia	1839	4199.19	2308.39	1057.62	1312.34	498.71	1337.18	1026.99	964.34
辽 宁	Liaoning	11172	16897.11	7013.03	2866.56	5096.63	2340.25	2972.40	2174.67	3997.67
吉 林	Jilin	2676	4128.96	1839.25	699.65	2575.78	1716.98	799.34	637.93	1026.09
黑龙江	Heilongjiang	1503	2038.45	1107.18	585.89	520.66	137.52	600.64	494.04	501.55
上 海	Shanghai	3875	3478.83	2894.96	1998.23	818.06	279.42	1669.29	1566.32	1225.68
江 苏	Jiangsu	27415	37834.70	20709.71	12700.52	9273.91	3816.90	12415.89	11128.26	8293.69
浙 江	Zhejiang	22520	23125.12	19462.19	12453.86	6167.44	2027.92	12841.21	11910.85	6618.42
安 徽	Anhui	7905	8558.44	3904.44	2115.02	1878.52	689.88	1964.51	1613.64	1916.86
福 建	Fujian	6870	7758.52	3739.15	2177.65	1443.05	410.72	1900.77	1674.34	1811.37
江 西	Jiangxi	3305	6335.89	2155.82	944.69	1286.87	471.21	934.48	732.46	1203.18
山 东	Shandong	22239	34307.85	12766.00	6074.06	7547.86	2724.46	5960.71	4711.68	6692.80
河 南	Henan	10992	18419.96	6921.34	2846.08	4528.34	1244.71	2253.96	1582.64	4598.92
湖 北	Hubei	5205	6826.11	2870.07	1377.05	2653.36	1640.19	1370.37	1036.16	1467.54
湖 南	Hunan	8224	11992.24	3820.98	1286.39	2355.58	512.05	1697.61	1032.18	2123.36
广 东	Guangdong	14632	17191.06	8867.09	5549.60	4012.85	1735.21	5451.71	4903.04	3373.48
广 西	Guangxi	2648	3839.10	1863.84	941.30	935.28	277.31	1044.05	790.72	805.76
海 南	Hainan	46	48.88	53.61	32.75	17.15	7.11	34.34	32.78	18.20
重 庆	Chongqing	3115	4314.40	2042.89	1164.22	1216.80	621.46	1132.90	934.38	895.18
四 川	Sichuan	7123	11950.24	5224.16	2444.24	3617.57	1733.67	2748.71	1996.12	2457.58
贵 州	Guizhou	1129	1214.36	831.47	429.29	294.62	71.50	457.74	346.84	365.55
云 南	Yunnan	1285	1635.36	1528.84	850.96	584.71	201.53	938.74	763.57	583.95
西 藏	Tibet	8	8.14	20.26	12.27	2.37	0.62	2.47	1.64	17.78
陕 西	Shaanxi	1177	1590.56	1032.22	560.82	485.83	154.22	494.28	396.22	535.30
甘 肃	Gansu	405	415.64	369.09	188.95	193.77	84.53	217.91	171.54	148.99
青 海	Qinghai	109	254.70	392.92	213.65	148.65	36.88	253.60	189.33	136.64
宁 夏	Ningxia	455	711.11	882.61	471.32	294.78	59.14	585.61	443.64	294.26
新 疆	Xinjiang	636	702.54	925.75	518.09	274.85	68.20	526.68	440.02	396.72

2-79 续表 continued

单位：亿元 (100 million yuan)

地 区	Region	主营业务收入 Revenue from Principal Business	主营业务成本 Cost of Principal Business	主营业务税金及附加 Tax and Extra Charges from Principal Business	利润总额 Total Profits	本年应交增值税 Value Added Tax Payable	全部从业人员年平均人数(万人) Average Annual Employed Persons (10 000 persons)
全 国	**National Total**	**247277.89**	**210191.52**	**1553.57**	**18155.52**	**7023.82**	**2956.41**
北 京	Beijing	782.74	636.35	2.58	46.72	21.89	13.79
天 津	Tianjin	2889.40	2509.11	7.82	294.26	67.33	28.74
河 北	Hebei	15029.16	12866.25	76.82	1231.33	380.43	138.47
山 西	Shanxi	3477.40	2988.33	21.27	174.99	137.47	35.70
内蒙古	Inner Mongolia	4115.67	3287.13	42.06	347.76	127.70	32.50
辽 宁	Liaoning	17231.78	14568.78	107.99	1319.70	344.79	142.31
吉 林	Jilin	4050.04	3485.28	34.49	224.82	88.58	34.82
黑龙江	Heilongjiang	1969.13	1686.32	13.16	149.07	64.67	20.77
上 海	Shanghai	3491.17	2987.66	8.07	186.99	83.38	55.12
江 苏	Jiangsu	37176.49	32488.19	170.32	2298.17	1208.84	433.91
浙 江	Zhejiang	22383.96	19427.31	94.35	1212.39	573.46	359.46
安 徽	Anhui	8093.31	6990.08	39.77	559.29	175.69	92.43
福 建	Fujian	7595.33	6537.19	42.58	527.81	187.50	127.03
江 西	Jiangxi	6343.28	5368.04	39.58	497.30	204.34	69.44
山 东	Shandong	34023.89	28966.96	235.36	2483.28	958.23	304.59
河 南	Henan	18348.15	15199.23	155.66	2101.87	547.06	204.57
湖 北	Hubei	6450.30	5476.01	56.66	457.76	145.35	75.59
湖 南	Hunan	11738.97	9204.03	123.94	847.01	462.33	138.12
广 东	Guangdong	16710.68	14427.03	65.96	1073.73	358.96	286.44
广 西	Guangxi	3556.19	2988.49	17.21	331.23	91.55	51.05
海 南	Hainan	48.16	41.21	0.17	2.68	1.30	1.02
重 庆	Chongqing	4168.08	3546.37	20.21	275.57	115.77	62.38
四 川	Sichuan	11484.94	9662.91	110.80	869.19	426.49	152.13
贵 州	Guizhou	1045.64	776.58	23.23	117.02	55.47	20.28
云 南	Yunnan	1556.23	1298.13	11.00	127.04	56.99	28.39
西 藏	Tibet	7.33	2.72	0.14	3.54	0.78	0.09
陕 西	Shaanxi	1502.41	1100.13	20.84	226.28	89.94	20.42
甘 肃	Gansu	335.87	284.91	2.59	16.73	7.53	6.77
青 海	Qinghai	219.30	178.21	2.09	25.50	4.75	2.53
宁 夏	Ningxia	731.96	636.91	3.14	46.88	14.94	8.80
新 疆	Xinjiang	720.95	575.66	3.71	79.62	20.30	8.78

2-80 私营工业企业主要经济效益指标（2011年）
Main Indicators on Economic Benefit of Private Industrial Enterprises (2011)

地 区	Region	总资产贡献率 (%) Ratio of Profits, Taxes and Interests to Average Assets (%)	资产负债率 (%) Ratio of Debts to Assets (%)	流动资产周转次数（次/年） Turnover of Current Assets (times/year)	成本费用利润率 (%) Ratio of Profits to Total Industrial Costs (%)	产品销售率 (%) Sales Ratio of Products (%)
全国总计	**National Total**	**22.45**	**54.59**	**3.60**	**7.99**	**97.73**
北 京	Beijing	9.37	57.99	1.47	5.98	97.39
天 津	Tianjin	24.57	61.14	2.92	11.06	99.43
河 北	Hebei	26.47	52.51	4.70	9.06	97.30
山 西	Shanxi	12.42	70.28	2.04	5.37	95.92
内蒙古	Inner Mongolia	23.87	57.93	3.93	9.77	98.26
辽 宁	Liaoning	26.46	42.38	6.04	8.41	98.00
吉 林	Jilin	20.78	43.46	5.81	5.90	98.00
黑龙江	Heilongjiang	21.65	54.25	3.38	8.29	96.67
上 海	Shanghai	10.47	57.66	1.78	5.54	98.10
江 苏	Jiangsu	19.33	59.95	2.97	6.54	98.30
浙 江	Zhejiang	11.75	65.98	1.82	5.66	97.40
安 徽	Anhui	21.31	50.31	3.85	7.44	97.12
福 建	Fujian	22.02	50.83	3.50	7.46	97.54
江 西	Jiangxi	35.63	43.35	6.73	8.83	99.00
山 东	Shandong	30.32	46.69	5.61	8.10	97.81
河 南	Henan	41.99	32.57	6.46	13.07	98.70
湖 北	Hubei	24.74	47.75	4.70	7.66	96.75
湖 南	Hunan	39.15	44.43	9.15	8.25	98.47
广 东	Guangdong	17.84	61.48	3.02	6.87	97.52
广 西	Guangxi	25.09	56.02	3.79	10.00	94.39
海 南	Hainan	8.97	64.05	1.50	5.73	97.91
重 庆	Chongqing	21.41	55.46	3.61	7.11	97.51
四 川	Sichuan	28.64	52.62	4.72	8.20	97.91
贵 州	Guizhou	24.63	55.05	2.45	13.04	95.35
云 南	Yunnan	14.06	61.40	1.85	8.78	94.70
西 藏	Tibet	21.66	12.20	0.60	97.63	90.64
陕 西	Shaanxi	33.92	47.89	2.69	18.26	94.42
甘 肃	Gansu	8.71	59.04	1.80	5.28	90.71
青 海	Qinghai	9.14	64.54	1.06	12.64	95.15
宁 夏	Ningxia	9.43	66.35	1.58	6.64	95.08
新 疆	Xinjiang	12.39	56.89	1.42	11.82	95.14

2-81 外商投资和港澳台商投资工业企业主要指标(2011年)

Main Indicators of Industrial Enterprises with Hong Kong, Macao, Taiwan and Foreign Funds (2011)

单位：亿元 (100 million yuan)

地区	Region	企业单位数(个) Number of Enterprises (unit)	工业总产值 Gross Industrial Output Value	资产总计 Total Assets	流动资产合计 Total Current Assets	固定资产原价 Original Value of Fixed Assets	累计折旧 Accumulated Depreciation	负债合计 Total Liabilities	流动负债合计 Total Working Liabilities	所有者权益合计 Total Owners' Equities
全国	**National Total**	**57216**	**218417.20**	**161987.74**	**95334.64**	**84358.88**	**36483.25**	**92130.82**	**78340.63**	**69702.34**
北京	Beijing	959	5732.54	5025.54	3407.59	1821.02	872.77	2732.46	2462.20	2293.07
天津	Tianjin	1645	8592.18	6184.58	4024.28	2807.30	1225.61	3702.76	3368.27	2477.65
河北	Hebei	919	5531.75	5117.98	2480.97	3157.94	1405.08	3018.76	2253.20	2077.83
山西	Shanxi	135	911.21	1440.92	629.71	939.64	325.25	953.81	709.65	486.59
内蒙古	Inner Mongolia	183	1383.74	1532.41	573.47	1067.05	349.40	836.09	533.12	690.08
辽宁	Liaoning	2033	7626.43	6179.60	3515.38	3264.44	1392.77	3443.86	2791.79	2721.62
吉林	Jilin	334	3996.99	2156.77	1149.21	1338.21	635.70	1150.15	885.95	999.61
黑龙江	Heilongjiang	229	957.20	1214.80	585.97	751.07	306.35	698.27	579.06	515.61
上海	Shanghai	4543	19849.33	14766.76	9690.54	7077.93	3527.37	8394.60	7538.30	6372.16
江苏	Jiangsu	10937	43030.23	31666.73	18301.04	18434.97	8296.73	17568.36	15091.28	14098.36
浙江	Zhejiang	6752	15213.02	13949.73	8816.30	5513.96	1948.48	8066.79	7374.18	6020.41
安徽	Anhui	750	3445.68	2110.20	1107.19	1213.29	481.24	1165.82	981.72	935.53
福建	Fujian	4245	12667.72	8572.09	5096.41	3727.23	1404.16	4397.17	3612.57	4133.33
江西	Jiangxi	782	2876.35	1883.16	827.97	1294.99	472.72	994.36	751.79	883.96
山东	Shandong	4481	15796.43	9736.98	5253.47	6698.76	3426.53	5171.28	4104.75	4521.33
河南	Henan	513	3482.44	2553.18	1292.00	1352.91	438.90	1546.32	1211.26	1003.31
湖北	Hubei	748	5291.54	4462.54	2512.81	2371.85	873.28	2883.95	2299.63	1502.56
湖南	Hunan	577	1788.98	1115.40	469.24	697.58	204.50	556.46	435.25	558.94
广东	Guangdong	14453	49277.44	32802.61	20829.91	15932.31	7143.88	19172.19	16939.98	13610.26
广西	Guangxi	460	2354.43	2117.68	1189.89	876.98	294.36	1295.08	1082.23	813.54
海南	Hainan	76	761.62	653.25	273.86	342.55	98.42	370.80	255.97	282.69
重庆	Chongqing	286	2698.09	1856.05	1038.81	853.00	324.28	1188.83	944.24	661.81
四川	Sichuan	535	2917.37	2374.03	1252.14	1245.25	510.32	1376.82	1128.75	977.42
贵州	Guizhou	76	198.94	278.37	97.51	144.54	28.14	190.80	165.61	86.71
云南	Yunnan	174	410.56	561.37	254.14	360.08	137.40	312.24	234.83	248.56
西藏	Tibet	3	5.75	9.88	5.16	6.32	1.84	2.18	2.18	7.47
陕西	Shaanxi	203	1180.56	872.04	395.41	558.04	214.40	468.58	368.41	402.99
甘肃	Gansu	48	110.90	233.24	56.74	194.54	61.68	121.94	48.98	110.17
青海	Qinghai	23	58.34	123.70	41.25	85.63	15.55	78.60	37.18	44.11
宁夏	Ningxia	39	127.96	268.33	86.95	135.60	36.15	173.94	65.77	94.39
新疆	Xinjiang	75	141.46	167.81	79.30	93.93	29.99	97.55	82.52	70.25

2-81 续表 continued

单位: 亿元 (100 million yuan)

地 区	Region	主营业务收入 Revenue from Principal Business	主营业务成本 Cost of Principal Business	主营业务税金及附加 Tax and Extra Charges from Principal Business	利润总额 Total Profits	本年应交增值税 Value Added Tax Payable	全部从业人员年平均人数(万人) Average Annual Employed Persons (10 000 persons)
全 国	**National Total**	**216304.29**	**183931.68**	**1665.28**	**15494.22**	**5674.87**	**2574.14**
北 京	Beijing	6259.78	5104.56	81.19	504.88	172.33	39.29
天 津	Tianjin	8554.33	7307.10	97.27	623.42	298.07	65.15
河 北	Hebei	5656.59	4852.01	16.05	376.26	125.57	48.26
山 西	Shanxi	925.87	734.02	7.70	96.15	40.13	15.44
内蒙古	Inner Mongolia	1417.18	1076.76	13.16	202.17	56.53	7.43
辽 宁	Liaoning	7623.63	6377.25	121.21	557.33	206.17	65.25
吉 林	Jilin	3379.42	2632.34	13.16	479.53	131.63	14.17
黑龙江	Heilongjiang	1042.06	814.15	7.67	65.72	34.41	13.72
上 海	Shanghai	20901.60	17567.63	208.52	1386.42	445.24	161.04
江 苏	Jiangsu	42724.40	36895.85	165.03	2989.89	962.97	455.05
浙 江	Zhejiang	14885.16	12617.43	93.63	990.51	398.21	202.41
安 徽	Anhui	3041.03	2582.57	12.82	223.13	112.69	29.41
福 建	Fujian	12340.02	10490.64	98.46	1001.23	304.63	194.91
江 西	Jiangxi	2898.35	2527.46	10.26	196.12	80.00	44.68
山 东	Shandong	15298.51	13092.01	73.24	1085.11	410.93	151.25
河 南	Henan	3706.08	3242.93	18.76	231.00	95.89	46.02
湖 北	Hubei	5041.04	4168.83	27.66	418.65	144.49	42.18
湖 南	Hunan	1748.20	1429.22	20.12	167.90	71.56	22.73
广 东	Guangdong	48175.99	41661.78	345.71	3096.86	1175.41	851.19
广 西	Guangxi	2277.18	1867.49	25.53	214.95	72.50	23.80
海 南	Hainan	777.93	620.45	84.54	40.52	27.29	3.06
重 庆	Chongqing	2655.18	2292.00	36.24	129.67	99.98	19.70
四 川	Sichuan	2908.54	2364.92	62.61	221.27	128.25	33.69
贵 州	Guizhou	172.74	124.72	1.37	16.79	4.82	2.77
云 南	Yunnan	413.90	311.28	5.39	49.89	19.75	4.83
西 藏	Tibet	6.07	4.31	0.05	1.22	0.48	0.06
陕 西	Shaanxi	1057.23	848.85	13.70	96.94	41.74	11.20
甘 肃	Gansu	101.10	80.32	1.52	5.91	4.35	1.41
青 海	Qinghai	51.64	36.67	0.33	4.59	1.07	0.69
宁 夏	Ningxia	119.05	91.92	0.98	7.02	3.00	1.54
新 疆	Xinjiang	144.47	114.21	1.39	13.17	4.74	1.81

2-82 外商投资和港澳台商投资工业企业主要经济效益指标(2011年)

Main Indicators on Economic Benefit of Industrial Enterprises with Hong Kong, Macao, Taiwan and Foreign Funds (2011)

地区	Region	总资产贡献率 (%) Ratio of Profits, Taxes and Interests to Average Assets (%)	资产负债率 (%) Ratio of Debts to Assets (%)	流动资产周转次数 (次/年) Turnover of Current Assets (times/year)	成本费用利润率 (%) Ratio of Profits to Total Industrial Costs (%)	产品销售率 (%) Sales Ratio of Products (%)
全国总计	**National Total**	**14.98**	**56.88**	**2.31**	**7.59**	**98.31**
北京	Beijing	15.38	54.37	1.87	8.62	99.02
天津	Tianjin	16.91	59.87	2.17	7.70	99.75
河北	Hebei	11.32	58.98	2.32	7.11	98.22
山西	Shanxi	11.56	66.19	1.49	11.50	97.93
内蒙古	Inner Mongolia	18.90	54.56	2.50	16.36	96.45
辽宁	Liaoning	15.15	55.73	2.20	7.85	98.85
吉林	Jilin	35.52	53.33	3.13	15.68	99.22
黑龙江	Heilongjiang	9.82	57.48	1.80	6.59	97.34
上海	Shanghai	14.11	56.85	2.21	6.97	98.83
江苏	Jiangsu	13.77	55.48	2.38	7.46	98.91
浙江	Zhejiang	11.92	57.83	1.73	6.96	97.41
安徽	Anhui	17.66	55.25	2.81	7.53	97.49
福建	Fujian	17.41	51.30	2.46	8.61	97.22
江西	Jiangxi	16.19	52.80	3.53	7.34	99.08
山东	Shandong	17.29	53.11	2.94	7.67	98.71
河南	Henan	15.04	60.56	2.96	6.44	97.93
湖北	Hubei	13.94	64.63	2.09	8.73	99.38
湖南	Hunan	24.32	49.89	3.75	10.51	98.48
广东	Guangdong	14.64	58.45	2.34	6.73	97.58
广西	Guangxi	15.75	61.16	1.97	10.09	97.72
海南	Hainan	24.24	56.76	2.87	6.10	99.58
重庆	Chongqing	15.50	64.05	2.59	4.97	99.16
四川	Sichuan	18.17	58.00	2.34	8.40	97.82
贵州	Guizhou	10.25	68.54	1.83	10.23	93.08
云南	Yunnan	14.51	55.62	1.66	13.34	98.99
西藏	Tibet	17.52	22.12	1.19	23.71	101.14
陕西	Shaanxi	18.29	53.73	2.74	9.94	96.60
甘肃	Gansu	6.19	52.28	1.81	6.12	95.83
青海	Qinghai	5.60	63.54	1.26	9.16	101.66
宁夏	Ningxia	6.04	64.82	1.49	5.56	92.59
新疆	Xinjiang	13.01	58.13	1.88	9.60	94.24

2-83 大中型工业企业主要指标(2011年)

Main Indicators of Large and Medium-sized Industrial Enterprises (2011)

单位：亿元 (100 million yuan)

地区	Region	企业单位数(个) Number of Enterprises (unit)	工业总产值 Gross Industrial Output Value	资产总计 Total Assets	流动资产合计 Total Current Assets	固定资产原价 Original Value of Fixed Assets	累计折旧 Accumulated Depreciation	负债合计 Total Liabilities	流动负债合计 Total Liquid Liabilities
全国	**National Total**	**61347**	**550873.49**	**505940.96**	**240505.34**	**293602.20**	**123529.48**	**299089.26**	**225041.61**
北京	Beijing	779	11297.12	21869.77	7470.80	7706.33	3153.76	10780.78	5992.47
天津	Tianjin	982	16290.60	13852.94	7192.85	7889.86	3252.03	8794.32	7312.81
河北	Hebei	2044	26095.53	23506.31	9924.13	14774.78	5866.18	14713.24	11059.95
山西	Shanxi	1238	12979.03	19572.87	8783.73	10655.66	4289.24	13141.68	9371.68
内蒙古	Inner Mongolia	806	11340.18	13653.56	5099.95	8923.74	3629.74	8212.74	4776.21
辽宁	Liaoning	1870	21519.77	22442.52	10799.66	13687.97	6203.70	13961.96	10288.66
吉林	Jilin	661	10044.93	8621.41	3800.53	6253.94	2944.48	4995.21	3568.98
黑龙江	Heilongjiang	630	8344.77	9732.27	4181.18	7704.62	3534.13	5520.85	4187.65
上海	Shanghai	1889	24835.06	22225.05	12591.61	12475.72	6229.10	11529.28	9991.40
江苏	Jiangsu	6879	68488.45	53697.99	29291.90	30611.66	13594.82	31465.88	26014.46
浙江	Zhejiang	5534	33616.13	30278.73	17124.88	12858.20	4859.89	17872.85	15188.53
安徽	Anhui	1485	14941.26	13769.63	5588.97	8120.74	3108.66	8583.81	5949.63
福建	Fujian	3268	17786.88	12951.11	6745.37	6231.96	2205.52	6773.54	5387.80
江西	Jiangxi	1476	10035.77	7330.65	3467.36	4720.15	1846.98	4348.87	3305.01
山东	Shandong	5217	60048.35	45976.56	21882.59	31663.23	15711.64	27172.05	21003.20
河南	Henan	3842	30339.39	21940.54	9449.14	14368.12	5444.73	12821.44	9188.23
湖北	Hubei	1881	18656.02	18295.93	7924.40	12616.92	5296.84	11077.81	8592.73
湖南	Hunan	1931	13249.69	10576.43	4649.17	6483.17	2407.25	6502.85	4445.03
广东	Guangdong	10396	67825.23	51372.02	29698.02	25064.72	10520.34	30010.53	24785.98
广西	Guangxi	1211	8319.56	7355.94	3443.37	4015.83	1327.17	4652.81	3458.35
海南	Hainan	109	1211.72	1275.46	493.21	675.55	224.59	719.14	484.12
重庆	Chongqing	1130	8572.41	7272.26	3580.27	3773.58	1512.75	4485.24	3410.90
四川	Sichuan	2790	19954.10	19695.11	8621.32	11471.96	5158.65	12187.05	8752.14
贵州	Guizhou	564	3771.35	5602.55	2066.00	3334.42	1127.99	3649.97	2092.61
云南	Yunnan	766	5870.23	8336.31	3385.81	4205.74	1527.28	4956.96	3315.57
西藏	Tibet	11	39.49	235.05	66.85	155.53	45.38	59.80	33.85
陕西	Shaanxi	942	11328.78	14856.17	6379.79	9544.98	3628.42	8474.71	5808.45
甘肃	Gansu	354	5126.17	6086.42	2531.97	3816.54	1479.03	3850.62	2602.07
青海	Qinghai	119	1450.26	2448.44	816.06	1600.72	464.94	1487.28	911.92
宁夏	Ningxia	177	1975.15	3428.33	1140.72	2129.19	581.62	2248.92	1279.35
新疆	Xinjiang	366	5520.09	7682.66	2313.74	6066.67	2352.63	4037.08	2481.86

2-83 续表 continued

单位：亿元 (100 million yuan)

地 区	Region	所有者权益合计 Total Owners' Equities	主营业务收入 Revenue from Principal Business	主营业务成本 Cost of Principal Business	主营业务税金及附加 Taxes and Extra Charges from Principal Business	利润总额 Total Profits	本年应交增值税 Value-added Tax Payable	全部从业人员年平均人数(万人) Average Annual Employed Persons (10 000 persons)
全 国	**National Total**	**206050.11**	**554055.83**	**463087.02**	**10748.54**	**41743.78**	**18485.30**	**6177.77**
北 京	Beijing	11088.99	12315.95	10497.41	216.53	909.32	345.62	84.18
天 津	Tianjin	5041.71	16381.86	13543.96	259.48	1687.66	634.42	108.93
河 北	Hebei	8733.49	26792.83	23099.67	289.83	1537.92	743.36	247.30
山 西	Shanxi	6380.24	13892.66	11049.51	144.63	1145.59	777.86	187.06
内蒙古	Inner Mongolia	5438.69	11256.14	8607.00	150.68	1647.94	536.38	84.35
辽 宁	Liaoning	8406.45	22217.42	18877.61	605.16	1097.72	662.00	216.90
吉 林	Jilin	3607.70	10118.69	8449.12	222.10	792.46	313.79	90.75
黑龙江	Heilongjiang	4207.44	8369.52	5845.88	697.65	1242.62	493.78	105.02
上 海	Shanghai	10695.77	26427.30	22246.65	709.11	1787.69	657.28	177.86
江 苏	Jiangsu	22232.05	68404.95	58679.36	654.21	4765.82	1960.11	684.93
浙 江	Zhejiang	12404.50	33161.50	28201.47	508.11	2169.75	956.96	393.37
安 徽	Anhui	5166.44	14490.54	12222.75	130.22	1028.10	559.99	164.36
福 建	Fujian	6124.40	17356.89	14685.23	234.44	1506.46	469.66	274.66
江 西	Jiangxi	2962.54	10649.89	9171.54	147.21	677.15	320.63	132.14
山 东	Shandong	18695.74	61333.50	52241.07	948.69	4340.21	1736.48	539.23
河 南	Henan	9041.78	31172.17	26626.77	448.07	2282.52	926.76	374.83
湖 北	Hubei	7106.78	18136.26	15230.83	440.45	1297.70	518.79	192.63
湖 南	Hunan	4073.58	12801.81	10170.14	514.25	950.84	599.48	160.36
广 东	Guangdong	21313.15	66678.90	56564.58	847.34	4344.92	2165.37	1094.73
广 西	Guangxi	2683.89	7934.89	6725.60	203.38	520.10	258.96	99.28
海 南	Hainan	556.64	1217.69	972.00	98.57	89.03	44.23	8.19
重 庆	Chongqing	2768.07	8199.67	7050.22	119.89	448.79	283.58	101.44
四 川	Sichuan	7446.71	19862.11	16271.38	358.56	1510.47	846.44	271.53
贵 州	Guizhou	1936.72	3542.89	2629.44	182.45	371.65	181.49	61.34
云 南	Yunnan	3384.55	5777.50	4269.33	606.92	506.63	332.88	65.15
西 藏	Tibet	175.26	41.70	37.76	0.88	6.39	3.72	0.92
陕 西	Shaanxi	6372.82	10970.34	7854.38	387.12	1666.62	583.97	123.89
甘 肃	Gansu	2232.28	5721.28	4746.08	234.40	225.92	167.10	47.48
青 海	Qinghai	958.57	1328.55	949.04	38.54	184.94	64.67	14.76
宁 夏	Ningxia	1177.63	1915.14	1576.70	24.03	146.32	70.13	23.66
新 疆	Xinjiang	3635.53	5585.29	3994.55	325.67	854.52	269.41	46.55

2-84 大中型工业企业主要经济效益指标(2011年)
Main Indicators on Economic Benefit of Large and Medium-sized Industrial Enterprises (2011)

地 区	Region	总资产贡献率 (%) Ratio of Profits, Taxes and Interests to Average Assets (%)	资产负债率 (%) Ratio of Debts to Assets (%)	流动资产周转次数 (次/年) Turnover of Current Assets (times/year)	成本费用利润率 (%) Ratio of Profits to Total Industrial Costs (%)	产品销售率 (%) Sales Ratio of Products (%)
全国总计	**National Total**	**15.22**	**59.12**	**2.36**	**8.05**	**98.18**
北 京	Beijing	7.26	49.30	1.69	7.68	99.06
天 津	Tianjin	19.32	63.48	2.36	11.16	99.21
河 北	Hebei	12.32	62.59	2.80	6.02	98.40
山 西	Shanxi	12.09	67.14	1.65	8.63	96.83
内蒙古	Inner Mongolia	18.63	60.15	2.24	16.99	98.36
辽 宁	Liaoning	11.69	62.21	2.10	5.16	98.38
吉 林	Jilin	17.72	57.94	2.78	8.11	98.78
黑龙江	Heilongjiang	25.72	56.73	2.07	18.24	97.31
上 海	Shanghai	14.55	51.88	2.15	7.17	98.76
江 苏	Jiangsu	14.84	58.60	2.41	7.32	98.89
浙 江	Zhejiang	13.53	59.03	1.98	6.90	98.06
安 徽	Anhui	13.78	62.34	2.69	7.37	97.88
福 建	Fujian	18.34	52.30	2.61	9.28	97.38
江 西	Jiangxi	16.82	59.32	3.15	6.86	98.86
山 东	Shandong	16.79	59.10	2.85	7.59	98.88
河 南	Henan	18.32	58.44	3.35	7.86	98.56
湖 北	Hubei	13.70	60.55	2.34	7.53	97.54
湖 南	Hunan	21.04	61.48	2.80	8.11	98.80
广 东	Guangdong	15.04	58.42	2.28	6.87	97.56
广 西	Guangxi	14.90	63.25	2.35	6.87	95.35
海 南	Hainan	19.12	56.38	2.49	8.45	98.79
重 庆	Chongqing	12.84	61.68	2.35	5.60	97.43
四 川	Sichuan	15.02	61.88	2.33	8.20	97.77
贵 州	Guizhou	14.93	65.15	1.78	11.74	95.32
云 南	Yunnan	18.71	59.46	1.81	9.71	97.33
西 藏	Tibet	4.93	25.44	0.65	14.59	107.27
陕 西	Shaanxi	18.72	57.05	1.76	18.24	96.82
甘 肃	Gansu	11.68	63.27	2.32	4.24	97.80
青 海	Qinghai	13.11	60.74	1.68	15.91	95.50
宁 夏	Ningxia	8.77	65.60	1.72	8.05	95.97
新 疆	Xinjiang	19.73	52.55	2.49	18.62	98.76

2-85 工业产品产量(2011年)
Output of Industrial Products (2011)

地 区	Region	原 油 (万吨) Crude Oil (10 000 tons)	天然气 (亿立方米) Natural Gas (100 million cu.m)	原 盐 (万吨) Salt (10 000 tons)	成品糖 (万吨) Refined Sugar (10 000 tons)	啤 酒 (万千升) Beer (10 000 kiloliter)	卷 烟 (亿支) Cigarettes (100 million pieces)	纱 (万吨) Yarn (10 000 tons)
全 国	**National Total**	**20287.55**	**1026.89**	**6742.16**	**1187.43**	**4834.50**	**24474.00**	**2870.17**
北 京	Beijing					164.82	208.90	0.30
天 津	Tianjin	3187.80	18.40	184.00		33.20	226.00	3.10
河 北	Hebei	586.10	12.20	377.70	4.99	160.34	807.50	147.60
山 西	Shanxi				4.30	45.68	155.00	5.40
内蒙古	Inner Mongolia			311.00	17.96	116.40	287.50	2.00
辽 宁	Liaoning	1000.00	7.20	114.54	24.21	262.20	274.50	13.20
吉 林	Jilin	739.40	15.00			148.64	430.00	7.10
黑龙江	Heilongjiang	4006.00	31.00		22.42	223.67	436.10	2.50
上 海	Shanghai	8.10	3.00			50.90	896.10	3.90
江 苏	Jiangsu	189.00	0.50	698.93	0.84	235.41	991.10	406.53
浙 江	Zhejiang			13.56	0.16	281.40	885.20	198.80
安 徽	Anhui			146.00		170.60	1258.30	65.00
福 建	Fujian			39.41	10.01	198.52	884.30	214.52
江 西	Jiangxi			2.10	0.01	130.07	584.00	96.80
山 东	Shandong	2713.45	5.20	1815.02	3.13	642.75	1361.30	714.83
河 南	Henan	485.50	5.00	282.97	0.86	357.00	1676.10	457.89
湖 北	Hubei	79.00	2.28	615.50		202.50	1347.50	207.70
湖 南	Hunan			240.30	4.33	127.12	1816.20	87.00
广 东	Guangdong	1152.80	83.30	7.75	101.65	482.24	1345.60	43.60
广 西	Guangxi	2.30		6.57	742.31	150.74	741.50	11.50
海 南	Hainan	19.70	2.00	10.73	25.19	10.10	95.00	
重 庆	Chongqing		0.46	224.40	0.54	77.30	516.00	13.30
四 川	Sichuan	16.20	265.53	1038.71	2.52	192.10	944.20	96.90
贵 州	Guizhou				0.67	36.28	1226.20	1.40
云 南	Yunnan		0.07	100.78	173.55	76.22	3649.90	0.50
西 藏	Tibet					18.20		
陕 西	Shaanxi	3225.40	272.20	41.90	0.04	99.00	860.00	29.50
甘 肃	Gansu	62.60	0.20	17.00	1.60	64.90	410.00	1.00
青 海	Qinghai	195.00	65.00	195.23		8.90		0.60
宁 夏	Ningxia	3.60	3.02			16.20		
新 疆	Xinjiang	2615.60	235.33	258.06	46.14	51.10	160.00	37.70

2-85 续表 1 continued

地区	Region	布 (亿米) Cloth (100 million m)	机制纸及纸板 (万吨) Machine-made Paper and Paperboards (10 000 tons)	焦炭 (万吨) Coke (10 000 tons)	硫酸 (万吨) Sulfuric Acid (10 000 tons)	烧碱 (万吨) Caustic Soda (10 000 tons)	纯碱 (万吨) Soda Ash (10 000 tons)	乙烯 (万吨) Ethylene (10 000 tons)
全国	**National Total**	**814.14**	**11010.89**	**43270.78**	**7482.70**	**2473.52**	**2294.03**	**1527.50**
北京	Beijing		10.00			6.40		89.60
天津	Tianjin	2.80	125.90	234.32	29.60	129.60	26.20	134.30
河北	Hebei	63.18	534.20	6290.45	84.42	82.50	254.10	
山西	Shanxi	0.82	20.00	9009.63	21.10	59.80	18.60	
内蒙古	Inner Mongolia	1.00	30.80	2482.37	270.90	174.90	103.60	
辽宁	Liaoning	8.42	73.70	2027.00	78.93	57.30	33.80	106.80
吉林	Jilin	0.50	88.00	484.62	23.10	23.00		80.50
黑龙江	Heilongjiang	0.21	58.55	1010.56	9.80	11.30		61.60
上海	Shanghai	1.84	87.30	640.60	28.00	62.50		197.50
江苏	Jiangsu	120.72	1118.57	1855.49	488.47	237.00	318.99	153.90
浙江	Zhejiang	220.87	1522.23	291.84	110.69	126.70	25.18	110.80
安徽	Anhui	12.56	256.97	868.70	505.39	39.10	42.10	0.60
福建	Fujian	41.19	529.70	150.50	64.95	21.00	10.04	88.40
江西	Jiangxi	8.35	219.40	875.80	240.36	35.12		
山东	Shandong	136.44	1821.03	3973.40	607.71	548.00	439.90	85.20
河南	Henan	43.22	1181.46	2416.92	330.78	166.70	266.74	18.30
湖北	Hubei	64.59	249.30	993.60	687.54	85.70	145.20	
湖南	Hunan	4.52	426.80	677.40	254.96	70.30	60.10	
广东	Guangdong	32.50	1494.08	193.53	273.82	31.70	48.80	226.60
广西	Guangxi	14.19	235.50	411.36	269.50	48.80	4.40	
海南	Hainan		112.80					
重庆	Chongqing	10.50	178.00	397.00	197.14	28.50	113.60	
四川	Sichuan	17.37	369.20	1280.60	438.68	117.90	169.81	
贵州	Guizhou	0.10	24.50	685.20	733.80	13.80		
云南	Yunnan	0.02	40.60	1602.78	1199.44	19.90	15.20	
西藏	Tibet							
陕西	Shaanxi	7.36	92.80	2172.38	148.46	44.00	27.87	
甘肃	Gansu	0.10	6.90	263.20	259.70	24.80	19.00	69.40
青海	Qinghai			167.50	20.50	39.00	133.00	
宁夏	Ningxia		72.30	437.50	68.81	37.70	2.60	
新疆	Xinjiang	0.77	30.30	1376.53	36.15	130.50	15.20	104.00

2-85 续表 2 continued

地区	Region	农用氮、磷、钾化肥（万吨）Chemical Fertilizer (10 000 tons)	化学农药原药（万吨）Chemical Pesticide (10 000 tons)	初级形态的塑料（万吨）Primary Plastic (10 000 tons)	化学纤维（万吨）Chemical Fiber (10 000 tons)	水泥（万吨）Cement (10000 tons)	平板玻璃（万重量箱）Plate Glass (10 000 weight cases)	生铁（万吨）Pig Iron (10 000 tons)	粗钢（万吨）Crude Steel (10 000 tons)
全　国	**National Total**	**6213.13**	**230.00**	**4992.31**	**3390.07**	**209925.86**	**79107.55**	**64050.88**	**68528.31**
北　京	Beijing			113.15	0.10	923.29			2.90
天　津	Tianjin	6.30	0.05	337.75	12.80	942.56	866.28	2097.00	2295.70
河　北	Hebei	222.86	3.09	83.17	22.30	14533.91	16941.62	15450.38	16450.70
山　西	Shanxi	363.29	0.08	46.30	0.60	4101.46	1847.61	3786.04	3490.39
内蒙古	Inner Mongolia	126.10	5.40	202.00		6499.31	1259.50	1431.10	1669.70
辽　宁	Liaoning	74.27	2.17	179.83	15.84	5799.75	2258.04	5450.21	5424.82
吉　林	Jilin	27.70	1.56	98.10	29.60	3801.93	411.80	973.32	906.77
黑龙江	Heilongjiang	68.12	0.32	125.80	13.30	4379.04	557.90	589.10	667.50
上　海	Shanghai	2.60	1.40	325.94	51.30	805.68	1.30	1947.50	2225.50
江　苏	Jiangsu	267.33	60.43	606.59	1132.59	15034.22	7594.95	5307.01	6838.81
浙　江	Zhejiang	30.19	23.36	497.81	1522.95	12196.95	4023.21	1002.20	1329.90
安　徽	Anhui	266.86	13.24	67.92	25.80	9572.17	2680.40	1830.01	1968.55
福　建	Fujian	52.67	0.07	248.40	225.09	6809.62	3507.10	547.00	1166.90
江　西	Jiangxi	30.39	2.85	10.70	31.50	6874.02	607.21	1917.67	2067.78
山　东	Shandong	657.00	49.17	375.98	80.90	15072.84	7794.48	6359.81	5664.71
河　南	Henan	455.93	18.05	211.55	53.10	13824.26	2159.28	2167.21	2370.79
湖　北	Hubei	995.09	17.21	81.63	14.40	9504.29	6830.09	2522.81	2866.64
湖　南	Hunan	201.24	5.76	50.50	4.40	9364.29	1945.56	1919.99	1819.82
广　东	Guangdong	54.64	1.89	516.12	42.00	12714.01	8390.53	862.06	1324.25
广　西	Guangxi	95.66	2.97	43.51		8746.52	327.40	959.96	1212.15
海　南	Hainan	67.10		23.80	5.50	1521.92			
重　庆	Chongqing	173.87	0.82	3.22	6.30	5016.19	731.36	573.16	630.60
四　川	Sichuan	505.76	18.32	105.78	61.20	14522.30	4924.40	1715.58	1729.18
贵　州	Guizhou	365.38		12.18		5309.36	126.21	494.09	434.00
云　南	Yunnan	326.94	0.10	20.20	3.60	6788.90	849.98	1349.99	1323.20
西　藏	Tibet					232.80			
陕　西	Shaanxi	79.86	0.33	70.11	2.30	6591.60	1442.12	732.23	766.00
甘　肃	Gansu	73.73	0.10	129.07		2759.55	577.42	769.30	819.80
青　海	Qinghai	288.24		19.30		1048.09	205.90	115.75	139.50
宁　夏	Ningxia	106.92	1.22	48.20		1463.37	0.42	91.90	28.76
新　疆	Xinjiang	227.09	0.04	337.70	32.60	3171.66	245.48	1088.50	892.99

2-85 续表 3 continued

地区	Region	钢材(万吨) Rolled Steel (10 000 tons)	金属切削机床(万台) Metal-cutting Machine Tools (10 000 units)	大中型拖拉机(万台) Large and Medium-sized Tractors (10 000 units)	汽车(万辆) Motor Vehicles (10 000 units)	#轿车 Cars	家用电冰箱(万台) Household Refrigerators (10 000 units)	房间空气调节器(万台) Air Conditioners (10 000 units)
合计	**National Total**	**88619.57**	**88.68**	**40.19**	**1841.64**	**1012.67**	**8699.20**	**13912.50**
北京	Beijing	289.58	2.05		150.46	67.18	73.50	
天津	Tianjin	5164.53	0.10	1.60	75.69	65.23	49.40	322.20
河北	Hebei	19256.23	0.56	0.07	72.11	19.79		204.20
山西	Shanxi	3371.15	0.20		0.61			
内蒙古	Inner Mongolia	1417.40			3.65			
辽宁	Liaoning	5761.07	16.88		75.54	44.37	95.90	194.90
吉林	Jilin	1107.43	0.20	0.20	155.68	119.73		
黑龙江	Heilongjiang	597.83	0.81	0.37	18.17	0.71		
上海	Shanghai	2483.55	1.58	0.83	191.57	174.20	185.20	619.90
江苏	Jiangsu	10011.71	8.74	9.32	80.38	38.35	1194.80	509.50
浙江	Zhejiang	3177.61	19.39	4.65	30.63	27.07	626.80	469.50
安徽	Anhui	2746.30	4.21		117.03	61.30	3114.00	2821.90
福建	Fujian	1589.14	0.51		18.64	9.85		
江西	Jiangxi	2250.32	0.40	0.40	34.35	7.83	116.50	190.40
山东	Shandong	7083.34	14.56	12.37	76.29	36.93	718.50	411.90
河南	Henan	3553.54	0.94	9.31	36.58	1.40	406.40	1.00
湖北	Hubei	3706.01	0.30	0.05	131.90	52.95	219.80	808.50
湖南	Hunan	1947.75	0.31	0.63	16.19	11.63	26.00	
广东	Guangdong	3189.90	2.55		150.28	120.60	1409.20	6374.60
广西	Guangxi	1809.22	0.72		142.35	8.87		
海南	Hainan	23.20			15.20	10.23		
重庆	Chongqing	950.14	0.70		166.64	93.67	194.40	867.40
四川	Sichuan	2237.59	0.91	0.19	12.86		67.00	116.60
贵州	Guizhou	462.88	0.08		1.28	0.04	169.50	
云南	Yunnan	1351.98	7.41		9.72			
西藏	Tibet							
陕西	Shaanxi	1034.73	3.26		55.67	38.68	32.30	
甘肃	Gansu	841.66	0.60		2.06	2.06		
青海	Qinghai	142.07	0.10					
宁夏	Ningxia	76.60	0.61					
新疆	Xinjiang	985.11		0.18	0.11			

地 区	Region	家用洗衣机（万台）Household Washing Machines (10 000 units)	移动通信手持机（万台）Mobile Telephones (10 000 units)	微型计算机设备(万台) Micro-Computer Equipment (10 000 units)	集成电路（亿块）Integrated Circuit (100 million units)	彩色电视机（万台）Color Television Sets (10 000 units)	发电量（亿千瓦小时）Electricity (100 million kwh)	#水 电 Hydropower
合 计	**National Total**	**6715.94**	**113257.71**	**32036.93**	**719.52**	**12231.34**	**47130.19**	**6989.45**
北 京	Beijing	0.20	25962.30	1083.70	32.00	5.00	262.98	4.48
天 津	Tianjin	29.10	9061.70	0.60	8.90	186.60	621.06	
河 北	Hebei	0.05			0.20		2326.98	7.25
山 西	Shanxi						2343.97	34.63
内蒙古	Inner Mongolia					261.10	2972.83	12.21
辽 宁	Liaoning		310.40	0.30	0.10	564.50	1369.93	31.69
吉 林	Jilin		146.10			13.20	709.87	62.90
黑龙江	Heilongjiang			3.50			834.55	17.02
上 海	Shanghai	219.00	1005.90	10162.50	166.30	224.60	949.24	
江 苏	Jiangsu	1216.70	2720.90	9408.19	224.80	1414.52	3762.50	2.02
浙 江	Zhejiang	1818.17	1175.71	154.90	37.35	497.30	2777.40	161.72
安 徽	Anhui	1629.60		124.00	0.70	408.02	1635.35	17.90
福 建	Fujian		1658.80	898.60	0.10	1115.30	1580.45	285.20
江 西	Jiangxi		3239.60	17.80		102.60	729.92	79.82
山 东	Shandong	610.20	4351.10	22.40	2.00	1249.50	3168.86	2.03
河 南	Henan	25.20	2449.80			3.80	2584.57	103.42
湖 北	Hubei	122.30	334.60	825.20	0.01		2086.31	1163.89
湖 南	Hunan	63.00	19.10	11.30		8.90	1346.60	459.03
广 东	Guangdong	502.10	59284.10	4417.84	153.46	4862.40	3802.49	331.03
广 西	Guangxi			1.10	1.20	34.60	1039.07	415.49
海 南	Hainan						172.91	12.55
重 庆	Chongqing	264.06	592.50	2547.80		85.10	582.17	184.27
四 川	Sichuan	209.70	744.20	2357.20	27.00	1116.40	1980.69	1364.02
贵 州	Guizhou		200.50		0.10	77.90	1379.26	355.00
云 南	Yunnan						1555.08	1007.43
西 藏	Tibet						27.17	20.62
陕 西	Shaanxi		0.40				1222.47	99.63
甘 肃	Gansu	6.50			65.30		1027.90	252.00
青 海	Qinghai						463.13	370.87
宁 夏	Ningxia						939.30	16.75
新 疆	Xinjiang	0.06					875.18	114.58

2-86 总承包建筑业企业主要经济指标(2011年)
Main Economic Indicators on Construction Enterprises of General Contractors (2011)

地 区	Region	企业单位数 (个) Number of Enterprises (unit)	从业人员 (人) Number of Employed Persons (person)	建筑业总产值 (万元) Gross Output Value of Construction (10 000 yuan)	利税总额 (万元) Total Pre-Tax Profits (10 000 yuan)	按总产值计算的劳动生产率 (元/人) Overall Labor Productivity by Gross Output Value (yuan/person)
全 国	**National Total**	**40480**	**34433675**	**1043602671**	**69711309**	**235146**
北 京	Beijing	893	341395	51043800	3599457	373885
天 津	Tianjin	382	235196	26095762	1474646	466338
河 北	Hebei	1465	1101975	37180339	2304742	279593
山 西	Shanxi	880	522927	20642399	1044982	231842
内蒙古	Inner Mongolia	666	381076	13265035	1509703	190284
辽 宁	Liaoning	2035	1389112	51213731	3477503	179541
吉 林	Jilin	666	290342	15022669	1343953	255243
黑龙江	Heilongjiang	1265	437996	18407930	1157314	218416
上 海	Shanghai	1372	756898	38478255	2628084	363669
江 苏	Jiangsu	4270	5521416	134432390	9021557	250597
浙 江	Zhejiang	3064	5003695	136332836	7449893	265449
安 徽	Anhui	1429	1486853	32065035	2016497	226495
福 建	Fujian	1211	1532681	33091477	2248053	143854
江 西	Jiangxi	996	802385	19195224	1173619	244164
山 东	Shandong	3704	2452060	58246096	4322157	208462
河 南	Henan	2122	2020962	47446763	3237397	226015
湖 北	Hubei	1542	1298619	52082739	4055743	258343
湖 南	Hunan	1363	971113	36654759	2468631	240445
广 东	Guangdong	2328	1439983	43122589	3411289	236674
广 西	Guangxi	738	570640	14746881	715349	255321
海 南	Hainan	88	52264	2379618	140587	360652
重 庆	Chongqing	1428	1250185	30361775	2436548	167934
四 川	Sichuan	2163	2146184	47454240	3142651	143972
贵 州	Guizhou	407	320272	7909822	417787	245698
云 南	Yunnan	1278	558530	17000243	1077786	273066
西 藏	Tibet	180	47653	1218314	94819	227910
陕 西	Shaanxi	872	673094	30712973	2102950	362590
甘 肃	Gansu	554	423029	8606990	567662	183984
青 海	Qinghai	249	75941	2925263	169697	269393
宁 夏	Ningxia	320	85276	3885948	221654	176950
新 疆	Xinjiang	550	243923	12380778	678598	225106

2-87 专业承包建筑业企业主要经济指标(2011年)
Main Economic Indicators on Construction Enterprises of Professional Contractors (2011)

地 区	Region	企业单位数 (个) Number of Enterprises (unit)	从业人员 (人) Number of Employed Persons (person)	建筑业总产值 (万元) Gross Output Value of Construction (10 000 yuan)	利税总额 (万元) Total Pre-Tax Profits (10 000 yuan)	按总产值计算的劳动生产率 (元/人) Overall Labor Productivity by Gross Output Value (yuan/person)
全 国	**National Total**	**31800**	**4091058**	**126993832**	**10614813**	**217579**
北 京	Beijing	2376	148727	9418382	614082	197010
天 津	Tianjin	1059	87945	3768783	257865	403273
河 北	Hebei	692	98655	2546282	238678	131891
山 西	Shanxi	1040	101586	2606710	158430	155895
内蒙古	Inner Mongolia	163	27395	681745	67506	176039
辽 宁	Liaoning	2962	316124	10961495	929127	175004
吉 林	Jilin	411	49523	1243816	142786	160953
黑龙江	Heilongjiang	755	52765	1883674	164603	241580
上 海	Shanghai	1599	142111	7384518	606940	337760
江 苏	Jiangsu	4438	673132	16796060	1486214	239699
浙 江	Zhejiang	2235	409462	12741355	996374	302911
安 徽	Anhui	1023	178856	3907586	371645	263775
福 建	Fujian	1004	154275	3834680	337429	88034
江 西	Jiangxi	329	47793	1759468	110968	392135
山 东	Shandong	1944	252056	6582905	660028	235966
河 南	Henan	2188	266547	5346794	576523	209044
湖 北	Hubei	1098	112526	3781722	285202	310872
湖 南	Hunan	499	87460	2495414	201661	247235
广 东	Guangdong	1863	347678	14617470	1270352	395040
广 西	Guangxi	276	24189	783831	48076	285164
海 南	Hainan	33	2583	175104	12367	649495
重 庆	Chongqing	877	92949	2926477	247467	322911
四 川	Sichuan	1112	201872	5112221	366861	127500
贵 州	Guizhou	121	10482	337373	32472	130978
云 南	Yunnan	689	64536	1683771	131920	62157
西 藏	Tibet	19	2165	26409	1369	133246
陕 西	Shaanxi	177	51589	1453323	128187	235177
甘 肃	Gansu	239	37036	651419	61897	169310
青 海	Qinghai	131	12381	268898	25553	213801
宁 夏	Ningxia	180	14758	393226	36557	195285
新 疆	Xinjiang	268	21902	822921	45675	233671

2-88 按登记注册类型分建筑业总产值(2011年)
Total Output Value of Construction by Registration Status (2011)

单位：万元 (10 000 yuan)

地区	Region	合计 Total	内资企业 Domestic Funded	#国有 State-owned	#集体 Collective-owned	港澳台商投资企业 Funded from Hong Kong, Macao and Taiwan	#港澳台商独资企业 Solely Owned	外商投资企业 Foreign Funded	#外商独资企业 Solely Owned
全国	**National Total**	**1170596503**	**1157735845**	**207800051**	**43188748**	**6206260**	**1361697**	**6654399**	**1881346**
北京	Beijing	60462182	58968043	10031149	1711054	1034379	276772	459761	79409
天津	Tianjin	29864545	29728282	7372988	1783653	48654	3557	87609	2379
河北	Hebei	39726620	39689064	8309579	975813	35418		2138	
山西	Shanxi	23249108	23181909	6522540	483569	15780		51419	20848
内蒙古	Inner Mongolia	13946780	13944453	1090818	96370			2327	
辽宁	Liaoning	62175226	60850654	9209992	3465353	711608	590166	612965	68197
吉林	Jilin	16266485	16226265	1372785	542630	40219			
黑龙江	Heilongjiang	20291604	20234761	6733563	1238763	2983		53860	39830
上海	Shanghai	45862774	43439256	6819943	704708	1265509	275322	1158009	592137
江苏	Jiangsu	151228450	150424655	6989204	3372294	375616	39029	428180	238840
浙江	Zhejiang	149074191	148040668	2887062	1628280	496944	2346	536580	3661
安徽	Anhui	35972621	35899283	8871556	799971	27509	16788	45829	4530
福建	Fujian	36926157	36524015	5069936	745402	371250	25369	30891	14625
江西	Jiangxi	20954692	20883066	5402260	2831671	71156	10128	471	
山东	Shandong	64829000	64326119	10799556	4561233	429438	9798	73443	14243
河南	Henan	52793558	52731721	6401594	1931512	43853	58	17984	1192
湖北	Hubei	55864461	53922524	15419926	968320	57556	6614	1884382	
湖南	Hunan	39150173	38930114	14791010	2038231	149871	37228	70187	14003
广东	Guangdong	57740058	55938590	14785908	3444860	961818	24947	839650	760902
广西	Guangxi	15530712	15292465	7817760	1464183	16494	10243	221753	
海南	Hainan	2554722	2554722	1670772	337229				
重庆	Chongqing	33288252	33270244	5577047	804894	6197		11811	2931
四川	Sichuan	52566461	52556074	12473093	2894017	5949	3877	4438	3111
贵州	Guizhou	8247195	8247195	6414046	246210				
云南	Yunnan	18684014	18642923	4825511	993633	36290	29390	4801	
西藏	Tibet	1244723	1244723	461797	70664				
陕西	Shaanxi	32166296	32164910	10954656	1903992	1386			
甘肃	Gansu	9258410	9249281	2311656	843130	247		8881	
青海	Qinghai	3194161	3193713	1894299	116379	68	68	380	
宁夏	Ningxia	4279174	4232597	1215557	88110			46576	20509
新疆	Xinjiang	13203699	13203556	3302487	102623	70		73	

2-89 按登记注册类型分建筑业企业总收入(2011年)

Total Income of Construction by Registration Status (2011)

单位: 万元 (10 000 yuan)

地区	Region	合计 Total	内资企业 Domestic Funded	#国有 State-owned	#集体 Collective-owned	港澳台商投资企业 Funded from Hong Kong, Macao and Taiwan	#港澳台商独资企业 Solely Owned	外商投资企业 Foreign Funded	#外商独资企业 Solely Owned
全国	**National Total**	**1120027865**	**1105969510**	**219411431**	**38532530**	**6535947**	**1512462**	**7522409**	**2380564**
北京	Beijing	75877589	73890016	12271970	1808002	1202995	385904	784578	227253
天津	Tianjin	32148861	31990616	8157072	1730693	56816	3181	101428	3338
河北	Hebei	36651425	36613080	7652687	770603	36208		2138	
山西	Shanxi	23099601	23023800	6637871	502249	16771		59030	27841
内蒙古	Inner Mongolia	13662690	13660363	1226448	95865			2327	
辽宁	Liaoning	58017521	56632102	9011488	3274204	734839	590602	650580	150584
吉林	Jilin	15917096	15854018	1311869	499724	63078			
黑龙江	Heilongjiang	19546218	19494990	6962390	1158600	2983		48244	34830
上海	Shanghai	54365899	51425653	8476142	812602	1589598	291276	1350649	756056
江苏	Jiangsu	127589308	126672015	8481335	3001240	373679	42637	543615	311675
浙江	Zhejiang	123938339	122973566	2894481	1416779	462643	2330	502131	3661
安徽	Anhui	32490152	32411390	7733486	782332	38268	15782	40493	1407
福建	Fujian	34564601	34069583	4690011	625371	459081	27113	35936	15925
江西	Jiangxi	17409913	17358708	4787823	2174857	50893	10185	311	
山东	Shandong	60874176	60550370	12197463	3843557	248342	13972	75464	12578
河南	Henan	51814645	51786683	6696140	1706570	487	58	27475	2857
湖北	Hubei	56884184	54718259	17362070	936911	56093	4441	2109831	
湖南	Hunan	35993005	35841457	13734129	1813483	79257	37228	72291	14003
广东	Guangdong	65644222	63753795	19826893	3194109	1006679	44780	883748	796109
广西	Guangxi	14208318	14052682	7477342	1277138	10221	10055	145415	
海南	Hainan	2521607	2521607	1682271	256269				
重庆	Chongqing	32846190	32830839	6042387	694044	3541		11811	2931
四川	Sichuan	46851240	46841010	12655959	2326322	5792	3460	4438	3111
贵州	Guizhou	8234353	8234353	6451120	223032				
云南	Yunnan	16721801	16669073	4456940	865909	36290	29390	16438	
西藏	Tibet	1162017	1162017	382696	62967				
陕西	Shaanxi	31003186	31002179	10749110	1603346	1007			
甘肃	Gansu	8816862	8807734	2495335	766654	247		8881	
青海	Qinghai	3449586	3449138	2171778	113937	68	68	380	
宁夏	Ningxia	4337163	4292468	1256461	84957			44695	16407
新疆	Xinjiang	13386100	13385948	3478264	110207	70		83	

2-90 按登记注册类型分建筑业企业利润总额（2011年）

Total Profits of Construction Enterprises by Registration Status (2011)

单位：万元 (10 000 yuan)

地 区	Region	合 计 Total	内资企业 Domestic Funded	#国 有 State-owned	#集 体 Collective-owned	港澳台商投资企业 Funded from Hong Kong, Macao and Taiwan	#港澳台商独资企业 Solely Owned	外商投资企业 Foreign Funded	#外商独资企业 Solely Owned
全 国	**National Total**	**41683274**	**41123078**	**4730024**	**1714124**	**261370**	**54969**	**298826**	**143662**
北 京	Beijing	2167770	2124971	188056	37174	18897	12017	23903	6596
天 津	Tianjin	795439	791903	124073	73979	60	-374	3476	62
河 北	Hebei	1269976	1267234	-10233	29674	2637		105	
山 西	Shanxi	492236	492187	89115	5743	-149		198	96
内蒙古	Inner Mongolia	1053728	1053502	16355	6056			226	
辽 宁	Liaoning	2243114	2186150	166205	56602	36303	27494	20660	4747
吉 林	Jilin	890268	884718	4651	11218	5551			
黑龙江	Heilongjiang	589187	589088	112931	49502	-1		101	-191
上 海	Shanghai	1666874	1516117	308275	25979	112319	7157	38438	32327
江 苏	Jiangsu	5958651	5913990	259624	179299	17703	1720	26958	16239
浙 江	Zhejiang	4115722	4078608	84718	39046	17182	168	19931	266
安 徽	Anhui	1271248	1264877	151186	34621	3550	117	2820	-7
福 建	Fujian	1264702	1250324	78259	13891	13659	1822	719	264
江 西	Jiangxi	623721	622855	59302	90542	843	460	22	
山 东	Shandong	2917723	2904561	321012	300730	1405	178	11757	1453
河 南	Henan	2000910	2000624	254207	95509	22	-7	265	-191
湖 北	Hubei	2315897	2253748	552483	50970	1242	-35	60907	
湖 南	Hunan	1247697	1240273	404997	52824	2472	1955	4952	4130
广 东	Guangdong	2516868	2417149	463059	147005	22489	-1481	77230	75597
广 西	Guangxi	262368	259943	47617	29819	652	930	1773	
海 南	Hainan	64449	64449	33570	9387				
重 庆	Chongqing	1553431	1552151	133194	49426	1115		165	84
四 川	Sichuan	1771901	1770272	287796	108594	155	124	1475	1186
贵 州	Guizhou	143920	143920	86675	4220				
云 南	Yunnan	618811	615442	116276	51136	3236	2744	133	
西 藏	Tibet	57535	57535	469	3101				
陕 西	Shaanxi	1043804	1043766	303941	107207	38			
甘 肃	Gansu	293320	293308	13883	49781	9		3	
青 海	Qinghai	83480	83500	-2385	1106	-21	-21	0	
宁 夏	Ningxia	112525	109908	24640	2160			2617	1003
新 疆	Xinjiang	276000	276009	56075	-2173	1		-9	

2-91 建筑业劳动生产率
Labor Productivity of Construction Enterprises

单位：元/人 (yuan/person)

地 区	Region	2010 按建筑业总产值计算的劳动生产率 Overall Labor Productivity in Terms of Total Output Value	2010 #国 有 State-owned	2010 #集 体 Collective-owned	2011 按建筑业总产值计算的劳动生产率 Overall Labor Productivity in Terms of Total Output Value	2011 #国 有 State-owned	2011 #集 体 Collective-owned
全 国	**National Average**	**203962**	**271857**	**138580**	**233104**	**339049**	**158153**
北 京	Beijing	254836	287387	216547	328012	404647	58140
天 津	Tianjin	370312	483204	228926	457313	459717	253695
河 北	Hebei	236052	485765	135231	260868	635187	172882
山 西	Shanxi	222319	248775	105835	219834	277746	150729
内蒙古	Inner Mongolia	151321	289773	179409	189534	457366	174267
辽 宁	Liaoning	173666	212979	123225	178724	301007	123393
吉 林	Jilin	170603	186614	124321	244300	300502	199930
黑龙江	Heilongjiang	183395	220045	140773	220377	253300	190558
上 海	Shanghai	344720	542234	257227	359232	520773	221085
江 苏	Jiangsu	207116	330301	175439	249338	357661	223282
浙 江	Zhejiang	214019	277133	163674	268285	384772	224624
安 徽	Anhui	177486	242736	117883	230026	372212	155235
福 建	Fujian	157807	159223	154206	134966	276127	195952
江 西	Jiangxi	187612	238390	142159	252154	324259	226526
山 东	Shandong	159439	262818	111340	210959	363262	147373
河 南	Henan	183664	249921	124578	224172	329280	146272
湖 北	Hubei	268719	401094	116585	261332	578954	198879
湖 南	Hunan	193661	245865	124649	240866	400248	168928
广 东	Guangdong	246971	292754	134931	263407	388992	163609
广 西	Guangxi	212407	258452	162874	256677	319918	170766
海 南	Hainan	175249	188510	140641	371991	439457	236635
重 庆	Chongqing	175245	219387	125815	175332	309231	170735
四 川	Sichuan	148526	192006	129860	142186	142873	150641
贵 州	Guizhou	196170	235850	100825	237199	293238	117725
云 南	Yunnan	192488	292665	145912	209120	513107	188391
西 藏	Tibet	209126	257943	90477	224525	408779	70984
陕 西	Shaanxi	269631	376584	141725	353927	460013	210602
甘 肃	Gansu	149820	188147	102625	182869	288639	109422
青 海	Qinghai	221885	383400	116006	263623	444723	199723
宁 夏	Ningxia	148544	133744	172651	178490	153611	156002
新 疆	Xinjiang	179823	200541	241634	225622	284263	172649

2-92 建筑业房屋建筑面积(2011年)

Floor Space of Buildings Constructed by Construction Enterprises (2011)

单位：万平方米 (10 000 sq.m)

地 区	Region	房屋建筑面积 Floor Space of Buildings		#国 有 State-owned		#集 体 Collective-owned	
		施工面积 Floor Space under Construction	竣工面积 Floor Space Completed	施工面积 Floor Space under Construction	竣工面积 Floor Space Completed	施工面积 Floor Space under Construction	竣工面积 Floor Space Completed
合 计	**National Total**	**851828.1**	**316429.3**	**106396.7**	**25876.7**	**38203.0**	**19253.1**
北 京	Beijing	36506.9	6455.5	6742.1	1264.8	1281.9	328.4
天 津	Tianjin	10058.8	2637.6	3268.7	469.1	733.4	283.5
河 北	Hebei	30832.7	10641.8	3070.5	876.3	1012.8	531.4
山 西	Shanxi	8798.4	2537.8	2588.4	669.0	291.4	140.7
内蒙古	Inner Mongolia	9323.1	4064.8	311.4	68.6	61.7	59.0
辽 宁	Liaoning	34890.4	16692.1	3609.4	765.9	1758.3	1109.1
吉 林	Jilin	7446.7	4194.6	285.9	79.7	181.6	154.5
黑龙江	Heilongjiang	8904.8	4438.4	2272.9	726.9	708.4	439.2
上 海	Shanghai	24885.8	5984.7	1432.4	303.2	472.7	159.2
江 苏	Jiangsu	145451.5	54650.2	1897.2	532.9	2210.9	1333.1
浙 江	Zhejiang	147121.8	51151.8	510.8	120.2	2069.2	685.6
安 徽	Anhui	28226.9	11897.8	5677.4	1261.3	544.3	373.6
福 建	Fujian	35674.4	10943.8	4055.7	696.2	1148.5	332.4
江 西	Jiangxi	15514.3	7813.2	2512.1	990.8	2748.0	1618.1
山 东	Shandong	50504.5	19277.4	3540.3	855.4	4875.3	2476.8
河 南	Henan	33282.0	15146.8	1661.7	479.0	1879.5	1147.9
湖 北	Hubei	31023.8	16468.1	6078.6	2055.0	861.9	654.5
湖 南	Hunan	32768.8	11750.0	10805.6	2070.5	2390.0	1228.7
广 东	Guangdong	37876.8	12420.8	11937.5	3232.1	4923.6	1800.2
广 西	Guangxi	12906.3	4670.2	5770.2	1494.8	1686.8	875.3
海 南	Hainan	2735.9	583.5	2181.8	305.6	235.5	141.3
重 庆	Chongqing	21976.2	8989.3	1837.3	542.3	566.8	290.2
四 川	Sichuan	34738.3	13660.3	9283.4	2327.6	2084.4	1215.4
贵 州	Guizhou	6779.4	1530.4	5041.3	856.6	380.9	168.1
云 南	Yunnan	10452.7	4444.2	1796.3	481.4	720.0	437.1
西 藏	Tibet	198.0	120.4	33.0	7.9	16.6	14.6
陕 西	Shaanxi	13969.9	5678.9	4506.3	1136.2	1546.2	780.9
甘 肃	Gansu	5925.1	2409.8	1418.6	382.3	638.3	391.6
青 海	Qinghai	739.0	323.8	144.0	34.3	44.5	31.3
宁 夏	Ningxia	3367.4	1385.8	917.3	390.9	95.1	40.6
新 疆	Xinjiang	8947.7	3465.5	1208.8	399.9	34.4	11.0

2-93 运输线路长度(2011年)
Length of Transport Routes at Year-end (2011)

单位：公里 (km)

地区	Region	铁路营业里程 Length of Railways in Operation	内河航道里程 Length of Navigable Inland Waterways	公路里程 Total Length of Highways	等级公路 Expressway and Class I to IV Highways	#高速 Expressway	#一级 First Class	#二级 Second Class	等外公路 Highways Below Class IV
全　国	**National Total**	**93249.6**	**124612**	**4106387**	**3453590**	**84946**	**68119**	**320536**	**652796**
北　京	Beijing	1228.4		21347	21155	912	999	3279	193
天　津	Tianjin	866.9	88	15163	15163	1103	1127	3244	
河　北	Hebei	5170.5		156965	149057	4756	4302	16728	7908
山　西	Shanxi	3773.7	467	134808	131002	4005	2070	14421	3806
内蒙古	Inner Mongolia	9161.9	2403	160995	147946	2874	3710	13689	13049
辽　宁	Liaoning	4302.3	413	104026	87650	3300	3023	17250	16376
吉　林	Jilin	3988.1	1456	91754	83790	2252	1880	8756	7964
黑龙江	Heilongjiang	5945.3	5098	155592	124132	3708	1289	8849	31460
上　海	Shanghai	461.3	2226	12084	12084	806	422	3069	
江　苏	Jiangsu	2349.6	24252	152247	144113	4122	9949	21779	8134
浙　江	Zhejiang	1779.1	9750	111776	107880	3500	4565	9224	3896
安　徽	Anhui	3120.8	5596	149535	143403	3009	627	10640	6131
福　建	Fujian	2110.3	3245	92322	73669	2652	683	7510	18653
江　西	Jiangxi	2834.5	5638	146632	114463	3603	1428	9464	32169
山　东	Shandong	4200.3	1150	233190	231428	4350	8710	24151	1761
河　南	Henan	4261.1	1267	247587	191234	5196	564	24981	56353
湖　北	Hubei	3354.9	8260	212747	196452	4006	2354	17135	16295
湖　南	Hunan	3696.3	11495	232190	198903	2649	1009	9406	33287
广　东	Guangdong	2832.1	11850	190724	172382	5049	10339	19044	18342
广　西	Guangxi	3194.2	5433	104889	87296	2754	944	9132	17592
海　南	Hainan	693.7	343	22916	22104	660	267	1359	812
重　庆	Chongqing	1373.4	4331	118562	83614	1861	565	7522	34948
四　川	Sichuan	3516.4	10720	283268	220947	3009	2834	13140	62321
贵　州	Guizhou	2070.0	3442	157820	79643	2022	164	3831	78177
云　南	Yunnan	2491.3	3158	214524	165843	2746	842	9553	48681
西　藏	Tibet	531.5		63108	38911			956	24198
陕　西	Shaanxi	4083.4	1066	151986	139453	3803	839	7611	12533
甘　肃	Gansu	2441.5	914	123696	91692	2343	170	5856	32003
青　海	Qinghai	1857.6	421	64280	49971	1133	312	5289	14309
宁　夏	Ningxia	1266.5	130	24506	23875	1306	696	2567	631
新　疆	Xinjiang	4319.7		155150	104336	1459	1433	11099	50814

2-94 客 运 量(2011年)
Passenger Traffic (2011)

单位：万人 (10 000 persons)

地 区	Region	合 计 Total	铁 路 Railways	国家铁路 National Railways	地方铁路 Local Railways	合 资 Joint-venture Railways	公 路 Highways	水 运 Waterways
全 国	**National Total**	**3526319**	**186226**	**179199**	**528**	**6498**	**3286220**	**24556**
北 京	Beijing	139718	9800	9758	42		129918	
天 津	Tianjin	24934	2829	2829			22054	51
河 北	Hebei	99458	7601	7601			91857	
山 西	Shanxi	39208	6219	6207		11	32866	123
内蒙古	Inner Mongolia	26014	4207	4158		49	21807	
辽 宁	Liaoning	98606	12044	12020	24		86013	549
吉 林	Jilin	68190	6141	6141			61830	219
黑龙江	Heilongjiang	50481	10745	10574	171		39424	312
上 海	Shanghai	10033	6198	6198			3477	358
江 苏	Jiangsu	246855	10603	10603			235673	579
浙 江	Zhejiang	230769	8888	8342		546	218415	3466
安 徽	Anhui	185575	5980	5980			179440	155
福 建	Fujian	79549	4695	4695			73259	1595
江 西	Jiangxi	78930	6152	6152			72527	251
山 东	Shandong	251187	7327	7039	287		241457	2403
河 南	Henan	193285	8804	8800	4		184213	268
湖 北	Hubei	112422	7083	7083			104971	368
湖 南	Hunan	171371	8064	8064			161980	1327
广 东	Guangdong	510653	14441	14084		357	493618	2594
广 西	Guangxi	83100	3383	3383			79300	417
海 南	Hainan	46224	1074	1074			43677	1473
重 庆	Chongqing	140398	2934	2934			136142	1322
四 川	Sichuan	258845	13147	7639		5507	242615	3083
贵 州	Guizhou	72428	3939	3939			66303	2186
云 南	Yunnan	44963	2727	2727			41394	842
西 藏	Tibet	3769	110	110			3659	
陕 西	Shaanxi	107032	5614	5586		28	101062	356
甘 肃	Gansu	60902	2451	2451			58355	96
青 海	Qinghai	11870	520	520			11308	42
宁 夏	Ningxia	15104	543	543			14440	121
新 疆	Xinjiang	35130	1964	1964			33166	
不分地区	Not Classified by Region	29317						

注：不分地区合计数为民航完成数。
a) The total passenger traffic not classified by region refers to that completed by civil aviation.

2-95 旅客周转量(2011年)
Passenger-kilometers (2011)

单位：亿人公里 (100 million passenger-km)

地 区	Region	合 计 Total	铁 路 Railways	国家铁路 National Railways	地方铁路 Local Railways	合 资 Joint-venture Railways	公 路 Highways	水 运 Waterways
全 国	**National Total**	**30984.0**	**9612.3**	**9582.7**	**6.6**	**23.0**	**16760.2**	**74.5**
北 京	Beijing	412.3	108.7	108.6	0.1		303.7	
天 津	Tianjin	285.1	150.9	150.9			133.9	0.3
河 北	Hebei	1306.6	784.5	784.5			522.1	
山 西	Shanxi	415.8	195.8	194.9		0.9	219.9	0.1
内蒙古	Inner Mongolia	410.4	169.3	168.8		0.5	241.2	
辽 宁	Liaoning	955.8	549.1	549.0	0.1		399.7	7.0
吉 林	Jilin	515.8	228.9	228.9			286.5	0.3
黑龙江	Heilongjiang	541.6	267.3	264.3	3.0		273.9	0.4
上 海	Shanghai	170.9	63.1	63.1			106.7	1.0
江 苏	Jiangsu	1709.7	400.8	400.8			1307.3	1.5
浙 江	Zhejiang	1296.3	381.7	362.3		19.3	908.2	6.4
安 徽	Anhui	1627.2	475.2	475.2			1151.6	0.3
福 建	Fujian	534.9	172.3	172.3			360.2	2.4
江 西	Jiangxi	941.4	600.2	600.2			340.9	0.3
山 东	Shandong	1740.4	471.6	468.2	3.4		1256.9	11.9
河 南	Henan	1989.1	777.1	777.1			1211.3	0.6
湖 北	Hubei	1236.2	533.5	533.5			700.1	2.6
湖 南	Hunan	1565.4	784.6	784.6			778.0	2.7
广 东	Guangdong	2600.2	507.9	505.9		2.0	2082.7	9.6
广 西	Guangxi	973.0	194.5	194.5			776.5	2.0
海 南	Hainan	170.9	21.5	21.5			146.3	3.1
重 庆	Chongqing	536.0	116.0	116.0			408.9	11.1
四 川	Sichuan	1198.4	295.0	295.0			900.7	2.6
贵 州	Guizhou	552.9	204.6	204.6			343.2	5.2
云 南	Yunnan	522.0	95.5	95.5			424.6	2.0
西 藏	Tibet	32.9	10.4	10.4			22.5	
陕 西	Shaanxi	868.8	405.4	405.1		0.2	462.9	0.5
甘 肃	Gansu	629.5	364.2	364.2			265.1	0.2
青 海	Qinghai	105.4	49.7	49.7			55.6	0.1
宁 夏	Ningxia	113.9	41.4	41.4			72.4	0.1
新 疆	Xinjiang	488.5	191.6	191.6			296.9	
不分地区	Not Classified by Region	4537.0						

注：不分地区合计数为民航完成数。

a) The total passenger-kilometers not classified by region refers to that completed by civil aviation.

2-96 货运量(2011年)
Freight Traffic (2011)

单位：万吨 (10 000 tons)

地区	Region	合计 Total	铁路 Railways	国家铁路 National Railways	地方铁路 Local Railways	合资 Joint-venture Railways	公路 Highways	水运 Waterways
全国	**National Total**	**3696961**	**393263**	**329535**	**22179**	**41549**	**2820100**	**425968**
北京	Beijing	24663	1387	1380	8		23276	
天津	Tianjin	43601	7346	7346			23505	12750
河北	Hebei	189799	20447	18050	2376	20	166680	2672
山西	Shanxi	134436	69194	66173	889	2132	65201	41
内蒙古	Inner Mongolia	168320	64669	42934	3599	18136	103651	
辽宁	Liaoning	184982	21577	18716	2860		151773	11632
吉林	Jilin	47451	7875	7505	371		39308	268
黑龙江	Heilongjiang	63216	17678	16827	851		44420	1118
上海	Shanghai	92962	888	888			42685	49389
江苏	Jiangsu	202528	7713	7282	431		140803	54012
浙江	Zhejiang	186376	4850	4093	69	687	108654	72872
安徽	Anhui	268413	12507	12507			219467	36439
福建	Fujian	75191	3762	3762			52558	18871
江西	Jiangxi	111851	6046	5765	281		98358	7447
山东	Shandong	318407	23156	19942	3214		279380	15871
河南	Henan	241017	14368	12995	924	449	220122	6527
湖北	Hubei	106913	6431	5966	464		82741	17741
湖南	Hunan	168516	6321	6024	298		144241	17954
广东	Guangdong	224394	8971	7698	911	363	166567	48856
广西	Guangxi	136132	6770	6770			113549	15813
海南	Hainan	25115	694	694			15095	9326
重庆	Chongqing	96771	2191	2094	97		82818	11762
四川	Sichuan	155310	9172	8058	1114		139771	6367
贵州	Guizhou	44890	7219	7219			36684	987
云南	Yunnan	60170	5545	5210	335		54186	439
西藏	Tibet	1028	49	49			979	
陕西	Shaanxi	120908	30299	10549		19750	90419	190
甘肃	Gansu	35269	6446	6446			28790	33
青海	Qinghai	12586	3634	3634			8952	
宁夏	Ningxia	36864	7848	4760	3087		29016	
新疆	Xinjiang	53252	6801	6801			46451	
不分地区	Not Classified by Region	65632	1411	1399		12		6591

注：不分地区合计数中包括铁路行包运量、民航、管道及中国远洋运输集团总公司海外公司完成数。

a) The freight ton-kilometers not classified by region refers to railway baggage freight, civil aviation, pipelines and that completed by companies abroad under the China Ocean Shipping (Group) Company.

2-97 货物周转量(2011年)
Freight Ton-kilometers (2011)

单位：亿吨公里 (100 million ton-km)

地区	Region	合计 Total	铁路 Railways	国家铁路 National Railways	地方铁路 Local Railways	合资 Joint-venture Railways	公路 Highways	水运 Waterways
全国	**National Total**	**159323.6**	**29465.8**	**27631.7**	**138.7**	**1695.4**	**51374.7**	**75423.8**
北京	Beijing	999.6	867.3	867.3			132.3	
天津	Tianjin	10337.3	520.0	504.6		15.3	266.7	9550.6
河北	Hebei	9630.4	3916.1	3279.6	13.9	622.6	5219.3	495.0
山西	Shanxi	3062.5	2015.4	1466.6	1.7	547.0	1047.1	
内蒙古	Inner Mongolia	5422.3	2684.7	2358.5	27.7	298.5	2737.6	
辽宁	Liaoning	10404.6	1546.7	1541.9	4.8		2328.5	6529.4
吉林	Jilin	1452.6	635.4	633.2	2.2		816.0	1.2
黑龙江	Heilongjiang	1968.2	1117.4	1109.2	8.2		843.5	7.4
上海	Shanghai	20309.6	20.6	20.6			283.8	20005.2
江苏	Jiangsu	6958.0	405.8	405.3	0.5		1315.3	5236.9
浙江	Zhejiang	8634.9	312.3	286.8	0.1	25.4	1434.8	6887.7
安徽	Anhui	8446.4	1013.4	1013.4			6123.2	1309.8
福建	Fujian	3396.8	182.9	182.9			659.5	2554.3
江西	Jiangxi	2985.1	715.0	714.1	0.9		2066.8	203.3
山东	Shandong	12684.3	1626.7	1592.7	34.0		6624.4	4433.2
河南	Henan	8530.8	2180.4	2168.2	9.0	3.2	5949.0	401.3
湖北	Hubei	3798.8	941.6	939.7	1.8		1277.7	1579.5
湖南	Hunan	3370.0	1071.1	1070.7	0.4		1878.6	420.3
广东	Guangdong	6905.0	327.3	321.9	3.9	1.5	2150.0	4427.6
广西	Guangxi	3478.2	895.4	895.4			1494.0	1088.8
海南	Hainan	1368.5	8.8	8.8			97.1	1262.5
重庆	Chongqing	2528.7	191.3	190.9	0.3		779.8	1557.7
四川	Sichuan	2016.2	786.9	781.8	5.1		1139.1	90.2
贵州	Guizhou	1060.7	696.4	696.4			350.1	14.2
云南	Yunnan	1024.4	398.9	396.8	2.1		617.3	8.2
西藏	Tibet	40.0	12.9	12.9			27.1	
陕西	Shaanxi	2824.7	1354.2	1172.8		181.4	1469.7	0.7
甘肃	Gansu	2037.2	1389.8	1389.8			647.4	
青海	Qinghai	486.4	228.3	228.3			258.0	
宁夏	Ningxia	933.0	324.9	303.0	21.9		608.1	
新疆	Xinjiang	1475.2	742.3	742.3			732.9	
不分地区	Not Classified by Region	10753.4	335.5	335.2		0.3		7358.6

注：不分地区合计数中包括铁路行包运量、民航、管道及中国远洋运输集团总公司海外公司完成数。

a) The freight ton-kilometers not classified by region refers to railway baggage freight, civil aviation, pipelines and that completed by companies abroad under the China Ocean Shipping (Group) Company.

2-98 民用汽车拥有量(2011年)
Possession of Civil Vehicles (2011)

地区	Region	民用汽车总计(万辆) Total (10 000 units)	载客汽车(万辆) Passenger Vehicles (10 000 units)	大型 Large	中型 Medium	小型 Small	微型 Minicar	载货汽车(万辆) Trucks (10 000 units)
全国	**National Total**	**9356.32**	**7478.37**	**126.54**	**147.41**	**6827.54**	**376.88**	**1787.99**
北京	Beijing	470.53	444.16	4.78	10.70	410.45	18.22	21.49
天津	Tianjin	190.78	167.85	2.23	2.73	152.08	10.82	21.34
河北	Hebei	607.19	463.41	4.71	4.10	407.74	46.86	137.15
山西	Shanxi	295.33	231.62	2.78	2.88	204.13	21.84	61.27
内蒙古	Inner Mongolia	233.15	176.10	2.70	2.11	161.99	9.30	54.52
辽宁	Liaoning	356.75	276.16	6.26	10.00	251.70	8.20	76.85
吉林	Jilin	183.00	144.54	3.27	2.61	130.57	8.09	36.98
黑龙江	Heilongjiang	231.10	173.37	4.77	4.06	155.31	9.23	55.27
上海	Shanghai	194.75	163.91	4.41	5.58	150.48	3.44	24.83
江苏	Jiangsu	675.18	586.59	8.35	10.83	547.38	20.03	82.39
浙江	Zhejiang	656.80	555.58	5.64	7.15	525.37	17.41	97.00
安徽	Anhui	258.62	181.33	4.16	4.88	164.66	7.63	74.51
福建	Fujian	239.93	186.30	2.68	4.02	173.75	5.85	51.77
江西	Jiangxi	171.55	122.93	2.53	2.78	112.91	4.70	46.76
山东	Shandong	851.12	696.07	8.90	10.07	627.60	49.50	149.06
河南	Henan	501.28	390.20	6.90	8.39	348.99	25.92	106.35
湖北	Hubei	249.49	186.72	4.85	5.26	172.94	3.67	59.72
湖南	Hunan	258.22	201.44	4.22	4.96	186.36	5.91	54.92
广东	Guangdong	910.93	745.35	14.88	20.01	699.08	11.39	159.92
广西	Guangxi	187.75	142.58	3.42	2.44	127.02	9.70	42.90
海南	Hainan	47.81	37.11	1.28	0.94	34.37	0.52	10.17
重庆	Chongqing	129.68	99.31	2.49	1.54	92.86	2.42	28.34
四川	Sichuan	422.17	341.48	6.01	3.36	297.44	34.66	77.49
贵州	Guizhou	136.37	101.14	1.82	2.36	90.73	6.24	34.23
云南	Yunnan	280.04	206.70	2.21	3.31	185.15	16.02	71.66
西藏	Tibet	19.92	12.26	0.84	0.82	9.58	1.02	7.42
陕西	Shaanxi	236.43	191.55	3.01	3.50	173.76	11.28	41.74
甘肃	Gansu	105.59	73.30	1.97	1.51	67.67	2.14	31.00
青海	Qinghai	39.85	28.60	0.67	0.70	26.54	0.70	10.62
宁夏	Ningxia	53.35	35.93	0.86	0.70	33.48	0.89	16.51
新疆	Xinjiang	161.66	114.79	2.95	3.13	105.45	3.25	43.79

2-98 续表 continued

地 区	Region	载货汽车（万辆） 重 型 Heavy	Trucks (10 000 units) 中 型 Medium	轻 型 Light	微 型 Mini	其他汽车（万辆） Others (10 000 units)	机动车驾驶员（万人） Number of Motor Drivers (10 000 persons)	#汽车驾驶员 Automobile Drivers
合 计	**National Total**	**460.58**	**267.80**	**1042.07**	**17.54**	**89.96**	**22817.62**	**17416.76**
北 京	Beijing	4.50	3.30	13.69	0.00	4.89	678.86	661.78
天 津	Tianjin	4.28	1.84	15.14	0.07	1.59	280.90	277.90
河 北	Hebei	49.37	11.41	75.45	0.93	6.63	1204.34	1100.43
山 西	Shanxi	22.92	7.12	29.83	1.40	2.44	518.57	482.93
内蒙古	Inner Mongolia	24.09	4.95	24.97	0.51	2.53	456.21	391.07
辽 宁	Liaoning	22.34	7.27	46.86	0.38	3.74	808.64	705.84
吉 林	Jilin	11.22	5.31	20.17	0.28	1.48	470.84	378.26
黑龙江	Heilongjiang	18.59	9.00	27.02	0.66	2.46	492.88	446.63
上 海	Shanghai	5.73	10.85	7.82	0.43	6.01	501.73	468.97
江 苏	Jiangsu	26.97	18.52	36.63	0.27	6.19	1701.45	1243.31
浙 江	Zhejiang	11.63	9.50	73.60	2.27	4.22	1197.49	962.55
安 徽	Anhui	24.27	11.36	38.41	0.47	2.79	769.58	555.17
福 建	Fujian	7.60	4.78	38.57	0.83	1.85	753.72	461.83
江 西	Jiangxi	15.93	7.90	22.69	0.24	1.87	775.07	453.18
山 东	Shandong	43.25	14.89	90.01	0.91	5.99	1749.40	1487.14
河 南	Henan	36.69	15.26	53.42	0.98	4.74	1405.64	1107.56
湖 北	Hubei	10.84	12.56	35.94	0.38	3.05	865.88	617.04
湖 南	Hunan	9.86	12.53	32.32	0.21	1.86	787.30	516.55
广 东	Guangdong	19.15	18.83	118.70	3.24	5.65	2142.68	1544.40
广 西	Guangxi	10.44	7.67	23.94	0.84	2.27	943.78	460.29
海 南	Hainan	1.32	1.39	7.41	0.06	0.53	148.70	93.26
重 庆	Chongqing	6.29	6.46	15.58	0.02	2.04	407.39	245.45
四 川	Sichuan	14.36	18.24	44.52	0.38	3.20	1254.23	856.99
贵 州	Guizhou	5.11	6.87	21.81	0.45	0.99	359.80	275.68
云 南	Yunnan	10.33	17.47	43.67	0.19	1.68	757.96	455.98
西 藏	Tibet	2.69	1.42	3.10	0.21	0.24	20.82	18.65
陕 西	Shaanxi	12.50	8.08	20.86	0.30	3.14	588.84	502.48
甘 肃	Gansu	7.40	4.88	18.64	0.08	1.29	237.06	206.71
青 海	Qinghai	2.47	1.37	6.71	0.07	0.63	91.67	72.64
宁 夏	Ningxia	4.94	1.56	9.90	0.12	0.90	102.99	90.35
新 疆	Xinjiang	13.49	5.21	24.70	0.39	3.09	343.20	275.71

注：小轿车包括在载客汽车中。
a) Cars are included in passenger vehicles.

2-99 私人汽车拥有量(2011年)
Possession of Private Vehicles (2011)

单位：万辆 (10 000 units)

地 区	Region	汽车总计 Total	载客汽车 Passenger Vehicles	大 型 Large	中 型 Medium	小 型 Small	微 型 Minicar
合 计	**National Total**	**7326.79**	**6237.46**	**9.99**	**62.34**	**5823.62**	**341.52**
北 京	Beijing	387.29	378.50	0.20	6.60	354.23	17.47
天 津	Tianjin	155.46	140.98	0.11	1.19	129.53	10.15
河 北	Hebei	510.61	416.19	0.71	1.85	368.91	44.73
山 西	Shanxi	230.20	193.16	0.22	0.91	172.81	19.22
内蒙古	Inner Mongolia	188.08	151.93	0.35	0.94	142.11	8.53
辽 宁	Liaoning	250.59	217.15	0.64	4.15	205.20	7.15
吉 林	Jilin	141.36	117.39	0.52	1.11	108.42	7.33
黑龙江	Heilongjiang	172.02	137.29	0.95	1.86	126.85	7.64
上 海	Shanghai	119.75	119.57	0.08	1.79	114.58	3.12
江 苏	Jiangsu	528.86	488.13	0.21	4.71	465.06	18.14
浙 江	Zhejiang	534.70	472.85	0.14	2.47	453.93	16.31
安 徽	Anhui	178.46	144.79	0.41	2.21	135.50	6.68
福 建	Fujian	189.60	155.04	0.08	1.34	148.17	5.45
江 西	Jiangxi	117.18	95.26	0.12	0.71	90.69	3.74
山 东	Shandong	708.53	607.87	1.31	4.60	556.21	45.75
河 南	Henan	383.63	322.71	0.77	3.35	296.01	22.57
湖 北	Hubei	185.38	147.32	0.28	2.13	141.57	3.33
湖 南	Hunan	212.89	168.21	0.35	2.00	160.41	5.45
广 东	Guangdong	745.37	645.00	1.16	12.03	620.80	11.00
广 西	Guangxi	140.40	115.40	0.12	0.73	106.59	7.96
海 南	Hainan	35.51	27.65	0.15	0.32	26.72	0.46
重 庆	Chongqing	89.89	78.30	0.02	0.23	75.84	2.21
四 川	Sichuan	342.29	290.08	0.18	0.87	257.62	31.41
贵 州	Guizhou	106.26	81.34	0.11	0.36	75.49	5.39
云 南	Yunnan	228.11	170.91	0.07	0.62	156.07	14.15
西 藏	Tibet	13.09	7.60	0.18	0.40	6.41	0.61
陕 西	Shaanxi	185.39	157.30	0.22	1.05	146.01	10.02
甘 肃	Gansu	69.65	50.28	0.12	0.38	48.41	1.38
青 海	Qinghai	27.48	20.55	0.03	0.18	19.80	0.55
宁 夏	Ningxia	41.42	29.11	0.06	0.23	28.05	0.77
新 疆	Xinjiang	107.37	89.60	0.14	1.01	85.62	2.83

2-99 续表 continued

单位：万辆 (10 000 units)

地区	Region	载货汽车 Trucks	重型 Heavy	中型 Medium	轻型 Light	微型 Mini	其他汽车 Others
合计	**National Total**	**1067.43**	**164.28**	**144.52**	**744.39**	**14.24**	**21.90**
北京	Beijing	7.86	1.31	0.85	5.70	0.00	0.93
天津	Tianjin	14.09	1.51	0.93	11.58	0.07	0.39
河北	Hebei	92.28	24.18	7.67	59.66	0.78	2.13
山西	Shanxi	36.40	8.92	4.14	22.17	1.18	0.63
内蒙古	Inner Mongolia	35.20	11.17	3.55	20.06	0.42	0.95
辽宁	Liaoning	32.73	4.15	2.72	25.59	0.27	0.70
吉林	Jilin	23.57	5.49	3.51	14.35	0.22	0.41
黑龙江	Heilongjiang	34.20	7.92	5.66	20.14	0.48	0.53
上海	Shanghai	0.14	0.02	0.05	0.06	0.00	0.04
江苏	Jiangsu	39.11	10.76	7.49	20.66	0.20	1.62
浙江	Zhejiang	61.21	2.96	4.26	52.12	1.87	0.64
安徽	Anhui	33.00	3.35	4.15	25.13	0.37	0.67
福建	Fujian	34.13	1.87	2.50	29.00	0.75	0.42
江西	Jiangxi	21.52	2.67	2.81	15.86	0.18	0.40
山东	Shandong	98.57	18.27	9.83	69.69	0.78	2.09
河南	Henan	59.22	9.42	8.12	40.88	0.81	1.70
湖北	Hubei	37.39	4.10	7.59	25.40	0.30	0.67
湖南	Hunan	43.94	5.99	10.01	27.75	0.18	0.74
广东	Guangdong	98.86	6.99	10.76	78.25	2.85	1.52
广西	Guangxi	24.57	3.85	4.02	15.98	0.72	0.43
海南	Hainan	7.73	0.78	1.19	5.70	0.05	0.13
重庆	Chongqing	11.45	0.36	1.19	9.89	0.01	0.13
四川	Sichuan	51.26	5.04	10.41	35.47	0.34	0.95
贵州	Guizhou	24.66	2.62	4.52	17.14	0.38	0.26
云南	Yunnan	56.64	5.84	13.50	37.15	0.16	0.56
西藏	Tibet	5.46	1.86	1.21	2.26	0.14	0.02
陕西	Shaanxi	27.24	4.82	5.61	16.56	0.25	0.85
甘肃	Gansu	19.06	3.06	2.93	13.01	0.06	0.30
青海	Qinghai	6.78	0.96	0.89	4.88	0.05	0.15
宁夏	Ningxia	11.98	2.71	1.16	8.01	0.10	0.33
新疆	Xinjiang	17.18	1.34	1.29	14.27	0.28	0.59

2-100 公路营运汽车拥有量(2011年)

Possession of Vehicles for Highway Business Transportation (2011)

地 区	Region	汽车总计 (万辆) Total (10 000 units)	载客汽车 Passenger Vehicles 辆数 (万辆) Number (10 000 units)	客位 (万客位) Number of Seats (10 000 seats)	载货汽车 Trucks 辆数 (万辆) Number (10 000 units)	#普通载货汽车 Ordinary Trucks	吨位 (万吨) Capacity (10 000 tons)	#普通载货汽车 Ordinary Trucks
合 计	**National Total**	**1263.75**	**84.34**	**2086.66**	**1179.41**	**1116.36**	**7261.20**	**6273.51**
北 京	Beijing	18.60	4.29	64.58	14.32	12.82	62.21	42.92
天 津	Tianjin	10.94	0.93	34.58	10.01	9.29	25.39	20.06
河 北	Hebei	93.44	2.99	73.58	90.45	86.54	802.41	743.87
山 西	Shanxi	40.84	1.52	39.48	39.32	38.40	367.21	356.31
内蒙古	Inner Mongolia	33.73	1.23	37.84	32.50	31.38	282.40	268.62
辽 宁	Liaoning	62.44	2.70	72.00	59.74	55.78	369.23	309.86
吉 林	Jilin	28.38	1.31	36.83	27.06	26.11	162.46	151.58
黑龙江	Heilongjiang	43.49	2.01	51.63	41.48	40.52	261.70	248.06
上 海	Shanghai	19.19	2.07	55.78	17.12	13.71	159.93	82.89
江 苏	Jiangsu	63.00	4.09	154.71	58.91	51.76	482.32	387.21
浙 江	Zhejiang	52.36	3.50	108.83	48.86	44.74	234.46	153.93
安 徽	Anhui	55.12	3.77	90.82	51.35	49.61	336.62	312.12
福 建	Fujian	23.92	2.02	51.07	21.90	19.73	128.57	78.50
江 西	Jiangxi	28.96	1.86	46.46	27.09	25.93	143.73	130.57
山 东	Shandong	104.16	3.44	97.10	100.72	94.71	782.61	662.70
河 南	Henan	93.74	4.86	135.74	88.88	87.05	587.78	561.22
湖 北	Hubei	37.38	4.16	87.47	33.22	31.37	137.05	114.79
湖 南	Hunan	40.99	4.63	103.94	36.36	34.17	146.50	119.83
广 东	Guangdong	98.11	4.21	153.59	93.90	86.89	476.64	339.84
广 西	Guangxi	34.98	3.34	85.44	31.64	30.57	165.26	147.71
海 南	Hainan	5.97	0.58	15.24	5.39	5.26	19.98	18.65
重 庆	Chongqing	28.19	2.18	54.31	26.01	24.85	107.72	96.90
四 川	Sichuan	59.97	5.09	109.88	54.88	52.71	210.52	186.15
贵 州	Guizhou	22.91	2.87	56.35	20.04	19.46	66.35	61.48
云 南	Yunnan	51.19	4.77	75.17	46.42	45.61	170.05	162.07
西 藏	Tibet	2.83	0.51	9.72	2.33	2.22	15.96	14.51
陕 西	Shaanxi	33.69	2.97	58.69	30.73	29.57	176.95	161.70
甘 肃	Gansu	20.77	1.86	40.87	18.92	18.23	87.92	79.69
青 海	Qinghai	8.10	0.50	9.96	7.60	7.23	39.29	34.28
宁 夏	Ningxia	11.66	0.60	15.67	11.06	10.74	82.69	77.64
新 疆	Xinjiang	34.72	3.50	59.30	31.22	29.42	169.29	147.85

注：小轿车包括在载客汽车中。

a) Passenger vehicles include cars.

2-101 邮电业务量(2011年)
Business Volume of Postal and Telecommunication Services (2011)

地区	Region	邮电业务总量(亿元) Business Volume of Postal and Telecommunication Services (100 million yuan)	邮政业务总量 Business Volume of Postal Services	电信业务总量 Business Volume of Telecommunication Services	函件(亿件) Number of Letters (100 million pcs)	包裹(万件) Package (10 000 pcs)	报刊期发数(万份) Issue of Newspapers and Magazines (10 000 copies)	汇票(万笔) Postal Order (10 000 times)
合计	**National Total**	**13333.49**	**1607.71**	**11725.78**	**73.78**	**6883.0**	**15007.7**	**26474.3**
北京	Beijing	566.45	130.16	436.29	7.08	614.6	725.1	1027.7
天津	Tianjin	176.29	23.07	153.22	1.13	115.6	199.2	300.8
河北	Hebei	539.62	48.28	491.34	2.38	400.6	617.1	589.3
山西	Shanxi	305.62	26.29	279.33	0.67	123.4	367.3	795.7
内蒙古	Inner Mongolia	245.07	13.56	231.51	0.30	107.1	284.6	678.3
辽宁	Liaoning	472.64	38.22	434.42	0.88	235.7	554.6	1039.6
吉林	Jilin	238.61	18.36	220.25	0.66	128.5	187.6	479.1
黑龙江	Heilongjiang	307.77	30.12	277.65	0.78	253.4	446.3	487.5
上海	Shanghai	563.42	148.11	415.31	13.04	529.1	944.4	888.8
江苏	Jiangsu	986.55	154.10	832.45	9.39	422.2	1198.6	1963.4
浙江	Zhejiang	901.29	150.89	750.40	8.47	478.4	1135.0	2107.2
安徽	Anhui	369.19	36.85	332.34	1.74	148.9	521.8	341.3
福建	Fujian	510.83	59.31	451.52	2.45	169.0	531.9	1049.9
江西	Jiangxi	279.20	28.16	251.04	1.32	126.1	394.8	429.2
山东	Shandong	809.02	81.37	727.65	4.60	354.6	795.7	1106.9
河南	Henan	603.67	62.80	540.87	3.23	264.5	1062.3	1422.8
湖北	Hubei	431.77	42.88	388.89	1.05	197.4	600.3	655.5
湖南	Hunan	439.94	39.47	400.47	0.88	181.3	671.9	765.0
广东	Guangdong	1888.00	270.84	1617.16	8.09	681.2	797.9	5190.2
广西	Guangxi	326.55	21.88	304.67	0.64	125.0	389.9	308.1
海南	Hainan	93.80	7.15	86.65	0.15	42.6	98.4	235.9
重庆	Chongqing	243.92	25.91	218.01	0.61	105.7	280.6	403.0
四川	Sichuan	606.88	56.55	550.33	1.88	262.5	626.4	1045.9
贵州	Guizhou	219.32	14.97	204.35	0.50	58.4	278.9	581.2
云南	Yunnan	324.07	16.32	307.75	0.41	133.9	318.5	461.1
西藏	Tibet	25.51	1.65	23.86	0.02	40.4	47.0	140.7
陕西	Shaanxi	348.55	28.89	319.66	0.59	199.5	335.0	595.3
甘肃	Gansu	172.29	11.15	161.14	0.37	91.9	201.1	353.1
青海	Qinghai	48.29	2.40	45.89	0.04	36.7	48.5	150.3
宁夏	Ningxia	57.58	3.57	54.01	0.09	30.6	50.4	141.6
新疆	Xinjiang	231.81	14.45	217.36	0.32	224.2	296.4	740.0

2-101 续表 1 continued

地 区	Region	集邮业务(万枚) Stamps for Collection (10 000 pieces)	固定本地电话通话量(亿次) Volume of Local Calls of Fixed Telephone (100 million times)	固定本地电话通话时长(亿分钟) Length of Local Calls of Fixed Telephone (100 million minutes)	固定长途电话通话时长(亿分钟) Length of Long-distance Calls of Fixed Telephone (100 million minutes)	IP电话通话时长(亿分钟) Length of IP Calls (100 million minutes)	移动短信业务量(亿条) Short Message Services (100 million messages)
合 计	**National Tota**	**102857.5**	**3581.7**	**4227.4**	**856.9**	**855.9**	**8790.0**
北 京	Beijing	10836.3	173.8	171.2	49.6	59.1	410.1
天 津	Tianjin	1801.9	56.8	53.1	7.8	17.6	130.2
河 北	Hebei	2206.2	147.2	167.8	24.6	4.6	319.4
山 西	Shanxi	1518.2	73.8	52.2	10.7	3.1	249.7
内蒙古	Inner Mongoli	1536.9	39.9	27.1	7.6	4.6	177.6
辽 宁	Liaoning	5002.5	170.1	221.7	27.4	16.3	260.1
吉 林	Jilin	2304.2	65.8	51.0	9.4	3.2	177.9
黑龙江	Heilongjiang	3751.4	92.6	92.8	13.7	7.4	179.8
上 海	Shanghai	3447.2	207.9	257.4	56.7	132.3	316.5
江 苏	Jiangsu	7330.0	222.0	298.9	53.9	15.4	689.7
浙 江	Zhejiang	5930.7	178.5	234.4	44.3	13.3	734.5
安 徽	Anhui	952.8	122.9	124.9	22.1	33.8	288.4
福 建	Fujian	3995.9	120.2	167.7	25.0	16.2	357.9
江 西	Jiangxi	4252.5	67.0	69.8	14.0	6.0	167.4
山 东	Shandong	8463.3	197.9	265.4	32.4	31.9	460.3
河 南	Henan	5572.3	249.4	302.6	28.1	5.9	327.9
湖 北	Hubei	4923.9	90.5	106.1	28.2	30.3	293.0
湖 南	Hunan	2832.6	123.4	177.0	21.6	25.5	321.7
广 东	Guangdong	8474.7	485.8	553.9	227.9	208.7	992.2
广 西	Guangxi	984.2	116.1	122.6	20.8	4.9	200.8
海 南	Hainan	425.5	22.9	32.2	5.5	3.4	55.1
重 庆	Chongqing	1000.5	70.0	88.9	7.7	23.1	142.8
四 川	Sichuan	3913.2	142.1	188.6	30.0	59.7	430.9
贵 州	Guizhou	1345.6	30.9	36.3	11.1	8.3	129.3
云 南	Yunnan	2088.9	56.8	74.5	15.6	24.4	310.9
西 藏	Tibet	229.3	6.0	6.0	2.5	1.3	15.6
陕 西	Shaanxi	2971.1	86.7	108.9	17.8	39.2	263.4
甘 肃	Gansu	1887.6	44.9	37.7	9.4	2.8	204.4
青 海	Qinghai	570.7	12.3	14.7	5.1	1.7	33.2
宁 夏	Ningxia	337.5	11.5	9.9	3.0	1.5	49.5
新 疆	Xinjiang	1942.0	96.2	112.0	23.6	50.2	99.8
不分地区	Not Classified by Region	27.9					

注：固定长途电话通话时长为固定传统长途电话通话时长及固定IP电话通话时长之和。
Length of long-distance calls of fixed telephone includes traditional calls and IP calls.

地 区	Region	移动电话通话时长(亿分钟) Length of Calls of Mobile Telephone (100 million minutes)	#去话通话时长 Length of Outgoing Calls	非漫游 Non-Roaming	国内漫游 Domestic Roaming	国际及港澳台漫游 Hong Kong, Macao, Taiwan and International Roaming	移动电话用户(万户) Number of Mobile Telephone Subscribers at Year-end (10 000 subscribers)	#3G移动电话用户 3G Mobile Phone Subscribers
全 国	**National Total**	**50472.6**	**25056.0**	**23083.2**	**1967.4**	**5.47**	**98625.3**	**12842.4**
北 京	Beijing	1380.3	714.0	651.1	62.5	0.41	2576.0	464.7
天 津	Tianjin	629.4	325.5	308.2	17.2	0.12	1235.6	188.3
河 北	Hebei	2350.1	1167.5	1091.4	76.1	0.04	5094.5	550.1
山 西	Shanxi	1262.5	636.9	587.4	49.4	0.02	2446.9	292.4
内蒙古	Inner Mongolia	1203.0	610.1	565.0	45.1	0.03	2316.2	257.6
辽 宁	Liaoning	1857.5	936.8	865.8	70.8	0.13	3836.5	547.7
吉 林	Jilin	1128.4	554.2	509.3	44.9	0.02	2004.1	240.6
黑龙江	Heilongjiang	1373.4	664.8	621.9	42.9	0.04	2376.6	268.8
上 海	Shanghai	1205.2	622.8	575.4	46.9	0.63	2620.6	464.7
江 苏	Jiangsu	3183.9	1603.3	1475.4	127.6	0.26	6684.8	1015.3
浙 江	Zhejiang	2984.2	1547.7	1422.6	124.6	0.49	5756.0	799.7
安 徽	Anhui	1343.8	645.5	591.6	54.0	0.02	3259.4	442.4
福 建	Fujian	1925.6	968.3	904.5	63.6	0.16	3553.2	448.8
江 西	Jiangxi	1153.0	555.7	524.1	31.6	0.04	2322.1	249.4
山 东	Shandong	3249.4	1620.1	1517.8	102.3	0.06	7118.1	881.2
河 南	Henan	2526.7	1137.9	1020.9	116.9	0.08	5062.0	548.2
湖 北	Hubei	1555.5	750.3	688.0	62.2	0.06	3953.7	491.4
湖 南	Hunan	1868.0	895.2	831.0	64.1	0.07	3749.1	475.0
广 东	Guangdong	6395.4	3193.0	2797.8	392.8	2.38	10792.8	1659.4
广 西	Guangxi	1318.1	635.4	588.3	47.0	0.05	2532.7	278.6
海 南	Hainan	446.8	231.2	221.7	9.5	0.03	671.6	106.6
重 庆	Chongqing	1069.8	526.2	505.3	20.9	0.03	1801.2	244.4
四 川	Sichuan	2570.8	1248.0	1168.8	79.1	0.09	4817.9	584.5
贵 州	Guizhou	1107.6	552.2	518.5	33.7	0.02	2044.3	186.1
云 南	Yunnan	1463.7	733.5	692.2	41.3	0.05	2589.5	272.3
西 藏	Tibet	104.6	56.6	48.4	8.2	0.00	196.4	19.3
陕 西	Shaanxi	1490.3	753.3	709.2	44.1	0.06	2907.2	395.9
甘 肃	Gansu	777.4	379.7	354.3	25.5	0.01	1614.7	152.7
青 海	Qinghai	203.9	105.0	92.7	12.3	0.01	463.5	44.2
宁 夏	Ningxia	257.2	130.8	117.3	13.5	0.00	520.5	52.9
新 疆	Xinjiang	1087.2	554.4	517.5	36.9	0.02	1670.9	182.6
不分地区	Not Classified by Region						36.7	36.7

2-101 续表 3 continued

地 区	Region	固定电话用户 (万户) Number of Fixed Telephone Subscribers at Year-end (10 000 subscribers)	城市电话用户 Urban Fixed Telephone Subscribers	#住宅电话用户 Household Fixed Telephone Subscribers	农村电话用户 Rural Fixed Telephone Subscribers	#住宅电话用户 Household Fixed Telephone Subscribers	#公用电话用户 (万户) Public Telephone (10 000 subscribers)
全 国	**National Total**	**28509.8**	**19121.7**	**11411.6**	**9388.1**	**7861.2**	**2468.3**
北 京	Beijing	883.9	700.7	421.6	183.2	146.5	95.2
天 津	Tianjin	333.9	329.7	225.8	4.1	0.6	28.3
河 北	Hebei	1242.7	814.2	460.7	428.6	403.7	75.7
山 西	Shanxi	682.2	468.0	329.4	214.3	187.7	62.0
内蒙古	Inner Mongolia	379.5	318.9	188.7	60.6	48.8	27.9
辽 宁	Liaoning	1352.1	934.9	722.7	417.2	398.2	95.2
吉 林	Jilin	579.3	434.0	294.7	145.3	134.5	45.5
黑龙江	Heilongjiang	793.5	608.0	448.3	185.4	170.1	57.4
上 海	Shanghai	926.4	915.4	560.8	11.1		40.1
江 苏	Jiangsu	2370.9	1392.5	807.7	978.4	802.1	164.5
浙 江	Zhejiang	1947.9	1168.2	556.0	779.7	565.1	217.2
安 徽	Anhui	1243.9	661.5	408.0	582.5	522.0	74.3
福 建	Fujian	1015.0	623.6	326.9	391.4	310.5	77.6
江 西	Jiangxi	673.9	421.9	230.9	252.0	214.5	59.6
山 东	Shandong	1896.6	1088.0	658.7	808.6	715.8	173.2
河 南	Henan	1341.4	845.4	608.0	495.9	413.5	134.6
湖 北	Hubei	1020.3	681.3	384.1	338.9	293.1	103.6
湖 南	Hunan	1011.6	666.7	378.6	344.9	283.4	96.0
广 东	Guangdong	3147.1	2206.1	1162.3	941.0	690.2	372.4
广 西	Guangxi	650.9	399.6	213.5	251.3	222.3	47.5
海 南	Hainan	175.0	122.7	66.4	52.2	40.3	14.8
重 庆	Chongqing	571.3	384.5	259.2	186.7	168.0	33.4
四 川	Sichuan	1382.9	922.8	559.6	460.0	403.1	92.1
贵 州	Guizhou	404.0	254.9	155.1	149.1	130.8	34.6
云 南	Yunnan	540.1	361.4	197.9	178.7	137.9	67.2
西 藏	Tibet	40.5	39.0	21.4	1.6	0.7	3.5
陕 西	Shaanxi	775.5	531.1	284.9	244.4	207.9	63.5
甘 肃	Gansu	396.4	269.9	145.9	126.5	104.9	50.1
青 海	Qinghai	104.2	84.6	50.1	19.6	17.2	5.7
宁 夏	Ningxia	108.5	81.3	46.8	27.1	22.8	8.0
新 疆	Xinjiang	518.3	390.8	236.8	127.5	104.9	47.7

注：2002年起公用电话用户包括安装在街道等公共场所的智能网专线接入终端用户。

a) Number of subscribers of public telephone since 2002 included the smart net special end-users which were installed at the public spatial, such as street.

2-102 邮政业网点及邮递线路(年底数)(2011年)
Postal Offices and Postal Delivery Routes at Year-end (2011)

地 区	Region	营业网点 (处) Number of Offices (unit)	#快递营业网点 Outlets for Express Services	信筒信箱 (个) Number of Post Boxes (unit)	农村投递路线 (公里) Rural Delivery Routes (km)	城市投递路线 (公里) Urban Delivery Routes (km)
全 国	**National Total**	**78667**	**75262**	**148206**	**3632579**	**1171464**
北 京	Beijing	2447	2507	6231	17906	47252
天 津	Tianjin	702	765	2561	17576	12180
河 北	Hebei	2492	2461	4486	200035	59745
山 西	Shanxi	1582	1300	2747	116345	31406
内蒙古	Inner Mongolia	1662	1112	2368	112903	36842
辽 宁	Liaoning	2339	2545	5666	95574	51417
吉 林	Jilin	1500	1429	4631	97283	26981
黑龙江	Heilongjiang	2112	1654	4418	111132	33832
上 海	Shanghai	5078	5208	3482	26211	59807
江 苏	Jiangsu	5551	5837	8287	267426	92399
浙 江	Zhejiang	3755	3965	15041	184497	74415
安 徽	Anhui	2809	2260	4554	132819	43521
福 建	Fujian	2067	2288	14352	89999	34808
江 西	Jiangxi	2271	2142	3672	96330	24276
山 东	Shandong	3891	5506	5407	252438	82097
河 南	Henan	4366	4325	4614	193183	50364
湖 北	Hubei	2455	2569	3497	179515	58371
湖 南	Hunan	3046	2510	4008	191837	36151
广 东	Guangdong	6552	7070	9667	214587	110601
广 西	Guangxi	1972	1941	7720	116945	27255
海 南	Hainan	630	632	672	21216	8082
重 庆	Chongqing	3299	2276	2785	60528	18886
四 川	Sichuan	5930	3938	7314	179834	34710
贵 州	Guizhou	1934	1637	2511	53806	11916
云 南	Yunnan	2293	2134	2875	158640	20229
西 藏	Tibet	240	225	362	117432	2898
陕 西	Shaanxi	1974	1842	3896	136369	31498
甘 肃	Gansu	1515	1471	7097	112023	16358
青 海	Qinghai	192	165	349	4987	4158
宁 夏	Ningxia	455	317	634	12816	3274
新 疆	Xinjiang	1556	1231	2302	60387	25735

2-102 续表 continued

地 区	Region	邮路总长度 (公里) Length of Postal Routes (km)	#航空邮路 Air Mail Routes	#汽车邮路 Highway Routes	#铁路邮路 Railway Routes
全 国	**National Total**	**5140272**	**2718292**	**2017483**	**309027**
北 京	Beijing	376504	227446	85135	35315
天 津	Tianjin	94118	68480	16273	6195
河 北	Hebei	71367	5775	61921	3671
山 西	Shanxi	106655	51268	40697	8033
内蒙古	Inner Mongolia	110792	46224	56798	5720
辽 宁	Liaoning	136099	67744	57749	7774
吉 林	Jilin	91456	55131	24703	11594
黑龙江	Heilongjiang	114962	57085	43365	14241
上 海	Shanghai	259717	195651	43645	19212
江 苏	Jiangsu	211468	97225	108358	5811
浙 江	Zhejiang	260054	160849	80628	9238
安 徽	Anhui	65219		62490	2292
福 建	Fujian	195662	130913	50566	13416
江 西	Jiangxi	93086	25952	59710	7119
山 东	Shandong	302217	219856	71689	10491
河 南	Henan	149659	45831	93487	9275
湖 北	Hubei	191578	128991	51961	10605
湖 南	Hunan	115765	44205	68286	3016
广 东	Guangdong	710690	276967	408749	22675
广 西	Guangxi	131334	69280	51757	9002
海 南	Hainan	93432	80385	12650	
重 庆	Chongqing	103923	59770	35556	3549
四 川	Sichuan	190342	78336	85439	8737
贵 州	Guizhou	99155	34120	58062	6413
云 南	Yunnan	178708	74821	80971	20989
西 藏	Tibet	25098	7086	15824	2188
陕 西	Shaanxi	237536	159234	57723	17890
甘 肃	Gansu	104936	55629	39319	6010
青 海	Qinghai	34684	19043	12137	3504
宁 夏	Ningxia	46423	34796	7870	2315
新 疆	Xinjiang	237636	140199	73967	22737

注：邮路总长度1980年及以前为邮路及农村投递路线总长度之和。

a) Length of postal routes before 1981 included the length of postal routes and rural delivery routes.

2-103 电信主要通信能力(年底数)(2011年)

Main Communication Capacity of Telecommunications (Year-end) (2011)

地 区	Region	固定长途电话交换机容量(路端) Capacity of Long-distance Telephone Exchanges (circuit)	局用交换机容量(万门) Capacity of Office Telephone Exchanges (10 000 lines)	移动电话交换机容量(万户) Capacity of Mobile Telephone Exchanges (10 000 subscribers)	光缆线路长度(公里) Length of Optical Cable Lines (km)	#长途光缆线路长度 Length of Long Distance Optical Cable Lines
全 国	**National Total**	**16023432**	**43428.4**	**171636.0**	**12119303**	**842341**
北 京	Beijing	550830	1329.7	4474.0	147376	4074
天 津	Tianjin	137246	485.9	2080.0	76991	3106
河 北	Hebei	342990	1405.5	9435.0	524776	31882
山 西	Shanxi	306834	957.2	4477.2	570036	27596
内蒙古	Inner Mongolia	202524	675.5	4200.1	278664	56076
辽 宁	Liaoning	433175	1857.8	6185.8	400975	25035
吉 林	Jilin	225353	793.4	3550.0	217793	21844
黑龙江	Heilongjiang	465117	1230.5	4976.2	346874	40112
上 海	Shanghai	790527	1328.0	3978.0	202043	4729
江 苏	Jiangsu	1094821	4132.4	9536.0	1162101	32841
浙 江	Zhejiang	847552	2985.8	9605.2	800554	23792
安 徽	Anhui	716918	1443.6	6912.0	503398	25794
福 建	Fujian	649851	1747.5	7179.9	485191	21622
江 西	Jiangxi	438459	851.9	3811.0	409804	21336
山 东	Shandong	457175	2471.4	10822.4	530306	33050
河 南	Henan	1510861	1857.3	8428.4	509364	30519
湖 北	Hubei	490768	1575.4	6245.3	446858	27117
湖 南	Hunan	506000	1545.8	5358.9	440833	36189
广 东	Guangdong	2644348	4781.5	19076.7	888783	46813
广 西	Guangxi	616810	1175.6	3746.1	378032	34725
海 南	Hainan	91576	289.6	1347.4	66991	3302
重 庆	Chongqing	219016	1100.9	2976.0	309523	6088
四 川	Sichuan	340440	1955.2	12192.5	695893	53528
贵 州	Guizhou	285437	990.5	3601.1	277458	34671
云 南	Yunnan	320867	1033.0	5276.2	379983	40070
西 藏	Tibet	34540	127.0	230.0	51334	24804
陕 西	Shaanxi	441852	1215.4	4306.8	328938	27437
甘 肃	Gansu	337006	783.7	2234.0	254027	27655
青 海	Qinghai	132843	161.2	649.0	77419	28026
宁 夏	Ningxia	61432	220.0	1035.8	50642	10244
新 疆	Xinjiang	284632	918.2	3709.0	306342	38265
不分地区	Not Classified by Region	45632	2.0			

注：电话交换机容量不包括用户交换机容量。

a)The capacity of exchanges in this table do not includes the capacity of exchanges owned by users.

2-104 连锁零售企业基本情况(2011年)
Basic Conditions of Chain Retail Enterprises (2011)

地 区	Region	总店数 (个) Number of Head Stores (unit)	门店总数 (个) Number of Stores (unit)	年末从业人数 (万人) Engaged Persons at Year-end (10 000 persons)	年末零售营业面积 (万平方米) Operating Area of Retail Enterprises at Year-end (10 000 sq.m)	商品销售额 (亿元) Total Sales of Commodities (100 million yuan)	商品购进总额 (亿元) Total Purchases Value (100 million yuan)	统一配送商品购进额 (亿元) Centralized Purchase and Delivery (100 million yuan)
全 国	**National Total**	**2411**	**195779**	**249.06**	**13670.7**	**34510.7**	**29653.0**	**22919.6**
北 京	Beijing	147	6950	14.99	637.2	2352.2	2068.7	994.3
天 津	Tianjin	38	1866	3.80	251.3	690.0	702.6	551.3
河 北	Hebei	88	4168	4.96	513.8	1054.3	958.2	631.2
山 西	Shanxi	43	2376	3.34	122.4	328.2	211.7	99.7
内蒙古	Inner Mongolia	17	1772	1.42	42.9	564.6	556.8	554.1
辽 宁	Liaoning	86	5547	5.78	364.4	860.1	767.2	590.7
吉 林	Jilin	25	867	1.17	59.3	145.8	136.7	126.7
黑龙江	Heilongjiang	36	1520	2.11	60.7	244.4	223.5	211.4
上 海	Shanghai	90	19658	30.86	987.6	3573.8	2779.7	2069.1
江 苏	Jiangsu	166	18247	42.21	1861.0	5232.9	4501.0	3608.6
浙 江	Zhejiang	233	27346	17.13	1062.5	2115.7	1984.5	1810.2
安 徽	Anhui	64	8811	8.59	455.2	1341.9	1285.6	1010.6
福 建	Fujian	131	3526	7.37	530.5	1079.3	769.4	473.1
江 西	Jiangxi	69	2996	4.79	292.2	901.2	461.9	391.6
山 东	Shandong	139	9123	16.80	1089.7	2337.2	2012.5	1399.1
河 南	Henan	141	5719	7.01	569.8	720.6	689.9	373.1
湖 北	Hubei	106	4803	12.27	575.7	1189.8	1020.1	753.9
湖 南	Hunan	84	5548	6.32	486.0	816.1	709.1	610.5
广 东	Guangdong	213	29170	27.70	2099.1	5398.4	4937.2	4358.4
广 西	Guangxi	61	3438	3.77	336.3	709.8	350.8	317.6
海 南	Hainan	4	234	0.14	3.6	3.7	3.8	3.5
重 庆	Chongqing	88	11316	8.62	333.0	862.5	830.6	504.8
四 川	Sichuan	112	9770	6.91	207.0	430.6	388.0	358.3
贵 州	Guizhou	23	723	0.47	9.3	12.0	11.3	11.2
云 南	Yunnan	43	3632	3.52	195.6	442.7	292.0	281.3
西 藏	Tibet	2	15	0.06	2.5	1.9	2.2	2.2
陕 西	Shaanxi	26	652	1.90	71.2	245.0	190.4	128.1
甘 肃	Gansu	13	407	0.57	22.4	87.7	87.8	87.8
青 海	Qinghai	8	76	0.53	14.3	14.5	9.5	5.4
宁 夏	Ningxia	20	1897	1.03	64.2	150.9	172.5	167.8
新 疆	Xinjiang	95	3606	2.92	350.0	603.2	537.9	434.2

注：门店总数全国总计中包括开设在港澳台地区和国外的门店。

a) Total number of stores includes that from Hong Kong, Macao and Taiwan province and foreign countries.

2-105 亿元以上商品交易市场基本情况(2011年)
Basic Statistics on Commodity Exchange Markets of Transaction Value over 100 Million Yuan (2011)

地 区	Region	市场数量 (个) Number of Markets (unit)	摊位数 (个) Number of Booths (unit)	营业面积 (万平方米) Operating Area (10 000 sq.m)	成交额 (亿元) Turnover (100 million yuan)	批发市场 Wholesale	零售市场 Retail
合 计	**National Total**	**5075**	**3334787**	**26234.5**	**82017.3**	**69390.8**	**12626.5**
北 京	Beijing	140	116505	737.7	2547.8	1703.1	844.7
天 津	Tianjin	77	51119	523.1	2565.8	2460.6	105.2
河 北	Hebei	278	306369	2670.4	4430.6	4112.8	317.7
山 西	Shanxi	40	29966	253.9	497.9	468.6	29.3
内蒙古	Inner Mongolia	74	38503	677.4	715.9	538.7	177.2
辽 宁	Liaoning	221	180547	813.8	3795.4	3147.2	648.2
吉 林	Jilin	66	55911	308.9	643.3	385.1	258.2
黑龙江	Heilongjiang	97	64752	357.2	937.9	734.0	203.9
上 海	Shanghai	180	75387	761.3	6789.9	6377.3	412.6
江 苏	Jiangsu	575	346988	3027.6	14007.3	12087.2	1920.1
浙 江	Zhejiang	730	431884	2876.1	13099.7	10957.2	2142.5
安 徽	Anhui	135	94122	909.1	2190.9	1942.5	248.5
福 建	Fujian	159	55039	333.7	1540.1	1101.1	438.9
江 西	Jiangxi	95	64818	359.4	1317.2	1136.1	181.1
山 东	Shandong	555	364551	3650.0	7424.0	6475.5	948.5
河 南	Henan	178	126929	1052.8	2030.3	1662.3	367.9
湖 北	Hubei	176	81416	561.5	1459.1	1080.2	378.9
湖 南	Hunan	313	182225	967.1	2488.6	1693.9	794.7
广 东	Guangdong	370	193857	2025.4	5105.8	4416.5	689.3
广 西	Guangxi	91	69123	437.2	1071.0	850.8	220.2
海 南	Hainan	8	4459	9.4	18.1	3.6	14.5
重 庆	Chongqing	129	85298	621.6	2987.3	2438.9	548.4
四 川	Sichuan	112	102610	583.4	1516.8	1223.5	293.3
贵 州	Guizhou	33	20086	119.4	370.5	345.7	24.9
云 南	Yunnan	55	55050	390.9	733.6	597.8	135.8
西 藏	Tibet						
陕 西	Shaanxi	39	28389	101.3	270.3	173.9	96.3
甘 肃	Gansu	43	30351	225.6	419.0	387.3	31.7
青 海	Qinghai	9	6000	51.9	38.2	34.3	3.8
宁 夏	Ningxia	29	20868	302.8	226.3	193.0	33.4
新 疆	Xinjiang	68	51665	524.4	778.7	662.0	116.8

2-106 社会消费品零售总额
Total Retail Sales of Consumer Goods

地区	Region	2010		2011	
		社会消费品零售总额 (亿元) Total Retail Sales of Consumer Goods (100 million yuan)	增长 (%) Growth Rate (%)	社会消费品零售总额 (亿元) Total Retail Sales of Consumer Goods (100 million yuan)	增长 (%) Growth Rate (%)
全国	**National Total**	**156998.4**	**18.3**	**183918.6**	**17.1**
北京	Beijing	6229.3	17.3	6900.3	10.8
天津	Tianjin	2860.2	19.4	3395.1	18.7
河北	Hebei	6821.8	18.3	8035.5	17.8
山西	Shanxi	3318.2	18.1	3903.4	17.6
内蒙古	Inner Mongolia	3384.0	18.5	3991.7	18.0
辽宁	Liaoning	6887.6	18.5	8095.3	17.5
吉林	Jilin	3504.9	18.5	4119.8	17.5
黑龙江	Heilongjiang	4039.2	18.7	4750.1	17.6
上海	Shanghai	6070.5	17.3	6814.8	12.3
江苏	Jiangsu	13606.8	18.5	15988.4	17.5
浙江	Zhejiang	10245.4	18.8	12028.0	17.4
安徽	Anhui	4197.7	19.0	4955.1	18.0
福建	Fujian	5310.0	18.5	6276.2	18.2
江西	Jiangxi	2956.2	19.0	3485.1	17.9
山东	Shandong	14620.3	18.3	17155.5	17.3
河南	Henan	8004.2	18.6	9453.6	18.1
湖北	Hubei	7013.9	18.3	8275.2	18.0
湖南	Hunan	5839.5	18.8	6884.7	17.9
广东	Guangdong	17458.4	17.2	20297.5	16.3
广西	Guangxi	3312.0	18.7	3908.2	18.0
海南	Hainan	639.3	18.9	759.5	18.8
重庆	Chongqing	2938.6	18.5	3487.8	18.7
四川	Sichuan	6810.1	18.3	8044.6	18.1
贵州	Guizhou	1482.7	18.9	1751.6	18.1
云南	Yunnan	2542.4	21.9	3000.1	18.0
西藏	Tibet	185.3	18.3	219.0	18.2
陕西	Shaanxi	3195.7	18.4	3790.0	18.6
甘肃	Gansu	1394.5	17.9	1648.0	18.2
青海	Qinghai	350.8	16.8	410.5	17.0
宁夏	Ningxia	403.6	19.0	477.6	18.3
新疆	Xinjiang	1375.1	16.8	1616.3	17.5

2-107 连锁餐饮企业基本情况(2011年)
Basic Conditions of Chain Catering Enterprises (2011)

地 区	Region	总店数 (个) Number of Head Stores (unit)	门店总数 (个) Number of Stores (unit)	年末从业人数 (万人) Engaged Persons at Year-end (10 000 persons)	年末餐饮营业面积 (万平方米) Operating Area of Catering Enterprises at Year-end (10 000 sq.m)	餐位数 (万个) Number of Dining-seats (10 000 units)	营业额 (亿元) Business Revenue (100 million yuan)	商品购进总额 (亿元) Total Purchases Value (100 million yuan)	统一配送商品购进额 (亿元) Centralized Purchase and Delivery (100 million yuan)
全 国	**National Total**	**428**	**16285**	**83.29**	**821.37**	**277.07**	**1120.39**	**518.93**	**343.07**
北 京	Beijing	79	2776	12.73	157.40	40.48	213.16	78.22	42.27
天 津	Tianjin	10	331	3.11	15.22	4.73	39.92	33.40	0.42
河 北	Hebei	1	7	0.11	1.50	0.47	1.75	1.26	
山 西	Shanxi	6	95	0.83	6.23	2.18	9.10	4.24	3.58
内蒙古	Inner Mongolia	5	714	4.95	39.52	13.74	11.07	10.44	9.79
辽 宁	Liaoning	8	402	2.90	12.36	6.21	51.22	27.13	21.50
吉 林	Jilin	1	14	0.06	0.77	0.25	0.64	0.45	
黑龙江	Heilongjiang	8	69	0.28	3.87	1.31	3.54	1.64	1.47
上 海	Shanghai	22	1616	5.99	49.17	14.40	112.78	36.38	32.29
江 苏	Jiangsu	20	1259	6.42	42.42	13.85	82.37	36.41	34.39
浙 江	Zhejiang	32	1426	6.96	87.31	23.61	97.19	39.99	32.43
安 徽	Anhui	8	256	0.95	42.58	6.00	10.15	4.23	3.09
福 建	Fujian	14	812	2.82	18.65	7.63	39.11	15.22	10.95
江 西	Jiangxi	9	78	0.74	7.41	1.82	8.00	5.91	5.19
山 东	Shandong	18	180	1.90	18.54	4.50	29.05	6.79	1.08
河 南	Henan	21	180	0.84	9.98	3.41	10.38	5.44	3.64
湖 北	Hubei	31	360	2.61	31.90	10.56	41.53	25.73	23.98
湖 南	Hunan	11	195	0.96	10.49	3.17	15.87	13.08	11.74
广 东	Guangdong	58	2210	10.92	75.76	29.22	156.02	60.48	56.26
广 西	Guangxi	2	63	0.49	2.41	0.87	5.80	2.34	2.34
海 南	Hainan	1	4	0.03	0.15	0.05	0.55	0.19	
重 庆	Chongqing	26	2288	12.71	148.92	72.33	125.42	77.26	15.79
四 川	Sichuan	14	460	1.57	18.30	8.43	28.35	10.76	10.68
贵 州	Guizhou	1	10	0.12	2.21	0.26	1.84	1.02	
云 南	Yunnan	7	212	0.85	8.36	4.28	9.85	12.68	12.64
西 藏	Tibet	1	3	0.01	0.05	0.02	0.04	0.02	0.02
陕 西	Shaanxi	4	109	1.00	5.99	1.81	10.23	6.55	6.03
甘 肃	Gansu	2	10	0.07	0.51	0.14	0.60	0.28	0.12
青 海	Qinghai								
宁 夏	Ningxia								
新 疆	Xinjiang	8	146	0.39	3.40	1.33	4.88	1.38	1.37

注：门店总数全国总计中包括开设在港澳台地区和国外的门店。

a) Total number of stores includes that from Hong Kong, Macao and Taiwan province and foreign countries.

2-108 接待入境过夜游客和国际旅游(外汇)收入
Number of Oversea Visitor Arrivals and Foreign Exchange Earnings

单位：万人次 (10 000 person-times)

地区	Region	2010 总计 Total	2010 #外国人 Foreigners	2010 国际旅游(外汇)收入(百万美元) Foreign Exchange Earnings (million USD)	2011 总计 Total	2011 #外国人 Foreigners	2011 国际旅游(外汇)收入(百万美元) Foreign Exchange Earnings (million USD)
全　国	**National Total**	**5566.45**		**45814.00**	**5758.07**		**48464.00**
北　京	Beijing	490.07	421.63	5044.61	520.40	447.41	5416.00
天　津	Tianjin	166.07	153.05	1419.51	73.06	63.58	1755.53
河　北	Hebei	97.74	85.31	350.71	114.14	98.27	447.65
山　西	Shanxi	130.29	82.09	464.60	155.32	98.25	567.19
内蒙古	Inner Mongolia	142.80	140.02	601.90	151.52	147.64	670.97
辽　宁	Liaoning	361.80	307.01	2259.33	405.33	339.41	2713.14
吉　林	Jilin	82.01	72.16	304.92	99.32	85.49	385.28
黑龙江	Heilongjiang	172.42	164.83	762.50	206.52	197.84	917.62
上　海	Shanghai	733.72	593.12	6340.92	668.61	554.99	5751.18
江　苏	Jiangsu	653.55	473.50	4783.43	737.33	537.91	5652.97
浙　江	Zhejiang	684.71	447.41	3930.20	773.69	515.04	4541.73
安　徽	Anhui	198.42	117.40	708.98	262.87	151.75	1179.18
福　建	Fujian	368.14	115.27	2978.24	427.42	140.02	3634.44
江　西	Jiangxi	113.97	39.92	346.03	135.83	43.98	415.00
山　东	Shandong	366.79	277.87	2155.04	424.23	312.33	2550.76
河　南	Henan	146.84	96.09	498.77	168.29	104.29	549.03
湖　北	Hubei	181.74	138.55	751.16	213.52	160.11	940.18
湖　南	Hunan	189.87	103.30	906.22	227.63	119.80	1014.34
广　东	Guangdong	3140.93	733.28	12382.61	3331.63	749.34	13906.19
广　西	Guangxi	250.24	141.39	806.15	302.79	171.48	1051.88
海　南	Hainan	66.33	47.40	322.36	81.43	56.16	376.15
重　庆	Chongqing	137.02	103.96	703.20	186.40	132.61	968.06
四　川	Sichuan	104.93	74.97	354.09	163.97	113.73	593.83
贵　州	Guizhou	50.01	18.61	129.58	58.51	23.62	135.07
云　南	Yunnan	329.15	231.23	1323.65	395.38	281.00	1608.61
西　藏	Tibet	22.83	21.41	103.59	27.08	24.90	129.63
陕　西	Shaanxi	212.17	155.24	1015.96	270.41	189.91	1295.05
甘　肃	Gansu	7.02	4.99	14.81	9.11	5.47	17.40
青　海	Qinghai	4.67	3.39	20.45	5.17	4.11	26.59
宁　夏	Ningxia	1.80	1.29	5.99	1.95	1.37	6.20
新　疆	Xinjiang	50.94	45.44	185.42	56.37	48.77	465.19

2-109 高等学校普通本、专科学校和学生情况(2011年)

Number of Schools and Students in Undergraduate or Specialized Courses in Institutions of Higher Education (2011)

单位：人 (person)

地 区	Region	学校数(所) Schools (unit)	招生数 Entrants	专科 Specialized Courses	本科 Undergraduate Courses	在校学生数 Enrollment	专科 Specialized Courses	本科 Undergraduate Courses
全 国	**National Total**	**2483**	**6815009**	**3248598**	**3566411**	**23085078**	**9588501**	**13496577**
北 京	Beijing	87	156862	36497	120365	587887	112395	475492
天 津	Tianjin	56	131227	53011	78216	449702	156167	293535
河 北	Hebei	119	349000	197100	151900	1149252	557265	591987
山 西	Shanxi	78	178393	90317	88076	594469	272316	322153
内蒙古	Inner Mongolia	47	114076	58916	55160	384440	173018	211422
辽 宁	Liaoning	114	259816	98256	161560	902231	277685	624546
吉 林	Jilin	59	160052	48931	111121	562831	138275	424556
黑龙江	Heilongjiang	82	195176	67947	127229	709968	220433	489535
上 海	Shanghai	66	137811	50497	87314	511283	154065	357218
江 苏	Jiangsu	156	436056	195595	240461	1659415	691318	968097
浙 江	Zhejiang	103	267493	125106	142387	907482	361191	546291
安 徽	Anhui	116	308035	169184	138851	991267	472667	518600
福 建	Fujian	87	201449	95049	106400	674779	278686	396093
江 西	Jiangxi	90	246027	132192	113835	828599	399999	428600
山 东	Shandong	146	480753	256706	224047	1645589	779231	866358
河 南	Henan	123	448850	244939	203911	1500142	741381	758761
湖 北	Hubei	127	409497	198546	210951	1340298	569438	770860
湖 南	Hunan	124	306088	152068	154020	1067852	474624	593228
广 东	Guangdong	134	468685	241430	227255	1527254	684907	842347
广 西	Guangxi	74	184639	107616	77023	600094	315408	284686
海 南	Hainan	17	46416	22393	24023	156700	68773	87927
重 庆	Chongqing	60	177615	75948	101667	567813	206281	361532
四 川	Sichuan	95	343631	169818	173813	1139316	455801	683515
贵 州	Guizhou	48	106810	49216	57594	344100	139995	204105
云 南	Yunnan	64	159349	68796	90553	487552	191689	295863
西 藏	Tibet	6	9401	4269	5132	32374	12475	19899
陕 西	Shaanxi	98	292105	125084	167021	964773	369590	595183
甘 肃	Gansu	44	123481	55478	68003	405306	149626	255680
青 海	Qinghai	9	13990	5968	8022	45721	15948	29773
宁 夏	Ningxia	16	28203	11956	16247	87870	30898	56972
新 疆	Xinjiang	38	74023	39769	34254	258719	116956	141763

注：学校数为普通高校数。学生数包括成人高校的普通本专科学生数。

a) Schools refer to those of regular higher education. Number of students includes adult regular undergraduates and college students.

2-109 续表 continued

单位：人 (person)

地 区	Region	预计毕业生数 Anticipated Graduates for Next Year	专 科 Specialized Courses	本 科 Undergraduate Courses	毕(结)业生数 Graduates with Degrees or Diplomas	专 科 Specialized Courses	本 科 Undergraduate Courses	授予学位数 Degrees Conferred
全 国	**National Total**	**6361179**	**3248092**	**3113087**	**6081565**	**3285336**	**2796229**	**2707934**
北 京	Beijing	160529	42304	118225	153663	42415	111248	108719
天 津	Tianjin	116487	51546	64941	108723	51580	57143	55244
河 北	Hebei	318931	183503	135428	311141	190865	120276	117660
山 西	Shanxi	163162	90667	72495	152680	87563	65117	62894
内蒙古	Inner Mongolia	105869	58950	46919	95957	54636	41321	40261
辽 宁	Liaoning	240881	89325	151556	236341	96324	140017	137482
吉 林	Jilin	147616	48685	98931	141569	49819	91750	86502
黑龙江	Heilongjiang	205943	86613	119330	196075	88195	107880	105945
上 海	Shanghai	143309	52383	90926	139027	54853	84174	80860
江 苏	Jiangsu	484568	245211	239357	477137	251627	225510	211624
浙 江	Zhejiang	253883	123204	130679	238448	121607	116841	113238
安 徽	Anhui	268320	152077	116243	256135	150244	105891	103187
福 建	Fujian	183030	91497	91533	173702	94270	79432	79428
江 西	Jiangxi	233187	137193	95994	225802	140788	85014	82914
山 东	Shandong	479119	270381	208738	472882	293593	179289	176331
河 南	Henan	436815	266552	170263	432994	278994	154000	150720
湖 北	Hubei	357818	187694	170124	362991	205436	157555	149843
湖 南	Hunan	309014	174779	134235	284178	164329	119849	117476
广 东	Guangdong	416739	229664	187075	357521	195266	162255	158942
广 西	Guangxi	167226	103265	63961	151052	94215	56837	55120
海 南	Hainan	42344	24187	18157	39150	23345	15805	14755
重 庆	Chongqing	141690	64120	77570	130702	60683	70019	66043
四 川	Sichuan	296176	135607	160569	289165	151406	137759	134535
贵 州	Guizhou	87573	46813	40760	83016	45167	37849	34845
云 南	Yunnan	120661	60483	60178	109531	59012	50519	49226
西 藏	Tibet	7817	3299	4518	8159	3606	4553	4315
陕 西	Shaanxi	267898	132863	135035	258878	138292	120586	116127
甘 肃	Gansu	104468	46012	58456	99042	47877	51165	50288
青 海	Qinghai	11951	5253	6698	12582	6553	6029	5953
宁 夏	Ningxia	21183	9072	12111	19524	9496	10028	9877
新 疆	Xinjiang	66972	34890	32082	63798	33280	30518	27580

2-110 中等职业学校(机构)学生情况(2011年)

Situations on Students in Secondary Vocational Schools (Institutions) (2011)

单位：人 (person)

地区	Region	招生数 New Enrollment	在校学生数 Total Enrollment	毕业生数 Graduates	#获得职业资格证书 With Professional Qualification Certificates	预计毕业生数 Graduates for Next Year
全国	**National**	**6499626**	**17749068**	**5411252**	**3384287**	**5734745**
北京	Beijing	61507	168982	51112	28439	57886
天津	Tianjin	35046	108094	40355	18597	38588
河北	Hebei	356853	1065994	355816	180710	392227
山西	Shanxi	176188	508529	193887	115261	188591
内蒙古	Inner Mongolia	105862	307919	91335	43558	110039
辽宁	Liaoning	134577	407577	142226	68826	139150
吉林	Jilin	91656	265952	96934	40878	88556
黑龙江	Heilongjiang	109287	323219	123316	54093	126828
上海	Shanghai	48149	154008	51325	40509	45260
江苏	Jiangsu	307406	926984	290081	196954	255029
浙江	Zhejiang	238150	652001	188650	164371	205125
安徽	Anhui	405504	947984	289204	203690	287795
福建	Fujian	251705	573082	162006	123509	196742
江西	Jiangxi	211902	587317	193413	108136	197055
山东	Shandong	444703	1177130	386564	251782	380641
河南	Henan	569553	1567770	529025	296117	545275
湖北	Hubei	212318	720915	307701	192697	285419
湖南	Hunan	279918	778750	225490	157944	252298
广东	Guangdong	550297	1520525	366543	245112	453448
广西	Guangxi	317077	841953	180013	117351	232763
海南	Hainan	57964	148743	32182	16293	43113
重庆	Chongqing	146484	379534	118634	78477	115026
四川	Sichuan	523302	1266229	340512	244196	382662
贵州	Guizhou	148242	379908	90966	58055	113255
云南	Yunnan	184875	578273	129480	80941	163840
西藏	Tibet	5368	19767	8625	2574	9267
陕西	Shaanxi	236407	603772	207571	130317	194465
甘肃	Gansu	119116	332561	102760	56560	104269
青海	Qinghai	29600	80057	21620	15147	25540
宁夏	Ningxia	50433	112500	29398	15113	32480
新疆	Xinjiang	90177	243039	64508	38080	72113

注：中等职业学校未含技工学校数据。

a) Number of secondary vocational schools do not include the number of skilled-worker schools.

2-111 普通高中基本情况(2011年)
Basic Statistics on Regular Senior Secondary Schools (2011)

单位：人 (person)

地 区	Region	学校数 (所) Schools (unit)	招生数 New Enrollment	在校学生数 Total Enrollment	毕业生数 Graduates	教职工数 Teachers and Staff	#专任教师 Full-time Teachers
全 国	**National Total**	**13688**	**8507799**	**24548227**	**7877401**	**2427386**	**1556829**
北 京	Beijing	290	64146	195072	58275	49726	20317
天 津	Tianjin	209	60705	185461	60204	30224	15160
河 北	Hebei	598	397819	1233223	427876	123456	83476
山 西	Shanxi	519	286680	852689	270072	91003	56150
内蒙古	Inner Mongolia	279	169674	493476	168114	50698	31304
辽 宁	Liaoning	422	236157	712632	233805	61021	45965
吉 林	Jilin	248	168965	478783	155349	41859	27554
黑龙江	Heilongjiang	411	207742	622251	204287	59972	41698
上 海	Shanghai	247	52224	161056	58523	30301	16596
江 苏	Jiangsu	618	408844	1286951	466131	138024	97149
浙 江	Zhejiang	569	300521	899016	277131	86461	63360
安 徽	Anhui	734	441743	1278903	424199	114370	69577
福 建	Fujian	559	240621	709515	226312	97896	52375
江 西	Jiangxi	438	308930	783497	251060	79176	47583
山 东	Shandong	565	560488	1564212	501759	148000	113427
河 南	Henan	792	646263	1895068	665464	138525	104288
湖 北	Hubei	585	361978	1167697	429063	95092	71333
湖 南	Hunan	594	369889	1013814	325598	106050	67552
广 东	Guangdong	1012	777547	2204135	630863	225361	137112
广 西	Guangxi	446	283282	773562	238408	65974	43069
海 南	Hainan	102	60609	168529	51487	21291	9865
重 庆	Chongqing	263	226743	648720	189652	62638	34234
四 川	Sichuan	740	535394	1512025	452646	146473	82768
贵 州	Guizhou	447	277290	689042	180203	58350	36223
云 南	Yunnan	444	243767	660291	192310	71058	42935
西 藏	Tibet	30	16720	44676	13165	4204	3398
陕 西	Shaanxi	544	336071	969167	309328	84064	55444
甘 肃	Gansu	436	221551	657086	202234	60585	38593
青 海	Qinghai	112	35377	106911	36114	12846	7702
宁 夏	Ningxia	67	53562	148043	48291	12466	9364
新 疆	Xinjiang	368	156497	432724	129478	60222	31258

注：教职工数为普通高中和普通初中之和。
a) Number of teachers and staff is the sum of that of regular senior secondary schools and regular junior secondary schools.

2-112 初中基本情况(2011年)

Basic Statistics on Regular Junior Secondary Schools (2011)

单位：人 (person)

地 区	Region	学校数(所) Schools (unit)	招生数 New Enrollment	在校学生数 Total Enrollment	毕业生数 Graduates	专任教师 Full-time Teachers
全 国	**National Total**	**54117**	**16347296**	**50668024**	**17366786**	**3524517**
北 京	Beijing	342	100636	302269	97587	30539
天 津	Tianjin	316	82553	261954	90486	25860
河 北	Hebei	2534	727190	2150335	752512	172505
山 西	Shanxi	2093	509272	1643113	555758	119314
内蒙古	Inner Mongolia	808	256646	791411	259992	62565
辽 宁	Liaoning	1637	376932	1195997	435895	101483
吉 林	Jilin	1230	232122	751532	285578	67090
黑龙江	Heilongjiang	1685	335172	1223979	398552	100563
上 海	Shanghai	507	116210	430585	96244	34506
江 苏	Jiangsu	2100	649616	2111249	838269	185110
浙 江	Zhejiang	1745	499789	1546002	575871	119270
安 徽	Anhui	2962	760861	2498800	922116	161604
福 建	Fujian	1271	363390	1157266	463505	97795
江 西	Jiangxi	2117	675593	2009641	631353	122811
山 东	Shandong	3004	1057830	3451577	1076260	263333
河 南	Henan	4596	1616241	4679780	1554530	282202
湖 北	Hubei	2122	619213	2040702	771362	154295
湖 南	Hunan	3310	734924	2163402	692709	173343
广 东	Guangdong	3316	1540940	4790565	1619069	268008
广 西	Guangxi	1939	688646	2008317	624461	119248
海 南	Hainan	406	125529	392397	141635	25104
重 庆	Chongqing	996	372073	1190197	428823	76717
四 川	Sichuan	3964	1058072	3266108	1153686	202987
贵 州	Guizhou	2194	745660	2138054	650596	111173
云 南	Yunnan	1711	687209	2052586	670529	119266
西 藏	Tibet	93	44567	136371	44370	9121
陕 西	Shaanxi	1819	458592	1498841	586760	115434
甘 肃	Gansu	1577	406700	1285392	458253	84462
青 海	Qinghai	304	76548	223398	63632	14720
宁 夏	Ningxia	262	102617	299635	97927	18846
新 疆	Xinjiang	1157	325953	976569	328466	85243

2-113 普通小学基本情况(2011年)
Basic Statistics on Regular Primary Schools (2011)

单位：人 (person)

地 区	Region	学校数(所) Schools (unit)	招生数 New Enrollment	在校学生数 Total Enrollment	毕业生数 Graduates	教职工数 Teachers and Staff	#专任教师 Full-time Teachers
全 国	**National Total**	**241249**	**17367980**	**99263674**	**16628054**	**5584868**	**5604861**
北 京	Beijing	1090	132719	680457	101678	54781	50867
天 津	Tianjin	874	100097	518531	84602	41825	37457
河 北	Hebei	13274	1038453	5410910	732753	325542	316537
山 西	Shanxi	10936	440802	2771927	527818	190646	188820
内蒙古	Inner Mongolia	2613	246419	1405322	254920	126569	113734
辽 宁	Liaoning	5118	370138	2168074	377227	137851	145457
吉 林	Jilin	5600	250353	1439237	226712	132521	121854
黑龙江	Heilongjiang	5620	333945	1874996	336006	152915	147697
上 海	Shanghai	764	169430	731131	130857	48151	46254
江 苏	Jiangsu	4325	761815	4095995	649684	253834	250123
浙 江	Zhejiang	3818	628821	3440635	517786	169565	174379
安 徽	Anhui	13343	791856	4435804	769388	237290	243319
福 建	Fujian	5947	447904	2460858	371976	158592	155337
江 西	Jiangxi	11633	777955	4340255	667802	195620	204248
山 东	Shandong	12047	1193990	6440742	1068186	393612	386280
河 南	Henan	27793	1934351	10928960	1676067	504697	495824
湖 北	Hubei	7415	692317	3773446	583417	197395	194851
湖 南	Hunan	10824	869687	4903095	730155	235769	250333
广 东	Guangdong	15148	1408922	8220577	1619684	430652	432451
广 西	Guangxi	13789	726689	4270002	702614	235149	218967
海 南	Hainan	2210	123955	765619	131762	49546	51583
重 庆	Chongqing	5248	338693	1954818	363073	116397	115343
四 川	Sichuan	8847	996827	5798017	1042069	264869	305508
贵 州	Guizhou	12008	626379	4087382	773003	195168	197094
云 南	Yunnan	13320	653821	4240837	729118	238762	234758
西 藏	Tibet	860	49536	294725	48319	19200	19077
陕 西	Shaanxi	8867	407696	2535962	464579	173769	171011
甘 肃	Gansu	10907	338176	2200743	426257	135559	141324
青 海	Qinghai	1533	82562	511867	80162	20916	25897
宁 夏	Ningxia	1942	111236	643293	112676	32179	33295
新 疆	Xinjiang	3536	322436	1919457	327704	115527	135182

2-114 特殊教育基本情况(2011年)
Basic Statistics on Special Education (2011)

单位：人 (person)

地 区	Region	学校数(所) Schools (unit)	招生数 New Enrollment	在校学生数 Total Enrollment	毕业生数 Graduates	教职工数 Teachers and Staff	#专任教师 Full-time Teachers
全 国	**National Total**	**1767**	**64086**	**398736**	**44194**	**51189**	**41311**
北 京	Beijing	21	1049	8037	1691	1159	862
天 津	Tianjin	20	333	2647	270	710	535
河 北	Hebei	148	1982	12566	1183	3444	2800
山 西	Shanxi	51	1339	8311	805	1580	1300
内蒙古	Inner Mongolia	34	879	4286	292	1183	982
辽 宁	Liaoning	74	1069	8935	926	2642	1965
吉 林	Jilin	46	887	6015	547	1752	1316
黑龙江	Heilongjiang	73	1736	12963	821	2308	1872
上 海	Shanghai	29	1178	8260	1505	1577	1158
江 苏	Jiangsu	108	3693	25517	3270	3844	3036
浙 江	Zhejiang	78	2174	13048	1544	2095	1794
安 徽	Anhui	63	1701	12635	1244	1480	1239
福 建	Fujian	71	4570	28738	3649	1762	1554
江 西	Jiangxi	75	3593	22577	1917	990	885
山 东	Shandong	146	3387	21745	2463	5731	4585
河 南	Henan	127	3151	19463	1697	3547	2961
湖 北	Hubei	76	1622	12893	1535	1811	1527
湖 南	Hunan	58	2358	12673	1049	1656	1325
广 东	Guangdong	80	3581	25022	3212	2902	2158
广 西	Guangxi	60	2411	13861	1129	1447	1138
海 南	Hainan	3	336	1678	206	153	110
重 庆	Chongqing	36	3485	16978	1585	895	763
四 川	Sichuan	107	6767	40898	5486	2036	1784
贵 州	Guizhou	52	2858	14474	1244	1026	901
云 南	Yunnan	30	3736	19329	2563	955	772
西 藏	Tibet	2	63	485	20	64	55
陕 西	Shaanxi	44	1309	6837	665	1007	777
甘 肃	Gansu	22	1457	9455	708	586	484
青 海	Qinghai	11	247	2142	230	171	140
宁 夏	Ningxia	7	196	1535	86	245	217
新 疆	Xinjiang	15	939	4733	652	431	316

2-115 各级普通学校生师比(2011年)
Student-Teacher Ratio by Level of Regular Schools (2011)

(教师人数=1)　　(Number of Teachers=1)

地　区	Region	小　学 Primary School	初　中 Junior Secondary School	普通高中 Regular Senior Secondary School	职业高中 Vocational Senior Secondary School	普通中专 Regular Specialized Secondary School	普通高校 Regular Institution of Higher Education	本科院校 Undergraduate Courses	专科院校 Specialized Courses
全　国	**National Total**	**17.71**	**14.38**	**15.77**	**21.59**	**31.53**	**17.42**	**17.48**	**17.28**
北　京	Beijing	13.38	9.90	9.60	12.82	25.65	16.18	16.39	14.47
天　津	Tianjin	13.84	10.13	12.23	12.44	15.18	17.03	16.95	17.27
河　北	Hebei	17.09	12.47	14.77	17.70	31.35	17.89	17.99	17.68
山　西	Shanxi	14.68	13.77	15.19	20.76	24.61	17.03	16.91	17.29
内蒙古	Inner Mongolia	12.36	12.65	15.76	16.02	30.09	17.63	18.15	16.94
辽　宁	Liaoning	14.91	11.79	15.50	16.77	18.66	16.95	17.29	15.67
吉　林	Jilin	11.81	11.20	17.38	16.41	21.01	17.36	17.60	16.05
黑龙江	Heilongjiang	12.69	12.17	14.92	14.70	27.47	16.16	16.71	14.53
上　海	Shanghai	15.81	12.48	9.70	12.21	20.55	16.92	16.91	16.96
江　苏	Jiangsu	16.38	11.41	13.25	16.75	23.43	15.65	16.32	14.64
浙　江	Zhejiang	19.73	12.96	14.19	20.81	23.11	17.21	16.98	17.73
安　徽	Anhui	18.23	15.46	18.38	25.80	28.98	18.77	18.65	18.96
福　建	Fujian	15.84	11.83	13.55		32.23	17.19	17.19	17.21
江　西	Jiangxi	21.25	16.36	16.47	27.92	42.54	16.85	17.04	16.50
山　东	Shandong	16.67	13.11	13.79	18.21	26.16	17.06	16.88	17.43
河　南	Henan	22.04	16.58	18.17	23.66	42.13	17.83	18.13	17.34
湖　北	Hubei	19.37	13.23	16.37	25.79	29.09	17.53	17.62	17.31
湖　南	Hunan	19.59	12.48	15.01	21.01	59.12	18.42	18.30	18.61
广　东	Guangdong	19.01	17.87	16.08	22.78	36.78	18.88	18.91	18.83
广　西	Guangxi	19.50	16.84	17.96		40.88	17.45	17.53	17.33
海　南	Hainan	14.84	15.63	17.08	22.75	54.10	18.80	18.90	18.61
重　庆	Chongqing	16.95	15.51	18.95	26.53	43.32	17.43	17.90	16.33
四　川	Sichuan	18.98	16.09	18.27	25.94	35.39	18.31	18.40	18.09
贵　州	Guizhou	20.74	19.23	19.02	28.35	41.90	17.47	17.12	18.17
云　南	Yunnan	18.06	17.21	15.38	26.24	39.74	18.49	18.12	19.23
西　藏	Tibet	15.45	14.95	13.15		32.68	15.51	14.03	19.35
陕　西	Shaanxi	14.83	12.98	17.48	27.81	37.72	17.92	17.66	18.84
甘　肃	Gansu	15.57	15.22	17.03	17.32	21.79	18.73	19.09	17.99
青　海	Qinghai	19.77	15.18	13.88	12.59	34.03	13.98	13.49	15.28
宁　夏	Ningxia	19.32	15.90	15.81	26.12	65.18	18.19	17.10	20.40
新　疆	Xinjiang	14.20	11.46	13.84	26.93	22.42	16.65	16.00	17.72

注：普通高校生师比中专任教师数包括聘请校外教师。

a) Of the student-teacher ratio of regular institution of higher education, full-time teachers include those from other schools.

2-116 每十万人口各级学校平均在校生数(2011年)
Number of Students Per 100 000 Population by Level (2011)

单位：人 (person)

地 区	Region	幼儿园 Kindergartens	小 学 Primary Education	初中阶段 Junior Secondary	高中阶段 Senior Secondary	高等学校 Higher Education
全 国	**National Total**	**2554**	**7403**	**3779**	**3489**	**2253**
北 京	Beijing	1587	3468	1541	2104	5613
天 津	Tianjin	1740	3992	2017	2441	4329
河 北	Hebei	2550	7521	2989	3427	2006
山 西	Shanxi	2296	7756	4597	4134	2202
内蒙古	Inner Mongolia	1813	5685	3202	3330	1920
辽 宁	Liaoning	1970	4956	2734	2797	2712
吉 林	Jilin	1676	5239	2736	2874	2807
黑龙江	Heilongjiang	1465	4892	3193	3034	2409
上 海	Shanghai	1929	3175	1870	1430	3556
江 苏	Jiangsu	2764	5205	2683	3312	2824
浙 江	Zhejiang	3436	6317	2838	3134	2218
安 徽	Anhui	1961	7446	4195	3858	2007
福 建	Fujian	3572	6664	3134	3924	2200
江 西	Jiangxi	3261	9727	4504	3392	2212
山 东	Shandong	2524	6718	3600	3257	2191
河 南	Henan	3001	11620	4976	4026	1901
湖 北	Hubei	2313	6588	3563	3597	2991
湖 南	Hunan	2492	7463	3293	3032	2054
广 东	Guangdong	2948	7873	4588	4384	1978
广 西	Guangxi	3129	9262	4356	3756	1688
海 南	Hainan	2410	8810	4516	3984	2079
重 庆	Chongqing	2921	6776	4125	3983	2522
四 川	Sichuan	2623	7207	4060	3623	1904
贵 州	Guizhou	2523	11749	6146	3178	1254
云 南	Yunnan	2360	9215	4460	2905	1520
西 藏	Tibet	1386	9792	4531	2141	1446
陕 西	Shaanxi	2752	6790	4013	4865	3378
甘 肃	Gansu	1688	8597	5021	4237	2041
青 海	Qinghai	2380	9092	3968	3720	1082
宁 夏	Ningxia	2353	10163	4734	4308	1912
新 疆	Xinjiang	2980	8785	4469	3292	1521

注：1.高等学校包括普通高等学校和成人高等学校。
2.高中阶段合计数据包括普通高中、成人高中、普通中专、职业高中、技工学校和成人中专。
3.初中阶段包括普通初中和职业初中。

a) Institutions of higher education include that of regular institutions of higher education and institutions of higher education for adults.

b) Total of senior schools include that of regular senior schools, adult senior schools, regular secondary technical schools, vocational secondary schools, technical worker school, adult technical secondary schools.

c) Junior secondary schools include regular junior schools and junior vocational schools.

2-117 教育经费情况(2010年)

Basic Statistics on Educational Funds (2010)

单位：万元 (10 000 yuan)

地区	Region	合计 Total	国家财政性教育经费 Government Appropriation for Education	#预算内教育经费 Budgetary	民办学校办学经费 Funds from Private Schools	社会捐赠经费 Donations and Fund-raising for Running Schools	事业收入 Income from Teaching Research and Other Auxiliary Activity	#学杂费 Tuition and Miscel-laneous Fees	其他教育经费 Other Educational Funds
全　国	**National Total**	**195618471**	**146700670**	**134895629**	**1054254**	**1078839**	**41060664**	**30155593**	**5724045**
中　央	Central Government	21583467	14920947	14035055		150934	5347866	2595393	1163719
地　方	Local Governments	174035004	131779723	120860573	1054254	927905	35712797	27560200	4560325
北　京	Beijing	6134448	5136580	4693182	6529	48389	808000	578991	134950
天　津	Tianjin	2920970	2270774	2103847	1163	6218	553129	364134	89685
河　北	Hebei	7192734	5647497	5178041	14598	8285	1422726	1211145	99629
山　西	Shanxi	4508195	3529544	3193060	26046	9295	854277	699279	89033
内蒙古	Inner Mongolia	4143731	3584765	3344758	4755	2017	487251	395818	64943
辽　宁	Liaoning	6242615	4834720	4367511	40605	1677	1261638	1019217	103975
吉　林	Jilin	3445611	2747077	2605373	7690	4103	652271	537994	34472
黑龙江	Heilongjiang	4048565	3183150	2901742	17051	2739	823012	735480	22614
上　海	Shanghai	5582736	4407376	3935045	7583	9541	901393	736562	256843
江　苏	Jiangsu	13146233	9234608	8142866	14591	169548	3117810	2312625	609676
浙　江	Zhejiang	10625688	7336561	5884177	33772	147053	2486977	1919052	621325
安　徽	Anhui	5990868	4488332	4172046	63061	21938	1305908	995547	111627
福　建	Fujian	5341118	3913350	3603658	100520	36973	1189237	903345	101038
江　西	Jiangxi	4494597	3175331	2984350	65600	20595	1070547	878067	162524
山　东	Shandong	10395900	8029725	7180596	29561	33420	2161674	1677026	141521
河　南	Henan	9111164	6800265	6481601	99621	8250	1980533	1581738	222495
湖　北	Hubei	5869164	3838175	3584633	31095	16254	1698149	1282738	285491
湖　南	Hunan	6497608	4585048	4227052	33200	16087	1655954	1288148	207319
广　东	Guangdong	15327348	10440230	9808383	216728	106776	4234065	3310218	329549
广　西	Guangxi	4941416	3990786	3739829	23755	10620	847218	673105	69037
海　南	Hainan	1422673	1133239	1045956	15426	13628	234577	185043	25802
重　庆	Chongqing	4068437	2893208	2687127	61406	42150	841898	587059	229775
四　川	Sichuan	8951781	6816497	6355855	70443	111231	1850014	1127335	103596
贵　州	Guizhou	3669550	3139157	2954220	15861	6827	452054	327349	55652
云　南	Yunnan	5336317	4480463	4226247	17631	23499	671821	533736	142904
西　藏	Tibet	662293	641638	625959	678	1155	18642	15583	180
陕　西	Shaanxi	5143635	3766663	3516784	14464	8757	1241636	989373	112116
甘　肃	Gansu	3106736	2648616	2532466	7953	18745	401239	331816	30183
青　海	Qinghai	1062206	985919	949172	1485	2596	59363	45326	12843
宁　夏	Ningxia	994671	843802	789385	9119	4947	115953	90675	20850
新　疆	Xinjiang	3655998	3256626	3045655	2266	14596	313833	226675	68678

2-118 国内三种专利申请受理数和授权数(2011年)

Patents Application Accepted and Granted (2011)

单位：件 (piece)

地区	Region	申请受理数 合计 Number of Patents Application Accepted	发明 Inventions	实用新型 Utility Models	外观设计 Designs	申请授权数 合计 Number of Patents Application Granted	发明 Inventions	实用新型 Utility Models	外观设计 Designs
全国	**National Total**	**1504670**	**415829**	**581303**	**507538**	**883861**	**112347**	**405086**	**366428**
北京	Beijing	77955	45057	26615	6283	40888	15880	19628	5380
天津	Tianjin	38489	10623	18042	9824	13982	2528	8961	2493
河北	Hebei	17595	4651	10423	2521	11119	1469	7490	2160
山西	Shanxi	12769	4602	5238	2929	4974	1114	3036	824
内蒙古	Inner Mongolia	3841	1267	2034	540	2262	364	1415	483
辽宁	Liaoning	37102	14658	17715	4729	19176	3164	13584	2428
吉林	Jilin	8196	3334	3941	921	4920	1202	2993	725
黑龙江	Heilongjiang	23432	5063	9704	8665	12236	1953	5855	4428
上海	Shanghai	80215	32142	30926	17147	47960	9160	23351	15449
江苏	Jiangsu	348381	84678	81097	182606	199814	11043	53413	135358
浙江	Zhejiang	177066	24745	75860	76461	130190	9135	56030	65025
安徽	Anhui	48556	10982	23209	14365	32681	2026	16128	14527
福建	Fujian	32325	6896	16688	8741	21857	1945	12697	7215
江西	Jiangxi	9673	2796	4698	2179	5550	679	3088	1783
山东	Shandong	109599	25623	63004	20972	58844	5856	43443	9545
河南	Henan	34076	8833	19120	6123	19259	2462	13032	3765
湖北	Hubei	42510	10327	17409	14774	19035	3160	11147	4728
湖南	Hunan	29516	8774	13598	7144	16064	2606	8732	4726
广东	Guangdong	196272	52012	67333	76927	128413	18242	51402	58769
广西	Guangxi	8106	2757	3614	1735	4402	634	2564	1204
海南	Hainan	1489	732	504	253	765	272	334	159
重庆	Chongqing	32039	8839	16786	6414	15525	1865	8749	4911
四川	Sichuan	49734	11808	19241	18685	28446	3270	12533	12643
贵州	Guizhou	8351	2358	3170	2823	3386	596	1885	905
云南	Yunnan	7150	2796	3175	1179	4199	1006	2217	976
西藏	Tibet	263	101	41	121	142	27	20	95
陕西	Shaanxi	32227	13037	11643	7547	11662	3139	6958	1565
甘肃	Gansu	5287	2105	2441	741	2383	552	1536	295
青海	Qinghai	732	204	233	295	538	70	147	321
宁夏	Ningxia	1079	442	527	110	613	103	418	92
新疆	Xinjiang	4736	1273	2732	731	2642	302	1974	366
香港	Hong Kong	3171	944	900	1327	2588	360	815	1413
澳门	Macao	36	19	15	2	19	9	8	2
台湾	Taiwan	22702	11351	9627	1724	17327	6154	9503	1670

2-119 公有经济企事业单位专业技术人员数(年底数)(2011年)

Number of Scientific and Technical Personnel in State-owned and Collective-owned Enterprises and Institutions at Year-end (2011)

单位：人 (person)

地 区	Region	合 计 Total	工程技术人员 Engineering	农业技术人员 Agriculture	科学研究人员 Scientific Research	卫生技术人员 Health Care	教学人员 Teaching
全 国	**National Total**	**23569312**	**5715561**	**714489**	**403853**	**4107373**	**12628036**
北 京	Beijing	364568	109459	4548	5744	87543	157274
天 津	Tianjin	254234	69407	2984	3548	57220	121075
河 北	Hebei	1031070	126730	27115	3420	172677	701128
山 西	Shanxi	738002	153618	23823	3613	122011	434937
内蒙古	Inner Mongolia	495875	63173	33396	2346	90276	306684
辽 宁	Liaoning	672184	200316	22048	5569	125605	318646
吉 林	Jilin	535262	77158	27715	6179	112867	311343
黑龙江	Heilongjiang	663207	103489	35441	6634	149943	367700
上 海	Shanghai	377379	117596	3907	5812	94798	155266
江 苏	Jiangsu	1042342	114226	28284	7912	215557	676363
浙 江	Zhejiang	761857	105137	17520	5051	191810	442339
安 徽	Anhui	750273	88644	19086	2922	135730	503891
福 建	Fujian	557730	72671	11822	6034	95001	372202
江 西	Jiangxi	641455	67570	20068	3235	127586	422996
山 东	Shandong	1582861	276011	56991	25296	295117	929446
河 南	Henan	1187042	118289	30769	4677	222925	810382
湖 北	Hubei	760818	78737	16833	3961	182081	479206
湖 南	Hunan	890040	103529	28662	6747	186439	564663
广 东	Guangdong	1304048	151700	13475	5260	253992	879621
广 西	Guangxi	752309	153773	21169	2975	130294	444098
海 南	Hainan	128446	7561	3198	620	29385	87682
重 庆	Chongqing	391349	48714	13567	2344	69078	257646
四 川	Sichuan	1016124	113654	46057	6039	186535	663839
贵 州	Guizhou	533075	57311	24881	1615	78377	370891
云 南	Yunnan	739324	104229	44388	4025	128549	458133
西 藏	Tibet	52873	3382	3353	485	9524	36129
陕 西	Shaanxi	651633	116587	28099	4545	129114	373288
甘 肃	Gansu	482569	62250	25675	2106	77332	315206
青 海	Qinghai	109641	18253	8802	720	20826	61040
宁 夏	Ningxia	111942	15357	8699	868	19756	67262
新 疆	Xinjiang	421372	47357	27921	6728	80290	259076

2-120 技术市场成交额
Transaction Value in Technical Markets

单位：万元 (10 000 yuan)

地 区	Region	2004	2005	2006	2007	2008	2009	2010	2011
全 国	**National Total**	**13343630**	**15513694**	**18181813**	**22265261**	**26652288**	**30390024**	**39065753**	**47635589**
北 京	Beijing	4249975	4895922	6973256	8825603	10272173	12362450	15795367	18902752
天 津	Tianjin	450276	507093	588624	723356	866122	1054611	1193390	1693819
河 北	Hebei	72718	103827	156099	164329	165906	172112	192931	262471
山 西	Shanxi	59960	47980	59213	82677	128425	162068	184911	224825
内蒙古	Inner Mongolia	104085	109939	107127	109835	94423	147651	271464	226719
辽 宁	Liaoning	752817	865167	806494	929290	997290	1197095	1306811	1596633
吉 林	Jilin	107900	122261	153666	174845	196066	197598	188090	262614
黑龙江	Heilongjiang	125715	142585	156934	350209	412565	488550	529123	620682
上 海	Shanghai	1716963	2317328	3095095	3548877	3861695	4354108	4314374	4807491
江 苏	Jiangsu	897855	1008296	688297	784173	940246	1082184	2493406	3334316
浙 江	Zhejiang	581465	386954	399618	453474	589189	564581	603478	718968
安 徽	Anhui	90675	142553	184921	264515	324865	356174	461470	650337
福 建	Fujian	141395	171959	113187	145579	179690	232594	356569	345712
江 西	Jiangxi	93661	111227	93135	99533	77641	97893	230479	341861
山 东	Shandong	750850	983614	232005	450275	660126	719391	1006769	1263778
河 南	Henan	203207	263737	237288	261907	254425	263046	272002	387602
湖 北	Hubei	461700	501823	444427	522146	628971	770329	907218	1256876
湖 南	Hunan	408280	417394	455281	460816	477024	440432	400940	353901
广 东	Guangdong	572651	1124740	1070257	1328448	2016319	1709850	2358949	2750647
广 西	Guangxi	90955	94059	9423	9970	26996	17662	41362	56377
海 南	Hainan	1885	10007	8535	7327	35602	5556	32651	34584
重 庆	Chongqing	596186	357059	553479	395658	621884	383158	794410	681453
四 川	Sichuan	165640	190823	259323	303878	435313	545977	547393	678330
贵 州	Guizhou	13533	10488	5361	6560	20356	17806	77191	136483
云 南	Yunnan	215555	159175	82747	97496	50547	102469	108827	117144
西 藏	Tibet								
陕 西	Shaanxi	139129	188977	179485	301710	438300	698074	1024140	2153664
甘 肃	Gansu	119608	172736	214534	262107	297560	356287	430845	526386
青 海	Qinghai	12793	11812	24665	53017	77033	84967	114051	168443
宁 夏	Ningxia	12827	14131	5349	6641	8898	8982	9972	39447
新 疆	Xinjiang	133371	80029	76084	71724	73963	12078	45188	43783
港澳台	HongKong, Macao and Taiwan			15557	24308	49309	124063	126750	249756
国 外	Abroad			732342	1044979	1373366	1660227	2645234	2747738

2-121 医疗卫生机构(2011年)

Number of Health Care Institutions (2011)

单位：个 (unit)

地区	Region	合计 Total	#医院 Hospitals	#综合医院 General Hospitals	#中医医院 Hospitals Specialized in Traditional Chinese Medicine	#专科医院 Specialized Hospitals	#基层医疗卫生机构 Health Care Institutions at Grass-root Level	社区卫生服务中心(站) Community Health Service Centers	街道卫生院 Urban Health Centers	乡镇卫生院 Township Health Centers
全国	**National Total**	**954389**	**21979**	**14328**	**2831**	**4283**	**918003**	**32860**	**667**	**37295**
北京	Beijing	9495	550	313	104	120	8718	1693		
天津	Tianjin	4428	296	195	30	65	3981	536	1	164
河北	Hebei	80185	1247	824	179	209	78246	1119		1960
山西	Shanxi	40339	1206	632	199	362	38587	778	484	1202
内蒙古	Inner Mongolia	22908	488	308	61	68	21905	1148	3	1323
辽宁	Liaoning	35229	831	515	98	211	33712	1038	29	990
吉林	Jilin	19785	560	343	75	131	18882	538	1	766
黑龙江	Heilongjiang	21749	911	635	122	143	20142	774	9	958
上海	Shanghai	4740	308	180	17	91	4289	971		
江苏	Jiangsu	31680	1283	849	86	308	29659	2551	3	1220
浙江	Zhejiang	30515	731	368	113	230	29207	6526	8	1197
安徽	Anhui	22884	916	644	88	168	21434	1924	2	1395
福建	Fujian	27147	482	307	71	93	26287	511		873
江西	Jiangxi	39154	542	356	97	81	38063	617	9	1582
山东	Shandong	68275	1490	974	157	347	65954	2281		1645
河南	Henan	76128	1220	797	197	217	74208	1017		2068
湖北	Hubei	35625	608	393	91	111	34509	1278	34	1161
湖南	Hunan	59634	782	486	129	151	58214	597	2	2310
广东	Guangdong	45930	1125	694	141	278	44034	2388	34	1252
广西	Guangxi	34026	465	292	85	76	33132	262		1280
海南	Hainan	4816	190	148	19	20	4513	118	3	300
重庆	Chongqing	17650	433	307	43	75	17037	468	8	966
四川	Sichuan	75815	1387	925	173	249	73646	873	1	4618
贵州	Guizhou	25943	621	472	67	73	24957	398	14	1436
云南	Yunnan	23248	845	586	101	137	21800	407	2	1386
西藏	Tibet	6602	103	83		1	6356	8		673
陕西	Shaanxi	36396	871	622	142	102	35033	525	2	1655
甘肃	Gansu	26632	385	258	68	45	25884	567	9	1370
青海	Qinghai	5887	131	79	13	12	5608	169		404
宁夏	Ningxia	4132	152	102	19	26	3886	97		228
新疆	Xinjiang	17412	820	641	46	83	16120	683	9	913

2-121 续表 continued

单位：个 (unit)

地 区	Region	村卫生室 Village Clinics	门诊部(所) Outpatient Department	#专业公共卫生机构 Specialized Public Health Institutions	#疾病预防控制中心 Center for Disease Control and Prevention	#专科疾病防治院(所/站) Specialized Disease Prevention & Treatment Institution	#妇幼保健院(所/站) Women and Children Care Agencies	#卫生监督所(中心) Health Inspection Institution (center)
全 国	**National Total**	**662894**	**184287**	**11926**	**3484**	**1294**	**3036**	**3022**
北 京	Beijing	2968	4057	121	32	28	19	20
天 津	Tianjin	2157	1123	95	24	17	23	19
河 北	Hebei	65375	9792	598	196	8	185	185
山 西	Shanxi	28471	7652	469	146	11	131	130
内蒙古	Inner Mongolia	14433	4998	446	121	50	117	112
辽 宁	Liaoning	21031	10624	492	131	90	110	110
吉 林	Jilin	11612	5965	260	67	53	70	40
黑龙江	Heilongjiang	13107	5294	646	188	109	150	156
上 海	Shanghai	1384	1934	101	21	19	21	19
江 苏	Jiangsu	16694	9191	497	129	53	106	111
浙 江	Zhejiang	13851	7625	372	100	25	85	100
安 徽	Anhui	15321	2792	443	124	52	119	111
福 建	Fujian	19862	5041	304	96	25	87	77
江 西	Jiangxi	32040	3815	474	115	110	110	109
山 东	Shandong	51277	10751	681	184	132	158	162
河 南	Henan	64074	7049	560	180	20	166	158
湖 北	Hubei	25204	6832	425	112	83	100	98
湖 南	Hunan	45389	9916	526	146	86	139	130
广 东	Guangdong	28971	11389	670	136	147	124	140
广 西	Guangxi	23381	8209	389	106	41	103	110
海 南	Hainan	2527	1565	102	26	24	24	21
重 庆	Chongqing	10577	5018	160	43	16	42	42
四 川	Sichuan	54015	14139	701	205	38	198	204
贵 州	Guizhou	20260	2849	333	103	9	94	96
云 南	Yunnan	13292	6713	515	150	30	148	146
西 藏	Tibet	5232	443	141	81		57	2
陕 西	Shaanxi	27174	5677	384	122	6	117	115
甘 肃	Gansu	16574	7364	329	103	7	100	91
青 海	Qinghai	4289	746	144	56	1	21	55
宁 夏	Ningxia	2527	1034	84	25		22	25
新 疆	Xinjiang	9825	4690	464	216	4	90	128

2-122 卫生人员(2011年)
Number of Employed Persons in Health Care Institutions (2011)

单位：人 (person)

地区	Region	卫生人员 Medical Personnel	卫生技术人员 Medical Technical Personnel	#执业(助理)医师 Licensed (Assistant) Doctors	#执业医师 Licensed Doctor	#注册护士 Registered Nurse	#药师(士) Pharmacist	乡村医生和卫生员 Village Doctors and Assistants	其他技术人员 Other Technical Personnel	管理人员 Administrative Personnel	工勤技能人员 Logistics Technical Workers
全国	**National Total**	**8616040**	**6202858**	**2466094**	**2020154**	**2244020**	**363993**	**1126443**	**305981**	**374885**	**605873**
北京	Beijing	235652	181936	69747	65439	72812	10871	3692	12534	14993	22497
天津	Tianjin	100169	73318	29831	27406	25814	4699	4759	4903	9607	7582
河北	Hebei	449108	301672	136801	103565	93520	13888	85639	18901	14803	28093
山西	Shanxi	271627	191416	84818	70404	64810	9934	43354	9926	11074	15857
内蒙古	Inner Mongolia	175226	131603	57145	48340	42494	9276	20061	6337	7233	9992
辽宁	Liaoning	319116	235623	97744	86959	91912	13329	27045	12380	16548	27520
吉林	Jilin	192940	139010	59581	52593	47938	8094	19411	8090	11801	14628
黑龙江	Heilongjiang	266066	195029	76780	65365	66144	11145	26299	8695	15281	20762
上海	Shanghai	176632	140740	53751	49505	58885	7929	982	8773	9882	16255
江苏	Jiangsu	481818	350544	134683	120387	135602	22122	54999	16247	22968	37060
浙江	Zhejiang	374157	306922	124497	103554	109275	20339	10833	15014	14015	27373
安徽	Anhui	315382	217591	84696	64883	84454	11002	55284	11529	11768	19210
福建	Fujian	217586	158791	62484	54152	62463	10727	28574	7085	6237	16899
江西	Jiangxi	244570	165938	62839	53026	64440	12407	48417	6725	7449	16041
山东	Shandong	689628	481738	186034	155280	170968	28827	135861	24467	19095	28467
河南	Henan	623494	396300	156664	111308	137124	20721	132205	24031	24269	46689
湖北	Hubei	365175	268122	102094	85317	102114	17689	44098	14712	16869	21374
湖南	Hunan	387975	282511	112630	83239	101867	20359	49299	13410	17498	25257
广东	Guangdong	626571	485585	186161	148539	182660	32608	35194	20944	28457	56391
广西	Guangxi	283543	204011	74153	58275	76506	10998	37436	6802	11084	24210
海南	Hainan	56893	43295	15527	12265	18200	2161	2796	1780	3083	5939
重庆	Chongqing	170799	120151	49571	36657	42765	6437	24179	4893	8239	13337
四川	Sichuan	505712	352259	153795	122451	121266	19417	75626	16123	25190	36514
贵州	Guizhou	169098	113801	45415	36549	41589	4898	34587	5760	7244	7706
云南	Yunnan	215335	150982	64684	53790	52315	6783	35672	7589	6880	14212
西藏	Tibet	22234	10782	4175	3178	2140	495	9125	601	566	1160
陕西	Shaanxi	275464	197173	65740	53671	70225	11522	38817	4550	18099	16825
甘肃	Gansu	145699	105908	40870	33216	33673	5301	21043	3878	4642	10228
青海	Qinghai	38785	27520	11396	9663	9660	1478	6369	1247	1505	2144
宁夏	Ningxia	41758	31983	12258	10913	11625	2054	3910	1151	1669	3045
新疆	Xinjiang	167828	130604	49530	40265	48760	6483	10877	6904	6837	12606

注：卫生人员和卫生技术人员包括公务员中卫生监督员1万名。

a) Data of medical personnel and medical technical personnel include 10 000 persons of sanitation supervisors in public servants.

2-123 医疗卫生机构床位(2011年)
Number of Beds in Health Care Institutions (2011)

单位：张 (bed)

地区	Region	合计 Total	#医院 Hospitals	#基层医疗卫生机构 Health Care Institutions at Grass-root Level	#社区卫生服务中心 Health Service Centers for Community	#街道卫生院 Sub-district Health Centers	#乡镇卫生院 Township Health Centers	#专业公共卫生机构 Specialized Public Health Institutions	#妇幼保健院(所、站) Maternity and Child Care Centers (Institutions, Stations)	#专科疾病防治院(所.站) Specialized Prevention & Treatment Centers (Institutions, Stations)
总 计	**Total**	**5159889**	**3705118**	**1233721**	**157322**	**10961**	**1026251**	**178132**	**145866**	**31431**
北 京	Beijing	94735	87596	4423	4423			2239	1671	568
天 津	Tianjin	49423	40787	6883	2851		3874	1352	666	686
河 北	Hebei	266479	187504	67942	4952		58777	9618	8819	700
山 西	Shanxi	157132	110741	40348	4268	5907	28518	3831	3541	258
内蒙古	Inner Mongolia	100633	72871	23992	3914	17	16892	3130	2903	227
辽 宁	Liaoning	215815	171032	34236	4673	550	26995	2735	1212	1423
吉 林	Jilin	121240	94636	21040	2791	17	17548	2836	1851	985
黑龙江	Heilongjiang	165255	129449	27081	6541	28	18732	6076	3131	2941
上 海	Shanghai	107130	87548	17955	17932			1362	1202	160
江 苏	Jiangsu	296390	221674	68097	15703	85	51247	4026	2956	1067
浙 江	Zhejiang	194759	162905	23967	9262	115	14159	6474	5845	610
安 徽	Anhui	204210	140997	56291	7145	128	47189	5704	3551	2150
福 建	Fujian	124232	89947	27626	2430		25096	4674	3648	995
江 西	Jiangxi	135570	87184	38211	2369	55	34287	8365	6425	1940
山 东	Shandong	416148	280385	112951	11058		97391	17412	13273	3791
河 南	Henan	349612	239793	94056	7185		84963	14918	13790	1078
湖 北	Hubei	223980	152062	62330	9722	1273	50467	9588	7608	1980
湖 南	Hunan	257687	168428	77251	6214	100	69832	11839	8610	3229
广 东	Guangdong	325038	246050	59128	6946	1649	50371	18093	14717	3376
广 西	Guangxi	152039	95752	46534	806		45526	8762	8365	397
海 南	Hainan	28465	21367	5831	110	50	5536	1067	991	76
重 庆	Chongqing	115627	74827	37196	4488	677	31638	2684	2557	127
四 川	Sichuan	334663	211524	113909	8497	36	102586	8775	7749	1001
贵 州	Guizhou	117534	78368	34259	1915	120	29541	4678	4398	280
云 南	Yunnan	173434	126318	40488	3015		36116	5409	4927	423
西 藏	Tibet	9592	6314	2861			2861	377	377	
陕 西	Shaanxi	153847	114339	31260	3119	15	26797	6486	5626	860
甘 肃	Gansu	94907	66661	25154	1860	79	22176	2402	2362	28
青 海	Qinghai	23117	18586	4325	478		3314	206	171	35
宁 夏	Ningxia	25805	22037	2781	40		2537	887	887	
新 疆	Xinjiang	125391	97436	25315	2615	60	21285	2127	2037	40

2-124 按床位数分组的社区卫生服务中心(站)(2011年)
Community Health Service Centers (Stations) by Grouping of Beds (2011)

单位：个 (unit)

地区	Region	社区卫生服务中心 Community Health Service Centers 总计 Total	无床 No Bed	1-9张 1-9 Beds	10-29张 10-29 Beds	30-49张 30-49 Beds	50-99张 50-99 Beds	100张及以上 100 Beds and Above	社区卫生服务站 Community Health Service Stations 总计 Total	无床 No Bed	1-9张 1-9 Beds	10张及以上 10 Beds and Above
总 计	**Total**	**7861**	**3594**	**440**	**1698**	**1019**	**853**	**257**	**24999**	**21758**	**2321**	**920**
北 京	Beijing	312	152	27	80	30	18	5	1381	1381		
天 津	Tianjin	95	33		13	11	37	1	441	441		
河 北	Hebei	234	53	25	87	39	27	3	885	549	186	150
山 西	Shanxi	194	62	9	63	36	21	3	584	471	75	38
内蒙古	Inner Mongolia	274	91	36	106	25	12	4	874	477	320	77
辽 宁	Liaoning	279	184	9	34	15	21	16	759	645	70	44
吉 林	Jilin	178	90	10	34	22	20	2	360	173	183	4
黑龙江	Heilongjiang	413	193	31	94	52	34	9	361	233	78	50
上 海	Shanghai	301	100	5	11	41	83	61	670	670		
江 苏	Jiangsu	484	135	8	101	113	99	28	2067	1941	115	11
浙 江	Zhejiang	508	215	51	111	70	50	11	6018	5992	21	5
安 徽	Anhui	402	150	26	114	66	42	4	1522	1263	216	43
福 建	Fujian	208	111	12	54	18	13		303	300	2	1
江 西	Jiangxi	149	41	30	49	18	9	2	468	279	159	30
山 东	Shandong	473	220	18	94	57	58	26	1808	1474	228	106
河 南	Henan	302	94	6	90	68	39	5	715	638	60	17
湖 北	Hubei	331	126	6	62	56	59	22	947	883	46	18
湖 南	Hunan	261	64	21	100	39	31	6	336	239	76	21
广 东	Guangdong	1002	823	15	67	46	40	11	1386	1382	3	1
广 西	Guangxi	123	96	2	13	8	3	1	139	136	1	2
海 南	Hainan	13	8		4		1		105	97	7	1
重 庆	Chongqing	161	74	2	19	24	34	8	307	297	5	5
四 川	Sichuan	346	119	21	95	53	42	16	527	380	85	62
贵 州	Guizhou	111	36	11	36	18	9	1	287	112	103	72
云 南	Yunnan	135	45	9	35	29	15	2	272	177	52	43
西 藏	Tibet	1	1						7	7		
陕 西	Shaanxi	224	110	20	45	31	16	2	301	212	37	52
甘 肃	Gansu	176	81	25	45	19	5	1	391	285	73	33
青 海	Qinghai	16	3	2	7		2	2	153	76	67	10
宁 夏	Ningxia	10	7	2	1				87	61	21	5
新 疆	Xinjiang	145	77	1	34	15	13	5	538	487	32	19

2-125 婚姻服务情况(2011年)
Number of Marriages and Divorces (2011)

地 区	Region	结婚登记 (万对) Total Number of Registered Marriages (10 000 couples)	内地居民登记结婚 Registered Marriages in the Mainland	初婚 (万人) First Marriages (10 000 persons)	再婚 (万人) Re-marriages (10 000 persons)	涉外及港澳台居民登记结婚 Registered Marriages with Foreigner and the Citizen of Hong Kong, Macao, Taiwan	离 婚 (万对) Divorces (10 000 couples)	粗离婚率 (‰) Crude Divorce Rate (‰)
全 国	**National Total**	**1302.36**	**1297.48**	**2309.88**	**294.85**	**4.88**	**287.40**	**2.13**
北 京	Beijing	17.32	17.20	28.84	5.81	0.13	4.4	3.45
天 津	Tianjin	10.41	10.37	17.33	3.50	0.04	3.2	3.24
河 北	Hebei	77.72	77.67	137.00	18.43	0.05	15.6	2.14
山 西	Shanxi	33.96	33.95	63.36	4.56	0.01	4.8	1.37
内蒙古	Inner Mongolia	21.53	21.51	35.91	7.14	0.02	6.7	2.72
辽 宁	Liaoning	37.26	37.04	61.01	13.52	0.23	13.9	3.27
吉 林	Jilin	23.82	23.70	40.86	6.78	0.11	10.1	3.72
黑龙江	Heilongjiang	33.27	33.03	55.60	10.94	0.24	15.0	3.89
上 海	Shanghai	14.89	14.67	23.94	5.84	0.22	4.8	3.39
江 苏	Jiangsu	86.75	86.58	152.53	20.98	0.17	16.7	2.23
浙 江	Zhejiang	44.09	43.71	77.60	10.59	0.39	11.5	2.43
安 徽	Anhui	71.14	71.06	126.36	15.92	0.08	12.0	1.75
福 建	Fujian	38.28	37.28	67.86	8.69	1.00	6.7	1.89
江 西	Jiangxi	37.30	37.20	70.37	4.23	0.10	7.0	1.49
山 东	Shandong	96.91	96.79	172.58	21.24	0.12	18.2	1.90
河 南	Henan	106.31	106.20	202.84	9.77	0.11	13.8	1.28
湖 北	Hubei	62.69	62.52	116.98	8.41	0.17	12.5	2.03
湖 南	Hunan	65.87	65.63	116.93	14.81	0.23	14.8	2.09
广 东	Guangdong	86.36	85.64	159.34	13.38	0.73	14.1	1.66
广 西	Guangxi	49.33	49.13	91.78	6.87	0.20	7.8	1.45
海 南	Hainan	11.52	11.43	21.43	1.61	0.09	1.1	1.22
重 庆	Chongqing	30.48	30.39	44.98	15.99	0.09	12.4	3.74
四 川	Sichuan	74.98	74.92	124.33	25.64	0.06	23.2	2.57
贵 州	Guizhou	37.34	37.29	67.93	6.75	0.05	7.2	1.72
云 南	Yunnan	39.07	38.90	71.96	6.18	0.17	7.4	1.64
西 藏	Tibet	1.36	1.36	2.65	0.08		0.2	0.68
陕 西	Shaanxi	36.93	36.90	65.62	8.24	0.04	6.8	1.76
甘 肃	Gansu	16.91	16.90	31.68	2.14	0.01	3.1	1.13
青 海	Qinghai	4.17	4.16	7.46	0.87		0.9	1.70
宁 夏	Ningxia	6.15	6.14	10.86	1.43		1.3	2.08
新 疆	Xinjiang	28.23	28.21	41.93	14.54	0.03	10.4	4.81

2-126 艺术表演团体、艺术表演场馆演出情况(2011年)

Statistics on Performance of Art Performance Troupes and Art Performance Places (2011)

地 区	Region	艺术表演团体 Art Performance Troupes 机构数(个) Number of Institutions (unit)	演出场次(万场次) Number of Performances (10 000 shows)	#国内演出 Number of Domestic Performances	#农村 Rural Performances	国内演出观众人次(万人次) Spectators of Domestic Audience (10 000 person-times)	#农村 Rural Audience	艺术表演场馆 Art Performance Places 机构数(个) Number of Institutions (unit)	演(映)出场次(万场次) Number of Performances (10 000 shows)	#艺术演出 Art Performances	观众人次(万人次) Number of Spectators (10 000 person-times)	#艺术演出 Art Performances
全 国	**National Total**	**7055**	**154.72**	**146.59**	**100.67**	**74585**	**43924**	**1956**	**104.07**	**13.90**	**10908.83**	**4756.65**
中 央	Central Level	17	0.42	0.40	0.08	948	126	7	0.11	0.10	41.75	41.13
北 京	Beijing	118	1.45	1.21	0.17	723	133	68	5.49	1.66	931.52	782.06
天 津	Tianjin	53	0.43	0.41	0.09	287	105	57	1.71	0.38	145.27	86.70
河 北	Hebei	312	5.21	4.39	3.13	3379	2472	113	1.80	0.41	304.33	96.68
山 西	Shanxi	308	5.30	5.20	4.15	4283	3705	97	6.38	0.21	281.40	53.58
内蒙古	Inner Mongolia	121	2.08	1.99	0.96	1472	703	20	0.52	0.10	92.39	59.10
辽 宁	Liaoning	200	1.35	0.62	0.15	462	166	61	0.89	0.23	282.60	105.54
吉 林	Jilin	67	0.90	0.83	0.46	894	515	29	1.58	0.17	106.25	59.33
黑龙江	Heilongjiang	88	1.12	1.01	0.34	828	329	44	0.26	0.07	102.91	54.61
上 海	Shanghai	102	2.18	2.14	0.37	1042	162	103	3.18	1.25	1008.08	831.42
江 苏	Jiangsu	370	8.46	8.37	4.94	3108	1686	110	27.86	1.69	1608.04	242.14
浙 江	Zhejiang	498	13.61	12.85	8.92	5091	3856	223	10.13	1.76	1308.73	514.56
安 徽	Anhui	1294	14.89	14.53	7.35	11821	3730	67	1.32	0.40	209.14	76.14
福 建	Fujian	454	44.47	43.46	41.68	5121	4412	49	2.78	0.12	161.99	55.65
江 西	Jiangxi	99	1.96	1.88	1.23	2002	1325	55	1.14	0.58	133.00	64.19
山 东	Shandong	252	3.21	3.11	1.66	2519	1678	93	2.65	0.31	306.97	121.95
河 南	Henan	468	14.09	12.86	7.75	7421	5924	144	1.31	0.31	322.30	158.93
湖 北	Hubei	172	4.14	3.92	2.32	3018	1871	65	4.07	0.29	302.86	126.63
湖 南	Hunan	114	2.07	2.03	1.38	1443	905	66	3.82	0.34	450.71	108.93
广 东	Guangdong	401	5.45	5.27	2.33	4419	1948	107	3.44	1.46	1194.41	530.49
广 西	Guangxi	149	1.32	1.19	0.54	1207	631	26	1.84	0.10	130.60	50.86
海 南	Hainan	86	0.86	0.80	0.64	608	458	14	0.62	0.47	63.72	41.41
重 庆	Chongqing	282	3.73	3.60	2.40	1531	791	46	13.73	0.09	543.33	88.31
四 川	Sichuan	370	6.27	5.65	2.55	2788	1046	78	1.33	0.85	217.65	166.22
贵 州	Guizhou	45	0.55	0.48	0.22	424	187	11	0.07	0.03	41.24	4.71
云 南	Yunnan	161	2.04	1.70	0.59	1550	778	27	0.81	0.14	91.99	75.24
西 藏	Tibet	47	0.28	0.25	0.13	206	128	21	0.41	0.03	35.00	6.93
陕 西	Shaanxi	115	2.60	2.46	1.71	2169	1716	90	0.87	0.23	266.08	104.41
甘 肃	Gansu	84	1.65	1.62	1.10	2020	1522	24	0.17	0.07	81.47	34.50
青 海	Qinghai	38	0.41	0.39	0.20	275	126	22	0.56	0.02	38.33	2.44
宁 夏	Ningxia	37	0.62	0.58	0.38	526	339	6	0.01	0.00	1.22	0.60
新 疆	Xinjiang	133	1.60	1.43	0.78	1000	451	13	3.22	0.02	103.56	11.30

2-127 博物馆基本情况(2011年)
Statistics on Museums (2011)

地 区 Region	机构(个) Number of Institutions (unit)	从业人员(人) Number of Employed Persons (person)	文物藏品(件/套) Number of Collections (piece/set)	本年从有关部门接收文物数(件/套) Accepted Cultural Relics from Department This Year (piece/set)	本年修复文物数(件/套) Cultural Relics Repaired This Year (piece/set)	考古发掘项目(个) Excavation Projects (unit)	基本陈列(个) Displays (unit)	举办展览(个) Exhibition (unit)	参观人次(万人次) Spectators (10 000 person-times)
总 计 National Total	**2650**	**62181**	**19023423**	**434695**	**79496**	**366**	**7054**	**9867**	**47051**
中 央 Central Level	6	2649	2907544	413802	893		48	72	1860
北 京 Beijing	41	1239	1140379		2480	**28**	103	167	533
天 津 Tianjin	19	698	685386	146	102	**2**	73	64	406
河 北 Hebei	69	1950	239347		1690	11	129	310	1447
山 西 Shanxi	89	2529	462269	784	82	4	135	144	1103
内蒙古 Inner Mongolia	59	1357	433491	10	1309	4	160	144	610
辽 宁 Liaoning	62	2167	382402	419	2761	3	146	200	896
吉 林 Jilin	58	965	231744	1	818	2	120	250	742
黑龙江 Heilongjiang	103	1636	279922	16	4931		245	291	1217
上 海 Shanghai	36	1439	374685	407	8392	3	92	179	783
江 苏 Jiangsu	245	4593	1544978	1169	5358	65	682	1110	5212
浙 江 Zhejiang	100	2888	698096	2502	11024	7	262	683	2216
安 徽 Anhui	131	1832	527660	1419	1440	5	412	469	2571
福 建 Fujian	95	1481	431297	257	1702	2	236	463	1600
江 西 Jiangxi	108	2520	439484	244	695	5	319	310	1848
山 东 Shandong	120	2787	776363	983	1108	16	485	671	1595
河 南 Henan	159	4574	822274	155	742	37	357	669	2696
湖 北 Hubei	125	2380	1186921	609	2795	33	349	333	1632
湖 南 Hunan	85	2304	490009	128	1934	42	213	301	2801
广 东 Guangdong	161	2938	838181	5832	5184	18	387	857	2761
广 西 Guangxi	71	1175	301583	1050	2224	11	174	205	974
海 南 Hainan	18	238	65242	63	165		64	56	195
重 庆 Chongqing	39	1431	519143	1085	9304	4	157	192	1721
四 川 Sichuan	144	4463	1121019	147	1652	29	485	405	3635
贵 州 Guizhou	53	1064	82807	186	711	1	167	191	974
云 南 Yunnan	84	893	380151	1443	1952	14	245	264	1020
西 藏 Tibet	2	65	32641	137	137		1		21
陕 西 Shaanxi	122	4229	797613	957	844	5	333	258	2202
甘 肃 Gansu	145	2503	492348	606	4597	12	276	344	1109
青 海 Qinghai	22	178	150557		201	1	36	60	81
宁 夏 Ningxia	6	257	66299	4	65	1	21	25	78
新 疆 Xinjiang	73	759	121588	134	2204	1	142	180	510

2-128 公共图书馆基本情况(2011年)
Statistics on Public Libraries (2011)

地 区	Region	公共图书馆个数(个) Number of Public Library (unit)	总藏量(万册件) Total Collections (10 000 volumes)	人均拥有公共图书馆藏量(册) Collections of Public Libraries Owned Per Person (volume)	累计发放有效借书证数(个) Accumulative Number of Library Cards Distributed (units)	总流通人次(万人次) Number of Circulation (10 000 person-times)	#书刊文献外借人次 Number of Readers Having Borrowed Books	书刊文献外借册次(万册次) Number of Books and Magazines Lent to Readers (10 000 volume-times)	阅览室座席数(个) Number of Seats in Reading Room (unit)	每万人拥有公共图书馆建筑面积(平方米) Floor Space of Buildings of Public Libraries Owned per 10 000 Population (sq.m)
总 计	**National Total**	**2952**	**69719**	**0.52**	**22135831**	**38151**	**15316**	**28452**	**681441**	**73.8**
中 央	Central Level	1	3137		1326672	448	31	49	4392	
北 京	Beijing	24	1912	0.95	621989	726	302	749	12510	82.8
天 津	Tianjin	31	1354	1.00	422152	572	274	601	9969	121.4
河 北	Hebei	166	1739	0.24	608291	796	335	504	26541	41.9
山 西	Shanxi	126	1320	0.37	216953	398	197	343	17164	76.9
内蒙古	Inner Mongolia	114	1098	0.44	144829	373	173	357	17189	94.6
辽 宁	Liaoning	128	3093	0.71	1017803	1553	649	1426	30312	103.4
吉 林	Jilin	65	1575	0.57	191801	611	234	403	14905	64.5
黑龙江	Heilongjiang	107	1770	0.46	712036	694	251	483	19688	67.5
上 海	Shanghai	25	6893	2.94	1117190	1926	606	1715	20017	158.6
江 苏	Jiangsu	112	5382	0.68	2417274	3542	1545	2739	39798	85.8
浙 江	Zhejiang	97	4464	0.82	2029422	3971	1766	3660	35889	114.6
安 徽	Anhui	100	1375	0.23	440488	1176	547	843	17026	41.0
福 建	Fujian	86	2043	0.55	579542	1315	616	1205	23981	114.9
江 西	Jiangxi	114	1665	0.37	584780	756	420	590	23305	64.9
山 东	Shandong	150	3890	0.40	1389456	1915	1103	1608	37962	73.0
河 南	Henan	152	2122	0.23	580346	2062	805	1214	30097	44.9
湖 北	Hubei	109	2411	0.42	954873	1342	730	1114	25964	61.1
湖 南	Hunan	130	2362	0.36	650277	1215	585	1173	31404	55.6
广 东	Guangdong	134	5890	0.56	3003851	6072	1329	2617	67810	92.8
广 西	Guangxi	108	1997	0.43	815493	1231	380	668	24007	55.5
海 南	Hainan	20	516	0.59	82738	150	56	103	4955	95.2
重 庆	Chongqing	43	1149	0.39	293639	777	436	721	13001	77.1
四 川	Sichuan	169	3136	0.39	513223	1433	619	1042	32082	48.1
贵 州	Guizhou	94	1194	0.34	241274	314	120	164	22028	49.3
云 南	Yunnan	152	1699	0.37	301615	993	415	982	22129	72.2
西 藏	Tibet	4	57	0.19	5903	3	1	2	636	80.4
陕 西	Shaanxi	112	1223	0.33	227598	560	215	372	15811	58.0
甘 肃	Gansu	100	1160	0.45	218125	473	234	389	14514	67.0
青 海	Qinghai	49	368	0.65	125852	96	45	43	3319	81.7
宁 夏	Ningxia	27	517	0.81	88075	233	85	205	7298	177.1
新 疆	Xinjiang	103	1210	0.55	212271	425	209	366	15738	80.5

2-129 录像制品出版品种情况(2011年)
Statistics on Number of Publication of Video Products (2011)

单位：种 (kind)

地 区	Region	录像制品 Total of Video Products	激光数码视盘 VCD	高密度激光视盘 DVD-V	录像带及其他 VT and Others	其中:新版录像制品 of Which: New Publication of Video Products	激光数码视盘 VCD	高密度激光视盘 DVD-V	录像带及其他 VT and Others
全 国	**National**	**9477**	**2994**	**6342**	**141**	**6993**	**1591**	**5265**	**137**
中 央	Central Level	3885	1415	2397	73	2298	418	1807	73
地 方	Local Government	5592	1579	3945	68	4695	1173	3458	64
北 京	Beijing	159	24	133	2	159	24	133	2
天 津	Tianjin	33	1	32		33	1	32	
河 北	Hebei	35		35		35		35	
山 西	Shanxi	120	14	95	11	76	2	63	11
内蒙古	Inner Mongolia	88		88		88		88	
辽 宁	Liaoning	426	55	366	5	422	55	362	5
吉 林	Jilin	79	18	49	12	74	17	45	12
黑龙江	Heilongjiang	12	1	11		8	1	7	
上 海	Shanghai	580	145	408	27	353	35	295	23
江 苏	Jiangsu	335	143	191	1	225	67	157	1
浙 江	Zhejiang	318	101	217		257	61	196	
安 徽	Anhui	150	20	130		141	20	121	
福 建	Fujian	190	33	157		54	17	37	
江 西	Jiangxi	132	109	23		125	102	23	
山 东	Shandong	217	17	199	1	214	16	197	1
河 南	Henan	246	44	202		222	31	191	
湖 北	Hubei	293	223	69	1	287	218	68	1
湖 南	Hunan	228	78	150		167	40	127	
广 东	Guangdong	1281	316	961	4	1193	312	877	4
广 西	Guangxi	76	37	38	1	70	37	32	1
海 南	Hainan	5		5		5		5	
重 庆	Chongqing	153	76	77		71	6	65	
四 川	Sichuan	96	22	73	1	96	22	73	1
贵 州	Guizhou	3		3		3		3	
云 南	Yunnan	222	64	157	1	213	59	153	1
西 藏	Tibet	17	13	4		17	13	4	
陕 西	Shaanxi	52	24	27	1	44	16	27	1
甘 肃	Gansu	21	1	20		19	1	18	
青 海	Qinghai								
宁 夏	Ningxia	2		2		2		2	
新 疆	Xinjiang	23		23		22		22	

2-130 录像制品出版发行情况(2011年)

Statistics on Volume of Publication of Video Products (2011)

单位：万盒、万张 (10000 cassettes, 10000 discs)

地区	Region	录像制品 Total of Video Products	激光数码视盘 VCD	高密度激光视盘 DVD-V	录像带及其他 VT and Others	其中:新版录像制品 of Which: New Publication of Video Products	激光数码视盘 VCD	高密度激光视盘 DVD-V	录像带及其他 VT and Others	发行数量 Number Publicated
全　国	**National**	**21788.20**	**6864.36**	**14860.86**	**62.98**	**18221.20**	**4417.73**	**13743.70**	**59.77**	**12807.09**
中　央	Central Level	6721.29	3986.41	2700.52	34.36	3779.28	1878.87	1866.06	34.36	6547.68
地　方	Local Government	15066.91	2877.95	12160.33	28.62	14441.92	2538.86	11877.64	25.41	6259.41
北　京	Beijing	315.57	22.85	289.92	2.80	315.57	22.85	289.92	2.80	202.28
天　津	Tianjin	8.30	1.50	6.80		8.30	1.50	6.80		7.45
河　北	Hebei	24.70		24.70		24.70		24.70		64.93
山　西	Shanxi	18.02	3.91	7.68	6.43	12.54	0.40	5.71	6.43	173.28
内蒙古	Inner Mongolia	18.40		18.40		18.40		18.40		48.77
辽　宁	Liaoning	8260.33	65.01	8194.31	1.01	8259.29	65.01	8193.27	1.01	304.20
吉　林	Jilin	36.66	4.34	32.20	0.12	35.66	3.74	31.80	0.12	145.53
黑龙江	Heilongjiang	48.70	5.50	43.20		46.70	5.50	41.20		48.62
上　海	Shanghai	484.38	129.36	343.05	11.96	341.07	60.28	272.04	8.75	406.77
江　苏	Jiangsu	318.72	75.93	242.39	0.40	249.46	26.07	222.99	0.40	191.30
浙　江	Zhejiang	108.64	57.29	51.35		83.22	34.03	49.19		237.65
安　徽	Anhui	64.14	10.05	54.09		57.79	10.05	47.74		53.45
福　建	Fujian	112.22	35.60	76.62		36.22	25.60	10.62		169.22
江　西	Jiangxi	43.33	23.57	19.76		42.23	22.47	19.76		73.15
山　东	Shandong	146.24	17.12	129.02	0.10	144.32	16.80	127.42	0.10	237.72
河　南	Henan	207.66	72.52	135.14		137.64	32.00	105.64		81.32
湖　北	Hubei	558.42	379.91	178.31	0.20	555.52	377.11	178.21	0.20	298.10
湖　南	Hunan	450.62	38.94	411.67		393.35	16.45	376.90		570.67
广　东	Guangdong	3055.89	1506.98	1547.20	1.70	2990.42	1476.88	1511.83	1.70	2324.42
广　西	Guangxi	133.83	86.22	45.61	2.00	129.90	86.22	41.68	2.00	57.23
海　南	Hainan	2.40		2.40		2.40		2.40		13.60
重　庆	Chongqing	253.54	219.94	33.60		188.18	158.04	30.13		107.24
四　川	Sichuan	73.13	10.58	62.30	0.25	73.13	10.58	62.30	0.25	85.49
贵　州	Guizhou	0.50		0.50		0.50		0.50		7.50
云　南	Yunnan	218.70	82.44	134.78	1.5	208.70	74.35	132.86	1.5	203.69
西　藏	Tibet	7.85	1.30	6.55		7.85	1.30	6.55		14.95
陕　西	Shaanxi	73.69	26.59	46.95	0.15	58.23	11.13	46.95	0.15	75.03
甘　肃	Gansu	17.83	0.50	17.33		16.33	0.50	15.83		50.15
青　海	Qinghai									5.00
宁　夏	Ningxia									0.70
新　疆	Xinjiang	4.50		4.50		4.30		4.30		

2-131 城镇职工基本养老保险情况(2011年)
Statistics on Urban Employee Basic Pension Insurance (2011)

地 区	Region	年末参加城镇职工基本养老保险人数(万人) Urban Employee Basic Pension Insurance Contributors at Year-end (10 000 persons)	职 工 Number of Staff and Workers	离退休人员 Number of Retirees	基金收支情况(亿元) Revenue and Expenses(100 million yuan) 基金收入 Revenue	基金支出 Expenses	累计结余 Balance at Year-end
全 国	**National Total**	**28391.3**	**21565.0**	**6826.2**	**16894.7**	**12764.9**	**19496.6**
北 京	Beijing	1089.4	888.2	201.2	812.8	560.8	869.8
天 津	Tianjin	458.7	309.9	148.8	335.8	315.1	223.8
河 北	Hebei	1059.8	774.5	285.3	684.4	561.7	685.6
山 西	Shanxi	623.8	464.9	158.9	483.9	329.3	791.8
内蒙古	Inner Mongolia	452.4	315.7	136.6	355.4	269.6	343.7
辽 宁	Liaoning	1556.6	1070.1	486.5	1039.0	883.1	895.1
吉 林	Jilin	617.5	396.4	221.1	350.4	308.1	394.1
黑龙江	Heilongjiang	981.0	601.0	380.0	591.9	603.9	467.0
上 海	Shanghai	1382.7	976.2	406.5	1089.2	993.5	557.6
江 苏	Jiangsu	2223.9	1740.9	483.1	1284.9	898.8	1658.0
浙 江	Zhejiang	1919.2	1665.8	253.4	901.2	543.2	1520.2
安 徽	Anhui	729.3	537.7	191.5	445.3	320.0	478.3
福 建	Fujian	695.1	576.9	118.2	266.2	229.9	177.5
江 西	Jiangxi	653.0	484.3	168.7	276.0	233.4	246.3
山 东	Shandong	1907.1	1534.0	373.1	1191.1	886.9	1381.9
河 南	Henan	1168.4	880.5	287.9	608.2	506.3	600.9
湖 北	Hubei	1113.4	771.7	341.7	733.9	523.4	638.1
湖 南	Hunan	988.2	710.3	277.9	541.6	416.6	580.8
广 东	Guangdong	3800.7	3428.2	372.6	1400.3	764.5	3108.2
广 西	Guangxi	483.8	332.3	151.5	278.6	243.6	414.0
海 南	Hainan	199.9	152.1	47.8	115.7	95.2	85.4
重 庆	Chongqing	647.6	427.5	220.1	415.3	336.1	334.8
四 川	Sichuan	1494.2	998.8	495.4	1085.6	753.9	1260.0
贵 州	Guizhou	282.1	210.7	71.3	179.2	127.6	229.5
云 南	Yunnan	342.8	238.7	104.2	277.3	170.8	335.9
西 藏	Tibet	11.2	8.0	3.2	15.5	10.6	14.5
陕 西	Shaanxi	588.6	433.1	155.5	368.1	328.3	256.2
甘 肃	Gansu	263.0	177.9	85.1	223.4	154.0	247.6
青 海	Qinghai	81.5	56.4	25.2	75.0	53.6	72.0
宁 夏	Ningxia	121.4	85.0	36.4	113.2	67.9	153.9
新 疆	Xinjiang	431.5	299.6	131.9	352.9	272.8	465.8
不分地区	Not Classified by Region	23.6	17.8	5.8	3.3	2.4	8.1

注：不分地区合计中，包括中国人民银行、中国农业发展银行数。
a) Data in the category of "Not Classified by Region" include data from the People's Bank of China and Agricultural Development Bank of China.

2-132 失业保险情况(2011年)
Statistics of Unemployment Insurance (2011)

地 区	Region	年末参加失业保险人数(万人) Unemployment Insurance Contributors at Year-end (10 000 persons)	年末领取失业保险金人数(万人) Beneficiaries of Unemployment Insurance Fund (10 000 persons)	基金收支情况(亿元) Revenue and Expenses (100 million yuan)		
				基金收入 Revenue	基金支出 Expenses	累计结余 Balance at Year-end
全 国	**National Total**	**14317.1**	**197.0**	**923.1**	**432.8**	**2240.2**
北 京	Beijing	881.0	2.0	36.4	27.7	95.2
天 津	Tianjin	258.8	2.8	25.7	14.6	59.8
河 北	Hebei	498.7	8.4	32.7	16.8	70.6
山 西	Shanxi	309.4	4.3	18.8	5.2	58.7
内蒙古	Inner Mongolia	232.5	2.5	15.0	5.8	37.9
辽 宁	Liaoning	632.3	9.7	51.6	19.3	94.4
吉 林	Jilin	247.2	5.1	15.8	6.1	42.8
黑龙江	Heilongjiang	474.5	7.1	22.3	5.7	71.2
上 海	Shanghai	604.2	11.2	81.6	61.8	107.2
江 苏	Jiangsu	1238.2	29.9	100.8	70.0	203.0
浙 江	Zhejiang	980.6	7.4	64.2	33.1	187.3
安 徽	Anhui	397.7	6.7	23.4	6.5	45.1
福 建	Fujian	430.9	3.6	22.2	6.3	68.1
江 西	Jiangxi	263.5	5.4	8.2	4.5	29.5
山 东	Shandong	964.9	19.8	65.5	25.9	182.9
河 南	Henan	701.2	13.3	27.5	13.5	57.0
湖 北	Hubei	498.2	5.1	24.9	5.8	66.1
湖 南	Hunan	415.6	7.0	17.7	7.3	47.7
广 东	Guangdong	1875.4	10.5	78.9	32.6	233.9
广 西	Guangxi	240.8	5.2	17.7	5.9	55.4
海 南	Hainan	126.0	1.8	7.4	1.6	20.0
重 庆	Chongqing	268.6	2.9	12.0	3.2	36.5
四 川	Sichuan	536.8	8.1	61.0	17.2	115.0
贵 州	Guizhou	160.5	1.1	12.1	3.4	41.5
云 南	Yunnan	216.8	3.3	16.2	2.6	50.0
西 藏	Tibet	9.6		1.7	0.6	5.8
陕 西	Shaanxi	332.2	4.5	20.9	5.2	58.4
甘 肃	Gansu	163.8	1.5	11.5	3.3	24.8
青 海	Qinghai	37.3	0.6	3.6	0.4	12.6
宁 夏	Ningxia	60.0	1.2	4.6	1.0	12.5
新 疆	Xinjiang	260.2	5.0	21.2	19.8	49.1

2-133 城镇基本医疗保险参保人数(2011年)
Persons Covered of Urban Basic Medical Care Insurance (2011)

单位：万人 (10 000 persons)

地区	Region	年末参保人数合计 Persons Covered at Year-end	城镇职工 Urban Workers	在岗职工 Staff and Workers	退休人员 Retirees	城镇居民 Urban Non-employment
全国	**National Total**	**47343.2**	**25227.1**	**18948.5**	**6278.6**	**22116.1**
北京	Beijing	1347.8	1188.0	955.2	232.8	159.8
天津	Tianjin	972.8	474.5	312.0	162.5	498.3
河北	Hebei	1562.2	875.5	627.3	248.2	686.6
山西	Shanxi	1005.1	595.8	444.9	150.8	409.3
内蒙古	Inner Mongolia	907.3	438.0	313.7	124.3	469.3
辽宁	Liaoning	2120.1	1499.4	1005.3	494.1	620.7
吉林	Jilin	1350.6	557.2	369.0	188.2	793.4
黑龙江	Heilongjiang	1578.0	881.0	587.4	293.6	697.0
上海	Shanghai	1591.8	1342.1	937.9	404.1	249.7
江苏	Jiangsu	3500.5	2012.4	1541.5	470.9	1488.1
浙江	Zhejiang	2244.1	1514.4	1271.1	243.3	729.7
安徽	Anhui	1612.9	659.3	477.5	181.9	953.6
福建	Fujian	1217.2	579.3	453.1	126.2	637.8
江西	Jiangxi	1329.7	535.9	365.0	170.9	793.8
山东	Shandong	2947.8	1637.1	1299.6	337.5	1310.7
河南	Henan	2122.3	1016.4	744.3	272.2	1105.8
湖北	Hubei	1932.5	902.8	648.2	254.6	1029.7
湖南	Hunan	1941.2	789.5	546.6	242.9	1151.7
广东	Guangdong	6767.1	3234.3	2893.8	340.5	3532.8
广西	Guangxi	981.3	437.2	308.4	128.8	544.1
海南	Hainan	352.4	186.2	141.0	45.3	166.1
重庆	Chongqing	1324.8	458.5	325.4	133.1	866.3
四川	Sichuan	2248.4	1169.1	803.0	366.0	1079.3
贵州	Guizhou	629.0	314.1	220.7	93.3	314.9
云南	Yunnan	865.8	443.4	316.8	126.6	422.4
西藏	Tibet	43.7	24.9	18.3	6.6	18.7
陕西	Shaanxi	1090.4	540.3	367.4	172.8	550.2
甘肃	Gansu	590.8	291.1	202.8	88.2	299.8
青海	Qinghai	151.6	82.4	56.6	25.9	69.2
宁夏	Ningxia	188.8	100.2	73.1	27.1	88.5
新疆	Xinjiang	825.2	446.6	321.4	125.2	378.5

Chapter 3

第三章

地级统计资料

Statistics of Prefecture

3-1 土地面积和人口情况(2011年)
Land Area and Population (2011)

地区	Region	土地面积(平方公里) Land Area (sq.km)	常住人口(万人) Usual Population (10 000 persons)	年底总人口(万人) Total Population (year-end) (10 000 persons)	男 Male	女 Female	出生人口(万人) Birth Population (10 000 person)	死亡人口(万人) Death Population (10 000 person)	年底总户数(万户) Total Households (year-end) (10 000 households)
北京市	**Beijing**	**16411**	**2018.6**	**1277.9**	**642.4**	**635.6**	**12.48**	**5.33**	**503.15**
东城区	Dongcheng District	42	91.0	96.1	47.6	48.6	0.84	0.34	34.38
西城区	Xicheng District	51	124.0	136.4	68.1	68.3	1.23	0.50	46.95
朝阳区	Chaoyang District	455	365.8	193.2	97.1	96.1	2.05	0.66	75.12
丰台区	Fengtai District	306	217.0	108.1	54.9	53.2	1.01	0.44	44.82
石景山区	Shijingshan District	84	63.4	36.6	18.9	17.7	0.33	0.14	13.82
海淀区	Haidian District	431	340.2	225.5	114.0	111.4	2.05	0.53	68.33
门头沟区	Mentougou District	1451	29.4	24.7	12.7	12.0	0.21	0.15	11.81
房山区	Fangshan District	1990	96.7	77.4	38.8	38.5	0.75	0.43	35.72
通州区	Tongzhou District	906	125.0	67.3	33.4	33.9	0.73	0.40	32.82
顺义区	Shunyi District	1020	91.5	58.8	29.1	29.6	0.63	0.35	26.29
昌平区	Changping District	1344	173.8	54.8	27.7	27.1	0.68	0.26	24.09
大兴区	Daxing District	1036	142.9	61.0	30.5	30.5	0.76	0.28	24.92
怀柔区	Huairou District	2123	37.1	27.7	13.9	13.8	0.28	0.17	13.30
平谷区	Pinggu District	950	41.8	39.6	20.0	19.7	0.35	0.23	16.81
密云县	Miyun County	2229	47.1	42.9	21.5	21.4	0.37	0.26	20.35
延庆县	Yanqing County	1994	31.9	27.9	14.1	13.8	0.23	0.20	13.60
北京经济技术开发区	Beijing Economic-technological Development Zones								
其他	Others								
天津市	**Tianjin**	**11917**	**1354.6**	**996.4**	**501.0**	**495.5**	**9.03**	**3.96**	**350.27**
和平区	Heping District	10	30.3	40.2	19.4	20.9	0.31	0.16	13.51
河东区	Hedong District	40	89.0	71.8	36.2	35.6	0.49	0.30	27.30
河西区	Hexi District	38	90.1	80.3	39.6	40.7	0.56	0.29	28.10
南开区	Nankai District	39	105.5	86.7	43.6	43.0	0.61	0.33	30.36
河北区	Hebei District	30	80.5	63.2	31.9	31.3	0.38	0.26	24.00
红桥区	Hongqiao District	21	54.7	53.8	27.1	26.7	0.32	0.23	20.90
东丽区	Dongli District	479	63.5	35.7	18.0	17.7	0.34	0.18	13.57
西青区	Xiqing District	566	74.1	36.6	17.8	18.8	0.36	0.16	13.06
津南区	Jinnan District	388	63.0	42.1	21.0	21.1	0.44	0.10	14.82
北辰区	Beichen District	473	70.4	37.4	18.6	18.7	0.32	0.10	14.08
武清区	Wuqing District	1575	100.5	85.6	42.6	42.9	0.81	0.37	27.21
宝坻区	Baodi District	1509	83.1	67.6	34.0	33.5	0.70	0.42	21.74
滨海新区	Binhai New Area	2389	253.7	112.8	58.0	54.8	1.05	0.40	41.14
宁河县	Ninghe County	1296	43.1	38.7	19.7	19.1	0.50	0.15	13.14
静海县	Jinghai County	1476	67.4	57.1	29.1	28.0	0.81	0.21	19.99
蓟县	Ji County	1590	85.5	84.3	42.9	41.3	1.03	0.32	26.28
其他	Others			2.6	1.3	1.3	0.03	0.03	1.07
河北省	**Hebei**	**187693**	**7240.5**	**7344.8**	**3741.6**	**3603.2**	**116.43**	**69.56**	**2259.53**
石家庄市	Shijiazhuang City	15848	1028.0	997.3	502.4	494.9	14.75	5.77	281.86
唐山市	Tangshan City	13472	762.7	737.1	373.8	363.3	7.96	5.63	229.04
秦皇岛市	Qinhuangdao City	7523	300.6	289.8	147.6	142.2	3.14	1.99	106.71
邯郸市	Handan City	12062	923.9	979.9	501.5	478.5	22.94	6.65	258.81
邢台市	Xingtai City	12486	715.6	736.9	377.2	359.7	13.94	8.03	220.74
保定市	Baoding City	20584	1127.2	1160.7	589.1	571.6	17.42	17.55	356.58
张家口市	Zhangjiakou City	36873	437.4	467.4	241.3	226.1	5.23	3.35	179.56
承德市	Chengde City	39548	348.9	374.3	193.7	180.6	4.28	2.49	129.77
沧州市	Cangzhou City	14053	719.8	734.8	376.6	358.2	12.51	7.82	230.26
廊坊市	Langfang City	6429	440.0	424.9	215.1	209.8	7.76	5.65	129.10
衡水市	Hengshui City	8815	436.4	441.6	223.4	218.2	6.51	4.62	137.00

3-1 续表 1 continued

地区	Region	土地面积 (平方公里) Land Area (sq.km)	常住人口 (万人) Usual Population (10 000 persons)	年底总人口 (万人) Total Population (year-end) (10 000 persons)	男 Male	女 Female	出生人口 (万人) Birth Population (10 000 person)	死亡人口 (万人) Death Population (10 000 person)	年底总户数 (万户) Total Households (year-end) (10 000 households)
山西省	**Shanxi**	**156698**	**3593.3**	**3593.3**	**1843.8**	**1749.5**	**37.50**	**20.10**	**1233.13**
太原市	Taiyuan City	6909	423.5	423.5	216.3	207.3	3.78	1.61	107.09
大同市	Datong City	14056	334.0	334.0	170.3	163.7	3.74	1.90	123.46
阳泉市	Yangquan City	4559	137.4	137.4	71.0	66.5	1.29	0.82	49.52
长治市	Changzhi City	13955	335.4	335.4	172.6	162.7	3.65	2.07	110.86
晋城市	Jincheng City	9425	228.6	228.6	115.0	113.5	1.88	1.42	79.96
朔州市	Shuozhou City	10625	172.6	172.6	90.1	82.5	1.76	0.90	64.15
晋中市	Jinzhong City	16392	327.0	327.0	170.2	156.8	3.62	1.94	122.63
运城市	Yuncheng City	14183	516.7	516.7	262.8	253.9	5.51	2.95	159.18
忻州市	Xinzhou City	25152	308.5	308.5	159.7	148.8	3.51	2.05	124.15
临汾市	Linfen City	20302	434.5	434.5	221.8	212.7	4.61	2.36	154.65
吕梁市	Luliang City	21140	375.2	375.2	193.9	181.3	4.16	2.09	137.48
其他	Others								
内蒙古自治区	**Inner Mongolia**	**1187900**	**2481.7**	**2481.7**	**1288.0**	**1193.7**	**22.14**	**13.45**	**911.00**
呼和浩特市	Hohhot City	17224	291.2	232.2	118.6	113.6	2.43	0.52	82.76
包头市	Baotou City	27768	269.3	221.8	112.5	109.3	1.99	0.69	80.06
乌海市	Wuhai City	1754	54.1	54.1	28.7	25.5	0.50	0.24	19.30
赤峰市	Chifeng City	90021	431.9	459.9	236.2	223.7	4.06	1.27	170.48
通辽市	Tongliao City	59535	313.6	320.1	162.4	157.6	2.79	0.99	109.70
鄂尔多斯市	Erdos City	86882	199.9	154.2	78.5	75.7	1.93	0.61	62.10
呼伦贝尔市	Hulunbuir City	253000	270.4	270.4	137.9	132.6	1.89	1.61	101.49
巴彦淖尔市	Bayannur City	64413	166.3	186.8	94.4	92.5	1.55	0.49	65.69
乌兰察布市	Ulanqab City	54492	213.5	288.8	149.1	139.7	2.69	0.65	115.38
兴安盟	Xingan League	59815	161.0	167.4	85.3	82.1	1.60	0.81	57.99
锡林郭勒盟	Xilingol League	199884	103.3	101.2	51.3	49.9	0.99	0.35	38.82
阿拉善盟	Alxa League	270244	23.5	18.5	9.4	9.1	0.17	0.08	7.60
辽宁省	**Liaoning**	**148000**	**4255.0**	**4255.0**	**2143.6**	**2111.4**	**31.38**	**30.36**	**1498.70**
沈阳市	Shenyang City	12980	722.7	722.7	359.5	363.2	5.58	5.66	255.10
大连市	Dalian City	12574	588.5	588.5	294.8	293.7	4.52	3.23	209.20
鞍山市	Anshan City	9252	351.6	351.6	177.7	173.9	2.84	2.48	118.70
抚顺市	Fushun City	11272	220.1	220.1	110.2	109.9	1.33	1.69	83.70
本溪市	Benxi City	8411	154.3	154.3	77.4	76.9	0.92	0.96	57.10
丹东市	Dandong City	15222	241.1	241.1	121.2	119.9	1.43	1.53	83.60
锦州市	Jinzhou City	9891	308.3	308.3	155.0	153.3	1.95	1.72	104.00
营口市	Yingkou City	5402	235.5	235.5	119.2	116.3	2.09	2.44	88.50
阜新市	Fuxin City	10355	192.1	192.1	95.9	96.2	1.28	1.66	66.70
辽阳市	Liaoyang City	4736	182.4	182.4	92.5	89.9	1.30	1.75	68.40
盘锦市	Panjin City	4071	131.2	131.2	66.1	65.1	0.93	1.03	47.50
铁岭市	Tieling City	12980	304.9	304.9	154.9	150.0	1.92	1.68	105.80
朝阳市	Chaoyang City	19698	341.0	341.0	174.9	166.1	3.07	2.51	113.40
葫芦岛市	Huludao City	10415	281.3	281.3	144.3	137.0	2.22	2.02	97.00

地　区	Region	土地面积 (平方公里) Land Area (sq.km)	常住人口 (万人) Usual Population (10 000 persons)	年　底 总人口 (万人) Total Population (year-end) (10 000 persons)	男 Male	女 Female	出生人口 (万人) Birth Population (10 000 person)	死亡人口 (万人) Death Population (10 000 person)	年　底 总户数 (万户) Total Households (year-end) (10 000 households)
吉林省	**Jilin**	**189072**		**2726.5**	**1377.9**	**1348.6**	**22.06**	**14.16**	**967.92**
长春市	Changchun City	20571		761.8	383.5	378.2	7.11	3.90	255.69
吉林市	Jilin City	27120		433.3	219.1	214.2	3.31	2.43	152.55
四平市	Siping City	14080		341.1	172.8	168.4	2.58	1.47	122.17
辽源市	Liaoyuan City	5139		122.5	62.3	60.2	0.86	0.89	43.61
通化市	Tonghua City	15195		226.0	114.8	111.2	1.73	1.33	79.72
白山市	Baishan City	17485		128.5	65.9	62.6	0.85	0.59	55.82
松原市	Songyuan City	21090		292.1	148.2	143.9	2.58	1.19	96.40
白城市	Baicheng City	25692		202.5	102.3	100.2	1.50	0.91	82.77
延边朝鲜族自治州	Yanbian Korean A.P	42700		218.6	109.0	109.6	1.54	1.45	79.19
黑龙江省	**Heilongjiang**	**452538**	**3833.4**	**3834.3**	**1937.7**	**1896.6**	**29.92**	**22.21**	**1433.53**
哈尔滨市	Harbin City	53076	1064.2	993.3	500.6	492.6	8.23	5.57	366.65
齐齐哈尔市	Qiqihar City	42255	537.0	567.3	288.1	279.3	4.83	2.53	206.26
鸡西市	Jixi City	22494	186.3	188.9	95.2	93.6	1.12	1.16	76.76
鹤岗市	Hegang City	14665	105.9	108.8	54.7	54.1	0.64	0.67	49.58
双鸭山市	Shuangyashan City	22051	146.3	151.2	76.4	74.9	0.94	0.76	61.72
大庆市	Daqing City	21205	290.6	281.6	141.0	140.5	2.42	1.11	103.03
伊春市	Yichun City	32800	114.9	126.3	63.1	63.1	0.63	0.92	52.68
佳木斯市	Jiamusi City	32470	255.3	250.5	126.7	123.8	1.90	1.81	94.01
七台河市	Qitaihe City	6190	92.1	92.7	47.7	45.0	0.73	0.44	34.18
牡丹江市	Mudanjiang City	38827	280.0	267.2	134.3	132.9	1.78	2.12	100.15
黑河市	Heihe City	66862	167.5	173.1	87.9	85.2	1.22	0.87	67.91
绥化市	Suihua City	34873	542.1	581.9	295.6	286.3	5.26	3.92	200.14
大兴安岭地区	Daxing'anling Prefecture	64768	51.2	51.6	26.4	25.2	0.24	0.34	20.48
农垦总局	Agriculture Reclamation Bureau								
其他	Others								
上海市	**Shanghai**	**6341**	**2347.5**	**1419.4**	**706.4**	**713.0**	**10.15**	**11.11**	**522.01**
黄浦区	Huangpu District	20	68.0	90.6	44.3	46.2	0.68	0.81	28.73
卢湾区	Luwan District								
徐汇区	Xuhui District	55	109.5	91.5	45.1	46.3	0.61	0.69	32.66
长宁区	Changning District	38	69.0	62.1	30.8	31.3	0.50	0.46	21.53
静安区	Jingan District	8	24.4	30.2	14.6	15.6	0.22	0.27	10.25
普陀区	Putuo District	55	129.7	88.1	43.9	44.3	0.62	0.76	33.11
闸北区	Zhabei District	29	83.8	68.9	34.4	34.5	0.49	0.61	25.01
虹口区	Hongkou District	23	85.2	79.1	38.8	40.3	0.52	0.67	27.65
杨浦区	Yangpu District	61	132.4	109.2	55.2	54.0	0.69	0.88	38.00
闵行区	Minhang District	371	248.4	98.5	49.9	48.6	0.91	0.69	38.47
宝山区	Baoshan District	271	193.5	89.5	45.8	43.7	0.65	0.69	35.16
嘉定区	Jiading District	464	150.6	56.2	28.0	28.2	0.36	0.44	19.92
浦东新区	Pudong New District	1210	517.5	278.5	138.9	139.7	2.23	2.02	107.32
金山区	Jinshan District	586	75.9	51.7	25.7	26.0	0.28	0.38	17.83
松江区	Songjiang District	606	165.0	57.9	28.6	29.3	0.44	0.38	19.46
青浦区	Qingpu District	670	111.8	46.3	22.8	23.5	0.28	0.33	16.44
奉贤区	Fengxian District	687	110.3	52.4	25.9	26.5	0.32	0.38	20.35
崇明县	Chongming County	1185	72.5	68.8	33.8	35.0	0.36	0.65	30.11
其他	Others								

地 区	Region	土地面积 (平方公里) Land Area (sq.km)	常住人口 (万人) Usual Population (10 000 persons)	年底总人口 (万人) Total Population (year-end) (10 000 persons)	男 Male	女 Female	出生人口 (万人) Birth Population (10 000 person)	死亡人口 (万人) Death Population (10 000 person)	年底总户数 (万户) Total Households (year-end) (10 000 households)
江苏省	**Jiangsu**	**102600**	**7898.8**	**7898.8**	**3977.7**	**3921.1**	**75.61**	**55.03**	**2572.90**
南京市	Nanjing City	6587	810.9	636.4	320.9	315.5	5.83	3.49	213.17
无锡市	Wuxi City	4627	643.2	468.0	232.7	235.3	3.57	3.13	156.31
徐州市	Xuzhou City	11259	857.3	976.7	505.7	470.9	8.83	7.16	273.21
常州市	Changzhou City	4372	465.0	362.9	180.9	182.0	2.90	2.21	128.10
苏州市	Suzhou City	8488	1051.9	642.3	316.5	325.9	5.87	4.20	213.24
南通市	Nantong City	8001	728.9	764.9	378.0	386.9	5.17	5.89	282.76
连云港市	Lianyungang City	7615	438.6	505.2	263.3	241.9	6.68	1.55	140.24
淮安市	Huaian City	10072	480.3	543.2	279.8	263.4	7.32	2.09	160.97
盐城市	Yancheng City	16972	723.7	820.7	422.5	398.2	9.87	5.53	277.79
扬州市	Yangzhou City	6591	446.3	460.1	230.5	229.6	3.62	3.50	153.24
镇江市	Zhenjiang City	3847	313.4	271.9	135.4	136.5	2.16	1.76	102.24
泰州市	Taizhou City	5787	462.6	507.1	258.6	248.5	4.94	3.46	171.58
宿迁市	Suqian City	8555	476.6	555.1	287.2	267.9	9.23	3.20	152.27
浙江省	**Zhejiang**	**101800**	**5463.0**	**4781.3**	**2426.9**	**2354.4**	**51.66**	**29.46**	**1618.04**
杭州市	Hangzhou City	16596	873.8	695.7	349.1	346.6	7.03	3.82	218.26
宁波市	Ningbo City	9816	762.8	576.4	287.9	288.5	4.61	3.48	223.79
温州市	Wenzhou City	11786	914.3	798.4	414.3	384.1	13.23	4.87	229.29
嘉兴市	Jiaxing City	3915	453.1	343.1	169.6	173.5	2.49	2.37	103.63
湖州市	Huzhou City	5820	289.9	261.0	130.2	130.9	2.07	1.77	85.80
绍兴市	Shaoxing City	8256	493.4	440.0	220.8	219.2	3.19	3.00	162.07
金华市	Jinhua City	10942	538.6	469.1	240.1	229.0	4.40	2.98	184.15
衢州市	Quzhou City	8845	211.9	252.6	130.2	122.4	2.50	1.65	87.53
舟山市	Zhoushan City	1440	113.7	97.0	48.3	48.7	0.62	0.69	36.76
台州市	Taizhou City	9411	599.9	586.8	301.4	285.4	6.55	3.48	192.30
丽水市	Lishui City	17298	211.6	261.3	135.1	126.2	3.09	1.68	94.46
安徽省	**Anhui**	**139427**	**5967.7**	**6875.9**	**3566.9**	**3309.0**	**72.90**	**35.20**	**2117.99**
合肥市	Hefei City	11430	752.1	706.1	366.5	339.6	5.80	3.01	228.62
芜湖市	Wuhu City	5988	356.6	385.4	199.2	186.1	2.01	2.01	127.06
蚌埠市	Bengbu City	5952	317.6	365.4	189.1	176.3	4.84	1.75	108.85
淮南市	Huainan City	2585	233.1	245.6	127.8	117.9	2.83	1.19	78.08
马鞍山市	Maanshan City	4042	218.8	228.6	118.1	110.5	1.16	1.17	73.62
淮北市	Huaibei City	2741	211.5	221.8	113.5	108.3	2.52	1.08	67.65
铜陵市	Tongling City	1113	73.1	74.2	37.8	36.3	0.56	0.41	25.33
安庆市	Anqing City	15398	530.6	618.6	319.7	298.9	5.39	2.80	183.78
黄山市	Huangshan City	9807	134.9	148.1	75.8	72.3	1.13	0.81	50.76
滁州市	Chuzhou City	13523	393.1	452.9	234.1	218.8	4.64	2.65	142.73
阜阳市	Fuyang City	9775	761.9	1025.2	533.1	492.2	14.06	3.88	288.22
宿州市	Suzhou City	9786	536.6	649.2	333.7	315.5	8.70	3.13	184.07
六安市	Liuan City	17958	563.6	709.6	374.4	335.1	7.56	4.04	233.83
亳州市	Bozhou City	8374	488.0	604.2	316.7	287.6	7.91	4.18	173.22
池州市	Chizhou City	8272	141.4	161.4	82.6	78.8	1.39	0.73	55.57
宣城市	Xuancheng City	12323	254.7	279.4	144.7	134.7	2.38	2.37	96.63
其他	Others								

地 区	Region	土地面积 (平方公里) Land Area (sq.km)	常住人口 (万人) Usual Population (10 000 persons)	年底总人口 (万人) Total Population (year-end) (10 000 persons)	男 Male	女 Female	出生人口 (万人) Birth Population (10 000 person)	死亡人口 (万人) Death Population (10 000 person)	年底总户数 (万户) Total Households (year-end) (10 000 households)
福建省	**Fujian**	**124000**	**3720.0**	**3551.8**	**1828.5**	**1723.3**	**42.29**	**19.27**	**1020.96**
福州市	Fuzhou City	11968	720.0	649.4	334.5	314.9	7.31	3.51	200.80
厦门市	Xiamen City	1573	361.0	185.3	92.4	92.8	3.59	1.04	59.72
莆田市	Putian City	4131	279.0	326.5	165.9	160.6	3.20	1.48	81.62
三明市	Sanming City	22940	251.0	273.3	142.6	130.8	2.93	1.43	76.98
泉州市	Quanzhou City	11015	821.0	689.5	353.9	335.6	9.73	3.84	187.76
漳州市	Zhangzhou City	12881	484.0	479.2	246.1	233.1	5.74	2.65	133.28
南平市	Nanping City	26280	265.0	313.4	162.1	151.3	3.15	1.77	92.17
龙岩市	Longyan City	19052	256.0	295.1	152.1	142.9	3.07	1.71	88.56
宁德市	Ningde City	13452	283.0	340.0	178.8	161.2	3.67	1.86	100.07
江西省	**Jiangxi**	**166933**	**4488.4**	**4488.4**	**2313.4**	**2175.1**	**60.33**	**26.76**	**1209.80**
南昌市	Nanchang City	7194	508.9	508.9	265.7	243.2	6.76	3.03	144.79
景德镇市	Jingdezhen City	5261	159.9	159.9	83.1	76.8	2.13	0.96	44.91
萍乡市	Pingxiang City	3830	186.8	186.8	94.5	92.3	2.50	1.12	49.54
九江市	Jiujiang City	19078	476.3	476.3	242.5	233.8	6.40	2.84	128.29
新余市	Xinyu City	3161	114.7	114.7	60.1	54.6	1.51	0.68	36.23
鹰潭市	Yingtan City	3560	113.4	113.4	59.5	53.9	1.52	0.68	30.95
赣州市	Ganzhou City	39363	842.8	842.8	428.2	414.6	11.37	5.05	217.42
吉安市	Jian City	25283	484.3	484.3	251.1	233.2	6.52	2.89	130.41
宜春市	Yichun City	18668	545.3	545.3	282.9	262.4	7.34	3.26	147.64
抚州市	Fuzhou City	18799	393.8	393.8	204.8	189.0	5.31	2.36	107.67
上饶市	Shangrao City	22736	662.4	662.4	341.1	321.3	8.94	3.98	171.95
山东省	**Shandong**	**157126**	**9637.3**	**9591.0**	**4869.6**	**4721.4**	**114.49**	**67.59**	**3036.65**
济南市	Jinan City	7999	688.5	606.6	302.2	304.4	6.66	4.03	193.61
青岛市	Qingdao City	11175	879.5	766.4	382.7	383.7	6.58	5.55	247.94
淄博市	Zibo City	5965	455.6	423.8	211.7	212.1	3.47	2.50	145.39
枣庄市	Zaozhuang City	4563	375.3	394.2	205.7	188.5	7.28	2.96	118.97
东营市	Dongying City	7923	205.5	186.0	93.5	92.5	1.59	0.83	61.69
烟台市	Yantai City	13746	697.6	651.8	326.1	325.7	4.44	4.54	234.07
潍坊市	Weifang City	16005	915.5	877.6	443.3	434.3	8.26	5.98	275.50
济宁市	Jining City	11194	812.9	847.0	434.9	412.1	12.05	5.95	248.54
泰安市	Taian City	7762	551.4	559.5	283.3	276.2	6.27	3.49	185.25
威海市	Weihai City	5698	280.1	253.8	127.1	126.8	1.57	1.97	91.82
日照市	Rizhao City	5348	281.9	289.0	146.8	142.2	2.74	1.80	100.41
莱芜市	Laiwu City	2246	130.6	127.0	64.4	62.5	0.98	0.85	47.11
临沂市	Linyi City	17202	1009.1	1081.0	556.7	524.3	12.58	5.36	331.14
德州市	Dezhou City	10356	560.3	576.0	291.5	284.4	7.89	2.81	175.97
聊城市	Liaocheng City	8715	584.6	604.2	307.1	297.1	8.97	3.49	189.76
滨州市	Binzhou City	9033	377.1	380.7	192.0	188.7	4.19	2.13	119.63
菏泽市	Heze City	12194	831.9	966.5	500.5	466.0	18.98	13.34	269.85
河南省	**Henan**	**167000**	**9388.0**	**10489.0**	**5433.3**	**5055.7**	**120.95**	**69.26**	**3102.00**
郑州市	Zhengzhou City	7446	885.7	735.4	369.5	365.9	6.86	2.98	205.00
开封市	Kaifeng City	6444	466.0	506.4	256.4	250.0	5.55	2.96	153.00
洛阳市	Luoyang City	15200	656.7	684.7	344.0	340.7	7.37	3.65	206.00
平顶山市	Pingdingshan City	7882	491.8	532.0	273.4	258.6	6.34	3.24	155.00
安阳市	Anyang City	7413	515.0	571.3	276.5	294.8	5.84	3.20	171.00
鹤壁市	Hebi City	2182	158.0	159.4	82.1	77.3	1.69	0.83	49.00

3-1 续表 5 continued

地　区	Region	土地面积 (平方公里) Land Area (sq.km)	常住人口 (万人) Usual Population (10 000 persons)	年底总人口 (万人) Total Population (year-end) (10 000 persons)	男 Male	女 Female	出生人口 (万人) Birth Population (10 000 person)	死亡人口 (万人) Death Population (10 000 person)	年底总户数 (万户) Total Households (year-end) (10 000 households)
新乡市	Xinxiang City	8169	565.9	593.2	298.5	294.7	6.50	3.25	170.00
焦作市	Jiaozuo City	4071	352.7	364.0	184.0	180.1	3.66	1.91	100.00
濮阳市	Puyang City	4266	356.0	383.8	193.4	190.5	4.24	2.16	109.00
许昌市	Xuchang City	4996	429.6	479.4	248.3	231.1	5.10	2.69	144.00
漯河市	Luohe City	2617	255.0	272.8	140.2	132.6	2.78	1.43	79.00
三门峡市	Sanmenxia City	10496	224.1	225.6	114.9	110.7	2.03	1.09	73.00
南阳市	Nanyang City	26600	1012.9	1163.8	605.2	558.6	12.56	7.00	363.00
商丘市	Shangqiu City	10704	736.4	890.5	451.0	439.5	9.42	4.99	261.00
信阳市	Xinyang City	19541	610.8	850.9	430.8	420.1	9.89	5.45	272.00
周口市	Zhoukou City	11959	895.2	1120.6	563.9	556.7	11.68	6.55	336.00
驻马店市	Zhumadian City	15083	708.5	887.3	445.0	442.4	9.84	5.55	236.00
济源市	Jiyuan City	1931	67.9	68.1	34.6	33.5	0.79	0.39	20.00
湖北省	**Hubei**	**185900**	**5758.0**	**6164.1**	**3194.0**	**2970.1**	**56.67**	**34.52**	**2034.18**
武汉市	Wuhan City	8494	1002.0	827.2	424.3	403.0	7.89	6.17	276.50
黄石市	Huangshi City	4586	243.5	260.1	136.9	123.2	3.32	1.46	77.37
十堰市	Shiyan City	23680	334.8	348.4	184.3	164.1	4.77	2.65	116.88
宜昌市	Yichang City	21084	406.9	398.8	204.1	194.7	2.99	2.70	151.46
襄阳市	Xiangyang City	19728	552.7	593.6	304.6	289.0	6.99	4.35	209.32
鄂州市	Ezhou City	1594	105.1	109.4	57.1	52.4	1.30	0.57	37.05
荆门市	Jingmen City	12404	288.0	301.9	153.7	148.2	2.52	1.27	103.67
孝感市	Xiaogan City	8910	482.5	528.9	275.8	253.1	5.81	5.34	164.80
荆州市	Jingzhou City	14092	570.4	662.7	338.7	324.1	3.99	2.34	207.84
黄冈市	Huanggang City	17457	621.0	746.3	392.5	353.8	10.11	4.08	245.62
咸宁市	Xianning City	9861	246.8	295.3	154.6	140.6	3.80	0.85	88.71
随州市	Suizhou City	9636	217.0	256.9	131.9	125.0	2.85	1.38	87.64
恩施土家族苗族自治州	Enshi Tujia & Miao A.P	24061	329.7	401.2	209.9	191.3	4.70	2.22	135.73
仙桃市	Xiantao City	2538	118.3	155.1	81.2	73.9	2.03	0.91	44.38
潜江市	Qianjiang City	2004	94.8	103.0	52.1	50.8	0.97	0.42	33.52
天门市	Tianmen City	2622	136.9	167.0	88.0	79.0	1.76	0.93	50.00
神农架林区	Shennongjia Forest District	3253	7.6	8.0	4.3	3.7	0.08	0.17	3.20
湖南省	**Hunan**	**211487**	**6595.6**	**7135.6**			**87.72**	**46.70**	**1926.98**
长沙市	Changsha City	11816	709.1	657.0			9.81	5.48	222.69
株洲市	Zhuzhou City	11285	388.1	393.2			5.72	2.75	108.86
湘潭市	Xiangtan City	5033	276.5	291.1			3.54	1.95	83.03
衡阳市	Hengyang City	15372	716.6	796.6			9.44	5.06	198.36
邵阳市	Shaoyang City	20913	710.7	797.5			9.13	4.99	196.47
岳阳市	Yueyang City	14509	548.5	569.2			7.37	3.85	152.99
常德市	Changde City	18034	573.3	625.7			6.26	4.00	173.15
张家界市	Zhangjiajie City	9524	149.0	168.4			1.96	1.05	44.61
益阳市	Yiyang City	12144	431.4	478.7			5.70	3.02	147.38
郴州市	Chenzhou City	19358	460.5	506.5			6.03	3.23	136.27
永州市	Yongzhou City	22273	521.3	614.9			7.28	3.69	148.12
怀化市	Huaihua City	27644	475.1	513.5			6.70	3.28	137.93
娄底市	Loudi City	8117	379.3	435.8			5.09	2.65	110.60
湘西土家族苗族自治州	West Hunan Tujia & Miao A.P	15466	256.3	287.6			3.79	1.79	66.52

3-1 续表 6 continued

地 区	Region	土地面积 (平方公里) Land Area (sq.km)	常住人口 (万人) Usual Population (10 000 persons)	年底总人口 (万人) Total Population (year-end) (10 000 persons)	男 Male	女 Female	出生人口 (万人) Birth Population (10 000 person)	死亡人口 (万人) Death Population (10 000 person)	年底总户数 (万户) Total Households (year-end) (10 000 households)
广东省	**Guangdong**	**179813**	**10505.0**	**8637.2**	**4445.5**	**4191.7**	**109.44**	**45.56**	**2326.44**
广州市	Guangzhou City	7287	1275.1	814.6	412.6	402.0	8.70	4.41	259.57
韶关市	Shaoguan City	18385	285.0	329.7	170.3	159.4	4.30	2.08	106.41
深圳市	Shenzhen City	1953	1046.7	279.4	147.7	131.7	4.18	0.30	74.54
珠海市	Zhuhai City	1654	156.8	106.0	54.1	51.9	1.21	0.23	29.81
汕头市	Shantou City	2248	541.7	529.4	265.4	264.1	7.64	2.52	118.60
佛山市	Foshan City	3848	723.1	374.8	186.6	188.2	4.18	1.91	113.37
江门市	Jiangmen City	9541	446.6	393.7	198.6	195.1	4.08	2.87	119.13
湛江市	Zhanjiang City	13225	706.9	792.1	419.7	372.3	17.47	2.91	204.43
茂名市	Maoming City	11425	588.3	761.3	404.5	356.8	14.80	2.70	196.30
肇庆市	Zhaoqing City	14822	395.1	426.9	220.3	206.6	6.17	2.20	119.77
惠州市	Huizhou City	11356	463.4	343.0	174.0	169.1	3.93	1.60	95.60
梅州市	Meizhou City	15876	426.8	517.6	264.8	252.8	5.69	2.80	136.32
汕尾市	Shanwei City	4902	295.5	347.2	181.1	166.1	5.70	1.26	72.97
河源市	Heyuan City	15642	298.2	366.8	186.4	180.4	6.61	0.53	94.98
阳江市	Yangjiang City	7965	244.5	284.6	151.2	133.5	4.87	1.77	78.60
清远市	Qingyuan City	19153	373.8	416.5	214.3	202.2	5.98	2.50	114.55
东莞市	Dongguan City	2472	825.5	184.8	93.8	91.0	1.99	0.87	53.90
中山市	ZhongShan City	1800	314.2	150.7	75.0	75.7	1.79	0.93	42.15
潮州市	Chaozhou City	3100	268.4	262.8	133.0	129.8	2.69	1.61	63.46
揭阳市	Jieyang City	5266	591.5	669.3	342.3	327.0	11.19	3.32	150.19
云浮市	Yunfu City	7779	237.9	286.1	150.1	136.0	3.05	1.48	81.75
广西壮族自治区	**Guangxi**	**237600**	**4645.0**	**5199.0**	**2730.0**	**2469.0**	**71.00**	**31.00**	**1359.00**
南宁市	Nanning City	22112	692.0	711.5	371.9	339.6	9.80	4.29	214.58
柳州市	Liuzhou City	18617	379.4	374.8	194.1	180.7	4.42	2.56	111.10
桂林市	Guilin City	27809	478.8	521.8	271.3	250.6	5.45	3.23	162.62
梧州市	Wuzhou City	12588	290.9	327.6	174.0	153.6	5.92	3.73	96.77
北海市	Beihai City	3337	155.4	167.9	88.1	79.8	2.41	0.83	44.42
防城港市	Fangchenggang City	6222	87.8	91.4	49.6	41.7	2.11	1.43	24.46
钦州市	Qinzhou City	10879	311.0	391.2	213.4	177.8	6.26	2.45	98.89
贵港市	Guigang City	10602	415.7	527.7	278.7	249.0	10.33	4.78	156.83
玉林市	Yulin City	12838	553.8	684.8	365.5	319.3	15.28	4.11	196.40
百色市	Baise City	36202	349.5	385.3	199.2	186.1	6.15	4.44	110.07
贺州市	Hezhou City	11855	197.0	233.3	122.0	111.2	2.79	2.28	63.22
河池市	Hechi City	33508	339.3	401.8	207.6	194.1	5.24	2.15	125.56
来宾市	Laibin City	13411	211.8	261.7	137.1	124.6	3.31	2.01	76.17
崇左市	Chongzuo City	17351	201.1	246.6	129.2	117.4	4.59	1.54	70.70
海南省	**Hainan**	**35354**	**877.4**	**907.8**	**474.2**	**433.6**	**14.38**	**3.56**	**259.85**
海口市	Haikou City	2305	209.7	162.4	83.5	78.9	2.49	0.32	50.93
三亚市	Sanya City	1915	70.6	58.1	29.7	28.5	0.79	0.23	14.35
重庆市	**Chongqing**	**82403**	**2919.0**	**3329.8**	**1720.5**	**1609.3**	**41.27**	**19.55**	**1205.20**
万州区	Wanzhou District	3457	157.2	174.6	89.1	85.5	1.82	0.87	70.47
涪陵区	Fuling District	2941	108.4	116.5	59.4	57.1	1.51	0.66	45.89
渝中区	Yuzhong District	23	63.9	56.4	27.9	28.5	0.36	0.31	21.80
大渡口区	Dadukou District	103	31.6	24.1	12.0	12.1	0.19	0.09	10.35

3-1 续表 7 continued

地　区	Region	土地面积 (平方公里) Land Area (sq.km)	常住人口 (万人) Usual Population (10 000 persons)	年　底 总人口 (万人) Total Population (year-end) (10 000 persons)	男 Male	女 Female	出生人口 (万人) Birth Population (10 000 person)	死亡人口 (万人) Death Population (10 000 person)	年　底 总户数 (万户) Total Households (year-end) (10 000 households)
江北区	Jiangbei District	214	77.7	56.1	28.2	27.9	0.47	0.26	23.20
沙坪坝区	Shapingba District	396	104.4	79.9	40.0	39.9	0.71	0.36	27.54
九龙坡区	Jiulongpo District	432	111.6	83.8	42.1	41.7	0.79	0.30	33.15
南岸区	Nanan District	261	79.0	62.6	31.3	31.3	0.64	0.25	22.86
北碚区	Beibei District	755	72.1	63.4	31.9	31.6	0.53	0.39	24.78
綦江区	Qijiang District	2748	107.6	121.3	62.1	59.2	1.34	1.01	46.85
大足区	Dazu District	1433	73.0	103.4	54.3	49.1	2.58	0.84	31.49
渝北区	Yubei District	1456	138.6	107.6	54.3	53.3	1.20	0.57	42.55
巴南区	Banan District	1825	93.5	89.1	45.8	43.2	0.98	0.46	34.97
黔江区	Qianjiang District	2402	44.6	54.1	28.6	25.6	0.79	0.31	20.13
长寿区	Changshou District	1424	78.3	90.7	46.2	44.5	0.91	0.51	35.96
江津区	Jiangjin District	3200	124.9	150.4	78.0	72.5	2.19	1.07	60.55
合川区	Hechuan District	2356	131.3	155.9	80.9	75.1	1.55	0.84	58.22
永川区	Yongchuan District	1576	104.4	112.9	57.9	55.0	1.36	0.71	37.99
南川区	Nanchuan District	2602	53.8	68.0	34.8	33.2	1.13	0.45	25.07
四川省	**Sichuan**	**485000**	**8050.0**	**9058.4**	**4665.6**	**4392.8**	**91.27**	**47.92**	**3112.10**
成都市	Chengdu City	12400	1407.1	1163.3	582.1	581.2	10.52	5.32	439.70
自贡市	Zigong City	4300	268.4	327.1	167.1	160.0	3.79	1.61	105.40
攀枝花市	Panzhihua City	7400	122.0	111.7	57.2	54.5	0.89	0.42	35.50
泸州市	Luzhou City	12200	422.5	503.0	260.8	242.2	6.19	4.32	145.30
德阳市	Deyang City	5900	359.2	390.5	200.2	190.3	3.61	2.50	150.20
绵阳市	Mianyang City	20200	462.0	543.4	280.1	263.3	5.03	3.10	195.30
广元市	Guangyuan City	16300	249.0	311.2	159.6	151.6	2.86	1.84	112.00
遂宁市	Suining City	5300	326.0	382.7	197.4	185.3	3.70	1.89	133.70
内江市	Neijiang City	5300	370.9	426.1	220.1	206.0	4.43	2.26	154.70
乐山市	Leshan City	12800	324.3	354.4	181.0	173.4	2.79	1.90	126.60
南充市	Nanchong City	12400	628.5	756.2	393.2	363.0	6.22	3.79	260.30
眉山市	Meishan City	7100	295.8	350.8	179.3	171.5	3.10	1.22	125.30
宜宾市	Yibin City	13200	446.0	542.9	283.1	259.8	5.91	3.69	168.40
广安市	Guangan City	6300	321.0	468.5	245.6	222.9	5.77	2.11	157.00
达州市	Dazhou City	16200	548.6	690.7	361.8	328.9	7.53	2.87	245.90
雅安市	Yaan City	14000	151.7	155.8	79.8	76.0	1.60	0.71	55.30
巴中市	Bazhong City	12300	329.6	389.4	202.5	186.9	2.78	1.83	126.70
资阳市	Ziyang City	7900	363.0	503.9	262.3	241.6	5.03	3.24	176.50
阿坝藏族羌族自治州	Aba Zang & Qiang A.P	83400	90.2	90.7	46.3	44.4	1.28	0.38	28.10
甘孜藏族自治州	Ganzi Zang A.P	150000	110.0	108.8	55.1	53.7	1.50	0.62	28.80
凉山彝族自治州	Liangshan Yi A.P	60100	454.1	487.3	251.0	236.3	6.75	2.31	141.40
贵州省	**Guizhou**	**176171**	**3469.0**	**4238.4**	**2205.7**	**2032.7**	**46.24**	**24.07**	**1204.37**
贵阳市	Guiyang City	8034	439.0	376.1	192.1	184.1	4.44	1.83	112.13
六盘水市	Liupanshui City	9914	285.0	321.4	169.0	152.5	4.08	1.79	96.55
遵义市	Zunyi City	30762	610.0	771.9	400.3	371.6	10.66	3.41	221.60
安顺市	Anshun City	9267	228.0	282.3	145.7	136.5	4.09	1.46	80.78
毕节市	Bijie City	26853	652.0	851.7	444.7	407.1	14.76	4.81	225.95
铜仁市	Tongren City	18003	308.0	427.2	223.8	203.4	5.83	2.04	121.85
黔西南布依族苗族自治州	Southwest Guizhou Buyi & Miao A.P	16804	280.0	344.7	177.5	167.2	4.31	1.98	98.90
黔东南苗族侗族自治州	Southeast Guizhou Miao & Dong A.P	30337	346.0	458.2	242.6	215.6	5.13	2.05	127.18
黔南布依族苗族自治州	South Guizhou Buyi & Miao A.P	26197	321.0	404.9	210.1	194.8	5.73	2.96	119.43

地　区	Region	土地面积 (平方公里) Land Area (sq.km)	常住人口 (万人) Usual Population (10 000 persons)	年　底 总人口 (万人) Total Population (year-end) (10 000 persons)	男 Male	女 Female	出生人口 (万人) Birth Population (10 000 person)	死亡人口 (万人) Death Population (10 000 person)	年　底 总户数 (万户) Total Households (year-end) (10 000 households)
云南省	**Yunnan**	**394000**	**4631.0**	**4631.0**	**2402.8**	**2228.2**	**58.67**	**29.36**	**1346.70**
昆明市	Kunming City	21012	648.6	648.6	333.4	315.2	7.39	3.74	196.07
曲靖市	Qujing City	28904	589.9	589.9	309.2	280.7	7.43	3.42	184.99
玉溪市	Yuxi City	15285	231.8	231.8	118.9	112.9	2.55	1.32	72.18
保山市	Baoshan City	19637	252.5	252.5	129.5	123.0	3.24	1.81	68.43
昭通市	Zhaotong City	23021	525.9	525.9	276.2	249.7	8.06	3.45	161.71
丽江市	Lijiang City	20557	125.4	125.4	64.7	60.7	1.38	0.83	37.32
普洱市	Puer City	45385	256.1	256.1	134.9	121.2	3.10	1.62	72.24
临沧市	Lincang City	24469	244.8	244.8	128.4	116.3	3.16	1.65	64.35
楚雄彝族自治州	Chuxiong Yi A.P	29258	270.4	270.4	138.5	132.0	3.06	1.84	79.62
红河哈尼族彝族自治州	Honghe Hani & Yi A.P	32931	453.5	453.5	235.9	217.6	6.18	3.23	127.00
文山壮族苗族自治州	Wenshan Zhuang & Miao A.P	31456	354.2	354.2	185.1	169.1	4.69	2.27	95.89
西双版纳傣族自治州	Xishuangbanna Dai A.P	19125	114.2	114.2	59.2	55.0	1.35	0.63	27.26
大理白族自治州	Dali Bai A.P	29459	347.8	347.8	176.3	171.5	3.82	2.11	104.33
德宏傣族景颇族自治州	Dehong Dai & Jingpo A.P	11526	122.1	122.1	62.9	59.1	1.77	0.87	30.16
怒江傈僳族自治州	Nujiang Lisu A.P	14703	53.6	53.6	28.4	25.2	0.75	0.36	15.56
迪庆藏族自治州	Diqing Zang A.P	23186	40.3	40.3	21.4	18.8	0.41	0.23	9.62
西藏自治区	**Tibet A.R.**	**1202369**	**303.3**	**303.3**	**155.3**	**148.0**	**15.39**	**5.13**	**10.26**
拉萨市	Lhasa City	29539	56.3						
昌都地区	Qamdu Prefecture	108872	66.6						
山南地区	Lhokha Prefecture	79288	33.2						
日喀则地区	Xigaze Prefecture	182066	71.0						
那曲地区	Narqu Prefecture	391817	46.8						
阿里地区	Ngri Prefecture	296823	9.7						
林芝地区	Nyingchi Prefecture	113965	19.8						
其他	Others								
陕西省	**Shaanxi**	**205624**	**3742.6**	**3908.7**	**2021.7**	**1886.9**	**36.49**	**22.68**	**1224.90**
西安市	Xi'an City	10106	851.3	791.8	402.5	389.3	8.27	4.58	234.34
铜川市	Tongchuan City	3881	83.8	85.5	44.7	40.8	0.79	0.50	27.55
宝鸡市	Baoji City	18162	372.7	383.2	198.5	184.7	3.45	2.20	113.25
咸阳市	Xianyang City	10189	491.2	525.7	271.6	254.1	4.83	2.92	153.77
渭南市	Weinan City	13033	530.5	564.7	286.3	278.4	4.91	3.17	176.56
延安市	Yan'an City	37031	219.4	232.9	120.2	112.7	2.25	1.31	81.85
汉中市	Hanzhong City	27092	341.5	382.3	200.2	182.2	3.24	2.40	127.59
榆林市	Yulin City	42921	335.2	370.7	193.3	177.4	3.69	2.01	129.73
安康市	Ankang City	23535	263.1	305.1	163.9	141.1	2.53	1.85	100.54
商洛市	Shangluo City	19581	233.6	247.9	130.7	117.1	2.37	1.64	74.77
杨凌示范区	Yangling Demonstration Zone	93	20.2	18.9	9.7	9.2	0.17	0.08	4.96
甘肃省	**Gansu**	**454000**	**2564.2**	**2728.9**	**1407.1**	**1321.8**	**37.50**	**15.45**	**792.92**
兰州市	Lanzhou City	13103	362.1	323.3	164.4	159.0	3.06	1.13	102.00
嘉峪关市	Jiayuguan City	1351	23.3	19.5	10.4	9.1	0.13	0.06	6.26
金昌市	Jinchang City	7569	46.6	46.1	24.0	22.1	0.41	0.13	16.09
白银市	Baiyin City	20164	171.3	181.1	93.5	87.6	2.22	1.07	53.54

3-1 续表 9 continued

地　区	Region	土地面积 (平方公里) Land Area (sq.km)	常住人口 (万人) Usual Population (10 000 persons)	年底总人口 (万人) Total Population (year-end) (10 000 persons)	男 Male	女 Female	出生人口 (万人) Birth Population (10 000 person)	死亡人口 (万人) Death Population (10 000 person)	年底总户数 (万户) Total Households (year-end) (10 000 households)
天水市	Tianshui City	14312	327.5	369.6	189.6	180.0	5.72	1.59	99.29
武威市	Wuwei City	32517	182.0	192.1	99.1	93.0	2.28	0.91	55.34
张掖市	Zhangye City	39437	120.5	130.9	67.4	63.5	1.43	1.20	43.57
平凉市	Pingliang City	10423	207.7	232.2	119.4	112.8	3.20	1.28	67.61
酒泉市	Jiuquan City	193974	110.1	101.5	51.5	50.0	0.98	0.43	33.34
庆阳市	Qingyang City	27220	221.5	262.0	136.2	125.8	3.87	0.66	76.21
定西市	Dingxi City	19646	270.5	302.3	156.8	145.5	3.79	1.82	83.63
陇南市	Longnan City	27857	256.1	281.5	147.3	134.2	4.53	3.64	79.05
临夏回族自治州	Linxia Hui A.P	8117	196.3	214.0	110.4	103.6	4.76	1.22	56.26
甘南藏族自治州	Gannan Zang A.P	38312	68.9	73.1	37.3	35.8	1.11	0.30	20.73
青海省	**Qinghai**	**717481**		**557.6**	**283.2**	**274.4**	**10.03**	**3.24**	**166.45**
西宁市	Xining City	7424		197.4	99.9	97.6	2.11	1.15	58.35
海东地区	Haidong Prefecture	13044		164.9	84.8	80.1	3.46	0.75	46.07
海北藏族自治州	Haibei Zang A.P	33350		28.6	14.5	14.0	0.33	0.11	8.66
黄南藏族自治州	Huangnan Zang AP	17909		25.8	12.9	12.9	0.50	0.10	7.99
海南藏族自治州	Hainan Zang A.P	43377		45.1	22.7	22.4	0.90	0.53	13.50
果洛藏族自治州	Golog Zang A.P	76442		17.8	9.0	8.8	0.32	0.05	5.47
玉树藏族自治州	Yushu Zang A.P	197954		38.5	19.3	19.3	1.69	0.24	11.67
海西蒙古族藏族自治州	Haixi Mongolian & Zang A.P	327980		39.6	20.2	19.4	0.73	0.32	14.73
宁夏回族自治区	**Ningxia**	**51954**		**639.5**	**326.8**	**312.6**	**8.68**	**2.98**	**197.41**
银川市	Yinchuan City	7471		202.6	102.9	99.7	1.95	0.79	69.82
石嘴山市	Shizuishan City	4113		73.4	37.2	36.3	0.68	0.33	25.98
吴忠市	Wuzhong City	15618		129.5	65.9	63.6	1.92	0.58	37.35
固原市	Guyuan City	11286		124.7	64.8	59.9	1.97	0.61	33.43
中卫市	Zhongwei City	13465		109.3	56.1	53.2	1.51	0.52	30.82
新疆维吾尔自治区	**Xinjiang**	**1637829**	**2208.7**	**2202.7**	**1121.7**	**1080.9**	**35.76**	**10.05**	**663.70**
乌鲁木齐市	Urumqi City	14216	330.7	249.4	129.0	120.4	2.10	0.65	84.59
克拉玛依市	Karamay City	7735	65.6	28.2	14.4	13.8	0.25	0.11	10.56
吐鲁番地区	Turpan Prefecture	69621	61.2	63.2	31.8	31.4	1.15	0.21	18.66
哈密地区	Hami Prefecture	138918	59.2	58.4	29.9	28.5	0.59	0.25	20.77
昌吉回族自治州	Changji Hui A.P	73661	173.4	139.5	70.9	68.5	1.44	0.48	46.93
博尔塔拉蒙古自治州	Bortala Mongolian A.P	24896	52.6	48.7	25.0	23.8	0.55	0.18	17.33
巴音郭楞蒙古自治州	Bayingolin Mongolian A.P	472472	149.7	136.6	70.3	66.3	1.78	0.67	43.31
阿克苏地区	Aksu Prefecture	128098	265.4	239.0	121.9	117.1	4.05	1.27	63.13
克孜勒苏柯尔克孜自治州	Kizilsu Kirgiz A.P	70916	58.3	55.4	28.2	27.3	1.30	0.19	14.04
喀什地区	Kashi Prefecture	111794	398.0	410.2	206.6	203.6	10.07	2.32	101.40
和田地区	Hotan Prefecture	248945	210.1	207.6	105.7	101.9	3.94	1.17	55.78
伊犁哈萨克自治州	Ili Kazak A.P	56624	286.2	288.5	146.6	141.8	5.68	1.28	92.18
塔城地区	Tacheng Prefecture	94891	145.6	104.5	52.9	51.6	1.32	0.47	35.06
阿勒泰地区	Altay Prefecture	117989	61.3	66.9	33.8	33.1	0.93	0.29	21.15
石河子市	Shihezi City	457	25.1	62.4	31.7	30.7	0.29	0.31	23.14
阿拉尔市	Alar City	3927		19.1	10.1	9.0	0.16	0.05	7.46
图木舒克市	Tumxuk City	1927		16.1	8.3	7.7	0.10	0.06	4.64
五家渠市	Wujiaqu City	742		9.1	4.6	4.5	0.05	0.06	3.58
生产建设兵团	Corps								

3-2 地区生产总值(2011年)
Gross Regional Products (2011)

地 区	Region	地区生产总值(亿元) Gross Regional Product (100 million yuan)	第一产业 Primary Industry	第二产业 Secondary Industry	#工 业 Industry	第三产业 Tertiary Industry	人均地区生产总值(元) Per Capita GRP (yuan)
北京市	**Beijing**	**16251.93**	**136.27**	**3752.48**	**3048.79**	**12363.18**	**81658**
东城区	Dongcheng District	1339.72		57.93	28.41	1281.79	
西城区	Xicheng District	2360.76		240.74	184.92	2120.03	
朝阳区	Chaoyang District	3272.15	1.16	362.66	275.31	2908.33	
丰台区	Fengtai District	842.68	0.89	207.29	108.63	634.50	
石景山区	Shijingshan District	320.66		121.82	76.99	198.84	
海淀区	Haidian District	3179.81	1.58	412.87	272.15	2765.36	
门头沟区	Mentougou District	103.66	1.83	53.45	47.86	48.37	
房山区	Fangshan District	415.97	15.16	259.49	228.37	141.32	
通州区	Tongzhou District	400.23	16.63	200.18	150.54	183.42	
顺义区	Shunyi District	1015.00	24.38	441.09	408.05	549.52	
昌平区	Changping District	455.02	6.61	217.59	193.76	230.82	
大兴区	Daxing District	350.83	18.66	137.17	110.73	195.01	
怀柔区	Huairou District	168.81	7.12	103.34	92.11	58.34	
平谷区	Pinggu District	136.64	14.53	63.18	46.22	58.92	
密云县	Miyun County	162.04	17.94	74.67	59.32	69.42	
延庆县	Yanqing County	75.83	9.50	20.68	14.13	45.66	
北京经济技术开发区	Beijing Economic-technological Development Zones	782.49		495.57	473.93	286.92	
其他	Others						
天津市	**Tianjin**	**11307.28**	**159.72**	**5928.32**	**5430.84**	**5219.24**	**85213**
和平区	Heping District	577.47		71.90	58.03	505.57	
河东区	Hedong District	254.06		38.24	22.04	215.82	
河西区	Hexi District	585.13		116.44	105.18	468.69	
南开区	Nankai District	480.01		68.29	54.69	411.72	
河北区	Hebei District	291.98		95.20	86.10	196.78	
红桥区	Hongqiao District	128.68		19.28	7.90	109.40	
东丽区	Dongli District	602.81	3.80	375.76	349.00	223.24	
西青区	Xiqing District	595.50	10.02	379.64	346.66	205.84	
津南区	Jinnan District	379.97	4.68	234.06	203.00	141.23	
北辰区	Beichen District	562.99	9.31	363.07	338.19	190.60	
武清区	Wuqing District	455.51	31.41	266.50	240.79	157.60	
宝坻区	Baodi District	323.33	24.04	161.49	143.68	137.80	
滨海新区	Binhai New Area	6206.87	8.82	4273.89	4036.40	1924.15	
宁河县	Ninghe County	224.95	23.49	111.57	100.91	89.89	
静海县	Jinghai County	343.66	16.88	231.03	215.13	95.75	
蓟县	Ji County	250.11	23.72	79.36	53.36	147.02	
其他	Others						
河北省	**Hebei**	**24515.76**	**2905.73**	**13126.86**	**11770.38**	**8483.17**	**33969**
石家庄市	Shijiazhuang City	4082.68	415.00	2031.90	1808.66	1635.79	39919
唐山市	Tangshan City	5442.45	486.53	3269.93	3057.90	1686.00	71565
秦皇岛市	Qinhuangdao City	1070.08	139.94	419.48	354.68	510.66	35691
邯郸市	Handan City	2789.03	350.61	1527.43	1394.20	910.98	30270
邢台市	Xingtai City	1428.92	218.83	793.38	731.97	416.71	20027
保定市	Baoding City	2449.90	343.02	1338.49	1122.88	768.38	21796
张家口市	Zhangjiakou City	1118.61	180.28	494.38	415.47	443.96	25649
承德市	Chengde City	1104.20	165.55	605.43	541.77	333.22	31705
沧州市	Cangzhou City	2585.20	295.84	1358.70	1229.47	930.66	36053
廊坊市	Langfang City	1611.42	174.28	875.50	744.66	561.64	36773
衡水市	Hengshui City	929.07	174.54	488.33	444.82	266.20	21334

3-2 续表 1 continued

地 区	Region	地区生产总值 (亿元) Gross Regional Product (100 million yuan)	第一产业 Primary Industry	第二产业 Secondary Industry	#工 业 Industry	第三产业 Tertiary Industry	人均地区生产总值 (元) Per Capita GRP (yuan)
山西省	**Shanxi**	**11237.55**	**641.42**	**6635.26**	**5959.96**	**3960.87**	**31357**
太原市	Taiyuan City	2080.12	33.85	949.19	708.47	1097.08	49292
大同市	Datong City	843.57	46.50	427.91	377.60	369.16	25341
阳泉市	Yangquan City	528.11	8.45	313.93	282.56	205.74	38500
长治市	Changzhi City	1218.60	49.00	827.35	795.51	342.25	34625
晋城市	Jincheng City	894.98	38.80	585.83	560.06	270.34	39205
朔州市	Shuozhou City	855.20	45.39	498.76	478.55	311.04	49692
晋中市	Jinzhong City	890.24	73.93	488.03	440.83	328.28	27300
运城市	Yuncheng City	1016.82	164.50	494.17	434.34	358.15	19733
忻州市	Xinzhou City	554.55	54.89	285.93	262.49	213.72	18020
临汾市	Linfen City	1136.06	74.83	716.14	661.39	345.08	26220
吕梁市	Luliang City	1130.71	48.24	833.42	813.08	249.05	30224
其他	Others						
内蒙古自治区	**Inner Mongolia**	**14359.88**	**1306.30**	**8037.69**	**7101.60**	**5015.89**	**57974**
呼和浩特市	Hohhot City	2177.26	109.44	789.99	651.43	1277.83	75266
包头市	Baotou City	3005.40	80.17	1665.18	1487.41	1260.05	112372
乌海市	Wuhai City	481.58	4.36	351.95	322.97	125.27	89521
赤峰市	Chifeng City	1347.19	210.74	722.53	627.87	413.92	31121
通辽市	Tongliao City	1448.82	208.64	886.71	813.06	353.47	46167
鄂尔多斯市	Erdos City	3218.54	83.16	1933.68	1723.05	1201.70	163012
呼伦贝尔市	Hulunbuir City	1145.31	214.60	509.95	441.11	420.76	45038
巴彦淖尔市	Bayannur City	718.45	138.38	414.07	354.54	166.00	43109
乌兰察布市	Ulanqab City	690.04	111.69	371.18	332.52	207.17	32246
兴安盟	Xingan League	313.58	98.60	114.58	88.76	100.40	19458
锡林郭勒盟	Xilingol League	695.88	71.87	463.01	413.01	161.00	67506
阿拉善盟	Alxa League	392.63	9.87	323.49	306.82	59.00	168094
辽宁省	**Liaoning**	**22226.70**	**1915.57**	**12152.15**	**10696.54**	**8158.98**	**50760**
沈阳市	Shenyang City	5915.71	279.06	3026.88	2725.77	2609.77	72648
大连市	Dalian City	6150.63	395.72	3204.18	2816.00	2550.73	91295
鞍山市	Anshan City	2398.76	110.55	1281.01	1162.00	1007.20	68224
抚顺市	Fushun City	1113.37	70.48	673.51	575.49	369.38	52245
本溪市	Benxi City	1044.59	53.12	657.02	599.01	334.44	60552
丹东市	Dandong City	888.67	119.70	457.15	387.03	311.82	36841
锦州市	Jinzhou City	1116.93	173.37	554.01	493.61	389.54	35784
营口市	Yingkou City	1224.65	90.76	673.81	603.65	460.09	50309
阜新市	Fuxin City	480.26	110.02	213.47	178.41	156.77	26480
辽阳市	Liaoyang City	888.67	56.44	561.19	530.17	271.04	48594
盘锦市	Panjin City	1119.92	94.33	762.17	700.76	263.41	79584
铁岭市	Tieling City	873.84	172.42	460.13	414.42	241.29	28647
朝阳市	Chaoyang City	813.02	170.69	416.64	351.64	225.69	26927
葫芦岛市	Huludao City	650.06	84.53	312.01	261.02	253.52	24789

3-2 续表 2 continued

地区	Region	地区生产总值 (亿元) Gross Regional Product (100 million yuan)	第一产业 Primary Industry	第二产业 Secondary Industry	#工业 Industry	第三产业 Tertiary Industry	人均地区生产总值 (元) Per Capita GRP (yuan)
吉林省	**Jilin**	**10568.83**	**1277.44**	**5611.48**	**4917.95**	**3679.92**	**38460**
长春市	Changchun City	4003.07	290.12	2092.73	1784.30	1620.22	52649
吉林市	Jilin City	2208.05	220.32	1116.52	958.45	871.21	50914
四平市	Siping City	984.59	257.44	444.54	421.01	282.61	28874
辽源市	Liaoyuan City	500.49	48.73	291.70	264.85	160.06	40844
通化市	Tonghua City	780.23	78.75	408.11	372.46	293.37	34515
白山市	Baishan City	531.43	48.44	317.36	294.66	165.63	41325
松原市	Songyuan City	1360.97	230.54	670.33	606.16	460.10	46749
白城市	Baicheng City	554.57	100.77	270.41	247.83	183.39	27374
延边朝鲜族自治州	Yanbian Korean A.P	652.17	60.52	325.82	292.75	265.83	29802
黑龙江省	**Heilongjiang**	**12582.00**	**1701.50**	**6330.50**	**5602.80**	**4550.00**	**32819**
哈尔滨市	Harbin City	4242.19	447.21	1647.18	1197.18	2147.79	42736
齐齐哈尔市	Qiqihar City	1065.67	243.21	438.44	414.76	384.02	19903
鸡西市	Jixi City	507.83	134.50	213.03	204.29	160.31	26864
鹤岗市	Hegang City	313.06	88.10	149.44	143.59	75.52	28768
双鸭山市	Shuangyashan City	502.92	160.07	233.06	216.87	109.78	33215
大庆市	Daqing City	3741.54	134.14	3070.01	2996.15	537.39	133301
伊春市	Yichun City	229.68	74.91	84.89	71.14	69.88	18142
佳木斯市	Jiamusi City	625.31	189.24	166.21	142.02	269.86	24853
七台河市	Qitaihe City	308.06	26.56	195.06	190.81	86.43	33209
牡丹江市	Mudanjiang City	940.35	152.58	386.52	344.49	401.24	33675
黑河市	Heihe City	316.05	153.74	53.79	43.11	108.51	18103
绥化市	Suihua City	912.09	359.46	232.16	194.34	320.47	15617
大兴安岭地区	Daxing'anling Prefecture	124.66	50.54	28.03	21.32	46.09	24050
农垦总局	Agriculture Reclamation Bureau						
其他	Others						
上海市	**Shanghai**	**19195.69**	**124.94**	**7927.89**	**7208.59**	**11142.86**	**82560**
黄浦区	Huangpu District						
卢湾区	Luwan District						
徐汇区	Xuhui District						
长宁区	Changning District						
静安区	Jingan District						
普陀区	Putuo District						
闸北区	Zhabei District						
虹口区	Hongkou District						
杨浦区	Yangpu District						
闵行区	Minhang District						
宝山区	Baoshan District						
嘉定区	Jiading District						
浦东新区	Pudong New District						
金山区	Jinshan District						
松江区	Songjiang District						
青浦区	Qingpu District						
奉贤区	Fengxian District						
崇明县	Chongming County						
其他	Others						

3-2 续表 3 continued

地 区	Region	地区生产总值 (亿元) Gross Regional Product (100 million yuan)	第一产业 Primary Industry	第二产业 Secondary Industry	#工 业 Industry	第三产业 Tertiary Industry	人均地区生产总值 (元) Per Capita GRP (yuan)
江苏省	**Jiangsu**	**49110.27**	**3064.78**	**25203.28**	**22280.61**	**20842.21**	**62290**
南京市	Nanjing City	6145.52	164.28	2760.84	2390.51	3220.41	76263
无锡市	Wuxi City	6880.15	122.98	3728.12	3463.12	3029.05	107437
徐州市	Xuzhou City	3551.65	334.54	1777.04	1509.82	1440.07	41407
常州市	Changzhou City	3580.99	111.78	1950.84	1768.91	1518.37	77485
苏州市	Suzhou City	10716.99	177.75	5957.74	5555.33	4581.50	102129
南通市	Nantong City	4080.22	287.21	2221.48	1840.41	1571.53	56005
连云港市	Lianyungang City	1410.52	204.11	654.28	517.82	552.13	32119
淮安市	Huaian City	1690.00	223.46	794.18	661.15	672.36	35181
盐城市	Yancheng City	2771.33	416.83	1306.26	1111.50	1048.24	38222
扬州市	Yangzhou City	2630.30	184.54	1427.87	1240.87	1017.89	58950
镇江市	Zhenjiang City	2311.45	100.77	1272.39	1175.63	938.29	73981
泰州市	Taizhou City	2422.61	175.11	1308.21	1132.27	939.29	52396
宿迁市	Suqian City	1320.83	209.72	614.48	502.57	496.63	27839
浙江省	**Zhejiang**	**32318.85**	**1583.04**	**16555.58**	**14683.03**	**14180.23**	**59249**
杭州市	Hangzhou City	7019.06	236.77	3323.79	2944.00	3458.50	101370
宁波市	Ningbo City	6059.24	255.23	3349.53	3019.00	2454.49	105334
温州市	Wenzhou City	3418.53	107.88	1760.72	1556.29	1549.94	43132
嘉兴市	Jiaxing City	2677.09	142.80	1537.26	1378.15	997.03	78202
湖州市	Huzhou City	1520.06	116.22	817.71	729.48	586.13	58349
绍兴市	Shaoxing City	3332.00	172.10	1834.34	1632.35	1325.56	75820
金华市	Jinhua City	2458.07	125.43	1246.09	1077.25	1086.55	52538
衢州市	Quzhou City	919.62	76.15	511.02	439.66	332.44	36508
舟山市	Zhoushan City	772.75	76.04	349.16	267.28	347.55	79765
台州市	Taizhou City	2754.41	189.25	1390.72	1253.40	1174.45	46011
丽水市	Lishui City	798.22	72.62	401.78	340.95	323.82	30643
安徽省	**Anhui**	**15300.65**	**2015.31**	**8309.38**	**7062.00**	**4975.95**	**25659**
合肥市	Hefei City	3636.62	208.22	2002.10	1560.40	1426.29	48540
芜湖市	Wuhu City	1658.24	107.01	1092.55	984.55	458.68	46626
蚌埠市	Bengbu City	780.24	144.38	384.88	337.58	250.98	24594
淮南市	Huainan City	709.54	55.90	461.44	408.94	192.20	30400
马鞍山市	Maanshan City	1144.30	67.02	779.04	711.54	298.24	52108
淮北市	Huaibei City	554.92	46.89	368.15	338.65	139.88	26225
铜陵市	Tongling City	579.41	11.00	433.02	403.62	135.39	79644
安庆市	Anqing City	1215.74	180.71	672.71	592.71	362.32	22893
黄山市	Huangshan City	378.81	45.12	174.61	133.31	159.08	27967
滁州市	Chuzhou City	850.49	173.29	439.65	385.45	237.55	21608
阜阳市	Fuyang City	853.21	232.50	342.26	294.81	278.44	11202
宿州市	Suzhou City	802.42	217.53	325.68	285.68	259.21	14959
六安市	Liuan City	821.08	181.48	372.35	308.65	267.25	14592
亳州市	Bozhou City	626.65	164.04	248.40	204.45	214.21	12866
池州市	Chizhou City	372.49	56.29	184.55	139.80	131.65	26446
宣城市	Xuancheng City	671.39	102.07	349.94	294.44	219.38	26428
其他	Others						

地 区	Region	地区生产总值 (亿元) Gross Regional Product (100 million yuan)	第一产业 Primary Industry	第二产业 Secondary Industry	#工 业 Industry	第三产业 Tertiary Industry	人均地区生产总值 (元) Per Capita GRP (yuan)
福建省	**Fujian**	**17560.18**	**1612.24**	**9069.20**	**7675.09**	**6878.74**	**47377**
福州市	Fuzhou City	3736.38	325.09	1711.19	1355.19	1700.10	52152
厦门市	Xiamen City	2539.31	24.68	1297.15	1109.76	1217.49	70832
莆田市	Putian City	1050.62	98.80	613.28	517.04	338.54	37724
三明市	Sanming City	1211.81	195.30	610.90	521.08	405.62	48376
泉州市	Quanzhou City	4270.89	151.78	2662.37	2423.18	1456.74	52245
漳州市	Zhangzhou City	1768.20	293.30	836.26	723.38	638.64	36641
南平市	Nanping City	894.31	212.99	376.78	297.60	304.54	33775
龙岩市	Longyan City	1242.15	153.24	701.97	596.60	386.95	48554
宁德市	Ningde City	930.12	168.65	435.75	362.21	325.72	32936
江西省	**Jiangxi**	**11702.82**	**1391.07**	**6390.55**	**5411.86**	**3921.20**	**26150**
南昌市	Nanchang City	2688.87	134.92	1579.29	1223.72	974.66	53023
景德镇市	Jingdezhen City	564.71	44.73	355.74	315.25	164.24	35421
萍乡市	Pingxiang City	658.15	48.97	433.44	399.23	175.74	35350
九江市	Jiujiang City	1256.41	107.69	735.94	618.55	412.78	26464
新余市	Xinyu City	779.21	44.06	522.01	470.74	213.14	68155
鹰潭市	Yingtan City	427.59	38.14	276.17	260.40	113.28	37834
赣州市	Ganzhou City	1336.00	232.70	631.16	548.43	472.14	15895
吉安市	Jian City	879.06	163.78	465.94	404.32	249.34	18202
宜春市	Yichun City	1077.98	185.00	637.79	576.33	255.19	19823
抚州市	Fuzhou City	742.51	136.89	395.61	329.33	210.01	18907
上饶市	Shangrao City	1110.58	176.50	598.98	505.42	335.10	16813
山东省	**Shandong**	**45361.85**	**3973.85**	**24017.11**	**21275.89**	**17370.89**	**47335**
济南市	Jinan City	4406.29	237.86	1828.97	1507.88	2339.46	64310
青岛市	Qingdao City	6615.60	306.38	3150.72	2794.56	3158.50	75546
淄博市	Zibo City	3280.23	116.75	1975.38	1793.43	1188.10	72182
枣庄市	Zaozhuang City	1561.68	126.40	920.32	843.44	514.96	41720
东营市	Dongying City	2676.35	99.18	1914.81	1801.08	662.36	130811
烟台市	Yantai City	4906.83	361.43	2830.88	2543.44	1714.52	70380
潍坊市	Weifang City	3541.84	359.28	1961.40	1760.97	1221.16	38820
济宁市	Jining City	2896.69	351.14	1535.93	1395.57	1009.62	35717
泰安市	Taian City	2304.31	215.00	1202.84	1037.24	886.47	41850
威海市	Weihai City	2110.95	171.18	1139.36	1022.72	800.41	75316
日照市	Rizhao City	1214.07	112.08	660.66	582.54	441.33	43191
莱芜市	Laiwu City	611.88	41.18	370.40	340.12	200.30	46983
临沂市	Linyi City	2770.45	279.01	1382.05	1146.08	1109.39	27503
德州市	Dezhou City	1950.71	229.57	1059.80	924.79	661.34	34905
聊城市	Liaocheng City	1919.42	243.37	1087.48	999.46	588.57	32968
滨州市	Binzhou City	1817.58	178.07	972.29	877.08	667.22	48326
菏泽市	Heze City	1556.52	228.04	849.03	739.84	479.45	18730
河南省	**Henan**	**26931.03**	**3512.24**	**15427.08**	**13949.32**	**7991.72**	**28661**
郑州市	Zhengzhou City	4979.85	131.66	2874.22	2566.08	1973.97	56855
开封市	Kaifeng City	1072.42	237.54	470.27	430.97	364.61	22972
洛阳市	Luoyang City	2702.76	203.84	1656.52	1477.57	842.39	41198
平顶山市	Pingdingshan City	1484.61	135.63	973.71	916.92	375.28	30227
安阳市	Anyang City	1486.61	175.22	873.33	783.83	438.06	28806
鹤壁市	Hebi City	500.52	55.95	354.07	331.63	90.50	31763

地 区	Region	地区生产总值 (亿元) Gross Regional Product (100 million yuan)	第一产业 Primary Industry	第二产业 Secondary Industry	#工 业 Industry	第三产业 Tertiary Industry	人均地区生产总值 (元) Per Capita GRP (yuan)
新乡市	Xinxiang City	1489.41	187.40	880.65	780.47	421.36	26198
焦作市	Jiaozuo City	1442.62	114.16	993.84	936.38	334.62	40810
濮阳市	Puyang City	897.34	128.49	583.25	537.19	185.60	25066
许昌市	Xuchang City	1588.74	171.71	1078.25	1014.62	338.79	36924
漯河市	Luohe City	751.70	94.91	519.72	493.31	137.07	29487
三门峡市	Sanmenxia City	1030.45	81.22	709.04	665.27	240.19	46049
南阳市	Nanyang City	2202.31	415.90	1166.81	1045.17	619.61	21590
商丘市	Shangqiu City	1308.37	317.00	622.96	546.78	368.41	17779
信阳市	Xinyang City	1257.68	330.05	523.61	425.88	404.03	20603
周口市	Zhoukou City	1407.49	389.83	653.80	578.95	363.86	15734
驻马店市	Zhumadian City	1244.77	339.95	530.18	471.28	374.64	17396
济源市	Jiyuan City	373.36	18.36	278.11	262.27	76.89	55095
湖北省	**Hubei**	**19632.26**	**2569.30**	**9815.94**	**8538.04**	**7247.02**	**34197**
武汉市	Wuhan City	6762.20	198.70	3254.02	2709.02	3309.48	68315
黄石市	Huangshi City	925.96	68.81	577.56	522.36	279.59	38075
十堰市	Shiyan City	851.25	96.91	451.88	418.65	302.46	25427
宜昌市	Yichang City	2140.69	240.81	1295.24	1189.44	604.65	52673
襄阳市	Xiangyang City	2132.22	291.66	1216.99	1117.97	623.57	38671
鄂州市	Ezhou City	490.89	60.99	289.83	269.54	140.07	46756
荆门市	Jingmen City	942.59	166.53	494.40	465.60	281.66	32765
孝感市	Xiaogan City	958.16	195.11	453.69	408.69	309.36	19880
荆州市	Jingzhou City	1043.12	265.15	448.83	407.41	329.14	18288
黄冈市	Huanggang City	1045.11	290.00	406.86	324.00	348.25	16908
咸宁市	Xianning City	652.01	118.80	309.25	285.81	223.96	26452
随州市	Suizhou City	517.99	103.99	243.59	217.79	170.41	23914
恩施土家族苗族自治州	Enshi Tujia & Miao A.P	418.19	118.25	133.17	110.85	166.77	12696
仙桃市	Xiantao City	378.46	65.05	193.61	180.88	119.80	32002
潜江市	Qianjiang City	378.21	55.27	217.60	199.10	105.34	39925
天门市	Tianmen City	274.52	63.66	136.39	125.16	74.47	20053
神农架林区	Shennongjia Forest District	14.53	1.49	6.01	3.89	7.03	19068
湖南省	**Hunan**	**19969.56**	**2768.03**	**9361.99**	**8122.75**	**7539.54**	**29880**
长沙市	Changsha City	5619.33	243.38	3151.68	2662.47	2224.26	79530
株洲市	Zhuzhou City	1564.27	133.30	945.54	847.34	485.43	40431
湘潭市	Xiangtan City	1124.14	102.56	668.46	610.63	353.12	40753
衡阳市	Hengyang City	1734.30	290.74	842.93	741.27	600.63	24231
邵阳市	Shaoyang City	907.23	227.52	353.17	302.92	326.54	12797
岳阳市	Yueyang City	1899.49	249.80	1078.57	981.63	571.12	34629
常德市	Changde City	1811.19	294.69	889.28	809.75	627.21	31644
张家界市	Zhangjiajie City	298.04	38.73	76.35	62.68	182.97	20082
益阳市	Yiyang City	883.63	193.67	382.74	346.94	307.22	20496
郴州市	Chenzhou City	1346.38	150.21	776.56	724.39	419.61	29305
永州市	Yongzhou City	945.39	227.91	361.83	309.27	355.65	18168
怀化市	Huaihua City	845.63	129.31	375.28	333.91	341.04	17816
娄底市	Loudi City	847.26	131.79	466.35	422.48	249.13	22362
湘西土家族苗族自治州	West Hunan Tujia & Miao A.P	361.37	54.38	148.30	125.97	158.69	14137

3-2 续表 6 continued

地 区	Region	地区生产总值 (亿元) Gross Regional Product (100 million yuan)	第一产业 Primary Industry	第二产业 Secondary Industry	#工 业 Industry	第三产业 Tertiary Industry	人均地区生产总值 (元) Per Capita GRP (yuan)
广东省	**Guangdong**	**53210.28**	**2665.20**	**26447.38**	**24649.60**	**24097.70**	**50807**
广州市	Guangzhou City	12423.44	204.54	4576.98	4140.59	7641.92	97588
韶关市	Shaoguan City	816.81	113.16	347.25	298.28	356.40	28760
深圳市	Shenzhen City	11505.53	6.55	5343.32	4995.10	6155.65	110421
珠海市	Zhuhai City	1404.93	36.55	764.41	714.29	603.98	89794
汕头市	Shantou City	1275.74	73.76	649.70	592.86	552.28	23596
佛山市	Foshan City	6210.23	118.86	3870.95	3735.29	2220.43	86073
江门市	Jiangmen City	1830.64	138.36	997.27	953.21	695.01	41062
湛江市	Zhanjiang City	1700.23	344.15	710.43	642.11	645.65	24163
茂名市	Maoming City	1745.31	319.27	696.66	645.80	729.38	29811
肇庆市	Zhaoqing City	1324.41	226.40	587.30	535.42	510.72	33642
惠州市	Huizhou City	2093.08	116.51	1223.25	1147.79	753.32	45331
梅州市	Meizhou City	707.54	143.99	282.66	227.52	280.89	16623
汕尾市	Shanwei City	550.55	89.99	258.52	223.29	202.05	18682
河源市	Heyuan City	579.29	72.39	306.55	285.90	200.35	19505
阳江市	Yangjiang City	766.82	160.33	338.98	295.80	267.52	31491
清远市	Qingyuan City	1003.03	139.33	448.48	402.64	415.23	26957
东莞市	Dongguan City	4735.39	17.88	2366.20	2288.41	2351.32	57470
中山市	ZhongShan City	2193.20	58.45	1223.25	1164.62	911.51	70014
潮州市	Chaozhou City	647.22	45.97	352.93	333.27	248.32	24169
揭阳市	Jieyang City	1225.86	128.70	734.96	687.87	362.21	20780
云浮市	Yunfu City	481.37	119.72	204.46	181.35	157.19	20302
广西壮族自治区	**Guangxi**	**11720.87**	**2047.23**	**5675.32**	**4851.37**	**3998.33**	**25326**
南宁市	Nanning City	2211.51	306.31	846.34	629.33	1058.85	31173
柳州市	Liuzhou City	1579.72	135.86	1003.68	923.21	440.17	41832
桂林市	Guilin City	1327.57	247.11	615.08	519.85	465.37	25512
梧州市	Wuzhou City	735.24	96.47	460.91	417.50	177.86	25394
北海市	Beihai City	496.58	115.45	207.39	176.12	173.75	32103
防城港市	Fangchenggang City	413.77	57.79	217.63	187.32	138.35	47415
钦州市	Qinzhou City	646.65	156.01	290.73	252.89	199.91	20896
贵港市	Guigang City	634.41	138.51	282.40	246.83	213.50	15332
玉林市	Yulin City	1019.94	213.81	458.59	395.50	347.55	18501
百色市	Baise City	664.10	125.67	363.76	318.19	174.66	18867
贺州市	Hezhou City	356.40	78.92	165.09	124.77	112.39	18064
河池市	Hechi City	518.13	119.65	227.32	189.06	171.16	15323
来宾市	Laibin City	486.21	120.37	231.75	195.60	134.09	23055
崇左市	Chongzuo City	491.85	144.98	197.42	169.71	149.45	24531
海南省	**Hainan**	**2522.66**	**659.23**	**714.50**	**475.04**	**1148.93**	**28898**
海口市	Haikou City	733.91	53.76	182.05	125.03	498.10	35338
三亚市	Sanya City	294.56	41.60	63.70	15.83	189.26	42236
重庆市	**Chongqing**	**10011.37**	**844.52**	**5543.04**	**4690.46**	**3623.81**	**34500**
万州区	Wanzhou District	622.59	42.34	351.17	301.01	229.09	39715
涪陵区	Fuling District	557.34	37.29	346.09	310.72	173.96	51838
渝中区	Yuzhong District	665.29		37.28	14.61	628.01	104844
大渡口区	Dadukou District	149.85	1.67	83.55	71.34	64.64	48590

地 区	Region	地区生产总值 (亿元) Gross Regional Product (100 million yuan)	第一产业 Primary Industry	第二产业 Secondary Industry	#工 业 Industry	第三产业 Tertiary Industry	人均地区生产总值 (元) Per Capita GRP (yuan)
江北区	Jiangbei District	516.52	2.48	176.53	147.38	337.51	68206
沙坪坝区	Shapingba District	560.25	5.70	320.43	275.43	234.12	54833
九龙坡区	Jiulongpo District	690.54	8.49	331.00	300.46	351.05	62757
南岸区	Nanan District	434.16	4.39	275.15	239.92	154.62	56042
北碚区	Beibei District	303.01	11.61	201.68	174.56	89.72	43244
綦江区	Qijiang District	264.41	36.62	134.45	116.63	93.34	24796
大足区	Dazu District	233.87	28.66	136.91	118.46	68.30	32235
渝北区	Yubei District	767.86	21.42	482.14	392.88	264.31	56216
巴南区	Banan District	395.10	34.01	218.56	183.42	142.53	42635
黔江区	Qianjiang District	129.19	13.78	71.55	62.24	43.87	28990
长寿区	Changshou District	317.69	27.68	192.90	157.09	97.11	40916
江津区	Jiangjin District	383.85	55.27	230.86	205.83	97.72	30926
合川区	Hechuan District	306.36	46.86	146.50	111.59	113.01	23517
永川区	Yongchuan District	380.20	35.92	218.65	180.36	125.63	36750
南川区	Nanchuan District	168.85	28.12	83.55	70.61	57.18	31496
四川省	**Sichuan**	**21026.68**	**2983.51**	**11029.13**	**9491.05**	**7014.04**	**26133**
成都市	Chengdu City	6950.58	327.34	3143.82	2610.80	3479.42	49438
自贡市	Zigong City	780.36	98.99	458.63	422.28	222.74	29102
攀枝花市	Panzhihua City	645.66	24.24	487.75	461.71	133.67	53054
泸州市	Luzhou City	900.87	130.83	538.16	510.12	231.88	21339
德阳市	Deyang City	1137.45	177.74	682.39	632.46	277.32	31562
绵阳市	Mianyang City	1189.11	199.23	616.56	531.24	373.32	25755
广元市	Guangyuan City	403.54	83.80	180.16	155.79	139.58	16225
遂宁市	Suining City	603.36	140.95	309.43	265.64	152.98	18528
内江市	Neijiang City	854.68	139.76	534.00	497.23	180.92	23062
乐山市	Leshan City	918.06	114.58	567.37	534.31	236.11	28339
南充市	Nanchong City	1029.48	240.02	523.85	432.74	265.61	16388
眉山市	Meishan City	673.34	121.42	379.59	339.59	172.33	22791
宜宾市	Yibin City	1091.18	163.27	675.69	623.26	252.22	24433
广安市	Guangan City	659.90	125.26	339.07	265.07	195.57	20572
达州市	Dazhou City	1011.83	232.73	532.35	481.03	246.75	18474
雅安市	Yaan City	350.13	56.87	200.38	174.95	92.88	23153
巴中市	Bazhong City	343.39	86.31	138.99	87.94	118.09	10438
资阳市	Ziyang City	836.44	185.02	460.19	420.20	191.23	22931
阿坝藏族羌族自治州	Aba Zang & Qiang A.P	168.48	27.86	79.67	59.09	60.95	18710
甘孜藏族自治州	Ganzi Zang A.P	152.22	37.70	57.72	37.22	56.80	13889
凉山彝族自治州	Liangshan Yi A.P	1000.13	194.56	523.57	411.86	282.00	22044
贵州省	**Guizhou**	**5701.84**	**726.22**	**2194.33**	**1829.20**	**2781.29**	**16413**
贵阳市	Guiyang City	1383.07	62.55	586.84	454.90	733.68	31712
六盘水市	Liupanshui City	613.86	32.07	384.69	353.06	197.10	21522
遵义市	Zunyi City	1121.46	151.57	493.02	430.98	476.88	18335
安顺市	Anshun City	285.64	44.42	112.63	96.09	128.59	12472
毕节市	Bijie City	737.88	134.16	342.23	295.60	261.50	11295
铜仁市	Tongren City	357.96	103.74	99.90	74.08	154.31	11622
黔西南布依族苗族自治州	Southwest Guizhou Buyi & Miao A.P	375.48	60.10	141.84	122.28	173.54	13386
黔东南苗族侗族自治州	Southeast Guizhou Miao & Dong A.P	383.63	81.02	123.72	92.32	178.90	11047
黔南布依族苗族自治州	South Guizhou Buyi & Miao A.P	443.59	73.91	183.45	148.92	186.24	13765

3-2 续表 8 continued

地 区	Region	地区生产总值 (亿元) Gross Regional Product (100 million yuan)	第一产业 Primary Industry	第二产业 Secondary Industry	#工 业 Industry	第三产业 Tertiary Industry	人均地区生产总值 (元) Per Capita GRP (yuan)
云南省	**Yunnan**	**8893.12**	**1411.01**	**3780.32**	**2994.30**	**3701.79**	**19265**
昆明市	Kunming City	2509.58	133.83	1161.18	848.90	1214.57	38831
曲靖市	Qujing City	1209.93	225.74	647.17	577.12	337.03	20588
玉溪市	Yuxi City	876.55	81.28	552.31	531.18	242.96	37913
保山市	Baoshan City	319.64	99.14	102.62	75.55	117.88	12705
昭通市	Zhaotong City	465.04	91.59	222.87	170.86	150.57	8877
丽江市	Lijiang City	178.50	30.49	74.39	46.64	73.62	14279
普洱市	Puer City	301.19	89.34	109.05	69.82	102.80	11795
临沧市	Lincang City	272.43	87.82	104.06	74.05	80.55	11166
楚雄彝族自治州	Chuxiong Yi A.P	482.50	108.32	208.43	171.36	165.75	17899
红河哈尼族彝族自治州	Honghe Hani & Yi A.P	780.64	124.56	422.54	363.37	233.54	17270
文山壮族苗族自治州	Wenshan Zhuang & Miao A.P	401.40	91.53	154.16	113.03	155.71	11364
西双版纳傣族自治州	Xishuangbanna Dai A.P	197.59	57.38	59.81	39.80	80.40	17357
大理白族自治州	Dali Bai A.P	568.10	123.45	238.21	197.56	206.44	16376
德宏傣族景颇族自治州	Dehong Dai & Jingpo A.P	172.32	45.41	59.85	46.65	67.06	14157
怒江傈僳族自治州	Nujiang Lisu A.P	64.63	8.22	24.03	16.28	32.38	12075
迪庆藏族自治州	Diqing Zang A.P	96.39	8.12	39.40	20.62	48.87	23996
西藏自治区	**Tibet A.R.**	**605.83**	**74.47**	**208.79**	**48.18**	**322.57**	**20077**
拉萨市	Lhasa City	222.09	9.99	75.21	25.75	136.89	39118
昌都地区	Qamdu Prefecture	75.40	16.37	29.20	3.97	29.83	11388
山南地区	Lhokha Prefecture	63.37	4.39	29.36	7.66	29.62	18363
日喀则地区	Xigaze Prefecture	103.91	22.56	32.06	4.86	49.29	14232
那曲地区	Narqu Prefecture	58.03	10.54	13.38	0.58	34.11	12228
阿里地区	Ngri Prefecture	21.30	3.99	5.88	0.73	11.43	21974
林芝地区	Nyingchi Prefecture	61.35	6.51	22.17	3.10	32.67	30706
其他	Others						
陕西省	**Shaanxi**	**12512.30**	**1220.90**	**6935.59**	**5857.92**	**4355.81**	**33464**
西安市	Xi'an City	3862.58	173.14	1674.31	1189.61	2015.13	45475
铜川市	Tongchuan City	232.63	17.41	147.41	131.91	67.81	27806
宝鸡市	Baoji City	1175.75	128.56	749.25	610.32	297.94	31579
咸阳市	Xianyang City	1361.32	252.46	740.40	624.28	368.46	27751
渭南市	Weinan City	1028.97	160.47	545.19	476.64	323.31	19424
延安市	Yan'an City	1113.35	86.69	815.45	789.45	211.21	50807
汉中市	Hanzhong City	647.48	142.29	267.58	203.17	237.61	18952
榆林市	Yulin City	2292.25	111.91	1629.66	1597.96	550.68	68358
安康市	Ankang City	407.17	72.01	183.13	127.13	152.03	15477
商洛市	Shangluo City	362.95	70.61	163.03	96.38	129.31	15513
杨凌示范区	Yangling Demonstration Zone	60.85	5.31	31.54	22.44	24.00	30199
甘肃省	**Gansu**	**5020.37**	**678.75**	**2377.83**	**1923.95**	**1963.79**	**19595**
兰州市	Lanzhou City	1360.03	40.00	656.55	497.25	663.48	37570
嘉峪关市	Jiayuguan City	235.54	3.10	192.98	187.00	39.46	101306
金昌市	Jinchang City	232.36	11.60	182.40	163.86	38.35	49974
白银市	Baiyin City	375.83	42.15	215.72	184.77	117.97	21956

3-2 续表 9 continued

地区	Region	地区生产总值 (亿元) Gross Regional Product (100 million yuan)	第一产业 Primary Industry	第二产业 Secondary Industry	#工业 Industry	第三产业 Tertiary Industry	人均地区生产总值 (元) Per Capita GRP (yuan)
天水市	Tianshui City	357.55	67.02	142.16	101.90	148.36	10931
武威市	Wuwei City	272.85	67.00	115.53	81.00	90.32	14994
张掖市	Zhangye City	256.84	71.55	96.01	71.78	89.28	21357
平凉市	Pingliang City	276.19	57.00	133.40	108.91	85.79	13320
酒泉市	Jiuquan City	481.54	59.01	251.96	210.00	170.58	43825
庆阳市	Qingyang City	454.35	58.26	287.95	263.65	108.13	20506
定西市	Dingxi City	186.94	52.89	51.80	33.21	82.25	6916
陇南市	Longnan City	197.68	50.53	60.57	43.56	86.58	7603
临夏回族自治州	Linxia Hui A.P	128.78	26.93	39.95	27.93	61.91	6584
甘南藏族自治州	Gannan Zang A.P	81.34	18.98	20.48	18.46	41.87	11801
青海省	**Qinghai**	**1670.44**	**155.08**	**975.18**	**811.73**	**540.18**	**29522**
西宁市	Xining City	770.70	27.41	411.28	356.28	332.01	34743
海东地区	Haidong Prefecture	219.37	40.39	97.11	76.51	81.87	15671
海北藏族自治州	Haibei Zang A.P	77.89	11.82	45.97	34.96	20.10	27393
黄南藏族自治州	Huangnan Zang AP	48.40	14.42	17.75	12.75	16.23	18751
海南藏族自治州	Hainan Zang A.P	82.65	21.59	37.84	21.15	23.22	18622
果洛藏族自治州	Golog Zang A.P	26.14	4.86	12.73	8.72	8.55	14381
玉树藏族自治州	Yushu Zang A.P	40.20	20.71	12.18		7.31	11755
海西蒙古族藏族自治州	Haixi Mongolian & Zang A.P	481.40	13.69	390.71	355.10	77.00	97747
宁夏回族自治区	**Ningxia**	**2102.21**	**184.14**	**1056.15**	**816.79**	**861.92**	**33043**
银川市	Yinchuan City	986.68	47.05	525.25	396.46	414.38	48964
石嘴山市	Shizuishan City	368.02	20.95	236.91	205.82	110.16	50377
吴忠市	Wuzhong City	271.96	43.20	145.11	111.24	83.65	21107
固原市	Guyuan City	133.75	33.66	36.17	20.82	63.91	10785
中卫市	Zhongwei City	221.59	38.84	97.08	70.58	85.67	20370
新疆维吾尔自治区	**Xinjiang**	**6610.05**	**1139.03**	**3225.90**	**2700.20**	**2245.12**	**30087**
乌鲁木齐市	Urumqi City	1690.03	22.05	759.06	659.06	908.92	52649
克拉玛依市	Karamay City	801.68	4.15	716.20	698.82	81.33	129105
吐鲁番地区	Turpan Prefecture	221.43	27.00	145.45	125.19	48.98	35629
哈密地区	Hami Prefecture	220.92	29.09	108.84	74.84	82.99	38231
昌吉回族自治州	Changji Hui A.P	702.94	190.34	331.11	268.27	181.49	44456
博尔塔拉蒙古自治州	Bortala Mongolian A.P	151.32	52.45	32.15	20.97	66.72	31204
巴音郭楞蒙古自治州	Bayingolin Mongolian A.P	799.87	130.11	527.92	466.92	141.84	57636
阿克苏地区	Aksu Prefecture	506.14	161.36	168.09	123.43	176.69	20145
克孜勒苏柯尔克孜自治州	Kizilsu Kirgiz A.P	48.02	9.04	12.16	6.46	26.82	8664
喀什地区	Kashi Prefecture	420.15	150.67	107.22	58.86	162.26	10558
和田地区	Hotan Prefecture	126.99	40.82	24.51	10.17	61.66	6172
伊犁哈萨克自治州	Ili Kazak A.P	495.16	115.58	180.17	136.20	199.41	18528
塔城地区	Tacheng Prefecture	419.62	147.33	155.72	115.53	116.57	31373
阿勒泰地区	Altay Prefecture	163.77	32.88	78.37	60.93	52.52	26927
石河子市	Shihezi City	170.60	11.00	94.37	77.22	65.23	54037
阿拉尔市	Alar City						
图木舒克市	Tumxuk City						
五家渠市	Wujiaqu City						
生产建设兵团	Corps						

3-3 地区生产总值指数(2011年)
Indices of Gross Regional Product(2011)

地区	Region	地区生产总值指数(上年=100) Indices of Gross Regional Product (last year=100)	第一产业 Primary Industry	第二产业 Secondary Industry	#工业 Industry	第三产业 Tertiary Industry	人均地区生产总值指数(上年=100) Indices of Per Capita GRP (last year=100)
北京市	**Beijing**	**108.1**	**100.9**	**106.7**	**107.5**	**108.7**	**103.8**
东城区	Dongcheng District	109.5		103.8	112.4	109.8	
西城区	Xicheng District	114.7		108.5	111.7	115.5	
朝阳区	Chaoyang District	116.7	85.2	113.0	115.4	117.2	
丰台区	Fengtai District	114.7	89.6	116.4	109.7	114.2	
石景山区	Shijingshan District	108.5		95.9	82.9	118.1	
海淀区	Haidian District	114.7	117.3	103.5	102.8	116.6	
门头沟区	Mentougou District	119.9	129.9	120.2	123.5	119.3	
房山区	Fangshan District	112.0	105.0	109.1	110.3	118.4	
通州区	Tongzhou District	116.1	112.8	119.5	116.0	112.9	
顺义区	Shunyi District	117.0	109.7	118.1	116.5	116.4	
昌平区	Changping District	113.8	117.7	110.9	111.0	116.6	
大兴区	Daxing District	112.5	106.1	117.0	116.6	110.1	
怀柔区	Huairou District	114.1	105.5	115.3	118.5	113.1	
平谷区	Pinggu District	115.8	114.9	115.2	110.9	116.8	
密云县	Miyun County	114.6	109.2	116.9	121.4	113.5	
延庆县	Yanqing County	112.1	111.0	108.9	110.0	113.8	
北京经济技术开发区	Beijing Economic-technological Development Zones	112.0		117.5	118.0	103.6	
其他	Others						
天津市	**Tianjin**	**116.4**	**103.8**	**118.3**	**119.3**	**114.7**	**110.9**
和平区	Heping District	113.2		110.2	116.4	113.7	
河东区	Hedong District	108.0		98.8	101.0	110.1	
河西区	Hexi District	109.2		120.6	124.2	106.5	
南开区	Nankai District	113.1		115.2	122.9	112.7	
河北区	Hebei District	114.0		112.1	112.9	114.8	
红桥区	Hongqiao District	112.7		134.9	137.5	109.6	
东丽区	Dongli District	110.4	97.9	108.7	109.8	113.9	
西青区	Xiqing District	112.4	98.8	105.5	105.3	130.7	
津南区	Jinnan District	118.5	104.4	119.7	122.3	117.1	
北辰区	Beichen District	110.5	95.7	107.4	107.7	120.1	
武清区	Wuqing District	119.8	103.9	128.8	130.7	109.9	
宝坻区	Baodi District	113.8	107.9	116.5	117.8	111.7	
滨海新区	Binhai New Area	123.8	103.3	126.9	127.9	116.9	
宁河县	Ninghe County	116.0	105.3	118.5	121.6	115.8	
静海县	Jinghai County	119.0	107.9	121.6	122.1	113.8	
蓟县	Ji County	114.2	104.9	114.1	116.4	115.7	
其他	Others						
河北省	**Hebei**	**111.3**	**104.2**	**113.4**	**114.1**	**110.5**	**109.7**
石家庄市	Shijiazhuang City	112.0	104.3	113.6	113.5	112.1	109.8
唐山市	Tangshan City	111.7	105.0	113.1	114.4	110.9	110.5
秦皇岛市	Qinhuangdao City	112.0	105.2	116.2	114.3	110.4	111.5
邯郸市	Handan City	112.2	105.8	113.4	114.5	112.6	110.0
邢台市	Xingtai City	111.6	105.4	113.4	113.4	111.5	110.0
保定市	Baoding City	112.0	105.5	114.1	114.9	111.4	110.7
张家口市	Zhangjiakou City	111.5	108.4	114.5	114.9	109.5	109.7
承德市	Chengde City	112.1	108.0	114.0	114.9	111.1	111.3
沧州市	Cangzhou City	112.3	105.3	113.4	113.8	112.8	110.9
廊坊市	Langfang City	111.5	102.4	113.7	114.2	111.3	108.0
衡水市	Hengshui City	112.1	105.3	115.5	114.7	110.9	111.4

3-3 续表 1 continued

地 区	Region	地区生产总值指数(上年=100) Indices of Gross Regional Product (last year=100)	第一产业 Primary Industry	第二产业 Secondary Industry	#工 业 Industry	第三产业 Tertiary Industry	人均地区生产总值指 数(上年=100) Indices of Per Capita GRP (last year=100)
山西省	**Shanxi**	**113.0**	**106.1**	**116.5**	**117.5**	**108.7**	**110.4**
太原市	Taiyuan City	109.9	103.5	111.6	111.9	108.7	109.1
大同市	Datong City	113.1	109.3	116.1	116.1	110.4	113.1
阳泉市	Yangquan City	112.8	110.8	114.6	115.1	110.1	112.5
长治市	Changzhi City	115.4	108.8	118.4	118.5	110.2	114.9
晋城市	Jincheng City	113.6	107.7	116.3	116.3	109.1	112.5
朔州市	Shuozhou City	115.2	100.0	119.9	120.1	110.5	109.1
晋中市	Jinzhong City	113.1	105.1	117.5	118.3	109.0	112.4
运城市	Yuncheng City	114.1	108.0	119.7	120.5	110.3	113.3
忻州市	Xinzhou City	115.0	105.1	125.5	126.9	107.0	115.3
临汾市	Linfen City	115.3	102.8	119.5	120.0	110.7	113.6
吕梁市	Luliang City	114.0	104.5	116.6	116.5	109.0	112.0
其他	Others						
内蒙古自治区	**Inner Mongolia**	**114.3**	**105.9**	**117.1**	**117.3**	**112.4**	**113.8**
呼和浩特市	Hohhot City	111.3	105.1	110.7	111.9	112.2	109.6
包头市	Baotou City	115.5	106.0	117.2	117.5	113.9	113.7
乌海市	Wuhai City	117.5	105.0	119.7	119.8	112.1	115.8
赤峰市	Chifeng City	115.5	107.1	120.4	120.5	112.0	116.1
通辽市	Tongliao City	114.6	105.3	119.2	119.0	109.6	114.6
鄂尔多斯市	Erdos City	115.1	104.9	116.8	116.3	113.2	111.6
呼伦贝尔市	Hulunbuir City	114.4	105.8	120.4	121.4	112.1	114.7
巴彦淖尔市	Bayannur City	110.5	105.2	113.0	115.1	102.2	110.5
乌兰察布市	Ulanqab City	113.1	105.8	116.0	115.5	112.0	113.3
兴安盟	Xingan League	110.4	106.5	119.4	117.9	105.4	110.6
锡林郭勒盟	Xilingol League	109.3	105.8	107.7	111.6	115.7	108.7
阿拉善盟	Alxa League	119.5	104.8	121.0	121.8	114.4	117.6
辽宁省	**Liaoning**	**112.2**	**106.5**	**114.1**	**114.3**	**111.0**	**111.7**
沈阳市	Shenyang City	112.3	106.5	114.0	114.0	111.0	111.0
大连市	Dalian City	113.5	106.5	118.6	118.6	108.5	108.3
鞍山市	Anshan City	111.0	106.7	110.0	110.2	112.9	111.1
抚顺市	Fushun City	113.7	106.5	115.4	114.3	112.3	114.3
本溪市	Benxi City	113.6	106.4	114.3	114.4	113.4	112.6
丹东市	Dandong City	113.6	106.8	113.7	114.3	116.2	114.9
锦州市	Jinzhou City	113.2	106.8	116.5	118.5	111.8	113.1
营口市	Yingkou City	113.9	106.7	114.9	115.2	113.8	113.1
阜新市	Fuxin City	113.7	106.9	117.0	114.8	114.4	114.1
辽阳市	Liaoyang City	113.5	106.7	113.6	114.3	114.9	113.9
盘锦市	Panjin City	113.9	106.7	116.0	116.1	110.7	110.3
铁岭市	Tieling City	113.8	106.7	114.5	115.3	117.6	114.0
朝阳市	Chaoyang City	113.8	106.9	115.8	114.2	115.3	114.9
葫芦岛市	Huludao City	112.1	106.5	115.6	114.1	109.8	120.5

地 区	Region	地区生产总值指数(上年=100) Indices of Gross Regional Product (last year=100)	第一产业 Primary Industry	第二产业 Secondary Industry	#工 业 Industry	第三产业 Tertiary Industry	人均地区生产总值指数(上年=100) Indices of Per Capita GRP (last year=100)
吉林省	**Jilin**	**113.8**	**105.1**	**117.7**	**118.7**	**111.0**	**113.5**
长春市	Changchun City	113.3	104.7	114.9	115.0	113.0	112.9
吉林市	Jilin City	114.3	105.1	117.8	118.6	112.5	114.4
四平市	Siping City	117.6	108.6	126.6	128.1	113.2	117.3
辽源市	Liaoyuan City	115.2	105.1	120.9	127.3	108.7	116.4
通化市	Tonghua City	116.5	105.5	120.0	123.2	114.8	116.8
白山市	Baishan City	116.6	106.1	122.3	122.9	108.7	117.1
松原市	Songyuan City	113.8	105.3	115.5	113.4	115.5	113.0
白城市	Baicheng City	116.7	106.2	127.0	127.5	109.3	116.7
延边朝鲜族自治州	Yanbian Korean A.P	115.8	105.4	122.7	124.1	110.5	115.6
黑龙江省	**Heilongjiang**	**112.3**	**106.2**	**113.2**	**113.5**	**113.2**	**112.2**
哈尔滨市	Harbin City	112.3	107.0	114.4	114.0	112.0	112.2
齐齐哈尔市	Qiqihar City	113.1	111.3	114.8	115.6	112.3	114.0
鸡西市	Jixi City	114.0	111.7	117.9	118.2	110.7	114.6
鹤岗市	Hegang City	114.1	115.3	117.6	118.0	106.9	114.2
双鸭山市	Shuangyashan City	115.8	110.3	124.2	125.9	107.3	115.6
大庆市	Daqing City	112.1	113.5	110.1	110.3	123.5	111.8
伊春市	Yichun City	108.0	112.7	103.7	104.0	108.8	108.5
佳木斯市	Jiamusi City	114.2	115.1	117.5	119.7	111.8	114.9
七台河市	Qitaihe City	105.3	108.0	105.6	105.7	103.8	104.2
牡丹江市	Mudanjiang City	115.5	108.6	119.8	121.2	114.2	114.9
黑河市	Heihe City	110.7	114.9	110.1	110.9	106.0	114.5
绥化市	Suihua City	113.8	114.6	119.0	120.8	109.8	113.6
大兴安岭地区	Daxing'anling Prefecture	115.5	112.6	110.8	106.4	121.8	116.6
农垦总局	Agriculture Reclamation Bureau						
其他	Others						
上海市	**Shanghai**	**108.2**	**99.3**	**106.3**	**107.4**	**109.6**	**105.0**
黄浦区	Huangpu District						
卢湾区	Luwan District						
徐汇区	Xuhui District						
长宁区	Changning District						
静安区	Jingan District						
普陀区	Putuo District						
闸北区	Zhabei District						
虹口区	Hongkou District						
杨浦区	Yangpu District						
闵行区	Minhang District						
宝山区	Baoshan District						
嘉定区	Jiading District						
浦东新区	Pudong New District						
金山区	Jinshan District						
松江区	Songjiang District						
青浦区	Qingpu District						
奉贤区	Fengxian District						
崇明县	Chongming County						
其他	Others						

3-3 续表 3 continued

地 区	Region	地区生产总值指数(上年=100) Indices of Gross Regional Product (last year=100)	第一产业 Primary Industry	第二产业 Secondary Industry	#工 业 Industry	第三产业 Tertiary Industry	人均地区生产总值指数(上年=100) Indices of Per Capita GRP (last year=100)
江苏省	**Jiangsu**	**111.0**	**104.0**	**111.7**	**112.3**	**111.1**	**110.3**
南京市	Nanjing City	112.0	104.1	112.3	112.9	112.3	109.3
无锡市	Wuxi City	111.6	104.4	111.6	111.7	111.8	109.5
徐州市	Xuzhou City	113.5	104.5	114.6	115.6	114.5	114.3
常州市	Changzhou City	112.2	103.9	112.2	112.6	112.8	109.8
苏州市	Suzhou City	112.0	104.1	111.5	111.7	112.9	109.5
南通市	Nantong City	112.1	103.7	112.4	112.9	113.2	110.9
连云港市	Lianyungang City	113.0	104.0	115.6	117.3	113.4	113.7
淮安市	Huaian City	113.2	104.1	115.2	116.3	114.3	113.4
盐城市	Yancheng City	112.8	103.8	114.8	115.0	114.0	114.7
扬州市	Yangzhou City	112.2	104.0	112.6	113.0	113.2	112.6
镇江市	Zhenjiang City	112.3	105.5	112.7	113.0	112.6	111.2
泰州市	Taizhou City	112.1	104.3	112.5	112.9	113.1	112.6
宿迁市	Suqian City	112.8	104.3	116.6	118.4	112.3	112.4
浙江省	**Zhejiang**	**109.0**	**103.6**	**109.2**	**110.1**	**109.5**	**107.2**
杭州市	Hangzhou City	110.5	103.9	110.1	110.4	112.0	109.0
宁波市	Ningbo City	110.0	103.8	109.7	110.3	111.1	107.5
温州市	Wenzhou City	109.5	102.3	109.5	107.8	110.0	107.6
嘉兴市	Jiaxing City	110.6	101.5	110.5	112.1	112.3	108.0
湖州市	Huzhou City	110.8	103.4	109.8	110.7	114.1	109.9
绍兴市	Shaoxing City	110.5	103.9	110.1	110.4	112.0	109.0
金华市	Jinhua City	110.5	104.8	110.2	111.4	111.6	108.7
衢州市	Quzhou City	111.4	104.4	112.1	114.6	111.8	111.7
舟山市	Zhoushan City	111.3	105.5	110.9	115.3	113.0	108.8
台州市	Taizhou City	108.0	103.1	106.4	106.6	110.8	106.3
丽水市	Lishui City	111.5	106.0	112.1	113.2	112.1	111.7
安徽省	**Anhui**	**113.5**	**104.0**	**118.0**	**119.6**	**110.6**	**112.6**
合肥市	Hefei City	115.4	103.5	119.8	122.4	111.4	115.0
芜湖市	Wuhu City	116.0	104.0	120.1	121.5	110.1	115.4
蚌埠市	Bengbu City	114.0	104.3	120.2	122.3	110.8	113.4
淮南市	Huainan City	112.1	103.1	114.5	115.0	109.3	110.4
马鞍山市	Maanshan City	112.1	104.1	114.3	114.3	108.8	111.8
淮北市	Huaibei City	112.2	104.8	114.6	115.3	108.6	109.7
铜陵市	Tongling City	112.6	103.8	113.8	114.2	109.7	112.0
安庆市	Anqing City	113.2	104.2	118.0	119.8	109.8	113.1
黄山市	Huangshan City	112.5	104.4	117.8	121.9	109.5	112.7
滁州市	Chuzhou City	114.0	104.5	120.5	121.7	110.0	113.9
阜阳市	Fuyang City	112.0	104.9	118.8	120.8	109.9	111.4
宿州市	Suzhou City	113.7	105.1	122.0	123.4	111.5	113.1
六安市	Liuan City	112.3	104.6	118.9	121.1	109.6	111.8
亳州市	Bozhou City	112.9	105.0	120.2	122.6	111.0	111.9
池州市	Chizhou City	113.0	104.6	118.4	121.6	109.6	112.3
宣城市	Xuancheng City	114.1	104.7	119.7	122.2	110.7	118.1
其他	Others						

地 区	Region	地区生产总值指数（上年=100） Indices of Gross Regional Product (last year=100)	第一产业 Primary Industry	第二产业 Secondary Industry	#工 业 Industry	第三产业 Tertiary Industry	人均地区生产总值指数（上年=100） Indices of Per Capita GRP (last year=100)
福建省	**Fujian**	**112.3**	**104.4**	**116.2**	**116.7**	**109.1**	**111.6**
福州市	Fuzhou City	113.0	104.1	115.9	115.2	111.9	111.9
厦门市	Xiamen City	115.1	95.0	116.9	118.6	113.6	110.1
莆田市	Putian City	114.3	101.3	118.9	118.3	110.6	114.0
三明市	Sanming City	114.1	104.9	120.5	120.4	109.5	117.2
泉州市	Quanzhou City	113.5	102.5	117.0	116.7	108.9	112.6
漳州市	Zhangzhou City	114.7	104.2	121.1	120.3	112.0	114.3
南平市	Nanping City	112.2	106.1	118.5	118.4	108.7	117.5
龙岩市	Longyan City	113.0	104.3	118.3	117.8	108.2	112.9
宁德市	Ningde City	115.2	105.7	124.0	124.6	110.0	115.6
江西省	**Jiangxi**	**112.5**	**104.2**	**115.2**	**117.3**	**111.1**	**111.8**
南昌市	Nanchang City	113.0	104.4	113.9	115.5	112.8	111.9
景德镇市	Jingdezhen City	112.1	104.0	114.0	116.3	110.6	111.3
萍乡市	Pingxiang City	114.3	104.3	116.4	116.6	112.5	113.7
九江市	Jiujiang City	113.2	104.2	115.5	117.9	111.7	112.6
新余市	Xinyu City	113.3	104.2	116.5	117.7	108.5	112.6
鹰潭市	Yingtan City	112.3	104.3	113.1	112.6	113.0	111.4
赣州市	Ganzhou City	112.5	104.0	116.1	118.0	112.4	111.9
吉安市	Jian City	112.8	104.3	115.3	117.2	114.3	112.2
宜春市	Yichun City	112.8	105.9	116.4	117.9	109.6	112.2
抚州市	Fuzhou City	112.5	104.4	113.4	116.3	116.0	112.2
上饶市	Shangrao City	113.1	104.2	116.7	119.3	112.0	112.4
山东省	**Shandong**	**110.9**	**104.0**	**111.7**	**112.5**	**111.3**	**109.9**
济南市	Jinan City	110.6	104.4	111.7	112.2	110.3	108.9
青岛市	Qingdao City	111.7	105.0	111.6	111.3	112.4	109.8
淄博市	Zibo City	112.0	104.3	112.6	112.6	111.6	111.4
枣庄市	Zaozhuang City	110.9	102.0	112.3	112.6	110.5	109.6
东营市	Dongying City	112.7	104.2	113.2	113.8	112.6	111.7
烟台市	Yantai City	112.1	103.0	112.1	112.8	114.2	112.6
潍坊市	Weifang City	111.0	104.2	112.3	113.4	111.0	109.7
济宁市	Jining City	110.8	103.2	112.9	113.5	110.2	110.1
泰安市	Taian City	111.5	103.8	110.8	112.4	114.5	111.1
威海市	Weihai City	110.7	101.4	112.0	113.1	110.8	111.0
日照市	Rizhao City	112.1	103.7	113.5	113.5	112.2	110.8
莱芜市	Laiwu City	110.6	102.7	111.8	112.6	110.0	109.4
临沂市	Linyi City	112.0	103.8	112.1	112.5	114.2	110.9
德州市	Dezhou City	111.7	102.4	113.8	114.5	111.7	111.0
聊城市	Liaocheng City	112.3	104.3	114.3	113.9	112.2	110.0
滨州市	Binzhou City	112.0	104.9	113.1	113.4	112.3	110.9
菏泽市	Heze City	114.0	103.0	117.5	119.2	113.9	113.5
河南省	**Henan**	**111.9**	**103.7**	**113.2**	**114.1**	**113.4**	**112.5**
郑州市	Zhengzhou City	113.8	103.7	117.0	119.0	110.2	105.1
开封市	Kaifeng City	112.9	104.1	118.1	118.8	112.5	113.6
洛阳市	Luoyang City	112.5	103.7	115.9	117.1	108.1	111.2
平顶山市	Pingdingshan City	111.1	103.6	112.9	113.3	109.1	111.0
安阳市	Anyang City	112.2	103.7	114.7	115.7	110.2	112.9
鹤壁市	Hebi City	112.9	103.4	115.6	116.0	108.3	107.7

地　区	Region	地区生产总值指数(上年=100) Indices of Gross Regional Product (last year=100)	第一产业 Primary Industry	第二产业 Secondary Industry	#工　业 Industry	第三产业 Tertiary Industry	人均地区生产总值指数(上年=100) Indices of Per Capita GRP (last year=100)
新乡市	Xinxiang City	114.7	104.2	118.2	119.6	112.6	113.3
焦作市	Jiaozuo City	113.4	103.7	115.8	116.7	109.6	111.7
濮阳市	Puyang City	112.4	104.3	114.8	115.4	109.9	111.7
许昌市	Xuchang City	115.2	103.8	117.8	118.6	112.5	115.4
漯河市	Luohe City	113.2	103.5	116.1	116.4	108.7	112.1
三门峡市	Sanmenxia City	113.1	104.4	114.5	114.9	111.8	112.7
南阳市	Nanyang City	111.2	103.7	115.3	116.6	109.2	111.2
商丘市	Shangqiu City	110.7	104.0	113.8	115.5	111.6	114.0
信阳市	Xinyang City	111.1	103.8	115.5	117.6	111.5	117.3
周口市	Zhoukou City	111.2	104.0	115.7	117.3	111.5	118.0
驻马店市	Zhumadian City	111.3	103.7	117.1	117.9	110.2	116.1
济源市	Jiyuan City	114.7	104.5	117.2	117.9	107.5	115.4
湖北省	**Hubei**	**113.8**	**104.4**	**117.9**	**119.1**	**112.0**	**113.5**
武汉市	Wuhan City	112.5	104.0	116.4	117.8	109.6	107.3
黄石市	Huangshi City	115.8	104.6	120.9	120.1	110.1	133.9
十堰市	Shiyan City	111.0	104.5	110.8	109.8	113.2	110.7
宜昌市	Yichang City	116.1	104.4	119.2	120.2	114.5	115.7
襄阳市	Xiangyang City	116.0	104.3	120.2	120.8	115.0	115.2
鄂州市	Ezhou City	116.0	104.6	117.2	118.5	118.8	123.2
荆门市	Jingmen City	115.6	104.5	120.3	120.6	115.5	115.0
孝感市	Xiaogan City	114.1	104.4	118.0	120.5	115.0	114.0
荆州市	Jingzhou City	113.4	104.4	121.6	122.0	114.4	112.4
黄冈市	Huanggang City	114.0	104.3	120.2	120.9	115.4	147.6
咸宁市	Xianning City	115.8	104.0	112.7	124.5	113.4	117.0
随州市	Suizhou City	115.2	104.5	118.8	119.0	117.1	116.0
恩施土家族苗族自治州	Enshi Tujia & Miao A.P	113.4	104.5	121.2	119.1	114.6	116.7
仙桃市	Xiantao City	115.2	104.1	119.8	120.6	115.0	114.5
潜江市	Qianjiang City	115.2	104.1	119.7	120.3	113.4	130.0
天门市	Tianmen City	115.1	104.0	122.5	123.2	113.2	119.1
神农架林区	Shennongjia Forest District	111.5	104.5	113.7	106.4	111.3	111.3
湖南省	**Hunan**	**112.8**	**104.2**	**117.0**	**118.2**	**111.0**	**111.2**
长沙市	Changsha City	114.5	104.0	118.3	120.4	110.7	110.9
株洲市	Zhuzhou City	114.1	104.2	117.3	118.0	111.5	111.9
湘潭市	Xiangtan City	114.4	103.6	117.3	117.8	113.0	114.8
衡阳市	Hengyang City	114.2	104.4	119.2	120.2	113.2	111.0
邵阳市	Shaoyang City	112.7	104.0	117.7	118.2	113.1	110.4
岳阳市	Yueyang City	114.2	103.7	118.6	119.7	111.3	111.1
常德市	Changde City	114.1	103.3	118.4	119.7	114.1	112.0
张家界市	Zhangjiajie City	114.0	104.2	116.1	118.7	115.3	114.7
益阳市	Yiyang City	113.2	104.6	118.9	119.5	112.2	111.9
郴州市	Chenzhou City	114.3	104.0	118.4	118.5	111.2	112.1
永州市	Yongzhou City	113.0	103.8	118.6	119.2	113.7	112.1
怀化市	Huaihua City	114.2	104.5	118.8	119.2	112.7	113.0
娄底市	Loudi City	113.1	104.2	116.4	116.4	111.6	115.3
湘西土家族苗族自治州	West Hunan Tujia & Miao A.P	111.0	103.9	111.7	112.6	113.1	109.9

3-3 续表 6 continued

地 区	Region	地区生产总值指数(上年=100) Indices of Gross Regional Product (last year=100)	第一产业 Primary Industry	第二产业 Secondary Industry	#工 业 Industry	第三产业 Tertiary Industry	人均地区生产总值指 数(上年=100) Indices of Per Capita GRP (last year=100)
广东省	**Guangdong**	**110.0**	**104.2**	**110.5**	**110.8**	**110.0**	**108.0**
广州市	Guangzhou City	111.3	103.0	111.7	111.5	111.3	107.5
韶关市	Shaoguan City	112.1	105.3	113.9	113.3	112.6	112.1
深圳市	Shenzhen City	110.0	93.5	111.8	112.0	108.5	107.3
珠海市	Zhuhai City	111.3	101.1	111.5	111.6	111.6	110.3
汕头市	Shantou City	112.0	104.0	111.5	111.9	113.6	109.9
佛山市	Foshan City	111.4	104.0	111.9	112.2	110.8	108.6
江门市	Jiangmen City	113.0	104.5	116.2	116.7	109.9	111.7
湛江市	Zhanjiang City	113.0	105.1	111.0	110.1	119.3	111.9
茂名市	Maoming City	110.8	104.2	113.4	113.1	111.2	110.7
肇庆市	Zhaoqing City	114.7	106.0	121.4	123.0	111.4	113.0
惠州市	Huizhou City	114.6	103.9	114.7	114.4	116.1	111.1
梅州市	Meizhou City	113.6	104.1	116.6	115.1	115.3	112.4
汕尾市	Shanwei City	114.0	105.5	120.9	123.4	109.4	113.5
河源市	Heyuan City	113.1	105.0	115.7	116.1	112.3	111.0
阳江市	Yangjiang City	114.9	104.0	122.7	123.1	112.3	113.2
清远市	Qingyuan City	108.3	104.7	105.4	107.4	112.7	107.4
东莞市	Dongguan City	108.0	100.5	107.0	107.7	109.0	105.4
中山市	ZhongShan City	113.1	102.4	113.7	114.2	113.0	109.9
潮州市	Chaozhou City	113.0	105.0	113.4	113.3	113.8	111.8
揭阳市	Jieyang City	114.6	104.5	120.0	120.4	108.1	113.6
云浮市	Yunfu City	114.3	104.2	123.8	124.7	110.1	113.2
广西壮族自治区	**Guangxi**	**112.3**	**104.8**	**116.5**	**116.5**	**110.5**	**112.0**
南宁市	Nanning City	113.5	105.7	119.7	120.0	111.1	112.4
柳州市	Liuzhou City	110.8	105.7	111.7	111.3	110.3	110.3
桂林市	Guilin City	111.8	105.2	118.7	118.9	106.7	111.2
梧州市	Wuzhou City	113.8	105.1	119.4	120.7	105.9	113.6
北海市	Beihai City	118.2	103.1	131.9	132.9	111.4	119.7
防城港市	Fangchenggang City	115.3	105.8	119.0	117.4	114.0	113.6
钦州市	Qinzhou City	120.1	105.1	136.6	140.3	110.7	123.1
贵港市	Guigang City	106.1	105.0	106.4	105.8	106.2	105.6
玉林市	Yulin City	111.0	105.5	113.7	113.0	110.9	110.4
百色市	Baise City	107.7	104.6	107.9	108.5	109.6	106.3
贺州市	Hezhou City	110.5	105.1	114.1	115.4	108.6	110.4
河池市	Hechi City	103.3	104.1	102.5	103.5	104.0	103.9
来宾市	Laibin City	113.0	105.1	118.9	116.3	109.9	113.1
崇左市	Chongzuo City	110.5	106.2	116.0	115.6	108.1	110.7
海南省	**Hainan**	**112.0**	**106.2**	**115.3**	**113.4**	**113.3**	**111.1**
海口市	Haikou City	112.2	105.9	112.7	112.9	112.8	110.2
三亚市	Sanya City	114.1	106.4	117.1	113.9	115.0	111.6
重庆市	**Chongqing**	**116.4**	**105.1**	**121.8**	**122.2**	**110.8**	**115.1**
万州区	Wanzhou District	120.1	106.1	124.4	125.0	115.9	118.9
涪陵区	Fuling District	120.5	106.0	125.7	126.4	114.7	117.6
渝中区	Yuzhong District	115.5		110.1	109.2	115.8	115.1
大渡口区	Dadukou District	116.7	102.2	119.0	118.5	114.3	112.9

地　区	Region	地区生产总值指数(上年=100) Indices of Gross Regional Product (last year=100)	第一产业 Primary Industry	第二产业 Secondary Industry	#工业 Industry	第三产业 Tertiary Industry	人均地区生产总值指数(上年=100) Indices of Per Capita GRP (last year=100)
江北区	Jiangbei District	117.3	80.2	115.6	114.6	118.8	113.1
沙坪坝区	Shapingba District	124.2	101.8	136.6	140.0	111.8	119.7
九龙坡区	Jiulongpo District	116.7	101.0	117.9	117.6	116.0	114.0
南岸区	Nanan District	116.1	104.0	118.1	117.6	113.0	112.3
北碚区	Beibei District	117.8	105.3	120.9	120.8	112.9	113.9
綦江区	Qijiang District	115.6	101.6	121.2	122.0	113.7	115.4
大足区	Dazu District	116.3	105.0	121.2	121.3	111.9	116.3
渝北区	Yubei District	115.3	98.9	115.9	114.7	115.3	108.9
巴南区	Banan District	116.8	106.0	118.8	118.4	116.3	115.1
黔江区	Qianjiang District	119.5	105.5	124.6	125.1	116.3	118.5
长寿区	Changshou District	120.0	105.1	124.6	126.0	115.6	118.8
江津区	Jiangjin District	117.9	105.8	123.3	123.7	112.7	117.4
合川区	Hechuan District	116.2	105.6	122.4	123.1	113.6	115.0
永川区	Yongchuan District	119.8	105.8	124.4	125.3	116.0	117.5
南川区	Nanchuan District	116.2	105.5	120.5	123.6	117.3	117.6
四川省	**Sichuan**	**115.0**	**104.5**	**120.6**	**121.6**	**111.2**	**115.9**
成都市	Chengdu City	115.2	103.7	119.8	120.5	112.4	110.3
自贡市	Zigong City	115.6	103.8	120.7	121.8	110.9	118.3
攀枝花市	Panzhihua City	115.3	104.5	117.5	117.9	110.2	113.0
泸州市	Luzhou City	115.9	103.0	122.5	124.2	109.7	117.5
德阳市	Deyang City	115.6	103.8	121.0	122.9	111.1	116.7
绵阳市	Mianyang City	115.2	103.8	122.8	123.7	109.9	119.4
广元市	Guangyuan City	115.6	104.4	126.2	129.4	111.6	121.5
遂宁市	Suining City	115.2	103.3	122.2	123.5	111.4	120.8
内江市	Neijiang City	115.3	104.2	120.5	121.9	109.3	119.2
乐山市	Leshan City	116.0	104.0	120.3	120.8	112.6	118.4
南充市	Nanchong City	115.3	104.1	122.5	122.2	112.6	115.0
眉山市	Meishan City	115.3	104.0	120.1	121.6	113.5	116.0
宜宾市	Yibin City	115.6	103.4	121.1	121.8	110.1	115.6
广安市	Guangan City	115.3	104.0	122.3	124.9	111.9	123.9
达州市	Dazhou City	115.2	103.5	123.5	125.0	110.0	117.8
雅安市	Yaan City	115.3	103.4	121.0	123.8	111.4	115.7
巴中市	Bazhong City	115.2	104.0	131.4	122.9	109.2	112.8
资阳市	Ziyang City	116.1	103.6	122.7	123.2	113.5	125.8
阿坝藏族羌族自治州	Aba Zang & Qiang A.P	115.2	105.1	122.5	130.4	111.6	115.8
甘孜藏族自治州	Ganzi Zang A.P	114.2	107.0	122.9	123.7	110.4	109.8
凉山彝族自治州	Liangshan Yi A.P	115.2	104.4	123.7	122.4	110.0	113.4
贵州省	**Guizhou**	**115.0**	**101.2**	**117.9**	**117.8**	**116.5**	**116.1**
贵阳市	Guiyang City	117.0	102.8	121.3	122.3	115.2	114.9
六盘水市	Liupanshui City	116.6	101.9	120.1	120.2	112.6	116.8
遵义市	Zunyi City	117.0	101.6	122.9	122.5	116.9	117.5
安顺市	Anshun City	115.1	102.3	120.2	119.3	115.1	115.7
毕节市	Bijie City	116.8	103.0	124.6	123.1	114.7	117.9
铜仁市	Tongren City	115.5	102.6	122.1	122.9	120.8	118.1
黔西南布依族苗族自治州	Southwest Guizhou Buyi & Miao A.P	115.6	101.3	120.9	121.5	116.8	114.4
黔东南苗族侗族自治州	Southeast Guizhou Miao & Dong A.P	116.8	102.3	124.1	126.2	119.1	118.9
黔南布依族苗族自治州	South Guizhou Buyi & Miao A.P	115.5	101.7	121.7	123.4	115.7	117.7

地 区	Region	地区生产总值指数(上年=100) Indices of Gross Regional Product (last year=100)	第一产业 Primary Industry	第二产业 Secondary Industry	#工 业 Industry	第三产业 Tertiary Industry	人均地区生产总值指数(上年=100) Indices of Per Capita GRP (last year=100)
云南省	**Yunnan**	**113.7**	**106.0**	**117.9**	**117.6**	**112.0**	**113.0**
昆明市	Kunming City	114.0	106.1	116.7	115.5	112.5	111.5
曲靖市	Qujing City	113.1	108.1	117.2	117.6	108.7	112.3
玉溪市	Yuxi City	112.1	107.7	115.8	116.4	105.3	118.2
保山市	Baoshan City	113.1	107.5	121.3	121.6	111.0	112.0
昭通市	Zhaotong City	114.7	106.8	121.4	123.0	110.2	113.7
丽江市	Lijiang City	116.5	106.5	125.9	130.1	112.4	116.9
普洱市	Puer City	114.2	108.0	124.6	123.9	109.5	113.5
临沧市	Lincang City	115.2	107.8	126.0	126.0	110.8	113.9
楚雄彝族自治州	Chuxiong Yi A.P	112.4	108.1	115.6	116.5	111.2	112.8
红河哈尼族彝族自治州	Honghe Hani & Yi A.P	113.5	107.9	116.7	116.5	110.9	118.8
文山壮族苗族自治州	Wenshan Zhuang & Miao A.P	114.2	108.0	121.5	121.6	110.9	113.8
西双版纳傣族自治州	Xishuangbanna Dai A.P	113.6	107.9	120.5	120.6	112.5	110.3
大理白族自治州	Dali Bai A.P	114.2	107.0	120.6	122.2	111.7	114.7
德宏傣族景颇族自治州	Dehong Dai & Jingpo A.P	115.5	107.7	122.0	123.5	115.0	114.2
怒江傈僳族自治州	Nujiang Lisu A.P	110.0	106.2	115.9	110.5	106.7	118.0
迪庆藏族自治州	Diqing Zang A.P	119.1	108.0	125.5	122.7	116.3	115.5
西藏自治区	**Tibet A.R.**	**112.7**	**103.4**	**118.3**	**118.1**	**111.6**	**111.3**
拉萨市	Lhasa City	114.6	103.4	124.6	122.6	110.7	108.6
昌都地区	Qamdu Prefecture	110.2	103.2	107.9	127.2	116.4	110.0
山南地区	Lhokha Prefecture	113.6	104.6	113.9	101.0	114.7	112.4
日喀则地区	Xigaze Prefecture	112.8	103.2	132.6	127.7	107.5	110.6
那曲地区	Narqu Prefecture	109.7	103.3	92.5	91.0	121.2	106.4
阿里地区	Ngri Prefecture	110.1	103.3	115.2	93.6	110.3	107.5
林芝地区	Nyingchi Prefecture	112.8	103.5	121.7	114.1	109.5	111.6
其他	Others						
陕西省	**Shaanxi**	**113.9**	**105.9**	**116.4**	**117.1**	**112.5**	**113.7**
西安市	Xi'an City	113.8	106.7	114.9	116.2	113.4	113.2
铜川市	Tongchuan City	116.0	107.3	118.0	118.2	114.2	115.7
宝鸡市	Baoji City	114.5	106.1	117.5	119.0	111.0	114.3
咸阳市	Xianyang City	114.2	107.2	119.6	120.2	109.1	113.9
渭南市	Weinan City	115.0	107.0	120.6	121.3	110.9	114.9
延安市	Yan'an City	111.0	107.4	110.9	110.8	112.8	110.4
汉中市	Hanzhong City	115.5	106.6	122.2	125.5	113.7	115.6
榆林市	Yulin City	115.0	106.0	116.3	116.5	113.5	114.9
安康市	Ankang City	115.5	106.5	122.9	126.0	112.6	115.5
商洛市	Shangluo City	115.1	106.5	121.2	124.4	113.1	115.3
杨凌示范区	Yangling Demonstration Zone	116.5	108.1	120.4	122.3	113.6	116.3
甘肃省	**Gansu**	**112.5**	**105.9**	**115.2**	**116.3**	**111.6**	**112.3**
兰州市	Lanzhou City	115.0	105.2	116.3	115.2	114.3	114.9
嘉峪关市	Jiayuguan City	117.4	108.0	118.8	119.0	112.2	111.0
金昌市	Jinchang City	115.7	105.5	117.1	117.6	112.0	115.4
白银市	Baiyin City	113.6	106.6	115.5	117.4	113.0	115.1

3-3 续表 9 continued

地 区	Region	地区生产总值指数(上年=100) Indices of Gross Regional Product (last year=100)	第一产业 Primary Industry	第二产业 Secondary Industry	#工 业 Industry	第三产业 Tertiary Industry	人均地区生产总值指 数(上年=100) Indices of Per Capita GRP (last year=100)
天水市	Tianshui City	112.0	107.6	114.8	114.6	111.5	111.7
武威市	Wuwei City	113.1	105.3	118.6	124.3	112.9	119.1
张掖市	Zhangye City	113.2	105.9	119.7	122.0	112.6	117.2
平凉市	Pingliang City	114.0	106.6	118.3	119.7	112.6	113.8
酒泉市	Jiuquan City	115.5	106.2	118.2	120.4	115.3	111.1
庆阳市	Qingyang City	116.8	106.8	121.1	122.8	112.4	124.9
定西市	Dingxi City	112.7	105.5	120.7	121.7	113.1	117.6
陇南市	Longnan City	112.5	106.5	118.2	122.1	112.4	112.5
临夏回族自治州	Linxia Hui A.P	113.1	105.2	115.3	115.9	115.4	113.0
甘南藏族自治州	Gannan Zang A.P	110.9	106.7	114.7	114.2	111.0	110.3
青海省	**Qinghai**	**113.5**	**104.8**	**117.4**	**117.7**	**109.7**	**112.3**
西宁市	Xining City	115.0	105.1	118.4	119.4	112.0	114.6
海东地区	Haidong Prefecture	118.5	106.0	132.4	135.5	111.6	118.3
海北藏族自治州	Haibei Zang A.P	121.8	105.3	132.1	143.1	115.0	120.6
黄南藏族自治州	Huangnan Zang AP	105.9	104.1	99.9	89.8	115.8	100.2
海南藏族自治州	Hainan Zang A.P	112.1	106.0	117.8	112.8	109.2	112.6
果洛藏族自治州	Golog Zang A.P	121.6	105.5	141.1	129.5	108.8	121.5
玉树藏族自治州	Yushu Zang A.P	114.9	102.0	155.0		105.9	111.9
海西蒙古族藏族自治州	Haixi Mongolian & Zang A.P	119.0	120.7	120.5	121.2	112.5	113.0
宁夏回族自治区	**Ningxia**	**112.1**	**105.1**	**117.6**	**117.3**	**107.2**	**110.8**
银川市	Yinchuan City	112.0	105.0	116.8	117.7	107.2	103.0
石嘴山市	Shizuishan City	113.3	104.8	115.6	115.5	110.2	112.7
吴忠市	Wuzhong City	113.1	104.8	118.0	114.7	109.2	114.8
固原市	Guyuan City	114.0	104.8	138.4	140.5	108.9	118.8
中卫市	Zhongwei City	113.6	105.1	123.0	125.2	108.1	116.0
新疆维吾尔自治区	**Xinjiang**	**112.0**	**106.5**	**112.0**	**111.4**	**115.2**	**110.7**
乌鲁木齐市	Urumqi City	115.3	105.8	110.0	110.7	120.0	111.7
克拉玛依市	Karamay City	102.9	105.2	102.4	102.2	107.5	105.6
吐鲁番地区	Turpan Prefecture	105.4	96.1	106.2	105.7	108.8	104.8
哈密地区	Hami Prefecture	122.0	108.1	131.0	129.0	116.9	120.3
昌吉回族自治州	Changji Hui A.P	116.6	106.0	127.5	129.4	111.7	116.1
博尔塔拉蒙古自治州	Bortala Mongolian A.P	112.1	107.9	116.5	124.5	113.7	112.1
巴音郭楞蒙古自治州	Bayingolin Mongolian A.P	107.2	105.8	105.8	105.9	113.4	105.3
阿克苏地区	Aksu Prefecture	119.1	109.8	128.4	133.7	120.1	126.0
克孜勒苏柯尔克孜自治州	Kizilsu Kirgiz A.P	113.2	106.4	111.7	109.4	116.3	110.3
喀什地区	Kashi Prefecture	115.6	105.6	133.1	135.8	117.5	112.9
和田地区	Hotan Prefecture	114.6	105.6	124.2	148.1	117.7	118.1
伊犁哈萨克自治州	Ili Kazak A.P	115.0	106.5	122.2	125.3	113.8	112.3
塔城地区	Tacheng Prefecture	114.1	108.8	120.8	124.7	112.8	113.9
阿勒泰地区	Altay Prefecture	111.8	105.0	117.1	121.0	109.4	110.6
石河子市	Shihezi City	117.6	114.4	125.1	127.6	109.2	117.5
阿拉尔市	Alar City						
图木舒克市	Tumxuk City						
五家渠市	Wujiaqu City						
生产建设兵团	Corps						

3-4 就业人员和工资(2011年)
Employment and Unemployment (2011)

地 区	Region	就业人员 (万人) Employed Population (10 000 persons)	城镇单位就业人员数 (万人) Urban Employed Persons (10 000 persons)	#国有单位 State-owned Units	#城镇集体单位 Collective-owned Units	城镇私营单位就业人数 (万人) Urban Private Units (10 000 persons)	城镇登记失业率 (%) Urban Registered Unemployed (%)	城镇单位就业人员平均工资 (元) Average Wage of Urban Employed Persons (yuan)	#国有单位 State-owned Units	#城镇集体单位 Collective-owned Units
北京市	**Beijing**	**1069.70**	**685.90**	**188.80**	**20.10**	**210.60**	**1.4**	**75834**	**81215**	**32469**
东城区	Dongcheng District		58.30					88337		
西城区	Xicheng District		89.30					109753		
朝阳区	Chaoyang District		118.88					83736		
丰台区	Fengtai District		67.17					50930		
石景山区	Shijingshan District		18.50					59906		
海淀区	Haidian District		144.44					86339		
门头沟区	Mentougou District		6.15					53832		
房山区	Fangshan District		16.84					50307		
通州区	Tongzhou District		22.81					45491		
顺义区	Shunyi District		42.16					62643		
昌平区	Changping District		25.34					55061		
大兴区	Daxing District		40.56					63479		
怀柔区	Huairou District		8.50					54149		
平谷区	Pinggu District		10.02					39568		
密云县	Miyun County		10.79					45733		
延庆县	Yanqing County		6.14					41012		
北京经济技术开发区	Beijing Economic-technological Development Zones									
其他	Others									
天津市	**Tianjin**	**763.16**	**268.24**	**85.88**	**8.84**	**167.67**	**3.6**	**55636**	**63773**	**36050**
和平区	Heping District		19.76	11.62	0.16			58457	53521	36713
河东区	Hedong District		12.92	5.26	0.61			51288	57361	42265
河西区	Hexi District		20.70	10.17	0.27			70119	69573	32803
南开区	Nankai District		21.18	11.75	0.16			45400	51110	30596
河北区	Hebei District		10.43	7.66	0.38			68550	76462	38920
红桥区	Hongqiao District		3.46	2.42	0.11			60023	67554	26199
东丽区	Dongli District		20.12	4.25	0.23			52516	66003	43786
西青区	Xiqing District		28.92	4.21	0.40			51407	70629	36422
津南区	Jinnan District		10.00	1.65	2.78			41260	69365	31294
北辰区	Beichen District		13.34	2.89	0.42			49101	65464	31643
武清区	Wuqing District		18.90	2.65	0.46			52083	62015	30341
宝坻区	Baodi District		7.32	2.10	0.34			43214	73067	54419
滨海新区	Binhai New Area		63.74	12.34	1.04			64111	71823	38653
宁河县	Ninghe County		5.57	1.62	0.32			44331	57973	46592
静海县	Jinghai County		5.86	2.18	0.26			47754	62693	45057
蓟县	Ji County		6.02	3.11	0.90			49066	59276	30082
其他	Others									
河北省	**Hebei**	**3962.42**	**555.42**	**322.49**	**22.21**	**292.07**	**3.8**	**36166**	**36782**	**25196**
石家庄市	Shijiazhuang City	519.66	84.80	58.66	4.94	50.15	3.8	35132	37477	22941
唐山市	Tangshan City	440.17	87.30	37.37	3.00	46.09	4.0	42029	41210	24423
秦皇岛市	Qinhuangdao City	161.57	29.88	15.47	0.81	16.73	3.7	40518	37650	25229
邯郸市	Handan City	545.96	58.44	43.25	2.80	32.54	4.0	36122	38710	23363
邢台市	Xingtai City	377.36	35.99	24.45	2.21	18.86	3.9	34829	31523	24107
保定市	Baoding City	646.18	81.21	39.60	1.69	38.62	4.1	32277	34580	24146
张家口市	Zhangjiakou City	269.17	37.28	23.82	2.36	12.58	4.3	33437	33512	27644
承德市	Chengde City	217.62	25.44	15.95	0.73	15.54	3.1	34134	35113	34172
沧州市	Cangzhou City	409.59	48.58	30.08	0.89	28.54	3.8	36201	39498	29818
廊坊市	Langfang City	249.28	39.53	18.39	1.02	16.36	2.0	39976	39290	28418
衡水市	Hengshui City	227.25	26.96	15.47	1.77	16.06	3.5	28994	30088	26633

3-4 续表 1 continued

地　区	Region	就业人员（万人）Employed Population (10 000 persons)	城镇单位就业人员数（万人）Urban Employed Persons (10 000 persons)	#国有单位 State-owned Units	#城镇集体单位 Collective-owned Units	城镇私营单位就业人数（万人）Urban Private Units (10 000 persons)	城镇登记失业率(%) Urban Registered Unemployed (%)	城镇单位就业人员平均工资（元）Average Wage of Urban Employed Persons (yuan)	#国有单位 State-owned Units	#城镇集体单位 Collective-owned Units
山西省	**Shanxi**	**1738.90**	**409.69**	**243.81**	**24.81**	**144.95**	**3.5**	**39903**	**37164**	**27669**
太原市	Taiyuan City	177.30	78.42	41.91	4.91	34.35	3.0	43398	41214	22887
大同市	Datong City	144.30	42.43	19.64	3.09	9.29	3.5	43633	31983	22625
阳泉市	Yangquan City	66.19	26.05	20.77	2.68	5.60	3.7	48489	52129	35190
长治市	Changzhi City	167.00	39.39	21.61	1.85	12.50	1.8	38738	35526	31072
晋城市	Jincheng City	138.60	28.88	11.63	1.65	12.46	2.2	48325	34384	25540
朔州市	Shuozhou City	87.80	19.70	11.17	1.27	8.33	2.1	38136	35297	30197
晋中市	Jinzhong City	162.60	34.98	16.30	1.69	10.29	1.8	36766	33724	31757
运城市	Yuncheng City	265.40	32.80	22.67	2.19	11.88	2.0	27598	28350	25305
忻州市	Xinzhou City	142.90	24.45	19.96	1.83	13.57	3.3	30487	31582	21099
临汾市	Linfen City	206.72	34.54	23.43	1.69	14.15	2.8	30045	30105	36681
吕梁市	Luliang City	145.50	32.73	19.40	1.95	12.51	1.9	38783	32068	32315
其他	Others		15.08	15.30						
内蒙古自治区	**Inner Mongolia**	**1249.30**	**517.10**	**173.10**	**8.50**	**117.40**	**3.8**	**41481**	**44143**	**37963**
呼和浩特市	Hohhot City	168.30	88.71	21.87	0.97	20.80	3.7	40476	43906	33309
包头市	Baotou City	146.75	89.90	13.40	2.20	33.60	3.9	47059	52403	35734
乌海市	Wuhai City	27.14	17.44	5.72	0.02	3.56	4.0	45188	56787	22697
赤峰市	Chifeng City	253.17	30.55	19.72	1.17	12.53	4.2	38680	41859	39108
通辽市	Tongliao City	167.53	38.14	18.70	0.90		3.9	34505	35460	37110
鄂尔多斯市	Erdos City	102.20	20.09	12.85	0.41		2.2	59306	63526	57504
呼伦贝尔市	Hulunbuir City	118.36	51.17	20.63	0.60	6.70	4.1	39611	41745	52410
巴彦淖尔市	Bayannur City	89.20	29.41	10.41	0.50	6.12	3.9	35253	37380	44906
乌兰察布市	Ulanqab City	110.90	14.84	11.30	0.41	6.31	4.2	34419	36365	28631
兴安盟	Xingan League	81.95	11.76	9.41	0.42	1.62	4.1	30044	31814	26612
锡林郭勒盟	Xilingol League	51.30	26.20	8.66	0.28	10.69	3.4	43039	47869	54443
阿拉善盟	Alxa League	14.10	9.76	2.60	0.10	2.80	3.8	49443	53246	70958
辽宁省	**Liaoning**	**2364.88**	**579.58**	**294.58**	**32.09**	**303.27**	**3.7**	**38713**	**40553**	**24591**
沈阳市	Shenyang City	357.80	109.99	52.38	5.37	61.55	3.1	45306	52049	27711
大连市	Dalian City	437.20	109.81	29.25	2.73	151.28	2.9	49730	62882	36699
鞍山市	Anshan City	166.18	52.01	30.94	5.36	7.93	2.0	33730	39501	20182
抚顺市	Fushun City	111.52	28.21	11.32	1.71	8.09	4.2	36191	35786	23070
本溪市	Benxi City	71.38	26.43	17.85	2.14	4.92	4.2	36845	41188	19951
丹东市	Dandong City	125.77	26.80	13.90	1.66	6.97	4.2	27055	32315	24445
锦州市	Jinzhou City	160.32	26.85	16.61	2.24	7.72	3.8	33500	33035	25206
营口市	Yingkou City	152.77	26.63	12.03	1.62	8.82	3.1	31902	36332	22141
阜新市	Fuxin City	106.76	19.57	13.58	1.38	8.50	3.9	33110	36859	20710
辽阳市	Liaoyang City	89.88	17.63	8.65	1.41	7.31	2.6	36161	31255	31215
盘锦市	Panjin City	100.41	47.44	32.95	0.50	6.53	2.9	30397	23546	23102
铁岭市	Tieling City	145.83	23.11	13.12	2.11	7.11	3.6	32640	27777	18600
朝阳市	Chaoyang City	186.12	26.46	14.12	1.02	8.78	3.8	31402	33086	30861
葫芦岛市	Huludao City	136.51	22.22	11.51	2.84	7.76	3.7	31498	31939	18509

地　区	Region	就业人员	城镇单位			城　镇	城镇登记	城镇单位		
		(万人) Employed Population (10 000 persons)	就业人员数 (万人) Urban Employed Persons (10 000 persons)	#国有单位 State-owned Units	#城镇集体单位 Collective-owned Units	私营单位就业人数 (万人) Urban Private Units (10 000 persons)	失业率 (%) Urban Registered Unemployed (%)	就业人员平均工资 (元) Average Wage of Urban Employed Persons (yuan)	#国有单位 State-owned Units	#城镇集体单位 Collective-owned Units
吉林省	**Jilin**	**1337.80**	**277.86**	**170.93**	**9.56**	**100.70**	**3.7**	**34197**	**35216**	**25718**
长春市	Changchun City	384.60	94.95	48.65	3.11	33.90	3.6	41473	43419	23952
吉林市	Jilin City	180.40	38.41	22.98	1.70	13.90	3.9	35088	34684	29443
四平市	Siping City	151.40	20.88	13.21	0.68	12.20	3.8	28012	30460	30915
辽源市	Liaoyuan City	58.80	9.08	7.99	0.36	7.30	3.5	27792	29304	19913
通化市	Tonghua City	107.10	21.00	12.57	1.01	7.40	3.9	28404	31202	24315
白山市	Baishan City	51.20	19.18	12.35	0.46	3.60	3.7	29996	32816	23341
松原市	Songyuan City	152.80	21.85	13.34	0.74	5.40	2.9	33705	30749	29041
白城市	Baicheng City	94.00	19.44	15.64	0.75	3.50	3.9	24339	25128	25188
延边朝鲜族自治州	Yanbian Korean A.P	103.40	25.61	16.76	0.76	13.50	3.8	27465	31505	21912
黑龙江省	**Heilongjiang**	**1977.80**	**611.25**	**333.60**	**16.10**	**145.10**	**4.4**	**33503**	**34462**	**25149**
哈尔滨市	Harbin City		176.17	73.07	6.66	59.57	3.0	35404	37005	26576
齐齐哈尔市	Qiqihar City		38.72	17.48	1.89	6.13	3.7	29648	30931	17651
鸡西市	Jixi City		23.57	8.87	0.55	4.38	4.3	34309	30280	23700
鹤岗市	Hegang City		20.28	10.99	1.31	6.12	3.9	37085	39057	29936
双鸭山市	Shuangyashan City		17.88	7.65	0.53	2.90	3.9	33042	30267	30123
大庆市	Daqing City		73.92	46.10	1.44	18.42	3.9	49161	51493	31714
伊春市	Yichun City		25.82	15.44	0.82	6.79	4.1	18582	17392	17328
佳木斯市	Jiamusi City		24.21	13.20	0.74	7.01	4.2	30352	30923	24419
七台河市	Qitaihe City		18.98	3.89	0.43	4.91	3.5	33310	30969	21454
牡丹江市	Mudanjiang City		39.14	15.07	0.49	16.04	3.4	31033	31989	34900
黑河市	Heihe City		15.93	9.90	0.27	4.27	3.6	26722	27701	23529
绥化市	Suihua City		30.34	18.64	0.90	3.14	3.5	23208	24806	18021
大兴安岭地区	Daxing'anling Prefecture		11.88	8.19	0.04	2.62	3.1	26698	26824	21643
农垦总局	Agriculture Reclamation Bureau		77.01	67.69	0.06	2.76	3.2	20576	19732	24913
其他	Others		17.41	17.41				49310	49310	
上海市	**Shanghai**	**1104.33**	**497.32**	**147.21**	**10.43**	**420.03**	**4.2**	**75591**	**83519**	**51422**
黄浦区	Huangpu District		39.81	14.77	0.96			102026	89521	48462
卢湾区	Luwan District									
徐汇区	Xuhui District		40.25	13.49	0.78			69997	84373	64231
长宁区	Changning District		23.85	8.69	0.14			84734	69888	61979
静安区	Jingan District		15.40	6.12	0.13			91381	96002	58159
普陀区	Putuo District		21.80	6.93	0.44			58845	79336	36986
闸北区	Zhabei District		18.95	10.30	0.37			69037	76074	49570
虹口区	Hongkou District		14.68	6.37	0.34			74801	91226	65576
杨浦区	Yangpu District		19.09	10.56	0.31			73790	81183	51303
闵行区	Minhang District		41.87	8.15	0.77			64319	80495	46620
宝山区	Baoshan District		25.95	13.53	0.62			75821	76182	45200
嘉定区	Jiading District		31.46	3.94	0.93			60052	74557	47261
浦东新区	Pudong New District		125.52	25.79	1.39			89478	94622	58524
金山区	Jinshan District		10.70	3.08	0.42			58112	72096	51004
松江区	Songjiang District		25.82	3.54	0.92			53704	80373	46402
青浦区	Qingpu District		19.12	2.98	0.70			52306	79680	50207
奉贤区	Fengxian District		14.72	3.30	0.75			61159	74062	49011
崇明县	Chongming County		5.68	3.75	0.36			70790	79134	56646
其他	Others		2.67	1.91	0.08			72056	71310	53275

3-4 续表 3 continued

地 区	Region	就业人员 (万人) Employed Population (10 000 persons)	城镇单位就业人员数 (万人) Urban Employed Persons (10 000 persons)	#国有单位 State-owned Units	#城镇集体单位 Collective-owned Units	城镇私营单位就业人数 (万人) Urban Private Units (10 000 persons)	城镇登记失业率 (%) Urban Registered Unemployed (%)	城镇单位就业人员平均工资 (元) Average Wage of Urban Employed Persons (yuan)	#国有单位 State-owned Units	#城镇集体单位 Collective-owned Units
江苏省	**Jiangsu**	**4758.23**	**811.28**	**291.00**	**31.20**	**1007.62**	**3.2**	**45987**	**57002**	**37302**
南京市	Nanjing City	468.34	140.17	52.11	4.67	119.61	2.6	54713	67976	37105
无锡市	Wuxi City	386.00	86.96	17.50	1.36	145.49	2.6	51518	79480	49717
徐州市	Xuzhou City	528.85	62.37	40.83	3.26	56.56	2.6	39493	43102	30822
常州市	Changzhou City	277.72	50.12	15.21	1.32	113.76	2.7	49755	68289	47063
苏州市	Suzhou City	609.32	133.08	23.34	2.94	195.19	2.8	51657	81343	54628
南通市	Nantong City	464.88	65.99	21.07	2.26	51.52	2.5	44574	63230	42303
连云港市	Lianyungang City	308.18	35.16	16.32	1.94	28.06	2.6	38817	43526	30788
淮安市	Huaian City	361.45	40.84	18.48	2.01	47.74	2.4	36982	45383	32671
盐城市	Yancheng City	357.48	52.78	24.43	1.67	52.62	2.6	35499	42897	38337
扬州市	Yangzhou City	303.81	42.11	19.64	3.08	60.88	2.3	40289	49749	29773
镇江市	Zhenjiang City	190.26	39.27	15.16	1.93	47.11	2.6	42659	56014	35468
泰州市	Taizhou City	286.65	39.40	13.99	4.39	49.60	2.8	38328	52026	31626
宿迁市	Suqian City	351.38	23.03	12.91	0.38	39.21	2.6	31995	38337	31656
浙江省	**Zhejiang**	**3674.11**	**995.67**	**224.08**	**28.46**	**609.25**	**3.1**	**46660**	**72383**	**41817**
杭州市	Hangzhou City	637.77	264.30	56.95	5.29	121.44	1.9	54408	79657	49117
宁波市	Ningbo City	493.83	171.80	31.83	3.43	116.69	3.4	49755	81725	50052
温州市	Wenzhou City	575.89	111.31	27.36	4.76	65.15	2.2	42343	67558	31250
嘉兴市	Jiaxing City	321.39	79.05	14.73	1.46	43.90	3.4	42990	67860	33020
湖州市	Huzhou City	180.14	41.43	9.43	1.31	19.03	3.1	41107	70062	45123
绍兴市	Shaoxing City	343.28	125.18	14.58	2.29	36.76	3.0	39810	78364	52457
金华市	Jinhua City	342.60	57.70	10.50	11.00	81.50	2.8	42861	61105	37037
衢州市	Quzhou City	131.30	19.34	9.99	0.33	22.16	3.5	50055	58272	47298
舟山市	Zhoushan City	68.99	16.10	6.64	0.82	14.46	2.9	52915	62528	34457
台州市	Taizhou City	370.81	86.31	19.14	2.99	74.36	3.4	42199	65047	40715
丽水市	Lishui City	137.90	18.36	10.10	0.62	7.08	3.6	49072	58379	48470
安徽省	**Anhui**	**4120.90**	**411.55**	**219.02**	**18.34**	**165.05**	**3.7**	**40640**	**40732**	**29205**
合肥市	Hefei City	476.20	97.72	41.27	1.85	49.67	3.9	45442	48167	32203
芜湖市	Wuhu City	194.08	33.00	11.52	0.30	8.25	3.9	41945	48073	38092
蚌埠市	Bengbu City	226.00	20.32	10.08	1.30	7.38	3.6	32853	38120	24476
淮南市	Huainan City	136.80	37.26	10.89	1.51	4.30	4.1	51913	39613	25490
马鞍山市	Maanshan City	121.95	19.16	6.98	1.25	8.99	2.9	46439	44810	32932
淮北市	Huaibei City	113.00	21.83	16.46	0.92	4.42	3.9	50060	51938	25752
铜陵市	Tongling City	45.56	12.15	6.76	0.06	2.83	3.6	42815	49411	20924
安庆市	Anqing City	429.30	26.51	19.73	1.63	10.79	4.2	33359	35084	30811
黄山市	Huangshan City	95.81	9.75	5.44	0.23	5.18	3.8	35920	40711	34362
滁州市	Chuzhou City	270.40	18.80	12.13	0.94	17.73	2.3	34679	35087	35309
阜阳市	Fuyang City	602.81	30.50	20.39	2.77	8.81	3.1	32777	31951	26231
宿州市	Suzhou City	368.40	24.10	17.83	2.01	4.48	4.1	34517	38268	24831
六安市	Liuan City	399.50	22.96	15.14	1.81	10.65	3.9	32052	32377	31687
亳州市	Bozhou City	322.90	16.55	11.62	0.97	6.80	3.5	32241	33663	28015
池州市	Chizhou City	111.35	8.06	4.85	0.36	3.08	3.6	36790	40377	32521
宣城市	Xuancheng City	198.63	12.88	7.93	0.44	11.63	3.3	39357	40663	33837
其他	Others					0.06				

3-4 续表 4 continued

地区	Region	就业人员 (万人) Employed Population (10 000 persons)	城镇单位就业人员数 (万人) Urban Employed Persons (10 000 persons)	#国有单位 State-owned Units	#城镇集体单位 Collective-owned Units	城镇私营单位就业人数 (万人) Urban Private Units (10 000 persons)	城镇登记失业率 (%) Urban Registered Unemployed (%)	城镇单位就业人员平均工资 (元) Average Wage of Urban Employed Persons (yuan)	#国有单位 State-owned Units	#城镇集体单位 Collective-owned Units
福建省	**Fujian**	**2459.99**	**596.33**	**161.65**	**15.56**	**396.24**	**3.7**	**38989**	**48587**	**34527**
福州市	Fuzhou City	425.59	128.07	37.18	3.98	52.66	2.4	41725	50528	30412
厦门市	Xiamen City	251.24	110.50	19.27	1.65	95.59	3.2	46098	70111	40395
莆田市	Putian City	194.54	34.02	10.02	0.64	13.25	2.4	34083	42583	38769
三明市	Sanming City	152.62	23.79	12.96	1.35	16.90	2.4	37114	37603	31738
泉州市	Quanzhou City	570.67	173.96	24.53	3.35	50.64	1.2	35902	52542	37040
漳州市	Zhangzhou City	289.21	45.70	17.28	1.67	22.11	2.0	34898	42108	35198
南平市	Nanping City	174.56	25.10	12.95	0.88	13.84	3.5	33378	38884	27759
龙岩市	Longyan City	185.85	34.39	12.45	1.34	13.44	2.4	35557	42117	35106
宁德市	Ningde City	173.78	17.68	11.90	0.71	13.14	2.4	38311	39717	41282
江西省	**Jiangxi**	**2532.60**	**344.40**	**200.45**	**18.75**	**138.02**	**3.2**	**34055**	**36939**	**24265**
南昌市	Nanchang City	303.64	91.42	41.62	6.33	41.28	3.6	39816	43606	24262
景德镇市	Jingdezhen City	98.83	19.25	10.03	0.94	7.05	3.2	29049	30029	28444
萍乡市	Pingxiang City	109.04	14.18	9.01	0.50	9.80	3.6	31023	28651	22682
九江市	Jiujiang City	308.77	39.41	21.64	4.40	9.83	2.0	29452	30540	22845
新余市	Xinyu City	62.31	10.22	4.58	0.22	6.04	3.6	35370	35761	27140
鹰潭市	Yingtan City	71.44	10.22	9.16	0.12	4.98	3.5	30696	31679	23550
赣州市	Ganzhou City	491.69	45.01	27.25	1.37	20.29	3.2	27775	29786	29354
吉安市	Jian City	264.99	21.93	17.45	1.26	11.93	3.3	27505	28138	22786
宜春市	Yichun City	308.61	35.26	18.60	0.98	0.55	3.7	27806	29340	24907
抚州市	Fuzhou City	212.36	23.91	16.12	1.10	7.12	1.9	26895	26703	22208
上饶市	Shangrao City	405.31	31.16	22.57	1.53	19.15		27625	28634	22264
山东省	**Shandong**	**6485.60**	**1050.40**	**437.00**	**60.80**	**410.90**	**3.4**	**37618**	**43469**	**29683**
济南市	Jinan City	392.70	121.90	47.10	3.40	43.70	3.6	41715	47862	30256
青岛市	Qingdao City	547.60	128.40	37.20	5.70	110.40	3.0	42752	58744	40444
淄博市	Zibo City	267.70	72.00	27.60	5.00	19.80	2.8	37214	46701	31187
枣庄市	Zaozhuang City	238.90	39.60	23.90	3.90	12.10	2.9	35542	42074	24449
东营市	Dongying City	126.00	46.10	27.60	1.60	9.80	1.9	45412	55493	31703
烟台市	Yantai City	434.10	106.00	31.10	6.10	44.40	3.3	37375	43062	29109
潍坊市	Weifang City	513.50	68.70	29.70	2.60	41.30	3.2	36548	41667	40820
济宁市	Jining City	497.50	71.50	43.10	5.90	14.30	3.0	38745	45058	23214
泰安市	Taian City	331.20	65.70	20.20	11.80	13.50	2.8	37549	38294	28156
威海市	Weihai City	173.30	56.60	13.20	3.60	16.90	1.5	35196	45015	30578
日照市	Rizhao City	182.50	21.40	8.70	0.90	14.30	2.3	36377	39556	25368
莱芜市	Laiwu City	79.70	17.00	4.90	0.50	6.30	2.1	37040	40511	23784
临沂市	Linyi City	651.50	63.10	29.60	1.90	14.90	1.6	35137	38342	32313
德州市	Dezhou City	303.30	38.50	19.20	2.10	9.60	2.8	28002	30013	24277
聊城市	Liaocheng City	357.10	38.30	20.90	1.30	8.90	3.3	29148	31988	35833
滨州市	Binzhou City	250.40	41.60	14.00	1.10	13.70	2.7	33392	37474	29959
菏泽市	Heze City	470.80	40.80	26.80	3.00	10.00	3.4	26783	26395	21808
河南省	**Henan**	**6197.85**	**839.09**	**400.25**	**51.66**	**430.09**	**3.4**	**33634**	**35386**	**24220**
郑州市	Zhengzhou City	490.85	136.66	53.55	5.34	80.85	2.0	35000	40564	28165
开封市	Kaifeng City	306.52	39.12	14.49	4.24	22.06	3.9	27351	29858	26366
洛阳市	Luoyang City	418.02	59.96	33.47	3.51	40.83	3.5	32657	34283	27426
平顶山市	Pingdingshan City	315.10	49.87	19.79	3.38	10.96	3.3	36135	31553	27436
安阳市	Anyang City	357.34	50.15	15.96	2.16	43.19	3.4	28543	30275	20411
鹤壁市	Hebi City	87.95	18.59	5.19	0.65	3.50	3.9	29226	27724	23684
新乡市	Xinxiang City	322.71	46.84	22.49	4.15	28.29	3.9	25207	27866	25094

3-4 续表 5 continued

地 区	Region	就业人员 (万人) Employed Population (10 000 persons)	城镇单位就业人员数 (万人) Urban Employed Persons (10 000 persons)	#国有单位 State-owned Units	#城镇集体单位 Collective-owned Units	城镇私营单位就业人数 (万人) Urban Private Units (10 000 persons)	城镇登记失业率 (%) Urban Registered Unemployed (%)	城镇单位就业人员平均工资 (元) Average Wage of Urban Employed Persons (yuan)	#国有单位 State-owned Units	#城镇集体单位 Collective-owned Units
焦作市	Jiaozuo City	223.24	37.78	13.46	1.83	26.29	4.0	30545	28520	21998
濮阳市	Puyang City	238.32	32.53	19.61	0.87	9.20	2.7	31810	37780	18418
许昌市	Xuchang City	261.67	32.77	15.19	0.97	28.10	3.2	29617	30509	33174
漯河市	Luohe City	161.56	24.58	9.67	2.12	9.50	2.7	25322	27658	20912
三门峡市	Sanmenxia City	133.93	26.80	12.99	1.11	10.25	3.2	32707	32377	28522
南阳市	Nanyang City	691.10	84.37	39.78	5.70	50.17	3.3	26460	31064	21034
商丘市	Shangqiu City	506.61	41.99	25.75	3.11	15.68	3.7	26863	25436	20830
信阳市	Xinyang City	485.60	44.56	29.85	5.84	11.50	2.3	26704	28496	23835
周口市	Zhoukou City	683.54	46.08	30.12	3.46	17.33	4.0	26930	28618	23923
驻马店市	Zhumadian City	561.86	44.82	24.38	2.28	19.99	3.7	24627	26023	20734
济源市	Jiyuan City	44.96	9.01	2.80	0.04	2.42	3.5	27519	33086	15519
湖北省	**Hubei**	**3672.00**	**812.30**	**292.30**	**18.20**	**226.20**	**4.1**	**32050**	**40345**	**26988**
武汉市	Wuhan City	498.00	189.77	85.15	4.53	25.90	3.9	45643	58578	30447
黄石市	Huangshi City	133.80	31.68	11.06	1.37	17.82	4.0	31083	31039	21878
十堰市	Shiyan City	205.30	51.02	14.31	0.90	17.90	4.2	33474	29065	27287
宜昌市	Yichang City	226.50	42.30	18.90	1.20	25.30	3.1	31250	35362	22512
襄阳市	Xiangyang City	307.80	48.77	26.00	0.90	18.20	4.0	29234	29875	30563
鄂州市	Ezhou City	63.52	19.16	5.62	0.56	10.41	4.1	25876	39838	28858
荆门市	Jingmen City	146.13	22.63	12.39	1.50	14.90	4.1	32642	36043	23657
孝感市	Xiaogan City	298.60	65.38	19.92	1.66	26.14	4.2	25524	30097	25124
荆州市	Jingzhou City	311.92	34.40	21.19	1.39	18.80	4.3	28263	28529	24510
黄冈市	Huanggang City	353.00	36.56	20.07	1.01	9.71	4.0	27757	29674	25156
咸宁市	Xianning City	147.56	30.40	9.85	1.31	2.76	3.7	26367	28200	23557
随州市	Suizhou City	132.50	16.40	6.01	0.64	2.40	4.3	25595	29259	29940
恩施土家族苗族自治州	Enshi Tujia & Miao A.P	230.99	23.40	11.31	0.17	10.14	4.1	30044	30503	33724
仙桃市	Xiantao City	89.10	43.56	4.50	0.55	12.07	3.1	26117	28902	22784
潜江市	Qianjiang City	46.70	16.95	9.86	0.23	3.17	3.6	30591	31406	17474
天门市	Tianmen City	78.93	9.70	3.10	0.40	10.10	4.3	31245	25490	30259
神农架林区	Shennongjia Forest District	4.90	1.81	0.65	0.02	0.54	3.9	25688	27527	20983
湖南省	**Hunan**	**4005.03**	**551.43**	**275.01**	**27.84**	**260.62**	**4.2**	**35520**	**36654**	**27034**
长沙市	Changsha City	438.99	121.91	40.42	4.16	34.77	2.9	44497	52317	27110
株洲市	Zhuzhou City	234.48	40.66	16.33	1.19	12.49	3.5	38499	38846	30985
湘潭市	Xiangtan City	169.33	30.31	11.12	1.34	5.39	4.1	33370	36666	28310
衡阳市	Hengyang City	466.39	55.36	25.13	3.59	48.31	4.2	30836	32371	28067
邵阳市	Shaoyang City	489.83	35.05	21.08	2.34	15.34	4.2	29467	30477	23667
岳阳市	Yueyang City	348.35	48.87	24.66	2.75	24.28	4.0	30931	29699	26067
常德市	Changde City	332.52	36.88	17.20	1.60	7.83	4.0	30831	32910	22907
张家界市	Zhangjiajie City	94.35	9.05	6.01	0.52	1.99	4.3	31080	32513	21417
益阳市	Yiyang City	253.08	27.97	15.90	1.33	6.61	4.2	30084	31431	29696
郴州市	Chenzhou City	304.03	31.33	18.96	0.95	10.85	4.0	34820	35853	24743
永州市	Yongzhou City	336.27	30.04	18.87	1.87	9.62	4.3	31864	32385	28602
怀化市	Huaihua City	299.70	27.62	19.28	1.56	24.21	4.3	32099	32272	29747
娄底市	Loudi City	251.36	28.75	15.10	3.94	6.78	4.3	31065	30812	28029
湘西土家族苗族自治州	West Hunan Tujia & Miao A.P	178.47	13.45	10.73	0.72	8.34	4.3	29865	30152	19714

地 区	Region	就业人员（万人）Employed Population (10 000 persons)	城镇单位就业人员数（万人）Urban Employed Persons (10 000 persons)	#国有单位 State-owned Units	#城镇集体单位 Collective-owned Units	城镇私营单位就业人数（万人）Urban Private Units (10 000 persons)	城镇登记失业率(%) Urban Registered Unemployed (%)	城镇单位就业人员平均工资（元）Average Wage of Urban Employed Persons (yuan)	#国有单位 State-owned Units	#城镇集体单位 Collective-owned Units
广东省	**Guangdong**	**5960.74**	**1238.22**	**423.88**	**62.83**	**899.46**	**2.5**	**45152**	**54739**	**25679**
广州市	Guangzhou City	743.18	310.24	97.37	9.37	155.70	2.4	57473	77883	30313
韶关市	Shaoguan City	142.65	32.14	14.95	2.61	3.80	2.9	35831	42671	25201
深圳市	Shenzhen City	764.54	263.71	49.35	1.64	281.37	2.2	55143	85218	31830
珠海市	Zhuhai City	104.09	67.00	11.01	2.44	17.59	2.4	40925	66774	37768
汕头市	Shantou City	238.55	35.59	17.69	8.82	35.38	2.4	32788	39789	19327
佛山市	Foshan City	445.13	60.68	21.44	2.44	18.56	2.3	40663	56757	40348
江门市	Jiangmen City	253.03	54.87	14.05	5.23	27.57	2.3	31913	43940	26007
湛江市	Zhanjiang City	329.13	42.86	29.15	3.50	15.26	3.0	29820	30449	18651
茂名市	Maoming City	275.58	35.20	22.23	4.01	4.70	2.8	30587	30150	22032
肇庆市	Zhaoqing City	215.13	30.03	14.44	1.58	8.49	2.5	34113	42590	25455
惠州市	Huizhou City	267.94	84.75	17.97	2.15	8.99	2.3	35719	49414	28999
梅州市	Meizhou City	209.48	24.31	16.52	1.77	3.98	2.2	31471	33314	20667
汕尾市	Shanwei City	119.23	15.76	9.41	1.53	6.24	2.7	30383	29897	29028
河源市	Heyuan City	135.47	24.59	10.87	1.64	7.74	2.5	31232	35311	21400
阳江市	Yangjiang City	137.87	18.87	11.03	3.46	8.02	2.6	28712	30690	19421
清远市	Qingyuan City	197.49	27.79	12.57	0.59	22.40	3.1	37024	49078	42799
东莞市	Dongguan City	628.54	24.87	14.00	3.41		2.1	50398	61504	30549
中山市	ZhongShan City	208.64	31.27	8.47	1.27	100.45	2.2	48415	66958	33826
潮州市	Chaozhou City	138.80	13.36	7.63	1.52	19.89	2.4	29276	32324	14924
揭阳市	Jieyang City	273.55	23.05	15.18	2.84	9.60	2.7	26934	27847	19250
云浮市	Yunfu City	132.73	17.29	8.57	0.97	8.91	2.8	30189	36183	23054
广西壮族自治区	**Guangxi**	**2936.00**	**1035.00**	**209.49**	**18.76**	**123.00**	**3.5**	**33032**	**34886**	**22123**
南宁市	Nanning City	409.12	77.99	46.81	1.59	68.76	3.5	40120	47418	30848
柳州市	Liuzhou City	223.70	43.10	21.80	2.00	24.60	4.0	38229	39727	31181
桂林市	Guilin City		34.27	22.81	1.65	23.25	3.9	34085	35807	25946
梧州市	Wuzhou City	186.04	15.64	10.04	0.86	17.39	3.8	30170	32812	23016
北海市	Beihai City	80.70	14.30	7.60	1.10		3.1	30996	35718	29241
防城港市	Fangchenggang City	57.33	9.75	6.88	0.58	2.61	2.1	33642	34924	27646
钦州市	Qinzhou City	233.99	15.22	10.95	1.05	9.50	3.0	30227	31701	23515
贵港市	Guigang City	257.68	15.59	11.58	1.35	5.85	3.7	26334	27686	15670
玉林市	Yulin City	366.72	29.36	18.34	4.91	6.12	3.7	28461	31892	14089
百色市	Baise City		18.72	15.32	2.37	4.12		31456	32771	26727
贺州市	Hezhou City	120.00	9.05	7.19	0.22	3.00	3.4	30827	31661	34163
河池市	Hechi City	194.15	19.07	13.87	1.28	34.18	2.9	29902	30875	21494
来宾市	Laibin City	160.88	12.22	8.44	0.55	10.77	3.5	32402	32132	34146
崇左市	Chongzuo City	147.42	14.45	9.53	0.35	3.50	2.7	27593	28074	28502
海南省	**Hainan**	**459.22**	**85.13**	**53.30**	**3.61**	**47.75**	**1.7**	**36716**	**38219**	**25418**
海口市	Haikou City	118.15	35.52	15.69	1.22	36.23	0.9	41220	45935	30213
三亚市	Sanya City	31.67	7.64	3.72	0.21	3.84	2.0	37002	46842	27629
重庆市	**Chongqing**	**1585.16**	**292.10**	**116.47**	**9.88**	**235.10**	**3.5**	**40042**	**44585**	**28490**
万州区	Wanzhou District		13.99	4.76	0.45	8.33	2.5	33512	40898	26337
涪陵区	Fuling District		12.91	4.73	0.57	13.26	3.5	40073	46589	32787
渝中区	Yuzhong District		29.39	12.94	0.46	12.09	1.6	53149	52929	22019
大渡口区	Dadukou District		6.19	3.47	0.06	3.93	1.9	43550	51749	25801
江北区	Jiangbei District		12.83	4.15	0.31	11.66	1.8	45620	50242	36388

3-4 续表 7 continued

地 区	Region	就业人员 (万人) Employed Population (10 000 persons)	城镇单位就业人员数 (万人) Urban Employed Persons (10 000 persons)	#国有单位 State-owned Units	#城镇集体单位 Collective-owned Units	城 镇私营单位就业人数 (万人) Urban Private Units (10 000 persons)	城镇登记失业率 (%) Urban Registered Unemployed (%)	城镇单位就业人员平均工资 (元) Average Wage of Urban Employed Persons (yuan)	#国有单位 State-owned Units	#城镇集体单位 Collective-owned Units
沙坪坝区	Shapingba District		16.04	5.38	0.52	15.84	2.3	42899	53247	29128
九龙坡区	Jiulongpo District		20.52	5.66	0.73	14.53	2.1	43401	57264	32334
南岸区	Nanan District		12.56	3.50	0.08	10.18	1.5	45053	44417	33618
北碚区	Beibei District		7.85	2.84	0.13	10.18	2.6	41615	48605	39597
綦江区	Qijiang District		8.66	4.32	0.55	5.65		35123	38398	29441
大足区	Dazu District		5.60	1.91	0.23	6.52		36190	42144	33323
渝北区	Yubei District		25.74	6.86	0.11	15.07	1.7	42456	43303	27486
巴南区	Banan District		13.32	3.53	0.15	9.90	1.8	36672	44937	20272
黔江区	Qianjiang District		3.34	1.70	0.03	2.19	3.2	40312	44239	29230
长寿区	Changshou District		9.43	2.65	0.55	7.50	2.5	37763	46698	30080
江津区	Jiangjin District		9.87	3.39	0.46	13.11	2.2	30331	35035	19642
合川区	Hechuan District		8.42	3.01	0.50	10.42	1.0	30384	36118	25457
永川区	Yongchuan District		9.18	3.34	0.29	10.09	2.0	33758	37568	26610
南川区	Nanchuan District		3.26	1.88	0.19	3.46	3.1	35785	39459	24128
四川省	**Sichuan**	**4785.47**	**614.02**	**346.47**	**33.77**	**299.66**	**4.2**	**37924**	**42828**	**28752**
成都市	Chengdu City	784.28	198.92	97.64	8.76	109.07	3.0	41838	51381	31424
自贡市	Zigong City	189.96	17.38	9.01	1.18	14.22	4.1	35279	38890	27456
攀枝花市	Panzhihua City	70.44	19.75	14.38	0.56	6.50	3.6	41788	42471	33619
泸州市	Luzhou City	241.05	26.50	14.23	4.84	13.85	3.2	30731	32813	22690
德阳市	Deyang City	211.66	26.78	14.83	0.81	11.53	3.8	41896	44642	36398
绵阳市	Mianyang City	287.01	38.08	17.53	1.30	9.79	3.8	37865	45988	35465
广元市	Guangyuan City	168.59	14.30	10.05	0.95	7.41	3.9	35653	36451	40678
遂宁市	Suining City	161.02	16.70	7.87	3.06	9.91	4.4	31622	33881	27036
内江市	Neijiang City	173.15	21.23	11.40	1.17	9.77	3.8	32189	36990	28039
乐山市	Leshan City	188.09	28.18	11.61	0.99	9.20	3.9	31745	38543	28748
南充市	Nanchong City	270.16	26.21	19.66	1.90	23.60	4.3	31217	32960	25129
眉山市	Meishan City	193.64	15.88	8.57	0.79	5.06	4.2	34289	36261	38611
宜宾市	Yibin City	315.27	36.29	15.78	0.73	16.39	3.6	35065	36505	22425
广安市	Guangan City	211.12	11.62	10.78	0.50	10.06	3.8	34750	34662	38049
达州市	Dazhou City	308.93	25.78	16.73	2.16	14.35	4.0	31764	34052	25032
雅安市	Yaan City	96.54	9.59	6.35	0.31	4.76	3.9	30997	32177	21705
巴中市	Bazhong City	171.82	17.17	9.82	1.95	5.43	4.3	28753	32011	23770
资阳市	Ziyang City	204.06	16.51	9.63	0.88	6.91	3.9	32422	37600	25900
阿坝藏族羌族自治州	Aba Zang & Qiang A.P	54.35	7.31	6.05	0.20	1.24	3.8	41912	43171	32806
甘孜藏族自治州	Ganzi Zang A.P	66.62	7.27	6.57	0.13	1.75	4.0	43563	43594	29096
凉山彝族自治州	Liangshan Yi A.P	291.59	20.16	15.55	0.59	8.86	4.1	43171	44283	36989
贵州省	**Guizhou**	**1792.80**	**241.05**	**170.54**	**7.66**	**41.07**	**3.6**	**37334**	**38914**	**31601**
贵阳市	Guiyang City	217.92	76.52	44.09	2.43		3.3	37935	42468	22982
六盘水市	Liupanshui City	146.97	22.18	13.89	0.30	5.31	4.2	39448	38748	65612
遵义市	Zunyi City	317.64	32.89	25.29	0.96	2.66	3.3	37684	38355	30730
安顺市	Anshun City	124.95	14.44	9.50	0.71	4.85	3.3	35343	36158	34478
毕节市	Bijie City	465.76	23.90	18.72	0.77	6.07	4.0	33037	33126	33933
铜仁市	Tongren City	257.60	14.80	12.86	0.85	1.09	4.2	34328	34208	27593
黔西南布依族苗族自治州	Southwest Guizhou Buyi & Miao A.P	153.15	13.45	10.13	0.38	5.10	4.5	32606	33833	32338
黔东南苗族侗族自治州	Southeast Guizhou Miao & Dong A.P	187.04	18.55	15.31	0.66	4.90	4.1	33205	33537	44482
黔南布依族苗族自治州	South Guizhou Buyi & Miao A.P	242.55	16.87	13.32	0.61	8.29	3.8	34037	35199	32643

地 区	Region	就业人员 (万人) Employed Population (10 000 persons)	城镇单位 就业人员数 (万人) Urban Employed Persons (10 000 persons)	#国有单位 State-owned Units	#城镇集体单位 Collective-owned Units	城镇私营单位就业人数 (万人) Urban Private Units (10 000 persons)	城镇登记失业率 (%) Urban Registered Unemployed (%)	城镇单位就业人员平均工资 (元) Average Wage of Urban Employed Persons (yuan)	#国有单位 State-owned Units	#城镇集体单位 Collective-owned Units
云南省	**Yunnan**	**2857.20**	**317.20**	**175.80**	**9.70**	**220.80**	**4.1**	**35387**	**40379**	**34019**
昆明市	Kunming City	400.66	110.83	46.54	4.28		2.0	41644	52539	26221
曲靖市	Qujing City	392.61	33.60	18.70	1.30	1.60	3.0	35891	42044	40133
玉溪市	Yuxi City	149.43	19.40	10.22	0.55	6.82	3.1	38180	50314	28423
保山市	Baoshan City	159.70	15.90	7.40	0.30	2.20	3.9	27699	32140	30433
昭通市	Zhaotong City	304.90	21.60	14.70	0.49	10.29	4.4	35604	35320	44324
丽江市	Lijiang City	74.76	9.48	5.36	0.40	1.04	3.4	32541	36394	39797
普洱市	Puer City	165.90	15.80	9.90	0.34	8.50	4.2	26159	29223	50258
临沧市	Lincang City	144.12	11.88	7.91	0.28	3.69	4.1	30202	31647	48333
楚雄彝族自治州	Chuxiong Yi A.P	169.53	16.66	10.90	0.38	8.34	3.3	33543	37865	50856
红河哈尼族彝族自治州	Honghe Hani & Yi A.P	273.48	25.53	17.72	0.83	18.39	3.6	32159	36109	33702
文山壮族苗族自治州	Wenshan Zhuang & Miao A.P	206.56	22.68	9.99		12.69	3.7	34678	30922	38434
西双版纳傣族自治州	Xishuangbanna Dai A.P	62.80	7.78	5.17	0.22	4.06	2.2	28680	29520	31142
大理白族自治州	Dali Bai A.P	231.82	41.41	12.31	0.50	10.06	4.1	34111	41888	37379
德宏傣族景颇族自治州	Dehong Dai & Jingpo A.P	74.39	11.07	6.46	0.25	2.87	4.0	26951	26910	47254
怒江傈僳族自治州	Nujiang Lisu A.P	34.00	1.67	1.18	0.00	0.81	3.0	34414	24576	890
迪庆藏族自治州	Diqing Zang A.P	25.57	4.09	2.59	0.18	1.12	3.9	42433	46668	45441
西藏自治区	**Tibet A.R.**	**185.55**	**23.16**	**21.72**	**0.41**			**49464**	**50770**	**15163**
拉萨市	Lhasa City		9.07	8.17	0.20			57899	59996	14024
昌都地区	Qamdu Prefecture		3.56	3.55				33131	33097	
山南地区	Lhokha Prefecture		2.16	2.05	0.05			49599	50696	14919
日喀则地区	Xigaze Prefecture		3.36	3.23	0.13			46320	47583	14443
那曲地区	Narqu Prefecture		2.01	2.00	0.01			53571	53680	20424
阿里地区	Ngri Prefecture		0.85	0.85				59386	59386	
林芝地区	Nyingchi Prefecture		2.15	1.87	0.02			37988	42614	32182
其他	Others									
陕西省	**Shaanxi**	**2059.02**	**393.70**	**263.52**	**15.24**	**206.72**	**3.6**	**39043**	**41291**	**27336**
西安市	Xi'an City	495.99	154.33	91.62	5.33	70.88	3.9	41083	44274	23241
铜川市	Tongchuan City	42.44	10.16	8.13	0.24	0.29	3.8	33963	34044	25423
宝鸡市	Baoji City	208.90	31.58	19.54	1.45	20.17	3.7	35063	38588	27560
咸阳市	Xianyang City	239.67	39.86	26.16	1.55	8.60	2.8	32763	33752	22795
渭南市	Weinan City	351.21	38.99	27.45	1.33	27.86	3.2	33703	35680	20475
延安市	Yan'an City	115.56	24.05	21.95	1.00	7.25	3.6	42676	42562	38557
汉中市	Hanzhong City	200.03	25.66	15.82	1.33	2.31	3.3	35119	37943	33839
榆林市	Yulin City	194.41	26.88	21.79	1.14	19.40	3.7	45053	44480	42767
安康市	Ankang City	152.06	13.91	9.78	0.84	1.91	3.2	37802	42034	33516
商洛市	Shangluo City	109.24	13.88	9.88	0.98	8.44	3.6	30287	32498	24733
杨凌示范区	Yangling Demonstration Zone	11.06	3.42	1.52	0.04	1.00	2.3	37626	45000	21676
甘肃省	**Gansu**	**1500.26**	**199.29**	**150.05**	**7.46**	**90.98**	**3.1**	**32906**	**33232**	**28129**
兰州市	Lanzhou City	179.72	56.76	38.86	1.92	36.36	2.9	38965	41816	31636
嘉峪关市	Jiayuguan City	12.37	5.73	5.18	0.25		2.7	53750	54334	51537
金昌市	Jinchang City	28.25	8.07	6.69	0.42	3.05	3.6	46730	48576	48836
白银市	Baiyin City	91.99	15.41	7.84	0.92	5.49	3.0	39818	34898	26985
天水市	Tianshui City	198.13	19.50	13.16	0.74	7.50	3.5	28322	31544	19722

地 区	Region	就业人员 (万人) Employed Population (10 000 persons)	城镇单位就业人员数 (万人) Urban Employed Persons (10 000 persons)	#国有单位 State-owned Units	#城镇集体单位 Collective-owned Units	城镇私营单位就业人数 (万人) Urban Private Units (10 000 persons)	城镇登记失业率 (%) Urban Registered Unemployed (%)	城镇单位就业人员平均工资 (元) Average Wage of Urban Employed Persons (yuan)	#国有单位 State-owned Units	#城镇集体单位 Collective-owned Units
武威市	Wuwei City	108.91	10.46	8.30	0.65	3.78	3.2	27345	29337	22732
张掖市	Zhangye City	72.80	11.01	8.47	0.22	5.53	2.9	26690	28698	24231
平凉市	Pingliang City	127.01	16.28	12.37	0.69	3.24	3.7	37868	39915	22038
酒泉市	Jiuquan City	58.12	10.26	6.11	0.21	5.43	3.3	37100	35276	33335
庆阳市	Qingyang City	139.96	9.65	9.08	0.17	4.27	3.6	34645	34819	37373
定西市	Dingxi City	157.80	10.93	9.66	0.15	4.89	3.6	32717	34030	32077
陇南市	Longnan City	152.68	11.38	9.98	0.59	4.29	3.6	29292	30675	20430
临夏回族自治州	Linxia Hui A.P	105.41	9.70	8.60	0.45	4.49	3.6	32936	34105	22523
甘南藏族自治州	Gannan Zang A.P	41.05	6.16	5.75	0.07	1.10	3.1	36976	37815	30446
青海省	**Qinghai**	**309.18**	**60.59**	**41.57**	**1.86**	**35.62**	**3.8**	**42493**	**48618**	**23501**
西宁市	Xining City		33.87	20.25	1.37			38768	46186	20274
海东地区	Haidong Prefecture		7.18	5.32	0.24			45103	51244	29432
海北藏族自治州	Haibei Zang A.P		3.04	2.30	0.04			40925	43055	32516
黄南藏族自治州	Huangnan Zang AP		1.93	1.63	0.07			45152	46861	36943
海南藏族自治州	Hainan Zang A.P		2.94	2.31	0.04			39575	44810	39726
果洛藏族自治州	Golog Zang A.P		1.34	1.21	0.01			47017	46686	33139
玉树藏族自治州	Yushu Zang A.P		1.75	1.68	0.01			48075	48797	37061
海西蒙古族藏族自治州	Haixi Mongolian & Zang A.P		8.54	6.87	0.08			53753	57214	33165
宁夏回族自治区	**Ningxia**	**339.60**	**60.85**	**37.85**	**0.80**	**70.16**	**4.2**	**44574**	**43325**	**38635**
银川市	Yinchuan City	100.71	31.30	16.50	0.24	36.38	3.6	49098	46660	50040
石嘴山市	Shizuishan City	37.85	9.09	4.80	0.11	14.16	3.6	39318	39863	33447
吴忠市	Wuzhong City	68.60	8.16	5.77	0.22	8.94	4.2	38163	38340	28925
固原市	Guyuan City	71.20	5.65	5.32	0.12	7.03	4.4	41653	42531	51222
中卫市	Zhongwei City	59.70	5.11	3.92	0.12	3.66	3.9	36255	37225	43207
新疆维吾尔自治区	**Xinjiang**	**953.34**	**279.38**	**192.32**	**3.39**	**65.00**	**3.2**	**38820**	**36752**	**40102**
乌鲁木齐市	Urumqi City	116.07	62.70	25.92	0.87	21.29	3.9	47747	51310	40650
克拉玛依市	Karamay City	23.80	17.51	5.37	0.45	2.90	0.7	58657	57385	29784
吐鲁番地区	Turpan Prefecture	39.21	7.63	3.73	0.06	1.28	3.3	45239	37942	29806
哈密地区	Hami Prefecture	23.91	8.86	6.04	0.08	2.15	2.9	38202	34388	30445
昌吉回族自治州	Changji Hui A.P	79.06	20.55	13.60	0.26	7.93	3.2	36417	36579	49584
博尔塔拉蒙古自治州	Bortala Mongolian A.P	23.19	9.52	8.72	0.07	3.06	4.0	28391	27942	35133
巴音郭楞蒙古自治州	Bayingolin Mongolian A.P	60.17	20.05	13.57	0.24	5.89	2.8	37851	32783	45080
阿克苏地区	Aksu Prefecture	115.63	19.32	14.18	0.26	3.77	2.7	34998	33404	40127
克孜勒苏柯尔克孜自治州	Kizilsu Kirgiz A.P	22.24	4.38	4.13	0.04	0.68	2.9	33131	33444	22413
喀什地区	Kashi Prefecture	148.11	20.48	16.25	0.48	4.43	5.5	36088	35687	28212
和田地区	Hotan Prefecture	80.87	9.71	8.47	0.07	0.79	2.8	37664	38896	44454
伊犁哈萨克自治州	Ili Kazak A.P	113.60	27.34	20.95	0.23	2.99	3.8	30802	29795	40906
塔城地区	Tacheng Prefecture	60.19	21.65	19.50	0.17	1.41	0.7	27825	27219	43513
阿勒泰地区	Altay Prefecture	30.88	11.31	9.71	0.08	1.57	2.8	27662	25864	86620
石河子市	Shihezi City	16.41	10.02	5.27	0.02		2.0	38909	39248	93811
阿拉尔市	Alar City		4.20	3.81				35193	35209	
图木舒克市	Tumxuk City		1.67	1.43				30684	29900	
五家渠市	Wujiaqu City		2.49	1.68				33570	33343	
生产建设兵团	Corps					4.86				

3-5 固定资产投资和房屋销售(2011年)

Total Investment in Fixed Assets in the Whole Country and Sales of Houses (2011)

地区	Region	全社会固定资产投资(亿元) Total Investment in Fixed Assets (100 million yuan)	固定资产投资(不含农户)(亿元) Investment in Fixed Assets (Excluding Rural Households) (100 million yuan)	#房地产开发 Real Estate Development	商品房销售额(亿元) Total Sales of Commercialized Buildings (100 million yuan)	#住宅 Residential Buildings	商品房销售面积(万平方米) Floor Space Sold of Commercialized Buildings (10 000 sq.m)	#住宅 Residential Buildings
北京市	**Beijing**	**5910.60**	**5851.51**	**3036.33**	**2425.80**	**1606.04**	**1440.0**	**1035.0**
东城区	Dongcheng District	175.24	175.24	62.97	115.65	56.51	28.8	13.0
西城区	Xicheng District	187.28	187.28	101.19	122.53	51.91	42.4	16.3
朝阳区	Chaoyang District	1177.03	1175.74	695.79	813.71	504.87	389.3	252.3
丰台区	Fengtai District	552.97	552.65	269.80	154.59	75.64	90.9	50.2
石景山区	Shijingshan District	130.94	130.94	78.23	47.97	24.58	31.6	19.9
海淀区	Haidian District	625.29	624.69	281.14	248.64	142.20	119.6	68.3
门头沟区	Mentougou District	142.33	139.97	49.01	5.23	3.95	6.1	4.8
房山区	Fangshan District	454.50	451.38	224.83	127.37	123.22	104.2	99.4
通州区	Tongzhou District	415.82	402.87	268.07	139.00	103.81	117.4	94.9
顺义区	Shunyi District	435.99	428.48	230.65	122.09	96.89	88.4	67.0
昌平区	Changping District	412.57	407.84	279.39	179.22	129.83	102.9	71.3
大兴区	Daxing District	465.51	456.72	311.98	245.02	221.17	209.8	195.4
怀柔区	Huairou District	119.94	115.85	21.91	24.99	24.26	23.8	23.1
平谷区	Pinggu District	100.56	94.27	40.29	5.76	5.51	14.0	13.7
密云县	Miyun County	132.08	128.82	38.16	34.55	33.41	36.4	34.7
延庆县	Yanqing County	62.32	58.53	12.21	8.35	7.75	11.1	10.4
北京经济技术开发区	Beijing Economic-technological Development Zones	320.20	320.20	70.71	31.14	0.52	23.3	0.3
其他	Others							
天津市	**Tianjin**	**7510.67**	**7057.20**	**1080.04**	**1473.11**	**1242.27**	**1643.1**	**1454.8**
和平区	Heping District	127.08	127.08	66.54	90.85	64.23	37.5	27.2
河东区	Hedong District	95.32	95.32	73.03	53.39	43.26	41.0	32.6
河西区	Hexi District	84.33	84.33	28.15	60.75	43.39	34.7	24.9
南开区	Nankai District	95.35	95.35	49.40	107.72	60.47	67.7	33.4
河北区	Hebei District	95.45	95.45	26.49	72.12	58.17	61.2	52.5
红桥区	Hongqiao District	90.19	90.19	29.21	19.19	18.91	12.5	12.3
东丽区	Dongli District	396.32	396.32	72.06	149.79	136.19	199.0	186.2
西青区	Xiqing District	436.09	296.96	50.69	157.24	154.66	136.4	131.7
津南区	Jinnan District	382.77	379.81	82.93	124.79	119.41	182.0	174.8
北辰区	Beichen District	404.91	367.52	55.82	84.40	81.10	135.5	131.6
武清区	Wuqing District	389.16	208.93	40.31	74.12	66.11	124.1	118.0
宝坻区	Baodi District	301.40	178.41	26.00	60.74	57.56	99.5	97.2
滨海新区	Binhai New Area	3325.56	3325.56	402.07	309.46	243.57	362.8	297.5
宁河县	Ninghe County	276.51	62.04	4.41	13.41	11.19	21.8	18.8
静海县	Jinghai County	292.72	233.82	43.29	55.28	46.84	72.0	63.4
蓟县	Ji County	330.75	201.86	29.66	39.88	37.21	55.6	52.7
其他	Others	386.76	818.25					
河北省	**Hebei**	**16389.33**	**15780.26**	**3054.59**	**2345.23**	**1993.81**	**5888.3**	**5293.2**
石家庄市	Shijiazhuang City	3106.64	3026.98	789.14	437.19	340.86	922.2	783.2
唐山市	Tangshan City	2545.06	2491.91	506.27	355.98	291.61	686.8	595.6
秦皇岛市	Qinhuangdao City	614.67	598.03	164.43	165.32	151.12	335.3	310.2
邯郸市	Handan City	1985.40	1888.81	240.29	132.11	119.60	380.7	356.9
邢台市	Xingtai City	1048.60	978.60	84.91	83.23	69.58	292.8	265.1
保定市	Baoding City	1656.78	1558.11	353.83	143.28	132.71	477.7	445.1
张家口市	Zhangjiakou City	987.39	967.09	208.56	228.10	200.24	766.6	705.0
承德市	Chengde City	829.58	797.36	143.40	122.61	95.49	329.6	283.2
沧州市	Cangzhou City	1597.75	1530.39	152.79	181.78	158.14	532.6	484.4
廊坊市	Langfang City	1088.70	1056.32	294.18	389.52	342.16	728.8	674.8
衡水市	Hengshui City	562.07	519.99	116.77	106.11	92.30	435.2	389.8

3-5 续表 1 continued

地　区	Region	全社会固定资产投资(亿元) Total Investment in Fixed Assets (100 million yuan)	固定资产投资(不含农户)(亿元) Investment in Fixed Assets (Excluding Rural Households) (100 million yuan)	#房地产开发 Real Estate Development	商品房销售额(亿元) Total Sales of Commercialized Buildings (100 million yuan)	#住宅 Residential Buildings	商品房销售面积(万平方米) Floor Space Sold of Commercialized Buildings (10 000 sq.m)	#住宅 Residential Buildings
山西省	**Shanxi**	**7373.06**	**7137.69**	**790.20**	**441.03**	**378.36**	**1284.8**	**1170.9**
太原市	Taiyuan City		1024.14	312.08	149.96	125.06	217.7	191.9
大同市	Datong City		664.91	134.18	29.35	27.57	90.2	86.0
阳泉市	Yangquan City		341.87	58.88	28.05	24.61	106.4	99.9
长治市	Changzhi City		686.90	53.76	42.31	38.79	144.3	135.8
晋城市	Jincheng City		504.12	37.50	36.55	33.47	104.6	98.6
朔州市	Shuozhou City		474.80	24.44	16.34	13.71	79.1	69.5
晋中市	Jinzhong City		580.21	32.22	25.26	22.41	82.9	77.1
运城市	Yuncheng City		664.21	52.68	42.20	32.87	188.4	163.6
忻州市	Xinzhou City		516.04	24.10	23.36	20.83	100.3	93.3
临汾市	Linfen City		644.96	37.39	32.04	27.26	110.8	100.7
吕梁市	Luliang City		543.75	22.97	15.60	11.79	60.1	54.5
其他	Others							
内蒙古自治区	**Inner Mongolia**	**10899.79**	**10594.98**	**1623.78**	**1384.37**	**1016.16**	**3683.2**	**3051.2**
呼和浩特市	Hohhot City	1031.68	1027.08	344.49	240.20	199.78	576.4	511.1
包头市	Baotou City	2160.60	2153.32	234.17	323.08	236.66	730.7	592.0
乌海市	Wuhai City	286.90	286.90	49.83	45.08	36.46	113.5	103.4
赤峰市	Chifeng City	1115.06	1047.13	128.08	162.19	124.67	477.0	404.8
通辽市	Tongliao City	1054.23	852.20	100.64	62.79	45.91	278.3	227.7
鄂尔多斯市	Erdos City	2243.42	2232.91	426.03	213.17	150.64	438.9	349.4
呼伦贝尔市	Hulunbuir City	804.92	774.30	110.80	151.58	83.08	394.4	294.7
巴彦淖尔市	Bayannur City	633.60	544.20	69.50	44.71	36.41	167.4	151.7
乌兰察布市	Ulanqab City	462.02	453.56	60.06	40.25	38.14	174.0	165.4
兴安盟	Xingan League	331.91	327.34	45.55	21.74	13.06	70.9	53.0
锡林郭勒盟	Xilingol League	510.25	510.25	67.50	36.20	22.27	137.5	103.6
阿拉善盟	Alxa League	196.20	195.37	19.54	17.70	10.27	64.4	46.6
辽宁省	**Liaoning**	**17726.29**	**17431.46**	**4487.56**	**3569.12**	**3009.23**	**7541.5**	**6624.1**
沈阳市	Shenyang City	4577.09	4560.59	1684.72	1274.02	1093.28	2165.2	1947.8
大连市	Dalian City	4580.06	4553.56	1107.46	732.66	660.82	909.9	833.4
鞍山市	Anshan City	1380.01	1328.42	332.62	252.56	187.40	606.2	517.1
抚顺市	Fushun City	795.31	771.52	112.74	126.12	114.75	307.8	287.8
本溪市	Benxi City	586.42	580.82	83.12	145.04	82.90	399.8	242.0
丹东市	Dandong City	708.25	690.25	157.29	146.73	130.23	434.4	402.0
锦州市	Jinzhou City	667.96	649.31	114.50	134.27	112.85	416.7	365.0
营口市	Yingkou City	910.79	875.79	266.06	233.11	195.07	613.1	545.6
阜新市	Fuxin City	401.09	390.88	47.07	51.05	40.37	165.2	146.4
辽阳市	Liaoyang City	506.57	481.00	109.53	73.49	58.62	200.6	174.6
盘锦市	Panjin City	794.37	780.37	109.64	127.68	111.51	346.1	315.8
铁岭市	Tieling City	764.22	746.55	193.73	128.72	104.38	447.0	382.7
朝阳市	Chaoyang City	595.88	578.12	88.50	92.72	73.25	376.3	322.9
葫芦岛市	Huludao City	458.26	444.28	80.56	50.94	43.80	153.2	140.8

地区	Region	全社会固定资产投资(亿元) Total Investment in Fixed Assets (100 million yuan)	固定资产投资(不含农户)(亿元) Investment in Fixed Assets (Excluding Rural Households) (100 million yuan)	#房地产开发 Real Estate Development	商品房销售额(亿元) Total Sales of Commercialized Buildings (100 million yuan)	#住宅 Residential Buildings	商品房销售面积(万平方米) Floor Space Sold of Commercialized Buildings (10 000 sq.m)	#住宅 Residential Buildings
吉林省	**Jilin**	**7441.71**	**7226.65**	**1195.39**	**1061.56**	**883.16**	**2432.6**	**2122.4**
长春市	Changchun City	2433.44	2359.79	666.42	539.02	469.18	879.1	785.9
吉林市	Jilin City	1498.70	1493.42	206.20	209.30	184.56	524.3	476.8
四平市	Siping City	450.62	431.54	63.92	54.37	42.75	210.6	188.6
辽源市	Liaoyuan City	392.20	374.17	25.79	11.66	9.58	39.7	35.9
通化市	Tonghua City	581.68	556.04	82.27	56.78	38.68	189.2	154.4
白山市	Baishan City	422.92	407.11	20.04	40.22	22.25	133.9	90.5
松原市	Songyuan City	796.89	769.15	73.70	58.28	43.51	136.4	113.5
白城市	Baicheng City	357.95	345.54	9.31	5.48	4.48	23.4	19.9
延边朝鲜族自治州	Yanbian Korean A.P	507.31	489.89	47.74	86.44	68.16	296.0	256.9
黑龙江省	**Heilongjiang**	**7475.40**	**7157.72**	**1650.54**	**1357.34**	**1081.99**	**3397.8**	**2919.1**
哈尔滨市	Harbin City		2674.97	785.68	530.64	472.84	956.4	885.4
齐齐哈尔市	Qiqihar City		511.69	106.74	92.23	64.04	281.3	220.2
鸡西市	Jixi City		200.10	38.14	29.29	22.74	85.4	71.9
鹤岗市	Hegang City		139.39	20.92	15.68	14.39	49.2	46.2
双鸭山市	Shuangyashan City		322.89	43.49	24.98	15.65	73.8	58.1
大庆市	Daqing City		1056.65	250.50	199.10	166.57	438.7	401.3
伊春市	Yichun City		161.07	42.04	14.42	13.29	73.6	69.7
佳木斯市	Jiamusi City		293.94	71.26	96.88	67.09	310.3	250.7
七台河市	Qitaihe City		120.95	15.55	14.24	12.95	42.4	38.9
牡丹江市	Mudanjiang City		550.09	81.49	80.42	59.93	233.2	197.7
黑河市	Heihe City		158.24	39.92	35.56	22.88	117.0	93.5
绥化市	Suihua City		417.56	129.19	212.36	140.73	699.3	554.7
大兴安岭地区	Daxing'anling Prefecture		16.36	10.06	1.80	1.23	6.1	4.1
农垦总局	Agriculture Reclamation Bureau		533.83					
其他	Others		1745.84	15.56				
上海市	**Shanghai**	**5067.09**	**5064.26**	**2170.31**	**2568.88**	**1981.91**	**1771.3**	**1473.7**
黄浦区	Huangpu District	141.52	141.52	70.18	60.67	33.57	19.0	8.8
卢湾区	Luwan District							
徐汇区	Xuhui District	139.66	139.66	109.42	133.32	69.42	60.3	43.2
长宁区	Changning District	61.71	61.71	44.03	119.73	57.62	54.3	31.1
静安区	Jingan District	39.60	39.60	30.66	14.26	9.66	4.0	1.4
普陀区	Putuo District	125.73	125.73	106.89	123.66	88.59	68.8	46.1
闸北区	Zhabei District	68.09	68.09	59.02	99.75	64.85	43.6	26.0
虹口区	Hongkou District	58.24	58.24	38.97	57.96	27.70	19.4	7.3
杨浦区	Yangpu District	118.75	118.75	74.86	103.64	79.99	52.7	41.2
闵行区	Minhang District	309.06	309.06	168.46	165.57	161.82	134.6	130.2
宝山区	Baoshan District	393.12	393.12	196.60	371.05	309.89	274.0	234.9
嘉定区	Jiading District	411.07	411.07	239.33	296.59	243.10	263.2	228.6
浦东新区	Pudong New District	1427.04	1427.04	589.45	551.35	418.10	396.7	337.2
金山区	Jinshan District	181.08	181.08	23.29	24.26	18.14	34.8	28.4
松江区	Songjiang District	258.40	258.40	146.58	203.24	181.73	165.8	152.0
青浦区	Qingpu District	226.37	226.37	120.00	101.83	95.44	67.0	62.0
奉贤区	Fengxian District	268.53	268.53	94.49	95.25	78.55	72.2	57.9
崇明县	Chongming County	136.54	136.54	58.09	46.74	43.76	41.0	37.3
其他	Others	702.58	699.76					

3-5 续表 3 continued

地 区	Region	全社会固定资产投资(亿元) Total Investment in Fixed Assets (100 million yuan)	固定资产投资(不含农户)(亿元) Investment in Fixed Assets (Excluding Rural Households) (100 million yuan)	#房地产开发 Real Estate Development	商品房销售额(亿元) Total Sales of Commercialized Buildings (100 million yuan)	#住宅 Residential Buildings	商品房销售面积(万平方米) Floor Space Sold of Commercialized Buildings (10 000 sq.m)	#住宅 Residential Buildings
江苏省	**Jiangsu**	**26693.82**	**26314.66**	**5567.94**	**5186.00**	**4125.70**	**7970.5**	**6767.3**
南京市	Nanjing City		3757.25	871.43	714.72	572.95	767.7	680.9
无锡市	Wuxi City		3169.18	877.78	569.97	430.61	653.9	528.9
徐州市	Xuzhou City		2201.03	255.12	286.01	246.18	639.4	575.1
常州市	Changzhou City		2223.26	567.53	485.23	368.66	661.1	537.9
苏州市	Suzhou City		4279.98	1199.13	1091.34	887.94	1210.9	983.5
南通市	Nantong City		2378.36	379.96	381.14	316.60	677.5	596.0
连云港市	Lianyungang City		1043.19	164.65	188.70	137.76	435.7	355.0
淮安市	Huaian City		1020.60	286.49	254.25	201.41	552.5	483.2
盐城市	Yancheng City		1586.98	214.37	249.47	197.89	562.8	482.8
扬州市	Yangzhou City		1475.43	197.71	332.93	292.43	552.4	484.1
镇江市	Zhenjiang City		1226.94	141.47	205.31	162.48	331.3	281.6
泰州市	Taizhou City		1197.65	228.25	295.06	218.42	468.2	387.6
宿迁市	Suqian City		788.97	189.93	173.76	127.98	457.0	390.6
浙江省	**Zhejiang**		**14077.25**	**4474.35**	**3474.17**	**2702.36**	**3531.4**	**2757.2**
杭州市	Hangzhou City		3100.02	1302.72	974.90	761.67	734.0	597.7
宁波市	Ningbo City		2385.51	754.94	580.85	386.70	526.5	342.7
温州市	Wenzhou City		1540.31	680.55	228.36	190.88	135.3	113.2
嘉兴市	Jiaxing City		1488.27	383.37	275.89	196.89	398.7	290.5
湖州市	Huzhou City		804.67	184.68	223.87	170.55	331.1	263.3
绍兴市	Shaoxing City		1426.26	403.24	385.62	313.90	456.7	364.1
金华市	Jinhua City		862.83	203.59	247.26	201.63	304.2	251.7
衢州市	Quzhou City		504.63	70.66	55.07	42.31	79.4	59.1
舟山市	Zhoushan City		476.09	116.79	141.09	122.63	136.1	113.9
台州市	Taizhou City		1007.81	319.16	285.23	254.27	327.0	278.6
丽水市	Lishui City		358.47	54.64	76.05	60.92	102.2	82.5
安徽省	**Anhui**		**12147.78**	**2611.54**	**2199.67**	**1745.00**	**4605.6**	**3992.0**
合肥市	Hefei City		3227.80	889.60	788.17	593.50	1246.0	1058.4
芜湖市	Wuhu City		1338.81	291.83	206.56	170.74	381.3	341.5
蚌埠市	Bengbu City		654.14	105.79	93.25	73.27	201.4	167.2
淮南市	Huainan City		498.44	104.05	76.85	67.73	187.2	175.8
马鞍山市	Maanshan City		951.95	135.17	94.48	81.65	245.6	222.6
淮北市	Huaibei City		452.33	66.62	53.71	47.23	136.6	126.6
铜陵市	Tongling City		412.72	98.75	49.78	40.63	101.7	90.1
安庆市	Anqing City		829.37	98.65	105.32	86.72	311.4	268.2
黄山市	Huangshan City		369.33	127.06	56.61	43.75	136.5	113.6
滁州市	Chuzhou City		696.38	171.93	117.80	98.27	295.8	259.6
阜阳市	Fuyang City		405.37	78.80	71.32	60.83	162.3	152.0
宿州市	Suzhou City		481.90	70.61	94.68	78.58	250.3	229.6
六安市	Liuan City		568.12	96.38	116.23	99.43	278.6	245.3
亳州市	Bozhou City		333.13	81.24	73.24	64.05	191.0	175.9
池州市	Chizhou City		292.60	77.88	92.52	51.09	211.5	130.7
宣城市	Xuancheng City		635.40	117.17	109.13	87.54	268.5	234.9
其他	Others							

地 区	Region	全社会固定资产投资(亿元) Total Investment in Fixed Assets (100 million yuan)	固定资产投资(不含农户)(亿元) Investment in Fixed Assets (Excluding Rural Households) (100 million yuan)	#房地产开发 Real Estate Development	商品房销售额(亿元) Total Sales of Commercialized Buildings (100 million yuan)	#住宅 Residential Buildings	商品房销售面积(万平方米) Floor Space Sold of Commercialized Buildings (10 000 sq.m)	#住宅 Residential Buildings
福建省	**Fujian**	**10119.47**	**9885.67**	**2402.61**	**2101.58**	**1649.34**	**2706.7**	**2213.3**
福州市	Fuzhou City	2720.28	2692.07	956.45	632.11	508.23	621.0	532.0
厦门市	Xiamen City	1126.28	1117.26	436.31	470.14	365.27	445.4	272.1
莆田市	Putian City	725.19	699.33	152.83	112.69	97.52	189.4	174.4
三明市	Sanming City	923.03	900.20	105.73	108.28	84.10	209.2	175.9
泉州市	Quanzhou City	1575.02	1527.11	273.24	341.35	266.58	482.7	404.3
漳州市	Zhangzhou City	1115.71	1075.65	223.48	184.69	147.32	338.6	299.5
南平市	Nanping City	690.08	669.24	68.31	73.09	63.05	150.6	137.9
龙岩市	Longyan City	778.65	754.98	87.83	64.09	42.89	122.5	93.4
宁德市	Ningde City	465.20	446.03	98.43	115.15	74.38	147.1	123.8
江西省	**Jiangxi**	**9087.60**	**8753.93**	**867.03**	**1002.44**	**824.32**	**2416.9**	**2156.8**
南昌市	Nanchang City		2002.33	279.89	296.45	232.07	499.1	436.0
景德镇市	Jingdezhen City		381.93	36.45	49.53	35.39	118.8	108.9
萍乡市	Pingxiang City		577.29	16.77	14.86	12.36	44.3	41.4
九江市	Jiujiang City		1011.69	60.80	124.11	107.82	338.0	304.7
新余市	Xinyu City		627.00	27.11	40.75	37.95	128.5	122.8
鹰潭市	Yingtan City		276.86	21.51	23.14	20.79	65.5	61.8
赣州市	Ganzhou City		819.61	130.64	139.41	106.33	319.7	263.4
吉安市	Jian City		740.67	34.85	37.72	33.03	107.2	97.1
宜春市	Yichun City		781.97	73.59	92.58	81.09	276.9	252.7
抚州市	Fuzhou City		554.14	84.11	104.57	93.63	289.4	268.2
上饶市	Shangrao City		829.11	101.30	79.32	63.85	229.4	199.8
山东省	**Shandong**	**26769.73**	**25928.45**	**4108.08**	**4259.15**	**3757.63**	**9576.0**	**8741.2**
济南市	Jinan City		1934.34	527.16	398.59	358.37	594.1	536.8
青岛市	Qingdao City		3502.54	782.72	771.04	658.00	1028.0	917.5
淄博市	Zibo City		1499.22	197.19	308.30	281.79	707.1	654.1
枣庄市	Zaozhuang City		823.77	136.85	93.34	77.54	242.7	218.3
东营市	Dongying City		1574.42	122.91	173.90	152.87	404.6	374.1
烟台市	Yantai City		2883.80	568.97	643.51	571.78	1292.4	1182.9
潍坊市	Weifang City		2603.17	405.87	445.64	369.99	1239.8	1072.7
济宁市	Jining City		1391.66	182.24	133.32	115.03	350.6	319.8
泰安市	Taian City		1473.70	86.15	130.38	109.69	301.4	268.9
威海市	Weihai City		1341.60	352.26	305.81	286.12	753.9	720.5
日照市	Rizhao City		880.69	62.91	62.45	55.22	146.9	133.2
莱芜市	Laiwu City		350.10	28.83	10.27	9.77	35.2	33.2
临沂市	Linyi City		1608.62	190.70	209.96	190.37	642.2	603.4
德州市	Dezhou City		1153.66	117.64	147.32	133.70	450.1	418.6
聊城市	Liaocheng City		1041.11	90.89	93.81	86.93	272.0	251.1
滨州市	Binzhou City		1010.69	106.28	95.09	85.87	331.8	310.0
菏泽市	Heze City		552.29	148.53	236.43	214.59	783.2	726.0
河南省	**Henan**	**17770.51**	**16935.88**	**2626.54**	**2196.81**	**1788.04**	**6275.2**	**5725.1**
郑州市	Zhengzhou City	3005.19	2902.71	926.31	890.44	612.99	1563.2	1306.4
开封市	Kaifeng City	619.81	585.60	88.96	59.05	54.39	191.4	182.1
洛阳市	Luoyang City	1909.33	1862.66	239.19	198.63	175.58	552.6	512.1
平顶山市	Pingdingshan City	843.07	815.36	75.50	39.17	35.89	136.0	128.8
安阳市	Anyang City	925.35	888.19	121.52	115.61	106.73	418.1	401.0
鹤壁市	Hebi City	350.09	339.51	36.65	28.98	26.97	103.7	99.8
新乡市	Xinxiang City	1175.05	1129.92	156.10	119.07	108.79	447.2	425.1

3-5 续表 5 continued

地　区	Region	全社会固定资产投资(亿元) Total Investment in Fixed Assets (100 million yuan)	固定资产投　资(不含农户)(亿元) Investment in Fixed Assets (Excluding Rural Households) (100 million yuan)	#房地产开　发 Real Estate Development	商品房销售额(亿元) Total Sales of Commercialized Buildings (100 million yuan)	#住　宅 Residential Buildings	商品房销售面积(万平方米) Floor Space Sold of Commercialized Buildings (10 000 sq.m)	#住　宅 Residential Buildings
焦作市	Jiaozuo City	948.91	916.84	74.13	48.23	46.49	171.4	167.5
濮阳市	Puyang City	612.13	590.90	50.23	52.09	49.77	191.5	185.5
许昌市	Xuchang City	938.39	896.71	94.07	62.24	53.96	209.3	192.1
漯河市	Luohe City	448.13	425.77	33.23	35.94	34.15	157.8	152.8
三门峡市	Sanmenxia City	760.39	749.07	53.86	23.77	21.11	94.3	86.4
南阳市	Nanyang City	1476.39	1385.46	93.72	93.65	88.23	356.1	342.6
商丘市	Shangqiu City	885.84	826.37	103.19	92.13	75.51	318.0	276.4
信阳市	Xinyang City	1052.01	979.53	164.50	129.52	110.75	480.0	431.1
周口市	Zhoukou City	852.87	750.25	149.97	64.22	61.93	273.3	268.1
驻马店市	Zhumadian City	735.45	662.61	144.74	123.48	106.28	535.5	497.1
济源市	Jiyuan City	233.58	228.43	20.69	20.60	18.54	75.8	70.2
湖北省	**Hubei**	**12935.02**	**12569.51**	**2066.48**	**1878.73**	**1569.32**	**4187.6**	**3788.7**
武汉市	Wuhan City	4263.24	4240.46	1274.17	955.86	791.38	1323.5	1169.3
黄石市	Huangshi City	597.45	588.38	42.51	51.30	42.86	153.0	145.4
十堰市	Shiyan City	522.37	486.06	52.90	55.90	50.20	172.4	157.9
宜昌市	Yichang City	1189.92	1157.04	136.55	163.87	123.58	371.2	323.8
襄阳市	Xiangyang City	1134.74	1097.61	145.31	193.70	162.20	577.9	511.7
鄂州市	Ezhou City	336.85	328.86	18.82	20.45	18.75	67.2	63.8
荆门市	Jingmen City	590.63	560.81	55.65	58.57	48.08	192.3	172.2
孝感市	Xiaogan City	729.24	692.71	57.15	80.03	77.08	288.2	281.9
荆州市	Jingzhou City	771.42	731.25	61.10	63.40	57.30	201.0	186.0
黄冈市	Huanggang City	823.71	787.66	62.25	62.30	54.10	258.0	236.5
咸宁市	Xianning City	563.08	549.64	65.51	61.43	49.64	229.3	210.4
随州市	Suizhou City	384.48	362.99	24.68	31.37	28.25	112.5	104.4
恩施土家族苗族自治州	Enshi Tujia & Miao A.P	314.27	289.96	35.51	35.09	26.40	109.7	95.9
仙桃市	Xiantao City	178.11	173.06	16.22	25.47	23.56	81.5	77.1
潜江市	Qianjiang City	175.54	172.44	5.75	5.63	3.88	24.1	23.6
天门市	Tianmen City	156.07	147.09	12.26	9.51	8.62	30.7	29.1
神农架林区	Shennongjia Forest District	15.77	15.37					
湖南省	**Hunan**		**11431.48**	**1896.66**	**1852.22**	**1566.93**	**4877.7**	**4444.2**
长沙市	Changsha City		3433.33	886.92	882.07	759.87	1500.2	1385.6
株洲市	Zhuzhou City		849.05	184.80	225.60	186.75	601.8	546.9
湘潭市	Xiangtan City		650.18	72.13	64.02	59.46	191.2	183.9
衡阳市	Hengyang City		780.45	80.74	95.15	80.23	325.5	300.3
邵阳市	Shaoyang City		562.10	61.10	32.57	28.82	137.7	125.6
岳阳市	Yueyang City		861.80	100.40	95.29	78.11	326.8	300.9
常德市	Changde City		689.91	85.76	103.00	81.14	338.3	295.5
张家界市	Zhangjiajie City		145.10	29.44	31.76	25.77	110.9	97.9
益阳市	Yiyang City		460.23	80.59	61.83	50.02	229.9	204.9
郴州市	Chenzhou City		811.56	94.22	82.16	73.70	303.9	280.7
永州市	Yongzhou City		593.27	86.19	68.21	56.82	325.7	297.4
怀化市	Huaihua City		437.97	57.04	47.66	35.52	208.5	178.8
娄底市	Loudi City		425.25	52.33	50.38	39.41	226.7	196.8
湘西土家族苗族自治州	West Hunan Tujia & Miao A.P		158.08	25.00	12.51	11.32	50.8	49.2

3-5 续表 6 continued

地　区	Region	全社会固定资产投资(亿元) Total Investment in Fixed Assets (100 million yuan)	固定资产投资(不含农户)(亿元) Investment in Fixed Assets (Excluding Rural Households) (100 million yuan)	#房地产开发 Real Estate Development	商品房销售额(亿元) Total Sales of Commercialized Buildings (100 million yuan)	#住宅 Residential Buildings	商品房销售面积(万平方米) Floor Space Sold of Commercialized Buildings (10 000 sq.m)	#住宅 Residential Buildings
广东省	**Guangdong**		**16843.83**	**4809.91**	**5852.54**	**5070.76**	**7427.9**	**6706.6**
广州市	Guangzhou City		3412.20	1305.36	1445.25	1083.48	1194.1	991.7
韶关市	Shaoguan City		472.20	81.27	83.11	72.47	223.8	209.2
深圳市	Shenzhen City		2060.92	514.74	1060.86	987.55	496.9	469.4
珠海市	Zhuhai City		637.39	255.61	257.53	229.95	224.0	193.2
汕头市	Shantou City		438.15	73.47	82.41	66.48	159.1	138.8
佛山市	Foshan City		1933.96	596.92	702.37	614.37	873.7	748.6
江门市	Jiangmen City		741.79	146.93	171.75	159.89	321.6	300.5
湛江市	Zhanjiang City		490.76	103.62	98.03	82.74	194.3	173.6
茂名市	Maoming City		214.51	51.43	101.00	83.03	261.1	235.9
肇庆市	Zhaoqing City		710.03	143.11	156.10	136.61	329.2	299.5
惠州市	Huizhou City		1024.21	376.54	440.87	414.66	796.3	752.4
梅州市	Meizhou City		197.65	41.37	44.34	39.73	138.0	130.2
汕尾市	Shanwei City		329.65	34.68	25.91	24.86	66.8	64.8
河源市	Heyuan City		237.34	58.80	46.07	42.74	130.8	125.0
阳江市	Yangjiang City		400.66	77.67	59.86	56.80	168.4	163.5
清远市	Qingyuan City		486.07	168.61	158.01	147.72	355.1	341.1
东莞市	Dongguan City		1079.31	373.31	459.61	413.33	595.6	540.7
中山市	ZhongShan City		766.95	310.36	373.59	335.93	628.4	576.7
潮州市	Chaozhou City		198.94	23.63	19.98	17.89	54.2	50.7
揭阳市	Jieyang City		658.08	43.84	38.61	35.78	145.2	136.1
云浮市	Yunfu City		353.08	28.64	27.28	24.74	71.2	65.1
广西壮族自治区	**Guangxi**	**10160.45**	**9280.30**	**1517.47**	**1119.42**	**978.31**	**2964.2**	**2749.3**
南宁市	Nanning City	2018.94	1966.12	392.42	369.81	305.87	711.7	612.2
柳州市	Liuzhou City	1305.56	1251.16	199.17	129.53	114.86	308.4	291.6
桂林市	Guilin City	1140.20	1040.22	158.09	118.19	109.18	303.7	290.8
梧州市	Wuzhou City	632.87	582.79	74.65	47.32	42.27	169.7	157.1
北海市	Beihai City	603.14	561.43	135.40	72.91	70.28	161.5	157.5
防城港市	Fangchenggang City	490.75	461.62	133.90	67.74	65.21	237.5	233.7
钦州市	Qinzhou City	557.78	484.88	111.84	45.85	39.78	129.2	123.2
贵港市	Guigang City	429.97	383.84	51.76	48.14	41.54	138.7	130.5
玉林市	Yulin City	788.82	759.42	92.35	91.70	79.38	294.7	273.2
百色市	Baise City	761.98	700.19	68.52	36.31	30.95	152.9	142.1
贺州市	Hezhou City	466.08	423.00	15.48	6.86	6.06	35.2	35.0
河池市	Hechi City	435.78	363.58	24.99	17.59	15.34	67.6	64.8
来宾市	Laibin City	422.69	354.84	48.02	26.32	24.18	116.0	112.5
崇左市	Chongzuo City	415.06	368.73	38.81	32.57	27.07	122.6	114.6
海南省	**Hainan**	**1673.46**	**1611.41**	**663.05**	**790.44**	**759.27**	**888.2**	**840.9**
海口市	Haikou City	404.59	395.04	145.14	150.08	131.17	225.6	196.8
三亚市	Sanya City	358.30	355.54	178.84	209.25	206.63	163.7	162.4
重庆市	**Chongqing**	**7685.87**	**7579.45**	**2015.09**	**2146.09**	**1825.41**	**4533.5**	**4063.4**
万州区	Wanzhou District	341.01	335.42	37.70	71.82	64.68	193.0	177.8
涪陵区	Fuling District	316.70	313.84	46.17	46.50	38.17	103.2	84.3
渝中区	Yuzhong District	200.33	200.33	115.73	86.97	52.48	95.5	70.0
大渡口区	Dadukou District	138.27	138.05	57.53	47.54	43.41	113.0	106.9
江北区	Jiangbei District	369.19	368.18	251.18	202.03	168.97	330.6	287.5

地 区	Region	全社会固定资产投资(亿元) Total Investment in Fixed Assets (100 million yuan)	固定资产投资(不含农户)(亿元) Investment in Fixed Assets (Excluding Rural Households) (100 million yuan)	#房地产开发 Real Estate Development	商品房销售额(亿元) Total Sales of Commercialized Buildings (100 million yuan)	#住宅 Residential Buildings	商品房销售面积(万平方米) Floor Space Sold of Commercialized Buildings (10 000 sq.m)	#住宅 Residential Buildings
沙坪坝区	Shapingba District	385.89	384.52	176.41	133.75	123.80	263.7	250.6
九龙坡区	Jiulongpo District	333.44	331.96	162.88	158.38	138.72	309.1	271.6
南岸区	Nanan District	342.02	341.50	174.73	140.83	115.61	215.9	186.4
北碚区	Beibei District	310.39	309.88	76.55	68.44	52.53	145.9	115.1
綦江区	Qijiang District	234.32	230.52	32.23	42.31	39.46	106.8	101.8
大足区	Dazu District	175.27	171.52	24.31	25.28	22.78	72.3	68.1
渝北区	Yubei District	524.18	523.89	226.65	270.99	235.85	347.2	312.2
巴南区	Banan District	341.07	338.42	105.53	137.02	129.50	267.0	253.4
黔江区	Qianjiang District	129.10	126.88	13.49	15.17	14.58	44.1	42.5
长寿区	Changshou District	311.62	309.97	66.79	69.43	57.12	249.4	232.5
江津区	Jiangjin District	300.33	295.96	44.70	72.73	40.44	154.4	103.8
合川区	Hechuan District	251.49	248.43	42.44	52.27	44.89	129.0	114.3
永川区	Yongchuan District	331.19	329.02	54.45	58.98	52.02	144.0	132.3
南川区	Nanchuan District	148.26	144.58	36.80	19.50	19.11	48.5	48.0
四川省	**Sichuan**	**15124.09**	**14452.59**	**2819.17**	**3218.04**	**2677.36**	**6543.6**	**5826.5**
成都市	Chengdu City	4995.65	4932.65	1585.28	1805.70	1458.63	2704.4	2311.2
自贡市	Zigong City	352.84	327.84	75.95	78.59	73.17	224.7	216.0
攀枝花市	Panzhihua City	383.44	370.64	35.73	30.76	26.01	85.2	78.8
泸州市	Luzhou City	524.36	508.36	67.78	103.02	77.30	297.6	257.0
德阳市	Deyang City	650.06	580.06	72.90	83.70	72.94	213.7	193.0
绵阳市	Mianyang City	880.90	780.90	132.28	167.64	151.59	415.8	395.0
广元市	Guangyuan City	498.24	423.24	33.00	42.50	30.69	93.4	77.8
遂宁市	Suining City	536.38	511.38	71.64	62.73	52.35	197.2	181.2
内江市	Neijiang City	382.82	372.82	54.35	95.46	89.21	274.5	259.2
乐山市	Leshan City	539.32	492.32	67.55	114.91	99.95	267.7	245.4
南充市	Nanchong City	713.60	673.60	145.73	163.75	150.08	418.0	393.3
眉山市	Meishan City	450.35	440.35	63.62	69.74	62.66	193.6	180.9
宜宾市	Yibin City	607.25	592.25	105.41	100.62	78.29	279.4	238.7
广安市	Guangan City	425.08	420.08	38.49	64.42	56.02	201.1	184.3
达州市	Dazhou City	676.84	656.84	81.89	86.22	75.11	255.2	232.7
雅安市	Yaan City	340.97	305.97	28.62	17.24	16.82	42.7	42.0
巴中市	Bazhong City	320.22	305.12	38.00	30.01	26.44	98.1	91.0
资阳市	Ziyang City	462.78	455.28	94.57	80.62	63.39	246.6	218.5
阿坝藏族羌族自治州	Aba Zang & Qiang A.P	380.22	322.52	0.83	0.54	0.10	1.6	0.9
甘孜藏族自治州	Ganzi Zang A.P	257.43	246.53	2.90	2.95	2.33	8.3	7.5
凉山彝族自治州	Liangshan Yi A.P	731.64	719.84	22.66	16.90	14.30	24.8	22.0
贵州省	**Guizhou**	**5101.55**	**4312.00**	**873.48**	**731.91**	**592.73**	**1882.1**	**1698.5**
贵阳市	Guiyang City	1600.59	1537.36	467.36	417.18	334.07	828.3	733.7
六盘水市	Liupanshui City	550.63	350.14	36.50	30.45	23.87	102.8	94.0
遵义市	Zunyi City	813.62	685.31	81.60	76.04	64.75	245.3	219.1
安顺市	Anshun City	243.35	131.63	40.97	26.35	22.54	91.9	86.1
毕节市	Bijie City	830.90	450.40	80.28	37.08	28.67	115.3	104.8
铜仁市	Tongren City	424.01	326.19	60.70	29.09	22.42	101.6	89.6
黔西南布依族苗族自治州	Southwest Guizhou Buyi & Miao A.P	301.17	242.10	22.36	21.04	16.51	67.4	61.1
黔东南苗族侗族自治州	Southeast Guizhou Miao & Dong A.P	471.14	399.02	60.07	46.75	37.91	166.8	154.7
黔南布依族苗族自治州	South Guizhou Buyi & Miao A.P	474.28	343.53	62.88	53.08	45.71	174.0	163.8

3-5 续表 8 continued

地　区	Region	全社会固定资产投资（亿元）Total Investment in Fixed Assets (100 million yuan)	固定资产投资（不含农户）（亿元）Investment in Fixed Assets (Excluding Rural Households) (100 million yuan)	#房地产开发 Real Estate Development	商品房销售额（亿元）Total Sales of Commercialized Buildings (100 million yuan)	#住宅 Residential Buildings	商品房销售面积（万平方米）Floor Space Sold of Commercialized Buildings (10 000 sq.m)	#住宅 Residential Buildings
云南省	**Yunnan**	**6185.30**	**5927.01**	**1272.72**	**1133.61**	**921.80**	**3107.1**	**2716.4**
昆明市	Kunming City	1963.27	1874.74	625.97	525.98	422.67	1115.1	928.3
曲靖市	Qujing City	698.63	670.54	138.53	135.50	120.10	506.6	464.9
玉溪市	Yuxi City	239.16	229.54	66.88	47.08	40.09	137.4	127.5
保山市	Baoshan City	169.42	162.61	29.30	27.43	21.59	83.4	70.4
昭通市	Zhaotong City	325.52	312.43	24.65	26.20	19.81	89.4	75.6
丽江市	Lijiang City	233.56	224.17	39.26	44.30	38.50	158.6	147.0
普洱市	Puer City	264.76	254.12	46.87	36.02	27.00	124.8	111.9
临沧市	Lincang City	211.82	203.30	26.64	20.57	14.85	75.3	65.5
楚雄彝族自治州	Chuxiong Yi A.P	273.88	262.87	52.46	61.51	54.13	200.8	185.6
红河哈尼族彝族自治州	Honghe Hani & Yi A.P	459.80	441.31	72.52	79.15	68.15	252.9	240.3
文山壮族苗族自治州	Wenshan Zhuang & Miao A.P	215.93	207.25	31.22	24.14	16.49	79.4	68.6
西双版纳傣族自治州	Xishuangbanna Dai A.P	125.52	120.47	30.50	33.46	20.72	102.0	72.0
大理白族自治州	Dali Bai A.P	320.73	307.84	45.45	59.69	55.64	149.1	141.0
德宏傣族景颇族自治州	Dehong Dai & Jingpo A.P	121.73	116.83	31.61	21.07	14.14	75.5	60.5
怒江傈僳族自治州	Nujiang Lisu A.P	49.07	47.10	6.25	1.06	1.06	5.2	5.2
迪庆藏族自治州	Diqing Zang A.P	129.27	124.07	4.60	3.58	3.03	14.8	13.6
西藏自治区	**Tibet A.R.**	**549.27**	**519.36**	**5.13**	**6.64**	**6.03**	**19.0**	**18.0**
拉萨市	Lhasa City	222.22	220.50	4.33	5.60	5.37	15.7	15.4
昌都地区	Qamdu Prefecture	62.00	52.53	0.21	0.19	0.19	0.4	0.4
山南地区	Lhokha Prefecture	65.15	58.74	0.09	0.42	0.35	1.9	1.8
日喀则地区	Xigaze Prefecture	79.70	69.02					
那曲地区	Narqu Prefecture	43.02	41.43					
阿里地区	Ngri Prefecture	16.29	16.29					
林芝地区	Nyingchi Prefecture	60.90	60.85	0.50	0.43	0.12	1.0	0.4
其他	Others							
陕西省	**Shaanxi**	**10023.53**	**9701.43**	**1410.90**	**1510.38**	**1352.54**	**3051.8**	**2874.5**
西安市	Xi'an City	3352.12	3135.97	996.81	1091.31	973.71	1778.0	1674.9
铜川市	Tongchuan City	145.96	136.53	20.36	14.61	14.59	51.8	51.7
宝鸡市	Baoji City	1008.03	904.05	72.71	67.73	64.89	211.8	205.1
咸阳市	Xianyang City	1253.10	1124.10	118.48	82.04	80.43	215.7	213.4
渭南市	Weinan City	912.94	803.07	68.21	69.19	52.70	243.5	211.9
延安市	Yan'an City	815.21	664.36	8.08	10.22	7.98	24.0	21.4
汉中市	Hanzhong City	411.33	348.59	57.21	65.15	58.41	216.4	205.1
榆林市	Yulin City	1378.73	1189.08	29.12	43.84	39.02	96.8	88.1
安康市	Ankang City	304.49	234.68	22.32	43.96	39.53	133.1	124.4
商洛市	Shangluo City	308.36	256.84	10.98	12.02	11.06	43.6	42.0
杨凌示范区	Yangling Demonstration Zone	55.01	43.65	6.60	10.30	10.20	37.0	36.6
甘肃省	**Gansu**		**4180.24**	**362.88**	**276.95**	**235.55**	**815.9**	**734.4**
兰州市	Lanzhou City		870.57	159.67	82.37	66.52	184.6	164.2
嘉峪关市	Jiayuguan City		65.24	12.28	18.94	17.68	74.5	68.2
金昌市	Jinchang City		126.88	6.44	8.07	7.62	37.3	35.5
白银市	Baiyin City		221.37	15.22	22.46	20.53	68.9	64.6
天水市	Tianshui City		292.10	27.88	34.06	28.15	80.4	70.8

3-5 续表 9 continued

地　区	Region	全社会固定资产投资(亿元) Total Investment in Fixed Assets (100 million yuan)	固定资产投资(不含农户)(亿元) Investment in Fixed Assets (Excluding Rural Households) (100 million yuan)	#房地产开发 Real Estate Development	商品房销售额(亿元) Total Sales of Commercialized Buildings (100 million yuan)	#住宅 Residential Buildings	商品房销售面积(万平方米) Floor Space Sold of Commercialized Buildings (10 000 sq.m)	#住宅 Residential Buildings
武威市	Wuwei City		285.79	14.83	4.67	3.98	14.4	12.1
张掖市	Zhangye City		145.30	15.39	19.10	16.87	65.0	60.7
平凉市	Pingliang City		289.55	16.51	11.43	10.34	32.8	30.9
酒泉市	Jiuquan City		539.40	25.84	22.98	20.35	75.3	66.8
庆阳市	Qingyang City		517.69	17.47	16.64	11.68	45.5	34.0
定西市	Dingxi City		272.05	23.61	16.20	14.35	60.1	57.4
陇南市	Longnan City		290.82	5.46	1.69	0.85	7.3	4.1
临夏回族自治州	Linxia Hui A.P		139.74	22.30	18.34	16.65	69.9	65.1
甘南藏族自治州	Gannan Zang A.P		123.74					
青海省	**Qinghai**	**1434.33**	**1364.67**	**144.77**	**116.79**	**105.85**	**359.6**	**342.6**
西宁市	Xining City	528.01	528.01	117.29	95.18	86.03	260.8	250.3
海东地区	Haidong Prefecture	166.57	159.49	20.26	15.20	14.04	70.0	67.5
海北藏族自治州	Haibei Zang A.P	53.26	52.65	0.64	1.63	1.13	10.1	7.1
黄南藏族自治州	Huangnan Zang AP	31.90	30.23					
海南藏族自治州	Hainan Zang A.P	63.99	57.66	1.31	0.46	0.42	2.5	2.4
果洛藏族自治州	Golog Zang A.P	24.61	24.61					
玉树藏族自治州	Yushu Zang A.P	142.91	142.91					
海西蒙古族藏族自治州	Haixi Mongolian & Zang A.P	251.16	251.16	5.27	4.32	4.24	16.1	15.2
宁夏回族自治区	**Ningxia**	**1654.15**	**1598.55**	**336.23**	**315.91**	**239.00**	**846.5**	**705.1**
银川市	Yinchuan City	733.85	692.51	214.78	213.99	152.83	489.0	384.0
石嘴山市	Shizuishan City	299.99	266.80	46.21	32.28	26.41	111.6	99.1
吴忠市	Wuzhong City	269.62	257.67	37.20	28.47	26.01	92.9	88.0
固原市	Guyuan City	136.78	116.70	16.23	15.42	12.37	55.9	46.7
中卫市	Zhongwei City	194.71	182.52	21.80	25.76	21.39	97.0	87.3
新疆维吾尔自治区	**Xinjiang**	**4712.77**	**4525.61**	**516.39**	**613.31**	**516.24**	**1728.2**	**1570.6**
乌鲁木齐市	Urumqi City		653.92	198.04	249.48	213.65	481.8	436.2
克拉玛依市	Karamay City		213.09	13.32	13.42	12.50	50.4	47.7
吐鲁番地区	Turpan Prefecture		127.10	2.41	5.60	4.54	28.0	25.4
哈密地区	Hami Prefecture		213.53	22.75	23.68	20.53	77.1	72.9
昌吉回族自治州	Changji Hui A.P		563.14	49.72	64.96	61.05	207.6	200.4
博尔塔拉蒙古自治州	Bortala Mongolian A.P		81.56	6.83	9.87	6.82	37.0	31.0
巴音郭楞蒙古自治州	Bayingolin Mongolian A.P		388.35	45.82	54.37	46.56	196.9	182.7
阿克苏地区	Aksu Prefecture		246.20	20.37	40.53	31.26	149.9	130.3
克孜勒苏柯尔克孜自治州	Kizilsu Kirgiz A.P		46.69	0.94	4.17	1.26	8.6	5.6
喀什地区	Kashi Prefecture		393.54	32.83	19.19	10.81	51.5	38.7
和田地区	Hotan Prefecture		120.83	0.33	2.02	1.74	7.8	6.6
伊犁哈萨克自治州	Ili Kazak A.P		833.11	58.08	63.07	54.48	211.9	197.3
塔城地区	Tacheng Prefecture		231.61	26.72	13.52	12.84	52.0	49.3
阿勒泰地区	Altay Prefecture		142.97	12.12	13.53	10.51	55.2	48.7
石河子市	Shihezi City		163.81	12.78	20.14	15.91	52.1	45.0
阿拉尔市	Alar City		54.77	4.10	5.65	2.48	19.2	13.3
图木舒克市	Tumxuk City		23.61	1.67	1.47	1.09	7.9	7.2
五家渠市	Wujiaqu City		95.66	7.57	8.63	8.22	33.4	32.6
生产建设兵团	Corps							

3-6 财政收入(2011年)
Government Revenue (2011)

地　区	Region	地方财政一般预算收入(亿元) General Bugetary Revenue (100 million yuan)	#税收收入 Taxes	#国内增值税 Domestic Value-added Tax	#营业税 Business Tax	#企业所得税 Company Income Tax	#个人所得税 Personal Income Tax
北京市	**Beijing**	**3006.28**	**2854.63**	**237.76**	**1071.51**	**683.71**	**272.90**
东城区	Dongcheng District	122.29	118.95	6.89	52.86	24.27	
西城区	Xicheng District	279.84	271.00	13.71	112.49	84.76	
朝阳区	Chaoyang District	312.79	301.63	26.38	112.61	79.76	
丰台区	Fengtai District	60.81	55.89	5.41	25.30	8.93	
石景山区	Shijingshan District	22.66	21.31	2.15	9.47	3.69	
海淀区	Haidian District	238.20	227.35	21.99	102.84	42.79	
门头沟区	Mentougou District	16.87	15.16	1.94	5.61	2.45	
房山区	Fangshan District	34.80	29.20	4.20	10.74	2.79	
通州区	Tongzhou District	40.44	36.19	4.92	14.23	4.94	
顺义区	Shunyi District	80.91	73.67	8.44	24.78	19.59	
昌平区	Changping District	45.37	39.72	5.15	16.07	6.66	
大兴区	Daxing District	40.19	35.67	3.04	16.99	3.95	
怀柔区	Huairou District	21.06	17.90	2.54	6.23	3.44	
平谷区	Pinggu District	18.09	14.83	1.19	5.60	3.28	
密云县	Miyun County	19.51	14.99	1.64	4.96	2.84	
延庆县	Yanqing County	8.06	5.81	0.44	2.71	0.98	
北京经济技术开发区	Beijing Economic-technological Development Zones						
其他	Others						
天津市	**Tianjin**	**1455.13**	**1004.51**	**141.32**	**352.86**	**182.95**	**52.01**
和平区	Heping District	38.10	33.27	1.92	13.52	4.82	1.18
河东区	Hedong District	26.26	21.65	1.51	7.35	2.57	0.83
河西区	Hexi District	37.34	33.25	1.62	14.86	3.10	1.41
南开区	Nankai District	32.00	29.88	1.91	9.29	3.71	1.01
河北区	Hebei District	24.14	15.73	0.91	5.11	1.83	0.44
红桥区	Hongqiao District	12.05	8.71	0.58	3.13	0.88	0.28
东丽区	Dongli District	52.08	36.93	5.08	8.95	5.81	0.85
西青区	Xiqing District	54.51	45.87	6.63	10.51	8.45	0.91
津南区	Jinnan District	48.08	33.33	3.69	9.64	5.74	0.56
北辰区	Beichen District	34.95	31.03	6.36	5.63	5.14	0.84
武清区	Wuqing District	45.25	39.38	6.28	7.84	8.65	0.98
宝坻区	Baodi District	25.44	19.39	2.99	4.27	1.77	0.35
滨海新区	Binhai New Area	407.77	270.51	42.60	75.74	58.56	16.50
宁河县	Ninghe County	12.70	5.82	0.81	1.80	0.76	0.13
静海县	Jinghai County	23.98	18.15	3.21	3.44	1.85	0.35
蓟县	Ji County	15.46	10.07	1.04	2.53	1.18	0.25
其他	Others						
河北省	**Hebei**	**1737.77**	**1348.51**	**229.85**	**457.27**	**199.08**	**57.39**
石家庄市	Shijiazhuang City	221.23	177.44	18.13	74.32	16.46	8.67
唐山市	Tangshan City	255.56	202.00	33.19	69.60	17.95	9.14
秦皇岛市	Qinhuangdao City	86.64	70.89	6.65	28.60	6.67	2.94
邯郸市	Handan City	158.95	103.81	16.42	31.88	8.70	3.55
邢台市	Xingtai City	70.58	57.30	9.26	17.79	4.76	2.10
保定市	Baoding City	128.59	83.15	12.83	30.44	7.89	3.29
张家口市	Zhangjiakou City	82.99	64.12	7.03	25.90	5.14	2.08
承德市	Chengde City	71.10	61.33	7.20	23.12	6.22	2.85
沧州市	Cangzhou City	116.49	91.05	14.61	33.10	6.86	3.06
廊坊市	Langfang City	140.25	123.83	8.64	52.89	11.10	4.30
衡水市	Hengshui City	37.25	29.30	3.95	10.61	2.93	1.06

3-6 续表 1 continued

地　区	Region	地方财政一般预算收入（亿元）General Bugetary Revenue (100 million yuan)	#税收收入 Taxes	#国内增值税 Domestic Value-added Tax	#营业税 Business Tax	#企业所得税 Company Income Tax	#个人所得税 Personal Income Tax
山西省	**Shanxi**	**1213.43**	**872.88**	**239.97**	**242.81**	**150.22**	**42.84**
太原市	Taiyuan City	174.72	141.69	24.32	45.28	19.99	7.12
大同市	Datong City	64.64	52.11	13.62	12.03	7.23	2.82
阳泉市	Yangquan City	46.64	37.79	10.49	6.95	6.63	1.53
长治市	Changzhi City	104.41	67.67	20.39	12.85	15.04	3.32
晋城市	Jincheng City	67.92	52.08	15.02	9.44	12.17	2.39
朔州市	Shuozhou City	70.92	50.73	13.67	8.99	10.51	2.44
晋中市	Jinzhong City	78.04	53.86	13.69	15.52	7.11	2.97
运城市	Yuncheng City	40.82	29.02	7.19	8.76	1.81	0.96
忻州市	Xinzhou City	53.57	36.32	9.31	10.13	5.32	1.72
临汾市	Linfen City	89.11	50.00	14.38	12.33	6.64	2.43
吕梁市	Luliang City	100.51	71.75	25.90	12.34	12.57	2.29
其他	Others	322.16	229.86	72.00	88.19	45.20	12.85
内蒙古自治区	**Inner Mongolia**	**1356.67**	**985.69**	**135.00**	**198.00**	**156.10**	**40.00**
呼和浩特市	Hohhot City	151.43	106.08	10.57	40.36	12.34	6.07
包头市	Baotou City	161.86	113.63	17.70	26.70	14.20	4.21
乌海市	Wuhai City	40.50	30.23	6.33	7.47	3.16	1.79
赤峰市	Chifeng City	61.78	49.22	7.08	13.27	6.45	2.46
通辽市	Tongliao City	73.25	47.08	6.17	10.90	5.22	1.42
鄂尔多斯市	Erdos City	346.18	273.43	61.40	56.14	50.14	16.50
呼伦贝尔市	Hulunbuir City	64.91	46.49	5.50	12.17	5.22	2.80
巴彦淖尔市	Bayannur City	42.72	32.54	4.18	8.84	5.22	1.44
乌兰察布市	Ulanqab City	23.47	19.28	4.37	6.37	1.66	0.75
兴安盟	Xingan League	13.31	9.54	1.00	3.51	0.74	0.39
锡林郭勒盟	Xilingol League	46.57	38.00	6.80	8.63	4.87	1.80
阿拉善盟	Alxa League	29.79	15.71	3.44	3.75	2.21	0.74
辽宁省	**Liaoning**	**2643.15**	**1974.85**	**218.32**	**556.20**	**227.16**	**76.94**
沈阳市	Shenyang City	620.12	491.14	46.45	162.99	66.62	20.15
大连市	Dalian City	651.13	514.85	56.04	159.34	71.63	26.65
鞍山市	Anshan City	207.02	144.52	19.22	35.39	14.48	3.77
抚顺市	Fushun City	106.50	81.24	10.03	19.94	8.09	2.80
本溪市	Benxi City	102.43	75.53	7.87	12.28	4.79	3.66
丹东市	Dandong City	103.82	77.09	6.40	19.39	6.95	1.87
锦州市	Jinzhou City	103.67	77.83	7.20	26.62	6.04	2.60
营口市	Yingkou City	140.24	112.13	8.49	30.46	8.49	1.98
阜新市	Fuxin City	50.14	38.31	5.32	9.59	3.34	1:31
辽阳市	Liaoyang City	100.17	73.73	11.70	15.37	7.98	2.21
盘锦市	Panjin City	112.28	86.28	16.78	21.49	5.00	3.55
铁岭市	Tieling City	105.02	78.21	6.26	14.00	5.26	1.43
朝阳市	Chaoyang City	86.92	65.93	10.04	14.34	5.88	3.63
葫芦岛市	Huludao City	70.31	48.07	6.51	15.02	3.35	1.33

地　　区	Region	地方财政一般预算收入(亿元) General Bugetary Revenue (100 million yuan)	#税收收入 Taxes	#国　内增值税 Domestic Value-added Tax	#营业税 Business Tax	#企业所得税 Company Income Tax	#个人所得税 Personal Income Tax
吉林省	**Jilin**	**850.10**	**624.19**	**92.78**	**189.30**	**90.59**	**29.49**
长春市	Changchun City	288.63	226.86	26.21	45.01	34.89	9.53
吉林市	Jilin City	101.95	71.23	6.28	16.53	7.54	2.91
四平市	Siping City	38.90	25.57	3.52	6.65	2.33	0.89
辽源市	Liaoyuan City	18.86	10.13	1.29	2.69	1.19	0.65
通化市	Tonghua City	48.13	32.33	4.70	9.21	4.04	1.62
白山市	Baishan City	35.53	24.09	2.85	5.45	2.44	1.14
松原市	Songyuan City	42.67	27.28	6.42	6.26	1.81	1.11
白城市	Baicheng City	24.57	16.01	2.86	4.89	1.63	0.60
延边朝鲜族自治州	Yanbian Korean A.P	53.48	34.45	4.96	9.39	4.47	2.36
黑龙江省	**Heilongjiang**	**997.55**	**741.85**	**145.48**	**218.92**	**80.87**	**34.05**
哈尔滨市	Harbin City	300.32	242.04	28.56	92.92	31.52	12.90
齐齐哈尔市	Qiqihar City	70.08	32.53	5.42	7.24	4.39	1.67
鸡西市	Jixi City	35.23	22.66	7.21	3.50	2.67	1.38
鹤岗市	Hegang City	22.18	15.14	4.41	2.58	1.72	1.22
双鸭山市	Shuangyashan City	26.85	18.80	3.79	3.91	1.80	1.65
大庆市	Daqing City	131.93	114.98	14.61	17.80	9.29	6.88
伊春市	Yichun City	10.03	7.17	1.24	1.87	0.69	0.32
佳木斯市	Jiamusi City	31.48	23.18	2.73	6.53	3.82	1.31
七台河市	Qitaihe City	20.38	15.29	5.52	1.89	2.15	0.74
牡丹江市	Mudanjiang City	60.77	38.36	6.36	7.17	6.60	3.74
黑河市	Heihe City	18.44	11.63	1.36	3.13	1.80	0.79
绥化市	Suihua City	42.04	25.34	4.61	5.65	3.92	1.01
大兴安岭地区	Daxing'anling Prefecture	7.27	4.17	0.76	1.15	0.48	0.22
农垦总局	Agriculture Reclamation Bureau						
其他	Others						
上海市	**Shanghai**	**3429.83**	**3172.72**	**416.70**	**1041.49**	**731.05**	**314.95**
黄浦区	Huangpu District						
卢湾区	Luwan District						
徐汇区	Xuhui District						
长宁区	Changning District						
静安区	Jingan District						
普陀区	Putuo District						
闸北区	Zhabei District						
虹口区	Hongkou District						
杨浦区	Yangpu District						
闵行区	Minhang District						
宝山区	Baoshan District						
嘉定区	Jiading District						
浦东新区	Pudong New District						
金山区	Jinshan District						
松江区	Songjiang District						
青浦区	Qingpu District						
奉贤区	Fengxian District						
崇明县	Chongming County						
其他	Others						

3-6 续表 3 continued

地　区	Region	地方财政一般预算收入(亿元) General Bugetary Revenue (100 million yuan)	#税收收入 Taxes	#国　内增值税 Domestic Value-added Tax	#营业税 Business Tax	#企业所得税 Company Income Tax	#个人所得税 Personal Income Tax
江苏省	**Jiangsu**	**5148.92**	**4124.62**	**650.80**	**1260.60**	**731.17**	**237.74**
南京市	Nanjing City	635.00	529.62	82.11	152.64	94.50	41.55
无锡市	Wuxi City	615.00	513.96	102.60	122.02	101.16	35.40
徐州市	Xuzhou City	318.42	237.12	34.17	83.40	24.73	8.78
常州市	Changzhou City	350.88	280.83	48.56	74.11	44.07	19.18
苏州市	Suzhou City	1100.88	929.36	181.53	225.09	187.41	62.58
南通市	Nantong City	373.69	285.14	45.41	84.85	42.79	19.15
连云港市	Lianyungang City	180.08	124.14	15.53	41.66	12.64	4.33
淮安市	Huaian City	204.63	145.68	19.54	52.47	12.09	4.74
盐城市	Yancheng City	269.04	198.48	25.47	62.22	20.16	8.04
扬州市	Yangzhou City	218.08	155.45	26.88	42.90	21.90	6.75
镇江市	Zhenjiang City	181.90	145.82	23.68	44.39	20.48	7.57
泰州市	Taizhou City	218.00	164.14	33.08	42.47	27.64	7.15
宿迁市	Suqian City	120.98	95.28	11.64	32.03	12.49	4.57
浙江省	**Zhejiang**	**3150.80**	**2952.01**	**461.75**	**915.71**	**497.56**	**185.56**
杭州市	Hangzhou City	785.15	758.27	101.80	240.94	130.88	51.06
宁波市	Ningbo City	657.55	608.27	110.20	162.30	108.47	38.77
温州市	Wenzhou City	270.87	251.45	42.37	69.63	34.79	18.33
嘉兴市	Jiaxing City	226.40	220.10	38.42	61.94	34.02	13.01
湖州市	Huzhou City	122.12	117.01	19.45	34.00	16.59	7.18
绍兴市	Shaoxing City	239.69	227.80	38.25	63.89	33.40	11.83
金华市	Jinhua City	185.77	171.46	29.02	46.87	21.55	12.60
衢州市	Quzhou City	57.57	51.79	7.42	15.74	6.34	2.75
舟山市	Zhoushan City	76.48	71.81	8.30	27.26	9.05	3.45
台州市	Taizhou City	200.12	185.70	32.58	50.32	28.99	14.53
丽水市	Lishui City	57.36	50.51	8.46	15.52	5.95	3.95
安徽省	**Anhui**	**1463.56**	**1108.31**	**164.68**	**379.18**	**153.26**	**40.04**
合肥市	Hefei City	338.51	274.54	34.41	116.89	30.25	7.37
芜湖市	Wuhu City	139.97	118.42	18.14	42.07	12.16	2.83
蚌埠市	Bengbu City	61.36	45.58	7.53	15.58	3.00	0.75
淮南市	Huainan City	71.38	58.66	15.41	16.49	4.62	2.18
马鞍山市	Maanshan City	91.44	68.71	16.35	19.86	4.43	1.58
淮北市	Huaibei City	38.07	35.82	10.58	9.69	4.69	0.85
铜陵市	Tongling City	45.36	33.19	6.69	10.83	2.71	0.55
安庆市	Anqing City	72.39	45.83	7.75	17.15	3.22	1.06
黄山市	Huangshan City	45.50	32.84	2.82	14.77	1.98	0.77
滁州市	Chuzhou City	73.86	54.16	7.82	20.33	4.28	1.04
阜阳市	Fuyang City	55.73	45.11	9.03	15.29	2.96	0.81
宿州市	Suzhou City	38.96	29.18	5.07	11.52	1.66	0.58
六安市	Liuan City	56.76	42.70	5.13	17.23	3.20	1.02
亳州市	Bozhou City	34.04	26.30	4.53	10.60	1.38	0.46
池州市	Chizhou City	40.99	26.32	2.36	10.43	1.68	0.55
宣城市	Xuancheng City	68.36	53.61	11.07	17.45	3.76	1.20
其他	Others						

3-6 续表 4 continued

地区	Region	地方财政一般预算收入(亿元) General Bugetary Revenue (100 million yuan)	#税收收入 Taxes	#国内增值税 Domestic Value-added Tax	#营业税 Business Tax	#企业所得税 Company Income Tax	#个人所得税 Personal Income Tax
福建省	**Fujian**	**1501.51**	**1254.31**	**164.22**	**400.03**	**216.12**	**69.24**
福州市	Fuzhou City	320.04	277.55	29.12	89.57	40.42	19.01
厦门市	Xiamen City	380.50	314.85	40.73	97.65	58.35	18.46
莆田市	Putian City	63.93	49.87	6.66	15.28	8.07	2.44
三明市	Sanming City	64.54	54.63	8.42	18.47	6.41	3.17
泉州市	Quanzhou City	242.09	211.16	43.08	50.94	38.52	13.21
漳州市	Zhangzhou City	112.09	86.87	11.79	25.75	12.28	4.13
南平市	Nanping City	48.68	41.09	5.39	15.29	5.20	2.43
龙岩市	Longyan City	84.28	70.99	13.48	16.34	12.32	3.58
宁德市	Ningde City	54.30	42.99	5.55	15.23	4.73	2.71
江西省	**Jiangxi**	**1053.43**	**777.09**	**105.90**	**272.79**	**97.92**	**32.32**
南昌市	Nanchang City	187.03	158.45	14.03	67.36	17.45	8.17
景德镇市	Jingdezhen City	51.09	37.15	2.92	10.17	3.04	2.24
萍乡市	Pingxiang City	58.49	48.33	6.96	18.79	2.83	0.74
九江市	Jiujiang City	101.03	79.62	10.20	27.59	10.18	2.38
新余市	Xinyu City	69.43	52.18	8.13	15.46	7.18	1.64
鹰潭市	Yingtan City	38.82	31.85	6.25	8.20	1.81	6.94
赣州市	Ganzhou City	110.05	88.26	12.50	30.91	10.65	3.46
吉安市	Jian City	76.81	53.83	8.99	19.86	4.87	2.30
宜春市	Yichun City	92.34	75.56	12.12	23.46	8.21	1.86
抚州市	Fuzhou City	75.99	52.01	5.09	23.22	4.17	0.92
上饶市	Shangrao City	95.58	68.91	12.64	24.23	6.49	1.61
山东省	**Shandong**	**3455.93**	**2603.13**	**413.82**	**765.72**	**398.56**	**96.58**
济南市	Jinan City	324.93	255.18	31.43	93.71	35.07	10.71
青岛市	Qingdao City	566.14	457.33	57.36	146.62	71.38	22.09
淄博市	Zibo City	203.59	137.41	24.66	29.89	19.34	3.66
枣庄市	Zaozhuang City	100.12	73.08	11.12	14.18	8.10	1.45
东营市	Dongying City	135.27	96.65	14.79	25.78	8.71	2.62
烟台市	Yantai City	303.19	229.50	35.83	57.09	34.18	5.70
潍坊市	Weifang City	253.92	212.71	36.15	56.39	24.04	4.11
济宁市	Jining City	207.10	151.68	33.03	29.99	28.17	4.87
泰安市	Taian City	138.12	93.49	14.13	20.51	9.12	2.15
威海市	Weihai City	136.44	108.95	14.87	31.41	11.69	1.98
日照市	Rizhao City	68.50	53.27	10.77	16.35	8.29	1.13
莱芜市	Laiwu City	39.23	28.06	6.73	7.34	3.10	0.88
临沂市	Linyi City	141.26	106.09	18.63	31.49	10.28	2.07
德州市	Dezhou City	95.06	66.72	10.28	19.22	7.05	1.40
聊城市	Liaocheng City	96.56	59.75	12.52	17.46	6.81	1.51
滨州市	Binzhou City	130.76	88.38	21.75	20.85	13.13	1.15
菏泽市	Heze City	111.59	83.15	11.63	21.67	10.21	1.17
河南省	**Henan**	**1721.76**	**1263.10**	**181.38**	**404.27**	**185.21**	**48.38**
郑州市	Zhengzhou City	502.32	389.58	38.57	144.68	59.06	19.13
开封市	Kaifeng City	49.05	34.56	4.12	12.79	3.09	0.99
洛阳市	Luoyang City	178.27	131.23	20.25	38.43	20.00	5.14
平顶山市	Pingdingshan City	95.30	70.56	14.83	20.33	5.73	2.74
安阳市	Anyang City	77.36	53.65	8.05	15.76	5.49	1.59
鹤壁市	Hebi City	28.02	19.95	3.65	5.76	1.75	1.09
新乡市	Xinxiang City	90.73	67.49	10.81	19.87	10.31	1.98

3-6 续表 5 continued

地 区	Region	地方财政一般预算收入(亿元) General Bugetary Revenue (100 million yuan)	#税收收入 Taxes	#国 内增值税 Domestic Value-added Tax	#营业税 Business Tax	#企业所得税 Company Income Tax	#个人所得税 Personal Income Tax
焦作市	Jiaozuo City	74.51	52.14	9.13	14.60	6.14	2.06
濮阳市	Puyang City	39.02	31.43	6.16	10.26	1.97	1.66
许昌市	Xuchang City	74.17	58.55	8.49	15.50	6.93	1.91
漯河市	Luohe City	33.69	27.60	4.90	8.58	4.38	0.79
三门峡市	Sanmenxia City	57.61	42.36	8.40	11.13	4.98	1.63
南阳市	Nanyang City	87.10	67.52	10.78	19.47	4.95	2.20
商丘市	Shangqiu City	56.44	45.32	9.53	15.35	3.46	1.38
信阳市	Xinyang City	44.33	34.30	3.53	14.89	2.72	1.29
周口市	Zhoukou City	48.72	33.04	3.73	12.75	2.61	0.86
驻马店市	Zhumadian City	47.10	35.06	4.12	13.52	3.11	1.16
济源市	Jiyuan City	25.52	19.30	3.66	4.38	4.05	0.79
湖北省	**Hubei**	**1526.90**	**1067.11**	**148.36**	**366.77**	**155.51**	**48.85**
武汉市	Wuhan City	673.26	547.68	68.53	194.51	91.56	28.98
黄石市	Huangshi City	53.84	38.99	8.70	12.41	5.55	1.29
十堰市	Shiyan City	66.71	55.54	7.89	12.42	7.41	2.27
宜昌市	Yichang City	113.98	93.52	11.20	29.54	12.58	3.76
襄阳市	Xiangyang City	97.41	75.94	12.00	21.73	8.27	2.73
鄂州市	Ezhou City	26.31	19.41	3.90	5.99	1.49	0.51
荆门市	Jingmen City	39.39	29.01	4.53	9.94	3.19	1.40
孝感市	Xiaogan City	51.58	35.58	5.50	12.06	3.75	1.16
荆州市	Jingzhou City	44.33	33.65	6.16	13.17	4.19	1.30
黄冈市	Huanggang City	51.61	32.33	5.38	13.83	3.35	1.06
咸宁市	Xianning City	35.56	24.26	3.24	9.32	2.29	0.71
随州市	Suizhou City	17.07	12.65	2.60	4.53	0.92	0.81
恩施土家族苗族自治州	Enshi Tujia & Miao A.P	31.89	25.33	3.86	8.75	1.92	1.63
仙桃市	Xiantao City	13.13	9.98	1.92	3.09	1.02	0.43
潜江市	Qianjiang City	12.50	9.30	2.06	3.15	0.42	0.44
天门市	Tianmen City	7.90	5.14	0.64	1.85	0.40	0.16
神农架林区	Shennongjia Forest District	1.77	1.17	0.24	0.30	0.18	0.07
湖南省	**Hunan**	**1517.07**	**915.40**	**135.24**	**320.58**	**89.96**	**48.25**
长沙市	Changsha City	425.78	290.97	23.15	105.23	29.84	15.99
株洲市	Zhuzhou City	109.22	56.89	9.27	16.62	4.35	2.40
湘潭市	Xiangtan City	64.69	34.06	4.63	11.42	2.57	1.41
衡阳市	Hengyang City	104.06	51.63	6.67	14.91	2.81	2.34
邵阳市	Shaoyang City	40.97	20.94	3.28	6.90	1.25	1.24
岳阳市	Yueyang City	73.63	36.87	7.61	11.06	2.02	1.52
常德市	Changde City	93.89	52.62	4.77	12.60	2.30	1.23
张家界市	Zhangjiajie City	18.33	10.80	0.78	4.35	0.79	0.33
益阳市	Yiyang City	33.91	21.73	3.60	7.17	1.55	0.98
郴州市	Chenzhou City	95.01	51.32	8.66	12.63	2.38	2.30
永州市	Yongzhou City	45.67	26.24	2.82	7.71	1.20	1.28
怀化市	Huaihua City	47.54	31.56	3.61	9.35	1.77	1.11
娄底市	Loudi City	39.56	26.97	5.22	7.57	1.23	0.92
湘西土家族苗族自治州	West Hunan Tujia & Miao A.P	25.14	13.05	2.10	3.69	0.80	0.73

地 区	Region	地方财政一般预算收入(亿元) General Bugetary Revenue (100 million yuan)	#税收收入 Taxes	#国内增值税 Domestic Value-added Tax	#营业税 Business Tax	#企业所得税 Company Income Tax	#个人所得税 Personal Income Tax
广东省	**Guangdong**	**5514.84**	**4548.66**	**701.17**	**1431.16**	**827.90**	**341.40**
广州市	Guangzhou City	979.48	760.42	157.38	162.56	106.16	46.21
韶关市	Shaoguan City	53.91	37.25	8.85	7.37	2.16	1.16
深圳市	Shenzhen City	1339.57	1195.14	163.96	396.36	252.89	134.88
珠海市	Zhuhai City	143.41	112.00	29.03	21.88	16.13	5.27
汕头市	Shantou City	85.58	55.78	15.60	9.56	6.58	2.12
佛山市	Foshan City	341.73	270.45	61.93	51.57	32.84	12.57
江门市	Jiangmen City	119.17	94.09	24.80	16.86	9.09	3.15
湛江市	Zhanjiang City	80.03	48.53	10.80	11.09	3.15	2.00
茂名市	Maoming City	66.12	36.93	10.12	5.88	1.67	0.94
肇庆市	Zhaoqing City	92.23	56.45	9.23	12.10	3.86	1.52
惠州市	Huizhou City	162.83	130.29	36.04	25.51	11.70	4.35
梅州市	Meizhou City	46.89	32.32	7.66	4.95	2.96	1.17
汕尾市	Shanwei City	32.71	20.12	2.69	3.17	0.99	0.37
河源市	Heyuan City	31.37	23.95	5.41	5.25	2.40	0.64
阳江市	Yangjiang City	34.95	23.43	4.27	5.76	2.00	0.77
清远市	Qingyuan City	84.31	55.32	7.66	13.67	4.89	1.37
东莞市	Dongguan City	313.06	243.39	71.93	45.33	26.59	11.20
中山市	ZhongShan City	183.22	139.27	35.72	27.43	15.25	5.41
潮州市	Chaozhou City	27.27	22.47	8.19	2.34	2.36	0.88
揭阳市	Jieyang City	46.35	33.04	10.21	4.29	3.31	1.16
云浮市	Yunfu City	29.80	17.22	3.29	3.71	1.04	1.01
广西壮族自治区	**Guangxi**	**947.72**	**644.80**	**86.13**	**240.75**	**85.65**	**29.41**
南宁市	Nanning City	186.29	133.51	10.74	37.67	19.09	6.26
柳州市	Liuzhou City	89.45	64.75	12.14	14.39	10.37	2.45
桂林市	Guilin City	80.75	52.73	5.24	14.08	6.63	2.19
梧州市	Wuzhou City	44.91	27.67	3.25	6.05	3.09	1.13
北海市	Beihai City	37.06	24.83	1.19	7.74	2.51	0.72
防城港市	Fangchenggang City	28.30	15.00	1.31	5.72	1.78	0.41
钦州市	Qinzhou City	25.57	11.36	1.84	6.30	1.82	0.51
贵港市	Guigang City	21.69	15.48	2.43	4.77	1.62	0.57
玉林市	Yulin City	48.94	29.77	3.77	7.06	3.84	1.11
百色市	Baise City	39.69	29.33	5.69	6.63	3.12	0.80
贺州市	Hezhou City	14.02	9.19	1.42	2.60	1.08	0.34
河池市	Hechi City	23.36	15.76	3.14	4.63	2.10	0.98
来宾市	Laibin City	25.10	13.21	2.98	3.35	1.70	0.41
崇左市	Chongzuo City	30.23	16.55	3.41	3.24	2.85	0.47
海南省	**Hainan**	**340.12**	**295.69**	**19.61**	**123.48**	**42.91**	**9.75**
海口市	Haikou City	60.93	52.90	3.68	15.85	7.67	2.47
三亚市	Sanya City	50.23	44.59	0.75	17.44	4.78	0.75
重庆市	**Chongqing**	**1488.33**	**881.07**	**81.78**	**343.92**	**115.11**	**34.90**
万州区	Wanzhou District	34.58	20.12	2.62	6.05	3.13	0.75
涪陵区	Fuling District	31.42	19.44	2.97	5.46	2.39	0.53
渝中区	Yuzhong District	50.92	35.46	1.48	13.94	5.20	2.51
大渡口区	Dadukou District	11.33	9.00	0.98	2.28	0.60	0.26
江北区	Jiangbei District	60.44	47.63	2.21	13.64	4.99	1.37

3-6 续表 7 continued

地 区	Region	地方财政一般预算收入(亿元) General Bugetary Revenue (100 million yuan)	#税收收入 Taxes	#国内增值税 Domestic Value-added Tax	#营业税 Business Tax	#企业所得税 Company Income Tax	#个人所得税 Personal Income Tax
沙坪坝区	Shapingba District	40.53	28.53	1.69	8.81	2.13	0.77
九龙坡区	Jiulongpo District	60.07	35.54	3.20	10.04	3.03	1.00
南岸区	Nanan District	55.11	39.71	2.03	9.13	2.41	0.87
北碚区	Beibei District	29.99	18.60	1.01	2.95	0.72	0.33
綦江区	Qijiang District	24.99	13.43	2.65	3.56	1.05	0.32
大足区	Dazu District	21.03	7.73	0.73	2.27	0.66	0.18
渝北区	Yubei District	113.49	85.72	4.87	20.05	9.60	2.12
巴南区	Banan District	29.99	16.02	1.06	4.63	1.02	0.29
黔江区	Qianjiang District	12.62	8.83	1.53	2.52	0.73	0.25
长寿区	Changshou District	24.21	17.13	2.24	4.46	1.17	0.47
江津区	Jiangjin District	28.78	17.94	2.69	3.75	2.64	0.44
合川区	Hechuan District	25.70	13.45	1.26	4.52	1.45	0.50
永川区	Yongchuan District	29.11	15.14	2.45	4.32	1.14	0.49
南川区	Nanchuan District	12.01	8.01	0.69	1.91	0.65	0.15
四川省	**Sichuan**	**2044.79**	**1537.42**	**185.12**	**611.51**	**200.59**	**72.75**
成都市	Chengdu City	680.69	487.17	44.61	161.58	84.88	23.26
自贡市	Zigong City	29.14	19.43	3.08	6.18	1.88	0.58
攀枝花市	Panzhihua City	49.48	35.93	7.93	7.40	4.33	1.64
泸州市	Luzhou City	65.40	48.19	6.63	10.79	10.00	1.39
德阳市	Deyang City	67.09	49.45	9.57	12.86	6.09	1.49
绵阳市	Mianyang City	65.65	47.16	5.21	19.38	4.52	1.72
广元市	Guangyuan City	22.77	16.82	1.48	7.32	1.20	0.37
遂宁市	Suining City	24.01	18.14	1.39	6.42	1.23	0.58
内江市	Neijiang City	25.31	17.07	2.51	5.34	2.10	0.71
乐山市	Leshan City	60.20	40.46	5.95	11.56	5.58	1.49
南充市	Nanchong City	43.29	30.72	1.92	12.14	3.87	0.88
眉山市	Meishan City	34.05	24.77	2.58	7.76	3.41	0.75
宜宾市	Yibin City	67.23	48.23	8.15	10.20	11.98	1.42
广安市	Guangan City	27.78	16.44	2.11	4.17	2.38	0.46
达州市	Dazhou City	41.15	30.42	4.15	9.11	3.65	1.52
雅安市	Yaan City	21.65	18.14	4.45	4.70	1.86	1.08
巴中市	Bazhong City	12.74	9.08	0.63	3.72	0.97	0.46
资阳市	Ziyang City	32.47	20.36	1.54	7.42	2.12	0.65
阿坝藏族羌族自治州	Aba Zang & Qiang A.P	21.01	14.27	2.32	7.41	1.29	0.48
甘孜藏族自治州	Ganzi Zang A.P	20.25	13.14	1.79	5.53	1.40	1.24
凉山彝族自治州	Liangshan Yi A.P	80.04	50.02	8.22	15.33	4.79	1.81
贵州省	**Guizhou**	**773.08**	**518.14**	**76.41**	**181.73**	**70.69**	**33.24**
贵阳市	Guiyang City	187.09	154.40	11.87	59.15	23.34	9.27
六盘水市	Liupanshui City	70.40	42.56	7.43	12.10	3.45	4.46
遵义市	Zunyi City	84.62	61.10	8.86	19.44	4.82	4.54
安顺市	Anshun City	26.51	19.39	2.11	9.05	1.71	1.13
毕节市	Bijie City	80.76	39.14	5.86	10.55	3.06	5.46
铜仁市	Tongren City	28.39	18.74	1.78	6.95	1.43	0.83
黔西南布依族苗族自治州	Southwest Guizhou Buyi & Miao A.P	45.52	26.58	3.42	7.76	3.89	3.83
黔东南苗族侗族自治州	Southeast Guizhou Miao & Dong A.P	45.27	28.79	1.81	9.85	2.13	2.00
黔南布依族苗族自治州	South Guizhou Buyi & Miao A.P	39.20	27.06	2.70	8.98	2.37	1.66

3-6 续表 8 continued

地　区	Region	地方财政一般预算收入（亿元）General Bugetary Revenue (100 million yuan)	#税收收入 Taxes	#国内增值税 Domestic Value-added Tax	#营业税 Business Tax	#企业所得税 Company Income Tax	#个人所得税 Personal Income Tax
云南省	**Yunnan**	**1111.16**	**881.95**	**136.64**	**277.71**	**110.61**	**41.38**
昆明市	Kunming City	317.69	283.04	43.83	99.96	17.46	7.74
曲靖市	Qujing City	88.31	75.57	20.40	20.23	3.19	1.66
玉溪市	Yuxi City	77.25	63.51	18.90	11.78	5.03	1.23
保山市	Baoshan City	28.20	18.42	3.31	7.85	0.92	0.44
昭通市	Zhaotong City	32.59	26.38	6.22	9.27	1.10	0.56
丽江市	Lijiang City	26.26	17.84	2.73	0.73	0.57	0.30
普洱市	Puer City	39.29	31.36	3.17	8.57	0.98	0.55
临沧市	Lincang City	21.39	15.97	3.23	5.24	0.71	0.28
楚雄彝族自治州	Chuxiong Yi A.P	37.58	29.64	5.62	8.36	1.51	0.52
红河哈尼族彝族自治州	Honghe Hani & Yi A.P	72.79	55.98	13.19	16.68	2.77	0.99
文山壮族苗族自治州	Wenshan Zhuang & Miao A.P	27.45	23.53	3.60	8.19	1.04	0.71
西双版纳傣族自治州	Xishuangbanna Dai A.P	17.60	14.30	1.63	7.59	0.73	0.23
大理白族自治州	Dali Bai A.P	45.95	35.63	6.32	12.17	1.58	0.70
德宏傣族景颇族自治州	Dehong Dai & Jingpo A.P	18.91	13.13	2.45	5.88	0.52	0.28
怒江傈僳族自治州	Nujiang Lisu A.P	6.66	4.47	0.83	1.84	0.18	0.11
迪庆藏族自治州	Diqing Zang A.P	8.60	6.49	1.21	3.19	0.38	0.22
西藏自治区	**Tibet A.R.**	**54.76**	**45.83**	**5.18**	**16.00**	**11.25**	**8.10**
拉萨市	Lhasa City	23.43	21.40	3.12	7.97	4.01	3.50
昌都地区	Qamdu Prefecture	3.54	2.14	0.32	1.24	0.20	0.06
山南地区	Lhokha Prefecture	4.95	3.79	0.69	1.72	0.72	0.11
日喀则地区	Xigaze Prefecture	4.42	3.08	0.44	1.74	0.32	0.16
那曲地区	Narqu Prefecture	2.39	1.83	0.33	0.89	0.27	0.03
阿里地区	Ngri Prefecture	1.29	0.85	0.07	0.50	0.06	0.10
林芝地区	Nyingchi Prefecture	11.71	10.43	0.21	0.95	4.76	4.14
其他	Others						
陕西省	**Shaanxi**	**1500.18**	**933.84**	**176.05**	**332.88**	**124.13**	**44.42**
西安市	Xi'an City	318.55	261.51	25.32	108.35	24.95	9.79
铜川市	Tongchuan City	18.89	10.18	2.81	2.69	0.68	0.30
宝鸡市	Baoji City	51.44	36.02	6.64	10.82	2.79	0.72
咸阳市	Xianyang City	58.56	41.36	7.63	14.15	4.25	0.99
渭南市	Weinan City	44.30	30.03	6.68	9.20	1.87	0.68
延安市	Yan'an City	120.73	62.93	19.19	10.14	6.40	1.34
汉中市	Hanzhong City	23.55	18.81	2.75	8.26	0.75	0.50
榆林市	Yulin City	180.25	141.41	45.09	24.29	19.35	7.01
安康市	Ankang City	17.34	12.93	1.62	6.22	0.56	0.36
商洛市	Shangluo City	16.49	10.50	1.00	3.68	0.36	0.44
杨凌示范区	Yangling Demonstration Zone	3.54	3.07	0.25	1.03	0.12	0.07
甘肃省	**Gansu**	**450.12**	**284.04**	**48.95**	**110.05**	**28.59**	**14.06**
兰州市	Lanzhou City	86.49	69.97	9.65	22.56	6.39	2.54
嘉峪关市	Jiayuguan City	11.01	9.99	2.36	2.58	0.84	0.29
金昌市	Jinchang City	11.38	9.63	1.87	2.37	0.35	0.22
白银市	Baiyin City	17.12	12.64	2.74	3.36	1.08	0.65
天水市	Tianshui City	18.63	12.52	2.52	4.28	0.48	0.32

地　　区	Region	地方财政一般预算收入(亿元) General Bugetary Revenue (100 million yuan)	#税收收入 Taxes	#国　内增值税 Domestic Value-added Tax	#营业税 Business Tax	#企业所得税 Company Income Tax	#个人所得税 Personal Income Tax
武威市	Wuwei City	10.17	6.90	1.50	2.62	0.43	0.28
张掖市	Zhangye City	10.27	7.72	1.45	3.13	0.58	0.32
平凉市	Pingliang City	28.59	12.73	4.13	3.31	0.77	0.30
酒泉市	Jiuquan City	16.50	10.58	1.26	4.23	0.75	0.43
庆阳市	Qingyang City	44.34	25.17	5.06	4.82	0.27	0.73
定西市	Dingxi City	10.00	6.96	0.93	3.30	0.29	0.22
陇南市	Longnan City	13.06	9.07	2.02	3.63	0.44	0.32
临夏回族自治州	Linxia Hui A.P	6.84	4.39	0.97	1.75	0.31	0.17
甘南藏族自治州	Gannan Zang A.P	5.42	2.81	0.44	1.54	0.26	0.13
青海省	**Qinghai**	**151.81**	**119.85**	**22.93**	**45.66**	**14.62**	**4.45**
西宁市	Xining City	45.25	40.20	4.38	19.58	4.49	2.05
海东地区	Haidong Prefecture	7.34	5.88	0.67	3.23	0.52	0.20
海北藏族自治州	Haibei Zang A.P	3.75	3.28	0.34	1.73	0.43	0.12
黄南藏族自治州	Huangnan Zang AP	1.50	1.04	0.23	0.39	0.05	0.05
海南藏族自治州	Hainan Zang A.P	3.73	2.92	0.36	1.50	0.19	0.10
果洛藏族自治州	Golog Zang A.P	1.26	0.89	0.35	0.35	0.00	0.03
玉树藏族自治州	Yushu Zang A.P	2.06	1.71	0.06	1.46	0.00	0.06
海西蒙古族藏族自治州	Haixi Mongolian & Zang A.P	39.15	34.56	5.17	7.46	6.87	1.83
宁夏回族自治区	**Ningxia**	**219.98**	**177.13**	**24.40**	**80.11**	**24.17**	**7.50**
银川市	Yinchuan City	96.62	82.48	6.22	43.69	8.41	2.43
石嘴山市	Shizuishan City	26.38	21.14	4.53	8.08	1.57	0.57
吴忠市	Wuzhong City	21.91	17.29	2.92	8.40	0.95	0.41
固原市	Guyuan City	7.98	6.18	0.55	4.03	0.24	0.14
中卫市	Zhongwei City	12.45	9.88	1.50	5.54	0.62	0.20
新疆维吾尔自治区	**Xinjiang**	**720.43**	**593.41**	**96.70**	**209.84**	**63.43**	**38.34**
乌鲁木齐市	Urumqi City	206.20	182.82	18.67	80.74	25.37	12.84
克拉玛依市	Karamay City	50.97	45.88	17.29	9.05	3.23	3.43
吐鲁番地区	Turpan Prefecture	20.36	17.55	3.92	5.73	2.22	1.55
哈密地区	Hami Prefecture	23.52	21.18	3.10	10.25	2.07	1.18
昌吉回族自治州	Changji Hui A.P	48.22	42.30	6.15	17.54	4.03	3.33
博尔塔拉蒙古自治州	Bortala Mongolian A.P	8.21	6.32	0.47	3.39	0.60	0.55
巴音郭楞蒙古自治州	Bayingolin Mongolian A.P	49.13	43.10	7.07	15.46	4.58	2.75
阿克苏地区	Aksu Prefecture	62.11	55.64	20.35	12.20	3.70	2.04
克孜勒苏柯尔克孜自治州	Kizilsu Kirgiz A.P	5.52	3.90	0.45	2.06	0.16	0.37
喀什地区	Kashi Prefecture	28.75	21.94	1.94	10.46	2.00	2.29
和田地区	Hotan Prefecture	9.32	6.93	0.51	3.88	0.39	0.76
伊犁哈萨克自治州	Ili Kazak A.P	44.65	36.82	4.61	16.39	3.75	2.45
塔城地区	Tacheng Prefecture	25.79	21.79	5.87	6.63	1.69	1.89
阿勒泰地区	Altay Prefecture	20.00	16.48	2.90	5.18	3.23	1.12
石河子市	Shihezi City	19.28	17.14	3.00	5.71	2.53	1.14
阿拉尔市	Alar City	2.67	2.51	0.14	1.33	0.23	0.28
图木舒克市	Tumxuk City	1.07	0.92	0.05	0.57	0.08	0.09
五家渠市	Wujiaqu City	3.77	3.58	0.21	1.85	0.30	0.27
生产建设兵团	Corps						

3-7 财政支出(2011年)
Government Expenditure (2011)

地 区	Region	地方财政一般预算支出(亿元) General Bugetary Expenditure (100 million yuan)	#教 育 Expenditure for Education	#社会保障和就业 Expenditure for Social Safety Net and Employment Effort	#医疗卫生 Expenditure for Medical and Health Care	#农林水利事务 Expenditure for Agriculture, Forestry and Water Conservancy
北京市	**Beijing**	**3245.23**	**520.08**	**354.88**	**225.49**	**187.34**
东城区	Dongcheng District	135.87	28.82	28.11	8.58	0.01
西城区	Xicheng District	231.15	38.68	31.15	11.94	0.02
朝阳区	Chaoyang District	215.08	47.05	39.42	18.78	16.45
丰台区	Fengtai District	107.21	18.18	19.55	8.24	4.56
石景山区	Shijingshan District	45.87	7.12	9.52	2.76	1.87
海淀区	Haidian District	244.11	44.58	37.83	14.16	8.94
门头沟区	Mentougou District	54.96	7.27	7.35	2.34	7.15
房山区	Fangshan District	116.91	15.22	16.31	9.75	13.35
通州区	Tongzhou District	81.29	11.96	12.46	7.10	9.03
顺义区	Shunyi District	124.51	16.04	15.51	8.59	14.38
昌平区	Changping District	83.20	12.54	13.86	5.96	12.12
大兴区	Daxing District	90.97	16.29	10.84	7.05	14.07
怀柔区	Huairou District	70.37	8.54	6.67	8.02	9.66
平谷区	Pinggu District	58.14	8.75	7.77	4.42	8.22
密云县	Miyun County	70.31	8.82	7.71	9.44	14.04
延庆县	Yanqing County	51.01	7.50	7.66	4.41	9.36
北京经济技术开发区	Beijing Economic-technological Development Zones					
其他	Others					
天津市	**Tianjin**	**1796.33**	**302.32**	**168.34**	**90.53**	**91.78**
和平区	Heping District	38.84	12.60	2.47	2.36	
河东区	Hedong District	30.10	8.75	4.26	2.54	
河西区	Hexi District	31.65	10.33	2.76	2.46	
南开区	Nankai District	32.31	10.06	3.36	2.97	
河北区	Hebei District	30.66	8.21	3.54	3.10	
红桥区	Hongqiao District	20.74	7.36	2.33	1.93	
东丽区	Dongli District	49.77	9.24	3.56	3.40	1.13
西青区	Xiqing District	51.56	9.26	3.07	3.35	2.03
津南区	Jinnan District	42.05	8.63	1.52	2.35	1.65
北辰区	Beichen District	34.73	8.39	2.03	2.78	2.19
武清区	Wuqing District	59.48	18.05	3.44	3.24	4.04
宝坻区	Baodi District	41.73	13.33	2.82	2.25	4.27
滨海新区	Binhai New Area	429.99	46.17	7.05	12.01	4.46
宁河县	Ninghe County	23.17	5.78	1.58	1.88	1.55
静海县	Jinghai County	37.80	7.79	3.88	2.65	2.45
蓟县	Ji County	28.79	10.24	3.36	3.03	2.89
其他	Others					
河北省	**Hebei**	**3537.39**	**652.11**	**426.23**	**302.75**	**366.10**
石家庄市	Shijiazhuang City	403.54	87.52	29.30	39.60	33.14
唐山市	Tangshan City	441.68	78.30	50.04	40.92	41.00
秦皇岛市	Qinhuangdao City	168.62	25.54	16.84	14.50	16.49
邯郸市	Handan City	328.63	70.13	32.52	31.64	31.85
邢台市	Xingtai City	214.61	50.25	17.53	22.67	25.43
保定市	Baoding City	332.67	65.86	41.28	35.30	32.17
张家口市	Zhangjiakou City	231.52	40.61	30.71	20.19	23.15
承德市	Chengde City	192.36	38.80	18.06	16.93	25.10
沧州市	Cangzhou City	264.35	54.38	20.95	28.65	27.13
廊坊市	Langfang City	227.95	43.43	20.01	16.23	19.14
衡水市	Hengshui City	137.42	29.82	12.76	15.77	16.62

地 区	Region	地方财政一般预算支出(亿元) General Bugetary Expenditure (100 million yuan)	#教 育 Expenditure for Education	#社会保障和就业 Expenditure for Social Safety Net and Employment Effort	#医疗卫生 Expenditure for Medical and Health Care	#农林水利事务 Expenditure for Agriculture, Forestry and Water Conservancy
山西省	**Shanxi**	**2363.85**	**421.79**	**321.60**	**159.62**	**241.45**
太原市	Taiyuan City	239.31	44.78	32.15	14.08	11.24
大同市	Datong City	169.21	34.00	21.29	10.50	14.10
阳泉市	Yangquan City	71.70	15.67	8.05	5.50	5.00
长治市	Changzhi City	176.03	32.85	18.49	14.62	20.97
晋城市	Jincheng City	113.24	23.82	13.55	9.40	13.35
朔州市	Shuozhou City	115.42	20.30	9.75	6.86	12.12
晋中市	Jinzhong City	152.21	32.11	21.75	12.35	17.97
运城市	Yuncheng City	165.77	37.56	23.47	16.70	22.60
忻州市	Xinzhou City	152.21	32.84	23.86	13.38	18.27
临汾市	Linfen City	187.13	36.08	28.88	17.46	21.96
吕梁市	Luliang City	189.76	42.85	16.65	16.68	21.37
其他	Others	631.85	68.92	103.71	22.11	62.50
内蒙古自治区	**Inner Mongolia**	**2989.21**	**390.69**	**363.97**	**164.59**	**391.68**
呼和浩特市	Hohhot City	255.39	31.69	28.81	13.22	22.00
包头市	Baotou City	251.27	36.53	33.73	10.39	21.42
乌海市	Wuhai City	71.11	7.95	8.47	5.08	7.49
赤峰市	Chifeng City	272.20	57.81	33.88	20.56	42.96
通辽市	Tongliao City	213.52	34.45	27.69	15.79	37.03
鄂尔多斯市	Erdos City	446.62	48.96	39.19	25.50	59.11
呼伦贝尔市	Hulunbuir City	254.98	36.58	38.58	17.54	42.26
巴彦淖尔市	Bayannur City	154.66	19.13	23.05	10.14	30.06
乌兰察布市	Ulanqab City	186.37	23.39	29.18	15.76	30.24
兴安盟	Xingan League	123.82	19.85	16.82	8.37	26.61
锡林郭勒盟	Xilingol League	145.66	17.03	16.95	8.03	27.76
阿拉善盟	Alxa League	64.34	6.37	3.39	3.31	13.91
辽宁省	**Liaoning**	**3905.85**	**544.09**	**657.36**	**182.07**	**329.20**
沈阳市	Shenyang City	639.29	95.90	109.44	32.47	29.60
大连市	Dalian City	734.94	96.85	109.22	33.71	44.31
鞍山市	Anshan City	232.07	33.48	44.46	12.30	11.89
抚顺市	Fushun City	165.33	24.14	41.98	6.91	11.90
本溪市	Benxi City	139.64	17.93	25.59	5.63	9.63
丹东市	Dandong City	157.33	22.75	28.74	7.60	18.57
锦州市	Jinzhou City	157.36	22.67	33.77	8.99	21.22
营口市	Yingkou City	183.16	25.33	30.89	11.67	11.79
阜新市	Fuxin City	128.36	15.27	29.38	7.32	11.65
辽阳市	Liaoyang City	123.10	16.53	22.22	6.48	7.92
盘锦市	Panjin City	144.13	15.29	18.81	5.32	13.91
铁岭市	Tieling City	167.82	24.84	18.55	8.90	17.59
朝阳市	Chaoyang City	173.14	22.23	34.85	13.01	23.08
葫芦岛市	Huludao City	146.79	17.57	27.80	8.30	17.41

3-7 续表 2 continued

地 区	Region	地方财政一般预算支出(亿元) General Bugetary Expenditure (100 million yuan)	#教 育 Expenditure for Education	#社会保障和就业 Expenditure for Social Safety Net and Employment Effort	#医疗卫生 Expenditure for Medical and Health Care	#农林水利事务 Expenditure for Agriculture, Forestry and Water Conservancy
吉林省	**Jilin**	**2201.74**	**319.82**	**298.99**	**143.87**	**255.57**
长春市	Changchun City	518.68	72.15	69.01	34.09	34.17
吉林市	Jilin City	251.57	40.61	43.68	22.69	20.89
四平市	Siping City	139.83	24.16	27.57	13.32	18.01
辽源市	Liaoyuan City	68.83	11.43	14.57	5.53	6.55
通化市	Tonghua City	140.63	19.50	23.41	9.98	17.65
白山市	Baishan City	127.38	14.82	22.29	9.13	12.32
松原市	Songyuan City	122.27	19.87	16.82	10.05	17.68
白城市	Baicheng City	115.05	17.86	20.04	10.85	18.63
延边朝鲜族自治州	Yanbian Korean A.P	187.62	29.21	26.13	11.57	21.40
黑龙江省	**Heilongjiang**	**2794.08**	**373.83**	**392.05**	**170.78**	**355.98**
哈尔滨市	Harbin City	557.14	84.88	84.55	40.07	62.63
齐齐哈尔市	Qiqihar City	240.25	39.01	40.91	19.67	41.83
鸡西市	Jixi City	104.88	15.31	20.17	7.48	12.50
鹤岗市	Hegang City	61.81	9.81	6.83	6.33	6.90
双鸭山市	Shuangyashan City	81.85	13.77	12.43	5.80	10.21
大庆市	Daqing City	217.02	30.76	22.36	13.32	20.95
伊春市	Yichun City	78.89	8.78	20.40	5.14	10.65
佳木斯市	Jiamusi City	142.30	22.59	21.51	11.47	26.83
七台河市	Qitaihe City	54.13	8.28	7.81	4.04	5.24
牡丹江市	Mudanjiang City	162.90	20.39	24.62	10.63	16.95
黑河市	Heihe City	94.64	13.55	10.96	7.19	21.73
绥化市	Suihua City	198.54	30.11	28.06	17.99	39.75
大兴安岭地区	Daxing'anling Prefecture	44.59	3.67	6.97	2.32	5.24
农垦总局	Agriculture Reclamation Bureau					
其他	Others					
上海市	**Shanghai**	**3914.88**	**549.24**	**417.50**	**190.03**	**161.54**
黄浦区	Huangpu District					
卢湾区	Luwan District					
徐汇区	Xuhui District					
长宁区	Changning District					
静安区	Jingan District					
普陀区	Putuo District					
闸北区	Zhabei District					
虹口区	Hongkou District					
杨浦区	Yangpu District					
闵行区	Minhang District					
宝山区	Baoshan District					
嘉定区	Jiading District					
浦东新区	Pudong New District					
金山区	Jinshan District					
松江区	Songjiang District					
青浦区	Qingpu District					
奉贤区	Fengxian District					
崇明县	Chongming County					
其他	Others					

地　区	Region	地方财政一般预算支出(亿元) General Bugetary Expenditure (100 million yuan)	#教　育 Expenditure for Education	#社会保障和就业 Expenditure for Social Safety Net and Employment Effort	#医疗卫生 Expenditure for Medical and Health Care	#农林水利事务 Expenditure for Agriculture, Forestry and Water Conservancy
江苏省	**Jiangsu**	**6221.72**	**1093.22**	**481.65**	**349.86**	**618.13**
南京市	Nanjing City	666.21	95.30	56.58	39.19	44.08
无锡市	Wuxi City	592.67	102.89	43.33	30.75	37.21
徐州市	Xuzhou City	454.24	90.17	46.44	33.45	61.77
常州市	Changzhou City	361.81	54.92	36.36	19.69	25.66
苏州市	Suzhou City	1002.63	151.27	84.63	46.06	78.62
南通市	Nantong City	419.45	89.03	35.45	28.52	49.72
连云港市	Lianyungang City	274.63	42.65	17.40	14.67	35.67
淮安市	Huaian City	296.68	53.24	28.24	20.07	38.71
盐城市	Yancheng City	407.22	78.06	33.27	29.30	51.19
扬州市	Yangzhou City	264.37	46.81	19.93	15.10	32.61
镇江市	Zhenjiang City	202.90	33.28	13.02	12.20	18.24
泰州市	Taizhou City	262.02	42.96	22.05	17.26	30.62
宿迁市	Suqian City	221.24	48.93	24.08	14.22	36.79
浙江省	**Zhejiang**	**3842.59**	**751.42**	**291.82**	**278.98**	**373.32**
杭州市	Hangzhou City	747.50	132.05	77.54	51.35	39.23
宁波市	Ningbo City	750.72	117.67	58.63	47.18	57.94
温州市	Wenzhou City	370.44	93.59	24.13	32.61	39.54
嘉兴市	Jiaxing City	240.61	55.60	19.12	15.42	18.86
湖州市	Huzhou City	151.73	32.11	10.39	10.47	13.37
绍兴市	Shaoxing City	253.31	56.13	18.53	19.08	24.66
金华市	Jinhua City	235.08	59.17	19.02	20.77	23.83
衢州市	Quzhou City	125.44	27.08	10.12	9.94	16.04
舟山市	Zhoushan City	148.10	16.27	6.20	9.19	35.75
台州市	Taizhou City	265.53	62.31	21.71	16.78	37.34
丽水市	Lishui City	154.40	28.37	11.21	14.10	23.72
安徽省	**Anhui**	**3302.99**	**564.71**	**392.98**	**277.23**	**351.87**
合肥市	Hefei City	474.89	67.11	38.43	30.89	33.95
芜湖市	Wuhu City	238.18	35.66	22.03	15.64	20.05
蚌埠市	Bengbu City	141.21	24.98	16.35	13.64	15.03
淮南市	Huainan City	109.64	19.59	13.32	9.00	9.55
马鞍山市	Maanshan City	138.29	25.01	12.77	11.04	11.70
淮北市	Huaibei City	87.29	16.80	10.24	7.89	6.81
铜陵市	Tongling City	70.66	8.08	7.54	3.86	2.37
安庆市	Anqing City	214.89	49.64	23.90	23.73	28.75
黄山市	Huangshan City	96.22	10.61	12.04	8.28	12.27
滁州市	Chuzhou City	183.25	29.70	19.64	16.99	34.64
阜阳市	Fuyang City	216.56	47.35	32.41	30.64	26.56
宿州市	Suzhou City	157.03	40.40	12.61	20.62	23.52
六安市	Liuan City	209.70	45.86	19.33	25.09	35.16
亳州市	Bozhou City	138.62	29.61	19.49	20.37	17.57
池州市	Chizhou City	88.11	14.32	8.66	7.36	11.46
宣城市	Xuancheng City	142.18	28.57	12.50	13.27	20.41
其他	Others					

地　区	Region	地方财政一般预算支出(亿元) General Bugetary Expenditure (100 million yuan)	#教　育 Expenditure for Education	#社会保障和就业 Expenditure for Social Safety Net and Employment Effort	#医疗卫生 Expenditure for Medical and Health Care	#农林水利事务 Expenditure for Agriculture, Forestry and Water Conservancy
福建省	**Fujian**	**2198.18**	**406.73**	**184.92**	**159.30**	**207.89**
福州市	Fuzhou City	363.30	71.38	36.27	27.67	29.14
厦门市	Xiamen City	398.37	58.37	27.34	19.55	11.55
莆田市	Putian City	95.41	29.32	8.28	9.83	9.82
三明市	Sanming City	120.85	28.57	10.31	10.23	21.37
泉州市	Quanzhou City	296.99	70.05	22.49	23.76	30.17
漳州市	Zhangzhou City	182.43	33.49	19.03	15.73	24.67
南平市	Nanping City	116.32	20.99	12.82	10.59	17.14
龙岩市	Longyan City	137.73	28.55	14.70	12.00	16.49
宁德市	Ningde City	114.07	27.49	11.89	10.71	16.34
江西省	**Jiangxi**	**2534.60**	**474.43**	**272.75**	**196.32**	**287.99**
南昌市	Nanchang City	298.80	51.13	33.91	25.99	21.40
景德镇市	Jingdezhen City	98.74	14.82	14.11	6.81	10.35
萍乡市	Pingxiang City	108.71	16.26	13.86	9.05	10.16
九江市	Jiujiang City	225.22	41.24	28.54	20.90	30.88
新余市	Xinyu City	102.69	14.52	8.59	5.23	6.91
鹰潭市	Yingtan City	68.12	10.12	7.59	5.10	5.74
赣州市	Ganzhou City	311.84	61.68	48.59	32.07	41.17
吉安市	Jian City	197.22	38.04	21.90	19.33	32.69
宜春市	Yichun City	215.22	42.64	32.28	19.76	34.97
抚州市	Fuzhou City	178.67	31.51	19.81	16.99	29.18
上饶市	Shangrao City	240.60	51.99	31.09	27.06	35.13
山东省	**Shandong**	**5002.07**	**1047.90**	**501.54**	**360.36**	**564.00**
济南市	Jinan City	396.88	65.29	49.46	27.07	25.36
青岛市	Qingdao City	658.06	112.64	47.82	29.62	38.12
淄博市	Zibo City	253.19	61.34	27.57	16.26	24.28
枣庄市	Zaozhuang City	160.34	34.19	15.90	13.61	13.59
东营市	Dongying City	179.80	38.47	10.22	9.91	24.56
烟台市	Yantai City	407.53	76.69	57.11	31.72	53.03
潍坊市	Weifang City	358.26	95.97	25.86	26.18	38.80
济宁市	Jining City	300.39	75.33	23.47	29.13	31.00
泰安市	Taian City	208.37	40.68	24.79	19.92	25.97
威海市	Weihai City	200.59	39.28	28.10	10.89	30.67
日照市	Rizhao City	124.35	27.73	13.13	10.73	19.71
莱芜市	Laiwu City	59.23	15.15	6.49	4.16	6.14
临沂市	Linyi City	284.89	72.32	34.95	34.45	31.45
德州市	Dezhou City	191.28	41.77	21.49	18.24	26.11
聊城市	Liaocheng City	173.47	41.64	18.17	18.82	22.04
滨州市	Binzhou City	201.17	43.88	27.10	15.01	26.63
菏泽市	Heze City	231.55	54.97	30.70	27.47	29.59
河南省	**Henan**	**4248.82**	**857.14**	**547.96**	**361.48**	**480.48**
郑州市	Zhengzhou City	566.58	91.95	49.17	35.04	40.12
开封市	Kaifeng City	144.99	28.07	21.26	16.43	15.48
洛阳市	Luoyang City	296.90	63.33	26.93	24.60	26.07
平顶山市	Pingdingshan City	175.17	33.97	22.65	17.99	18.08
安阳市	Anyang City	174.54	42.14	15.95	19.60	17.32
鹤壁市	Hebi City	74.25	14.51	8.42	5.56	6.72
新乡市	Xinxiang City	201.32	45.72	18.65	18.69	21.05

地　区	Region	地方财政一般预算支出(亿元) General Bugetary Expenditure (100 million yuan)	#教　育 Expenditure for Education	#社会保障和就业 Expenditure for Social Safety Net and Employment Effort	#医疗卫生 Expenditure for Medical and Health Care	#农林水利事务 Expenditure for Agriculture, Forestry and Water Conservancy
焦作市	Jiaozuo City	144.80	24.91	14.62	13.38	12.66
濮阳市	Puyang City	118.45	28.50	18.64	12.94	14.63
许昌市	Xuchang City	150.31	34.33	14.86	13.28	14.15
漯河市	Luohe City	87.48	16.23	10.99	9.19	7.16
三门峡市	Sanmenxia City	118.61	24.88	11.26	8.77	11.94
南阳市	Nanyang City	309.65	65.77	38.02	31.74	36.59
商丘市	Shangqiu City	229.04	61.60	31.26	24.79	22.74
信阳市	Xinyang City	222.80	58.29	26.82	20.32	29.21
周口市	Zhoukou City	244.83	61.09	31.46	32.92	23.43
驻马店市	Zhumadian City	212.60	48.92	30.20	25.56	24.00
济源市	Jiyuan City	39.89	7.60	4.11	2.63	5.57
湖北省	**Hubei**	**3214.74**	**488.16**	**449.29**	**247.30**	**376.23**
武汉市	Wuhan City	765.04	85.32	108.74	56.62	41.26
黄石市	Huangshi City	128.69	17.09	20.53	10.83	11.75
十堰市	Shiyan City	185.09	21.85	27.33	14.26	28.41
宜昌市	Yichang City	241.13	32.77	27.74	18.60	28.49
襄阳市	Xiangyang City	248.14	40.51	37.18	17.87	41.10
鄂州市	Ezhou City	56.66	7.99	6.52	3.76	5.36
荆门市	Jingmen City	125.34	13.90	18.13	10.10	23.32
孝感市	Xiaogan City	172.61	24.12	17.88	11.34	7.92
荆州市	Jingzhou City	197.18	23.01	26.32	14.27	11.71
黄冈市	Huanggang City	225.54	44.07	33.66	20.58	38.91
咸宁市	Xianning City	127.07	15.63	15.03	9.82	19.59
随州市	Suizhou City	72.34	11.43	11.54	8.12	15.32
恩施土家族苗族自治州	Enshi Tujia & Miao A.P	160.14	23.62	15.77	14.63	25.50
仙桃市	Xiantao City	42.34	7.41	5.35	4.45	6.92
潜江市	Qianjiang City	37.68	4.86	5.93	3.38	5.61
天门市	Tianmen City	38.51	6.65	5.50	4.54	5.96
神农架林区	Shennongjia Forest District	12.76	0.70	1.11	0.64	1.66
湖南省	**Hunan**	**3520.76**	**540.83**	**484.44**	**256.76**	**394.26**
长沙市	Changsha City	520.89	72.37	51.94	26.48	30.28
株洲市	Zhuzhou City	191.90	26.27	27.17	14.53	12.01
湘潭市	Xiangtan City	133.69	19.39	21.22	10.22	10.10
衡阳市	Hengyang City	259.93	36.64	45.26	24.08	22.31
邵阳市	Shaoyang City	195.11	33.22	36.63	23.62	21.52
岳阳市	Yueyang City	205.82	33.01	36.81	19.00	20.28
常德市	Changde City	222.79	34.97	45.31	20.55	24.98
张家界市	Zhangjiajie City	68.37	9.49	10.72	5.69	8.54
益阳市	Yiyang City	143.08	24.34	28.48	16.89	16.11
郴州市	Chenzhou City	219.88	42.04	31.59	16.60	22.60
永州市	Yongzhou City	181.40	40.04	32.65	20.36	20.67
怀化市	Huaihua City	181.00	29.40	31.65	16.96	20.80
娄底市	Loudi City	131.37	21.20	20.10	13.81	11.88
湘西土家族苗族自治州	West Hunan Tujia & Miao A.P	126.03	18.18	20.75	12.97	15.25

地 区	Region	地方财政一般预算支出(亿元) General Bugetary Expenditure (100 million yuan)	#教 育 Expenditure for Education	#社会保障和就业 Expenditure for Social Safety Net and Employment Effort	#医疗卫生 Expenditure for Medical and Health Care	#农林水利事务 Expenditure for Agriculture, Forestry and Water Conservancy
广东省	**Guangdong**	**6712.40**	**1227.87**	**548.65**	**433.75**	**420.34**
广州市	Guangzhou City	1181.25	175.33	132.48	67.67	53.84
韶关市	Shaoguan City	128.56	24.04	15.39	13.04	14.16
深圳市	Shenzhen City	1590.56	196.79	51.89	78.69	29.76
珠海市	Zhuhai City	190.37	31.55	16.58	7.42	7.56
汕头市	Shantou City	151.66	38.20	16.08	16.54	14.18
佛山市	Foshan City	388.68	83.46	27.76	20.03	26.29
江门市	Jiangmen City	165.30	35.46	22.06	12.84	16.14
湛江市	Zhanjiang City	186.81	43.64	25.84	25.72	23.07
茂名市	Maoming City	161.79	45.86	21.35	18.87	16.92
肇庆市	Zhaoqing City	157.01	35.03	16.84	13.69	13.95
惠州市	Huizhou City	227.21	45.03	18.94	18.09	19.18
梅州市	Meizhou City	148.21	33.78	22.82	16.65	19.18
汕尾市	Shanwei City	74.37	18.95	10.37	7.72	6.78
河源市	Heyuan City	110.04	25.09	15.39	10.93	15.74
阳江市	Yangjiang City	81.05	16.09	9.62	9.07	14.13
清远市	Qingyuan City	157.76	34.65	15.10	15.94	15.69
东莞市	Dongguan City	351.92	83.23	24.38	13.79	18.04
中山市	ZhongShan City	192.67	53.62	15.02	6.67	21.42
潮州市	Chaozhou City	63.50	13.09	9.34	8.13	7.40
揭阳市	Jieyang City	123.92	33.06	13.85	16.16	12.65
云浮市	Yunfu City	77.18	17.22	9.31	8.73	7.73
广西壮族自治区	**Guangxi**	**2545.28**	**456.89**	**250.64**	**232.88**	**314.86**
南宁市	Nanning City	302.31	53.55	32.05	28.14	27.07
柳州市	Liuzhou City	184.29	34.45	18.03	16.06	16.11
桂林市	Guilin City	232.67	39.84	18.52	22.45	40.43
梧州市	Wuzhou City	119.00	27.31	10.41	12.71	16.25
北海市	Beihai City	84.71	14.31	3.76	7.37	15.10
防城港市	Fangchenggang City	60.77	8.15	9.04	4.53	7.78
钦州市	Qinzhou City	96.63	23.79	10.65	13.19	13.12
贵港市	Guigang City	106.07	29.10	8.48	15.44	13.66
玉林市	Yulin City	159.73	40.02	17.16	22.42	18.74
百色市	Baise City	162.89	32.74	19.86	17.99	21.45
贺州市	Hezhou City	78.95	16.27	6.63	9.42	11.70
河池市	Hechi City	141.94	29.18	15.32	18.17	18.78
来宾市	Laibin City	100.17	21.21	7.24	10.45	14.00
崇左市	Chongzuo City	103.10	20.33	12.87	10.19	11.28
海南省	**Hainan**	**778.80**	**127.27**	**94.04**	**50.30**	**105.63**
海口市	Haikou City	99.43	17.85	11.79	7.91	8.37
三亚市	Sanya City	71.58	9.88	4.42	3.65	9.22
重庆市	**Chongqing**	**2570.24**	**318.70**	**338.76**	**143.70**	**198.91**
万州区	Wanzhou District	74.89	11.42	12.29	6.01	7.03
涪陵区	Fuling District	64.04	9.07	7.43	4.86	6.20
渝中区	Yuzhong District	66.45	7.58	8.87	2.26	0.03
大渡口区	Dadukou District	19.74	3.51	2.69	1.17	0.45
江北区	Jiangbei District	77.29	10.46	5.79	2.34	2.01

地 区	Region	地方财政一般预算支出(亿元) General Bugetary Expenditure (100 million yuan)	#教 育 Expenditure for Education	#社会保障和就业 Expenditure for Social Safety Net and Employment Effort	#医疗卫生 Expenditure for Medical and Health Care	#农林水利事务 Expenditure for Agriculture, Forestry and Water Conservancy
沙坪坝区	Shapingba District	49.95	6.64	6.77	2.79	1.71
九龙坡区	Jiulongpo District	77.14	10.47	6.82	2.95	0.90
南岸区	Nanan District	66.97	9.80	7.18	4.69	1.63
北碚区	Beibei District	39.81	6.15	4.66	2.37	5.37
綦江区	Qijiang District	57.45	9.10	7.22	4.71	6.41
大足区	Dazu District	43.54	6.49	4.61	3.76	5.18
渝北区	Yubei District	127.58	9.39	7.67	4.47	5.20
巴南区	Banan District	55.11	9.14	7.90	2.96	4.46
黔江区	Qianjiang District	36.77	5.75	3.46	2.41	6.08
长寿区	Changshou District	43.87	6.09	6.00	3.26	5.59
江津区	Jiangjin District	59.70	10.07	8.68	5.40	6.26
合川区	Hechuan District	46.10	7.72	10.43	5.86	4.87
永川区	Yongchuan District	53.27	11.18	6.34	4.97	4.95
南川区	Nanchuan District	31.27	4.75	3.52	2.57	4.68
四川省	**Sichuan**	**4674.92**	**684.66**	**645.79**	**372.96**	**545.70**
成都市	Chengdu City	857.87	117.84	49.80	49.87	56.71
自贡市	Zigong City	106.04	14.07	19.28	11.16	13.26
攀枝花市	Panzhihua City	92.30	18.08	8.00	6.49	8.78
泸州市	Luzhou City	170.74	33.46	24.99	16.86	25.29
德阳市	Deyang City	153.23	20.89	21.19	14.36	14.54
绵阳市	Mianyang City	213.58	31.20	27.07	18.80	21.59
广元市	Guangyuan City	137.42	21.66	21.26	12.00	20.44
遂宁市	Suining City	110.00	19.05	19.22	12.56	14.58
内江市	Neijiang City	122.03	17.78	20.85	14.66	15.97
乐山市	Leshan City	144.15	20.11	24.10	14.45	16.44
南充市	Nanchong City	234.42	46.00	36.42	27.19	30.79
眉山市	Meishan City	118.89	17.69	17.12	12.96	17.53
宜宾市	Yibin City	179.39	34.23	17.78	21.28	22.53
广安市	Guangan City	125.83	24.74	17.98	17.20	18.06
达州市	Dazhou City	200.17	35.02	37.24	22.81	27.25
雅安市	Yaan City	81.03	9.11	11.57	7.98	10.29
巴中市	Bazhong City	136.72	21.53	27.59	14.18	18.79
资阳市	Ziyang City	130.02	22.79	22.13	16.17	20.66
阿坝藏族羌族自治州	Aba Zang & Qiang A.P	138.35	15.48	7.56	9.71	20.67
甘孜藏族自治州	Ganzi Zang A.P	169.20	19.74	16.70	12.50	24.53
凉山彝族自治州	Liangshan Yi A.P	250.12	40.39	30.17	23.79	38.83
贵州省	**Guizhou**	**2249.40**	**376.86**	**194.78**	**173.26**	**278.47**
贵阳市	Guiyang City	277.38	48.38	20.03	17.87	19.53
六盘水市	Liupanshui City	146.37	28.78	13.30	10.60	15.57
遵义市	Zunyi City	256.36	54.68	23.15	29.63	36.72
安顺市	Anshun City	101.02	18.77	12.15	10.73	13.51
毕节市	Bijie City	249.28	57.16	23.79	23.63	35.76
铜仁市	Tongren City	163.04	30.79	18.45	17.98	28.13
黔西南布依族苗族自治州	Southwest Guizhou Buyi & Miao A.P	137.57	28.84	12.16	13.71	20.70
黔东南苗族侗族自治州	Southeast Guizhou Miao & Dong A.P	194.66	39.06	19.19	18.67	30.60
黔南布依族苗族自治州	South Guizhou Buyi & Miao A.P	162.40	30.83	15.25	16.34	25.30

3-7 续表 8 continued

地 区	Region	地方财政一般预算支出(亿元) General Bugetary Expenditure (100 million yuan)	#教 育 Expenditure for Education	#社会保障和就业 Expenditure for Social Safety Net and Employment Effort	#医疗卫生 Expenditure for Medical and Health Care	#农林水利事务 Expenditure for Agriculture, Forestry and Water Conservancy
云南省	**Yunnan**	**2929.60**	**483.00**	**386.50**	**236.98**	**409.80**
昆明市	Kunming City	441.73	66.62	51.01	26.49	32.66
曲靖市	Qujing City	222.19	55.06	27.33	22.63	36.60
玉溪市	Yuxi City	139.65	22.29	16.73	13.92	18.53
保山市	Baoshan City	106.44	19.45	14.94	11.82	19.32
昭通市	Zhaotong City	178.28	40.96	25.18	20.94	27.99
丽江市	Lijiang City	81.49	11.93	9.30	7.23	12.96
普洱市	Puer City	145.75	21.02	20.36	13.60	21.77
临沧市	Lincang City	128.79	23.37	15.75	10.02	20.30
楚雄彝族自治州	Chuxiong Yi A.P	126.76	21.04	17.44	13.06	21.58
红河哈尼族彝族自治州	Honghe Hani & Yi A.P	213.19	37.74	33.21	21.19	29.12
文山壮族苗族自治州	Wenshan Zhuang & Miao A.P	143.80	30.62	19.44	15.84	21.58
西双版纳傣族自治州	Xishuangbanna Dai A.P	67.13	11.84	10.57	6.51	9.76
大理白族自治州	Dali Bai A.P	159.62	27.90	17.98	16.93	27.35
德宏傣族景颇族自治州	Dehong Dai & Jingpo A.P	92.30	10.96	21.61	6.32	12.87
怒江傈僳族自治州	Nujiang Lisu A.P	42.69	5.85	5.35	3.63	4.93
迪庆藏族自治州	Diqing Zang A.P	66.12	11.54	5.72	3.74	8.20
西藏自治区	**Tibet A.R.**	**758.11**	**77.80**	**56.68**	**35.30**	**126.53**
拉萨市	Lhasa City	75.63	12.85	3.89	2.57	6.44
昌都地区	Qamdu Prefecture	41.10	10.67	3.37	3.52	4.67
山南地区	Lhokha Prefecture	37.95	7.26	3.06	2.95	5.10
日喀则地区	Xigaze Prefecture	57.64	13.19	7.05	4.54	7.17
那曲地区	Narqu Prefecture	35.30	7.43	2.21	2.91	2.99
阿里地区	Ngri Prefecture	17.25	2.39	1.28	1.14	1.94
林芝地区	Nyingchi Prefecture	46.46	4.87	1.40	1.60	4.32
其他	Others					
陕西省	**Shaanxi**	**2930.81**	**529.46**	**365.43**	**197.61**	**333.79**
西安市	Xi'an City	494.58	74.53	61.43	33.62	38.79
铜川市	Tongchuan City	64.34	13.05	7.58	4.19	6.87
宝鸡市	Baoji City	163.74	37.53	22.66	13.93	24.43
咸阳市	Xianyang City	190.19	46.46	18.31	18.64	28.64
渭南市	Weinan City	197.32	48.37	23.32	18.54	35.94
延安市	Yan'an City	223.82	40.92	13.47	15.52	32.89
汉中市	Hanzhong City	159.25	31.28	15.48	16.02	19.60
榆林市	Yulin City	316.14	72.99	22.39	28.63	49.92
安康市	Ankang City	127.15	31.69	10.17	12.12	16.72
商洛市	Shangluo City	106.78	26.50	8.25	9.09	15.62
杨凌示范区	Yangling Demonstration Zone	14.49	2.30	1.00	0.65	1.92
甘肃省	**Gansu**	**1791.24**	**284.33**	**279.22**	**143.18**	**237.66**
兰州市	Lanzhou City	175.48	33.96	22.20	17.28	13.55
嘉峪关市	Jiayuguan City	16.78	2.00	1.96	1.22	1.34
金昌市	Jinchang City	28.69	4.33	3.89	2.38	3.42
白银市	Baiyin City	84.41	16.94	14.05	7.51	10.48
天水市	Tianshui City	132.84	25.90	27.72	15.51	18.36

地　区	Region	地方财政一般预算支出(亿元) General Bugetary Expenditure (100 million yuan)	#教　育 Expenditure for Education	#社会保障和就业 Expenditure for Social Safety Net and Employment Effort	#医疗卫生 Expenditure for Medical and Health Care	#农林水利事务 Expenditure for Agriculture, Forestry and Water Conservancy
武威市	Wuwei City	97.27	17.01	16.16	9.57	21.38
张掖市	Zhangye City	74.82	10.81	13.76	6.80	13.42
平凉市	Pingliang City	102.05	20.63	17.67	10.93	14.33
酒泉市	Jiuquan City	75.41	10.68	10.25	6.63	11.90
庆阳市	Qingyang City	135.13	25.56	20.99	12.54	20.34
定西市	Dingxi City	117.71	22.53	20.05	12.51	22.22
陇南市	Longnan City	110.13	19.61	19.15	12.59	16.71
临夏回族自治州	Linxia Hui A.P	110.95	14.89	21.85	10.33	16.10
甘南藏族自治州	Gannan Zang A.P	89.54	11.97	16.15	5.94	15.36
青海省	**Qinghai**	**967.47**	**130.11**	**163.57**	**47.44**	**104.74**
西宁市	Xining City	150.04	31.89	13.06	10.21	15.19
海东地区	Haidong Prefecture	106.78	22.11	10.01	7.84	20.25
海北藏族自治州	Haibei Zang A.P	43.84	8.93	3.82	2.83	7.41
黄南藏族自治州	Huangnan Zang AP	40.24	7.69	3.94	2.39	6.61
海南藏族自治州	Hainan Zang A.P	69.57	12.08	5.37	3.93	11.36
果洛藏族自治州	Golog Zang A.P	39.03	5.62	4.37	2.07	6.33
玉树藏族自治州	Yushu Zang A.P	115.17	7.51	76.04	2.63	10.13
海西蒙古族藏族自治州	Haixi Mongolian & Zang A.P	95.28	12.47	8.70	4.77	14.96
宁夏回族自治区	**Ningxia**	**705.91**	**103.02**	**71.95**	**41.09**	**112.19**
银川市	Yinchuan City	147.25	18.00	14.16	7.54	18.90
石嘴山市	Shizuishan City	64.84	9.54	7.29	3.53	5.39
吴忠市	Wuzhong City	96.61	15.19	9.44	6.73	23.65
固原市	Guyuan City	108.11	19.73	11.87	7.42	19.82
中卫市	Zhongwei City	77.52	11.51	7.33	5.21	14.61
新疆维吾尔自治区	**Xinjiang**	**2284.49**	**399.80**	**201.64**	**132.43**	**297.59**
乌鲁木齐市	Urumqi City	238.49	40.85	21.89	10.62	10.66
克拉玛依市	Karamay City	63.30	14.57	3.30	5.89	1.32
吐鲁番地区	Turpan Prefecture	45.24	8.66	2.97	3.60	7.16
哈密地区	Hami Prefecture	56.29	9.33	3.85	3.44	10.28
昌吉回族自治州	Changji Hui A.P	121.38	21.37	6.91	7.60	23.20
博尔塔拉蒙古自治州	Bortala Mongolian A.P	41.03	7.57	2.57	2.87	7.78
巴音郭楞蒙古自治州	Bayingolin Mongolian A.P	128.12	28.77	10.27	7.66	18.49
阿克苏地区	Aksu Prefecture	157.64	36.91	13.99	12.15	19.93
克孜勒苏柯尔克孜自治州	Kizilsu Kirgiz A.P	55.24	12.46	5.35	4.52	10.23
喀什地区	Kashi Prefecture	240.96	54.43	24.13	21.68	21.90
和田地区	Hotan Prefecture	125.67	27.04	13.94	11.73	16.13
伊犁哈萨克自治州	Ili Kazak A.P	169.80	40.46	21.11	13.05	22.15
塔城地区	Tacheng Prefecture	89.94	17.72	8.69	5.25	17.50
阿勒泰地区	Altay Prefecture	88.03	14.12	7.83	4.63	23.72
石河子市	Shihezi City	25.26	3.58	0.88	1.38	0.63
阿拉尔市	Alar City	3.45	0.15	0.01	0.09	0.03
图木舒克市	Tumxuk City	2.14	0.47	0.09	0.07	0.05
五家渠市	Wujiaqu City	4.97	1.08	0.17	0.19	0.19
生产建设兵团	Corps					

3-8 城乡居民家庭收入和支出(2011年)

Income and Expenditure of Urban and Rural Residents (2011)

地　区	Region	农村居民人均纯收入(元) Per Capita Net Income of Rural Households (yuan)	农村居民人均消费支出(元) Per Capita Consumption Expenditure of Rural Households (yuan)	#食品支出 Food	城镇居民人均可支配收入(元) Per Capita Disposable Income of Urban Households (yuan)	城镇居民人均消费支出(元) Per Capita Consumption Expenditure of Urban Households (yuan)	#食品支出 Food	农村人均住房面积(平方米) Per Capita Floor Space of Rural Residents (sq.m)	城镇人均住房建筑面积(平方米) Per Capita Floor Space of Urban Residents (sq.m)
北京市	**Beijing**	**14736**	**11078**	**3593**	**32903**	**21984**	**6905**	**48.6**	**29.4**
东城区	Dongcheng District				34626	23813	7768		
西城区	Xicheng District				35740	24547	7424		
朝阳区	Chaoyang District	19839	16888	5242	34044	24799	7692	72.9	
丰台区	Fengtai District	16554	13414	4600	30682	20548	6868	42.9	
石景山区	Shijingshan District				31936	21343	6657		
海淀区	Haidian District	20015	16498	5238	37746	24000	7016	63.9	
门头沟区	Mentougou District	14031	9598	3518	29172	18578	6248	37.8	
房山区	Fangshan District	13527	9814	3059	26956	16540	5636	44.7	
通州区	Tongzhou District	14273	10253	3755	27713	17779	6425	48.9	
顺义区	Shunyi District	14314	9926	3187	28163	16431	5578	43.8	
昌平区	Changping District	13441	11160	3600	27669	18489	5891	57.6	
大兴区	Daxing District	13723	10230	3219	27786	17678	5863	55.7	
怀柔区	Huairou District	12991	9483	2738	26647	16258	5279	42.3	
平谷区	Pinggu District	13387	9555	2897	26842	16790	5333	41.4	
密云县	Miyun County	12924	8970	2990	26652	15971	4872	34.5	
延庆县	Yanqing County	12761	8135	2859	26080	14756	4962	33.3	
北京经济技术开发区	Beijing Economic-technological Development Zones								
其他	Others								
天津市	**Tianjin**	**11891**	**6725**	**2545**	**26921**	**18424**	**6663**	**30.2**	**23.3**
和平区	Heping District								
河东区	Hedong District								
河西区	Hexi District								
南开区	Nankai District								
河北区	Hebei District								
红桥区	Hongqiao District								
东丽区	Dongli District	14243	8756	3377				36.4	
西青区	Xiqing District	14266	9665	3588				30.4	
津南区	Jinnan District	13460	6523	2862				30.8	
北辰区	Beichen District	13539	7330	3036				33.0	
武清区	Wuqing District	11658	6392	2313				37.2	
宝坻区	Baodi District	10923	5677	1840				31.4	
滨海新区	Binhai New Area	12151	5741	2279				29.5	
宁河县	Ninghe County	11554	5927	1818				25.3	
静海县	Jinghai County	11288	6434	2189				26.7	
蓟县	Ji County	11002	6223	2059				28.6	
其他	Others								
河北省	**Hebei**	**7120**	**4711**	**1580**	**18292**	**11609**	**3927**	**34.1**	**32.2**
石家庄市	Shijiazhuang City	7822	5457	1675	20534	12519	4341	39.9	29.3
唐山市	Tangshan City	9460	7201	2627	21785	14483	5027	33.6	25.3
秦皇岛市	Qinhuangdao City	7365	5643	1882	19552	11746	4504	33.0	29.3
邯郸市	Handan City	7366	3927	1487	19322	11756	4579	37.9	28.9
邢台市	Xingtai City	5814	3969	1472	16592	10979	3984	34.0	34.2
保定市	Baoding City	6656	4757	1610	16912	10989	4054	29.7	34.2
张家口市	Zhangjiakou City	4854	4360	1848	16401	10855	4125	22.1	27.7
承德市	Chengde City	4935	4984	2091	16638	10903	4402	25.3	25.2
沧州市	Cangzhou City	6540	4996	1826	18375	11207	3805	31.5	32.3
廊坊市	Langfang City	9102	6015	2101	21991	13921	4386	39.8	34.4
衡水市	Hengshui City	5355	4212	1631	16506	10705	3345	29.8	29.9

3-8 续表 1 continued

地　区	Region	农村居民人均纯收入(元) Per Capita Net Income of Rural Households (yuan)	农村居民人均消费支出(元) Per Capita Consumption Expenditure of Rural Households (yuan)	#食品支出 Food	城镇居民人均可支配收入(元) Per Capita Disposable Income of Urban Households (yuan)	城镇居民人均消费支出(元) Per Capita Consumption Expenditure of Urban Households (yuan)	#食品支出 Food	农村人均住房面积(平方米) Per Capita Floor Space of Rural Residents (sq.m)	城镇人均住房建筑面积(平方米) Per Capita Floor Space of Urban Residents (sq.m)
山西省	**Shanxi**	**5601**	**4587**	**1730**	**18124**	**11354**	**3558**	**31.8**	**30.2**
太原市	Taiyuan City	8888	5884	1870	20149	13111	4286	36.9	28.6
大同市	Datong City	4936	3834	1861	18915	12243	4198	22.4	24.3
阳泉市	Yangquan City	7677	5207	1956	20253	11988	3818	28.0	29.0
长治市	Changzhi City	7092	4278	1698	20131	13018	4076	39.4	33.5
晋城市	Jincheng City	7043	5289	1902	20127	12967	3667	37.0	32.5
朔州市	Shuozhou City	7024	4809	2048	20287	13353	4198	27.9	28.2
晋中市	Jinzhong City	6912	5352	1854	20195	13473	3306	33.7	31.3
运城市	Yuncheng City	5622	4201	1507	17346	11186	3018	40.7	36.1
忻州市	Xinzhou City	4135	3867	1664	17169	11032	3419	24.7	32.3
临汾市	Linfen City	6084	4230	1603	18924	12164	3144	33.1	35.0
吕梁市	Luliang City	4743	5767	1629	17428	9257	2855	27.8	27.6
其他	Others								
内蒙古自治区	**Inner Mongolia**	**6642**	**5508**	**2067**	**20408**	**15878**	**4962**	**24.3**	**29.4**
呼和浩特市	Hohhot City	10038	7090	2778	28877	19106	5853	29.2	30.9
包头市	Baotou City	10059	6943	2577	29628	23570	7162	32.7	33.0
乌海市	Wuhai City	10786	10023	3329	22349	18471	5541	31.4	31.4
赤峰市	Chifeng City	6188	5341	2118	16416	11321	4087	24.6	27.9
通辽市	Tongliao City	7216	6172	2156	16548	12077	3861	23.6	27.1
鄂尔多斯市	Erdos City	10047	9613	3504	29283	25977	6852	36.0	38.0
呼伦贝尔市	Hulunbuir City	7643	5653		17142	13535		23.0	27.8
巴彦淖尔市	Bayannur City	9483	7662	2981	16368	12209	3858	26.0	23.2
乌兰察布市	Ulanqab City	5092	3303	1341	16313	11983	3878	19.1	23.8
兴安盟	Xingan League	4359	4237	1598	13233	10563	3211	24.0	26.9
锡林郭勒盟	Xilingol League	7639	5341	2136	17960	14346	5370	20.0	30.5
阿拉善盟	Alxa League	9058	8461	2804	21622	19927	6273	42.2	37.2
辽宁省	**Liaoning**	**8297**	**5406**	**2116**	**20467**	**14790**	**5255**	**28.9**	**27.3**
沈阳市	Shenyang City	11575	5989	2210	23326	18147	5868	30.5	28.1
大连市	Dalian City	14213	7599	3138	24276	18846	6965	31.7	27.0
鞍山市	Anshan City	11146	6601	2352	21297	14909	5153	27.3	25.2
抚顺市	Fushun City	8780	6233	2550	18069	12440	4629	26.4	23.8
本溪市	Benxi City	9524	6683	2644	19752	13982	5441	25.3	22.7
丹东市	Dandong City	10033	5958	2807	17123	12725	5535	26.0	25.1
锦州市	Jinzhou City	9447	5357	1807	20171	13652	5180	29.8	30.8
营口市	Yingkou City	10662	6435	2552	20894	12994	5307	28.2	29.8
阜新市	Fuxin City	7615	5501	2054	14994	11127	4152	27.5	24.9
辽阳市	Liaoyang City	9844	5218	1956	19469	12651	4757	26.2	27.5
盘锦市	Panjin City	11437	6113	2656	24266	15213	4697	34.6	30.5
铁岭市	Tieling City	9271	5642	2163	16203	12039	4097	27.2	29.1
朝阳市	Chaoyang City	7536	6138	2489	14958	10334	3663	28.2	27.2
葫芦岛市	Huludao City	7901	4581	1698	20159	12132	4054	26.8	28.5

3-8 续表 2 continued

地 区	Region	农村居民人均纯收入(元) Per Capita Net Income of Rural Households (yuan)	农村居民人均消费支出(元) Per Capita Consumption Expenditure of Rural Households (yuan)	#食品支出 Food	城镇居民人均可支配收入(元) Per Capita Disposable Income of Urban Households (yuan)	城镇居民人均消费支出(元) Per Capita Consumption Expenditure of Urban Households (yuan)	#食品支出 Food	农村人均住房面积(平方米) Per Capita Floor Space of Rural Residents (sq.m)	城镇人均住房建筑面积(平方米) Per Capita Floor Space of Urban Residents (sq.m)
吉林省	**Jilin**	**7510**	**5306**	**1872**	**17797**	**13011**	**4253**	**24.4**	**28.9**
长春市	Changchun City	7965	5245	2073	20487	16328	5040	26.9	28.8
吉林市	Jilin City	7952	5054	1926	19560	13506	4231	22.9	30.3
四平市	Siping City	7718	5467	1931	18483	11291	4024	25.3	28.2
辽源市	Liaoyuan City	7557	5459	1952	18757	12855	4298	22.6	24.1
通化市	Tonghua City	7716	5061	2053	18904	12460	4232	25.8	25.9
白山市	Baishan City	7334	4525	1676	18483	11739	4060	22.4	27.1
松原市	Songyuan City	7597	4945	1685	19227	14481	4177	26.0	30.0
白城市	Baicheng City	5513	4666	1740	17814	12390	3545	26.8	29.5
延边朝鲜族自治州	Yanbian Korean A.P	6250	4361	1707	19558	15528	5025	23.7	33.7
黑龙江省	**Heilongjiang**	**7591**	**5334**	**1873**	**15696**	**12054**	**4348**	**24.8**	**25.4**
哈尔滨市	Harbin City	9608	5513	2216	20031	16233	5310	24.8	26.6
齐齐哈尔市	Qiqihar City	7672	5969	2281	15200	11372	4320	29.4	24.3
鸡西市	Jixi City	10509	6244	2405	15263	12014	4464	24.6	24.2
鹤岗市	Hegang City	8657			13930	10915	4119		22.8
双鸭山市	Shuangyashan City	8957			16166	10858	3430	20.7	24.9
大庆市	Daqing City	9300	4851	1834	22500	14000	4665	31.5	28.3
伊春市	Yichun City	8630	4027	1189	11681	9366	3746	22.0	24.0
佳木斯市	Jiamusi City	9048	2781	1404	13924	11506	4445	20.2	26.4
七台河市	Qitaihe City	8241			16427	9788	3976	20.7	26.6
牡丹江市	Mudanjiang City	11198	5974	2404	14515	12005	4650	26.1	26.9
黑河市	Heihe City	8651						20.2	
绥化市	Suihua City	7719							
大兴安岭地区	Daxing'anling Prefecture	8215							
农垦总局	Agriculture Reclamation Bureau								
其他	Others								
上海市	**Shanghai**	**15644**	**11272**	**4517**	**36230**	**25102**	**8906**	**58.9**	
黄浦区	Huangpu District								
卢湾区	Luwan District								
徐汇区	Xuhui District								
长宁区	Changning District								
静安区	Jingan District								
普陀区	Putuo District								
闸北区	Zhabei District								
虹口区	Hongkou District								
杨浦区	Yangpu District								
闵行区	Minhang District								
宝山区	Baoshan District								
嘉定区	Jiading District								
浦东新区	Pudong New District								
金山区	Jinshan District								
松江区	Songjiang District								
青浦区	Qingpu District								
奉贤区	Fengxian District								
崇明县	Chongming County								
其他	Others								

3-8 续表 3 continued

地 区	Region	农村居民人均纯收入(元) Per Capita Net Income of Rural Households (yuan)	农村居民人均消费支出(元) Per Capita Consumption Expenditure of Rural Households (yuan)	#食品支出 Food	城镇居民人均可支配收入(元) Per Capita Disposable Income of Urban Households (yuan)	城镇居民人均消费支出(元) Per Capita Consumption Expenditure of Urban Households (yuan)	#食品支出 Food	农村人均住房面积(平方米) Per Capita Floor Space of Rural Residents (sq.m)	城镇人均住房建筑面积(平方米) Per Capita Floor Space of Urban Residents (sq.m)
江苏省	**Jiangsu**	**10805**	**7693**	**2958**	**26341**	**16782**	**6061**	**48.6**	**34.7**
南京市	Nanjing City	13108	9956	3731	31100	20098	7133	58.9	31.8
无锡市	Wuxi City	16438	11239	4115	31638	19780	6979	66.0	36.2
徐州市	Xuzhou City	9490	5973	2170	19206	12450	4338	44.7	34.7
常州市	Changzhou City	14838	11207	3976	29559	19126	6591	61.5	37.0
苏州市	Suzhou City	17226	12485	4221	34617	22330	7615	69.0	36.1
南通市	Nantong City	11730	8510	3077	25094	15613	5651	54.2	39.5
连云港市	Lianyungang City	8434	5498	2018	18483	11473	4321	41.5	36.9
淮安市	Huaian City	8645	5904	2198	18510	13287	4861	41.3	34.9
盐城市	Yancheng City	10511	6142	2267	19414	13188	4710	44.2	36.8
扬州市	Yangzhou City	11217	7791	2916	22835	14757	5588	48.3	36.2
镇江市	Zhenjiang City	12825	9136	3445	26637	15518	5936	53.3	39.4
泰州市	Taizhou City	11046	8046	2573	23597	14415	5355	53.9	39.0
宿迁市	Suqian City	8344	5838	2352	14972	10634	3995	40.0	38.9
浙江省	**Zhejiang**	**13071**	**9644**	**3629**	**30971**	**20437**	**7066**	**60.8**	**36.9**
杭州市	Hangzhou City	15245	12125	4076	32434	21404	7881	72.5	33.9
宁波市	Ningbo City	16518	11253	4905	34321	21695	7808	57.2	35.3
温州市	Wenzhou City	13243	10137	4553	31749	23337	8460	43.8	41.9
嘉兴市	Jiaxing City	16707	10707	3629	31520	19535	6712	71.4	35.6
湖州市	Huzhou City	15381	10093	3284	29367	18166	6970	64.0	38.0
绍兴市	Shaoxing City	15861	10073	4010	33273	20353	7127	62.0	35.1
金华市	Jinhua City	11877	8687	3170	29729	20003	6147	64.2	47.1
衢州市	Quzhou City	9635	6281	2581	24900	16556	5994	60.0	40.4
舟山市	Zhoushan City	16608	12124	4712	30496	19183	6902	48.8	32.4
台州市	Taizhou City	13108	9491	3778	30490	19808	6916	57.0	43.0
丽水市	Lishui City	7809	5954	2301	23391	15852	5859	52.5	43.4
安徽省	**Anhui**	**6232**	**4957**	**2055**	**18606**	**13181**	**5247**	**35.0**	**32.1**
合肥市	Hefei City	7862	4477	2162	22459	15697	5970	33.7	28.5
芜湖市	Wuhu City	8413	5605	2554	21011	15009	5742	35.1	29.5
蚌埠市	Bengbu City	6615	3421	1498	18143	12566	5287	35.6	26.7
淮南市	Huainan City	6795	4290	1827	18219	12782	5193	37.2	25.9
马鞍山市	Maanshan City	9505	5780	2331	27329	15815	5964	35.0	29.2
淮北市	Huaibei City	6313	4224	1553	17876	12803	5566	39.3	25.8
铜陵市	Tongling City	8562	6171	2506	21825	15630	6236	40.8	28.4
安庆市	Anqing City	5900	4598	1975	18005	12317	5466	35.0	36.4
黄山市	Huangshan City	7952	5128	2616	18669	13144	5195	39.8	36.1
滁州市	Chuzhou City	7017	4896	2026	17918	13344	5280	32.5	30.9
阜阳市	Fuyang City	5100	3114	1366	16686	12885	5073	30.6	34.9
宿州市	Suzhou City	5720	3768	1449	17563	10682	4489	35.7	30.4
六安市	Liuan City	5643	4443	2248	17270	12993	5350	32.5	38.2
亳州市	Bozhou City	5638	3679	1438	18099	11350	4311	35.0	46.8
池州市	Chizhou City	6908	4603	2092	19133	12824	4905	42.1	37.9
宣城市	Xuancheng City	7844	5925	2079	17995	13531	5450	37.0	30.6
其他	Others								

3-8 续表 4 continued

地 区	Region	农村居民人均纯收入(元) Per Capita Net Income of Rural Households (yuan)	农村居民人均消费支出(元) Per Capita Consumption Expenditure of Rural Households (yuan)	#食品支出 Food	城镇居民人均可支配收入(元) Per Capita Disposable Income of Urban Households (yuan)	城镇居民人均消费支出(元) Per Capita Consumption Expenditure of Urban Households (yuan)	#食品支出 Food	农村人均住房面积(平方米) Per Capita Floor Space of Rural Residents (sq.m)	城镇人均住房建筑面积(平方米) Per Capita Floor Space of Urban Residents (sq.m)
福建省	**Fujian**	**8779**	**6541**	**3032**	**24907**	**16661**	**6535**	**49.8**	**37.9**
福州市	Fuzhou City	10107	7353	3294	26050	17847	6722	47.9	33.2
厦门市	Xiamen City	11928	9142	3947	33565	22314	7897	58.1	32.6
莆田市	Putian City	9066	6748	3158	21843	14282	6188	66.1	38.9
三明市	Sanming City	8205	5896	2741	20778	13825	5620	48.0	37.4
泉州市	Quanzhou City	10578	7701	3269	28703	18413	7046	52.6	41.6
漳州市	Zhangzhou City	9128	6650	3181	21137	14314	6335	39.6	35.3
南平市	Nanping City	7861	5787	2606	19735	12522	5253	45.9	34.1
龙岩市	Longyan City	8234	6161	2833	21085	16337	6219	47.2	42.9
宁德市	Ningde City	7756	5338	2571	19314	12730	5648	41.6	39.1
江西省	**Jiangxi**	**6892**	**4660**	**2106**	**17495**	**11747**	**4675**	**46.8**	**39.4**
南昌市	Nanchang City	8484	4893	2471	20741	15234	5347	48.8	33.0
景德镇市	Jingdezhen City	7676	4683	2459	18964	12683	4804	56.8	34.6
萍乡市	Pingxiang City	8598	4781	2019	18646	12931	4774	46.8	34.9
九江市	Jiujiang City	6777	4438	2012	17911	11817	4929	44.7	33.9
新余市	Xinyu City	8813	5804	2302	19719	13610	5365	53.7	40.2
鹰潭市	Yingtan City	7623	4932	2282	17518	11136	5016	63.0	34.1
赣州市	Ganzhou City	4684	3788	1776	16058	11609	4747	37.9	40.3
吉安市	Jian City	6308	4133	1886	17692	11560	4787	38.3	39.9
宜春市	Yichun City	6981	4933	2138	16431	11765	4614	51.1	48.3
抚州市	Fuzhou City	7051	3948	1989	16633	10155	4783	41.8	37.9
上饶市	Shangrao City	6134	3933	1844	17698	10559	4561	42.3	39.8
山东省	**Shandong**	**8342**	**5901**	**2107**	**22792**	**14561**	**4828**	**36.3**	**33.2**
济南市	Jinan City	10412	5905	2147	28892	18046	5723	39.3	30.3
青岛市	Qingdao City	12370	7661	2803	28567	19297	7241	31.7	27.7
淄博市	Zibo City	10878	6458	2266	24955	15994	4755	35.3	34.4
枣庄市	Zaozhuang City	8397	5051	1891	20193	13463	4415	38.5	30.7
东营市	Dongying City	10025	5829	2050	27343	17532	5109	35.8	36.7
烟台市	Yantai City	11716	5884	2330	26542	18395	6192	33.7	29.9
潍坊市	Weifang City	10409	6382	2100	22508	15170	4645	36.5	34.9
济宁市	Jining City	8712	4721	1878	22406	14692	5088	33.7	31.9
泰安市	Taian City	8974	4855	1861	22687	14888	5182	42.0	32.0
威海市	Weihai City	12334	6823	2492	25290	17002	5445	38.8	42.8
日照市	Rizhao City	8756	4352	1758	20098	13781	4195	33.0	36.6
莱芜市	Laiwu City	9626	5194	1917	23509	14219	4738	38.9	38.0
临沂市	Linyi City	8018	4696	1846	24232	13881	4349	32.3	36.5
德州市	Dezhou City	8350	4142	1531	19771	12700	4316	36.5	32.6
聊城市	Liaocheng City	7735	4553	1724	20649	13847	4378	35.8	34.6
滨州市	Binzhou City	8744	5968	1881	22540	14808	4273	44.1	36.8
菏泽市	Heze City	7119	4140	1658	16658	11216	3982	34.5	35.7
河南省	**Henan**	**6604**	**4320**	**1560**	**18195**	**12336**	**4213**	**36.5**	**34.1**
郑州市	Zhengzhou City	11050	7622	2059	21612	14500	5158	60.2	30.8
开封市	Kaifeng City	6492	3963	1401	15558	12078	4127	35.2	35.2
洛阳市	Luoyang City	6822	5293	1621	20163	13884	4379	41.0	32.8
平顶山市	Pingdingshan City	6578	3696	1414	18348	13192	4272	36.4	36.0
安阳市	Anyang City	7586	4489	1433	18686	11863	3604	34.4	33.1
鹤壁市	Hebi City	8271	5060	1773	17255	10923	3249	40.8	33.1
新乡市	Xinxiang City	7532	5517	1627	17988	12348	3867	38.8	36.1

3-8 续表 5 continued

地　区	Region	农村居民人均纯收入(元) Per Capita Net Income of Rural Households (yuan)	农村居民人均消费支出(元) Per Capita Consumption Expenditure of Rural Households (yuan)	#食品支出 Food	城镇居民人均可支配收入(元) Per Capita Disposable Income of Urban Households (yuan)	城镇居民人均消费支出(元) Per Capita Consumption Expenditure of Urban Households (yuan)	#食品支出 Food	农村人均住房面积(平方米) Per Capita Floor Space of Rural Residents (sq.m)	城镇人均住房建筑面积(平方米) Per Capita Floor Space of Urban Residents (sq.m)
焦作市	Jiaozuo City	8902	5875	1681	18005	12603	3921	43.6	40.4
濮阳市	Puyang City	6082	3686	1374	17228	11594	4162	30.1	32.4
许昌市	Xuchang City	8651	4885	1523	17503	12390	3841	41.0	39.5
漯河市	Luohe City	7700	4189	1415	16997	12234	4346	37.1	43.0
三门峡市	Sanmenxia City	6929	4857	1632	17062	14082	3819	38.0	35.5
南阳市	Nanyang City	6776	4694	1910	17289	13094	4341	36.4	43.0
商丘市	Shangqiu City	5637	3460	1407	16151	10361	3606	38.5	41.8
信阳市	Xinyang City	6153	4056	1940	15271	10452	4620	33.1	39.0
周口市	Zhoukou City	5448	3713	1307	14583	10930	3858	34.9	41.3
驻马店市	Zhumadian City	5804	4297	1699	15795	11779	3626	32.1	34.6
济源市	Jiyuan City	9341	5461	1936	18821	12464	3660	48.3	39.0
湖北省	**Hubei**	**6898**	**5011**	**1955**	**18374**	**13164**	**5364**	**44.2**	**35.5**
武汉市	Wuhan City	9814	7103	3068	23738	17141	6782	51.8	32.3
黄石市	Huangshi City	6487	4970	2095	17003	12407	4931	47.7	31.6
十堰市	Shiyan City	4044	3662	1681	14172	10710	4370	35.2	29.6
宜昌市	Yichang City	7055	5241	2157	16451	12015	4894	50.3	35.6
襄阳市	Xiangyang City	7549	5491	2241	15352	10650	4451	43.9	30.9
鄂州市	Ezhou City	7909	4231	1329	17008	10837	4902	43.6	37.3
荆门市	Jingmen City	8248	5757	2464	15526	12399	4703	43.6	34.9
孝感市	Xiaogan City	7029	4608	2156	15888	10007	4545	38.5	38.0
荆州市	Jingzhou City	7664	4989	2109	16513	11693	4912	39.6	35.8
黄冈市	Huanggang City	5438	4230	1791	14731	11334	4125	43.8	48.0
咸宁市	Xianning City	6588	5026	2190	14875	11189	4637	48.9	43.0
随州市	Suizhou City	7427	5330	2218	16960	13362	5330	38.5	40.0
恩施土家族苗族自治州	Enshi Tujia & Miao A.P	3939	3517	1806	13174	9662	3665	41.8	37.8
仙桃市	Xiantao City	8006	4897	1986	15052	9112	4490	38.9	42.4
潜江市	Qianjiang City	7684	5075	2086	15561	9246	4166	39.4	36.9
天门市	Tianmen City	7407	4660	1925	13886	9727	4330	42.5	49.2
神农架林区	Shennongjia Forest District	4640	4426	1985	12312	12014	4850	40.5	42.3
湖南省	**Hunan**	**6567**	**5179**	**2343**	**18844**	**13403**	**4944**	**46.6**	**39.7**
长沙市	Changsha City	13401	8576	3243	26451	17782	6389	62.1	35.6
株洲市	Zhuzhou City	9328	6710	2800	22633	13813	5022	56.4	42.6
湘潭市	Xiangtan City	9502	6513	2722	20614	13466	4671	49.3	35.6
衡阳市	Hengyang City	8506	5631	2631	17866	12737	5082	46.4	35.5
邵阳市	Shaoyang City	4373	3548	1861	13584	9654	3874	36.6	38.0
岳阳市	Yueyang City	7070	5904	2271	19680	13404	4949	48.5	43.8
常德市	Changde City	6663	5440	2406	17567	12773	5115	51.2	41.1
张家界市	Zhangjiajie City	4093	3791	2001	14098	10345	3628	30.1	47.9
益阳市	Yiyang City	6773	5644	2484	17328	12326	4852	46.4	38.5
郴州市	Chenzhou City	6230	4315	2154	17606	11845	4458	39.2	35.1
永州市	Yongzhou City	6002	4728	2201	17193	11199	4303	39.1	43.0
怀化市	Huaihua City	4281	3573	2011	13824	9663	3729	38.1	32.3
娄底市	Loudi City	3951	4367	2282	16892	10933	4014	46.4	33.0
湘西土家族苗族自治州	West Hunan Tujia & Miao A.P	3675	2941	1766	13591	9551	3586	29.2	34.9

3-8 续表 6 continued

地　区	Region	农村居民人均纯收入(元) Per Capita Net Income of Rural Households (yuan)	农村居民人均消费支出(元) Per Capita Consumption Expenditure of Rural Households (yuan)	#食品支出 Food	城镇居民人均可支配收入(元) Per Capita Disposable Income of Urban Households (yuan)	城镇居民人均消费支出(元) Per Capita Consumption Expenditure of Urban Households (yuan)	#食品支出 Food	农村人均住房面积(平方米) Per Capita Floor Space of Rural Residents (sq.m)	城镇人均住房建筑面积(平方米) Per Capita Floor Space of Urban Residents (sq.m)
广东省	**Guangdong**	**9372**	**6726**	**3301**	**26897**	**20252**	**7472**	**30.7**	**34.4**
广州市	Guangzhou City	14818	9903	4516	34438	28210	9592	44.7	21.9
韶关市	Shaoguan City	7461	6200	3042	20329	14397	5729	31.0	34.9
深圳市	Shenzhen City				36505	24080	8832		27.9
珠海市	Zhuhai City	11858	8897	4030	28731	21162	7767	33.7	30.1
汕头市	Shantou City	7893	6586	3188	17474	15746	7065	19.2	29.1
佛山市	Foshan City	13862	11184	4351	30718	23782	8014	49.3	38.4
江门市	Jiangmen City	9996	7609	3222	23924	17076	6407	27.8	30.4
湛江市	Zhanjiang City	8257	5632	2951	17584	14055	5896	30.3	34.4
茂名市	Maoming City	8188	5586	2642	16113	13162	5324	41.6	32.6
肇庆市	Zhaoqing City	9014	6159	3043	19040	14020	5927	26.6	27.8
惠州市	Huizhou City	10938	7187	3205	26609	20603	7114	31.2	32.7
梅州市	Meizhou City	7825	6283	2915	16761	12555	5223	30.8	31.6
汕尾市	Shanwei City	7389	6483	2978	15751	11983	5243	26.2	33.2
河源市	Heyuan City	6734	5881	2761	14737	9817	4426	29.0	33.0
阳江市	Yangjiang City	7912	7508	3416	16878	11765	4911	31.7	48.6
清远市	Qingyuan City	7427	6090	3027	17668	11287	4920	29.1	30.1
东莞市	Dongguan City	22842	14055	5313	39513	27495	9513	52.0	65.8
中山市	ZhongShan City	17182	10174	4222	27700	20519	8123	42.1	34.3
潮州市	Chaozhou City	7787	7071	3253	15664	14097	6162	24.8	31.4
揭阳市	Jieyang City	6993	5603	2639	16879	13269	5552	22.8	36.5
云浮市	Yunfu City	8147	6237	3231	16090	12376	5148	29.5	31.2
广西壮族自治区	**Guangxi**	**5231**	**4211**	**1845**	**18854**	**12848**	**5074**	**34.9**	**29.3**
南宁市	Nanning City	5848	4913	2393	20005	13843	5564	37.5	33.7
柳州市	Liuzhou City	5721	5407	2399	19615	12909	5350	37.5	36.6
桂林市	Guilin City	6325	5332	2558	19882	12852	5447	41.1	38.1
梧州市	Wuzhou City	5651	3634	1300	18239	12183	5653	32.6	39.1
北海市	Beihai City	6249	3870	1786	18656	12832	6125	36.9	
防城港市	Fangchenggang City	6502	3841	1773	19722	12068	4984	30.3	43.4
钦州市	Qinzhou City	6167	4203	2313	19248	11918	5358	27.3	45.1
贵港市	Guigang City	6257	4209	2004	17017	11547	4999	40.7	57.7
玉林市	Yulin City	6269	4357	2019	19590	11830	5065	28.2	60.8
百色市	Baise City	4052	4655	2258	17384	11013	4618	32.2	39.5
贺州市	Hezhou City	4963	3980	1296	17606	11534	4661	35.0	52.0
河池市	Hechi City	4118	3992	1799	16448	11120	4727	36.4	53.4
来宾市	Laibin City	5382	5458	2197	19233	12533	4839	38.0	34.6
崇左市	Chongzuo City	5370	4561	1653	17301	10747	4615	39.6	38.3
海南省	**Hainan**	**6446**	**4126**	**2138**	**18369**	**12643**	**5674**	**25.2**	**29.5**
海口市	Haikou City	7191	4938	2360	19730	13656	5940	31.6	29.9
三亚市	Sanya City	7582	4491	2216	20472	14966	6405	39.3	34.4
重庆市	**Chongqing**	**6480**	**4502**	**2109**	**20250**	**16747**	**6441**	**41.5**	**28.4**
万州区	Wanzhou District	6591	5275	2089	19329			43.1	
涪陵区	Fuling District	6858	4506	2079	19643			36.6	

地 区	Region	农村居民人均纯收入(元) Per Capita Net Income of Rural Households (yuan)	农村居民人均消费支出(元) Per Capita Consumption Expenditure of Rural Households (yuan)	#食品支出 Food	城镇居民人均可支配收入(元) Per Capita Disposable Income of Urban Households (yuan)	城镇居民人均消费支出(元) Per Capita Consumption Expenditure of Urban Households (yuan)	#食品支出 Food	农村人均住房面积(平方米) Per Capita Floor Space of Rural Residents (sq.m)	城镇人均住房建筑面积(平方米) Per Capita Floor Space of Urban Residents (sq.m)
渝中区	Yuzhong District								
大渡口区	Dadukou District							48.1	
江北区	Jiangbei District							44.7	
沙坪坝区	Shapingba District	10474	7683	3309	22146			53.6	
九龙坡区	Jiulongpo District							50.8	
南岸区	Nanan District							48.4	
北碚区	Beibei District	8826	6622	2876	21954			44.9	
綦江区	Qijiang District	7477	5255	2630	17107			41.9	
大足区	Dazu District	8169	5840	2770	19430			36.6	
渝北区	Yubei District	8319	5621	2694	21954			45.6	
巴南区	Banan District	8250	5182	2490	21953			42.6	
黔江区	Qianjiang District	5452	5032	2322	16007			42.3	
长寿区	Changshou District	7897	4556	2194	19447			38.8	
江津区	Jiangjin District	8694	5271	2530	19330			39.9	
合川区	Hechuan District	8524	5393	2553	19265			41.4	
永川区	Yongchuan District	8717	5024	2320	19685			38.0	
南川区	Nanchuan District	7317	4916	2070	18900			50.6	
四川省	**Sichuan**	**6129**	**4675**	**2162**	**17899**	**13696**	**5572**	**38.7**	**32.2**
成都市	Chengdu City	9895	7033	2952	23048	16717	6283	50.2	30.7
自贡市	Zigong City	6951	4857	2501	16852	12022	5048	34.8	30.3
攀枝花市	Panzhihua City	7627	5608	2693	19735	14179	6110	37.0	51.0
泸州市	Luzhou City	6509	4554	2396	17884	12852	5436	39.9	33.7
德阳市	Deyang City	7831	5472	2636	19371	14213	5917	37.3	34.3
绵阳市	Mianyang City	7183	5513	2471	17998	14070	5505	39.5	32.9
广元市	Guangyuan City	4895	3961	1923	14635	10796	4649	37.5	31.0
遂宁市	Suining City	6528	3968	1935	16093	12851	5765	41.7	36.9
内江市	Neijiang City	6638	4520	2206	16602	12395	5203	34.4	35.3
乐山市	Leshan City	6770	4631	2185	17644	12708	5513	39.0	54.0
南充市	Nanchong City	5837	3967	1996	14798	10550	4940	36.8	52.0
眉山市	Meishan City	7184	4501	1953	17038	11818	4742	41.1	39.1
宜宾市	Yibin City	6779	4364	2226	17753	13240	5448	40.0	36.0
广安市	Guangan City	6513	3931	2248	17203	10627	5015	41.7	39.7
达州市	Dazhou City	6148	4159	2187	14662	11181	4902	36.8	34.2
雅安市	Yaan City	6269	5041	2395	17326	11862	4669	38.6	
巴中市	Bazhong City	4667	4298	2114	14609	11226	4721	34.0	56.0
资阳市	Ziyang City	6718	4295	2221	17853	13847	5457	38.0	35.0
阿坝藏族羌族自治州	Aba Zang & Qiang A.P	4663	3224	1696	18403	12022	4945	39.1	29.0
甘孜藏族自治州	Ganzi Zang A.P	3570	2633	1687	17038	11575	5181	27.5	28.2
凉山彝族自治州	Liangshan Yi A.P	5538	3640	2071	17218	12250	5420	26.0	31.0
贵州省	**Guizhou**	**4145**	**3456**	**1647**	**16495**	**11353**	**4566**	**29.6**	**27.8**
贵阳市	Guiyang City	7381	5494	2241	19420	14300	5528	52.2	22.3
六盘水市	Liupanshui City	4437	3427	1482	16371	9482	4380	31.4	28.4
遵义市	Zunyi City	5216	3944	1797	17426	11953	4679	35.5	32.0
安顺市	Anshun City	4367	3388	1759	16300	11897	5209	29.7	27.7
毕节市	Bijie City	4210	3625	1677	17135	12291	4286	38.0	27.7
铜仁市	Tongren City	4002	3738	1778	13846	9385	3373	33.2	27.9
黔西南布依族苗族自治州	Southwest Guizhou Buyi & Miao A.P	3900	3321	1710	17004	10553	4242	26.0	38.0
黔东南苗族侗族自治州	Southeast Guizhou Miao & Dong A.P	3949	3500	1762	16410	10523	4447	29.7	31.7
黔南布依族苗族自治州	South Guizhou Buyi & Miao A.P	4633	3511	1576	16983	11548	4981	30.6	30.1

3-8 续表 8 continued

地 区	Region	农村居民人均纯收入(元) Per Capita Net Income of Rural Households (yuan)	农村居民人均消费支出(元) Per Capita Consumption Expenditure of Rural Households (yuan)	#食品支出 Food	城镇居民人均可支配收入(元) Per Capita Disposable Income of Urban Households (yuan)	城镇居民人均消费支出(元) Per Capita Consumption Expenditure of Urban Households (yuan)	#食品支出 Food	农村人均住房面积(平方米) Per Capita Floor Space of Rural Residents (sq.m)	城镇人均住房建筑面积(平方米) Per Capita Floor Space of Urban Residents (sq.m)
云南省	**Yunnan**	**4722**	**4000**	**1884**	**18576**	**12248**	**4802**	**30.9**	**37.4**
昆明市	Kunming City	6985	6362	2062	21966	14106	5289	44.0	33.6
曲靖市	Qujing City	5035	4020	1845	18408	12611	4810	32.8	37.4
玉溪市	Yuxi City	6616	5989	2142	18527	12219	4299	44.7	43.7
保山市	Baoshan City	4439	4109	1915	16228	11592	4541	28.5	37.5
昭通市	Zhaotong City	3294	2935	1523	14073	9095	3985	26.2	31.2
丽江市	Lijiang City	4270	3200	1528	15812	9620	4037	35.5	39.2
普洱市	Puer City	4338	3827	2115	14877	13412	4568	24.7	31.3
临沧市	Lincang City	4284	2948	1467	14159	9895	4672	21.3	39.6
楚雄彝族自治州	Chuxiong Yi A.P	4627	4020	2062	17785	11276	4537	36.0	35.6
红河哈尼族彝族自治州	Honghe Hani & Yi A.P	4650	3719	1840	16789	11277	4227	27.4	40.0
文山壮族苗族自治州	Wenshan Zhuang & Miao A.P	3864	2710	1540	16688	10149	4309	28.5	45.8
西双版纳傣族自治州	Xishuangbanna Dai A.P	5327	4821	2376	15190	13030	5330	31.9	32.1
大理白族自治州	Dali Bai A.P	4733	3835	1441	17713	13559	5023	32.2	36.1
德宏傣族景颇族自治州	Dehong Dai & Jingpo A.P	4096	3690	1764	15255	11367	4671	27.0	37.7
怒江傈僳族自治州	Nujiang Lisu A.P	2362	2072	1262	12117	7329	3644	17.6	34.7
迪庆藏族自治州	Diqing Zang A.P	4105	2570	1137	17970	10885	5651	38.1	40.4
西藏自治区	**Tibet A.R.**	**4904**	**2742**	**1385**	**16196**			**29.6**	**36.6**
拉萨市	Lhasa City	6019	3851	1092	17654			30.6	36.7
昌都地区	Qamdu Prefecture	4332	2337	1216	13829			26.0	26.2
山南地区	Lhokha Prefecture	5183	2265	1152	15185			24.3	41.8
日喀则地区	Xigaze Prefecture	4473	2892	1692	16361			34.3	43.9
那曲地区	Narqu Prefecture	4860	2533	1298	15996			24.4	36.8
阿里地区	Ngri Prefecture	4183	2085	1305	21895			15.8	44.8
林芝地区	Nyingchi Prefecture	6433	3234	1728	14675			46.3	34.4
其他	Others								
陕西省	**Shaanxi**	**5028**	**4496**	**1349**	**18245**	**13783**	**5040**	**37.2**	**29.3**
西安市	Xi'an City	9788	6705	2138	25981	19306	6041	67.0	27.3
铜川市	Tongchuan City	6077	4861	1631	18775	13340	5103	35.2	28.7
宝鸡市	Baoji City	6340	5270	1537	22337	15263	5908	32.7	28.3
咸阳市	Xianyang City	6401	4701	1475	22224	15833	5349	39.7	36.5
渭南市	Weinan City	5571	4495	1349	18768	12309	3984	34.0	36.1
延安市	Yan'an City	6565	4335	1714	21188	13458	4237	26.4	29.3
汉中市	Hanzhong City	5283	3892	1617	17019	11210	4375	36.6	29.5
榆林市	Yulin City	6520	4975	1826	20721	12650	3627	29.9	30.2
安康市	Ankang City	5009	3940	1777	17365	11921	4876	35.4	35.5
商洛市	Shangluo City	4586	3569	1343	17344	10826	3914	35.8	34.7
杨凌示范区	Yangling Demonstration Zone	9110	3288		25999	16021	5703		39.5
甘肃省	**Gansu**	**3909**	**3665**	**1548**	**14989**	**11189**	**4182**	**23.7**	**28.0**
兰州市	Lanzhou City	5252	4331	1831	15953	12352	4714	29.8	
嘉峪关市	Jiayuguan City	9304	10149	3840	18931	12984	4512	40.3	
金昌市	Jinchang City	6709	7939	2257	20074	16698	6047	42.3	
白银市	Baiyin City	3813	3821	1791	15960	12524	4338	24.5	
天水市	Tianshui City	3266	3156	1433	13051	9280	3503	19.9	

3-8 续表 9 continued

地区	Region	农村居民人均纯收入（元） Per Capita Net Income of Rural Households (yuan)	农村居民人均消费支出（元） Per Capita Consumption Expenditure of Rural Households (yuan)	#食品支出 Food	城镇居民人均可支配收入（元） Per Capita Disposable Income of Urban Households (yuan)	城镇居民人均消费支出（元） Per Capita Consumption Expenditure of Urban Households (yuan)	#食品支出 Food	农村人均住房面积（平方米） Per Capita Floor Space of Rural Residents (sq.m)	城镇人均住房建筑面积（平方米） Per Capita Floor Space of Urban Residents (sq.m)
武威市	Wuwei City	5193	2876	1389	13261	10101	4130	33.4	
张掖市	Zhangye City	6467	5210	2035	12400	11024	3527	32.9	
平凉市	Pingliang City	3581	4364	1655	13355	8408	3378	23.6	
酒泉市	Jiuquan City	8158	7063	2603	17265	14237	4741	41.3	
庆阳市	Qingyang City	3674	3113	1232	14388	10681	3732	22.1	
定西市	Dingxi City	3074	3005	1293	12290	8982	3154	19.9	
陇南市	Longnan City	2621	2667	1312	12124	8933	4035	23.8	
临夏回族自治州	Linxia Hui A.P	2693	2727	1251	9759	6720	3147	18.0	
甘南藏族自治州	Gannan Zang A.P	3106	2415	1390	11801	9234	3424	20.9	
青海省	**Qinghai**	**4609**	**4537**	**1716**	**15603**	**10955**	**4260**	**27.3**	**26.0**
西宁市	Xining City	6634	6435	2087	15842	10551	4330	38.1	25.8
海东地区	Haidong Prefecture	4600	4580	1762	15092	11787	4277	27.2	
海北藏族自治州	Haibei Zang A.P	6150	5135	2655	18150	14026	4964	22.6	20.3
黄南藏族自治州	Huangnan Zang AP	3649	3653	1634	16574	10844	4217	18.8	22.6
海南藏族自治州	Hainan Zang A.P	5238	5191	2338	14652	11454	3848	19.9	26.5
果洛藏族自治州	Golog Zang A.P	2964	2162	1209	15299	14476	5148	12.7	17.1
玉树藏族自治州	Yushu Zang A.P	2657	2457	1831	17427	10049	6398	17.4	36.1
海西蒙古族藏族自治州	Haixi Mongolian & Zang A.P	6574	5691	2290	19007	15411	4927	27.7	
宁夏回族自治区	**Ningxia**	**5410**	**4727**	**1763**	**17579**	**12896**	**4483**	**24.4**	**30.3**
银川市	Yinchuan City	7070	6707	2322	19203	14931	5268	39.9	30.4
石嘴山市	Shizuishan City	6974	6041	2247	17928	13223	4808	30.9	30.8
吴忠市	Wuzhong City	5573	4604	1867	15753	11525	4003	26.1	29.2
固原市	Guyuan City	4044	3793	1819	14879	11137	3874	19.1	34.5
中卫市	Zhongwei City	5178	4916	1769	15866	11987	3897	26.1	29.1
新疆维吾尔自治区	**Xinjiang**	**5442**	**4398**	**1590**	**15514**	**11839**	**4538**	**26.1**	**28.9**
乌鲁木齐市	Urumqi City	8485	7657	2653	16141	11756	4676	30.0	27.3
克拉玛依市	Karamay City				19768	17838	5689		30.2
吐鲁番地区	Turpan Prefecture	6060	6696	2319	15353	10996	4074	27.7	32.6
哈密地区	Hami Prefecture	7143	6433	1851	15666	12646	5071	24.6	30.8
昌吉回族自治州	Changji Hui A.P	10199	10629	3263	15371	12028	4214	37.6	29.9
博尔塔拉蒙古自治州	Bortala Mongolian A.P	8268	10902	2824	14858	11417	4191	28.6	29.6
巴音郭楞蒙古自治州	Bayingolin Mongolian A.P	8670	6423	2122	15607	11525	3814	33.7	30.0
阿克苏地区	Aksu Prefecture	5895	5545	1888	15820	10330	3902	26.6	31.6
克孜勒苏柯尔克孜自治州	Kizilsu Kirgiz A.P	2699	1985	986	12078	9059	3603	27.5	28.4
喀什地区	Kashi Prefecture	4026	3704	1601	13543	9798	3841		26.8
和田地区	Hotan Prefecture	3555	3826	1293	14653	12329	5100	14.9	27.4
伊犁哈萨克自治州	Ili Kazak A.P	6389	6749	1916	14332	9898	3741	23.9	30.5
塔城地区	Tacheng Prefecture	9208	7401	2575	14096	10934	3937	29.0	27.8
阿勒泰地区	Altay Prefecture	5159	5343	1864	14071	10037	3841		26.7
石河子市	Shihezi City				17288	12662	5113	29.6	27.5
阿拉尔市	Alar City								
图木舒克市	Tumxuk City								
五家渠市	Wujiaqu City								
生产建设兵团	Corps								

3-9 农村和农业生产基本情况(2011年)
Basic Conditions of Rural Area (2011)

地区	Region	乡村户数(万户) Rural House-holds (10 000 house-holds)	常用耕地面积(千公顷) Cultivated Areas (10 000 persons)	农业机械总动力(万千瓦) Total Power of Agricultural Machinery (10 000 kw)	化肥使用量(折纯量)(万吨) Consumption of Chemical Fertilizer (10 000 tons)	农村用电量(万千瓦小时) Electricity Consumed in Rural Area (10 000 kwh)	有效灌溉面积(千公顷) Irrigated Area (1 000 hectares)	农作物总播种面积(千公顷) Total Sown Area (1 000 hectares)	#粮食作物 Grain Crops Sown Areas
北京市	**Beijing**	**212.4**	**231.7**	**265.2**	**13.8**	**454009**	**163.1**	**302.6**	**209.4**
东城区	Dongcheng District								
西城区	Xicheng District								
朝阳区	Chaoyang District	31.6	4.7	1.8	0.0	74659	3.4	0.8	0.2
丰台区	Fengtai District	13.1	3.2	4.4	0.0	43795	1.5	1.1	0.4
石景山区	Shijingshan District		0.2						
海淀区	Haidian District	15.9	2.7	8.7	0.1	31085	1.0	1.6	0.6
门头沟区	Mentougou District	4.3	1.8	2.0	0.0	8018	0.1	3.3	1.8
房山区	Fangshan District	23.8	28.3	37.5	1.4	42770	19.4	34.3	27.7
通州区	Tongzhou District	24.8	35.0	27.2	2.9	55637	29.5	51.7	33.9
顺义区	Shunyi District	20.0	31.0	39.6	2.4	42158	29.4	52.4	36.3
昌平区	Changping District	18.8	11.8	9.2	0.4	51804	6.2	9.3	5.7
大兴区	Daxing District	18.4	38.1	39.8	3.1	32510	37.1	64.5	37.7
怀柔区	Huairou District	9.1	9.8	15.8	0.5	16406	7.2	12.2	10.3
平谷区	Pinggu District	11.0	12.4	30.8	0.9	29476	10.6	18.5	12.9
密云县	Miyun County	12.5	22.9	25.3	0.7	16575	5.8	25.8	19.4
延庆县	Yanqing County	9.2	29.8	19.6	1.4	9115	12.0	27.1	22.5
北京经济技术开发区	Beijing Economic-technological Development Zones								
其他	Others								
天津市	**Tianjin**	**129.1**	**396.5**	**583.9**	**24.4**	**512968**	**338.0**	**468.0**	**310.8**
和平区	Heping District								
河东区	Hedong District								
河西区	Hexi District								
南开区	Nankai District								
河北区	Hebei District								
红桥区	Hongqiao District								
东丽区	Dongli District	6.0	9.8	15.9	0.3	17499	9.8	8.5	3.1
西青区	Xiqing District	9.0	14.0	31.7	0.7	74762	14.2	20.0	5.1
津南区	Jinnan District	11.1	13.7	37.3	0.1	37403	10.1	8.4	2.9
北辰区	Beichen District	10.2	18.4	28.4	0.4	50746	14.5	18.2	8.8
武清区	Wuqing District	22.0	86.7	108.9	5.2	103826	72.0	127.2	94.4
宝坻区	Baodi District	17.6	76.1	87.4	8.5	47900	65.6	110.4	92.0
滨海新区	Binhai New Area	9.3	20.4	69.4	0.8	44925	19.5	20.5	15.6
宁河县	Ninghe County	8.4	39.0	55.5	1.1	24550	35.9	41.4	16.3
静海县	Jinghai County	15.5	64.6	73.3	3.0	69833	51.1	74.0	46.8
蓟县	Ji County	20.0	53.9	74.3	4.4	41524	42.3	86.0	77.1
其他	Others			1.8			3.0	3.2	2.4
河北省	**Hebei**	**1536.9**	**5901.4**	**10349.2**	**326.3**	**5592151**	**4596.6**	**8773.7**	**6286.1**
石家庄市	Shijiazhuang City	178.4	554.3	1977.0	48.7	747484	501.1	1011.1	769.9
唐山市	Tangshan City	163.8	545.7	1114.4	38.0	1419280	498.8	803.2	488.9
秦皇岛市	Qinhuangdao City	65.5	165.8	296.8	14.3	231746	134.4	222.3	147.8
邯郸市	Handan City	182.4	651.9	1419.6	47.2	535946	549.7	1077.5	782.5
邢台市	Xingtai City	154.7	647.0	933.4	35.2	298194	553.2	1021.3	718.4
保定市	Baoding City	241.2	762.5	1191.9	46.1	413433	660.5	1229.4	929.8
张家口市	Zhangjiakou City	119.7	682.2	298.7	10.1	98043	262.4	693.2	479.1
承德市	Chengde City	87.4	264.1	329.6	10.8	157585	149.9	368.4	288.7
沧州市	Cangzhou City	157.3	705.6	1197.7	31.9	701757	533.5	1158.7	902.4
廊坊市	Langfang City	82.9	366.2	677.8	16.7	709277	275.1	498.8	318.2
衡水市	Hengshui City	103.5	556.1	912.3	27.2	279406	478.0	854.7	595.4

3-9 续表 1 continued

地 区	Region	乡村户数（万户）Rural Households (10 000 households)	常用耕地面积（千公顷）Cultivated Areas (10 000 persons)	农业机械总动力（万千瓦）Total Power of Agricultural Machinery (10 000 kw)	化肥使用量（折纯量）（万吨）Consumption of Chemical Fertilizer (10 000 tons)	农村用电量（万千瓦小时）Electricity Consumed in Rural Area (10 000 kwh)	有效灌溉面积（千公顷）Irrigated Area (1 000 hectares)	农作物总播种面积（千公顷）Total Sown Area (1 000 hectares)	#粮食作物 Grain Crops Sown Areas
山西省	**Shanxi**	**758.4**	**4055.8**	**2927.3**	**114.6**	**865984**	**1324.8**	**3797.4**	**3287.9**
太原市	Taiyuan City	34.0	127.3	123.2	2.8	50391	48.4	110.0	82.2
大同市	Datong City	61.5	372.3	167.0	8.3	30193	126.7	319.5	276.8
阳泉市	Yangquan City	28.3	68.3	126.0	1.4	66282	8.8	59.0	56.1
长治市	Changzhi City	74.8	346.2	186.0	11.4	75675	80.3	282.2	257.0
晋城市	Jincheng City	53.9	192.2	234.0	7.1	68912	42.7	216.6	205.8
朔州市	Shuozhou City	36.4	365.9	214.5	7.1	20554	122.0	337.7	269.8
晋中市	Jinzhong City	86.2	364.1	334.0	10.6	124351	143.9	329.2	283.6
运城市	Yuncheng City	109.8	549.4	629.6	28.8	223120	364.4	799.0	660.2
忻州市	Xinzhou City	85.5	649.5	226.0	13.3	56355	129.9	473.4	422.5
临汾市	Linfen City	91.0	494.6	422.1	16.7	67724	139.1	563.0	511.5
吕梁市	Luliang City	97.0	525.9	264.8	7.2	82427	118.5	407.8	357.4
其他	Others								
内蒙古自治区	**Inner Mongolia**	**380.1**	**7149.0**	**3172.7**	**176.9**	**523000**	**3072.4**	**7109.9**	**5562.0**
呼和浩特市	Hohhot City	30.1	565.4	218.7	11.1	39468	196.0	445.4	323.3
包头市	Baotou City	17.3	422.1	150.7	6.7	30107	157.0	312.8	266.7
乌海市	Wuhai City	1.0	8.6	7.9	0.3	2783	0.8	6.4	4.4
赤峰市	Chifeng City	103.8	1405.9	458.8	25.7	180180	431.4	1103.5	893.3
通辽市	Tongliao City	62.9	1346.6	550.0	53.2	91761	608.3	1128.7	920.9
鄂尔多斯市	Erdos City	19.1	408.1	266.9	10.3	45950	208.1	376.6	239.6
呼伦贝尔市	Hulunbuir City	19.4	1198.0	369.0	15.5	26739	369.8	1572.5	1323.9
巴彦淖尔市	Bayannur City	26.7	701.4	412.5	24.4	41237	650.3	530.5	262.0
乌兰察布市	Ulanqab City	42.0	913.8	196.7	9.3	26025	115.6	603.0	474.8
兴安盟	Xingan League	31.6	1269.2	391.9	14.9	16269	303.3	778.6	723.3
锡林郭勒盟	Xilingol League	12.8	235.7	119.9	1.3	6837		233.2	150.2
阿拉善盟	Alxa League	2.2	46.3	27.3	1.7	15636	66.3	32.3	18.9
辽宁省	**Liaoning**	**722.5**	**4085.2**	**2558.1**	**144.6**	**3663305**	**1588.4**	**4356.2**	**3169.8**
沈阳市	Shenyang City	91.5	682.5	312.8	20.0		250.8	670.8	507.4
大连市	Dalian City	89.0	361.1	341.9	16.0		111.3	330.5	281.0
鞍山市	Anshan City	55.0	239.6	146.0	9.4		89.0	254.1	212.5
抚顺市	Fushun City	27.0	125.7	65.2	3.4		42.9	118.4	98.8
本溪市	Benxi City	15.4	68.2	53.9	1.3		19.5	59.1	50.3
丹东市	Dandong City	44.3	206.7	180.2	6.5		71.4	207.2	166.5
锦州市	Jinzhou City	61.4	391.0	269.1	16.4		206.5	454.9	354.0
营口市	Yingkou City	44.5	113.4	111.1	6.1		84.6	110.7	95.4
阜新市	Fuxin City	34.5	367.7	222.6	13.9		94.2	552.9	337.3
辽阳市	Liaoyang City	36.8	176.3	65.1	5.5		96.3	163.3	142.2
盘锦市	Panjin City	22.7	128.9	73.4	5.0		109.0	145.2	128.3
铁岭市	Tieling City	63.6	542.0	229.1	21.3		162.3	573.7	439.7
朝阳市	Chaoyang City	77.3	456.1	181.3	10.8		173.1	476.7	378.9
葫芦岛市	Huludao City	59.5	225.9	148.2	8.9		77.4	238.6	189.2

地　区	Region	乡村户数（万户）Rural Households (10 000 households)	常用耕地面积（千公顷）Cultivated Areas (10 000 persons)	农业机械总动力（万千瓦）Total Power of Agricultural Machinery (10 000 kw)	化肥使用量（折纯量）（万吨）Consumption of Chemical Fertilizer (10 000 tons)	农村用电量（万千瓦小时）Electricity Consumed in Rural Area (10 000 kwh)	有效灌溉面积（千公顷）Irrigated Area (1 000 hectares)	农作物总播种面积（千公顷）Total Sown Area (1 000 hectares)	#粮食作物 Grain Crops Sown Areas
吉林省	**Jilin**	**419.2**	**5688.0**	**2355.0**	**391.9**	**425072**	**1831.7**	**5222.3**	**4545.1**
长春市	Changchun City	119.5	1294.0	468.8	98.5	126504	249.5	1333.1	1220.9
吉林市	Jilin City	58.5	590.0	306.5	54.3	49693	180.8	688.7	642.8
四平市	Siping City	59.2	845.3	244.4	66.6	56503	188.0	915.1	848.3
辽源市	Liaoyuan City	19.5	222.0	99.6	15.5	14192	31.5	184.9	178.8
通化市	Tonghua City	34.7	307.5	142.9	28.3	30324	109.5	325.9	293.1
白山市	Baishan City	12.5	47.5	43.2	3.5	8432	4.3	63.5	49.6
松原市	Songyuan City	53.0	1187.2	500.1	69.0	49678	540.8	934.2	815.9
白城市	Baicheng City	38.9	841.6	386.5	41.4	30623	442.4	957.4	748.5
延边朝鲜族自治州	Yanbian Korean A.P	23.5	353.2	163.1	14.6	59123	85.0	375.0	334.1
黑龙江省	**Heilongjiang**	**512.5**	**11838.0**	**4097.8**	**228.4**	**701381**	**4341.7**	**14486.0**	**13759.0**
哈尔滨市	Harbin City	134.1	1826.1	806.7	45.0	163379	318.5	1990.8	1894.4
齐齐哈尔市	Qiqihar City	95.3	2237.3	640.0	27.4	60389	542.3	2287.5	2185.4
鸡西市	Jixi City	19.4	414.1	175.4	4.5	26621	138.7	476.2	460.0
鹤岗市	Hegang City	6.6	160.1	71.3	4.2	4497	128.1	200.6	195.4
双鸭山市	Shuangyashan City	14.2	404.8	138.8	6.1	20304	65.8	420.9	398.4
大庆市	Daqing City	36.7	627.5	283.5	11.8	36366	503.6	733.5	648.7
伊春市	Yichun City	5.0	204.9	66.4	2.3	5990	30.4	243.5	231.0
佳木斯市	Jiamusi City	36.0	1148.4	333.7	20.1	51531	362.4	1287.0	1237.1
七台河市	Qitaihe City	9.6	152.1	53.1	1.7	7795	13.0	172.4	157.3
牡丹江市	Mudanjiang City	31.3	488.4	178.6	7.8	42865	80.9	626.7	536.4
黑河市	Heihe City	22.3	851.0	229.7	10.7	17923	40.2	1200.8	1151.9
绥化市	Suihua City	100.2	1657.4	385.6	33.3	122432	367.0	1850.7	1789.5
大兴安岭地区	Daxing'anling Prefecture	1.8	138.9	37.9	0.8	1734	2.2	174.9	168.0
农垦总局	Agriculture Reclamation Bureau			697.1	52.8	139555	1732.5	2842.8	2744.1
其他	Others						16.3		
上海市	**Shanghai**	**119.0**	**199.6**	**105.6**	**11.6**	**2042800**	**199.6**	**400.6**	**186.3**
黄浦区	Huangpu District								
卢湾区	Luwan District								
徐汇区	Xuhui District								
长宁区	Changning District								
静安区	Jingan District								
普陀区	Putuo District								
闸北区	Zhabei District								
虹口区	Hongkou District								
杨浦区	Yangpu District								
闵行区	Minhang District	7.2	5.7	1.5	0.1		5.7	6.4	1.7
宝山区	Baoshan District	4.2	4.6	3.4	0.2		4.6	4.8	2.0
嘉定区	Jiading District	9.0	10.9	3.6	0.7		10.9	19.5	9.3
浦东新区	Pudong New District	32.6	43.3	11.8	0.9		43.3	68.2	22.3
金山区	Jinshan District	9.9	26.1	11.4	2.0		26.1	54.4	32.9
松江区	Songjiang District	6.7	17.2	9.3	1.1		17.2	31.3	14.2
青浦区	Qingpu District	8.1	27.0	8.4	1.5		27.0	39.8	17.9
奉贤区	Fengxian District	12.4	25.8	9.9	1.2		25.8	42.0	15.4
崇明县	Chongming County	23.2	50.3	24.7	2.4		50.3	100.7	50.3
其他	Others	5.9		21.7	1.4			33.5	20.3

3-9 续表 3 continued

地区	Region	乡村户数(万户) Rural Households (10 000 households)	常用耕地面积(千公顷) Cultivated Areas (10 000 persons)	农业机械总动力(万千瓦) Total Power of Agricultural Machinery (10 000 kw)	化肥使用量(折纯量)(万吨) Consumption of Chemical Fertilizer (10 000 tons)	农村用电量(万千瓦小时) Electricity Consumed in Rural Area (10 000 kwh)	有效灌溉面积(千公顷) Irrigated Area (1 000 hectares)	农作物总播种面积(千公顷) Total Sown Area (1 000 hectares)	#粮食作物 Grain Crops Sown Areas
江苏省	**Jiangsu**	**1466.3**	**4718.7**	**4106.1**	**337.2**	**16068336**	**3817.9**	**7663.3**	**5319.2**
南京市	Nanjing City	64.8	242.1	210.6	8.4	301065	180.2	332.0	161.0
无锡市	Wuxi City	66.3	139.5	104.9	6.2	3706458	128.9	178.5	117.0
徐州市	Xuzhou City	186.5	591.0	591.7	69.7	566265	470.4	1110.3	727.3
常州市	Changzhou City	78.0	177.7	155.2	6.5	1515809	143.5	226.2	159.5
苏州市	Suzhou City	94.1	231.1	161.1	8.8	5249102	180.1	266.2	159.7
南通市	Nantong City	206.5	468.5	334.9	23.8	1344337	408.9	850.6	525.6
连云港市	Lianyungang City	90.8	369.1	426.4	33.7	270633	303.7	601.4	487.8
淮安市	Huaian City	100.8	487.7	425.1	37.1	117458	323.6	785.7	649.9
盐城市	Yancheng City	186.7	781.4	528.6	59.3	612448	621.2	1472.0	956.5
扬州市	Yangzhou City	103.5	304.0	230.3	18.9	488782	288.7	503.6	414.7
镇江市	Zhenjiang City	58.3	171.5	133.9	6.3	673099	132.9	238.7	175.0
泰州市	Taizhou City	121.6	316.7	228.1	18.6	924836	283.8	577.0	435.8
宿迁市	Suqian City	108.3	438.4	575.2	39.8	298044	352.1	706.8	569.4
浙江省	**Zhejiang**	**1263.1**		**2542.1**	**92.1**	**8479986**	**1456.8**	**2462.7**	**1254.1**
杭州市	Hangzhou City	132.9		337.2	11.0	1129507	163.7	373.4	167.8
宁波市	Ningbo City	180.2		335.5	11.1	1702837	189.7	314.3	151.0
温州市	Wenzhou City	182.3		230.2	8.7	897964	126.4	249.3	158.3
嘉兴市	Jiaxing City	74.9		156.2	10.5	949472	199.2	340.2	203.0
湖州市	Huzhou City	61.6		165.0	5.5	369650	135.3	225.0	134.0
绍兴市	Shaoxing City	138.6		242.0	10.4	1863668	160.5	332.5	186.0
金华市	Jinhua City	179.0		253.2	11.5	387054	156.9	274.2	154.9
衢州市	Quzhou City	61.7		162.3	7.6	92098	94.2	227.0	133.5
舟山市	Zhoushan City	24.0		176.4	0.6	116473	13.7	23.5	10.6
台州市	Taizhou City	164.7		373.7	9.0	920219	128.3	254.6	141.1
丽水市	Lishui City	63.1		106.7	6.2	51044	88.8	172.7	99.1
安徽省	**Anhui**	**1438.5**	**4184.3**	**5657.1**	**329.7**	**1172761**	**3547.7**	**9023.0**	**6621.5**
合肥市	Hefei City	123.0	337.6	358.0	31.6	138838	363.6	751.2	475.2
芜湖市	Wuhu City	75.3	175.8	183.0	14.5	111716	199.1	387.1	198.8
蚌埠市	Bengbu City	69.4	295.1	498.9	29.3	58799	207.7	650.6	478.8
淮南市	Huainan City	36.0	113.4	173.8	13.4	72359	104.5	249.7	212.4
马鞍山市	Maanshan City	41.0	124.6	128.6	9.4	41140	129.0	238.1	146.1
淮北市	Huaibei City	36.8	136.1	250.6	9.8	17815	145.0	286.4	266.5
铜陵市	Tongling City	9.9	23.5	37.3	2.3	15201	25.0	47.5	27.0
安庆市	Anqing City	141.0	298.0	280.9	23.0	140754	257.9	772.8	450.7
黄山市	Huangshan City	36.9	47.4	70.2	3.9	18371	42.8	130.5	65.0
滁州市	Chuzhou City	92.9	407.1	608.4	33.4	82547	355.7	866.7	700.3
阜阳市	Fuyang City	220.5	575.7	634.5	38.1	106356	376.9	1234.6	1017.4
宿州市	Suzhou City	139.1	480.5	759.2	33.5	71488	371.4	991.9	794.2
六安市	Liuan City	176.2	433.9	622.5	37.1	113258	383.4	889.2	702.3
亳州市	Bozhou City	129.8	499.7	726.9	30.1	68358	322.1	1050.5	863.1
池州市	Chizhou City	39.0	82.9	109.8	6.0	30256	83.5	200.0	114.1
宣城市	Xuancheng City	71.7	153.1	214.4	14.2	87651	148.3	357.0	230.2
其他	Others								

地 区	Region	乡村户数 (万户) Rural House-holds (10 000 house-holds)	常用耕地面积 (千公顷) Cultivated Areas (10 000 persons)	农业机械总动力 (万千瓦) Total Power of Agricultural Machinery (10 000 kw)	化肥使用量 (折纯量) (万吨) Consumption of Chemical Fertilizer (10 000 tons)	农村用电量 (万千瓦小时) Electricity Consumed in Rural Area (10 000 kwh)	有效灌溉面积 (千公顷) Irrigated Area (1 000 hectares)	农作物总播种面积 (千公顷) Total Sown Area (1 000 hectares)	#粮食作物 Grain Crops Sown Areas
福建省	**Fujian**	**724.4**	**1337.4**	**1250.8**	**120.9**	**2705792**	**967.5**	**2285.8**	**1226.8**
福州市	Fuzhou City	132.4	162.3	162.4	8.8	779260	120.0	262.6	113.2
厦门市	Xiamen City	11.6	20.5	40.9	2.3	20623	17.9	28.7	7.6
莆田市	Putian City	65.9	74.7	76.3	6.5	116119	44.2	108.0	53.0
三明市	Sanming City	54.1	192.4	127.5	13.1	117524	135.1	416.1	214.9
泉州市	Quanzhou City	148.0	147.6	245.2	14.8	1124995	114.9	251.4	154.2
漳州市	Zhangzhou City	105.8	180.0	203.3	39.2	169543	132.7	257.2	117.8
南平市	Nanping City	65.3	235.4	173.9	15.6	109756	182.4	427.7	249.6
龙岩市	Longyan City	67.7	164.2	107.6	11.3	149793	110.6	301.9	179.4
宁德市	Ningde City	73.5	137.2	113.8	9.4	118179	109.8	232.3	137.1
江西省	**Jiangxi**				**141.1**	**773087**	**1867.7**	**5486.8**	**3650.1**
南昌市	Nanchang City				15.0	127567	189.2	539.2	371.0
景德镇市	Jingdezhen City				3.3	24466	53.5	156.1	93.6
萍乡市	Pingxiang City				3.7	47843	37.8	140.0	82.1
九江市	Jiujiang City				15.9	88481	187.4	535.2	275.9
新余市	Xinyu City				3.2	25644	47.6	137.2	99.7
鹰潭市	Yingtan City				2.8	9537	51.5	152.4	116.7
赣州市	Ganzhou City				22.6	93972	262.9	772.1	514.1
吉安市	Jian City				17.6	69859	297.3	916.9	650.1
宜春市	Yichun City				21.9	111754	282.7	908.5	619.7
抚州市	Fuzhou City				20.5	45053	215.0	603.0	406.2
上饶市	Shangrao City				14.6	129501	242.9	794.6	586.5
山东省	**Shandong**	**2153.9**	**7510.8**	**12098.3**	**473.6**	**4565183**	**4986.9**	**10865.4**	**7145.8**
济南市	Jinan City	100.1	360.7	527.4	23.6	256835	247.4	622.3	468.5
青岛市	Qingdao City	154.9	512.8	784.1	29.4	431646	331.7	757.0	545.6
淄博市	Zibo City	88.8	207.1	340.5	9.8	535200	125.5	308.0	255.3
枣庄市	Zaozhuang City	79.4	240.8	291.5	21.1	281321	150.9	409.1	288.1
东营市	Dongying City	34.0	220.0	231.9	10.9	47652	168.6	278.3	118.3
烟台市	Yantai City	172.1	446.0	907.7	38.2	832803	273.7	564.3	405.7
潍坊市	Weifang City	204.1	783.9	1301.0	57.4	570813	536.7	1140.8	802.9
济宁市	Jining City	183.9	600.6	984.1	45.8	140322	441.1	1067.0	686.7
泰安市	Taian City	122.5	343.4	479.8	20.2	95795	257.9	636.8	434.5
威海市	Weihai City	64.4	191.7	539.2	10.3	200989	149.8	264.5	174.2
日照市	Rizhao City	82.4	229.6	302.8	12.7	86026	117.0	271.3	184.4
莱芜市	Laiwu City	31.5	68.6	102.3	3.8	97740	39.6	91.0	52.3
临沂市	Linyi City	277.5	842.6	891.4	43.1	293938	376.6	1116.9	759.6
德州市	Dezhou City	124.6	619.0	1362.7	35.2	78317	451.8	1117.6	920.2
聊城市	Liaocheng City	136.1	565.6	1086.0	42.4	127326	494.1	1060.9	785.5
滨州市	Binzhou City	93.5	447.1	567.9	20.8	98549	310.7	627.5	447.1
菏泽市	Heze City	204.2	831.3	1398.1	48.8	389912	514.0	1493.1	1025.2
河南省	**Henan**	**2061.5**	**7201.9**	**10515.8**	**673.7**	**2818200**	**5150.4**	**14258.6**	**9859.9**
郑州市	Zhengzhou City	106.3	295.7	521.2	23.6	382747	196.3	509.8	363.4
开封市	Kaifeng City	98.5	394.0	681.2	29.2	81659	323.9	799.0	463.3
洛阳市	Luoyang City	128.9	356.1	471.6	24.2	229032	141.9	697.7	526.3
平顶山市	Pingdingshan City	102.2	312.9	362.1	35.5	95333	206.0	547.7	414.6
安阳市	Anyang City	120.7	394.6	583.0	43.3	279569	298.8	747.2	545.5
鹤壁市	Hebi City	26.5	96.4	223.5	7.6	22469	83.2	191.8	167.1
新乡市	Xinxiang City	109.9	403.1	703.1	50.0	565815	329.1	794.6	614.5

地 区	Region	乡村户数（万户） Rural Households (10 000 households)	常用耕地面积（千公顷） Cultivated Areas (10 000 persons)	农业机械总动力（万千瓦） Total Power of Agricultural Machinery (10 000 kw)	化肥使用量（折纯量）（万吨） Consumption of Chemical Fertilizer (10 000 tons)	农村用电量（万千瓦小时） Electricity Consumed in Rural Area (10 000 kwh)	有效灌溉面积（千公顷） Irrigated Area (1 000 hectares)	农作物总播种面积（千公顷） Total Sown Area (1 000 hectares)	#粮食作物 Grain Crops Sown Areas
焦作市	Jiaozuo City	63.1	181.7	385.1	20.3	127806	162.1	352.8	270.4
濮阳市	Puyang City	74.3	248.4	418.4	26.1	66451	221.1	497.9	383.4
许昌市	Xuchang City	84.7	325.6	361.4	32.1	93921	240.8	601.5	432.3
漯河市	Luohe City	54.0	165.7	255.1	16.8	47115	152.1	368.7	264.0
三门峡市	Sanmenxia City	43.7	163.2	170.0	9.7	34157	53.4	246.9	163.9
南阳市	Nanyang City	243.2	941.2	1165.6	84.3	178962	469.3	1862.6	1144.4
商丘市	Shangqiu City	193.3	666.6	1140.3	73.9	164234	600.0	1388.8	938.2
信阳市	Xinyang City	180.7	568.6	510.5	51.6	129244	469.8	1222.9	831.0
周口市	Zhoukou City	237.2	826.2	1094.2	73.0	141019	611.8	1711.0	1150.2
驻马店市	Zhumadian City	182.5	827.3	1361.4	70.3	160880	570.9	1646.2	1174.1
济源市	Jiyuan City	12.0	34.8	107.9	2.4	17814	20.0	57.5	41.7
湖北省	**Hubei**	**1071.8**	**3361.9**	**3571.2**	**354.9**	**1122597**	**2227.6**	**8009.6**	**4122.1**
武汉市	Wuhan City	75.3	204.9	241.4	15.5	126176	159.0	520.0	200.0
黄石市	Huangshi City	37.7	90.0	78.3	5.1	11321	38.7	228.5	133.8
十堰市	Shiyan City	65.2	173.7	156.5	13.2	44781	35.9	450.1	250.1
宜昌市	Yichang City	86.4	235.0	260.7	36.6	77772	97.8	589.3	321.2
襄阳市	Xiangyang City	98.1	447.3	541.2	58.2	81205	254.1	918.4	610.0
鄂州市	Ezhou City	20.8	40.6	58.5	12.0	42844	27.8	116.0	56.6
荆门市	Jingmen City	50.0	261.1	366.7	26.7	68366	191.6	550.2	300.0
孝感市	Xiaogan City	104.4	262.3	218.1	21.7	81579	220.4	560.7	350.4
荆州市	Jingzhou City	106.4	466.5	475.6	38.1	131177	411.0	1043.2	410.0
黄冈市	Huanggang City	152.9	342.9	267.0	50.3	172129	274.5	953.1	400.0
咸宁市	Xianning City	52.1	156.1	157.1	11.7	138704	88.4	400.9	207.4
随州市	Suizhou City	50.6	147.1	186.6	16.0	36003	135.5	308.0	200.0
恩施土家族苗族自治州	Enshi Tujia & Miao A.P	97.4	257.8	194.1	27.8	37046	59.3	766.5	400.0
仙桃市	Xiantao City	27.3	90.6	120.7	7.4	40931	88.9	214.2	102.1
潜江市	Qianjiang City	14.7	70.5	90.2	7.0	9816	62.7	148.5	65.8
天门市	Tianmen City	30.9	109.5	149.1	7.6	21777	109.5	229.2	116.3
神农架林区	Shennongjia Forest District	1.3	6.1	9.5	2.7	1036	0.2	10.7	7.0
湖南省	**Hunan**	**1582.4**	**3346.7**	**4935.6**	**242.5**	**1060298**	**2762.4**	**8402.0**	**4879.6**
长沙市	Changsha City	132.7	248.1	516.4	18.2	213539	228.4	639.7	366.4
株洲市	Zhuzhou City	79.4	178.9	259.9	12.7	71930	144.6	376.8	256.0
湘潭市	Xiangtan City	61.8	122.9	263.3	11.5	51648	117.1	304.5	210.4
衡阳市	Hengyang City	165.5	329.1	424.6	22.6	138432	255.8	933.3	548.7
邵阳市	Shaoyang City	184.2	348.9	381.8	22.7	86190	259.2	796.5	533.8
岳阳市	Yueyang City	127.1	284.5	498.1	23.6	67621	260.7	848.7	526.1
常德市	Changde City	154.1	408.4	505.3	32.9	93489	394.3	1184.5	651.5
张家界市	Zhangjiajie City	42.1	92.0	95.3	5.7	15477	52.3	214.4	132.3
益阳市	Yiyang City	107.2	242.0	424.6	22.8	72235	223.0	714.4	406.1
郴州市	Chenzhou City	117.8	234.4	368.1	19.2	61300	171.3	587.0	337.1
永州市	Yongzhou City	134.9	288.6	482.0	22.9	66890	243.3	861.3	549.4
怀化市	Huaihua City	117.9	265.7	302.0	11.0	51907	190.7	578.1	312.5
娄底市	Loudi City	98.2	149.9	279.7	9.3	53649	115.6	357.0	261.3
湘西土家族苗族自治州	West Hunan Tujia & Miao A.P	59.5	153.2	134.5	7.6	15991	106.2	352.0	176.0

地区	Region	乡村户数（万户）Rural Households (10 000 households)	常用耕地面积（千公顷）Cultivated Areas (10 000 persons)	农业机械总动力（万千瓦）Total Power of Agricultural Machinery (10 000 kw)	化肥使用量（折纯量）（万吨）Consumption of Chemical Fertilizer (10 000 tons)	农村用电量（万千瓦小时）Electricity Consumed in Rural Area (10 000 kwh)	有效灌溉面积（千公顷）Irrigated Area (1 000 hectares)	农作物总播种面积（千公顷）Total Sown Area (1 000 hectares)	#粮食作物 Grain Crops Sown Areas
广东省	**Guangdong**	**1702.3**	**2878.5**	**2350.5**	**241.3**	**11349220**	**1318.2**	**4572.0**	**2530.4**
广州市	Guangzhou City	141.7	101.2	207.3	10.7	1644055	80.2	263.0	89.8
韶关市	Shaoguan City	62.0	131.6	131.8	11.3	35148	92.3	318.5	158.3
深圳市	Shenzhen City			2.6	0.6		0.4	18.2	
珠海市	Zhuhai City	16.5	14.8	24.9	3.6	102801	18.8	19.4	8.1
汕头市	Shantou City	89.0	73.8	42.5	5.2	255401	30.6	118.4	71.4
佛山市	Foshan City	91.2	37.8	113.5	4.9	2248709	41.5	109.2	20.8
江门市	Jiangmen City	86.4	132.9	165.6	12.2	529192	103.4	283.2	193.1
湛江市	Zhanjiang City	145.6	456.1	457.2	43.9	140700	136.0	615.5	291.0
茂名市	Maoming City	133.6	260.1	162.5	33.3	81240	109.1	408.1	253.6
肇庆市	Zhaoqing City	89.5	109.0	149.0	18.6	117071	102.7	339.1	202.3
惠州市	Huizhou City	78.1	115.3	123.1	9.1	339519	74.8	247.4	120.0
梅州市	Meizhou City	106.4	163.1	131.5	15.4	79969	92.5	343.1	218.2
汕尾市	Shanwei City	66.9	94.5	87.6	6.8	87143	52.8	158.3	95.6
河源市	Heyuan City	73.2	110.6	55.3	6.7	44617	67.8	227.2	164.0
阳江市	Yangjiang City	66.5	104.1	87.7	11.5	42555	63.3	240.3	146.4
清远市	Qingyuan City	86.9	241.9	106.0	20.6	57158	92.7	350.2	179.2
东莞市	Dongguan City	50.0	12.6	37.9	0.8	4319019	7.6	24.5	2.8
中山市	ZhongShan City	64.0	50.6	71.2	3.0	709670	21.3	45.6	15.0
潮州市	Chaozhou City	56.0		29.7	4.8	275786	21.3	63.9	45.4
揭阳市	Jieyang City	127.1	123.9	63.3	12.4	141204	67.8	205.7	136.7
云浮市	Yunfu City	71.8	98.9	100.5	8.6	98263	56.7	187.3	118.9
广西壮族自治区	**Guangxi**	**1039.2**	**4421.1**	**2991.0**	**242.7**	**561800**	**1529.2**	**5996.5**	**3072.8**
南宁市	Nanning City	127.4	687.3	412.0	44.0	80001	239.6	932.5	441.0
柳州市	Liuzhou City	59.5	354.3	177.3	19.4	38004	99.8	402.4	167.5
桂林市	Guilin City	106.2	329.5	403.5	22.4	54911	218.0	661.9	373.4
梧州市	Wuzhou City	70.6	139.9	109.5	6.9	33802	70.6	285.1	159.7
北海市	Beihai City	23.0		127.1	6.3	16197	46.6	182.0	80.4
防城港市	Fangchenggang City	16.3	91.7	70.9	4.9	13270	27.9	118.8	48.6
钦州市	Qinzhou City	80.9	212.4	141.5	25.5	31802	83.0	366.6	215.4
贵港市	Guigang City	112.6	323.0	275.2	19.4	39715	153.7	426.9	271.8
玉林市	Yulin City	125.5	242.2	284.7	16.2	70563	148.2	481.4	326.0
百色市	Baise City	77.6	449.5	133.0	10.5	47967	108.8	492.7	272.0
贺州市	Hezhou City	48.6	114.0	105.2	5.5	23859	65.6	240.4	139.0
河池市	Hechi City	88.8	374.2	287.9	12.5	52561	87.0	742.8	276.6
来宾市	Laibin City	52.6	408.6	150.7	22.4	37388	102.3	435.2	172.7
崇左市	Chongzuo City	49.9	349.5	193.2	26.8	21755	78.2	490.0	120.9
海南省	**Hainan**	**130.8**	**425.4**	**404.5**	**38.7**	**70733**	**170.0**	**838.4**	**430.6**
海口市	Haikou City	17.8	50.5	54.1	2.7	14856	17.2	81.2	39.8
三亚市	Sanya City	6.4	13.9	31.2	1.8	3497	6.4	29.8	12.5
重庆市	**Chongqing**	**721.1**	**1376.8**	**1140.3**	**95.6**	**703706**	**692.9**	**3413.1**	**2259.4**
万州区	Wanzhou District	40.0	57.4	51.4	3.9	14156	34.6	172.0	113.5
涪陵区	Fuling District	26.7	67.0	61.0	4.2	30410	33.5	173.6	97.9
渝中区	Yuzhong District								
大渡口区	Dadukou District	1.4	1.4	0.1	0.2	4700	1.5	2.5	
江北区	Jiangbei District	1.5		0.5	0.2	1569	0.9	4.2	2.9

地 区	Region	乡村户数（万户）Rural Households (10 000 households)	常用耕地面积（千公顷）Cultivated Areas (10 000 persons)	农业机械总动力（万千瓦）Total Power of Agricultural Machinery (10 000 kw)	化肥使用量（折纯量）（万吨）Consumption of Chemical Fertilizer (10 000 tons)	农村用电量（万千瓦小时）Electricity Consumed in Rural Area (10 000 kwh)	有效灌溉面积（千公顷）Irrigated Area (1 000 hectares)	农作物总播种面积（千公顷）Total Sown Area (1 000 hectares)	#粮食作物 Grain Crops Sown Areas
沙坪坝区	Shapingba District	5.1	7.7	6.2	0.5	75880	6.6	9.3	3.9
九龙坡区	Jiulongpo District	8.2	7.8	20.7	0.3	15775	4.7	13.7	6.3
南岸区	Nanan District	10.0	4.6	0.5	0.4	8823	3.3	4.6	2.1
北碚区	Beibei District	11.5	14.3	24.0	0.8	94670	10.9	34.3	15.5
綦江区	Qijiang District	29.8	6.3	36.2	3.9	29201	24.3	124.4	80.6
大足区	Dazu District	19.1	0.8	49.7	2.4	21605	31.8	102.7	64.6
渝北区	Yubei District	16.2	27.6	17.2	1.3	7351	13.3	58.4	42.1
巴南区	Banan District	20.0	39.4	37.6	1.6	23065	22.4	95.8	64.5
黔江区	Qianjiang District	14.4	28.6	49.4	2.4	2792	15.0	88.9	57.1
长寿区	Changshou District	23.0	36.6	36.2	2.3	14617	23.7	87.8	69.2
江津区	Jiangjin District	37.5	68.0	32.8	4.1	28164	33.7	151.2	101.4
合川区	Hechuan District	38.5	74.2	45.4	3.1	14135	39.1	163.2	120.8
永川区	Yongchuan District	22.4	50.1	25.4	6.6	19133	34.9	101.7	69.0
南川区	Nanchuan District	19.6	39.1	44.7	2.4	21315	24.6	86.5	56.0
四川省	**Sichuan**	**2063.4**	**3983.4**	**3426.1**	**251.2**	**1485700**	**2600.8**	**10026.5**	
成都市	Chengdu City	224.4	325.5	310.7	17.4	316100	319.6	776.1	
自贡市	Zigong City	71.9	135.7	89.2	8.7	38800	81.1	323.2	
攀枝花市	Panzhihua City	15.0	40.7	60.8	2.8	17600	28.9	70.9	
泸州市	Luzhou City	116.6	209.7	159.1	10.4	57200	123.3	498.4	
德阳市	Deyang City	107.8	185.1	172.3	20.0	187200	148.1	467.1	
绵阳市	Mianyang City	132.9	281.5	248.4	21.4	96200	214.1	673.8	
广元市	Guangyuan City	69.3	167.6	225.9	11.6	26900	88.4	423.4	
遂宁市	Suining City	82.3	154.0	104.2	14.4	32300	121.8	426.4	
内江市	Neijiang City	107.6	164.4	125.4	12.0	80500	118.7	451.4	
乐山市	Leshan City	82.9	149.7	180.1	9.3	85800	101.9	363.7	
南充市	Nanchong City	177.6	301.7	202.7	23.7	59200	211.9	918.6	
眉山市	Meishan City	87.7	170.9	198.6	14.9	64900	179.9	443.5	
宜宾市	Yibin City	122.1	243.1	183.7	10.3	90500	130.1	550.5	
广安市	Guangan City	108.9	173.1	152.0	10.9	43900	97.1	501.6	
达州市	Dazhou City	161.3	302.1	184.6	20.3	72900	163.1	845.2	
雅安市	Yaan City	40.2	55.8	138.6	5.0	41800	42.7	180.0	
巴中市	Bazhong City	81.5	152.5	133.1	13.7	25700	77.8	465.2	
资阳市	Ziyang City	130.9	268.6	162.0	9.0	60700	170.9	759.7	
阿坝藏族羌族自治州	Aba Zang & Qiang A.P	17.8	59.2	71.4	1.0	18400	19.0	78.3	
甘孜藏族自治州	Ganzi Zang A.P	20.4	90.0	81.2	0.3	9100	28.0	82.7	
凉山彝族自治州	Liangshan Yi A.P	104.4	352.4	242.3	14.2	60000	134.5	726.7	
贵州省	**Guizhou**	**879.9**	**1754.9**	**1851.4**	**94.1**		**1266.8**	**5021.2**	**3055.6**
贵阳市	Guiyang City	54.2	96.7	138.0	6.6		29.6	268.3	116.9
六盘水市	Liupanshui City	70.9	108.1	152.6	6.6		57.0	242.8	182.5
遵义市	Zunyi City	170.6	390.0	286.8	20.6		147.8	1204.3	758.8
安顺市	Anshun City	57.7	106.2	134.1	6.0		73.7	255.3	143.2
毕节市	Bijie City	176.0	365.8	244.0	20.7		178.5	1061.4	642.5
铜仁市	Tongren City	96.3	175.7	245.7	8.7		123.6	560.2	355.7
黔西南布依族苗族自治州	Southwest Guizhou Buyi & Miao A.P	72.4	159.4	178.7	7.2		107.5	367.4	235.2
黔东南苗族侗族自治州	Southeast Guizhou Miao & Dong A.P	95.6	178.6	219.2	7.7		150.7	542.2	305.6
黔南布依族苗族自治州	South Guizhou Buyi & Miao A.P	86.1	174.3	252.3	10.0		142.9	519.3	315.2

3-9 续表 8 continued

地 区	Region	乡村户数(万户) Rural Households (10 000 households)	常用耕地面积(千公顷) Cultivated Areas (10 000 persons)	农业机械总动力(万千瓦) Total Power of Agricultural Machinery (10 000 kw)	化肥使用量(折纯量)(万吨) Consumption of Chemical Fertilizer (10 000 tons)	农村用电量(万千瓦小时) Electricity Consumed in Rural Area (10 000 kwh)	有效灌溉面积(千公顷) Irrigated Area (1 000 hectares)	农作物总播种面积(千公顷) Total Sown Area (1 000 hectares)	#粮食作物 Grain Crops Sown Areas
云南省	**Yunnan**	**961.2**	**4230.1**	**2628.0**	**200.5**	**667808**	**1634.2**	**6743.0**	**4402.4**
昆明市	Kunming City	86.9	163.8	285.3	17.6	90218	106.3	429.6	274.6
曲靖市	Qujing City	144.6	271.8	273.2	34.9	18465	184.0	1041.4	597.4
玉溪市	Yuxi City	52.7	161.5	222.4	39.4	13416	81.6	255.0	100.4
保山市	Baoshan City	57.6	155.3	14.9	12.1	31426	114.3	385.1	235.2
昭通市	Zhaotong City	128.9	327.8	15.1	13.7	48130	135.6	704.7	504.5
丽江市	Lijiang City	26.6	95.3	68.3	7.9	11917	70.6	171.7	127.2
普洱市	Puer City	54.2	207.3	185.7	6.9	20023	121.8	443.8	317.2
临沧市	Lincang City	49.2	271.1	135.5	18.1	14309	91.5	445.1	263.9
楚雄彝族自治州	Chuxiong Yi A.P	57.0	155.4	214.2	13.1	35182	122.1	349.5	220.6
红河哈尼族彝族自治州	Honghe Hani & Yi A.P	89.7	264.3	260.8	21.5	73918	182.4	576.1	348.2
文山壮族苗族自治州	Wenshan Zhuang & Miao A.P	72.7	226.0	183.6	14.6	39281	170.1	760.3	453.8
西双版纳傣族自治州	Xishuangbanna Dai A.P	14.7	98.0	112.6	4.7	9962	48.0	126.9	91.3
大理白族自治州	Dali Bai A.P	83.8	185.9	228.2	16.9	64118	145.7	418.1	304.7
德宏傣族景颇族自治州	Dehong Dai & Jingpo A.P	23.8	143.3	112.8	7.0	7574	67.3	251.9	140.5
怒江傈僳族自治州	Nujiang Lisu A.P	11.5	47.4	2.0	0.7	4906	15.5	96.2	76.9
迪庆藏族自治州	Diqing Zang A.P	7.5	55.6	37.2	1.1	8058	21.4	57.4	46.1
西藏自治区	**Tibet A.R.**	**50.3**	**231.6**	**445.1**	**4.8**	**8745**	**169.0**	**241.4**	**170.2**
拉萨市	Lhasa City	6.6	35.1	85.0	1.7	813	32.7	37.9	26.1
昌都地区	Qamdu Prefecture	9.9	48.6	57.3	0.7	2434	20.2	53.4	45.1
山南地区	Lhokha Prefecture	8.0	30.5	47.9	0.6	2090	27.6	31.0	22.5
日喀则地区	Xigaze Prefecture	12.3	89.9	149.4	1.4	1785	71.6	85.9	53.8
那曲地区	Narqu Prefecture	8.8	5.0	37.6		188	0.2	4.4	3.4
阿里地区	Ngri Prefecture	1.9	2.8	14.9	0.1	86	1.3	6.5	1.7
林芝地区	Nyingchi Prefecture	2.8	19.7	53.1	0.4	1349	15.3	22.3	17.7
其他	Others								
陕西省	**Shaanxi**	**714.2**	**2861.0**	**2036.6**	**207.3**		**1274.3**	**4181.0**	**3134.9**
西安市	Xi'an City	102.6	251.4	289.0	23.9		174.9	469.4	382.1
铜川市	Tongchuan City	11.8	63.3	41.5	5.2		15.2	79.3	58.7
宝鸡市	Baoji City	70.3	305.7	209.4	23.5		159.3	420.3	335.4
咸阳市	Xianyang City	93.7	359.3	262.5	46.4		229.8	519.3	398.9
渭南市	Weinan City	110.9	521.7	421.8	50.8		315.5	721.8	538.0
延安市	Yan'an City	38.3	235.3	172.1	11.9		32.2	239.4	196.3
汉中市	Hanzhong City	87.2	204.6	150.8	14.8		124.3	433.0	267.0
榆林市	Yulin City	76.9	575.0	272.6	13.4		111.1	563.4	466.3
安康市	Ankang City	65.1	197.1	127.8	9.7		60.6	440.6	267.8
商洛市	Shangluo City	54.4	133.2	76.9	6.2		39.3	275.3	208.4
杨凌示范区	Yangling Demonstration Zone	2.9	5.8	9.9	0.7		5.5	7.3	5.2
甘肃省	**Gansu**	**482.4**	**4623.5**	**2136.5**	**87.2**	**450541**	**1105.9**	**4069.4**	**2833.7**
兰州市	Lanzhou City	34.3	268.6	145.1	4.4	42921	76.4	219.1	131.4
嘉峪关市	Jiayuguan City	0.6	4.2	10.9	0.2	2029	2.8	3.9	0.9
金昌市	Jinchang City	6.4	89.3	91.6	2.0	17662	59.9	71.6	49.6
白银市	Baiyin City	31.1	379.1	199.3	4.8	40296	94.4	302.1	242.1
天水市	Tianshui City	65.8	527.2	125.6	7.6	31392	34.3	446.2	315.9

3-9 续表 9 continued

地 区	Region	乡村户数（万户）Rural House-holds (10 000 house-holds)	常用耕地面积（千公顷）Cultivated Areas (10 000 persons)	农业机械总动力（万千瓦）Total Power of Agricultural Machinery (10 000 kw)	化肥使用量（折纯量）（万吨）Consumption of Chemical Fertilizer (10 000 tons)	农村用电量（万千瓦小时）Electricity Consumed in Rural Area (10 000 kwh)	有效灌溉面积（千公顷）Irrigated Area (1 000 hectares)	农作物总播种面积（千公顷）Total Sown Area (1 000 hectares)	#粮食作物 Grain Crops Sown Areas
武威市	Wuwei City	36.3	359.6	125.6	15.3	62472	183.7	245.2	149.3
张掖市	Zhangye City	27.0	253.5	217.0	8.8	33864	166.4	251.5	173.7
平凉市	Pingliang City	44.5	380.0	106.2	8.6	27463	44.3	453.1	332.1
酒泉市	Jiuquan City	17.4	153.4	218.8	7.6	33976	157.6	167.2	43.2
庆阳市	Qingyang City	52.6	662.7	144.0	9.3	43555	46.5	633.4	437.1
定西市	Dingxi City	61.5	669.8	221.6	6.9	26775	60.6	563.7	441.4
陇南市	Longnan City	57.6	549.5	149.3	6.7	31067	64.4	418.6	312.6
临夏回族自治州	Linxia Hui A.P	35.6	231.4	82.2	2.2	36645	56.3	163.3	129.6
甘南藏族自治州	Gannan Zang A.P	11.8	95.2	35.1	0.3	5297	6.1	70.4	36.8
青海省	**Qinghai**	**90.0**	**542.7**	**432.3**	**8.3**	**40709**		**540.1**	**279.4**
西宁市	Xining City	25.2	145.8	140.3	2.6	13698		123.1	60.5
海东地区	Haidong Prefecture	31.2	201.3	147.0	3.0	14284		208.4	121.5
海北藏族自治州	Haibei Zang A.P	5.2	49.1	41.6	0.7	1994		53.5	13.1
黄南藏族自治州	Huangnan Zang AP	4.4	19.6	13.0	0.1	831		17.2	7.7
海南藏族自治州	Hainan Zang A.P	8.0	77.3	38.9	1.0	7472		90.5	45.6
果洛藏族自治州	Golog Zang A.P	3.5	1.0	3.5	0.0	143		0.6	0.5
玉树藏族自治州	Yushu Zang A.P	8.2	13.7	10.9	0.0	351		12.0	9.5
海西蒙古族藏族自治州	Haixi Mongolian & Zang A.P	4.3	34.9	37.3	0.7	1936		44.4	18.4
宁夏回族自治区	**Ningxia**	**104.3**	**1104.7**	**768.7**	**38.2**	**120090**	**432.2**	**1260.4**	**852.4**
银川市	Yinchuan City	16.1	129.3	176.9	9.2	31901	128.6	164.4	121.0
石嘴山市	Shizuishan City	7.8	78.1	102.7	5.7	8690	78.2	91.9	67.3
吴忠市	Wuzhong City	27.2	310.8	188.1	9.0	34903	127.3	314.6	229.6
固原市	Guyuan City	28.4	356.2	166.8	6.8	18919	37.8	390.3	274.0
中卫市	Zhongwei City	24.8	230.2	134.2	7.4	25677	60.3	299.2	160.5
新疆维吾尔自治区	**Xinjiang**	**262.7**	**4124.6**	**1795.9**	**183.8**	**716538**	**4209.6**	**4983.5**	**2000.4**
乌鲁木齐市	Urumqi City	6.5	55.4	28.6	0.9	17481	46.3	55.2	25.5
克拉玛依市	Karamay City	0.1	21.9	2.9	0.4	486	10.5	10.4	0.4
吐鲁番地区	Turpan Prefecture	10.5	48.2	51.2	2.0	42396	35.2	47.4	4.7
哈密地区	Hami Prefecture	5.3	87.1	32.3	1.8	22497	43.7	60.7	26.1
昌吉回族自治州	Changji Hui A.P	18.1	629.3	185.3	13.5	79500	436.1	541.8	287.0
博尔塔拉蒙古自治州	Bortala Mongolian A.P	5.3	135.2	52.2	4.5	21727	128.9	130.1	45.0
巴音郭楞蒙古自治州	Bayingolin Mongolian A.P	12.3	322.6	144.3	13.0	50728	245.0	298.7	55.7
阿克苏地区	Aksu Prefecture	34.1	614.9	205.6	24.9	41396	510.0	582.2	198.7
克孜勒苏柯尔克孜自治州	Kizilsu Kirgiz A.P	9.4	52.9	29.3	1.8	3485	37.4	56.9	44.3
喀什地区	Kashi Prefecture	63.4	530.5	228.2	30.1	36043	580.1	853.7	415.7
和田地区	Hotan Prefecture	41.3	172.6	59.1	6.5	26649	165.9	231.8	158.0
伊犁哈萨克自治州	Ili Kazak A.P	32.9	565.7	141.8	10.3	24197	313.8	471.3	329.3
塔城地区	Tacheng Prefecture	14.6	623.6	178.2	13.7	30607	404.2	445.0	204.5
阿勒泰地区	Altay Prefecture	8.3	181.3	60.7	2.6	14579	161.2	181.3	58.1
石河子市	Shihezi City								
阿拉尔市	Alar City								
图木舒克市	Tumxuk City								
五家渠市	Wujiaqu City								
生产建设兵团	Corps	0.7		396.3	57.8	304767	1091.5	1114.1	244.5

3-10 主要农产品产量(2011年)
Yield of Main Farm Products (2011)

地　区	Region	粮食产量(万吨) Grain Yield (10 000 tons)	棉花产量(吨) Cotton (ton)	油料产量(万吨) Oil-bearing (10 000 tons)	蔬菜产量(万吨) Vegetables (10 000 tons)	水果产量(万吨) Fruits (10 000 tons)	肉类产量(万吨) Meat (10 000 tons)	奶类产量(万吨) Milk (10 000 tons)	禽蛋产量(万吨) eggs (10 000 tons)	水产品产量(吨) Aquatic Products (ton)
北京市	**Beijing**	**121.8**	**515**	**1.39**	**296.87**	**83.07**	**44.42**	**63.98**	**15.15**	**61228**
东城区	Dongcheng District									
西城区	Xicheng District									
朝阳区	Chaoyang District	0.1		0.00	1.14	0.10	0.00	1.66		381
丰台区	Fengtai District	0.1			0.74	0.17	0.10	0.30	0.17	682
石景山区	Shijingshan District									
海淀区	Haidian District	0.3	2	0.00	2.31	0.58	0.24	1.45	0.05	590
门头沟区	Mentougou District	0.3		0.00	0.19	0.33	0.59	0.09	0.04	
房山区	Fangshan District	14.8	32	0.10	18.61	6.63	5.09	3.47	1.09	2464
通州区	Tongzhou District	19.8	213	0.02	70.52	6.21	4.13	10.10	0.71	9009
顺义区	Shunyi District	21.3	31	0.07	45.89	7.16	10.36	5.16	1.33	11020
昌平区	Changping District	2.5	1	0.01	4.35	3.86	1.11	5.49	0.85	2132
大兴区	Daxing District	23.5	66	0.73	86.35	11.88	7.05	15.00	1.86	1896
怀柔区	Huairou District	6.0		0.11	3.76	2.27	2.67	4.61	0.34	3510
平谷区	Pinggu District	7.4	170	0.05	25.37	34.66	4.10	0.37	3.03	14512
密云县	Miyun County	10.4		0.30	26.81	6.31	6.23	8.08	2.15	4400
延庆县	Yanqing County	16.0		0.01	10.82	2.90	2.74	8.21	3.53	3100
北京经济技术开发区	Beijing Economic-technological Development Zones									
其他	Others									
天津市	**Tianjin**	**161.8**	**72300**	**0.64**	**431.30**	**61.57**	**42.92**	**69.39**	**19.26**	**352148**
和平区	Heping District									
河东区	Hedong District									
河西区	Hexi District									
南开区	Nankai District									
河北区	Hebei District									
红桥区	Hongqiao District									
东丽区	Dongli District	1.8	2913		12.49	2.93	0.63	0.27	0.16	10795
西青区	Xiqing District	3.4	3154	0.04	56.80	4.20	2.31	0.84	0.71	48751
津南区	Jinnan District	1.7	3799		7.74	0.31	2.06	0.10	0.12	20482
北辰区	Beichen District	5.2	3211	0.02	25.68	1.83	2.56	12.53	1.33	10639
武清区	Wuqing District	66.1	5903	0.14	144.55	12.69	5.34	21.86	3.03	54619
宝坻区	Baodi District	63.9	11763	0.06	55.16	3.98	8.14	1.91	4.96	40637
滨海新区	Binhai New Area	7.9	2553	0.01	8.43	6.16	2.33	1.22	0.39	51733
宁河县	Ninghe County	14.0	18640		42.48	6.76	9.67	6.11	1.81	47487
静海县	Jinghai County	29.3	20114	0.11	34.73	8.28	6.57	11.18	1.28	23469
蓟县	Ji County	50.7	225	0.29	43.24	14.05	8.26	1.89	5.00	28160
其他	Others	1.7	1651			0.38	0.10	10.00	0.47	15376
河北省	**Hebei**	**3172.6**	**653445**	**141.78**	**7384.30**	**1719.16**	**418.18**	**466.94**	**339.80**	**1067131**
石家庄市	Shijiazhuang City	531.7	12629	21.51	1221.96	274.87	76.23	119.01	106.54	34619
唐山市	Tangshan City	317.8	30732	28.36	1360.60	231.71	70.02	181.62	33.84	500779
秦皇岛市	Qinhuangdao City	89.2	2880	7.24	287.33	79.92	32.74	10.18	12.40	208752
邯郸市	Handan City	528.3	144038	14.64	807.16	99.88	67.78	23.29	103.92	52638
邢台市	Xingtai City	452.8	222593	12.12	323.13	103.27	31.27	26.53	45.86	4922
保定市	Baoding City	614.7	32347	27.66	912.31	238.85	63.41	79.15	42.06	54030
张家口市	Zhangjiakou City	154.7		4.93	576.61	73.26	34.22	122.52	20.47	11450
承德市	Chengde City	140.5		1.29	318.99	82.37	41.43	13.27	10.72	35504
沧州市	Cangzhou City	494.3	138055	9.73	500.40	211.41	45.58	11.18	33.50	122035
廊坊市	Langfang City	193.7	50610	3.69	650.53	123.86	34.53	23.10	18.66	35016
衡水市	Hengshui City	378.6	163291	10.60	425.27	199.74	37.73	8.48	29.42	7386

3-10 续表 1 continued

地区	Region	粮食产量(万吨) Grain Yield (10 000 tons)	棉花产量(吨) Cotton (ton)	油料产量(万吨) Oil-bearing (10 000 tons)	蔬菜产量(万吨) Vegetables (10 000 tons)	水果产量(万吨) Fruits (10 000 tons)	肉类产量(万吨) Meat (10 000 tons)	奶类产量(万吨) Milk (10 000 tons)	禽蛋产量(万吨) eggs (10 000 tons)	水产品产量(吨) Aquatic Products (ton)
山西省	**Shanxi**	**1193.0**	**63364**	**18.70**	**981.90**	**555.31**	**71.35**	**75.88**	**71.09**	**36137**
太原市	Taiyuan City	31.6	139	0.27	127.72	6.94	4.65	9.74	2.72	3162
大同市	Datong City	85.9		1.36	63.11	2.14	12.06	21.38	4.12	800
阳泉市	Yangquan City	25.5		0.06	9.54	1.22	1.39	0.73	3.05	613
长治市	Changzhi City	148.5	90	0.29	93.52	3.31	7.42	1.63	14.18	4755
晋城市	Jincheng City	92.0	351	0.62	31.91	6.48	11.35	0.35	6.46	1395
朔州市	Shuozhou City	97.1		3.39	83.48	0.64	5.01	43.60	1.70	730
晋中市	Jinzhong City	158.3	213	0.78	226.22	35.35	15.75	13.39	14.95	2200
运城市	Yuncheng City	266.5	57983	1.86	201.88	373.07	13.60	4.60	17.94	13820
忻州市	Xinzhou City	148.5	104	4.37	20.84	12.06	8.80	3.84	5.39	2065
临汾市	Linfen City	214.6	4395	1.89	97.22	43.47	10.72	4.44	9.31	5009
吕梁市	Luliang City	106.1	89	3.83	22.16	36.62	10.45	2.38	9.43	1433
其他	Others									
内蒙古自治区	**Inner Mongolia**	**2387.5**	**2328**	**133.90**	**1440.20**	**46.80**	**237.48**	**931.44**	**52.52**	**105979**
呼和浩特市	Hohhot City	117.5		5.10	72.20	15.76	10.20	307.60	3.10	11015
包头市	Baotou City	100.3		4.20	95.40	2.30	15.70	155.90	2.80	7412
乌海市	Wuhai City	3.6		0.13	6.58	1.10	1.10	0.50	0.30	360
赤峰市	Chifeng City	435.1		12.98	438.19	8.87	43.64	39.59	31.53	12792
通辽市	Tongliao City	565.5		11.00	236.60	7.60	50.80	53.00	5.60	9013
鄂尔多斯市	Erdos City	142.5	3	7.55	24.92	0.82	14.88	30.89	1.00	11724
呼伦贝尔市	Hulunbuir City	525.0		28.60		17.39	24.79	132.70	3.90	33555
巴彦淖尔市	Bayannur City	192.5		56.01	190.54	5.93	18.32	37.02	0.83	17800
乌兰察布市	Ulanqab City	85.0		3.58	167.27	1.24	22.80	91.72	1.46	5281
兴安盟	Xingan League	299.0		5.60	40.53	1.88	17.98	43.66	1.96	7613
锡林郭勒盟	Xilingol League	30.2		1.40			24.48	56.47	0.45	
阿拉善盟	Alxa League	17.4	2325	2.30	1.60	0.40	1.60	0.40		
辽宁省	**Liaoning**	**2035.5**	**736**	**119.76**	**2832.50**	**574.39**	**408.17**	**131.98**	**277.40**	**4539333**
沈阳市	Shenyang City	333.2	11	14.75	463.00	21.16	91.66	44.92	69.17	176896
大连市	Dalian City	131.0	22	1.75	251.23	160.43	74.98	12.54	28.46	2041610
鞍山市	Anshan City	124.3		1.62	233.98	33.43	42.47	2.47	41.90	56006
抚顺市	Fushun City	42.7		0.20	43.09	10.81	16.72	5.90	10.89	16604
本溪市	Benxi City	16.7		0.10	19.88	5.29	12.46	1.31	5.70	16000
丹东市	Dandong City	74.5		0.99	103.91	18.38	28.97	3.01	14.06	532000
锦州市	Jinzhou City	252.8	18	12.39	356.68	46.53	72.17	13.45	63.97	397033
营口市	Yingkou City	67.2	5	0.05	85.61	62.05	21.70	1.41	16.00	442005
阜新市	Fuxin City	231.9		55.78	116.18	32.44	42.61	30.09	19.10	7510
辽阳市	Liaoyang City	95.9		0.38	87.56	10.87	18.45	2.44	14.00	83522
盘锦市	Panjin City	103.9		0.04	122.93	1.26	17.90	2.57	8.43	292016
铁岭市	Tieling City	345.5		25.00	359.53	32.07	92.42	20.13	27.66	18507
朝阳市	Chaoyang City	271.3	593	2.29	390.49	39.14	56.70	17.51	58.23	5401
葫芦岛市	Huludao City	101.6	87	4.41	198.43	100.51	40.81	4.45	26.98	427956

3-10 续表 2 continued

地　区	Region	粮食产量(万吨) Grain Yield (10 000 tons)	棉花产量(吨) Cotton (ton)	油料产量(万吨) Oil-bearing (10 000 tons)	蔬菜产量(万吨) Vegetables (10 000 tons)	水果产量(万吨) Fruits (10 000 tons)	肉类产量(万吨) Meat (10 000 tons)	奶类产量(万吨) Milk (10 000 tons)	禽蛋产量(万吨) eggs (10 000 tons)	水产品产　量(吨) Aquatic Products (ton)
吉林省	**Jilin**	**3171.0**		**69.56**	**971.38**	**225.71**	**238.90**	**44.60**	**95.64**	**172816**
长春市	Changchun City	812.5		4.19	278.31	37.20	112.74	6.30	32.37	24322
吉林市	Jilin City	365.4		0.62	229.17	55.60	43.36	5.07	15.08	38201
四平市	Siping City	755.0		9.26	113.76	31.83	61.51	13.05	35.59	5245
辽源市	Liaoyuan City	126.0			18.38	3.44	8.13	0.68	4.67	4337
通化市	Tonghua City	170.1		0.19	54.82	15.33	13.95	0.78	3.81	20271
白山市	Baishan City	22.8		0.31	25.37	4.49	2.57	0.14	1.74	8552
松原市	Songyuan City	700.2		27.02	165.99	37.86	33.46	12.35	19.26	36017
白城市	Baicheng City	328.9		27.16	37.66	28.98	9.80	14.35	5.08	27835
延边朝鲜族自治州	Yanbian Korean A.P	111.4		0.80	47.92	10.98	4.39	1.05	1.65	6906
黑龙江省	**Heilongjiang**	**5570.6**		**23.30**	**789.93**	**279.83**	**201.20**	**550.40**	**138.00**	**356720**
哈尔滨市	Harbin City	1617.2		1.27	180.76	49.61	74.99	143.04	35.67	95346
齐齐哈尔市	Qiqihar City	1076.1		5.47	85.11	27.49	49.58	128.56	15.93	45723
鸡西市	Jixi City	285.0		0.82	18.73	9.59	9.13	7.73	4.71	43330
鹤岗市	Hegang City	103.8		0.19	6.10	0.95	4.56	6.14	1.49	5221
双鸭山市	Shuangyashan City	254.5		1.04	27.08	10.70	22.46	4.98	3.19	4353
大庆市	Daqing City	554.3		3.59	130.18	58.23	30.91	165.17	9.05	1686
伊春市	Yichun City	89.2		0.24	31.06	1.45	10.43	8.08	4.36	
佳木斯市	Jiamusi City	730.0		0.72	82.84	15.00	29.69	13.28	7.42	43330
七台河市	Qitaihe City	75.9		0.49	18.34	4.91	5.03	0.15	0.97	3269
牡丹江市	Mudanjiang City	250.6		5.94	133.48	21.77	14.78	1.84	4.09	14408
黑河市	Heihe City	334.7		0.27	34.48	9.69	8.08	18.62	1.56	7258
绥化市	Suihua City	1456.9		0.32	97.22	37.05	88.24	142.34	40.73	92028
大兴安岭地区	Daxing'anling Prefecture	44.8		0.01	12.00	1.85	1.45	0.52	0.55	768
农垦总局	Agriculture Reclamation Bureau	2037.0		2.90	32.00	31.59	57.48	131.66	8.26	
其他	Others									
上海市	**Shanghai**	**122.0**	**4812**	**1.86**	**408.24**	**87.96**	**27.59**	**29.08**	**6.30**	**283700**
黄浦区	Huangpu District									
卢湾区	Luwan District									
徐汇区	Xuhui District									
长宁区	Changning District									
静安区	Jingan District									
普陀区	Putuo District									
闸北区	Zhabei District									
虹口区	Hongkou District									
杨浦区	Yangpu District									
闵行区	Minhang District	1.3	4	0.00	9.23	0.48	0.37	0.12	0.03	564
宝山区	Baoshan District	1.3			9.18	0.74	0.27	1.37		340
嘉定区	Jiading District	5.9		0.04	17.63	3.84	1.53	0.21	0.20	2144
浦东新区	Pudong New District	15.1	3827	0.23	83.28	30.69	7.15	4.24	2.07	19814
金山区	Jinshan District	22.1	184	0.45	45.37	7.18	3.69	1.56	0.80	17075
松江区	Songjiang District	11.1		0.00	20.52	1.95	1.54	0.23	0.46	5101
青浦区	Qingpu District	12.1		0.23	54.92	5.18	1.09	0.41	0.26	22646
奉贤区	Fengxian District	10.5	240	0.31	52.42	10.29	6.07	1.85	1.43	27399
崇明县	Chongming County	30.9	557	0.60	95.96	23.90	3.16	2.02	0.92	59516
其他	Others	11.6			19.72	3.72	2.72	17.07	0.13	129101

地　区	Region	粮食产量(万吨) Grain Yield (10 000 tons)	棉花产量(吨) Cotton (ton)	油料产量(万吨) Oil-bearing (10 000 tons)	蔬菜产量(万吨) Vegetables (10 000 tons)	水果产量(万吨) Fruits (10 000 tons)	肉类产量(万吨) Meat (10 000 tons)	奶类产量(万吨) Milk (10 000 tons)	禽蛋产量(万吨) eggs (10 000 tons)	水产品产量(吨) Aquatic Products (ton)
江苏省	**Jiangsu**	**3307.8**	**246786**	**144.05**	**4586.88**	**756.10**	**375.92**	**59.17**	**194.86**	**4759669**
南京市	Nanjing City	112.1	4319	10.49	293.36	39.12	12.34	8.59	7.58	206165
无锡市	Wuxi City	82.2		0.93	142.26	27.17	11.01	3.24	2.96	121956
徐州市	Xuzhou City	455.3	33882	11.45	992.92	197.27	94.11	28.10	52.15	175043
常州市	Changzhou City	115.2	491	3.20	82.22	20.83	13.40	1.89	3.41	171466
苏州市	Suzhou City	115.0	1508	2.89	184.38	30.41	15.00	9.36	4.72	284083
南通市	Nantong City	329.1	54395	40.00	342.70	64.71	47.40	2.38	45.73	825550
连云港市	Lianyungang City	346.0	3874	11.64	283.36	77.06	28.91	3.07	12.76	652098
淮安市	Huaian City	453.4	505	10.09	320.01	33.26	29.90	3.38	13.19	243892
盐城市	Yancheng City	661.8	133952	28.77	1044.30	174.68	83.22	7.19	94.56	1020211
扬州市	Yangzhou City	305.7	4523	7.03	168.18	11.49	18.25	0.99	13.35	383522
镇江市	Zhenjiang City	121.9	1503	4.37	75.85	13.00	8.25	2.04	2.53	88150
泰州市	Taizhou City	321.3	14884	10.72	248.79	13.00	24.44	4.11	11.04	344455
宿迁市	Suqian City	368.5	2205	5.76	408.54	54.10	34.87	2.43	13.82	243078
浙江省	**Zhejiang**	**781.6**	**32400**	**39.85**	**1815.61**	**712.36**	**223.40**	**20.44**	**47.17**	**5158100**
杭州市	Hangzhou City	97.8	828	9.02	316.46	80.31	32.50	4.22	15.81	212300
宁波市	Ningbo City	90.1	8179	3.78	269.09	129.10	21.43	2.38	9.43	989300
温州市	Wenzhou City	93.1	93	2.06	134.84	40.33	13.74	1.97	4.88	562900
嘉兴市	Jiaxing City	135.4	3012	6.48	246.60	59.32	40.62	1.56	8.64	180600
湖州市	Huzhou City	90.3	230	5.79	85.59	27.30	18.86	0.63	6.12	266000
绍兴市	Shaoxing City	118.3	2839	5.61	237.59	61.81	18.15	0.41	4.84	93500
金华市	Jinhua City	89.1	12630	4.91	92.10	56.89	23.78	7.86	4.92	68200
衢州市	Quzhou City	79.4	3533	5.84	87.62	80.41	30.64	0.26	2.23	50900
舟山市	Zhoushan City	5.1	79	0.48	15.99	8.74	2.12	0.04	0.63	1419500
台州市	Taizhou City	78.9	919	1.74	182.88	128.78	12.41	1.09	4.80	1413100
丽水市	Lishui City	52.9	15	1.82	112.87	39.36	9.16	0.03	0.99	19400
安徽省	**Anhui**	**3135.5**	**376000**	**213.75**	**2213.99**	**241.79**	**375.47**	**22.51**	**119.65**	**1995505**
合肥市	Hefei City	321.3	35520	24.62	159.51	14.24	44.74	10.47	18.08	203000
芜湖市	Wuhu City	142.0	54445	15.09	119.16	3.82	14.13	0.66	7.37	157542
蚌埠市	Bengbu City	276.2	28740	34.59	230.13	6.94	29.14	1.90	6.08	104034
淮南市	Huainan City	141.6	1546	1.40	73.67	3.09	8.20	4.64	5.89	67292
马鞍山市	Maanshan City	107.0	16654	10.20	64.72	2.16	7.86	4.04	1.60	105574
淮北市	Huaibei City	126.2	1597	0.44	44.48	10.06	8.20	1.02	3.99	26280
铜陵市	Tongling City	16.1	5385	2.18	10.25	0.46	1.61		0.62	21099
安庆市	Anqing City	267.6	102069	28.18	144.65	2.92	29.91		16.14	343676
黄山市	Huangshan City	36.2	448	4.04	39.16	5.75	8.68	0.31	1.81	18433
滁州市	Chuzhou City	440.5	10148	20.68	133.15	6.74	35.13	0.95	10.33	288000
阜阳市	Fuyang City	537.8	17517	7.69	459.78	6.85	56.63	0.32	13.15	89046
宿州市	Suzhou City	400.1	31588	24.39	252.25	165.36	45.87	1.29	21.93	37999
六安市	Liuan City	475.9	16380	15.58	130.24	4.75	49.25	2.17	13.46	271109
亳州市	Bozhou City	469.5	19367	4.34	249.15	4.20	28.59	1.32	5.95	46376
池州市	Chizhou City	69.4	31152	9.00	33.54	0.62	7.97		3.27	114500
宣城市	Xuancheng City	137.8	13815	11.31	70.15	3.83	20.03	0.07	4.92	101545
其他	Others									

3-10 续表 4 continued

地 区	Region	粮食产量（万吨）Grain Yield (10 000 tons)	棉花产量（吨）Cotton (ton)	油料产量（万吨）Oil-bearing (10 000 tons)	蔬菜产量（万吨）Vegetables (10 000 tons)	水果产量（万吨）Fruits (10 000 tons)	肉类产量（万吨）Meat (10 000 tons)	奶类产量（万吨）Milk (10 000 tons)	禽蛋产量（万吨）eggs (10 000 tons)	水产品产量（吨）Aquatic Products (ton)
福建省	**Fujian**	**672.8**	**73**	**27.46**	**1541.42**	**687.88**	**182.96**	**15.79**	**25.22**	**6037801**
福州市	Fuzhou City	60.0		4.72	299.50	56.63	25.80	2.17	12.30	1847918
厦门市	Xiamen City	4.2		0.91	58.01	2.35	5.53	0.06	0.45	32499
莆田市	Putian City	30.1		4.52	108.91	17.11	12.34	1.59	4.63	727092
三明市	Sanming City	114.1	68	2.42	233.26	116.48	15.70	0.40	2.92	82520
泉州市	Quanzhou City	79.7		5.49	121.33	46.79	23.63	0.91	3.87	1006230
漳州市	Zhangzhou City	70.5		3.99	245.15	273.48	27.16	0.58	2.19	1490370
南平市	Nanping City	141.7	5	2.90	177.23	98.03	33.87	9.76	4.68	94191
龙岩市	Longyan City	104.4		2.00	183.65	38.92	43.76	0.04	3.63	62163
宁德市	Ningde City	68.1		0.52	114.38	38.09	8.00	0.29	1.57	694818
江西省	**Jiangxi**	**2052.8**	**142853**	**114.99**	**1165.75**	**580.58**	**316.75**	**12.67**	**53.44**	**2228093**
南昌市	Nanchang City	236.9	3822	11.96	95.32	12.10	34.09	4.90	15.81	358125
景德镇市	Jingdezhen City	58.6	1686	3.24	83.91	7.13	5.84	0.01	0.92	28320
萍乡市	Pingxiang City	56.1	18	2.62	56.83	7.36	13.92	0.64	0.84	34108
九江市	Jiujiang City	155.6	104510	20.71	81.28	25.43	19.91	0.11	6.11	378116
新余市	Xinyu City	60.7	5864	1.65	22.32	8.95	7.73	0.01	1.04	44700
鹰潭市	Yingtan City	65.5		2.23	19.35	10.68	12.22	0.03	1.98	45789
赣州市	Ganzhou City	278.5	7	9.97	241.84	200.90	61.41	4.90	5.91	253310
吉安市	Jian City	385.6	266	16.64	154.77	50.31	45.57	0.23	4.79	305411
宜春市	Yichun City	393.6	16698	20.80	148.24	36.85	55.61	0.06	6.48	438691
抚州市	Fuzhou City	268.5	3858	6.59	133.23	203.66	31.63	1.76	3.76	188523
上饶市	Shangrao City	322.7	6124	18.59	128.65	17.20	28.83	0.03	5.79	153000
山东省	**Shandong**	**4426.3**	**784586**	**341.00**	**9180.93**	**2850.83**	**711.05**	**278.95**	**401.64**	**8138280**
济南市	Jinan City	295.8	28423	5.48	617.82	143.34	38.85	31.40	35.19	43692
青岛市	Qingdao City	363.0	3917	44.37	583.82	126.17	59.55	37.17	19.14	1136409
淄博市	Zibo City	177.6	10707	2.46	216.80	121.90	17.75	12.29	7.04	24892
枣庄市	Zaozhuang City	190.3	6547	9.77	438.65	45.56	25.28	4.26	10.94	82422
东营市	Dongying City	81.6	149149	0.34	146.39	20.85	25.71	16.42	12.75	481640
烟台市	Yantai City	260.8	361	45.30	192.94	511.71	46.94	22.44	28.89	1861762
潍坊市	Weifang City	533.7	50495	25.07	1129.57	283.22	135.34	27.72	26.87	499724
济宁市	Jining City	487.2	127493	21.65	768.43	138.67	79.46	13.89	58.24	372457
泰安市	Taian City	317.1	8803	22.44	760.20	65.29	42.96	50.92	19.18	82870
威海市	Weihai City	105.4		25.32	90.79	94.44	16.12	19.68	12.88	2201511
日照市	Rizhao City	118.9	2248	25.10	96.53	28.69	19.98	1.62	12.18	521809
莱芜市	Laiwu City	27.0	1187	1.74	102.10	8.99	6.30	0.22	3.07	3418
临沂市	Linyi City	477.4	12684	82.62	600.47	284.11	72.60	10.47	29.20	132681
德州市	Dezhou City	735.0	143091	1.86	450.25	75.36	65.65	17.02	39.76	88721
聊城市	Liaocheng City	537.7	70026	13.73	854.04	180.50	51.22	8.50	32.45	69743
滨州市	Binzhou City	309.4	157074	0.84	184.59	157.57	45.41	13.27	23.92	391693
菏泽市	Heze City	586.1	231837	23.56	691.27	314.47	60.03	6.58	38.43	113200
河南省	**Henan**	**5542.5**	**382400**	**532.36**	**6709.74**	**2414.12**	**641.65**	**321.14**	**390.50**	**1029300**
郑州市	Zhengzhou City	166.7	3678	18.58	293.44	72.71	24.15	50.33	21.47	144241
开封市	Kaifeng City	259.0	51359	42.91	645.99	254.73	36.82	25.50	24.83	50429
洛阳市	Luoyang City	230.9	3037	13.37	233.66	90.16	24.64	41.45	14.21	43334
平顶山市	Pingdingshan City	197.2	2355	14.78	231.31	37.62	37.02	22.15	14.45	41272
安阳市	Anyang City	338.0	15704	24.41	552.90	138.41	21.20	8.37	28.35	11374
鹤壁市	Hebi City	113.3	535	5.28	51.17	6.44	23.47	9.82	14.90	10538
新乡市	Xinxiang City	390.2	15496	32.47	280.55	41.45	35.34	33.00	34.52	50749

3-10 续表 5 continued

地　区	Region	粮食产量（万吨）Grain Yield (10 000 tons)	棉花产量（吨）Cotton (ton)	油料产量（万吨）Oil-bearing (10 000 tons)	蔬菜产量（万吨）Vegetables (10 000 tons)	水果产量（万吨）Fruits (10 000 tons)	肉类产量（万吨）Meat (10 000 tons)	奶类产量（万吨）Milk (10 000 tons)	禽蛋产量（万吨）eggs (10 000 tons)	水产品产　量（吨）Aquatic Products (ton)
焦作市	Jiaozuo City	200.5	3100	8.43	223.41	56.00	19.39	23.82	28.00	15000
濮阳市	Puyang City	253.7	5784	17.10	245.06	53.48	22.96	7.31	27.68	14060
许昌市	Xuchang City	277.2	7610	8.51	215.71	39.57	37.07	7.55	22.16	9200
漯河市	Luohe City	169.1	12667	3.73	199.98	57.30	27.78	14.88	12.35	9007
三门峡市	Sanmenxia City	62.6	1820	3.23	101.52	197.38	8.09	4.05	4.84	11343
南阳市	Nanyang City	593.6	71047	114.70	972.39	232.76	68.93	31.62	32.70	119700
商丘市	Shangqiu City	608.2	78219	37.33	897.84	474.35	51.87	29.01	27.60	78962
信阳市	Xinyang City	579.7	2731	55.85	303.68	97.64	58.82	0.20	24.34	235596
周口市	Zhoukou City	747.2	110699	35.98	855.83	398.66	67.39	11.91	24.59	60514
驻马店市	Zhumadian City	684.9	13883	95.05	390.27	159.96	79.73	6.95	32.01	110028
济源市	Jiyuan City	21.5	194	0.28	31.72	5.50	4.74	3.10	2.79	14000
湖北省	**Hubei**	**2388.5**	**525800**	**304.70**	**3358.60**	**521.80**	**381.90**	**14.20**	**137.00**	**3562200**
武汉市	Wuhan City	120.9	23477	17.61	627.13	59.97	31.51	5.95	20.26	420138
黄石市	Huangshi City	61.0	7100	8.32	60.23	3.85	12.71		3.85	180100
十堰市	Shiyan City	107.6	100	11.71	137.58	27.54	18.85	0.09	4.60	58619
宜昌市	Yichang City	156.4	33744	22.21	339.97	230.71	55.09	3.25	5.91	167721
襄阳市	Xiangyang City	403.1	48127	29.73	289.20	109.35	72.50	0.88	24.69	179242
鄂州市	Ezhou City	32.9	7149	5.86	90.96	15.94	10.23	0.01	4.42	360900
荆门市	Jingmen City	255.7	47900	34.70	181.15	55.21	37.34	0.04	14.10	42250
孝感市	Xiaogan City	214.4	42469	21.82	317.58	44.64	44.14	0.50	34.79	365800
荆州市	Jingzhou City	363.1	148581	55.82	235.27	97.55	46.00	0.01	17.40	580520
黄冈市	Huanggang City	301.1	82900	51.45	261.55	22.99	52.53	8.48	54.74	421600
咸宁市	Xianning City	100.7	3605	9.26	208.00	26.37	20.80	1.24	2.75	202266
随州市	Suizhou City	155.9	17300	6.53	137.39	12.05	23.70	0.01	6.87	73400
恩施土家族苗族自治州	Enshi Tujia & Miao A.P	153.2	37	8.94	198.04	24.93	43.83	0.06	2.68	6376
仙桃市	Xiantao City	77.0	30830	11.75	34.04	9.64	9.86		4.17	289466
潜江市	Qianjiang City	45.2	47990	10.96	6.20	2.30	11.19		3.00	100639
天门市	Tianmen City	67.8	52300	11.08	50.17	8.49	8.66	0.05	5.10	113737
神农架林区	Shennongjia Forest District	2.0		0.05	3.70	0.02	0.51		0.03	196
湖南省	**Hunan**	**2939.4**	**227000**	**215.29**	**3337.40**	**529.89**	**432.53**	**6.33**	**103.70**	**2000233**
长沙市	Changsha City	244.5	1169	7.93	465.77	34.32	67.06	0.65	5.25	107154
株洲市	Zhuzhou City	178.5	2089	4.03	215.32	22.29	34.19	0.03	4.25	74262
湘潭市	Xiangtan City	146.5	163	1.86	154.70	5.52	40.57	0.23	3.09	70613
衡阳市	Hengyang City	323.6	19736	30.54	306.01	65.21	88.43	0.10	21.16	250843
邵阳市	Shaoyang City	310.8	356	12.42	189.31	68.26	71.26	3.86	1.70	88271
岳阳市	Yueyang City	307.7	56285	19.65	259.16	61.68	55.97	0.17	7.92	380760
常德市	Changde City	368.0	142615	56.13	197.24	85.31	60.62	0.89	34.49	353294
张家界市	Zhangjiajie City	59.7	1263	6.91	46.04	25.52	9.22		1.29	10274
益阳市	Yiyang City	234.0	66058	21.38	244.04	40.20	38.84		10.69	272620
郴州市	Chenzhou City	183.5	251	9.96	226.89	64.58	45.03	0.05	2.77	91861
永州市	Yongzhou City	311.0	3059	11.00	446.84	99.89	69.55	0.09	5.21	153541
怀化市	Huaihua City	178.0	1323	14.13	109.20	113.05	32.50	0.07	1.46	55940
娄底市	Loudi City	157.2	480	4.13	87.84	16.10	36.46	0.19	2.45	71182
湘西土家族苗族自治州	West Hunan Tujia & Miao A.P	83.7	117	8.78	70.70	88.85	9.69		0.97	19618

地 区	Region	粮食产量(万吨) Grain Yield (10 000 tons)	棉花产量(吨) Cotton (ton)	油料产量(万吨) Oil-bearing (10 000 tons)	蔬菜产量(万吨) Vegetables (10 000 tons)	水果产量(万吨) Fruits (10 000 tons)	肉类产量(万吨) Meat (10 000 tons)	奶类产量(万吨) Milk (10 000 tons)	禽蛋产量(万吨) eggs (10 000 tons)	水产品产量(吨) Aquatic Products (ton)
广东省	**Guangdong**	**1361.0**		**91.90**	**2850.99**	**1205.05**	**434.68**	**14.23**	**34.84**	**7621436**
广州市	Guangzhou City	44.7		1.88	328.71	39.66	31.62	6.11	2.47	446935
韶关市	Shaoguan City	89.3		12.10	167.41	36.10	14.80	0.10	1.00	71222
深圳市	Shenzhen City	0.0			10.18	0.29	1.71	1.43	0.07	26768
珠海市	Zhuhai City	4.3		0.11	15.53	7.77	4.54	1.04	0.88	205035
汕头市	Shantou City	46.4		0.35	156.83	16.73	11.65	0.41	0.96	408467
佛山市	Foshan City	9.7		0.50	150.49	5.01	27.83	0.68	0.89	570780
江门市	Jiangmen City	91.8		2.99	115.60	22.22	28.46	0.10	3.37	692742
湛江市	Zhanjiang City	147.6		14.87	273.67	230.39	38.06	0.11	3.22	1108463
茂名市	Maoming City	148.9		12.00	230.25	249.01	63.00	0.10	5.30	816144
肇庆市	Zhaoqing City	113.9		7.03	203.61	111.65	42.48	0.94	2.72	345397
惠州市	Huizhou City	61.0		5.46	214.55	58.88	18.94	0.67	0.96	146659
梅州市	Meizhou City	123.3		3.51	180.93	108.26	27.45	0.32	2.73	95733
汕尾市	Shanwei City	46.8		2.48	91.94	22.19	10.32		1.73	573800
河源市	Heyuan City	91.0		6.59	53.06	27.34	11.69		0.65	40217
阳江市	Yangjiang City	71.0		5.25	90.71	55.40	17.90		0.83	1047287
清远市	Qingyuan City	79.4		9.40	209.92	58.67	22.40	1.90	1.10	103058
东莞市	Dongguan City	1.3		0.01	39.31	7.39	2.60		0.06	78229
中山市	ZhongShan City	7.7		0.04	51.22	15.76	5.06	0.00	0.94	345953
潮州市	Chaozhou City	27.9		0.41	41.97	14.65	7.23	0.01	0.43	192416
揭阳市	Jieyang City	86.2		2.27	180.38	51.22	17.70	0.61	3.15	147993
云浮市	Yunfu City	68.8		4.66	44.71	66.46	29.35	0.00	1.41	98138
广西壮族自治区	**Guangxi**	**1429.9**	**2238**	**50.14**	**2246.40**	**1222.98**	**391.09**	**8.88**	**21.00**	**2888198**
南宁市	Nanning City	207.1	67	11.75	362.19	142.03	61.96	5.15	2.68	205500
柳州市	Liuzhou City	78.7	400	2.33	176.85	53.85	20.65	0.80	0.94	59778
桂林市	Guilin City	190.1	400	5.41	340.24	283.08	49.90	0.21	5.07	95808
梧州市	Wuzhou City	80.9		3.57	174.49	40.90	19.57	0.08	0.82	71759
北海市	Beihai City	35.8		3.77	69.59	9.13	12.40	0.15	1.66	952000
防城港市	Fangchenggang City	18.7		0.51	23.11	0.84	4.29	0.48	0.53	415273
钦州市	Qinzhou City	103.7	111	1.88	105.59	136.73	29.02	0.89	1.91	456744
贵港市	Guigang City	140.8	221	7.81	124.05	18.80	34.64	0.32	1.82	173300
玉林市	Yulin City	178.4	44	3.94	249.18	63.31	73.94	0.44	5.36	118003
百色市	Baise City	108.2	28	108.17	178.10	45.24	24.51	0.09	0.36	108050
贺州市	Hezhou City	70.0	94	2.57	131.77	44.79	15.46	0.03	0.64	61405
河池市	Hechi City	99.9	712	0.86	105.94	27.13	21.17		0.08	60646
来宾市	Laibin City	73.5	55	2.95	94.25	39.91	14.20	0.44	0.35	52841
崇左市	Chongzuo City	47.3	106	1.60	76.80	81.70	11.80		0.20	56966
海南省	**Hainan**	**188.0**		**9.94**	**469.06**	**402.85**	**71.90**	**0.19**	**3.32**	**1602445**
海口市	Haikou City	14.1		0.67	51.02	27.38	10.36	0.17	0.72	48676
三亚市	Sanya City	6.2		0.09	43.68	29.43	2.42	0.20	0.18	78486
重庆市	**Chongqing**	**1126.9**		**46.51**	**1407.97**	**261.16**	**196.28**	**8.00**	**37.40**	**275600**
万州区	Wanzhou District	52.1		1.56	77.86	24.48	7.51	0.90	0.90	16769
涪陵区	Fuling District	43.2		0.53	163.97	10.48	6.89		1.00	16502
渝中区	Yuzhong District									
大渡口区	Dadukou District	0.0			6.34	0.07	0.12			533
江北区	Jiangbei District	0.8		0.01	1.57	0.29	0.29	2.00	0.10	468

3-10 续表 7 continued

地　区	Region	粮食产量(万吨) Grain Yield (10 000 tons)	棉花产量(吨) Cotton (ton)	油料产量(万吨) Oil-bearing (10 000 tons)	蔬菜产量(万吨) Vegetables (10 000 tons)	水果产量(万吨) Fruits (10 000 tons)	肉类产量(万吨) Meat (10 000 tons)	奶类产量(万吨) Milk (10 000 tons)	禽蛋产量(万吨) eggs (10 000 tons)	水产品产量(吨) Aquatic Products (ton)
沙坪坝区	Shapingba District	1.4		0.00	9.48	0.26	0.24	0.30		3998
九龙坡区	Jiulongpo District	2.7		0.08	12.29	1.31	0.76	0.10	0.10	3696
南岸区	Nanan District	1.3			4.71	0.57	0.26	0.10	0.10	3309
北碚区	Beibei District	6.1		0.11	39.41	1.77	1.21	0.60	0.40	4169
綦江区	Qijiang District	34.2		0.74	63.69	3.12	6.77	0.20	1.40	6962
大足区	Dazu District	44.1		3.20	28.65	3.84	5.97		0.90	11689
渝北区	Yubei District	20.7		0.29	22.92	10.04	3.73	1.00	0.60	5415
巴南区	Banan District	36.1		0.21	50.71	4.13	5.10	0.30	1.80	13752
黔江区	Qianjiang District	24.3		1.45	15.49	3.01	6.34	0.10	0.10	1186
长寿区	Changshou District	36.6		0.86	26.16	14.29	6.34	0.50	4.00	20714
江津区	Jiangjin District	64.8		1.10	67.86	18.66	9.17		2.20	13408
合川区	Hechuan District	71.2		1.80	57.18	7.80	9.06	0.20	1.90	22776
永川区	Yongchuan District	48.8		1.53	49.53	11.07	10.42	0.30	1.40	24491
南川区	Nanchuan District	33.0		1.82	32.33	5.04	6.33	0.20	0.70	7649
四川省	**Sichuan**		**14600**	**278.45**	**3573.65**	**767.64**		**71.19**	**174.60**	**1121464**
成都市	Chengdu City			26.83	529.88	117.80		11.42	20.48	104000
自贡市	Zigong City			5.03	159.70	25.36		1.50	5.85	51778
攀枝花市	Panzhihua City			0.33	58.44	17.35		0.23	1.37	15000
泸州市	Luzhou City			4.08	165.27	11.90		1.11	4.85	62200
德阳市	Deyang City		200	18.38	192.13	25.32		0.77	12.71	47900
绵阳市	Mianyang City		700	32.36	190.82	39.49		2.44	15.31	88643
广元市	Guangyuan City			19.06	152.25	32.02			3.92	47542
遂宁市	Suining City		9900	14.36	94.62	9.09		0.41	11.19	37100
内江市	Neijiang City			9.50	184.54	32.84		0.80	5.58	74544
乐山市	Leshan City			6.85	108.06	15.28		0.32	14.92	58412
南充市	Nanchong City		1800	35.49	300.46	60.92		3.09	22.74	90047
眉山市	Meishan City		900	10.89	116.97	76.06		14.54	6.26	81378
宜宾市	Yibin City			8.20	206.25	46.15		0.73	4.62	73380
广安市	Guangan City			12.77	222.49	27.01		0.28	8.12	63512
达州市	Dazhou City			29.98	280.77	38.36		1.91	11.04	78216
雅安市	Yaan City			3.42	65.86	23.49		3.20	2.08	9312
巴中市	Bazhong City			12.90	102.82	5.67			7.43	49000
资阳市	Ziyang City		1100	22.17	166.88	65.77		1.21	12.67	66700
阿坝藏族羌族自治州	Aba Zang & Qiang A.P			0.50	41.57	7.33		11.24	0.09	120
甘孜藏族自治州	Ganzi Zang A.P			0.96	12.75	1.22		11.86	0.04	480
凉山彝族自治州	Liangshan Yi A.P			4.39	221.11	89.22		4.11	3.33	22200
贵州省	**Guizhou**	**876.9**	**1023**	**78.85**	**1250.05**	**128.03**	**179.97**	**4.85**	**13.65**	**108802**
贵阳市	Guiyang City	40.2		5.63	178.24	13.55	13.94	3.78	2.24	8600
六盘水市	Liupanshui City	56.5		0.85	45.77	2.95	10.91		0.57	873
遵义市	Zunyi City	227.1	21	24.19	309.40	24.65	43.73	0.73	3.77	25401
安顺市	Anshun City	53.3		6.26	76.38	7.42	13.05	0.03	1.29	4485
毕节市	Bijie City	191.9		11.63	144.66	9.12	31.98	0.03	2.48	4063
铜仁市	Tongren City	97.5		11.30	105.40	15.83	22.20		2.04	14528
黔西南布依族苗族自治州	Southwest Guizhou Buyi & Miao A.P	63.3	2	3.28	107.85	8.93	14.81		1.85	24865
黔东南苗族侗族自治州	Southeast Guizhou Miao & Dong A.P	90.8	878	6.84	121.79	25.74	16.85	0.08	1.03	14446
黔南布依族苗族自治州	South Guizhou Buyi & Miao A.P	100.1	122	8.87	160.56	19.84	18.53	0.38	0.96	11541

3-10 续表 8 continued

地 区	Region	粮食产量(万吨) Grain Yield (10 000 tons)	棉花产量(吨) Cotton (ton)	油料产量(万吨) Oil-bearing (10 000 tons)	蔬菜产量(万吨) Vegetables (10 000 tons)	水果产量(万吨) Fruits (10 000 tons)	肉类产量(万吨) Meat (10 000 tons)	奶类产量(万吨) Milk (10 000 tons)	禽蛋产量(万吨) eggs (10 000 tons)	水产品产量(吨) Aquatic Products (ton)
云南省	**Yunnan**	**1755.4**	**4000**	**60.75**	**1340.00**	**476.43**	**517.44**	**66.22**	**40.98**	**548800**
昆明市	Kunming City	119.8		1.52	200.62	15.12	50.29	11.35	7.54	3660
曲靖市	Qujing City	264.5		18.00	217.90	16.60	149.60	2.20	4.90	8900
玉溪市	Yuxi City	52.2		4.64	159.84	30.17	28.72	0.55	8.59	15180
保山市	Baoshan City	119.2		6.90	50.30	9.10	35.70	0.90	1.30	27380
昭通市	Zhaotong City	177.9		3.81	111.20	20.63	43.75	56.10	20.37	16740
丽江市	Lijiang City	44.2	3537	11.81	22.05	13.80	11.66	0.76	0.46	11270
普洱市	Puer City	95.5	120	1.61	32.80	15.20	14.80	0.02	0.60	65200
临沧市	Lincang City	84.6	6	2.08	42.94	35.85	21.26	0.07	0.50	32880
楚雄彝族自治州	Chuxiong Yi A.P	105.5		4.92	132.30	20.73	35.90	0.11	0.90	17260
红河哈尼族彝族自治州	Honghe Hani & Yi A.P	146.5	72	3.90	190.31	129.97	61.67	2.46	6.00	62020
文山壮族苗族自治州	Wenshan Zhuang & Miao A.P	135.1		5.34	67.79	26.98	47.63	0.03	1.24	26650
西双版纳傣族自治州	Xishuangbanna Dai A.P	40.3	1	0.23	12.62	65.72	3.33		0.20	27340
大理白族自治州	Dali Bai A.P	157.3		4.26	101.96	46.14	46.58	45.02	5.95	50010
德宏傣族景颇族自治州	Dehong Dai & Jingpo A.P	65.0		1.31	14.36	15.94	8.71	0.35	0.49	25350
怒江傈僳族自治州	Nujiang Lisu A.P	18.1		0.20	7.30	0.60	3.40		0.10	
迪庆藏族自治州	Diqing Zang A.P	15.0		0.40	3.50	0.90	2.60	1.40	0.10	
西藏自治区	**Tibet A.R.**	**93.7**		**6.35**	**60.07**	**0.99**	**27.88**	**31.35**	**0.42**	
拉萨市	Lhasa City	17.4		1.35	19.56	0.02	3.15	3.18	0.05	
昌都地区	Qamdu Prefecture	17.5		0.44	4.61	0.29	8.33	8.08	0.02	
山南地区	Lhokha Prefecture	14.6		1.22	3.26	0.15	2.37	4.52	0.19	
日喀则地区	Xigaze Prefecture	35.2		2.94	29.89	0.01	3.84	7.43	0.10	
那曲地区	Narqu Prefecture	0.9		0.01	0.30		7.48	5.05		
阿里地区	Ngri Prefecture	0.5		0.02	0.21	0.01	1.56	0.92		
林芝地区	Nyingchi Prefecture	7.7		0.37	2.24	0.51	1.15	2.18	0.07	
其他	Others									
陕西省	**Shaanxi**	**1194.7**	**67447**	**58.97**	**1432.50**	**1332.68**	**99.60**	**182.37**	**50.30**	**81800**
西安市	Xi'an City	182.0	5649	1.17	261.52	91.14	14.46	64.80	12.56	13350
铜川市	Tongchuan City	21.4		0.96	13.36	62.95	1.55	2.77	1.58	1210
宝鸡市	Baoji City	142.5	89	2.26	112.61	118.56	16.49	61.28	7.50	6932
咸阳市	Xianyang City	186.2	317	6.18	346.79	532.84	19.35	73.68	10.43	8764
渭南市	Weinan City	210.5	60070	6.63	201.35	273.89	19.68	36.39	9.77	17115
延安市	Yan'an City	68.5	514	2.30	93.01	256.55	6.84	0.76	2.59	2705
汉中市	Hanzhong City	95.1	3	17.67	179.41	38.29	29.73	1.38	6.91	23594
榆林市	Yulin City	142.0	113	6.98	58.83	70.13	16.45	8.32	4.81	7699
安康市	Ankang City	80.1	47	12.58	113.76	18.92	25.00	0.03	3.41	28496
商洛市	Shangluo City	59.8	12	2.16	41.05	6.98	13.43	0.17	6.20	1900
杨凌示范区	Yangling Demonstration Zone	3.1		0.01	10.58	3.46	0.44	2.63	0.22	
甘肃省	**Gansu**	**1014.6**	**75958**	**63.52**	**1320.60**	**330.84**	**88.46**	**47.16**	**11.03**	**17771**
兰州市	Lanzhou City	42.4		2.23	209.23	13.10	3.06	6.58	1.89	1263
嘉峪关市	Jiayuguan City	0.7		0.07	16.88	0.41	0.25	0.53	0.08	158
金昌市	Jinchang City	33.0		2.17	57.54	0.67	1.13	1.56	0.22	476
白银市	Baiyin City	70.4	145	1.65	118.96	14.63	7.75	2.29	1.58	1721
天水市	Tianshui City	111.2		7.01	180.20	87.64	7.20	0.69	1.37	1102

3-10 续表 9 continued

地　区	Region	粮食产量（万吨）Grain Yield (10 000 tons)	棉花产量（吨）Cotton (ton)	油料产量（万吨）Oil-bearing (10 000 tons)	蔬菜产量（万吨）Vegetables (10 000 tons)	水果产量（万吨）Fruits (10 000 tons)	肉类产量（万吨）Meat (10 000 tons)	奶类产量（万吨）Milk (10 000 tons)	禽蛋产量（万吨）eggs (10 000 tons)	水产品产量（吨）Aquatic Products (ton)
武威市	Wuwei City	99.9	20486	8.33	193.76	11.61	12.43	0.88	1.39	282
张掖市	Zhangye City	121.8	5228	6.10	114.73	21.94	10.47	5.75	1.55	2215
平凉市	Pingliang City	100.3		6.93	102.33	86.00	7.72	1.71	0.94	1636
酒泉市	Jiuquan City	33.2	50091	1.06	115.25	17.22	6.68	3.64	0.99	1910
庆阳市	Qingyang City	122.4		12.07	75.69	47.64	5.96	1.15	0.89	789
定西市	Dingxi City	123.6		2.49	51.13	4.60	8.27	0.55	0.96	1562
陇南市	Longnan City	102.6	8	3.80	44.95	11.30	8.02	0.10	1.02	2287
临夏回族自治州	Linxia Hui A.P	64.4		5.67	27.56	5.97	5.00	2.28	0.59	2298
甘南藏族自治州	Gannan Zang A.P	8.4		2.11	1.53	0.87	6.00	8.35	0.10	34
青海省	**Qinghai**	**103.4**		**36.07**	**143.64**	**1.35**	**28.84**	**28.53**	**1.76**	**3293**
西宁市	Xining City	24.4		9.83	72.06	0.18	7.19	12.53	0.65	149
海东地区	Haidong Prefecture	54.1		12.81	70.25	0.70	9.92	5.11	1.04	3030
海北藏族自治州	Haibei Zang A.P	4.5		4.61	0.54		4.06	4.16	0.04	19
黄南藏族自治州	Huangnan Zang AP	2.9		0.68	0.85	0.13	3.63	4.54		17
海南藏族自治州	Hainan Zang A.P	11.3		4.13	3.44	0.33	5.51	4.28	0.02	2497
果洛藏族自治州	Golog Zang A.P	0.1		0.01	0.00		2.97	3.65		
玉树藏族自治州	Yushu Zang A.P	1.8		0.05	0.20		3.47	7.35		
海西蒙古族藏族自治州	Haixi Mongolian & Zang A.P	10.1		1.16	5.03	0.01	2.82	1.56	0.01	308
宁夏回族自治区	**Ningxia**	**359.0**		**18.41**	**438.71**	**237.30**	**25.30**	**96.10**	**7.30**	**105422**
银川市	Yinchuan City	86.2		1.01	137.84	43.20	5.00	38.80	1.60	53313
石嘴山市	Shizuishan City	44.3		2.91	82.10	3.80	2.10	4.60	0.40	31431
吴忠市	Wuzhong City	94.0		4.61	52.34	50.90	6.20	48.80	0.90	11348
固原市	Guyuan City	72.9		6.20	110.46	11.80	6.90	0.10	0.40	130
中卫市	Zhongwei City	61.6		3.68	55.97	127.60	5.10	3.80	4.10	9200
新疆维吾尔自治区	**Xinjiang**	**1200.7**	**2897747**	**66.76**	**1866.15**	**1035.96**	**120.04**	**133.91**	**25.60**	**116916**
乌鲁木齐市	Urumqi City	16.9	1669	0.89	57.66	1.46	5.74	6.14	1.14	7801
克拉玛依市	Karamay City	0.4	12674	0.03	1.82	0.66	1.04	0.96	0.11	528
吐鲁番地区	Turpan Prefecture	2.4	29125	0.05	24.13	83.09	4.11	2.44	0.06	380
哈密地区	Hami Prefecture	13.3	27800	0.17	14.87	27.07	4.95	5.63	0.28	1056
昌吉回族自治州	Changji Hui A.P	180.3	199219	8.23	302.39	50.63	50.03	74.55	7.91	17000
博尔塔拉蒙古自治州	Bortala Mongolian A.P	51.1	135884	2.10	9.43	1.07	2.07	1.86	1.09	3160
巴音郭楞蒙古自治州	Bayingolin Mongolian A.P	35.3	352013	0.74	294.29	42.93	8.46	7.20	1.78	11220
阿克苏地区	Aksu Prefecture	146.2	534839	0.98	93.50	173.49	17.15	8.72	3.55	11121
克孜勒苏柯尔克孜自治州	Kizilsu Kirgiz A.P	26.3	8956	0.10	3.32	20.69	3.55	2.84	0.12	250
喀什地区	Kashi Prefecture	257.5	346846	1.51	239.44	373.13	37.53	22.38	7.33	9405
和田地区	Hotan Prefecture	106.2	45413	0.92	43.81	52.89	8.22	3.42	1.23	1979
伊犁哈萨克自治州	Ili Kazak A.P	236.8	18006	13.91	88.09	33.35	23.43	65.54	6.86	12776
塔城地区	Tacheng Prefecture	164.7	228170	6.14	159.19	5.50	16.23	19.62	2.58	2557
阿勒泰地区	Altay Prefecture	33.4		13.13	6.06	4.24	7.36	22.20	0.35	6786
石河子市	Shihezi City									
阿拉尔市	Alar City									
图木舒克市	Tumxuk City									
五家渠市	Wujiaqu City									
生产建设兵团	Corps	161.9	1293053	17.87	625.67	165.76	38.23	49.78	5.40	30897

3-11 规模以上工业企业总产值(2011年)

Gross Output Value and Number of Industrial Enterprises of Above Designated Size (2011)

地 区	Region	工业总产值(亿元) Gross Industrial Output Value (100 million yuan)	#轻工业 Light Industry	重工业 Heavy Industry	#大型企业 Large Enterprises	中型企业 Medium-sized Enterprises	#内资企业 Domestic Funded Enterprises	港澳台商投资企业 Enterprises with Funds from Hong Kong, Macao & Taiwan	外商投资企业 Enterprises with Foreign Investment
北京市	**Beijing**	**14513.63**	**2227.16**	**12286.46**	**8847.14**	**2442.16**	**8781.09**	**1104.70**	**4627.83**
东城区	Dongcheng District	106.64	49.88	56.76	28.10	39.98	56.03	7.40	43.22
西城区	Xicheng District	776.77	113.54	663.22	631.35	28.96	631.13	5.69	139.95
朝阳区	Chaoyang District	1188.89	133.29	1055.61	424.27	183.03	922.42	106.18	160.28
丰台区	Fengtai District	407.84	73.78	334.06	133.49	140.97	333.76	8.07	66.00
石景山区	Shijingshan District	379.20	5.01	374.18	302.19	28.34	299.63	2.70	76.87
海淀区	Haidian District	1443.75	157.46	1286.29	680.49	447.99	908.88	393.51	141.36
门头沟区	Mentougou District	89.72	11.81	77.91	62.85	6.00	83.15	4.48	2.09
房山区	Fangshan District	1025.73	46.48	979.25	871.97	45.32	978.70	8.69	38.34
通州区	Tongzhou District	586.71	224.32	362.38	83.43	226.09	369.90	34.50	182.31
顺义区	Shunyi District	2066.76	274.74	1792.02	1559.48	227.63	499.09	103.42	1464.26
昌平区	Changping District	1077.86	141.52	936.34	363.18	194.19	914.44	43.38	120.04
大兴区	Daxing District	479.15	193.78	285.37	72.41	122.50	342.39	73.24	63.53
怀柔区	Huairou District	499.09	138.86	360.22	297.29	87.82	351.06	22.02	126.00
平谷区	Pinggu District	199.12	56.79	142.33	34.91	106.36	59.06	12.67	127.39
密云县	Miyun County	223.44	80.24	143.21	70.13	64.03	122.54	35.11	65.79
延庆县	Yanqing County	65.75	25.44	40.31		29.25	40.98	10.25	14.53
北京经济技术开发区	Beijing Economic-technological Development Zones	2284.71	500.21	1784.50	1619.09	463.72	255.45	233.41	1795.85
其他	Others								
天津市	**Tianjin**	**20862.72**	**3630.86**	**17231.86**	**12088.98**	**4194.86**	**12264.94**	**2041.82**	**6555.94**
和平区	Heping District	49.39	9.88	39.51	32.97	10.67	33.35	10.79	5.25
河东区	Hedong District	106.99	18.67	88.32	71.14	20.59	97.29	0.77	8.93
河西区	Hexi District	518.55	16.42	502.12	437.54	44.25	291.23	153.15	74.16
南开区	Nankai District	173.08	65.76	107.32	46.00	60.93	84.66	20.16	68.26
河北区	Hebei District	363.38	7.48	355.90	327.08	21.50	353.16	6.18	4.03
红桥区	Hongqiao District	28.96	26.47	2.49		18.08	23.30	3.63	2.03
东丽区	Dongli District	2153.33	295.78	1857.55	1154.49	473.47	1568.51	93.63	491.19
西青区	Xiqing District	2725.46	391.56	2333.90	1450.49	794.83	1004.89	120.17	1600.40
津南区	Jinnan District	689.73	78.69	611.04	148.42	282.46	437.40	80.74	171.59
北辰区	Beichen District	1410.26	306.04	1104.22	352.18	376.82	885.07	74.59	450.60
武清区	Wuqing District	1046.03	614.99	431.04	502.56	217.82	529.56	269.08	247.39
宝坻区	Baodi District	393.89	225.90	167.99	47.92	151.12	310.21	37.76	45.92
滨海新区	Binhai New Area	8777.05	1357.03	7420.02	6602.99	1052.31	4377.97	1119.83	3279.25
宁河县	Ninghe County	444.63	93.79	350.84	150.74	131.85	386.62	37.52	20.49
静海县	Jinghai County	1250.37	83.80	1166.57	148.24	510.49	1156.15	12.80	81.42
蓟县	Ji County	137.59	38.60	98.99	22.19	27.67	131.54	1.02	5.03
其他	Others	594.03		594.03	594.03		594.03		
河北省	**Hebei**	**39698.80**	**7864.19**	**31834.61**	**18368.78**	**7709.87**	**34167.05**	**2307.39**	**3224.35**
石家庄市	Shijiazhuang City	7260.56	3045.91	4214.66	2254.80	1039.74	6766.58	239.18	254.81
唐山市	Tangshan City	9573.67	366.99	9206.69	5664.59	1782.09	8178.52	712.16	682.99
秦皇岛市	Qinhuangdao City	1412.06	282.70	1129.36	716.27	353.05	845.11	245.60	321.35
邯郸市	Handan City	5095.24	755.81	4339.43	3200.81	858.60	4280.53	364.16	450.55
邢台市	Xingtai City	2254.90	482.06	1772.84	1016.19	549.66	1741.42	227.18	286.30
保定市	Baoding City	3627.85	1186.32	2441.54	1553.93	733.17	3125.68	172.66	329.51
张家口市	Zhangjiakou City	1112.21	180.11	932.10	591.49	221.16	1013.13	13.97	85.10
承德市	Chengde City	1611.14	137.21	1473.93	945.26	313.38	1593.46	9.29	8.40
沧州市	Cangzhou City	3707.36	495.15	3212.20	1394.50	785.59	3197.32	117.28	392.76
廊坊市	Langfang City	2788.00	643.11	2144.90	743.10	848.90	2263.28	156.28	368.44
衡水市	Hengshui City	1255.80	288.83	966.97	287.83	224.54	1162.03	49.63	44.14

地 区	Region	工业总产值(亿元) Gross Industrial Output Value (100 million yuan)	#轻工业 Light Industry	重工业 Heavy Industry	#大型企业 Large Enter-prises	中型企业 Medium-sized Enter-prises	#内资企业 Domestic Funded Enter-prises	港澳台商投资企业 Enter-prises with Funds from Hong Kong, Macao & Taiwan	外商投资企业 Enterprises with Foreign Investment
山西省	**Shanxi**	**16013.83**	**871.94**	**15141.89**	**7603.68**	**5303.01**	**15102.61**	**290.72**	**620.49**
太原市	Taiyuan City	2427.29	165.05	2262.24	1588.54	518.26	2234.44	9.73	183.12
大同市	Datong City	974.18	48.54	925.64	677.18	209.50	916.32		57.86
阳泉市	Yangquan City	659.10	8.95	650.14	413.50	143.88	640.20	7.14	11.76
长治市	Changzhi City	1943.85	87.99	1855.85	865.22	757.30	1872.51	3.37	67.96
晋城市	Jincheng City	1085.77	23.06	1062.71	566.90	460.31	915.46	84.81	85.50
朔州市	Shuozhou City	1169.89	50.22	1119.67	449.88	390.41	1143.84	10.08	15.97
晋中市	Jinzhong City	1185.00	72.62	1112.38	355.42	436.82	1099.48	48.48	37.04
运城市	Yuncheng City	1661.74	259.51	1402.22	717.66	488.10	1623.24	6.91	31.59
忻州市	Xinzhou City	619.50	14.75	604.75	135.03	275.66	618.87		0.63
临汾市	Linfen City	1842.57	25.21	1817.36	625.53	793.65	1790.11	49.82	2.64
吕梁市	Luliang City	1814.69	116.02	1698.67	578.58	829.12	1617.90	70.37	126.42
其他	Others	630.25		630.25	630.25		630.25		
内蒙古自治区	**Inner Mongolia**	**20472.95**	**6141.89**	**14331.06**	**6300.12**	**4583.07**	**16813.53**	**366.54**	**1017.20**
呼和浩特市	Hohhot City	1365.90	641.30	724.60	511.50	495.20	993.40	148.60	223.90
包头市	Baotou City	3001.11	160.21	2840.90	1567.36	774.23	2815.85	37.16	148.11
乌海市	Wuhai City	739.90	2.43	737.47	221.58	331.30	737.03	0.45	2.42
赤峰市	Chifeng City	1577.33	285.00	1292.33	519.79	426.50	1481.44	45.58	50.31
通辽市	Tongliao City	2448.46	842.33	1606.13	253.66	714.79	2170.18	29.15	249.13
鄂尔多斯市	Erdos City	3745.03	212.41	3532.63	1511.17	1145.74	3536.21	16.94	191.88
呼伦贝尔市	Hulunbuir City	1040.71	400.68	640.03	169.57	189.65	977.02	18.42	45.27
巴彦淖尔市	Bayannur City	1014.59	386.85	627.74	129.32	478.55	902.84	60.82	50.93
乌兰察布市	Ulanqab City	786.83	187.92	598.91	40.02	210.79	754.82	1.02	21.21
兴安盟	Xingan League	214.05	100.70	113.34	28.58	61.37	186.53	1.34	26.18
锡林郭勒盟	Xilingol League	758.25	125.47	632.78	39.19	259.73			
阿拉善盟	Alxa League	662.74	30.04	632.71	272.59	213.78	649.00	2.00	13.00
辽宁省	**Liaoning**	**41776.73**	**8153.53**	**33623.21**	**13798.21**	**6999.79**	**34150.30**	**1766.57**	**5859.86**
沈阳市	Shenyang City	10880.64	2882.07	7998.58	2642.94	1542.36	8467.82	393.24	2019.58
大连市	Dalian City	8264.75	1900.84	6363.91	3415.63	1895.48	5341.80	282.13	2640.83
鞍山市	Anshan City	2659.83	355.49	2304.34	1056.12	394.34	2529.38	42.88	87.57
抚顺市	Fushun City	2101.09	239.49	1861.60	812.20	153.98	1960.72	46.47	93.90
本溪市	Benxi City	1930.41	132.34	1798.07	1046.12	407.47	1408.11	414.71	107.59
丹东市	Dandong City	1037.93	329.95	707.98	132.32	264.25	870.28	40.23	127.42
锦州市	Jinzhou City	2107.58	536.62	1570.96	420.36	380.42	1838.82	118.29	150.47
营口市	Yingkou City	2417.70	394.76	2022.94	473.53	444.66	1877.15	154.34	386.21
阜新市	Fuxin City	621.50	152.14	469.35	176.78	179.25	520.08	77.63	23.79
辽阳市	Liaoyang City	1921.73	138.60	1783.13	713.88	218.87	1726.32	124.16	71.25
盘锦市	Panjin City	2155.95	141.10	2014.85	1177.82	322.70	2076.91	9.66	69.38
铁岭市	Tieling City	2818.27	793.63	2024.63	231.97	380.52	2718.79	47.32	52.16
朝阳市	Chaoyang City	1163.11	80.44	1082.67	273.31	339.53	1138.14	13.10	11.87
葫芦岛市	Huludao City	974.55	76.06	898.49	503.54	75.96	954.29	2.42	17.84

3-11 续表 2 continued

地 区	Region	工业总产值(亿元) Gross Industrial Output Value (100 million yuan)	#轻工业 Light Industry	重工业 Heavy Industry	#大型企业 Large Enterprises	中型企业 Medium-sized Enterprises	#内资企业 Domestic Funded Enterprises	港澳台商投资企业 Enterprises with Funds from Hong Kong, Macao & Taiwan	外商投资企业 Enterprises with Foreign Investment
吉林省	**Jilin**	**16917.61**	**4647.65**	**12269.96**	**7770.96**	**2274.93**	**12920.61**	**669.90**	**3327.10**
长春市	Changchun City	7047.97	1206.02	5841.95	5026.59	769.96	3678.13	503.94	2865.90
吉林市	Jilin City	2695.41	660.93	2034.48	1161.08	377.75	2539.68	42.28	113.45
四平市	Siping City	1411.26	548.00	863.26	289.76	273.69	1322.61	43.74	44.91
辽源市	Liaoyuan City	859.75	305.44	554.31	149.85	142.22	822.33	13.00	24.42
通化市	Tonghua City	1203.27	687.08	516.19	560.48	151.24	1131.84	26.58	44.85
白山市	Baishan City	958.74	214.52	744.22	138.64	159.85	894.83	30.08	33.83
松原市	Songyuan City	1619.33	494.61	1124.72	291.80	138.84	1563.78	1.22	54.33
白城市	Baicheng City	353.67	181.33	172.34		84.67	314.10	2.62	36.95
延边朝鲜族自治州	Yanbian Korean A.P	749.67	331.19	418.48	134.23	176.70	634.79	6.44	108.44
黑龙江省	**Heilongjiang**	**11514.56**	**3125.83**	**8388.73**	**6246.74**	**1761.58**	**10557.37**	**205.92**	**751.28**
哈尔滨市	Harbin City	2253.70	879.37	1374.32	1155.28	432.17	1841.37	26.93	385.39
齐齐哈尔市	Qiqihar City	986.38	402.17	584.20	399.71	227.27	864.59	23.43	98.36
鸡西市	Jixi City	316.34	58.92	257.42	134.12	73.29	276.02	37.79	2.54
鹤岗市	Hegang City	296.15	70.34	225.80	123.51	59.67	292.33	2.34	1.48
双鸭山市	Shuangyashan City	507.18	205.33	301.85	159.50	87.77	496.07	11.11	
大庆市	Daqing City	4205.79	303.21	3902.58	3378.81	304.80	4052.47	80.10	73.23
伊春市	Yichun City	176.31	39.38	136.93	88.24	26.58	166.71	1.90	7.70
佳木斯市	Jiamusi City	406.63	168.78	237.85	70.83	92.43	341.05	3.33	62.25
七台河市	Qitaihe City	380.63	33.56	347.07	177.05	85.96	380.24		0.40
牡丹江市	Mudanjiang City	592.40	187.39	405.01	86.55	132.47	536.53	14.77	41.10
黑河市	Heihe City	86.55	24.08	62.47		28.67	83.79		2.76
绥化市	Suihua City	435.67	266.65	169.02	124.10	155.14	390.90	2.84	41.93
大兴安岭地区	Daxing'anling Prefecture	35.13	8.37	26.76	7.52	11.09	33.81		1.32
农垦总局	Agriculture Reclamation Bureau	515.18	478.28	36.90	341.53	44.27	480.98	1.38	32.82
其他	Others						320.52		
上海市	**Shanghai**	**32445.15**	**6788.15**	**25656.99**	**17526.78**	**7219.83**	**12595.81**	**5473.20**	**14376.13**
黄浦区	Huangpu District	184.07	81.12	102.96	97.71	36.66	147.46	0.64	35.98
卢湾区	Luwan District								
徐汇区	Xuhui District	632.78	282.27	350.51	227.16	243.01	281.74	73.30	277.74
长宁区	Changning District	81.25	35.72	45.53	21.25	13.29	54.99	14.79	11.47
静安区	Jingan District	16.31	3.52	12.79		1.65	12.98	1.34	1.99
普陀区	Putuo District	228.83	104.05	124.78	62.28	88.21	119.96	31.02	77.85
闸北区	Zhabei District	158.64	17.95	140.70	71.30	40.09	97.15	2.83	58.67
虹口区	Hongkou District	52.51	26.14	26.37		30.92	36.31	3.28	12.92
杨浦区	Yangpu District	963.87	706.53	257.34	831.02	61.08	881.34	7.92	74.61
闵行区	Minhang District	3758.49	1207.50	2550.98	1787.35	1092.92	1007.19	383.73	2367.57
宝山区	Baoshan District	2674.45	132.40	2542.06	1703.10	561.20	2118.01	119.34	437.10
嘉定区	Jiading District	3970.30	594.11	3376.19	1945.50	1037.54	943.99	293.35	2732.96
浦东新区	Pudong New District	9292.91	1565.57	7727.34	6154.87	1477.88	3428.22	1049.02	4815.67
金山区	Jinshan District	1702.40	322.65	1379.75	881.29	263.50	572.15	886.06	244.19
松江区	Songjiang District	4079.04	622.47	3456.56	2456.22	644.78	571.05	2198.00	1309.99
青浦区	Qingpu District	1419.37	491.41	927.96	360.21	473.67	452.66	221.12	745.59
奉贤区	Fengxian District	1489.56	536.97	952.59	192.00	559.25	811.67	112.24	565.65
崇明县	Chongming County	430.80	26.07	404.73	276.69	68.55	395.84	23.62	11.34
其他	Others	1309.59	31.73	1277.86	458.83	525.64	663.11	51.63	594.85

3-11 续表 3 continued

地　区	Region	工业总产值(亿元) Gross Industrial Output Value (100 million yuan)	#轻工业 Light Industry	重工业 Heavy Industry	#大型企业 Large Enterprises	中型企业 Medium-sized Enterprises	#内资企业 Domestic Funded Enterprises	港澳台商投资企业 Enterprises with Funds from Hong Kong, Macao & Taiwan	外商投资企业 Enterprises with Foreign Investment
江苏省	**Jiangsu**	**107680.68**	**26636.19**	**81044.49**	**44866.71**	**23621.75**	**64650.45**	**12394.99**	**30635.25**
南京市	Nanjing City	10354.65	1739.35	8615.30	5928.75	1762.24	6171.85	553.25	3629.55
无锡市	Wuxi City	14561.97	3223.42	11338.55	6429.90	3375.47	9129.38	1811.00	3621.59
徐州市	Xuzhou City	6950.65	1926.48	5024.18	2169.54	1483.88	6045.39	450.15	455.11
常州市	Changzhou City	8270.77	1575.94	6694.83	2951.60	2196.74	5429.54	949.66	1891.57
苏州市	Suzhou City	27778.75	7003.41	20775.35	15038.40	5797.56	9150.52	4585.12	14043.11
南通市	Nantong City	8679.82	2967.55	5712.26	1905.13	2034.20	5283.46	1179.59	2216.76
连云港市	Lianyungang City	2630.52	723.66	1906.87	812.59	827.99	1935.45	175.84	519.24
淮安市	Huaian City	2941.00	1116.10	1824.90	745.27	571.70	2327.91	344.09	269.00
盐城市	Yancheng City	4360.07	1570.08	2789.99	1022.33	994.07	3234.00	231.14	894.94
扬州市	Yangzhou City	6772.79	1541.26	5231.53	2317.44	1810.38	4869.66	883.82	1019.31
镇江市	Zhenjiang City	5207.67	967.36	4240.30	1496.58	1620.78	3378.12	784.40	1045.15
泰州市	Taizhou City	5813.13	1474.27	4338.86	1819.15	878.31	4216.71	488.74	1107.67
宿迁市	Suqian City	1522.30	807.32	714.98	372.50	278.37	1451.22	28.33	42.74
浙江省	**Zhejiang**	**56406.06**	**21953.08**	**34452.98**	**17089.96**	**16961.51**	**41254.07**	**7410.68**	**7741.31**
杭州市	Hangzhou City	12352.92	4866.08	7486.84	4351.77	3346.94	8327.81	1471.10	2264.64
宁波市	Ningbo City	12044.77	3468.35	8576.42	3813.14	3952.21	6898.92	2944.88	2200.97
温州市	Wenzhou City	4386.02	1573.12	2812.90	874.29	1467.02	3965.34	134.41	286.27
嘉兴市	Jiaxing City	5763.36	2889.35	2874.01	1759.37	1341.56	3847.68	718.95	1196.72
湖州市	Huzhou City	2890.05	1202.63	1687.42	305.84	964.68	2211.44	360.79	317.81
绍兴市	Shaoxing City	7932.68	4246.74	3685.94	3041.96	2421.15	6100.79	1189.54	642.35
金华市	Jinhua City	3514.35	1623.07	1891.27	625.39	1221.56	3139.49	161.65	213.21
衢州市	Quzhou City	1300.87	356.05	944.82	356.26	254.92	1188.80	45.52	66.55
舟山市	Zhoushan City	1105.17	226.31	878.86	288.31	480.45	788.47	157.65	159.05
台州市	Taizhou City	3448.45	1192.69	2255.76	732.56	1145.70	2876.95	208.62	362.88
丽水市	Lishui City	1298.08	368.21	929.87	247.43	371.02	1248.64	17.89	31.55
安徽省	**Anhui**	**25875.87**	**8130.15**	**17745.72**	**10286.64**	**5021.41**	**22430.19**	**1359.88**	**2085.80**
合肥市	Hefei City	6168.35	2290.56	3877.79	3357.22	1107.99	4878.07	357.46	932.82
芜湖市	Wuhu City	3700.49	824.26	2876.23	1626.85	595.11	2952.90	215.73	531.86
蚌埠市	Bengbu City	1290.70	478.31	812.39	279.58	343.90	1049.79	179.54	61.37
淮南市	Huainan City	893.23	95.01	798.22	616.73	107.67	827.19	59.78	6.26
马鞍山市	Maanshan City	1789.92	213.87	1576.04	881.66	296.97	1616.69	35.52	137.70
淮北市	Huaibei City	1203.05	293.41	909.64	489.83	244.82	1155.18	20.33	27.53
铜陵市	Tongling City	1524.66	43.37	1481.29	1001.30	154.78	1299.35	201.33	23.98
安庆市	Anqing City	1810.88	739.95	1070.93	530.73	372.03	1728.42	57.03	25.43
黄山市	Huangshan City	431.02	181.53	249.48	24.74	73.62	419.29	7.12	4.61
滁州市	Chuzhou City	1543.87	651.06	892.81	371.39	454.70	1342.86	63.43	137.58
阜阳市	Fuyang City	924.51	387.27	537.23	364.86	214.58	882.35	5.11	37.05
宿州市	Suzhou City	1171.63	594.85	576.78	147.38	213.37	1100.95	51.30	19.38
六安市	Liuan City	1110.65	557.85	552.80	221.38	332.25	997.30	69.51	43.84
亳州市	Bozhou City	521.73	327.00	194.73	113.66	102.55	514.27	0.57	6.89
池州市	Chizhou City	371.60	82.45	289.15	61.24	57.48	352.81	9.98	8.81
宣城市	Xuancheng City	1419.58	369.38	1050.20	198.08	349.59	1312.76	26.13	80.68
其他	Others								

3-11 续表 4 continued

地　区	Region	工　业总产值(亿元) Gross Industrial Output Value (100 million yuan)	#轻工业 Light Industry	重工业 Heavy Industry	#大型企业 Large Enterprises	中型企业 Medium-sized Enterprises	#内资企业 Domestic Funded Enterprises	港澳台商投资企业 Enterprises with Funds from Hong Kong, Macao & Taiwan	外商投资企业 Enterprises with Foreign Investment
福建省	**Fujian**	**27443.90**	**12319.11**	**15124.79**	**8701.76**	**9053.92**	**14776.17**	**6746.29**	**5921.43**
福州市	Fuzhou City	5321.18	2155.19	3165.99	1877.81	1793.97	2677.57	1436.54	1207.07
厦门市	Xiamen City	4399.52	1356.29	3043.23	2432.69	1161.04	1042.26	1157.26	2200.00
莆田市	Putian City	1523.81	1022.78	501.03	255.45	518.71	971.56	317.93	234.32
三明市	Sanming City	1951.09	547.41	1403.68	258.49	367.26	1802.14	106.74	42.21
泉州市	Quanzhou City	7961.83	4755.15	3206.68	2816.67	2956.96	3634.83	2730.50	1596.50
漳州市	Zhangzhou City	2411.90	1238.74	1173.16	463.59	997.88	1258.28	754.52	399.11
南平市	Nanping City	931.75	412.50	519.26	192.14	264.86	815.96	36.71	79.08
龙岩市	Longyan City	1564.89	467.99	1096.90	357.40	490.09	1259.19	177.17	128.54
宁德市	Ningde City	1377.93	363.06	1014.86	47.52	503.14	1314.40	28.93	34.60
江西省	**Jiangxi**	**17905.87**	**5136.23**	**12769.64**	**4119.10**	**3918.65**	**14760.89**	**1360.54**	**1784.45**
南昌市	Nanchang City	3304.39	1326.89	1977.50	1212.29	596.24	2428.30	180.76	695.33
景德镇市	Jingdezhen City	839.35	158.99	680.36	222.57	197.03	791.93	29.95	17.46
萍乡市	Pingxiang City	1167.84	117.40	1050.44	256.67	126.78	1137.60	14.92	15.32
九江市	Jiujiang City	2141.47	830.50	1310.98	604.92	448.01	1837.51	178.45	125.51
新余市	Xinyu City	1540.27	215.47	1324.79	706.73	357.42	1092.43	25.97	421.87
鹰潭市	Yingtan City	1552.99	61.84	1491.16	773.37	170.31	1535.25	11.54	6.21
赣州市	Ganzhou City	1859.85	472.16	1387.69	60.22	382.69	1335.95	292.85	231.05
吉安市	Jian City	1557.02	499.65	1057.36		574.01	1251.62	159.45	145.94
宜春市	Yichun City	1670.99	715.01	955.99	106.96	595.32	1456.14	125.40	89.45
抚州市	Fuzhou City	816.50	337.64	478.86		139.77	748.53	52.01	15.96
上饶市	Shangrao City	1455.20	400.69	1054.51	175.37	331.06	1145.62	289.24	20.33
山东省	**Shandong**	**99504.98**	**31019.15**	**68485.83**	**40469.40**	**19981.36**	**83708.54**	**3136.25**	**12660.19**
济南市	Jinan City	3941.26	612.14	3329.12	2240.51	712.49	3571.69	92.64	276.93
青岛市	Qingdao City	12168.59	4694.80	7473.79	3910.05	2815.93	8649.07	643.09	2876.43
淄博市	Zibo City	9253.14	1486.96	7766.18	3460.98	1616.49	8090.87	187.40	974.87
枣庄市	Zaozhuang City	3299.01	992.95	2306.06	536.32	776.00	3087.30	100.08	111.63
东营市	Dongying City	8206.99	1320.83	6886.16	4399.75	1632.27	7633.09	255.80	318.11
烟台市	Yantai City	11161.46	2725.83	8435.64	5233.23	2451.63	6920.84	629.02	3611.61
潍坊市	Weifang City	9081.51	3488.42	5593.08	3317.38	1847.40	7886.57	401.44	793.49
济宁市	Jining City	3725.51	1150.82	2574.70	2272.16	684.47	3220.99	60.92	443.60
泰安市	Taian City	4565.97	1033.73	3532.24	1461.63	867.84	4388.37	16.91	160.69
威海市	Weihai City	4661.32	1943.02	2718.30	1353.11	1182.88	3161.35	98.67	1401.31
日照市	Rizhao City	2114.93	822.90	1292.03	984.33	573.93	1595.70	32.82	486.41
莱芜市	Laiwu City	1355.35	129.93	1225.42	943.39	170.75	1332.77	8.08	14.50
临沂市	Linyi City	5512.62	2023.78	3488.84	1669.28	1043.29	4782.13	209.62	520.87
德州市	Dezhou City	5182.60	2339.58	2843.01	1277.49	954.99	4898.72	22.42	261.46
聊城市	Liaocheng City	5278.37	1797.32	3481.05	1962.48	900.56	5139.09	27.13	112.15
滨州市	Binzhou City	4691.71	2678.38	2013.34	2880.80	1025.16	4353.01	206.31	132.39
菏泽市	Heze City	3428.26	1525.42	1902.84	690.16	725.27	3185.49	143.90	98.87
河南省	**Henan**	**46856.14**	**14346.73**	**32509.42**	**17194.10**	**12760.79**	**43373.71**	**1450.68**	**2031.76**
郑州市	Zhengzhou City	8018.11	1394.42	6623.70	2580.51	2112.00	6797.69	607.35	613.08
开封市	Kaifeng City	1358.76	584.13	774.64	408.49	495.45	1324.67	9.07	25.03
洛阳市	Luoyang City	4815.40	606.99	4208.41	2120.20	1146.95	4605.98	33.58	175.84
平顶山市	Pingdingshan City	2494.14	404.07	2090.07	1061.60	497.39	2334.76	103.43	55.95
安阳市	Anyang City	3106.42	578.06	2528.36	1614.17	876.05	3064.59	15.21	26.61
鹤壁市	Hebi City	1158.00	413.35	744.65	235.00	315.21	1119.35	15.00	23.65
新乡市	Xinxiang City	2992.59	1318.56	1674.02	1386.17	985.27	2733.00	44.86	214.73

3-11 续表 5 continued

地 区	Region	工业总产值(亿元) Gross Industrial Output Value (100 million yuan)	#轻工业 Light Industry	重工业 Heavy Industry	#大型企业 Large Enterprises	中型企业 Medium-sized Enterprises	#内资企业 Domestic Funded Enterprises	港澳台商投资企业 Enterprises with Funds from Hong Kong, Macao & Taiwan	外商投资企业 Enterprises with Foreign Investment
焦作市	Jiaozuo City	3294.15	1101.44	2192.71	951.13	1053.16	3051.69	113.23	129.24
濮阳市	Puyang City	1895.17	874.08	1021.08	485.94	440.55	1831.93	30.58	32.66
许昌市	Xuchang City	3142.98	1021.31	2121.67	1223.78	678.69	3011.99	25.51	105.49
漯河市	Luohe City	1764.08	1299.89	464.19	735.51	580.44	1404.89	256.96	102.22
三门峡市	Sanmenxia City	2699.28	129.43	2569.85	770.76	715.26	2467.47	48.76	183.05
南阳市	Nanyang City	2672.45	1106.84	1565.61	1050.68	665.62	2550.33	56.80	65.32
商丘市	Shangqiu City	1671.20	775.52	895.68	693.70	506.25	1651.82	13.69	5.69
信阳市	Xinyang City	1252.53	568.77	683.77	368.39	332.32	1214.22	22.79	15.53
周口市	Zhoukou City	1869.46	1351.27	518.18	584.81	571.50	1756.97	17.63	94.85
驻马店市	Zhumadian City	1471.28	729.06	742.22	262.19	639.54	1369.36	31.53	70.39
济源市	Jiyuan City	1180.15	89.55	1090.60	661.06	149.12	1083.01	4.70	92.44
湖北省	**Hubei**	**28072.73**	**8370.27**	**19702.45**	**12868.72**	**5787.31**	**22782.41**	**1725.88**	**3564.43**
武汉市	Wuhan City	8785.89	1638.63	7147.26	6132.20	1142.23	6353.37	662.17	1770.35
黄石市	Huangshi City	1603.12	194.43	1408.70	793.03	319.05	1214.06	219.62	169.44
十堰市	Shiyan City	1362.27	85.30	1276.97	884.08	172.47	754.80	5.08	602.40
宜昌市	Yichang City	3195.74	884.31	2311.43	1551.16	754.05	2923.28	226.36	46.10
襄阳市	Xiangyang City	3276.97	1205.65	2071.33	1257.04	797.93	2665.96	143.50	467.52
鄂州市	Ezhou City	901.18	165.32	735.86	248.42	198.51	853.05	26.00	22.14
荆门市	Jingmen City	1732.94	658.83	1074.10	648.44	217.20	1599.50	51.14	82.30
孝感市	Xiaogan City	1437.85	787.00	650.84	197.87	331.12	1284.19	77.61	76.05
荆州市	Jingzhou City	1181.79	589.93	591.86	257.12	293.23	1063.93	62.49	55.37
黄冈市	Huanggang City	969.35	401.18	568.17	94.37	259.14	866.58	55.00	47.77
咸宁市	Xianning City	940.43	404.20	536.23	83.71	326.08	843.74	49.85	46.83
随州市	Suizhou City	705.54	280.36	425.19	65.14	191.95	647.41	32.77	25.35
恩施土家族苗族自治州	Enshi Tujia & Miao A.P	226.55	117.41	109.15	4.35	69.52	223.63	1.54	1.39
仙桃市	Xiantao City	635.14	476.15	158.98	103.79	294.19	505.51	85.31	44.32
潜江市	Qianjiang City	676.51	233.28	443.23	350.72	214.12	571.33	7.81	97.37
天门市	Tianmen City	434.83	248.30	186.54	144.82	144.88	401.17	23.91	9.75
神农架林区	Shennongjia Forest District	6.62		6.62		1.04	6.62		
湖南省	**Hunan**	**26386.58**	**7286.67**	**19099.91**	**7874.72**	**5374.56**	**24597.61**	**998.52**	**790.46**
长沙市	Changsha City	5480.00	1262.08	4217.92	2601.07	782.95	5065.64	194.00	220.35
株洲市	Zhuzhou City	2216.63	429.98	1786.64	951.74	542.21	2004.73	119.80	92.10
湘潭市	Xiangtan City	2106.32	417.32	1689.00	807.33	255.53	1924.44	42.09	139.79
衡阳市	Hengyang City	2823.62	675.02	2148.59	399.09	807.60	2638.67	98.23	86.72
邵阳市	Shaoyang City	1022.25	434.72	587.53	132.36	197.08	986.69	13.91	21.64
岳阳市	Yueyang City	3825.72	1528.24	2297.48	991.33	1042.87	3663.64	55.25	106.83
常德市	Changde City	1732.95	954.30	778.66	642.97	396.75	1564.38	143.29	25.29
张家界市	Zhangjiajie City	165.31	75.39	89.93		39.24	156.50	6.48	2.33
益阳市	Yiyang City	1134.07	469.21	664.86	102.09	334.58	1047.56	63.74	22.77
郴州市	Chenzhou City	2215.72	270.26	1945.45	205.86	294.64	2080.61	118.55	16.55
永州市	Yongzhou City	860.01	309.84	550.17	105.79	152.36	767.51	74.61	17.89
怀化市	Huaihua City	1028.33	276.63	751.69	91.82	248.27	980.94	16.81	30.58
娄底市	Loudi City	1400.10	132.33	1267.77	730.02	192.33	1341.43	51.08	7.60
湘西土家族苗族自治州	West Hunan Tujia & Miao A.P	316.03	39.22	276.81	47.73	94.14	315.36	0.67	

地 区	Region	工 业 总产值 (亿元) Gross Industrial Output Value (100 million yuan)	#轻工业 Light Industry	重工业 Heavy Industry	#大型企业 Large Enterprises	中型企业 Medium-sized Enterprises	#内资企业 Domestic Funded Enterprises	港澳台商投资企业 Enterprises with Funds from Hong Kong, Macao & Taiwan	外商投资企业 Enterprises with Foreign Investment
广东省	**Guangdong**	**94871.68**	**36005.32**	**58866.35**	**41792.02**	**26003.92**	**45594.56**	**22844.18**	**26432.94**
广州市	Guangzhou City	15712.72	5445.85	10266.87	8919.00	3187.48	5424.33	3064.36	7224.03
韶关市	Shaoguan City	917.86	200.98	716.88	402.97	235.67	753.50	145.72	18.64
深圳市	Shenzhen City	20432.12	5122.03	15310.10	12488.53	5092.86	8226.78	5091.99	7113.35
珠海市	Zhuhai City	3377.25	1337.49	2039.76	1881.00	809.36	1211.53	708.72	1457.00
汕头市	Shantou City	1892.26	1149.12	743.14	337.54	493.22	1421.45	212.49	258.32
佛山市	Foshan City	14425.03	6972.24	7452.79	5010.05	3006.08	9528.73	2736.07	2160.23
江门市	Jiangmen City	4671.20	2563.40	2107.80	1132.09	1315.41	2412.65	1604.49	654.06
湛江市	Zhanjiang City	1752.66	717.41	1035.25	141.94	1014.29	959.24	393.52	399.90
茂名市	Maoming City	1703.91	289.83	1414.08	1136.13	143.32	1639.98	35.87	28.06
肇庆市	Zhaoqing City	2468.96	724.87	1744.08	577.32	889.87	1502.17	587.65	379.14
惠州市	Huizhou City	4765.03	1135.17	3629.87	2174.85	1693.12	1639.49	1375.14	1750.40
梅州市	Meizhou City	546.78	176.08	370.69	95.73	255.37	410.64	86.47	49.67
汕尾市	Shanwei City	579.41	313.30	266.11	229.11	224.47	309.77	231.44	38.20
河源市	Heyuan City	1041.39	240.33	801.06	266.29	322.41	633.89	229.86	177.64
阳江市	Yangjiang City	964.52	520.89	443.64	207.19	317.25	705.55	156.47	102.50
清远市	Qingyuan City	1752.20	353.82	1398.38	335.77	968.31	1135.47	484.33	132.40
东莞市	Dongguan City	8469.69	3545.17	4924.52	3833.94	2845.40	2305.19	3450.70	2713.80
中山市	ZhongShan City	5746.84	3065.75	2681.09	2062.43	1901.30	2600.32	1616.14	1530.38
潮州市	Chaozhou City	840.22	457.62	382.60	204.49	251.81	592.27	154.15	93.80
揭阳市	Jieyang City	2298.98	1470.15	828.83	239.29	881.76	1822.27	348.21	128.50
云浮市	Yunfu City	512.63	203.82	308.82	116.39	155.16	359.35	130.38	22.90
广西壮族自治区	**Guangxi**	**12836.57**	**3633.87**	**9202.70**	**4063.25**	**4256.10**	**10482.15**	**780.13**	**1574.29**
南宁市	Nanning City	1725.29	843.67	881.62	298.63	502.22	1463.99	105.03	156.28
柳州市	Liuzhou City	2872.39	298.01	2574.37	1521.46	565.29	2209.75	66.88	595.75
桂林市	Guilin City	1262.39	494.42	767.97	216.73	453.30	1179.12	20.90	62.36
梧州市	Wuzhou City	1016.00	243.16	772.83		80.07	821.72	146.12	48.16
北海市	Beihai City	535.27			27.89	282.81	385.85	86.07	63.35
防城港市	Fangchenggang City	635.56	333.73	301.83	117.31	246.28	381.82	21.72	232.02
钦州市	Qinzhou City	940.56	158.20	782.36	11.68	751.71	802.37	88.79	49.40
贵港市	Guigang City	556.65	194.49	362.16	118.79	224.20	457.26	55.58	43.81
玉林市	Yulin City	923.48	353.24	570.24	254.54	329.58	678.14	67.45	177.89
百色市	Baise City	704.60	71.24	633.36	354.39	251.50	672.59	32.01	
贺州市	Hezhou City	245.76	54.34	191.42	43.21	69.86	221.48	21.53	
河池市	Hechi City	390.38	76.47	313.91	103.80	159.93	366.01	3.63	17.77
来宾市	Laibin City	503.82	168.00	335.82	184.80	141.96	435.58	25.01	43.23
崇左市	Chongzuo City	400.12	201.81	198.31	135.59	143.23	266.09	35.93	98.10
海南省	**Hainan**	**1600.06**	**353.93**	**1246.13**	**273.07**	**962.99**	**838.89**	**35.21**	**725.96**
海口市	Haikou City	488.56	210.92	277.64	172.32	170.17	383.59	18.52	86.45
三亚市	Sanya City	47.13	6.26	40.87		31.20	43.64		3.49
重庆市	**Chongqing**	**11847.06**	**3376.11**	**8470.95**	**5051.14**	**3480.41**	**9149.70**	**1045.64**	**1651.72**
万州区	Wanzhou District	505.85	153.01	352.84	264.57	132.32	362.55	24.12	119.18
涪陵区	Fuling District	769.88	199.40	570.48	361.07	270.97	737.67	0.64	31.57
渝中区	Yuzhong District	14.76	1.25	13.51		13.03	10.64	4.12	
大渡口区	Dadukou District	227.28	56.22	171.06	109.97	76.11	127.49	75.33	24.46
江北区	Jiangbei District	551.59	198.53	353.06	361.97	127.75	498.15	31.80	21.65

地　区	Region	工业总产值(亿元) Gross Industrial Output Value (100 million yuan)	#轻工业 Light Industry	重工业 Heavy Industry	#大型企业 Large Enter-prises	中型企业 Medium-sized Enter-prises	#内资企业 Domestic Funded Enter-prises	港澳台商投资企业 Enter-prises with Funds from Hong Kong, Macao & Taiwan	外商投资企业 Enterprises with Foreign Investment
沙坪坝区	Shapingba District	901.96	125.45	776.51	665.39	140.62	355.73	417.42	128.81
九龙坡区	Jiulongpo District	992.51	370.87	621.63	554.06	166.76	905.22	11.94	75.35
南岸区	Nanan District	712.26	242.74	469.53	231.36	340.80	567.49	61.51	83.27
北碚区	Beibei District	558.93	276.40	282.54	241.02	167.46	523.01	10.49	25.43
綦江区	Qijiang District	314.31	47.73	266.58	61.69	90.36	308.99	1.82	3.50
大足区	Dazu District	319.12	57.62	261.50	36.39	40.54	287.28	0.51	31.33
渝北区	Yubei District	1506.05	296.55	1209.50	992.36	316.89	669.91	50.82	785.32
巴南区	Banan District	588.31	237.62	350.69	300.37	154.43	396.47	48.84	143.00
黔江区	Qianjiang District	125.60	88.50	37.10	37.44	45.29	125.29		0.31
长寿区	Changshou District	614.84	34.98	579.85	293.83	205.52	371.44	200.30	43.10
江津区	Jiangjin District	614.88	158.07	456.81	249.34	187.10	499.34	43.04	72.50
合川区	Hechuan District	259.24	115.34	143.91	6.33	105.16	246.18	7.71	5.35
永川区	Yongchuan District	434.78	75.85	358.93	37.94	204.33	397.79	24.76	12.22
南川区	Nanchuan District	91.59	4.96	86.63	54.95	14.19	91.59		
四川省	**Sichuan**	**30485.09**	**10106.94**	**20378.15**	**11077.63**	**8876.47**	**27567.72**	**1220.01**	**1697.36**
成都市	Chengdu City	7568.26	2385.77	5182.49	3049.42	1955.42	5530.85	866.93	1170.48
自贡市	Zigong City	1330.92	262.88	1068.04	382.17	363.84	1264.31	6.89	59.72
攀枝花市	Panzhihua City	1205.79	64.03	1141.76	572.53	273.23	1176.42	2.98	26.39
泸州市	Luzhou City	1317.45	807.83	509.61	374.86	263.60	1298.97	5.12	13.36
德阳市	Deyang City	2037.58	493.88	1543.70	720.38	484.73	1864.75	80.42	92.40
绵阳市	Mianyang City	1676.38	890.95	785.43	802.39	390.01	1558.06	32.23	86.08
广元市	Guangyuan City	462.11	196.38	265.72	23.52	160.10	437.78	1.01	23.32
遂宁市	Suining City	1002.55	505.47	497.08	195.49	424.37	972.48	0.36	29.71
内江市	Neijiang City	1643.61	582.67	1060.94	623.09	528.50	1588.54	41.85	13.22
乐山市	Leshan City	1507.64	329.26	1178.38	518.55	504.97	1464.18	23.21	20.25
南充市	Nanchong City	1345.22	577.92	767.29	260.46	749.31	1300.21	25.12	19.88
眉山市	Meishan City	1053.68	392.62	661.06	98.11	336.30	971.82	23.03	58.83
宜宾市	Yibin City	1732.06	922.16	809.90	732.39	691.16	1697.75	18.26	16.05
广安市	Guangan City	898.88	408.28	490.60	137.92	350.37	872.63	13.41	12.84
达州市	Dazhou City	1047.32	149.55	897.77	316.56	357.70	1033.91	13.41	
雅安市	Yaan City	432.24	50.75	381.49	21.80	101.98	410.86	10.92	10.46
巴中市	Bazhong City	305.51	208.05	97.45	135.68	67.81	304.60	0.90	
资阳市	Ziyang City	1586.38	781.75	804.63	637.49	452.59	1572.49	2.00	11.89
阿坝藏族羌族自治州	Aba Zang & Qiang A.P	120.67	6.15	114.52	30.00	17.19	118.47	2.20	
甘孜藏族自治州	Ganzi Zang A.P	49.78	5.85	43.93		25.30	47.24		2.54
凉山彝族自治州	Liangshan Yi A.P	1044.08	84.71	959.37	327.84	377.99	964.37	49.77	29.94
贵州省	**Guizhou**	**5795.26**	**1253.14**	**4542.12**	**2213.39**	**1585.19**	**5591.70**	**74.70**	**128.86**
贵阳市	Guiyang City	1925.16	551.12	1374.04	1239.37	278.47	1821.95	34.61	68.60
六盘水市	Liupanshui City	903.62	2.79	900.82	450.32	250.18	879.21		24.40
遵义市	Zunyi City	988.56	502.03	486.53	328.15	288.97	975.31	6.96	6.28
安顺市	Anshun City	256.81	44.58	212.23	65.86	102.15	250.21	6.35	0.25
毕节市	Bijie City	440.92	11.93	428.99	29.92	219.15	437.85	3.07	
铜仁市	Tongren City	184.17	26.28	157.89	10.76	48.14	183.73	0.44	
黔西南布依族苗族自治州	Southwest Guizhou Buyi & Miao A.P	356.08	17.55	338.52	12.91	174.55	335.55	2.42	18.10
黔东南苗族侗族自治州	Southeast Guizhou Miao & Dong A.P	278.75	21.36	257.39		90.17	262.91	13.45	2.40
黔南布依族苗族自治州	South Guizhou Buyi & Miao A.P	461.19	75.49	385.70	76.10	133.40	444.98	7.39	8.82

地　区	Region	工业总产值(亿元) Gross Industrial Output Value (100 million yuan)	#轻工业 Light Industry	重工业 Heavy Industry	#大型企业 Large Enterprises	中型企业 Medium-sized Enterprises	#内资企业 Domestic Funded Enterprises	港澳台商投资企业 Enterprises with Funds from Hong Kong, Macao & Taiwan	外商投资企业 Enterprises with Foreign Investment
云南省	**Yunnan**	**9595.15**	**2779.50**	**6815.66**	**3932.99**	**1937.34**	**7370.26**	**174.87**	**235.69**
昆明市	Kunming City	2603.74	626.69	1977.05	1399.47	557.56	2403.43	78.53	121.78
曲靖市	Qujing City	1203.54	214.33	989.21	606.86	366.71	1155.58	9.32	38.64
玉溪市	Yuxi City	1110.85	472.15	638.70	691.50	245.13	1080.93	16.27	13.66
保山市	Baoshan City	145.10	59.70	85.40		68.90	134.65	7.83	2.58
昭通市	Zhaotong City	264.00	71.11	192.90	96.22	71.98	258.06	5.96	
丽江市	Lijiang City	95.95	19.00	76.95	12.56	28.22	92.98		2.97
普洱市	Puer City	124.82	27.54	97.28	5.41	62.93	117.23	0.21	7.38
临沧市	Lincang City	121.28	63.98	57.30	35.41	50.96	117.84	2.10	1.33
楚雄彝族自治州	Chuxiong Yi A.P	362.67	122.53	240.14	145.00	120.00	351.22	8.98	2.00
红河哈尼族彝族自治州	Honghe Hani & Yi A.P	745.75	37.64	708.11	437.44	177.98	731.52	3.12	11.11
文山壮族苗族自治州	Wenshan Zhuang & Miao A.P	229.42	72.89	156.53		84.72	229.42	0.08	
西双版纳傣族自治州	Xishuangbanna Dai A.P	53.91	21.59	32.32	14.43	13.80	47.82	6.09	
大理白族自治州	Dali Bai A.P	418.69	129.92	288.77	159.87	164.52	381.76	15.72	21.21
德宏傣族景颇族自治州	Dehong Dai & Jingpo A.P	93.43	29.77	63.66	30.40	19.42	69.91	20.72	2.80
怒江傈僳族自治州	Nujiang Lisu A.P	26.00		26.00	17.23	5.31	25.60	0.41	
迪庆藏族自治州	Diqing Zang A.P	32.94	8.26	24.68		9.41	24.73		8.21
西藏自治区	**Tibet A.R.**	**74.96**	**26.48**	**48.49**	**15.42**	**24.91**			
拉萨市	Lhasa City	48.55	21.36	27.19	15.42	15.46			
昌都地区	Qamdu Prefecture	3.96	1.91	2.05					
山南地区	Lhokha Prefecture	11.48	0.45	7.39		7.08			
日喀则地区	Xigaze Prefecture	5.79		5.79		1.41			
那曲地区	Narqu Prefecture	0.35							
阿里地区	Ngri Prefecture	0.53		0.53					
林芝地区	Nyingchi Prefecture	4.31	2.76	0.96		0.96			
其他	Others								
陕西省	**Shaanxi**	**14283.48**	**2103.19**	**12180.29**	**6712.65**	**4468.38**	**13102.92**	**206.89**	**973.67**
西安市	Xi'an City	3552.21	645.86	2906.34			2859.19	26.41	666.61
铜川市	Tongchuan City	335.76	45.51	290.24			313.26		22.50
宝鸡市	Baoji City	1701.79	348.21	1353.58			1557.82	53.71	90.26
咸阳市	Xianyang City	1854.50	526.20	1328.30			1634.60	111.00	109.00
渭南市	Weinan City	1360.03	163.50	1196.53			1323.82	3.55	32.66
延安市	Yan'an City	1504.86	38.48	1466.38			1500.06		4.80
汉中市	Hanzhong City	545.42	118.36	427.06			535.60	1.87	7.96
榆林市	Yulin City	2556.85	28.07	2528.78			2531.30	2.75	22.85
安康市	Ankang City	309.22	112.05	197.17			300.47	0.37	8.38
商洛市	Shangluo City	265.07	40.62	224.45			258.85	6.22	
杨凌示范区	Yangling Demonstration Zone	60.26	35.59	24.67			50.82	0.20	9.24
甘肃省	**Gansu**	**6175.24**	**669.10**	**5506.14**	**4231.85**	**770.85**	**6064.33**	**28.72**	**82.18**
兰州市	Lanzhou City	2083.74	222.47	1861.28	1606.81	265.56	2020.07	20.09	43.58
嘉峪关市	Jiayuguan City	715.39	3.64	711.75	669.67	35.05	715.39		
金昌市	Jinchang City	666.54	6.47	660.07	625.37	23.80	666.54		
白银市	Baiyin City	509.29	26.38	482.91	371.34	27.44	484.61	1.16	23.52
天水市	Tianshui City	149.71	24.50	125.21	50.23	56.16	146.64	0.57	2.49

地 区	Region	工业总产值(亿元) Gross Industrial Output Value (100 million yuan)	#轻工业 Light Industry	重工业 Heavy Industry	#大型企业 Large Enterprises	中型企业 Medium-sized Enterprises	#内资企业 Domestic Funded Enterprises	港澳台商投资企业 Enterprises with Funds from Hong Kong, Macao & Taiwan	外商投资企业 Enterprises with Foreign Investment
武威市	Wuwei City	204.26	135.58	68.68	38.94	90.01	204.18	0.08	
张掖市	Zhangye City	165.84	87.51	78.33	5.56	51.04	159.83		6.00
平凉市	Pingliang City	194.33	20.51	173.82		88.90	194.33		
酒泉市	Jiuquan City	568.35	67.92	500.43	149.21	53.84	561.13	2.77	4.44
庆阳市	Qingyang City	708.89	17.94	690.95	665.40	8.42	706.20	0.99	1.70
定西市	Dingxi City	56.06	21.39	34.67	11.30	18.13	53.10	2.52	0.43
陇南市	Longnan City	74.08	17.62	56.46	15.57	25.83	74.08		
临夏回族自治州	Linxia Hui A.P	53.49	12.44	41.06	22.42	14.15	52.96	0.53	
甘南藏族自治州	Gannan Zang A.P	25.26	4.73	20.53		12.49	25.26		
青海省	**Qinghai**	**1893.54**	**144.64**	**1748.90**	**980.57**	**502.19**	**1835.20**	**8.44**	**49.90**
西宁市	Xining City	1042.98	113.03	929.95	579.52	220.92	1003.83	3.22	35.93
海东地区	Haidong Prefecture	136.36	21.28	115.08		73.89	135.82	0.16	0.38
海北藏族自治州	Haibei Zang A.P	66.73	3.68	63.05		34.00	64.23		2.50
黄南藏族自治州	Huangnan Zang AP	4.65		4.65			1.51	1.66	1.48
海南藏族自治州	Hainan Zang A.P	14.46	4.61	9.85		9.02	11.81	2.65	
果洛藏族自治州	Golog Zang A.P	15.43		15.43		15.43	15.43		
玉树藏族自治州	Yushu Zang A.P								
海西蒙古族藏族自治州	Haixi Mongolian & Zang A.P	612.94	2.05	610.89	401.05	148.92	602.58	0.75	9.61
宁夏回族自治区	**Ningxia**	**2491.44**	**358.09**	**2133.36**	**1466.80**	**508.35**	**2363.48**	**36.64**	**91.32**
银川市	Yinchuan City	1229.96	216.07	1013.89	763.70	257.40	1152.07	11.71	66.19
石嘴山市	Shizuishan City	617.48	6.11	611.37	349.15	107.22	601.36	1.92	13.48
吴忠市	Wuzhong City	406.05	84.28	321.77	191.72	110.34	399.90		6.15
固原市	Guyuan City	20.37	7.04	13.32	9.19	1.80	20.37		
中卫市	Zhongwei City	257.09	45.17	211.93	142.39	8.10	251.06	0.54	5.50
新疆维吾尔自治区	**Xinjiang**	**6720.85**	**799.49**	**5921.36**	**4183.64**	**1304.96**	**6579.98**	**47.71**	**93.16**
乌鲁木齐市	Urumqi City	1992.58	109.28	1883.30	1447.48	320.45	1962.69	13.94	15.95
克拉玛依市	Karamay City	1639.04	2.54	1636.50	1503.18	88.98	1636.93	0.98	1.13
吐鲁番地区	Turpan Prefecture	222.05	4.59	217.46	120.54	49.70	219.34	2.71	
哈密地区	Hami Prefecture	131.99	8.62	123.37	35.98	53.06	126.33	1.29	4.37
昌吉回族自治州	Changji Hui A.P	475.33	163.66	311.67	72.68	145.04	436.81	9.47	29.05
博尔塔拉蒙古自治州	Bortala Mongolian A.P	36.62	16.22	20.40		14.19	35.49	1.13	
巴音郭楞蒙古自治州	Bayingolin Mongolian A.P	731.65	80.37	651.28	611.80	36.32	727.52	3.63	0.50
阿克苏地区	Aksu Prefecture	397.03	61.40	335.63	43.01	266.27	387.42	2.61	7.00
克孜勒苏柯尔克孜自治州	Kizilsu Kirgiz A.P	16.77	3.74	13.03		3.81	16.77		
喀什地区	Kashi Prefecture	79.63	21.03	58.60	15.96	25.21	76.92	1.82	0.89
和田地区	Hotan Prefecture	14.67	1.93	12.74	4.92	1.77	14.67		
伊犁哈萨克自治州	Ili Kazak A.P	294.86	123.84	171.02	75.03	98.61	282.21		12.65
塔城地区	Tacheng Prefecture	174.20	68.02	106.18	5.05	59.34	162.80	8.71	2.69
阿勒泰地区	Altay Prefecture	98.84	3.55	95.29	7.00	48.24	98.84		
石河子市	Shihezi City	289.34	78.51	210.83	189.99	55.24	270.41		18.93
阿拉尔市	Alar City	27.80	24.73	3.07		15.23	26.39	1.41	
图木舒克市	Tumxuk City	7.98	3.12	4.86		1.10	7.98		
五家渠市	Wujiaqu City	90.45	24.33	66.12	51.01	22.40	90.45		
生产建设兵团	Corps								

3-12 规模以上工业企业主要经济指标(2011年)

Main Indicators of Industrial Enterprises above Designated Size (2011)

地区	Region	资产总计 (亿元) Total Assets (100 million yuan)	负债合计 (亿元) Total Liabilities (100 million yuan)	所有者权益 (亿元) Total Equity (100 million yuan)	主营业务收入 (亿元) Revenue from Principal Business (100 million yuan)	利润总额 (亿元) Total Profits (100 million yuan)	本年应交增值税 (亿元) Value-added Tax Payable (100 million yuan)	单位数 (个) Number of Industrial Enterprises (unit)	从业人员年平均人数 (万人) Average Number of Employed Persons (10 000 persons)
北京市	**Beijing**	**25321.75**	**12648.61**	**12673.14**	**15753.36**	**1129.50**	**427.06**	**3740**	**117.9**
东城区	Dongcheng District	160.36	72.60	87.76	123.23	12.12	4.60	42	1.5
西城区	Xicheng District	10066.19	4444.28	5621.91	2400.74	267.82	68.03	65	7.1
朝阳区	Chaoyang District	2048.21	917.95	1130.26	1259.45	95.45	28.55	353	10.8
丰台区	Fengtai District	633.55	369.92	263.63	461.38	34.28	10.63	239	6.3
石景山区	Shijingshan District	2359.89	1338.37	1021.52	773.72	11.99	17.89	68	5.1
海淀区	Haidian District	2357.08	1314.34	1042.73	1900.29	120.02	40.19	499	13.5
门头沟区	Mentougou District	136.98	51.18	85.80	89.58	22.05	8.12	45	2.5
房山区	Fangshan District	553.79	320.12	233.66	1047.28	-3.16	35.22	172	5.0
通州区	Tongzhou District	566.79	325.91	240.88	640.28	32.16	17.95	465	8.8
顺义区	Shunyi District	1725.07	913.91	811.16	2104.55	166.98	58.40	329	13.6
昌平区	Changping District	966.49	513.13	453.36	1035.68	76.65	24.25	329	9.1
大兴区	Daxing District	465.15	274.78	190.37	491.22	32.19	13.68	455	7.3
怀柔区	Huairou District	303.12	193.03	110.09	543.39	28.68	16.53	145	4.1
平谷区	Pinggu District	168.23	94.19	74.04	221.95	13.22	5.73	106	3.1
密云县	Miyun County	234.03	134.38	99.64	255.69	21.17	8.59	128	4.0
延庆县	Yanqing County	185.05	73.41	111.63	68.25	9.19	2.15	41	1.0
北京经济技术开发区	Beijing Economic-technological Development Zones	2391.78	1297.10	1094.69	2336.69	188.70	66.56	259	15.2
其他	Others								
天津市	**Tianjin**	**17388.99**	**10864.27**	**6504.40**	**21103.50**	**1933.72**	**758.27**	**5013**	**150.9**
和平区	Heping District	238.64	133.10	105.55	50.70	3.30	1.92	8	0.6
河东区	Hedong District	243.78	130.56	113.22	124.72	3.43	3.24	40	1.3
河西区	Hexi District	675.52	549.50	125.97	665.96	28.70	27.14	68	3.3
南开区	Nankai District	192.59	80.44	112.11	216.56	17.04	8.58	93	3.1
河北区	Hebei District	600.53	340.44	260.09	379.56	8.44	13.69	46	2.0
红桥区	Hongqiao District	28.97	10.60	18.37	31.11	2.65	1.06	19	0.5
东丽区	Dongli District	2615.45	1785.39	823.47	2445.36	78.20	113.94	460	14.7
西青区	Xiqing District	1685.68	888.24	789.70	2763.53	204.88	74.53	777	26.9
津南区	Jinnan District	466.69	278.15	187.10	655.60	87.59	15.16	453	7.5
北辰区	Beichen District	1255.80	711.35	543.64	1449.81	137.75	59.06	660	12.0
武清区	Wuqing District	878.92	469.90	407.17	1014.06	114.71	26.60	404	14.7
宝坻区	Baodi District	139.84	78.95	60.86	374.89	20.43	10.48	341	7.4
滨海新区	Binhai New Area	6632.47	4086.08	2545.70	8620.41	1077.02	356.03	820	39.1
宁河县	Ninghe County	364.11	265.85	97.49	432.75	38.16	11.29	204	5.0
静海县	Jinghai County	715.02	531.64	183.06	1264.64	101.44	16.67	479	7.6
蓟县	Ji County	105.16	58.12	47.04	128.36	8.67	5.15	140	2.5
其他	Others	549.82	465.96	83.86	485.48	1.31	13.73	1	2.6
河北省	**Hebei**	**29687.55**	**17865.03**	**11714.09**	**40201.02**	**2639.01**	**1062.04**	**11570**	**356.0**
石家庄市	Shijiazhuang City	3451.97	1807.94	1630.96	7194.45	502.87	176.77	2379	77.6
唐山市	Tangshan City	8427.32	5370.09	3035.61	9584.12	579.33	271.52	1288	66.6
秦皇岛市	Qinhuangdao City	1513.32	1061.09	451.87	1446.03	51.75	32.67	379	14.1
邯郸市	Handan City	3778.83	2248.09	1495.54	5811.33	255.60	124.61	875	37.2
邢台市	Xingtai City	2053.24	1087.09	959.55	2315.66	144.68	65.06	869	27.1
保定市	Baoding City	2882.65	1735.90	1136.41	3508.25	304.11	108.26	1491	40.2
张家口市	Zhangjiakou City	1440.84	1022.25	418.08	1029.76	75.57	36.10	415	13.4
承德市	Chengde City	1547.40	1099.32	447.39	1562.89	124.44	62.87	422	13.9
沧州市	Cangzhou City	2238.01	1054.23	1176.71	3792.54	351.60	104.68	1610	29.6
廊坊市	Langfang City	1665.86	1024.08	631.98	2773.20	169.49	54.95	986	23.8
衡水市	Hengshui City	688.12	354.95	330.00	1182.79	79.56	24.55	856	12.5

地　区	Region	资产总计 (亿元) Total Assets (100 million yuan)	负债合计 (亿元) Total Liabilities (100 million yuan)	所有者权益 (亿元) Total Equity (100 million yuan)	主营业务收入 (亿元) Revenue from Principal Business (100 million yuan)	利润总额 (亿元) Total Profits (100 million yuan)	本年应交增值税 (亿元) Value-added Tax Payable (100 million yuan)	单位数 (个) Number of Industrial Enterprises (unit)	从业人员年平均人数 (万人) Average Number of Employed Persons (10 000 persons)
山西省	**Shanxi**	**22186.50**	**14936.46**	**7192.48**	**16803.91**	**1282.96**	**886.71**	**3673**	**215.0**
太原市	Taiyuan City	3491.15	2336.49	1153.34	2568.46	71.41	88.30	439	34.7
大同市	Datong City	1846.35	1297.83	540.48	1532.35	44.43	71.57	147	20.7
阳泉市	Yangquan City	1548.28	1083.30	464.78	714.71	43.72	56.19	128	16.0
长治市	Changzhi City	2619.01	1809.17	801.77	1831.28	201.73	97.89	340	24.1
晋城市	Jincheng City	1954.80	1126.31	828.17	1237.64	198.74	83.95	217	18.4
朔州市	Shuozhou City	1471.71	774.24	671.08	1111.82	176.94	98.26	235	8.9
晋中市	Jinzhong City	1627.84	1218.84	406.96	1208.19	80.84	74.93	470	19.3
运城市	Yuncheng City	1538.40	1042.94	492.18	1600.91	99.08	39.12	429	20.1
忻州市	Xinzhou City	1015.82	632.51	382.51	594.59	69.44	44.15	307	8.6
临汾市	Linfen City	1717.37	1221.86	489.68	1883.71	90.24	88.21	380	18.3
吕梁市	Luliang City	2841.68	2007.15	833.27	1858.32	194.57	124.23	579	22.4
其他	Others	514.09	385.82	128.26	661.91	11.82	19.90	2	3.5
内蒙古自治区	**Inner Mongolia**	**17957.83**	**7533.89**	**7033.03**	**17085.15**	**2157.72**	**706.57**	**4175**	**123.5**
呼和浩特市	Hohhot City	1522.50	1021.70	498.50	1320.70	204.40	57.90	267	9.7
包头市	Baotou City	2962.91	1916.35	1057.75	2952.00	233.27	124.64	625	27.4
乌海市	Wuhai City	930.10	659.15	270.95	686.32	53.46	30.11	155	7.8
赤峰市	Chifeng City	1121.35	584.10	533.45	1559.46	167.96	38.95	526	14.9
通辽市	Tongliao City	1074.95	536.77	534.40	2421.46	160.53	54.56	590	11.4
鄂尔多斯市	Erdos City	5024.94	2426.61	2582.27	3906.88	847.85	249.47	385	16.9
呼伦贝尔市	Hulunbuir City	1191.85	752.46	437.83	1011.03	152.38	38.87	384	12.6
巴彦淖尔市	Bayannur City	860.72	545.57	306.00	872.40	85.21	17.46	275	6.9
乌兰察布市	Ulanqab City	797.52	580.41	215.38	751.44	64.37	20.69	373	6.3
兴安盟	Xingan League	222.70	162.48	59.51	201.20	13.17	5.16	147	2.7
锡林郭勒盟	Xilingol League	1248.29	928.47	357.55	724.06	114.59	45.07	340	7.1
阿拉善盟	Alxa League	504.00	367.72	138.36	608.01	103.83	27.22	106	4.1
辽宁省	**Liaoning**	**12456.53**	**13164.38**	**13298.77**	**42845.44**	**2511.21**	**1047.26**	**16914**	**368.9**
沈阳市	Shenyang City	2576.78	2819.76	3201.86	10843.66	712.58	210.28	4161	82.2
大连市	Dalian City	2479.35	3798.13	2774.36	8642.40	481.44	204.11	2960	82.2
鞍山市	Anshan City	862.39	1093.23	1541.29	3176.55	233.92	93.45	1087	32.2
抚顺市	Fushun City	546.11	444.08	586.29	2054.33	24.06	35.62	930	18.4
本溪市	Benxi City	634.26	925.59	446.09	2127.94	66.21	40.91	437	12.9
丹东市	Dandong City	168.85	277.28	253.97	1054.67	66.08	31.11	875	14.0
锦州市	Jinzhou City	386.26	313.51	417.32	2074.75	131.02	48.67	754	14.0
营口市	Yingkou City	747.29	702.39	692.99	2460.14	220.85	101.76	1406	20.1
阜新市	Fuxin City	351.28	230.78	236.31	593.04	44.16	18.88	470	12.2
辽阳市	Liaoyang City	482.73	492.93	619.76	1956.71	144.44	26.82	645	12.0
盘锦市	Panjin City	970.92	630.10	694.85	2159.07	166.77	80.37	508	17.9
铁岭市	Tieling City	888.79	318.49	1028.05	2822.72	157.06	74.15	1695	25.2
朝阳市	Chaoyang City	292.61	325.92	287.21	1118.76	79.13	30.62	645	12.9
葫芦岛市	Huludao City	347.53	420.94	231.11	947.80	-18.75	25.11	340	12.7

3-12 续表 2 continued

地区	Region	资产总计（亿元）Total Assets (100 million yuan)	负债合计（亿元）Total Liabilities (100 million yuan)	所有者权益（亿元）Total Equity (100 million yuan)	主营业务收入（亿元）Revenue from Principal Business (100 million yuan)	利润总额（亿元）Total Profits (100 million yuan)	本年应交增值税（亿元）Value-added Tax Payable (100 million yuan)	单位数（个）Number of Industrial Enterprises (unit)	从业人员年平均人数（万人）Average Number of Employed Persons (10 000 persons)
吉林省	**Jilin**	**11898.88**	**6484.40**	**5378.56**	**16745.42**	**1175.97**	**450.65**	**5158**	**139.5**
长春市	Changchun City	4980.87	2911.06	2071.42	7120.96	645.21	189.97	1035	43.1
吉林市	Jilin City	2149.09	1150.91	989.31	2756.36	89.21	92.33	1103	27.2
四平市	Siping City	658.86	338.88	303.72	1279.97	47.15	17.65	506	8.7
辽源市	Liaoyuan City	451.66	283.10	164.29	827.72	21.75	12.57	313	8.8
通化市	Tonghua City	790.84	427.35	361.43	1132.63	52.96	25.66	498	14.2
白山市	Baishan City	419.43	256.08	159.94	924.84	28.93	21.86	407	9.2
松原市	Songyuan City	1414.83	594.92	819.23	1649.61	208.18	62.44	561	15.3
白城市	Baicheng City	310.15	154.88	154.98	353.71	12.34	4.41	279	3.2
延边朝鲜族自治州	Yanbian Korean A.P	612.86	353.92	257.27	685.75	44.97	22.54	455	9.6
黑龙江省	**Heilongjiang**	**11918.83**	**6703.59**	**5204.50**	**11454.60**	**1446.65**	**585.85**	**3377**	**134.2**
哈尔滨市	Harbin City	2819.51	1811.04	1007.81	2263.81	103.26	75.36	901	29.0
齐齐哈尔市	Qiqihar City	1124.25	649.52	474.63	907.30	60.75	35.83	274	11.9
鸡西市	Jixi City	443.84	330.21	112.64	309.31	15.27	19.63	113	9.3
鹤岗市	Hegang City	236.94	200.87	34.57	262.08	9.69	15.34	113	9.0
双鸭山市	Shuangyashan City	408.99	260.77	147.39	499.72	34.32	24.44	170	8.3
大庆市	Daqing City	3830.52	1410.81	2418.61	4198.01	1055.51	310.15	415	26.6
伊春市	Yichun City	249.57	195.41	53.99	166.01	9.22	3.09	105	3.3
佳木斯市	Jiamusi City	374.64	223.84	149.81	396.71	33.44	9.59	280	4.4
七台河市	Qitaihe City	452.41	303.47	148.50	368.46	22.40	25.02	117	10.2
牡丹江市	Mudanjiang City	469.76	272.24	195.22	616.10	33.86	23.97	407	8.6
黑河市	Heihe City	135.73	94.62	41.08	83.91	4.85	3.21	73	1.5
绥化市	Suihua City	362.51	182.75	179.02	419.00	47.76	14.18	202	5.9
大兴安岭地区	Daxing'anling Prefecture	43.76	31.59	12.16	31.23	3.60	1.92	27	1.0
农垦总局	Agriculture Reclamation Bureau	541.95	449.92	91.18	613.86	11.37	16.29	179	5.3
其他	Others			137.90					
上海市	**Shanghai**	**29454.30**	**15399.53**	**14054.76**	**34299.95**	**2253.82**	**834.21**	**9962**	**269.3**
黄浦区	Huangpu District	243.73	140.51	103.22	269.22	11.21	5.56	35	1.5
卢湾区	Luwan District								
徐汇区	Xuhui District	520.46	256.82	263.64	710.75	51.79	11.67	193	5.0
长宁区	Changning District	124.24	50.33	73.91	94.81	11.31	2.90	47	1.1
静安区	Jingan District	39.88	9.61	30.27	17.07	4.54	0.80	8	0.1
普陀区	Putuo District	281.21	132.52	148.70	268.51	29.53	10.35	139	3.5
闸北区	Zhabei District	293.21	200.24	92.97	169.21	4.91	4.29	74	2.2
虹口区	Hongkou District	88.25	48.61	39.63	62.19	6.72	2.86	47	0.8
杨浦区	Yangpu District	1260.40	323.59	936.81	970.40	177.76	104.55	104	3.7
闵行区	Minhang District	3288.14	1909.35	1378.79	3829.58	242.86	92.44	1255	35.1
宝山区	Baoshan District	2908.90	1433.89	1475.01	3114.12	125.85	46.79	556	12.8
嘉定区	Jiading District	2719.47	1450.71	1268.76	4053.05	409.54	119.13	1338	34.8
浦东新区	Pudong New District	9393.33	4564.78	4828.54	10317.83	794.04	249.88	1993	66.3
金山区	Jinshan District	1069.19	544.52	524.67	1689.08	50.61	44.27	731	14.2
松江区	Songjiang District	2715.67	1680.67	1035.00	4075.27	141.26	43.64	1340	41.4
青浦区	Qingpu District	1218.32	615.48	602.84	1405.78	77.10	34.74	890	20.9
奉贤区	Fengxian District	1381.75	797.80	583.95	1502.93	76.42	28.05	1032	18.9
崇明县	Chongming County	585.98	438.67	147.31	411.43	10.88	7.61	145	5.1
其他	Others	1322.19	801.43	520.76	1338.71	27.50	24.69	35	1.7

3-12 续表 3 continued

地　区	Region	资产总计 (亿元) Total Assets (100 million yuan)	负债合计 (亿元) Total Liabilities (100 million yuan)	所有者权益 (亿元) Total Equity (100 million yuan)	主营业务收入 (亿元) Revenue from Principal Business (100 million yuan)	利润总额 (亿元) Total Profits (100 million yuan)	本年应交增值税 (亿元) Value-added Tax Payable (100 million yuan)	单位数 (个) Number of Industrial Enter-prises (unit)	从业人员年平均人数 (万人) Average Number of Employed Persons (10 000 persons)
江苏省	**Jiangsu**	**76258.16**	**44372.68**	**31885.22**	**107030.09**	**7074.44**	**3118.03**	**43368**	**1091.9**
南京市	Nanjing City	7841.71	4595.39	3246.30	10472.31	594.40	344.41	2508	75.2
无锡市	Wuxi City	12493.99	7404.07	5089.90	14567.14	1149.48	324.13	5241	132.1
徐州市	Xuzhou City	3964.56	2148.68	1815.89	6940.76	643.54	333.88	2788	71.8
常州市	Changzhou City	6243.25	3804.26	2438.99	8212.53	468.43	217.24	3638	86.1
苏州市	Suzhou City	21821.92	12879.96	8941.97	27898.91	1484.73	477.05	9904	331.1
南通市	Nantong City	5289.81	3043.91	2245.90	8432.59	694.85	293.06	4912	87.7
连云港市	Lianyungang City	1712.85	1044.15	668.69	2601.68	190.10	89.51	1263	20.4
淮安市	Huaian City	1333.63	702.05	631.45	2918.90	150.21	72.81	1495	27.1
盐城市	Yancheng City	2475.32	1362.71	1112.59	4355.32	269.17	191.22	2590	47.9
扬州市	Yangzhou City	3238.81	1749.67	1489.14	6563.35	517.25	274.53	2584	77.8
镇江市	Zhenjiang City	3831.93	2183.97	1647.96	5040.45	301.58	149.01	2173	48.9
泰州市	Taizhou City	3446.99	2002.98	1444.01	5672.88	438.02	230.87	2489	47.0
宿迁市	Suqian City	1031.02	498.75	532.27	1498.37	190.53	56.30	1795	28.5
浙江省	**Zhejiang**	**50788.85**	**30936.35**	**19852.48**	**55349.76**	**3327.29**	**1534.54**	**34340**	**734.4**
杭州市	Hangzhou City	10968.69	6484.74	4483.95	12022.57	795.53	338.99	5868	124.6
宁波市	Ningbo City	10030.93	6340.04	3690.89	11803.24	631.66	298.19	6616	152.3
温州市	Wenzhou City	4411.91	2662.31	1749.60	4041.25	210.74	120.50	4161	86.4
嘉兴市	Jiaxing City	5593.64	3378.10	2215.54	5609.89	309.52	181.97	3987	82.6
湖州市	Huzhou City	2232.66	1314.22	918.44	2894.77	169.97	73.43	2309	34.5
绍兴市	Shaoxing City	6836.97	4126.30	2710.67	7780.31	480.76	176.01	3427	81.0
金华市	Jinhua City	3438.39	2166.88	1272.15	3380.78	107.89	242.74	2968	61.0
衢州市	Quzhou City	1153.57	660.28	493.29	1300.94	123.23	41.46	861	14.9
舟山市	Zhoushan City	1322.93	807.80	369.36	1014.18	32.62	17.40	358	9.2
台州市	Taizhou City	3359.98	2053.85	1305.46	3308.78	175.27	103.20	3040	68.6
丽水市	Lishui City	1007.80	619.37	38.84	1274.09	119.93	33.68	916	16.5
安徽省	**Anhui**	**19148.71**	**11398.66**	**7697.50**	**24960.16**	**1663.16**	**800.44**	**12432**	**268.4**
合肥市	Hefei City	4327.15	2555.87	1755.29	5363.44	374.88	183.17	2054	51.9
芜湖市	Wuhu City	2774.02	1658.17	1112.70	3492.59	176.06	122.83	1666	31.8
蚌埠市	Bengbu City	697.03	355.37	339.67	1230.46	41.32	25.81	582	11.0
淮南市	Huainan City	1689.00	1147.61	541.32	920.53	54.10	61.85	348	19.8
马鞍山市	Maanshan City	1808.80	1033.35	772.23	2053.58	105.16	62.87	639	15.3
淮北市	Huaibei City	1498.58	972.16	523.81	1350.55	71.75	55.98	527	22.5
铜陵市	Tongling City	1239.94	863.08	376.65	1696.39	55.50	26.30	174	7.7
安庆市	Anqing City	949.69	460.97	481.94	1748.72	131.75	43.47	1344	22.0
黄山市	Huangshan City	214.86	115.87	98.61	408.51	23.77	9.86	408	4.3
滁州市	Chuzhou City	854.92	452.40	398.90	1485.99	165.08	49.25	849	17.5
阜阳市	Fuyang City	578.03	357.70	217.64	882.39	81.85	35.61	628	12.3
宿州市	Suzhou City	485.13	252.46	230.13	1128.80	51.77	23.06	869	13.6
六安市	Liuan City	697.94	409.73	282.03	1033.11	97.09	27.85	765	14.6
亳州市	Bozhou City	332.54	192.68	139.65	490.62	54.67	18.13	449	7.1
池州市	Chizhou City	283.06	169.15	113.07	348.59	37.55	11.04	350	4.0
宣城市	Xuancheng City	718.01	402.09	313.87	1325.89	140.85	43.37	780	13.0
其他	Others								

3-12 续表 4 continued

地　区	Region	资产总计 (亿元) Total Assets (100 million yuan)	负债合计 (亿元) Total Liabilities (100 million yuan)	所有者权益 (亿元) Total Equity (100 million yuan)	主营业务收入 (亿元) Revenue from Principal Business (100 million yuan)	利润总额 (亿元) Total Profits (100 million yuan)	本年应交增值税 (亿元) Value-added Tax Payable (100 million yuan)	单位数 (个) Number of Industrial Enterprises (unit)	从业人员年平均人数 (万人) Average Number of Employed Persons (10 000 persons)
福建省	**Fujian**	**18582.15**	**9699.95**	**8800.24**	**26850.95**	**2114.54**	**701.84**	**14116**	**403.8**
福州市	Fuzhou City	3354.88	1826.94	1531.56	4941.29	341.27	114.18	2050	65.3
厦门市	Xiamen City	3512.19	1868.49	1642.33	4359.32	299.34	68.44	1502	62.7
莆田市	Putian City	830.01	465.09	362.90	1471.16	124.08	35.05	859	24.0
三明市	Sanming City	1008.31	588.91	416.20	1914.84	58.31	54.80	1521	20.7
泉州市	Quanzhou City	4889.37	2235.17	2586.55	7549.69	804.41	197.59	4004	145.6
漳州市	Zhangzhou City	1625.36	826.09	796.55	2342.09	208.82	116.79	1435	36.9
南平市	Nanping City	672.48	323.75	346.09	866.79	53.31	18.60	824	13.8
龙岩市	Longyan City	1252.98	579.15	671.73	1508.87	147.91	45.78	978	18.6
宁德市	Ningde City	815.03	534.99	276.15	1303.94	67.48	35.74	943	15.0
江西省	**Jiangxi**	**9964.06**	**5551.22**	**4412.84**	**18466.82**	**1113.86**	**507.52**	**6251**	**192.3**
南昌市	Nanchang City	2285.45	1300.64	984.80	3316.94	163.30	86.67	939	31.6
景德镇市	Jingdezhen City	664.39	463.88	200.51	844.40	26.54	19.88	318	8.9
萍乡市	Pingxiang City	424.24	191.97	232.27	1190.97	121.95	43.49	567	14.2
九江市	Jiujiang City	1036.41	668.08	368.33	2189.09	109.70	48.80	762	25.4
新余市	Xinyu City	1159.94	723.44	436.50	1580.32	83.23	27.48	274	10.7
鹰潭市	Yingtan City	1092.88	563.83	529.05	1983.07	95.37	32.59	163	7.0
赣州市	Ganzhou City	913.65	520.85	392.80	1825.75	127.53	58.96	773	23.0
吉安市	Jian City	544.11	195.63	348.47	1552.67	104.84	55.01	631	19.5
宜春市	Yichun City	848.75	415.70	433.05	1700.79	150.67	61.82	705	25.5
抚州市	Fuzhou City	267.01	126.65	140.36	809.61	35.28	20.40	607	11.3
上饶市	Shangrao City	727.23	380.56	346.67	1473.23	95.44	52.76	512	15.2
山东省	**Shandong**	**60818.77**	**33847.62**	**26741.14**	**99766.24**	**7097.71**	**2863.60**	**35813**	**859.8**
济南市	Jinan City	3856.34	2493.90	1355.55	4068.63	232.30	97.40	1417	38.8
青岛市	Qingdao City	6996.25	4071.16	2902.55	12107.00	645.78	330.68	4727	102.9
淄博市	Zibo City	4592.98	2444.58	2130.40	9192.21	736.51	317.26	3133	71.0
枣庄市	Zaozhuang City	1674.18	875.85	793.90	3362.27	231.07	134.64	1635	49.3
东营市	Dongying City	4903.80	2534.02	2363.18	8199.68	1004.80	312.32	815	33.4
烟台市	Yantai City	5943.42	2906.09	3003.06	11154.65	903.48	228.85	2861	89.7
潍坊市	Weifang City	5374.25	3132.97	2227.44	9111.94	536.71	192.47	4130	82.6
济宁市	Jining City	4049.05	2551.85	1490.59	3862.97	269.53	115.33	1260	45.6
泰安市	Taian City	2844.46	1689.94	1127.81	4468.84	358.79	163.60	1608	44.6
威海市	Weihai City	2845.64	1444.96	1394.24	4635.09	255.73	116.11	1636	49.6
日照市	Rizhao City	1915.52	1242.10	660.75	2160.70	116.76	67.17	580	16.1
莱芜市	Laiwu City	1017.76	698.89	314.29	1027.57	42.32	19.88	253	11.8
临沂市	Linyi City	2768.96	1497.01	1266.79	5626.39	378.38	121.24	3374	62.9
德州市	Dezhou City	2694.88	1050.90	1608.42	5208.33	418.06	204.49	3144	49.2
聊城市	Liaocheng City	2896.72	1464.42	1419.31	5247.75	350.42	126.76	2148	38.2
滨州市	Binzhou City	3131.09	1932.21	1191.88	4978.06	265.01	111.16	883	38.0
菏泽市	Heze City	1487.74	727.73	754.34	3473.87	285.04	135.62	2205	35.7
河南省	**Henan**	**29049.22**	**15651.99**	**13397.23**	**47647.21**	**4131.59**	**1397.73**	**18338**	**546.8**
郑州市	Zhengzhou City	5172.99	2762.83	2410.16	8144.44	918.86	328.96	2515	89.5
开封市	Kaifeng City	908.50	341.65	566.85	1380.34	156.99	40.22	1084	29.2
洛阳市	Luoyang City	3299.98	1909.29	1390.69	4866.81	239.95	105.99	1629	44.5
平顶山市	Pingdingshan City	2259.78	1455.71	804.07	2410.58	165.81	89.08	802	31.5
安阳市	Anyang City	1518.77	929.95	588.82	3140.11	229.96	95.26	824	26.0
鹤壁市	Hebi City	648.41	461.17	187.24	1179.49	66.95	28.20	485	16.7
新乡市	Xinxiang City	1983.97	1071.01	912.96	2942.94	198.49	59.92	1140	36.9

3-12 续表 5 continued

地 区	Region	资产总计 (亿元) Total Assets (100 million yuan)	负债合计 (亿元) Total Liabilities (100 million yuan)	所有者权益 (亿元) Total Equity (100 million yuan)	主营业务收入 (亿元) Revenue from Principal Business (100 million yuan)	利润总额 (亿元) Total Profits (100 million yuan)	本年应交增值税 (亿元) Value-added Tax Payable (100 million yuan)	单位数 (个) Number of Industrial Enterprises (unit)	从业人员年平均人数 (万人) Average Number of Employed Persons (10 000 persons)
焦作市	Jiaozuo City	1624.54	863.74	760.80	3345.97	276.79	116.47	1061	35.8
濮阳市	Puyang City	985.84	459.11	526.73	1895.22	161.75	47.99	678	21.0
许昌市	Xuchang City	1825.07	770.47	1054.60	3203.50	344.60	121.75	1259	32.3
漯河市	Luohe City	935.81	357.66	578.15	1998.32	241.95	35.14	538	19.2
三门峡市	Sanmenxia City	1585.46	962.46	623.00	2755.36	251.69	47.74	605	22.0
南阳市	Nanyang City	1667.32	955.20	712.12	2644.70	202.14	92.43	1313	41.2
商丘市	Shangqiu City	1110.33	667.54	442.79	1881.74	124.66	43.54	769	21.8
信阳市	Xinyang City	604.36	297.74	306.62	1288.45	70.27	32.80	998	21.3
周口市	Zhoukou City	1117.23	427.52	689.71	1940.72	292.18	43.20	1015	26.2
驻马店市	Zhumadian City	941.55	442.01	499.54	1478.67	117.19	33.54	1388	24.2
济源市	Jiyuan City	859.31	516.91	342.40	1149.85	71.38	35.50	233	7.5
湖北省	**Hubei**	**23145.78**	**13675.69**	**9321.25**	**27072.02**	**1864.46**	**710.52**	**10633**	**279.6**
武汉市	Wuhan City	8292.24	5201.52	3080.46	8701.47	431.91	233.71	1856	72.6
黄石市	Huangshi City	1299.49	851.70	443.37	1652.03	68.72	27.48	477	16.4
十堰市	Shiyan City	2547.00	1436.73	1044.16	1244.64	201.91	43.88	505	17.3
宜昌市	Yichang City	3832.89	2320.71	1503.78	3002.47	245.97	90.95	911	26.8
襄阳市	Xiangyang City	1690.13	958.82	715.18	3003.68	281.42	73.52	1154	27.1
鄂州市	Ezhou City	482.94	312.77	169.84	865.02	23.29	25.99	414	7.0
荆门市	Jingmen City	780.90	403.53	373.29	1724.24	103.05	31.60	709	13.5
孝感市	Xiaogan City	838.62	382.84	441.72	1407.25	82.44	31.12	922	19.0
荆州市	Jingzhou City	710.33	391.58	316.48	1098.07	59.29	24.75	713	14.1
黄冈市	Huanggang City	552.49	300.74	246.76	876.94	56.43	21.57	840	13.3
咸宁市	Xianning City	456.30	212.89	239.41	874.56	94.15	21.57	643	10.4
随州市	Suizhou City	308.80	141.85	163.73	668.10	96.02	23.31	492	8.2
恩施土家族苗族自治州	Enshi Tujia & Miao A.P	332.24	209.47	117.61	219.55	13.77	6.19	283	3.6
仙桃市	Xiantao City	240.75	117.49	121.08	616.31	62.82	20.23	306	10.1
潜江市	Qianjiang City	467.73	263.43	202.92	686.22	13.96	17.45	179	12.2
天门市	Tianmen City	277.97	140.25	135.49	422.90	28.14	16.03	222	8.1
神农架林区	Shennongjia Forest District	35.04	29.26	5.78	8.57	1.17	1.18	7	0.1
湖南省	**Hunan**	**15473.38**	**8766.13**	**6707.25**	**25726.21**	**1832.99**	**1077.77**	**12477**	**289.7**
长沙市	Changsha City	4027.21	2194.32	1836.35	5361.22	503.11	189.01	2218	54.9
株洲市	Zhuzhou City	1449.40	791.91	657.49	2021.47	125.09	103.07	1261	35.9
湘潭市	Xiangtan City	1488.66	942.65	546.00	2141.67	72.82	59.46	792	19.7
衡阳市	Hengyang City	978.78	571.05	407.72	2744.54	208.56	103.91	1182	30.0
邵阳市	Shaoyang City	383.44	171.91	211.52	996.69	91.81	41.78	750	15.0
岳阳市	Yueyang City	1593.57	892.97	700.60	3739.18	104.88	150.91	1371	32.1
常德市	Changde City	1060.83	545.66	539.38	1674.93	170.73	100.75	793	18.0
张家界市	Zhangjiajie City	151.54	85.92	65.62	156.70	5.44	6.11	145	2.3
益阳市	Yiyang City	551.75	331.66	220.09	1123.90	73.99	48.72	784	13.6
郴州市	Chenzhou City	1099.91	483.34	617.49	2222.37	229.43	124.24	1043	20.7
永州市	Yongzhou City	434.14	215.93	219.17	853.95	73.32	34.16	667	13.4
怀化市	Huaihua City	557.97	374.08	183.89	983.80	68.47	31.83	595	11.3
娄底市	Loudi City	1021.76	709.47	312.28	1352.83	78.42	57.79	622	17.7
湘西土家族苗族自治州	West Hunan Tujia & Miao A.P	201.00	113.27	87.73	299.81	32.11	19.34	255	4.8

3-12 续表 6 continued

地 区	Region	资产总计 (亿元) Total Assets (100 million yuan)	负债合计 (亿元) Total Liabilities (100 million yuan)	所有者权益 (亿元) Total Equity (100 million yuan)	主营业务收入 (亿元) Revenue from Principal Business (100 million yuan)	利润总额 (亿元) Total Profits (100 million yuan)	本年应交增值税 (亿元) Value-added Tax Payable (100 million yuan)	单位数 (个) Number of Industrial Enterprises (unit)	从业人员年平均人数 (万人) Average Number of Employed Persons (10 000 persons)
广东省	**Guangdong**	**67397.28**	**39767.73**	**27646.98**	**92996.88**	**5874.03**	**2729.01**	**38304**	**1463.3**
广州市	Guangzhou City	11830.60	6642.59	5187.77	15270.24	958.53	454.12	4438	154.7
韶关市	Shaoguan City	939.54	647.92	300.40	888.55	35.71	33.45	408	15.1
深圳市	Shenzhen City	17395.72	10548.62	6930.43	20556.94	1318.25	786.77	5692	341.1
珠海市	Zhuhai City	3221.13	1946.08	1273.02	3464.00	165.62	73.74	893	46.4
汕头市	Shantou City	1391.75	527.86	860.84	1819.78	139.85	45.47	1877	35.0
佛山市	Foshan City	8842.89	5699.04	3139.03	13957.78	1006.72	296.36	6318	171.5
江门市	Jiangmen City	2519.34	1422.06	1056.95	4442.10	311.15	117.21	2766	65.5
湛江市	Zhanjiang City	1319.49	943.63	374.11	1660.66	114.39	41.49	651	13.1
茂名市	Maoming City	556.65	302.62	249.40	1710.96	80.18	73.99	628	10.7
肇庆市	Zhaoqing City	1413.31	670.68	731.70	2366.82	168.16	72.78	1054	31.9
惠州市	Huizhou City	3262.20	2031.06	1228.23	4708.80	220.16	194.15	1428	64.4
梅州市	Meizhou City	515.07	272.97	239.00	508.11	34.89	24.20	340	11.0
汕尾市	Shanwei City	359.44	205.31	153.10	557.03	13.98	7.27	243	18.0
河源市	Heyuan City	567.77	317.13	252.71	978.57	118.85	25.91	361	13.8
阳江市	Yangjiang City	535.37	317.79	217.20	940.52	98.61	30.11	521	13.2
清远市	Qingyuan City	1129.00	592.01	531.59	1722.18	145.11	40.52	635	27.5
东莞市	Dongguan City	6612.71	3877.06	2726.36	8454.92	316.54	139.58	4243	252.4
中山市	ZhongShan City	3012.95	1791.70	1217.13	5380.34	331.47	158.78	3170	115.6
潮州市	Chaozhou City	509.09	253.80	254.92	833.15	75.21	31.27	726	19.7
揭阳市	Jieyang City	1031.66	526.47	500.93	2287.35	184.98	65.48	1511	33.1
云浮市	Yunfu City	431.61	231.32	222.16	488.10	35.67	16.32	401	10.5
广西壮族自治区	**Guangxi**	**10185.46**	**6315.95**	**3821.02**	**12216.87**	**894.82**	**376.00**	**5046**	**147.1**
南宁市	Nanning City	1242.89	649.65	581.31	1620.67	153.72	64.15	914	24.1
柳州市	Liuzhou City	2094.10	1353.10	736.37	2834.07	122.83	75.72	776	23.2
桂林市	Guilin City	826.59	502.60	317.31	1159.99	136.28	44.60	617	15.8
梧州市	Wuzhou City	506.23	282.86	218.53	953.75	53.32	26.51	406	13.8
北海市	Beihai City	382.73	246.38	134.24	468.13	65.61	7.68	161	5.8
防城港市	Fangchenggang City	514.07	329.16	182.25	585.47	67.32	8.58	149	2.3
钦州市	Qinzhou City	669.78	406.28	262.28	928.61	-34.75	10.83	231	5.3
贵港市	Guigang City	479.79	230.89	247.98	546.83	98.16	13.39	342	8.0
玉林市	Yulin City	624.07	375.65	241.17	900.29	88.94	27.52	604	18.7
百色市	Baise City	920.76	656.26	263.25	647.56	34.06	28.31	186	7.5
贺州市	Hezhou City	180.31	96.51	98.75	236.76	10.43	6.52	150	2.3
河池市	Hechi City	736.61	561.15	175.46	352.62	20.72	15.43	224	6.3
来宾市	Laibin City	490.25	382.69	105.92	474.88	18.08	14.91	176	4.9
崇左市	Chongzuo City	339.41	202.60	136.51	361.07	65.58	20.34	124	4.0
海南省	**Hainan**	**1753.25**	**919.16**	**832.58**	**1603.55**	**140.97**	**59.48**	**361**	**11.9**
海口市	Haikou City	514.85	238.05	276.46	481.46	40.07	16.73	152	5.4
三亚市	Sanya City	61.47	35.11	25.34	46.45	2.43	2.15	25	0.6
重庆市	**Chongqing**	**9321.10**	**5659.74**	**3629.22**	**11382.34**	**660.35**	**365.58**	**4778**	**145.8**
万州区	Wanzhou District	337.05	193.27	143.43	480.94	31.77	16.67	157	4.8
涪陵区	Fuling District	606.77	380.54	221.52	698.94	63.15	37.90	138	6.0
渝中区	Yuzhong District	26.82	15.93	10.88	15.53	0.62	0.51	6	0.2
大渡口区	Dadukou District	259.73	169.90	89.85	213.23	6.34	4.95	62	3.1
江北区	Jiangbei District	465.67	273.07	190.77	466.72	29.80	13.31	97	5.0

地 区	Region	资产总计（亿元）Total Assets (100 million yuan)	负债合计（亿元）Total Liabilities (100 million yuan)	所有者权益（亿元）Total Equity (100 million yuan)	主营业务收入（亿元）Revenue from Principal Business (100 million yuan)	利润总额（亿元）Total Profits (100 million yuan)	本年应交增值税（亿元）Value-added Tax Payable (100 million yuan)	单位数（个）Number of Industrial Enterprises (unit)	从业人员年平均人数（万人）Average Number of Employed Persons (10 000 persons)
沙坪坝区	Shapingba District	566.84	416.47	146.22	897.39	33.26	33.92	236	9.9
九龙坡区	Jiulongpo District	795.87	420.97	373.72	967.64	34.23	19.15	313	10.9
南岸区	Nanan District	452.63	264.26	185.65	698.00	24.60	15.74	220	7.6
北碚区	Beibei District	391.50	213.69	177.16	541.91	28.41	18.77	215	6.9
綦江区	Qijiang District	319.75	178.84	140.84	308.50	11.80	11.41	198	7.3
大足区	Dazu District	119.91	65.03	53.88	313.02	21.95	7.44	283	4.2
渝北区	Yubei District	1229.49	767.09	462.10	1462.21	90.31	62.28	284	14.3
巴南区	Banan District	384.76	244.42	138.46	583.44	24.38	14.66	187	7.1
黔江区	Qianjiang District	106.23	61.95	44.28	117.52	8.81	5.71	43	1.1
长寿区	Changshou District	667.73	415.07	251.18	593.20	8.53	11.82	121	5.5
江津区	Jiangjin District	553.95	368.92	184.77	591.00	54.49	14.86	216	6.0
合川区	Hechuan District	213.30	122.69	87.64	255.18	26.26	7.39	228	4.9
永川区	Yongchuan District	278.48	144.54	132.50	407.31	45.01	12.58	308	7.5
南川区	Nanchuan District	141.25	110.23	30.82	86.35	6.03	2.65	50	1.8
四川省	**Sichuan**	**26113.61**	**15991.15**	**10049.11**	**29887.91**	**2197.84**	**1189.55**	**12085**	**380.5**
成都市	Chengdu City	6597.29	3803.25	2769.02	7214.33	501.64	311.43	3130	93.2
自贡市	Zigong City	786.14	513.47	249.97	1288.07	86.54	51.98	485	13.9
攀枝花市	Panzhihua City	2206.33	1681.92	524.40	1228.72	74.58	43.72	336	16.4
泸州市	Luzhou City	706.87	383.84	323.02	1306.18	135.05	58.94	598	13.5
德阳市	Deyang City	2103.38	1455.06	646.68	1970.55	154.79	50.45	1023	23.2
绵阳市	Mianyang City	1659.14	1067.64	590.45	1705.12	122.22	71.12	765	24.1
广元市	Guangyuan City	301.21	184.77	115.86	458.95	25.01	9.93	309	6.0
遂宁市	Suining City	460.07	175.28	284.08	1045.47	84.81	45.81	419	12.1
内江市	Neijiang City	660.35	329.99	326.19	1637.68	106.97	81.95	527	18.4
乐山市	Leshan City	1397.40	893.63	501.34	1362.28	96.35	52.67	625	18.7
南充市	Nanchong City	905.07	444.43	455.58	1331.08	102.32	59.57	481	18.5
眉山市	Meishan City	576.04	330.79	242.83	1022.45	91.48	40.99	543	13.6
宜宾市	Yibin City	1552.22	827.46	723.95	1789.29	209.36	80.82	503	25.0
广安市	Guangan City	385.60	237.96	147.64	886.50	42.56	24.00	370	12.6
达州市	Dazhou City	780.81	589.00	191.44	1062.59	63.01	22.76	452	15.8
雅安市	Yaan City	773.22	553.32	218.72	381.35	34.38	22.30	326	5.5
巴中市	Bazhong City	87.74	48.23	39.51	285.35	10.76	8.70	131	4.5
资阳市	Ziyang City	604.96	302.59	297.19	1563.82	120.24	53.37	580	24.9
阿坝藏族羌族自治州	Aba Zang & Qiang A.P	389.67	290.43	99.25	104.54	14.90	7.09	73	1.2
甘孜藏族自治州	Ganzi Zang A.P	278.35	196.57	81.78	49.94	16.68	5.95	36	0.6
凉山彝族自治州	Liangshan Yi A.P	778.15	476.05	302.10	934.29	100.23	49.50	369	9.8
贵州省	**Guizhou**	**7386.54**	**4760.44**	**2598.58**	**5291.32**	**465.13**	**242.83**	**3687**	**94.0**
贵阳市	Guiyang City	2752.08	1926.21	817.89	1842.80	119.35	76.01	753	30.6
六盘水市	Liupanshui City	1188.73	766.31	418.78	724.31	64.58	41.30	258	15.2
遵义市	Zunyi City	1160.25	534.79	621.40	919.92	180.95	56.66	599	13.0
安顺市	Anshun City	377.30	244.32	130.43	233.83	11.30	9.47	306	6.1
毕节市	Bijie City	639.48	451.51	183.93	376.95	31.99	23.78	475	9.4
铜仁市	Tongren City	141.56	94.39	46.78	159.76	3.78	5.86	267	3.0
黔西南布依族苗族自治州	Southwest Guizhou Buyi & Miao A.P	394.33	244.89	148.33	326.79	25.88	13.61	374	7.2
黔东南苗族侗族自治州	Southeast Guizhou Miao & Dong A.P	302.90	232.91	68.25	230.91	8.78	8.63	318	4.3
黔南布依族苗族自治州	South Guizhou Buyi & Miao A.P	429.93	265.11	162.79	476.06	18.52	7.53	337	5.1

3-12 续表 8 continued

地 区	Region	资产总计 (亿元) Total Assets (100 million yuan)	负债合计 (亿元) Total Liabilities (100 million yuan)	所有者权益 (亿元) Total Equity (100 million yuan)	主营业务收入 (亿元) Revenue from Principal Business (100 million yuan)	利润总额 (亿元) Total Profits (100 million yuan)	本年应交增值税 (亿元) Value-added Tax Payable (100 million yuan)	单位数 (个) Number of Industrial Enterprises (unit)	从业人员年平均人数 (万人) Average Number of Employed Persons (10 000 persons)
云南省	**Yunnan**	**11053.93**	**6763.81**	**4290.12**	**7621.91**	**639.70**	**404.80**	**2773**	**90.6**
昆明市	Kunming City	3161.14	1834.83	1325.68	2667.24	180.74	104.48	792	23.3
曲靖市	Qujing City	1584.40	1046.31	532.96	1167.67	71.78	59.07	435	16.5
玉溪市	Yuxi City	1126.68	492.00	634.68	1057.61	105.07	70.19	261	8.8
保山市	Baoshan City	269.68	174.40	95.20	135.02	15.43	8.40	94	2.8
昭通市	Zhaotong City	522.85	309.15	213.70	246.52	22.61	20.57	191	4.9
丽江市	Lijiang City	238.83	164.32	70.08	91.94	10.65	5.81	66	1.9
普洱市	Puer City	471.67	359.73	111.59	116.06	15.67	8.53	99	2.5
临沧市	Lincang City	487.47	350.67	136.80	118.04	31.99	9.01	73	2.1
楚雄彝族自治州	Chuxiong Yi A.P	398.28	217.99	193.60	342.17	23.90	18.20	138	4.0
红河哈尼族彝族自治州	Honghe Hani & Yi A.P	1035.60	717.70	316.58	720.89	40.64	29.25	194	11.0
文山壮族苗族自治州	Wenshan Zhuang & Miao A.P	283.00	168.52	119.78	198.07	29.02	15.11	111	2.6
西双版纳傣族自治州	Xishuangbanna Dai A.P	227.06	159.10	67.66	55.34	11.77	4.94	42	1.1
大理白族自治州	Dali Bai A.P	596.56	371.35	225.20	395.89	50.53	18.33	172	4.8
德宏傣族景颇族自治州	Dehong Dai & Jingpo A.P	227.50	158.34	69.16	97.36	15.81	7.92	68	1.6
怒江傈僳族自治州	Nujiang Lisu A.P	64.68	37.70	32.30	24.89	1.22	2.80	18	0.7
迪庆藏族自治州	Diqing Zang A.P	75.24	59.21	16.02	30.48	5.01	1.59	19	0.4
西藏自治区	**Tibet A.R.**	**346.15**	**99.71**	**246.17**	**73.14**	**12.83**	**5.82**	**56**	**1.6**
拉萨市	Lhasa City	238.35	66.25	171.84	52.94	7.47	3.75	38	1.1
昌都地区	Qamdu Prefecture	34.09	16.75	17.35	2.25	-0.73	0.22	4	0.1
山南地区	Lhokha Prefecture	37.56	10.07	27.49	8.77	2.61	1.04	5	0.2
日喀则地区	Xigaze Prefecture	14.84	4.65	10.16	4.86	1.88	0.33	5	0.1
那曲地区	Narqu Prefecture								
阿里地区	Ngri Prefecture	5.65	0.28	5.37	0.49	-0.16	0.03	2	0.0
林芝地区	Nyingchi Prefecture	15.66	1.71	13.96	3.83	1.76	0.45	2	0.1
其他	Others								
陕西省	**Shaanxi**	**17234.61**	**9755.86**	**7462.86**	**13790.12**	**1933.92**	**720.69**	**3684**	**156.5**
西安市	Xi'an City	3858.62	2221.39	1635.53	3310.24	171.43	104.79	890	48.1
铜川市	Tongchuan City	397.37	250.40	144.02	361.91	11.02	14.93	121	5.1
宝鸡市	Baoji City	1510.86	921.32	588.96	1544.29	95.83	40.47	386	18.2
咸阳市	Xianyang City	1405.72	770.54	630.46	1689.29	198.79	67.40	553	23.0
渭南市	Weinan City	1638.18	1035.72	601.35	1377.54	78.22	39.15	342	16.7
延安市	Yan'an City	2472.05	1390.86	1080.78	1456.09	320.21	124.86	91	11.3
汉中市	Hanzhong City	611.82	415.90	196.01	524.85	19.95	15.11	254	8.0
榆林市	Yulin City	3922.70	1983.32	1936.41	2543.75	795.16	252.35	569	13.9
安康市	Ankang City	245.93	134.27	111.12	291.57	39.83	19.13	304	4.2
商洛市	Shangluo City	285.49	194.14	90.35	211.25	9.71	9.13	120	2.6
杨凌示范区	Yangling Demonstration Zone	61.58	30.70	30.87	48.21	3.02	2.27	49	0.7
甘肃省	**Gansu**	**7665.01**	**4908.30**	**2745.03**	**6568.75**	**268.10**	**194.95**	**1371**	**59.8**
兰州市	Lanzhou City	2034.41	1258.89	773.44	1973.83	-16.46	62.45	346	19.3
嘉峪关市	Jiayuguan City	1209.27	819.19	390.08	881.59	28.31	22.34	26	4.2
金昌市	Jinchang City	1014.53	652.97	361.52	1413.04	42.17	22.08	37	4.8
白银市	Baiyin City	701.61	450.73	249.72	536.93	21.39	20.54	144	8.1
天水市	Tianshui City	218.13	134.60	83.28	138.01	2.74	4.20	119	4.2

地 区	Region	资产总计 (亿元) Total Assets (100 million yuan)	负债合计 (亿元) Total Liabilities (100 million yuan)	所有者权益 (亿元) Total Equity (100 million yuan)	主营业务收入 (亿元) Revenue from Principal Business (100 million yuan)	利润总额 (亿元) Total Profits (100 million yuan)	本年应交增值税 (亿元) Value-added Tax Payable (100 million yuan)	单位数 (个) Number of Industrial Enter-prises (unit)	从业人员年平均人数 (万人) Average Number of Employed Persons (10 000 persons)
武威市	Wuwei City	146.70	87.56	58.47	163.07	5.83	3.33	115	3.5
张掖市	Zhangye City	197.78	127.37	67.82	124.67	10.52	5.45	121	2.5
平凉市	Pingliang City	354.56	247.56	106.35	183.46	19.34	15.13	70	2.1
酒泉市	Jiuquan City	872.31	621.65	248.76	436.57	14.87	13.53	180	4.2
庆阳市	Qingyang City	489.72	237.19	252.17	532.51	118.84	18.32	53	2.7
定西市	Dingxi City	101.80	70.76	30.81	50.74	1.75	0.94	49	1.2
陇南市	Longnan City	168.74	92.05	75.33	66.76	9.80	4.32	59	1.6
临夏回族自治州	Linxia Hui A.P	85.83	57.09	28.54	46.66	4.13	1.48	35	1.0
甘南藏族自治州	Gannan Zang A.P	69.63	50.68	18.74	20.90	4.86	0.85	17	0.3
青海省	**Qinghai**	**3386.32**	**2141.48**	**1237.81**	**1722.80**	**222.85**	**83.88**	**386**	**18.1**
西宁市	Xining City	1755.73	1189.68	561.32	990.36	39.13	28.44	188	9.7
海东地区	Haidong Prefecture	165.09	94.21	70.43	117.82	10.76	2.85	77	1.9
海北藏族自治州	Haibei Zang A.P	91.73	65.15	26.59	66.02	10.50	3.42	37	0.6
黄南藏族自治州	Huangnan Zang AP	30.62	23.92	6.70	5.10	0.81	0.27	4	0.0
海南藏族自治州	Hainan Zang A.P	32.68	23.45	9.12	12.66	2.23	0.62	12	0.3
果洛藏族自治州	Golog Zang A.P	15.91	4.95	10.96	15.55	9.48	2.26	1	0.1
玉树藏族自治州	Yushu Zang A.P								
海西蒙古族藏族自治州	Haixi Mongolian & Zang A.P	1294.56	740.12	552.69	515.27	149.94	46.03	67	5.5
宁夏回族自治区	**Ningxia**	**4044.32**	**2655.87**	**1385.19**	**2425.70**	**175.68**	**80.50**	**764**	**29.9**
银川市	Yinchuan City	2112.41	1342.85	768.88	1208.21	106.29	40.55	278	13.0
石嘴山市	Shizuishan City	910.59	607.19	301.04	610.31	40.32	25.08	226	9.6
吴忠市	Wuzhong City	574.77	395.55	179.12	384.73	16.15	9.22	170	4.4
固原市	Guyuan City	40.41	26.75	13.57	19.78	3.86	1.26	20	0.5
中卫市	Zhongwei City	396.25	279.26	116.99	239.51	9.73	4.53	73	3.2
新疆维吾尔自治区	**Xinjiang**	**9304.95**	**4908.20**	**4285.72**	**6782.25**	**963.74**	**312.00**	**1738**	**59.0**
乌鲁木齐市	Urumqi City	2807.97	1472.56	1330.75	2038.88	174.91	65.85	343	13.2
克拉玛依市	Karamay City	1700.15	651.83	1048.18	1733.18	243.47	89.94	62	10.5
吐鲁番地区	Turpan Prefecture	403.03	211.21	186.49	231.82	53.22	12.55	66	2.4
哈密地区	Hami Prefecture	310.31	182.47	126.56	129.61	17.47	7.80	84	3.0
昌吉回族自治州	Changji Hui A.P	687.77	416.58	263.28	454.37	36.24	16.32	290	5.4
博尔塔拉蒙古自治州	Bortala Mongolian A.P	69.75	51.46	18.07	39.75	2.91	1.44	38	0.8
巴音郭楞蒙古自治州	Bayingolin Mongolian A.P	1046.00	535.67	508.45	729.52	295.61	55.01	119	4.5
阿克苏地区	Aksu Prefecture	441.80	243.69	174.59	403.24	27.53	14.38	144	3.4
克孜勒苏柯尔克孜自治州	Kizilsu Kirgiz A.P	31.98	19.97	12.17	17.20	0.50	0.87	18	0.3
喀什地区	Kashi Prefecture	101.25	75.28	24.21	81.12	4.39	4.24	58	1.4
和田地区	Hotan Prefecture	36.55	14.47	20.90	14.71	-0.16	1.06	16	0.4
伊犁哈萨克自治州	Ili Kazak A.P	527.83	273.27	207.98	287.13	30.24	14.09	189	4.3
塔城地区	Tacheng Prefecture	197.92	123.95	72.14	158.08	8.12	4.11	96	2.4
阿勒泰地区	Altay Prefecture	164.64	88.00	72.06	99.01	33.73	8.67	72	1.1
石河子市	Shihezi City	459.58	276.84	174.62	246.99	30.82	9.65	83	4.5
阿拉尔市	Alar City	48.09	40.45	7.56	26.47	0.14	0.99	22	0.4
图木舒克市	Tumxuk City	19.71	15.75	3.96	7.09	0.51	0.14	8	0.1
五家渠市	Wujiaqu City	250.61	214.78	33.74	84.08	4.07	4.90	30	1.0
生产建设兵团	Corps								

3-13 建筑业情况(2011年)
Construction (2011)

地　区	Region	建筑业企业单位数(个) Number of Construction Enterprises (unit)	建筑业企业从业人员(万人) Employment of Construction Enterprises (10 000 persons)	建筑业企业总产值(亿元) Gross Output Value of Construction (100 million yuan)	房屋建筑施工面积(万平方米) Floor Space of Buildings Under Construction (10 000 sq.m)	房屋建筑竣工面积(万平方米) Floor Space of Buildings Completed in Construction (10 000 sq.m)
北京市	**Beijing**	**3667**	**49.60**	**6046.3**	**36506.9**	**6455.5**
东城区	Dongcheng District	183	2.50	431.7	2167.2	426.6
西城区	Xicheng District	330	4.30	524.3	2900.1	565.9
朝阳区	Chaoyang District	719	7.30	816.9	4596.6	981.3
丰台区	Fengtai District	309	6.60	777.7	4882.1	867.2
石景山区	Shijingshan District	83	2.10	342.1	3253.8	440.4
海淀区	Haidian District	583	8.40	1189.4	8500.4	1404.4
门头沟区	Mentougou District	69	0.40	58.8	146.8	28.4
房山区	Fangshan District	134	2.90	291.8	2374.8	552.2
通州区	Tongzhou District	233	3.20	421.8	3426.5	314.0
顺义区	Shunyi District	188	4.20	198.7	906.1	281.4
昌平区	Changping District	171	1.20	234.5	669.0	81.6
大兴区	Daxing District	353	2.10	225.3	799.0	197.5
怀柔区	Huairou District	77	0.80	84.7	126.1	55.8
平谷区	Pinggu District	109	1.10	79.2	506.1	82.7
密云县	Miyun County	56	1.10	87.9	498.1	126.5
延庆县	Yanqing County	47	0.40	45.9	318.0	35.3
北京经济技术开发区	Beijing Economic-technological Development Zones	23	1.00	235.6	436.4	14.3
其他	Others					
天津市	**Tianjin**	**1494**	**65.38**	**2986.5**	**10058.8**	**2637.6**
和平区	Heping District	77	0.73	65.2	423.3	110.5
河东区	Hedong District	89	5.19	142.2	436.0	146.7
河西区	Hexi District	125	3.22	145.5	310.0	102.9
南开区	Nankai District	106	3.92	138.5	121.3	2.3
河北区	Hebei District	58	3.79	77.5	306.0	104.2
红桥区	Hongqiao District	36	0.23	7.5	5.9	4.6
东丽区	Dongli District	82	10.32	471.5	1827.8	313.5
西青区	Xiqing District	136	2.95	151.7	741.4	192.6
津南区	Jinnan District	123	7.74	403.0	740.6	256.3
北辰区	Beichen District	56	0.90	40.1	182.3	71.5
武清区	Wuqing District	87	2.58	113.9	548.1	256.0
宝坻区	Baodi District	43	2.79	80.6	407.3	257.9
滨海新区	Binhai New Area	348	18.43	1042.6	3599.0	607.6
宁河县	Ninghe County	31	0.49	21.7	9.5	8.1
静海县	Jinghai County	46	0.85	48.8	261.6	111.1
蓟县	Ji County	51	1.25	36.2	138.7	91.8
其他	Others					
河北省	**Hebei**	**2290**	**120.50**	**3972.7**	**30832.7**	**10641.8**
石家庄市	Shijiazhuang City	263	13.11	729.9	4883.9	1372.2
唐山市	Tangshan City	302	16.96	587.3	4254.4	1239.7
秦皇岛市	Qinhuangdao City	200	4.93	201.2	1436.8	389.0
邯郸市	Handan City	235	11.85	331.7	2595.1	1001.2
邢台市	Xingtai City	158	5.83	104.9	910.7	415.0
保定市	Baoding City	269	27.95	801.6	6851.1	2418.4
张家口市	Zhangjiakou City	134	4.00	236.3	2248.0	1056.9
承德市	Chengde City	193	5.68	166.2	1028.3	473.6
沧州市	Cangzhou City	208	10.79	255.1	2164.7	848.4
廊坊市	Langfang City	207	13.74	477.5	3595.7	948.8
衡水市	Hengshui City	121	5.66	81.0	864.0	478.6

3-13 续表 1 continued

地　区	Region	建筑业企业单位数(个) Number of Construction Enterprises (unit)	建筑业企业从业人员(万人) Employment of Construction Enterprises (10 000 persons)	建筑业企业总产值(亿元) Gross Output Value of Construction (100 million yuan)	房屋建筑施工面积(万平方米) Floor Space of Buildings Under Construction (10 000 sq.m)	房屋建筑竣工面积(万平方米) Floor Space of Buildings Completed in Construction (10 000 sq.m)
山西省	**Shanxi**	**1920**	**62.45**	**2324.9**	**8798.4**	**2537.8**
太原市	Taiyuan City	826	30.22	1420.3	4553.0	935.0
大同市	Datong City	158	3.38	108.1	682.8	201.7
阳泉市	Yangquan City	59	3.58	128.9	390.9	127.9
长治市	Changzhi City	136	2.70	81.6	607.0	188.9
晋城市	Jincheng City	62	2.10	45.4	212.0	101.9
朔州市	Shuozhou City	104	2.32	57.2	143.9	102.6
晋中市	Jinzhong City	134	3.80	134.1	478.3	146.1
运城市	Yuncheng City	131	4.93	116.5	685.8	268.5
忻州市	Xinzhou City	105	2.80	44.0	322.6	168.5
临汾市	Linfen City	123	4.89	142.4	530.1	190.0
吕梁市	Luliang City	82	1.74	46.2	192.0	106.8
其他	Others					
内蒙古自治区	**Inner Mongolia**	**896**	**41.05**	**1394.7**	**9323.1**	**4064.8**
呼和浩特市	Hohhot City	226	6.84	210.9	1403.7	515.7
包头市	Baotou City	99	12.16	232.0	1825.6	507.1
乌海市	Wuhai City	33	3.40	52.4	444.0	267.1
赤峰市	Chifeng City	119	6.50	163.2	1312.6	821.7
通辽市	Tongliao City	51	1.47	66.8	495.2	394.5
鄂尔多斯市	Erdos City	198	8.38	410.9	1684.9	555.9
呼伦贝尔市	Hulunbuir City	102	2.92	76.8	459.1	365.4
巴彦淖尔市	Bayannur City	51	3.14	80.2	708.1	304.5
乌兰察布市	Ulanqab City	41	1.21	33.1	421.4	171.8
兴安盟	Xingan League	28	1.50	28.7	318.9	91.9
锡林郭勒盟	Xilingol League	35	0.72	21.9	739.3	137.1
阿拉善盟	Alxa League	25	0.60	11.7	48.1	34.2
辽宁省	**Liaoning**	**5534**	**171.70**	**6218.3**	**34906.3**	**16692.1**
沈阳市	Shenyang City	1569	34.53	1447.3	9172.8	2332.6
大连市	Dalian City	1515	55.12	1707.2	10006.0	3834.6
鞍山市	Anshan City	361	10.67	461.0	2438.0	1027.5
抚顺市	Fushun City	189	6.39	333.9	1245.3	947.6
本溪市	Benxi City	205	5.89	239.6	912.4	595.8
丹东市	Dandong City	191	5.26	226.7	1476.9	313.7
锦州市	Jinzhou City	219	5.81	237.7	1461.0	559.2
营口市	Yingkou City	188	6.70	227.7	1533.1	891.2
阜新市	Fuxin City	191	4.47	162.7	841.7	296.4
辽阳市	Liaoyang City	228	4.91	206.0	635.5	355.6
盘锦市	Panjin City	175	5.30	223.4	1147.8	3474.2
铁岭市	Tieling City	99	10.34	253.9	1478.2	977.6
朝阳市	Chaoyang City	179	7.03	247.5	1329.8	616.5
葫芦岛市	Huludao City	225	9.28	243.6	1227.9	469.7

地 区	Region	建筑业企业单位数（个）Number of Construction Enterprises (unit)	建筑业企业从业人员（万人）Employment of Construction Enterprises (10 000 persons)	建筑业企业总产值（亿元）Gross Output Value of Construction (100 million yuan)	房屋建筑施工面积（万平方米）Floor Space of Buildings Under Construction (10 000 sq.m)	房屋建筑竣工面积（万平方米）Floor Space of Buildings Completed in Construction (10 000 sq.m)
吉林省	**Jilin**	**1346**	**34.32**	**1626.7**	**7446.7**	**4194.6**
长春市	Changchun City	383	13.53	787.6	2904.7	1284.2
吉林市	Jilin City	215	6.12	213.3	862.4	584.0
四平市	Siping City	131	1.89	66.5	474.7	330.4
辽源市	Liaoyuan City	77	3.03	65.6	555.8	233.6
通化市	Tonghua City	97	1.94	149.0	837.0	443.9
白山市	Baishan City	85	1.49	48.7	285.7	132.5
松原市	Songyuan City	134	3.53	202.9	767.2	730.4
白城市	Baicheng City	48	1.12	23.1	157.9	102.3
延边朝鲜族自治州	Yanbian Korean A.P	176	1.66	70.1	601.3	353.3
黑龙江省	**Heilongjiang**	**2020**	**49.08**	**2029.2**	**8904.8**	**4438.3**
哈尔滨市	Harbin City	920	24.88	1221.4	5132.1	1871.8
齐齐哈尔市	Qiqihar City	129	2.54	65.5	335.3	219.6
鸡西市	Jixi City	87	1.96	41.0	200.6	135.4
鹤岗市	Hegang City	64	1.39	32.0	279.9	93.7
双鸭山市	Shuangyashan City	58	1.40	29.8	202.8	134.2
大庆市	Daqing City	232	5.57	242.2	317.1	210.1
伊春市	Yichun City	54	1.01	24.1	178.7	165.0
佳木斯市	Jiamusi City	78	2.78	103.0	593.3	423.1
七台河市	Qitaihe City	45	0.75	17.9	114.0	76.1
牡丹江市	Mudanjiang City	158	2.69	123.6	716.4	366.4
黑河市	Heihe City	56	0.84	41.6	214.9	179.2
绥化市	Suihua City	112	2.78	68.6	460.6	459.3
大兴安岭地区	Daxing'anling Prefecture	27	0.51	18.5	159.2	104.5
农垦总局	Agriculture Reclamation Bureau					
其他	Others					
上海市	**Shanghai**	**3243**	**96.86**	**4586.3**	**24885.8**	**5984.7**
黄浦区	Huangpu District	206	4.59	282.4	818.9	157.1
卢湾区	Luwan District					
徐汇区	Xuhui District	219	7.24	461.6	1317.3	356.1
长宁区	Changning District	184	4.70	220.6	1895.9	384.5
静安区	Jingan District	96	2.35	58.0	306.5	116.7
普陀区	Putuo District	238	6.40	327.5	2093.5	549.7
闸北区	Zhabei District	108	4.42	308.0	282.3	105.1
虹口区	Hongkou District	186	6.40	359.4	1505.8	512.5
杨浦区	Yangpu District	258	4.99	212.0	716.2	143.3
闵行区	Minhang District	157	5.85	168.7	1529.5	437.8
宝山区	Baoshan District	216	8.77	547.8	2771.6	575.5
嘉定区	Jiading District	164	3.67	109.6	790.9	234.5
浦东新区	Pudong New District	634	23.30	1077.5	8114.5	1415.0
金山区	Jinshan District	105	2.56	84.5	254.9	103.2
松江区	Songjiang District	130	4.27	136.5	1056.4	539.7
青浦区	Qingpu District	89	2.02	69.3	337.9	110.8
奉贤区	Fengxian District	205	3.82	126.9	832.1	145.5
崇明县	Chongming County	48	1.50	36.0	261.8	97.9
其他	Others					

地 区	Region	建筑业企业单位数（个）Number of Construction Enterprises (unit)	建筑业企业从业人员（万人）Employment of Construction Enterprises (10 000 persons)	建筑业企业总产值（亿元）Gross Output Value of Construction (100 million yuan)	房屋建筑施工面积（万平方米）Floor Space of Buildings Under Construction (10 000 sq.m)	房屋建筑竣工面积（万平方米）Floor Space of Buildings Completed in Construction (10 000 sq.m)
江苏省	**Jiangsu**	**9164**	**620.90**	**15122.7**	**145451.5**	**54650.2**
南京市	Nanjing City	1579	64.85	2006.6	13479.0	4288.4
无锡市	Wuxi City	619	24.49	540.6	4192.6	1864.7
徐州市	Xuzhou City	382	40.90	648.1	5517.0	2584.8
常州市	Changzhou City	577	30.78	883.9	7657.7	2849.5
苏州市	Suzhou City	1479	54.62	1530.8	10105.8	3945.1
南通市	Nantong City	931	121.81	3571.8	49322.9	12783.2
连云港市	Lianyungang City	223	20.42	367.7	3052.4	1653.8
淮安市	Huaian City	623	44.44	679.2	6084.0	3411.0
盐城市	Yancheng City	692	43.77	814.8	8280.5	4065.0
扬州市	Yangzhou City	728	69.32	1894.4	15495.9	7010.3
镇江市	Zhenjiang City	368	13.40	349.6	1863.8	915.2
泰州市	Taizhou City	656	55.51	1436.3	16859.3	7451.7
宿迁市	Suqian City	307	36.58	399.0	3540.7	1827.4
浙江省	**Zhejiang**	**5430**	**541.84**	**14907.4**	**147121.8**	**51151.8**
杭州市	Hangzhou City	1373	91.55	3032.5	26104.4	8556.1
宁波市	Ningbo City	844	86.68	1933.4	18161.5	5179.6
温州市	Wenzhou City	593	40.44	791.0	8678.1	2137.6
嘉兴市	Jiaxing City	291	24.67	764.3	7791.6	2870.4
湖州市	Huzhou City	197	11.76	433.6	3513.5	1740.5
绍兴市	Shaoxing City	572	149.26	4212.2	42792.0	16589.7
金华市	Jinhua City	625	52.92	1914.7	21953.1	7452.8
衢州市	Quzhou City	208	13.17	266.6	2596.8	1330.2
舟山市	Zhoushan City	121	6.63	160.8	1450.7	289.5
台州市	Taizhou City	402	57.55	1243.5	12926.0	4402.7
丽水市	Lishui City	204	7.20	155.0	1154.1	602.7
安徽省	**Anhui**	**2528**	**167.01**	**3599.6**	**28472.9**	**11897.8**
合肥市	Hefei City	803	75.19	1778.3	12188.5	4410.3
芜湖市	Wuhu City	180	10.15	298.6	2179.5	940.0
蚌埠市	Bengbu City	130	5.15	162.5	1244.1	440.1
淮南市	Huainan City	66	5.00	165.6	2216.4	364.3
马鞍山市	Maanshan City	158	8.08	240.9	1651.4	783.2
淮北市	Huaibei City	53	3.88	62.7	258.0	150.7
铜陵市	Tongling City	92	4.14	70.5	609.7	275.4
安庆市	Anqing City	237	11.70	131.7	1625.3	949.0
黄山市	Huangshan City	76	4.23	56.6	664.5	293.9
滁州市	Chuzhou City	127	7.00	115.9	965.1	608.8
阜阳市	Fuyang City	122	5.37	93.8	999.7	454.0
宿州市	Suzhou City	103	7.25	117.6	622.2	360.2
六安市	Liuan City	133	9.49	130.0	1378.3	922.8
亳州市	Bozhou City	38	1.51	23.1	210.9	137.6
池州市	Chizhou City	89	3.97	69.4	641.5	349.8
宣城市	Xuancheng City	121	4.90	82.4	1017.8	457.7
其他	Others					

地　区	Region	建筑业企业单位数（个）Number of Construction Enterprises (unit)	建筑业企业从业人员（万人）Employment of Construction Enterprises (10 000 persons)	建筑业企业总产值（亿元）Gross Output Value of Construction (100 million yuan)	房屋建筑施工面积（万平方米）Floor Space of Buildings Under Construction (10 000 sq.m)	房屋建筑竣工面积（万平方米）Floor Space of Buildings Completed in Construction (10 000 sq.m)
福建省	**Fujian**	**2734**	**219.09**	**3873.9**	**35674.5**	**10943.8**
福州市	Fuzhou City	804	67.33	1430.1	13866.1	3731.7
厦门市	Xiamen City	484	55.86	672.1	4987.8	1332.4
莆田市	Putian City	150	10.04	183.5	2386.5	537.0
三明市	Sanming City	157	10.51	236.3	2295.5	752.8
泉州市	Quanzhou City	488	35.96	657.6	5882.2	2154.7
漳州市	Zhangzhou City	175	8.78	170.4	1777.7	710.7
南平市	Nanping City	155	4.32	75.7	735.0	227.0
龙岩市	Longyan City	197	19.58	332.0	2499.1	1149.0
宁德市	Ningde City	124	6.71	116.2	1244.5	348.5
江西省	**Jiangxi**	**1428**	**85.02**	**2096.7**	**15514.3**	**7813.2**
南昌市	Nanchang City	451	31.69	1008.8	6996.8	2837.2
景德镇市	Jingdezhen City	52	1.86	21.1	449.2	127.1
萍乡市	Pingxiang City	83	3.70	63.0	364.4	242.1
九江市	Jiujiang City	140	9.34	252.8	1404.1	714.8
新余市	Xinyu City	67	3.11	73.3	428.6	187.0
鹰潭市	Yingtan City	39	3.40	72.4	513.2	187.3
赣州市	Ganzhou City	133	5.08	141.3	791.1	436.6
吉安市	Jian City	104	4.98	76.6	1003.0	674.4
宜春市	Yichun City	141	5.61	95.0	1054.2	758.6
抚州市	Fuzhou City	86	7.13	114.6	1177.7	686.9
上饶市	Shangrao City	132	9.12	177.7	1332.1	961.3
山东省	**Shandong**	**5747**	**270.68**	**6482.9**	**50504.5**	**19278.7**
济南市	Jinan City	464	29.49	1129.1	5804.8	1229.9
青岛市	Qingdao City	584	18.30	903.1	7125.7	1717.5
淄博市	Zibo City	413	33.09	622.7	5272.8	2212.8
枣庄市	Zaozhuang City	223	14.26	192.8	1819.8	874.4
东营市	Dongying City	209	8.80	266.2	795.4	482.4
烟台市	Yantai City	798	21.66	552.4	3912.3	1695.7
潍坊市	Weifang City	480	25.46	524.3	5831.3	2238.9
济宁市	Jining City	369	16.94	352.0	2778.0	1213.1
泰安市	Taian City	323	30.53	550.8	3535.4	2074.2
威海市	Weihai City	441	10.40	193.8	2526.3	964.2
日照市	Rizhao City	215	6.26	171.1	908.4	458.5
莱芜市	Laiwu City	111	4.05	53.8	431.6	290.6
临沂市	Linyi City	354	20.69	353.4	3971.3	1397.6
德州市	Dezhou City	180	7.77	157.5	1405.9	688.5
聊城市	Liaocheng City	201	5.45	119.1	1768.7	596.6
滨州市	Binzhou City	209	6.56	182.2	1228.4	391.5
菏泽市	Heze City	173	10.97	158.4	1388.4	752.3
河南省	**Henan**	**4511**	**228.92**	**5279.4**	**33282.0**	**15146.8**
郑州市	Zhengzhou City	1325	46.35	1549.2	10517.4	3413.5
开封市	Kaifeng City	208	8.86	132.9	1103.9	453.8
洛阳市	Luoyang City	398	30.49	1110.9	4690.0	1234.9
平顶山市	Pingdingshan City	189	6.53	102.9	955.0	359.8
安阳市	Anyang City	186	24.26	359.2	3194.9	1934.5
鹤壁市	Hebi City	55	3.01	43.4	363.5	147.0
新乡市	Xinxiang City	334	20.34	294.6	2120.8	1344.3

3-13 续表 5 continued

地区	Region	建筑业企业单位数(个) Number of Construction Enterprises (unit)	建筑业企业从业人员(万人) Employment of Construction Enterprises (10 000 persons)	建筑业企业总产值(亿元) Gross Output Value of Construction (100 million yuan)	房屋建筑施工面积(万平方米) Floor Space of Buildings Under Construction (10 000 sq.m)	房屋建筑竣工面积(万平方米) Floor Space of Buildings Completed in Construction (10 000 sq.m)
焦作市	Jiaozuo City	172	5.25	99.2	755.2	320.3
濮阳市	Puyang City	189	8.08	168.4	749.4	484.4
许昌市	Xuchang City	116	5.75	95.3	789.3	410.9
漯河市	Luohe City	82	3.46	41.7	479.0	272.4
三门峡市	Sanmenxia City	127	5.01	104.7	427.6	170.3
南阳市	Nanyang City	323	14.70	242.7	1435.1	802.8
商丘市	Shangqiu City	157	9.72	214.7	1326.1	919.0
信阳市	Xinyang City	193	14.00	247.6	1630.5	1103.2
周口市	Zhoukou City	177	9.11	216.6	1373.8	887.7
驻马店市	Zhumadian City	205	12.24	233.8	1124.4	758.3
济源市	Jiyuan City	75	1.77	21.6	246.0	129.8
湖北省	**Hubei**	**2603**	**141.11**	**5586.5**	**31023.8**	**16468.1**
武汉市	Wuhan City	1037	65.84	3180.5	17255.2	8113.3
黄石市	Huangshi City	102	7.06	182.8	1400.8	840.0
十堰市	Shiyan City	128	4.34	199.8	541.5	277.9
宜昌市	Yichang City	194	12.90	545.7	1305.3	555.8
襄阳市	Xiangyang City	257	11.17	403.3	1715.9	922.1
鄂州市	Ezhou City	64	3.66	63.6	565.5	389.0
荆门市	Jingmen City	90	3.44	57.3	446.9	296.5
孝感市	Xiaogan City	100	9.82	180.1	1731.9	1129.9
荆州市	Jingzhou City	173	7.31	138.3	1188.7	673.7
黄冈市	Huanggang City	191	4.83	377.0	2681.1	1930.9
咸宁市	Xianning City	68	3.02	66.8	559.0	379.5
随州市	Suizhou City	15	1.13	43.0	529.5	364.7
恩施土家族苗族自治州	Enshi Tujia & Miao A.P	92	2.41	47.1	447.2	211.5
仙桃市	Xiantao City	27	1.17	20.2	182.9	135.0
潜江市	Qianjiang City	35	1.80	55.8	298.2	172.8
天门市	Tianmen City	17	1.44	20.9	152.4	90.9
神农架林区	Shennongjia Forest District	13	0.23	4.0	21.8	13.3
湖南省	**Hunan**	**1997**	**155.45**	**3915.0**	**32795.7**	**11777.7**
长沙市	Changsha City	513	72.92	1960.7	18294.6	4448.8
株洲市	Zhuzhou City	177	9.95	269.7	1681.9	802.0
湘潭市	Xiangtan City	118	7.73	173.6	1514.5	730.2
衡阳市	Hengyang City	178	15.39	354.1	2343.0	1064.4
邵阳市	Shaoyang City	115	8.59	160.0	1738.2	835.9
岳阳市	Yueyang City	216	7.85	202.1	1113.5	825.7
常德市	Changde City	118	8.33	143.6	1346.9	564.8
张家界市	Zhangjiajie City	31	1.34	26.3	277.5	145.1
益阳市	Yiyang City	97	4.54	81.6	819.0	409.3
郴州市	Chenzhou City	93	4.05	104.5	941.4	512.2
永州市	Yongzhou City	89	5.45	94.5	1044.1	668.0
怀化市	Huaihua City	90	2.97	78.6	732.0	350.6
娄底市	Loudi City	110	5.22	105.6	764.9	342.2
湘西土家族苗族自治州	West Hunan Tujia & Miao A.P	52	1.13	20.5	184.1	78.8

3-13 续表 6 continued

地 区	Region	建筑业企业单位数(个) Number of Construction Enterprises (unit)	建筑业企业从业人员(万人) Employment of Construction Enterprises (10 000 persons)	建筑业企业总产值(亿元) Gross Output Value of Construction (100 million yuan)	房屋建筑施工面积(万平方米) Floor Space of Buildings Under Construction (10 000 sq.m)	房屋建筑竣工面积(万平方米) Floor Space of Buildings Completed in Construction (10 000 sq.m)
广东省	**Guangdong**	**4589**	**190.28**	**5804.2**	**37876.8**	**12420.8**
广州市	Guangzhou City	781	39.14	1578.4	8439.1	1597.0
韶关市	Shaoguan City	93	5.92	130.2	950.9	460.2
深圳市	Shenzhen City	814	44.55	1859.0	7505.1	2314.0
珠海市	Zhuhai City	151	2.90	121.6	980.7	298.8
汕头市	Shantou City	197	13.02	252.5	2697.3	861.7
佛山市	Foshan City	452	10.34	350.6	3405.6	1232.0
江门市	Jiangmen City	165	11.29	171.6	1917.2	730.1
湛江市	Zhanjiang City	108	8.92	203.9	2427.9	697.5
茂名市	Maoming City	114	8.68	185.7	1898.7	1021.8
肇庆市	Zhaoqing City	122	2.78	101.0	773.9	269.2
惠州市	Huizhou City	118	2.96	86.9	1011.0	327.8
梅州市	Meizhou City	149	7.78	158.3	1239.3	530.8
汕尾市	Shanwei City	37	0.95	15.1	168.3	115.5
河源市	Heyuan City	103	1.86	30.9	265.3	161.1
阳江市	Yangjiang City	111	5.22	72.4	761.5	266.7
清远市	Qingyuan City	71	2.88	66.7	727.1	315.8
东莞市	Dongguan City	448	6.07	131.7	756.0	403.9
中山市	ZhongShan City	315	5.45	141.8	704.9	287.6
潮州市	Chaozhou City	82	1.49	30.6	461.0	93.8
揭阳市	Jieyang City	114	6.26	92.9	572.5	340.7
云浮市	Yunfu City	44	1.84	22.4	213.3	94.9
广西壮族自治区	**Guangxi**	**1174**	**59.48**	**1553.1**	**12906.3**	**4670.2**
南宁市	Nanning City	483	29.70	608.5	4063.1	1294.9
柳州市	Liuzhou City	100	11.51	318.6	3077.1	761.1
桂林市	Guilin City	151	4.44	166.5	1460.1	470.4
梧州市	Wuzhou City	46	1.52	27.5	259.1	109.4
北海市	Beihai City	47	1.44	45.0	529.5	260.6
防城港市	Fangchenggang City	51	1.89	61.1	401.1	193.3
钦州市	Qinzhou City	48	4.50	79.6	586.8	315.2
贵港市	Guigang City	48	1.60	30.7	319.3	228.9
玉林市	Yulin City	68	4.88	108.4	1458.5	636.9
百色市	Baise City	51	1.18	22.4	220.2	119.6
贺州市	Hezhou City	32	0.59	8.4	70.0	46.0
河池市	Hechi City	45	1.42	33.3	419.8	206.3
来宾市	Laibin City	36	1.06	28.5	152.1	102.1
崇左市	Chongzuo City	40	0.54	15.3	82.8	57.1
海南省	**Hainan**	**152**	**5.50**	**255.5**	**2735.9**	**583.5**
海口市	Haikou City	96	3.72	193.6	2459.8	438.2
三亚市	Sanya City	23	0.51	26.4	73.9	31.6
重庆市	**Chongqing**	**2530**	**134.84**	**3328.8**	**21976.2**	**8989.6**
万州区	Wanzhou District	150	13.33	287.1	1464.6	812.8
涪陵区	Fuling District	118	10.60	223.0	1450.9	736.9
渝中区	Yuzhong District	167	5.21	245.8	1644.3	405.1
大渡口区	Dadukou District	75	1.26	60.1	319.3	192.6
江北区	Jiangbei District	123	2.66	125.0	962.8	211.2

地 区	Region	建筑业企业单位数（个）Number of Construction Enterprises (unit)	建筑业企业从业人员（万人）Employment of Construction Enterprises (10 000 persons)	建筑业企业总产值（亿元）Gross Output Value of Construction (100 million yuan)	房屋建筑施工面积（万平方米）Floor Space of Buildings Under Construction (10 000 sq.m)	房屋建筑竣工面积（万平方米）Floor Space of Buildings Completed in Construction (10 000 sq.m)
沙坪坝区	Shapingba District	131	6.64	177.1	1144.2	315.1
九龙坡区	Jiulongpo District	209	6.37	297.2	2592.7	674.3
南岸区	Nanan District	106	4.23	135.2	1108.8	361.3
北碚区	Beibei District	75	6.19	106.2	905.8	300.5
綦江区	Qijiang District	73	2.14	28.7	290.4	143.0
大足区	Dazu District	36	2.19	42.3	350.6	183.8
渝北区	Yubei District	310	16.05	504.7	1802.4	589.5
巴南区	Banan District	112	7.33	117.9	1055.2	554.6
黔江区	Qianjiang District	32	1.48	30.0	197.9	82.1
长寿区	Changshou District	44	4.00	70.4	728.7	319.9
江津区	Jiangjin District	91	5.82	78.4	1124.5	435.9
合川区	Hechuan District	74	4.00	70.6	559.3	258.5
永川区	Yongchuan District	72	3.56	86.8	473.8	266.9
南川区	Nanchuan District	40	1.21	32.0	79.2	49.3
四川省	**Sichuan**	**4318**	**249.46**	**5305.9**	**34738.4**	**13663.1**
成都市	Chengdu City	1582	93.42	2769.8	15945.5	4864.4
自贡市	Zigong City	150	8.24	106.1	1048.8	450.3
攀枝花市	Panzhihua City	89	5.22	168.1	403.2	71.5
泸州市	Luzhou City	187	16.11	204.4	1953.2	1056.9
德阳市	Deyang City	245	13.54	275.0	1923.5	676.5
绵阳市	Mianyang City	273	11.94	211.9	1758.4	680.5
广元市	Guangyuan City	194	5.40	70.4	565.6	211.3
遂宁市	Suining City	171	8.52	117.6	1035.9	560.4
内江市	Neijiang City	128	9.91	119.3	898.1	406.5
乐山市	Leshan City	162	6.01	94.2	779.9	372.2
南充市	Nanchong City	223	18.41	277.7	2101.1	1101.6
眉山市	Meishan City	124	6.36	89.5	877.2	479.3
宜宾市	Yibin City	216	8.45	120.3	954.5	523.4
广安市	Guangan City	111	11.03	189.0	844.4	390.2
达州市	Dazhou City	113	9.44	175.4	1434.9	679.4
雅安市	Yaan City	50	1.14	13.3	111.4	71.9
巴中市	Bazhong City	99	7.27	169.9	1072.3	469.8
资阳市	Ziyang City	122	7.43	92.6	783.8	457.9
阿坝藏族羌族自治州	Aba Zang & Qiang A.P	27	0.46	6.2	43.3	30.6
甘孜藏族自治州	Ganzi Zang A.P	22	0.30	4.1	26.6	12.7
凉山彝族自治州	Liangshan Yi A.P	30	0.86	31.2	176.6	95.9
贵州省	**Guizhou**	**581**	**33.14**	**824.7**	**6779.4**	**1530.4**
贵阳市	Guiyang City	246	22.47	622.1	4390.3	698.1
六盘水市	Liupanshui City	27	1.06	19.2	125.0	53.6
遵义市	Zunyi City	91	3.65	70.1	980.4	361.0
安顺市	Anshun City	22	0.81	6.0	127.0	26.6
毕节市	Bijie City	46	0.76	7.6	108.3	52.1
铜仁市	Tongren City	34	1.11	12.3	216.1	91.8
黔西南布依族苗族自治州	Southwest Guizhou Buyi & Miao A.P	30	1.09	15.2	115.2	90.6
黔东南苗族侗族自治州	Southeast Guizhou Miao & Dong A.P	48	1.54	18.2	272.6	79.6
黔南布依族苗族自治州	South Guizhou Buyi & Miao A.P	37	0.65	54.0	444.4	76.9

3-13 续表 8 continued

地　区	Region	建筑业企业单位数(个) Number of Construction Enterprises (unit)	建筑业企业从业人员(万人) Employment of Construction Enterprises (10 000 persons)	建筑业企业总产值(亿元) Gross Output Value of Construction (100 million yuan)	房屋建筑施工面积(万平方米) Floor Space of Buildings Under Construction (10 000 sq.m)	房屋建筑竣工面积(万平方米) Floor Space of Buildings Completed in Construction (10 000 sq.m)
云南省	**Yunnan**	**2227**	**89.44**	**1869.7**	**10452.7**	**4444.9**
昆明市	Kunming City	1031	54.27	1199.4	5861.7	2122.0
曲靖市	Qujing City	187	6.12	134.2	932.5	511.0
玉溪市	Yuxi City	153	3.26	53.0	487.6	233.1
保山市	Baoshan City	54	40.35	46.4	287.0	184.6
昭通市	Zhaotong City	71	1.54	34.6	342.7	165.1
丽江市	Lijiang City	59	0.93	26.8	171.5	121.7
普洱市	Puer City	228	5.24	44.2	241.6	119.7
临沧市	Lincang City	48	1.76	32.7	175.8	97.9
楚雄彝族自治州	Chuxiong Yi A.P	125	2.90	58.4	455.7	199.4
红河哈尼族彝族自治州	Honghe Hani & Yi A.P	125	2.96	91.4	601.9	254.1
文山壮族苗族自治州	Wenshan Zhuang & Miao A.P	41	1.19	27.1	251.6	117.6
西双版纳傣族自治州	Xishuangbanna Dai A.P	28	0.49	9.8	94.7	47.6
大理白族自治州	Dali Bai A.P	132	3.83	70.0	336.8	151.6
德宏傣族景颇族自治州	Dehong Dai & Jingpo A.P	36	1.17	25.5	133.5	66.5
怒江傈僳族自治州	Nujiang Lisu A.P	13	57.24	5.9	24.9	11.0
迪庆藏族自治州	Diqing Zang A.P	19	0.65	9.0	49.8	38.4
西藏自治区	**Tibet A.R.**	**200**	**5.03**	**124.6**	**192.3**	**120.6**
拉萨市	Lhasa City	94	2.89	101.7	111.0	66.8
昌都地区	Qamdu Prefecture	6	0.05	0.6	1.5	1.5
山南地区	Lhokha Prefecture	29	0.24	5.7	16.8	9.2
日喀则地区	Xigaze Prefecture	32	0.61	8.1	36.6	25.2
那曲地区	Narqu Prefecture	2	0.01	4.6	2.8	
阿里地区	Ngri Prefecture	8	0.25	1.8	8.5	6.6
林芝地区	Nyingchi Prefecture	29	0.98	2.1	15.2	11.2
其他	Others					
陕西省	**Shaanxi**	**1136**	**90.88**	**3498.3**	**13934.2**	**5896.0**
西安市	Xi'an City	334	49.21	1900.8	6183.0	2610.8
铜川市	Tongchuan City	28	1.40	34.1	304.5	54.2
宝鸡市	Baoji City	100	6.48	253.2	1565.2	491.9
咸阳市	Xianyang City	75	10.47	556.8	1880.7	616.8
渭南市	Weinan City	89	5.65	314.5	1104.9	919.8
延安市	Yan'an City	97	2.26	68.4	410.5	184.7
汉中市	Hanzhong City	94	3.42	70.0	875.8	312.3
榆林市	Yulin City	180	4.76	126.8	649.4	291.6
安康市	Ankang City	74	2.29	41.1	464.3	138.7
商洛市	Shangluo City	53	4.00	82.2	412.3	245.3
杨凌示范区	Yangling Demonstration Zone	12	0.95	50.4	83.6	29.8
甘肃省	**Gansu**	**908**	**46.00**	**925.7**	**5925.1**	**2409.8**
兰州市	Lanzhou City	327	14.26	404.9	2708.9	720.0
嘉峪关市	Jiayuguan City	19	0.49	21.9	112.9	50.6
金昌市	Jinchang City	29	1.85	69.2	363.8	132.0
白银市	Baiyin City	63	2.94	44.9	255.3	165.5
天水市	Tianshui City	71	2.67	45.6	380.2	162.1

地 区	Region	建筑业企业单位数(个) Number of Construction Enterprises (unit)	建筑业企业从业人员(万人) Employment of Construction Enterprises (10 000 persons)	建筑业企业总产值(亿元) Gross Output Value of Construction (100 million yuan)	房屋建筑施工面积(万平方米) Floor Space of Buildings Under Construction (10 000 sq.m)	房屋建筑竣工面积(万平方米) Floor Space of Buildings Completed in Construction (10 000 sq.m)
武威市	Wuwei City	39	2.60	38.2	209.7	142.8
张掖市	Zhangye City	67	1.92	28.0	218.2	123.2
平凉市	Pingliang City	37	3.75	39.6	259.9	157.9
酒泉市	Jiuquan City	46	3.17	81.4	324.2	254.6
庆阳市	Qingyang City	64	3.82	60.2	278.0	158.5
定西市	Dingxi City	44	3.38	49.4	431.4	124.8
陇南市	Longnan City	45	0.97	9.2	73.4	46.2
临夏回族自治州	Linxia Hui A.P	41	3.78	28.9	277.9	154.9
甘南藏族自治州	Gannan Zang A.P	16	0.41	4.3	31.4	16.6
青海省	**Qinghai**	**446**	**8.92**	**319.4**	**739.0**	**323.8**
西宁市	Xining City	324	7.13	256.5	511.3	186.0
海东地区	Haidong Prefecture	43	0.71	21.6	116.3	65.1
海北藏族自治州	Haibei Zang A.P	11	0.14	1.9	12.6	9.2
黄南藏族自治州	Huangnan Zang AP	11	0.23	3.2	24.0	9.9
海南藏族自治州	Hainan Zang A.P	12	0.09	6.4	25.0	21.5
果洛藏族自治州	Golog Zang A.P	5	0.02	1.7	6.6	6.6
玉树藏族自治州	Yushu Zang A.P	4	0.01	0.3		
海西蒙古族藏族自治州	Haixi Mongolian & Zang A.P	36	0.59	27.7	43.1	25.5
宁夏回族自治区	**Ningxia**	**524**	**10.11**	**427.9**	**3367.4**	**1385.8**
银川市	Yinchuan City	318	6.53	267.7	2138.7	878.8
石嘴山市	Shizuishan City	47	0.74	46.7	396.4	175.7
吴忠市	Wuzhong City	72	1.50	60.4	475.2	187.9
固原市	Guyuan City	42	0.71	24.9	140.5	73.9
中卫市	Zhongwei City	45	0.63	28.3	216.7	69.5
新疆维吾尔自治区	**Xinjiang**	**1025**	**52.73**	**1327.8**	**8947.7**	**3465.5**
乌鲁木齐市	Urumqi City	477	19.75	534.2	2371.2	650.1
克拉玛依市	Karamay City	60	2.29	88.4	179.9	58.0
吐鲁番地区	Turpan Prefecture	14	0.50	18.8	114.0	68.6
哈密地区	Hami Prefecture	38	0.45	28.9	248.8	120.5
昌吉回族自治州	Changji Hui A.P	75	3.36	84.8	632.7	327.0
博尔塔拉蒙古自治州	Bortala Mongolian A.P	22	0.93	18.9	168.4	76.3
巴音郭楞蒙古自治州	Bayingolin Mongolian A.P	51	5.27	117.5	1048.2	418.7
阿克苏地区	Aksu Prefecture	61	3.23	81.4	730.7	342.1
克孜勒苏柯尔克孜自治州	Kizilsu Kirgiz A.P	15	0.35	12.7	102.3	69.5
喀什地区	Kashi Prefecture	46	3.29	64.0	880.4	324.0
和田地区	Hotan Prefecture	20	0.96	21.9	296.1	123.7
伊犁哈萨克自治州	Ili Kazak A.P	58	3.17	81.2	649.0	261.0
塔城地区	Tacheng Prefecture	22	1.77	42.0	439.3	177.8
阿勒泰地区	Altay Prefecture	25	0.84	27.3	248.8	117.6
石河子市	Shihezi City	27	5.39	71.8	598.7	201.5
阿拉尔市	Alar City	5	0.27	16.1	121.4	70.2
图木舒克市	Tumxuk City	3	0.37	7.3	55.2	34.1
五家渠市	Wujiaqu City	6	0.56	10.7	62.8	25.0
生产建设兵团	Corps					

3-14 交通运输情况(2011年)

Transport (2011)

地　区	Region	公路里程(公里) Length of Highways (km)	#等级公路 Expressway and Class I to IV Highway	民用汽车拥有量(辆) Number of Civil Vehicles Owned (unit)	#私人汽车 Private Cars
北京市	**Beijing**	**21347.1**	**21154.5**	**4732124**	**3897072**
东城区	Dongcheng District			337861	245400
西城区	Xicheng District	2.3	2.3	421807	336095
朝阳区	Chaoyang District	167.7	167.7	885978	745917
丰台区	Fengtai District	113.0	113.0	582413	517918
石景山区	Shijingshan District	20.4	20.4	132640	110780
海淀区	Haidian District	81.3	81.3	782564	665936
门头沟区	Mentougou District	1000.4	1000.4	60697	41895
房山区	Fangshan District	2765.2	2572.9	192226	158661
通州区	Tongzhou District	2476.6	2476.6	235186	184939
顺义区	Shunyi District	2758.1	2758.1	191372	155783
昌平区	Changping District	1939.1	1939.1	327812	285068
大兴区	Daxing District	2740.6	2740.6	300543	234993
怀柔区	Huairou District	1592.3	1592.1	81888	56390
平谷区	Pinggu District	1659.8	1659.8	76681	56587
密云县	Miyun County	2107.6	2107.6	72945	60979
延庆县	Yanqing County	1922.5	1922.5	49511	39731
北京经济技术开发区	Beijing Economic-technological Development Zones				
其他	Others				
天津市	**Tianjin**	**15163.0**	**15163.0**	**2065626**	**1692154**
和平区	Heping District				
河东区	Hedong District				
河西区	Hexi District				
南开区	Nankai District				
河北区	Hebei District				
红桥区	Hongqiao District				
东丽区	Dongli District				
西青区	Xiqing District				
津南区	Jinnan District				
北辰区	Beichen District				
武清区	Wuqing District				
宝坻区	Baodi District				
滨海新区	Binhai New Area				
宁河县	Ninghe County				
静海县	Jinghai County				
蓟县	Ji County				
其他	Others				
河北省	**Hebei**	**156964.7**	**149056.6**	**6763613**	**5769740**
石家庄市	Shijiazhuang City	15768.7	14614.8	1075211	886565
唐山市	Tangshan City	14124.3	14124.3	969084	854891
秦皇岛市	Qinhuangdao City	8620.4	8620.4	344293	293382
邯郸市	Handan City	14137.8	13667.9	667518	533862
邢台市	Xingtai City	14100.0	12581.6	475679	399547
保定市	Baoding City	18106.0	17878.0	971875	881866
张家口市	Zhangjiakou City	19366.2	17318.9	353058	303251
承德市	Chengde City	19014.5	17832.8	230163	187450
沧州市	Cangzhou City	13543.1	13013.0	730669	616266
廊坊市	Langfang City	9294.4	9294.4	607493	513475
衡水市	Hengshui City	10889.4	10110.5	338570	299185

地　区	Region	公路里程（公里）Length of Highways (km)	#等级公路 Expressway and Class I to IV Highway	民用汽车拥有量（辆）Number of Civil Vehicles Owned (unit)	#私人汽车 Private Cars
山西省	**Shanxi**	**134808.1**	**131002.4**	**3486065**	**2532974**
太原市	Taiyuan City	6747.7	6617.1	712815	558584
大同市	Datong City	12395.0	12303.8	288610	237417
阳泉市	Yangquan City	5484.7	5484.7	135139	99269
长治市	Changzhi City	10953.3	10390.6	278715	223560
晋城市	Jincheng City	8631.3	8364.7	220349	174305
朔州市	Shuozhou City	9785.0	9657.8	88237	68543
晋中市	Jinzhong City	14963.5	14881.2	330310	277875
运城市	Yuncheng City	15305.1	15278.0	352709	279432
忻州市	Xinzhou City	16892.5	16222.4	208003	161775
临汾市	Linfen City	17389.6	16641.2	310529	256911
吕梁市	Luliang City	16260.4	15160.9	238403	195301
其他	Others				
内蒙古自治区	**Inner Mongolia**	**160995.0**	**147946.0**	**2832135**	**2342859**
呼和浩特市	Hohhot City	6606.0	6238.0	525215	436112
包头市	Baotou City	6851.7	5761.0	368103	292150
乌海市	Wuhai City	803.0	739.0	148004	87500
赤峰市	Chifeng City	23307.0	22272.0	223615	183767
通辽市	Tongliao City	18002.4	16540.2	412957	355340
鄂尔多斯市	Erdos City	17682.0	15958.0	448732	397015
呼伦贝尔市	Hulunbuir City	20236.0	18963.0	160270	131420
巴彦淖尔市	Bayannur City	19839.0	14819.0	153598	87000
乌兰察布市	Ulanqab City	13147.0	12635.0	124736	112478
兴安盟	Xingan League	9873.0	9519.0	96659	62702
锡林郭勒盟	Xilingol League	17536.0	16802.0	104687	83443
阿拉善盟	Alxa League	8064.0	7788.0	69500	
辽宁省	**Liaoning**	**104026.3**	**87649.9**	**4022373**	**2888663**
沈阳市	Shenyang City	12056.6	10020.5	981473	682672
大连市	Dalian City	11802.6	8350.3	826035	614199
鞍山市	Anshan City	7297.2	6977.5	294803	200217
抚顺市	Fushun City	5951.9	4621.7	170406	126107
本溪市	Benxi City	3981.8	3180.6	99434	63027
丹东市	Dandong City	7440.0	5488.9	142618	101882
锦州市	Jinzhou City	7192.6	7017.6	253041	187139
营口市	Yingkou City	3982.6	3078.4	202412	140262
阜新市	Fuxin City	6293.9	6022.1	143842	120429
辽阳市	Liaoyang City	3336.3	3205.6	161166	110041
盘锦市	Panjin City	3372.4	3179.6	170203	127957
铁岭市	Tieling City	10548.0	9506.7	140675	105355
朝阳市	Chaoyang City	14062.3	7461.8	273033	195932
葫芦岛市	Huludao City	6708.2	6238.9	163232	113444

地 区	Region	公路里程(公里) Length of Highways (km)	#等级公路 Expressway and Class I to IV Highway	民用汽车拥有量(辆) Number of Civil Vehicles Owned (unit)	#私人汽车 Private Cars
吉林省	**Jilin**	**91754.0**	**83790.0**	**2011044**	**1592421**
长春市	Changchun City	20842.0	18965.0	772653	600541
吉林市	Jilin City	14631.0	14306.0	313610	253905
四平市	Siping City	8793.0	8090.0	180270	152378
辽源市	Liaoyuan City	4205.0	4205.0	65857	52093
通化市	Tonghua City	6427.0	6427.0	121092	95202
白山市	Baishan City	6510.0	6474.0	70864	52505
松原市	Songyuan City	11885.0	8320.0	206261	177456
白城市	Baicheng City	9606.0	8808.0	112215	92695
延边朝鲜族自治州	Yanbian Korean A.P	8855.0	8195.0	146169	112999
黑龙江省	**Heilongjiang**	**155591.8**	**124131.6**	**2423290**	**1826838**
哈尔滨市	Harbin City	19776.2	16867.9	855169	654279
齐齐哈尔市	Qiqihar City	19274.8	16708.0	408891	313489
鸡西市	Jixi City	5285.2	4651.4	142621	125042
鹤岗市	Hegang City	2481.5	2065.0	49817	37999
双鸭山市	Shuangyashan City	3753.5	3286.7	106252	63750
大庆市	Daqing City	7903.8	6253.5	389135	263652
伊春市	Yichun City	2226.6	2164.1	46127	28717
佳木斯市	Jiamusi City	9264.6	6826.5		
七台河市	Qitaihe City	1770.5	1607.4	54995	33626
牡丹江市	Mudanjiang City	7700.0	7177.7	135438	106858
黑河市	Heihe City	9045.1	7343.8		
绥化市	Suihua City	17756.6	14234.0	23642	11631
大兴安岭地区	Daxing'anling Prefecture	6504.5	6381.6	27042	20833
农垦总局	Agriculture Reclamation Bureau	25040.5	11492.6		
其他	Others	17808.6	17071.7		
上海市	**Shanghai**	**16792.0**	**12084.0**	**3291721**	**2458783**
黄浦区	Huangpu District				
卢湾区	Luwan District				
徐汇区	Xuhui District				
长宁区	Changning District				
静安区	Jingan District				
普陀区	Putuo District				
闸北区	Zhabei District				
虹口区	Hongkou District				
杨浦区	Yangpu District				
闵行区	Minhang District				
宝山区	Baoshan District				
嘉定区	Jiading District				
浦东新区	Pudong New District				
金山区	Jinshan District				
松江区	Songjiang District				
青浦区	Qingpu District				
奉贤区	Fengxian District				
崇明县	Chongming County				
其他	Others				

地　区	Region	公路里程（公里）Length of Highways (km)	#等级公路 Expressway and Class I to IV Highway	民用汽车拥有量（辆）Number of Civil Vehicles Owned (unit)	#私人汽车 Private Cars
江苏省	**Jiangsu**	**152247.0**	**144113.0**	**6883816**	**5416833**
南京市	Nanjing City	10861.0	9868.0	997069	796339
无锡市	Wuxi City	7632.0	7632.0	873128	637805
徐州市	Xuzhou City	16199.0	15029.0	526896	441822
常州市	Changzhou City	8446.0	8394.0	560708	434702
苏州市	Suzhou City	12415.0	12415.0	1518866	1201509
南通市	Nantong City	17789.0	17638.0	559662	454699
连云港市	Lianyungang City	11313.0	11221.0	230489	183408
淮安市	Huaian City	12458.0	11541.0	210181	161061
盐城市	Yancheng City	18564.0	16507.0	338024	269802
扬州市	Yangzhou City	10245.0	8972.0	287584	227155
镇江市	Zhenjiang City	7015.0	7015.0	242472	188217
泰州市	Taizhou City	8894.0	8868.0	282381	219424
宿迁市	Suqian City	10416.0	9013.0	233933	200890
浙江省	**Zhejiang**	**111776.0**	**107880.0**	**6582445**	**5360950**
杭州市	Hangzhou City	15089.0	14586.6	1495503	1162925
宁波市	Ningbo City	10439.0	9721.5	1058900	744795
温州市	Wenzhou City	14084.8	7735.1	949686	823296
嘉兴市	Jiaxing City	7758.0	7578.0	466747	352245
湖州市	Huzhou City	7987.8	7257.6	275450	233523
绍兴市	Shaoxing City	9480.0	8961.0	525914	426941
金华市	Jinhua City	11608.0	11599.0	712820	630575
衢州市	Quzhou City	7624.6	7487.7	151457	96904
舟山市	Zhoushan City	1721.0	1615.6	73741	50437
台州市	Taizhou City	11528.0	11287.0	678938	585034
丽水市	Lishui City	14130.0	14108.1	167513	141298
安徽省	**Anhui**	**149535.0**	**143403.0**	**2894286**	**2052743**
合肥市	Hefei City	14965.0	13352.0	550400	379900
芜湖市	Wuhu City	8795.0	8392.0	201308	150916
蚌埠市	Bengbu City	6493.0	5977.0	117533	68751
淮南市	Huainan City	4180.0	4016.0	103471	59354
马鞍山市	Maanshan City	5095.0	4847.0	105814	71964
淮北市	Huaibei City	3560.0	3560.0	99203	80648
铜陵市	Tongling City	1555.0	1529.0	49481	32823
安庆市	Anqing City	14956.0	14902.0	176857	148947
黄山市	Huangshan City	5541.0	5513.0	107651	52517
滁州市	Chuzhou City	14539.0	14539.0	156942	109147
阜阳市	Fuyang City	11384.0	10981.0	335188	233459
宿州市	Suzhou City	12612.0	11916.0	191595	150778
六安市	Liuan City	16219.0	15689.0	245021	183336
亳州市	Bozhou City	10843.0	10315.0	233301	186711
池州市	Chizhou City	6828.0	6096.0	52369	40512
宣城市	Xuancheng City	11970.0	11781.0	140390	102759
其他	Others			27762	221

3-14 续表 4 continued

地 区	Region	公路里程（公里） Length of Highways (km)	#等级公路 Expressway and Class I to IV Highway	民用汽车拥有量（辆） Number of Civil Vehicles Owned (unit)	#私人汽车 Private Cars
福建省	**Fujian**	**92322.0**	**73669.0**	**2422264**	**1915787**
福州市	Fuzhou City	10371.0	8866.0	535255	410804
厦门市	Xiamen City	1871.0	1727.0	469083	354539
莆田市	Putian City	5804.0	3806.0	105463	85181
三明市	Sanming City	14017.0	10700.0	118537	91555
泉州市	Quanzhou City	14350.0	9169.0	574320	494459
漳州市	Zhangzhou City	10196.0	8045.0	202928	162347
南平市	Nanping City	13733.0	11971.0	105239	79811
龙岩市	Longyan City	12337.0	10592.0	198522	166534
宁德市	Ningde City	9644.0	8793.0	89605	70557
江西省	**Jiangxi**	**146631.7**	**114462.6**	**3183204**	**1237258**
南昌市	Nanchang City	10272.6	8478.5	1814205	265399
景德镇市	Jingdezhen City	4293.0	3617.0	85873	66598
萍乡市	Pingxiang City	6452.6	4903.4	78547	52003
九江市	Jiujiang City	18206.4	12575.6	201236	137250
新余市	Xinyu City	4130.5	3173.4	72985	45544
鹰潭市	Yingtan City	3798.7	2795.1	44505	29477
赣州市	Ganzhou City	26537.7	20358.7	246183	202975
吉安市	Jian City	20729.3	18570.5	131472	93588
宜春市	Yichun City	17189.5	12780.9	205506	145223
抚州市	Fuzhou City	13205.6	10609.5	122871	67988
上饶市	Shangrao City	18528.7	13312.5	179821	131213
山东省	**Shandong**	**233189.3**	**231428.2**	**9686243**	**8222214**
济南市	Jinan City	11940.0	11809.2	927799	786123
青岛市	Qingdao City	16234.8	16224.1	1163422	895383
淄博市	Zibo City	10486.0	10011.5	518543	440874
枣庄市	Zaozhuang City	7003.5	6868.7	323232	280998
东营市	Dongying City	8278.2	8278.2	385053	323881
烟台市	Yantai City	14834.1	14834.1	868299	742815
潍坊市	Weifang City	23694.5	23694.5	1100565	990392
济宁市	Jining City	16257.0	15988.0	552345	476031
泰安市	Taian City	13927.2	13615.6	340162	295555
威海市	Weihai City	6768.8	6768.8	375541	316903
日照市	Rizhao City	6672.5	6672.5	255372	213623
莱芜市	Laiwu City	3600.1	3581.7	135092	118954
临沂市	Linyi City	22621.4	22536.2	879134	780576
德州市	Dezhou City	20827.1	20827.1	449353	391364
聊城市	Liaocheng City	14915.2	14832.5	493401	436237
滨州市	Binzhou City	14934.7	14691.3	409455	361687
菏泽市	Heze City	20194.2	20194.2	426824	365849
河南省	**Henan**	**247587.0**	**191234.3**	**5821388**	**4630823**
郑州市	Zhengzhou City	10381.4	9316.6	1240337	1032919
开封市	Kaifeng City	7171.0	5546.3	218472	182086
洛阳市	Luoyang City	17949.2	12968.2	444452	342370
平顶山市	Pingdingshan City	10844.0	10203.1	272921	211067
安阳市	Anyang City	8205.0	6949.6	343083	280410
鹤壁市	Hebi City	4442.6	4229.5	94790	77347
新乡市	Xinxiang City	10999.4	8944.0	352696	288073

3-14 续表 5 continued

地 区	Region	公路里程(公里) Length of Highways (km)	#等级公路 Expressway and Class I to IV Highway	民用汽车拥有量(辆) Number of Civil Vehicles Owned (unit)	#私人汽车 Private Cars
焦作市	Jiaozuo City	7348.0	6218.4	240763	174465
濮阳市	Puyang City	6407.8	5899.2	282519	236750
许昌市	Xuchang City	9242.5	6949.1	254832	186906
漯河市	Luohe City	5242.4	4126.9	116398	88754
三门峡市	Sanmenxia City	9404.0	7199.3	161891	131788
南阳市	Nanyang City	33628.3	25179.9	352196	264376
商丘市	Shangqiu City	19683.0	13506.7	356593	281594
信阳市	Xinyang City	21560.9	15161.6	238892	198545
周口市	Zhoukou City	18573.7	14033.7	430186	326739
驻马店市	Zhumadian City	17131.2	11948.5	200547	156575
济源市	Jiyuan City	2255.1	1909.5	69282	56776
湖北省	**Hubei**	**212746.0**	**196452.0**	**2648218**	**2003831**
武汉市	Wuhan City	15103.3	14775.5	1100208	810393
黄石市	Huangshi City	5611.1	5400.0	133000	106000
十堰市	Shiyan City	22665.0	21196.0	202000	161000
宜昌市	Yichang City	26191.0	22804.0	193139	148523
襄阳市	Xiangyang City	25683.0	23975.0	190900	144572
鄂州市	Ezhou City	3024.1	2507.7	80116	59200
荆门市	Jingmen City	12522.0	11538.0	116000	91122
孝感市	Xiaogan City	11481.0	10481.0	90822	66900
荆州市	Jingzhou City	18204.0	17294.0	111474	94100
黄冈市	Huanggang City	22144.6	21059.7	98000	75493
咸宁市	Xianning City	13229.1	11167.0	87650	51632
随州市	Suizhou City	7079.0	6883.0	70520	59940
恩施土家族苗族自治州	Enshi Tujia & Miao A.P	19018.7	18711.2	83621	63483
仙桃市	Xiantao City	4017.0	3274.0	26191	19693
潜江市	Qianjiang City	2512.9	1351.8	32507	25154
天门市	Tianmen City	3494.2	3287.7	26891	22749
神农架林区	Shennongjia Forest District	715.0	687.0	5154	3876
湖南省	**Hunan**	**232190.0**	**198903.3**	**7645853**	**2229279**
长沙市	Changsha City	15438.2	12677.6	1193649	689957
株洲市	Zhuzhou City	13531.2	13235.5	526021	150174
湘潭市	Xiangtan City	7784.1	4820.3	400108	108782
衡阳市	Hengyang City	20569.0	15833.5	616240	162051
邵阳市	Shaoyang City	21609.4	15174.2	547924	150570
岳阳市	Yueyang City	20076.0	19454.2	432391	131166
常德市	Changde City	22160.2	22054.1	748829	131692
张家界市	Zhangjiajie City	8739.7	6309.7	171804	37655
益阳市	Yiyang City	15819.2	14868.3	464119	118814
郴州市	Chenzhou City	16991.1	15494.0	550862	160199
永州市	Yongzhou City	22601.6	20025.0	587063	115299
怀化市	Huaihua City	19999.5	18201.6	487785	91318
娄底市	Loudi City	14611.5	11708.8	512531	129029
湘西土家族苗族自治州	West Hunan Tujia & Miao A.P	12259.3	9046.4	176255	52573

地 区	Region	公路里程(公里) Length of Highways (km)	#等级公路 Expressway and Class I to IV Highway	民用汽车拥有量(辆) Number of Civil Vehicles Owned (unit)	#私人汽车 Private Cars
广东省	**Guangdong**	**190724.0**	**172382.0**	**9120998**	**7462093**
广州市	Guangzhou City	9052.0	7849.0	1857740	1489046
韶关市	Shaoguan City	13749.0	13247.0	118044	95454
深圳市	Shenzhen City	1618.0	1618.0	1939653	1531266
珠海市	Zhuhai City	1397.0	1368.0	241022	186191
汕头市	Shantou City	3806.0	3794.0	314837	269205
佛山市	Foshan City	5222.0	5222.0	1043562	916556
江门市	Jiangmen City	10010.0	8112.0	319663	263328
湛江市	Zhanjiang City	21502.0	14358.0	180481	144934
茂名市	Maoming City	15616.0	14751.0	193024	162702
肇庆市	Zhaoqing City	11457.0	11388.0	173506	144424
惠州市	Huizhou City	10893.0	10235.0	306376	255906
梅州市	Meizhou City	15867.0	13585.0	130280	110400
汕尾市	Shanwei City	4864.0	4575.0	36796	26421
河源市	Heyuan City	14732.0	13978.0	91682	73956
阳江市	Yangjiang City	7461.0	6309.0	106567	92637
清远市	Qingyuan City	18238.0	18080.0	155367	129472
东莞市	Dongguan City	4828.0	4716.0	1061373	874476
中山市	ZhongShan City	1903.0	1858.0	426411	366495
潮州市	Chaozhou City	5046.0	4948.0	128182	112282
揭阳市	Jieyang City	6353.0	6209.0	164825	144702
云浮市	Yunfu City	7111.0	6181.0	85711	72240
广西壮族自治区	**Guangxi**	**104889.0**	**87296.0**	**1914510**	**1438293**
南宁市	Nanning City	11527.0	10152.0	533553	383793
柳州市	Liuzhou City	8013.2	6386.2	245727	193175
桂林市	Guilin City	11287.0	8379.0	218207	168244
梧州市	Wuzhou City	6009.0	5062.0	71437	55533
北海市	Beihai City	2577.0	2466.0	87428	68585
防城港市	Fangchenggang City	3319.7	2432.3	47542	36561
钦州市	Qinzhou City	5616.6	5083.3	75007	53359
贵港市	Guigang City	6069.0	4512.0	92601	76125
玉林市	Yulin City	8765.7	6408.0	163190	132900
百色市	Baise City	14289.9	12042.7	102122	29067
贺州市	Hezhou City	3793.0	2741.0	57118	45158
河池市	Hechi City	11611.0	9717.0	88449	69229
来宾市	Laibin City	6086.9	4700.3	54393	42961
崇左市	Chongzuo City	6647.8	5913.3	47007	21488
海南省	**Hainan**	**22916.0**	**22104.0**	**489687**	**366575**
海口市	Haikou City	3032.7	2994.4	285880	226437
三亚市	Sanya City	1709.0	1688.0	64453	56246
重庆市	**Chongqing**	**118561.8**	**83613.9**	**1299457**	**901053**
万州区	Wanzhou District	5833.0	3960.2		
涪陵区	Fuling District	4388.0	3305.6		
渝中区	Yuzhong District				
大渡口区	Dadukou District	199.0	189.7		
江北区	Jiangbei District	443.4	443.4		

3-14 续表 7 continued

地 区	Region	公路里程（公里）Length of Highways (km)	#等级公路 Expressway and Class I to IV Highway	民用汽车拥有量（辆）Number of Civil Vehicles Owned (unit)	#私人汽车 Private Cars
沙坪坝区	Shapingba District	1079.4	782.4		
九龙坡区	Jiulongpo District	850.6	768.5		
南岸区	Nanan District	595.4	538.3		
北碚区	Beibei District	1093.1	845.5		
綦江区	Qijiang District	4802.1	3731.3		
大足区	Dazu District	2333.7	815.6		
渝北区	Yubei District	2467.9	1954.1		
巴南区	Banan District	2649.9	1627.8		
黔江区	Qianjiang District	2393.3	2022.2		
长寿区	Changshou District	3162.4	2982.1		
江津区	Jiangjin District	4108.7	2769.1		
合川区	Hechuan District	3338.7	2854.6		
永川区	Yongchuan District	2773.5	2178.1		
南川区	Nanchuan District	3036.4	2164.5		
四川省	**Sichuan**	**283268.3**	**220946.9**	**4242776**	**3440473**
成都市	Chengdu City	21313.7	19054.9	1932900	1657000
自贡市	Zigong City	6013.2	4525.7	84512	64557
攀枝花市	Panzhihua City	4597.9	2867.8	92224	69115
泸州市	Luzhou City	12980.3	7714.4	116027	74785
德阳市	Deyang City	7758.1	6888.6	230558	198024
绵阳市	Mianyang City	18159.6	11231.8		
广元市	Guangyuan City	15557.9	9838.0	94625	77633
遂宁市	Suining City	8626.2	7452.8	83034	69662
内江市	Neijiang City	9795.9	5932.9	83288	63523
乐山市	Leshan City	8984.1	7648.3	145367	116175
南充市	Nanchong City	20283.3	16195.8	181087	134248
眉山市	Meishan City	7279.3	5211.6	116503	94574
宜宾市	Yibin City	16796.2	13261.0	112530	87969
广安市	Guangan City	9641.3	8156.6	71409	50622
达州市	Dazhou City	19112.1	16144.6	123664	72970
雅安市	Yaan City	5932.7	5192.3	82267	62779
巴中市	Bazhong City	15794.6	14938.7	65414	51615
资阳市	Ziyang City	14431.0	10564.0	85868	71042
阿坝藏族羌族自治州	Aba Zang & Qiang A.P	12317.1	11134.8	84008	68612
甘孜藏族自治州	Ganzi Zang A.P	25649.3	21094.6	65087	59283
凉山彝族自治州	Liangshan Yi A.P	22244.5	15897.6		
贵州省	**Guizhou**	**157820.0**	**79643.0**	**1401200**	**1095400**
贵阳市	Guiyang City	9215.5	8255.4	644728	557366
六盘水市	Liupanshui City	11904.1	8403.5	138809	118724
遵义市	Zunyi City	24024.7	11496.1	221746	54178
安顺市	Anshun City	9228.2	3330.5	69253	54165
毕节市	Bijie City	24894.9	13281.8	95586	73631
铜仁市	Tongren City	21509.3	7104.7	239122	221878
黔西南布依族苗族自治州	Southwest Guizhou Buyi & Miao A.P	14752.7	9801.2	91428	69521
黔东南苗族侗族自治州	Southeast Guizhou Miao & Dong A.P	26731.1	8730.3	99218	77671
黔南布依族苗族自治州	South Guizhou Buyi & Miao A.P	15559.6	9240.0	23212	

地　区	Region	公路里程（公里）Length of Highways (km)	#等级公路 Expressway and Class I to IV Highway	民用汽车拥有量（辆）Number of Civil Vehicles Owned (unit)	#私人汽车 Private Cars
云南省	**Yunnan**	**214524.0**	**165843.0**	**8493747**	**7868044**
昆明市	Kunming City	16963.0	13598.0	1495825	1325154
曲靖市	Qujing City	20436.0	17299.0	867485	812634
玉溪市	Yuxi City	16702.0	16224.0	645397	607798
保山市	Baoshan City	12315.0	9246.0	529048	512961
昭通市	Zhaotong City	15316.0	11116.0	447633	427110
丽江市	Lijiang City	6620.0	5739.0	179070	163340
普洱市	Puer City	19176.0	12507.0	615930	580791
临沧市	Lincang City	14475.0	11453.0	437187	421456
楚雄彝族自治州	Chuxiong Yi A.P	17283.0	10546.0	451691	423769
红河哈尼族彝族自治州	Honghe Hani & Yi A.P	20266.0	17067.0	732561	651357
文山壮族苗族自治州	Wenshan Zhuang & Miao A.P	14380.0	12136.0	551219	516492
西双版纳傣族自治州	Xishuangbanna Dai A.P	6336.0	4674.0	374560	360365
大理白族自治州	Dali Bai A.P	17537.0	11821.0	632068	596143
德宏傣族景颇族自治州	Dehong Dai & Jingpo A.P	7416.0	5337.8	389235	371421
怒江傈僳族自治州	Nujiang Lisu A.P	4276.0	3026.0	43995	38067
迪庆藏族自治州	Diqing Zang A.P	5025.0	4053.0	70469	59045
西藏自治区	**Tibet A.R.**	**63108.0**	**38911.0**	**257765**	**180745**
拉萨市	Lhasa City	3761.5	2152.4	123339	92463
昌都地区	Qamdu Prefecture	11123.5	8505.4	18726	11435
山南地区	Lhokha Prefecture	6235.8	4044.4	19686	14129
日喀则地区	Xigaze Prefecture	14366.0	5747.9	33882	25289
那曲地区	Narqu Prefecture	13195.1	9359.6	31425	19624
阿里地区	Ngri Prefecture	9394.1	6620.5	9697	3926
林芝地区	Nyingchi Prefecture	5031.9	2480.5	21010	13879
其他	Others				
陕西省	**Shaanxi**	**151986.0**	**139453.0**	**2741214**	**2201398**
西安市	Xi'an City	12599.0	12142.0	1168238	970440
铜川市	Tongchuan City	3560.0	3179.0	57487	42384
宝鸡市	Baoji City	14676.0	14284.0	149601	109588
咸阳市	Xianyang City	15327.0	13761.0	185481	142466
渭南市	Weinan City	17764.0	14715.0	309902	238791
延安市	Yan'an City	15727.0	15129.0	197714	160665
汉中市	Hanzhong City	15974.0	14021.0	113814	91305
榆林市	Yulin City	23393.0	23083.0	375889	317502
安康市	Ankang City	20859.0	17619.0	73098	56562
商洛市	Shangluo City	12107.0	11520.0	55004	45059
杨凌示范区	Yangling Demonstration Zone			32796	26636
甘肃省	**Gansu**	**123696.0**	**91692.0**	**1487600**	**876100**
兰州市	Lanzhou City	7209.5	4847.0	302300	162300
嘉峪关市	Jiayuguan City	677.7	648.0	25000	19000
金昌市	Jinchang City	2188.6	2179.0	33000	27000
白银市	Baiyin City	9728.8	5037.1	109200	75500
天水市	Tianshui City	10241.9	8911.5	84900	67800

3-14 续表 9 continued

地 区	Region	公路里程（公里） Length of Highways (km)	#等级公路 Expressway and Class I to IV Highway	民用汽车拥有量（辆） Number of Civil Vehicles Owned (unit)	#私人汽车 Private Cars
武威市	Wuwei City	9112.3	5443.9	70100	58000
张掖市	Zhangye City	10663.7	8230.9	63700	51900
平凉市	Pingliang City	9650.2	6251.0	83600	58200
酒泉市	Jiuquan City	15248.2	14165.9	78600	63600
庆阳市	Qingyang City	11567.3	5491.7	100000	76500
定西市	Dingxi City	10232.8	7790.6	92600	68100
陇南市	Longnan City	14803.3	13241.2	66700	54200
临夏回族自治州	Linxia Hui A.P	5675.9	5049.3	83800	68400
甘南藏族自治州	Gannan Zang A.P	6695.7	4405.4	30000	24700
青海省	**Qinghai**	**64280.0**	**49971.0**	**425879**	**301584**
西宁市	Xining City	4294.8	3396.5		
海东地区	Haidong Prefecture	7871.0	6296.0		
海北藏族自治州	Haibei Zang A.P	5429.8	4678.2		
黄南藏族自治州	Huangnan Zang AP	3820.0	2833.5		
海南藏族自治州	Hainan Zang A.P	7454.8	5120.9		
果洛藏族自治州	Golog Zang A.P	8036.6	6702.8		
玉树藏族自治州	Yushu Zang A.P	14453.6	10591.9		
海西蒙古族藏族自治州	Haixi Mongolian & Zang A.P	12919.6	10351.1		
宁夏回族自治区	**Ningxia**	**24506.0**	**23875.0**	**603094**	**477113**
银川市	Yinchuan City		3982.0	296194	239496
石嘴山市	Shizuishan City	2429.0	2339.0	69527	55274
吴忠市	Wuzhong City		6517.0	93401	73898
固原市	Guyuan City	6605.0	927.0	85060	63394
中卫市	Zhongwei City	6343.0	6067.0	55625	45043
新疆维吾尔自治区	**Xinjiang**	**155150.0**	**104335.9**	**1697862**	**1131929**
乌鲁木齐市	Urumqi City	3425.7	2799.5		
克拉玛依市	Karamay City	950.4	946.0		
吐鲁番地区	Turpan Prefecture	4511.3	4170.5		
哈密地区	Hami Prefecture	8922.8	5144.7		
昌吉回族自治州	Changji Hui A.P	15019.0	10401.1		
博尔塔拉蒙古自治州	Bortala Mongolian A.P	5164.4	3276.8		
巴音郭楞蒙古自治州	Bayingolin Mongolian A.P	15615.9	12116.5		
阿克苏地区	Aksu Prefecture	14985.3	12050.2		
克孜勒苏柯尔克孜自治州	Kizilsu Kirgiz A.P	4821.4	3257.9		
喀什地区	Kashi Prefecture	23376.3	13583.7		
和田地区	Hotan Prefecture	16623.8	8320.4		
伊犁哈萨克自治州	Ili Kazak A.P	16256.0	10018.5		
塔城地区	Tacheng Prefecture	10081.0	7872.9		
阿勒泰地区	Altay Prefecture	11719.7	8183.1		
石河子市	Shihezi City	3677.5	2194.2		
阿拉尔市	Alar City				
图木舒克市	Tumxuk City				
五家渠市	Wujiaqu City				
生产建设兵团	Corps				

3-15 邮电业情况(2011年)
Postal and Telecommunication Services (2011)

地 区	Region	邮电业务总量(亿元) Postal and Telecom-munication Services (100 million yuan)	#邮政业务总量 Post	#电信业务总量 Tele-communi-cation	固定电话用户(万户) Local Telephone Subscribers (10 000 subscribers)	移动电话用户(万户) Mobile Telephone Subscribers (10 000 subscribers)	互联网宽带接入用户数(万户) Broadband Subscribers of Internet (10 000 subscribers)
北京市	**Beijing**	**487.88**	**51.60**	**436.28**	**883.90**	**2575.90**	**523.36**
东城区	Dongcheng District						
西城区	Xicheng District						
朝阳区	Chaoyang District						
丰台区	Fengtai District						
石景山区	Shijingshan District						
海淀区	Haidian District						
门头沟区	Mentougou District						
房山区	Fangshan District						
通州区	Tongzhou District						
顺义区	Shunyi District						
昌平区	Changping District						
大兴区	Daxing District						
怀柔区	Huairou District						
平谷区	Pinggu District						
密云县	Miyun County						
延庆县	Yanqing County						
北京经济技术开发区	Beijing Economic-technological Development Zones						
其他	Others						
天津市	**Tianjin**	**180.78**	**21.68**	**159.10**	**333.81**	**1234.66**	**819.28**
和平区	Heping District						
河东区	Hedong District						
河西区	Hexi District						
南开区	Nankai District						
河北区	Hebei District						
红桥区	Hongqiao District						
东丽区	Dongli District						
西青区	Xiqing District						
津南区	Jinnan District						
北辰区	Beichen District						
武清区	Wuqing District						
宝坻区	Baodi District						
滨海新区	Binhai New Area						
宁河县	Ninghe County						
静海县	Jinghai County						
蓟县	Ji County						
其他	Others						
河北省	**Hebei**	**537.56**	**48.28**	**489.28**	**1242.75**	**5094.50**	**846.29**
石家庄市	Shijiazhuang City	93.90	6.15	87.75	190.80	808.19	166.80
唐山市	Tangshan City	70.04	3.32	66.72	173.13	609.81	110.92
秦皇岛市	Qinhuangdao City	29.01	1.37	27.65	74.45	279.06	52.44
邯郸市	Handan City	51.61	4.44	47.17	102.13	538.37	76.96
邢台市	Xingtai City	36.84	1.73	35.11	94.52	376.53	61.32
保定市	Baoding City	74.40	4.76	69.64	174.96	741.51	122.77
张家口市	Zhangjiakou City	28.30	1.41	26.89	66.82	265.87	41.12
承德市	Chengde City	23.05	1.20	21.85	45.42	208.85	33.99
沧州市	Cangzhou City	45.07	2.90	42.18	125.84	521.30	62.86
廊坊市	Langfang City	44.37	3.51	40.85	109.62	444.21	69.30
衡水市	Hengshui City	24.12	1.12	23.00	85.06	300.80	47.81

3-15 续表 1 continued

地　区	Region	邮电业务总　量（亿元）Postal and Telecommunication Services (100 million yuan)	#邮政业务总量 Post	#电信业务总量 Telecommunication	固定电话用户（万户）Local Telephone Subscribers (10 000 subscribers)	移动电话用户（万户）Mobile Telephone Subscribers (10 000 subscribers)	互联网宽带接入用户数（万户）Broadband Subscribers of Internet (10 000 subscribers)
山西省	**Shanxi**	**304.63**	**26.29**	**278.34**	**682.23**	**2446.90**	**437.30**
太原市	Taiyuan City	72.03	4.64	67.39	148.14	493.31	111.41
大同市	Datong City	25.85	1.96	23.88	56.81	231.60	33.03
阳泉市	Yangquan City	13.97	1.13	12.84	29.67	113.40	19.87
长治市	Changzhi City	22.72	1.53	21.19	58.60	216.62	37.13
晋城市	Jincheng City	16.85	1.15	15.70	45.16	147.44	25.90
朔州市	Shuozhou City	12.56	0.91	11.65	23.68	104.46	14.80
晋中市	Jinzhong City	27.51	1.91	25.61	72.61	210.89	41.45
运城市	Yuncheng City	29.63	2.17	27.46	83.38	275.72	47.50
忻州市	Xinzhou City	21.03	1.83	19.20	43.53	178.05	36.80
临汾市	Linfen City	31.01	2.15	28.86	66.71	264.64	43.60
吕梁市	Luliang City	26.41	1.84	24.57	53.94	210.77	32.70
其他	Others						
内蒙古自治区	**Inner Mongolia**	**241.35**	**9.96**	**231.39**	**379.50**	**2316.20**	**231.04**
呼和浩特市	Hohhot City	39.74	2.14	37.60	71.50	330.00	36.10
包头市	Baotou City	33.29	1.40	31.90	39.99	293.80	22.93
乌海市	Wuhai City	7.38	0.42	6.96	11.60	101.80	7.00
赤峰市	Chifeng City	23.19	1.24	21.95	54.70	283.60	23.00
通辽市	Tongliao City	53.85	0.60	53.25	27.90	289.50	17.66
鄂尔多斯市	Erdos City	22.85	0.94	21.91	25.03	299.43	10.44
呼伦贝尔市	Hulunbuir City	17.68	1.39	16.29	45.05	306.45	26.75
巴彦淖尔市	Bayannur City	4.93	0.62	4.31	23.23	83.18	12.47
乌兰察布市	Ulanqab City	14.40	0.91	13.50	21.20	124.70	12.40
兴安盟	Xingan League	8.80	0.66	8.13	11.28	153.68	9.65
锡林郭勒盟	Xilingol League	11.87	0.51	11.36	10.40	136.60	10.50
阿拉善盟	Alxa League	3.69	0.19	3.50	5.00	27.30	4.00
辽宁省	**Liaoning**	**472.18**	**38.22**	**433.95**	**1353.32**	**3844.45**	**665.10**
沈阳市	Shenyang City	119.09	11.42	107.67	296.34	841.56	152.15
大连市	Dalian City	97.65	9.12	88.52	270.56	776.51	133.11
鞍山市	Anshan City	35.57	2.45	33.12	108.05	317.82	55.33
抚顺市	Fushun City	20.03	1.25	18.78	71.58	185.29	33.60
本溪市	Benxi City	15.46	1.20	14.26	42.56	126.80	25.72
丹东市	Dandong City	21.55	1.73	19.82	83.80	176.04	32.07
锦州市	Jinzhou City	29.05	1.49	27.56	90.59	237.51	46.38
营口市	Yingkou City	22.30	1.26	21.04	60.76	204.92	32.01
阜新市	Fuxin City	16.01	0.62	15.39	49.89	142.38	26.21
辽阳市	Liaoyang City	17.53	1.42	16.11	51.23	144.31	25.25
盘锦市	Panjin City	15.84	1.76	14.09	35.25	131.49	17.67
铁岭市	Tieling City	19.33	1.43	17.90	58.12	169.63	27.67
朝阳市	Chaoyang City	19.28	1.41	17.87	74.03	199.26	30.37
葫芦岛市	Huludao City	20.30	1.66	18.64	60.55	190.92	27.57

3-15 续表 2 continued

地 区	Region	邮电业务总量(亿元) Postal and Telecommunication Services (100 million yuan)	#邮政业务总量 Post	#电信业务总量 Telecommunication	固定电话用户(万户) Local Telephone Subscribers (10 000 subscribers)	移动电话用户(万户) Mobile Telephone Subscribers (10 000 subscribers)	互联网宽带接入用户数(万户) Broadband Subscribers of Internet (10 000 subscribers)
吉林省	**Jilin**	**235.10**	**15.00**	**220.10**	**579.00**	**2004.00**	**310.60**
长春市	Changchun City	81.90	4.30	77.60	177.00	669.20	96.90
吉林市	Jilin City	36.50	2.30	34.20	92.20	317.20	53.70
四平市	Siping City	21.40	1.40	20.00	50.30	220.90	27.40
辽源市	Liaoyuan City	9.30	0.70	8.60	24.20	86.20	15.20
通化市	Tonghua City	17.50	1.40	16.10	51.20	149.50	24.80
白山市	Baishan City	14.40	1.10	13.30	39.70	88.90	15.20
松原市	Songyuan City	18.80	1.00	17.80	37.90	185.50	18.60
白城市	Baicheng City	13.40	0.70	12.70	36.90	131.60	18.00
延边朝鲜族自治州	Yanbian Korean A.P	21.90	2.10	19.80	69.90	155.10	37.80
黑龙江省	**Heilongjiang**	**302.39**	**25.53**	**276.86**	**793.46**	**2565.95**	**386.68**
哈尔滨市	Harbin City	101.75	7.24	94.51	256.01	812.29	132.80
齐齐哈尔市	Qiqihar City	30.86	2.30	28.56	92.62	274.34	42.54
鸡西市	Jixi City	13.57	2.03	11.54	39.13	124.76	17.53
鹤岗市	Hegang City	10.73	0.88	9.85	18.85	94.45	10.95
双鸭山市	Shuangyashan City	13.22	1.17	12.05	26.10	103.03	15.28
大庆市	Daqing City	28.10	2.56	25.54	44.43	246.64	25.37
伊春市	Yichun City	8.92	0.89	8.03	33.44	70.52	14.22
佳木斯市	Jiamusi City	21.04	1.77	19.27	57.53	182.94	27.77
七台河市	Qitaihe City	8.13	0.42	7.71	16.93	60.41	10.05
牡丹江市	Mudanjiang City	23.67	2.45	21.22	69.93	190.67	34.45
黑河市	Heihe City	11.33	1.06	10.27	33.32	100.33	16.21
绥化市	Suihua City	25.53	2.04	23.49	91.64	275.15	32.54
大兴安岭地区	Daxing'anling Prefecture	5.45	0.65	4.80	13.51	30.43	6.97
农垦总局	Agriculture Reclamation Bureau						
其他	Others						
上海市	**Shanghai**	**465.45**	**50.45**	**415.00**	**926.43**	**2620.61**	**530.70**
黄浦区	Huangpu District						
卢湾区	Luwan District						
徐汇区	Xuhui District						
长宁区	Changning District						
静安区	Jingan District						
普陀区	Putuo District						
闸北区	Zhabei District						
虹口区	Hongkou District						
杨浦区	Yangpu District						
闵行区	Minhang District						
宝山区	Baoshan District						
嘉定区	Jiading District						
浦东新区	Pudong New District						
金山区	Jinshan District						
松江区	Songjiang District						
青浦区	Qingpu District						
奉贤区	Fengxian District						
崇明县	Chongming County						
其他	Others						

3-15 续表 3 continued

地区	Region	邮电业务总量(亿元) Postal and Telecommunication Services (100 million yuan)	#邮政业务总量 Post	#电信业务总量 Telecommunication	固定电话用户(万户) Local Telephone Subscribers (10 000 subscribers)	移动电话用户(万户) Mobile Telephone Subscribers (10 000 subscribers)	互联网宽带接入用户数(万户) Broadband Subscribers of Internet (10 000 subscribers)
江苏省	**Jiangsu**	**974.30**	**145.50**	**828.80**	**2370.94**	**6684.83**	**1221.19**
南京市	Nanjing City	120.91	7.69	113.22	299.40	836.05	187.98
无锡市	Wuxi City	94.34	5.91	88.43	235.14	705.73	129.39
徐州市	Xuzhou City	39.55	5.08	34.47	174.34	568.22	86.95
常州市	Changzhou City	59.47	4.57	54.90	158.65	471.15	93.86
苏州市	Suzhou City	205.02	35.87	169.15	378.76	1256.17	223.39
南通市	Nantong City	65.16	8.00	57.16	251.41	550.70	104.57
连云港市	Lianyungang City	28.84	1.99	26.85	108.17	290.70	50.53
淮安市	Huaian City	24.96	2.33	22.62	100.92	304.14	43.29
盐城市	Yancheng City	42.22	5.62	36.61	180.55	454.49	73.75
扬州市	Yangzhou City	46.47	8.63	37.83	145.41	369.18	67.68
镇江市	Zhenjiang City	28.92	2.42	26.50	109.50	268.34	55.15
泰州市	Taizhou City	36.81	3.91	32.90	143.02	329.45	64.69
宿迁市	Suqian City	21.63	2.11	19.52	85.64	279.08	35.97
浙江省	**Zhejiang**	**897.97**	**150.89**	**747.08**	**1947.88**	**5756.00**	**1058.00**
杭州市	Hangzhou City	215.40	48.41	166.99	353.76	1218.11	241.14
宁波市	Ningbo City	137.89	21.26	116.63	317.68	1029.46	238.02
温州市	Wenzhou City	135.70	16.15	119.55	271.52	951.66	178.70
嘉兴市	Jiaxing City	63.28	9.90	53.38	121.03	514.23	91.99
湖州市	Huzhou City	37.35	4.34	33.01	107.73	322.11	53.35
绍兴市	Shaoxing City	62.16	8.63	53.52	199.22	588.50	107.61
金华市	Jinhua City	96.83	25.16	71.67	178.07	707.03	116.23
衢州市	Quzhou City	20.90	2.11	18.79	55.36	199.15	28.12
舟山市	Zhoushan City	17.27	1.54	15.73	53.60	153.39	26.46
台州市	Taizhou City	83.76	10.68	73.08	171.00	791.45	112.66
丽水市	Lishui City	25.51	2.71	22.81	49.15	255.23	30.13
安徽省	**Anhui**	**361.61**	**26.81**	**334.80**	**1243.95**	**3259.41**	**457.36**
合肥市	Hefei City	66.58	3.90	62.67	204.18	574.69	87.40
芜湖市	Wuhu City	23.01	1.92	21.09	89.96	224.00	39.57
蚌埠市	Bengbu City	18.96	1.21	17.75	66.92	175.92	26.55
淮南市	Huainan City	16.09	1.22	14.86	48.76	144.70	24.70
马鞍山市	Maanshan City	13.56	1.17	12.39	66.61	147.67	27.51
淮北市	Huaibei City	12.90	0.82	12.08	40.46	116.70	18.54
铜陵市	Tongling City	6.89	0.55	6.34	24.48	56.98	12.39
安庆市	Anqing City	27.17	3.25	23.92	119.59	257.61	37.06
黄山市	Huangshan City	9.45	0.76	8.68	44.67	87.76	15.52
滁州市	Chuzhou City	22.18	1.10	21.08	79.64	221.98	28.63
阜阳市	Fuyang City	34.47	3.26	31.21	106.77	321.02	33.07
宿州市	Suzhou City	24.73	2.18	22.55	84.94	248.50	24.82
六安市	Liuan City	23.07	1.78	21.29	95.18	246.20	24.78
亳州市	Bozhou City	19.77	1.78	17.99	71.70	195.79	20.14
池州市	Chizhou City	9.25	0.85	8.39	35.77	87.11	12.92
宣城市	Xuancheng City	15.97	1.05	14.92	64.29	152.80	23.77
其他	Others	17.58		17.58			

3-15 续表 4 continued

地　区	Region	邮电业务总量(亿元) Postal and Telecommunication Services (100 million yuan)	#邮政业务总量 Post	#电信业务总量 Telecommunication	固定电话用户(万户) Local Telephone Subscribers (10 000 subscribers)	移动电话用户(万户) Mobile Telephone Subscribers (10 000 subscribers)	互联网宽带接入用户数(万户) Broadband Subscribers of Internet (10 000 subscribers)
福建省	**Fujian**	**513.50**	**59.31**	**454.19**	**1015.00**	**3553.00**	**2872.00**
福州市	Fuzhou City	109.32	13.52	95.80	207.00	730.00	709.00
厦门市	Xiamen City	74.70	11.70	63.00	153.00	465.00	415.00
莆田市	Putian City	29.71	3.71	26.00	68.00	233.00	185.00
三明市	Sanming City	28.55	2.55	26.00	57.00	225.00	144.00
泉州市	Quanzhou City	111.05	15.05	96.00	235.00	825.00	685.00
漳州市	Zhangzhou City	60.20	4.20	56.00	114.00	390.00	273.00
南平市	Nanping City	29.30	3.30	26.00	62.00	220.00	142.00
龙岩市	Longyan City	32.48	2.48	30.00	59.00	227.00	153.00
宁德市	Ningde City	37.76	2.76	35.00	60.00	238.00	166.00
江西省	**Jiangxi**	**282.30**	**28.20**	**254.10**	**673.94**	**2362.74**	**312.97**
南昌市	Nanchang City	53.54	7.83	45.71	148.20	403.44	68.96
景德镇市	Jingdezhen City	17.43	5.68	11.75	28.02	93.06	18.15
萍乡市	Pingxiang City	10.89	1.87	9.02	27.40	107.46	16.30
九江市	Jiujiang City	23.74	1.92	21.83	85.37	260.75	36.77
新余市	Xinyu City	21.20	0.68	20.52	20.49	76.33	12.58
鹰潭市	Yingtan City	5.74	0.61	5.13	17.13	59.68	10.09
赣州市	Ganzhou City	37.12	3.49	33.63	107.51	422.97	48.37
吉安市	Jian City	19.99	3.05	16.94	63.18	220.14	25.53
宜春市	Yichun City	17.62	2.27	15.35	63.22	262.88	26.36
抚州市	Fuzhou City	14.76	1.69	13.07	35.22	165.15	20.25
上饶市	Shangrao City	24.72	2.26	22.46	78.21	290.87	29.60
山东省	**Shandong**	**771.20**	**47.60**	**723.60**	**1896.63**	**7118.05**	**1154.10**
济南市	Jinan City	79.39	4.44	74.95	191.26	769.36	137.81
青岛市	Qingdao City	100.65	5.41	95.24	250.92	866.48	165.71
淄博市	Zibo City	37.29	2.34	34.95	107.13	372.62	65.48
枣庄市	Zaozhuang City	25.24	1.12	24.12	68.98	249.78	39.11
东营市	Dongying City	22.98	1.17	21.81	57.07	262.16	38.56
烟台市	Yantai City	60.49	4.05	56.44	172.88	579.92	103.70
潍坊市	Weifang City	72.29	3.72	68.57	189.85	665.21	103.89
济宁市	Jining City	46.18	3.01	43.17	117.49	486.74	68.18
泰安市	Taian City	31.42	2.22	29.20	96.62	332.10	55.65
威海市	Weihai City	29.99	2.35	27.64	81.93	255.33	54.50
日照市	Rizhao City	18.69	1.12	17.57	42.90	186.79	32.59
莱芜市	Laiwu City	7.89	0.70	7.18	24.83	88.74	16.25
临沂市	Linyi City	59.46	1.49	57.97	150.91	655.14	87.03
德州市	Dezhou City	31.20	3.13	28.07	90.10	309.07	45.68
聊城市	Liaocheng City	31.64	2.84	28.80	91.45	349.50	50.29
滨州市	Binzhou City	26.41	3.00	23.41	80.60	255.43	40.51
菏泽市	Heze City	40.37	3.54	36.83	81.70	433.68	49.17
河南省	**Henan**	**581.36**	**48.28**	**533.08**	**1340.39**	**5061.69**	**3857.22**
郑州市	Zhengzhou City	116.98	6.03	110.95	252.00	850.89	747.78
开封市	Kaifeng City	23.54	1.96	21.57	59.66	219.14	168.89
洛阳市	Luoyang City	47.20	3.20	44.00	128.04	394.16	324.78
平顶山市	Pingdingshan City	28.74	2.35	26.39	54.83	255.15	193.74
安阳市	Anyang City	34.65	3.01	31.64	87.05	298.14	239.78
鹤壁市	Hebi City	9.23	0.53	8.70	29.30	90.14	67.58
新乡市	Xinxiang City	39.33	3.54	35.79	118.88	322.42	265.42

3-15 续表 5 continued

地 区	Region	邮电业务总量(亿元) Postal and Telecommunication Services (100 million yuan)	#邮政业务总量 Post	#电信业务总量 Telecommunication	固定电话用户(万户) Local Telephone Subscribers (10 000 subscribers)	移动电话用户(万户) Mobile Telephone Subscribers (10 000 subscribers)	互联网宽带接入用户数(万户) Broadband Subscribers of Internet (10 000 subscribers)
焦作市	Jiaozuo City	25.40	2.03	23.37	57.86	223.16	176.16
濮阳市	Puyang City	20.37	1.59	18.77	37.65	190.88	138.73
许昌市	Xuchang City	25.05	1.99	23.07	59.04	242.16	174.62
漯河市	Luohe City	14.95	1.20	13.75	30.20	135.03	97.15
三门峡市	Sanmenxia City	14.95	1.27	13.68	33.60	148.52	111.64
南阳市	Nanyang City	43.08	4.43	38.65	97.98	409.92	274.17
商丘市	Shangqiu City	37.49	4.14	33.35	81.97	343.08	231.28
信阳市	Xinyang City	29.69	2.92	26.77	77.80	269.10	195.15
周口市	Zhoukou City	35.53	3.61	31.92	66.39	332.71	223.23
驻马店市	Zhumadian City	29.97	3.82	26.15	53.91	288.89	193.49
济源市	Jiyuan City	4.90	0.51	4.39	14.19	48.21	33.61
湖北省	**Hubei**	**377.24**	**42.87**	**334.37**	**1020.30**	**3953.70**	**592.30**
武汉市	Wuhan City	128.95	7.18	121.77	313.00	1203.00	231.00
黄石市	Huangshi City	16.66	1.84	14.82	45.50	182.00	25.50
十堰市	Shiyan City	14.70	2.03	12.67	66.80	241.10	31.40
宜昌市	Yichang City	25.02	1.91	23.11	65.77	309.85	42.61
襄阳市	Xiangyang City	26.93	2.36	24.57	73.98	312.08	41.21
鄂州市	Ezhou City	7.34	0.61	6.73	17.00	79.36	12.27
荆门市	Jingmen City	13.87	1.06	12.81	36.66	161.65	22.50
孝感市	Xiaogan City	12.70	1.50	11.20	82.00	170.00	30.00
荆州市	Jingzhou City	29.12	3.56	25.56	70.22	330.00	42.12
黄冈市	Huanggang City	20.33	2.15	18.18	93.77	280.00	34.53
咸宁市	Xianning City	12.08	1.13	10.95	45.60	170.00	30.73
随州市	Suizhou City	9.61	1.24	8.37	34.13	141.68	16.91
恩施土家族苗族自治州	Enshi Tujia & Miao A.P	16.45	1.62	14.83	30.96	254.54	20.69
仙桃市	Xiantao City	4.61	0.91	3.69	18.03	65.17	8.17
潜江市	Qianjiang City	0.49	0.49	1.08	10.51	7.61	6.66
天门市	Tianmen City	2.83	0.76	2.07	14.44	40.40	7.61
神农架林区	Shennongjia Forest District	0.51	0.04	0.47	1.32	5.77	0.67
湖南省	**Hunan**	**435.52**	**32.77**	**402.75**	**1011.55**	**3749.13**	**502.30**
长沙市	Changsha City	106.31	6.81	99.50	217.86	894.29	111.54
株洲市	Zhuzhou City	29.91	1.94	27.97	77.95	259.21	41.97
湘潭市	Xiangtan City	22.45	1.50	20.95	52.64	201.34	24.10
衡阳市	Hengyang City	34.55	2.95	31.60	99.95	322.77	44.34
邵阳市	Shaoyang City	29.73	3.22	26.51	82.41	241.98	34.47
岳阳市	Yueyang City	32.36	2.04	30.32	82.43	308.49	40.58
常德市	Changde City	34.14	2.38	31.76	74.03	269.02	41.13
张家界市	Zhangjiajie City	10.76	0.78	9.98	20.03	76.15	13.42
益阳市	Yiyang City	23.91	2.23	21.68	50.73	202.31	22.95
郴州市	Chenzhou City	24.98	2.35	22.63	62.68	269.52	29.85
永州市	Yongzhou City	22.95	2.09	20.86	45.87	178.04	25.36
怀化市	Huaihua City	23.91	1.78	22.13	64.85	224.21	27.94
娄底市	Loudi City	23.89	1.33	22.56	52.98	207.51	26.85
湘西土家族苗族自治州	West Hunan Tujia & Miao A.P	13.97	1.03	12.94	27.15	94.29	17.81

3-15 续表 6 continued

地 区	Region	邮电业务总量(亿元) Postal and Telecommunication Services (100 million yuan)	#邮政业务总量 Post	#电信业务总量 Telecommunication	固定电话用户(万户) Local Telephone Subscribers (10 000 subscribers)	移动电话用户(万户) Mobile Telephone Subscribers (10 000 subscribers)	互联网宽带接入用户数(万户) Broadband Subscribers of Internet (10 000 subscribers)
广东省	**Guangdong**	**1918.01**	**291.36**	**1626.65**	**3147.14**	**10792.83**	**1716.30**
广州市	Guangzhou City	525.32	112.27	413.06	591.45	1971.24	569.73
韶关市	Shaoguan City	21.68	0.56	21.12	60.17	164.85	20.60
深圳市	Shenzhen City	404.40	100.73	303.66	556.56	2158.42	281.00
珠海市	Zhuhai City	43.85	3.11	40.74	87.73	256.32	51.10
汕头市	Shantou City	60.13	3.63	56.50	136.80	445.99	78.75
佛山市	Foshan City	134.57	11.85	122.72	272.19	900.02	164.89
江门市	Jiangmen City	50.34	3.43	46.91	130.14	329.68	304.99
湛江市	Zhanjiang City	56.98	1.21	55.78	80.84	330.27	41.70
茂名市	Maoming City	39.23	0.32	38.92	86.76	241.22	32.08
肇庆市	Zhaoqing City	32.28	1.31	30.96	77.28	230.08	
惠州市	Huizhou City	65.92	3.82	62.10	128.83	405.49	81.82
梅州市	Meizhou City	35.69	0.90	34.79	73.23	192.09	76.50
汕尾市	Shanwei City	17.59	0.42	17.17	48.21	129.82	15.20
河源市	Heyuan City	19.36	0.21	19.15	55.06	120.24	19.84
阳江市	Yangjiang City	21.36	0.63	20.73	51.05	137.21	23.40
清远市	Qingyuan City	28.14	0.52	27.62	57.46	207.31	13.78
东莞市	Dongguan City	218.36	38.57	179.79	318.51	1545.98	190.72
中山市	ZhongShan City	69.35	5.67	63.68	121.62	488.62	79.51
潮州市	Chaozhou City	21.70	0.90	20.80	70.72	174.77	29.80
揭阳市	Jieyang City	35.57	0.93	34.63	97.59	261.13	40.61
云浮市	Yunfu City	16.18	0.37	15.81	44.96	102.13	38.69
广西壮族自治区	**Guangxi**	**326.30**	**21.88**	**304.42**	**650.90**	**2532.70**	**422.90**
南宁市	Nanning City	82.98	4.30	78.68	107.82	683.97	130.32
柳州市	Liuzhou City	31.28	4.20	27.08	63.35	247.92	56.43
桂林市	Guilin City	35.58	2.49	33.09	76.91	378.19	50.78
梧州市	Wuzhou City	16.39	1.28	15.11	35.03	128.64	22.40
北海市	Beihai City	1.80	0.68	1.12	28.25	111.28	22.54
防城港市	Fangchenggang City	8.77	0.58	8.19	13.93	67.95	10.83
钦州市	Qinzhou City	15.74	12.24	14.51	36.86	126.45	20.33
贵港市	Guigang City	17.91	1.85	16.06	51.83	159.95	21.88
玉林市	Yulin City	28.74	2.34	26.40	57.73	247.82	33.18
百色市	Baise City	18.97	1.17	17.80	37.10	20.62	20.33
贺州市	Hezhou City	9.67	0.70	8.97	20.67	107.01	12.00
河池市	Hechi City	18.75	1.31	17.44	37.79	164.73	35.94
来宾市	Laibin City	12.15	0.74	11.41	17.54	136.91	12.95
崇左市	Chongzuo City	12.68	1.16	11.52	18.93	108.10	12.39
海南省	**Hainan**	**91.86**	**5.22**	**86.64**	**174.98**	**671.64**	**86.65**
海口市	Haikou City	42.88	1.40	41.48	82.97	324.45	47.76
三亚市	Sanya City	13.31	0.52	12.79	24.50	92.29	10.00
重庆市	**Chongqing**	**242.64**	**25.91**	**216.73**	**571.25**	**1801.19**	**326.78**
万州区	Wanzhou District						
涪陵区	Fuling District						
渝中区	Yuzhong District						
大渡口区	Dadukou District						
江北区	Jiangbei District						

地 区	Region	邮电业务总量(亿元) Postal and Telecommunication Services (100 million yuan)	#邮政业务总量 Post	#电信业务总量 Telecommunication	固定电话用户(万户) Local Telephone Subscribers (10 000 subscribers)	移动电话用户(万户) Mobile Telephone Subscribers (10 000 subscribers)	互联网宽带接入用户数(万户) Broadband Subscribers of Internet (10 000 subscribers)
沙坪坝区	Shapingba District						
九龙坡区	Jiulongpo District						
南岸区	Nanan District						
北碚区	Beibei District						
綦江区	Qijiang District						
大足区	Dazu District						
渝北区	Yubei District						
巴南区	Banan District						
黔江区	Qianjiang District						
长寿区	Changshou District						
江津区	Jiangjin District						
合川区	Hechuan District						
永川区	Yongchuan District						
南川区	Nanchuan District						
四川省	**Sichuan**	**494.30**	**57.20**	**437.10**	**1383.00**	**4800.00**	**682.00**
成都市	Chengdu City	170.82	9.31	161.50	388.00	2023.00	203.00
自贡市	Zigong City	12.71	9.18	3.54	50.60	176.50	25.80
攀枝花市	Panzhihua City	10.09	0.69	9.40	31.00	127.00	17.00
泸州市	Luzhou City	20.50	2.52	17.98	56.68	294.00	26.02
德阳市	Deyang City	20.80	2.03	18.77	51.25	295.00	36.80
绵阳市	Mianyang City	29.47	2.66	26.81	73.72	433.42	44.74
广元市	Guangyuan City	14.44	1.49	12.95	45.13	206.78	19.81
遂宁市	Suining City	10.76	1.52	9.24	37.16	178.94	20.51
内江市	Neijiang City	12.99	1.40	11.59	48.84	202.55	19.27
乐山市	Leshan City	18.39	1.42	16.97	72.33	302.38	30.51
南充市	Nanchong City	26.18	4.01	22.17	94.89	344.17	40.60
眉山市	Meishan City	12.85	9.54	3.31	42.81	204.54	18.97
宜宾市	Yibin City	21.11	1.86	19.25	63.03	313.30	31.70
广安市	Guangan City	4.92	1.95	2.97	37.60	190.60	17.00
达州市	Dazhou City	21.73	2.29	19.44	72.40	298.60	29.60
雅安市	Yaan City	7.98	0.49	7.49	23.60	119.95	13.01
巴中市	Bazhong City	19.35	9.65	9.70	35.70	181.30	12.90
资阳市	Ziyang City	13.35	2.21	11.13	42.50	212.80	17.40
阿坝藏族羌族自治州	Aba Zang & Qiang A.P	5.71	0.33	5.38	10.38	70.19	5.47
甘孜藏族自治州	Ganzi Zang A.P	5.97	0.36	5.61	8.68	64.08	5.22
凉山彝族自治州	Liangshan Yi A.P	16.31	1.10	15.21	41.15	261.31	18.32
贵州省	**Guizhou**	**219.32**	**14.97**	**204.35**	**403.97**	**2175.21**	**437.87**
贵阳市	Guiyang City	55.16	2.73	52.43	99.34	544.05	68.24
六盘水市	Liupanshui City	13.34	0.78	12.56	29.75	182.50	12.75
遵义市	Zunyi City	57.04	27.56	29.47	80.73	392.54	36.62
安顺市	Anshun City	9.87	0.65	9.22	23.81	125.72	12.42
毕节市	Bijie City	20.45	1.16	19.28	39.38	258.60	18.30
铜仁市	Tongren City	13.80	1.24	12.56	28.72	146.68	11.75
黔西南布依族苗族自治州	Southwest Guizhou Buyi & Miao A.P	12.04	0.85	11.19	22.58	155.58	13.10
黔东南苗族侗族自治州	Southeast Guizhou Miao & Dong A.P	15.79	1.44	14.35	42.57	196.06	124.24
黔南布依族苗族自治州	South Guizhou Buyi & Miao A.P	15.26	1.45	13.81	37.09	173.48	16.57

3-15 续表 8 continued

地 区	Region	邮电业务总量(亿元) Postal and Telecommunication Services (100 million yuan)	#邮政业务总量 Post	#电信业务总量 Telecommunication	固定电话用户(万户) Local Telephone Subscribers (10 000 subscribers)	移动电话用户(万户) Mobile Telephone Subscribers (10 000 subscribers)	互联网宽带接入用户数(万户) Broadband Subscribers of Internet (10 000 subscribers)
云南省	**Yunnan**	**315.31**	**16.32**	**299.90**	**540.11**	**2589.51**	**306.52**
昆明市	Kunming City	85.79	3.62	82.31	171.77	702.14	112.99
曲靖市	Qujing City	17.24	0.90	16.34	34.77	435.03	21.45
玉溪市	Yuxi City	22.13	0.61	21.52	24.03	180.56	22.22
保山市	Baoshan City	12.55	0.42	12.13	18.32	158.02	11.48
昭通市	Zhaotong City	16.39	0.77	15.62	22.72	239.37	13.98
丽江市	Lijiang City	4.86	0.39	4.47	15.97	76.37	
普洱市	Puer City	13.33	0.49	12.84	32.20	180.13	14.89
临沧市	Lincang City	8.94	0.50	8.44	19.25	142.84	9.13
楚雄彝族自治州	Chuxiong Yi A.P	11.53	0.56	10.97	25.41	125.15	20.40
红河哈尼族彝族自治州	Honghe Hani & Yi A.P	22.04	0.91	21.13	42.32	260.53	28.54
文山壮族苗族自治州	Wenshan Zhuang & Miao A.P	4.88	2.75	2.13	31.00	212.50	11.00
西双版纳傣族自治州	Xishuangbanna Dai A.P	9.66	0.50	9.16	20.90	84.15	12.21
大理白族自治州	Dali Bai A.P	50.73	0.84	49.89	42.74	238.60	61.60
德宏傣族景颇族自治州	Dehong Dai & Jingpo A.P	8.32	0.35	7.97	18.14	125.38	8.77
怒江傈僳族自治州	Nujiang Lisu A.P	0.73	0.17	0.56	4.64	4.30	3.00
迪庆藏族自治州	Diqing Zang A.P	2.79	0.18	2.61	3.64	33.98	2.04
西藏自治区	**Tibet A.R.**	**27.04**	**1.37**	**25.67**	**40.53**	**196.40**	**135.90**
拉萨市	Lhasa City	15.80	0.42	15.38	15.33	82.45	
昌都地区	Qamdu Prefecture	2.33	0.18	2.15	2.18	16.00	
山南地区	Lhokha Prefecture	1.92	0.22	1.70	4.59	20.03	
日喀则地区	Xigaze Prefecture	1.99	0.21	1.78	4.19	15.83	
那曲地区	Narqu Prefecture	1.77	0.12	1.65	3.50	16.99	
阿里地区	Ngri Prefecture	1.17	0.06	1.11	1.74	34.10	
林芝地区	Nyingchi Prefecture	2.07	0.17	1.90	9.00	11.00	
其他	Others						
陕西省	**Shaanxi**	**348.25**	**28.89**	**319.37**	**775.48**	**2907.18**	**389.08**
西安市	Xi'an City	143.46	8.69	134.77	305.16	1141.70	172.44
铜川市	Tongchuan City	6.64	0.63	6.01	14.49	52.95	6.69
宝鸡市	Baoji City	25.42	2.88	22.54	74.24	224.69	30.61
咸阳市	Xianyang City	30.49	2.95	27.53	62.75	299.15	36.97
渭南市	Weinan City	32.16	2.94	29.22	87.50	282.51	39.86
延安市	Yan'an City	22.34	1.66	20.68	38.47	201.78	20.10
汉中市	Hanzhong City	21.91	4.04	17.87	59.34	177.80	26.14
榆林市	Yulin City	38.69	1.80	36.89	59.65	292.66	24.55
安康市	Ankang City	16.26	1.80	14.46	40.05	134.41	19.39
商洛市	Shangluo City	10.89	1.49	9.40	33.84	99.55	12.33
杨凌示范区	Yangling Demonstration Zone						
甘肃省	**Gansu**	**195.37**	**7.46**	**187.91**	**396.43**	**1614.00**	**145.63**
兰州市	Lanzhou City	56.52	1.84	54.67	115.03	368.39	50.34
嘉峪关市	Jiayuguan City	4.66	0.19	4.47	9.00	28.27	5.44
金昌市	Jinchang City	5.09	0.20	4.88	10.88	39.02	5.45
白银市	Baiyin City	11.20	0.39	10.80	24.79	96.64	9.28
天水市	Tianshui City	16.37	0.87	15.50	40.49	154.18	11.68

地 区	Region	邮电业务总量(亿元) Postal and Telecommunication Services (100 million yuan)	#邮政业务总量 Post	#电信业务总量 Telecommunication	固定电话用户(万户) Local Telephone Subscribers (10 000 subscribers)	移动电话用户(万户) Mobile Telephone Subscribers (10 000 subscribers)	互联网宽带接入用户数(万户) Broadband Subscribers of Internet (10 000 subscribers)
武威市	Wuwei City	10.39	0.55	9.84	27.13	99.86	8.59
张掖市	Zhangye City	11.96	0.41	11.55	21.06	94.02	8.67
平凉市	Pingliang City	10.40	0.39	10.02	28.92	90.59	9.81
酒泉市	Jiuquan City	12.92	0.44	12.48	24.21	128.81	6.37
庆阳市	Qingyang City	13.82	0.66	13.16	19.23	127.47	6.64
定西市	Dingxi City	11.62	0.46	11.16	22.51	107.79	7.81
陇南市	Longnan City	15.70	0.63	15.07	27.46	140.77	9.22
临夏回族自治州	Linxia Hui A.P	9.57	0.24	9.33	17.48	93.80	4.09
甘南藏族自治州	Gannan Zang A.P	5.13	0.13	5.00	8.26	43.95	2.23
青海省	**Qinghai**	**47.99**	**2.29**	**45.70**	**104.20**	**461.80**	**41.60**
西宁市	Xining City		1.23		64.20	206.00	27.30
海东地区	Haidong Prefecture		0.26		15.70	89.30	3.90
海北藏族自治州	Haibei Zang A.P		0.07		3.17	23.90	1.20
黄南藏族自治州	Huangnan Zang AP		0.05		2.16	19.00	0.90
海南藏族自治州	Hainan Zang A.P		0.08		4.40	35.60	1.60
果洛藏族自治州	Golog Zang A.P		0.05		1.78	12.60	0.60
玉树藏族自治州	Yushu Zang A.P		0.13		1.10	22.80	0.50
海西蒙古族藏族自治州	Haixi Mongolian & Zang A.P		0.38		11.70	52.60	5.60
宁夏回族自治区	**Ningxia**	**57.84**	**2.93**	**53.40**	**108.50**	**524.80**	**53.94**
银川市	Yinchuan City		1.31	25.56	49.57	242.87	30.71
石嘴山市	Shizuishan City		0.63	7.18	17.95	73.47	9.15
吴忠市	Wuzhong City		0.29	9.15	11.50	96.00	5.90
固原市	Guyuan City		0.35	5.15	11.04	77.50	3.71
中卫市	Zhongwei City		0.36	5.81	11.74	62.38	5.74
新疆维吾尔自治区	**Xinjiang**	**177.94**	**13.84**	**164.10**	**540.80**	**1670.90**	**208.78**
乌鲁木齐市	Urumqi City	51.70	3.30	48.40	146.20	339.90	64.42
克拉玛依市	Karamay City	5.19	0.43	4.76	9.50	49.70	6.40
吐鲁番地区	Turpan Prefecture	4.94	0.52	4.42	17.10	55.50	4.66
哈密地区	Hami Prefecture	5.95	0.58	5.37	18.60	65.70	8.12
昌吉回族自治州	Changji Hui A.P	13.39	1.08	12.31	41.80	135.90	17.30
博尔塔拉蒙古自治州	Bortala Mongolian A.P	3.89	0.38	3.51	13.70	46.40	5.86
巴音郭楞蒙古自治州	Bayingolin Mongolian A.P	14.22	1.36	12.86	37.60	137.00	17.20
阿克苏地区	Aksu Prefecture	15.66	1.24	14.42	35.90	154.10	14.40
克孜勒苏柯尔克孜自治州	Kizilsu Kirgiz A.P	3.07	0.87	2.20	6.80	30.40	2.30
喀什地区	Kashi Prefecture	15.92	0.80	15.12	42.50	154.50	12.30
和田地区	Hotan Prefecture	7.31	0.42	6.89	15.70	97.60	4.65
伊犁哈萨克自治州	Ili Kazak A.P	19.19	1.49	17.70	58.40	203.14	21.79
塔城地区	Tacheng Prefecture	4.98	0.52	4.46	24.00	58.10	9.74
阿勒泰地区	Altay Prefecture	5.27	0.27	5.00	21.50	56.30	7.84
石河子市	Shihezi City	7.26	0.58	6.68	28.70	86.70	11.80
阿拉尔市	Alar City						
图木舒克市	Tumxuk City						
五家渠市	Wujiaqu City						
生产建设兵团	Corps						

3-16 社会消费品零售总额和批发零售业、住宿餐饮业情况(2011年)
Total Retail Sale of Consumer Goods and Condition of Wholesale and Retail Trades, Hotels and Catering Services (2011)

地区	Region	社会消费品零售总额(亿元) Total Retail Sales (100 million yuan)	批发和零售业 Wholesale and Retail Trades 法人企业数(个) Corporation Enterprises (unit)	年末从业人数(人) Employed Persons at Year-end (person)	商品销售额(亿元) Total Sales of Commodities (100 million yuan)	住宿和餐饮业 Hotels and Catering Services 法人企业数(个) Corporation Enterprises (unit)	年末从业人数(人) Employed Persons at Year-end (person)	营业额(亿元) Business Revenue (100 million yuan)
北京市	**Beijing**	**6900.32**	**8690**	**689597**	**45214.31**	**3379**	**390657**	**834.58**
东城区	Dongcheng District	691.28	667	81672	5153.24	414	75601	201.42
西城区	Xicheng District	688.90	781	76919	5689.40	450	49444	106.04
朝阳区	Chaoyang District	1651.91	2527	227566	13506.34	896	93259	217.76
丰台区	Fengtai District	738.53	584	54666	2365.70	246	21581	37.12
石景山区	Shijingshan District	162.05	193	25446	992.09	48	5103	6.67
海淀区	Haidian District	1383.09	2214	115877	12487.85	736	79060	161.39
门头沟区	Mentougou District	37.99	127	3910	135.04	38	2658	4.08
房山区	Fangshan District	156.73	334	11053	946.38	61	5175	7.10
通州区	Tongzhou District	207.95	168	18251	612.59	52	3944	5.03
顺义区	Shunyi District	217.29	193	19014	674.52	80	14453	25.06
昌平区	Changping District	249.98	244	11361	412.54	114	13265	24.28
大兴区	Daxing District	173.26	274	14778	539.77	65	10346	16.26
怀柔区	Huairou District	79.19	68	3601	100.84	63	4697	6.16
平谷区	Pinggu District	58.12	61	1996	129.35	28	2937	3.76
密云县	Miyun County	94.12	84	4163	136.16	35	4368	5.82
延庆县	Yanqing County	74.07	38	2257	24.41	31	2547	3.12
北京经济技术开发区	Beijing Economic-technological Development Zones	235.85	133	17067	1308.09	22	2219	3.51
其他	Others							
天津市	**Tianjin**	**3395.06**	**4220**	**180950**	**18618.70**	**633**	**89736**	**137.72**
和平区	Heping District	311.75	267	27581	1583.75	85	6976	12.94
河东区	Hedong District	272.41	191	11277	884.93	43	4094	6.38
河西区	Hexi District	337.24	350	20383	1861.82	97	9694	20.96
南开区	Nankai District	490.07	202	22128	4559.82	49	30860	38.49
河北区	Hebei District	154.60	178	6037	328.25	46	4122	7.53
红桥区	Hongqiao District	124.02	45	3378	36.89	20	1732	2.73
东丽区	Dongli District	132.07	366	23049	2017.43	30	2401	3.29
西青区	Xiqing District	134.03	371	11631	1300.50	31	3414	6.89
津南区	Jinnan District	128.05	192	4280	473.67	44	4485	4.22
北辰区	Beichen District	141.35	523	12091	1334.69	16	2501	3.52
武清区	Wuqing District	118.95	69	3276	453.75	10	2410	2.47
宝坻区	Baodi District	111.68	115	2822	49.50	11	1747	2.11
滨海新区	Binhai New Area	649.29	1010	23653	3043.57	111	11199	20.06
宁河县	Ninghe County	61.29	20	802	34.20	7	796	1.39
静海县	Jinghai County	62.97	239	4851	564.61	13	1588	2.38
蓟县	Ji County	100.63	82	3711	91.31	20	1717	2.35
其他	Others							
河北省	**Hebei**	**8035.50**	**2943**	**312243**	**8007.09**	**900**	**115743**	**127.42**
石家庄市	Shijiazhuang City	1662.99	322	50557	1574.92	112	22977	27.30
唐山市	Tangshan City	1334.80	399	70003	2069.14	102	16732	19.20
秦皇岛市	Qinhuangdao City	394.45	206	15983	762.34	83	9074	10.10
邯郸市	Handan City	845.20	436	28721	952.17	106	10390	14.25
邢台市	Xingtai City	542.05	229	20708	311.46	58	5743	5.04
保定市	Baoding City	1018.48	352	39821	782.73	124	14604	13.86
张家口市	Zhangjiakou City	382.05	177	14410	280.03	100	11388	9.37
承德市	Chengde City	303.88	178	12819	234.28	61	5319	6.91
沧州市	Cangzhou City	683.83	315	32956	502.03	58	6911	7.23
廊坊市	Langfang City	493.12	191	15410	320.38	58	9623	10.78
衡水市	Hengshui City	374.66	138	10855	217.62	38	2982	3.38

3-16 续表 1 continued

地 区	Region	社会消费品零售总额(亿元) Total Retail Sales (100 million yuan)	批发和零售业 Wholesale and Retail Trades			住宿和餐饮业 Hotels and Catering Services		
			法人企业数(个) Corporation Enterprises (unit)	年末从业人数(人) Employed Persons at Year-end (person)	商品销售额(亿元) Total Sales of Commodities (100 million yuan)	法人企业数(个) Corporation Enterprises (unit)	年末从业人数(人) Employed Persons at Year-end (person)	营业额(亿元) Business Revenue (100 million yuan)
山西省	**Shanxi**	**3903.43**	**2437**	**213360**	**7779.46**	**894**	**123934**	**145.26**
太原市	Taiyuan City	985.15	494	51275	2678.05	222	41945	59.54
大同市	Datong City	370.95	176	24377	542.28	85	16573	16.39
阳泉市	Yangquan City	196.06	97	10992	544.08	41	5047	6.43
长治市	Changzhi City	334.18	373	19634	1040.85	111	10691	10.70
晋城市	Jincheng City	232.30	170	24198	361.65	54	7822	6.30
朔州市	Shuozhou City	173.74	143	13436	382.18	55	6373	7.70
晋中市	Jinzhong City	335.27	208	19638	624.32	63	8831	6.90
运城市	Yuncheng City	428.78	278	17503	258.94	71	7234	13.10
忻州市	Xinzhou City	201.36	145	12144	294.15	47	5593	5.60
临汾市	Linfen City	374.05	208	20583	561.04	85	8567	7.45
吕梁市	Luliang City	271.59	145	12078	501.76	59	6118	5.24
其他	Others							
内蒙古自治区	**Inner Mongolia**	**3991.70**	**1596**	**146562**	**3643.80**	**762**	**94189**	**701.66**
呼和浩特市	Hohhot City	890.04	352	34058	949.24	191	21057	164.87
包头市	Baotou City	857.54	264	23530	977.94	116	13030	21.08
乌海市	Wuhai City	86.12	80	3016	117.14	17	1960	15.82
赤峰市	Chifeng City	399.90	140	11837	248.45	82	5696	5.50
通辽市	Tongliao City	290.03	216	9595	362.47	38	3164	3.62
鄂尔多斯市	Erdos City	439.90	157	14021	331.88	110	10969	81.00
呼伦贝尔市	Hulunbuir City	349.00	225	12310	273.44	77	6409	6.95
巴彦淖尔市	Bayannur City	151.61	41	6086	99.97	13	1318	1.56
乌兰察布市	Ulanqab City	187.02	31	5087	58.75	39	4592	3.97
兴安盟	Xingan League	130.07	30	3081	54.27	23	1427	1.38
锡林郭勒盟	Xilingol League	141.35	51	4299	116.29	45	3680	3.25
阿拉善盟	Alxa League	44.00	11	946	53.97	16	1414	1.83
辽宁省	**Liaoning**	**8003.60**	**5521**	**305791**	**15140.48**	**1242**	**106562**	**233.58**
沈阳市	Shenyang City	2426.87	1602	100898	8319.00	257	32894	92.66
大连市	Dalian City	1924.79	1492	69325	3479.21	332	33012	66.58
鞍山市	Anshan City	605.20	621	18941	996.75	173	7241	17.68
抚顺市	Fushun City	392.68	232	11390	312.54	43	2384	3.76
本溪市	Benxi City	226.26	171	11750	142.20	41	2382	3.25
丹东市	Dandong City	324.94	214	7518	185.44	93	3946	8.83
锦州市	Jinzhou City	374.61	192	15046	268.06	59	4063	7.26
营口市	Yingkou City	294.21	235	16234	237.56	72	7654	11.99
阜新市	Fuxin City	175.20	94	5964	233.72	14	1148	1.13
辽阳市	Liaoyang City	245.10	96	4177	134.37	38	2373	3.80
盘锦市	Panjin City	217.88	167	11164	330.10	35	2249	4.45
铁岭市	Tieling City	267.03	159	9295	208.05	19	2264	4.07
朝阳市	Chaoyang City	254.66	144	13237	161.16	27	1982	3.07
葫芦岛市	Huludao City	274.20	102	10852	132.34	39	2970	5.04

3-16 续表 2 continued

地 区	Region	社会消费品零售总额(亿元) Total Retail Sales (100 million yuan)	批发和零售业 Wholesale and Retail Trades			住宿和餐饮业 Hotels and Catering Services		
			法人企业数(个) Corporation Enterprises (unit)	年末从业人数(人) Employed Persons at Year-end (person)	商品销售额(亿元) Total Sales of Commodities (100 million yuan)	法人企业数(个) Corporation Enterprises (unit)	年末从业人数(人) Employed Persons at Year-end (person)	营业额(亿元) Business Revenue (100 million yuan)
吉林省	**Jilin**	**4119.82**	**1235**	**119909**	**2788.72**	**363**	**34534**	**49.35**
长春市	Changchun City	1515.85	277	39739	1302.67	108	15461	26.75
吉林市	Jilin City	803.87	296	16870	696.84	72	5646	7.28
四平市	Siping City	337.66	153	21848	172.56	25	1259	2.54
辽源市	Liaoyuan City	126.83	81	4938	46.29	14	968	0.77
通化市	Tonghua City	290.73	164	10152	176.93	29	1722	2.21
白山市	Baishan City	163.14	28	3617	38.36	18	1522	1.24
松原市	Songyuan City	388.62	57	7902	123.81	21	2040	1.80
白城市	Baicheng City	190.18	39	3358	57.54	9	1032	0.63
延边朝鲜族自治州	Yanbian Korean A.P	302.94	140	11485	173.72	67	4884	6.13
黑龙江省	**Heilongjiang**	**4750.10**	**1638**	**132303**	**4454.20**	**492**	**41150**	**58.46**
哈尔滨市	Harbin City	2070.41	655	43640	1539.83	255	21796	36.77
齐齐哈尔市	Qiqihar City	417.23	99	9237	141.87	33	2249	1.99
鸡西市	Jixi City	140.00	58	4683	94.34	14	591	0.67
鹤岗市	Hegang City	83.93	58	7603	48.28	11	941	0.71
双鸭山市	Shuangyashan City	76.50	44	4721	39.24	15	1303	0.95
大庆市	Daqing City	694.44	276	22154	1574.16	43	3480	5.75
伊春市	Yichun City	66.20	31	1645	37.26	25	1016	1.52
佳木斯市	Jiamusi City	245.47	47	7681	88.72	18	1803	1.83
七台河市	Qitaihe City	63.68	10	1330	33.58	4	244	0.35
牡丹江市	Mudanjiang City	313.10	222	14075	384.72	46	4548	4.71
黑河市	Heihe City	63.55	32	1586	45.02	9	787	0.67
绥化市	Suihua City	293.09	69	8504	113.57	7	600	0.56
大兴安岭地区	Daxing'anling Prefecture	39.87	14	1049	72.93	6	837	0.80
农垦总局	Agriculture Reclamation Bureau	137.67	23	4395	240.68	6	955	1.18
其他	Others							
上海市	**Shanghai**	**6814.80**	**6178**	**601719**	**38013.05**	**2167**	**274542**	**605.00**
黄浦区	Huangpu District	643.62	641	90571	4862.78	282	42403	101.08
卢湾区	Luwan District							
徐汇区	Xuhui District	395.46	671	66591	2153.09	257	65754	133.36
长宁区	Changning District	233.70	443	38988	5965.94	202	26183	59.30
静安区	Jingan District	226.13	216	29719	1364.64	95	11988	33.85
普陀区	Putuo District	450.23	451	89706	2991.96	113	8584	15.12
闸北区	Zhabei District	216.08	247	21634	1038.30	68	5913	11.10
虹口区	Hongkou District	228.66	340	20115	1161.57	112	12995	26.43
杨浦区	Yangpu District	275.04	305	15127	1251.74	94	7967	16.39
闵行区	Minhang District	500.21	369	36510	1123.27	173	19219	38.71
宝山区	Baoshan District	382.06	506	25951	1630.57	118	8088	14.23
嘉定区	Jiading District	350.68	165	14983	1910.32	66	5101	9.45
浦东新区	Pudong New District	1204.04	1341	121183	11483.90	361	38001	108.18
金山区	Jinshan District	250.90	82	2833	244.13	40	4200	5.32
松江区	Songjiang District	342.12	173	11033	410.70	79	9075	15.07
青浦区	Qingpu District	299.24	88	9239	118.52	62	3991	6.99
奉贤区	Fengxian District	291.60	112	5705	269.15	26	3728	7.62
崇明县	Chongming County	54.70	28	1831	32.49	19	1352	2.80
其他	Others							

3-16 续表 3 continued

地　区	Region	社会消费品零售总额(亿元) Total Retail Sales (100 million yuan)	批发和零售业 Wholesale and Retail Trades 法人企业数(个) Corporation Enterprises (unit)	年末从业人数(人) Employed Persons at Year-end (person)	商品销售额(亿元) Total Sales of Commodities (100 million yuan)	住宿和餐饮业 Hotels and Catering Services 法人企业数(个) Corporation Enterprises (unit)	年末从业人数(人) Employed Persons at Year-end (person)	营业额(亿元) Business Revenue (100 million yuan)
江苏省	**Jiangsu**	**15988.38**	**12264**	**782208**	**33834.05**	**2659**	**375711**	**673.24**
南京市	Nanjing City	2697.10	1615	198874	7298.64	649	84548	139.21
无锡市	Wuxi City	2142.02	1943	85727	4664.05	285	46542	76.49
徐州市	Xuzhou City	1141.89	1137	55493	1403.17	201	14142	51.67
常州市	Changzhou City	1236.10	800	46290	1781.40	149	30974	52.84
苏州市	Suzhou City	2829.58	3186	166042	9195.16	486	68981	154.45
南通市	Nantong City	1493.27	985	59148	1558.21	124	11277	44.27
连云港市	Lianyungang City	500.23	352	21698	572.90	105	7577	15.02
淮安市	Huaian City	547.85	233	14154	306.38	98	9702	16.13
盐城市	Yancheng City	895.09	670	32981	676.05	110	9550	39.18
扬州市	Yangzhou City	853.74	344	23854	588.59	156	12737	25.79
镇江市	Zhenjiang City	664.07	376	24651	695.17	114	10789	28.66
泰州市	Taizhou City	651.17	402	25495	808.98	107	10716	21.71
宿迁市	Suqian City	336.26	221	12406	480.80	75	5755	7.80
浙江省	**Zhejiang**	**11930.60**	**11994**	**601464**	**30315.08**	**2408**	**325754**	**557.67**
杭州市	Hangzhou City	2548.36	3392	196172	12663.47	853	138703	242.91
宁波市	Ningbo City	2018.86	2378	125612	7420.33	447	53943	83.48
温州市	Wenzhou City	1767.64	1775	69147	2617.82	236	30911	63.87
嘉兴市	Jiaxing City	948.57	1052	41840	1417.74	159	18205	29.85
湖州市	Huzhou City	609.89	350	18536	917.92	84	9732	18.31
绍兴市	Shaoxing City	1006.75	899	43050	1440.39	139	19365	35.86
金华市	Jinhua City	1088.95	718	35664	1065.48	150	18351	27.79
衢州市	Quzhou City	344.34	243	12552	401.55	38	4060	5.33
舟山市	Zhoushan City	251.71	235	10270	507.52	101	8575	17.29
台州市	Taizhou City	1132.37	710	37052	1278.11	127	18097	25.93
丽水市	Lishui City	315.89	283	16508	436.09	73	5727	7.34
安徽省	**Anhui**	**4900.64**	**3297**	**276288**	**6881.20**	**1188**	**110368**	**139.47**
合肥市	Hefei City	1111.12	791	87430	3362.01	328	35759	55.10
芜湖市	Wuhu City	421.01	308	21880	549.43	94	8933	13.07
蚌埠市	Bengbu City	319.28	210	11916	189.34	58	3701	4.20
淮南市	Huainan City	221.95	122	11139	191.52	31	3294	3.93
马鞍山市	Maanshan City	226.09	139	13203	495.62	64	7026	6.44
淮北市	Huaibei City	148.28	77	7840	101.82	7	1318	1.40
铜陵市	Tongling City	117.75	86	5154	119.92	54	3486	3.99
安庆市	Anqing City	397.49	252	15943	205.63	97	7378	9.75
黄山市	Huangshan City	148.34	121	5439	80.22	78	9037	10.20
滁州市	Chuzhou City	254.47	234	17528	206.03	60	5405	5.11
阜阳市	Fuyang City	385.38	192	22239	495.12	57	4117	4.12
宿州市	Suzhou City	229.23	152	10766	254.03	38	3025	2.97
六安市	Liuan City	331.34	174	18714	237.39	60	5287	5.26
亳州市	Bozhou City	262.59	154	11108	148.07	38	3315	2.54
池州市	Chizhou City	107.10	109	5499	69.22	53	4313	4.58
宣城市	Xuancheng City	228.91	176	10511	175.82	71	5066	6.79
其他	Others							

3-16 续表 4 continued

地 区	Region	社会消费品零售总额(亿元) Total Retail Sales (100 million yuan)	批发和零售业 Wholesale and Retail Trades			住宿和餐饮业 Hotels and Catering Services		
			法人企业数(个) Corporation Enterprises (unit)	年末从业人数(人) Employed Persons at Year-end (person)	商品销售额(亿元) Total Sales of Commodities (100 million yuan)	法人企业数(个) Corporation Enterprises (unit)	年末从业人数(人) Employed Persons at Year-end (person)	营业额(亿元) Business Revenue (100 million yuan)
福建省	**Fujian**	**6276.19**	**5038**	**315151**	**11852.48**	**1236**	**159293**	**237.95**
福州市	Fuzhou City	1947.81	993	84007	3041.78	321	49921	87.17
厦门市	Xiamen City	800.28	1331	83243	5453.46	256	40373	73.43
莆田市	Putian City	338.02	307	16988	325.38	48	6201	5.90
三明市	Sanming City	291.51	361	15187	402.52	82	5690	7.04
泉州市	Quanzhou City	1462.09	1023	46792	1299.14	218	29141	32.84
漳州市	Zhangzhou City	563.51	376	26491	470.44	82	6581	8.80
南平市	Nanping City	306.27	171	12630	221.62	88	9321	7.79
龙岩市	Longyan City	374.33	315	20541	478.21	77	6297	6.70
宁德市	Ningde City	275.28	161	9272	159.88	64	5768	8.28
江西省	**Jiangxi**	**3485.06**	**1359**	**130791**	**2521.67**	**623**	**66852**	**80.89**
南昌市	Nanchang City	935.70	448	46489	1300.46	182	21773	31.33
景德镇市	Jingdezhen City	166.65	52	3679	59.01	38	3150	3.58
萍乡市	Pingxiang City	184.67	53	4426	56.51	20	1730	2.29
九江市	Jiujiang City	332.35	103	13631	142.86	56	7118	7.03
新余市	Xinyu City	133.85	50	3110	70.78	30	4161	6.35
鹰潭市	Yingtan City	104.10	50	2055	90.06	20	2565	1.99
赣州市	Ganzhou City	435.74	112	10904	181.66	69	6666	6.64
吉安市	Jian City	230.28	101	9828	113.78	62	4262	4.54
宜春市	Yichun City	312.21	112	15930	240.60	40	4959	4.40
抚州市	Fuzhou City	268.28	132	9998	108.10	28	3095	2.46
上饶市	Shangrao City	381.23	146	10741	157.85	78	7373	10.29
山东省	**Shandong**	**17155.49**	**12026**	**809192**	**20586.72**	**3401**	**286139**	**504.38**
济南市	Jinan City	2114.29	1047	99100	2483.60	357	44451	61.98
青岛市	Qingdao City	2302.37	1323	87997	4174.27	364	54055	92.86
淄博市	Zibo City	1186.70	666	50782	1325.33	363	17249	39.04
枣庄市	Zaozhuang City	496.00	357	20153	285.79	103	6216	8.84
东营市	Dongying City	456.38	355	34922	720.75	63	11148	20.32
烟台市	Yantai City	1657.08	1121	68210	1800.88	356	24354	53.15
潍坊市	Weifang City	1425.96	899	65669	1878.32	231	21848	26.81
济宁市	Jining City	1177.98	1080	62314	1310.80	279	14987	23.78
泰安市	Taian City	819.27	987	46175	1262.09	268	16280	40.37
威海市	Weihai City	832.69	361	38945	633.82	196	14702	36.09
日照市	Rizhao City	367.44	173	16009	534.49	63	5741	7.18
莱芜市	Laiwu City	198.39	172	10540	335.96	35	2892	2.99
临沂市	Linyi City	1376.89	907	67735	1332.60	158	13922	21.83
德州市	Dezhou City	772.56	689	37888	577.38	152	11915	21.50
聊城市	Liaocheng City	655.79	521	29279	658.06	94	7821	9.89
滨州市	Binzhou City	529.73	421	27640	478.60	82	6565	8.65
菏泽市	Heze City	785.97	947	45834	793.98	237	11993	29.09
河南省	**Henan**	**9453.65**	**6226**	**440712**	**8250.10**	**2363**	**169482**	**374.59**
郑州市	Zhengzhou City	2015.61	1154	87715	2943.86	373	47813	104.24
开封市	Kaifeng City	440.50	371	18263	206.87	193	9610	22.62
洛阳市	Luoyang City	963.54	585	38990	747.00	182	16296	27.45
平顶山市	Pingdingshan City	414.03	363	23079	560.16	217	13064	28.62
安阳市	Anyang City	409.24	302	18724	442.50	85	6570	14.14
鹤壁市	Hebi City	110.04	112	6724	72.77	44	2067	4.06
新乡市	Xinxiang City	468.20	340	23471	374.96	106	7503	13.59

地　区	Region	社会消费品零售总额(亿元) Total Retail Sales (100 million yuan)	批发和零售业 Wholesale and Retail Trades			住宿和餐饮业 Hotels and Catering Services		
			法人企业数(个) Corporation Enterprises (unit)	年末从业人数(人) Employed Persons at Year-end (person)	商品销售额(亿元) Total Sales of Commodities (100 million yuan)	法人企业数(个) Corporation Enterprises (unit)	年末从业人数(人) Employed Persons at Year-end (person)	营业额(亿元) Business Revenue (100 million yuan)
焦作市	Jiaozuo City	380.93	221	15185	220.49	60	6088	13.04
濮阳市	Puyang City	277.04	184	12708	181.81	38	2114	11.54
许昌市	Xuchang City	420.51	316	18067	281.71	121	7697	17.85
漯河市	Luohe City	258.27	175	10159	183.49	68	3351	9.80
三门峡市	Sanmenxia City	239.28	215	10056	174.47	73	5289	6.96
南阳市	Nanyang City	943.89	592	45584	527.06	236	12703	31.28
商丘市	Shangqiu City	478.75	221	20584	514.29	67	4410	7.82
信阳市	Xinyang City	523.33	273	27866	211.12	153	8257	24.10
周口市	Zhoukou City	579.80	305	30389	269.44	180	7355	19.76
驻马店市	Zhumadian City	447.23	440	28737	269.17	151	7785	15.72
济源市	Jiyuan City	82.77	57	4411	68.93	16	1510	1.98
湖北省	**Hubei**	**8275.20**	**3949**	**374189**	**10086.96**	**1497**	**150906**	**217.41**
武汉市	Wuhan City	3031.79	1089	181300	7221.67	502	76253	130.10
黄石市	Huangshi City	355.05	255	12497	231.53	149	8442	9.54
十堰市	Shiyan City	364.18	219	20212	270.00	70	6513	6.50
宜昌市	Yichang City	656.00	486	24209	406.98	131	11080	14.48
襄阳市	Xiangyang City	721.51	450	27002	422.80	143	8916	15.98
鄂州市	Ezhou City	159.68	25	2470	51.53	19	2099	2.25
荆门市	Jingmen City	311.25	192	15820	188.10	63	5752	8.40
孝感市	Xiaogan City	459.70	172	15495	219.85	68	5681	6.17
荆州市	Jingzhou City	595.66	139	10474	163.95	42	3658	4.29
黄冈市	Huanggang City	482.10	227	15306	257.20	53	5246	4.20
咸宁市	Xianning City	247.89	310	9879	205.81	158	5475	6.30
随州市	Suizhou City	161.65	112	10097	173.87	47	4046	4.60
恩施土家族苗族自治州	Enshi Tujia & Miao A.P	254.09	184	12489	122.35	64	4453	5.45
仙桃市	Xiantao City	172.64	22	11029	40.00	10	1317	1.37
潜江市	Qianjiang City	117.83	31	3382	102.50	15	1088	2.20
天门市	Tianmen City	179.04	34	2337	21.14	6	633	2.42
神农架林区	Shennongjia Forest District	5.14	8	213	2.60	6	273	0.30
湖南省	**Hunan**	**6884.73**	**2854**	**246955**	**5962.56**	**1124**	**144858**	**846.46**
长沙市	Changsha City	2201.61	787	100895	1967.68	291	59060	233.93
株洲市	Zhuzhou City	502.56	255	14564	440.55	93	9810	62.01
湘潭市	Xiangtan City	302.20	127	12340	257.10	80	7475	45.11
衡阳市	Hengyang City	556.53	262	17442	496.23	87	12210	60.29
邵阳市	Shaoyang City	327.92	130	11235	284.21	57	6347	43.71
岳阳市	Yueyang City	598.06	232	15297	506.74	88	8008	91.32
常德市	Changde City	553.45	151	13099	470.92	67	8340	82.53
张家界市	Zhangjiajie City	97.87	36	5229	82.86	55	5070	15.01
益阳市	Yiyang City	306.87	142	9306	270.63	98	6269	36.24
郴州市	Chenzhou City	481.95	293	15565	420.61	72	6237	61.34
永州市	Yongzhou City	285.16	145	10885	254.51	46	5608	30.65
怀化市	Huaihua City	274.74	105	8686	242.80	42	4591	31.93
娄底市	Loudi City	258.07	141	8926	224.35	25	3587	33.72
湘西土家族苗族自治州	West Hunan Tujia & Miao A.P	137.73	48	3486	119.06	23	2246	18.67

3-16 续表 6 continued

地　区	Region	社会消费品零售总额(亿元) Total Retail Sales (100 million yuan)	批发和零售业 Wholesale and Retail Trades 法人企业数(个) Corporation Enterprises (unit)	年末从业人数(人) Employed Persons at Year-end (person)	商品销售额(亿元) Total Sales of Commodities (100 million yuan)	住宿和餐饮业 Hotels and Catering Services 法人企业数(个) Corporation Enterprises (unit)	年末从业人数(人) Employed Persons at Year-end (person)	营业额(亿元) Business Revenue (100 million yuan)
广东省	**Guangdong**	**20246.72**	**12826**	**993682**	**42143.06**	**4119**	**647864**	**1133.21**
广州市	Guangzhou City	5243.02	3801	309625	18871.50	1166	120721	388.30
韶关市	Shaoguan City	383.99	88	9379	173.79	72	8563	10.58
深圳市	Shenzhen City	3520.87	1769	274815	10553.06	683	165673	282.68
珠海市	Zhuhai City	567.86	582	30374	1260.50	168	21818	34.85
汕头市	Shantou City	972.21	400	15430	650.57	124	11540	20.14
佛山市	Foshan City	1931.41	1265	64517	2927.13	339	39285	65.03
江门市	Jiangmen City	759.15	398	23101	557.18	137	21807	29.38
湛江市	Zhanjiang City	805.59	299	16181	577.69	83	15327	25.75
茂名市	Maoming City	842.86	481	19081	669.72	75	8133	14.09
肇庆市	Zhaoqing City	389.71	188	19148	411.09	95	11051	18.38
惠州市	Huizhou City	684.72	275	24879	639.29	157	21423	32.28
梅州市	Meizhou City	372.79	109	8850	190.46	52	6305	9.04
汕尾市	Shanwei City	414.59	54	5245	81.84	25	3120	4.51
河源市	Heyuan City	188.04	69	4781	89.39	56	6411	8.08
阳江市	Yangjiang City	440.11	88	5009	107.72	66	12163	15.24
清远市	Qingyuan City	433.69	162	6931	161.59	71	11803	16.10
东莞市	Dongguan City	1266.31	817	70643	1814.91	315	68771	88.97
中山市	ZhongShan City	756.07	799	47207	1249.59	243	29539	41.15
潮州市	Chaozhou City	287.73	142	8748	266.78	54	3378	6.01
揭阳市	Jieyang City	573.45	900	20385	716.60	103	6738	15.66
云浮市	Yunfu City	167.58	140	11044	172.68	35	3722	6.99
广西壮族自治区	**Guangxi**	**3908.10**	**1859**	**95940**	**3365.72**	**662**	**52483**	**84.82**
南宁市	Nanning City	1073.15	587	26652	1468.72	162	10986	33.89
柳州市	Liuzhou City	568.80	370	14195	734.72	58	4580	8.89
桂林市	Guilin City	462.36	155	13809	239.35	132	12563	15.97
梧州市	Wuzhou City	224.08	77	3836	102.54	26	1637	2.27
北海市	Beihai City	127.29	29	2448	62.77	42	2381	4.37
防城港市	Fangchenggang City	61.16	59	891	55.76	12	330	0.77
钦州市	Qinzhou City	204.27	84	5617	127.47	33	3738	2.70
贵港市	Guigang City	245.97	59	3432	72.97	27	2643	2.06
玉林市	Yulin City	362.81	175	11995	204.71	48	4698	4.49
百色市	Baise City	134.34	63	1763	88.58	51	2106	3.39
贺州市	Hezhou City	92.36	41	3021	49.13	8	881	0.60
河池市	Hechi City	154.79	70	4806	88.54	29	2342	2.13
来宾市	Laibin City	94.42	33	1659	21.74	13	1750	1.36
崇左市	Chongzuo City	72.40	54	1802	48.69	21	1848	1.92
海南省	**Hainan**	**741.13**	**585**	**39056**	**1625.46**	**380**	**67650**	**108.68**
海口市	Haikou City	387.18	412	29040	1217.52	139	20294	25.56
三亚市	Sanya City	86.01	46	3566	106.82	131	33869	71.05
重庆市	**Chongqing**	**3487.81**	**3430**	**252979**	**7740.85**	**1060**	**109964**	**182.51**
万州区	Wanzhou District	160.32	131	8001	268.99	29	4584	10.24
涪陵区	Fuling District	130.33	87	8539	138.06	39	3333	3.84
渝中区	Yuzhong District	414.28	234	61283	1286.26	69	19604	29.22
大渡口区	Dadukou District	31.77	21	1005	18.05	8	370	0.37
江北区	Jiangbei District	291.14	229	38338	2139.64	66	10095	16.65

地 区	Region	社会消费品零售总额（亿元）Total Retail Sales (100 million yuan)	批发和零售业 Wholesale and Retail Trades			住宿和餐饮业 Hotels and Catering Services		
			法人企业数（个）Corporation Enterprises (unit)	年末从业人数（人）Employed Persons at Year-end (person)	商品销售额（亿元）Total Sales of Commodities (100 million yuan)	法人企业数（个）Corporation Enterprises (unit)	年末从业人数（人）Employed Persons at Year-end (person)	营业额（亿元）Business Revenue (100 million yuan)
沙坪坝区	Shapingba District	246.92	177	10939	547.54	70	6273	7.36
九龙坡区	Jiulongpo District	318.14	352	18575	836.13	91	13160	16.40
南岸区	Nanan District	261.70	160	11874	362.25	59	4961	9.53
北碚区	Beibei District	103.29	64	5687	137.07	31	4941	13.26
綦江区	Qijiang District	87.81	75	3055	54.46	27	1615	1.12
大足区	Dazu District	59.89	64	1957	43.24	30	1975	2.27
渝北区	Yubei District	287.20	157	15971	545.89	72	14071	17.97
巴南区	Banan District	138.07	121	5643	223.70	11	953	0.78
黔江区	Qianjiang District	44.07	75	6031	59.54	22	1181	3.19
长寿区	Changshou District	68.45	59	2219	141.52	12	1052	1.89
江津区	Jiangjin District	130.37	106	5716	92.95	31	1699	2.48
合川区	Hechuan District	125.08	154	4712	124.54	44	1928	11.99
永川区	Yongchuan District	138.53	137	5588	147.08	36	2449	4.93
南川区	Nanchuan District	59.60	30	1909	31.29	23	1457	2.00
四川省	**Sichuan**	**8044.58**	**4435**	**366573**	**7897.90**	**2053**	**211184**	**295.10**
成都市	Chengdu City	2875.08	1649	182206	4912.83	1121	110229	175.42
自贡市	Zigong City	298.05	143	8589	111.61	36	5835	4.83
攀枝花市	Panzhihua City	172.79	130	7077	165.66	44	4050	3.70
泸州市	Luzhou City	315.06	258	14968	205.24	46	3668	3.97
德阳市	Deyang City	358.46	180	10952	327.44	60	6989	7.52
绵阳市	Mianyang City	502.00	177	15154	440.14	98	9780	11.90
广元市	Guangyuan City	177.01	125	7300	87.41	43	2974	3.14
遂宁市	Suining City	245.76	150	11790	98.02	42	3746	3.35
内江市	Neijiang City	243.90	130	10138	122.94	36	3328	3.17
乐山市	Leshan City	334.98	126	9900	139.36	53	4649	4.90
南充市	Nanchong City	406.66	158	12217	143.35	83	7147	8.98
眉山市	Meishan City	222.77	120	7340	112.47	33	3800	4.09
宜宾市	Yibin City	374.97	263	10710	228.00	49	3892	6.08
广安市	Guangan City	253.03	262	10166	130.55	27	2580	2.66
达州市	Dazhou City	369.73	169	17044	179.06	47	4561	4.52
雅安市	Yaan City	122.92	29	3117	42.71	30	2194	2.34
巴中市	Bazhong City	139.57	48	4353	58.49	16	1993	2.41
资阳市	Ziyang City	252.09	131	8478	90.12	39	18114	25.93
阿坝藏族羌族自治州	Aba Zang & Qiang A.P	39.38	28	1762	23.83	65	6050	8.80
甘孜藏族自治州	Ganzi Zang A.P	44.88	18	1371	28.99	17	1408	1.52
凉山彝族自治州	Liangshan Yi A.P	295.51	141	11941	249.68	68	4197	5.83
贵州省	**Guizhou**	**1751.62**	**887**	**89462**	**1994.25**	**416**	**41479**	**42.93**
贵阳市	Guiyang City	584.33	334	33954	895.97	156	20921	25.00
六盘水市	Liupanshui City	157.61	72	5594	136.69	24	1997	1.77
遵义市	Zunyi City	350.62	143	16990	453.06	78	4964	5.11
安顺市	Anshun City	83.93	34	3859	70.10	19	1457	1.20
毕节市	Bijie City	150.38	52	8290	89.30	26	2636	2.40
铜仁市	Tongren City	89.88	33	4038	62.59	30	2580	2.10
黔西南布依族苗族自治州	Southwest Guizhou Buyi & Miao A.P	105.26	79	6969	122.87	14	1983	1.11
黔东南苗族侗族自治州	Southeast Guizhou Miao & Dong A.P	144.83	66	5060	81.19	40	2781	2.47
黔南布依族苗族自治州	South Guizhou Buyi & Miao A.P	117.12	74	4708	82.48	29	2160	1.76

3-16 续表 8 continued

地　区	Region	社会消费品零售总额(亿元) Total Retail Sales (100 million yuan)	批发和零售业 Wholesale and Retail Trades			住宿和餐饮业 Hotels and Catering Services		
			法人企业数(个) Corporation Enterprises (unit)	年末从业人数(人) Employed Persons at Year-end (person)	商品销售额(亿元) Total Sales of Commodities (100 million yuan)	法人企业数(个) Corporation Enterprises (unit)	年末从业人数(人) Employed Persons at Year-end (person)	营业额(亿元) Business Revenue (100 million yuan)
云南省	**Yunnan**	**3000.14**	**2798**	**314900**	**5240.31**	**479**	**98900**	**121.80**
昆明市	Kunming City	1271.73	758	75000	3329.66	260	36700	54.78
曲靖市	Qujing City	280.76	203	18000	371.37	64	2300	3.58
玉溪市	Yuxi City	168.36	136	14000	276.69	42	3700	3.53
保山市	Baoshan City	101.47	59	6800	89.46	13	2300	20.76
昭通市	Zhaotong City	126.83	69	6200	115.93	28	2600	1.84
丽江市	Lijiang City	55.67	50	3500	85.66	52	5300	8.35
普洱市	Puer City	86.22	74	1500	16.91	16	1100	0.89
临沧市	Lincang City	87.10	44	3800	638.18	10	2100	6.25
楚雄彝族自治州	Chuxiong Yi A.P	158.32	113	5600	126.99	33	2100	1.80
红河哈尼族彝族自治州	Honghe Hani & Yi A.P	184.21	133	11100	175.34	46	4600	5.44
文山壮族苗族自治州	Wenshan Zhuang & Miao A.P	173.13	107	3800	71.26	23	1900	1.40
西双版纳傣族自治州	Xishuangbanna Dai A.P	60.70	71	3400	88.93	25	2300	2.74
大理白族自治州	Dali Bai A.P	170.50	103	9200	203.53	32	3100	2.41
德宏傣族景颇族自治州	Dehong Dai & Jingpo A.P	65.28	138	3400	113.25	13	1600	0.98
怒江傈僳族自治州	Nujiang Lisu A.P	17.65	9	500	8.50	6	300	0.38
迪庆藏族自治州	Diqing Zang A.P	25.34	21	2300	35.67	16	1200	1.39
西藏自治区	**Tibet A.R.**	**219.00**	**59**	**6514**	**109.54**	**49**	**4980**	**5.54**
拉萨市	Lhasa City	105.14	41	4359	71.64	24	3049	3.62
昌都地区	Qamdu Prefecture	18.40	2	201	5.88	6	477	0.25
山南地区	Lhokha Prefecture	22.34	2	264	6.43	4	541	0.67
日喀则地区	Xigaze Prefecture	41.90	7	974	11.34	6	399	0.34
那曲地区	Narqu Prefecture	10.75	2	402	7.05	1	113	0.15
阿里地区	Ngri Prefecture	5.15	2	75	1.31	1	68	0.11
林芝地区	Nyingchi Prefecture	15.32	3	239	5.89	7	333	0.40
其他	Others							
陕西省	**Shaanxi**	**3789.99**	**1878**	**208834**	**5745.33**	**1305**	**156912**	**205.02**
西安市	Xi'an City	1965.98	499	105156	3081.38	481	83871	124.24
铜川市	Tongchuan City	54.56	53	3551	32.61	30	2361	2.33
宝鸡市	Baoji City	358.23	109	15156	418.57	110	9568	10.20
咸阳市	Xianyang City	345.10	207	16503	440.60	146	11835	13.33
渭南市	Weinan City	278.96	238	20002	208.50	128	10720	14.98
延安市	Yan'an City	131.14	99	7819	136.08	70	7055	6.32
汉中市	Hanzhong City	184.44	150	9665	131.08	81	7097	7.01
榆林市	Yulin City	240.95	329	20002	1158.76	140	13060	16.21
安康市	Ankang City	129.72	142	7355	92.11	78	6596	6.47
商洛市	Shangluo City	92.18	41	2942	42.64	32	3658	2.93
杨凌示范区	Yangling Demonstration Zone	8.71	11	683	2.97	9	1091	0.99
甘肃省	**Gansu**	**1648.00**	**814**	**68919**	**2642.14**	**439**	**46037**	**47.51**
兰州市	Lanzhou City	646.71	299	30408	1813.93	176	21512	24.68
嘉峪关市	Jiayuguan City	30.01	28	1827	86.49	16	1571	1.66
金昌市	Jinchang City	43.32	33	1467	29.44	11	1381	1.14
白银市	Baiyin City	103.50	57	5508	60.81	19	1878	1.75
天水市	Tianshui City	153.64	83	5839	104.66	48	3918	4.52

3-16 续表 9 continued

地 区	Region	社会消费品零售总额(亿元) Total Retail Sales (100 million yuan)	批发和零售业 Wholesale and Retail Trades			住宿和餐饮业 Hotels and Catering Services		
			法人企业数(个) Corporation Enterprises (unit)	年末从业人数(人) Employed Persons at Year-end (person)	商品销售额(亿元) Total Sales of Commodities (100 million yuan)	法人企业数(个) Corporation Enterprises (unit)	年末从业人数(人) Employed Persons at Year-end (person)	营业额(亿元) Business Revenue (100 million yuan)
武威市	Wuwei City	90.66	29	2020	42.15	17	981	0.94
张掖市	Zhangye City	80.28	47	2975	53.68	19	1034	0.90
平凉市	Pingliang City	104.65	35	3492	49.96	18	2405	1.95
酒泉市	Jiuquan City	106.80	93	5122	216.27	40	3356	3.48
庆阳市	Qingyang City	112.11	29	3278	51.88	19	2529	2.38
定西市	Dingxi City	63.43	34	2480	52.48	15	1707	1.23
陇南市	Longnan City	48.86	20	2584	46.00	15	1343	1.06
临夏回族自治州	Linxia Hui A.P	41.02	21	1556	21.58	15	1660	1.32
甘南藏族自治州	Gannan Zang A.P	23.02	6	363	12.81	11	762	0.50
青海省	**Qinghai**	**404.85**	**182**	**23023**	**665.16**	**91**	**10464**	**9.94**
西宁市	Xining City	271.29	137	19921	548.14	53	7391	7.82
海东地区	Haidong Prefecture	47.14	5	818	73.59	6	705	
海北藏族自治州	Haibei Zang A.P	11.23	1	87	1.79	4	262	0.18
黄南藏族自治州	Huangnan Zang AP	5.08	2	297	5.00			
海南藏族自治州	Hainan Zang A.P	16.84	4	164	2.66	3	110	0.16
果洛藏族自治州	Golog Zang A.P	3.16	1	98	0.95			
玉树藏族自治州	Yushu Zang A.P	3.70	1	43	2.31			
海西蒙古族藏族自治州	Haixi Mongolian & Zang A.P	50.94	31	1595	87.27	25	1996	1.28
宁夏回族自治区	**Ningxia**	**477.58**	**412**	**33601**	**835.45**	**163**	**17735**	**19.65**
银川市	Yinchuan City	274.47	258	21261	593.67	93	10759	13.59
石嘴山市	Shizuishan City	67.28	43	3386	69.77	18	1410	1.27
吴忠市	Wuzhong City	59.68	47	3157	63.16	18	2279	2.08
固原市	Guyuan City	37.74	20	1562	24.50	12	1371	1.18
中卫市	Zhongwei City	38.41	44	4235	84.35	22	1916	1.52
新疆维吾尔自治区	**Xinjiang**	**1557.09**	**1260**	**107274**	**5300.51**	**294**	**34643**	**60.73**
乌鲁木齐市	Urumqi City	649.73	439	48037	3285.89	91	17425	35.98
克拉玛依市	Karamay City	43.58	57	5501	108.54	7	1124	2.70
吐鲁番地区	Turpan Prefecture	26.33	15	1534	38.27	7	485	0.50
哈密地区	Hami Prefecture	46.54	71	3312	103.00	10	1536	1.87
昌吉回族自治州	Changji Hui A.P	133.03	59	3904	99.92	7	328	1.25
博尔塔拉蒙古自治州	Bortala Mongolian A.P	21.22	17	1072	84.26	4	260	0.31
巴音郭楞蒙古自治州	Bayingolin Mongolian A.P	67.49	93	5779	145.15	36	2909	3.62
阿克苏地区	Aksu Prefecture	72.21	129	8669	220.32	15	984	1.48
克孜勒苏柯尔克孜自治州	Kizilsu Kirgiz A.P	9.79	10	559	3.99	2	189	0.19
喀什地区	Kashi Prefecture	89.46	61	6655	167.40	12	978	1.43
和田地区	Hotan Prefecture	22.91	11	1222	22.36	7	326	0.29
伊犁哈萨克自治州	Ili Kazak A.P	115.93	111	5467	306.95	42	3379	3.68
塔城地区	Tacheng Prefecture	46.70	37	1820	72.21	10	679	0.66
阿勒泰地区	Altay Prefecture	37.24	13	1022	29.61	12	1087	1.54
石河子市	Shihezi City							
阿拉尔市	Alar City							
图木舒克市	Tumxuk City							
五家渠市	Wujiaqu City							
生产建设兵团	Corps	242.71	137	12721	612.63	32	2954	5.22

3-17 货物进出口总额和利用外资(2011年)
Total Value of Imports & Exports and Foreign Capital (2011)

地　区	Region	货物进出口总额（万美元） Total Imports & Exports (USD 10 000)	进口额 Imports	出口额 Exports	外商直接投资实际使用额（万美元） Total Amount of Foreign Direct Investment Actually Utilized (USD 10 000)
北京市	**Beijing**	**38958313.8**	**33058543.6**	**5899770.2**	**705447.0**
东城区	Dongcheng District	1598123.4	1223320.5	374803.0	55256.0
西城区	Xicheng District	10398088.8	9127828.2	1270260.5	54197.0
朝阳区	Chaoyang District	17172246.2	15315203.9	1857042.3	264703.0
丰台区	Fengtai District	1171394.1	976371.1	195023.0	7304.0
石景山区	Shijingshan District	76178.1	23506.6	52671.5	6767.0
海淀区	Haidian District	4885427.1	3787266.9	1098160.2	142256.0
门头沟区	Mentougou District	31714.2	18325.2	13388.9	4204.0
房山区	Fangshan District	67881.6	31055.2	36826.4	4903.0
通州区	Tongzhou District	243641.2	102292.0	141349.1	9017.0
顺义区	Shunyi District	977104.3	831450.4	145653.9	40491.0
昌平区	Changping District	217121.3	105434.7	111686.5	9092.0
大兴区	Daxing District	1844819.5	1350330.3	494489.2	13088.0
怀柔区	Huairou District	68816.4	39240.8	29575.6	5939.0
平谷区	Pinggu District	83676.4	65189.8	18486.6	6023.0
密云县	Miyun County	76826.5	49830.9	26995.6	4455.0
延庆县	Yanqing County	32673.2	2390.8	30282.5	13934.0
北京经济技术开发区	Beijing Economic-technological Development Zones				63818.0
其他	Others	12581.6	9506.1	3075.4	
天津市	**Tianjin**	**10339107.0**	**5889315.0**	**4449792.0**	**1305602.0**
和平区	Heping District	417182.0	249283.0	167899.0	48433.0
河东区	Hedong District	111523.0	76135.0	35388.0	9227.0
河西区	Hexi District	243315.0	92056.0	151259.0	25044.0
南开区	Nankai District	101896.0	30123.0	71773.0	9702.0
河北区	Hebei District	42225.0	16023.0	26202.0	16018.0
红桥区	Hongqiao District	5672.0	3092.0	2580.0	938.0
东丽区	Dongli District	432130.0	207511.0	224619.0	55028.0
西青区	Xiqing District	459509.0	240508.0	219001.0	72481.0
津南区	Jinnan District	264506.0	150522.0	113984.0	39009.0
北辰区	Beichen District	446492.0	165741.0	280751.0	71392.0
武清区	Wuqing District	335554.0	108478.0	227076.0	48176.0
宝坻区	Baodi District	69468.0	22128.0	47340.0	16003.0
滨海新区	Binhai New Area	7112109.0	4344507.0	2767602.0	850229.0
宁河县	Ninghe County	46703.0	33232.0	13471.0	18090.0
静海县	Jinghai County	243867.0	149512.0	94355.0	15827.0
蓟县	Ji County	6956.0	464.0	6492.0	10005.0
其他	Others				
河北省	**Hebei**	**5359910.0**	**2501523.8**	**2858386.2**	**468095.0**
石家庄市	Shijiazhuang City	1416852.2	708756.7	708095.5	36726.0
唐山市	Tangshan City	1086323.0	697113.2	389209.8	108123.0
秦皇岛市	Qinhuangdao City	434887.4	212693.4	222194.0	59900.0
邯郸市	Handan City	384720.1	243198.0	141522.1	63692.0
邢台市	Xingtai City	218182.4	102077.9	116104.5	36185.0
保定市	Baoding City	734898.8	198518.6	536380.2	43375.0
张家口市	Zhangjiakou City	31249.1	6256.9	24992.2	13681.0
承德市	Chengde City	18826.5	2610.3	16216.2	5235.0
沧州市	Cangzhou City	214781.1	26562.5	188218.5	28934.0
廊坊市	Langfang City	529405.7	258263.6	271142.0	57521.0
衡水市	Hengshui City	289783.8	45472.6	244311.2	14723.0

地　区	Region	货物进出口总额(万美元) Total Imports & Exports (USD 10 000)	进口额 Imports	出口额 Exports	外商直接投资实际使用额(万美元) Total Amount of Foreign Direct Investment Actually Utilized (USD 10 000)
山西省	**Shanxi**	**1475981.0**	**933158.0**	**542823.0**	**207278.0**
太原市	Taiyuan City	853438.0	502914.0	350524.0	67913.8
大同市	Datong City	43123.0	33332.0	9791.0	10635.3
阳泉市	Yangquan City	33345.0	16224.0	17122.0	18133.9
长治市	Changzhi City	77881.0	73073.0	4809.0	20716.7
晋城市	Jincheng City	113516.0	85340.0	28177.0	21798.6
朔州市	Shuozhou City	13942.0	12461.0	1481.0	11588.7
晋中市	Jinzhong City	23316.0	247.0	23069.0	6507.0
运城市	Yuncheng City	125466.0	86502.0	38964.0	20088.6
忻州市	Xinzhou City	19158.0	18.0	19140.0	1677.5
临汾市	Linfen City	79596.0	58593.0	21003.0	9033.0
吕梁市	Luliang City	93199.0	64456.0	28743.0	19184.9
其他	Others				
内蒙古自治区	**Inner Mongolia**	**1193910.0**	**725187.0**	**468723.0**	**404125.0**
呼和浩特市	Hohhot City	202456.0	100086.0	102370.0	8243.0
包头市	Baotou City	276915.0	95142.0	181773.0	124000.0
乌海市	Wuhai City	378.0	27.0	351.0	5952.0
赤峰市	Chifeng City	122300.0	100098.0	22202.0	3674.7
通辽市	Tongliao City	9329.0	1948.0	7381.0	4835.0
鄂尔多斯市	Erdos City	61500.0	30474.0	31026.0	127000.0
呼伦贝尔市	Hulunbuir City	256600.0	233000.0	23600.0	9729.0
巴彦淖尔市	Bayannur City	96034.0	74911.0	21123.0	5100.0
乌兰察布市	Ulanqab City	10464.0	3499.0	6969.0	12813.0
兴安盟	Xingan League	380.0	13.0	367.0	
锡林郭勒盟	Xilingol League	163361.0	97643.0	65718.0	2502.0
阿拉善盟	Alxa League	14582.0	12086.0	2496.0	720.0
辽宁省	**Liaoning**	**9595724.0**	**4491674.0**	**5104050.0**	**2426739.0**
沈阳市	Shenyang City	1062025.0	579513.0	482512.0	550247.0
大连市	Dalian City	6050979.0	2881629.0	3169350.0	1101208.0
鞍山市	Anshan City	473916.0	273417.0	200499.0	110256.0
抚顺市	Fushun City	99653.0	38189.0	61464.0	20826.0
本溪市	Benxi City	412355.0	218424.0	193931.0	35214.0
丹东市	Dandong City	387793.0	151813.0	235980.0	101688.0
锦州市	Jinzhou City	261141.0	111589.0	149552.0	53780.0
营口市	Yingkou City	433623.0	107763.0	325860.0	110283.0
阜新市	Fuxin City	19985.0	4662.0	15323.0	14958.0
辽阳市	Liaoyang City	76779.0	25587.0	51192.0	39118.0
盘锦市	Panjin City	80042.0	26219.0	53823.0	200108.0
铁岭市	Tieling City	55065.0	1875.0	53190.0	30345.0
朝阳市	Chaoyang City	53812.0	22538.0	31274.0	14269.0
葫芦岛市	Huludao City	128556.0	48456.0	80100.0	44439.0

地 区	Region	货物进出口总 额（万美元） Total Imports & Exports (USD 10 000)	进口额 Imports	出口额 Exports	外商直接投资实际使用额（万美元） Total Amount of Foreign Direct Investment Actually Utilized (USD 10 000)
吉林省	**Jilin**	**2204742.0**	**1704894.0**	**499848.0**	**148125.0**
长春市	Changchun City	1734887.0	1507414.0	227473.0	77352.0
吉林市	Jilin City	127031.0	69624.0	57407.0	16048.0
四平市	Siping City	25447.0	18056.0	7391.0	7279.0
辽源市	Liaoyuan City	10698.0	5405.0	5293.0	11918.0
通化市	Tonghua City	71403.0	53914.0	17489.0	5815.0
白山市	Baishan City	27612.0	7374.0	20238.0	7585.0
松原市	Songyuan City	10116.0	557.0	9559.0	7934.0
白城市	Baicheng City	12043.0	2028.0	10015.0	3459.0
延边朝鲜族自治州	Yanbian Korean A.P	185505.0	40522.0	144983.0	10011.0
黑龙江省	**Heilongjiang**	**3851290.0**	**2084026.0**	**1767264.0**	**324804.0**
哈尔滨市	Harbin City	490877.0	276515.0	214362.0	159938.0
齐齐哈尔市	Qiqihar City	102888.0	45594.0	57294.0	29016.0
鸡西市	Jixi City	92349.0	22340.0	70009.0	8400.0
鹤岗市	Hegang City	11172.0	243.0	10929.0	4438.0
双鸭山市	Shuangyashan City	130690.0	17853.0	112837.0	3339.0
大庆市	Daqing City	215896.0	161350.0	54546.0	42209.0
伊春市	Yichun City	34785.0	22594.0	12192.0	4809.0
佳木斯市	Jiamusi City	365151.0	64164.0	300988.0	15080.0
七台河市	Qitaihe City	9268.0	354.0	8914.0	1337.0
牡丹江市	Mudanjiang City	1042256.0	644393.0	397862.0	29264.0
黑河市	Heihe City	328338.0	83272.0	245066.0	12012.0
绥化市	Suihua City	13151.0	5875.0	7276.0	13007.0
大兴安岭地区	Daxing'anling Prefecture	88714.0	87492.0	1222.0	1955.0
农垦总局	Agriculture Reclamation Bureau				
其他	Others	925754.0	651987.0	273767.0	
上海市	**Shanghai**	**43743600.0**	**22764700.0**	**20978900.0**	**1260100.0**
黄浦区	Huangpu District				
卢湾区	Luwan District				
徐汇区	Xuhui District				
长宁区	Changning District				
静安区	Jingan District				
普陀区	Putuo District				
闸北区	Zhabei District				
虹口区	Hongkou District				
杨浦区	Yangpu District				
闵行区	Minhang District				
宝山区	Baoshan District				
嘉定区	Jiading District				
浦东新区	Pudong New District				
金山区	Jinshan District				
松江区	Songjiang District				
青浦区	Qingpu District				
奉贤区	Fengxian District				
崇明县	Chongming County				
其他	Others				

3-17 续表 3 continued

地 区	Region	货物进出口总 额(万美元) Total Imports & Exports (USD 10 000)	进口额 Imports	出口额 Exports	外商直接投资实际使用额(万美元) Total Amount of Foreign Direct Investment Actually Utilized (USD 10 000)
江苏省	**Jiangsu**	**53975890.0**	**22713585.0**	**31262305.0**	**3213173.0**
南京市	Nanjing City	5734393.0	2647850.6	3086542.4	356588.0
无锡市	Wuxi City	7246334.3	3015272.3	4231062.0	350480.0
徐州市	Xuzhou City	630953.8	215028.0	415925.8	146569.0
常州市	Changzhou City	2863256.7	927256.2	1936000.5	305238.0
苏州市	Suzhou City	30086255.7	13362910.7	16723345.0	901623.0
南通市	Nantong City	2577546.8	776370.2	1801176.6	216644.0
连云港市	Lianyungang City	689824.2	316267.1	373557.1	60986.0
淮安市	Huaian City	285437.1	101520.6	183916.5	161996.0
盐城市	Yancheng City	524532.4	226691.0	297841.4	168780.0
扬州市	Yangzhou City	1014013.0	282027.9	731985.1	210264.0
镇江市	Zhenjiang City	1007455.0	445558.0	561897.0	180756.0
泰州市	Taizhou City	1108849.7	361060.7	747789.0	141726.0
宿迁市	Suqian City	207038.5	35771.6	171266.9	18971.0
浙江省	**Zhejiang**	**30937776.0**	**9302827.0**	**21634949.0**	**1166601.0**
杭州市	Hangzhou City	6397180.0	2245033.0	4152147.0	472230.0
宁波市	Ningbo City	9818682.0	3735523.0	6083159.0	280929.0
温州市	Wenzhou City	2157173.0	340625.0	1816548.0	10215.0
嘉兴市	Jiaxing City	2848424.6	921274.1	1927150.5	172066.0
湖州市	Huzhou City	866217.0	130637.0	735580.0	94038.0
绍兴市	Shaoxing City	3350542.0	751937.0	2598605.0	80468.0
金华市	Jinhua City	1643433.9	128868.0	1514565.9	23315.0
衢州市	Quzhou City	268686.3	92612.8	176073.6	4541.0
舟山市	Zhoushan City	1326405.0	579109.0	747296.0	10788.0
台州市	Taizhou City	2050352.0	346860.0	1703492.0	14301.0
丽水市	Lishui City	212532.6	31109.3	181423.4	4430.0
安徽省	**Anhui**	**3133782.0**	**1425393.0**	**1708389.0**	**662887.0**
合肥市	Hefei City	1230891.0	448917.0	781974.0	145601.0
芜湖市	Wuhu City	396491.0	126074.0	270417.0	104077.0
蚌埠市	Bengbu City	77005.0	21116.0	55889.0	45574.0
淮南市	Huainan City	23878.0	14736.0	9142.0	12876.0
马鞍山市	Maanshan City	419661.0	340295.0	79366.0	99172.0
淮北市	Huaibei City	20149.0	2993.0	17156.0	30123.0
铜陵市	Tongling City	413074.0	361130.0	51944.0	23807.0
安庆市	Anqing City	85824.0	25779.0	60045.0	26430.0
黄山市	Huangshan City	46172.0	9528.0	36644.0	18215.0
滁州市	Chuzhou City	113152.0	25023.0	88129.0	32297.0
阜阳市	Fuyang City	64678.0	14001.0	50677.0	6488.0
宿州市	Suzhou City	22108.0	5313.0	16795.0	25206.0
六安市	Liuan City	62565.0	4561.0	58004.0	20504.0
亳州市	Bozhou City	32832.0	2443.0	30389.0	24617.0
池州市	Chizhou City	25753.0	9391.0	16362.0	16705.0
宣城市	Xuancheng City	99549.0	14093.0	85456.0	31195.0
其他	Others				

3-17 续表 4 continued

地　区	Region	货物进出口总额（万美元） Total Imports & Exports (USD 10 000)	进口额 Imports	出口额 Exports	外商直接投资实际使用额（万美元） Total Amount of Foreign Direct Investment Actually Utilized (USD 10 000)
福建省	**Fujian**	**14352244.0**	**5068465.0**	**9283778.0**	**620111.0**
福州市	Fuzhou City	3464525.0	1053105.0	2411420.0	127745.0
厦门市	Xiamen City	7015759.0	2751225.0	4264534.0	172583.0
莆田市	Putian City	464670.0	186593.0	278077.0	25264.0
三明市	Sanming City	177518.0	22945.0	154573.0	9201.0
泉州市	Quanzhou City	1706361.0	628107.0	1078254.0	161511.0
漳州市	Zhangzhou City	971308.0	322232.0	649076.0	88739.0
南平市	Nanping City	147271.0	28185.0	119086.0	7794.0
龙岩市	Longyan City	240136.0	54968.0	185168.0	17762.0
宁德市	Ningde City	164696.0	21105.0	143590.0	9512.0
江西省	**Jiangxi**	**3146881.0**	**959275.0**	**2187606.0**	**605881.0**
南昌市	Nanchang City	787507.0	222106.0	565401.0	168160.0
景德镇市	Jingdezhen City	127052.0	3231.0	123821.0	10500.0
萍乡市	Pingxiang City	73797.0	2321.0	71476.0	17990.0
九江市	Jiujiang City	378387.0	115847.0	262540.0	77258.0
新余市	Xinyu City	351878.0	144670.0	207208.0	59383.0
鹰潭市	Yingtan City	430657.0	369687.0	60970.0	14535.0
赣州市	Ganzhou City	292264.0	39997.0	252267.0	87736.0
吉安市	Jian City	229556.0	22537.0	207019.0	50246.0
宜春市	Yichun City	114515.0	14132.0	100383.0	43077.0
抚州市	Fuzhou City	95892.0	1133.0	94759.0	17630.0
上饶市	Shangrao City	265376.0	23614.0	241762.0	59366.0
山东省	**Shandong**	**23599191.0**	**11020382.0**	**12578809.0**	**1116022.0**
济南市	Jinan City	1040015.0	435313.0	604702.0	110002.0
青岛市	Qingdao City	7231698.0	3173616.0	4058082.0	360097.0
淄博市	Zibo City	903550.0	371128.0	532422.0	44971.0
枣庄市	Zaozhuang City	106751.0	22341.0	84410.0	11970.0
东营市	Dongying City	1021806.0	585887.0	435919.0	14036.0
烟台市	Yantai City	4534870.0	1865388.0	2669482.0	133891.0
潍坊市	Weifang City	1408826.0	372440.0	1036386.0	72159.0
济宁市	Jining City	574521.0	267509.0	307012.0	73306.0
泰安市	Taian City	182143.0	63595.0	118548.0	10019.0
威海市	Weihai City	1692309.0	618131.0	1074178.0	72708.0
日照市	Rizhao City	2083688.0	1693053.0	390635.0	36615.0
莱芜市	Laiwu City	359201.0	245070.0	114131.0	10016.0
临沂市	Linyi City	683054.0	320861.0	362193.0	26885.0
德州市	Dezhou City	268199.0	93557.0	174642.0	19033.0
聊城市	Liaocheng City	565439.0	377913.0	187526.0	8001.0
滨州市	Binzhou City	669115.0	384626.0	284489.0	104274.0
菏泽市	Heze City	274005.0	129954.0	144051.0	8039.0
河南省	**Henan**	**3264212.0**	**1340172.0**	**1924040.0**	**1008209.0**
郑州市	Zhengzhou City	1602034.9	635777.0	966257.9	310000.0
开封市	Kaifeng City	30004.2	7231.3	22773.0	23451.0
洛阳市	Luoyang City	208295.1	60521.1	147774.0	176800.0
平顶山市	Pingdingshan City	42906.8	10389.6	32517.2	30768.0
安阳市	Anyang City	185824.6	128489.8	57334.8	25838.0
鹤壁市	Hebi City	15617.2	3163.6	12453.5	35903.0
新乡市	Xinxiang City	164211.9	73552.3	90659.6	53056.0

3-17 续表 5 continued

地　区	Region	货物进出口总　额（万美元） Total Imports & Exports (USD 10 000)	进口额 Imports	出口额 Exports	外商直接投资实际使用额（万美元） Total Amount of Foreign Direct Investment Actually Utilized (USD 10 000)
焦作市	Jiaozuo City	254357.0	98083.5	156273.5	48767.0
濮阳市	Puyang City	60318.6	8441.7	51876.9	15748.0
许昌市	Xuchang City	168493.4	35379.5	133113.9	35901.0
漯河市	Luohe City	44660.9	26799.6	17861.3	42791.0
三门峡市	Sanmenxia City	19780.3	3638.0	16142.3	63149.0
南阳市	Nanyang City	143860.7	49061.6	94799.1	34187.0
商丘市	Shangqiu City	19407.1	2818.3	16588.8	16804.0
信阳市	Xinyang City	65780.0	48018.2	17761.8	28673.0
周口市	Zhoukou City	45592.0	19645.6	25946.4	28982.0
驻马店市	Zhumadian City	27434.2	8701.8	18732.5	22103.0
济源市	Jiyuan City	165633.4	120459.2	45174.1	15288.0
湖北省	**Hubei**	**3351000.0**	**1398000.0**	**1953000.0**	**465503.0**
武汉市	Wuhan City	2278958.0	1105697.0	1173261.0	274700.0
黄石市	Huangshi City	220938.0	117628.0	103310.0	32600.0
十堰市	Shiyan City	28586.1	5017.0	23569.1	10725.0
宜昌市	Yichang City	228722.6	57109.7	171612.9	18520.0
襄阳市	Xiangyang City	100312.0	23728.0	76584.0	31290.0
鄂州市	Ezhou City	34122.8	13040.8	21082.0	11900.0
荆门市	Jingmen City	53595.7	15318.0	38277.7	18700.0
孝感市	Xiaogan City	50691.4	13086.5	37604.9	20044.0
荆州市	Jingzhou City	98018.0	21061.0	76957.0	7429.0
黄冈市	Huanggang City	34346.0	8783.0	25563.0	2308.0
咸宁市	Xianning City	29440.5	6230.2	23210.3	17100.0
随州市	Suizhou City	95167.0	5216.0	89951.0	6213.0
恩施土家族苗族自治州	Enshi Tujia & Miao A.P	22649.6	107.1	22542.5	1779.0
仙桃市	Xiantao City	33004.0	4174.0	28830.0	5972.0
潜江市	Qianjiang City	36614.6	1808.8	34805.8	3550.0
天门市	Tianmen City	4495.6	431.0	4064.6	2603.0
神农架林区	Shennongjia Forest District	2256.0		2256.0	
湖南省	**Hunan**	**1900006.0**	**910259.0**	**989747.0**	**615031.0**
长沙市	Changsha City	748934.0	340538.0	408396.0	260116.0
株洲市	Zhuzhou City	186353.0	81208.0	105146.0	49140.0
湘潭市	Xiangtan City	247730.0	163168.0	84562.0	48397.0
衡阳市	Hengyang City	125733.0	23605.0	102128.0	49698.0
邵阳市	Shaoyang City	39345.0	4563.0	34782.0	9110.0
岳阳市	Yueyang City	39098.0	20944.0	18154.0	18672.0
常德市	Changde City	35721.0	16191.0	19530.0	29830.0
张家界市	Zhangjiajie City	2600.0		2600.0	4256.0
益阳市	Yiyang City	48802.0	8545.0	40257.0	12260.0
郴州市	Chenzhou City	156117.0	72867.0	83250.0	62784.0
永州市	Yongzhou City	19159.0	2461.0	16697.0	46024.0
怀化市	Huaihua City	5425.0	2810.0	2615.0	7112.0
娄底市	Loudi City	223780.0	171435.0	52345.0	16798.0
湘西土家族苗族自治州	West Hunan Tujia & Miao A.P	21208.0	1924.0	19285.0	834.0

3-17 续表 6 continued

地 区	Region	货物进出口总额(万美元) Total Imports & Exports (USD 10 000)	进口额 Imports	出口额 Exports	外商直接投资实际使用额(万美元) Total Amount of Foreign Direct Investment Actually Utilized (USD 10 000)
广东省	**Guangdong**	**91333388.7**	**38154076.2**	**53179312.5**	**2179836.0**
广州市	Guangzhou City	11616259.2	5969417.1	5646842.1	427148.0
韶关市	Shaoguan City	177931.0	105699.8	72231.2	23789.0
深圳市	Shenzhen City	41397467.5	16857551.6	24539915.8	459921.0
珠海市	Zhuhai City	5162971.2	2765300.1	2397671.0	133758.0
汕头市	Shantou City	878803.2	283518.7	595284.5	34563.0
佛山市	Foshan City	6088883.9	2179790.2	3909093.7	215440.0
江门市	Jiangmen City	1768983.7	543737.7	1225246.0	78914.0
湛江市	Zhanjiang City	440496.6	231018.1	209478.5	5319.0
茂名市	Maoming City	92387.1	32505.3	59881.8	3531.0
肇庆市	Zhaoqing City	571229.4	240431.3	330798.1	102891.0
惠州市	Huizhou City	3881276.2	1569108.1	2312168.1	156801.0
梅州市	Meizhou City	136575.4	27126.6	109448.8	10188.0
汕尾市	Shanwei City	250418.2	122707.0	127711.2	30492.0
河源市	Heyuan City	279339.4	87733.9	191605.5	17876.0
阳江市	Yangjiang City	215006.5	23086.8	191919.7	23930.0
清远市	Qingyuan City	454051.6	219707.1	234344.6	38439.0
东莞市	Dongguan City	13523315.4	5690718.6	7832596.8	305052.0
中山市	ZhongShan City	3418519.4	963911.8	2454607.6	72950.0
潮州市	Chaozhou City	418107.9	147224.3	270883.6	12589.0
揭阳市	Jieyang City	422405.3	43245.7	379159.6	17086.0
云浮市	Yunfu City	138960.6	50536.3	88424.3	9159.0
广西壮族自治区	**Guangxi**	**2333084.0**	**1087224.0**	**1245859.0**	
南宁市	Nanning City	251042.0	84806.0	166236.0	37339.0
柳州市	Liuzhou City	20889.0	15342.0	5547.0	35142.1
桂林市	Guilin City	95655.0	23955.0	71700.0	34530.0
梧州市	Wuzhou City	79616.0	27108.0	52508.0	20619.0
北海市	Beihai City	171216.9	58099.1	113117.8	9156.0
防城港市	Fangchenggang City	410586.0	316155.0	94431.0	3056.0
钦州市	Qinzhou City	298226.0	87518.0	210708.0	41131.0
贵港市	Guigang City	27228.0	14034.0	13194.0	21029.0
玉林市	Yulin City	63457.0	29388.0	34069.0	6047.0
百色市	Baise City	42887.0	17365.0	25521.3	
贺州市	Hezhou City	15499.0	3919.0	11580.0	8277.0
河池市	Hechi City	78614.0	67775.0	10839.0	861.0
来宾市	Laibin City	13134.4	9571.8	3562.6	3506.0
崇左市	Chongzuo City	507561.0	39296.0	468265.0	2736.0
海南省	**Hainan**	**1275604.0**	**1021442.0**	**254162.0**	**152299.0**
海口市	Haikou City	393626.5	241537.1	152089.4	40729.0
三亚市	Sanya City	8747.5	4044.2	4703.4	22496.0
重庆市	**Chongqing**	**2921786.0**	**937973.0**	**1983813.0**	**1052948.0**
万州区	Wanzhou District	37826.0	11455.0	26371.0	14562.0
涪陵区	Fuling District	141915.0	86033.0	55882.0	6218.0
渝中区	Yuzhong District	70577.0	36222.0	34355.0	100697.0
大渡口区	Dadukou District	100809.0	65178.0	35631.0	43533.0
江北区	Jiangbei District	243484.0	79936.0	163549.0	115821.0

地 区	Region	货物进出口总额(万美元) Total Imports & Exports (USD 10 000)	进口额 Imports	出口额 Exports	外商直接投资实际使用额(万美元) Total Amount of Foreign Direct Investment Actually Utilized (USD 10 000)
沙坪坝区	Shapingba District	909459.0	302860.0	606600.0	55714.0
九龙坡区	Jiulongpo District	179127.0	22010.0	157117.0	39558.0
南岸区	Nanan District	115349.0	10907.0	104441.0	47665.0
北碚区	Beibei District	64291.0	2952.0	61340.0	43453.0
綦江区	Qijiang District	10107.0	1510.0	8597.0	1908.0
大足区	Dazu District	7743.0	469.0	7273.0	3006.0
渝北区	Yubei District	448220.0	220108.0	228112.0	55263.0
巴南区	Banan District	245386.0	32681.0	212705.0	57325.0
黔江区	Qianjiang District	5713.0	512.0	5201.0	1054.0
长寿区	Changshou District	32242.0	15755.0	16487.0	45657.0
江津区	Jiangjin District	85399.0	28796.0	56604.0	22360.0
合川区	Hechuan District	40916.0	65.0	40851.0	15314.0
永川区	Yongchuan District	45584.0	9294.0	36289.0	22971.0
南川区	Nanchuan District	26489.0	4049.0	22440.0	15739.0
四川省	**Sichuan**	**4778445.0**	**1873877.0**	**2904568.0**	**952705.0**
成都市	Chengdu City	3790634.0	1495038.0	2295596.0	804867.0
自贡市	Zigong City	70685.0	36235.0	34450.0	2062.0
攀枝花市	Panzhihua City	26586.0	9037.0	17549.0	15176.0
泸州市	Luzhou City	15192.0	4856.0	10336.0	3862.0
德阳市	Deyang City	290775.0	151427.0	139348.0	19169.0
绵阳市	Mianyang City	185135.0	87760.0	97375.0	19574.0
广元市	Guangyuan City	29708.0	3446.0	26262.0	2311.0
遂宁市	Suining City	39699.0	6341.0	33358.0	3409.0
内江市	Neijiang City	25694.0	2366.0	23328.0	12397.0
乐山市	Leshan City	79858.0	29996.0	49862.0	11879.0
南充市	Nanchong City	32795.0	1564.0	31231.0	8400.0
眉山市	Meishan City	13577.0	2386.0	11191.0	16610.0
宜宾市	Yibin City	81229.0	26595.0	54634.0	5010.0
广安市	Guangan City	44622.0	2604.0	42018.0	3416.0
达州市	Dazhou City	15237.0	7934.0	7303.0	5080.0
雅安市	Yaan City	3261.0	1377.0	1884.0	3686.0
巴中市	Bazhong City	2584.0		2584.0	831.0
资阳市	Ziyang City	21093.0	3560.0	17533.0	3851.0
阿坝藏族羌族自治州	Aba Zang & Qiang A.P	3853.0	1332.0	2521.0	850.0
甘孜藏族自治州	Ganzi Zang A.P	646.0		646.0	5261.0
凉山彝族自治州	Liangshan Yi A.P	5582.0	23.0	5559.0	5004.0
贵州省	**Guizhou**	**488759.0**	**190250.0**	**298509.0**	
贵阳市	Guiyang City	376936.0	98923.0	278013.0	37874.0
六盘水市	Liupanshui City	82705.0	82671.0	34.0	2982.0
遵义市	Zunyi City	13193.0	1669.0	11524.0	3331.0
安顺市	Anshun City	1914.0	514.0	1400.0	4120.0
毕节市	Bijie City	1954.0	27.0	1927.0	7267.0
铜仁市	Tongren City	351.0		351.0	
黔西南布依族苗族自治州	Southwest Guizhou Buyi & Miao A.P	466.0	354.0	112.0	128.0
黔东南苗族侗族自治州	Southeast Guizhou Miao & Dong A.P	4041.0	11.0	4030.0	
黔南布依族苗族自治州	South Guizhou Buyi & Miao A.P	7199.0	6081.0	1118.0	1876.0

地 区	Region	货物进出口总额（万美元）Total Imports & Exports (USD 10 000)	进口额 Imports	出口额 Exports	外商直接投资实际使用额（万美元）Total Amount of Foreign Direct Investment Actually Utilized (USD 10 000)
云南省	**Yunnan**	**1605271.0**	**657994.0**	**947277.0**	**173754.0**
昆明市	Kunming City	1202204.0	541874.0	660330.0	110040.0
曲靖市	Qujing City	17442.0	4802.0	12640.0	2801.0
玉溪市	Yuxi City	40055.0	4256.0	35799.0	3401.0
保山市	Baoshan City	19025.0	9655.0	9370.0	5233.0
昭通市	Zhaotong City	584.0	54.0	530.0	400.0
丽江市	Lijiang City	6189.0		6185.0	337.0
普洱市	Puer City	21017.0	8619.0	12398.0	4164.0
临沧市	Lincang City	15583.0	9488.0	6095.0	2958.0
楚雄彝族自治州	Chuxiong Yi A.P	13586.0	211.0	13375.0	2505.0
红河哈尼族彝族自治州	Honghe Hani & Yi A.P	65199.0	22541.0	42657.0	2248.0
文山壮族苗族自治州	Wenshan Zhuang & Miao A.P	10915.0	1273.0	9642.0	769.0
西双版纳傣族自治州	Xishuangbanna Dai A.P	30154.0	20668.0	9486.0	542.0
大理白族自治州	Dali Bai A.P	22651.0	5931.0	16720.0	2976.0
德宏傣族景颇族自治州	Dehong Dai & Jingpo A.P	138376.0	27414.0	110962.0	5241.0
怒江傈僳族自治州	Nujiang Lisu A.P	1081.0	1017.0	63.0	1538.0
迪庆藏族自治州	Diqing Zang A.P	1210.0	188.0	1023.0	10266.0
西藏自治区	**Tibet A.R.**	**135900.0**	**17600.0**	**118300.0**	**6500.0**
拉萨市	Lhasa City	130700.0	17500.0	113200.0	6500.0
昌都地区	Qamdu Prefecture	30.0			
山南地区	Lhokha Prefecture				
日喀则地区	Xigaze Prefecture	4900.0	10.0	4900.0	
那曲地区	Narqu Prefecture				
阿里地区	Ngri Prefecture	200.0		200.0	
林芝地区	Nyingchi Prefecture	30.0	30.0		
其他	Others				
陕西省	**Shaanxi**	**1462343.7**	**761258.3**	**701085.4**	**235483.0**
西安市	Xi'an City	1257852.1	677483.6	580368.5	200522.0
铜川市	Tongchuan City	1016.8	180.5	836.3	2098.0
宝鸡市	Baoji City	82268.4	32369.2	49899.2	5020.0
咸阳市	Xianyang City	46641.4	9672.6	36968.8	6269.0
渭南市	Weinan City	17390.2	3970.2	13420.0	5019.0
延安市	Yan'an City	3683.6		3683.6	1566.0
汉中市	Hanzhong City	4595.1	647.0	3948.1	2428.0
榆林市	Yulin City	10047.8	2503.4	7544.4	2090.0
安康市	Ankang City	1739.6		1739.6	847.0
商洛市	Shangluo City	33666.4	33271.7	394.7	6600.0
杨凌示范区	Yangling Demonstration Zone	3442.3	1160.3	2282.0	3024.0
甘肃省	**Gansu**	**875059.0**	**656526.0**	**218533.0**	**7024.0**
兰州市	Lanzhou City	187717.7	64816.8	122900.9	1391.0
嘉峪关市	Jiayuguan City	94333.3	84075.7	10257.5	
金昌市	Jinchang City	436645.6	424124.5	12521.0	50.0
白银市	Baiyin City	95653.5	75624.3	20029.3	64.0
天水市	Tianshui City	26182.4	6903.2	19279.2	337.0

地 区	Region	货物进出口总额（万美元）Total Imports & Exports (USD 10 000)	进口额 Imports	出口额 Exports	外商直接投资实际使用额（万美元）Total Amount of Foreign Direct Investment Actually Utilized (USD 10 000)
武威市	Wuwei City	5777.8	186.4	5591.4	
张掖市	Zhangye City	1836.5	7.3	1829.2	
平凉市	Pingliang City	1364.4	145.3	1219.1	465.0
酒泉市	Jiuquan City	1284.6	437.1	847.5	4298.0
庆阳市	Qingyang City	1377.2	22.6	1354.7	396.0
定西市	Dingxi City	2492.4	156.5	2335.8	13.0
陇南市	Longnan City	6379.1	26.1	6353.0	
临夏回族自治州	Linxia Hui A.P	1878.9		1878.9	
甘南藏族自治州	Gannan Zang A.P	12135.6		12135.6	10.0
青海省	**Qinghai**	**92381.9**	**26199.4**	**66182.5**	**16893.2**
西宁市	Xining City	81562.7	22209.9	59352.8	
海东地区	Haidong Prefecture	6342.4	25.3	6317.0	
海北藏族自治州	Haibei Zang A.P	73.8		73.8	
黄南藏族自治州	Huangnan Zang AP				
海南藏族自治州	Hainan Zang A.P	172.2		172.2	
果洛藏族自治州	Golog Zang A.P				
玉树藏族自治州	Yushu Zang A.P				
海西蒙古族藏族自治州	Haixi Mongolian & Zang A.P	4230.8	3964.2	266.6	
宁夏回族自治区	**Ningxia**	**228573.0**	**68630.0**	**159943.0**	**20199.0**
银川市	Yinchuan City	137449.0	37730.0	99719.0	18711.0
石嘴山市	Shizuishan City	60385.0	10108.0	50277.0	460.0
吴忠市	Wuzhong City	12864.0	8395.0	4469.0	
固原市	Guyuan City	28.0		28.0	
中卫市	Zhongwei City	17847.0	12397.0	5450.0	
新疆维吾尔自治区	**Xinjiang**	**2282225.0**	**599339.0**	**1682886.0**	**33485.0**
乌鲁木齐市	Urumqi City	902984.0	233395.0	669589.0	11702.0
克拉玛依市	Karamay City	46888.0	4078.0	42810.0	1500.0
吐鲁番地区	Turpan Prefecture	3054.0	644.0	2410.0	
哈密地区	Hami Prefecture	2615.0	641.0	1974.0	2012.0
昌吉回族自治州	Changji Hui A.P	211336.0	16766.0	194570.0	3629.0
博尔塔拉蒙古自治州	Bortala Mongolian A.P	161098.0	58543.0	102555.0	
巴音郭楞蒙古自治州	Bayingolin Mongolian A.P	16492.0	1717.0	14775.0	2470.0
阿克苏地区	Aksu Prefecture	32209.0	1243.0	30966.0	586.0
克孜勒苏柯尔克孜自治州	Kizilsu Kirgiz A.P	15548.0	4113.0	11435.0	661.0
喀什地区	Kashi Prefecture	100761.0	492.0	100269.0	
和田地区	Hotan Prefecture	440.0	15.0	425.0	45.0
伊犁哈萨克自治州	Ili Kazak A.P	557956.0	251521.0	306435.0	1609.0
塔城地区	Tacheng Prefecture	53944.0	22720.0	31224.0	
阿勒泰地区	Altay Prefecture	85925.0	330.0	85595.0	887.0
石河子市	Shihezi City	90975.0	3121.0	87854.0	8384.0
阿拉尔市	Alar City				
图木舒克市	Tumxuk City				
五家渠市	Wujiaqu City				
生产建设兵团	Corps				

3-18 旅游业情况(2011年)
Tourism (2011)

地　区	Region	接待入境旅游者人数(万人次) Number of Overseas Visitor Arrivals (10 000 person-times)	#外国人 Foreigners	国际旅游外汇收入(万美元) Foreign Exchange Earnings from International Tourism (USD 10 000)	国内旅游人数(万人次) Number of Domestic Visitors (10 000 person-times)	国内旅游收入(亿元) Earnings from Domestic Tourism (100 million yuan)	星级饭店数(个) Number of Star-rated Hotels (unit)
北京市	**Beijing**	**520.40**	**447.40**	**541600.0**	**20884.0**	**2864.3**	**598**
东城区	Dongcheng District	126.87	110.72				72
西城区	Xicheng District	39.00	33.13				79
朝阳区	Chaoyang District	229.37	200.95				113
丰台区	Fengtai District	9.76	8.37				38
石景山区	Shijingshan District	8.41	7.30				6
海淀区	Haidian District	57.30	43.09				88
门头沟区	Mentougou District	0.11	0.06				15
房山区	Fangshan District	0.05	0.05				35
通州区	Tongzhou District	3.88	3.81				7
顺义区	Shunyi District	22.85	21.40				19
昌平区	Changping District	4.69	3.45				44
大兴区	Daxing District	16.43	14.07				11
怀柔区	Huairou District	0.19	0.10				27
平谷区	Pinggu District	0.21	0.20				10
密云县	Miyun County	0.45	0.25				18
延庆县	Yanqing County	0.83	0.45				16
北京经济技术开发区	Beijing Economic-technological Development Zones						
其他	Others						
天津市	**Tianjin**	**200.44**	**183.67**	**175560.5**	**10605.4**	**1384.7**	**112**
和平区	Heping District						13
河东区	Hedong District						14
河西区	Hexi District						19
南开区	Nankai District						14
河北区	Hebei District						4
红桥区	Hongqiao District						1
东丽区	Dongli District						4
西青区	Xiqing District						3
津南区	Jinnan District						3
北辰区	Beichen District						3
武清区	Wuqing District						3
宝坻区	Baodi District						3
滨海新区	Binhai New Area						18
宁河县	Ninghe County						1
静海县	Jinghai County						3
蓟县	Ji County						6
其他	Others						
河北省	**Hebei**	**114.14**	**98.27**	**44764.9**	**18626.7**	**1192.2**	**464**
石家庄市	Shijiazhuang City	13.60	10.68	4942.6	3247.0	197.4	66
唐山市	Tangshan City	6.50	5.93	3388.2	2001.0	128.5	58
秦皇岛市	Qinhuangdao City	26.44	24.85	13769.9	2101.2	173.5	54
邯郸市	Handan City	2.56	2.36	794.0	1720.0	98.6	25
邢台市	Xingtai City	2.00	1.67	668.6	854.3	51.5	23
保定市	Baoding City	10.49	8.50	3886.2	3395.8	190.2	56
张家口市	Zhangjiakou City	7.51	6.62	1683.0	1495.2	89.8	43
承德市	Chengde City	31.20	26.09	11075.1	1667.8	118.8	37
沧州市	Cangzhou City	2.22	1.44	680.8	687.8	41.6	35
廊坊市	Langfang City	10.56	9.13	3558.0	1000.0	78.3	51
衡水市	Hengshui City	1.07	0.98	318.7	456.7	24.2	16

3-18 续表 1 continued

地　区	Region	接待入境旅游者人数（万人次）Number of Overseas Visitor Arrivals (10 000 person-times)	#外国人 Foreigners	国际旅游外汇收入（万美元）Foreign Exchange Earnings from International Tourism (USD 10 000)	国内旅游人数（万人次）Number of Domestic Visitors (10 000 person-times)	国内旅游收入（亿元）Earnings from Domestic Tourism (100 million yuan)	星级饭店数（个）Number of Star-rated Hotels (unit)
山西省	**Shanxi**	**155.32**	**98.25**	**56719.7**	**14974.8**	**1305.1**	**347**
太原市	Taiyuan City	34.88	24.46	19797.5	2427.1	263.6	86
大同市	Datong City	23.49	18.99	8650.9	1592.7	130.9	21
阳泉市	Yangquan City	2.99	2.80	825.4	954.3	75.8	8
长治市	Changzhi City	10.24	5.90	2285.2	1270.6	124.7	13
晋城市	Jincheng City	6.77	4.70	2695.9	1167.0	89.1	28
朔州市	Shuozhou City	5.09	4.20	1650.2	536.9	47.2	10
晋中市	Jinzhong City	24.84	15.60	7339.7	1557.1	130.6	34
运城市	Yuncheng City	13.48	2.90	3381.3	1931.5	123.8	50
忻州市	Xinzhou City	17.21	10.40	6152.3	1203.2	123.9	39
临汾市	Linfen City	12.00	4.20	2526.9	1365.3	119.8	44
吕梁市	Luliang City	4.34	4.10	1414.4	969.2	75.7	14
其他	Others						
内蒙古自治区	**Inner Mongolia**	**151.52**	**147.64**	**67097.0**	**5178.0**	**847.3**	**283**
呼和浩特市	Hohhot City	10.23	8.50	8603.9	1595.2	221.2	33
包头市	Baotou City	2.00	1.70	1016.7	700.9	123.3	37
乌海市	Wuhai City			15.3	109.8	14.1	11
赤峰市	Chifeng City	3.53	3.29		643.9	88.0	33
通辽市	Tongliao City	1.78	1.78		330.0		26
鄂尔多斯市	Erdos City	3.15	2.92	1686.8	503.1	94.0	30
呼伦贝尔市	Hulunbuir City	53.80	53.66	26084.0	1111.2	155.1	39
巴彦淖尔市	Bayannur City	4.00	4.00	2566.6	153.5	18.1	16
乌兰察布市	Ulanqab City	1.60	1.60		410.0	26.6	16
兴安盟	Xingan League	0.14		88.3	228.7	22.3	11
锡林郭勒盟	Xilingol League	66.60	66.60	19300.0	761.3	108.6	26
阿拉善盟	Alxa League	2.70		1439.7	102.2	13.0	13
辽宁省	**Liaoning**	**410.33**	**344.41**	**271314.0**	**32563.5**	**3159.3**	**547**
沈阳市	Shenyang City	63.49	52.89	49980.0	6247.3	569.1	107
大连市	Dalian City	117.00	103.81	80519.0	4260.6	597.9	172
鞍山市	Anshan City	29.17	26.46	21614.0	2586.5	232.5	21
抚顺市	Fushun City	13.85	9.00	10828.0	2334.7	226.6	23
本溪市	Benxi City	59.42	52.21	43209.0	2547.4	199.6	31
丹东市	Dandong City	40.05	39.61	21310.0	2646.1	265.8	49
锦州市	Jinzhou City	25.31	19.09	14754.0	1704.1	143.0	30
营口市	Yingkou City	15.55	15.12	6186.0	1279.4	143.9	23
阜新市	Fuxin City	2.55	1.57	1133.0	758.4	46.5	9
辽阳市	Liaoyang City	3.35	3.23	2080.0	1909.2	161.6	11
盘锦市	Panjin City	24.39	11.75	11095.0	1959.4	169.2	12
铁岭市	Tieling City	5.72	3.16	3321.0	1270.8	101.3	13
朝阳市	Chaoyang City	1.66	1.39	1026.0	1323.2	128.7	20
葫芦岛市	Huludao City	8.80	5.11	4259.0	1736.4	173.6	26

地 区	Region	接待入境旅游者人数(万人次) Number of Overseas Visitor Arrivals (10 000 person-times)	#外国人 Foreigners	国际旅游外汇收入(万美元) Foreign Exchange Earnings from International Tourism (USD 10 000)	国内旅游人数(万人次) Number of Domestic Visitors (10 000 person-times)	国内旅游收入(亿元) Earnings from Domestic Tourism (100 million yuan)	星级饭店数(个) Number of Star-rated Hotels (unit)
吉林省	**Jilin**	**99.32**	**85.49**	**38527.8**	**7542.0**	**904.3**	**208**
长春市	Changchun City	30.17	24.80	16974.5	3084.2	420.6	55
吉林市	Jilin City	7.64	4.03	2431.8	2042.5	215.0	26
四平市	Siping City	0.23	0.23	71.2	144.2	15.7	3
辽源市	Liaoyuan City	0.03	0.03	11.2	117.7	12.8	3
通化市	Tonghua City	9.84	9.72	1820.2	465.3	47.4	26
白山市	Baishan City	3.41	2.22	1266.4	411.1	38.6	33
松原市	Songyuan City	1.89	0.84	895.0	290.4	35.3	9
白城市	Baicheng City	1.14	0.69	212.4	173.7	19.5	8
延边朝鲜族自治州	Yanbian Korean A.P	44.97	42.93	14845.1	813.1	99.4	30
黑龙江省	**Heilongjiang**	**206.52**	**197.84**	**91762.0**	**20237.0**	**1032.0**	**243**
哈尔滨市	Harbin City	27.70	23.60	16918.0	4358.0	447.9	89
齐齐哈尔市	Qiqihar City	3.85	2.98	1126.0	2155.0	86.0	17
鸡西市	Jixi City	4.41	4.41	1675.8	550.0	23.1	12
鹤岗市	Hegang City	3.30	3.30	895.0	209.1	20.5	9
双鸭山市	Shuangyashan City	8.85	8.85	3007.0	296.2	4.1	6
大庆市	Daqing City	1.60	1.60	320.0	915.4	34.0	18
伊春市	Yichun City	1.42	1.38		482.0	35.3	18
佳木斯市	Jiamusi City	16.00	16.00	3793.0	282.0	11.6	14
七台河市	Qitaihe City	0.40	0.30	2800.0	45.3	10.2	5
牡丹江市	Mudanjiang City	86.34	84.36	34535.2	919.0	36.8	29
黑河市	Heihe City	35.00	35.00		315.2	17.5	7
绥化市	Suihua City	0.02	0.01	7.0	97.0	1.3	7
大兴安岭地区	Daxing'anling Prefecture	0.50	0.30	102.9	298.9	27.5	12
农垦总局	Agriculture Reclamation Bureau						
其他	Others						
上海市	**Shanghai**	**817.57**	**648.31**	**583500.0**	**23079.2**	**2786.5**	**297**
黄浦区	Huangpu District						
卢湾区	Luwan District						
徐汇区	Xuhui District						
长宁区	Changning District						
静安区	Jingan District						
普陀区	Putuo District						
闸北区	Zhabei District						
虹口区	Hongkou District						
杨浦区	Yangpu District						
闵行区	Minhang District						
宝山区	Baoshan District						
嘉定区	Jiading District						
浦东新区	Pudong New District						
金山区	Jinshan District						
松江区	Songjiang District						
青浦区	Qingpu District						
奉贤区	Fengxian District						
崇明县	Chongming County						
其他	Others						

地　区	Region	接待入境旅游者人数(万人次) Number of Overseas Visitor Arrivals (10 000 person-times)	#外国人 Foreigners	国际旅游外汇收入(万美元) Foreign Exchange Earnings from International Tourism (USD 10 000)	国内旅游人数(万人次) Number of Domestic Visitors (10 000 person-times)	国内旅游收入(亿元) Earnings from Domestic Tourism (100 million yuan)	星级饭店数(个) Number of Star-rated Hotels (unit)
江苏省	**Jiangsu**	**737.33**	**537.91**	**565297.0**	**41150.0**	**5161.5**	**893**
南京市	Nanjing City	150.66	99.92	119960.0	7180.5	1013.4	113
无锡市	Wuxi City	90.83	69.39	59839.0	5725.2	844.8	65
徐州市	Xuzhou City	18.22	13.87	18694.0	2457.3	264.8	57
常州市	Changzhou City	41.31	35.98	42138.0	3360.9	391.7	65
苏州市	Suzhou City	232.63	211.99	146998.0	7775.4	1084.8	150
南通市	Nantong City	40.49	35.93	39916.0	2109.0	252.2	108
连云港市	Lianyungang City	13.23	10.76	12869.0	1655.9	188.3	59
淮安市	Huaian City	3.23	1.83	2703.0	1398.2	146.2	39
盐城市	Yancheng City	7.20	3.70	5556.0	1325.1	120.3	58
扬州市	Yangzhou City	62.20	44.82	52348.0	3166.7	330.2	63
镇江市	Zhenjiang City	65.01	49.98	52181.0	3100.8	345.6	51
泰州市	Taizhou City	9.16	5.36	9440.0	1284.7	136.9	31
宿迁市	Suqian City	3.15	2.46	2655.0	610.4	42.1	25
浙江省	**Zhejiang**	**773.69**	**515.04**	**454173.0**	**34295.0**	**3785.0**	**991**
杭州市	Hangzhou City	306.31	210.83	198710.0	7181.0	1063.8	230
宁波市	Ningbo City	107.39	60.87	65472.0	5180.8	708.7	190
温州市	Wenzhou City	47.05	37.24	25602.0	4123.1	375.2	100
嘉兴市	Jiaxing City	72.14	46.40	25857.0	3535.6	337.5	57
湖州市	Huzhou City	39.83	21.79	14768.0	3519.5	253.6	45
绍兴市	Shaoxing City	60.35	37.56	22010.0	4127.6	399.6	94
金华市	Jinhua City	72.73	57.49	41661.0	3531.4	317.2	79
衢州市	Quzhou City	11.61	5.33	5991.0	2079.9	117.2	38
舟山市	Zhoushan City	27.75	16.01	14137.0	2432.8	226.4	58
台州市	Taizhou City	12.34	6.93	6334.0	3965.4	325.2	54
丽水市	Lishui City	16.19	14.60	33631.0	2737.7	132.3	46
安徽省	**Anhui**	**262.87**	**151.75**	**117918.1**	**22534.8**	**1815.0**	**462**
合肥市	Hefei City	33.25	27.02	21782.9	3637.2	401.2	79
芜湖市	Wuhu City	15.57	8.52	7287.8	1438.8	150.6	33
蚌埠市	Bengbu City	2.49	0.48	884.2	1380.5	67.8	19
淮南市	Huainan City	1.96	0.76	922.6	834.4	41.8	19
马鞍山市	Maanshan City	5.98	2.23	8204.2	1232.2	76.7	22
淮北市	Huaibei City	1.42	0.28	591.2	533.3	30.1	4
铜陵市	Tongling City	2.11	1.82	578.4	569.2	34.3	18
安庆市	Anqing City	6.60	4.06	5686.7	2441.3	189.7	47
黄山市	Huangshan City	131.36	76.31	39301.6	3337.4	308.0	74
滁州市	Chuzhou City	6.65	5.68	2894.3	861.7	61.0	20
阜阳市	Fuyang City	1.12	0.20	472.1	812.1	49.0	10
宿州市	Suzhou City	1.24	0.15	602.0	763.2	41.6	6
六安市	Liuan City	3.97	0.93	1996.8	974.5	64.2	34
亳州市	Bozhou City	1.50	0.57	497.8	719.0	46.6	11
池州市	Chizhou City	43.69	20.60	24768.7	2104.2	188.1	31
宣城市	Xuancheng City	3.95	2.15	1446.8	895.9	64.4	35
其他	Others						

3-18 续表 4 continued

地　区	Region	接待入境旅游者人数（万人次）Number of Overseas Visitor Arrivals (10 000 person-times)	#外国人 Foreigners	国际旅游外汇收入（万美元）Foreign Exchange Earnings from International Tourism (USD 10 000)	国内旅游人数（万人次）Number of Domestic Visitors (10 000 person-times)	国内旅游收入（亿元）Earnings from Domestic Tourism (100 million yuan)	星级饭店数（个）Number of Star-rated Hotels (unit)
福建省	**Fujian**	**427.42**	**140.02**	**363444.0**	**13595.0**	**1361.7**	**415**
福州市	Fuzhou City	76.17	42.84	102854.0	2680.1	250.0	66
厦门市	Xiamen City	179.92	61.81	129901.0	2568.9	352.2	72
莆田市	Putian City	20.37	2.19	15659.0	1165.1	110.5	12
三明市	Sanming City	4.05	1.85	3402.0	1560.0	180.4	38
泉州市	Quanzhou City	84.64	12.59	79661.0	1083.4	67.1	87
漳州市	Zhangzhou City	29.37	6.73	18781.0	950.7	67.4	30
南平市	Nanping City	27.74	10.29	10464.0	1545.7	184.4	51
龙岩市	Longyan City	4.17	1.20	2229.0	1209.3	87.0	30
宁德市	Ningde City	1.00	0.52	493.0	831.9	62.7	29
江西省	**Jiangxi**	**135.83**	**43.98**	**41500.0**	**15854.0**	**1079.0**	**418**
南昌市	Nanchang City	14.36	6.99	4011.0	2094.0	143.0	52
景德镇市	Jingdezhen City	22.25	7.34	7195.0	1513.0	79.0	26
萍乡市	Pingxiang City	5.98	2.20	1892.0	1055.0	64.0	12
九江市	Jiujiang City	27.66	9.68	9399.0	2179.0	167.0	80
新余市	Xinyu City	1.53	0.51	406.0	675.0	40.0	10
鹰潭市	Yingtan City	5.87	1.73	1207.0	917.0	58.0	16
赣州市	Ganzhou City	13.14	4.34	3576.0	1751.0	133.0	54
吉安市	Jian City	18.06	0.37	5008.0	1911.0	140.0	68
宜春市	Yichun City	5.85		1876.0	1037.0	61.0	38
抚州市	Fuzhou City	5.88	1.43	1951.0	866.0	58.0	15
上饶市	Shangrao City	15.25	1.10	4978.0	1856.0	136.0	47
山东省	**Shandong**	**424.20**	**312.33**	**255076.2**	**41696.3**	**3573.7**	**917**
济南市	Jinan City	28.99	19.37	14228.0	3979.5	373.7	103
青岛市	Qingdao City	115.64	80.74	68933.0	4956.1	637.3	158
淄博市	Zibo City	20.92	13.71	11441.0	3064.2	255.2	35
枣庄市	Zaozhuang City	3.18	1.84	976.2	1143.2	75.5	25
东营市	Dongying City	4.33	3.18	4125.6	774.8	54.2	29
烟台市	Yantai City	54.85	44.47	46816.0	3862.8	373.4	112
潍坊市	Weifang City	28.90	23.59	20535.0	3602.6	302.1	71
济宁市	Jining City	34.02	20.85	17767.0	3617.9	275.0	53
泰安市	Taian City	35.26	20.25	21852.0	3692.6	304.6	56
威海市	Weihai City	41.51	38.85	21855.0	2372.2	239.0	93
日照市	Rizhao City	25.52	24.73	11497.0	2425.9	144.0	34
莱芜市	Laiwu City	0.59	0.53	463.2	632.8	27.3	14
临沂市	Linyi City	14.67	8.47	9057.2	3649.7	287.0	56
德州市	Dezhou City	6.53	3.38	2105.4	1236.1	61.0	17
聊城市	Liaocheng City	4.51	3.95	2117.9	1057.4	62.9	26
滨州市	Binzhou City	3.70	3.55	1057.5	812.1	55.4	18
菏泽市	Heze City	1.10	0.86	249.4	816.5	46.0	17
河南省	**Henan**	**168.29**	**104.29**	**54902.0**	**30599.0**	**2766.0**	**503**
郑州市	Zhengzhou City	38.40	21.39	14760.0	8014.8	696.4	104
开封市	Kaifeng City	22.61	11.60	6257.2	2698.6	215.3	22
洛阳市	Luoyang City	53.00	40.00	15526.0	4782.3	455.4	59
平顶山市	Pingdingshan City	2.06	1.13	633.6	1069.9	84.8	34
安阳市	Anyang City	6.06	5.31	2083.0	1641.5	127.2	18
鹤壁市	Hebi City	0.70	0.11	202.1	487.3	28.5	12
新乡市	Xinxiang City	3.53	3.00	809.2	1643.4	97.0	20

3-18 续表 5 continued

地 区	Region	接待入境旅游者人数(万人次) Number of Overseas Visitor Arrivals (10 000 person-times)	#外国人 Foreigners	国际旅游外汇收入(万美元) Foreign Exchange Earnings from International Tourism (USD 10 000)	国内旅游人数(万人次) Number of Domestic Visitors (10 000 person-times)	国内旅游收入(亿元) Earnings from Domestic Tourism (100 million yuan)	星级饭店数(个) Number of Star-rated Hotels (unit)
焦作市	Jiaozuo City	25.8	15.3	9478.8	2311.7	154.5	28
濮阳市	Puyang City	1.6	1.5	652.0	929.1	63.5	14
许昌市	Xuchang City	1.1	0.5	329.0	734.0	39.3	19
漯河市	Luohe City	0.7	0.4	291.0	490.3	29.8	9
三门峡市	Sanmenxia City	4.6	1.1	836.0	1727.7	96.6	24
南阳市	Nanyang City	1.4	0.2	640.0	1449.8	100.9	42
商丘市	Shangqiu City	1.0	0.1	267.0	951.8	53.4	13
信阳市	Xinyang City	0.9	0.3	359.0	1502.1	75.3	29
周口市	Zhoukou City	2.2	1.1	686.1	824.2	49.9	26
驻马店市	Zhumadian City	1.6	0.7	850.0	987.3	55.0	25
济源市	Jiyuan City	1.0	0.6	242.0	454.3	19.8	5
湖北省	**Hubei**	**213.5**	**160.1**	**94018.0**	**27155.0**	**1931.8**	**575**
武汉市	Wuhan City	115.9	88.7	60580.8	11636.1	1014.7	96
黄石市	Huangshi City	1.6	1.4	507.1	981.3	50.9	20
十堰市	Shiyan City	13.2	2.2	4384.3	1850.9	116.4	70
宜昌市	Yichang City	24.9	22.9	6033.7	1905.4	137.4	66
襄阳市	Xiangyang City	4.8	3.1	2694.6	1804.6	116.1	34
鄂州市	Ezhou City	0.5	0.4	156.7	376.7	24.6	11
荆门市	Jingmen City	1.9	1.5	512.7	1100.6	52.7	38
孝感市	Xiaogan City	2.1	1.6	1167.1	995.2	57.0	28
荆州市	Jingzhou City	4.5	3.1	1309.5	1205.3	69.8	44
黄冈市	Huanggang City	1.3	0.5	334.4	1015.3	55.4	36
咸宁市	Xianning City	1.3	1.0	560.8	1501.0	77.2	38
随州市	Suizhou City	1.6	0.5	702.7	850.8	52.0	20
恩施土家族苗族自治州	Enshi Tujia & Miao A.P	30.0	29.4	11599.3	1400.5	72.1	42
仙桃市	Xiantao City	0.7	0.4	490.1	133.7	8.4	15
潜江市	Qianjiang City	0.1	0.1	50.0	46.8	3.1	3
天门市	Tianmen City	0.2	0.1	69.4	53.7	3.6	3
神农架林区	Shennongjia Forest District	8.9	3.2	2865.0	297.0	20.5	11
湖南省	**Hunan**	**228.6**	**120.8**	**104011.2**	**25100.0**	**1718.0**	**568**
长沙市	Changsha City	80.4	54.9	50483.7	4814.0	428.0	81
株洲市	Zhuzhou City	9.5	2.4	3088.3	1846.0	113.0	36
湘潭市	Xiangtan City	9.3	3.8	3179.0	1828.0	112.0	21
衡阳市	Hengyang City	11.4	1.4	2744.7	2207.5	118.5	30
邵阳市	Shaoyang City	1.5	0.3	353.8	808.0	56.0	42
岳阳市	Yueyang City	17.2	13.2	4507.7	2238.0	135.0	39
常德市	Changde City	12.8	3.7	3002.9	1634.0	103.0	47
张家界市	Zhangjiajie City	37.8	25.7	21793.4	1201.0	123.0	45
益阳市	Yiyang City	6.8	2.0	2207.6	1415.0	89.0	32
郴州市	Chenzhou City	21.9	4.2	7776.5	2215.0	132.0	31
永州市	Yongzhou City	3.6	0.4	949.5	1247.0	71.0	23
怀化市	Huaihua City	1.5	0.3	287.3	1628.0	93.0	51
娄底市	Loudi City	5.7	4.5	1577.5	945.0	64.0	30
湘西土家族苗族自治州	West Hunan Tujia & Miao A.P	9.2	4.0	2059.3	1073.0	81.0	60

地　区	Region	接待入境旅游者人数(万人次) Number of Overseas Visitor Arrivals (10 000 person-times)	#外国人 Foreigners	国际旅游外汇收入(万美元) Foreign Exchange Earnings from International Tourism (USD 10 000)	国内旅游人数(万人次) Number of Domestic Visitors (10 000 person-times)	国内旅游收入(亿元) Earnings from Domestic Tourism (100 million yuan)	星级饭店数(个) Number of Star-rated Hotels (unit)
广东省	**Guangdong**	**3309.63**	**728.23**	**1390619.4**	**21067.5**	**3931.7**	**1156**
广州市	Guangzhou City	778.69	276.27	485306.3	3816.2	1315.5	249
韶关市	Shaoguan City	18.47	0.30	6430.4	892.1	125.4	53
深圳市	Shenzhen City	1104.55	171.20	374473.7	2628.0	494.0	146
珠海市	Zhuhai City	320.84	58.17	106685.3	1214.8	153.5	87
汕头市	Shantou City	14.06	14.06	5071.2	889.8	101.1	38
佛山市	Foshan City	125.13	31.88	97283.1	855.5	233.3	96
江门市	Jiangmen City	129.17	41.09	60166.8	1013.1	115.3	32
湛江市	Zhanjiang City	14.23	6.66	3630.1	909.4	90.6	37
茂名市	Maoming City	2.30	0.29	1264.0	360.3	83.6	20
肇庆市	Zhaoqing City	158.87	16.48	32730.6	1103.7	121.1	31
惠州市	Huizhou City	174.68	41.17	57652.5	1014.0	123.7	66
梅州市	Meizhou City	10.51	2.15	3455.4	741.5	113.9	34
汕尾市	Shanwei City	3.73	0.07	1076.1	438.5	57.3	12
河源市	Heyuan City	4.91	0.40	839.4	599.2	60.6	23
阳江市	Yangjiang City	5.60	0.60	2109.8	455.7	65.0	31
清远市	Qingyuan City	35.99	2.90	11737.0	744.3	153.9	33
东莞市	Dongguan City	286.14	121.45	90975.4	1400.0	190.3	91
中山市	ZhongShan City	60.82	11.45	24717.5	604.5	135.4	36
潮州市	Chaozhou City	43.56	4.39	19772.8	360.7	50.6	12
揭阳市	Jieyang City	8.01	0.44	2679.1	432.3	63.1	11
云浮市	Yunfu City	9.36	0.71	2563.2	594.0	84.8	18
广西壮族自治区	**Guangxi**	**302.79**	**171.48**	**105200.0**	**17257.4**	**1209.5**	**443**
南宁市	Nanning City	23.44	16.17	8226.0	4375.0	307.1	70
柳州市	Liuzhou City	10.60	7.32	3613.1	1519.6	117.4	35
桂林市	Guilin City	164.39	103.72	63564.0	2623.8	178.2	69
梧州市	Wuzhou City	13.01	1.46	3526.0	840.3	64.5	23
北海市	Beihai City	8.31	4.17	2574.5	1100.8	86.1	38
防城港市	Fangchenggang City	10.33	9.90	2621.6	675.6	38.7	22
钦州市	Qinzhou City	3.56	0.52	1128.7	570.4	40.0	22
贵港市	Guigang City	5.58	1.27	1750.8	744.6	48.6	20
玉林市	Yulin City	4.30	0.99	1743.8	837.5	67.0	20
百色市	Baise City	4.01	1.45	1529.0	1119.8	73.2	17
贺州市	Hezhou City	22.72	5.73	6323.7	640.1	50.6	20
河池市	Hechi City	4.14	1.32	1557.8	849.1	58.4	47
来宾市	Laibin City	1.20	0.49	520.0	580.0	24.0	17
崇左市	Chongzuo City	27.03	16.97	8272.6	779.5	46.8	25
海南省	**Hainan**	**81.46**	**56.17**	**37814.3**	**2919.9**	**299.5**	**209**
海口市	Haikou City	14.68	7.67	3844.8	831.3	53.1	60
三亚市	Sanya City	52.89	42.12	31244.2	968.2	108.7	65
重庆市	**Chongqing**	**186.40**	**132.61**	**96806.0**	**22019.9**	**1202.8**	**263**
万州区	Wanzhou District						13
涪陵区	Fuling District						7
渝中区	Yuzhong District						31
大渡口区	Dadukou District						2
江北区	Jiangbei District						8

3-18 续表 7 continued

地　区	Region	接待入境旅游者人数(万人次) Number of Overseas Visitor Arrivals (10 000 person-times)	#外国人 Foreigners	国际旅游外汇收入(万美元) Foreign Exchange Earnings from International Tourism (USD 10 000)	国　内旅游人数(万人次) Number of Domestic Visitors (10 000 person-times)	国　内旅游收入(亿元) Earnings from Domestic Tourism (100 million yuan)	星　级饭店数(个) Number of Star-rated Hotels (unit)
沙坪坝区	Shapingba District						8
九龙坡区	Jiulongpo District						13
南岸区	Nanan District						11
北碚区	Beibei District						9
綦江区	Qijiang District						10
大足区	Dazu District						6
渝北区	Yubei District						20
巴南区	Banan District						7
黔江区	Qianjiang District						6
长寿区	Changshou District						5
江津区	Jiangjin District						8
合川区	Hechuan District						3
永川区	Yongchuan District						9
南川区	Nanchuan District						12
四川省	**Sichuan**	**163.97**	**114.00**	**59382.5**	**34977.8**	**2473.4**	**508**
成都市	Chengdu City	121.64	89.54	47959.4	9552.7	776.4	140
自贡市	Zigong City	0.24	0.11	55.0	1381.8	111.0	8
攀枝花市	Panzhihua City	0.05	0.05	30.6	755.4	50.5	15
泸州市	Luzhou City	0.11	0.11	22.2	1320.1	84.1	25
德阳市	Deyang City	0.67	0.31	479.6	874.2	51.4	9
绵阳市	Mianyang City	1.29	0.46	343.6	1580.2	97.0	32
广元市	Guangyuan City	0.74	0.09	135.4	1427.6	53.4	13
遂宁市	Suining City	0.88	0.52	167.5	1360.0	103.0	20
内江市	Neijiang City	0.03	0.02	4.9	1167.4	69.7	9
乐山市	Leshan City	12.84	5.61	2357.2	2106.4	197.5	34
南充市	Nanchong City	0.27	0.09	87.5	1510.6	122.1	25
眉山市	Meishan City	0.14		35.0	1187.0	80.7	8
宜宾市	Yibin City	0.56	0.10	159.6	1720.1	130.5	28
广安市	Guangan City	0.38	0.08	110.2	1288.2	84.3	22
达州市	Dazhou City	0.04		7.9	990.9	50.1	15
雅安市	Yaan City	0.40		124.7	1106.0	63.5	20
巴中市	Bazhong City	0.00		0.6	536.7	31.7	14
资阳市	Ziyang City	2.71	2.50	574.7	1030.1	86.2	13
阿坝藏族羌族自治州	Aba Zang & Qiang A.P	17.27	10.68	5644.5	1446.8	120.9	23
甘孜藏族自治州	Ganzi Zang A.P	3.69	3.69	1076.3	434.0	29.3	13
凉山彝族自治州	Liangshan Yi A.P	0.01		6.0	2201.7	80.5	22
贵州省	**Guizhou**	**58.51**	**23.62**	**13507.2**	**16961.0**	**1420.7**	**340**
贵阳市	Guiyang City	9.78	5.42	3726.8	5240.6	609.9	81
六盘水市	Liupanshui City	0.09	0.08	16.3	444.3	30.9	10
遵义市	Zunyi City	1.43	0.34	432.4	2624.7	240.5	38
安顺市	Anshun City	17.50	2.91	3315.1	1838.2	185.2	18
毕节市	Bijie City	1.29	0.72	234.8	1843.0	153.5	34
铜仁市	Tongren City	4.03	0.80	918.3	1503.0	112.7	23
黔西南布依族苗族自治州	Southwest Guizhou Buyi & Miao A.P	6.20	0.80	1663.7	781.8	46.6	18
黔东南苗族侗族自治州	Southeast Guizhou Miao & Dong A.P	13.89	10.45	2864.9	2361.0	185.4	46
黔南布依族苗族自治州	South Guizhou Buyi & Miao A.P	2.78	2.78	806.4	3085.4	209.5	85

地 区	Region	接待入境旅游者人数（万人次）Number of Overseas Visitor Arrivals (10 000 person-times)	#外国人 Foreigners	国际旅游外汇收入（万美元）Foreign Exchange Earnings from International Tourism (USD 10 000)	国内旅游人数（万人次）Number of Domestic Visitors (10 000 person-times)	国内旅游收入（亿元）Earnings from Domestic Tourism (100 million yuan)	星级饭店数（个）Number of Star-rated Hotels (unit)
云南省	**Yunnan**	**395.38**	**281.00**	**160900.0**	**16331.8**	**1195.7**	**751**
昆明市	Kunming City	100.40	77.20	29787.9	4002.1	347.0	82
曲靖市	Qujing City	1.73	1.71	667.4	778.1	46.2	33
玉溪市	Yuxi City	0.30	0.28	71.1	1308.6	57.1	39
保山市	Baoshan City	10.40	9.70	2857.0	690.0	38.0	29
昭通市	Zhaotong City	0.09	0.05	21.0	708.7	26.3	13
丽江市	Lijiang City	76.12	54.73	25368.0	1107.9	135.7	191
普洱市	Puer City	10.70	3.60	1466.0	556.4	28.8	
临沧市	Lincang City	4.94	4.92	2725.0	314.6	17.8	20
楚雄彝族自治州	Chuxiong Yi A.P	2.38	1.34	632.9	1165.1	39.9	35
红河哈尼族彝族自治州	Honghe Hani & Yi A.P	13.90	14.18	13673.2	1310.0	77.5	63
文山壮族苗族自治州	Wenshan Zhuang & Miao A.P	26.35	24.51	1912.0	535.0	43.9	
西双版纳傣族自治州	Xishuangbanna Dai A.P	76.67	75.70	12551.0	936.0	92.1	48
大理白族自治州	Dali Bai A.P	45.52	22.93	15036.7	1499.5	128.6	102
德宏傣族景颇族自治州	Dehong Dai & Jingpo A.P	53.21	12.09	3659.1	520.1	52.7	54
怒江傈僳族自治州	Nujiang Lisu A.P	17.30	1.72	778.3	171.7	9.2	10
迪庆藏族自治州	Diqing Zang A.P	86.60	46.40	285988.8	731.1	48.9	32
西藏自治区	**Tibet A.R.**	**27.08**	**24.90**	**12963.0**	**842.7**	**88.6**	**174**
拉萨市	Lhasa City	19.56	18.00	9400.0	482.8	51.1	89
昌都地区	Qamdu Prefecture	0.09	0.08	44.0	31.8	3.0	11
山南地区	Lhokha Prefecture	1.57	1.44	762.0	82.5	8.8	7
日喀则地区	Xigaze Prefecture	4.73	4.35	2293.0	114.0	11.7	34
那曲地区	Narqu Prefecture	0.11	0.10	53.0	20.9	2.2	2
阿里地区	Ngri Prefecture	0.80	0.73	307.0	6.5	0.5	1
林芝地区	Nyingchi Prefecture	0.22	0.20	104.0	104.1	11.3	30
其他	Others						
陕西省	**Shaanxi**	**270.41**	**189.91**	**129505.0**	**18135.3**	**1240.0**	**369**
西安市	Xi'an City	100.23	88.63	64100.0	6553.0	478.9	116
铜川市	Tongchuan City	2.45	1.52	267.5	560.0	19.1	13
宝鸡市	Baoji City	20.30	10.20	5712.0	2030.0	132.0	37
咸阳市	Xianyang City	24.06	15.96	721.7	2480.3	109.3	30
渭南市	Weinan City	18.87	7.13	3545.0	2039.0	116.3	33
延安市	Yan'an City	12.01	7.75	908.5	2038.0	109.4	34
汉中市	Hanzhong City	2.01	1.42	830.0	1504.0	63.0	30
榆林市	Yulin City	0.23	0.23	13.9	675.0	29.5	31
安康市	Ankang City	1.80	0.27	360.0	1560.1	63.2	27
商洛市	Shangluo City	1.23	0.66	98.0	1703.0	68.1	12
杨凌示范区	Yangling Demonstration Zone		5.24	390.0	287.6	4.7	6
甘肃省	**Gansu**	**9.11**	**5.47**	**1739.8**	**5826.5**	**332.6**	**337**
兰州市	Lanzhou City	1.22	0.79	278.1	1338.7	96.9	51
嘉峪关市	Jiayuguan City	0.74	0.36	133.6	212.9	12.2	19
金昌市	Jinchang City	0.05	0.05	7.2	92.4	4.6	5
白银市	Baiyin City	0.01	0.00	2.1	263.7	13.9	11
天水市	Tianshui City	0.41	0.18	68.9	830.3	45.2	33

3-18 续表 9 continued

地 区	Region	接待人境旅游者人数（万人次）Number of Overseas Visitor Arrivals (10 000 person-times)	#外国人 Foreigners	国际旅游外汇收入（万美元）Foreign Exchange Earnings from International Tourism (USD 10 000)	国内旅游人数（万人次）Number of Domestic Visitors (10 000 person-times)	国内旅游收入（亿元）Earnings from Domestic Tourism (100 million yuan)	星级饭店数（个）Number of Star-rated Hotels (unit)
武威市	Wuwei City	0.79	0.27	125.9	255.0	11.7	11
张掖市	Zhangye City	0.53	0.17	81.2	333.6	16.3	25
平凉市	Pingliang City	0.07	0.02	11.4	526.4	26.1	22
酒泉市	Jiuquan City	4.39	2.98	864.8	581.0	49.8	61
庆阳市	Qingyang City	0.00	0.00	1.2	208.5	8.8	10
定西市	Dingxi City	0.02	0.00	4.0	274.6	10.4	22
陇南市	Longnan City	0.00	0.00	0.4	380.9	16.4	20
临夏回族自治州	Linxia Hui A.P	0.24	0.15	36.5	310.5	11.2	15
甘南藏族自治州	Gannan Zang A.P	0.62	0.49	124.4	218.1	9.0	32
青海省	**Qinghai**	**5.17**	**4.10**	**2658.5**	**1407.2**	**90.6**	**123**
西宁市	Xining City	3.41	2.89	1500.3	977.9	56.2	49
海东地区	Haidong Prefecture	0.56	0.29	28.1	501.6	8.2	14
海北藏族自治州	Haibei Zang A.P				282.0	3.8	9
黄南藏族自治州	Huangnan Zang AP	0.69	0.68	290.0	199.2	3.9	2
海南藏族自治州	Hainan Zang A.P	0.00		1.5	147.6	1.8	11
果洛藏族自治州	Golog Zang A.P	0.06		25.1	27.9	1.5	2
玉树藏族自治州	Yushu Zang A.P				14.7	0.8	8
海西蒙古族藏族自治州	Haixi Mongolian & Zang A.P	0.39	0.21	174.0	320.0	8.8	28
宁夏回族自治区	**Ningxia**	**1.95**	**1.37**	**619.6**	**1167.7**	**83.8**	**69**
银川市	Yinchuan City	1.44	1.01	488.2	461.4	46.7	36
石嘴山市	Shizuishan City	0.06	0.01	17.6	182.7	9.4	8
吴忠市	Wuzhong City	0.08	0.01	27.4	164.5	9.1	
固原市	Guyuan City	0.10	0.01	20.3	160.4	6.4	
中卫市	Zhongwei City	0.27	0.27	66.0	198.8	12.2	12
新疆维吾尔自治区	**Xinjiang**	**132.50**	**124.90**	**46519.0**	**3829.0**	**411.0**	**462**
乌鲁木齐市	Urumqi City	29.15	27.33	15459.0	618.6	188.7	98
克拉玛依市	Karamay City	0.12	0.11	45.0	132.3	10.3	17
吐鲁番地区	Turpan Prefecture	6.47	6.12	3960.0	435.2	30.5	20
哈密地区	Hami Prefecture	2.17	2.05	986.0	205.0	16.5	17
昌吉回族自治州	Changji Hui A.P	0.50	0.45	150.0	248.2	13.4	32
博尔塔拉蒙古自治州	Bortala Mongolian A.P	4.49	4.25	801.0	104.7	3.9	10
巴音郭楞蒙古自治州	Bayingolin Mongolian A.P	0.80	0.75	593.0	387.2	15.0	45
阿克苏地区	Aksu Prefecture	0.61	0.56	327.0	266.0	11.1	34
克孜勒苏柯尔克孜自治州	Kizilsu Kirgiz A.P	1.25	1.18	726.0	22.0	2.3	3
喀什地区	Kashi Prefecture	5.90	5.76	3543.0	305.9	28.3	30
和田地区	Hotan Prefecture	2.18	2.06	1012.0	100.2	8.0	17
伊犁哈萨克自治州	Ili Kazak A.P	69.67	66.19	17015.0	314.3	25.1	65
塔城地区	Tacheng Prefecture	3.01	2.23	614.0	196.8	9.6	13
阿勒泰地区	Altay Prefecture	6.13	5.81	1257.0	374.4	36.3	45
石河子市	Shihezi City	0.07	0.05	31.0	118.4	12.1	16
阿拉尔市	Alar City						
图木舒克市	Tumxuk City						
五家渠市	Wujiaqu City						
生产建设兵团	Corps						

3-19 金融机构本外币和人民币存贷款(2011年)
Deposits and Loans of Financial Institutions (2011)

单位：亿元 (100 million yuan)

地区	Region	金融机构本外币存款 Domestic and Foreign Currency Deposit of Financial Institutions	金融机构人民币存款 Total Deposits	金融机构本外币贷款 Domestic and Foreign Currency Deposit of Financial Institutions	金融机构人民币贷款 Total Loans	境内贷款 Domestic Loans	#短期贷款 Short-term Loans	#中长期贷款 Medium and Long-term Loans	境外贷款 Overseas Loans
北京市	**Beijing**	**75001.91**	**69883.87**	**39660.51**	**31791.29**	**31765.40**	**9113.65**	**21961.15**	**25.89**
东城区	Dongcheng District		8883.78		3779.32	3774.81	1268.31	2466.04	4.52
西城区	Xicheng District		22858.13		13476.29	13471.14	3682.74	9284.20	5.15
朝阳区	Chaoyang District		11287.34		5327.80	5319.24	1349.46	3925.69	8.57
丰台区	Fengtai District		3976.57		1773.03	1772.06	473.93	1290.82	0.98
石景山区	Shijingshan District		1032.86		376.44	376.11	126.06	246.35	0.32
海淀区	Haidian District		14254.50		4381.52	4377.39	1653.76	2692.55	4.13
门头沟区	Mentougou District		326.89		65.43	65.42	8.94	55.66	0.01
房山区	Fangshan District		878.77		214.00	213.98	38.88	174.95	0.02
通州区	Tongzhou District		1222.83		363.44	363.36	54.94	301.43	0.09
顺义区	Shunyi District		1262.13		589.51	588.45	199.03	360.44	1.06
昌平区	Changping District		1205.76		320.83	320.37	50.01	269.10	0.45
大兴区	Daxing District		1553.70		778.03	777.62	110.99	657.53	0.41
怀柔区	Huairou District		351.44		90.44	90.42	28.14	56.26	0.02
平谷区	Pinggu District		293.92		102.43	102.27	23.83	75.90	0.16
密云县	Miyun County		309.88		111.15	111.14	32.88	74.94	0.01
延庆县	Yanqing County		185.37		41.63	41.63	11.77	29.30	
北京经济技术开发区	Beijing Economic-technological Development Zones								
其他	Others								
天津市	**Tianjin**	**17586.91**	**17197.51**	**15924.71**	**15242.17**	**15863.81**	**4177.34**	**9906.46**	**60.90**
和平区	Heping District	1931.32	1886.35	1554.35	1554.35	1553.28	406.08	1130.36	1.07
河东区	Hedong District	796.57	775.02	810.25	810.25	809.69	206.52	595.22	0.56
河西区	Hexi District	3150.76	3094.17	2121.04	2121.04	2120.11	678.59	1355.76	0.93
南开区	Nankai District	1432.91	1386.21	798.96	798.96	798.45	263.10	533.77	0.52
河北区	Hebei District	828.85	687.75	489.79	489.79	489.18	133.30	339.85	0.61
红桥区	Hongqiao District	401.13	377.41	309.08	309.08	309.06	70.52	165.98	0.02
东丽区	Dongli District	592.49	577.65	404.12	404.12	404.09	159.02	234.51	0.02
西青区	Xiqing District	586.03	585.46	400.21	400.21	399.93	100.32	289.40	0.27
津南区	Jinnan District	429.71	449.46	198.61	198.61	198.47	63.01	134.62	0.14
北辰区	Beichen District	487.48	475.44	270.69	270.69	270.69	125.44	141.75	0.00
武清区	Wuqing District	438.73	427.96	204.09	204.09	204.06	47.28	156.52	0.03
宝坻区	Baodi District	260.63	254.57	104.06	104.06	104.06	26.84	75.60	0.01
滨海新区	Binhai New Area	3666.58	3549.24	3795.64	3580.07	3795.03	1127.57	2580.41	0.61
宁河县	Ninghe County	157.51	153.90	56.11	56.11	56.11	26.80	26.86	
静海县	Jinghai County	353.05	345.26	138.82	138.82	138.82	72.97	62.63	0.00
蓟县	Ji County	303.71	300.89	134.55	134.55	134.51	31.21	99.10	0.04
其他	Others								
河北省	**Hebei**	**29749.53**	**29563.77**	**18460.60**	**18143.99**	**18143.38**	**7109.50**	**10505.32**	**0.61**
石家庄市	Shijiazhuang City	6755.79	6715.34	3698.06	3659.79	3659.74	1455.22	2076.99	0.05
唐山市	Tangshan City	4774.98	4748.32	3122.96	3088.49	3088.49	1196.77	1798.90	0.00
秦皇岛市	Qinhuangdao City	1663.84	1663.84	1039.41	1039.41	1039.36	379.33	643.14	0.05
邯郸市	Handan City	2499.51	2491.00	1566.71	1535.08	1535.08	799.97	662.80	0.00
邢台市	Xingtai City	1824.67	1824.67	946.89	946.89	946.89	429.87	443.50	0.00
保定市	Baoding City	3231.66	3231.66	1344.10	1344.10	1344.08	530.08	799.48	0.02
张家口市	Zhangjiakou City	1463.44	1459.21	1063.28	1063.01	1062.97	360.83	683.66	0.05
承德市	Chengde City	1195.56	1193.39	853.57	853.48	853.46	345.64	491.01	0.02
沧州市	Cangzhou City	2300.09	2300.09	1088.42	1088.42	1088.41	515.59	532.92	0.02
廊坊市	Langfang City	2285.56	2267.16	1568.54	1535.69	1535.29	617.11	910.87	0.39
衡水市	Hengshui City	1333.32	1328.89	576.14	574.02	574.02	409.30	150.83	

3-19 续表 1 continued

单位：亿元 (100 million yuan)

地区	Region	金融机构本外币存款 Domestic and Foreign Currency Deposit of Financial Institutions	金融机构人民币存款 Total Deposits	金融机构本外币贷款 Domestic and Foreign Currency Deposit of Financial Institutions	金融机构人民币贷款 Total Loans	境内贷款 Domestic Loans	#短期贷款 Short-term Loans	#中长期贷款 Medium and Long-term Loans	境外贷款 Overseas Loans
山西省	**Shanxi**	**21003.24**	**20920.43**	**11265.56**	**11169.35**	**11169.24**	**4231.41**	**6387.74**	**0.12**
太原市	Taiyuan City	7641.03	7585.04	5731.17	5657.37	5657.26	1583.01	3913.14	0.12
大同市	Datong City	1876.25	1870.22	658.73	658.71	658.71	239.44	378.19	
阳泉市	Yangquan City	975.51	973.34	430.26	430.13	430.13	201.78	202.61	
长治市	Changzhi City	1574.20	1571.80	730.76	725.27	725.27	346.05	318.34	
晋城市	Jincheng City	1501.13	1498.34	635.46	633.44	633.44	260.33	357.10	
朔州市	Shuozhou City	914.84	911.77	271.85	262.54	262.54	125.99	114.98	
晋中市	Jinzhong City	1449.07	1446.97	611.28	611.28	611.28	369.09	204.69	
运城市	Yuncheng City	1118.15	1115.10	605.28	604.45	604.45	346.58	204.46	
忻州市	Xinzhou City	1135.61	1134.02	410.69	410.62	410.62	192.58	216.04	
临汾市	Linfen City	1459.02	1456.79	658.58	656.30	656.30	295.01	274.69	
吕梁市	Luliang City	1358.43	1357.04	521.50	519.22	519.22	271.55	203.51	
其他	Others								
内蒙古自治区	**Inner Mongolia**	**12140.00**	**12063.72**		**9727.70**	**9727.56**	**3567.30**	**6070.41**	**0.14**
呼和浩特市	Hohhot City	3224.03	3188.22	3269.63	3201.82	3201.79	695.71	2479.19	0.03
包头市	Baotou City	2001.00	1992.97	1287.94	1279.62	1279.61	497.47	748.32	
乌海市	Wuhai City	494.55	494.13	325.30	325.30	325.29	134.28	172.95	
赤峰市	Chifeng City	1039.04	1037.00	565.85	565.15	565.15	247.51	315.29	
通辽市	Tongliao City	566.75	564.00	529.58	528.62	528.62	247.83	277.75	
鄂尔多斯市	Erdos City	2021.53	2012.60	1961.33	1961.30	1961.20	902.47	1055.79	0.09
呼伦贝尔市	Hulunbuir City	875.29	875.29	486.24	486.24	486.24	235.68	250.17	
巴彦淖尔市	Bayannur City	520.86	520.86	408.40	408.40	408.40	242.82	164.70	
乌兰察布市	Ulanqab City	503.20	501.40	275.62	275.03	275.03	106.06	168.18	
兴安盟	Xingan League	289.13	288.55	151.98	151.91	151.91	65.12	86.79	
锡林郭勒盟	Xilingol League	412.35	411.90	374.86	372.60	372.60	101.04	271.49	
阿拉善盟	Alxa League	192.66	192.32	221.85	221.85	221.85	109.00	112.22	
辽宁省	**Liaoning**	**30832.44**	**30216.40**	**22831.70**	**21620.96**	**21616.67**	**7457.08**	**13357.38**	**148.81**
沈阳市	Shenyang City	9040.68	8895.67	7039.97	6888.97	6888.35	1690.82	4875.36	47.59
大连市	Dalian City	9395.08	9092.67	7918.88	7165.84	7162.38	2250.85	4755.98	58.60
鞍山市	Anshan City	2063.97	2031.71	1206.90	1142.84	1142.84	504.77	594.42	42.40
抚顺市	Fushun City	1041.97	1027.86	461.59	454.46	454.45	211.26	201.21	0.01
本溪市	Benxi City	859.69	848.07	660.22	557.90	557.90	330.08	206.37	0.00
丹东市	Dandong City	1061.79	1046.02	578.52	571.85	571.67	258.54	266.18	0.19
锦州市	Jinzhou City	1137.56	1125.69	718.16	695.31	695.31	252.87	424.37	0.00
营口市	Yingkou City	1112.08	1083.97	973.35	965.96	965.95	407.71	519.09	0.01
阜新市	Fuxin City	607.06	604.39	434.82	434.49	434.49	188.83	236.19	
辽阳市	Liaoyang City	975.60	967.58	621.26	589.49	589.49	335.11	220.85	0.00
盘锦市	Panjin City	952.64	931.44	562.00	520.65	520.65	268.37	241.89	0.00
铁岭市	Tieling City	735.52	729.50	554.17	554.10	554.10	272.55	270.77	
朝阳市	Chaoyang City	883.21	876.47	534.01	523.95	523.95	203.34	300.06	0.00
葫芦岛市	Huludao City	936.17	925.93	565.33	552.63	552.62	281.98	244.59	0.00

单位：亿元 (100 million yuan)

地区	Region	金融机构本外币存款 Domestic and Foreign Currency Deposit of Financial Institutions	金融机构人民币存款 Total Deposits	金融机构本外币贷款 Domestic and Foreign Currency Deposit of Financial Institutions	金融机构人民币贷款 Total Loans	境内贷款 Domestic Loans	#短期贷款 Short-term Loans	#中长期贷款 Medium and Long-term Loans	境外贷款 Overseas Loans
吉林省	**Jilin**	**10962.00**	**10872.68**	**8240.90**	**8122.41**	**8121.88**	**2912.31**	**5024.70**	**0.54**
长春市	Changchun City	5619.00	5566.72	5251.00	5152.21	5151.72	1265.85	3766.09	0.49
吉林市	Jilin City	1496.20	1487.96	841.10	832.81	832.81	476.70	330.78	
四平市	Siping City	639.20	637.18	384.10	377.10	377.06	193.89	169.70	0.05
辽源市	Liaoyuan City	298.20	296.75	197.20	197.16	197.16	136.08	57.29	
通化市	Tonghua City	641.20	637.60	391.20	387.11	387.11	235.33	138.33	
白山市	Baishan City	434.50	433.40	274.70	274.55	274.55	131.79	139.11	
松原市	Songyuan City	554.50	553.33	303.10	303.08	303.08	167.69	133.48	
白城市	Baicheng City	358.50	357.96	219.80	219.79	219.79	122.57	96.53	
延边朝鲜族自治州	Yanbian Korean A.P	920.70	901.78	378.70	378.60	378.60	182.41	193.39	
黑龙江省	**Heilongjiang**	**14416.36**	**14328.44**	**8761.12**	**8548.72**	**8548.52**	**3439.02**	**4818.29**	**0.20**
哈尔滨市	Harbin City	6612.50	6551.87	5070.06	4873.25	4873.06	1434.48	3243.97	0.19
齐齐哈尔市	Qiqihar City	981.46	977.46	637.22	636.74	636.73	372.42	253.56	0.00
鸡西市	Jixi City	637.10	635.68	268.43	268.43	268.43	137.68	118.86	
鹤岗市	Hegang City	384.18	383.10	249.02	249.02	249.02	138.50	88.76	0.00
双鸭山市	Shuangyashan City	479.09	478.41	347.40	346.36	346.36	171.60	159.59	
大庆市	Daqing City	1712.18	1705.02	495.36	494.56	494.56	214.97	277.93	
伊春市	Yichun City	385.63	383.98	101.35	101.13	101.13	52.88	43.19	
佳木斯市	Jiamusi City	704.12	701.77	444.66	443.79	443.79	300.15	143.47	
七台河市	Qitaihe City	295.26	294.60	178.38	177.02	177.02	69.56	89.23	
牡丹江市	Mudanjiang City	932.15	926.27	378.58	369.65	369.65	190.86	174.19	0.00
黑河市	Heihe City	444.55	443.54	196.71	194.83	194.83	116.78	76.42	
绥化市	Suihua City	644.94	644.19	345.02	345.02	345.02	216.85	122.58	
大兴安岭地区	Daxing'anling Prefecture	203.19	202.55	48.93	48.93	48.93	22.29	26.53	
农垦总局	Agriculture Reclamation Bureau								
其他	Others								
上海市	**Shanghai**	**58186.48**	**55273.16**	**37196.79**	**33360.10**	**33162.32**	**9180.96**	**21511.47**	**197.77**
黄浦区	Huangpu District								
卢湾区	Luwan District								
徐汇区	Xuhui District								
长宁区	Changning District								
静安区	Jingan District								
普陀区	Putuo District								
闸北区	Zhabei District								
虹口区	Hongkou District								
杨浦区	Yangpu District								
闵行区	Minhang District								
宝山区	Baoshan District								
嘉定区	Jiading District								
浦东新区	Pudong New District								
金山区	Jinshan District								
松江区	Songjiang District								
青浦区	Qingpu District								
奉贤区	Fengxian District								
崇明县	Chongming County								
其他	Others								

单位：亿元 (100 million yuan)

地区	Region	金融机构本外币存款 Domestic and Foreign Currency Deposit of Financial Institutions	金融机构人民币存款 Total Deposits	金融机构本外币贷款 Domestic and Foreign Currency Deposit of Financial Institutions	金融机构人民币贷款 Total Loans	境内贷款 Domestic Loans	境内贷款 #短期贷款 Short-term Loans	境内贷款 #中长期贷款 Medium and Long-term Loans	境外贷款 Overseas Loans
江苏省	**Jiangsu**	**67638.75**	**65723.56**	**50283.52**	**47868.30**	**47817.11**	**21338.26**	**25067.34**	**51.19**
南京市	Nanjing City	14241.99	13945.92	11723.52	11132.09	11127.60	3755.64	7002.54	4.49
无锡市	Wuxi City	9722.44	9372.69	7279.81	6883.44	6881.45	3464.59	3179.52	1.99
徐州市	Xuzhou City	3003.76	2980.99	1744.09	1734.84	1734.76	969.09	687.28	0.08
常州市	Changzhou City	5020.88	4902.15	3505.80	3406.35	3405.78	1839.97	1482.51	0.57
苏州市	Suzhou City	16004.17	15180.78	12776.25	11873.89	11832.38	4649.17	6874.71	41.52
南通市	Nantong City	5614.60	5502.08	3408.64	3285.39	3284.83	1766.19	1439.89	0.56
连云港市	Lianyungang City	1388.69	1367.85	1088.17	1011.18	1011.04	508.36	487.82	0.14
淮安市	Huaian City	1335.01	1310.00	1016.58	991.69	991.48	440.36	525.31	0.21
盐城市	Yancheng City	2336.19	2320.16	1585.24	1558.64	1558.58	797.70	697.46	0.06
扬州市	Yangzhou City	2860.65	2818.31	1751.50	1718.03	1717.52	837.26	824.56	0.51
镇江市	Zhenjiang City	2474.45	2431.84	1835.50	1787.42	1786.84	954.79	799.14	0.59
泰州市	Taizhou City	2632.69	2592.95	1804.45	1725.34	1725.24	960.58	708.86	0.11
宿迁市	Suqian City	1003.23	997.81	763.97	760.00	759.64	394.57	357.74	0.36
浙江省	**Zhejiang**	**60893.14**	**59727.91**	**53239.34**	**51276.64**	**51257.05**	**30818.25**	**19354.38**	**19.58**
杭州市	Hangzhou City	18396.57	18115.44	16573.74	15888.92	15880.88	7566.08	7714.87	8.03
宁波市	Ningbo City	10659.27	10435.92	10676.84	10209.99	10208.04	5583.09	4393.50	1.95
温州市	Wenzhou City	7545.60	7271.27	6394.96	6195.11	6191.90	5039.30	1083.78	3.21
嘉兴市	Jiaxing City	4168.17	4075.18	3212.74	3038.69	3037.72	1688.96	1327.40	0.97
湖州市	Huzhou City	2102.05	2083.01	1712.17	1672.55	1672.41	1018.00	629.46	0.14
绍兴市	Shaoxing City	5510.14	5461.83	4463.09	4327.50	4327.37	3260.35	1022.07	0.13
金华市	Jinhua City	4746.69	4698.99	3678.88	3608.10	3607.60	2723.22	836.43	0.50
衢州市	Quzhou City	1157.23	1150.45	934.51	920.50	920.46	537.81	373.16	0.04
舟山市	Zhoushan City	1314.97	1289.61	1162.66	1120.04	1120.01	569.37	547.37	0.03
台州市	Taizhou City	3998.90	3959.06	3470.76	3354.59	3354.53	2274.02	1054.23	0.06
丽水市	Lishui City	1293.56	1187.15	958.99	940.66	936.14	558.04	372.13	4.52
安徽省	**Anhui**	**19547.33**	**19404.30**	**14146.39**	**13729.83**	**13729.13**	**4996.21**	**8270.93**	**0.70**
合肥市	Hefei City	5822.06	5370.73	5512.63	5041.44	5040.93	1254.11	3708.97	0.52
芜湖市	Wuhu City	1677.18	1469.40	1427.84	1282.62	1282.58	500.98	744.99	0.04
蚌埠市	Bengbu City	839.60	836.08	484.89	480.69	480.65	212.10	250.15	0.04
淮南市	Huainan City	961.29	959.48	722.04	716.88	716.87	254.15	445.27	0.00
马鞍山市	Maanshan City	1094.09	877.88	806.25	651.17	651.16	269.92	308.97	0.01
淮北市	Huaibei City	696.85	695.39	406.60	405.70	405.70	132.73	245.84	0.00
铜陵市	Tongling City	485.66	481.62	496.37	457.33	457.32	196.88	227.90	0.01
安庆市	Anqing City	1408.63	1404.61	694.28	687.54	687.54	366.90	301.63	0.00
黄山市	Huangshan City	561.55	559.34	350.54	348.99	348.95	127.91	205.47	0.03
滁州市	Chuzhou City	917.91	914.43	585.21	576.42	576.42	318.09	247.81	0.01
阜阳市	Fuyang City	1252.42	1250.81	535.76	533.62	533.62	239.76	270.01	0.01
宿州市	Suzhou City	854.24	851.44	379.90	379.14	379.12	165.38	200.95	0.01
六安市	Liuan City	1054.90	1053.36	578.58	576.54	576.53	272.00	298.75	0.01
亳州市	Bozhou City	675.29	674.90	326.57	326.31	326.31	179.79	134.07	
池州市	Chizhou City	436.60	435.61	316.80	315.26	315.26	99.81	208.57	
宣城市	Xuancheng City	679.62	676.37	483.84	481.95	481.95	192.45	268.74	0.01
其他	Others								

3-19 续表 4 continued

单位：亿元 (100 million yuan)

地 区	Region	金融机构本外币存款 Domestic and Foreign Currency Deposit of Financial Institutions	金融机构人民币存款 Total Deposits	金融机构本外币贷款 Domestic and Foreign Currency Deposit of Financial Institutions	金融机构人民币贷款 Total Loans	境内贷款 Domestic Loans	#短期贷款 Short-term Loans	#中长期贷款 Medium and Long-term Loans	境外贷款 Overseas Loans
福建省	**Fujian**	**21571.60**	**21055.49**	**18982.82**	**18165.19**	**18107.56**	**7836.03**	**9906.51**	**57.63**
福州市	Fuzhou City	6910.13	6771.43	6190.73	5895.81	5879.42	1862.45	3909.24	16.39
厦门市	Xiamen City	4957.46	4696.40	4340.70	4035.75	4011.01	1455.55	2391.32	24.74
莆田市	Putian City	875.00	859.33	747.35	730.07	729.46	425.32	303.59	0.61
三明市	Sanming City	912.09	903.29	832.76	826.72	826.57	393.22	424.95	0.15
泉州市	Quanzhou City	3826.15	3779.67	3150.00	3020.97	3006.04	1761.11	1234.43	14.93
漳州市	Zhangzhou City	1277.55	1247.83	1008.01	961.71	961.36	529.66	418.84	0.34
南平市	Nanping City	870.26	864.93	721.80	718.47	718.22	354.85	357.37	0.24
龙岩市	Longyan City	913.94	908.43	883.72	874.55	874.38	408.30	462.66	0.17
宁德市	Ningde City	791.62	786.91	856.36	850.58	850.53	446.27	404.11	0.05
江西省	**Jiangxi**	**14322.05**	**14240.29**	**9301.95**	**9175.16**	**9173.42**	**3585.97**	**5434.31**	**1.74**
南昌市	Nanchang City	5120.13	5083.20	4126.46	4065.31	4063.83	1469.92	2555.70	1.49
景德镇市	Jingdezhen City	498.01	496.07	270.45	270.27	270.25	77.39	177.06	0.02
萍乡市	Pingxiang City	469.39	467.47	259.33	254.29	254.29	133.41	103.57	0.00
九江市	Jiujiang City	1255.13	1248.58	804.33	779.05	778.96	332.81	436.57	0.09
新余市	Xinyu City	527.72	522.21	426.03	413.30	413.29	191.17	201.24	0.01
鹰潭市	Yingtan City	368.77	358.84	238.08	229.97	229.97	103.85	116.84	
赣州市	Ganzhou City	1855.50	1847.60	1042.89	1035.42	1035.39	414.70	610.13	0.03
吉安市	Jian City	1051.73	1048.68	449.74	448.13	448.13	151.86	291.19	0.00
宜春市	Yichun City	1211.01	1208.02	596.78	596.27	596.24	287.21	300.94	0.03
抚州市	Fuzhou City	788.91	786.97	380.83	380.04	380.04	136.41	238.94	0.01
上饶市	Shangrao City	1168.69	1165.60	696.06	692.13	692.07	287.22	397.98	0.06
山东省	**Shandong**	**46986.51**	**46345.41**	**37521.93**	**35179.00**	**35017.70**	**17331.13**	**16291.94**	**161.29**
济南市	Jinan City	8364.06	8275.80	8009.83	6893.70	6737.77	2313.65	4151.75	155.93
青岛市	Qingdao City	8901.27	8638.50	7495.25	6947.75	6944.46	2687.14	4005.11	3.29
淄博市	Zibo City	2744.88	2725.44	1927.00	1872.31	1872.30	1120.72	680.84	0.01
枣庄市	Zaozhuang City	974.24	972.06	814.97	813.41	813.41	346.41	440.30	0.00
东营市	Dongying City	1927.74	1904.01	1439.57	1390.95	1390.95	950.25	399.95	
烟台市	Yantai City	4467.85	4379.14	3070.96	2963.41	2962.38	1539.48	1221.12	1.03
潍坊市	Weifang City	3748.88	3706.93	3001.53	2932.69	2932.59	1654.51	1181.44	0.11
济宁市	Jining City	2634.90	2612.46	1646.49	1613.59	1613.59	899.94	629.82	0.00
泰安市	Taian City	1571.71	1563.57	1055.25	1043.15	1043.12	550.82	439.50	0.04
威海市	Weihai City	1810.19	1778.10	1259.09	1226.54	1225.79	479.45	688.59	0.75
日照市	Rizhao City	1161.07	1147.65	1107.14	986.85	986.81	581.28	360.70	0.04
莱芜市	Laiwu City	606.85	604.97	531.60	490.05	490.05	318.63	147.82	
临沂市	Linyi City	2507.10	2497.83	1833.63	1796.60	1796.58	1127.11	583.29	0.02
德州市	Dezhou City	1426.33	1420.02	1003.14	995.17	995.16	619.72	354.78	0.01
聊城市	Liaocheng City	1366.62	1358.10	1110.66	1047.11	1047.08	720.60	309.29	0.02
滨州市	Binzhou City	1309.69	1300.81	1256.49	1211.55	1211.53	834.97	363.44	0.02
菏泽市	Heze City	1326.40	1323.32	877.13	872.03	872.02	509.22	334.20	0.01
河南省	**Henan**	**26646.15**	**26646.15**	**17506.24**	**17506.24**	**17506.24**	**8273.66**	**8690.17**	
郑州市	Zhengzhou City	8964.87	8964.87	6112.78	6112.78	6112.78	2230.30	3667.46	
开封市	Kaifeng City	787.58	787.58	443.77	443.77	443.77	170.13	246.40	
洛阳市	Luoyang City	2428.60	2428.60	1366.59	1366.59	1366.59	741.69	530.31	
平顶山市	Pingdingshan City	1226.19	1226.19	794.69	794.69	794.69	346.58	429.74	
安阳市	Anyang City	1162.43	1162.43	634.20	634.20	634.20	417.68	185.72	
鹤壁市	Hebi City	305.45	305.45	283.25	283.25	283.25	148.31	129.55	
新乡市	Xinxiang City	1306.27	1306.27	781.78	781.78	781.78	446.07	315.23	

3-19 续表 5 continued

单位：亿元 (100 million yuan)

地区	Region	金融机构本外币存款 Domestic and Foreign Currency Deposit of Financial Institutions	金融机构人民币存款 Total Deposits	金融机构本外币贷款 Domestic and Foreign Currency Deposit of Financial Institutions	金融机构人民币贷款 Total Loans	境内贷款 Domestic Loans	#短期贷款 Short-term Loans	#中长期贷款 Medium and Long-term Loans	境外贷款 Overseas Loans
焦作市	Jiaozuo City	890.12	890.12	571.49	571.49	571.49	343.51	212.93	
濮阳市	Puyang City	680.95	680.95	257.56	257.56	257.56	149.76	103.85	
许昌市	Xuchang City	971.94	971.94	697.19	697.19	697.19	465.28	211.94	
漯河市	Luohe City	471.78	471.78	303.05	303.05	303.05	208.36	92.36	
三门峡市	Sanmenxia City	687.70	687.70	381.18	381.18	381.18	229.18	136.95	
南阳市	Nanyang City	1774.81	1774.81	973.25	973.25	973.25	645.79	284.26	
商丘市	Shangqiu City	1098.24	1098.24	587.99	587.99	587.99	338.93	240.18	
信阳市	Xinyang City	1266.66	1266.66	631.58	631.58	631.58	396.98	222.67	
周口市	Zhoukou City	1126.04	1126.04	579.31	579.31	579.31	410.60	167.59	
驻马店市	Zhumadian City	1172.31	1172.31	540.33	540.33	540.33	359.16	176.91	
济源市	Jiyuan City	185.01	185.01	157.20	157.20	157.20	97.30	57.78	
湖北省	**Hubei**	**24148.26**	**23949.15**	**16395.39**	**15662.54**	**15658.96**	**5082.40**	**10154.12**	**3.58**
武汉市	Wuhan City	11519.58	11356.47	10157.53	9468.61	9465.22	2419.93	6772.78	3.39
黄石市	Huangshi City	834.49	832.00	568.79	550.64	550.62	246.63	267.28	0.02
十堰市	Shiyan City	1016.48	1016.48	488.53	474.93	474.92	116.96	346.25	0.01
宜昌市	Yichang City	1783.11	1783.11	1212.68	1200.35	1200.29	437.86	742.06	0.06
襄阳市	Xiangyang City	1523.62	1522.23	820.31	816.81	816.80	390.78	414.57	0.01
鄂州市	Ezhou City	396.74	396.74	172.47	172.47	172.47	95.59	69.31	
荆门市	Jingmen City	786.36	786.36	364.36	364.36	364.35	170.74	192.35	
孝感市	Xiaogan City	1072.49	1071.49	468.66	467.47	467.46	215.71	241.77	0.02
荆州市	Jingzhou City	1322.63	1312.63	548.11	546.07	546.06	258.66	270.36	0.01
黄冈市	Huanggang City	1166.66	1164.00	468.27	467.58	467.58	229.05	230.78	0.00
咸宁市	Xianning City	537.28	536.31	273.37	273.32	273.31	78.64	189.03	0.01
随州市	Suizhou City	512.81	511.78	210.38	209.60	209.59	113.03	93.17	0.01
恩施土家族苗族自治州	Enshi Tujia & Miao A.P	580.50	579.00	377.00	376.00	376.00	102.00	260.00	0.02
仙桃市	Xiantao City	361.38	302.00	95.00	94.35	94.34	51.08	40.57	0.01
潜江市	Qianjiang City	308.00	307.00	82.00	81.00	82.00	42.30	36.80	
天门市	Tianmen City	335.22	292.00	79.10	79.10	79.10	44.74	32.50	
神农架林区	Shennongjia Forest District	90.93	89.82	6.42	6.41	6.41	2.89	3.52	
湖南省	**Hunan**	**19444.10**	**19334.70**	**13462.50**	**13186.68**	**13183.09**	**3973.91**	**9005.65**	**3.59**
长沙市	Changsha City	7364.27	7294.24	7483.83	7261.87	7259.58	1597.10	5587.79	2.29
株洲市	Zhuzhou City	1356.55	1351.12	679.98	670.48	670.00	268.35	386.11	0.48
湘潭市	Xiangtan City	928.22	923.59	657.65	642.77	642.67	323.22	297.70	0.09
衡阳市	Hengyang City	1526.44	1522.16	611.57	608.71	608.62	258.18	319.54	0.09
邵阳市	Shaoyang City	1116.19	1113.10	425.40	424.11	424.05	182.86	240.00	0.05
岳阳市	Yueyang City	949.29	946.50	508.31	505.11	505.03	216.89	286.27	0.08
常德市	Changde City	1154.05	1152.23	544.89	544.57	544.50	234.22	308.93	0.07
张家界市	Zhangjiajie City	292.31	291.94	218.06	218.06	218.01	40.93	176.92	0.05
益阳市	Yiyang City	728.96	727.73	359.84	359.06	359.04	163.46	192.94	0.02
郴州市	Chenzhou City	1121.94	1117.38	462.25	458.54	458.45	188.60	268.43	0.09
永州市	Yongzhou City	844.99	841.42	401.58	401.30	401.27	133.32	267.06	0.03
怀化市	Huaihua City	813.87	812.32	426.57	425.92	425.86	106.21	318.06	0.06
娄底市	Loudi City	777.37	772.09	469.02	452.79	452.62	180.65	235.52	0.17
湘西土家族苗族自治州	West Hunan Tujia & Miao A.P	443.52	442.97	185.48	185.34	185.33	77.61	107.56	0.01

单位：亿元 (100 million yuan)

地区	Region	金融机构本外币存款 Domestic and Foreign Currency Deposit of Financial Institutions	金融机构人民币存款 Total Deposits	金融机构本外币贷款 Domestic and Foreign Currency Deposit of Financial Institutions	金融机构人民币贷款 Total Loans	境内贷款 Domestic Loans	#短期贷款 Short-term Loans	#中长期贷款 Medium and Long-term Loans	境外贷款 Overseas Loans
广东省	**Guangdong**	**91590.15**	**89169.60**	**58615.27**	**53411.83**	**52975.28**	**14296.85**	**36789.05**	**436.55**
广州市	Guangzhou City	26460.80	25218.49	17732.88	15189.80	15129.21	3219.86	11684.49	60.60
韶关市	Shaoguan City	1005.35	1001.01	425.23	390.99	390.80	74.05	314.04	0.18
深圳市	Shenzhen City	25095.78	24081.11	19248.73	16359.73	16110.27	3812.08	11418.43	249.46
珠海市	Zhuhai City	2980.01	2883.47	1638.21	1481.83	1460.47	322.92	1059.71	21.36
汕头市	Shantou City	1989.65	1967.87	728.18	706.06	704.89	274.54	426.54	1.17
佛山市	Foshan City	9116.84	8965.03	5615.15	5464.49	5445.10	1992.26	3216.80	19.39
江门市	Jiangmen City	2559.66	2490.92	1205.30	1133.69	1121.75	404.46	694.92	11.94
湛江市	Zhanjiang City	1728.19	1717.89	868.48	847.87	847.60	382.24	438.38	0.27
茂名市	Maoming City	1188.72	1184.84	444.74	443.71	443.62	127.60	313.81	0.08
肇庆市	Zhaoqing City	1210.67	1197.13	766.51	754.35	752.06	99.49	630.46	2.29
惠州市	Huizhou City	2401.05	2326.05	1439.09	1295.48	1286.91	194.32	1070.07	8.57
梅州市	Meizhou City	946.24	941.74	389.97	387.57	387.31	85.12	301.18	0.26
汕尾市	Shanwei City	373.30	368.35	157.59	156.38	155.85	45.97	109.78	0.53
河源市	Heyuan City	561.36	559.22	389.26	385.22	384.42	49.42	334.51	0.80
阳江市	Yangjiang City	649.29	638.52	369.12	357.52	356.85	62.59	293.71	0.67
清远市	Qingyuan City	1117.31	1102.17	617.00	601.68	599.77	94.76	503.26	1.91
东莞市	Dongguan City	6756.66	6609.39	3860.92	3716.08	3675.13	1480.47	2069.89	40.96
中山市	ZhongShan City	2993.67	2916.09	1626.77	1538.54	1523.60	518.85	988.26	14.93
潮州市	Chaozhou City	743.18	723.42	256.64	234.30	234.28	114.16	115.51	0.03
揭阳市	Jieyang City	1130.77	1125.87	502.33	494.04	493.96	327.35	164.54	0.08
云浮市	Yunfu City	581.66	577.80	333.17	328.88	327.85	86.68	240.93	1.03
广西壮族自治区	**Guangxi**	**13527.97**	**13453.20**	**10646.43**	**10408.54**	**10406.04**	**2439.72**	**7847.68**	**2.49**
南宁市	Nanning City	4771.46	4728.14	5037.46	4845.07	4843.45	842.30	3958.62	1.62
柳州市	Liuzhou City	1599.41	1594.13	1235.34	1227.44	1227.30	461.98	729.87	0.14
桂林市	Guilin City	1554.90	1546.33	907.21	903.57	903.44	208.71	672.74	0.13
梧州市	Wuzhou City	568.38	565.88	396.07	394.34	394.19	117.09	274.26	0.16
北海市	Beihai City		500.75		271.89	271.74	54.50	216.85	0.15
防城港市	Fangchenggang City	356.95	354.61	232.21	221.29	221.23	34.73	185.02	0.06
钦州市	Qinzhou City	533.92	531.76	377.76	369.43	369.30	92.84	275.24	0.13
贵港市	Guigang City	603.10	601.47	342.01	341.26	341.24	101.71	237.76	0.02
玉林市	Yulin City	900.68	898.90	470.83	469.03	469.01	135.09	331.66	0.03
百色市	Baise City	577.84	577.20	452.41	452.11	452.09	100.45	347.85	0.02
贺州市	Hezhou City	299.35	298.90		172.28	172.26	59.49	110.46	0.02
河池市	Hechi City	532.87	532.26	327.56	319.73	319.73	84.00	234.76	
来宾市	Laibin City	352.98	352.83	219.71	218.15	219.70	70.29	146.53	0.01
崇左市	Chongzuo City	369.76	370.03	202.95	202.95	202.94	76.55	126.08	
海南省	**Hainan**	**4501.54**	**4444.49**	**3190.21**	**2793.42**	**2791.36**	**411.99**	**2315.27**	**2.06**
海口市	Haikou City	2354.12	2307.69	2461.19	2067.73	2066.73	305.56	1704.62	1.00
三亚市	Sanya City	593.67	586.87	266.42	266.22	265.74	12.32	253.29	0.49
重庆市	**Chongqing**	**16128.87**	**15832.81**	**13195.16**	**13001.39**		**2529.81**	**9968.14**	
万州区	Wanzhou District		550.97		269.15		66.67	195.74	
涪陵区	Fuling District		388.64		315.41		71.88	241.08	
渝中区	Yuzhong District		3411.10		3111.00		669.26	2157.83	
大渡口区	Dadukou District		259.25		262.34		58.89	201.15	
江北区	Jiangbei District		1726.52		2610.11		342.05	2107.03	

3-19 续表 7 continued

单位：亿元 (100 million yuan)

地 区	Region	金融机构本外币存款 Domestic and Foreign Currency Deposit of Financial Institutions	金融机构人民币存款 Total Deposits	金融机构本外币贷款 Domestic and Foreign Currency Deposit of Financial Institutions	金融机构人民币贷款 Total Loans	境内贷款 Domestic Loans	#短期贷款 Short-term Loans	#中长期贷款 Medium and Long-term Loans	境外贷款 Overseas Loans
沙坪坝区	Shapingba District		805.59		595.46		126.30	463.18	
九龙坡区	Jiulongpo District		1121.08		969.86		236.85	730.74	
南岸区	Nanan District		705.50		594.49		107.60	484.86	
北碚区	Beibei District		364.04		254.79		72.51	181.52	
綦江区	Qijiang District		259.98		165.50		27.62	134.96	
大足区	Dazu District		148.90		79.97		15.22	64.14	
渝北区	Yubei District		1563.45		1400.54		344.85	1040.96	
巴南区	Banan District		348.18		310.23		41.20	266.91	
黔江区	Qianjiang District		119.97		74.82		18.30	56.52	
长寿区	Changshou District		275.40		178.60		16.36	161.57	
江津区	Jiangjin District		351.83		179.27		35.19	140.06	
合川区	Hechuan District		355.16		185.39		24.68	160.56	
永川区	Yongchuan District		317.56		184.46		36.33	147.00	
南川区	Nanchuan District		131.99		114.62		18.74	95.27	
四川省	**Sichuan**	**34971.21**	**34734.69**	**22514.23**	**22033.21**	**22028.72**	**5878.97**	**15878.69**	**4.49**
成都市	Chengdu City	17287.35	17098.02	14163.08	13766.85	13762.57	3082.03	10549.10	4.28
自贡市	Zigong City	677.61	676.80	307.28	303.33	303.33	138.95	152.73	
攀枝花市	Panzhihua City	662.15	661.26	447.73	445.72	445.71	188.38	235.49	
泸州市	Luzhou City	1001.74	1000.48	508.85	507.85	507.85	144.92	357.78	
德阳市	Deyang City	1518.37	1509.93	726.10	717.98	717.98	361.68	341.72	
绵阳市	Mianyang City	1940.08	1932.66	997.96	968.98	968.97	348.67	607.38	
广元市	Guangyuan City	750.41	750.03	280.71	280.65	280.65	83.27	196.71	
遂宁市	Suining City	626.42	625.87	329.83	329.47	329.47	122.86	205.52	
内江市	Neijiang City	728.45	727.13	314.81	313.69	313.69	129.09	174.82	
乐山市	Leshan City	1036.15	1033.20	696.12	695.04	695.03	233.64	438.27	
南充市	Nanchong City	1364.90	1362.36	519.96	519.63	519.62	150.17	368.18	
眉山市	Meishan City	762.75	761.90	344.39	344.17	344.17	104.10	238.90	
宜宾市	Yibin City	1200.01	1199.82	525.01	523.08	523.04	195.39	322.35	
广安市	Guangan City	769.70	769.69	287.64	286.99	286.99	70.54	215.91	
达州市	Dazhou City	1099.35	1098.82	439.79	439.79	439.79	104.36	324.27	
雅安市	Yaan City	517.21	516.81	279.74	279.69	279.68	64.25	213.05	
巴中市	Bazhong City	468.28	468.16	155.95	155.95	155.95	51.38	103.31	
资阳市	Ziyang City	790.82	787.53	334.10	333.82	333.82	135.54	197.83	
阿坝藏族羌族自治州	Aba Zang & Qiang A.P	419.74	419.70	151.70	151.70	151.70	26.13	124.45	
甘孜藏族自治州	Ganzi Zang A.P	313.39	312.62	131.33	131.33	131.33	11.26	120.06	
凉山彝族自治州	Liangshan Yi A.P	870.65	869.67	409.89	409.74	409.74	110.98	291.67	
贵州省	**Guizhou**	**8771.13**	**8742.79**	**6875.65**	**6841.92**	**6841.36**	**1293.00**	**5439.64**	**0.56**
贵阳市	Guiyang City	3625.10	3603.65	3030.07	3012.86	3012.48	702.57	2244.94	0.38
六盘水市	Liupanshui City	578.35	577.02	420.62	416.97	416.97	90.82	305.42	0.01
遵义市	Zunyi City	1405.44	1402.98	711.74	711.74	711.74	110.58	467.38	
安顺市	Anshun City	428.70	427.97	268.64	268.63	268.59	80.01	183.60	0.05
毕节市	Bijie City	624.98	624.34	350.01	350.01	349.99	64.80	284.56	0.03
铜仁市	Tongren City	448.98	448.87	300.52	300.52	299.79	39.44	260.36	
黔西南布依族苗族自治州	Southwest Guizhou Buyi & Miao A.P	471.88	471.60	273.15	273.15	273.14	65.08	207.81	0.01
黔东南苗族侗族自治州	Southeast Guizhou Miao & Dong A.P	563.25	562.64	353.43	353.43	353.41	38.12	313.40	0.02
黔南布依族苗族自治州	South Guizhou Buyi & Miao A.P	525.91	525.04	296.58	296.57	296.52	52.27	244.06	0.05

3-19 续表 8 continued

单位：亿元 (100 million yuan)

地 区	Region	金融机构本外币存款 Domestic and Foreign Currency Deposit of Financial Institutions	金融机构人民币存款 Total Deposits	金融机构本外币贷款 Domestic and Foreign Currency Deposit of Financial Institutions	金融机构人民币贷款 Total Loans	境内贷款 Domestic Loans	#短期贷款 Short-term Loans	#中长期贷款 Medium and Long-term Loans	境外贷款 Overseas Loans
云南省	**Yunnan**	**15356.86**	**15356.86**	**12114.59**	**12114.59**	**12085.76**	**3048.43**	**8877.40**	**27.05**
昆明市	Kunming City	7604.64	7554.89	7501.63	7288.05	7261.10	1644.23	5506.10	26.95
曲靖市	Qujing City	1182.00	1180.38	733.85	733.85	733.81	253.08	454.40	0.04
玉溪市	Yuxi City	920.06	917.54	543.66	543.66	543.66	219.22	320.64	0.00
保山市	Baoshan City	416.40	415.83	269.46	269.46	269.44	62.28	207.16	0.02
昭通市	Zhaotong City	619.98	619.70	355.55	355.55	355.55	87.83	265.33	
丽江市	Lijiang City	348.80	348.80	250.28	250.28	250.28	44.40	199.80	
普洱市	Puer City	424.43	423.73	275.71	275.71	275.71	83.84	191.52	
临沧市	Lincang City	301.66	300.41	217.74	217.74	217.74	55.42	162.27	
楚雄彝族自治州	Chuxiong Yi A.P	505.27	504.79	301.48	301.48	301.48	81.30	219.36	
红河哈尼族彝族自治州	Honghe Hani & Yi A.P	1008.93	1008.93	573.56	573.56	573.54	169.26	401.96	0.02
文山壮族苗族自治州	Wenshan Zhuang & Miao A.P	471.29	470.89	302.76	302.76	302.75	55.08	246.52	
西双版纳傣族自治州	Xishuangbanna Dai A.P	320.70	320.34	167.70	167.70	167.69	30.41	136.90	
大理白族自治州	Dali Bai A.P	702.23	701.36	470.10	469.67	469.65	176.72	288.16	0.02
德宏傣族景颇族自治州	Dehong Dai & Jingpo A.P	354.89	352.51	195.13	195.13	195.13	48.93	146.20	
怒江傈僳族自治州	Nujiang Lisu A.P	95.42	95.31	58.72	58.72	58.72	21.92	36.08	
迪庆藏族自治州	Diqing Zang A.P	143.14	141.44	109.51	109.51	109.51	14.51	95.00	
西藏自治区	**Tibet A.R.**	**1662.50**	**1661.24**	**409.05**	**408.75**	**408.75**	**74.30**	**275.83**	
拉萨市	Lhasa City	1107.30	1106.06	316.05	315.75	315.75	57.21	199.92	
昌都地区	Qamdu Prefecture	101.52	101.52	21.20	21.20	21.20	5.45	15.75	
山南地区	Lhokha Prefecture	96.03	96.03	20.37	20.37	20.37	2.14	18.23	
日喀则地区	Xigaze Prefecture	139.80	139.78	21.50	21.50	21.50	5.97	15.53	
那曲地区	Narqu Prefecture	79.20	79.20	17.08	17.08	17.08	2.13	14.95	
阿里地区	Ngri Prefecture	41.30	41.30	3.04	3.04	3.04	0.46	2.58	
林芝地区	Nyingchi Prefecture	97.35	97.35	9.81	9.81	9.81	0.94	8.87	
其他	Others								
陕西省	**Shaanxi**	**19348.66**	**19227.09**	**12097.34**	**11865.26**	**11864.82**	**3057.02**	**8327.56**	**0.43**
西安市	Xi'an City	10526.32	10430.27	7700.19	7564.93	7564.53	1431.29	5776.48	0.40
铜川市	Tongchuan City	296.90	296.45	91.23	91.20	91.20	38.71	51.76	
宝鸡市	Baoji City	1227.33	1220.82	526.30	519.84	519.84	203.06	303.31	0.00
咸阳市	Xianyang City	1338.47	1334.61	543.64	541.01	541.00	160.48	352.60	0.01
渭南市	Weinan City	1133.36	1131.64	544.37	544.34	544.34	218.43	295.06	0.00
延安市	Yan'an City	826.73	826.26	410.52	410.49	410.49	129.45	274.67	
汉中市	Hanzhong City	934.28	932.82	348.04	347.95	347.95	95.16	241.57	
榆林市	Yulin City	1849.76	1844.51	1179.41	1179.39	1179.37	634.62	526.23	0.01
安康市	Ankang City	568.01	567.38	258.61	258.59	258.59	63.84	193.88	0.00
商洛市	Shangluo City	447.00	446.66	188.48	187.49	187.49	55.82	129.49	0.00
杨凌示范区	Yangling Demonstration Zone	94.13	93.59	27.66	27.55	27.55	8.22	18.85	
甘肃省	**Gansu**	**8460.94**	**8394.04**	**5736.20**	**5468.81**	**5468.79**	**1761.74**	**3470.68**	**0.02**
兰州市	Lanzhou City	3875.31	3833.55	3150.60	2917.88	2917.86	726.15	1972.17	0.02
嘉峪关市	Jiayuguan City	218.32	214.51	229.36	212.32	212.32	146.40	58.59	
金昌市	Jinchang City	216.80	202.20	152.29	151.71	151.71	110.60	39.07	
白银市	Baiyin City	395.17	393.42	241.17	225.26	225.26	130.97	92.21	
天水市	Tianshui City	542.91	541.83	271.82	270.68	270.68	62.76	207.37	

单位：亿元 (100 million yuan)

地　区	Region	金融机构本外币存款 Domestic and Foreign Currency Deposit of Financial Institutions	金融机构人民币存款 Total Deposits	金融机构本外币贷款 Domestic and Foreign Currency Deposit of Financial Institutions	金融机构人民币贷款 Total Loans	境内贷款 Domestic Loans	#短期贷款 Short-term Loans	#中长期贷款 Medium and Long-term Loans	境外贷款 Overseas Loans
武威市	Wuwei City	395.31	395.37	202.90	202.90	202.90	67.51	134.97	0.00
张掖市	Zhangye City	319.60	319.48	165.01	165.23	165.23	69.27	95.40	
平凉市	Pingliang City	396.43	396.03	234.26	234.26	234.26	78.32	153.75	
酒泉市	Jiuquan City	560.51	558.87	317.90	317.90	317.90	116.60	199.66	
庆阳市	Qingyang City	411.32	410.88	176.59	176.59	176.59	56.33	120.26	0.00
定西市	Dingxi City	324.01	324.02	178.91	178.91	178.91	72.39	106.50	
陇南市	Longnan City	410.58	410.24	202.32	202.32	202.32	54.17	148.15	
临夏回族自治州	Linxia Hui A.P	226.51	225.68	127.68	127.68	127.68	56.07	71.59	
甘南藏族自治州	Gannan Zang A.P	168.17	167.96	85.18	85.18	85.18	14.19	70.98	
青海省	**Qinghai**	**2834.81**	**2825.83**	**2238.99**	**2231.52**	**2231.51**	**494.04**	**1651.24**	**0.01**
西宁市	Xining City	1873.41	1864.88	1853.31	1845.83	1845.82	358.94	1413.82	0.01
海东地区	Haidong Prefecture	233.32	233.28	78.13	78.13	78.13	30.22	45.61	
海北藏族自治州	Haibei Zang A.P	72.15	72.15	19.26	19.26	19.26	8.09	10.67	
黄南藏族自治州	Huangnan Zang AP	55.58	55.58	16.34	16.34	16.34	4.45	11.89	
海南藏族自治州	Hainan Zang A.P	96.66	96.66	24.57	24.57	24.57	15.04	9.44	
果洛藏族自治州	Golog Zang A.P	44.53	44.53	4.51	4.51	4.51	2.06	2.45	
玉树藏族自治州	Yushu Zang A.P	175.91	175.90	7.49	7.49	7.49	2.26	2.53	
海西蒙古族藏族自治州	Haixi Mongolian & Zang A.P	283.25	282.85	235.38	235.38	235.38	72.98	154.83	
宁夏回族自治区	**Ningxia**	**2978.40**	**2966.87**	**2907.24**	**2860.58**	**2859.80**	**944.83**	**1800.47**	**0.78**
银川市	Yinchuan City	1820.25	1810.20	1990.32	1945.42	1944.65	497.88	1365.04	0.77
石嘴山市	Shizuishan City	419.60	418.63	322.23	322.23	322.20	176.00	126.50	
吴忠市	Wuzhong City	319.98	319.62	281.66	279.91	279.91	127.56	149.31	
固原市	Guyuan City	182.17	182.09	105.96	105.96	105.96	40.64	59.19	
中卫市	Zhongwei City	236.39	236.33	207.06	207.06	207.06	102.69	100.43	
新疆维吾尔自治区	**Xinjiang**	**10442.81**	**10386.99**	**6603.40**	**6270.21**	**6269.94**	**2250.61**	**3757.93**	**0.27**
乌鲁木齐市	Urumqi City	4098.81	4080.50	2579.40	2553.98	2553.90	762.46	1588.56	0.08
克拉玛依市	Karamay City	886.90	860.80	132.67	132.67	132.67	48.55	83.23	
吐鲁番地区	Turpan Prefecture	148.94	148.94	82.84	82.84	82.84	31.36	47.15	
哈密地区	Hami Prefecture	316.00	315.25	153.56	153.28	153.28	43.33	104.48	
昌吉回族自治州	Changji Hui A.P	655.02	655.02	435.34	435.34	435.35	211.08	209.10	0.09
博尔塔拉蒙古自治州	Bortala Mongolian A.P	195.80	195.26	93.24	92.26	92.26	67.16	24.38	
巴音郭楞蒙古自治州	Bayingolin Mongolian A.P	664.86	664.86	361.56	361.56	361.56	202.51	150.25	0.00
阿克苏地区	Aksu Prefecture	699.13	699.13	358.82	358.82	358.82	207.18	145.09	0.00
克孜勒苏柯尔克孜自治州	Kizilsu Kirgiz A.P	92.33	92.33	29.71	29.71	29.71	13.61	15.90	
喀什地区	Kashi Prefecture	698.78	698.78	217.10	217.10	217.10	97.26	117.83	0.00
和田地区	Hotan Prefecture	274.72	274.72	55.17	55.17	55.17	25.94	29.23	0.00
伊犁哈萨克自治州	Ili Kazak A.P	708.73	708.29	349.93	349.49	349.49	172.32	170.33	0.00
塔城地区	Tacheng Prefecture	304.53	303.52	160.03	158.68	158.68	106.10	50.83	
阿勒泰地区	Altay Prefecture	239.87	239.94	95.38	95.38	95.38	43.41	51.86	0.00
石河子市	Shihezi City	356.19	356.19	248.05	248.05	248.05	172.13	74.36	
阿拉尔市	Alar City								
图木舒克市	Tumxuk City								
五家渠市	Wujiaqu City								
生产建设兵团	Corps								

3-20 幼儿园和小学情况(2011年)
Kindergartens and Primary Schools (2011)

地　区	Region	幼儿园数 (所) Kinder-gartens (unit)	在园儿童数 (万人) Pre-primary Education (10 000 persons)	普通小学学校数 (所) Primary Schools (unit)	普通小学专任教师数 (人) Fulltime Teachers of Primary School (person)	普通小学招生数 (万人) Students Enrollment by Primary School (10 000 persons)	普通小学在校学生数 (万人) Students Enrollment by Primary School (10 000 persons)	普通小学毕业生数 (万人) Graduates from Primary School (10 000 persons)
北京市	**Beijing**	**1305**	**31.14**	**1090**	**45684**	**13.27**	**68.05**	**10.17**
东城区	Dongcheng District	51	1.24	63	3370	0.86	4.65	0.78
西城区	Xicheng District	63	1.56	72	3698	1.11	5.32	0.80
朝阳区	Chaoyang District	177	5.39	134	6170	1.97	9.10	1.18
丰台区	Fengtai District	116	3.70	86	3918	1.16	6.64	0.91
石景山区	Shijingshan District	38	1.12	32	1405	0.41	2.10	0.33
海淀区	Haidian District	152	5.26	106	6441	2.51	12.78	1.89
门头沟区	Mentougou District	16	0.51	35	1222	0.20	1.15	0.19
房山区	Fangshan District	188	2.48	106	2813	0.74	3.81	0.63
通州区	Tongzhou District	77	1.47	81	2930	1.05	5.08	0.64
顺义区	Shunyi District	60	1.42	43	2269	0.68	3.40	0.51
昌平区	Changping District	85	1.73	85	2462	0.69	3.65	0.52
大兴区	Daxing District	54	1.99	88	3003	0.77	4.07	0.62
怀柔区	Huairou District	67	0.93	26	1295	0.28	1.51	0.26
平谷区	Pinggu District	53	0.71	49	1811	0.28	1.56	0.30
密云县	Miyun County	60	1.01	40	1528	0.37	1.96	0.36
延庆县	Yanqing County	48	0.62	44	1349	0.19	1.26	0.25
北京经济技术开发区	Beijing Economic-technological Development Zones							
其他	Others							
天津市	**Tianjin**	**1455**	**22.61**	**874**	**37457**	**10.01**	**51.85**	**8.46**
和平区	Heping District	23	0.55	27	1906	0.44	2.34	0.46
河东区	Hedong District	35	0.86	22	1802	0.37	2.03	0.33
河西区	Hexi District	37	1.28	42	1954	0.57	3.00	0.50
南开区	Nankai District	41	1.08	36	2144	0.53	2.72	0.41
河北区	Hebei District	29	0.86	24	1595	0.39	2.01	0.35
红桥区	Hongqiao District	17	0.58	28	1665	0.24	1.29	0.19
东丽区	Dongli District	70	0.60	40	1832	0.45	2.33	0.36
西青区	Xiqing District	60	1.12	32	1821	0.46	2.53	0.38
津南区	Jinnan District	167	1.45	39	1693	0.50	2.62	0.45
北辰区	Beichen District	125	1.62	38	1594	0.53	2.80	0.38
武清区	Wuqing District	187	2.59	105	3726	1.03	5.96	0.93
宝坻区	Baodi District	103	1.18	69	2538	0.73	3.21	0.47
滨海新区	Binhai New Area	95	2.43	87	5427	1.43	7.09	1.23
宁河县	Ninghe County	93	0.97	59	1804	0.47	2.35	0.41
静海县	Jinghai County	216	2.85	99	2817	1.01	5.23	0.81
蓟县	Ji County	153	2.50	124	2968	0.84	4.17	0.78
其他	Others	4	0.07	3	171	0.03	0.15	0.02
河北省	**Hebei**	**8183**	**183.46**	**13274**	**316537**	**103.85**	**541.09**	**73.28**
石家庄市	Shijiazhuang City	823	20.72	1642	41234	13.08	70.07	9.89
唐山市	Tangshan City	658	19.99	1233	28821	9.27	46.61	6.90
秦皇岛市	Qinhuangdao City	180	7.22	464	13360	3.50	17.67	2.72
邯郸市	Handan City	1249	26.99	2084	43627	17.55	93.12	10.69
邢台市	Xingtai City	850	17.62	1437	33681	11.04	61.26	7.95
保定市	Baoding City	1736	30.78	2150	44604	16.58	85.37	11.31
张家口市	Zhangjiakou City	361	8.95	540	18571	5.41	29.40	4.59
承德市	Chengde City	842	10.65	639	15375	4.73	23.87	3.52
沧州市	Cangzhou City	589	22.58	1360	35517	10.67	51.68	6.99
廊坊市	Langfang City	291	10.78	808	21393	6.11	30.83	4.40
衡水市	Hengshui City	604	7.18	917	20354	5.91	31.22	4.32

3-20 续表 1 continued

地 区	Region	幼儿园数 (所) Kindergartens (unit)	在园儿童数 (万人) Pre-primary Education (10 000 persons)	普通小学学校数 (所) Primary Schools (unit)	普通小学专任教师数 (人) Fulltime Teachers of Primary School (person)	普通小学招生数 (万人) Students Enrollment by Primary School (10 000 persons)	普通小学在校学生数 (万人) Students Enrollment by Primary School (10 000 persons)	普通小学毕业生数 (万人) Graduates from Primary School (10 000 persons)
山西省	**Shanxi**	**4908**	**82.06**	**10936**	**176341**	**44.08**	**277.19**	**52.78**
太原市	Taiyuan City	796	10.69	599	15950	4.21	26.16	4.81
大同市	Datong City	120	2.32	868	17354	3.98	26.37	4.96
阳泉市	Yangquan City	299	3.69	335	5754	1.45	8.50	1.82
长治市	Changzhi City	569	8.04	1338	16189	3.90	23.82	4.58
晋城市	Jincheng City	512	5.16	740	10703	2.42	16.08	3.40
朔州市	Shuozhou City	188	3.30	353	10309	2.73	18.13	3.45
晋中市	Jinzhong City	464	10.09	798	14694	4.19	23.19	4.03
运城市	Yuncheng City	677	14.30	1108	25413	5.79	39.36	7.27
忻州市	Xinzhou City	206	6.45	1788	16442	4.13	27.29	5.52
临汾市	Linfen City	570	7.78	1367	21817	5.32	32.27	6.50
吕梁市	Luliang City	507	10.24	1642	21716	5.96	36.02	6.46
其他	Others							
内蒙古自治区	**Inner Mongolia**	**2197**	**44.82**	**2613**	**113734**	**24.64**	**140.53**	**25.49**
呼和浩特市	Hohhot City	204	4.20	341	9198	3.10	17.70	3.00
包头市	Baotou City	166	3.30	183	8868	2.48	14.20	2.60
乌海市	Wuhai City	39	1.30	29	2099	0.60	3.10	0.60
赤峰市	Chifeng City	585	9.49	647	22570	4.89	27.60	5.09
通辽市	Tongliao City	210	5.40	550	15701	3.50	20.70	3.60
鄂尔多斯市	Erdos City	182	5.72	117	6671	2.07	10.62	1.82
呼伦贝尔市	Hulunbuir City			169	13230	1.99	11.26	
巴彦淖尔市	Bayannur City	113	3.49	104	6135	1.35	8.72	1.87
乌兰察布市	Ulanqab City	53	1.12	225	9737	1.89	10.89	1.81
兴安盟	Xingan League	275	3.30	142	8742	1.60	8.35	1.42
锡林郭勒盟	Xilingol League	48	1.80	87	4583	0.98	6.09	1.10
阿拉善盟	Alxa League	17	0.60	18	1084	0.20	1.00	0.20
辽宁省	**Liaoning**	**8661**	**86.20**	**5118**	**145457**	**37.01**	**216.81**	**37.72**
沈阳市	Shenyang City	933	14.51	350	21715	6.19	34.26	5.67
大连市	Dalian City	1292	12.79	652	17252	4.85	28.80	5.14
鞍山市	Anshan City	866	7.41	618	12207	2.92	18.12	3.10
抚顺市	Fushun City	394	3.01	176	7275	1.42	8.36	1.49
本溪市	Benxi City	234	2.51	66	5250	0.99	6.21	1.18
丹东市	Dandong City	339	4.13	473	8412	2.14	12.51	2.25
锦州市	Jinzhou City	657	6.80	422	10573	2.66	15.97	2.75
营口市	Yingkou City	477	4.14	216	7606	2.26	13.11	2.26
阜新市	Fuxin City	409	3.33	150	7686	1.67	9.51	1.72
辽阳市	Liaoyang City	504	3.36	244	5421	1.56	9.65	1.80
盘锦市	Panjin City	440	2.95	49	5251	1.24	7.20	1.34
铁岭市	Tieling City	891	7.07	394	10976	2.63	15.25	2.67
朝阳市	Chaoyang City	690	7.76	700	14817	3.52	20.71	3.51
葫芦岛市	Huludao City	535	6.43	608	11016	2.95	17.16	2.85

3-20 续表 2 continued

地 区	Region	幼儿园数 (所) Kinder-gartens (unit)	在园儿童数 (万人) Pre-primary Education (10 000 persons)	普通小学学校数 (所) Primary Schools (unit)	普通小学专任教师数 (人) Fulltime Teachers of Primary School (person)	普通小学招生数 (万人) Students Enrollment by Primary School (10 000 persons)	普通小学在校学生数 (万人) Students Enrollment by Primary School (10 000 persons)	普通小学毕业生数 (万人) Graduates from Primary School (10 000 persons)
吉林省	**Jilin**	**3432**	**46.04**	**5600**	**111487**	**25.04**	**143.92**	**22.67**
长春市	Changchun City	756	12.94	1451	30433	7.12	40.44	6.43
吉林市	Jilin City	658	9.01	730	16692	3.67	22.37	3.60
四平市	Siping City	417	4.95	939	13820	3.61	18.80	2.79
辽源市	Liaoyuan City	172	1.82	366	5624	0.99	5.78	0.89
通化市	Tonghua City	330	3.64	377	8714	2.15	13.22	2.02
白山市	Baishan City	228	1.81	231	4837	0.92	5.85	0.99
松原市	Songyuan City	277	4.36	730	13735	3.03	17.23	2.59
白城市	Baicheng City	286	3.36	568	9689	2.01	11.24	1.85
延边朝鲜族自治州	Yanbian Korean A.P	308	4.15	208	7943	1.54	8.99	1.51
黑龙江省	**Heilongjiang**	**4504**	**56.17**	**5620**	**134479**	**33.39**	**187.50**	**33.60**
哈尔滨市	Harbin City	1143	15.35	1365	34841	8.18	45.93	8.26
齐齐哈尔市	Qiqihar City	880	9.11	1054	16247	4.38	24.78	4.40
鸡西市	Jixi City	233	2.73	87	5014	1.53	8.11	1.78
鹤岗市	Hegang City	150	1.51	101	3666	0.89	4.97	0.93
双鸭山市	Shuangyashan City	136	2.32	139	4939	1.42	8.15	1.47
大庆市	Daqing City	265	4.80	497	11199	3.04	14.74	2.70
伊春市	Yichun City	111	0.96	105	4575	0.71	4.72	0.91
佳木斯市	Jiamusi City	218	4.60	304	11724	2.96	18.75	2.90
七台河市	Qitaihe City	108	1.09	72	2495	0.78	4.00	0.81
牡丹江市	Mudanjiang City	408	3.40	324	9654	2.25	13.75	2.14
黑河市	Heihe City	265	2.47	154	6067	1.77	9.99	1.78
绥化市	Suihua City	528	7.29	1358	22059	5.20	27.61	5.14
大兴安岭地区	Daxing'anling Prefecture	59	0.57	60	1999	0.28	1.99	0.39
农垦总局	Agriculture Reclamation Bureau							
其他	Others							
上海市	**Shanghai**	**1337**	**44.42**	**764**	**46254**	**16.94**	**73.11**	**13.09**
黄浦区	Huangpu District	46	1.08	30	1641	0.40	1.77	0.37
卢湾区	Luwan District							
徐汇区	Xuhui District	86	2.11	43	2242	0.70	3.06	0.63
长宁区	Changning District	41	1.24	24	1491	0.43	1.82	0.37
静安区	Jingan District	21	0.51	12	706	0.21	0.90	0.18
普陀区	Putuo District	77	2.54	27	1705	0.66	2.82	0.58
闸北区	Zhabei District	54	1.45	34	1519	0.50	2.11	0.41
虹口区	Hongkou District	53	1.31	34	1747	0.48	2.09	0.43
杨浦区	Yangpu District	84	2.14	44	2348	0.61	2.68	0.57
闵行区	Minhang District	145	5.35	62	4541	1.85	7.64	1.37
宝山区	Baoshan District	139	4.30	72	3886	1.44	6.17	1.15
嘉定区	Jiading District	57	2.37	38	2339	1.01	4.60	0.66
浦东新区	Pudong New District	246	9.47	165	10314	4.20	17.63	3.08
金山区	Jinshan District	32	1.46	31	1733	0.61	2.78	0.50
松江区	Songjiang District	84	3.08	33	2889	1.27	5.72	0.84
青浦区	Qingpu District	62	2.25	45	2600	1.03	4.53	0.65
奉贤区	Fengxian District	71	2.63	34	2640	1.11	4.87	0.91
崇明县	Chongming County	39	1.12	36	1913	0.44	1.93	0.37
其他	Others							

地 区	Region	幼儿园数 (所) Kinder-gartens (unit)	在园儿童数 (万人) Pre-primary Education (10 000 persons)	普通小学学校数 (所) Primary Schools (unit)	普通小学专任教师数 (人) Fulltime Teachers of Primary School (person)	普通小学招生数 (万人) Students Enrollment by Primary School (10 000 persons)	普通小学在校学生数 (万人) Students Enrollment by Primary School (10 000 persons)	普通小学毕业生数 (万人) Graduates from Primary School (10 000 persons)
江苏省	**Jiangsu**	**4257**	**217.49**	**4328**	**250123**	**76.18**	**409.60**	**64.97**
南京市	Nanjing City	780	16.76	347	20010	5.64	30.07	4.66
无锡市	Wuxi City	225	14.74	207	17797	5.67	31.74	4.88
徐州市	Xuzhou City	540	33.82	856	33517	12.45	57.10	8.53
常州市	Changzhou City	213	10.47	186	11880	4.16	22.90	3.64
苏州市	Suzhou City	410	21.00	306	24555	8.20	41.50	5.82
南通市	Nantong City	381	14.90	340	19131	5.32	32.22	5.49
连云港市	Lianyungang City	273	17.44	432	21364	6.31	33.60	5.39
淮安市	Huaian City	236	18.44	359	19290	5.75	30.31	4.99
盐城市	Yancheng City	285	26.77	451	25030	7.02	36.56	5.97
扬州市	Yangzhou City	277	9.79	220	13507	3.75	22.72	3.77
镇江市	Zhenjiang City	189	6.42	129	8297	2.32	13.09	2.12
泰州市	Taizhou City	209	10.62	139	14984	3.85	22.69	3.69
宿迁市	Suqian City	239	16.32	356	20761	5.75	35.09	6.02
浙江省	**Zhejiang**	**9649**	**187.14**	**3818**	**174379**	**62.88**	**344.06**	**51.78**
杭州市	Hangzhou City	970	27.11	409	26395	8.63	46.53	7.35
宁波市	Ningbo City	1197	26.93	490	22265	8.72	47.61	6.94
温州市	Wenzhou City	1562	33.43	625	31929	10.93	59.31	8.46
嘉兴市	Jiaxing City	298	10.24	204	12166	3.99	23.38	3.84
湖州市	Huzhou City	176	7.33	133	8543	2.83	16.16	2.68
绍兴市	Shaoxing City	682	13.35	416	14837	5.11	30.38	4.86
金华市	Jinhua City	1622	7.23	453	16567	7.46	39.00	5.36
衢州市	Quzhou City	819	7.99	211	7964	2.56	26.49	2.37
舟山市	Zhoushan City	111	2.50	62	3221	0.82	4.67	0.78
台州市	Taizhou City	1372	26.20	560	19825	8.84	46.23	6.61
丽水市	Lishui City	840	8.65	255	9143	2.99	16.01	2.53
安徽省	**Anhui**	**4613**	**116.81**	**13343**	**243319**	**79.19**	**443.58**	**76.94**
合肥市	Hefei City	619	13.67	1051	23742	7.52	43.54	7.79
芜湖市	Wuhu City	424	7.01	540	11539	3.55	21.03	3.58
蚌埠市	Bengbu City	242	5.49	837	12162	4.12	24.98	4.45
淮南市	Huainan City	105	2.78	440	9446	2.51	14.66	2.70
马鞍山市	Maanshan City	196	4.28	343	8072	2.09	13.58	2.42
淮北市	Huaibei City	148	4.87	371	9005	2.59	15.93	3.15
铜陵市	Tongling City	60	1.17	96	2887	0.65	3.98	0.75
安庆市	Anqing City	192	7.26	1607	21995	6.25	37.12	6.53
黄山市	Huangshan City	127	3.29	337	5492	1.18	6.70	1.12
滁州市	Chuzhou City	360	8.80	596	15538	4.60	27.71	5.29
阜阳市	Fuyang City	454	15.35	2238	37280	16.00	79.10	12.39
宿州市	Suzhou City	262	8.69	1099	23575	7.69	40.04	7.76
六安市	Liuan City	593	12.38	1762	22935	7.72	42.47	7.39
亳州市	Bozhou City	284	12.48	1360	24113	8.51	49.17	7.54
池州市	Chizhou City	129	3.45	395	5875	1.88	10.11	1.67
宣城市	Xuancheng City	418	5.84	271	9663	2.33	13.46	2.41
其他	Others							

地 区	Region	幼儿园数（所） Kinder-gartens (unit)	在园儿童数（万人） Pre-primary Education (10 000 persons)	普通小学学校数（所） Primary Schools (unit)	普通小学专任教师数（人） Fulltime Teachers of Primary School (person)	普通小学招生数（万人） Students Enrollment by Primary School (10 000 persons)	普通小学在校学生数（万人） Students Enrollment by Primary School (10 000 persons)	普通小学毕业生数（万人） Graduates from Primary School (10 000 persons)
福建省	**Fujian**	**6813**	**131.92**	**5947**	**155337**	**44.79**	**246.09**	**37.20**
福州市	Fuzhou City	1216	24.37	1094	26459	8.61	46.01	6.89
厦门市	Xiamen City	559	10.33	291	9468	4.07	20.77	2.72
莆田市	Putian City	204	10.15	573	15643	3.83	21.26	3.69
三明市	Sanming City	495	8.60	264	12857	2.75	15.83	2.55
泉州市	Quanzhou City	1101	30.01	1396	29524	10.75	56.83	7.49
漳州市	Zhangzhou City	1864	17.45	1090	20004	5.61	33.53	5.71
南平市	Nanping City	594	10.42	393	14757	3.11	18.06	2.96
龙岩市	Longyan City	437	10.64	395	12202	2.94	16.36	2.52
宁德市	Ningde City	343	9.95	451	14423	3.13	17.45	2.68
江西省	**Jiangxi**	**9431**	**145.50**	**11633**	**190482**	**77.80**	**434.05**	**66.79**
南昌市	Nanchang City	675	13.85	1036	18002	7.16	43.28	7.14
景德镇市	Jingdezhen City	495	4.73	486	6386	2.67	14.48	2.23
萍乡市	Pingxiang City	494	6.90	420	7022	2.72	15.06	2.24
九江市	Jiujiang City	732	12.80	1236	19380	8.93	45.47	6.41
新余市	Xinyu City	229	4.20	161	4788	1.94	9.49	1.48
鹰潭市	Yingtan City	91	2.71	348	4724	2.06	11.06	1.72
赣州市	Ganzhou City	2667	32.51	2336	38838	15.77	93.04	14.38
吉安市	Jian City	1231	16.83	1112	17728	7.24	39.01	5.88
宜春市	Yichun City	1142	19.52	1172	23239	8.97	48.93	7.52
抚州市	Fuzhou City	358	9.99	1225	18936	7.36	41.52	6.55
上饶市	Shangrao City	1317	21.46	2101	31439	12.98	72.71	11.24
山东省	**Shandong**	**18455**	**115.92**	**12047**	**386280**	**119.40**	**644.07**	**106.82**
济南市	Jinan City	1332	5.91	631	25162	7.07	38.97	6.71
青岛市	Qingdao City	2476	7.30	889	31832	9.29	47.95	7.62
淄博市	Zibo City	824	3.38	340	15430	4.75	22.96	4.82
枣庄市	Zaozhuang City	636	5.08	575	18075	4.95	26.32	4.95
东营市	Dongying City	470	2.36	160	7843	2.51	13.62	2.49
烟台市	Yantai City	1233	4.55	429	19571	5.64	26.07	5.26
潍坊市	Weifang City	1829	9.98	1015	37352	10.38	54.65	9.72
济宁市	Jining City	1490	12.30	1214	32751	10.49	56.35	8.88
泰安市	Taian City	1023	6.03	659	20853	6.22	37.76	6.41
威海市	Weihai City	304	1.76	129	6720	2.06	9.90	2.12
日照市	Rizhao City	732	2.61	409	11458	3.59	19.53	3.24
莱芜市	Laiwu City	430	0.99	164	5351	1.32	6.59	1.45
临沂市	Linyi City	2429	18.12	1632	42147	15.13	77.69	12.36
德州市	Dezhou City	558	7.30	982	27513	7.86	46.18	6.70
聊城市	Liaocheng City	314	8.34	788	23509	7.76	43.10	6.54
滨州市	Binzhou City	498	4.57	395	16020	4.81	26.34	4.40
菏泽市	Heze City	1877	15.35	1636	44693	15.57	90.09	13.15
河南省	**Henan**	**10304**	**282.21**	**27793**	**479717**	**193.44**	**1092.90**	**167.61**
郑州市	Zhengzhou City	1005	26.48	1016	33200	12.14	64.17	9.44
开封市	Kaifeng City	627	16.03	1409	23030	9.81	52.39	7.96
洛阳市	Luoyang City	407	13.20	2188	28442	10.58	63.54	10.54
平顶山市	Pingdingshan City	585	12.76	1476	23720	10.09	45.99	6.99
安阳市	Anyang City	772	14.90	1412	23918	10.05	52.90	7.57
鹤壁市	Hebi City	328	5.94	444	7316	2.94	18.81	2.74

3-20 续表 5 continued

地 区	Region	幼儿园数 (所) Kinder-gartens (unit)	在园儿童数 (万人) Pre-primary Education (10 000 persons)	普通小学学校数 (所) Primary Schools (unit)	普通小学专任教师数 (人) Fulltime Teachers of Primary School (person)	普通小学招生数 (万人) Students Enrollment by Primary School (10 000 persons)	普通小学在校学生数 (万人) Students Enrollment by Primary School (10 000 persons)	普通小学毕业生数 (万人) Graduates from Primary School (10 000 persons)
新乡市	Xinxiang City	1288	20.35	1616	23650	12.34	63.30	8.79
焦作市	Jiaozuo City	518	9.10	631	14119	4.26	29.87	5.31
濮阳市	Puyang City	307	9.75	1210	18975	8.63	48.95	7.48
许昌市	Xuchang City	847	14.94	1044	22270	7.69	44.03	5.88
漯河市	Luohe City	290	6.13	535	11343	3.88	22.65	3.43
三门峡市	Sanmenxia City	237	5.42	470	10598	2.84	17.62	3.19
南阳市	Nanyang City	924	36.20	3716	48582	23.17	119.78	14.87
商丘市	Shangqiu City	464	19.48	2527	51240	17.91	111.08	18.34
信阳市	Xinyang City	376	19.76	2342	42281	15.46	89.61	13.48
周口市	Zhoukou City	701	26.25	3936	54177	22.88	142.32	24.22
驻马店市	Zhumadian City	526	23.00	1714	40371	17.89	100.77	16.57
济源市	Jiyuan City	102	2.54	107	2485	0.89	5.13	0.81
湖北省	**Hubei**	**4670**	**132.47**	**7415**	**194851**	**69.23**	**377.34**	**58.34**
武汉市	Wuhan City	741	18.69	740	26991	7.53	58.48	6.68
黄石市	Huangshi City	237	6.05	503	9566	3.89	23.45	3.53
十堰市	Shiyan City	232	8.61	623	13351	5.07	25.52	3.54
宜昌市	Yichang City	369	7.68	321	13362	2.55	15.96	2.93
襄阳市	Xiangyang City	494	12.71	689	21329	6.83	35.31	5.30
鄂州市	Ezhou City	58	1.16	256	5037	1.65	9.18	1.33
荆门市	Jingmen City	185	5.79	285	9287	2.30	12.97	2.21
孝感市	Xiaogan City	431	11.50	649	18622	5.90	32.20	5.10
荆州市	Jingzhou City	394	13.44	489	14920	6.80	36.25	5.77
黄冈市	Huanggang City	566	15.64	1145	22103	10.50	56.57	8.93
咸宁市	Xianning City	206	9.83	488	9544	4.80	11.18	3.09
随州市	Suizhou City	140	5.44	195	7151	2.77	15.95	2.39
恩施土家族苗族自治州	Enshi Tujia & Miao A.P	298	8.99	653	12971	4.34	23.78	4.20
仙桃市	Xiantao City	212	3.36	116	4078	1.38	7.20	1.16
潜江市	Qianjiang City	81	2.22	105	3475	1.01	5.67	0.93
天门市	Tianmen City	23	1.77	133	2705	1.36	7.58	1.20
神农架林区	Shennongjia Forest District	3	0.12	25	359	0.07	0.32	0.05
湖南省	**Hunan**	**9488**	**163.74**	**10824**	**250337**	**86.97**	**490.32**	**73.02**
长沙市	Changsha City	1150	19.34	987	20870	7.43	42.54	6.64
株洲市	Zhuzhou City	823	10.92	449	12030	3.82	21.59	3.40
湘潭市	Xiangtan City	312	4.65	467	8664	2.62	15.03	3.01
衡阳市	Hengyang City	851	16.65	1680	28203	10.46	62.55	9.13
邵阳市	Shaoyang City	1034	16.86	1329	26057	11.70	63.02	9.09
岳阳市	Yueyang City	845	13.81	918	19306	6.16	36.24	5.50
常德市	Changde City	830	11.67	691	17673	4.75	27.47	4.64
张家界市	Zhangjiajie City	228	4.44	158	5726	1.77	10.35	1.63
益阳市	Yiyang City	439	8.27	550	17124	4.60	25.31	3.81
郴州市	Chenzhou City	617	13.08	937	20726	8.69	46.80	5.76
永州市	Yongzhou City	1245	17.37	459	25651	9.26	50.65	6.57
怀化市	Huaihua City	407	11.01	637	20053	6.09	33.02	4.84
娄底市	Loudi City	333	8.56	874	15742	6.11	32.94	5.10
湘西土家族苗族自治州	West Hunan Tujia & Miao A.P	374	7.10	688	12512	3.49	22.81	3.90

3-20 续表 6 continued

地 区	Region	幼儿园数 (所) Kinder-gartens (unit)	在园儿童数 (万人) Pre-primary Education (10 000 persons)	普通小学学校数 (所) Primary Schools (unit)	普通小学专任教师数 (人) Fulltime Teachers of Primary School (person)	普通小学招生数 (万人) Students Enrollment by Primary School (10 000 persons)	普通小学在校学生数 (万人) Students Enrollment by Primary School (10 000 persons)	普通小学毕业生数 (万人) Graduates from Primary School (10 000 persons)
广东省	**Guangdong**	**11785**	**307.81**	**15148**	**385860**	**140.89**	**822.06**	**161.97**
广州市	Guangzhou City	1548	35.89	961	37876	14.85	81.98	14.13
韶关市	Shaoguan City	400	9.44	240	12269	3.70	20.53	3.91
深圳市	Shenzhen City	1093	28.51	334	19547	12.81	65.13	9.30
珠海市	Zhuhai City	213	4.75	119	5136	2.29	12.69	2.18
汕头市	Shantou City	797	14.04	787	22317	8.21	53.10	11.88
佛山市	Foshan City	782	21.99	416	19220	8.03	44.55	7.63
江门市	Jiangmen City	462	12.08	322	14745	4.94	29.47	5.66
湛江市	Zhanjiang City	601	20.83	2059	36007	9.71	68.16	17.01
茂名市	Maoming City	790	23.43	1760	33608	9.66	62.41	13.45
肇庆市	Zhaoqing City	546	13.33	564	17173	5.50	34.60	7.60
惠州市	Huizhou City	384	12.83	519	17448	7.81	40.40	7.09
梅州市	Meizhou City	404	10.80	1042	20533	5.31	29.65	6.36
汕尾市	Shanwei City	144	5.39	762	13833	4.80	32.38	7.58
河源市	Heyuan City	333	9.36	1191	14843	4.50	24.91	4.67
阳江市	Yangjiang City	262	7.40	225	11411	3.23	17.17	3.41
清远市	Qingyuan City	401	10.85	584	14765	4.58	26.13	5.54
东莞市	Dongguan City	749	22.77	324	17508	11.48	57.83	8.05
中山市	ZhongShan City	448	10.49	209	8987	4.39	23.99	4.16
潮州市	Chaozhou City	590	7.41	663	9998	3.15	19.06	4.30
揭阳市	Jieyang City	622	18.42	1345	27106	8.73	59.41	13.86
云浮市	Yunfu City	208	7.57	722	11530	3.23	18.53	4.20
广西壮族自治区	**Guangxi**	**6208**	**144.25**	**13789**	**218967**	**72.67**	**427.00**	**70.26**
南宁市	Nanning City	1080	19.78	1504	28419	9.43	53.05	8.79
柳州市	Liuzhou City	457	9.81	947	14174	0.97	26.37	3.95
桂林市	Guilin City	554	13.46	1181	18766	5.71	29.28	4.32
梧州市	Wuzhou City	320	9.08	897	14156	4.95	29.99	5.57
北海市	Beihai City	173	4.50	392	6811	2.60	15.29	2.40
防城港市	Fangchenggang City	109	1.50	284	4496	1.46	8.54	1.26
钦州市	Qinzhou City	97	9.57	1073	15290	5.89	37.48	6.50
贵港市	Guigang City	395	13.30	1137	20564	7.57	47.63	9.10
玉林市	Yulin City	755	18.00	1472	28314	10.64	63.53	10.76
百色市	Baise City	847	12.40	1344	16480	5.94	32.34	4.77
贺州市	Hezhou City	240	5.52	703	9584	2.86	17.79	3.22
河池市	Hechi City	284	8.62	1431	19424	4.55	32.47	4.89
来宾市	Laibin City	489	6.09	677	10257	3.18	17.51	2.75
崇左市	Chongzuo City	405	6.91	747	11022	2.78	15.72	2.08
海南省	**Hainan**	**1020**	**10.06**	**2210**	**46007**	**12.40**	**76.56**	**13.18**
海口市	Haikou City	347	6.56	295	8034	1.97	17.02	2.73
三亚市	Sanya City	60	1.22	136	3010	0.78	6.29	1.05
重庆市	**Chongqing**	**4114**	**84.28**	**5248**	**115343**	**33.87**	**195.48**	**36.31**
万州区	Wanzhou District	179	3.50	185	4984		8.80	
涪陵区	Fuling District	150	3.45	107	3974		5.65	
渝中区	Yuzhong District	62	1.13	31	2175		3.31	
大渡口区	Dadukou District	47	0.67	20	881		1.68	

3-20 续表 7 continued

地 区	Region	幼儿园数 (所) Kinder-gartens (unit)	在园儿童数 (万人) Pre-primary Education (10 000 persons)	普通小学学校数 (所) Primary Schools (unit)	普通小学专任教师数 (人) Fulltime Teachers of Primary School (person)	普通小学招生数 (万人) Students Enrollment by Primary School (10 000 persons)	普通小学在校学生数 (万人) Students Enrollment by Primary School (10 000 persons)	普通小学毕业生数 (万人) Graduates from Primary School (10 000 persons)
江北区	Jiangbei District	82	1.53	41	1785		2.82	
沙坪坝区	Shapingba District	182	2.33	54	2585		4.51	
九龙坡区	Jiulongpo District	182	3.41	50	2998		5.27	
南岸区	Nanan District	108	2.05	35	1852		3.67	
北碚区	Beibei District	48	1.14	58	2034		2.52	
綦江区	Qijiang District	91	2.62	84	4229		6.13	
大足区	Dazu District	310	3.24	193	3458		5.15	
渝北区	Yubei District	199	3.37	103	3901		6.09	
巴南区	Banan District	103	2.05	60	2658		3.96	
黔江区	Qianjiang District	23	1.21	123	2662		4.45	
长寿区	Changshou District	73	1.93	36	2966		4.25	
江津区	Jiangjin District	357	3.87	178	4250		7.43	
合川区	Hechuan District	240	3.14	125	3693		6.26	
永川区	Yongchuan District	106	3.87	213	3666		6.55	
南川区	Nanchuan District	92	1.98	61	2460		3.56	
四川省	**Sichuan**	**10162**	**211.01**	**8847**	**305508**	**99.68**	**579.80**	**104.21**
成都市	Chengdu City	1699	35.93	502	37858	11.31	68.01	12.53
自贡市	Zigong City	337	6.58	425	8234	3.17	17.03	3.04
攀枝花市	Panzhihua City	190	3.27	62	5075	1.38	9.02	1.67
泸州市	Luzhou City	469	14.86	282	15732	7.73	39.72	6.50
德阳市	Deyang City	228	8.24	226	11150	2.67	16.86	3.37
绵阳市	Mianyang City	510	11.65	428	17008	4.14	26.16	5.20
广元市	Guangyuan City	250	6.19	248	13568	2.70	16.68	3.64
遂宁市	Suining City	279	7.60	221	12023	2.96	19.10	4.04
内江市	Neijiang City	500	10.13	313	13345	4.38	23.11	3.97
乐山市	Leshan City	413	7.20	487	11863	3.00	16.85	3.24
南充市	Nanchong City	532	15.82	261	24909	8.52	50.81	8.83
眉山市	Meishan City	450	7.75	194	10238	2.63	16.29	3.28
宜宾市	Yibin City	827	12.01	1345	19202	6.35	36.47	6.65
广安市	Guangan City	710	9.29	254	13249	4.70	30.18	6.06
达州市	Dazhou City	681	17.68	332	23427	8.64	53.41	9.50
雅安市	Yaan City	218	4.02	276	6478	1.65	9.22	1.66
巴中市	Bazhong City	194	7.94	248	13675	4.80	31.56	5.97
资阳市	Ziyang City	1036	12.77	265	13196	5.13	26.24	4.55
阿坝藏族羌族自治州	Aba Zang & Qiang A.P	61	1.27	288	5975	1.30	7.81	1.34
甘孜藏族自治州	Ganzi Zang A.P	331	1.49	615	6180	1.94	10.71	1.40
凉山彝族自治州	Liangshan Yi A.P	247	9.32	1575	23123	10.58	54.55	7.76
贵州省	**Guizhou**	**2677**	**87.78**	**12008**	**194242**	**61.78**	**408.74**	**76.40**
贵阳市	Guiyang City	421	9.44	742	15949	5.13	33.43	6.00
六盘水市	Liupanshui City	206	5.41	785	14103	4.38	32.27	6.60
遵义市	Zunyi City	576	15.91	2006	32344	8.93	61.51	13.01
安顺市	Anshun City	229	6.13	924	12643	4.05	26.48	4.62
毕节市	Bijie City	159	17.20	2512	41984	15.87	104.51	18.38
铜仁市	Tongren City	345	10.57	1471	21488	7.00	44.00	7.89
黔西南布依族苗族自治州	Southwest Guizhou Buyi & Miao A.P	168	6.22	1091	17264	5.76	36.31	6.40
黔东南苗族侗族自治州	Southeast Guizhou Miao & Dong A.P	311	8.76	1269	20579	5.77	37.85	7.07
黔南布依族苗族自治州	South Guizhou Buyi & Miao A.P	262	8.14	1208	17888	4.87	32.37	6.41

3-20 续表 8 continued

地　区	Region	幼儿园数 (所) Kinder-gartens (unit)	在　园儿童数 (万人) Pre-primary Education (10 000 persons)	普通小学学校数 (所) Primary Schools (unit)	普通小学专任教师数 (人) Fulltime Teachers of Primary School (person)	普通小学招生数 (万人) Students Enrollment by Primary School (10 000 persons)	普通小学在校学生数 (万人) Students Enrollment by Primary School (10 000 persons)	普通小学毕业生数 (万人) Graduates from Primary School (10 000 persons)
云南省	**Yunnan**	**4257**	**108.59**	**13320**	**234800**	**65.38**	**424.28**	**72.91**
昆明市	Kunming City	952	18.85	983	26488	8.83	52.17	8.62
曲靖市	Qujing City	858	18.14	1664	31261	9.59	63.76	10.73
玉溪市	Yuxi City	215	5.98	568	11159	2.93	18.89	3.36
保山市	Baoshan City	165	6.57	1006	12000	3.29	21.06	4.03
昭通市	Zhaotong City	100	8.09	1945	30484	9.42	67.82	12.10
丽江市	Lijiang City	142	2.32	508	6410	1.34	10.16	1.75
普洱市	Puer City	106	4.08	716	11185	2.93	18.17	3.05
临沧市	Lincang City	62	4.39	1152	13179	2.98	19.96	3.48
楚雄彝族自治州	Chuxiong Yi A.P	235	5.09	841	12838	3.01	19.98	3.53
红河哈尼族彝族自治州	Honghe Hani & Yi A.P	357	11.72	1182	22528	6.55	40.61	6.78
文山壮族苗族自治州	Wenshan Zhuang & Miao A.P	248	7.34	1663	23963	5.59	35.48	5.59
西双版纳傣族自治州	Xishuangbanna Dai A.P	49	2.67	169	5236	1.53	8.77	1.50
大理白族自治州	Dali Bai A.P	631	8.79	1027	14025	4.39	28.93	4.86
德宏傣族景颇族自治州	Dehong Dai & Jingpo A.P	104	3.31	251	6684	1.69	10.55	1.76
怒江傈僳族自治州	Nujiang Lisu A.P	25	0.81	134	3400	83.56	5.02	0.76
迪庆藏族自治州	Diqing Zang A.P	8	0.45	122	2274	0.47	2.95	0.58
西藏自治区	**Tibet A.R.**	**198**	**2.80**	**860**	**18912**	**4.95**	**29.47**	**4.83**
拉萨市	Lhasa City	67	0.78	87	3259	0.83	4.80	0.70
昌都地区	Qamdu Prefecture	16	0.47	198	3895	1.10	6.64	1.16
山南地区	Lhokha Prefecture	51	0.49	98	2103	0.45	2.87	0.53
日喀则地区	Xigaze Prefecture	31	0.43	225	4332	1.16	6.66	1.11
那曲地区	Narqu Prefecture	12	0.21	148	2992	0.91	5.39	0.79
阿里地区	Ngri Prefecture	8	0.10	36	749	0.17	1.07	0.17
林芝地区	Nyingchi Prefecture	11	0.31	66	1529	0.32	1.93	0.36
其他	Others	2	0.03	2	53	0.02	0.11	0.02
陕西省	**Shaanxi**	**5310**	**102.78**	**8867**	**160643**	**40.77**	**253.60**	**46.46**
西安市	Xi'an City	1122	24.03	1424	28453	8.77	51.39	8.92
铜川市	Tongchuan City	53	1.31	194	3896	0.75	4.80	0.96
宝鸡市	Baoji City	281	7.72	796	14954	3.50	22.67	4.39
咸阳市	Xianyang City	603	15.08	1372	25830	6.21	38.65	6.78
渭南市	Weinan City	1002	14.75	1266	21287	5.00	32.60	6.49
延安市	Yan'an City	428	8.52	346	12511	3.02	18.00	2.94
汉中市	Hanzhong City	731	8.80	876	14330	3.40	22.67	4.37
榆林市	Yulin City	475	10.27	593	16362	4.28	24.39	4.28
安康市	Ankang City	295	6.31	839	12432	2.96	19.95	3.85
商洛市	Shangluo City	296	5.46	1130	9894	2.67	17.15	3.24
杨凌示范区	Yangling Demonstration Zone	24	0.56	31	694	0.21	1.33	0.24
甘肃省	**Gansu**	**2457**	**43.22**	**10907**	**141324**	**33.82**	**220.07**	**42.63**
兰州市	Lanzhou City	295	5.62	676	14635	3.42	20.88	3.70
嘉峪关市	Jiayuguan City	56	0.74	18	874	0.27	1.65	0.29
金昌市	Jinchang City	67	1.29	103	2013	0.52	3.32	0.61
白银市	Baiyin City	115	2.61	716	11215	1.83	13.88	3.04

地 区	Region	幼儿园数 (所) Kinder-gartens (unit)	在园儿童数 (万人) Pre-primary Education (10 000 persons)	普通小学学校数 (所) Primary Schools (unit)	普通小学专任教师数 (人) Fulltime Teachers of Primary School (person)	普通小学招生数 (万人) Students Enrollment by Primary School (10 000 persons)	普通小学在校学生数 (万人) Students Enrollment by Primary School (10 000 persons)	普通小学毕业生数 (万人) Graduates from Primary School (10 000 persons)
天水市	Tianshui City	180	3.75	1703	19234	4.66	36.64	6.64
武威市	Wuwei City	140	4.27	616	10788	2.06	14.63	2.79
张掖市	Zhangye City	431	3.20	509	6212	1.39	8.69	1.64
平凉市	Pingliang City	194	3.68	1239	12272	2.67	18.28	3.69
酒泉市	Jiuquan City	266	2.91	247	4941	1.23	8.09	1.52
庆阳市	Qingyang City	341	5.61	1327	14763	3.22	19.30	3.76
定西市	Dingxi City	160	4.05	1301	14940	3.30	21.85	4.94
陇南市	Longnan City	59	3.47	1144	13205	4.14	23.74	5.04
临夏回族自治州	Linxia Hui A.P	82	1.24	855	10285	3.66	20.65	3.54
甘南藏族自治州	Gannan Zang A.P	71	0.77	453	5947	1.43	8.47	1.44
青海省	**Qinghai**	**980**	**13.40**	**1533**	**25897**	**8.20**	**51.20**	**8.00**
西宁市	Xining City	309	6.00	275	7791	2.50	15.81	2.68
海东地区	Haidong Prefecture	252	3.38	759	7530	2.24	13.53	2.10
海北藏族自治州	Haibei Zang A.P	48	0.68	98	1479	0.46	2.86	0.47
黄南藏族自治州	Huangnan Zang AP	106	0.60	106	1650	0.51	3.10	0.54
海南藏族自治州	Hainan Zang A.P	220	1.42	53	2642	0.73	4.59	0.70
果洛藏族自治州	Golog Zang A.P	5	0.19	53	1003	0.34	2.19	0.29
玉树藏族自治州	Yushu Zang A.P	4	0.05	126	1616	0.80	5.02	0.57
海西蒙古族藏族自治州	Haixi Mongolian & Zang A.P	36	1.09	63	2186	0.63	4.09	0.67
宁夏回族自治区	**Ningxia**	**440**	**14.89**	**1942**	**33295**	**11.12**	**64.33**	**11.27**
银川市	Yinchuan City	159	4.35	212	7356	2.49	14.82	2.53
石嘴山市	Shizuishan City	83	1.84	84	3373	0.91	5.62	1.00
吴忠市	Wuzhong City	72	3.48	354	7377	2.52	14.18	2.37
固原市	Guyuan City	84	2.33	909	8886	3.05	16.83	3.04
中卫市	Zhongwei City	42	2.90	383	6303	2.15	12.87	2.34
新疆维吾尔自治区	**Xinjiang**	**3475**	**65.11**	**3536**	**135182**	**32.24**	**191.95**	**32.77**
乌鲁木齐市	Urumqi City	267	5.77	141	9189	3.25	18.17	2.95
克拉玛依市	Karamay City	34	0.92	29	1825	0.36	2.31	0.45
吐鲁番地区	Turpan Prefecture	91	1.93	84	4354	0.88	5.07	0.83
哈密地区	Hami Prefecture	62	1.50	60	3040	0.53	3.25	0.60
昌吉回族自治州	Changji Hui A.P	154	3.02	97	7374	1.29	8.01	1.49
博尔塔拉蒙古自治州	Bortala Mongolian A.P	50	1.21	30	2973	0.45	2.70	0.44
巴音郭楞蒙古自治州	Bayingolin Mongolian A.P	97	3.86	90	8367	1.75	9.26	1.52
阿克苏地区	Aksu Prefecture	353	6.78	585	12865	3.74	21.64	3.71
克孜勒苏柯尔克孜自治州	Kizilsu Kirgiz A.P	108	2.42	160	5403	0.95	5.43	0.85
喀什地区	Kashi Prefecture	848	12.14	982	24998	6.63	41.11	6.81
和田地区	Hotan Prefecture	414	6.23	674	11608	2.96	19.20	3.64
伊犁哈萨克自治州	Ili Kazak A.P	465	8.31	357	17544	3.89	21.79	3.51
塔城地区	Tacheng Prefecture	170	2.65	108	6899	1.20	7.08	1.25
阿勒泰地区	Altay Prefecture	120	1.91	66	4853	0.86	4.61	0.63
石河子市	Shihezi City	48	0.77	5	538	0.17	1.07	0.21
阿拉尔市	Alar City				34	0.01	0.03	
图木舒克市	Tumxuk City							
五家渠市	Wujiaqu City							
生产建设兵团	Corps	194	5.67	68	13318	3.32	21.22	3.88

3-21 普通中学教育情况(2011年)
Secondary Education (2011)

地 区	Region	普通中学学校数 (所) Number of Secondary Schools (unit)	普通中学专任教师数 (人) Fulltime Teachers of Secondary School (person)	普通中学招生数 (万人) New Students Enrollment by Secondary School (10 000 persons)	普通中学在校学生数 (万人) Students Enrollment by Secondary School (10 000 persons)	普通中学毕业生数 (万人) Graduates from Secondary School (10 000 persons)
北京市	**Beijing**	**632**	**56039**	**16.48**	**49.73**	**15.59**
东城区	Dongcheng District	44	4544	1.42	4.39	1.42
西城区	Xicheng District	51	5663	1.75	5.33	1.77
朝阳区	Chaoyang District	77	6695	1.85	5.19	1.42
丰台区	Fengtai District	44	3674	0.94	2.95	0.92
石景山区	Shijingshan District	25	1746	0.49	1.44	0.44
海淀区	Haidian District	75	8864	3.44	10.06	3.03
门头沟区	Mentougou District	17	939	0.24	0.76	0.25
房山区	Fangshan District	48	3425	0.93	2.96	0.91
通州区	Tongzhou District	40	3479	0.97	2.94	0.89
顺义区	Shunyi District	41	3250	0.97	2.94	0.94
昌平区	Changping District	43	3255	0.76	2.20	0.69
大兴区	Daxing District	41	3683	0.88	2.67	0.82
怀柔区	Huairou District	22	1709	0.41	1.30	0.43
平谷区	Pinggu District	20	1798	0.45	1.53	0.60
密云县	Miyun County	22	1907	0.58	1.84	0.64
延庆县	Yanqing County	22	1408	0.40	1.23	0.42
北京经济技术开发区	Beijing Economic-technological Development Zones					
其他	Others					
天津市	**Tianjin**	**525**	**41020**	**14.33**	**44.74**	**15.07**
和平区	Heping District	22	2246	0.82	2.45	0.85
河东区	Hedong District	19	2022	0.62	1.94	0.71
河西区	Hexi District	26	2367	0.88	2.66	0.87
南开区	Nankai District	27	2723	0.84	2.54	0.81
河北区	Hebei District	23	1925	0.71	2.16	0.71
红桥区	Hongqiao District	22	1618	0.42	1.34	0.43
东丽区	Dongli District	20	1323	0.52	1.53	0.48
西青区	Xiqing District	13	1272	0.52	1.54	0.47
津南区	Jinnan District	16	1239	0.60	1.82	0.66
北辰区	Beichen District	20	1239	0.50	1.46	0.47
武清区	Wuqing District	49	3994	1.60	4.62	1.47
宝坻区	Baodi District	40	3839	1.08	3.96	1.57
滨海新区	Binhai New Area	81	5712	1.85	5.99	1.78
宁河县	Ninghe County	30	2246	0.63	2.00	0.70
静海县	Jinghai County	51	2730	1.23	3.71	1.24
蓟县	Ji County	64	4371	1.47	4.88	1.79
其他	Others	2	154	0.04	0.15	0.05
河北省	**Hebei**	**3132**	**255981**	**112.50**	**338.35**	**118.04**
石家庄市	Shijiazhuang City	427	36545	16.08	49.68	18.03
唐山市	Tangshan City	344	29903	11.22	33.46	11.69
秦皇岛市	Qinhuangdao City	170	12241	4.41	13.00	4.61
邯郸市	Handan City	399	34241	15.62	45.82	15.24
邢台市	Xingtai City	299	24382	11.76	34.29	11.95
保定市	Baoding City	455	35481	16.47	48.47	17.02
张家口市	Zhangjiakou City	187	15678	7.02	22.03	7.53
承德市	Chengde City	147	12264	5.69	17.65	6.09
沧州市	Cangzhou City	332	23072	10.21	30.22	10.33
廊坊市	Langfang City	182	15340	6.82	21.30	7.23
衡水市	Hengshui City	190	16834	7.19	22.43	8.31

3-21 续表 1 continued

地 区	Region	普通中学学校数（所）Number of Secondary Schools (unit)	普通中学专任教师数（人）Fulltime Teachers of Secondary School (person)	普通中学招生数（万人）New Students Enrollment by Secondary School (10 000 persons)	普通中学在校学生数（万人）Students Enrollment by Secondary School (10 000 persons)	普通中学毕业生数（万人）Graduates from Secondary School (10 000 persons)
山西省	**Shanxi**	**2611**	**175443**	**79.58**	**249.55**	**82.54**
太原市	Taiyuan City	232	17536	7.74	24.16	8.26
大同市	Datong City	248	16205	7.18	22.05	7.78
阳泉市	Yangquan City	87	5959	2.81	8.71	3.22
长治市	Changzhi City	227	15280	7.22	23.23	7.27
晋城市	Jincheng City	161	10532	5.72	17.70	5.76
朔州市	Shuozhou City	101	9939	5.49	16.17	5.44
晋中市	Jinzhong City	231	15029	5.62	18.45	6.42
运城市	Yuncheng City	371	28670	12.77	39.98	12.95
忻州市	Xinzhou City	323	15096	6.62	21.34	6.44
临汾市	Linfen City	301	21657	9.05	28.51	9.21
吕梁市	Luliang City	329	19540	9.35	29.23	9.79
其他	Others					
内蒙古自治区	**Inner Mongolia**	**1370**	**108946**	**53.21**	**159.28**	**51.94**
呼和浩特市	Hohhot City	122	9858	5.30	15.50	5.00
包头市	Baotou City	98	9201	4.50	13.30	4.50
乌海市	Wuhai City	24	1879	0.90	2.70	1.00
赤峰市	Chifeng City	169	19504	8.80	27.76	9.00
通辽市	Tongliao City	149	11913	5.70	16.50	5.40
鄂尔多斯市	Erdos City	64	7018	2.99	8.86	2.93
呼伦贝尔市	Hulunbuir City	183	11808	3.40	11.35	
巴彦淖尔市	Bayannur City	62	5621	2.98	8.80	2.98
乌兰察布市	Ulanqab City	71	7202	3.60	11.12	3.78
兴安盟	Xingan League	90	6640	2.43	7.38	2.28
锡林郭勒盟	Xilingol League	39	3967	1.67	4.98	1.60
阿拉善盟	Alxa League	17	1129	0.40	1.00	0.40
辽宁省	**Liaoning**	**2059**	**147448**	**61.31**	**190.86**	**66.97**
沈阳市	Shenyang City	324	24329	9.34	29.02	10.29
大连市	Dalian City	281	21107	8.57	26.69	8.97
鞍山市	Anshan City	164	11827	4.82	15.05	5.35
抚顺市	Fushun City	121	7522	2.58	8.30	3.17
本溪市	Benxi City	68	5416	1.95	6.35	2.36
丹东市	Dandong City	127	8023	3.75	11.78	4.13
锦州市	Jinzhou City	155	9579	4.43	13.74	5.01
营口市	Yingkou City	98	7849	3.43	10.25	3.42
阜新市	Fuxin City	116	6964	2.80	9.06	3.27
辽阳市	Liaoyang City	82	5764	2.72	8.29	2.76
盘锦市	Panjin City	75	5424	2.35	7.48	2.42
铁岭市	Tieling City	138	9880	4.22	13.08	4.56
朝阳市	Chaoyang City	174	13917	6.01	18.52	6.56
葫芦岛市	Huludao City	136	9847	4.34	13.25	4.71

3-21 续表 2 continued

地　区	Region	普通中学学校数(所) Number of Secondary Schools (unit)	普通中学专任教师数(人) Fulltime Teachers of Secondary School (person)	普通中学招生数(万人) New Students Enrollment by Secondary School (10 000 persons)	普通中学在校学生数(万人) Students Enrollment by Secondary School (10 000 persons)	普通中学毕业生数(万人) Graduates from Secondary School (10 000 persons)
吉林省	**Jilin**	**1466**	**94050**	**40.10**	**123.03**	**44.09**
长春市	Changchun City	339	25249	11.68	36.05	13.07
吉林市	Jilin City	190	14144	6.53	20.01	6.97
四平市	Siping City	189	10987	4.68	14.31	5.23
辽源市	Liaoyuan City	67	4185	1.67	5.09	1.89
通化市	Tonghua City	144	8388	3.64	10.87	3.82
白山市	Baishan City	110	5581	1.76	5.81	2.14
松原市	Songyuan City	142	9541	4.50	13.41	4.89
白城市	Baicheng City	125	6884	3.00	9.12	2.98
延边朝鲜族自治州	Yanbian Korean A.P	160	9091	2.64	8.36	3.10
黑龙江省	**Heilongjiang**	**2096**	**155479**	**54.29**	**184.62**	**60.28**
哈尔滨市	Harbin City	548	39233	12.91	43.02	13.86
齐齐哈尔市	Qiqihar City	270	18176	6.79	21.94	7.86
鸡西市	Jixi City	119	9160	2.88	10.58	3.11
鹤岗市	Hegang City	62	5200	1.86	6.22	2.14
双鸭山市	Shuangyashan City	99	7005	2.47	7.93	2.77
大庆市	Daqing City	157	14263	4.85	17.90	5.45
伊春市	Yichun City	70	5300	1.69	5.46	1.95
佳木斯市	Jiamusi City	145	11588	4.49	15.06	4.83
七台河市	Qitaihe City	53	4002	1.31	4.68	1.40
牡丹江市	Mudanjiang City	143	10186	3.88	12.15	4.13
黑河市	Heihe City	101	8029	2.65	8.74	2.95
绥化市	Suihua City	294	20821	7.80	28.65	8.96
大兴安岭地区	Daxing'anling Prefecture	35	2516	0.70	2.31	0.86
农垦总局	Agriculture Reclamation Bureau					
其他	Others					
上海市	**Shanghai**	**754**	**51102**	**16.84**	**59.16**	**15.48**
黄浦区	Huangpu District	36	2450	0.72	2.55	0.72
卢湾区	Luwan District					
徐汇区	Xuhui District	38	3299	1.07	3.75	1.00
长宁区	Changning District	27	1808	0.56	1.94	0.54
静安区	Jingan District	15	1123	0.35	1.24	0.35
普陀区	Putuo District	46	2465	0.79	2.86	0.75
闸北区	Zhabei District	36	2230	0.68	2.48	0.72
虹口区	Hongkou District	41	2467	0.70	2.55	0.76
杨浦区	Yangpu District	53	3260	0.95	3.46	0.98
闵行区	Minhang District	61	4207	1.36	4.34	1.03
宝山区	Baoshan District	56	3356	1.17	4.01	0.97
嘉定区	Jiading District	34	2060	0.75	2.43	0.59
浦东新区	Pudong New District	149	11125	4.15	14.24	3.48
金山区	Jinshan District	30	2102	0.65	2.37	0.71
松江区	Songjiang District	32	2441	0.82	3.16	0.78
青浦区	Qingpu District	24	2087	0.64	2.49	0.65
奉贤区	Fengxian District	38	2322	0.92	3.04	0.69
崇明县	Chongming County	38	2300	0.56	2.25	0.75
其他	Others					

3-21 续表 3 continued

地　区	Region	普通中学学校数（所）Number of Secondary Schools (unit)	普通中学专任教师数（人）Fulltime Teachers of Secondary School (person)	普通中学招生数（万人）New Students Enrollment by Secondary School (10 000 persons)	普通中学在校学生数（万人）Students Enrollment by Secondary School (10 000 persons)	普通中学毕业生数（万人）Graduates from Secondary School (10 000 persons)
江苏省	**Jiangsu**	**2721**	**282259**	**105.85**	**339.82**	**130.44**
南京市	Nanjing City	223	22416	7.52	23.77	8.63
无锡市	Wuxi City	174	20469	7.26	21.76	7.50
徐州市	Xuzhou City	326	38814	14.13	46.36	19.82
常州市	Changzhou City	162	13843	5.75	17.76	6.32
苏州市	Suzhou City	263	25232	8.89	26.54	9.00
南通市	Nantong City	243	25801	9.17	30.52	12.13
连云港市	Lianyungang City	179	21135	8.85	28.61	10.86
淮安市	Huaian City	190	19898	8.24	26.76	10.44
盐城市	Yancheng City	285	28960	9.93	31.88	11.97
扬州市	Yangzhou City	173	16775	6.52	20.81	7.63
镇江市	Zhenjiang City	108	8910	3.48	11.28	4.39
泰州市	Taizhou City	200	19619	6.36	21.13	8.51
宿迁市	Suqian City	195	20387	9.75	32.62	13.06
浙江省	**Zhejiang**	**2314**	**182630**	**80.03**	**244.50**	**85.30**
杭州市	Hangzhou City	317	26713	11.20	34.06	11.70
宁波市	Ningbo City	299	22897	9.95	30.86	10.46
温州市	Wenzhou City	484	32070	12.98	39.58	14.05
嘉兴市	Jiaxing City	157	14192	6.38	19.46	7.28
湖州市	Huzhou City	126	10835	4.42	8.45	5.03
绍兴市	Shaoxing City	187	18216	8.60	26.57	9.18
金华市	Jinhua City	234	18341	8.23	24.85	8.66
衢州市	Quzhou City	97	8337	2.39	11.69	4.19
舟山市	Zhoushan City	50	3789	1.20	4.67	1.30
台州市	Taizhou City	268	21137	9.59	28.31	9.27
丽水市	Lishui City	95	8978	3.77	11.65	4.19
安徽省	**Anhui**	**3695**	**231156**	**120.25**	**377.74**	**134.62**
合肥市	Hefei City	361	26599	13.80	42.80	14.65
芜湖市	Wuhu City	207	12798	6.10	19.58	7.84
蚌埠市	Bengbu City	172	11870	6.20	19.07	6.73
淮南市	Huainan City	135	10169	4.22	13.32	4.84
马鞍山市	Maanshan City	103	7969	4.13	12.91	4.81
淮北市	Huaibei City	143	8869	4.86	14.66	5.07
铜陵市	Tongling City	47	3188	1.38	4.07	1.41
安庆市	Anqing City	379	24906	11.90	41.31	16.44
黄山市	Huangshan City	119	5081	2.07	6.47	2.55
滁州市	Chuzhou City	287	15920	7.83	25.68	8.43
阜阳市	Fuyang City	471	25738	16.76	49.93	17.79
宿州市	Suzhou City	278	21126	10.73	34.09	12.90
六安市	Liuan City	418	24106	12.98	40.74	13.25
亳州市	Bozhou City	301	16796	10.06	30.43	9.46
池州市	Chizhou City	109	6190	3.19	9.87	3.70
宣城市	Xuancheng City	165	9831	4.04	12.80	4.74
其他	Others					

3-21 续表 4 continued

地 区	Region	普通中学学校数 (所) Number of Secondary Schools (unit)	普通中学专任教师数 (人) Fulltime Teachers of Secondary School (person)	普通中学招生数 (万人) New Students Enrollment by Secondary School (10 000 persons)	普通中学在校学生数 (万人) Students Enrollment by Secondary School (10 000 persons)	普通中学毕业生数 (万人) Graduates from Secondary School (10 000 persons)
福建省	**Fujian**	**1830**	**150170**	**60.40**	**186.68**	**68.98**
福州市	Fuzhou City	343	25984	10.78	33.64	12.30
厦门市	Xiamen City	94	8983	4.13	12.33	3.71
莆田市	Putian City	155	14533	5.94	19.28	6.97
三明市	Sanming City	157	11834	4.31	13.67	5.06
泉州市	Quanzhou City	340	30797	12.51	37.76	14.90
漳州市	Zhangzhou City	217	19440	8.80	25.76	8.40
南平市	Nanping City	165	11769	4.80	14.81	5.28
龙岩市	Longyan City	170	13670	4.39	13.89	5.61
宁德市	Ningde City	189	13160	4.74	15.54	6.75
江西省	**Jiangxi**	**2554**	**170394**	**98.44**	**279.26**	**88.23**
南昌市	Nanchang City	271	18295	10.64	31.15	9.34
景德镇市	Jingdezhen City	99	6725	3.55	9.51	3.10
萍乡市	Pingxiang City	114	7817	3.59	10.71	3.33
九江市	Jiujiang City	306	17974	10.47	29.85	9.91
新余市	Xinyu City	36	4389	2.28	6.12	1.93
鹰潭市	Yingtan City	70	4556	2.27	6.81	1.99
赣州市	Ganzhou City	446	31793	20.24	54.91	16.69
吉安市	Jian City	305	18486	9.14	27.07	9.07
宜春市	Yichun City	236	18727	11.00	31.48	10.16
抚州市	Fuzhou City	212	14713	9.16	26.29	8.17
上饶市	Shangrao City	459	26919	16.09	45.37	14.53
山东省	**Shandong**	**3569**	**376760**	**161.83**	**501.58**	**157.80**
济南市	Jinan City	205	22189	10.19	30.47	9.70
青岛市	Qingdao City	290	31402	11.93	37.32	12.23
淄博市	Zibo City	193	20448	8.23	29.72	8.16
枣庄市	Zaozhuang City	132	14321	7.14	21.43	7.47
东营市	Dongying City	92	10354	4.09	12.55	3.55
烟台市	Yantai City	291	31335	8.90	35.02	10.68
潍坊市	Weifang City	348	40321	15.80	48.31	16.26
济宁市	Jining City	287	29771	13.31	41.50	13.64
泰安市	Taian City	177	19841	8.98	24.97	6.75
威海市	Weihai City	111	12965	3.50	13.42	4.12
日照市	Rizhao City	116	11799	4.75	14.46	4.72
莱芜市	Laiwu City	55	6350	2.44	9.13	2.01
临沂市	Linyi City	351	39753	18.64	55.62	17.84
德州市	Dezhou City	200	19362	9.35	26.25	8.14
聊城市	Liaocheng City	201	20060	9.48	28.01	9.16
滨州市	Binzhou City	162	15340	6.61	19.38	6.08
菏泽市	Heze City	358	31149	18.50	54.03	17.28
河南省	**Henan**	**5388**	**402597**	**226.25**	**657.48**	**222.00**
郑州市	Zhengzhou City	365	30978	15.23	44.07	14.66
开封市	Kaifeng City	266	17596	10.38	29.04	10.57
洛阳市	Luoyang City	455	28141	14.19	41.73	14.20
平顶山市	Pingdingshan City	258	18256	8.68	24.63	8.59
安阳市	Anyang City	311	20059	9.55	27.80	9.43
鹤壁市	Hebi City	102	6884	3.75	10.70	3.43

3-21 续表 5 continued

地　区	Region	普通中学学校数 (所) Number of Secondary Schools (unit)	普通中学专任教师数 (人) Fulltime Teachers of Secondary School (person)	普通中学招生数 (万人) New Students Enrollment by Secondary School (10 000 persons)	普通中学在校学生数 (万人) Students Enrollment by Secondary School (10 000 persons)	普通中学毕业生数 (万人) Graduates from Secondary School (10 000 persons)
新乡市	Xinxiang City	392	24523	12.16	34.49	11.70
焦作市	Jiaozuo City	229	15802	7.67	22.53	7.61
濮阳市	Puyang City	207	17716	9.63	29.09	9.74
许昌市	Xuchang City	253	20529	9.03	27.36	9.76
漯河市	Luohe City	109	9704	5.14	15.21	5.10
三门峡市	Sanmenxia City	131	10412	4.21	13.81	5.00
南阳市	Nanyang City	507	37771	20.01	57.32	18.31
商丘市	Shangqiu City	433	34575	23.72	70.15	22.80
信阳市	Xinyang City	379	36013	20.24	59.18	20.51
周口市	Zhoukou City	617	39642	30.30	86.59	29.00
驻马店市	Zhumadian City	336	30802	21.00	59.71	20.23
济源市	Jiyuan City	38	3194	1.37	4.08	1.35
湖北省	**Hubei**	**2707**	**225628**	**98.12**	**320.84**	**120.04**
武汉市	Wuhan City	380	32105	10.83	35.21	13.36
黄石市	Huangshi City	141	10356	5.49	18.15	6.78
十堰市	Shiyan City	190	15201	5.85	19.06	7.34
宜昌市	Yichang City	176	13407	4.98	15.81	6.07
襄阳市	Xiangyang City	244	20382	9.06	28.35	10.31
鄂州市	Ezhou City	58	4646	2.01	7.24	2.43
荆门市	Jingmen City	127	10578	3.90	12.66	4.81
孝感市	Xiaogan City	219	18410	9.10	30.90	11.60
荆州市	Jingzhou City	257	23290	10.30	32.85	12.62
黄冈市	Huanggang City	313	26276	14.86	49.79	18.09
咸宁市	Xianning City	146	11138	5.11	17.00	6.66
随州市	Suizhou City	113	12060	4.05	14.10	5.89
恩施土家族苗族自治州	Enshi Tujia & Miao A.P	167	11623	6.32	19.32	6.66
仙桃市	Xiantao City	66	6477	2.66	8.75	3.73
潜江市	Qianjiang City	52	4242	1.62	5.19	1.81
天门市	Tianmen City	50	5158	2.30	6.93	3.10
神农架林区	Shennongjia Forest District	8	279	0.10	0.34	0.13
湖南省	**Hunan**	**3904**	**240895**	**110.48**	**317.72**	**101.83**
长沙市	Changsha City	279	21908	11.43	32.51	9.37
株洲市	Zhuzhou City	188	12996	5.12	14.72	4.56
湘潭市	Xiangtan City	182	9779	4.47	12.98	4.47
衡阳市	Hengyang City	417	25465	13.48	37.91	11.59
邵阳市	Shaoyang City	468	23894	13.06	37.03	11.62
岳阳市	Yueyang City	315	20807	8.75	25.75	8.78
常德市	Changde City	297	22016	8.20	24.76	8.92
张家界市	Zhangjiajie City	101	5158	2.50	7.18	2.28
益阳市	Yiyang City	233	17959	6.59	18.83	6.28
郴州市	Chenzhou City	286	15448	7.60	21.29	6.40
永州市	Yongzhou City	319	22204	9.49	27.93	9.21
怀化市	Huaihua City	354	16842	6.97	19.64	6.00
娄底市	Loudi City	281	15841	7.68	22.34	7.23
湘西土家族苗族自治州	West Hunan Tujia & Miao A.P	184	10578	5.16	14.85	5.12

3-21 续表 6 continued

地 区	Region	普通中学学校数 (所) Number of Secondary Schools (unit)	普通中学专任教师数 (人) Fulltime Teachers of Secondary School (person)	普通中学招生数 (万人) New Students Enrollment by Secondary School (10 000 persons)	普通中学在校学生数 (万人) Students Enrollment by Secondary School (10 000 persons)	普通中学毕业生数 (万人) Graduates from Secondary School (10 000 persons)
广东省	**Guangdong**	**4328**	**451711**	**231.85**	**699.47**	**224.99**
广州市	Guangzhou City	472	44640	18.82	56.16	18.40
韶关市	Shaoguan City	160	14366	5.99	19.16	6.53
深圳市	Shenzhen City	299	35536	12.34	34.69	10.08
珠海市	Zhuhai City	59	6596	3.22	9.54	3.00
汕头市	Shantou City	263	25632	16.34	49.89	15.23
佛山市	Foshan City	185	22000	11.08	32.34	10.22
江门市	Jiangmen City	184	18356	8.46	25.31	8.50
湛江市	Zhanjiang City	353	32405	23.89	70.69	22.28
茂名市	Maoming City	285	35325	20.89	64.51	21.13
肇庆市	Zhaoqing City	170	21411	10.37	31.80	10.75
惠州市	Huizhou City	211	21258	10.26	30.77	9.59
梅州市	Meizhou City	238	24053	11.12	35.82	12.12
汕尾市	Shanwei City	172	15911	10.96	31.19	9.06
河源市	Heyuan City	186	16211	7.44	22.98	7.78
阳江市	Yangjiang City	109	11925	5.84	18.59	6.74
清远市	Qingyuan City	178	18983	8.26	25.96	9.18
东莞市	Dongguan City	199	22541	9.52	26.31	7.68
中山市	ZhongShan City	99	12333	5.50	15.69	4.58
潮州市	Chaozhou City	123	11247	6.64	20.68	6.61
揭阳市	Jieyang City	273	29159	18.80	57.60	18.55
云浮市	Yunfu City	110	11823	6.13	19.80	7.00
广西壮族自治区	**Guangxi**	**2385**	**162317**	**97.19**	**278.19**	**86.28**
南宁市	Nanning City	346	22759	12.81	37.77	12.10
柳州市	Liuzhou City	172	12511	6.09	17.42	5.69
桂林市	Guilin City	235	15711	6.81	20.19	6.91
梧州市	Wuzhou City	135	10545	7.12	20.30	6.22
北海市	Beihai City	86	6418	3.70	10.26	3.40
防城港市	Fangchenggang City	44	2628	1.62	4.69	1.42
钦州市	Qinzhou City	120	9883	7.78	20.49	6.11
贵港市	Guigang City	237	18190	12.64	35.45	10.13
玉林市	Yulin City	292	22151	14.16	39.86	11.89
百色市	Baise City	199	11046	1.92	5.34	1.68
贺州市	Hezhou City	118	7388	4.41	12.56	3.60
河池市	Hechi City	209	11784	7.01	20.58	6.13
来宾市	Laibin City	93	7866	4.20	12.60	4.19
崇左市	Chongzuo City	102	5869	2.77	7.79	2.55
海南省	**Hainan**	**508**	**40545**	**18.61**	**56.09**	**19.31**
海口市	Haikou City	94	9606	3.73	12.85	4.35
三亚市	Sanya City	43	2945	1.43	4.22	1.42
重庆市	**Chongqing**	**1259**	**110951**	**59.88**	**183.89**	**61.85**
万州区	Wanzhou District	60	5445		10.34	
涪陵区	Fuling District	55	4155		6.47	
渝中区	Yuzhong District	14	2475		2.62	
大渡口区	Dadukou District	7	986		1.56	

3-21 续表 7 continued

地 区	Region	普通中学学校数 (所) Number of Secondary Schools (unit)	普通中学专任教师数 (人) Fulltime Teachers of Secondary School (person)	普通中学招生数 (万人) New Students Enrollment by Secondary School (10 000 persons)	普通中学在校学生数 (万人) Students Enrollment by Secondary School (10 000 persons)	普通中学毕业生数 (万人) Graduates from Secondary School (10 000 persons)
江北区	Jiangbei District	18	2272		3.73	
沙坪坝区	Shapingba District	33	3624		4.55	
九龙坡区	Jiulongpo District	34	4038		5.24	
南岸区	Nanan District	23	2278		3.73	
北碚区	Beibei District	22	2363		3.45	
綦江区	Qijiang District	70	4457		6.56	
大足区	Dazu District	31	3822		5.20	
渝北区	Yubei District	47	3852		5.38	
巴南区	Banan District	39	2831		3.99	
黔江区	Qianjiang District	23	2502		4.32	
长寿区	Changshou District	28	3142		4.35	
江津区	Jiangjin District	49	4295		6.54	
合川区	Hechuan District	37	4017		7.12	
永川区	Yongchuan District	42	3488		4.96	
南川区	Nanchuan District	37	2048		3.71	
四川省	**Sichuan**	**4704**	**285755**	**159.35**	**477.81**	**160.63**
成都市	Chengdu City	487	43665	20.50	62.19	20.49
自贡市	Zigong City	134	7825	4.63	13.80	4.70
攀枝花市	Panzhihua City	60	4810	2.46	7.06	2.23
泸州市	Luzhou City	222	14585	9.75	28.06	9.04
德阳市	Deyang City	163	11252	5.21	16.36	5.99
绵阳市	Mianyang City	258	18801	10.05	29.87	10.18
广元市	Guangyuan City	184	11562	6.36	19.38	6.64
遂宁市	Suining City	163	12733	6.31	19.05	6.77
内江市	Neijiang City	188	11774	6.15	18.62	6.58
乐山市	Leshan City	221	10635	5.07	15.62	5.46
南充市	Nanchong City	516	27054	15.17	45.47	15.38
眉山市	Meishan City	240	10648	5.30	17.05	6.41
宜宾市	Yibin City	308	18029	9.65	28.78	9.81
广安市	Guangan City	277	14449	9.18	27.89	9.17
达州市	Dazhou City	382	19309	12.97	38.42	12.86
雅安市	Yaan City	71	4588	2.35	7.36	2.58
巴中市	Bazhong City	200	11428	9.05	27.19	8.72
资阳市	Ziyang City	316	13486	6.63	20.17	6.73
阿坝藏族羌族自治州	Aba Zang & Qiang A.P	58	3722	1.73	5.19	1.71
甘孜藏族自治州	Ganzi Zang A.P	49	2752	1.66	4.90	1.55
凉山彝族自治州	Liangshan Yi A.P	207	12648	9.16	25.38	7.60
贵州省	**Guizhou**	**2635**	**144997**	**100.82**	**282.71**	**81.90**
贵阳市	Guiyang City	306	14245	8.39	25.90	7.54
六盘水市	Liupanshui City	219	11304	8.82	25.13	6.96
遵义市	Zunyi City	486	27761	18.22	51.71	15.52
安顺市	Anshun City	149	7889	5.38	16.38	4.71
毕节市	Bijie City	475	25823	22.30	57.43	14.93
铜仁市	Tongren City	255	15986	10.78	30.19	8.88
黔西南布依族苗族自治州	Southwest Guizhou Buyi & Miao A.P	227	12471	8.15	23.06	7.03
黔东南苗族侗族自治州	Southeast Guizhou Miao & Dong A.P	276	15784	9.92	27.32	8.14
黔南布依族苗族自治州	South Guizhou Buyi & Miao A.P	242	13734	8.87	25.59	8.20

3-21 续表 8 continued

地区	Region	普通中学学校数(所) Number of Secondary Schools (unit)	普通中学专任教师数(人) Fulltime Teachers of Secondary School (person)	普通中学招生数(万人) New Students Enrollment by Secondary School (10 000 persons)	普通中学在校学生数(万人) Students Enrollment by Secondary School (10 000 persons)	普通中学毕业生数(万人) Graduates from Secondary School (10 000 persons)
云南省	**Yunnan**	**2144**	**162100**	**93.00**	**270.90**	**86.00**
昆明市	Kunming City	268	20539	10.86	32.22	10.02
曲靖市	Qujing City	242	24160	15.05	45.07	14.82
玉溪市	Yuxi City	116	8805	4.60	13.32	4.24
保山市	Baoshan City	124	9611	5.42	15.97	5.21
昭通市	Zhaotong City	218	18180	13.08	37.22	11.48
丽江市	Lijiang City	76	5033	2.49	7.44	2.49
普洱市	Puer City	133	8317	3.95	11.55	3.74
临沧市	Lincang City	120	7177	4.37	12.38	3.78
楚雄彝族自治州	Chuxiong Yi A.P	136	9697	4.88	14.11	4.60
红河哈尼族彝族自治州	Honghe Hani & Yi A.P	201	15304	8.43	24.95	8.07
文山壮族苗族自治州	Wenshan Zhuang & Miao A.P	149	13784	7.59	21.27	6.52
西双版纳傣族自治州	Xishuangbanna Dai A.P	54	3168	1.82	5.21	1.59
大理白族自治州	Dali Bai A.P	207	12389	6.61	19.12	6.13
德宏傣族景颇族自治州	Dehong Dai & Jingpo A.P	61	4726	2.18	6.31	2.01
怒江傈僳族自治州	Nujiang Lisu A.P	30	2165	1.00	2.89	0.88
迪庆藏族自治州	Diqing Zang A.P	17	1367	0.74	2.23	0.70
西藏自治区	**Tibet A.R.**	**123**	**12684**	**6.13**	**18.10**	**5.75**
拉萨市	Lhasa City	23	2626	1.15	3.44	1.11
昌都地区	Qamdu Prefecture	18	1964	1.22	3.73	1.27
山南地区	Lhokha Prefecture	17	1763	0.71	2.10	0.72
日喀则地区	Xigaze Prefecture	29	3359	1.42	4.20	1.39
那曲地区	Narqu Prefecture	15	1463	0.84	2.46	0.60
阿里地区	Ngri Prefecture	7	328	0.16	0.47	0.14
林芝地区	Nyingchi Prefecture	11	836	0.45	1.25	0.36
其他	Others	3	345	0.16	0.46	0.17
陕西省	**Shaanxi**	**2363**	**181246**	**79.47**	**246.80**	**89.61**
西安市	Xi'an City	423	33122	15.42	47.20	16.44
铜川市	Tongchuan City	58	4539	1.57	5.39	2.12
宝鸡市	Baoji City	219	18289	7.17	23.59	9.00
咸阳市	Xianyang City	311	26534	13.26	40.50	13.43
渭南市	Weinan City	385	29117	11.34	36.11	13.90
延安市	Yan'an City	130	10806	5.26	15.91	5.91
汉中市	Hanzhong City	219	14998	7.08	21.12	7.08
榆林市	Yulin City	231	18910	6.98	22.53	9.38
安康市	Ankang City	199	12461	5.77	17.47	6.20
商洛市	Shangluo City	180	11644	5.20	15.65	5.69
杨凌示范区	Yangling Demonstration Zone	8	826	0.41	1.33	0.47
甘肃省	**Gansu**	**2012**	**123055**	**62.83**	**194.25**	**66.05**
兰州市	Lanzhou City	212	13723	6.10	18.74	6.63
嘉峪关市	Jiayuguan City	11	975	0.48	1.46	0.48
金昌市	Jinchang City	24	2164	1.02	3.26	1.20
白银市	Baiyin City	165	11348	5.30	17.52	6.49

地　区	Region	普通中学学校数 (所) Number of Secondary Schools (unit)	普通中学专任教师数 (人) Fulltime Teachers of Secondary School (person)	普通中学招生数 (万人) New Students Enrollment by Secondary School (10 000 persons)	普通中学在校学生数 (万人) Students Enrollment by Secondary School (10 000 persons)	普通中学毕业生数 (万人) Graduates from Secondary School (10 000 persons)
天水市	Tianshui City	266	15892	8.79	26.25	7.81
武威市	Wuwei City	145	9232	4.63	15.03	5.36
张掖市	Zhangye City	95	5776	2.81	8.78	3.08
平凉市	Pingliang City	163	10945	5.59	17.53	5.84
酒泉市	Jiuquan City	64	4542	2.30	6.96	2.30
庆阳市	Qingyang City	190	12164	5.92	18.67	6.73
定西市	Dingxi City	292	14852	7.31	23.84	7.73
陇南市	Longnan City	232	10750	5.97	17.70	6.55
临夏回族自治州	Linxia Hui A.P	103	7478	4.70	13.03	4.33
甘南藏族自治州	Gannan Zang A.P	50	3214	1.90	5.46	1.54
青海省	**Qinghai**	**416**	**22422**	**11.19**	**33.03**	**9.97**
西宁市	Xining City	137	9310	4.03	12.06	3.53
海东地区	Haidong Prefecture	139	6730	3.12	9.28	3.00
海北藏族自治州	Haibei Zang A.P	19	1127	0.66	1.71	0.55
黄南藏族自治州	Huangnan Zang AP	20	790	0.60	1.74	0.51
海南藏族自治州	Hainan Zang A.P	19	1598	0.95	2.82	0.81
果洛藏族自治州	Golog Zang A.P	9	369	0.34	0.97	0.28
玉树藏族自治州	Yushu Zang A.P	22	515	0.53	1.74	0.55
海西蒙古族藏族自治州	Haixi Mongolian & Zang A.P	51	1983	0.96	2.72	0.75
宁夏回族自治区	**Ningxia**	**329**	**28210**	**15.62**	**44.74**	**14.62**
银川市	Yinchuan City	68	7555	4.32	12.38	3.85
石嘴山市	Shizuishan City	47	3519	1.52	13.85	1.53
吴忠市	Wuzhong City	66	5617	3.31	9.20	2.77
固原市	Guyuan City	80	6665	3.84	10.77	3.85
中卫市	Zhongwei City	68	4854	2.63	7.77	2.62
新疆维吾尔自治区	**Xinjiang**	**1525**	**116501**	**48.25**	**140.93**	**45.79**
乌鲁木齐市	Urumqi City	133	9910	5.16	14.89	4.76
克拉玛依市	Karamay City	18	2264	0.85	2.51	0.79
吐鲁番地区	Turpan Prefecture	49	3350	1.13	3.30	1.11
哈密地区	Hami Prefecture	45	2629	1.10	3.21	0.96
昌吉回族自治州	Changji Hui A.P	49	6404	2.69	8.20	2.62
博尔塔拉蒙古自治州	Bortala Mongolian A.P	28	2195	0.75	2.30	0.74
巴音郭楞蒙古自治州	Bayingolin Mongolian A.P	63	6282	2.47	7.07	2.25
阿克苏地区	Aksu Prefecture	149	11169	5.05	13.94	4.39
克孜勒苏柯尔克孜自治州	Kizilsu Kirgiz A.P	36	3815	1.20	3.47	1.08
喀什地区	Kashi Prefecture	211	21621	8.63	25.52	8.61
和田地区	Hotan Prefecture	148	9786	3.93	11.60	3.68
伊犁哈萨克自治州	Ili Kazak A.P	184	12149	5.24	15.14	4.81
塔城地区	Tacheng Prefecture	77	5461	2.07	6.24	2.08
阿勒泰地区	Altay Prefecture	76	3795	1.04	3.20	1.09
石河子市	Shihezi City	12	1071	0.66	1.87	0.59
阿拉尔市	Alar City	1	11		0.01	
图木舒克市	Tumxuk City					
五家渠市	Wujiaqu City					
生产建设兵团	Corps	246	14589	6.28	18.46	6.23

3-22 普通高等教育情况和公共图书馆数(2011年)
Higher Education and Library (2011)

地　区	Region	普通高等学校数 (所) Regular Institutions of Higher Education (unit)	普通高等学校专任教师数 (人) Full-time Teachers of Second-ary School (person)	普通高等学校招生数(万人) New Students Enroll-ment by Institutions (10 000 persons)	普通高等学校在校学生数 (万人) Students Enroll-ment by Institutions (10 000 persons)	普通高等学校毕业生数 (万人) Graduates from Institutions (10 000 persons)	公共图书馆 (个) Public Libraries (unit)
北京市	**Beijing**	**89**	**58735**	**15.75**	**57.86**	**15.13**	**25**
东城区	Dongcheng District						2
西城区	Xicheng District						3
朝阳区	Chaoyang District						3
丰台区	Fengtai District						2
石景山区	Shijingshan District						2
海淀区	Haidian District						2
门头沟区	Mentougou District						1
房山区	Fangshan District						2
通州区	Tongzhou District						1
顺义区	Shunyi District						1
昌平区	Changping District						1
大兴区	Daxing District						1
怀柔区	Huairou District						1
平谷区	Pinggu District						1
密云县	Miyun County						1
延庆县	Yanqing County						1
北京经济技术开发区	Beijing Economic-technological Development Zones						
其他	Others						
天津市	**Tianjin**	**55**	**28919**	**13.31**	**44.97**	**10.87**	**31**
和平区	Heping District	1	913	0.13	0.54	0.10	3
河东区	Hedong District	4	2484	1.02	3.61	0.98	2
河西区	Hexi District	7	4427	1.93	6.77	1.66	2
南开区	Nankai District	5	6398	1.61	6.19	1.29	3
河北区	Hebei District	3	709	0.34	1.00	0.27	2
红桥区	Hongqiao District	2	601	0.42	1.31	0.41	2
东丽区	Dongli District	3	1388	0.75	2.34	0.48	1
西青区	Xiqing District	9	4469	2.36	7.88	1.75	2
津南区	Jinnan District	5	1973	1.27	4.09	1.07	1
北辰区	Beichen District	4	1956	1.24	3.83	1.01	1
武清区	Wuqing District	1	174	0.11	0.35	0.08	1
宝坻区	Baodi District	2	493	0.36	1.27	0.26	1
滨海新区	Binhai New Area	7	2254	1.39	4.48	1.20	6
宁河县	Ninghe County						1
静海县	Jinghai County	2	680	0.39	1.33	0.33	2
蓟县	Ji County						1
其他	Others						
河北省	**Hebei**	**112**	**63922**	**35.92**	**115.39**	**31.11**	**166**
石家庄市	Shijiazhuang City	42	22211	12.35	38.82	10.54	27
唐山市	Tangshan City	9	5733	3.34	10.59	2.59	13
秦皇岛市	Qinhuangdao City	6	5125	2.66	8.98	2.42	6
邯郸市	Handan City	5	3315	1.90	6.20	1.76	20
邢台市	Xingtai City	4	2322	1.67	4.84	1.52	18
保定市	Baoding City	14	9105	4.93	16.63	4.46	23
张家口市	Zhangjiakou City	4	2623	1.38	4.51	1.33	14
承德市	Chengde City	5	2286	1.41	4.03	1.13	10
沧州市	Cangzhou City	7	2505	1.75	4.90	1.49	14
廊坊市	Langfang City	12	6213	3.19	10.51	2.40	10
衡水市	Hengshui City	2	991	0.55	1.78	0.52	11

3-22 续表 1 continued

地 区	Region	普通高等学校数 (所) Regular Institutions of Higher Education (unit)	普通高等学校专任教师数 (人) Full-time Teachers of Secondary School (person)	普通高等学校招生数(万人) New Students Enrollment by Institutions (10 000 persons)	普通高等学校在校学生数 (万人) Students Enrollment by Institutions (10 000 persons)	普通高等学校毕业生数 (万人) Graduates from Institutions (10 000 persons)	公共图书馆 (个) Public Libraries (unit)
山西省	**Shanxi**	**66**	**37527**	**18.46**	**59.45**	**15.27**	**126**
太原市	Taiyuan City	38	21315	10.24	34.24	9.05	11
大同市	Datong City	2	2454	1.11	3.85	0.92	13
阳泉市	Yangquan City	2	551	0.32	0.89	0.28	5
长治市	Changzhi City	5	2167	0.90	3.07	0.83	14
晋城市	Jincheng City	1	394	0.20	0.48	0.10	6
朔州市	Shuozhou City	1	131	0.08	0.26	0.04	7
晋中市	Jinzhong City	5	3450	1.87	5.65	1.31	11
运城市	Yuncheng City	5	1939	1.32	3.33	0.74	13
忻州市	Xinzhou City	2	1422	0.67	2.28	0.60	14
临汾市	Linfen City	4	2884	1.15	3.96	1.02	17
吕梁市	Luliang City	1	820	0.61	1.44	0.37	14
其他	Others						1
内蒙古自治区	**Inner Mongolia**	**47**	**24136**	**11.52**	**38.44**	**9.60**	**114**
呼和浩特市	Hohhot City	23	12245	6.50	22.20	5.30	10
包头市	Baotou City	5	4481	2.00	6.80	1.70	10
乌海市	Wuhai City	1	220	0.10	0.40	0.10	3
赤峰市	Chifeng City	4	1716	0.50	1.72	0.46	14
通辽市	Tongliao City	3	1677	1.00	3.10	0.90	9
鄂尔多斯市	Erdos City	2	232	0.12	0.39		9
呼伦贝尔市	Hulunbuir City	2	781	0.36	1.71		14
巴彦淖尔市	Bayannur City	1	455	0.24	0.72	0.25	8
乌兰察布市	Ulanqab City	3	1121	0.41	1.10	0.41	12
兴安盟	Xingan League	1	427	0.13	0.43	0.13	7
锡林郭勒盟	Xilingol League	1	502	0.25	0.80	0.18	13
阿拉善盟	Alxa League						4
辽宁省	**Liaoning**	**112**	**58742**	**26.38**	**90.22**	**23.63**	**128**
沈阳市	Shenyang City	41	23718	10.42	35.78	9.23	21
大连市	Dalian City	31	17297	7.12	25.52	6.10	13
鞍山市	Anshan City	3	1966	1.07	3.75	0.93	9
抚顺市	Fushun City	6	2103	1.20	4.24	1.09	7
本溪市	Benxi City	2	734	0.36	1.13	0.32	7
丹东市	Dandong City	3	1482	0.79	2.43	0.77	8
锦州市	Jinzhou City	9	4573	2.20	7.64	2.18	9
营口市	Yingkou City	2	697	0.41	1.05	0.40	8
阜新市	Fuxin City	2	2077	0.95	3.26	0.89	8
辽阳市	Liaoyang City	4	1191	0.59	1.97	0.61	9
盘锦市	Panjin City	2	581	0.17	0.50	0.21	5
铁岭市	Tieling City	4	1013	0.47	1.14	0.37	9
朝阳市	Chaoyang City	1	468	0.16	0.38	0.13	8
葫芦岛市	Huludao City	2	842	0.47	1.45	0.42	7

3-22 续表 2 continued

地　区	Region	普通高等学校数 (所) Regular Institutions of Higher Education (unit)	普通高等学校专任教师数 (人) Full-time Teachers of Secondary School (person)	普通高等学校招生数(万人) New Students Enrollment by Institutions (10 000 persons)	普通高等学校在校学生数 (万人) Students Enrollment by Institutions (10 000 persons)	普通高等学校毕业生数 (万人) Graduates from Institutions (10 000 persons)	公　共图书馆 (个) Public Libraries (unit)
吉林省	**Jilin**	**57**	**35647**	**16.28**	**56.28**	**14.16**	**65**
长春市	Changchun City	36	23760	10.78	37.65	9.47	13
吉林市	Jilin City	8	4993	2.75	9.36	2.36	10
四平市	Siping City	4	2060	1.03	3.42	0.85	5
辽源市	Liaoyuan City	1	311	0.18	0.54	0.18	3
通化市	Tonghua City	1	719	0.31	1.13	0.25	8
白山市	Baishan City	1	251	0.04	0.16	0.07	6
松原市	Songyuan City	1	359	0.14	0.35	0.09	4
白城市	Baicheng City	3	947	0.56	1.86	0.44	6
延边朝鲜族自治州	Yanbian Korean A.P	2	2247	0.49	1.81	0.45	10
黑龙江省	**Heilongjiang**	**78**	**44821**	**19.82**	**70.65**	**19.33**	**107**
哈尔滨市	Harbin City	50	31987	14.02	49.65	13.12	18
齐齐哈尔市	Qiqihar City	5	3070	1.36	4.91	1.41	12
鸡西市	Jixi City	1	560	0.30	1.05	0.33	4
鹤岗市	Hegang City	1	214	0.06	0.18	0.14	3
双鸭山市	Shuangyashan City	1	156	0.05	0.17	0.04	5
大庆市	Daqing City	4	2258	1.06	3.78	1.25	6
伊春市	Yichun City	1	216	0.03	0.15	0.09	18
佳木斯市	Jiamusi City	4	2143	0.84	3.10	0.88	7
七台河市	Qitaihe City	1	120	0.02	0.10	0.06	2
牡丹江市	Mudanjiang City	7	2846	1.48	5.37	1.48	8
黑河市	Heihe City	1	476	0.25	0.87	0.22	6
绥化市	Suihua City	1	520	0.28	1.01	0.22	11
大兴安岭地区	Daxing'anling Prefecture	1	255	0.08	0.29	0.11	6
农垦总局	Agriculture Reclamation Bureau						
其他	Others						1
上海市	**Shanghai**	**66**	**39626**	**14.11**	**51.13**	**13.90**	**25**
黄浦区	Huangpu District						2
卢湾区	Luwan District						
徐汇区	Xuhui District						2
长宁区	Changning District						1
静安区	Jingan District						3
普陀区	Putuo District						2
闸北区	Zhabei District						2
虹口区	Hongkou District						1
杨浦区	Yangpu District						1
闵行区	Minhang District						1
宝山区	Baoshan District						1
嘉定区	Jiading District						1
浦东新区	Pudong New District						3
金山区	Jinshan District						1
松江区	Songjiang District						1
青浦区	Qingpu District						1
奉贤区	Fengxian District						1
崇明县	Chongming County						1
其他	Others						

3-22 续表 3 continued

地 区	Region	普通高等学校数（所）Regular Institutions of Higher Education (unit)	普通高等学校专任教师数（人）Full-time Teachers of Secondary School (person)	普通高等学校招生数(万人) New Students Enrollment by Institutions (10 000 persons)	普通高等学校在校学生数（万人）Students Enrollment by Institutions (10 000 persons)	普通高等学校毕业生数（万人）Graduates from Institutions (10 000 persons)	公 共 图书馆（个）Public Libraries (unit)
江苏省	**Jiangsu**	**126**	**103939**	**43.61**	**165.94**	**47.71**	**112**
南京市	Nanjing City	42	51150	16.56	71.57	20.93	16
无锡市	Wuxi City	12	5772	3.10	10.32	3.13	10
徐州市	Xuzhou City	8	7015	3.37	12.14	3.11	8
常州市	Changzhou City	9	4924	3.08	10.34	2.90	4
苏州市	Suzhou City	20	9832	5.09	16.80	4.89	12
南通市	Nantong City	6	3903	2.16	7.30	2.10	9
连云港市	Lianyungang City	3	1781	0.92	3.39	1.01	7
淮安市	Huaian City	6	3399	1.89	6.74	1.96	8
盐城市	Yancheng City	5	2855	1.41	5.53	1.59	11
扬州市	Yangzhou City	5	4575	2.08	7.29	2.11	7
镇江市	Zhenjiang City	5	5281	2.14	8.02	2.09	8
泰州市	Taizhou City	3	2539	1.30	4.75	1.44	6
宿迁市	Suqian City	2	913	0.50	1.76	0.43	6
浙江省	**Zhejiang**	**104**	**52296**	**27.13**	**90.75**	**23.84**	**97**
杭州市	Hangzhou City	38	25735	11.79	44.67	10.45	16
宁波市	Ningbo City	14	9086	4.26	14.44	3.72	13
温州市	Wenzhou City	6	4595	2.23	7.50	2.09	13
嘉兴市	Jiaxing City	6	2808	1.77	5.68	1.14	6
湖州市	Huzhou City	3	1661	0.76	2.53	0.69	5
绍兴市	Shaoxing City	7	2761	1.77	5.65	1.46	6
金华市	Jinhua City	8	3686	0.94	7.74	0.77	10
衢州市	Quzhou City	2	497	0.39	1.09	0.31	7
舟山市	Zhoushan City	3	1032	0.72	2.29	0.63	4
台州市	Taizhou City	4	1595	0.97	3.09	0.82	10
丽水市	Lishui City	3	1159	1.18	3.66	1.05	12
安徽省	**Anhui**	**104**	**51185**	**31.34**	**99.13**	**25.61**	**100**
合肥市	Hefei City	48	23702	13.28	40.95	11.27	11
芜湖市	Wuhu City	9	6100	3.41	11.90	3.10	6
蚌埠市	Bengbu City	5	2541	1.88	6.09	1.35	4
淮南市	Huainan City	5	2863	1.86	6.36	1.60	4
马鞍山市	Maanshan City	4	2621	1.43	4.60	1.05	7
淮北市	Huaibei City	3	1693	1.06	3.41	0.79	5
铜陵市	Tongling City	3	1167	0.97	2.84	0.72	4
安庆市	Anqing City	5	1883	1.18	3.84	0.96	10
黄山市	Huangshan City	2	687	0.49	1.64	0.35	8
滁州市	Chuzhou City	4	2052	1.36	4.22	1.10	7
阜阳市	Fuyang City	4	1373	1.08	3.57	0.85	7
宿州市	Suzhou City	2	906	0.73	2.26	0.64	5
六安市	Liuan City	5	1590	1.23	3.75	0.91	6
亳州市	Bozhou City	2	623	0.42	1.08	0.30	4
池州市	Chizhou City	2	1088	0.70	2.03	0.48	4
宣城市	Xuancheng City	1	296	0.24	0.60	0.13	8
其他	Others						

地　区	Region	普通高等学校数 (所) Regular Institutions of Higher Education (unit)	普通高等学校专任教师数 (人) Full-time Teachers of Second-ary School (person)	普通高等学校招生数(万人) New Students Enroll-ment by Institutions (10 000 persons)	普通高等学校在校学生数 (万人) Students Enroll-ment by Institutions (10 000 persons)	普通高等学校毕业生数 (万人) Graduates from Institutions (10 000 persons)	公　共图书馆 (个) Public Libraries (unit)
福建省	**Fujian**	**89**	**40359**	**20.84**	**67.48**	**17.37**	**86**
福州市	Fuzhou City	35	18494	8.97	29.27	7.54	14
厦门市	Xiamen City	17	8059	3.77	12.14	2.94	9
莆田市	Putian City	2	900	0.45	1.68	0.42	3
三明市	Sanming City	3	983	0.72	2.01	0.43	12
泉州市	Quanzhou City	17	6305	3.62	11.81	3.04	10
漳州市	Zhangzhou City	7	3076	1.82	6.02	1.73	10
南平市	Nanping City	4	1068	0.74	2.29	0.59	10
龙岩市	Longyan City	2	971	0.47	1.44	0.42	7
宁德市	Ningde City	2	503	0.27	0.82	0.25	10
江西省	**Jiangxi**	**86**	**49970**	**24.68**	**81.94**	**22.24**	**114**
南昌市	Nanchang City	50	29036	14.49	48.17	13.17	10
景德镇市	Jingdezhen City	4	1770	0.79	3.01	0.87	5
萍乡市	Pingxiang City	3	1085	0.35	1.38	0.56	6
九江市	Jiujiang City	6	4710	2.54	7.79	2.20	15
新余市	Xinyu City	5	2227	1.04	2.79	0.72	3
鹰潭市	Yingtan City	1	268	0.17	0.48	0.11	4
赣州市	Ganzhou City	7	4651	2.24	7.82	1.93	19
吉安市	Jian City	1	975	0.50	1.84	0.47	15
宜春市	Yichun City	3	1855	0.88	2.85	0.71	11
抚州市	Fuzhou City	4	2296	1.08	3.73	0.93	12
上饶市	Shangrao City	2	1097	0.61	2.07	0.57	13
山东省	**Shandong**	**139**	**94621**	**49.73**	**164.56**	**47.29**	**150**
济南市	Jinan City	40	27957	15.53	50.93	15.45	11
青岛市	Qingdao City	22	17120	8.44	29.15	7.95	13
淄博市	Zibo City	8	5287	2.79	9.71	3.24	9
枣庄市	Zaozhuang City	3	1408	0.70	2.19	0.63	7
东营市	Dongying City	5	2925	1.31	4.69	1.37	6
烟台市	Yantai City	10	7509	4.50	14.65	3.80	13
潍坊市	Weifang City	13	6966	3.69	11.98	3.81	12
济宁市	Jining City	7	4663	2.50	8.40	2.20	11
泰安市	Taian City	8	6289	2.88	9.82	2.56	7
威海市	Weihai City	7	3144	1.79	5.95	1.69	4
日照市	Rizhao City	6	1820	1.81	5.76	1.48	4
莱芜市	Laiwu City	2	868	0.19	0.75	0.52	2
临沂市	Linyi City	3	3085	2.13	5.91	1.71	13
德州市	Dezhou City	4	2529	1.32	3.97	1.22	12
聊城市	Liaocheng City	3	2025	1.98	6.29	1.25	8
滨州市	Binzhou City	3	2797	1.46	4.65	1.32	8
菏泽市	Heze City	2	1313	1.06	2.88	0.92	9
河南省	**Henan**	**117**	**82037**	**47.14**	**150.01**	**43.30**	**152**
郑州市	Zhengzhou City	51	34403	21.19	66.51	20.27	13
开封市	Kaifeng City	5	4520	2.41	7.91	2.16	6
洛阳市	Luoyang City	5	4972	2.55	8.47	2.45	16
平顶山市	Pingdingshan City	4	2986	1.94	6.19	1.88	8
安阳市	Anyang City	5	3010	1.74	5.17	1.16	7
鹤壁市	Hebi City	2	598	0.35	1.01	0.33	4

3-22 续表 5 continued

地　区	Region	普通高等学校数 (所) Regular Institutions of Higher Education (unit)	普通高等学校专任教师数 (人) Full-time Teachers of Second-ary School (person)	普通高等学校招生数(万人) New Students Enroll-ment by Institutions (10 000 persons)	普通高等学校在校学生数 (万人) Students Enroll-ment by Institutions (10 000 persons)	普通高等学校毕业生数 (万人) Graduates from Institutions (10 000 persons)	公共图书馆 (个) Public Libraries (unit)
新乡市	Xinxiang City	9	6986	3.64	11.84	2.62	11
焦作市	Jiaozuo City	5	4253	2.35	7.24	1.78	7
濮阳市	Puyang City	1	677	0.40	1.21	0.38	7
许昌市	Xuchang City	4	1921	0.99	3.41	1.08	6
漯河市	Luohe City	3	1768	1.11	2.83	0.76	5
三门峡市	Sanmenxia City	1	865	0.45	1.52	0.46	6
南阳市	Nanyang City	5	3770	2.05	6.55	2.18	13
商丘市	Shangqiu City	6	4281	2.44	7.77	2.44	9
信阳市	Xinyang City	5	3106	1.63	5.46	1.50	11
周口市	Zhoukou City	3	2059	0.96	3.82	1.03	11
驻马店市	Zhumadian City	2	1252	0.54	1.95	0.46	10
济源市	Jiyuan City	1	610	0.37	1.14	0.37	1
湖北省	**Hubei**	**122**	**78952**	**41.36**	**134.03**	**36.30**	**109**
武汉市	Wuhan City	79	53999	26.01	90.00	23.11	17
黄石市	Huangshi City	4	2100	1.22	3.87	1.04	3
十堰市	Shiyan City	5	2209	1.12	3.80	1.01	8
宜昌市	Yichang City	5	3249	1.77	4.33	1.44	11
襄阳市	Xiangyang City	5	2547	1.85	4.66	1.34	9
鄂州市	Ezhou City	1	636	0.41	1.15	0.36	4
荆门市	Jingmen City	1	1013	0.70	1.99	0.57	6
孝感市	Xiaogan City	2	1696	0.90	2.75	0.84	8
荆州市	Jingzhou City	8	4343	3.49	9.10	3.42	8
黄冈市	Huanggang City	4	2335	1.42	4.20	1.25	11
咸宁市	Xianning City	2	2123	1.33	4.03	1.20	7
随州市	Suizhou City	1	440	0.21	0.79	0.25	4
恩施土家族苗族自治州	Enshi Tujia & Miao A.P	2	1342	0.77	2.41	0.69	9
仙桃市	Xiantao City	1	398	0.40	0.80	0.30	1
潜江市	Qianjiang City	2	342	0.14	0.36	0.13	1
天门市	Tianmen City	1	180	0.10	0.45		1
神农架林区	Shennongjia Forest District						1
湖南省	**Hunan**	**105**	**61156**	**30.96**	**106.53**	**28.31**	**130**
长沙市	Changsha City	50	30784	14.87	51.60	14.29	12
株洲市	Zhuzhou City	9	3794	2.25	7.14	1.82	6
湘潭市	Xiangtan City	9	6367	3.32	11.44	2.88	5
衡阳市	Hengyang City	8	5498	2.79	9.81	2.37	13
邵阳市	Shaoyang City	3	1437	0.83	2.76	0.64	14
岳阳市	Yueyang City	4	2050	1.10	3.77	1.02	8
常德市	Changde City	4	1914	1.13	3.77	0.96	9
张家界市	Zhangjiajie City	1	709	0.37	1.28	0.34	4
益阳市	Yiyang City	4	1724	0.83	2.92	0.77	7
郴州市	Chenzhou City	2	1131	0.54	2.06	0.51	11
永州市	Yongzhou City	3	1602	0.72	2.51	0.68	12
怀化市	Huaihua City	3	1340	0.77	2.78	0.73	14
娄底市	Loudi City	3	1446	0.77	2.57	0.71	6
湘西土家族苗族自治州	West Hunan Tujia & Miao A.P	2	1360	0.69	2.12	0.60	9

3-22 续表 6 continued

地区	Region	普通高等学校数(所) Regular Institutions of Higher Education (unit)	普通高等学校专任教师数(人) Full-time Teachers of Secondary School (person)	普通高等学校招生数(万人) New Students Enrollment by Institutions (10 000 persons)	普通高等学校在校学生数(万人) Students Enrollment by Institutions (10 000 persons)	普通高等学校毕业生数(万人) Graduates from Institutions (10 000 persons)	公共图书馆(个) Public Libraries (unit)
广东省	**Guangdong**	**134**	**82916**	**47.36**	**152.73**	**35.76**	**134**
广州市	Guangzhou City	79	51776	27.11	89.61	21.08	14
韶关市	Shaoguan City	2	1792	1.01	3.29	1.11	9
深圳市	Shenzhen City	9	3528	2.29	7.00	1.83	9
珠海市	Zhuhai City	10	5332	3.65	11.70	2.22	3
汕头市	Shantou City	1	701	0.24	0.94	0.24	8
佛山市	Foshan City	3	1612	1.62	4.46	1.05	6
江门市	Jiangmen City	4	1223	1.06	2.66	0.56	7
湛江市	Zhanjiang City	3	2810	2.23	8.16	2.54	7
茂名市	Maoming City	2	1153	0.90	2.73	0.67	5
肇庆市	Zhaoqing City	5	2221	2.28	6.97	1.75	9
惠州市	Huizhou City	2	1290	0.64	2.20	0.44	5
梅州市	Meizhou City	1	1136	0.65	2.18	0.52	10
汕尾市	Shanwei City	1	244	0.14	0.44	0.14	4
河源市	Heyuan City	1	412	0.40	1.20	0.40	7
阳江市	Yangjiang City	3	361	0.58	1.49	0.97	4
清远市	Qingyuan City	1	425	0.31	0.88	0.33	9
东莞市	Dongguan City	6	2435	1.68	4.51	0.95	1
中山市	ZhongShan City	4	2381	1.06	3.63	1.09	1
潮州市	Chaozhou City	1	817	0.52	1.77	0.39	4
揭阳市	Jieyang City	2	471	0.53	0.88	0.34	6
云浮市	Yunfu City	1	395	0.32	0.87	0.27	5
广西壮族自治区	**Guangxi**	**70**	**33459**	**18.83**	**60.01**	**15.11**	**108**
南宁市	Nanning City	31	15993	9.08	28.25	7.19	16
柳州市	Liuzhou City	7	3402	2.16	6.67	1.82	11
桂林市	Guilin City	9	6227	4.64	14.50	3.43	13
梧州市	Wuzhou City	3	677	0.42	1.36	0.39	5
北海市	Beihai City	4	1141	0.65	2.64	0.65	3
防城港市	Fangchenggang City						4
钦州市	Qinzhou City	2	820		1.67		5
贵港市	Guigang City	1	212	0.04	0.24	0.13	6
玉林市	Yulin City	1	823	0.44	1.51	0.32	6
百色市	Baise City						
贺州市	Hezhou City	1	562	0.28	1.04	0.28	4
河池市	Hechi City	2	606	0.36	1.20	0.37	11
来宾市	Laibin City	1	350	0.23	0.57	0.19	6
崇左市	Chongzuo City	4	1093	0.77	2.24	0.61	7
海南省	**Hainan**	**17**	**8027**	**4.67**	**15.67**	**3.92**	**20**
海口市	Haikou City	11	5569	3.31	10.72	2.80	2
三亚市	Sanya City	5	1912	1.06	3.96	0.74	1
重庆市	**Chongqing**	**59**	**33110**	**18.11**	**56.78**	**13.07**	**43**
万州区	Wanzhou District	5	2266		3.60		1
涪陵区	Fuling District	2	1083		2.18		2
渝中区	Yuzhong District	1	978		1.97		2
大渡口区	Dadukou District						1

3-22 续表 7 continued

地 区	Region	普通高等学校数(所) Regular Institutions of Higher Education (unit)	普通高等学校专任教师数(人) Full-time Teachers of Secondary School (person)	普通高等学校招生数(万人) New Students Enrollment by Institutions (10 000 persons)	普通高等学校在校学生数(万人) Students Enrollment by Institutions (10 000 persons)	普通高等学校毕业生数(万人) Graduates from Institutions (10 000 persons)	公共图书馆(个) Public Libraries (unit)
江北区	Jiangbei District	2	473		0.87		1
沙坪坝区	Shapingba District	14	10758		17.23		2
九龙坡区	Jiulongpo District	4	883		1.80		1
南岸区	Nanan District	4	4129		7.41		1
北碚区	Beibei District	2	2717		3.96		1
綦江区	Qijiang District						2
大足区	Dazu District						2
渝北区	Yubei District	3	1195		2.32		1
巴南区	Banan District	2	1528		2.67		1
黔江区	Qianjiang District	2	181		0.13		1
长寿区	Changshou District						1
江津区	Jiangjin District	4	878		1.15		1
合川区	Hechuan District	5	2612		5.21		1
永川区	Yongchuan District	7	2894		5.37		1
南川区	Nanchuan District						1
四川省	**Sichuan**	**94**	**67448**	**35.18**	**113.93**	**28.92**	**169**
成都市	Chengdu City	50	39625	19.82	64.72	16.13	22
自贡市	Zigong City	1	1408	0.82	2.96	0.80	7
攀枝花市	Panzhihua City	2	1135	0.62	2.11	0.52	6
泸州市	Luzhou City	5	2108	1.19	3.75	1.12	7
德阳市	Deyang City	5	2709	1.64	4.81	1.46	6
绵阳市	Mianyang City	8	5632	2.80	9.07	2.06	8
广元市	Guangyuan City	1	245	0.17	0.40	0.13	8
遂宁市	Suining City	1	550	0.43	1.06	0.36	6
内江市	Neijiang City	2	1281	0.62	2.11	0.60	4
乐山市	Leshan City	3	2150	1.25	3.93	0.94	11
南充市	Nanchong City	4	3192	1.72	5.75	1.38	8
眉山市	Meishan City	2	1050	0.65	1.83	0.39	7
宜宾市	Yibin City	2	1288	0.67	2.23	0.64	10
广安市	Guangan City	1	290	0.22	0.56	0.15	6
达州市	Dazhou City	2	1059	0.62	1.88	0.56	7
雅安市	Yaan City	2	2225	1.08	3.93	0.91	9
巴中市	Bazhong City						5
资阳市	Ziyang City						5
阿坝藏族羌族自治州	Aba Zang & Qiang A.P	1	409	0.23	0.71	0.21	11
甘孜藏族自治州	Ganzi Zang A.P	1	383	0.23	0.69	0.24	3
凉山彝族自治州	Liangshan Yi A.P	1	709	0.38	1.42	0.33	13
贵州省	**Guizhou**	**48**	**21855**	**10.78**	**34.41**	**8.30**	**94**
贵阳市	Guiyang City	28	12778	8.05	27.69	7.17	10
六盘水市	Liupanshui City	2	628	0.31	0.78	0.24	5
遵义市	Zunyi City	6	2360	2.39	4.86	1.68	14
安顺市	Anshun City	4	731	0.40	1.42	0.31	6
毕节市	Bijie City	2	756	0.40	1.62	0.23	9
铜仁市	Tongren City	2	912	0.48	1.40	0.36	11
黔西南布依族苗族自治州	Southwest Guizhou Buyi & Miao A.P	2	730	0.35	1.16	0.34	9
黔东南苗族侗族自治州	Southeast Guizhou Miao & Dong A.P	3	1548	0.72	2.59	0.59	17
黔南布依族苗族自治州	South Guizhou Buyi & Miao A.P	4	1144	0.60	2.10	0.62	13

地 区	Region	普通高等学校数 (所) Regular Institutions of Higher Education (unit)	普通高等学校专任教师数 (人) Full-time Teachers of Secondary School (person)	普通高等学校招生数(万人) New Students Enrollment by Institutions (10 000 persons)	普通高等学校在校学生数 (万人) Students Enrollment by Institutions (10 000 persons)	普通高等学校毕业生数 (万人) Graduates from Institutions (10 000 persons)	公 共 图书馆 (个) Public Libraries (unit)
云南省	**Yunnan**	**64**	**29500**	**16.13**	**48.76**	**10.73**	**152**
昆明市	Kunming City	40	21658	11.37	34.13	7.52	16
曲靖市	Qujing City	3	1150	0.77	2.49	0.50	11
玉溪市	Yuxi City	2	682	0.39	1.32	0.27	10
保山市	Baoshan City	3	695	0.59	1.67	0.42	7
昭通市	Zhaotong City	1	361	0.23	0.59	0.23	12
丽江市	Lijiang City						6
普洱市	Puer City	2	466	0.29	87.57	0.29	10
临沧市	Lincang City	1	345	0.21	0.60	0.19	9
楚雄彝族自治州	Chuxiong Yi A.P	2	677	0.45	1.37	0.30	11
红河哈尼族彝族自治州	Honghe Hani & Yi A.P	2	714	0.40	1.43	0.25	15
文山壮族苗族自治州	Wenshan Zhuang & Miao A.P	2	477	0.44	0.91	0.17	9
西双版纳傣族自治州	Xishuangbanna Dai A.P	1	162	0.10	0.30	0.09	4
大理白族自治州	Dali Bai A.P	1	949	0.46	1.65	0.36	13
德宏傣族景颇族自治州	Dehong Dai & Jingpo A.P	2	532	0.25	1.19	0.15	7
怒江傈僳族自治州	Nujiang Lisu A.P						5
迪庆藏族自治州	Diqing Zang A.P						4
西藏自治区	**Tibet A.R.**	**6**	**2288**	**0.95**	**3.24**	**0.82**	**60**
拉萨市	Lhasa City	4	1358	0.56	1.86	0.47	
昌都地区	Qamdu Prefecture						
山南地区	Lhokha Prefecture						
日喀则地区	Xigaze Prefecture						
那曲地区	Narqu Prefecture						
阿里地区	Ngri Prefecture						
林芝地区	Nyingchi Prefecture	1	334	0.17	0.51	0.10	
其他	Others	1	596	0.22	0.87	0.25	
陕西省	**Shaanxi**	**78**	**59171**	**29.24**	**95.07**	**25.32**	**112**
西安市	Xi'an City	50					14
铜川市	Tongchuan City	1					5
宝鸡市	Baoji City	2					13
咸阳市	Xianyang City	9					12
渭南市	Weinan City	3					11
延安市	Yan'an City	2					13
汉中市	Hanzhong City	3					11
榆林市	Yulin City	2					12
安康市	Ankang City	2					11
商洛市	Shangluo City	2					8
杨凌示范区	Yangling Demonstration Zone	2					1
甘肃省	**Gansu**	**37**	**22066**	**12.49**	**40.53**	**9.90**	**100**
兰州市	Lanzhou City	25	16400	8.61	29.37	6.81	8
嘉峪关市	Jiayuguan City	1	179	0.12	0.29	0.09	1
金昌市	Jinchang City	1	46	0.08	0.08		4
白银市	Baiyin City	1	161	0.06	0.13	0.01	6

3-22 续表 9 continued

地 区	Region	普通高等学校数 (所) Regular Institutions of Higher Education (unit)	普通高等学校专任教师数 (人) Full-time Teachers of Secondary School (person)	普通高等学校招生数(万人) New Students Enrollment by Institutions (10 000 persons)	普通高等学校在校学生数 (万人) Students Enrollment by Institutions (10 000 persons)	普通高等学校毕业生数 (万人) Graduates from Institutions (10 000 persons)	公 共 图书馆 (个) Public Libraries (unit)
天水市	Tianshui City	4	1656	1.06	3.25	0.89	8
武威市	Wuwei City	2	615	0.48	1.28	0.30	4
张掖市	Zhangye City	2	794	0.54	1.78	0.47	7
平凉市	Pingliang City	1	306	0.23	0.65	0.22	8
酒泉市	Jiuquan City	1	318	0.24	0.65	0.20	8
庆阳市	Qingyang City	1	559	0.40	1.26	0.21	9
定西市	Dingxi City	1	295	0.19	0.46	0.18	8
陇南市	Longnan City	1	302	0.19	0.51	0.17	10
临夏回族自治州	Linxia Hui A.P						9
甘南藏族自治州	Gannan Zang A.P	1	435	0.29	0.81	0.29	9
青海省	**Qinghai**	**9**	**3735**	**1.91**	**5.87**	**2.07**	**49**
西宁市	Xining City	9	3735	1.91	5.87	2.07	5
海东地区	Haidong Prefecture						6
海北藏族自治州	Haibei Zang A.P						5
黄南藏族自治州	Huangnan Zang AP						5
海南藏族自治州	Hainan Zang A.P						6
果洛藏族自治州	Golog Zang A.P						7
玉树藏族自治州	Yushu Zang A.P						7
海西蒙古族藏族自治州	Haixi Mongolian & Zang A.P						7
宁夏回族自治区	**Ningxia**	**16**	**6222**	**2.82**	**9.14**	**1.95**	**27**
银川市	Yinchuan City	13	5356	2.40	7.76	1.62	7
石嘴山市	Shizuishan City	1	335	0.18	0.60	0.11	4
吴忠市	Wuzhong City	1	183	0.07	0.19	0.06	6
固原市	Guyuan City	1	348	0.17	0.58	0.16	6
中卫市	Zhongwei City						3
新疆维吾尔自治区	**Xinjiang**	**32**	**17256**	**7.44**	**25.87**	**6.38**	**103**
乌鲁木齐市	Urumqi City	17	10030	4.37	15.23	3.67	4
克拉玛依市	Karamay City	1	275	0.14	0.39	0.13	4
吐鲁番地区	Turpan Prefecture						4
哈密地区	Hami Prefecture						4
昌吉回族自治州	Changji Hui A.P	3	1146	0.70	2.10	0.60	8
博尔塔拉蒙古自治州	Bortala Mongolian A.P						4
巴音郭楞蒙古自治州	Bayingolin Mongolian A.P	1	526	0.13	0.37	0.07	10
阿克苏地区	Aksu Prefecture	1	334	0.09	0.28	0.09	10
克孜勒苏柯尔克孜自治州	Kizilsu Kirgiz A.P						5
喀什地区	Kashi Prefecture	1	711	0.28	1.17	0.24	13
和田地区	Hotan Prefecture	2	360	0.16	0.54	0.15	9
伊犁哈萨克自治州	Ili Kazak A.P	2	1077	0.40	1.36	0.32	11
塔城地区	Tacheng Prefecture						8
阿勒泰地区	Altay Prefecture						8
石河子市	Shihezi City	1	295	0.20	0.58	0.12	1
阿拉尔市	Alar City						
图木舒克市	Tumxuk City						
五家渠市	Wujiaqu City						
生产建设兵团	Corps	3	2502	0.97	3.85	0.99	

3-23 卫生机构、床位数和人员数(2011年)
Number of Units and Beds and Employed Persons in Health Institutions (2011)

地区	Region	卫生机构数(个) Number of Health Care Institutions (unit)	#医院 Hospitals	卫生机构床位数(张) Number of Beds in Health Care Institutions (bed)	#医院 Hospitals	卫生机构人员数(人) Employed Persons in Health Institutions (person)	#卫生技术人员 Medical and Technical Personnel	#执业(助理)医师 Licensed (Assistant) Doctors	#注册护师、护士 Registration Nurses
北京市	**Beijing**	**9699**	**569**	**94735**	**87596**	**235708**	**181938**	**69749**	**72812**
东城区	Dongcheng District	547	60	10022	9939	28970	22137	8692	8764
西城区	Xicheng District	616	44	13831	13771	37657	29991	10396	12649
朝阳区	Chaoyang District	1201	133	16107	15555	45653	34987	13628	14613
丰台区	Fengtai District	502	61	7999	7740	17735	14006	5233	5774
石景山区	Shijingshan District	196	19	3515	3031	7217	5805	2233	2486
海淀区	Haidian District	964	63	9942	8957	32532	25333	9739	10399
门头沟区	Mentougou District	255	16	2653	2565	4332	3176	1128	1313
房山区	Fangshan District	1006	28	6152	5482	9881	6962	2657	2580
通州区	Tongzhou District	593	12	2593	1818	8224	6329	2433	2359
顺义区	Shunyi District	502	12	3252	2427	7005	5448	2319	1916
昌平区	Changping District	849	58	7982	7510	11325	8491	3414	3258
大兴区	Daxing District	711	31	4693	3960	10042	7913	3097	2916
怀柔区	Huairou District	453	10	1534	1275	3774	2901	1229	934
平谷区	Pinggu District	309	5	1972	1637	4455	3242	1304	1201
密云县	Miyun County	672	12	1440	1061	4389	3193	1375	961
延庆县	Yanqing County	323	5	1048	868	2517	2024	872	689
北京经济技术开发区	Beijing Economic-technological Development Zones								
其他	Others								
天津市	**Tianjin**	**4431**	**296**	**49423**	**40787**	**100172**	**73321**	**29833**	**25815**
和平区	Heping District	123	22	5790	5600	13204	9061	3232	3542
河东区	Hedong District	207	38	3232	2084	6408	4690	1948	1616
河西区	Hexi District	236	37	7652	7300	12636	9435	3378	3964
南开区	Nankai District	198	33	5637	4901	11592	8017	3018	2858
河北区	Hebei District	198	31	3708	3420	6961	5449	2091	2072
红桥区	Hongqiao District	115	16	2828	2323	5513	4470	1753	1582
东丽区	Dongli District	133	6	1200	1095	2247	1698	698	520
西青区	Xiqing District	197	16	1619	1299	1962	1329	625	354
津南区	Jinnan District	251	16	1594	1370	4226	3021	1292	854
北辰区	Beichen District	173	6	1318	1114	3129	2395	1004	691
武清区	Wuqing District	535	8	2747	1630	5571	4074	2212	1201
宝坻区	Baodi District	335	6	1772	829	2817	2190	989	714
滨海新区	Binhai New Area	568	46	6199	5406	13755	10896	4409	4123
宁河县	Ninghe County	177	3	1091	770	2301	1480	651	435
静海县	Jinghai County	405	9	1390	884	3427	2134	1081	504
蓟县	Ji County	580	3	1646	762	4423	2982	1452	785
其他	Others								
河北省	**Hebei**	**14855**	**1248**	**266904**	**187659**	**351322**	**289492**	**125178**	**92872**
石家庄市	Shijiazhuang City	2427	174	40811	30893	58254	48750	21961	16735
唐山市	Tangshan City	1767	156	35001	26303	47030	38680	16106	15343
秦皇岛市	Qinhuangdao City	670	74	13896	9416	17532	14386	6569	5065
邯郸市	Handan City	1075	168	33282	22852	38737	31049	13061	9798
邢台市	Xingtai City	1023	130	23472	16320	27851	23250	10529	6473
保定市	Baoding City	2284	134	35113	22513	48312	39657	16510	12281
张家口市	Zhangjiakou City	1786	69	16531	10970	20386	16033	6260	4397
承德市	Chengde City	1174	44	14308	9277	19007	16098	6963	4661
沧州市	Cangzhou City	1144	119	25332	18939	33372	28120	12264	9099
廊坊市	Langfang City	934	87	15879	11316	22808	18590	7937	5338
衡水市	Hengshui City	571	93	13279	8860	18033	14879	7018	3682

地 区	Region	卫生机构数（个）Number of Health Care Institutions (unit)	#医院 Hospitals	卫生机构床位数（张）Number of Beds in Health Care Institutions (bed)	#医院 Hospitals	卫生机构人员数（人）Employed Persons in Health Institutions (person)	#卫生技术人员 Medical and Technical Personnel	#执业（助理）医师 Licensed (Assistant) Doctors	#注册护师、护士 Registration Nurses
山西省	**Shanxi**	**12004**	**1216**	**158459**	**111335**	**273299**	**192777**	**85743**	**65091**
太原市	Taiyuan City	2553	195	29876	26653	51065	41544	16818	17207
大同市	Datong City	1215	111	15639	10974	25271	18624	8318	6737
阳泉市	Yangquan City	460	47	7270	5520	12613	8995	3777	3473
长治市	Changzhi City	948	92	14159	6152	25428	16878	7236	6053
晋城市	Jincheng City	858	66	8574	5538	17603	12000	5354	3843
朔州市	Shuozhou City	375	65	6447	4462	9689	6290	3131	1718
晋中市	Jinzhong City	1102	92	12631	8244	22550	15828	6816	5223
运城市	Yuncheng City	1837	223	24921	16000	37236	25464	12444	6939
忻州市	Xinzhou City	780	93	11448	6641	22180	13839	6196	3925
临汾市	Linfen City	1167	164	16546	11112	28846	20023	9326	6054
吕梁市	Luliang City	709	68	10948	10347	20818	13292	6327	3919
其他	Others								
内蒙古自治区	**Inner Mongolia**	**22931**	**1818**	**100805**	**89954**	**175563**	**131806**	**57214**	**42522**
呼和浩特市	Hohhot City	1815	62	13037	10721	22993	17005	7049	6428
包头市	Baotou City	2030	48	13590	11681	21498	17020	7259	6696
乌海市	Wuhai City	332	17	3093	2388	4275	3618	1451	1252
赤峰市	Chifeng City	998	69	17527	11448	24701	21159	8681	6260
通辽市	Tongliao City	4208	45	10098	6710	19915	13490	6134	3876
鄂尔多斯市	Erdos City	1746	53	7191	5589	13108	12513	6031	3799
呼伦贝尔市	Hulunbuir City	1961		12411			17137		
巴彦淖尔市	Bayannur City	1541	32	7923	4621	12011	9540	4061	3056
乌兰察布市	Ulanqab City	682	22	5904	3320	8924	7542	3791	1976
兴安盟	Xingan League	510	26	5591	3663	9209	7649	3037	2110
锡林郭勒盟	Xilingol League	535	25	3219	2085	6298	5372	2154	1484
阿拉善盟	Alxa League	153	12	958	649	1854	1629	827	429
辽宁省	**Liaoning**	**14203**	**821**	**216971**		**320739**	**237150**	**99231**	**91926**
沈阳市	Shenyang City	1814	180	44634		69333	54636	22002	22529
大连市	Dalian City	2357	109	34395		52122	40287	16259	17163
鞍山市	Anshan City	1740	75	20357		27069	19895	8210	7795
抚顺市	Fushun City	693	50	11831		15650	12066	4893	5058
本溪市	Benxi City	318	28	9556		13578	10418	3811	4568
丹东市	Dandong City	501	44	13637		16568	11437	4716	4336
锦州市	Jinzhou City	721	33	11944		16760	11729	5245	3840
营口市	Yingkou City	883	60	10722		15394	10893	4535	4278
阜新市	Fuxin City	528	41	7593		13877	9681	3778	3821
辽阳市	Liaoyang City	621	50	11335		12427	8879	3743	3387
盘锦市	Panjin City	649	36	7056		11136	8306	3563	3141
铁岭市	Tieling City	1164	25	8603		19517	13860	7014	4043
朝阳市	Chaoyang City	1306	37	11609		20065	13803	6577	4001
葫芦岛市	Huludao City	908	53	13699		17243	11260	4885	3966

3-23 续表 2 continued

地　区	Region	卫生机构数（个）Number of Health Care Institutions (unit)	#医院 Hospitals	卫生机构床位数（张）Number of Beds in Health Care Institutions (bed)	#医院 Hospitals	卫生机构人员数（人）Employed Persons in Health Institutions (person)	#卫生技术人员 Medical and Technical Personnel	#执业（助理）医师 Licensed (Assistant) Doctors	#注册护师、护士 Registration Nurses
吉林省	**Jilin**	**19790**	**560**	**121398**	**94636**	**193052**	**139108**	**59632**	**47967**
长春市	Changchun City	4153	171	39712	34768	58594	40745	17851	14650
吉林市	Jilin City	3544	129	21313	16736	33163	24775	10194	9114
四平市	Siping City	2101	52	13169	9532	23031	15695	6360	5091
辽源市	Liaoyuan City	697	15	5587	4151	8879	6714	2538	2440
通化市	Tonghua City	1801	39	10347	7098	14692	11068	5257	3480
白山市	Baishan City	1100	32	7831	5157	10021	7852	3326	2700
松原市	Songyuan City	2701	23	6486	4880	15577	10290	4129	2996
白城市	Baicheng City	1553	33	7045	4520	12204	8684	4210	2604
延边朝鲜族自治州	Yanbian Korean A.P	2140	66	9908	7794	16891	13285	5767	4892
黑龙江省	**Heilongjiang**	**8656**	**1877**	**165402**	**129452**	**236101**	**191396**	**73254**	**66035**
哈尔滨市	Harbin City	1654	437	52439	43754	71640	57703	20675	21031
齐齐哈尔市	Qiqihar City	772	228	19550	15216	25864	20869	8040	7539
鸡西市	Jixi City	567	123	9362	7264	12498	10476	3863	4023
鹤岗市	Hegang City	554	71	6682	6035	9173	7169	2725	2615
双鸭山市	Shuangyashan City	724	85	7724	5820	10249	8405	2929	3122
大庆市	Daqing City	761	142	13855	11350	23029	18731	8610	6155
伊春市	Yichun City	713	55	5944	4825	8458	6778	2524	2183
佳木斯市	Jiamusi City	672	146	11156	7811	16941	13410	5169	4712
七台河市	Qitaihe City	186	44	3697	2934	4974	4034	1519	1497
牡丹江市	Mudanjiang City	749	122	12600	10442	19652	16647	5955	5586
黑河市	Heihe City	420	132	7470	5496	9821	7837	3318	2508
绥化市	Suihua City	610	225	12290	6640	19424	15771	6617	3781
大兴安岭地区	Daxing'anling Prefecture	274	67	2633	1865	4378	3566	1310	1283
农垦总局	Agriculture Reclamation Bureau								
其他	Others								
上海市	**Shanghai**	**3358**	**308**	**107130**	**87548**	**173980**	**139063**	**52067**	**58892**
黄浦区	Huangpu District	234	23	10241	9663	19219	15439	5520	6681
卢湾区	Luwan District								
徐汇区	Xuhui District	288	23	13480	12259	22007	17318	5955	7597
长宁区	Changning District	227	28	4915	4043	10327	7994	2885	3402
静安区	Jingan District	123	16	5237	4989	10528	8322	2960	3783
普陀区	Putuo District	148	9	5467	4287	7829	6617	2471	2743
闸北区	Zhabei District	121	18	5202	4896	7349	5824	2129	2523
虹口区	Hongkou District	139	20	6356	6105	10071	8149	3194	3419
杨浦区	Yangpu District	164	19	7296	6787	10192	8520	3034	3883
闵行区	Minhang District	279	21	6926	4773	12017	8499	3208	3569
宝山区	Baoshan District	249	19	5221	4761	8316	6847	2636	2864
嘉定区	Jiading District	217	16	3088	1991	5784	4729	2017	1915
浦东新区	Pudong New District	594	46	15374	11579	24439	20037	7884	8067
金山区	Jinshan District	112	11	3873	3297	5491	4461	1635	1959
松江区	Songjiang District	158	11	4077	1965	6587	5135	2176	1993
青浦区	Qingpu District	118	10	2376	1825	4444	3571	1378	1495
奉贤区	Fengxian District	72	10	4568	2448	4910	4030	1580	1580
崇明县	Chongming County	115	8	3433	1880	4470	3571	1405	1419
其他	Others								

地　区	Region	卫　生 机构数 (个) Number of Health Care Institutions (unit)	#医院 Hospitals	卫生机构 床 位 数 (张) Number of Beds in Health Care Institutions (bed)	#医院 Hospitals	卫生机构 人 员 数 (人) Employed Persons in Health Institutions (person)	#卫生技术 人　员 Medical and Technical Personnel	#执业 (助理) 医师 Licensed (Assistant) Doctors	#注册 护师、护士 Regis-tration Nurses
江苏省	**Jiangsu**	**31680**	**1283**	**296390**	**221674**	**481818**	**350544**	**134683**	**135602**
南京市	Nanjing City	2268	170	34503	29322	62114	50041	17265	20954
无锡市	Wuxi City	1938	110	28780	23901	39403	31735	12265	12869
徐州市	Xuzhou City	4415	108	32960	23119	54799	35303	12745	13564
常州市	Changzhou City	1100	30	16936	10699	26808	21668	8360	8550
苏州市	Suzhou City	2856	150	42972	35517	63402	50860	19514	19605
南通市	Nantong City	3283	107	29058	18174	43501	32136	13607	11389
连云港市	Lianyungang City	2666	64	12991	8804	26442	17247	6409	7024
淮安市	Huaian City	2116	53	16002	11440	27073	17614	6444	6834
盐城市	Yancheng City	3059	126	22927	15757	38157	24204	9903	8445
扬州市	Yangzhou City	1982	76	16909	12093	27120	19891	8066	7735
镇江市	Zhenjiang City	868	35	10940	8210	18248	14225	5684	5618
泰州市	Taizhou City	1998	38	16106	9445	26969	18970	8620	6383
宿迁市	Suqian City	3131	216	15306	15193	27782	16650	5801	6632
浙江省	**Zhejiang**	**30515**	**731**	**194759**	**162905**	**374157**	**306922**	**124497**	**109275**
杭州市	Hangzhou City	4142	167	45291	39363	79292	65869	25773	25231
宁波市	Ningbo City	4221	106	27127	23046	55424	46652	18351	16575
温州市	Wenzhou City	4973	104	22783	20202	52810	42164	19330	14128
嘉兴市	Jiaxing City	1364	45	16272	12640	27423	23729	8046	9070
湖州市	Huzhou City	1359	39	10599	10337	19474	16240	5945	5628
绍兴市	Shaoxing City	2887	40	16849	12893	27739	23931	10091	8536
金华市	Jinhua City	4000	72	17558	14477	29305	22331	11989	9520
衢州市	Quzhou City	2157	41	8134	6424	12501	10485	6212	4183
舟山市	Zhoushan City	666	21	4044	3509	8584	6832	2659	2335
台州市	Taizhou City	3061	63	17536	15137	36660	29890	12606	10227
丽水市	Lishui City	1685	33	8566	7508	13596	11488	5551	4409
安徽省	**Anhui**	**22884**	**916**	**203042**	**139802**	**315514**	**217709**	**84773**	**84495**
合肥市	Hefei City	2107	137	34251	27585	47885	36917	14011	15991
芜湖市	Wuhu City	1339	75	14004	10854	20805	15822	6365	6630
蚌埠市	Bengbu City	1355	82	13853	11059	18994	13304	4993	5633
淮南市	Huainan City	1175	59	11736	8634	15663	11511	4437	4960
马鞍山市	Maanshan City	814	44	6486	4853	12370	9387	3456	3949
淮北市	Huaibei City	678	89	11166	8709	15104	11180	4224	4885
铜陵市	Tongling City	296	17	4186	3416	5783	4704	1883	1941
安庆市	Anqing City	2361	51	16067	10923	27170	18718	7492	6539
黄山市	Huangshan City	1077	30	5614	4061	8398	6661	2560	2714
滁州市	Chuzhou City	1453	61	12009	7645	18988	12801	5071	4786
阜阳市	Fuyang City	2331	82	22075	13180	35683	21518	8304	7295
宿州市	Suzhou City	1759	57	12761	6690	23025	13671	5744	4473
六安市	Liuan City	2510	34	14842	7377	25095	15590	6381	5207
亳州市	Bozhou City	1534	34	10900	5746	19547	10519	3603	3688
池州市	Chizhou City	878	28	4536	3287	8211	5796	2416	2191
宣城市	Xuancheng City	1217	36	8556	5783	12793	9610	3833	3613
其他	Others								

3-23 续表 4 continued

地 区	Region	卫生机构数(个) Number of Health Care Institutions (unit)	#医院 Hospitals	卫生机构床位数(张) Number of Beds in Health Care Institutions (bed)	#医院 Hospitals	卫生机构人员数(人) Employed Persons in Health Institutions (person)	#卫生技术人员 Medical and Technical Personnel	#执业(助理)医师 Licensed (Assistant) Doctors	#注册护师、护士 Registration Nurses
福建省	**Fujian**	**7285**	**482**	**123784**	**89794**	**185773**	**155729**	**59225**	**62464**
福州市	Fuzhou City	2040	89	26707	21168	48283	39822	15446	16183
厦门市	Xiamen City	965	38	11533	10220	25044	20379	8400	8091
莆田市	Putian City	308	36	8656	6177	12389	10509	3841	4208
三明市	Sanming City	800	38	10748	7597	13905	12038	4200	4849
泉州市	Quanzhou City	950	107	21606	13977	27034	22840	9223	8623
漳州市	Zhangzhou City	591	65	11924	8333	16193	13615	5307	5272
南平市	Nanping City	458	41	10569	7455	13850	11653	4245	4811
龙岩市	Longyan City	591	34	12261	7826	15412	13383	4471	5851
宁德市	Ningde City	582	34	9780	7041	13663	11490	4092	4576
江西省	**Jiangxi**	**7121**	**2131**	**136512**	**122319**	**196317**	**166069**	**62888**	**64492**
南昌市	Nanchang City	717	180	20876	19036	34580	27966	10251	11986
景德镇市	Jingdezhen City	348	71	5592	5095	7945	6664	2460	2758
萍乡市	Pingxiang City	334	80	6896	6168	11688	9824	3642	3884
九江市	Jiujiang City	787	263	16526	13025	22411	18804	7412	7263
新余市	Xinyu City	226	46	4393	3829	6300	5590	2018	2430
鹰潭市	Yingtan City	371	62	3264	3075	5208	4619	2155	1480
赣州市	Ganzhou City	1393	378	22874	20625	29250	25355	8866	9329
吉安市	Jian City	642	277	13179	12142	18130	15614	6202	5625
宜春市	Yichun City	811	221	16629	14646	22141	18936	6846	7403
抚州市	Fuzhou City	441	210	7829	7477	13217	11341	4395	4400
上饶市	Shangrao City	1051	343	18454	17201	25447	21356	8641	7934
山东省	**Shandong**	**68275**	**1490**	**416148**	**280385**	**689628**	**481738**	**186034**	**170968**
济南市	Jinan City	4460	139	34920	27984	58590	42116	18328	15357
青岛市	Qingdao City	7436	170	39980	28862	64232	48037	18934	19640
淄博市	Zibo City	4941	125	24007	17519	37396	28016	11698	10509
枣庄市	Zaozhuang City	2193	71	13778	10174	22652	15883	6593	5876
东营市	Dongying City	1644	73	10761	8637	17241	13247	5139	5253
烟台市	Yantai City	5309	138	38481	24040	52384	40914	15891	12315
潍坊市	Weifang City	6582	114	41024	27038	78678	60607	22540	22807
济宁市	Jining City	6602	120	32743	22457	55464	34129	13910	12410
泰安市	Taian City	3821	85	23863	16659	41528	27564	9824	10266
威海市	Weihai City	2239	28	17308	10950	22454	17799	6358	6461
日照市	Rizhao City	2017	25	10606	6514	17502	12230	4888	3925
莱芜市	Laiwu City	1212	23	5588	4243	10124	6657	2778	2483
临沂市	Linyi City	6586	107	39904	22164	62652	37433	13030	13241
德州市	Dezhou City	3448	49	17524	10715	32872	21677	8357	6420
聊城市	Liaocheng City	4965	61	19667	14063	32995	21282	8085	7388
滨州市	Binzhou City	1949	71	18852	12604	29083	20913	6954	6569
菏泽市	Heze City	2871	91	27142	15762	53781	33234	12727	10048
河南省	**Henan**	**76201**	**1220**	**349186**	**239793**	**622445**	**395232**	**155831**	**137236**
郑州市	Zhengzhou City	4044	162	52750	45081	74813	56891	21566	24205
开封市	Kaifeng City	2830	63	16827	11820	31713	19947	7658	7660
洛阳市	Luoyang City	3849	109	28873	21407	46849	31716	13266	11896
平顶山市	Pingdingshan City	4110	80	21033	15281	35196	23409	9102	8004
安阳市	Anyang City	6736	65	19227	12902	34346	20207	9264	6227
鹤壁市	Hebi City	2150	32	6024	4690	11562	7281	2888	2691

3-23 续表 5 continued

地　区	Region	卫生机构数(个) Number of Health Care Institutions (unit)	#医院 Hospitals	卫生机构床位数(张) Number of Beds in Health Care Institutions (bed)	#医院 Hospitals	卫生机构人员数(人) Employed Persons in Health Institutions (person)	#卫生技术人员 Medical and Technical Personnel	#执业(助理)医师 Licensed (Assistant) Doctors	#注册护师、护士 Registration Nurses
新乡市	Xinxiang City	6169	94	24609	16802	43051	26637	9903	9609
焦作市	Jiaozuo City	3082	60	15403	10038	25373	17262	7555	5924
濮阳市	Puyang City	5327	55	13210	8699	25172	14946	5783	5098
许昌市	Xuchang City	4480	85	13691	9505	30370	19107	8447	5761
漯河市	Luohe City	1749	47	9531	6499	17571	11152	3801	3940
三门峡市	Sanmenxia City	1961	50	9459	6627	15621	10764	4286	3718
南阳市	Nanyang City	6511	79	30314	20634	56300	34440	12660	11647
商丘市	Shangqiu City	7490	40	22474	12864	46799	27058	9334	8055
信阳市	Xinyang City	4051	59	15881	8964	32774	17789	6873	5323
周口市	Zhoukou City	7681	87	24659	13372	50691	29080	11541	8495
驻马店市	Zhumadian City	3396	44	22527	12633	39596	24738	10763	8051
济源市	Jiyuan City	585	9	2694	1975	4648	2808	1141	932
湖北省	**Hubei**	**10455**	**608**	**224000**	**153600**	**313800**	**264000**	**96000**	**101500**
武汉市	Wuhan City	2848	112	59540	25452	61564	60650	23376	27029
黄石市	Huangshi City	337	23	10303	9442	16515	13333	4234	5486
十堰市	Shiyan City	816	40	17840	11400	24572	20310	7129	7872
宜昌市	Yichang City	1164	56	17338	11873	27713	21861	7320	8811
襄阳市	Xiangyang City	494	55	19791	12563	30162	28506	8552	8906
鄂州市	Ezhou City	458	24	3800	3800	5847	4912	1886	1788
荆门市	Jingmen City	617	38	10889	9994	14038	12661	4601	5233
孝感市	Xiaogan City	424	27	13281	10681	22193	16401	6643	5164
荆州市	Jingzhou City	242	40	16625	12395	28452	21051	7654	8261
黄冈市	Huanggang City	612	38	16371	11670	29230	21642	7821	7597
咸宁市	Xianning City	266	37	7772	7717	14339	11596	4590	3916
随州市	Suizhou City	1090	25	6000	5425	10977	7201	2919	2333
恩施土家族苗族自治州	Enshi Tujia & Miao A.P	976	34	13869	11343	14762	12684	4670	5078
仙桃市	Xiantao City	28	16	2971	2971	3734	2753	952	963
潜江市	Qianjiang City	35	18	3144	2714	5529	4463	1645	1667
天门市	Tianmen City	37	15	4208	3958	3816	3692	1896	1316
神农架林区	Shennongjia Forest District	11	10	258	202	357	284	112	80
湖南省	**Hunan**	**14266**	**3096**	**261353**	**241961**	**331719**	**275515**	**105860**	**101658**
长沙市	Changsha City	2680	258	47036	42954	64297	52859	18951	22934
株洲市	Zhuzhou City	1247	175	17914	16785	23148	19588	7630	7821
湘潭市	Xiangtan City	921	105	11711	10779	16187	13599	5371	5147
衡阳市	Hengyang City	632	256	23921	21909	32465	26285	10439	8612
邵阳市	Shaoyang City	726	265	20699	19822	25392	20948	7817	7333
岳阳市	Yueyang City	1304	208	17294	15562	23166	19031	7307	6295
常德市	Changde City	1407	287	20667	18482	25880	21501	8887	7693
张家界市	Zhangjiajie City	336	109	5932	5251	7103	5914	2389	1966
益阳市	Yiyang City	804	121	13737	11659	18088	15081	6094	4869
郴州市	Chenzhou City	972	333	19104	18348	23400	19813	7506	7971
永州市	Yongzhou City	923	270	17525	16761	21169	17714	6672	6294
怀化市	Huaihua City	1123	357	23117	22242	22943	19193	7181	6653
娄底市	Loudi City	509	111	11596	10664	15577	13226	5781	4237
湘西土家族苗族自治州	West Hunan Tujia & Miao A.P	682	241	11100	10743	12904	10763	3835	3833

3-23 续表 6 continued

地区	Region	卫生机构数(个) Number of Health Care Institutions (unit)	#医院 Hospitals	卫生机构床位数(张) Number of Beds in Health Care Institutions (bed)	#医院 Hospitals	卫生机构人员数(人) Employed Persons in Health Institutions (person)	#卫生技术人员 Medical and Technical Personnel	#执业(助理)医师 Licensed (Assistant) Doctors	#注册护师、护士 Registration Nurses
广东省	**Guangdong**	**16962**	**1125**	**325038**	**246050**	**582244**	**476446**	**179381**	**180303**
广州市	Guangzhou City	2363	207	65940	55429	122411	100353	35289	41655
韶关市	Shaoguan City	718	61	13007	9666	18793	15392	5922	5955
深圳市	Shenzhen City	2481	116	24079	22349	71976	58128	22683	23987
珠海市	Zhuhai City	478	33	6736	5244	14227	11947	4520	4759
汕头市	Shantou City	394	34	13057	10461	20772	16885	7243	5780
佛山市	Foshan City	1086	82	24526	21255	42989	35580	12376	14723
江门市	Jiangmen City	740	32	14247	9569	22665	19047	7142	7408
湛江市	Zhanjiang City	1028	72	22360	14079	31034	24997	9009	9366
茂名市	Maoming City	419	47	17046	10560	25003	20827	8858	6903
肇庆市	Zhaoqing City	735	43	10889	7691	20012	15775	4875	5716
惠州市	Huizhou City	809	49	13092	7793	23802	19188	6824	7283
梅州市	Meizhou City	1202	29	11633	7155	20978	17689	7778	4960
汕尾市	Shanwei City	310	25	6561	4170	10248	7820	3443	1987
河源市	Heyuan City	303	23	8457	3769	12577	10648	3918	3720
阳江市	Yangjiang City	384	36	7437	4961	11289	9132	3146	3032
清远市	Qingyuan City	658	35	11097	6567	15240	12914	4301	4962
东莞市	Dongguan City	1006	95	22814	22276	44574	36002	12228	16217
中山市	ZhongShan City	473	47	10698	10593	19211	16048	5337	6884
潮州市	Chaozhou City	809	19	5358	3160	8737	6917	3606	1624
揭阳市	Jieyang City	260	23	9844	5602	15890	13032	7668	2962
云浮市	Yunfu City	306	17	6160	3701	9816	8125	3215	2712
广西壮族自治区	**Guangxi**	**10645**	**1745**	**152039**	**141278**	**241280**	**199361**	**69886**	**76117**
南宁市	Nanning City	2324	201	28821	26945	48680	40396	15124	15919
柳州市	Liuzhou City	2151	69	16454	12381	28560	22325	7702	9215
桂林市	Guilin City	1661	53	15691	9963	33023	23599	9059	8988
梧州市	Wuzhou City	1677	29	9441	6504	17641	11995	4312	4782
北海市	Beihai City	440	47	5304	5304	7554	5624	2780	2844
防城港市	Fangchenggang City	539	9	2573	1724	5444	3879	1001	1218
钦州市	Qinzhou City	442	16	9374	5007	15476	10508	3386	3737
贵港市	Guigang City	534	29	9373	5574	20711	13419	4756	4655
玉林市	Yulin City	3122	42	15684	9410	27668	19253	7011	6790
百色市	Baise City	2452	33	11786	10952	19272	13571	4558	5050
贺州市	Hezhou City	1433	18	4883	2502	10709	7423	2545	2672
河池市	Hechi City	564	28	10823	5960	17378	12561	4632	4568
来宾市	Laibin City	124	18	6385	6053	10975	8025	2906	2738
崇左市	Chongzuo City	1286	18	5447	2849	7980	6603	2328	2441
海南省	**Hainan**	**2292**	**191**	**28575**	**27038**	**53433**	**42609**	**15027**	**17983**
海口市	Haikou City	502	37	10155	8405	20538	16316	5667	7432
三亚市	Sanya City	297	15	2615	2294	5457	4449	1550	1811
重庆市	**Chongqing**	**17660**	**433**	**115627**	**74827**	**171060**	**120169**	**49585**	**42767**
万州区	Wanzhou District	1217		7252			12000	4399	5465
涪陵区	Fuling District	629		4342			1420	634	527
渝中区	Yuzhong District	352		8835			4503	1704	1703
大渡口区	Dadukou District	181		1148			5154	2041	2079

3-23 续表 7 continued

地区	Region	卫生机构数(个) Number of Health Care Institutions (unit)	#医院 Hospitals	卫生机构床位数(张) Number of Beds in Health Care Institutions (bed)	#医院 Hospitals	卫生机构人员数(人) Employed Persons in Health Institutions (person)	#卫生技术人员 Medical and Technical Personnel	#执业(助理)医师 Licensed (Assistant) Doctors	#注册护师、护士 Registration Nurses
江北区	Jiangbei District	342		4436			6667	2790	2683
沙坪坝区	Shapingba District	344		4626			3876	1549	1525
九龙坡区	Jiulongpo District	557		5374			4319	1907	1529
南岸区	Nanan District	319		2413			4548	1534	1803
北碚区	Beibei District	438		3480			2030	834	508
綦江区	Qijiang District	602		4447			4350	1690	1515
大足区	Dazu District	409		3065			3925	1597	1654
渝北区	Yubei District	433		3492			2159	783	895
巴南区	Banan District	624		3961			2940	1174	1108
黔江区	Qianjiang District	235		2600			3595	1566	1067
长寿区	Changshou District	504		3123			4001	1679	1206
江津区	Jiangjin District	624		4781			3822	1522	1495
合川区	Hechuan District	546		3480			2035	765	802
永川区	Yongchuan District	510		4559					
南川区	Nanchuan District	297		2470					
四川省	**Sichuan**	**75814**	**1393**	**335151**	**212282**	**505113**	**353561**	**154014**	**121319**
成都市	Chengdu City	7401	408	79780	62110	130490	101030	39879	40048
自贡市	Zigong City	2346	53	11757	8056	17485	12653	5568	4711
攀枝花市	Panzhihua City	1025	25	7972	6356	11272	8790	3743	3457
泸州市	Luzhou City	4778	67	15277	8325	22940	14861	6855	4624
德阳市	Deyang City	2816	69	15725	9220	22030	16134	7352	5275
绵阳市	Mianyang City	4173	70	22236	13315	29964	22217	9464	7707
广元市	Guangyuan City	3285	34	12392	6949	17356	11672	5280	3654
遂宁市	Suining City	3724	49	11468	7547	17245	12011	5510	4009
内江市	Neijiang City	3126	46	13744	8145	19350	13317	6289	4573
乐山市	Leshan City	3026	84	14764	9469	20093	14825	6698	5221
南充市	Nanchong City	8269	78	21883	12120	33008	20662	9670	6213
眉山市	Meishan City	1989	40	10462	5451	15805	10785	5088	3282
宜宾市	Yibin City	4137	68	18006	11424	24507	16349	7005	5764
广安市	Guangan City	3347	37	9828	5667	15575	9380	4191	2645
达州市	Dazhou City	4063	49	16913	7999	27917	16838	7389	4969
雅安市	Yaan City	1367	35	8027	6069	9092	6798	3187	2261
巴中市	Bazhong City	3062	14	9868	4038	16297	9905	5472	2361
资阳市	Ziyang City	4912	40	15067	7950	21204	13757	6190	4135
阿坝藏族羌族自治州	Aba Zang & Qiang A.P	1562	28	3292	2062	5670	3634	1565	904
甘孜藏族自治州	Ganzi Zang A.P	2359	40	3280	1949	7617	4683	1777	1127
凉山彝族自治州	Liangshan Yi A.P	5047	59	13410	8061	20196	13260	5842	4379
贵州省	**Guizhou**	**13704**	**2053**	**116611**	**107643**	**169098**	**113801**	**45415**	**41589**
贵阳市	Guiyang City	2919	222	24347	20489	36551	28638	11338	12284
六盘水市	Liupanshui City	1458	159	10412	9959	14207	9334	3579	3457
遵义市	Zunyi City	901	295	20710	19569	30353	20552	7881	7570
安顺市	Anshun City	1761	127	6491	5870	9282	6156	2535	2337
毕节市	Bijie City	634	357	17175	16006	22527	12673	4971	4025
铜仁市	Tongren City	244	184	8536	8536	13857	7711	3310	2228
黔西南布依族苗族自治州	Southwest Guizhou Buyi & Miao A.P	1641	171	7861	7269	11286	7754	2877	2804
黔东南苗族侗族自治州	Southeast Guizhou Miao & Dong A.P	3658	260	11804	11113	17435	11266	4675	3771
黔南布依族苗族自治州	South Guizhou Buyi & Miao A.P	488	278	9275	8832	13600	9717	4249	3113

地区	Region	卫生机构数(个) Number of Health Care Institutions (unit)	#医院 Hospitals	卫生机构床位数(张) Number of Beds in Health Care Institutions (bed)	#医院 Hospitals	卫生机构人员数(人) Employed Persons in Health Institutions (person)	#卫生技术人员 Medical and Technical Personnel	#执业(助理)医师 Licensed (Assistant) Doctors	#注册护师、护士 Registration Nurses
云南省	**Yunnan**	**9956**	**845**	**173400**	**126300**	**178000**	**149300**	**63400**	**51206**
昆明市	Kunming City	3103	225	41386	33377	54470	42369	18840	15622
曲靖市	Qujing City	605	73	19472	14295	15117	12937	5790	4418
玉溪市	Yuxi City	186	68	10494	8329	9537	8062	4229	3206
保山市	Baoshan City	376	29	7812	4991	7224	6299	2664	2159
昭通市	Zhaotong City	462	183	12772	5302	10053	8522	2673	1436
丽江市	Lijiang City	108	106	3646	3646	3046	3046	1106	1310
普洱市	Puer City	421	27	6878	4874	10745	7238	3039	2343
临沧市	Lincang City	341	27	5862	3706	5765	4773	2239	1429
楚雄彝族自治州	Chuxiong Yi A.P	609	61	11437	8421	13791	9987	3977	3424
红河哈尼族彝族自治州	Honghe Hani & Yi A.P	1009	97	19295	14648	20150	14490	8664	5826
文山壮族苗族自治州	Wenshan Zhuang & Miao A.P	372	28	9519	6133	12416	8332	2996	2908
西双版纳傣族自治州	Xishuangbanna Dai A.P	760	29	5340	3926	6436	5645	2087	1803
大理白族自治州	Dali Bai A.P	690	48	12400	8402	14671	9484	4307	2961
德宏傣族景颇族自治州	Dehong Dai & Jingpo A.P	341	30	4543	3102	6256	4486	1899	1402
怒江傈僳族自治州	Nujiang Lisu A.P	84	59	1559	1452	1654	1654	568	596
迪庆藏族自治州	Diqing Zang A.P	260	8	935	560	2067	1445	691	363
西藏自治区	**Tibet A.R.**	**1380**	**103**	**9642**	**6314**	**12995**	**10664**	**4105**	**2073**
拉萨市	Lhasa City	239	14	2195	1890	4195	3104	1395	961
昌都地区	Qamdu Prefecture	243	16	1447	890	1799	1570	412	196
山南地区	Lhokha Prefecture	167	13	951	635	1428	1215	636	184
日喀则地区	Xigaze Prefecture	323	22	2220	1353	2378	2039	597	330
那曲地区	Narqu Prefecture	203	21	1303	659	1521	1268	417	180
阿里地区	Ngri Prefecture	74	8	631	370	642	592	205	86
林芝地区	Nyingchi Prefecture	131	9	895	517	1032	876	443	136
其他	Others								
陕西省	**Shaanxi**	**36403**	**871**	**153847**	**114339**	**275695**	**197385**	**65708**	**70232**
西安市	Xi'an City	5554	268	41010	35976	79999	61281	21551	25043
铜川市	Tongchuan City	972	35	4629	3674	7691	6074	2156	2317
宝鸡市	Baoji City	2788	80	17211	11523	25199	18031	6630	6151
咸阳市	Xianyang City	4649	133	19764	14639	37157	28963	8114	9741
渭南市	Weinan City	3893	83	15913	9972	30422	19126	5775	5935
延安市	Yan'an City	3419	52	8962	6503	17119	11286	3648	3759
汉中市	Hanzhong City	3951	62	14580	10350	23816	16499	5484	5145
榆林市	Yulin City	5198	89	14390	10749	24139	15785	4922	5838
安康市	Ankang City	3189	40	8598	5436	14298	9966	3906	3162
商洛市	Shangluo City	2616	23	7998	4800	14519	9401	3217	2713
杨凌示范区	Yangling Demonstration Zone	174	6	792	717	1336	973	305	428
甘肃省	**Gansu**	**10069**	**388**	**101108**	**67303**	**146290**	**106252**	**41121**	**33713**
兰州市	Lanzhou City	1606	96	25411	17292	33448	26363	10745	10230
嘉峪关市	Jiayuguan City	107	5	1464	1300	2616	2172	777	940
金昌市	Jinchang City	396	9	1910	1655	3578	2962	1179	999
白银市	Baiyin City	379	28	6171	4251	8712	6576	2331	2466

地 区	Region	卫生机构数(个) Number of Health Care Institutions (unit)	#医院 Hospitals	卫生机构床位数(张) Number of Beds in Health Care Institutions (bed)	#医院 Hospitals	卫生机构人员数(人) Employed Persons in Health Institutions (person)	#卫生技术人员 Medical and Technical Personnel	#执业(助理)医师 Licensed (Assistant) Doctors	#注册护师、护士 Registration Nurses
天水市	Tianshui City	726	33	10526	7006	15334	9868	3715	2758
武威市	Wuwei City	620	17	6946	4564	9446	6801	2822	2238
张掖市	Zhangye City	453	29	5835	3499	7856	5614	2205	1698
平凉市	Pingliang City	1164	27	7853	5568	11519	8481	3046	2541
酒泉市	Jiuquan City	433	34	5059	3658	7198	5747	2223	2092
庆阳市	Qingyang City	777	23	6355	3836	10549	6991	2812	2160
定西市	Dingxi City	542	23	9052	5750	10744	7578	3045	2059
陇南市	Longnan City	1948	25	6086	3539	13282	8271	2662	1557
临夏回族自治州	Linxia Hui A.P	666	20	6396	3903	7503	5313	2027	1215
甘南藏族自治州	Gannan Zang A.P	252	19	2044	1482	4505	3515	1532	760
青海省	**Qinghai**	**1601**	**131**	**23171**	**18606**	**31036**	**26132**	**10290**	**9368**
西宁市	Xining City	592	49	13078	11721	18600	15469	5800	6199
海东地区	Haidong Prefecture	360	14	3319	1998	3939	3422	1394	980
海北藏族自治州	Haibei Zang A.P	94	9	1109	849	1313	1130	467	322
黄南藏族自治州	Huangnan Zang AP	65	8	862	639	1011	885	370	235
海南藏族自治州	Hainan Zang A.P	138	12	1876	1348	1659	1463	617	397
果洛藏族自治州	Golog Zang A.P	89	11	521	353	826	691	281	258
玉树藏族自治州	Yushu Zang A.P	110	11	704	506	1079	868	426	229
海西蒙古族藏族自治州	Haixi Mongolian & Zang A.P	153	17	1702	1192	2609	2204	935	748
宁夏回族自治区	**Ningxia**	**4143**	**156**	**25882**	**22114**	**41838**	**32054**	**12289**	**11657**
银川市	Yinchuan City	862	61	10329	9290	18366	14651	5461	5736
石嘴山市	Shizuishan City	566	32	3791	3575	6199	5105	1693	2025
吴忠市	Wuzhong City	883	30	4221	3461	6771	4760	1788	1602
固原市	Guyuan City	1233	20	4362	3355	5921	4080	1953	1204
中卫市	Zhongwei City	599	13	3179	2433	4581	3458	1394	1090
新疆维吾尔自治区	**Xinjiang**	**17412**	**820**	**125391**	**97436**	**167828**	**130604**	**49530**	**48760**
乌鲁木齐市	Urumqi City	1772	149	26530	23322	39986	31762	12539	12943
克拉玛依市	Karamay City	93	5	1838	1825	3464	2695	1069	1126
吐鲁番地区	Turpan Prefecture	365	16	2262	1433	3922	3087	1257	1139
哈密地区	Hami Prefecture	467	27	3471	2691	5449	4625	1822	1865
昌吉回族自治州	Changji Hui A.P	1392	65	9224	7709	12730	10390	3896	3902
博尔塔拉蒙古自治州	Bortala Mongolian A.P	639	28	2643	2234	4233	3341	1365	1219
巴音郭楞蒙古自治州	Bayingolin Mongolian A.P	1212	68	8136	6487	10779	9125	3464	3404
阿克苏地区	Aksu Prefecture	1308	56	11771	8938	11852	8835	3303	3304
克孜勒苏柯尔克孜自治州	Kizilsu Kirgiz A.P	300	10	3140	2075	3848	3047	985	1008
喀什地区	Kashi Prefecture	3463	133	18282	12572	21448	15607	5095	5262
和田地区	Hotan Prefecture	1503	67	10875	6878	10473	6657	2240	2081
伊犁哈萨克自治州	Ili Kazak A.P	1976	95	13886	9905	19428	15459	5982	5661
塔城地区	Tacheng Prefecture	1210	37	4493	3430	7416	5739	2315	1982
阿勒泰地区	Altay Prefecture	770	22	3112	2389	5164	4019	1739	1476
石河子市	Shihezi City	723	30	5023	4843	6378	5274	2122	2023
阿拉尔市	Alar City	132	9	496	496	750	573	164	245
图木舒克市	Tumxuk City	2	1	69	69	125	108	32	40
五家渠市	Wujiaqu City	85	2	140	140	383	261	141	80
生产建设兵团	Corps								

Chapter 4

第四章

县级统计资料

Statistics of County

4-1 县级单位主要统计指标(2011年)

地区名称	Region	行政区域土地面积(平方公里) Land Area (sq.m)	年末总人口(万人) Total Population (year-end) (10 000 persons)	乡村人口(万人) Rural Population (10 000 persons)	年末单位从业人员数(人) Employed Persons (year-end) (person)	乡村从业人员数(人) Rural Laborers (person)	第一产业增加值(万元) Value-added of Primary Industry (10 000 yuan)	第二产业增加值(万元) Value-added of Secondary Industry (10 000 yuan)
河北省	**Hebei Province**							
井陉县	Jingxing County	1381	32.9	28.5	28774	146633	93275	615742
正定县	Zhengding County	468	47.5	38.5	25448	224297	269762	945553
栾城县	Luancheng County	320	32.7	29.8	19333	163956	277853	835408
行唐县	Xingtang County	1025	45.0	38.3	12167	187638	205642	667162
灵寿县	Lingshou County	1066	33.5	27.6	14388	135836	129005	415823
高邑县	Gaoyi County	222	19.2	16.8	9543	97067	87924	318883
深泽县	Shenze County	296	25.8	22.6	7244	127365	121820	415005
赞皇县	Zanhuang County	1210	26.2	21.8	14266	124993	125614	446113
无极县	Wuji County	524	51.7	44.6	16685	248574	215551	741618
平山县	Pingshan County	2648	48.5	42.5	19409	235183	203314	1311051
元氏县	Yuanshi County	676	42.7	38.7	15846	239413	200464	683176
赵县	Zhao County	674	58.8	49.0	15704	288365	295039	1024318
辛集市	Xinji City	951	62.7	55.1	25281	301476	433276	2058761
藁城市	Gaocheng City	813	79.8	73.0	34187	396468	599692	2439422
晋州市	Jinzhou City	619	54.3	47.6	16722	259123	239012	962166
新乐市	Xinle City	524	50.0	40.8	16291	221169	225000	830394
鹿泉市	Luquan City	603	39.1	34.0	27572	168249	200111	1567280
滦县	Luan County	1027	55.4	49.7	48881	282910	327358	1900519
滦南县	Luannan County	1270	58.2	54.0	30847	292727	673346	1084617
乐亭县	Laoting County	1417	49.4	43.5	25387	264829	648522	1095255
迁西县	Qianxi County	1439	38.5	34.0	44773	184873	198600	2373239
玉田县	Yutian County	1165	67.7	56.7	34076	329743	526740	1371768
唐海县	Tanghai County	788	14.4	11.2	43700	69526	162667	347138
遵化市	Zunhua City	1509	73.2	65.8	29808	324507	352587	2662718
迁安市	Qian'an City	1208	72.7	52.8	68850	290356	308306	5393740
青龙满族自治县	Qinglong Man A.C.	3510	55.0	49.9	14905	278675	204245	526953
昌黎县	Changli County	1212	55.9	49.1	22671	284752	556419	658342
抚宁县	Funing County	1619	49.4	43.0	35579	230328	413346	589269
卢龙县	Lulong County	961	42.2	37.8	17401	223430	228172	290639
邯郸县	Handan County	463	37.9	31.4	15296	156640	125639	896574
临漳县	Linzhang County	744	69.8	61.0	15723	376985	268041	343914
成安县	Cheng'an County	482	43.2	34.6	11455	195472	220762	533287
大名县	Daming County	1053	87.6	68.6	19972	355363	309261	417691
涉县	She County	1509	40.6	35.9	28452	192669	90012	1678595
磁县	Ci County	1015	63.7	55.6	28357	284197	197697	1032210
肥乡县	Feixiang County	503	37.4	33.1	11580	177315	189197	279174
永年县	Yongnian County	898	103.6	81.6	30067	431562	709625	953939
邱县	Qiu County	449	24.4	20.1	9049	106350	144694	228142
鸡泽县	Jize County	336	29.7	28.1	8223	122192	145225	337778
广平县	Guangping County	320	28.6	24.5	11792	135146	112540	336191
馆陶县	Guantao County	456	34.3	27.7	14427	148111	218592	338102
魏县	Wei County	864	95.3	85.2	17750	360266	215515	371381
曲周县	Quzhou County	677	45.9	40.9	28887	212361	242489	509926
武安市	Wu'an City	1806	79.1	67.9	46901	353003	168020	3582500

Main Indicators of Regions at County Level (2011)

地方财政一般预算收入(万元) Revenue of Local Governments (10 000 yuan)	地方财政一般预算支出(万元) Expenditure of Local Governments (10 000 yuan)	城乡居民储蓄存款余额(万元) Balance of Savings Deposit of Urban and Rural Households (10 000 yuan)	粮食总产量(吨) Total Grain Yield (ton)	规模以上工业总产值(现价)(万元) Gross Industrial Output Value above Designated Size (current price) (10 000 yuan)	固定资产投资额(不含农户)(万元) Investment in Fixed Assets (Excluding Rural Households) (10 000 yuan)	固定电话年末用户(户) Number of Fixed Telephone Subscribers at Year-end (subscriber)	普通中学在校学生数(人) Enrollment of Regular Secondary Schools (person)	小学在校学生数(人) Enrollment of Primary Schools (person)	医院、卫生院床位数(床) Number of Beds of Hospitals and Health Centers (bed)
44620	99145	713976		1782604	1338726	41390	18788	20819	1052
61735	127517	1543373		4228296	1226186	78757	52757	33145	1552
50425	95391	649548		2435237	1000182	47301	14369	19561	1824
18367	102063	606989		2416759	782482	35453	21652	41344	1007
15805	96699	546620		1491174	535437	28840	17060	30689	780
16065	60807	342300		825902	342098	23746	11015	12111	478
19645	68803	561101		1389785	361068	29245	10323	15376	616
15132	77617	347289		1502763	693265	14516	7785	25394	629
22307	100263	832315		2285676	619890	54984	11879	33589	765
82985	188811	842290		5953849	1016898	26067	29049	33252	971
32759	104424	579652		2298118	990515	42391	23095	39313	1118
24264	124151	637962		4654157	733568	39627	43969	41211	1634
70551	160420	1756448		6565563	1402734	85692	35682	39540	1537
120317	224392	1303369		11881708	1711643	85882	34275	45342	1572
42933	123193	1143758		3494661	1218304	71227	25075	33578	902
31140	104538	685595		3006125	1071887	80602	35034	38293	1523
93480	156918	1149869		6016792	1697889	56174	18649	26348	1179
92413	191883	1136539		4155240	1457533	157335	27482	36477	1657
78909	201916	1011368		2074969	1089551	73554	31053	35116	1438
71678	196870	1163652		2604676	1145106	62317	23907	27545	1181
81707	193187	1422277		5763398	1078957	70454	20369	30351	1471
66181	176476	1533490		3271911	1332340	126798	27701	45007	2579
60000	131033	592464		555885	1057325	44720	6742	8252	664
125375	262135	2287760		6419786	1437094	143269	36143	58080	2319
308239	452832	3247643		15990989	2864350	132753	44783	46357	3246
57431	185493	703707		888331	594316	52514	12057	32719	1445
50284	158822	1198503		1835089	675036	87440	25119	33678	1984
64437	150279	1154471		2056035	642089	84345	20934	28914	1319
25537	125952	715369		685112	382072	58733	21738	25604	951
50451	113480	531795		2387695	1124247	61765	34640	42922	1276
15317	118738	412880		517406	671260	33194	21415	66069	789
18661	98288	274598		1517607	710661	20602	19832	41354	694
14268	166108	546388		1371299	829076	67296	28612	101943	1680
124699	197058	628915		4974400	1432795	133439	24653	31072	1449
113524	206410	656277		1514142	1200410	67597	36670	56637	1423
17041	92631	265378		658525	470125	17432	16856	40214	912
84889	215166	1065870		2861780	1288333	64953	40082	89784	1988
10290	60822	202851		731449	315030	12528	9498	27456	507
10781	73287	225746		1253037	539161	36524	13349	36325	666
11459	78562	221011		1105531	549742	10951	15074	24446	625
16697	88739	232702		1061909	594820	27892	14536	44868	1758
30083	169728	488168		909197	838669	126465	52408	72942	1995
14263	99086	367511		1659398	642822	25444	23715	59529	614
282227	433088	2385434		12532853	1795284	133505	43963	73985	2397

地区名称	Region	行政区域土地面积(平方公里) Land Area (sq.m)	年末总人口(万人) Total Population (year-end) (10 000 persons)	乡村人口(万人) Rural Population (10 000 persons)	年末单位从业人员数(人) Employed Persons (year-end) (person)	乡村从业人员数(人) Rural Laborers (person)	第一产业增加值(万元) Value-added of Primary Industry (10 000 yuan)	第二产业增加值(万元) Value-added of Secondary Industry (10 000 yuan)
邢台县	Xingtai County	1848	33.5	31.9	14266	164080	88970	852532
临城县	Lincheng County	797	21.0	18.2	7676	86805	70950	352356
内丘县	Neiqiu County	788	27.7	23.9	10972	118222	77541	488088
柏乡县	Baixiang County	268	19.8	17.8	7148	86321	66240	113598
隆尧县	Longyao County	749	52.5	48.7	14361	224020	197924	340186
任县	Ren County	431	35.4	30.8	9530	151868	90434	108255
南和县	Nanhe County	405	35.7	33.3	8040	162588	118186	98878
宁晋县	Ningjin County	1032	74.7	66.4	29807	337834	265142	860883
巨鹿县	Julu County	631	39.7	37.0	9972	195194	111947	207404
新河县	Xinhe County	366	17.2	15.5	5692	71407	51148	90977
广宗县	Guangzong County	503	31.1	28.4	7097	141297	124125	111035
平乡县	Pingxiang County	406	32.9	28.6	10413	137151	80804	134707
威县	Wei County	994	59.3	54.1	12752	278666	194599	139029
清河县	Qinghe County	500	40.7	34.8	13277	152193	87014	548208
临西县	Linxi County	542	37.5	28.9	10673	143607	108139	181873
南宫市	Nangong City	861	47.6	42.9	13497	202372	129940	361763
沙河市	Shahe City	859	41.8	35.1	24581	156557	57262	1243881
满城县	Mancheng County	629	39.1	33.4	15374	183585	149924	391577
清苑县	Qingyuan County	867	65.5	59.7	28985	340639	232754	461899
涞水县	Laishui County	1658	35.2	31.8	14882	179849	87634	96938
阜平县	Fuping County	2495	22.3	19.1	10102	86837	62980	60148
徐水县	Xushui County	723	59.1	53.4	28903	293808	219792	679860
定兴县	Dingxing County	714	58.3	53.6	30279	306342	238456	334552
唐县	Tang County	1417	58.3	52.2	58168	262961	142005	240760
高阳县	Gaoyang County	497	33.8	29.3	11693	171954	85658	600326
容城县	Rongcheng County	314	26.6	22.1	9292	128014	95588	275505
涞源县	Laiyuan County	2448	28.2	23.6	13063	124471	32454	333964
望都县	Wangdu County	370	26.8	22.8	12394	127671	124346	198692
安新县	Anxin County	724	44.4	41.5	12181	244119	88168	385282
易县	Yi County	2534	56.7	51.3	25381	260650	195086	314853
曲阳县	Quyang County	1084	61.4	53.2	20919	265169	98551	217931
蠡县	Li County	652	52.7	47.7	15846	266330	127233	398133
顺平县	Shunping County	708	31.3	28.3	12123	156799	114081	164822
博野县	Boye County	331	26.9	19.1	7825	147184	104649	142598
雄县	Xiong County	524	37.9	31.8	10511	193024	94464	440833
涿州市	Zhuozhou City	742	64.5	43.1	86504	247691	182699	702403
定州市	Dingzhou City	1274	121.2	106.5	48979	635862	598902	1082624
安国市	Anguo City	486	41.1	33.9	13681	208167	199388	397032
高碑店市	Gaobeidian City	618	56.0	41.5	39265	234848	138485	662352
宣化县	Xuanhua County	2057	28.4	27.0	15947	148399	180128	217205
张北县	Zhangbei County	3863	36.5	27.1	14606	179792	165140	316138
康保县	Kangbao County	3365	28.0	25.0	12711	134513	143413	91153
沽源县	Guyuan County	3388	22.6	20.6	8474	132191	119266	80126
尚义县	Shangyi County	2601	19.4	16.1	9104	92149	68879	116712
蔚县	Yu County	3220	49.5	45.0	30844	194094	117518	331113

continued

地方财政一般预算收入(万元) Revenue of Local Governments (10 000 yuan)	地方财政一般预算支出(万元) Expenditure of Local Governments (10 000 yuan)	城乡居民储蓄存款余额(万元) Balance of Savings Deposit of Urban and Rural Households (10 000 yuan)	粮食总产量(吨) Total Grain Yield (ton)	规模以上工业总产值(现价)(万元) Gross Industrial Output Value above Designated Size (current price) (10 000 yuan)	固定资产投资额(不含农户)(万元) Investment in Fixed Assets (Excluding Rural Households) (10 000 yuan)	固定电话年末用户(户) Number of Fixed Telephone Subscribers at Year-end (subscriber)	普通中学在校学生数(人) Enrollment of Regular Secondary Schools (person)	小学在校学生数(人) Enrollment of Primary Schools (person)	医院、卫生院床位数(床) Number of Beds of Hospitals and Health Centers (bed)
32966	116197	730806		2734943	494162	40681	14060	19996	1502
15909	74394	411145		921961	303958	23246	13391	19407	588
23920	71660	490239		1795363	564924	48000	16082	22809	911
5922	54392	194841		172525	153545	18307	7749	17143	377
24826	98216	547121		1344386	432292	159000	17714	40557	893
12116	77558	303165		218108	274404	31000	14091	31975	783
14205	73713	345296		278102	292335	27530	9663	32321	636
52991	151852	971481		3070191	1179395	117259	22231	42407	1055
13912	100243	466698		490774	437284	74018	23452	29065	962
5471	50758	240261		165534	168575	29609	14319	18184	587
4774	61989	181783		203077	294479	10855	7135	28760	641
14320	82192	417316		248745	312095	31100	12914	36297	950
14020	99003	452406		248745	310374	35534	22247	46863	1950
26644	100026	744453		893960	685420	47671	13241	27600	1112
13739	74598	318690		262167	336492	35545	19439	37077	1105
16386	111351	680717		955391	567841	59268	20343	32289	950
61243	145486	1199126		2787326	1134111	128302	33487	41182	1106
21549	84595	769176		1104100	285846	82587	9727	31489	1285
22842	101754	948404		1776205	554091	69718	23158	43765	780
19925	95924	500307		144178	445504	35292	16373	19061	597
12700	73366	397156		70663	243550	31560	10622	17577	466
45971	122929	983497		1725836	625443	75418	26289	36163	1253
23357	115372	634947		752208	509613	66398	25308	36015	841
13724	106523	824952		340953	330441	62185	26937	50376	1381
32613	85476	697924		1548487	412082	54202	15301	26923	803
21600	68273	490066		558580	263098	24938	9514	18039	1070
51264	109463	463400		861417	314564	23907	11218	21726	697
15291	67507	448793		412843	259677	38074	10640	16663	643
17866	88749	631282		1638300	371138	58034	13195	29483	709
21633	131440	730532		1036235	547364	79013	26240	44918	1282
18111	98988	645375		219556	122591	55127	23843	59578	1718
19387	103297	877737		1198729	224095	61408	24334	38017	723
12636	75376	398113		408312	406112	29069	10763	22368	756
10511	59755	316031		394660	203636	25383	8840	19276	548
25100	80559	550069		1232918	371302	73535	9853	32078	732
128528	210534	1734427		1997464	1231237	121241	22999	35446	2289
97737	261774	1743031		2624007	1147536	702568	58175	101642	1923
25137	89553	753196		1409170	673908	63318	16795	27322	808
44291	122291	1564267		1291943	489832	70728	21290	32005	1243
23410	82611	553008		393658	394324	36054	11858	17422	875
42749	153232	338699		364783	1181592	21500	22267	19401	1178
10160	92459	149005		82877	364225	14001	8342	12008	390
13585	89388	150743		45580	358981	12600	7857	7724	538
8908	83043	146903		103344	357110	8350	6233	10010	492
33727	131733	882885		473037	381183	38849	21184	39863	907

地区名称	Region	行政区域土地面积(平方公里) Land Area (sq.m)	年末总人口(万人) Total Population (year-end) (10 000 persons)	乡村人口(万人) Rural Population (10 000 persons)	年末单位从业人员数(人) Employed Persons (year-end) (person)	乡村从业人员数(人) Rural Laborers (person)	第一产业增加值(万元) Value-added of Primary Industry (10 000 yuan)	第二产业增加值(万元) Value-added of Secondary Industry (10 000 yuan)
阳原县	Yangyuan County	1849	28.0	23.9	13588	120688	93716	107455
怀安县	Huaian County	1706	24.7	21.5	14184	118826	86056	167148
万全县	Wanquan County	1162	22.8	19.7	13707	110806	105533	172353
怀来县	Huailai County	1801	35.4	27.8	20646	164355	137477	318934
涿鹿县	Zhuolu County	2802	34.9	28.7	22296	161188	213912	199223
赤城县	Chicheng County	5287	29.6	26.7	12185	115881	139145	285232
崇礼县	Chongli County	2324	12.5	10.6	10641	60600	62713	177391
承德县	Chengde County	3648	41.9	37.8	20057	210940	202962	492580
兴隆县	Xinglong County	3123	32.6	28.8	18393	152924	129894	389898
平泉县	Pingquan County	3296	47.5	41.1	24505	217219	282776	452654
滦平县	Luanping County	2993	31.8	27.5	13723	149971	170556	665219
隆化县	Longhua County	5475	43.9	38.0	18350	225082	218727	429732
丰宁满族自治县	Fengning Man A.C.	8765	39.9	34.1	19417	181879	169569	268425
宽城满族自治县	Kuancheng Man A.C.	1936	24.9	21.7	13782	108057	123234	1640120
围场满族蒙古族自治县	Weichang Man & Mongolia A.C.	9220	53.3	46.4	21213	238956	286308	215667
沧县	Cang County	1520	69.2	65.2	26108	367000	252996	860101
青县	Qing County	968	41.4	33.4	19585	200735	348144	575338
东光县	Dongguang County	711	36.9	32.6	18217	162600	211382	454655
海兴县	Haixing County	919	23.4	18.6	12061	104296	65038	116335
盐山县	Yanshan County	795	45.8	40.7	19423	212526	134878	737308
肃宁县	Suning County	515	34.5	30.7	14300	194994	205065	452639
南皮县	Nanpi County	790	37.9	31.7	14713	176680	163625	266443
吴桥县	Wuqiao County	583	28.7	24.0	13931	149579	236017	96431
献县	Xian County	1173	61.1	53.5	15672	274101	273124	668228
孟村回族自治县	Mengcun Hui A.C.	387	21.8	18.0	9222	89489	62843	390125
泊头市	Botou City	1007	60.4	49.0	27362	262951	201830	754671
任丘市	Renqiu City	1012	83.3	59.6	91185	289323	170611	3616825
黄骅市	Huanghua City	1545	45.8	37.8	32888	180762	238139	853805
河间市	Hejian City	1333	81.7	71.9	26886	409037	206926	862103
固安县	Gu'an County	697	43.9	36.8	19144	181116	248084	309275
永清县	Yongqing County	774	38.8	33.1	18563	179107	269389	335609
香河县	Xianghe County	458	32.6	27.7	23062	135381	168263	625508
大城县	Dacheng County	910	48.8	42.1	19377	207870	146099	536661
文安县	Wen'an County	1038	49.6	42.9	18970	219553	143205	901576
大厂回族自治县	Dachang Hui A.C.	176	12.2	9.5	14119	44465	99465	358840
霸州市	Bazhou City	801	62.0	49.0	36137	256282	159137	1995582
三河市	Sanhe City	643	56.1	34.7	65796	167535	294728	2262782
枣强县	Zaoqiang County	905	40.5	33.9	15388	169313	178279	382588
武邑县	Wuyi County	832	33.0	29.9	17527	149247	191902	316350
武强县	Wuqiang County	443	21.9	19.6	13726	100835	99520	215035
饶阳县	Raoyang County	572	29.1	25.5	12932	152799	132570	163750
安平县	Anping County	496	32.9	28.3	16800	147026	115613	453734
故城县	Gucheng County	941	51.5	42.8	24960	208420	240422	290290
景县	Jing County	1188	54.0	45.8	18606	224505	215972	652841
阜城县	Fucheng County	695	35.6	33.4	12174	176823	122223	274573
冀州市	Jizhou City	877	34.6	29.9	20824	149245	132122	407235
深州市	Shenzhou City	1245	56.9	52.9	27420	284099	286826	561798

continued

地方财政一般预算收入(万元) Revenue of Local Governments (10 000 yuan)	地方财政一般预算支出(万元) Expenditure of Local Governments (10 000 yuan)	城乡居民储蓄存款余额(万元) Balance of Savings Deposit of Urban and Rural Households (10 000 yuan)	粮食总产量(吨) Total Grain Yield (ton)	规模以上工业总产值(现价)(万元) Gross Industrial Output Value above Designated Size (current price) (10 000 yuan)	固定资产投资额(不含农户)(万元) Investment in Fixed Assets (Excluding Rural Households) (10 000 yuan)	固定电话年末用户(户) Number of Fixed Telephone Subscribers at Year-end (subscriber)	普通中学在校学生数(人) Enrollment of Regular Secondary Schools (person)	小学在校学生数(人) Enrollment of Primary Schools (person)	医院、卫生院床位数(床) Number of Beds of Hospitals and Health Centers (bed)
14743	84618	364242		73118	208137	26000	11901	23853	625
21602	83005	347243		295855	485812	28849	7099	14127	459
21928	78519	319653		305700	434728	19718	8854	15078	667
67496	145857	758836		370581	528940	36988	17655	20351	1075
24018	127235	506186		410553	566638	49700	15726	20666	814
44016	114181	414898		464647	420469	22191	9871	17131	716
28511	72996	151836		276046	347302	9910	4570	7802	352
54992	150778	620575		1248947	827046	32200	15434	20667	1327
34494	120908	621175		1107412	788446	32760	11495	22240	1119
58942	179725	754968		998588	916486	39573	25494	30320	1263
49001	148143	499416		1470150	832885	27861	15454	18723	976
35632	155152	536980		830421	624893	36518	21711	30612	1118
31580	163202	495923		481107	827498	29329	20923	24289	1209
58408	151505	715534		4044548	893895	28093	9281	16811	768
23340	164551	506447		201604	311527	39450	31651	36662	1205
46157	154828	874017		2156860	1093684	183303	28083	43203	1283
40431	119939	801760		1980560	849544	76060	14549	26640	1016
36071	111503	719786		861662	603426	68884	12734	23404	1078
14450	72864	236425		101153	206973	22000	8284	16973	465
34902	122092	487184		2989627	863348	66960	13386	35350	1007
62763	112177	678564		1098937	845597	44480	12818	23128	929
29881	102043	492811		413943	607481	38809	14098	25979	1113
19991	78869	484246		248219	464240	59620	10922	17082	967
29152	127119	769710		2149588	904668	77157	29462	46734	1370
19650	73433	283031		1033341	458600	42181	9165	16726	459
48489	138675	1163508		1807297	922382	82746	21047	42398	996
173675	247147	2514555		7584721	1026544	236426	29059	62808	3024
71890	178163	1071721		1955219	1171359	125854	24231	34676	2390
56481	171957	1519223		1875867	929241	177959	22618	56769	1578
87039	149308	839299		681220	750821	73944	15620	24644	683
39321	114709	498049		725392	735164	58480	23166	24400	649
115969	178425	1357940		2233547	805899	93037	15972	18774	1523
30154	114710	1008671		961666	699513	92009	22821	41269	1180
46163	129051	1138793		2654902	1083037	114316	20084	45766	1275
41825	89066	438422		1116514	602539	31434	6462	6056	391
131832	224255	1748219		8100136	1285807	143007	32306	52160	1718
358032	430369	2342068		5821046	2506562	136773	32175	40539	3741
19492	96478	1005112		708516	406447	74705	17982	29435	730
19396	96862	519690		899364	272712	41226	27291	24764	676
10382	61208	354514		483799	108580	30623	8679	14575	482
9255	70320	442884		350821	231221	38782	9260	12941	903
21147	93957	733878		751565	252280	71464	9738	23591	1018
20219	110552	721943		545906	554758	75920	24189	40431	1311
24634	111525	1090459		1600901	888335	82669	23399	39626	1200
10245	80701	568148		530175	175754	46297	15955	31924	485
26967	117365	892595		926736	498487	81511	21118	23934	759
21951	110479	812652		1351830	636705	81884	20311	30571	1180

地区名称	Region	行政区域土地面积(平方公里) Land Area (sq.m)	年末总人口(万人) Total Population (year-end) (10 000 persons)	乡村人口(万人) Rural Population (10 000 persons)	年末单位从业人员数(人) Employed Persons (year-end) (person)	乡村从业人员数(人) Rural Laborers (person)	第一产业增加值(万元) Value-added of Primary Industry (10 000 yuan)	第二产业增加值(万元) Value-added of Secondary Industry (10 000 yuan)
山西省	**Shanxi Province**							
清徐县	Qingxu County	609	31.6	25.0	11100	114174	114443	766801
阳曲县	Yangqu County	2059	14.8	11.3	7167	53210	31820	159606
娄烦县	Loufan County	1276	12.7	10.7	5454	49336	11229	59462
古交市	Gujiao City	1584	22.3	10.5	12419	36158	14861	199039
阳高县	Yanggao County	1678	28.8	24.2	8605	92104	84035	33629
天镇县	Tianzhen County	1635	21.9	18.0	6557	69327	47831	37656
广灵县	Guangling County	1284	18.4	15.3	8200	56017	42140	50246
灵丘县	Lingqiu County	2730	24.4	21.0	9752	95369	28154	192515
浑源县	Hunyuan County	1966	35.9	29.9	13286	133128	87756	146237
左云县	Zuoyun County	1314	15.0	10.9	17751	46557	22153	141671
大同县	Datong County	1498	18.3	15.0	10371	56636	55269	45668
平定县	Pingding County	1361	31.6	26.2	19389	129429	28944	339551
盂县	Yu County	2523	30.0	25.1	28278	115819	31399	819181
长治县	Changzhi County	483	34.0	30.1	22883	159907	44767	1104303
襄垣县	Xiangyuan County	1160	26.2	19.0	69349	84430	51617	2314321
屯留县	Tunliu County	1142	26.9	22.9	22257	107782	56897	719745
平顺县	Pingshun County	1550	15.5	13.8	8762	67873	24462	86874
黎城县	Licheng County	1101	16.8	13.8	8284	65856	28693	137625
壶关县	Huguan County	990	29.3	26.7	19202	140132	32774	186498
长子县	Zhangzi County	1029	35.8	31.7	24672	156490	97712	531007
武乡县	Wuxiang County	1610	20.8	17.5	15037	78362	27547	388467
沁县	Qin County	1297	17.5	13.7	7027	55894	35357	17835
沁源县	Qinyuan County	2550	15.7	13.7	19830	56546	21325	712940
潞城市	Lucheng City	630	22.6	17.8	26853	85434	35027	688846
沁水县	Qinshui County	2658	20.6	17.1	25944	87385	43656	1136974
阳城县	Yangcheng County	1917	38.4	31.2	33884	166197	71826	896595
陵川县	Lingchuan County	1751	25.6	23.0	12669	109096	39599	97511
泽州县	Zezhou County	2023	49.7	45.0	30784	218162	109303	1381897
高平市	Gaoping City	946	47.9	40.3	42363	213933	113288	1532768
山阴县	Shanyin City	1651	24.1	16.2	24998	61925	112784	764304
应县	Ying County	1708	31.0	27.0	11292	118449	98374	145621
右玉县	Youyu County	1967	11.4	9.3	9008	41330	30738	161521
怀仁县	Huairen County	1287	28.7	18.6	39424	84912	60291	822901
榆社县	Yushe County	1700	14.2	11.7	12277	49857	27537	115872
左权县	Zuoquan County	2020	16.4	13.6	16087	61683	25453	146601
和顺县	Heshun County	2250	14.1	11.0	17970	52749	15448	230818
昔阳县	Xiyang County	1946	23.6	19.7	18843	98029	34984	246880
寿阳县	Shouyang County	2110	21.1	17.3	31771	84351	81419	644819
太谷县	Taigu County	1050	29.0	22.0	19271	104870	116456	182879
祁县	Qi County	854	26.9	21.5	16212	105524	105142	148034
平遥县	Pingyao County	1260	51.3	42.9	28028	196041	109948	360919

continued

地方财政一般预算收入(万元) Revenue of Local Governments (10 000 yuan)	地方财政一般预算支出(万元) Expenditure of Local Governments (10 000 yuan)	城乡居民储蓄存款余额(万元) Balance of Savings Deposit of Urban and Rural Households (10 000 yuan)	粮食总产量(吨) Total Grain Yield (ton)	规模以上工业总产值(现价)(万元) Gross Industrial Output Value above Designated Size (current price) (10 000 yuan)	固定资产投资额(不含农户)(万元) Investment in Fixed Assets (Excluding Rural Households) (10 000 yuan)	固定电话年末用户(户) Number of Fixed Telephone Subscribers at Year-end (subscriber)	普通中学在校学生数(人) Enrollment of Regular Secondary Schools (person)	小学在校学生数(人) Enrollment of Primary Schools (person)	医院、卫生院床位数(床) Number of Beds of Hospitals and Health Centers (bed)
98142	166941	866927	117043	2286056	606322	54176	25856	24236	640
25267	76635	269323	65613	633324	158222	18146	8286	8714	862
41841	74177	217099	13777	201220	44774	16483	7255	9819	332
85942	129832	988421	10043	526345	391828	45014	16045	21057	1232
7371	95879	314617	191051	130576	257352	36006	12692	20381	710
4580	86877	278640	141147	51250	263238	26017	21005	16341	399
4830	85060	236333	127912	105037	262684	16000	15621	18037	589
18399	97220	436362	73603	337813	287312	48416	21187	22095	713
17692	112881	380000	134351	291069	284078	28952	19838	23677	788
30021	75559	566791	30299	159932	589126	18500	12228	14187	358
11328	73978	211686	63042	83605	322346	10117	12102	16711	350
40272	110046	764763	107502	684461	546502	56727	22310	22365	393
77959	133455	1205437	125033	1472278	547556	45245	15256	18758	1152
167314	200468	608092	131664	1835726	604494	32044	20331	22503	729
115261	157862	973827	166186	4317547	1027357	30288	14413	17580	1087
50120	103143	308495	229549	1637726	601248	27252	18279	18233	611
7646	69268	169517	54726	223774	162275	13421	9037	9684	375
15497	66503	281223	68604	558641	229520	18001	9954	13757	546
12658	102674	345732	105938	746909	228318	27125	20015	19701	506
50238	115490	483884	232069	969653	522798	35038	19513	19420	637
41709	104485	288296	94098	660116	310972	19192	12820	14837	349
6462	78812	202670	160590	46958	223481	22995	14363	13272	437
84434	119163	225651	66421	1572405	456635	21571	10693	10172	543
47579	86083	446577	119621	1841423	566630	31365	13294	16581	568
72302	115322	388756	133292	855319	726594	42417	14562	12465	589
77585	153310	804999	177991	1543853	610766	76119	37042	25429	1488
12596	97265	360546	119808	167078	117224	46770	17102	17613	545
108388	163694	436387	239303	2459804	937571	59121	23013	31436	1335
102639	178266	1251950	237230	2300281	611376	162778	37995	32882	968
86731	172133	864825	200431	1673562	55202	4464	17002	21012	625
12505	104380	356705	238536	372636	36257	2221	24247	25612	1005
21596	85984	222258	30515	310260	53440	21	5409	7604	342
62537	129848	838211	134440	1932301	105366	6807	50165	50075	889
13905	63817	184349	60319	364563	59875	16925	7338	11337	232
39993	87586	410058	49811	237150	464313	28302	8689	11469	418
33534	83610	342758	29714	346596	298307	21211	5893	8587	470
33615	81433	546528	127199	496020	408958	45086	12571	13587	751
74479	123103	557004	288346	1088180	541173	33971	9945	11780	792
25079	100652	741952	203668	470718	142519	46497	30315	22107	1712
19637	88805	580665	215405	345875	238119	39653	15520	20196	602
42279	142748	71797	230163	924271	407061	71487	29528	37700	1303

地区名称	Region	行政区域土地面积(平方公里) Land Area (sq.m)	年末总人口(万人) Total Population (year-end) (10 000 persons)	乡村人口(万人) Rural Population (10 000 persons)	年末单位从业人员数(人) Employed Persons (year-end) (person)	乡村从业人员数(人) Rural Laborers (person)	第一产业增加值(万元) Value-added of Primary Industry (10 000 yuan)	第二产业增加值(万元) Value-added of Secondary Industry (10 000 yuan)
灵石县	Lingshi County	1202	25.8	18.2	24454	87711	31289	1163318
介休市	Jiexiu City	744	41.0	28.4	56565	138670	43678	936153
临猗县	Linyi County	1339	55.4	49.8	27103	247723	360064	309396
万荣县	Wanrong County	1082	44.2	40.9	13849	177831	140941	140876
闻喜县	Wenxi County	1167	40.4	34.0	17711	177006	83000	640491
稷山县	Jishan County	686	34.9	31.5	11960	161034	96143	268484
新绛县	Xinjiang County	593	32.7	28.2	14552	149920	136054	278470
绛县	Jiang County	994	28.3	23.2	20268	144202	69878	220575
垣曲县	Yuanqu County	1620	25.1	16.3	22523	78320	34129	178697
夏县	Xia County	1349	36.2	32.0	12727	180873	143891	82538
平陆县	Pinglu County	1174	24.8	21.4	13526	113500	73169	82785
芮城县	Ruicheng County	1179	39.7	35.0	18900	192015	187638	218433
永济市	Yongji City	1217	43.8	35.1	29199	200431	176513	628825
河津市	Hejin City	593	39.7	30.0	46191	136655	71160	1595718
定襄县	Dingxiang County	865	22.0	17.9	8278	87945	42392	212966
五台县	Wutai County	2865	30.1	27.0	17386	107719	46890	90190
代县	Dai County	1729	22.0	17.0	8890	81550	25713	329293
繁峙县	Fanshi County	2367	27.6	24.5	14029	79235	32431	375042
宁武县	Ningwu County	1967	16.9	12.0	19394	44050	12148	220042
静乐县	Jingle County	2058	16.3	14.2	12864	58233	21334	94949
神池县	Shenchi County	1472	10.7	8.7	6873	28849	45393	16980
五寨县	Wuzhai County	1391	11.6	9.2	6487	38081	36586	29717
岢岚县	Kelan County	1984	8.8	6.7	4767	32295	24665	35276
河曲县	Hequ County	1317	14.7	11.8	13871	45464	34141	366416
保德县	Baode County	998	16.3	14.5	14334	63611	22011	479927
偏关县	Pianguan County	1685	11.3	9.2	8451	39390	34924	72425
原平市	Yuanping City	2571	49.0	35.1	38494	149867	100766	514700
曲沃县	Quwo County	437	23.7	19.6	10985	109305	104399	600192
翼城县	Yicheng County	1149	31.9	26.5	16310	110042	68439	481207
襄汾县	Xiangfen County	1028	49.8	44.0	16440	225886	110983	810488
洪洞县	Hongtong County	1494	77.0	66.6	43184	339396	101579	1065586
古县	Gu County	1191	9.2	7.3	8489	23322	20019	617638
安泽县	Anze County	1959	8.5	6.6	8551	23541	33939	403082
浮山县	Fushan County	938	13.5	11.1	7562	39439	34450	219610
吉县	Ji County	1780	11.1	9.4	7182	35623	37186	94385
乡宁县	Xiangning County	2025	24.5	20.9	20154	87365	22863	579133
大宁县	Daning County	963	7.0	5.6	5571	24778	11590	5130
隰县	Xi County	1413	11.3	8.7	7581	36497	21450	17611
永和县	Yonghe County	1213	6.9	4.9	3858	17209	21954	5240
蒲县	Pu County	1509	11.1	8.4	12043	39734	12755	302489
汾西县	Fenxi County	875	14.9	13.1	7776	60604	19890	64642
侯马市	Houma City	221	24.6	11.1	32869	54435	29869	389367
霍州市	Huozhou City	764	31.0	20.2	42814	91392	31482	579259
文水县	Wenshui County	1064	44.7	39.3	15871	193847	91657	349092
交城县	Jiaocheng County	1827	22.6	18.7	32660	89489	24122	596199

continued

地方财政一般预算收入(万元) Revenue of Local Governments (10 000 yuan)	地方财政一般预算支出(万元) Expenditure of Local Governments (10 000 yuan)	城乡居民储蓄存款余额(万元) Balance of Savings Deposit of Urban and Rural Households (10 000 yuan)	粮食总产量(吨) Total Grain Yield (ton)	规模以上工业总产值(现价)(万元) Gross Industrial Output Value above Designated Size (current price) (10 000 yuan)	固定资产投资额(不含农户)(万元) Investment in Fixed Assets (Excluding Rural Households) (10 000 yuan)	固定电话年末用户(户) Number of Fixed Telephone Subscribers at Year-end (subscriber)	普通中学在校学生数(人) Enrollment of Regular Secondary Schools (person)	小学在校学生数(人) Enrollment of Primary Schools (person)	医院、卫生院床位数(床) Number of Beds of Hospitals and Health Centers (bed)
94595	146706	1074258	52382	2732357	754195	38339	9942	21336	1021
112298	169405	1325179	131502	2963775	532234	880155	23164	31970	1319
13874	133175	563967	279851	828136	403822	73289	40122	34201	2380
10243	109369	441180	142283	331459	286050	62000	28572	28472	982
29526	116355	640914	202828	2343740	594006	76021	30025	29315	1782
17447	93453	374782	200448	744667	338075	27468	26997	26762	2005
14615	99053	366143	198900	1202738	367699	60346	21032	31386	1305
7814	89865	331000	146531	610047	447053	39900	16836	21206	1158
10966	90949	387358	69800	459939	214997	39793	15603	22100	1405
7647	88878	285317	235058	174093	272625	32000	17597	23688	1014
8530	95373	332532	89825	243844	270861	30080	14075	14024	891
16988	119114	347655	280449	605803	299251	34700	29110	21897	1268
24137	115432	556815	414667	2363679	478626	81167	18378	29925	2573
85542	131004	937864	165200	5096400	1044494	62400	36393	36105	1890
16453	74234	465800	162885	401644	167279	49365	13811	17952	445
19330	118422	628900	112752	193259	208000	46100	25566	28982	581
30791	89326	678707	74957	601312	154643	30367	13943	20036	550
21663	96070	531314	69969	812027	375195	23600	20989	28088	757
42044	96788	483756	17558	411204	310010	16235	6427	17382	368
12414	80112	165581	38366	105899	305474	16250	10069	19336	397
12836	68719	179700	116535	13996	147609	59700	3784	8351	405
17429	70849	259711	146268	43346	125589	17875	7238	8278	392
8928	73085	158000	39255	77546	172918	8965	5131	9621	403
47546	87383	474111	43576	616785	538808	22243	10599	12502	475
53215	94726	331894	21486	612700	470700	16272	7439	16048	860
13695	66029	223555	40100	109554	101693	15730	9868	10349	305
69110	152006	1148690	319340	1361788	909904	64282	27118	36828	1239
22764	85606	361342	176917	2070411	315626	37052	14054	12322	769
46007	110048	576619	181980	1828670	282649	53975	22435	21235	924
61590	146538	717649	386627	2285050	447096	54407	30066	30566	1034
86662	205819	953716	377617	3266998	780616	87677	45597	57366	1429
46157	71221	181556	54697	1189732	218473	11010	5258	7031	274
34259	67259	125055	105802	771512	224507	13494	5306	6336	160
14619	56906	173553	97271	416860	165650	9185	6769	8266	285
7944	59532	105445	48180	125825	118017	8970	6486	10091	325
103281	140492	545395	74860	823336	276041	20515	14979	20647	754
2400	41058	57957	30911	3788	42585	4774	2579	5502	218
4270	59295	124267	60088		77305	10315	6218	11029	285
1663	48300	52283	44185		42225	4316	2822	3969	222
62702	94275	222765	52200	578049	160647	13398	4550	9038	460
8874	58238	118727	53569	161965	107768	10661	9207	10974	346
41515	95438	851975	78415	1295103	334878	71591	13381	15961	1405
72908	111078	692614	69862	1312869	644623	53585	19412	23589	1108
22347	118687	595569	256851	1213062	214655	2500	25332	42999	789
41801	92209	504666	44117	1700770	214289	6569	19879	20934	695

地区名称	Region	行政区域土地面积(平方公里) Land Area (sq.m)	年末总人口(万人) Total Population (year-end) (10 000 persons)	乡村人口(万人) Rural Population (10 000 persons)	年末单位从业人员数(人) Employed Persons (year-end) (person)	乡村从业人员数(人) Rural Laborers (person)	第一产业增加值(万元) Value-added of Primary Industry (10 000 yuan)	第二产业增加值(万元) Value-added of Secondary Industry (10 000 yuan)
兴县	Xing County	3166	31.7	25.3	18705	115818	35846	468042
临县	Lin County	2977	64.3	58.4	20385	216841	82959	229043
柳林县	Liulin County	1287	33.5	27.9	34614	107375	20412	2074493
石楼县	Shilou County	1743	12.3	9.5	7124	35371	19037	16750
岚县	Lan County	1509	18.9	15.9	8115	67232	24427	51180
方山县	Fangshan County	1434	15.1	12.5	21381	54078	12023	193308
中阳县	Zhongyang County	1441	15.3	10.5	24406	42134	10335	689440
交口县	Jiaokou County	1258	12.3	9.6	6259	41578	12948	265303
孝义市	Xiaoyi City	946	48.2	30.9	59790	141246	107353	2129378
汾阳市	Fenyang City	1175	42.0	33.0	38821	160129	76598	737399
内蒙古自治区	**Inner Mongolia A.R.**							
土默特左旗	Tumotezuo Banner	2712	36.7	29.8	17751	158537	353889	777695
托克托县	Tuoketuo County	1320	20.7	15.1	18299	86146	182300	1553843
和林格尔县	Helinggeer County	3401	20.0	15.1	20124	82537	207152	868503
清水河县	Qingshuihe County	2859	14.7	8.8	8648	48968	53629	235228
武川县	Wuchuan County	4787	17.6	12.8	9597	69616	49999	310445
土默特右旗	Tumoteyou Banner	2368	36.6	17.1	15817	120074	321862	1252659
固阳县	Guyang County	5025	21.3	11.5	10800	69604	110839	626697
达尔罕茂明安联合旗	Daerhanmaoming' anlianhe Banner	17410	11.4	6.1	5246	35298	119947	1049145
阿鲁科尔沁旗	Alukeerqin Banner	13240	30.0	25.6	19424	153326	139084	339538
巴林左旗	Balinzuo Banner	6644	35.7	30.6	22572	147897	167409	410822
巴林右旗	Balinyou Banner	10256	18.5	12.7	20436	49970	86402	287464
林西县	Linxi County	3933	24.0	19.0	20451	87318	91701	202457
克什克腾旗	Keshiketeng Banner	20673	25.1	19.8	19072	109873	136981	710510
翁牛特旗	Wengniute Banner	11882	48.3	43.0	23548	215979	316117	422118
喀喇沁旗	Kelaqin Banner	3050	35.2	30.8	17845	151040	99043	518736
宁城县	Ningcheng County	4305	60.5	52.6	29714	268699	252159	526505
敖汉旗	Aohan Banner	8294	60.3	54.4	21344	317760	314002	539274
科尔沁左翼中旗	Keerqinzuoyizhong Banner	9569	53.8	46.3	29957	233538	319379	518492
科尔沁左翼后旗	Keerqinzuoyihou Banner	11570	40.8	35.0	24185	137802	250747	569371
开鲁县	Kailu County	4488	39.7	32.3	21925	170446	395369	750817
库伦旗	Kulun Banner	4714	18.0	14.0	10771	75711	143919	259257
奈曼旗	Naiman Banner	8130	44.3	38.9	20622	234149	229646	591874
扎鲁特旗	Zhalute Banner	17193	31.0	23.6	23008	119874	250247	802406
霍林郭勒市	Huolinguole City	585	8.3	1.0	30525	6745	23998	1728380
达拉特旗	Dalate Banner	8241	36.9	14.7	22342	94821	266432	2557958
准格尔旗	Zhungeer Banner	7551	31.3	9.7	30246	79047	82040	5234245
鄂托克前旗	Etuokeqian Banner	12221	7.6	3.6	4921	20853	91871	347600
鄂托克旗	Etuoke Banner	20367	9.9	3.6	21525	24364	62443	2574100
杭锦旗	Hangjin Banner	18814	14.7	6.7	10833	53718	141220	217500
乌审旗	Wushen Banner	11674	10.9	5.2	7148	36288	107212	1786491
伊金霍洛旗	Yijinhuoluo Banner	5487	16.7	7.2	43156	49997	66479	3635195
阿荣旗	Arong Banner	12063	32.9	23.0	21943	121533	386555	456956
莫力达瓦达斡尔族自治旗	Molidawa Daur A.B.	10383	34.2	25.9	21190	129938	381140	194620

continued

地方财政一般预算收入(万元) Revenue of Local Governments (10 000 yuan)	地方财政一般预算支出(万元) Expenditure of Local Governments (10 000 yuan)	城乡居民储蓄存款余额(万元) Balance of Savings Deposit of Urban and Rural Households (10 000 yuan)	粮食总产量(吨) Total Grain Yield (ton)	规模以上工业总产值(现价)(万元) Gross Industrial Output Value above Designated Size (current price) (10 000 yuan)	固定资产投资额(不含农户)(万元) Investment in Fixed Assets (Excluding Rural Households) (10 000 yuan)	固定电话年末用户(户) Number of Fixed Telephone Subscribers at Year-end (subscriber)	普通中学在校学生数(人) Enrollment of Regular Secondary Schools (person)	小学在校学生数(人) Enrollment of Primary Schools (person)	医院、卫生院床位数(床) Number of Beds of Hospitals and Health Centers (bed)
49735	128439	234291	87164	827663	279521	16206	15779	30411	630
44609	185825	309250	114316	394436	199914	42468	34545	50451	1026
166773	205723	470194	34300	3830291	695772	91850	27983	32913	959
5760	59128	103047	36114	29544	46168	8569	7570	10748	279
18069	76221	219346	72273	127792	470681	13830	9167	13855	461
24948	69386	122561	30796	464966	148599	14360	7641	14210	430
50209	83575	364631	19597	1738857	209860	30523	12271	12748	412
43028	76248	409098	27355	618355	185448	14152	7953	12555	410
202921	283936	2016672	125508	4327029	1539012	97081	42981	42866	2085
56572	127675	884768	188213	1676368	307758	69256	31934	39884	2135
77566	187679	345640	425614	1023000	563103	24320	13580	16798	471
91883	164605	257133	241195	3419236	396652	40000	12574	12706	373
72755	163917	223412	135809	2118900	715388	25000	9261	7727	254
21187	96653	169657	62010	305000	200678	6165	6274	6538	286
25659	114837	166423	161303	267112	458247	15502	7325	7386	282
113325	184589	451071	750000	2034541	1947607	12116	10302	13980	410
86777	127789	151241	74005	836565	990386	6551	5655	5920	304
109611	196881	136497	61000	1612523	1578236	6432	3151	4581	236
18656	177649	198147	335001	933144	433279	25376	16108	19338	866
30444	173213	297261	300121	1127061	692508	64450	13829	21520	938
24947	171757	176536	124558	688201	386123	16000	9968	10196	479
18600	149266	245835	205009	563305	362402	14230	13284	11664	732
64900	189800	237661	150191	1354712	1203832	21165	10609	10548	958
21976	250037	335685	660226	1180077	672244	43088	23965	26917	809
31161	169558	347791	250566	574300	682338	27000	17102	18859	715
37805	251788	695539	675209	1805937	653359	55662	27716	31595	1870
32604	256556	460118	725500	744376	633676	179659	35680	35256	1480
12664	212648	156446	1565000	1393221	692872	17179	14410	28833	691
18548	169099	164160	885000	1536300	663938	27827	15552	23822	638
28167	168035	239273	905000	2145547	522337	47220	20997	27936	723
13251	115184	94473	370000	511903	313722	40922	6580	11485	382
29998	193210	243808	535000	1710110	587966	30600	22427	27585	810
58032	196501	206852	420000	1821447	1120022	23801	13655	18671	657
127940	197373	306988	11500	4211991	1003182	7060	6311	6852	715
192846	326076	570547	550000	4706792	1716933	36640	17121	18892	1556
781531	578281	1347410	87106	10213316	4246792	75070	17375	21927	1769
105836	232904		122000	591047	1558871	7847	3241	4228	323
204673	265516	427666	90137	5231500	2205138	15139	6014	8379	645
49663	212752	181088	359000	118772	1100552	9119	5594	5448	450
110901	190826	226642	115652	3828965	2304358	8311	4737	6542	318
676503	481397	1048390	95500	7647226	3097331	12845	7583	9571	536
30580	174964	235432	1445953	752697	778799	19873	7936	15644	724
16515	175625	177088	1507251	367245	344838	21148	11781	25442	850

4-1 续表 6

地区名称	Region	行政区域土地面积(平方公里) Land Area (sq.m)	年末总人口(万人) Total Population (year-end) (10 000 persons)	乡村人口(万人) Rural Population (10 000 persons)	年末单位从业人员数(人) Employed Persons (year-end) (person)	乡村从业人员数(人) Rural Laborers (person)	第一产业增加值(万元) Value-added of Primary Industry (10 000 yuan)	第二产业增加值(万元) Value-added of Secondary Industry (10 000 yuan)
鄂伦春自治旗	Elunchun Banner	54658	27.4	7.0	18080	41850	174157	50400
鄂温克族自治旗	Ewenkezu Banner	19111	14.4	2.9	30449	17701	66468	539735
陈巴尔虎旗	Chenbaerhu Banner	18634	5.9	1.4	14775	6871	78946	422074
新巴尔虎左旗	Xinbaerhuzuo Banner	22000	4.2	1.9	5123	11736	57728	127570
新巴尔虎右旗	Xinbaerhuyou Banner	25122	3.5	1.6	7270	11109	37864	453851
满洲里市	Manzhouli City	732	30.0		31479		31210	451257
牙克石市	Yakeshi City	27830	36.6	1.0	31528	3014	310113	682144
扎兰屯市	Zhalantun City	16800	42.8	29.7	24798	145258	348278	609028
额尔古纳市	Eerguna City	28958	8.4	0.2	17385	1161	115795	84702
根河市	Genhe City	20010	15.7		11550		89766	83617
五原县	Wuyuan County	2493	25.6	20.2	11959	116619	241592	325392
磴口县	Dengkou County	4167	11.5	5.5	11559	33859	77325	240763
乌拉特前旗	Wulateqian Banner	7476	29.6	20.9	20615	106322	262999	568763
乌拉特中旗	Wulatezhong Banner	23096	13.5	9.2	9472	50915	137882	762166
乌拉特后旗	Wulatehou Banner	24985	5.8	2.4	14506	17299	29850	693012
杭锦后旗	Hangjinhou Banner	1752	26.6	20.4	17397	110598	273055	535044
卓资县	Zhuozi County	3119	22.0	8.9	7648	61675	78000	256416
化德县	Huade County	2538	18.0	7.1	6518	38073	63000	205924
商都县	Shangdu County	4304	34.7	11.0	9284	70824	114800	206809
兴和县	Xinghe County	3512	33.4	18.0	9801	106790	99728	222048
凉城县	Liangcheng County	3451	24.9	19.5	11329	118741	141215	379088
察哈尔右翼前旗	Chahaeryouyiqian Banner	2429	25.5	14.6	7161	93315	117300	399656
察哈尔右翼中旗	Chahaeryouyizhong Banner	4200	22.4	16.3	6761	91128	106000	133407
察哈尔右翼后旗	Chahaeryouyihou Banner	3910	22.0	9.7	9883	53608	93800	379405
四子王旗	Siziwang Banner	24036	21.6	15.1	6757	101430	126000	157915
丰镇市	Fengzhen City	2722	34.1	16.9	14368	80006	138081	685970
乌兰浩特市	Wulanhaote City	2354	31.9	8.1	41993	42202	86519	523622
阿尔山市	Aershan City	7409	4.8	0.9	7782	3971	21934	27131
科尔沁右翼前旗	Keerqinyouyiqian Banner	17428	33.8	31.0	19000	119082	275254	173272
科尔沁右翼中旗	Keerqinyouyizhong Banner	15613	25.8	18.6	16902	102295	140494	125249
扎赉特旗	Zhalaite Banner	11155	39.7	31.9	20435	167502	283356	132860
突泉县	Tuquan County	4890	31.3	24.3	11395	148400	178404	190681
二连浩特市	Erlianhaote City	4015	7.6	0.2	7498	1150	4382	205328
锡林浩特市	Xilinhaote City	14592	17.4	0.7	54538	5681	83365	1129025
阿巴嘎旗	Abaga Banner	27495	4.5	1.8	3368	12433	53020	282652
苏尼特左旗	Sunitezuo Banner	34251	3.4	1.9	3244	12312	37264	192197
苏尼特右旗	Suniteyou Banner	22340	6.9	2.5	8022	17878	38021	270154
东乌珠穆沁旗	Dongwuzhumuqin Banner	52321	9.5	3.7	9455	24400	134369	719057
西乌珠穆沁旗	Xiwuzhumuqin Banner	22435	7.8	3.8	7622	25378	100108	689784
太仆寺旗	Taibusi Banner	3479	21.2	17.3	6840	72935	88315	125013
镶黄旗	Xianghuang Banner	5144	3.1	1.6	3489	15773	25302	298848
正镶白旗	Zhengxiangbai Banner	6215	7.4	5.3	4209	26472	35876	87869
正蓝旗	Zhenglan Banner	10182	8.3	5.3	8289	33120	52011	320309
多伦县	Duolun County	3870	10.6	6.8	5937	41795	66690	395207
阿拉善左旗	Alashanzuo Banner	80412	14.2	5.3	33356	34270	64905	2628983
阿拉善右旗	Alashanyou Banner	73443	2.5	0.9	4738	4897	20030	252426
额济纳旗	Ejina Banner	114606	1.8	0.6	3594	4088	13764	245194

continued

地方财政一般预算收入(万元) Revenue of Local Governments (10 000 yuan)	地方财政一般预算支出(万元) Expenditure of Local Governments (10 000 yuan)	城乡居民储蓄存款余额(万元) Balance of Savings Deposit of Urban and Rural Households (10 000 yuan)	粮食总产量(吨) Total Grain Yield (ton)	规模以上工业总产值(现价)(万元) Gross Industrial Output Value above Designated Size (current price) (10 000 yuan)	固定资产投资额(不含农户)(万元) Investment in Fixed Assets (Excluding Rural Households) (10 000 yuan)	固定电话年末用户(户) Number of Fixed Telephone Subscribers at Year-end (subscriber)	普通中学在校学生数(人) Enrollment of Regular Secondary Schools (person)	小学在校学生数(人) Enrollment of Primary Schools (person)	医院、卫生院床位数(床) Number of Beds of Hospitals and Health Centers (bed)
11459	178693	342725	385780	28003	129816	36952	11015	9872	871
58529	134023	299228	24738	1004655	540232	50653	3216	5514	854
34671	97185	96239	75944	769423	409254	10684	1650	2502	222
10528	75155	39859	36254	81052	231443	6096	865	1799	122
33434	86995	52526	2849	707831	148081	5999	784	1518	181
101784	281998	892083	1165	918530	1000243	29845	12764	8891	768
61758	211353	814000	505670	1680320	1000572	52000	19370	10381	2836
28464	217046	468465	1002990	1452300	871854	37000	12348	17341	1594
12608	88401	175857	200825	154226	138483	16679	3796	4083	410
7877	109215	327056	5589	136730	120053	19630	4961	3945	605
22854	151039	290500	362257	759427	794021	40213	13468	13923	921
13037	82066	166224	116078	522450	275279	12563	4569	4789	346
71944	180948	463151	378965	1287432	858608	23310	15204	15613	1043
43409	163040	180383	171550	1756867	1092223	14111	3764	6150	245
61050	112932	85964	29555	1692617	746233	5645	2256	2916	214
32428	150395	326533	352789	1338143	730406	53229	13576	11766	701
14021	106744	144175	57459	468073	361134	10416	7520	6937	269
7788	107899	129487	47253	434367	267758	7850	5924	6551	245
7796	130873	204668	77680	551556	191987	10610	9096	10458	463
12879	145814	240334	83685	437207	232362	9457	6459	10458	286
24312	121453	212934	204516	554557	85783	9500	9089	7880	312
13179	129079	180118	70538	1208505	207538	9849	7098	7336	272
6020	135204	112514	62217	287582	170971	17069	6592	6560	399
15850	118599	160544	77003	989301	274659	8073	5148	7622	210
9309	165405	155264	95305	340127	98433	7552	8444	8052	430
31041	154005	342350	64750	1633481	262684	14700	9885	12465	460
28796	181365	819233	225007	1053769	722502	67844	25058	19111	1882
4837	68275	87027	55016	3117	258539	4950	1188	1742	284
15631	208766	42535	590008	370569	546059	23456	17305	21376	521
12608	171596	114479	515034	154041	574760	11679	11455	15719	1034
9133	200657	202193	1065049	294619	348449	18099	11457	18115	776
5220	165167	173552	540011	261364	356145	22900	12854	14613	411
28322	101890	258109	803	323417	319459	9800	3696	5827	227
134336	161927	800222	29940	1793396	903007	45400	20514	16931	858
13404	66456	76427		424853	350227	6670	971	2169	186
13227	69558	56755		257916	220562	3100	762	1898	114
20647	92437	126331	264	476900	351004	3000	3601	4293	176
79468	156340	173641	16466	1093744	578793	10180	4146	6383	274
75230	129911	127597	83	1105678	610138	4963	3265	4401	228
5544	118000	185536	135342	147002	311984	16510	6026	6112	280
15779	67612	45285	2788	543957	263770	2180	1162	1565	130
4095	66942	59358	13768	92917	76370	5123	1511	2677	146
27378	90454	109654	27977	604662	401000	9800	1539	3166	212
24285	114276	121765	74075	696167	450116	7069	4908	5447	213
131702	309233		157414	5480881	1378297	70500	5447	10828	603
13474	80119	72433	14895	782647	142128	3735	1243	1170	102
17514	73541	77488	1702	449467	208991	4938	863	1162	166

4-1 续表 7

地区名称	Region	行政区域土地面积(平方公里) Land Area (sq.m)	年末总人口(万人) Total Population (year-end) (10 000 persons)	乡村人口(万人) Rural Population (10 000 persons)	年末单位从业人员数(人) Employed Persons (year-end) (person)	乡村从业人员数(人) Rural Laborers (person)	第一产业增加值(万元) Value-added of Primary Industry (10 000 yuan)	第二产业增加值(万元) Value-added of Secondary Industry (10 000 yuan)
辽宁省	**Liaoning Province**							
辽中县	Liaozhong County	1470	47.5	39.0	14332	217285	611027	1966989
康平县	Kangping County	2175	35.1	28.0	15094	120382	290205	885898
法库县	Faku County	2320	44.6	39.2	15633	225998	371253	1440309
新民市	Xinmin City	3318	69.8	58.3	24597	268182	640397	2035468
长海县	Changhai County	119	7.3	6.3	9574	30658	409364	74019
瓦房店市	Wafangdian City	3794	100.3	73.0	60784	365196	804902	5391413
普兰店市	Pulandian City	2896	93.2	58.1	64800	357166	868668	3795919
庄河市	Zhuanghe City	4086	90.7	66.4	44475	372998	1010039	3953751
台安县	Tai'an County	1394	37.9	32.2	33698	200472	346585	1118875
岫岩满族自治县	Xiuyan Man A.C	4502	51.8	42.5	22264	219591	262589	1002878
海城市	Haicheng City	2570	109.7	86.0	67395	406132	403152	3248182
抚顺县	Fushun County	1754	11.6	11.5	6487	79526	128726	365580
新宾满族自治县	Xinbin Man A.C	4287	30.1	24.8	12110	140378	195959	451487
清原满族自治县	Qingyuan Man A.C	3921	33.6	26.1	21705	153338	196357	703608
本溪满族自治县	Benxi Man A.C	3343	29.2	18.6	14210	100839	182150	930591
桓仁满族自治县	Huanren Man A.C	3551	30.2	21.5	17056	117495	208350	738014
宽甸满族自治县	Kuandian Man A.C	6115	43.4	34.4	21169	186778	228858	894575
东港市	Donggang City	2399	61.0	50.1	43372	268367	586961	2007190
凤城市	Fengcheng City	5515	58.0	41.7	35937	233514	251459	2042263
黑山县	Heishan County	2487	62.3	49.1	42931	273431	445666	457229
义县	Yi County	2476	43.3	36.6	13009	181111	190498	569248
凌海市	Linghai City	2585	52.9	43.9	30994	241801	451187	1282945
北镇市	Beizhen City	1694	52.2	43.8	14082	219865	413081	422053
盖州市	Gaizhou City	2946	72.3	62.0	22330	333656	311847	1003625
大石桥市	Dashiqiao City	1598	72.0	56.2	41988	294919	367326	2889641
阜新蒙古族自治县	Fuxin Mengolian A.C	6218	72.5	68.6	26686	390138	566754	391523
彰武县	Zhangwu County	3642	41.4	35.2	17102	200635	477469	195217
辽阳县	Liaoyang County	2794	57.0	49.6	22501	246857	237351	1666331
灯塔市	Dengta City	1333	53.1	42.0	17451	228389	264917	1421862
大洼县	Dawa County	1628	38.3	30.7	182549	187869	527127	1495380
盘山县	Panshan County	2036	27.8	27.6	64160	159358	382280	802706
铁岭县	Tieling County	2249	39.0	37.3	21131	181801	300374	1921790
西丰县	Xifeng County	2685	34.7	27.8	14322	117727	210158	313535
昌图县	Changtu County	4317	104.1	84.7	38063	369128	680101	878040
调兵山市	Tiaobingshan City	262	24.1	6.7	62990	34359	64575	1153836
开原市	Kaiyuan City	2838	58.5	43.5	23748	221088	401079	2367946
朝阳县	Zhaoyang County	3762	56.5	56.4	28323	321719	300146	557608
建平县	Jianping County	4868	58.5	48.0	24118	257579	291545	982413
喀喇沁左翼蒙古族自治县	Kezuo Mengolian A.C	2238	42.6	37.7	25982	213644	273742	477801
北票市	Beipiao City	4469	58.0	39.0	31600	212500	360710	1113035
凌源市	Lingyuan City	3278	65.0	52.3	51942	278952	330818	761412
绥中县	Suizhong County	2763	64.0	55.0	21257	281039	324617	465942
建昌县	Jianchang County	3195	63.1	54.6	21050	289477	133338	284934
兴城市	Xingcheng City	2116	55.1	41.5	28188	203143	158644	426951

continued

地方财政一般预算收入(万元) Revenue of Local Governments (10 000 yuan)	地方财政一般预算支出(万元) Expenditure of Local Governments (10 000 yuan)	城乡居民储蓄存款余额(万元) Balance of Savings Deposit of Urban and Rural Households (10 000 yuan)	粮食总产量(吨) Total Grain Yield (ton)	规模以上工业总产值(现价)(万元) Gross Industrial Output Value above Designated Size (current price) (10 000 yuan)	固定资产投资额(不含农户)(万元) Investment in Fixed Assets (Excluding Rural Households) (10 000 yuan)	固定电话年末用户(户) Number of Fixed Telephone Subscribers at Year-end (subscriber)	普通中学在校学生数(人) Enrollment of Regular Secondary Schools (person)	小学在校学生数(人) Enrollment of Primary Schools (person)	医院、卫生院床位数(床) Number of Beds of Hospitals and Health Centers (bed)
200888	263245	811611		8647088	2399165	134356	11883	24206	1479
108436	172854	390637		4100614	1122502	64934	9980	17275	910
181762	244000	487142		7541759	1328684	79816	20207	26130	468
217762	291238	928254		8617146	2355248	172221	23010	37033	1730
33001	57495	293178		126091	235175	24500	3722	4040	266
510988	597656	3042641		13853874	4980062	460000	26199	42222	4686
322657	393686	2163230		8651971	3945693	223402	23206	36634	2774
370227	461621	2261125		10423953	2877048	211998	41070	34878	3616
78099	136352	525360		2937964	714651	85000	16208	21869	1235
83388	173112	898998		2959575	814081	124000	15974	31006	1330
320266	394050	3081041		8207486	4679742	295000	51244	72660	3283
60048	105054	189341		1886925	316541	54346	2608	5304	361
75188	155357	524831		1475463	689827	69863	8074	16028	757
100189	186853	513385		2191000	746984	76153	7936	14528	1040
158001	233254	632962		1485200	903799	78215	13954	14161	1152
106547	179227	290066		678463	758363	69690	14366	13436	960
141127	231646	816783		1500380	1056358	135855	13510	25420	1780
225815	298284	1632877		3578757	1327490	171314	23271	32996	2498
221877	336391	1261471		1935637	1023310	145000	26196	30203	1938
100177	191210	826107		2191985	540331	197013	13058	26147	1205
82369	157622	518466		2011824	581741	94050	16115	20589	1027
170022	242553	831618		5394846	865981	101400	15302	33787	1210
83002	168790	941178		1869559	500706	111235	24241	27589	1390
140314	274905	1000473		2328290	1118027		25984	38812	1592
335707	411795	1623818		6413338	1062230	230007	31378	39882	3293
80068	218268	656301		787204	637000	179700	38633	39731	1910
66105	166623	429200		576390	2423512	96584	16629	22847	920
171177	203917	893578		5285100	805291	140801	17580	29725	1080
216335	233292	1031712		4589900	915478	171936	15797	31000	654
271529	369888	673199		5861131	3320892	101360	20637	21523	823
148871	222299	621276		2228591	1422600	77664	24911		542
208518	196240	861000		6656661	2386721	60940	12275	15377	630
60080	120238	338040		713613	205371	56490	13123	15506	678
72030	215577	824205		4148500	812543	143952	28305	53923	1965
180066	163620	774525		2126218	950752	28163	6323	10254	960
280868	341700	824950		9501610	1591213	126229	15967	28444	2120
100101	191214	152232		1378600	672310	88395	24804	33847	1501
185001	272464	1042653		1394800	1028591	140000	31360	33442	1743
63058	160813	525302		1589200	592628	83108	14393	24469	1105
153008	306011	839800		2137100	938627	116000	28106	28852	2245
100215	203473	1042469		776300	558793	140034	38101	46399	3200
110218	234145	1040356		1301297	1062933	119066	30327	39385	1145
45800	161018	565698		644638	395839	118586	29522	39645	1476
85089	178290	990606		835975	727347	108100	19016	35190	2919

地区名称	Region	行政区域土地面积(平方公里) Land Area (sq.m)	年末总人口(万人) Total Population (year-end) (10 000 persons)	乡村人口(万人) Rural Population (10 000 persons)	年末单位从业人员数(人) Employed Persons (year-end) (person)	乡村从业人员数(人) Rural Laborers (person)	第一产业增加值(万元) Value-added of Primary Industry (10 000 yuan)	第二产业增加值(万元) Value-added of Secondary Industry (10 000 yuan)
吉林省	**Jilin Province**							
农安县	Nong'an County	5415	111.6	100.4	36122	508186	807733	852747
九台市	Jiutai City	3375	71.1	65.2	43281	325738	329831	1501072
榆树市	Yushu City	4712	130.6	113.4	35292	548465	868918	759833
德惠市	Dehui City	3435	83.7	81.4	37383	382759	613121	1199798
永吉县	Yongji County	2625	39.5	30.7	13327	153002	192928	418365
蛟河市	Jiaohe City	6364	45.2	27.8	25412	158603	307574	838404
桦甸市	Huadian City	6625	45.4	22.0	32606	120285	350093	1354016
舒兰市	Shulan City	4557	66.2	44.3	30744	206916	486997	464538
磐石市	Panshi City	3867	53.9	33.2	32598	177607	425353	1520186
梨树县	Lishu County	3273	80.5	55.6	30926	242163	825777	1013485
伊通满族自治县	Yitong Man A.C.	2524	48.0	38.1	22030	177565	336688	341658
公主岭市	Gongzhuling City	4028	110.0	71.1	38722	349342	948700	1190253
双辽市	Shuangliao City	3121	42.1	26.7	21998	152561	288249	931466
东丰县	Dongfeng County	2522	40.1	30.3	15859	174524	217114	645380
东辽县	Dongliao County	2396	35.1	27.3	14054	112887	175963	547205
通化县	Tonghua County	3726	24.6	16.1	21420	85391	70096	531069
辉南县	Huinan County	2272	35.4	22.3	21734	139244	159000	302677
柳河县	Liuhe County	3346	37.4	25.9	22073	133870	182700	346430
梅河口市	Meihekou City	2174	61.8	36.8	45125	179952	225000	1044364
集安市	Ji'an City	3342	22.2	14.0	19332	81322	77149	304341
抚松县	Fusong County	6530	28.7	10.3	29593	52447	169352	673036
靖宇县	Jingyu County	3094	14.7	6.8	13330	33243	55465	269636
长白朝鲜族自治县	Changbai Korean A.C.	2498	8.6	3.2	11731	17467	45394	131289
临江市	Linjiang City	3008	17.1	6.3	18730	41947	63894	377683
前郭尔罗斯蒙古族自治县	Qianguoerluosi Mengolian A.C.	6979	59.8	44.0	46626	197605	691500	2245970
长岭县	Changling County	5728	64.3	52.7	28402	238685	604804	776715
乾安县	Qian'an County	3617	31.1	20.7	16088	119253	175000	985274
扶余县	Fuyu County	4654	77.2	64.5	19093	287570	691501	996420
镇赉县	Zhenlai County	4717	29.4	17.8	22164	102187	226489	457044
通榆县	Tongyu County	8496	36.8	24.2	24465	123515	191254	326453
洮南市	Taonan City	5031	43.8	28.5	28236	136103	216715	393291
大安市	Da'an City	4879	41.6	28.1	25100	129074	163141	607465
延吉市	Yanji City	1748	52.0	7.1	80830	37700	46407	1163621
图们市	Tumen City	1142	12.7	2.6	12561	13954	14576	186749
敦化市	Dunhua City	11957	48.4	21.2	50691	117199	249634	605343
珲春市	Hunchun City	5145	22.7	8.5	30909	54200	49382	692183
龙井市	Longjing City	2209	17.7	6.6	11268	38241	39732	123484
和龙市	Helong City	5069	19.5	7.5	20542	42675	50106	243515
汪清县	Wangqing County	8994	24.2	10.7	25819	63246	90629	234643
安图县	Antu County	7438	21.5	9.3	23473	47140	64706	168000

continued

地方财政一般预算收入(万元) Revenue of Local Governments (10 000 yuan)	地方财政一般预算支出(万元) Expenditure of Local Governments (10 000 yuan)	城乡居民储蓄存款余额(万元) Balance of Savings Deposit of Urban and Rural Households (10 000 yuan)	粮食总产量(吨) Total Grain Yield (ton)	规模以上工业总产值(现价)(万元) Gross Industrial Output Value above Designated Size (current price) (10 000 yuan)	固定资产投资额(不含农户)(万元) Investment in Fixed Assets (Excluding Rural Households) (10 000 yuan)	固定电话年末用户(户) Number of Fixed Telephone Subscribers at Year-end (subscriber)	普通中学在校学生数(人) Enrollment of Regular Secondary Schools (person)	小学在校学生数(人) Enrollment of Primary Schools (person)	医院、卫生院床位数(床) Number of Beds of Hospitals and Health Centers (bed)
103074	363847	1072861	2501034	988890	1426115	130106	52903	55160	2748
114308	351502	1020246	805000	704459	1513371	189318	35741	42498	2951
74840	364403	893225	3106781	925483	1404904	117368	60694	79467	1629
87354	301108	1039702	1194500	2190346	1626614	133516	50817	56420	994
55243	175875	418480	485000	928067	812996	44030	10380	19300	1158
55605	195267	518426	515000	1602115	1205288	143671	18121	23175	1349
105583	260517	610709	535000	1933014	1294872	63300	26750	34238	2581
48166	246390	651283	855000	1118130	1088350	90552	24361	35515	2091
100880	234298	582488	610000	3580301	1379248	112506	28577	28273	1770
43733	241174	585222	2090000	2613843	555870	87000	24243	40427	1780
33470	168776	430822	960000	940926	326739	53060	20473	28134	1057
102055	338296	1017926	3075000	2643588	1411166	234120	42222	55680	3286
34455	171292	296543	1080000	2338882	822107	45630	15932	24683	720
28578	164166	473153	712000	2042832	1091831	68620	17976	21149	2222
28272	148808	364886	476500	1340486	1117569	35800	14352	17703	1364
62945	160585	430954	135500	762659	909729	39481	7439	13859	1496
47369	170099	505721	492000	609832	808103	54000	16432	19864	1497
49401	196777	436910	494000	850889	441475	60108	9520	20076	1462
122457	275497	1003423	510000	2829447	1244932	89000	31985	43304	2115
54023	177540	419460	57000	388216	794037	44784	10988	13688	780
80158	254958	559846	74000	2063544	924889	65676	15455	17120	1237
35157	136089	192083	46333	900815	491973	22587	5138	7201	554
23466	122325	203158	20501	301543	390053	23142	4733	3679	322
41761	175850	331467	40647	1214696	613335	29000	7489	6723	947
129927	289241	784991	2069000	3095086	1644252	235230	23529	33379	2530
24761	195577	334832	1770500	1802995	1212815	86425	28759	36889	1249
50729	158765	269695	641000	2641966	958605	36480	12028	15560	1105
25965	175881	423196	2063500	2898986	1102126	63040	28518	46921	966
40805	184068	290960	805000	507771	565389	34912	14577	18989	638
35451	192372	207401	388000	430361	659849	33897	16745	22931	948
31924	175352	312729	707500	890894	637057	30381	17785	23062	1872
60959	248563	404577	682000	677540	627764	64900	10342	19169	1500
163125	301088	2580087	80015	1900412	1488813	241965	25240	26627	3350
19862	101965	329443	36366	474002	260294	32329	3516	3311	464
86371	292736	1025726	431326	1503197	909457	81547	18321	20603	1938
79438	203213	608364	123801	1805722	790222	75987	9214	9881	468
22267	137933	391300	119882	335717	256073	50785	3869	4410	418
31712	158571	326448	101375	651554	331922	37017	5274	5837	602
36178	185064	454696	130954	529046	427663	39000	4892	8719	705
23909	142481	446763	90013	297066	396702	38937	6270	8016	810

地区名称	Region	行政区域土地面积(平方公里) Land Area (sq.m)	年末总人口(万人) Total Population (year-end) (10 000 persons)	乡村人口(万人) Rural Population (10 000 persons)	年末单位从业人员数(人) Employed Persons (year-end) (person)	乡村从业人员数(人) Rural Laborers (person)	第一产业增加值(万元) Value-added of Primary Industry (10 000 yuan)	第二产业增加值(万元) Value-added of Secondary Industry (10 000 yuan)
黑龙江省	**Heilongjiang Province**							
依兰县	Yilan County	4616	41.0	23.0	31347	139812	311967	286537
方正县	Fangzheng County	2969	23.2	10.7	20528	71026	137186	118957
宾县	Bin County	3845	62.9	45.0	28143	237279	348909	719272
巴彦县	Bayan County	3137	71.0	59.0	31873	295074	564474	181189
木兰县	Mulan County	3600	27.7	22.0	17262	113304	170931	96940
通河县	Tonghe County	5676	24.1	13.1	19527	60219	154641	97608
延寿县	Yanshou County	3149	26.9	17.7	32071	89529	123621	112718
双城市	Shuangcheng City	3112	82.6	63.6	26841	381788	925074	715184
尚志市	Shangzhi City	8891	61.7	34.3	38819	159680	375824	741530
五常市	Wuchang City	7512	100.4	71.2	43789	341560	718131	621401
龙江县	Longjiang County	5887	61.3	43.5	17615	233391	347752	186363
依安县	Yi'an County	3678	50.0	43.0	13059	212665	259049	186300
泰来县	Tailai County	3922	32.9	22.7	12164	122915	134068	110495
甘南县	Gannan County	4792	39.6	27.0	10649	160549	164038	132384
富裕县	Fuyu County	4060	29.8	19.2	14131	100526	181199	205643
克山县	Keshan County	3320	47.6	39.6	15841	203205	233608	129564
克东县	Kedong County	2083	29.9	20.0	10271	129004	99131	112975
拜泉县	Baiquan County	3599	59.6	51.5	12289	255597	257423	154269
讷河市	Nehe City	6648	73.6	57.4	33980	312645	310801	305421
鸡东县	Jidong County	3243	28.1	20.8	16951	120815	198963	399764
虎林市	Hulin City	9334	16.0	9.3	23217	47814	250724	109566
密山市	Mishan City	7731	35.8	21.1	15397	104351	243355	250812
萝北县	Luobei County	2167	8.6	4.7	9004	29546	75881	72687
绥滨县	Suibin County	3344	13.5	10.7	7992	56192	88991	17149
集贤县	Jixian County	2258	28.9	19.9	26312	110031	244171	473594
友谊县	Youyi County	1647	2.9		5348		6619	36256
宝清县	Baoqing County	10001	30.9	19.6	20002	111201	370315	421767
饶河县	Raohe County	6765	8.0	4.5	7392	30807	80187	13673
肇州县	Zhaozhou County	2445	46.6	30.8	29057	182286	320545	725745
肇源县	Zhaoyuan County	4120	47.5	38.0	16810	198486	409446	615996
林甸县	Lindian County	3493	27.3	19.2	12457	120070	156520	272403
杜尔伯特蒙古族自治县	Duerbote Mengolian A.C.	6054	25.2	16.7	10806	96338	193467	375633
嘉荫县	Jiayin County	6739	6.5	4.7	31793	25574	108008	32290
铁力市	Tieli City	6730	38.4	9.4	37136	49717	272530	153082
桦南县	Huanan County	4415	45.8	31.6	29191	169010	291461	211090
桦川县	Huachuan County	2268	22.8	16.6	10110	76273	81940	60709
汤原县	Tangyuan County	3416	26.6	15.4	15282	85426	241593	171937
抚远县	Fuyuan County	6263	12.7	8.7	6706	48852	137241	28794
同江市	Tongjiang City	6300	13.5	7.2	10147	38802	148540	60896
富锦市	Fujin City	8227	39.8	24.5	21223	158793	452270	288733
勃利县	Boli County	2305	32.0	21.3	19542	87520	121915	323236
东宁县	Dongning County	7139	21.0	11.1	21218	61158	263036	321200
林口县	Linkou County	6688	37.8	23.8	19132	146739	254761	217189

continued

地方财政一般预算收入(万元) Revenue of Local Governments (10 000 yuan)	地方财政一般预算支出(万元) Expenditure of Local Governments (10 000 yuan)	城乡居民储蓄存款余额(万元) Balance of Savings Deposit of Urban and Rural Households (10 000 yuan)	粮食总产量(吨) Total Grain Yield (ton)	规模以上工业总产值(现价)(万元) Gross Industrial Output Value above Designated Size (current price) (10 000 yuan)	固定资产投资额(不含农户)(万元) Investment in Fixed Assets (Excluding Rural Households) (10 000 yuan)	固定电话年末用户(户) Number of Fixed Telephone Subscribers at Year-end (subscriber)	普通中学在校学生数(人) Enrollment of Regular Secondary Schools (person)	小学在校学生数(人) Enrollment of Primary Schools (person)	医院、卫生院床位数(床) Number of Beds of Hospitals and Health Centers (bed)
54373	187352	372347		357734	564120	63212	12254	24885	799
22768	101640	436523		146498	304331	38000	10818	14973	830
56553	199986	489385		1022036	950949	42000	20568	26540	1289
28880	182210	477824		280743	681340	90796	28621	38786	1084
20688	129606	192086		101008	257618	21081	12870	14460	719
21078	127730	252904		123841	361666	35614	18835	24395	823
24619	123647	217527		129644	208429	44692	7492	16084	527
75320	245101	759663		1114383	869375	140236	32368	44468	1460
44177	176551	826361		1114955	977435	110246	30056	32109	1535
78100	239490	838595		872728	745801	134500	24350	42336	1600
21538	171040	284546		351005	176433	49970	22588	32617	1240
22427	72001	287132		661897	257239	23821	17503	19800	581
15629	119625	173760		156132	275523	56889	13665	12538	670
15678	60513	294173		410800	43958	23800	8397	17940	560
24728	106554	266805		528261	205171	47800	11735	14603	1472
8267	134736	368100		269588	233600	52401	17731	20049	971
14778	109679	193073		330416	247297	18000	6324	16002	500
14419	71662	281134		229326	130644	43042	16568	19289	340
23140	196784	476004		477477	439343	94617	26591	39953	771
29227	70623	407254		301869	181655	57579	17757	13429	847
22146	134653	710966		372998	197275	52157	16739	15171	991
27419	160381	789744		331917	283573	56025	21428	19907	1080
26539	83343	318018		82012	114163	10986	6247	5543	345
8333	37880	196288		22864	106265	13804	5109	9478	348
31816	125024	429153		1299523	611780	44367	9727	18705	1043
11844	59135	304713		217702	176386	13143	2340	3476	1103
42331	162028	512930		940328	787453	62110	16257	14193	981
7479	79440	203921		19843	205341	22120	7652	10841	214
55778	95712	334244		1151920	354787	56595	22012	19021	702
35970	74926	375936		911672	412919	69578	23725	21144	896
29283	58667	245372		377293	305516	21858	10872	15314	352
35000	81692	237070		586561	355000	53926	12596	12596	431
7517	73544	134135		19318	179400	26390	3539	4918	272
14004	112299	605538		261352	124811	72923	18921	18352	1335
27613	162754	342150		493266	385746	48796	24612	33990	1099
12756	116042	164660		37211	218986	31720	12407	13216	420
12666	120779	239295		337434	282200	24450	13808	19260	837
16798	119187	147348		64204	268687	13541	6140	11191	79
16369	130303	172231		142684	360054	22625	6359	11358	417
39756	208359	425920		552392	494154	68005	25059	40355	753
31150	143210	392297		694349	258668	67510	6969	14003	620
54632	142412	600318		169017	399093	41948	10647	13637	548
33358	133306	380334		322944	245976	73043	12243	16547	645

4-1 续表 10

地区名称	Region	行政区域土地面积（平方公里）Land Area (sq.m)	年末总人口（万人）Total Population (year-end) (10 000 persons)	乡村人口（万人）Rural Population (10 000 persons)	年末单位从业人员数（人）Employed Persons (year-end) (person)	乡村从业人员数（人）Rural Laborers (person)	第一产业增加值（万元）Value-added of Primary Industry (10 000 yuan)	第二产业增加值（万元）Value-added of Secondary Industry (10 000 yuan)
绥芬河市	Suifenhe City	422	6.7	0.9	11249	5655	5745	153890
海林市	Hailin City	8711	40.0	13.0	35739	77824	243250	669988
宁安市	Ning'an City	7891	43.6	29.8	30189	177766	368695	459500
穆棱市	Muling City	6212	29.2	12.5	25369	91850	206980	753724
嫩江县	Nenjiang County	15109	50.0	23.8	20817	102807	323337	175208
逊克县	Xunke County	17344	8.2	5.9	6010	35587	79627	26383
孙吴县	Sunwu County	4319	10.4	5.6	7904	30115	29463	11651
北安市	Beian City	7194	39.6	13.2	25805	79230	143696	107686
五大连池市	Wudalianchi City	9874	36.3	16.6	26248	79567	196729	43954
望奎县	Wangkui County	2314	49.2	35.5	20308	178540	270550	125289
兰西县	Lanxi County	2499	49.6	40.5	15718	183736	181978	64765
青冈县	Qinggang County	2684	48.2	36.4	16277	169806	172747	120390
庆安县	Qing'an County	5468	41.3	30.4	30206	164454	217765	137935
明水县	Mingshui County	2308	37.0	20.0	18878	178698	138324	122755
绥棱县	Suiling County	4238	33.5	18.5	36520	89310	230707	70456
安达市	Anda City	3586	50.9	25.9	24567	152690	523147	1151234
肇东市	Zhaodong City	3905	93.6	61.1	43541	321874	799101	1490478
海伦市	Hailun City	4667	85.0	64.9	28927	354232	457472	175536
呼玛县	Huma County	14335	5.3	2.5	7322	12282	76238	21997
塔河县	Tahe County	14059	9.7	0.8	15271	4611	98232	37601
漠河县	Mohe County	18428	8.6	0.6	20839	2916	115199	103321
江苏省	**Jiangsu Province**							
溧水县	Lishui County	1064	41.7	32.0	42952	179400	260079	1885900
高淳县	Gaochun County	790	43.1	36.0	59280	228500	270902	1710900
江阴市	Jiangyin City	987	120.9	64.0	175334	403500	427531	13543100
宜兴市	Yixing City	1997	107.6	66.0	113777	367600	424789	5360200
丰县	Feng County	1446	115.1	101.0	43453	543600	402834	869800
沛县	Pei County	1349	127.1	96.0	42985	496400	598389	1810900
睢宁县	Suining County	1767	135.5	108.0	45505	608700	504014	1093500
新沂市	Xinyi City	1571	104.7	83.0	54120	437100	421399	1299400
邳州市	Pizhou City	2088	178.6	135.0	67021	676500	699173	1985000
溧阳市	Liyang City	1535	78.7	60.0	56576	319000	344908	2839200
金坛市	Jintan City	976	55.2	36.0	56561	205300	245369	2039400
常熟市	Changshu City	1276	106.7	60.0	126144	408900	336538	9380700
张家港市	Zhangjiagang City	990	90.8	60.0	144546	325500	250316	10980100
昆山市	Kunshan City	932	72.4	37.0	201012	213900	221733	15100600
吴江市	Wujiang City	1238	80.2	55.0	115388	326700	309727	6994800
太仓市	Taicang City	823	47.0	25.0	123794	166300	308826	4857200
海安县	Haian County	1108	93.7	72.0	72117	389200	429429	2280100
如东县	Rudong County	1733	104.8	87.0	70443	484700	504966	2231300
启东市	Qidong City	1208	112.4	91.0	67525	528800	559581	2771100
如皋市	Rugao City	1492	142.3	120.0	63072	608000	469898	2888200
海门市	Haimen City	939	100.0	80.0	66597	499200	413915	3482200

continued

地方财政一般预算收入(万元) Revenue of Local Governments (10 000 yuan)	地方财政一般预算支出(万元) Expenditure of Local Governments (10 000 yuan)	城乡居民储蓄存款余额(万元) Balance of Savings Deposit of Urban and Rural Households (10 000 yuan)	粮食总产量(吨) Total Grain Yield (ton)	规模以上工业总产值(现价)(万元) Gross Industrial Output Value above Designated Size (current price) (10 000 yuan)	固定资产投资额(不含农户)(万元) Investment in Fixed Assets (Excluding Rural Households) (10 000 yuan)	固定电话年末用户(户) Number of Fixed Telephone Subscribers at Year-end (subscriber)	普通中学在校学生数(人) Enrollment of Regular Secondary Schools (person)	小学在校学生数(人) Enrollment of Primary Schools (person)	医院、卫生院床位数(床) Number of Beds of Hospitals and Health Centers (bed)
71632	168326	741008		212718	610669	37303	6532	7397	268
54259	162777	650191		1148026	870122	101615	17512	17171	1399
46498	179755	607016		750108	765688	70000	22945	27157	983
53593	162020	408137		1330416	685613	80547	10285	15573	610
55033	197406	486759		198838	612673	50864	15857	27873	1388
10200	84400	159481		68582	56237	16803	4458	5879	212
5090	73557	138279		43865	46842	15000	5211	7891	264
30060	169025	670345		173732	304113	43965	18019	18762	2034
14346	162483	443446		33142	98591	29012	13071	20489	1362
20348	72986	291909		340900	419461	56199	15812	20597	1010
11025	149389	274826		154250	212179	49270	20345	25824	579
8210	136090	258071		262767	225627	37019	22692	17940	921
16278	147160	333480		222398	247594	125012	19178	24526	780
9678	115134	193800		375643	120780	34637	12827	18020	674
10306	121327	298365		89615	83788	23718	15926	24653	612
107413	155247	564354		1100781	842041	51435	19909	23128	1350
124619	318399	784081		1193269	822768	127198	43256	39928	1701
17588	212862	475995		334926	299235	128000	49172	43221	1246
5937	69851	101235		34549	77508	7100	2722	3211	252
8208	45301	222879		53469	68075	31960	2142	3382	450
23003	57220	194378		129979	174079	17863	4307	1286	380
250008	315545	897400	229475	5035854	1856105	111700	17832	18579	1205
180037	273021	825300	186398	4786944	741030	103500	16829	18185	1418
1533727	1364371	6992315	201164	59530177	7119153	687683	60175	88082	6040
711968	757037	5468085	485708	25011875	4121984	513873	48035	62953	3246
196600	403976	1038767	510979	2212770	1010719	140462	67244	64998	2260
319008	507852	1615171	598927	7880673	2119121	197216	59725	69762	3247
202026	423914	1281978	885131	3804568	1212080	187160	83407	75422	2399
265085	431830	978517	635820	6043010	1896410	207733	40826	62518	1725
350813	534465	1355304	795012	10490394	2308272	221426	82041	128187	3192
371280	443228	2882400	544735	11372284	1945813	241408	34940	37308	2218
230758	297159	2000100	283812	6869002	1430578	203636	23464	25477	1685
1225011	1150183	8235701	321386	32516638	3287992	473302	42637	66446	5636
1423188	1327723	6656161	282785	44619122	3893706	394187	36284	55987	5615
2002188	1745761	6840035	118041	72822072	4973652	504751	32401	57374	4355
1128772	1080593	5556569	167477	29936721	3611781	374304	35370	48067	4552
854061	805089	3254137	212012	17062464	2952990	206844	19841	30435	3078
285060	430909	3564639	640486	10718559	2551235	432600	35467	36058	3619
253906	424067	2967426	908027	10453234	2427515	407000	39493	36148	2741
440716	532719	4061126	240922	10365300	2929895	454700	39006	38713	3136
456307	605433	3704019	728006	11573006	2720169	496500	58854	62019	3580
423512	476495	4093030	178376	12019780	2936563	399900	43706	44312	2985

地区名称	Region	行政区域土地面积(平方公里) Land Area (sq.m)	年末总人口(万人) Total Population (year-end) (10 000 persons)	乡村人口(万人) Rural Population (10 000 persons)	年末单位从业人员数(人) Employed Persons (year-end) (person)	乡村从业人员数(人) Rural Laborers (person)	第一产业增加值(万元) Value-added of Primary Industry (10 000 yuan)	第二产业增加值(万元) Value-added of Secondary Industry (10 000 yuan)
赣榆县	Ganyu County	1514	114.1	88.0	39255	422500	546920	1444400
东海县	Donghai County	2037	116.2	96.0	40997	465500	472743	1164400
灌云县	Guanyun County	1840	101.8	81.0	32324	373100	442922	902900
灌南县	Guannan County	1025	77.5	63.0	35309	318300	338538	913800
涟水县	Lianshui County	1676	110.3	96.0	47492	497300	474276	767800
洪泽县	Hongze County	1394	38.3	29.0	35699	181700	220740	591600
盱眙县	Xuyi County	2497	77.5	57.0	39387	336600	357905	841700
金湖县	Jinhu County	1394	35.7	26.0	29935	133800	200044	509200
响水县	Xiangshui County	1461	61.6	47.0	33191	218800	325010	796200
滨海县	Binhai County	1915	120.1	94.0	39552	441600	454129	1043400
阜宁县	Funing County	1439	110.4	78.0	51543	372500	423017	1171400
射阳县	Sheyang County	2855	97.4	76.0	56220	356200	636574	1177800
建湖县	Jianhu County	1160	80.5	58.0	53827	304400	385061	1380200
东台市	Dongtai City	3221	113.4	91.0	69947	484000	714934	2054300
大丰市	Dafeng City	3059	72.5	54.0	62822	316300	579000	1533900
宝应县	Baoying County	1462	91.4	71.0	60071	419000	497540	1394500
仪征市	Yizheng City	902	56.6	40.0	67806	229000	177065	1961900
高邮市	Gaoyou City	1922	82.1	65.0	54683	356400	504690	1456300
丹阳市	Danyang City	1047	81.3	60.0	86980	362600	388000	4002000
扬中市	Yangzhong City	331	28.0	24.0	46622	125100	100080	1718200
句容市	Jurong City	1387	58.9	45.0	63311	252300	275616	1578600
兴化市	Xinghua City	2395	157.3	117.0	58797	603600	741806	2028300
靖江市	Jingjiang City	656	67.2	49.0	69907	273100	174070	3062500
泰兴市	Taixing City	1170	120.2	104.0	72587	556500	392360	2648800
姜堰市	Jiangyan City	928	79.5	63.0	54986	348400	288892	1921700
沭阳县	Shuyang County	2298	186.5	159.0	63018	866500	658580	1855700
泗阳县	Siyang County	1418	103.3	84.0	37253	401400	425447	1192700
泗洪县	Sihong County	2731	102.6	77.0	41838	389400	488681	937000
浙江省	**Zhejiang Province**							
桐庐县	Tonglu County	1780	40.5	31.3	47924	203200	183348	1419879
淳安县	Chun'an County	4452	45.7	37.0	35750	242300	248773	603912
建德市	Jiande City	2364	51.2	40.1	44950	239400	238574	1270115
富阳市	Fuyang City	1808	65.4	53.3	116266	334800	331636	2972275
临安市	Lin'an City	3124	52.7	46.0	87531	283900	311009	1987082
象山县	Xiangshan County	1382	54.2	39.1	298841	275300	530238	1491559
宁海县	Ninghai County	1843	61.5	51.6	79139	332300	344888	1831916
余姚市	Yuyao City	1501	83.5	73.3	119114	455800	403795	3942933
慈溪市	Cixi City	1361	104.2	122.7	159945	800000	435708	5268633
奉化市	Fenghua City	1268	48.4	39.1	61525	270700	260258	1260280
洞头县	Dongtou County	100	12.9	8.3	7958	53600	37425	157805
永嘉县	Yongjia County	2674	96.0	74.8	109168	472400	91697	1468947
平阳县	Pingyang County	1051	87.5	66.5	77281	406300	127304	1158903
苍南县	Cangnan County	1272	131.7	98.5	95008	619100	237814	1428614

continued

地方财政一般预算收入(万元) Revenue of Local Governments (10 000 yuan)	地方财政一般预算支出(万元) Expenditure of Local Governments (10 000 yuan)	城乡居民储蓄存款余额(万元) Balance of Savings Deposit of Urban and Rural Households (10 000 yuan)	粮食总产量(吨) Total Grain Yield (ton)	规模以上工业总产值(现价)(万元) Gross Industrial Output Value above Designated Size (current price) (10 000 yuan)	固定资产投资额(不含农户)(万元) Investment in Fixed Assets (Excluding Rural Households) (10 000 yuan)	固定电话年末用户(户) Number of Fixed Telephone Subscribers at Year-end (subscriber)	普通中学在校学生数(人) Enrollment of Regular Secondary Schools (person)	小学在校学生数(人) Enrollment of Primary Schools (person)	医院、卫生院床位数(床) Number of Beds of Hospitals and Health Centers (bed)
238099	446294	1028432	535088	5950617	1461935	205877	71574	75842	1961
235008	433497	1033104	1093924	3647482	1405304	185134	63924	78057	1608
216093	359118	734154	747065	3033652	1270125	139841	58176	65221	1689
222193	376717	499950	619387	3195437	1294686	109077	40391	55191	1818
202809	385518	867160	900713	2914635	1097576	434000	56613	70274	2327
148545	232818	417326	417186	2618554	676565	144666	15819	18653	652
201067	363630	723183	957331	3354933	1356276	333609	41184	42150	1963
130018	224182	618847	500152	2242087	635980	159033	13919	14434	763
170057	262384	514043	505374	3226600	1163298	140618	22953	33428	1382
207728	383562	814155	898534	3415388	1525864	270974	39124	52474	2196
231366	410424	1161042	913033	3383679	1325665	215710	39306	48285	1775
190100	358292	1123238	1074932	3759900	1387743	214924	38031	43928	2225
282508	445750	1333369	720470	4120759	1456236	228994	30431	36751	2261
359200	537016	2670070	831920	5699131	2283063	399702	43988	38789	3297
300666	414375	1660209	760922	4194320	1770850	203425	28726	28923	1964
343859	429914	1612511	910754	5709200	798301	190628	39376	42863	1582
205806	323035	1722226	327249	9446700	1179407	169522	24156	24755	1673
259526	274140	1431274	855474	7503800	1270784	205572	37440	33711	1735
411318	436416	3139591	495675	16049437	1203013	312743	38780	45367	2218
195958	221786	1645534	107217	7296649	631800	125395	11276	13640	672
205008	309249	1464224	337415	7150820	713248	165725	21722	22678	1315
255640	493635	2348807	1380109	7732600	1550131	279154	51482	58076	3327
486814	414965	2618728	334874	12270200	2320509	211527	27713	32613	2752
279040	418759	2506309	685706	10725500	2137813	292522	59474	55857	2649
221874	305569	2187713	539630	7362200	1781625	193606	37201	35425	2344
372827	641145	1504456	1250879	4282576	2058983	231337	119714	102091	4113
173330	354579	948874	578402	2802485	1418428	190480	56328	71060	2879
148848	357239	815338	945220	1934858	1219113	154518	56975	76035	3205
171946	227949	1204914	95778	3785100	717174	127336	19248	22412	1081
95161	240155	811855	93915	1800052	707325	104052	21098	19152	930
141146	231133	1287136	100994	3752064	386990	120127	25591	22523	1644
409488	468439	2421212	149448	10734317	1136334	191078	36805	43428	1475
211018	335588	1486182	90281	5657091	713637	174582	23889	28782	1754
248303	395453	1190799	113340	4261283	770529	199600	22579	33926	1366
265948	363142	1363535	104589	4980099	942285	163600	28424	46769	1562
550163	582540	4449816	215118	10718973	1707955	410600	45046	68478	2335
715203	806381	6501038	120575	16135516	2152491	506161	56686	89306	2509
219607	329670	1653758	84306	3629770	771947	213400	23917	33546	1854
30706	112627	158096	2698	461324	306120	31080	4446	5609	171
162741	308919	2041677	114708	3554582	967699	210529	48406	64072	1009
167528	288683	1760705	144184	2204320	962140	184436	40019	53434	1472
174301	351397	2280021	183071	2486512	1336425	297762	69878	84026	1831

地区名称	Region	行政区域土地面积(平方公里) Land Area (sq.m)	年末总人口(万人) Total Population (year-end) (10 000 persons)	乡村人口(万人) Rural Population (10 000 persons)	年末单位从业人员数(人) Employed Persons (year-end) (person)	乡村从业人员数(人) Rural Laborers (person)	第一产业增加值(万元) Value-added of Primary Industry (10 000 yuan)	第二产业增加值(万元) Value-added of Secondary Industry (10 000 yuan)
文成县	Wencheng County	1294	38.7	24.3	19675	153700	54567	161593
泰顺县	Taishun County	1762	36.7	29.4	53180	176600	53735	164572
瑞安市	Ruian City	1271	121.1	113.0	115310	650300	179492	2633988
乐清市	Leqing City	1174	126.0	120.9	236261	693800	184035	3466154
嘉善县	Jiashan County	507	38.5	34.6	108407	218800	229516	1906258
海盐县	Haiyan County	508	37.5	34.6	68349	216700	203631	1702289
海宁市	Haining City	668	66.3	52.9	127034	312000	242622	3207716
平湖市	Pinghu City	537	48.8	34.6	140727	223300	178732	2489795
桐乡市	Tongxiang City	727	67.7	53.6	111344	325800	267812	2655606
德清县	Deqing County	938	43.2	35.1	91228	212500	203108	1600515
长兴县	Changxing County	1431	62.6	52.9	75795	316700	288423	1818491
安吉县	Anji County	1886	46.0	39.3	53682	238400	237177	1082214
绍兴县	Shaoxing County	1182	72.6	82.1	287163	497900	332052	5548751
新昌县	Xinchang County	1213	43.8	32.3	53796	214300	181454	1380007
诸暨市	Zhuji City	2311	107.2	95.1	322004	594200	433544	4238743
上虞市	Shangyu City	1403	77.7	64.3	221964	377700	365586	2964379
嵊州市	Shengzhou City	1790	73.5	61.8	67707	396000	326215	1708248
武义县	Wuyi County	1568	33.9	28.2	19944	181600	134650	855187
浦江县	Pujiang County	918	39.2	42.9	26075	258500	80901	920541
磐安县	Pan'an County	1195	21.0	18.4	30609	116400	85993	293240
兰溪市	Lanxi City	1312	66.6	53.7	55337	334100	210263	1235515
义乌市	Yiwu City	1105	74.7	120.7	112741	786800	198518	3099628
东阳市	Dongyang City	1747	82.3	78.4	109334	487800	166156	1724977
永康市	Yongkang City	1047	57.7	61.8	45162	358400	84049	2259364
常山县	Changshan County	1097	33.4	26.8	16310	173300	71892	516245
开化县	Kaihua County	2231	35.4	29.8	12058	194400	111795	406187
龙游县	Longyou County	1143	40.4	32.7	30446	206300	124047	872572
江山市	Jiangshan City	2019	60.1	47.6	29777	300300	191728	1183373
岱山县	Daishan County	327	19.1	14.7	18400	87500	216000	871485
嵊泗县	Shengsi County	86	7.9	4.6	11900	27000	143220	77585
玉环县	Yuhuan County	378	42.0	60.2	106655	396100	242524	2236333
三门县	Sanmen County	1072	42.9	34.2	31698	218600	194134	548771
天台县	Tiantai County	1426	58.2	45.4	48270	291400	108189	620884
仙居县	Xianju County	1992	49.5	41.4	49160	258200	122377	527973
温岭市	Wenling City	836	119.3	104.5	95429	652500	505873	3468910
临海市	Linhai City	2171	116.4	88.6	130551	576500	337353	1945139
青田县	Qingtian County	2484	51.4	29.0	25300	170700	61448	831603
缙云县	Jinyun County	1482	45.7	38.6	19104	229500	79426	812445
遂昌县	Suichang County	2539	23.2	18.9	19700	118300	82754	316611
松阳县	Songyang County	1406	23.8	19.5	11376	129200	107415	257393
云和县	Yunhe County	978	11.4	9.8	9900	58900	37329	207984
庆元县	Qingyuan County	1898	20.5	11.4	9000	70600	60254	175753
景宁畲族自治县	Jingning She A.C.	1950	17.3	9.7	9743	59700	52431	122253
龙泉市	Longquan City	3059	29.0	20.4	19600	130400	106066	356712

continued

地方财政一般预算收入(万元) Revenue of Local Governments (10 000 yuan)	地方财政一般预算支出(万元) Expenditure of Local Governments (10 000 yuan)	城乡居民储蓄存款余额(万元) Balance of Savings Deposit of Urban and Rural Households (10 000 yuan)	粮食总产量(吨) Total Grain Yield (ton)	规模以上工业总产值(现价)(万元) Gross Industrial Output Value above Designated Size (current price) (10 000 yuan)	固定资产投资额(不含农户)(万元) Investment in Fixed Assets (Excluding Rural Households) (10 000 yuan)	固定电话年末用户(户) Number of Fixed Telephone Subscribers at Year-end (subscriber)	普通中学在校学生数(人) Enrollment of Regular Secondary Schools (person)	小学在校学生数(人) Enrollment of Primary Schools (person)	医院、卫生院床位数(床) Number of Beds of Hospitals and Health Centers (bed)
47375	206282	868598	63752	246506	89431	59473	9849	14703	437
46287	186265	417065	65296	190293	158605	47760	15991	19494	471
386789	431542	5037834	138717	7285814	1645327	424475	56411	100753	2629
416600	457727	4582046	162028	10999299	1987603	421412	63171	98947	2578
243200	252935	2006630	184345	7329922	530984	148000	21700	25962	1295
171825	207050	1746889	199800	5043893	1188909	128300	21600	23238	1065
388194	398663	3659605	181448	10999491	1435062	224700	33000	43816	2626
324423	329260	2397464	245969	9450189	2133348	167200	26800	28683	1493
362870	380042	3482254	196281	11075680	1156700	200100	38700	52780	2649
234045	260698	1678018	97029	6344729	750918	173000	24160	26015	1737
307492	353020	1536325	278882	6471885	1252545	195600	35433	37932	2372
166628	252632	1219401	149342	3454320	325502	171400	25537	25786	1461
637690	586443	5137157	206813	29431019	1794854	423100	46624	58413	3037
169928	227588	1241573	80000	4388501	502966	153800	20591	27074	1644
457520	494358	4064919	379351	18444581	1594396	441900	83737	75915	3327
355195	357568	3524889	287625	11999172	1021504	313100	41768	47107	2268
184346	231803	1978357	170323	3788470	791184	257700	34877	40330	1861
110662	188903	1025743	108445	3744812	422592	102000	14600	26535	909
105754	147116	1240747	77112	2629322	364082	132200	20300	35794	1378
40095	124786	404731	40737	563769	238493	40900	9900	12862	570
135660	238608	1253511	126222	5548882	429592	154400	32500	34605	1241
504600	496337	9185568	105582	6382205	1882761	503600	46300	82175	2821
239530	289096	2785245	183597	3629507	539989	244000	42000	63691	2636
252637	271046	3195575	85117	7041443	878030	223400	29800	62199	1884
53116	161946	475344	79343	898177	558345	62300	12531	18600	672
43419	179113	513648	101337	875756	300617	61800	14093	19100	827
70941	182840	789777	177024	2084715	770496	103900	19350	21800	1092
100218	228000	1130799	227541	2981723	918759	113000	28202	37400	1255
84685	245605	607265	10017	2779892	393929	82100	6000	7500	471
43738	163632	252641	225	53421	115607	33100	2700	2900	326
216856	261520	1721324	23972	6069836	491655	210000	18507	46699	1030
96022	186879	673825	84015	1608775	987247	90000	16157	27368	769
96610	197644	950946	117751	1478009	303042	110000	31056	35933	1070
68553	153462	928604	107427	896395	431794	90000	25473	38413	627
361688	451736	4676416	153597	6557463	1015991	360000	52737	97104	3889
261957	393425	2485881	161879	5103557	875295	230000	57946	84723	3185
93244	210662	2548223	65263	2403324	456909	83900	19513	28851	636
66214	172462	879638	61984	2955040	205195	81700	23375	28106	1370
41768	140069	381894	66882	1177912	186910	42200	9295	12806	577
29225	129994	370285	52434	1131660	159958	36100	10044	13602	552
24471	95880	245010	24604	484706	168304	21100	5229	7572	320
18812	110986	250656	63931	342776	208585	24400	8281	11167	423
36677	169055	191215	44386	106552	129390	20000	5458	8645	339
40855	140706	506661	98865	1042380	356093	43600	12956	18287	701

地区名称	Region	行政区域土地面积(平方公里) Land Area (sq.m)	年末总人口(万人) Total Population (year-end) (10 000 persons)	乡村人口(万人) Rural Population (10 000 persons)	年末单位从业人员数(人) Employed Persons (year-end) (person)	乡村从业人员数(人) Rural Laborers (person)	第一产业增加值(万元) Value-added of Primary Industry (10 000 yuan)	第二产业增加值(万元) Value-added of Secondary Industry (10 000 yuan)
安徽省	**Anhui Province**							
长丰县	Changfeng County	1841	77.4	66.4	43037	377875	449288	1261430
肥东县	Feidong County	2206	108.4	94.3	38519	590596	502153	1843882
肥西县	Feixi County	1970	90.1	81.9	61359	510646	461588	2257670
庐江县	Lujiang County	2344	118.6	107.7	46511	550220	340329	534717
巢湖市	Chaohu City	2031	89.6	66.0	50870	380391	212292	988220
芜湖县	Wuhu County	650	34.8	30.1	10644	171556	144988	866177
繁昌县	Fanchang County	585	28.0	21.1	18994	124805	68313	1044027
南陵县	Nanling County	1264	55.5	49.3	21340	309527	227131	754205
无为县	Wuwei County	2433	142.9	97.1	37465	662183	468164	1535986
怀远县	Huaiyuan County	2384	136.3	119.0	31950	692774	546757	709357
五河县	Wuhe County	1595	73.2	66.7	16571	401791	429159	375525
固镇县	Guzhen County	1360	63.2	56.0	16142	335462	370732	365997
凤台县	Fengtai County	894	63.5	50.7	52742	309123	241353	1356407
当涂县	Dangtu County	1346	65.6	54.5	16080	311108	288697	1737106
含山县	Hanshan County	1037	44.7	36.3	12591	207079	161512	394409
和县	He County	1319	54.4	43.1	21861	253503	181101	473923
濉溪县	Suixi County	1982	111.2	94.5	27159	490927	323138	764381
铜陵县	Tongling County	823	29.3	24.0	15963	161014	78074	672643
怀宁县	Huaining County	1276	69.7	63.7	18627	345326	189187	880763
枞阳县	Zongyang County	1808	97.1	84.5	22427	526739	269130	873042
潜山县	Qianshan County	1686	58.7	54.3	15482	276495	170438	556267
太湖县	Taihu County	2040	56.9	51.3	19579	288855	175125	325222
宿松县	Susong County	2394	83.7	72.9	26909	382475	334305	497318
望江县	Wangjiang County	1357	63.2	58.4	13941	333384	206390	329657
岳西县	Yuexi County	2398	40.4	40.2	12497	207411	116640	320460
桐城市	Tongcheng City	1546	75.5	65.9	22464	388817	223640	1106628
歙县	She County	2236	48.3	43.8	14327	276649	143451	485038
休宁县	Xiuning County	2125	27.6	24.9	9805	152877	100826	215439
黟县	Yi County	847	9.6	7.7	4666	52349	31374	91907
祁门县	Qimen County	2257	18.8	14.8	8792	97531	49982	166653
来安县	Laian County	1481	50.2	40.3	15140	254220	169992	459641
全椒县	Quanjiao County	1568	46.7	34.0	20328	189216	197371	368722
定远县	Dingyuan County	2998	97.6	86.4	22718	480653	416113	311334
凤阳县	Fengyang County	1950	76.0	68.5	22711	392794	281570	440938
天长市	Tianchang City	1751	63.5	54.6	20085	333724	249424	1222237
明光市	Mingguang City	2350	65.0	54.7	21119	307571	259046	275669
临泉县	Linquan County	1818	223.0	200.3	32316	1079762	526169	192732
太和县	Taihe County	1820	173.1	152.1	30857	892032	382127	491905
阜南县	Funan County	1768	168.5	156.0	25986	855566	378232	311358
颍上县	Yingshang County	1859	171.9	146.1	44458	821592	377224	771319
界首市	Jieshou City	667	79.2	66.3	21730	384515	192608	447125
砀山县	Dangshan County	1193	99.7	85.6	30379	525984	325096	437063

continued

地方财政一般预算收入(万元) Revenue of Local Governments (10 000 yuan)	地方财政一般预算支出(万元) Expenditure of Local Governments (10 000 yuan)	城乡居民储蓄存款余额(万元) Balance of Savings Deposit of Urban and Rural Households (10 000 yuan)	粮食总产量(吨) Total Grain Yield (ton)	规模以上工业总产值(现价)(万元) Gross Industrial Output Value above Designated Size (current price) (10 000 yuan)	固定资产投资额(不含农户)(万元) Investment in Fixed Assets (Excluding Rural Households) (10 000 yuan)	固定电话年末用户(户) Number of Fixed Telephone Subscribers at Year-end (subscriber)	普通中学在校学生数(人) Enrollment of Regular Secondary Schools (person)	小学在校学生数(人) Enrollment of Primary Schools (person)	医院、卫生院床位数(床) Number of Beds of Hospitals and Health Centers (bed)
131020	282153	554998		3390231	2050989	115548	44671	40232	1650
157804	354121	1000330		4542460	2566219	183600	86929	64877	1804
214885	352756	949458		7407342	2823903	150687	47610	57154	2292
86923	319562	1216137		1001461	751047	160570	59543	57100	2214
176827	355985	1381434		2703910	547319	209315	48403	46589	3407
134374	224450	544863		2783050	1342155	70987	20644	18543	550
136605	221671	639587		4205377	1252835	63511	14008	14376	548
87328	197176	632644		1906021	1078655	81692	26223	28948	1009
113220	329379	1366376		5484710	1573469	206161	78750	83609	2398
78121	315255	778381		2517463	981512	140533	71971	104397	2913
65932	221662	545656		1540823	827557	89446	40498	47241	1513
53287	190910	521834		1423614	568223	65374	32811	43644	1345
141430	229440	765312		2440766	564431	96450	39479	46771	1079
180205	330499	980594		3825378	2660681	154632	32948	34024	1384
54117	151501	513268		946335	397906	71000	27243	26332	843
59292	173385	945469		1118693	597982	105900	30833	38386	952
79411	292594	1138326		2948949	1181213	167652	78847	85439	1750
87166	163747	542164		1834869	1218627	61179	13144	13597	491
108938	252288	1103481		2000363	759628	93732	45769	35641	1507
64035	237286	1161626		2106660	1030366	127352	60321	69874	1441
41183	198194	619328		1247369	470128	123353	44304	37400	1013
23856	179143	424696		1035409	477570	97948	38256	26942	864
36966	200562	709378		1099937	593500	81203	56837	59560	1501
28270	163556	607636		1075762	415506	74354	39812	38493	918
19155	149817	316905		823137	405645	61256	21163	19311	1161
109129	265250	1257937		2967860	1171044	150085	53419	41722	1768
58271	173701	754984		1088275	621290	90499	19782	19507	1002
42668	126223	413953		569649	461089	54571	10736	11077	533
17948	63949	175110		181673	182532	23487	3282	3929	222
32400	97254	335449		313470	316994	43005	8194	9518	821
64525	168815	492566		1564398	570064	82370	23866	23890	1178
73561	191630	589735		1106774	519617	88000	26547	22562	1024
63491	259199	635005		761212	615681	110960	59067	64942	1227
82564	247069	581133		1189055	753046	107417	43472	58200	1476
134573	282687	771119		4749814	1359580	95780	35863	37175	2030
52755	180089	514746		597701	561163	95237	34489	39044	1248
37616	338506	1446992		646976	337208	154237	106683	164726	2522
60014	303732	1514111		1230988	384880	155441	76225	135434	3819
27642	292887	1062381		648366	374608	54382	86844	168677	2528
101902	334228	1089848		1654537	558758	103500	65755	108499	2255
47930	177897	731290		1687228	232974	72804	33592	46055	1679
34570	203597	824033		1723481	380693	83000	58599	54971	2502

4-1 续表 14

地区名称	Region	行政区域土地面积(平方公里) Land Area (sq.m)	年末总人口(万人) Total Population (year-end) (10 000 persons)	乡村人口(万人) Rural Population (10 000 persons)	年末单位从业人员数(人) Employed Persons (year-end) (person)	乡村从业人员数(人) Rural Laborers (person)	第一产业增加值(万元) Value-added of Primary Industry (10 000 yuan)	第二产业增加值(万元) Value-added of Secondary Industry (10 000 yuan)
萧县	Xiao County	1854	143.6	132.5	33893	691805	435521	568400
灵璧县	Lingbi County	2054	124.3	109.3	24084	624799	453513	305234
泗县	Si County	1787	93.6	85.2	24361	508053	402357	406493
寿县	Shou County	2948	137.5	134.9	30964	728720	398353	277330
霍邱县	Huoqiu County	3488	165.0	155.3	32020	843550	408757	859021
舒城县	Shucheng County	2100	100.0	87.8	28800	507692	255387	507802
金寨县	Jinzhai County	3814	66.7	57.7	20913	294123	147640	325608
霍山县	Huoshan County	2043	36.6	32.7	59280	173141	94835	717058
涡阳县	Guoyang County	2107	150.2	133.2	37667	734587	358427	685941
蒙城县	Mengcheng County	2091	132.4	111.5	38085	633551	403593	559027
利辛县	Lixin County	1950	157.8	137.9	35527	751615	393891	317001
东至县	Dongzhi County	3256	54.8	50.2	16501	323962	216488	398648
石台县	Shitai County	1413	10.9	9.5	5595	56645	30315	65209
青阳县	Qingyang County	1101	27.3	23.3	12666	134841	78525	292676
郎溪县	Langxi County	1105	34.2	27.8	14625	161519	116016	453944
广德县	Guangde County	2165	51.5	45.6	12669	288886	153084	617872
泾县	Jing County	2055	35.6	30.2	14332	189947	131656	248833
绩溪县	Jixi County	1116	17.7	14.5	7388	84111	80476	206119
旌德县	Jingde County	905	15.1	12.4	8851	72356	55052	119159
宁国市	Ningguo City	2487	38.8	31.3	28643	191379	170927	1041855
福建省	**Fujian Province**							
闽侯县	Minhou County	2130	64.6	57.7	96263	282586	276568	1821900
连江县	Lianjiang County	1186	63.6	56.8	43283	295562	773347	920400
罗源县	Luoyuan County	1187	25.6	22.6	16816	99735	218974	936500
闽清县	Minqing County	1467	31.4	26.7	23492	123657	177808	537500
永泰县	Yongtai County	2243	36.3	33.3	12302	183435	285630	318300
平潭县	Pingtan County	372	40.7	36.1	20569	186288	301160	317700
福清市	Fuqing City	1518	128.2	116.0	204585	554740	755545	2806500
长乐市	Changle City	658	69.0	62.6	50585	278896	335246	2553100
仙游县	Xianyou County	1835	109.1	98.7	38056	506990	239979	812756
明溪县	Mingxi County	1709	11.6	9.3	8926	53311	113611	164310
清流县	Qingliu County	1858	14.6	12.6	9987	59228	116801	239718
宁化县	Ninghua County	2407	35.8	31.0	97641	141562	206987	297012
大田县	Datian County	2233	36.9	32.6	20760	138371	211836	577185
尤溪县	Youxi County	3463	42.4	38.3	17475	190183	361505	514820
沙县	Sha County	1815	25.5	19.5	22015	92999	207565	673561
将乐县	Jiangle County	2246	17.6	15.1	10064	92100	128609	368879
泰宁县	Taining County	1539	13.1	11.2	7683	58469	120003	235998
建宁县	Jianning County	1718	15.0	12.7	8066	57593	134027	258225
永安市	Yongan City	2932	32.6	19.1	40575	109476	229297	1276448
惠安县	Huian County	484	96.5	67.7	228596	369610	209504	1990846
安溪县	Anxi County	3057	111.6	109.6	93427	527125	284045	2166557
永春县	Yongchun County	1457	56.6	44.2	50892	215512	180045	1037484

continued

地方财政一般预算收入(万元) Revenue of Local Governments (10 000 yuan)	地方财政一般预算支出(万元) Expenditure of Local Governments (10 000 yuan)	城乡居民储蓄存款余额(万元) Balance of Savings Deposit of Urban and Rural Households (10 000 yuan)	粮食总产量(吨) Total Grain Yield (ton)	规模以上工业总产值(现价)(万元) Gross Industrial Output Value above Designated Size (current price) (10 000 yuan)	固定资产投资额(不含农户)(万元) Investment in Fixed Assets (Excluding Rural Households) (10 000 yuan)	固定电话年末用户(户) Number of Fixed Telephone Subscribers at Year-end (subscriber)	普通中学在校学生数(人) Enrollment of Regular Secondary Schools (person)	小学在校学生数(人) Enrollment of Primary Schools (person)	医院、卫生院床位数(床) Number of Beds of Hospitals and Health Centers (bed)
52996	301034	1047227		2511881	560497	120613	76134	98018	1886
31704	254968	811299		1336528	277285	98135	59737	85489	2127
37545	203084	574151		1008048	329263	121100	52709	58128	1690
37333	319362	771690		554596	544820	176024	60180	78414	1660
102341	366810	918720		2065576	703045	176587	85965	104700	3572
53642	241786	1003611		1387804	414878	121622	55098	48208	1672
37400	218597	486434		1068869	500349	167250	41796	46939	905
66085	174102	428769		2059900	538597	91476	20578	16651	1156
74783	309374	1074607		1535253	767017	166152	68912	117748	2546
77204	301037	884834		974836	568780	189805	79872	110759	2752
50561	317575	978596		515947	487732	137911	67441	128861	1781
62308	180999	651031		824986	495288	102438	33870	37392	1175
11532	66379	158027		120917	40368	28309	5929	5554	238
62813	131593	465828		647437	284855	64912	16904	14978	755
65716	157249	368486		2713955	803885	53985	16957	19177	826
100012	207000	623741		3844097	1068775	81269	24058	27862	1359
50334	142707	525669		866533	456396	80647	12553	14108	923
43715	105986	316742		827599	467965	43772	5986	6825	451
27079	77843	212139		362557	138925	35600	3867	5283	361
160704	256007	610518		3475672	1304449	117508	18448	17650	1576
285955	322514	1158774	73223	4983672	2945537	88125	27937	44031	720
146923	226435	1207491	52307	2584231	1199111	118870	23594	33428	670
61104	95563	295502	43847	3205729	662661	29731	14857	21374	589
39919	95057	526651	63170	1213777	219514	48940	14048	20047	972
28005	102680	356605	112943	309305	236065	50103	11517	17238	691
82300	444766	441042	23290	304500	1513959	82258	31211	29541	721
309111	397184	3936296	126897	10824800	3252614	339453	77302	96422	2200
186922	255220	1982502	92956	11361600	1654595	157269	27481	42543	1637
92532	214579	1239200	139168	2071191	1059967	171602	67738	69752	2157
13428	51960	228788	91650	458522	255747	16311	5024	5924	322
18480	36716	174301	89832	356420	316141	20603	6057	8171	462
29629	98302	346375	194515	638845	466242	41000	17455	16159	782
59071	112625	351070	114824	1975800	938039	35537	17896	20917	512
47577	125115	440278	173223	1452784	619696	68239	21594	20617	1233
67222	106948	500978	89766	3147814	1018995	74062	12238	18992	709
37718	81247	265677	78972	1021355	376529	26043	8210	9689	525
18716	61157	185837	65124	446292	255796	17364	4256	7175	534
15030	58130	177434	102974	584100	279197	22510	7094	8050	485
121223	154776	677103	110024	3659925	830019	84438	17473	20242	1522
178106	239131	1233751	119170	4857473	1420766	204900	34746	45721	2313
131851	248785	1475668	127534	5917286	1043351	193797	50788	67979	1929
81016	141264	778124	135737	2442005	405362	99561	25222	30643	1144

4-1 续表 15

地区名称	Region	行政区域土地面积(平方公里) Land Area (sq.m)	年末总人口(万人) Total Population (year-end) (10 000 persons)	乡村人口(万人) Rural Population (10 000 persons)	年末单位从业人员数(人) Employed Persons (year-end) (person)	乡村从业人员数(人) Rural Laborers (person)	第一产业增加值(万元) Value-added of Primary Industry (10 000 yuan)	第二产业增加值(万元) Value-added of Secondary Industry (10 000 yuan)
德化县	Dehua County	2232	31.9	28.0	28920	159757	88693	697038
石狮市	Shishi City	160	31.8	24.7	159312	137757	169321	2481254
晋江市	Jinjiang City	642	107.0	111.2	613018	729827	174033	7390136
南安市	Nan'an City	1985	151.0	112.2	106915	750206	215912	3722400
云霄县	Yunxiao County	1051	43.8	35.2	24396	173621	206360	364630
漳浦县	Zhangpu County	2146	85.9	79.4	61615	447890	495733	656539
诏安县	Zhaoan County	1294	60.7	55.7	29935	326708	299353	472668
长泰县	Changtai County	900	19.8	16.1	33121	91881	141822	631826
东山县	Dongshan County	248	21.0	14.0	18950	80212	264144	429154
南靖县	Nanjing County	1962	35.3	30.8	23921	161068	348404	632828
平和县	Pinghe County	2310	58.1	54.5	20879	277968	425334	261192
华安县	Huaan County	1278	16.4	14.1	15255	73125	149775	275231
龙海市	Longhai City	1315	82.4	70.6	89472	397579	493073	2513306
顺昌县	Shunchang County	1992	23.9	18.1	18284	102888	155741	232900
浦城县	Pucheng County	3376	42.5	35.7	18151	193051	204987	267000
光泽县	Guangze County	2240	16.0	13.3	20832	68145	191959	150400
松溪县	Songxi County	1040	16.4	14.5	8713	75372	94607	100400
政和县	Zhenghe County	1735	23.0	19.6	10438	101479	94222	96000
邵武市	Shaowu City	2852	30.4	20.6	36177	107530	247146	616000
武夷山市	Wuyishan City	2814	23.0	17.5	23848	101831	178952	281500
建瓯市	Jian'ou City	4233	54.0	45.3	19430	223798	373975	438100
建阳市	Jianyang City	3378	34.3	27.2	19289	139293	253494	438600
长汀县	Changting County	3100	50.7	38.8	55621	213102	224831	523215
永定县	Yongding County	2224	48.0	45.2	27527	251380	222562	757748
上杭县	Shanghang County	2859	49.3	45.8	36671	259620	245291	931294
武平县	Wuping County	2638	37.3	35.0	25967	172751	228428	370253
连城县	Liancheng County	2576	33.1	28.7	18276	153149	200485	438779
漳平市	Zhangping City	2976	28.1	22.7	27577	125385	175821	577940
霞浦县	Xiapu County	1678	53.3	43.3	17844	219272	314335	368700
古田县	Gutian County	2403	42.6	38.0	17001	205310	274684	378500
屏南县	Pingnan County	1498	18.6	16.2	8991	80320	94875	167400
寿宁县	Shouning County	1425	26.6	23.8	9189	110990	116410	192800
周宁县	Zhouning County	1047	20.3	17.6	7456	78045	60189	162200
柘荣县	Zherong County	544	10.5	7.8	7101	36458	57171	187100
福安市	Fuan City	1880	64.8	46.7	28331	173264	291610	1385300
福鼎市	Fuding City	1526	58.2	47.6	22560	258510	242880	974800
江西省	**Jiangxi Province**							
南昌县	Nanchang County	1684	100.9	67.8	72897	288977	403088	2542944
新建县	Xinjian County	2338	71.9	51.9	33744	225583	391892	1137229
安义县	Anyi County	665	28.6	14.5	20031	33037	79111	362148
进贤县	Jinxian County	1955	83.0	44.6	22893	110585	372060	1180586
浮梁县	Fuliang County	2851	28.5	19.1	24454	61539	125012	368728
乐平市	Leping City	1974	89.7	47.7	45136	165996	268742	1023898

continued

地方财政一般预算收　入(万元) Revenue of Local Governments (10 000 yuan)	地方财政一般预算支　出(万元) Expenditure of Local Governments (10 000 yuan)	城乡居民储蓄存款余额(万元) Balance of Savings Deposit of Urban and Rural Households (10 000 yuan)	粮食总产量(吨) Total Grain Yield (ton)	规模以上工业总产值(现价)(万元) Gross Industrial Output Value above Designated Size (current price) (10 000 yuan)	固定资产投资额(不含农户)(万元) Investment in Fixed Assets (Excluding Rural Households) (10 000 yuan)	固定电话年末用户(户) Number of Fixed Telephone Subscribers at Year-end (subscriber)	普通中学在校学生数(人) Enrollment of Regular Secondary Schools (person)	小学在校学生数(人) Enrollment of Primary Schools (person)	医院、卫生院床位数(床) Number of Beds of Hospitals and Health Centers (bed)
61959	117606	450264	88181	1487198	428573	64490	15864	18706	650
240012	302586	2709323	10297	7753566	1802686	355000	21910	46533	1360
639164	701225	5119632	57655	24662129	4058375	552525	76500	160513	3792
284426	402827	3366171	190284	10226348	2095188	405573	68393	93749	4180
30918	102506	467272	99751	977569	479522	76192	22829	32121	896
96648	211087	636744	199041	1489548	1307763	141243	38867	51779	1602
38922	127336	421413	110226	1238632	505181	108008	30585	37735	829
63116	106092	349347	37094	1960516	1046971	43706	9211	12405	483
65000	151484	315389	7173	1261258	672089	49652	10960	12451	480
54415	118796	369188	47195	1887118	806243	68253	16915	19413	629
37800	122175	514632	76259	644194	447188	89382	31546	50742	915
31828	67864	187278	15436	801645	535416	30000	5662	9221	430
265932	353944	1403462	107233	8096361	2058237	182955	44190	56252	1459
25666	72302	319348	73850	620596	198500	44300	12685	11569	702
32740	94323	495661	245481	469633	543616	61237	18317	25196	1062
19988	66441	195702	81041	463586	195878	91341	8507	10311	443
14587	48325	173900	66062	225400	78500	23449	6759	8088	470
14665	56976	175609	82899	215377	100694	35108	11065	13084	665
64580	132999	609149	202920	1816659	704234	65014	15205	16823	1356
60016	92891	496021	135911	464199	874672	59157	10582	14454	584
45751	123820	542645	217986	1027526	705172	78663	23013	30522	1244
55622	123678	474704	219408	1283996	612795	68220	17367	19910	1462
42875	157150	442703	199554	1260431	588263	80015	25533	28380	1539
89319	180338	518906	130994	1516160	808733	117571	20413	24658	1253
107160	198598	635762	180678	2342462	787606	104728	26666	22438	1368
40536	123307	327604	208970	659667	711909	67674	16432	18127	1248
26289	89241	255464	167149	1076245	467813	47362	15483	14660	932
63150	135345	355653	81026	1170268	847033	55000	11149	15238	835
45602	150475	292796	85691	738628	363253	91817	20699	25247	1318
37713	108935	470870	147497	879602	51338	77800	16065	18306	849
18923	59374	146343	62284	432749	129324	25222	6863	8155	518
16135	70616	176503	63568	523886	152583	19906	12863	14213	487
16135	57971	112278	39101	412871	100529	24118	9109	8077	495
11596	45346	90741	35942	598585	131552	17000	6007	5600	448
121355	213796	792454	104978	4797080	618558	168350	34762	38997	1847
102936	188236	642730	85630	3324343	666786	109000	29453	30196	1532
258784	457103	1444627	1003760	4780121	3410895	143000	56127	78655	1385
120477	262282	979241	630404	3030575	1596887	106298	49835	75928	1383
38531	114008	478628	165503	839218	441708	52763	15458	22504	478
68568	205615	986328	501000	1893548	626177	81498	48112	78140	1345
56828	112711	254442	162147	1262182	339927	45791	13502	18956	628
141659	282088	988402	411968	2587145	1809596	107000	48343	83495	1682

地区名称	Region	行政区域土地面积(平方公里) Land Area (sq.m)	年末总人口(万人) Total Population (year-end) (10 000 persons)	乡村人口(万人) Rural Population (10 000 persons)	年末单位从业人员数(人) Employed Persons (year-end) (person)	乡村从业人员数(人) Rural Laborers (person)	第一产业增加值(万元) Value-added of Primary Industry (10 000 yuan)	第二产业增加值(万元) Value-added of Secondary Industry (10 000 yuan)
莲花县	Lianhua County	1062	26.5	19.6	12213	77243	65588	163430
上栗县	Shangli County	725	48.2	40.7	11502	191926	123611	863715
芦溪县	Luxi County	968	29.4	17.2	8085	49722	117162	605288
九江县	Jiujiang County	917	33.0	21.5	21641	73896	93205	385495
武宁县	Wuning County	3507	38.0	24.4	15773	92068	109405	324778
修水县	Xiushui County	4503	83.0	57.5	27476	193065	124868	371417
永修县	Yongxiu County	2035	39.0	21.2	26826	66822	109737	486574
德安县	Dean County	863	17.0	9.2	12913	34380	41822	347414
星子县	Xingzi County	719	26.0	15.4	14684	42763	51998	209552
都昌县	Duchang County	1988	82.0	53.8	36452	185525	139854	248510
湖口县	Hukou County	669	30.0	16.7	23888	54273	80575	665631
彭泽县	Pengze County	1542	38.0	20.2	19379	57723	99354	263207
瑞昌市	Ruichang City	1423	45.0	26.4	32605	83884	99593	604171
共青城市	Gongqingcheng City	308	7.0	4.2	19363	20505	17234	359707
分宜县	Fenyi County	1389	32.8	18.3	17036	77550	135240	840509
余江县	Yujiang County	937	37.9	17.6	21623	32766	194470	299600
贵溪市	Guixi City	2493	61.1	34.6	39954	128313	155044	1874999
赣县	Gan County	2993	62.2	39.6	25915	145907	161436	534410
信丰县	Xinfeng County	2878	73.6	46.2	36531	171062	207577	443264
大余县	Dayu County	1368	30.7	17.9	16229	72378	96052	343224
上犹县	Shangyou County	1544	31.2	19.3	15985	68756	74836	142452
崇义县	Chongyi County	2197	20.9	14.1	17414	55078	71131	288482
安远县	Anyuan County	2375	37.8	26.1	14822	108307	115505	89092
龙南县	Longnan County	1641	31.8	21.3	30233	94550	88915	408192
定南县	Dingnan County	1317	21.1	14.7	14286	65895	75795	177009
全南县	Quannan County	1521	19.2	10.9	13213	42756	56990	160746
宁都县	Ningdu County	4053	78.7	55.9	22014	223112	224510	365179
于都县	Yudu County	2893	103.6	63.6	35533	211702	183938	552780
兴国县	Xingguo County	3215	79.1	50.0	24347	185879	229718	429240
会昌县	Huichang County	2722	50.7	33.8	14727	121631	130952	221913
寻乌县	Xunwu County	2311	31.7	24.3	11504	111042	142120	119215
石城县	Shicheng County	1582	31.7	21.3	10855	74139	94966	79649
瑞金市	Ruijin City	2448	67.5	42.8	22338	157165	119246	280235
南康市	Nankang City	1740	81.8	53.4	22789	198381	186443	570259
吉安县	Ji'an County	2117	48.2	28.1	16153	91580	195896	498324
吉水县	Jishui County	2509	52.0	25.2	20552	54288	163697	351749
峡江县	Xiajiang County	1287	17.6	11.1	9893	43049	92867	179875
新干县	Xin'gan County	1252	32.8	17.4	13247	50633	147348	365482
永丰县	Yongfeng County	2680	45.4	22.7	21758	43292	150231	397036
泰和县	Taihe County	2666	55.5	33.1	17851	94464	200598	485808
遂川县	Suichuan County	3102	57.1	37.4	16605	145165	120743	326995
万安县	Wan'an County	2047	30.5	20.5	13593	76405	93443	191808
安福县	Anfu County	2796	39.8	23.7	13994	85226	163490	431670
永新县	Yongxin County	2200	51.4	32.1	14352	110414	128931	258969

continued

地方财政一般预算收入(万元) Revenue of Local Governments (10 000 yuan)	地方财政一般预算支出(万元) Expenditure of Local Governments (10 000 yuan)	城乡居民储蓄存款余额(万元) Balance of Savings Deposit of Urban and Rural Households (10 000 yuan)	粮食总产量(吨) Total Grain Yield (ton)	规模以上工业总产值(现价)(万元) Gross Industrial Output Value above Designated Size (current price) (10 000 yuan)	固定资产投资额(不含农户)(万元) Investment in Fixed Assets (Excluding Rural Households) (10 000 yuan)	固定电话年末用户(户) Number of Fixed Telephone Subscribers at Year-end (subscriber)	普通中学在校学生数(人) Enrollment of Regular Secondary Schools (person)	小学在校学生数(人) Enrollment of Primary Schools (person)	医院、卫生院床位数(床) Number of Beds of Hospitals and Health Centers (bed)
30253	102017	315396	132648	625216	210321	31409	14962	23099	464
87472	166358		151694	1957789	943270	32004	29979	41478	816
58846	122760		135039	1707888	700898	24395	15994	26766	520
48101	112987	393997	60474	1049438	421564	41421	20083	25468	617
52515	132008	436906	157104	1208948	539900	87950	13321	25078	694
65305	228645	578405	216256	1007835	618610	102311	44531	92452	1679
62360	176455	445365	235094	1887002	885800	57000	20165	31931	803
46322	92693	287171	40679	1347221	465219	28600	9514	14912	563
35673	96150	252212	70536	225034	351113	38320	16608	29437	741
43633	185387	605384	394786	522200	334922	94298	62864	91981	1467
74509	143606	341900	95694	2291800	1215000	37271	18972	25754	621
43178	133731	383290	99438	828088	509440	57568	23693	31256	678
84905	163689	473612	74225	1981769	909669	62500	22798	32395	1415
41201	82909	136934	17741	1346635	652889	13000	4145	7912	270
158086	223768	456882	153765	2493023	577392	31174	13528	23428	605
56126	137733	393538	235587	1284799	294377	40000	22849	35402	614
159422	248744	705896	359757	11114600	1671774	75900	28846	47738	1253
55703	175604	758553	197395	1884433	610157	60369	33091	65970	754
55460	166787	782050	265405	1084118	572697	71404	36751	67562	1220
37674	106681	472106	84206	583673	491122	39048	14182	27480	852
24488	103146	367023	85498	547413	206989	35548	14940	27354	630
30999	91366	351646	45743	759654	164952	27207	10220	14640	407
20307	118280	268185	99020	206726	67731	34598	25248	35562	731
51302	131205	527018	62886	1538338	583969	42711	16325	23080	566
31688	95210	365763	54712	373989	222807	32204	12262	20797	725
24288	81800	266141	63956	581389	139246	27118	6840	15219	546
47839	187558	940210	393913	489657	272495	58367	38767	85212	1231
56538	221369	941133	250186	1390872	648167	93364	79372	125421	2100
41794	191282	736565	278506	941777	410939	78075	49694	96682	1322
43269	148415	474486	154805	673092	171926	48161	40609	61730	1106
21200	105288	333054	97447	214824	132308	36502	21440	27980	568
22781	91161	352278	91526	73815	92947	29583	20275	33386	801
57930	181169	748437	185615	499093	253922	64267	41711	61874	1342
80086	205690	1213857	262212	1612184	549266	103858	51694	83483	1685
82890	175798	619536	427246	1716133	637509	39614	25989	35093	929
46419	157827	562463	553615	1115771	520863	47362	25844	44373	759
33983	90692	255514	227743	709266	304777	15285	10399	17777	359
55598	145810	505206	334328	1264734	554041	43995	19051	27560	699
51370	148198	479110	341601	1326477	617131	34397	27541	37921	795
68043	172813	744649	500110	1572360	613513	57526	26147	39429	1585
52100	145852	441845	250005	773515	408528	66254	28551	47105	1473
37258	113268	366568	262685	553210	301342	34650	17789	21793	704
78439	162344	562160	322985	1054138	399716	46924	17284	24334	967
34882	141877	566693	286079	837026	433687	53313	32284	38343	1009

地区名称	Region	行政区域土地面积(平方公里) Land Area (sq.m)	年末总人口(万人) Total Population (year-end) (10 000 persons)	乡村人口(万人) Rural Population (10 000 persons)	年末单位从业人员数(人) Employed Persons (year-end) (person)	乡村从业人员数(人) Rural Laborers (person)	第一产业增加值(万元) Value-added of Primary Industry (10 000 yuan)	第二产业增加值(万元) Value-added of Secondary Industry (10 000 yuan)
井冈山市	Jinggangshan City	1276	16.3	8.7	19280	33352	38410	153636
奉新县	Fengxin County	1642	32.1	13.8	25082	18571	131568	472932
万载县	Wanzai County	1720	52.6	37.8	21589	151237	116835	426894
上高县	Shanggao County	1350	36.0	15.7	43788	26115	146871	469398
宜丰县	Yifeng County	1935	28.8	17.2	12755	69258	127000	365900
靖安县	Jing'an County	1378	14.7	8.2	12238	28532	47321	135034
铜鼓县	Tonggu County	1548	13.8	8.8	8289	34697	44359	103100
丰城市	Fengcheng City	2845	138.3	86.5	55606	307553	490334	1544031
樟树市	Zhangshu City	1291	59.5	27.7	36769	67842	247116	1090857
高安市	Gao'an City	2439	83.6	49.8	25543	201146	264982	709503
南城县	Nancheng County	1698	32.3	20.6	14359	76539	121678	325385
黎川县	Lichuan County	1729	24.8	15.6	13426	56275	77607	183457
南丰县	Nanfeng County	1909	29.7	13.2	12109	23271	211378	217678
崇仁县	Chongren County	1520	36.2	22.4	13405	80179	179229	314390
乐安县	Le'an County	2412	36.8	22.1	14550	78457	71996	137516
宜黄县	Yihuang County	1944	22.7	16.3	9353	64861	64120	187405
金溪县	Jinxi County	1358	30.5	18.2	11615	62761	98639	210410
资溪县	Zixi County	1251	11.2	5.7	9963	13997	28506	98245
东乡县	Dongxiang County	1264	46.3	24.4	29787	79343	130621	512700
广昌县	Guangchang County	1612	24.2	17.1	37784	66822	50037	128834
上饶县	Shangrao County	2246	79.4	55.8	28400	156989	98186	812356
广丰县	Guangfeng County	1378	91.2	45.1	28799	130459	173274	953178
玉山县	Yushan County	1728	59.2	36.4	24196	98864	118030	403971
铅山县	Yanshan County	2178	46.0	29.8	14516	104288	127495	265742
横峰县	Hengfeng County	655	21.8	12.5	8058	34335	55294	372210
弋阳县	Yiyang County	1580	40.3	22.2	14974	58329	100136	254603
余干县	Yugan County	2371	104.1	55.5	32613	144086	284994	314817
鄱阳县	Poyang County	4215	158.7	96.8	67654	259166	281579	394027
万年县	Wannian County	1140	40.1	22.1	14786	80803	105516	354395
婺源县	Wuyuan County	2948	36.2	23.9	18810	90339	85656	221403
德兴市	Dexing City	2082	32.7	16.4	18737	59273	83385	627604
山东省	**Shandong Province**							
平阴县	Pingyin County	827	37.0	29.0	45566	158557	243446	1157512
济阳县	Jiyang County	1076	56.0	49.0	51673	279843	409475	1254178
商河县	Shanghe County	1163	63.0	52.0	42887	282149	361211	424824
章丘市	Zhangqiu City	1855	102.0	82.0	151867	478577	643625	3420394
胶州市	Jiaozhou City	1313	80.7	63.1	165681	363165	449490	3771200
即墨市	Jimo City	1780	113.2	96.3	156892	561591	535225	3734300
平度市	Pingdu City	3167	137.6	122.5	80773	715968	840800	3170900
胶南市	Jiaonan City	1846	84.1	70.1	194590	366312	488633	3818600
莱西市	Laixi City	1568	73.6	63.6	106498	367995	497700	2345200
桓台县	Huantai County	509	49.9	42.7	74023	245278	166920	2609860
高青县	Gaoqing County	831	36.6	31.5	139476	184525	193881	666925

continued

地方财政一般预算收入(万元) Revenue of Local Governments (10 000 yuan)	地方财政一般预算支出(万元) Expenditure of Local Governments (10 000 yuan)	城乡居民储蓄存款余额(万元) Balance of Savings Deposit of Urban and Rural Households (10 000 yuan)	粮食总产量(吨) Total Grain Yield (ton)	规模以上工业总产值(现价)(万元) Gross Industrial Output Value above Designated Size (current price) (10 000 yuan)	固定资产投资额(不含农户)(万元) Investment in Fixed Assets (Excluding Rural Households) (10 000 yuan)	固定电话年末用户(户) Number of Fixed Telephone Subscribers at Year-end (subscriber)	普通中学在校学生数(人) Enrollment of Regular Secondary Schools (person)	小学在校学生数(人) Enrollment of Primary Schools (person)	医院、卫生院床位数(床) Number of Beds of Hospitals and Health Centers (bed)
37857	109394	274711	66254	320323	254654	21540	8370	12101	450
60673	134426	432661	304611	2010324	509273	45338	14797	26358	687
59654	163336	469714	254081	1029998	274187	49943	34108	57993	1423
68570	147668	581400	284731	2030000	712962	31915	20967	24185	1073
39531	125050	451833	250639	761505	327779	129080	10298	21593	739
28667	76733	229137	78650	338713	57635	15000	6050	9404	431
28560	87490	121170	37715	196354	115000	28495	5399	10756	297
221329	414299	1611300	1000269	3709400	1526636	102477	71336	137983	3647
121850	226603	1010324	547141	2692200	1071346	78600	27591	44811	1124
99206	226659	1098295	722072	2572831	853968	89605	51157	59691	2500
69617	137952	388306	278763	588575	662494	35567	19508	32978	720
51880	125090	270594	142883	518688	351441	31931	18138	23535	424
58122	125800	343121	222898	347235	348937	30000	15965	27006	629
51494	129088	391359	274463	1053897	556186	37160	24150	35230	480
36009	126088	423219	250554	150525	146115	16088	16376	40863	777
39570	97381	243680	139070	559391	303952	12009	11818	21141	450
44196	105615	317169	301417	470938	257986	19422	14759	25081	622
36444	76060	188675	33000	128393	172997	14304	8637	10085	194
100220	194268	495118	267930	1308400	755786	35600	25880	43603	855
43367	107556	274375	88449	413000	214347	20283	13338	23500	296
66474	181491	664657	163729	3253691	956195	59777	54319	84989	1544
124115	225692	585768	185432	2700243	1113279	91382	59723	75670	767
72208	166742	634635	204545	1422800		73830	32523	53626	1328
59559	141881	496739	159372	763507	624100	33117	22693	42474	892
43925	96785	257525	75523	1481536	338075	24870	11356	21519	493
32258	121473	402229	201913	812315	358940	43621	17738	37587	662
47556	232600	767243	750009	849804	504187	91863	84785	113398	1058
51795	339231	965478	1010985	622743	690841	113676	96625	166731	2700
47413	143969	419843	222203	1056895	421765	41327	30050	45855	978
34009	118362	472933	104326	259750	345890	60061	19515	34472	887
132027	191495	538177	100937	636400	620962	53484	14368	29342	870
60005	137759	575124		3454863	734410	91605	18971	20854	1204
80068	158385	552217		3850835	870124	93600	30090	34515	1149
43922	153873	477277		1066685	248365	82580	27018	41476	1169
305069	446810	2095320		10397004	1753710	243567	58793	66875	4587
343026	460638	2115692		15283792	3221368	125563	42851	58354	3065
361000	483900	2675800		15450004	3023415	261000	61899	74911	4494
271459	414439	2303796		11245721	2407738	235753	68170	80769	3446
363567	462734	1742292		14040000	3152679	164541	41768	53141	2157
232370	257697	1379651		7418436	1903371	130100	40891	36031	3458
215735	259455	1172571		14297441	1257795	90592	36087	27911	2897
76018	141412	454734		2372690	378868	72988	24177	20985	920

地区名称	Region	行政区域土地面积(平方公里) Land Area (sq.m)	年末总人口(万人) Total Population (year-end) (10 000 persons)	乡村人口(万人) Rural Population (10 000 persons)	年末单位从业人员数(人) Employed Persons (year-end) (person)	乡村从业人员数(人) Rural Laborers (person)	第一产业增加值(万元) Value-added of Primary Industry (10 000 yuan)	第二产业增加值(万元) Value-added of Secondary Industry (10 000 yuan)
沂源县	Yiyuan County	1636	56.5	48.7	63637	351047	229318	942686
滕州市	Tengzhou City	1496	169.0	127.0	294256	744347	619252	3862100
垦利县	Kenli County	2231	23.0	18.0	31345	86578	156450	1630842
利津县	Lijin County	1666	30.0	26.0	17256	147092	240013	942974
广饶县	Guangrao County	1166	50.0	43.0	74231	274834	354465	3858765
长岛县	Changdao County	56	4.3	2.6	5306	12704	330694	49165
龙口市	Longkou City	893	63.5	48.9	94582	275228	287319	4828931
莱阳市	Laiyang City	1731	87.4	75.1	83263	422886	368180	1980950
莱州市	Laizhou City	1878	85.8	69.2	107295	385751	550135	3038614
蓬莱市	Penglai City	1129	45.0	37.3	87740	200596	244809	2260496
招远市	Zhaoyuan City	1432	57.1	45.3	84489	224260	300332	2999950
栖霞市	Qixia City	2016	62.6	54.6	40986	303734	402660	859095
海阳市	Haiyang City	1887	66.5	58.8	38502	357513	482459	1199906
临朐县	Linqu County	1831	87.7	77.1	44143	418149	273786	796156
昌乐县	Changle County	1101	62.0	53.0	37459	260099	284722	991903
青州市	Qingzhou City	1569	91.8	60.1	55340	215845	362246	2224200
诸城市	Zhucheng City	2183	108.5	88.9	66573	452518	490549	3165400
寿光市	Shouguang City	1990	104.6	88.4	84545	412470	726957	2805705
安丘市	Anqiu City	1712	95.0	81.3	108195	432613	379365	958115
高密市	Gaomi City	1527	87.4	78.5	70440	417821	406742	2311380
昌邑市	Changyi City	1628	58.2	49.9	39297	267848	294178	1585878
微山县	Weishan County	1790	72.0	62.0	53994	364369	311000	1387400
鱼台县	Yutai County	654	47.0	41.0	29330	245269	268913	469100
金乡县	Jinxiang County	888	64.0	57.0	20014	354592	371059	387900
嘉祥县	Jiaxiang County	966	87.0	74.0	37081	459201	257300	966800
汶上县	Wenshang County	877	78.0	71.0	26801	423931	312968	929300
泗水县	Sishui County	1118	62.0	56.0	22606	308513	288200	472100
梁山县	Liangshan County	961	79.0	66.0	32743	385096	359758	928130
曲阜市	Qufu City	815	64.0	53.0	66124	300338	263933	1062000
兖州市	Yanzhou City	664	64.0	46.0	56927	261117	379414	2691300
邹城市	Zoucheng City	1610	116.0	84.0	172274	456638	413700	3239200
宁阳县	Ningyang County	1125	82.7	67.3	153459	384784	414900	1111500
东平县	Dongping County	1340	79.5	69.2	44223	383802	317571	1194000
新泰市	Xintai City	1933	139.9	102.9	187198	636309	491409	3821951
肥城市	Feicheng City	1277	98.4	71.6	129576	388677	402300	3221800
文登市	Wendeng City	1829	64.0	47.0	107437	279480	479784	3453753
荣成市	Rongcheng City	1526	67.1	44.5	151099	233337	667736	3698045
乳山市	Rushan City	1654	57.1	47.4	53519	266627	296044	1884540
五莲县	Wulian County	1496	52.0	43.0	35866	246673	164009	909700
莒县	Ju County	1952	114.0	102.0	52491	598551	405496	1108900
沂南县	Yi'nan County	1719	91.0	81.0	33252	477134	288480	650400
郯城县	Tancheng County	1195	94.0	83.0	30319	516511	224833	928300
沂水县	Yishui County	2414	114.0	99.0	44392	566525	290798	1210300
苍山县	Cangshan County	1724	131.0	110.0	31950	650683	432412	803400

continued

地方财政一般预算收入(万元) Revenue of Local Governments (10 000 yuan)	地方财政一般预算支出(万元) Expenditure of Local Governments (10 000 yuan)	城乡居民储蓄存款余额(万元) Balance of Savings Deposit of Urban and Rural Households (10 000 yuan)	粮食总产量(吨) Total Grain Yield (ton)	规模以上工业总产值(现价)(万元) Gross Industrial Output Value above Designated Size (current price) (10 000 yuan)	固定资产投资额(不含农户)(万元) Investment in Fixed Assets (Excluding Rural Households) (10 000 yuan)	固定电话年末用户(户) Number of Fixed Telephone Subscribers at Year-end (subscriber)	普通中学在校学生数(人) Enrollment of Regular Secondary Schools (person)	小学在校学生数(人) Enrollment of Primary Schools (person)	医院、卫生院床位数(床) Number of Beds of Hospitals and Health Centers (bed)
121223	201509	729220		3891498	584065	77539	40620	28089	1768
401506	586167	2141366		13988931	2037269	233129	87163	95307	5085
120188	193108	901926		12652355	1272251	41840	16057	13341	888
61336	139569	382360		7634574	870803	26431	11567	18315	898
221186	306313	1158158		26232900	2700180	104473	28700	33167	2549
12118	42573	201391		36690	44192	14589	2918	1581	234
475668	526337	2867765		21801019	4025000	142274	41042	29628	4160
93536	172267	1635402		6342308	1025187	152000	40227	33556	4153
303737	388687	2868275		13121823	2008623	234349	44051	35740	5072
200675	255498	1590073		12324488	2160944	143008	24774	17466	3324
285300	344468	1886357		12617741	1878624	130544	33119	23618	3100
50577	139473	1163746		2328398	222488	119720	29159	19697	1670
162008	246639	1397047		3843971	2561350	114462	32790	23638	3587
55709	170146	1368072		3522744	1236010	115919	38186	43708	2415
128732	199806	975295		6393124	932592	82320	37813	34308	2302
217576	229398	2587511		11141995	2558399	144271	55710	57638	5030
400618	416172	2096494		16494924	2965910	195580	62111	72643	4911
416006	440376	2810319		12887696	2971628	168500	67619	67949	5404
77820	207212	1471608		3052642	522562	107614	46414	56527	3173
230918	302442	1452611		11798839	1943857	145190	48826	56538	3392
158136	221078	1710471		7320934	1863499	132398	36240	32814	2077
169466	223916	771116		2672703	835215	71797	27226	37316	1669
50987	105008	478800		691833	503568	76674	26070	31397	1066
51166	157926	940817		1162997	546108	73300	12151	26645	1344
76800	164200	1031854		1292000	490200	2457	27511	69907	1999
71006	152692	875455		1631000	823742	77923	23100	44614	1255
40017	129744	591687		850600	385613	88160	11687	37088	631
50609	145658	997401		2118791	652491	104164	22173	44310	1514
127766	216188	1018720		1773439	663610	83503	30762	31520	566
274290	273583	1573516		10272844	1907767	197860	25626	39637	2995
356660	408419	2181994		6317421	1079478	151600	53932	61428	5178
69556	183709	847967		5480061	1411267	102970	38912	50661	2460
64341	170892	847456		5759900	1279899	75655	30598	51744	1990
369019	497622	2029052		14117883	3425653	177568	95916	67516	5935
274536	371360	1660803		12413000	2846338	258080	53136	66771	3842
342329	393274	2115751		10974647	1279462	401306	31060	20509	4426
360589	579736	2645592		18176739	3262822	290012	36446	26280	5954
172678	264063	1576312		5003470	966669	266062	23631	13893	3611
43012	145290	836508		3190000	666649	78472	26918	29698	1068
59356	230262	1311428		3770900	920415	89750	47270	74779	2396
57500	184966	1048178		2669823	472727	72491	47720	63580	2436
53906	183100	973918		3223619	638320	79830	51217	57865	2212
106120	238658	1523580		5837557	1067394	125936	48489	60725	4965
60173	203860	1082500		2263638	710445	90503	56546	131767	3199

地区名称	Region	行政区域土地面积(平方公里) Land Area (sq.m)	年末总人口(万人) Total Population (year-end) (10 000 persons)	乡村人口(万人) Rural Population (10 000 persons)	年末单位从业人员数(人) Employed Persons (year-end) (person)	乡村从业人员数(人) Rural Laborers (person)	第一产业增加值(万元) Value-added of Primary Industry (10 000 yuan)	第二产业增加值(万元) Value-added of Secondary Industry (10 000 yuan)
费县	Fei County	1660	83.0	73.0	37801	444294	269201	875300
平邑县	Pingyi County	1823	102.0	89.0	79112	559526	300296	839000
莒南县	Ju'nan County	1751	102.0	92.0	34301	550195	316311	882700
蒙阴县	Mengyin County	1602	57.0	44.0	29572	272572	242279	538100
临沭县	Linshu County	1010	63.0	56.0	30532	342743	162304	780800
陵县	Ling County	1213	59.3	48.0	29336	245216	258728	912300
宁津县	Ningjin County	833	47.2	41.7	16759	240050	198830	835270
庆云县	Qingyun County	502	31.4	29.0	20019	120385	92957	512900
临邑县	Linyi County	1016	54.2	44.2	27144	250443	248820	943400
齐河县	Qihe County	1411	62.8	50.8	41479	296724	285704	1399500
平原县	Pingyuan County	1047	48.0	38.0	31860	206535	220843	782300
夏津县	Xiajin County	872	52.5	46.0	17115	251302	190513	775205
武城县	Wucheng County	748	39.2	33.3	29655	180140	167717	757500
乐陵市	Yueling City	1172	69.7	58.8	23833	292415	252417	893000
禹城市	Yucheng City	990	52.7	42.7	34360	237261	265203	996600
阳谷县	Yanggu County	1066	81.2	72.0	31162	420268	326200	1190500
莘县	Shen County	1416	103.3	91.0	35822	553661	398468	1047600
茌平县	Chiping County	1003	54.8	44.9	53025	274193	374519	2026300
东阿县	Dong'e County	729	40.4	33.9	41332	214259	149700	770300
冠县	Guan County	1161	81.0	69.2	34385	427201	340000	982200
高唐县	Gaotang County	949	49.7	41.3	51271	233101	282700	1764100
临清市	Linqing City	950	76.7	59.2	42572	360950	188858	1679900
惠民县	Huimin County	1363	64.0	55.0	38364	339535	269468	563500
阳信县	Yangxin County	799	45.0	40.0	34263	200419	196518	453144
无棣县	Wudi County	1984	46.0	37.0	37204	243749	325966	1136740
沾化县	Zhanhua County	2116	39.0	35.0	30847	218040	301878	516164
博兴县	Boxing County	900	49.0	41.0	60133	224197	189756	1276823
邹平县	Zouping County	1250	73.0	61.0	203024	380681	309689	4066950
曹县	Cao County	1974	158.8	130.2	36713	697161	314802	967265
单县	Shan County	1670	123.4	107.8	36926	554761	324496	908501
成武县	Chengwu County	998	70.4	57.3	26669	286072	201605	584535
巨野县	Juye County	1308	102.1	83.5	35153	456542	240857	832516
郓城县	Yuncheng County	1643	123.9	98.7	47038	521333	311717	973083
鄄城县	Juancheng County	1032	87.1	71.9	27530	397919	211398	455276
定陶县	Dingtao County	846	67.6	54.8	23238	309926	200646	431061
东明县	Dongming County	1370	81.0	65.5	39855	271754	203515	978080
河南省	**Henan Province**							
中牟县	Zhongmou County	1417	79.9	64.6	67105	400254	468775	2419538
巩义市	Gongyi City	1041	81.7	64.3	60710	326155	88159	3396152
荥阳市	Xingyang City	943	66.0	49.1	62893	313999	203337	3111724
新密市	Xinmi City	1001	80.0	60.2	69566	325150	140284	3652807
新郑市	Xinzheng City	885	64.1	46.4	69549	294929	189163	3462843
登封市	Dengfeng City	1217	67.3	56.7	62367	335921	103060	3267663

continued

地方财政一般预算收入(万元) Revenue of Local Governments (10 000 yuan)	地方财政一般预算支出(万元) Expenditure of Local Governments (10 000 yuan)	城乡居民储蓄存款余额(万元) Balance of Savings Deposit of Urban and Rural Households (10 000 yuan)	粮食总产量(吨) Total Grain Yield (ton)	规模以上工业总产值(现价)(万元) Gross Industrial Output Value above Designated Size (current price) (10 000 yuan)	固定资产投资额(不含农户)(万元) Investment in Fixed Assets (Excluding Rural Households) (10 000 yuan)	固定电话年末用户(户) Number of Fixed Telephone Subscribers at Year-end (subscriber)	普通中学在校学生数(人) Enrollment of Regular Secondary Schools (person)	小学在校学生数(人) Enrollment of Primary Schools (person)	医院、卫生院床位数(床) Number of Beds of Hospitals and Health Centers (bed)
62806	171959	1001524		4206120	354441	98794	42483	54688	2385
53267	197105	907989		2388964	696788	100654	57652	66769	2766
65150	199526	1232949		2823270	1276320	105389	53386	60341	2683
41651	138769	671119		2093699	549018	66901	29678	34587	1500
54566	144246	768324		3463431	915088	71645	35929	47038	1478
51819	142465	627648		4204319	861444	72498	15400	41751	1734
34066	112050	846267		4108640	924700	64000	18919	37760	1060
28508	58790	351400		2806600	533989	62390	14899	26262	1400
70441	150150	729284		4797730	941933	63864	13124	35130	1791
110168	200294	733551		5636977	940603	66082	26040	42676	1475
39206	116839	613334		4046100	991832	86530	22891	34511	1100
40188	103435	579250		4107198	661372	61210	20913	48117	889
35867	110398	615533		4106700	758177	52435	20629	35403	835
35006	152000	720283		3994500	961747	81300	30990	55568	1938
75003	158403	613770		5137596	1014243	106000	17152	37950	1412
51390	166177	1088434		6351499	818540	101490	38893	53392	1537
42398	192169	956114		3760600	808222	61661	36032	69640	2145
146796	234405	711981		8532504	1204405	75162	21810	38201	1688
42337	103310	577430		2683300	441007	73836	16528	22353	1232
44246	150326	739897		5316300	787007	48254	15540	48024	1789
90520	159020	578403		9589591	1302010	49291	18500	32509	1256
88670	160221	1168554		9309100	1049529	135600	27743	55119	2264
51709	178357	572519		1484511	940528	91524	27539	42690	2218
40600	124116	370468		1756936	833645	76234	20948	30195	676
96872	178504	568615		2866922	1309265	93450	20769	30233	1786
70108	155520	334243		1919737	913079	61711	16893	23179	1725
180016	243681	1005740		7453812	1378593	109602	29676	36852	2612
446010	491452	1299314		24307958	1683624	205948	42693	53646	3606
113338	289643	1122656		4221598	261270	111523	84620	157860	3738
125211	246697	1044544		3995452	625109	82617	73093	105111	3316
58900	150706	630380		2392959	384861	55485	37103	66882	1763
128666	254374	991257		3442268	733789	60803	54415	87197	2742
133903	258523	1402110		3917668	464598	117302	72211	123287	3269
48011	170206	825554		2463365	323138	55792	48358	80883	2037
43689	131142	593822		1940368	218233	40448	30266	60876	1371
105399	202266	739045		4638881	397192	42493	45370	82464	1513
192177	303832	900445	350163	5436687	2478288	91188	38769	70928	1742
223216	336199	1469678	152852	12477826	2466793	142639	39171	50323	2911
140843	224610	1012390	327783	9665869	2462396	104450	30811	37468	1416
201294	292135	1787061	198908	8861503	2496440	175930	46648	67930	3117
215666	299665	1037191	283032	8947433	2186764	119783	40670	46749	1652
202267	289029	1380459	170699	8201732	2085130	182150	35744	60742	2378

地区名称	Region	行政区域土地面积(平方公里) Land Area (sq.m)	年末总人口(万人) Total Population (year-end) (10 000 persons)	乡村人口(万人) Rural Population (10 000 persons)	年末单位从业人员数(人) Employed Persons (year-end) (person)	乡村从业人员数(人) Rural Laborers (person)	第一产业增加值(万元) Value-added of Primary Industry (10 000 yuan)	第二产业增加值(万元) Value-added of Secondary Industry (10 000 yuan)
杞县	Qi County	1248	119.8	108.3	40382	632454	665263	641026
通许县	Tongxu County	767	67.7	48.6	33869	331528	395430	575126
尉氏县	Weishi County	1307	99.8	79.6	67237	467861	435668	1252795
开封县	Kaifeng County	1290	79.0	67.7	39650	489370	432963	511349
兰考县	Lankao County	1116	90.7	67.9	37735	447827	295703	692466
孟津县	Mengjin County	759	45.4	40.2	26776	219036	188867	851922
新安县	Xin'an County	1164	52.4	43.4	33591	286646	182000	2397493
栾川县	Luanchuan County	2477	34.3	29.8	29132	206603	123855	1312699
嵩县	Song County	3009	58.9	50.0	19411	319716	264627	655544
汝阳县	Ruyang County	1332	47.0	40.0	16639	256763	117628	589021
宜阳县	Yiyang County	1651	71.0	58.5	25291	371068	265060	785179
洛宁县	Luoning County	2306	51.2	47.4	21028	275014	266864	586969
伊川县	Yichuan County	1238	75.8	70.0	30396	427504	266000	1970626
偃师市	Yanshi City	949	87.3	66.4	35559	408073	242707	2372817
宝丰县	Baofeng County	722	52.1	42.7	27280	278170	146604	1398204
叶县	Ye County	1387	89.0	76.7	31317	514216	346147	897321
鲁山县	Lushan County	2409	92.7	76.8	32415	479180	165747	398150
郏县	Jia County	737	62.1	53.7	20199	356873	200375	709052
舞钢市	Wugang City	641	33.6	25.8	37250	168441	100200	738509
汝州市	Ruzhou City	957	105.6	84.8	56536	517058	326322	1641721
安阳县	Anyang County	1193	100.9	86.0	60938	555696	299272	2179942
汤阴县	Tangyin County	637	48.5	39.0	35840	251460	210367	727224
滑县	Hua County	1781	143.8	125.4	50690	807917	561222	623031
内黄县	Neihuang County	1145	76.3	67.5	32111	464897	405152	467841
林州市	Linzhou City	2062	107.0	86.3	108087	535097	197975	2509354
浚县	Xun County	922	72.7	59.5	22554	358843	279340	645323
淇县	Qi County	581	28.7	23.5	25338	145259	170855	1008827
新乡县	Xinxiang County	375	34.7	31.6	32679	188082	115017	1655310
获嘉县	Huojia County	470	42.8	34.6	31314	215347	135308	401559
原阳县	Yuanyang County	1323	75.1	55.1	29672	343961	227545	481099
延津县	Yanjin County	886	49.9	41.9	25590	240760	206506	528574
封丘县	Fengqiu County	1220	79.5	69.9	26514	395111	316641	331416
长垣县	Changyuan County	1051	92.5	66.3	31544	403447	266689	961130
卫辉市	Weihui City	859	51.8	38.6	41845	220923	192274	419859
辉县市	Huixian City	2007	83.5	69.3	54921	357186	332858	1860486
修武县	Xiuwu County	678	30.8	23.2	23819	128593	128153	648927
博爱县	Bo'ai County	492	45.4	37.8	22643	195844	180786	1328282
武陟县	Wuzhi County	860	74.0	62.2	40366	356356	306264	1523854
温县	Wen County	481	46.9	40.0	25075	233756	178389	1248528
沁阳市	Qinyang City	624	50.0	39.7	27476	245499	153343	1962036
孟州市	Mengzhou City	542	38.1	32.0	38959	197305	161596	1631778
清丰县	Qingfeng County	878	73.3	62.2	25525	382784	337530	685414
南乐县	Nanle County	621	55.5	46.4	18691	276369	256643	557964
范县	Fan County	590	58.4	43.2	18551	273166	133010	599050

continued

地方财政一般预算收入(万元) Revenue of Local Governments (10 000 yuan)	地方财政一般预算支出(万元) Expenditure of Local Governments (10 000 yuan)	城乡居民储蓄存款余额(万元) Balance of Savings Deposit of Urban and Rural Households (10 000 yuan)	粮食总产量(吨) Total Grain Yield (ton)	规模以上工业总产值(现价)(万元) Gross Industrial Output Value above Designated Size (current price) (10 000 yuan)	固定资产投资额(不含农户)(万元) Investment in Fixed Assets (Excluding Rural Households) (10 000 yuan)	固定电话年末用户(户) Number of Fixed Telephone Subscribers at Year-end (subscriber)	普通中学在校学生数(人) Enrollment of Regular Secondary Schools (person)	小学在校学生数(人) Enrollment of Primary Schools (person)	医院、卫生院床位数(床) Number of Beds of Hospitals and Health Centers (bed)
43001	190269	700509	597046	1861304	291953	58846	58856	122266	1635
23628	132768	496537	350770	1439262	490000	35010	36924	78066	1747
51166	190085	602326	521759	3892636	773835	61860	47297	85134	1642
35608	152068	451466	539257	1500332	598890	58098	42624	79585	975
51355	192237	569215	486258	1678310	50475	68012	49412	88353	2638
66070	145440	514879	216066	2706994	1058350	46838	26850	32952	1315
130557	205777	565844	212908	7037836	2138983	28256	35038	49805	1601
150058	179989	617658	68242	2372070	784835	24000	18783	26054	1191
46869	162699	426205	209673	1012410	1581719	35550	43843	63022	1568
38905	126663	347014	168343	773836	566157	50801	27413	54667	1453
50668	180199	437449	346383	1796862	1673227	37889	41525	68677	1589
43999	144558	312335	252828	1258864	1225635	49642	25213	47849	1495
90972	218226	585213	348170	4858464	2118651	83385	48234	89942	1880
109544	219468	1329842	377824	5409184	2028595	82021	49996	66613	1996
80284	155430	567068	217220	2681200	1384285	24946	23297	44249	1770
43968	166555	609760	589317	2934850	1331941	29295	39636	67410	1743
51756	181726	767151	201141	1223820	771772	46216	40064	74766	2026
53800	161618	485354	316015	1798120	937959	30901	29514	58890	1517
78550	119600	508213	143947	2831321	899936	42365	15968	26265	1291
113998	235516	816960	443243	2203246	1289312	53920	45877	103098	3350
113366	234420	1130281	676757	6968432	2260100	122495	46812	96075	2010
40050	128526	396940	402718	2721895	430100	58632	22483	51858	1157
37972	263565	958261	1328692	1732847	681100	138319	60466	126907	2775
30121	160717	443436	445128	1266731	498100	73587	34925	62236	1779
102531	227679	1737702	337037	8293152	2365800	117222	50912	86569	2963
27040	179658	418013	683369	2348375	551753	89950	45395	85042	1460
34606	112191	363736	292692	3783902	691949	50029	16534	42021	1265
70034	135393	704063	254857	6233292	922585	92010	18954	34154	1053
22036	100419	413802	309909	1133223	411750	102109	24143	44944	1296
26578	147541	416166	689799	1461022	1047859	118742	43184	76207	1640
35099	143069	329174	411889	1731899	564236	93691	30393	57358	1387
21219	161999	532559	591519	654929	894339	174913	51081	80255	2040
63169	202486	1227040	574144	3019031	1304016	189174	48744	92247	2411
45210	149605	456437	346601	1437455	743324	96226	28323	83189	3192
166018	258736	995271	540210	5614995	2005683	184510	43592	70211	2099
56166	113618	346313	229918	1155608	742849	42000	20209	24710	700
53780	116655	528095	232781	4175719	1005185	57858	26972	39836	1309
63669	165028	648306	540231	5245412	1440475	71707	48146	68087	1594
38066	115570	481875	297129	3945720	917199	62138	26060	36798	1594
100487	180547	676016	331461	6024195	1805124	77100	32729	39891	1065
72188	136296	498746	301130	5653584	1410614	60291	18889	24568	875
21986	146072	473980	538106	2348345	1028560	41912	40232	81659	1154
15955	116848	332643	439739	2129617	729219	35154	29378	64040	1260
20146	129317	443782	343466	2174444	709525	31561	39261	67859	1338

4-1 续表 21

地区名称	Region	行政区域土地面积(平方公里) Land Area (sq.m)	年末总人口(万人) Total Population (year-end) (10 000 persons)	乡村人口(万人) Rural Population (10 000 persons)	年末单位从业人员数(人) Employed Persons (year-end) (person)	乡村从业人员数(人) Rural Laborers (person)	第一产业增加值(万元) Value-added of Primary Industry (10 000 yuan)	第二产业增加值(万元) Value-added of Secondary Industry (10 000 yuan)
台前县	Taiqian County	393	40.4	34.7	16948	217820	79402	418796
濮阳县	Puyang County	1445	120.1	94.2	38627	595296	331415	1429340
许昌县	Xuchang County	1002	87.7	55.9	44380	355227	360800	1112607
鄢陵县	Yanling County	872	67.2	48.2	29498	286942	479400	953086
襄城县	Xiangcheng County	920	84.7	66.5	33458	492765	336400	1676235
禹州市	Yuzhou City	1461	128.2	92.6	61627	623859	289919	2764429
长葛市	Changge City	650	68.5	54.1	47866	351756	219971	2496804
舞阳县	Wuyang County	776	61.1	53.2	32126	319263	210095	723851
临颍县	Linying County	821	74.4	66.1	48249	403869	310055	1509879
渑池县	Mianchi County	1421	35.1	27.6	23914	167780	154014	1257145
陕县	Shan County	1763	34.2	28.7	21013	162429	151503	632886
卢氏县	Lushi County	4004	36.1	33.2	17521	180039	122986	208865
义马市	Yima City	112	16.5	4.6	75736	24350	7517	1383075
灵宝市	Lingbao City	3011	73.8	63.2	48797	373780	345277	2902860
南召县	Nanzhao County	2933	65.6	52.5	27327	338313	148798	664680
方城县	Fangcheng County	2542	112.1	96.8	42366	634358	319338	521032
西峡县	Xixia County	3447	48.0	37.9	57262	268426	230613	1143814
镇平县	Zhenping County	1490	106.8	87.5	57199	475320	253376	931168
内乡县	Neixiang County	2301	71.2	54.1	36936	303962	287595	529779
淅川县	Xichuan County	2818	76.3	56.1	44058	313896	291000	849274
社旗县	Sheqi County	1152	74.8	63.2	35034	402744	290471	415863
唐河县	Tanghe County	2497	143.2	120.2	49916	634215	587209	934896
新野县	Xinye County	1056	83.7	69.6	46965	449575	368082	1168756
桐柏县	Tongbai County	1915	49.7	36.4	27249	211194	170687	790581
邓州市	Dengzhou City	2360	174.1	151.7	65686	885069	795988	1170065
民权县	Minquan County	1238	97.1	75.6	30689	445512	362016	451513
睢县	Sui County	920	88.4	71.1	28942	476601	380106	402964
宁陵县	Ningling County	797	67.3	58.8	31076	335522	196083	295060
柘城县	Zhecheng County	1042	101.7	78.3	29563	445021	390106	377697
虞城县	Yucheng County	1544	122.5	100.6	32219	631086	421001	608458
夏邑县	Xiayi County	1486	119.5	107.9	29752	591536	420682	501962
永城市	Yongcheng City	2021	151.1	131.1	122822	816348	518226	2266912
罗山县	Luoshan County	2081	76.8	65.1	34885	368620	295768	420539
光山县	Guangshan County	1855	91.5	69.8	34949	416113	318757	443310
新县	Xin County	1559	38.6	29.0	24140	180068	157571	301732
商城县	Shangcheng County	2117	76.7	66.0	34287	352610	281050	392748
固始县	Gushi County	2999	173.6	148.8	60838	864831	715700	680385
潢川县	Huangchuan County	1635	86.7	67.1	44936	448962	430866	505448
淮滨县	Huaibin County	1209	74.7	61.6	40827	379895	260232	360088
息县	Xi County	1899	108.7	89.8	36089	496763	351830	516815
扶沟县	Fugou County	1173	77.0	65.7	29636	372929	320093	500043
西华县	Xihua County	1194	101.4	83.9	41028	504922	431546	469993
商水县	Shangshui County	1263	128.0	105.6	36607	652998	455262	388711
沈丘县	Shenqiu County	1081	135.5	114.9	37628	686366	355577	648528

continued

地方财政一般预算收入(万元) Revenue of Local Governments (10 000 yuan)	地方财政一般预算支出(万元) Expenditure of Local Governments (10 000 yuan)	城乡居民储蓄存款余额(万元) Balance of Savings Deposit of Urban and Rural Households (10 000 yuan)	粮食总产量(吨) Total Grain Yield (ton)	规模以上工业总产值(现价)(万元) Gross Industrial Output Value above Designated Size (current price) (10 000 yuan)	固定资产投资额(不含农户)(万元) Investment in Fixed Assets (Excluding Rural Households) (10 000 yuan)	固定电话年末用户(户) Number of Fixed Telephone Subscribers at Year-end (subscriber)	普通中学在校学生数(人) Enrollment of Regular Secondary Schools (person)	小学在校学生数(人) Enrollment of Primary Schools (person)	医院、卫生院床位数(床) Number of Beds of Hospitals and Health Centers (bed)
11006	98881	337296	179895	1300037	326255	38451	33406	55224	649
48283	231640	774285	883552	5374114	1378424	54329	55695	139806	2267
51560	173535	751278	658610	3114928	1189100	79351	42342	65533	982
42027	163502	603712	527688	3022293	1087761	93471	41137	59496	1796
73288	181599	765513	537913	4458131	1114961	89052	40310	79398	1968
207866	318203	1259597	526163	6800915	2390194	114713	62811	118910	2970
101286	208559	907514	531105	8952175	1462560	107730	36570	66791	1645
33202	127107	471424	503129	2099951	821900	33086	23594	35908	1444
40735	156532	565944	509181	5343834	970000	47155	45291	70371	1562
121212	182838	515202	175981	4327336	1244587	34963	19767	32486	884
79028	140549	435526	107205	2307709	1011549	32413	20664	28569	927
35069	129566	395593	105690	392876	330738	39978	24265	21830	994
75832	108935	443999	5930	3864904	1008824	24706	6527	10748	1406
107988	230575	1217240	213084	12166430	1303889	90686	45895	54429	1963
30001	176847	443230	186442	805564	691000	88550	30292	69515	1485
46000	202420	600954	571135	1107889	842400	142560	47965	92090	2370
68006	157578	555660	99796	2819702	1412100	58564	28486	54455	2015
45666	171666	927422	503927	1965196	1204500	131215	39313	94380	1230
35000	156119	542210	296542	883312	980300	65300	32116	63114	1247
96018	249481	683580	247577	1977621	1288100	55049	41453	79466	1380
23600	151038	400298	505950	915465	608900	71542	33717	73449	1305
56916	255772	920688	1141715	1450102	1037200	227400	55871	111752	1819
35019	152756	668027	505929	3149711	1140500	112503	44397	80832	1030
41690	138705	455186	222434	1140449	840000	33695	25859	42607	757
62026	313395	1103438	1060103	2889213	1335800	163500	90223	205692	4452
26766	191266	571589	646492	1336106	877369	51932	70703	110699	2332
20096	170016	617792	601482	969203	818452	41852	65972	98584	1884
16686	150369	412850	436409	833507	508468	45180	54896	82417	1185
23819	200816	655948	637817	944511	778259	42497	91517	122950	2738
30618	259888	730530	882765	1724137	894143	52072	83619	162935	2025
25388	230369	954020	944131	1217771	907030	75428	99528	141772	2024
200106	326534	1393131	1136959	5763518	1354043	127562	104047	183022	4417
24416	186198	833387	712533	1059500	1015683	47860	52537	71638	1108
29148	182827	848769	590235	1171928	988858	49921	65503	103982	1378
16799	114353	422536	121113	751627	668595	25275	25278	39100	467
22428	186500	699009	360559	876944	776567	53248	71676	99850	1100
50056	294706	1428782	1204223	1445024	1205530	92105	109959	153836	2028
30919	182276	748319	663218	1372686	989000	61041	57139	96837	1001
18650	167530	540692	554442	873078	655242	35076	60705	98441	1134
21415	211533	902297	933500	1301931	987611	38142	66302	113997	901
26839	181789	701928	524940	1500384	713900	43344	50963	80877	1365
25627	166941	689232	624830	1397482	663900	65700	71194	112273	1892
28300	210509	793295	1029000	984546	689600	56440	101157	179697	1881
44575	230850	939750	777246	1700343	824100	78907	95630	138507	2421

地区名称	Region	行政区域土地面积(平方公里) Land Area (sq.m)	年末总人口(万人) Total Population (year-end) (10 000 persons)	乡村人口(万人) Rural Population (10 000 persons)	年末单位从业人员数(人) Employed Persons (year-end) (person)	乡村从业人员数(人) Rural Laborers (person)	第一产业增加值(万元) Value-added of Primary Industry (10 000 yuan)	第二产业增加值(万元) Value-added of Secondary Industry (10 000 yuan)
郸城县	Dancheng County	1471	157.5	111.7	51335	771661	430002	822749
淮阳县	Huaiyang County	1414	148.5	127.7	35901	679316	545802	626841
太康县	Taikang County	1360	156.7	120.6	38271	751672	474546	558971
鹿邑县	Luyi County	1248	136.4	108.6	33026	671346	465805	832291
项城市	Xiangcheng City	1083	135.9	109.9	45264	593047	344509	1010797
西平县	Xiping County	1090	86.7	77.1	49960	555660	403246	490826
上蔡县	Shangcai County	1529	142.6	130.1	40920	796993	338023	544969
平舆县	Pingyu County	1282	98.2	86.7	35504	588567	319321	518604
正阳县	Zhengyang County	1903	78.5	68.5	29801	508057	427171	345808
确山县	Queshan County	1711	51.7	46.5	23788	292375	260522	437939
泌阳县	Miyang County	2356	90.1	75.3	34734	506307	406518	513042
汝南县	Runan County	1504	80.7	70.3	29962	464000	369099	377702
遂平县	Suiping County	1063	55.3	47.4	33000	308912	256752	518269
新蔡县	Xincai County	1447	107.6	99.8	25135	650200	420584	435195
湖北省	**Hubei Province**							
阳新县	Yangxin County	2783	102.0	79.6	62269	426900	331423	469900
大冶市	Daye City	1566	94.6	66.3	74707	369100	322400	2091600
郧县	Yun County	3863	63.0	50.0	31836	314630	168443	203300
郧西县	Yunxi County	3509	50.7	42.5	20400	239573	140631	105500
竹山县	Zhushan County	3586	47.3	42.1	242000	173000	129915	141274
竹溪县	Zhuxi County	3311	37.4	30.1	26511	160000	139624	182041
房县	Fang County	5110	48.7	40.1	19070	232858	166721	128857
丹江口市	Danjiangkou City	3121	46.0	29.4	44191	179635	164575	548239
远安县	Yuanan County	1752	19.4	15.4	97100	96488	124830	679934
兴山县	Xingshan County	2327	17.6	13.0	17866	81800	93011	301269
秭归县	Zigui County	2427	38.2	31.8	38196	197140	150484	246100
长阳土家族自治县	Changyang Tujia A.C.	3430	40.7	31.2	186500	220400	234963	222473
五峰土家族自治县	Wufeng Tujia A.C.	2072	20.5	18.6	15846	103515	130037	100200
宜都市	Yidu City	1357	39.5	29.0	64896	178481	275168	1691411
当阳市	Dangyang City	2159	48.6	34.5	36985	199200	480100	1259300
枝江市	Zhijiang City	1310	49.6	34.2	68543	200266	463578	1279900
南漳县	Nanzhang County	3859	58.8	41.4	30183	237918	320048	466800
谷城县	Gucheng County	2553	58.9	32.0	252100	212203	228930	1002248
保康县	Baokang County	3222	27.8	22.6	60800	142864	137379	233350
老河口市	Laohekou City	1032	53.3	29.1	45703	182916	294878	925416
枣阳市	Zaoyang City	3277	112.1	72.4	55620	399620	614456	1432332
宜城市	Yicheng City	2115	57.3	41.3	33596	238087	349068	885659
京山县	Jingshan County	3520	65.7	44.4	35990	238587	438200	1103100
沙洋县	Shayang County	2044	62.2	48.1	29660	272241	476000	642500
钟祥市	Zhongxiang City	4488	106.9	69.8	472500	365604	480200	1329000
孝昌县	Xiaochang County	1217	67.6	58.2	30339	311900	221839	238261
大悟县	Dawu County	1985	64.2	52.6	37721	310825	230372	232039
云梦县	Yunmeng County	604	58.0	46.0	47456	309819	248348	661977

continued

地方财政一般预算收入(万元) Revenue of Local Governments (10 000 yuan)	地方财政一般预算支出(万元) Expenditure of Local Governments (10 000 yuan)	城乡居民储蓄存款余额(万元) Balance of Savings Deposit of Urban and Rural Households (10 000 yuan)	粮食总产量(吨) Total Grain Yield (ton)	规模以上工业总产值(现价)(万元) Gross Industrial Output Value above Designated Size (current price) (10 000 yuan)	固定资产投资额(不含农户)(万元) Investment in Fixed Assets (Excluding Rural Households) (10 000 yuan)	固定电话年末用户(户) Number of Fixed Telephone Subscribers at Year-end (subscriber)	普通中学在校学生数(人) Enrollment of Regular Secondary Schools (person)	小学在校学生数(人) Enrollment of Primary Schools (person)	医院、卫生院床位数(床) Number of Beds of Hospitals and Health Centers (bed)
41893	251986	875053	823000	2708779	667300	97130	107020	185267	2247
35423	230748	892335	869700	1640208	699400	83430	102639	175362	2495
35016	255916	936671	1093860	1485508	586400	63016	87145	175741	3221
45669	246369	827829	887100	2263210	690000	91964	109687	173373	2381
44748	234791	1072282	765793	2675835	644900	121000	101961	140297	2213
31372	174962	783181	866475	1204422	559209	72796	61284	81160	1974
27166	240540	1094699	964218	1197129	540776	45910	89091	171999	1950
39489	202652	828627	716239	1336237	624191	20000	69893	122223	3188
22099	175488	745583	785537	965435	530050	66581	56278	88628	1518
29266	134461	588511	546516	1123431	560138	38905	32863	65506	1640
34576	219000	624239	558238	1533718	591769	63661	53616	101595	1944
25220	171861	705409	683006	1051598	564398	69800	52898	96174	1634
30169	145586	533954	575479	1357725	651728	78615	35234	47268	1970
24120	200699	767951	769046	1071636	549101	30966	63540	136547	1485
57000	267587	737055	334772	870104	644778	142158	91046	130125	1808
186938	381236	1123001	268156	5252000	1973705	135741	57057	77090	1973
82161	250082	498982	194600	603420	591976	32558	25443	38627	569
51764	10053	449792	178029	200908	180226	51708	30638	34949	1408
51537	175388	328162	222090	220906	532124	26328	20789	33026	1771
22287	173997	326701	222300	338955	354536	24500	19950	26490	974
25499	181600	425850	140066	303072	563928	51485	25774	36808	1574
157918	329081	859068	113941	1566600	698792	69324	26078	29772	2118
50888	119796	356274	98440	1997417	760663	37226	8781	7177	756
32018	118316	229740	54817	1019589	90056	15324	7572	6193	653
69879	160048	394854	82765	618903	427390	38506	13507	14106	960
34008	164593	439614	97853	395500	337907	25637	15036	15624	1314
13048	112668	200535	76649	222428	141273	18000	6444	6809	510
142735	258448	684557	104578	4918370	1123096	71701	17845	12693	1636
103496	248900	884172	507400	3754421	1417361	68200	18133	18485	1212
100205	212785	849372	321743	3802415	1234905	66727	20195	16268	1387
38318	198009	617393	420917	941189	620805	182796	13063	27446	1548
60003	185969	818330	263179	3415600	849303	52190	24570	38097	1837
39500	88686	266781	128943	369860	428416	40000	7969	10807	1022
77041	228758	675258	350753	2965151	834324	35965	24199	34588	1358
105108	337610	1266515	1337000	4254816	1366402	102310	50303	68833	3011
75113	235101	677400	677841	2750600		55000	25399	27799	1364
62374	216761	1015738	690973	3763903	1405691	75007	24803	23336	1282
31008	184748	717418	770406	1666868	685048	52106	17569	19099	1135
81500	353042	1601050	839200	4502656	1529322	80407	44744	50124	2748
40144	114923	514196	258900	490812	712732	55143	49277	42965	835
41093	137240	594014	275800	483099	663450	115000	42393	44861	976
52058	111770	707741	211400	2330586	893317	51975	34990	37410	2249

地区名称	Region	行政区域土地面积(平方公里) Land Area (sq.m)	年末总人口(万人) Total Population (year-end) (10 000 persons)	乡村人口(万人) Rural Population (10 000 persons)	年末单位从业人员数(人) Employed Persons (year-end) (person)	乡村从业人员数(人) Rural Laborers (person)	第一产业增加值(万元) Value-added of Primary Industry (10 000 yuan)	第二产业增加值(万元) Value-added of Secondary Industry (10 000 yuan)
应城市	Yingcheng City	1103	67.8	47.8	71584	321318	334600	817500
安陆市	Anlu City	1355	63.4	47.9	58640	269379	264021	423952
汉川市	Hanchuan City	1659	112.8	83.1	135253	489352	420355	1540239
公安县	Gongan County	2257	105.9	74.5	45711	405636	450843	541676
监利县	Jianli County	3460	156.2	108.0	55235	555151	678565	478300
江陵县	Jiangling County	1048	40.9	28.0	36340	147212	164745	120677
石首市	Shishou City	1427	64.6	47.6	39989	251765	247701	403199
洪湖市	Honghu City	2519	94.1	64.5	47466	362958	422125	387824
松滋市	Songzi City	2177	77.0	65.8	42684	361173	293011	544600
团风县	Tuanfeng County	833	37.8	31.9	23182	112500	116400	271600
红安县	Hongan County	1796	66.4	54.6	360100	264968	196100	330600
罗田县	Luotian County	2129	61.4	40.8	30051	285942	192995	299023
英山县	Yingshan County	1449	40.1	33.3	21254	200049	268800	113100
浠水县	Xishui County	1949	103.0	78.6	44641	442300	398986	453900
蕲春县	Qichun County	2398	100.3	79.9	41892	415445	320365	487500
黄梅县	Huangmei County	1701	98.9	62.9	481000	308000	309500	467429
麻城市	Macheng City	3747	116.3	95.4	95425	521800	442000	648300
武穴市	Wuxue City	1246	78.8	62.4	44412	304859	432900	734300
嘉鱼县	Jiayu County	1017	37.2	26.4	26162	140519	269000	718000
通城县	Tongcheng County	1172	50.0	40.6	19430	193061	160981	322700
崇阳县	Chongyang County	1968	47.7	38.2	22302	187192	179300	220600
通山县	Tongshan County	2680	46.8	36.2	25654	181000	92791	158700
赤壁市	Chibi City	1723	52.2	35.1	54122	157665	274390	929500
随县	Sui County	5763	97.9	77.0	87785	417939	487876	509000
广水市	Guangshui City	2641	94.7	80.2	43148	467063	378138	808000
恩施市	Enshi City	3972	80.5	62.6	56502	327800	214300	390600
利川市	Lichuan City	4607	90.6	82.0	28586	423000	254477	149300
建始县	Jianshi County	2666	51.4	46.3	28069	243500	152520	130700
巴东县	Badong County	3354	49.0	43.0	36610	246500	140439	229900
宣恩县	Xuanen County	2737	35.9	31.8	8114	177105	115073	88156
咸丰县	Xianfeng County	2550	38.5	33.5	16832	188600	130843	112130
来凤县	Laifeng County	1342	32.7	26.7	9118	174134	94921	92629
鹤峰县	Hefeng County	2872	22.3	19.8	7584	119600	79953	120423
湖南省	**Hunan Province**							
长沙县	Changsha County	1997	80.4	79.3	178799	473700	522854	5780897
宁乡县	Ningxiang County	2912	137.1	121.0	65264	780500	752563	4343880
浏阳市	Liuyang City	4998	141.5	128.9	139159	740500	634853	4945238
株洲县	Zhuzhou County	1053	34.3	29.3	25937	246000	145663	351001
攸县	You County	2650	79.9	72.0	29225	432000	361356	1169151
茶陵县	Chaling County	2507	60.9	53.1	23348	299000	238951	407719
炎陵县	Yanling County	2031	19.9	15.9	11852	94000	59490	186255
醴陵市	Liling City	2157	103.6	89.2	62253	510200	350917	2161194
湘潭县	Xiangtan County	2154	98.6	88.4	49332	546100	435130	955709

continued

地方财政一般预算收入(万元) Revenue of Local Governments (10 000 yuan)	地方财政一般预算支出(万元) Expenditure of Local Governments (10 000 yuan)	城乡居民储蓄存款余额(万元) Balance of Savings Deposit of Urban and Rural Households (10 000 yuan)	粮食总产量(吨) Total Grain Yield (ton)	规模以上工业总产值(现价)(万元) Gross Industrial Output Value above Designated Size (current price) (10 000 yuan)	固定资产投资额(不含农户)(万元) Investment in Fixed Assets (Excluding Rural Households) (10 000 yuan)	固定电话年末用户(户) Number of Fixed Telephone Subscribers at Year-end (subscriber)	普通中学在校学生数(人) Enrollment of Regular Secondary Schools (person)	小学在校学生数(人) Enrollment of Primary Schools (person)	医院、卫生院床位数(床) Number of Beds of Hospitals and Health Centers (bed)
70610	198831	885771	343100	3097083	729284	55647	43448	40780	1611
41610	184419	822966	323600	1266375	861307	83525	34141	39617	1301
86108	200330	1028389	519000	4894185	1224874	97827	43952	52902	1859
44483	85056	1184059	595808	1554699	875542	73088	46572	47280	2231
23181	313618	1089800	1339147	1401175	726500	95081	74553	127761	1955
11007	118635	339032	251510	281276	183502	35672	23827	23742	919
31016	169625	796885	202400	1186066	613332	40040	32780	29400	1409
32706	86540	800340	655602	879575	613800	68542	44406	59567	1817
51190	220532	1088951	316113	1337596	889367	97065	38196	38035	1487
25507	171727	327400	124400	544091	456500	34427	24702	32444	915
40777	221121	568460	223508	392900	588323	78457	44003	38773	1217
27717	182556	638737	230408	479121	653206	61564	40049	45165	1440
18218	86330	473403	130510	310694	302920	57536	23514	32640	930
43882	321400	1062004	469400	1057700	703502	96086	74585	75508	2140
57858	115492	1129328	470300	1290365	1017350	121208	71174	81190	1913
52200	168440	1048240	450029	968500	736300	114500	68560	81567	2260
62911	292712	1030711	536600	1393789	1280600	138000	68358	83592	1717
72321	220879	876514	303800	1325292	985917	92815	45271	57709	1394
44123	134217	316355	127400	2445400	851466	55722	24434	22889	793
29158	151841	466428	150200	812195	536953	66763	22782	42225	1220
24604	155422	468350	250297	434887	530972	67803	16385	44400	1150
27628	150060	315490	68296	376600	576491	57623	31411	54856	1138
80000	213542	646325	253475	2749850	1171390	55900	16662	37421	1235
11337	215035	917410	876103	1671214	972900	50000	35228	50100	1311
49261	235026	1143670	416200	2194100	1116200	129100	45123	66955	1776
78669	247828	889615	208300	698371	512273	95655	43956	46331	4513
57069	313485	586905	359500	286885	369423	17600	42482	57251	2429
29200	179714	312936	220400	181724	365010	19128	21482	28384	1968
38472	218474	368918	207100	289393	389381	32951	25259	27205	1431
14800	133898	201818	124000	127999	170789	25276	16681	21385	1024
19428	141435	278403	204000	199083	210644	36001	15576	23751	1478
14719	131226	248739	121100	185690	220010	18741	12775	23087	1231
16402	125198	195736	87100	256568	235564	27335	9689	10391	579
419527	600963	1964631	567300	13705120	3693736	137133	37575	54244	3231
203771	363528	1575971	852200	9104368	3933504	113020	68248	83866	3434
177068	345178	1768168	541200	7592881	3317047	131280	55283	88163	5587
35240	110022	410718	314849	544973	342300	40850	11973	12576	1024
124387	231478	842315	455956	2629588	1171000	130586	31587	41206	1952
50110	138427	695799	313213	731627	467900	53700	19466	32460	1256
30482	84235	211182	91703	473929	418800	22358	6730	10436	525
197032	312719	1069729	502130	4628530	1434700	197300	32928	52786	2723
86690	254273	1351060	803700	2457632	743800	186028	53713	47483	1840

4-1 续表 24

地区名称	Region	行政区域土地面积(平方公里) Land Area (sq.m)	年末总人口(万人) Total Population (year-end) (10 000 persons)	乡村人口(万人) Rural Population (10 000 persons)	年末单位从业人员数(人) Employed Persons (year-end) (person)	乡村从业人员数(人) Rural Laborers (person)	第一产业增加值(万元) Value-added of Primary Industry (10 000 yuan)	第二产业增加值(万元) Value-added of Secondary Industry (10 000 yuan)
湘乡市	Xiangxiang City	2011	93.2	80.1	52109	496000	396810	1031870
韶山市	Shaoshan City	210	10.6	9.2	7494	51900	37246	217884
衡阳县	Hengyang County	2559	121.7	90.7	62336	489300	503724	773252
衡南县	Hengnan County	2633	111.3	104.4	58580	501700	478120	908285
衡山县	Hengshan County	935	44.3	40.8	24464	260100	204072	293566
衡东县	Hengdong County	1926	74.3	60.5	25542	305900	298799	622781
祁东县	Qidong County	1871	106.8	94.3	34980	518600	444431	632449
耒阳市	Leiyang City	2656	142.3	110.6	66162	550800	458753	1387667
常宁市	Changning City	2064	96.7	78.7	46950	412200	347761	795671
邵东县	Shaodong County	1776	128.6	109.1	39249	556100	359473	991010
新邵县	Xinshao County	1763	80.5	74.9	23588	463900	213764	296404
邵阳县	Shaoyang County	1997	103.9	92.7	29196	563200	238548	305490
隆回县	Longhui County	2871	120.6	106.1	27429	597400	276374	272164
洞口县	Dongkou County	2196	85.1	77.3	27970	489200	366499	293338
绥宁县	Suining County	2927	37.8	30.7	16418	203700	132811	237346
新宁县	Xinning County	2751	62.0	55.7	20191	335800	168050	142664
城步苗族自治县	Chengbu Miao A.C.	2647	27.5	23.1	14096	120400	84921	80089
武冈市	Wugang City	1549	82.0	71.3	30147	400500	323730	171383
岳阳县	Yueyang County	2716	72.9	56.9	27096	291200	380880	824832
华容县	Huarong County	1449	73.0	64.8	38323	346900	466187	1053145
湘阴县	Xiangyin County	1542	76.4	65.4	44520	379400	389390	1061106
平江县	Pingjiang County	4125	107.5	103.0	39180	503300	326542	675782
汨罗市	Miluo City	1562	76.1	66.1	105033	303800	378119	1628877
临湘市	Linxiang City	1744	52.9	47.1	22880	206700	223155	804018
安乡县	Anxiang County	1087	60.9	49.5	30502	266900	287182	357433
汉寿县	Hanshou County	2089	88.1	75.4	33679	406700	358166	469764
澧县	Li County	2075	93.8	75.4	34227	412000	457723	706117
临澧县	Linli County	1204	45.6	45.0	16887	253700	209864	361398
桃源县	Taoyuan County	4458	98.0	88.9	38332	483100	551573	627598
石门县	Shimen County	3970	69.0	59.0	32703	327300	329912	615711
津市市	Jinshi City	557	27.6	13.0	23623	82100	144811	373142
慈利县	Cili County	3480	69.1	57.5	26703	334500	182759	361528
桑植县	Sangzhi County	3474	47.3	43.0	17241	224800	68281	120918
南县	Nan County	1406	80.3	68.5	26062	360200	473485	419482
桃江县	Taojiang County	2062	87.9	74.1	30509	407200	282086	609080
安化县	Anhua County	4944	101.7	86.3	33445	438400	281624	443673
沅江市	Yuanjiang County	1797	74.8	59.0	37483	337500	409116	611172
桂阳县	Guiyang County	2958	86.6	76.2	35406	438900	322572	1027481
宜章县	Yizhang County	2118	61.8	53.0	25099	298500	155627	535834
永兴县	Yongxing County	1979	66.4	49.6	26109	312600	199141	1209590
嘉禾县	Jiahe County	699	40.5	36.6	16654	205100	128582	436612
临武县	Linwu County	1375	37.7	32.1	16244	187400	96919	374871
汝城县	Rucheng County	2401	39.5	35.6	11758	201800	82201	129299
桂东县	Guidong County	1452	21.0	20.5	8412	124400	34728	54841

continued

地方财政一般预算收入(万元) Revenue of Local Governments (10 000 yuan)	地方财政一般预算支出(万元) Expenditure of Local Governments (10 000 yuan)	城乡居民储蓄存款余额(万元) Balance of Savings Deposit of Urban and Rural Households (10 000 yuan)	粮食总产量(吨) Total Grain Yield (ton)	规模以上工业总产值(现价)(万元) Gross Industrial Output Value above Designated Size (current price) (10 000 yuan)	固定资产投资额(不含农户)(万元) Investment in Fixed Assets (Excluding Rural Households) (10 000 yuan)	固定电话年末用户(户) Number of Fixed Telephone Subscribers at Year-end (subscriber)	普通中学在校学生数(人) Enrollment of Regular Secondary Schools (person)	小学在校学生数(人) Enrollment of Primary Schools (person)	医院、卫生院床位数(床) Number of Beds of Hospitals and Health Centers (bed)
74166	225200	995100	527100	3204295	722300	80521	40104	50052	2485
19151	46096	217715	58700	779339	330200	27852	3112	5237	352
45983	218930	1217052	599448	2143899	800650	292605	64845	94483	2212
62565	240500	319350	592842	2278471	695231	110114	55693	80729	2122
38955	120180	492563	201891	938112	355281	61580	20322	30068	966
42838	158097	709128	399532	2385091	486019	181327	33920	52084	1267
36935	198695	703510	441455	3013898	553370	261580	52803	90218	1800
121505	342189	1455742	500120	5464984	1420582	118140	53538	110316	2380
67132	226876	902113	401247	3265092	567148	103640	42156	80639	3681
56058	217383	1378730	439000	2410882	885710	125600	59822	98431	2323
30237	184716	606427	302400	914867	600706	46000	38232	70578	1410
29385	207148	694203	444600	701152	525202	50286	46220	76753	1500
33711	209861	999800	441300	750645	660863	136500	53412	91288	2531
28078	166898	803583	419800	909612	634345	73319	44027	68269	1363
17567	102028	366965	141900	968172	263570	38000	14916	27072	712
30392	144589	493218	295400	309883	438009	46200	24488	42968	1259
12164	86168	216672	75300	196173	140830	28472	8680	19431	582
36915	168581	722044	440400	419634	538984	64735	40269	70290	1958
28960	98846	415946	500100	2909089	1089945	57010	32169	41656	1301
30313	124520	498722	532600	4026358	1069737	171055	27807	33708	1306
41212	186990	442650	573000	3980822	1058395	52000	30645	48219	1144
37036	247257	733145	415500	2102392	769681	142396	42138	76524	1800
88103	214496	474928	481400	6025424	1143756	88850	32872	43197	965
26004	152299	478269	310700	3093537	776106	47661	25316	37188	1282
21873	118655	373106	303400	803653	338800	67000	18761	19962	1268
31146	176978	651300	621700	1134551	602500	68000	33986	41215	1742
53688	215122	1108400	491700	1606762	1144000	100082	35784	40341	1218
29788	40272	56200	324200	931680	545700	56000	19797	22937	1100
50625	215219	983507	755200	1737358	606400	132656	36636	44901	2319
50721	189929	696171	255200	1468946	758500	82900	27786	32350	2473
28565	99711	386472	137500	1223226	332800	37229	8801	9657	240
39898	198604	627900	293953	839690	362700	81500	28290	34283	1720
20249	151068	318046	138190	206455	305300	48500	18423	30148	1990
24897	224341	670537	572000	1087735	252689	55898	32396	36592	1639
32813	180225	707538	358500	1584207	658905	64500	33310	48255	2245
36822	221963	916042	238300	933570	516911	79812	32286	53891	2882
38767	189818	624788	445122	1852297	772174	54800	28927	35359	2011
102728	242909	841600	284624	3056010	1200405	90800	38704	81594	2237
61512	168313	702885	237117	1723747	734661	42239	24906	64958	2034
108542	209628	595500	230545	4705975	996606	69108	21626	58177	1570
35938	113518	462091	132229	1278260	360956	44191	18406	42202	719
39137	134173	520820	123113	626263	422575	25940	13660	48509	894
29583	132666	391599	196327	471138	279400	47175	15103	32786	1005
9000	90535	187436	62762	105337	186830	25213	6851	13349	597

地区名称	Region	行政区域土地面积(平方公里) Land Area (sq.m)	年末总人口(万人) Total Population (year-end) (10 000 persons)	乡村人口(万人) Rural Population (10 000 persons)	年末单位从业人员数(人) Employed Persons (year-end) (person)	乡村从业人员数(人) Rural Laborers (person)	第一产业增加值(万元) Value-added of Primary Industry (10 000 yuan)	第二产业增加值(万元) Value-added of Secondary Industry (10 000 yuan)
安仁县	Anren County	1462	43.0	38.6	12603	241900	135414	149818
资兴市	Zixing City	2747	37.5	24.0	42363	173100	168322	1365156
祁阳县	Qiyang County	2538	105.6	90.8	60520	483800	346692	615884
东安县	Dongan County	2211	61.9	57.8	23757	288700	255244	413131
双牌县	Shuangpai County	1739	18.4	14.7	11499	68200	103758	149560
道县	Dao County	2441	74.5	63.2	22968	342100	288277	280542
江永县	Jiangyong County	1633	26.9	25.3	12508	131700	148092	101941
宁远县	Ningyuan County	2489	83.9	63.4	25220	385100	220846	276040
蓝山县	Lanshan County	1807	39.1	33.2	21219	198900	117329	234806
新田县	Xintian County	1022	42.1	37.4	14467	214800	132301	118242
江华瑶族自治县	Jianghua Yao A.C.	3216	48.9	44.6	16740	269400	174707	162643
中方县	Zhongfang County	1524	28.1	25.6	13925	153000	83783	368865
沅陵县	yuanling County	5825	65.5	58.3	27426	336900	131314	793504
辰溪县	Chenxi County	1977	52.6	44.3	28190	224600	110233	290835
溆浦县	Xupu County	3440	90.5	83.5	32018	550000	219612	322254
会同县	Huitong County	2248	35.9	35.5	13338	209600	86849	97442
麻阳苗族自治县	Mayang Miao A.C.	1568	39.3	35.4	14303	185200	106004	142005
新晃侗族自治县	Xinhuang Dong A.C.	1508	26.5	22.9	9794	126600	47603	162145
芷江侗族自治县	Zhijiang Dong A.C.	2099	37.9	34.5	16119	195000	146659	258358
靖州苗族侗族自治县	Jingzhou Miao & Dong A.C.	2211	27.0	22.5	12765	112200	92932	156559
通道侗族自治县	Tongdao Dong A.C.	2239	23.1	19.6	9283	107000	51177	81475
洪江市	Hongjiang City	2289	43.7	38.9	27382	230200	148878	480409
双峰县	Shuangfeng County	1715	94.9	88.0	36178	479700	451791	497966
新化县	Xinhua County	3642	139.9	126.7	40037	678800	384721	390460
冷水江市	Lengshuijiang City	439	36.7	19.8	61484	100800	70772	1292731
涟源市	Lianyuan City	1895	117.3	106.3	51334	587600	345263	746480
吉首市	Jishou City	1058	29.4	18.2	47586	96000	45776	305691
泸溪县	Luxi County	1565	30.9	27.5	10017	148400	55088	308762
凤凰县	Fenghuang County	1744	40.4	35.9	12842	195200	67849	74246
花垣县	Huayuan County	1108	30.8	25.6	13817	149700	47023	367092
保靖县	Baojing County	1753	30.4	26.8	9909	145500	61300	195094
古丈县	Guzhang County	1297	14.4	12.5	5968	73900	28784	33484
永顺县	Yongshun County	3810	53.4	47.0	16334	258500	111823	97987
龙山县	Longshan County	3131	57.8	50.6	18031	266200	126108	100656
广东省	**Guangdong Province**							
增城市	Zengcheng City	1616	84.6	87.6	99801	520190	449518	4835364
从化市	Conghua City	1975	58.7	48.6	67595	261431	197891	1047656
始兴县	Shixing County	2174	24.8	19.9	109230	114445	132730	160465
仁化县	Renhua County	2223	23.4	17.9	18547	99662	136935	383473
翁源县	Wengyuan County	2175	40.0	34.1	21429	151299	158247	154279
乳源瑶族自治县	Ruyuan Yao A.C.	2299	21.8	16.5	22568	85403	54011	236205
新丰县	Xinfeng County	2012	25.7	19.5	16678	95082	80958	157600
乐昌市	Lechang City	2421	53.0	29.0	26981	185013	160719	293461

continued

地方财政一般预算收入(万元) Revenue of Local Governments (10 000 yuan)	地方财政一般预算支出(万元) Expenditure of Local Governments (10 000 yuan)	城乡居民储蓄存款余额(万元) Balance of Savings Deposit of Urban and Rural Households (10 000 yuan)	粮食总产量(吨) Total Grain Yield (ton)	规模以上工业总产值(现价)(万元) Gross Industrial Output Value above Designated Size (current price) (10 000 yuan)	固定资产投资额(不含农户)(万元) Investment in Fixed Assets (Excluding Rural Households) (10 000 yuan)	固定电话年末用户(户) Number of Fixed Telephone Subscribers at Year-end (subscriber)	普通中学在校学生数(人) Enrollment of Regular Secondary Schools (person)	小学在校学生数(人) Enrollment of Primary Schools (person)	医院、卫生院床位数(床) Number of Beds of Hospitals and Health Centers (bed)
16993	120845	378449	267380	377510	463432	32163	16182	32210	1038
116005	226932	694871	123379	4416042	1086932	85143	15042	22138	1443
41643	219066	1221091	647500	1383717	1069500	83668	44896	72060	2138
32029	145702	539208	382100	1070454	677900	45286	20297	41853	1273
19586	74469	164397	71100	427345	269700	11426	7549	12303	380
37376	170367	597913	384400	540463	595700	33332	32734	66511	1327
15502	81129	249026	120400	233192	298700	14984	12282	24145	685
37557	192398	621275	298700	513840	563100	37543	41124	85145	1753
23775	99536	352062	124900	602755	294900	23633	18516	34705	779
20167	99890	313456	160500	311856	251400	24743	20189	42038	1103
22596	128995	390014	204500	328954	333800	31672	22733	37311	1349
25282	80184	106022	112200	998384	501372	19356	8504	12695	592
47056	180858	533600	217400	2128927	402969	56826	21711	33726	2487
31957	145659	456980	179100	827340	446842	43256	16997	33776	2407
34602	157088	600200	336500	952533	470025	110000	28384	56739	1780
20793	97579	364525	117600	243364	180124	31060	13331	19892	1084
14809	89315	235800	107200	420207	200315	30753	16199	25404	975
11552	88480	195092	77300	496954	150093	23766	8272	15869	999
24552	116712	344038	204400	800537	202751	40020	15310	23969	935
15870	83700	297222	120800	511153	150319	29412	10933	18614	828
11189	79305	217587	79600	270558	110221	22270	7583	15728	642
33068	176386	569102	175600	1419711	535296	53047	20204	26167	1142
36198	209048	958808	534900	1427473	566238	103375	42535	60965	1792
41856	244426	1025444	458800	1107637	474632	115625	59421	99411	1397
86137	81512	401312	44000	3303312	705553	46516	19965	29560	1382
54336	247268	681321	458300	2014167	667677	93000	62265	90490	2485
39993	135354	804512	48729	626962	422300	77000	21286	25376	3732
40945	131853	248719	75102	833628	139500	26000	17789	25336	975
26019	125388	322530	123328	95048	221200	32800	17640	33276	1093
29701	130635	318562	88115	928746	249700	25200	15090	26191	1240
15317	115288	204809	87584	437431	80600	22700	12034	19745	838
7370	74895	135700	35703	38875	78100	11100	6391	8866	381
14783	170989	365000	201341	92988	180800	36000	26229	44091	1806
17931	172453	436144	177458	106664	208600	41200	32069	45170	1161
466573	562773	4458261	155212	15518403	1999572	297908	69801	71926	2862
236285	363566	1448542	117480	3981750	435035	110000	43017	40010	1895
21588	79346	401806	86044	458050	318657	41403	14427	15455	557
40426	85596	376907	103000	699290	309945	36400	12633	13796	676
21744	88243	503751	105543	350970	245582	53600	22370	22958	872
34256	88577	255230	57886	849382	294152	25000	11357	13354	450
18362	67690	283728	56257	356000	201541	37900	16656	15836	601
38210	126122	684100	122120	519900	551266	58300	27321	33643	2167

地区名称	Region	行政区域土地面积(平方公里) Land Area (sq.m)	年末总人口(万人) Total Population (year-end) (10 000 persons)	乡村人口(万人) Rural Population (10 000 persons)	年末单位从业人员数(人) Employed Persons (year-end) (person)	乡村从业人员数(人) Rural Laborers (person)	第一产业增加值(万元) Value-added of Primary Industry (10 000 yuan)	第二产业增加值(万元) Value-added of Secondary Industry (10 000 yuan)
南雄市	Nanxiong City	2326	47.3	38.6	26321	174048	199194	237471
南澳县	Nan'ao County	112	7.4	5.6	4919	24021	32039	47490
台山市	Taishan City	3285	98.7	84.6	50583	494121	417970	1747010
开平市	Kaiping City	1659	69.1	60.6	93888	334697	233845	1323396
鹤山市	Heshan City	1083	36.8	22.7	39141	200773	148699	1083534
恩平市	Enping City	1698	50.0	33.0	63576	187140	158737	422700
遂溪县	Suixi County	2007	106.8	93.2	40875	448321	737879	557261
徐闻县	Xuwen County	1862	73.6	59.0	40356	316107	496488	133459
廉江市	Lianjiang City	2840	172.2	135.4	60474	697022	711187	825297
雷州市	Leizhou City	3662	171.2	152.6	54439	688642	704454	248244
吴川市	Wuchuan City	876	112.2	86.4	49357	535839	216630	520385
电白县	Dianbai County	1873	146.0	119.2	58600	564313	659787	929898
高州市	Gaozhou City	3276	172.6	138.7	61297	659572	832545	1006582
化州市	Huazhou City	2354	165.3	114.4	61305	526190	661278	902407
信宜市	Xinyi City	3081	141.6	101.6	41527	503214	668063	806762
广宁县	Guangning County	2458	57.0	45.3	18311	264694	227754	247449
怀集县	Huaiji County	3573	106.2	65.7	26744	379118	470690	381968
封开县	Fengkai County	2723	50.6	45.9	21410	229407	287203	249031
德庆县	Deqing County	2257	38.4	30.8	22897	169393	204775	280488
高要市	Gaoyao City	2186	78.3	66.7	23743	479462	541707	1406430
四会市	Sihui City	1263	44.8	31.1	92137	146580	401750	2037736
博罗县	Boluo County	2858	85.2	94.4	139308	512817	363530	1857080
惠东县	Huidong County	3396	85.2	55.5	61182	373688	319879	1516157
龙门县	Longmen County	2267	35.1	23.4	22914	145530	157232	319665
梅县	Mei County	2755	62.7	59.0	29939	224028	337410	754541
大埔县	Dapu County	2468	54.5	42.7	16982	184372	144750	221740
丰顺县	Fengshun County	2710	69.7	45.2	27556	269530	176196	378664
五华县	Wuhua County	3226	132.2	92.7	34775	491089	241851	210405
平远县	Pingyuan County	1381	26.1	12.3	23846	106878	96496	206592
蕉岭县	Jiaoling County	957	23.0	16.7	15104	86943	97388	268545
兴宁市	Xingning City	2104	117.4	93.5	43486	459757	310903	425218
海丰县	Haifeng County	1750	82.0	68.0	40587	396620	277818	793873
陆河县	Luhe County	986	34.2	24.1	12632	132215	80933	109468
陆丰市	Lufeng City	1541	180.0	112.0	48407	623864	386839	695858
紫金县	Zijin County	3621	82.3	66.0	116472	345430	201888	291186
龙川县	Longchuan County	3080	98.6	84.8	40983	357354	197089	551096
连平县	Lianping County	2276	40.7	33.7	20691	208030	76252	581139
和平县	Heping County	2310	53.9	46.7	16180	252084	113151	192639
东源县	Dongyuan County	4070	58.6	52.0	29838	269913	123578	400257
阳西县	Yangxi County	1451	52.2	42.3	283579	238177	399631	380868
阳东县	Yangdong County	1703	49.1	46.9	29593	262809	320313	855131
阳春市	Yangchun City	4054	114.5	88.1	57847	501266	555717	1047340
佛冈县	Fogang County	1295	32.8	18.6	26039	155024	75886	1014130
阳山县	Yangshan County	3418	54.3	49.0	17279	254564	174910	202313

continued

地方财政一般预算收入(万元) Revenue of Local Governments (10 000 yuan)	地方财政一般预算支出(万元) Expenditure of Local Governments (10 000 yuan)	城乡居民储蓄存款余额(万元) Balance of Savings Deposit of Urban and Rural Households (10 000 yuan)	粮食总产量(吨) Total Grain Yield (ton)	规模以上工业总产值(现价)(万元) Gross Industrial Output Value above Designated Size (current price) (10 000 yuan)	固定资产投资额(不含农户)(万元) Investment in Fixed Assets (Excluding Rural Households) (10 000 yuan)	固定电话年末用户(户) Number of Fixed Telephone Subscribers at Year-end (subscriber)	普通中学在校学生数(人) Enrollment of Regular Secondary Schools (person)	小学在校学生数(人) Enrollment of Primary Schools (person)	医院、卫生院床位数(床) Number of Beds of Hospitals and Health Centers (bed)
34015	126074	512627	222356	477208	581882	48320	28697	28168	1100
12506	57262	125544	4232	37609	77238	18593	4780	2868	143
155605	250305	2729758	400024	6826700	1516673	230415	50700	48985	2566
142949	235632	2624153	221969	4913578	561228	182645	57794	56739	1917
140783	160669	1578803	82747	3918925	894824	183500	24360	30413	935
59668	151650	1291198	129302	1259139	474398	92000	30334	31553	992
43107	163094	909011	242447	1651815	241460	61357	89910	79260	2207
27826	125298	760946	130459	271023	77047	47000	57001	59103	2008
56065	227329	1387434	425475	1998281	511310	129105	138902	145076	3643
45018	198389	1055290	341915	416262	106766	79116	156469	167245	3867
41228	141159	1056617	164733	838606	369745	133912	110407	98954	1448
80778	242572	1455011	260798	1229880	121514	136580	123195	123631	2366
78845	282189	1852122	384935	677726	146227	201820	148551	125558	4975
67251	233479	1397005	334786	769681	197675	101195	140411	154711	2344
56647	200952	1276864	325280	919800	186065	138600	132371	117726	2092
55901	126520	518028	152234	1051000	89040	81076	20479	29399	759
205201	197375	551154	264981	1260630	450948	93904	87711	113337	1606
50099	119472	456155	200525	787915	302566	48400	41783	44210	837
54127	119453	470423	121287	1510408	360433	51036	29061	28407	674
165390	240002	1305425	233253	5965766	447015	119077	56227	45441	1338
249839	335447	1439277	122492	9349573	1424247	107121	35262	36572	1393
183584	300542	2063972	160979	6559172	1139296	349376	64737	85676	2364
134282	280719	1635175	198416	1896944	1214092	227543	72601	94492	1574
51421	168645	435378	97680	725428	305207	55194	13372	20712	919
100132	131254	1076618	200708	1750776	401020	147800	34959	28008	1038
35267	138913	488178	98925	216212	185148	58952	26592	24872	722
30013	153859	648058	124618	609336	145029	88000	27972	39049	954
22238	231772	882814	310926	320300	151747	213890	77667	101365	1836
23276	91115	327189	89317	147593	109123	40100	17955	12020	538
30252	86055	360849	65621	324542	135678	39870	13414	10618	474
37762	195006	1225001	327480	495958	194728	139857	78240	54757	1884
90038	179445	944617	176433	1566492	1300163	146450	74004	65848	2302
20456	76003	231370	61631	73100	55187	42500	32639	27010	566
97010	253493	722622	202939	1292400	903080	202550	154752	187790	2328
30268	156298	503648	218971	967998	152898	119982	38460	56761	1408
30706	199898	779152	272033	1919065	190070	127899	58872	68284	1988
38569	124594	352280	104430	1589684	53364	50714	24210	23665	875
20210	129359	381073	131921	662754	55229	65201	27602	28555	718
40021	173153	372523	169430	1026960	185261	54128	28046	42084	802
28641	126737	489642	145806	656290	314244	52400	24402	31439	939
71678	151261	651130	157353	2657729	547257	81485	32406	29263	880
70372	216090	1251843	297015	2994900	554933	156012	67499	61555	2058
78071	124820	517325	60174	4788868	151156	55822	22174	19091	719
45259	110191	405874	109079	405500		65584	28279	27694	1237

地区名称	Region	行政区域土地面积(平方公里) Land Area (sq.m)	年末总人口(万人) Total Population (year-end) (10 000 persons)	乡村人口(万人) Rural Population (10 000 persons)	年末单位从业人员数(人) Employed Persons (year-end) (person)	乡村从业人员数(人) Rural Laborers (person)	第一产业增加值(万元) Value-added of Primary Industry (10 000 yuan)	第二产业增加值(万元) Value-added of Secondary Industry (10 000 yuan)
连山壮族瑶族自治县	Lianshan Zhuang & Yao A.C.	1265	12.0	9.7	6005	48301	53753	69859
连南瑶族自治县	Liannan Yao A.C.	1241	16.6	14.0	8537	76180	39838	103959
清新县	Qingxin County	2318	69.3	60.2	54596	325808	235302	1546477
英德市	Yingde City	5634	112.0	92.0	50749	484911	388874	1427929
连州市	Lianzhou City	2668	53.0	44.3	19063	187500	217993	544950
潮安县	Chaoan County	1239	125.3	53.0	36130	519544	158729	1793358
饶平县	Raoping County	1694	102.0	89.0	30171	435063	285063	694896
揭东县	Jiedong County	850	130.0	119.6	47908	601852	334228	1809930
揭西县	Jiexi County	1365	98.1	72.9	31140	416533	251855	768846
惠来县	Huilai County	1253	134.0	121.3	39817	402366	386880	819117
普宁市	Puning City	1636	236.1	190.2	61102	783110	281433	2347465
新兴县	Xinxing County	1522	47.7	39.5	40996	275711	430863	637962
郁南县	Yu'nan County	1966	52.0	45.0	24909	223134	211698	271886
云安县	Yun'an County	1203	33.3	27.8	11546	186295	142398	287694
罗定市	Luoding City	2327	122.5	79.4	52042	529370	306527	416943
广西壮族自治区	**Guangxi Zhuang A.R.**							
武鸣县	Wuming County	3378	68.8	57.2	38015	368000	579448	920422
隆安县	Longan County	2277	40.5	35.8	16806	213500	193334	170822
马山县	Mashan County	2345	54.9	50.6	14212	303100	129209	136370
上林县	Shanglin County	1869	49.3	41.7	25419	188100	160428	106591
宾阳县	Binyang County	2298	104.2	88.7	43196	525900	357612	565307
横县	Heng County	3465	121.1	106.4	47060	626300	534026	698445
柳江县	Liujiang County	2539	56.0	48.2	30712	262800	308887	751799
柳城县	Liucheng County	2114	41.7	31.5	18730	205400	298496	307843
鹿寨县	Luzhai County	3004	49.7	32.3	26290	203700	237830	631033
融安县	Rongan County	2900	33.1	26.9	13242	162800	130008	195308
融水苗族自治县	Rongshui Miao A.C.	4624	50.6	44.1	16506	238100	134239	222042
三江侗族自治县	Sanjiang Dong A.C.	2430	37.9	35.0	11154	171900	109050	120701
阳朔县	Yangshuo County	1436	31.8	27.2	12889	160500	163440	240786
临桂县	Lingui County	2247	49.2	41.8	26183	227700	287444	795765
灵川县	Lingchuan County	2302	37.9	31.0	17400	168200	240646	416435
全州县	Quanzhou County	3979	82.9	68.3	20865	359200	356334	525566
兴安县	Xing'an County	2348	38.2	31.4	16883	167700	237193	603500
永福县	Yongfu County	2777	28.5	23.9	12923	124200	168801	469131
灌阳县	Guanyang County	1837	29.0	24.3	7889	131800	133139	232363
龙胜各族自治县	Longsheng A.C.	2538	17.8	15.2	10821	76100	72708	171416
资源县	Ziyuan County	1954	17.4	15.3	6441	81300	72500	149323
平乐县	Pingle County	1919	44.7	37.1	12577	219400	261019	258512
荔蒲县	Lipu County	1759	38.5	32.2	12783	194300	207971	383472
恭城瑶族自治县	Gongcheng Yao A.C.	2149	30.1	25.1	12153	132100	185065	285058
苍梧县	Cangwu County	3475	60.8	56.2	26903	352400	190587	889561
藤县	Teng County	3946	102.7	91.5	24458	503800	339349	806791
蒙山县	Mengshan County	1282	21.9	18.8	7996	115000	87561	297923

continued

地方财政一般预算收入(万元) Revenue of Local Governments (10 000 yuan)	地方财政一般预算支出(万元) Expenditure of Local Governments (10 000 yuan)	城乡居民储蓄存款余额(万元) Balance of Savings Deposit of Urban and Rural Households (10 000 yuan)	粮食总产量(吨) Total Grain Yield (ton)	规模以上工业总产值(现价)(万元) Gross Industrial Output Value above Designated Size (current price) (10 000 yuan)	固定资产投资额(不含农户)(万元) Investment in Fixed Assets (Excluding Rural Households) (10 000 yuan)	固定电话年末用户(户) Number of Fixed Telephone Subscribers at Year-end (subscriber)	普通中学在校学生数(人) Enrollment of Regular Secondary Schools (person)	小学在校学生数(人) Enrollment of Primary Schools (person)	医院、卫生院床位数(床) Number of Beds of Hospitals and Health Centers (bed)
10432	46812	112337	41827	123983	54202	20568	7443	8238	273
18218	74590	158412	35860	132572	47990	16304	10297	11731	277
105570	218492	857892	133340	2909295	594347	79316	44569	45243	1076
143079	322670	1337772	215555	3930191	1059659	94417	71130	67874	2414
55151	148040	636095	122448	607207	58603	56954	21170	23381	1378
80753	213715	1741277	130327	3683200	187932	229032	88807	87218	1784
34323	183733	918900	143556	1819965	212900	171000	68247	60789	856
80587	210319	1324779	257052	6376391	1319846	186400	100691	75766	2135
26347	164813	1033992	173047	1010917	429122	128000	83760	72699	1062
36377	193456	670891	203716	3270830	1496347	121900	95291	175091	1122
124622	299851	2842130	216536	6972541	1720471	302500	224076	219742	2975
70184	159430	835923	142006	1767324	462849	113270	36247	33328	1105
31562	110702	582525	143925	456900	176957	52326	30261	27355	801
32826	86191	244701	95173	585524	445348	35000	19233	17262	229
52354	194881	1088214	251533	840107	332915	175378	89646	86299	2578
46452	169489	724018	340482	2136445	1557476	89528	28951	35163	1763
18102	105449	308844	145015	418601	524185	45700	14955	27996	1182
17065	128417	266011	159133	193738	309024	69488	24305	37152	917
16495	121646	309433	159114	221166	311720	52159	23213	27862	731
65071	230631	787557	340028	851688	1095865	138501	60573	70093	2151
63355	233256	970270	394978	1567890	1336263	154546	54850	72121	1781
42962	136604	576495	160137	1716580	1060801	39353	19399	32459	984
23253	116796	329625	150949	517577	559097	24480	13695	20354	841
31801	136489	539657	157687	800521	2492370	37714	12190	23171	1227
15378	106329	255871	97264	281441	452956	31808	13842	19470	1044
20962	164527	354759	113772	226534	325099	26082	21106	38281	1038
14312	116877	226114	62692	75240	272320	16175	14815	29442	685
43408	132743	394603	113048	288784	886916	28537	11514	15792	464
89955	187408	561768	243133	1949633	1652575	24337	20584	27279	662
61663	156423	646761	169774	957603	865035	32000	12973	22356	983
34267	183601	746376	397069	940013	732903	50964	29585	46463	1212
59502	158291	560249	210716	1109802	940585	34040	11801	16217	885
26152	102701	270545	138408	855365	531354	21735	9192	14405	664
13990	103391	289395	135699	486974	233259	21907	9694	13818	769
15136	96925	182340	60671	240385	193449	12667	6196	8945	350
10280	77168	195425	52120	241088	235288	15416	6184	9724	335
19100	125780	372962	152225	489257	377053	32567	15469	23642	799
26325	122366	442430	116429	714941	468033	49419	14676	19434	924
22546	108942	258160	76373	630677	417000	29036	12711	16534	569
56899	179920	479249	198449	1441288	1285573	55902	38923	62211	992
67394	228615	642418	275847	1696412	914513	80956	64533	101579	1548
18263	84598	176295	62226	606823	358975	19000	10951	14628	787

地区名称	Region	行政区域土地面积(平方公里) Land Area (sq.m)	年末总人口(万人) Total Population (year-end) (10 000 persons)	乡村人口(万人) Rural Population (10 000 persons)	年末单位从业人员数(人) Employed Persons (year-end) (person)	乡村从业人员数(人) Rural Laborers (person)	第一产业增加值(万元) Value-added of Primary Industry (10 000 yuan)	第二产业增加值(万元) Value-added of Secondary Industry (10 000 yuan)
岑溪市	Cenxi City	2770	90.7	76.7	25759	430500	266451	1173539
合浦县	Hepu County	2380	105.4	63.2	45525	346900	593579	459597
上思县	Shangsi County	2816	24.0	18.8	19000	103600	183086	255291
东兴市	Dongxing City	590	13.3	9.3	8186	54800	97398	200840
灵山县	Lingshan County	3550	158.1	141.8	34494	849600	462485	501811
浦北县	Pubei County	2521	91.1	79.9	29307	429300	308790	366533
平南县	Pingnan County	2989	146.5	128.2	44633	613300	398418	550901
桂平市	Guiping City	4074	190.1	168.1	43888	835900	446107	1033192
容县	Rong County	2253	82.4	71.1	27851	401900	271004	564986
陆川县	Luchuan County	1551	105.9	80.8	36961	473900	277746	790122
博白县	Bobai County	3836	178.0	149.9	38846	896200	643809	728938
兴业县	Xingye County	1487	75.3	63.4	16021	359400	312544	353381
北流市	Beiliu City	2457	139.9	115.2	75506	623700	339944	1078709
田阳县	Tianyang County	2373	35.0	29.1	12782	190600	171413	231407
田东县	Tiandong County	2811	42.7	34.5	17569	232900	198537	563369
平果县	Pingguo County	2457	50.7	37.3	20918	226900	118353	625140
德保县	Debao County	2575	36.7	30.0	13915	170400	82624	347865
靖西县	Jingxi County	3326	65.1	56.6	17906	316800	117597	591786
那坡县	Napo County	2223	21.3	18.4	6878	113900	51676	23221
凌云县	Lingyun County	2047	21.6	17.5	6226	92500	50848	64700
乐业县	Leye County	2633	17.1	15.2	6768	77700	45515	38115
田林县	Tianlin County	5524	25.5	22.7	9921	138200	98325	68421
西林县	Xilin County	2997	15.6	13.0	6347	75000	58173	28049
隆林各族自治县	Longlin A.C.	3518	41.7	33.6	10249	193200	78043	212979
昭平县	Zhaoping County	3224	43.8	38.2	16203	184000	143933	181795
钟山县	Zhongshan County	1472	43.4	39.0	14039	219300	125410	278529
富川瑶族自治县	Fuchuan Yao A.C.	1540	32.6	27.7	12626	156600	139968	155902
南丹县	Nandan County	3916	31.2	22.9	18487	159900	88525	517274
天峨县	Tiane County	3196	17.2	14.7	8511	72500	55191	256574
凤山县	Fengshan County	1738	21.6	18.3	10382	92000	44344	67882
东兰县	Donglan County	2415	30.2	27.9	9051	147400	50486	59999
罗城仫佬族自治县	Luocheng Mulam A.C.	2658	37.6	33.8	13778	188900	130674	133595
环江毛南族自治县	Huanjiang Maonan A.C.	4553	37.8	32.2	15607	170700	146818	117915
巴马瑶族自治县	Bama Yao A.C.	1971	28.2	24.5	10198	124700	81484	122910
都安瑶族自治县	Du'an Yao A.C.	4095	70.7	65.4	17187	359800	113513	75436
大化瑶族自治县	Dahua Yao A.C.	2716	45.7	36.8	13155	223500	72797	159181
宜州市	Yizhou City	3869	66.3	54.4	25969	335000	323246	276767
忻城县	Xincheng County	2541	41.8	38.3	17842	240000	154021	165764
象州县	Xiangzhou County	1898	37.0	32.1	12813	195700	233894	388655
武宣县	Wuxuan County	1739	44.4	38.4	16252	226900	214839	336393
金秀瑶族自治县	Jinxiu Yao A.C.	2469	15.5	13.0	11739	73400	64892	72668
合山市	Heshan City	350	14.1	8.4	14853	49800	30586	153052
扶绥县	Fusui County	2836	45.3	35.3	23196	212300	384398	379207
宁明县	Ningming County	3705	43.6	36.5	17149	225000	257794	312851
龙州县	Longzhou County	2318	27.4	21.8	25742	149800	190511	204935
大新县	Daxin County	2742	37.4	32.7	20312	224900	191973	400529
天等县	Tiandeng County	2165	45.2	37.7	12483	266100	117380	166431
凭祥市	Pingxiang City	650	11.2	7.9	11284	50100	43833	94307

continued

地方财政一般预算收入(万元) Revenue of Local Governments (10 000 yuan)	地方财政一般预算支出(万元) Expenditure of Local Governments (10 000 yuan)	城乡居民储蓄存款余额(万元) Balance of Savings Deposit of Urban and Rural Households (10 000 yuan)	粮食总产量(吨) Total Grain Yield (ton)	规模以上工业总产值(现价)(万元) Gross Industrial Output Value above Designated Size (current price) (10 000 yuan)	固定资产投资额(不含农户)(万元) Investment in Fixed Assets (Excluding Rural Households) (10 000 yuan)	固定电话年末用户(户) Number of Fixed Telephone Subscribers at Year-end (subscriber)	普通中学在校学生数(人) Enrollment of Regular Secondary Schools (person)	小学在校学生数(人) Enrollment of Primary Schools (person)	医院、卫生院床位数(床) Number of Beds of Hospitals and Health Centers (bed)
68059	241491	700936	218546	2666151	1236171	83620	61075	83577	1568
41328	254839	1039538	304135	806404	879496	111303	60347	93163	2315
24211	100346	189696	42802	605168	518289		11305	22360	441
55972	114610	513640	25102	521278	648148	16793	7965	16441	338
34356	267555	888148	375322	554350	601884		82654	160344	2781
28041	173506	560085	230359	580330	493894	108500	46883	80425	1816
44566	263567	981246	343908	916943	758254	111479	92311	131580	2368
47793	316202	1321159	519716	2064473	1133697	150404	124172	181231	2622
43334	182691	819321	235068	1096179	819419	110892	46234	67201	1645
48308	207089	705446	260968	1818145	972163	124634	59040	97620	1632
55134	333812	1060929	462830	1432373	1149826	185282	111668	175798	2801
37203	144583	431672	217741	499822	547111	81271	29381	57453	994
65791	255229	1208578	350792	1927458	1174588	199963	85808	138215	2574
29182	131330	292394	108001	384171	689349	34459	11955	18887	820
47011	157808	382828	110450	1180911	873250	41289	16518	30509	1303
89046	182999	454404	109036	1247811	1209282	30000	24638	33925	1043
31857	128353	200682	97018	620625	589641	30854	13217	23993	753
58212	200163	321167	201210	1512582	999191	38526	26095	45789	1104
6102	99263	109615	57349	30366	148464	14500	6822	15128	469
6840	87711	104884	45877	92535	180495	21655	12668	21202	435
6871	73823	87328	49604	3206	218947	8896	9636	20600	296
13370	101595	171755	89515	106399	242825	21846	11018	25253	552
5915	76033	80492	53753	19080	130433	14900	7606	18304	439
14792	119521	192750	80885	87525	152976	21800	18998	42137	709
13752	126876	246324	130650	156309	456546	38400	19153	31501	721
16250	117498	319564	136015	327697	664536	31100	24437	31511	967
18168	119243	275458	125436	303911	601939	22965	18244	20338	615
38633	118322	364869	84011	861115	498918	14500	14856	27781	800
15337	81714	138399	63382	261476	200353	11593	9626	19836	313
6263	87858	96262	40079	81082	108384	13189	12003	19264	470
5501	110515	139146	53255	54802	141403	16500	13149	24515	627
10396	122613	280553	110156	211656	216487	18656	15019	21165	718
14154	125699	259388	118694	213182	216328	7551	16462	24129	666
10191	100017	148670	56485	179581	199500	20644	12622	25501	455
14540	161394	272412	118655	87337	250506	54781	35871	59035	1101
25944	140003	201961	70743	160026	212757	40606	21992	39616	847
36056	157431	578495	218509	493974	500209	61341	30052	41428	2342
21553	136356	189178	96501	222550	248301	18558	16361	22925	847
26811	117729	279794	175532	743301	377804	31317	14779	21510	718
28068	123056	294551	118603	709184	353509	19300	21048	30154	980
7378	74110	130101	43303	85894	124825	17998	5742	9040	555
16115	102235	149071	26717	326842	279922	15265	4527	7210	487
58489	162689	413555	61193	830126	633972	22373	16580	29681	940
33396	130016	326562	66749	713268	396826	28000	12913	30485	706
28270	118136	262887	43726	368780	391683	23324	8831	14992	861
41976	136957	275323	109120	644633	461005	27115	11327	20831	677
23947	133968	247873	134572	223485	357844		14508	29524	812
45981	102812	344323	16269	108564	465291	13910	4154	8625	213

地区名称	Region	行政区域土地面积(平方公里) Land Area (sq.m)	年末总人口(万人) Total Population (year-end) (10 000 persons)	乡村人口(万人) Rural Population (10 000 persons)	年末单位从业人员数(人) Employed Persons (year-end) (person)	乡村从业人员数(人) Rural Laborers (person)	第一产业增加值(万元) Value-added of Primary Industry (10 000 yuan)	第二产业增加值(万元) Value-added of Secondary Industry (10 000 yuan)
海南省	**Hainan Province**							
五指山市	Wuzhishan City	1129	11.0	6.0	9645	32724	39800	25942
琼海市	Qionghai City	1710	50.0	36.0	45680	191635	567147	211370
儋州市	Danzhou City	3343	104.0	64.0	36030	320346	837743	207910
文昌市	Wenchang City	2485	59.0	46.0	65232	233782	591598	322587
万宁市	Wanning City	1884	61.0	44.0	89041	207013	323444	306040
东方市	Dongfang City	2256	47.0	34.0	25137	172563	250767	498378
定安县	Ding'an County	1196	34.0	26.0	31321	123506	180014	79023
屯昌县	Tunchang County	1232	31.0	20.0	33005	92331	201679	45216
澄迈县	Chengmai County	2076	57.0	42.0	122094	240068	376425	692239
临高县	Lingao County	1317	50.0	43.0	15989	198125	548832	73840
白沙黎族自治县	Baisha Li A.C.	2117	20.0	16.0	24918	66786	162321	39872
昌江黎族自治县	Changjiang Li A.C.	1620	27.0	17.0	20124	89457	176621	423005
乐东黎族自治县	Ledong Li A.C.	2766	54.0	44.0	35688	240977	352958	72734
陵水黎族自治县	Lingshui Li A.C.	1128	38.0	29.0	14160	138269	420082	138446
保亭黎族苗族自治县	Baoting Li & Miao A.C.	1161	17.0	9.0	8971	48830	67312	22385
琼中黎族苗族自治县	Qiongzhong Li & Miao A.C.	2704	23.0	10.0	14157	54210	136808	27573
重庆市	**Chongqing City**							
潼南县	Tongnan County	1583	95.6	81.6	22880	491562	335165	608832
铜梁县	Tongliang County	1341	83.5	65.7	34949	407553	263650	1104671
荣昌县	Rongchang County	1075	83.5	62.1	41123	419935	321936	1237261
璧山县	Bishan County	915	64.0	46.0	229963	331221	148705	1360282
梁平县	Liangping County	1890	92.1	80.3	55714	474169	242912	645603
城口县	Chengkou County	3289	24.7	22.0	12278	110381	51831	220724
丰都县	Fengdu County	2904	84.2	65.5	36477	464701	202264	435422
垫江县	Dianjiang County	1518	96.5	75.2	73177	503851	253856	748419
武隆县	Wulong County	2901	41.0	37.0	23932	232144	134621	317695
忠县	Zhong County	2187	100.5	78.0	21589	491513	254713	592923
开县	Kai County	3963	164.8	140.7	72307	786301	375974	900835
云阳县	Yunyang County	3649	134.3	102.1	33819	491800	288019	371885
奉节县	Fengjie County	4087	105.8	90.1	31626	438787	261639	459477
巫山县	Wushan County	2958	64.0	53.0	21309	304090	141795	225654
巫溪县	Wuxi County	4030	53.9	44.6	27551	268007	109000	171776
石柱土家族自治县	Shizhu Tujia A.C.	3001	54.0	39.4	26917	274305	164312	345468
秀山土家族苗族自治县	Xiushan Tujia & Miao A.C.	2450	65.1	45.8	21790	344281	137558	498385
酉阳土家族苗族自治县	Youyang Tujia & Miao A.C.	5173	84.0	73.0	30275	453119	173837	334378
彭水苗族土家族自治县	Pengshui Miao & Tujia A.C.	3903	69.3	59.0	23258	356377	160398	306734

continued

地方财政一般预算收入(万元) Revenue of Local Governments (10 000 yuan)	地方财政一般预算支出(万元) Expenditure of Local Governments (10 000 yuan)	城乡居民储蓄存款余额(万元) Balance of Savings Deposit of Urban and Rural Households (10 000 yuan)	粮食总产量(吨) Total Grain Yield (ton)	规模以上工业总产值(现价)(万元) Gross Industrial Output Value above Designated Size (current price) (10 000 yuan)	固定资产投资额(不含农户)(万元) Investment in Fixed Assets (Excluding Rural Households) (10 000 yuan)	固定电话年末用户(户) Number of Fixed Telephone Subscribers at Year-end (subscriber)	普通中学在校学生数(人) Enrollment of Regular Secondary Schools (person)	小学在校学生数(人) Enrollment of Primary Schools (person)	医院、卫生院床位数(床) Number of Beds of Hospitals and Health Centers (bed)
25334	104631	183501	24917	15655	75983	17325	7625	8176	789
126265	304820	1040114	142350	109099	818400	105875	31761	36228	1401
71437	376197	900061	210174	365171	495257	105350	76803	85786	2202
85278	304715	1084000	155396	212771	1040398	120136	32381	40991	1340
82185	275873	712677	101136	64645	896752	68672	27948	42721	1481
62235	229457	373766	114050	888365	319602	42923	31817	45288	1185
36732	141852	346431	92800	71369	247630	36013	12554	22442	855
26030	145983	261342	93153	23750	125928	30133	14331	22769	800
125833	490903	468422	148148	1536080	1225176	41315	25297	43689	1137
30515	176868	321372	130052	106432	185608	37225	26042	41531	815
12201	138337	192974	38886	53818	73674	16924	9615	15943	448
71286	165755	296353	52525	752382	621158	32000	15330	19847	626
57371	240823	451286	149890	58279	227156	32252	33788	46844	907
167626	288816	397049	101084	27285	900291	25600	19457	27089	623
23014	128613	240597	30047	15072	173792	18500	6146	7721	323
14187	141841	252755	46105	34465	22960	11055	6930	13912	769
86541	284453	1018321	359005	688121	884300	65484	52348	62168	1695
145776	277852	1455266	346410	1994614	1734024	98800	47310	37328	2304
198680	348229	1093687	292860	3723247	1559960	91123	38616	48989	2348
250145	417085	1487735	172953	3888808	2152057	93455	31966	33144	1668
93544	319645	1318113	374961	776336	703559	88898	49456	50049	2007
20868	146575	241329	99565	280321	400834	25278	12299	18758	768
64617	256726	1054686	335966	625556	1597786	94500	46709	63274	2235
85250	276096	1116315	380033	827829	576392	90278	53771	73339	2867
73306	262625	530555	166359	244100	733922	54035	23167	25136	1292
85025	324436	1440063	400273	590992	1087467	113217	51701	53375	1647
96719	454986	1905406	590372	1161133	1299679	183400	100449	118657	3952
63346	371421	1265649	427623	385420	716671	115836	88558	85151	4604
95338	369799	803892	445199	257533	1257140	85200	66367	72562	2547
50451	244710	526161	233926	159061	345438	56593	38305	51273	1234
40218	250166	454478	207700	124694	837415	82600	29590	32418	905
55591	231094	658822	259649	579797	1058121	89368	35205	40822	1690
130856	305494	468474	306928	476400	437057	46687	38405	43079	1462
69062	325698	623724	356321	299328	1120810	55000	58755	66441	1738
120870	252300	542582	300029	344368	806204	91370	46254	58600	1276

地区名称	Region	行政区域土地面积(平方公里) Land Area (sq.m)	年末总人口(万人) Total Population (year-end) (10 000 persons)	乡村人口(万人) Rural Population (10 000 persons)	年末单位从业人员数(人) Employed Persons (year-end) (person)	乡村从业人员数(人) Rural Laborers (person)	第一产业增加值(万元) Value-added of Primary Industry (10 000 yuan)	第二产业增加值(万元) Value-added of Secondary Industry (10 000 yuan)
四川省	**Sichuan Province**							
金堂县	Jintang County	1156	88.9	74.0	39110	419414	349963	695295
双流县	Shuangliu County	1032	94.2	72.6	110038	439764	314619	3111789
郫县	Pi County	438	57.4	40.7	61621	232741	180962	1732892
大邑县	Dayi County	1284	51.9	44.2	37908	262629	254092	469243
蒲江县	Pujiang County	580	26.4	22.9	14803	134481	144627	331844
新津县	Xinjin County	330	30.9	24.9	38267	162202	135109	842009
都江堰市	Dujiangyan City	1208	61.2	41.2	103739	255914	207553	640890
彭州市	Pengzhou City	1421	80.5	54.3	92640	300993	372060	929640
邛崃市	Qionglai City	1384	66.0	57.7	33566	343767	269778	576647
崇州市	Chongzhou City	1090	67.2	57.8	29939	367052	262362	658542
荣县	Rong County	1606	69.6	59.1	12814	325334	310059	630227
富顺县	Fushun County	1333	107.7	92.2	34770	559079	306116	763574
米易县	Miyi County	2153	22.0	19.4	9130	109059	90202	492365
盐边县	Yanbian County	3269	21.0	18.6	10155	105582	71837	693256
泸县	Lu County	1525	108.7	98.1	34609	616870	356092	990527
合江县	Hejiang County	2414	90.4	77.7	35318	466502	263359	475031
叙永县	Xuyong County	2973	71.8	61.8	17864	353477	158695	308872
古蔺县	Guli County	3184	84.9	72.7	22018	443850	156584	550514
中江县	Zhongjiang County	2200	143.2	124.7	23018	819384	619250	824956
罗江县	Luojiang County	448	24.9	20.7	8941	133444	148220	344085
广汉市	Guanghan City	549	60.5	47.4	26350	286268	305469	1333437
什邡市	Shifang City	820	43.7	34.8	40982	221649	207174	1043012
绵竹市	Mianzhu City	1246	50.6	39.8	36511	247956	217737	915061
三台县	Santai County	2661	147.4	130.2	41314	784337	513584	629454
盐亭县	Yanting County	1648	59.7	53.8	11061	284359	282242	240245
安县	An County	1189	44.0	38.2	15929	244217	205563	344476
梓潼县	Zitong County	1442	38.4	32.9	13549	158071	187105	272214
北川羌族自治县	Beichuan Qiang A.C.	3084	24.1	18.5	10781	114778	72389	117137
平武县	Pingwu County	5974	18.5	16.2	6902	93802	57109	124979
江油市	Jiangyou City	2719	88.3	63.6	43784	390036	301687	1076021
旺苍县	Wangcang County	2987	46.0	36.7	18860	205529	124464	301629
青川县	Qingchuan County	3215	24.3	20.5	9184	104531	54350	76611
剑阁县	Jian'ge County	3204	69.0	59.4	15719	321097	202179	197625
苍溪县	Cangxi County	2332	79.3	64.9	20486	362756	231774	258810
蓬溪县	Pengxi County	1251	74.0	56.0	40240	306082	292075	279003
射洪县	Shehong County	1496	101.5	76.0	47719	451209	377671	1192134
大英县	Daying County	703	55.5	44.7	12714	235472	197390	497432
威远县	Weiyuan County	1289	74.8	57.0	38176	304480	279794	1535538
资中县	Zizhong County	1734	130.9	114.0	40063	564814	465111	866424
隆昌县	Longchang County	794	78.5	64.0	50171	377390	214909	993925
犍为县	Jianwei County	1375	57.0	44.7	27782	237344	177878	527339
井研县	Jingyan County	841	41.6	34.5	13068	222536	161608	286040
夹江县	Jiajiang County	749	35.2	29.7	21065	187633	150209	501230

continued

地方财政一般预算收入(万元) Revenue of Local Governments (10 000 yuan)	地方财政一般预算支出(万元) Expenditure of Local Governments (10 000 yuan)	城乡居民储蓄存款余额(万元) Balance of Savings Deposit of Urban and Rural Households (10 000 yuan)	粮食总产量(吨) Total Grain Yield (ton)	规模以上工业总产值(现价)(万元) Gross Industrial Output Value above Designated Size (current price) (10 000 yuan)	固定资产投资额(不含农户)(万元) Investment in Fixed Assets (Excluding Rural Households) (10 000 yuan)	固定电话年末用户(户) Number of Fixed Telephone Subscribers at Year-end (subscriber)	普通中学在校学生数(人) Enrollment of Regular Secondary Schools (person)	小学在校学生数(人) Enrollment of Primary Schools (person)	医院、卫生院床位数(床) Number of Beds of Hospitals and Health Centers (bed)
95832	235395	1113351		990004	1666679	100090	38067	47807	2683
441687	585232	4519624		8779500	4884088	218000	60291	57163	4043
367044	391513	2253596		12585700	3900481	186502	29944	34867	2797
72889	148388	1047720		1227662	1196119	64470	23732	20204	2833
31961	110393	500556		690927	696378	120955	13235	9366	765
110358	163098	893844		3001900	1609464	47130	16423	13935	1633
182227	356779	2090622		1068837	1616959	95101	31280	27647	4308
102631	261733	1739974		2471396	1713123	76800	35359	31367	3484
70168	187684	1156526		1743575	1496640	58780	32780	24159	2503
88039	190901	1549609		1858248	1404222	132812	26186	26056	3636
38266	187445	854840		1600119	491904	125595	28821	26444	1659
45568	231968	1150434		1695931	661239	173862	51976	68119	2062
62557	132968	314575		667787	620590	29125	12905	18226	637
61165	125494	323456		1392663	371598	18342	11865	18466	651
61314	244960	1165619		2290031	872602	84843	66569	71758	2033
48390	214215	918548		713262	732801	79501	44212	70126	2560
31008	178066	406950		673830	254424	69719	37261	63781	1331
100108	261380	330995		1506553	511409	66430	53557	86547	1420
36468	297516	1293735		1641033	670208	77581	57731	64656	2909
21096	93971	351958		1010648	710248	24130	9433	9064	730
102059	207113	1638624		4935119	930694	111849	24370	24491	2257
114610	202888	1007349		3047101	960064	64509	17566	16350	2248
113667	212966	953858		3563798	930145	59039	17771	18737	2565
46024	292962	1311829		1308727	575081	91486	71677	68053	3356
14508	161477	568460		472209	432980	27421	26321	31715	1358
32002	137797	586659		1055444	628884	37904	18978	19254	1381
14500	104826	366346		724181	456268	32250	14998	13016	788
20804	245307	383980		155351	302663	15685	11241	10837	731
18001	84826	214409		183000	482941	12173	8321	8524	546
90761	259601	1553874		2823732	1122617	133675	39104	34531	4915
23349	175503	492619		723953	357662	63804	26512	28780	1581
10408	111978	231655		124196	265859	22331	14471	12926	650
26714	195593	576130		476393	392411	60347	35515	25697	1593
23525	256986	848914		418288	786070	102521	56373	48266	2003
17275	191673	660918		712725	595522	46709	24074	34858	1571
56127	246221	1141996		2561295	912237	107508	46744	47203	2206
26010	150319	519846		2136859	835640	37163	28148	28501	878
60307	200619	919790		5645357	792095	92319	33716	34662	2248
44359	275336	1225688		2389745	701081	89859	55054	67124	2563
37168	182506	1019589		3030867	587770	95978	32762	41404	1945
34047	149612	625658		1594978	360196	74728	23495	22547	1659
15522	115340	507961		1079950	180133	59731	15300	16521	1042
34119	98009	686095		1426992	418244	79715	13453	13628	1161

地区名称	Region	行政区域土地面积(平方公里) Land Area (sq.m)	年末总人口(万人) Total Population (year-end) (10 000 persons)	乡村人口(万人) Rural Population (10 000 persons)	年末单位从业人员数(人) Employed Persons (year-end) (person)	乡村从业人员数(人) Rural Laborers (person)	第一产业增加值(万元) Value-added of Primary Industry (10 000 yuan)	第二产业增加值(万元) Value-added of Secondary Industry (10 000 yuan)
沐川县	Muchuan County	1401	25.8	23.4	12160	143043	94636	216174
峨边彝族自治县	Ebian Yi A.C.	2395	14.9	12.3	12970	73635	35306	156463
马边彝族自治县	Mabian Yi A.C.	2383	20.9	19.0	7462	94499	59570	99724
峨眉山市	Emeishan City	1168	43.5	30.0	44142	176977	136820	886100
南部县	Nanbu County	2229	130.8	112.2	33241	734011	401365	1030960
营山县	Yingshan County	1633	94.4	82.8	22991	398399	275589	465860
蓬安县	Peng'an County	1334	71.1	58.5	20856	298298	272925	454529
仪陇县	Yilong County	1771	112.3	101.4	20336	540530	377962	391602
西充县	Xichong County	1108	65.8	54.8	19352	333045	200476	269295
阆中市	Langzhong City	1877	87.4	63.3	21022	360606	300310	599575
仁寿县	Renshou County	2606	160.2	145.7	48769	744838	528601	1174793
彭山县	Pengshan County	465	33.6	25.4	28518	160164	103480	489421
洪雅县	Hongya County	1948	34.9	31.2	13056	183050	118240	407346
丹棱县	Danling County	449	16.4	13.4	5692	77182	75015	169944
青神县	Qingshen County	387	19.7	16.8	6422	111516	65189	255845
宜宾县	Yibin County	2940	102.2	89.0	54980	490116	320723	724521
江安县	Jiang'an County	894	55.4	51.6	20794	312935	171206	483776
长宁县	Changning County	996	45.3	37.9	23013	238725	173186	417034
高县	Gao County	1320	53.4	47.2	12033	296393	157936	489490
珙县	Gong County	1145	42.5	32.4	29722	220343	117392	595859
筠连县	Junlian County	1256	42.2	36.3	14767	193002	122204	671183
兴文县	Xingwen County	1380	46.9	42.2	23754	261474	132452	253412
屏山县	Pingshan County	1504	30.8	27.0	9020	170609	100997	97946
岳池县	Yuechi County	1457	118.8	105.9	25410	560732	300129	559468
武胜县	Wusheng County	966	84.8	73.3	15143	382995	281744	620237
邻水县	Linshui County	1919	103.1	78.2	18254	427369	287438	613239
华蓥市	Huaying City	466	36.2	26.5	16485	143791	88817	583886
达县	Da County	2693	137.0	122.1	47894	671755	437944	1033822
宣汉县	Xuanhan County	4271	131.1	109.4	39417	512422	446732	805181
开江县	Kaijiang County	1033	60.3	49.5	22631	272916	239442	329916
大竹县	Dazhu County	2077	111.2	93.6	34058	477416	421572	1090790
渠县	Qu County	2018	148.0	123.1	39568	560786	458375	759774
万源市	Wanyuan City	4066	60.0	54.9	15478	256544	218459	380574
名山县	Mingshan County	614	27.6	25.1	8523	142531	130934	194088
荥经县	Yingjing County	1781	15.1	12.7	11600	70502	52276	277788
汉源县	Hanyuan County	2388	32.7	29.6	9219	176533	96202	207598
石棉县	Shimian County	2678	12.3	8.9	7120	52237	43125	364522
天全县	Tianquan County	2491	15.4	13.3	9071	75020	52626	205987
芦山县	Lushan County	1166	12.0	11.2	5062	58314	41817	138218
宝兴县	Baoxing County	3114	5.9	5.1	5130	28050	26076	124054
通江县	Tongjiang County	4125	77.1	66.8	27309	340127	183798	250509
南江县	Nanjiang County	3383	68.5	57.4	38073	294305	168790	351392
平昌县	Pingchang County	2227	107.1	85.3	34579	438902	223695	335276
安岳县	Anyue County	2690	160.7	138.4	38423	794175	625546	777336

continued

地方财政一般预算收入(万元) Revenue of Local Governments (10 000 yuan)	地方财政一般预算支出(万元) Expenditure of Local Governments (10 000 yuan)	城乡居民储蓄存款余额(万元) Balance of Savings Deposit of Urban and Rural Households (10 000 yuan)	粮食总产量(吨) Total Grain Yield (ton)	规模以上工业总产值(现价)(万元) Gross Industrial Output Value above Designated Size (current price) (10 000 yuan)	固定资产投资额(不含农户)(万元) Investment in Fixed Assets (Excluding Rural Households) (10 000 yuan)	固定电话年末用户(户) Number of Fixed Telephone Subscribers at Year-end (subscriber)	普通中学在校学生数(人) Enrollment of Regular Secondary Schools (person)	小学在校学生数(人) Enrollment of Primary Schools (person)	医院、卫生院床位数(床) Number of Beds of Hospitals and Health Centers (bed)
21703	87260	204530		562958	182422	26075	11479	14867	472
23471	71886	166969		392149	121820	15489	6657	8912	346
35973	95606	130622		153655	185020	15307	8154	21762	389
103559	162465	1092231		2753695	761499	123680	20132	18675	1830
47071	319458	1150994		1758959	1143667	110838	79846	94274	2161
22957	245961	1009485		1027883	269896	84924	52349	62923	2984
23970	194238	743121		1691128	452723	65032	36304	42357	1653
28699	271764	854093		863504	840057	81454	70970	90346	2501
21630	180953	608156		796373	381930	41593	36812	37183	1246
42993	279544	1062960		679766	1020085	121872	43533	35534	2373
67500	363900	1781031		2767400	1153592	172750	85494	89650	3365
50003	126943	615702		1976178	839000	92768	11712	12439	891
37418	128318	532087		554725	456064	50600	15707	13450	955
11797	72095	238703		505903	269000	24588	6287	5821	390
16601	81734	321447		712367	269500	19800	8204	6420	619
47518	221398	883374		1656375	1160642	76592	51527	63633	2410
27531	140658	464651		1715506	670505	40909	26358	32212	1038
21659	124431	332504		1290721	533226	40207	20926	28130	1380
26088	123014	388447		1271001	572976	43807	22871	31609	1253
34071	120773	376092		1149520	509714	50753	19677	30175	1728
39484	126115	254375		1632043	300864	34194	23389	36779	811
28027	130069	254731		517163	351332	41005	26791	42932	1080
18298	95771	298633		224544	411081	20742	13826	20727	508
44129	250098	1244028		1318862	656015	67760	57675	77729	2132
42847	202256	959699		1884722	613590	56861	47712	51956	1685
41409	233933	871466		1428710	813129	74103	64495	68251	2093
27140	131043	606676		1647499	636021	45546	20617	22953	984
57756	285771	909712		1885022	1209772	137661	62496	98096	2804
61567	335818	1091624		1554764	1116942	102121	70154	106943	2417
25724	160973	591367		443489	510130	48333	36277	51233	969
61686	276288	1335954		1868350	1170786	95911	53525	76916	2297
41992	333316	1401549		1370744	1113662	126783	86511	118179	3187
21633	198389	482920		660096	624317	60100	35484	39902	1588
11041	79056	294403		577639	357036	27974	7466	13018	537
15302	64411	280451		770188	280343	111401	5115	9580	674
37059	108956	422160		479968	399700	32808	16104	18582	881
37213	92667	236988		748933	430082	19105	5942	9236	990
10611	61382	212254		308309	226404	16153	8362	9132	938
6019	55662	157419		325012	251362	17557	5099	8536	363
10011	47253	91943		228339	246708	7656	2391	3943	174
14172	277589	551453		379520	592317	74300	56489	67922	1620
26368	249800	644199		725001	799980	70165	48511	60492	1458
23018	328399	646606		1179468	807000	52477	66395	94423	2791
60240	348267	1451354		2454067	797273	98187	57633	89504	4050

地区名称	Region	行政区域土地面积(平方公里) Land Area (sq.m)	年末总人口(万人) Total Population (year-end) (10 000 persons)	乡村人口(万人) Rural Population (10 000 persons)	年末单位从业人员数(人) Employed Persons (year-end) (person)	乡村从业人员数(人) Rural Laborers (person)	第一产业增加值(万元) Value-added of Primary Industry (10 000 yuan)	第二产业增加值(万元) Value-added of Secondary Industry (10 000 yuan)
乐至县	Lezhi County	1424	86.1	71.0	19243	378483	305653	584491
简阳市	Jianyang City	2215	147.6	131.0	49076	600215	523980	1488061
汶川县	Wenchuan County	4083	10.1	6.5	14156	37653	19137	290705
理县	Li County	4318	4.6	3.6	3986	25209	12876	91591
茂县	Mao County	4075	11.0	9.6	6217	54332	29353	142002
松潘县	Songpan County	8486	7.5	6.2	4658	35486	22243	33677
九寨沟县	Jiuzhaigou County	5286	6.6	5.2	7509	28830	13559	46800
金川县	Jinchuan County	5524	7.3	6.3	3782	34755	17264	17568
小金县	Xiaojin County	5571	8.1	7.2	4582	43369	17834	24852
黑水县	Heishui County	4154	6.1	5.2	3778	28955	13600	67410
马尔康县	Maerkang County	6639	5.6	3.4	11447	18326	16154	20241
壤塘县	Rangtang County	6836	4.1	3.5	2597	21516	18127	7549
阿坝县	Aba County	10435	7.5	6.2	3481	28486	24557	7153
若尔盖县	Ruoergai County	10437	7.7	6.4	4039	42209	48769	15260
红原县	Hongyuan County	8398	4.5	3.4	2903	18488	25123	15419
康定县	Kangding County	11486	11.2	7.0	4325	44802	34728	186520
泸定县	Luding County	2165	8.6	6.7	4648	31126	21923	45370
丹巴县	Danba County	4656	6.0	5.1	4082	34503	23691	32021
九龙县	Jiulong County	6766	6.5	5.4	4306	33066	18617	153641
雅江县	Yajiang County	7558	5.0	4.3	2595	24326	18084	16452
道孚县	Daofu County	7053	5.5	4.7	3888	26598	15516	6025
炉霍县	Luhuo County	4601	4.6	3.9	2886	22757	16765	3804
甘孜县	Ganzi County	7303	6.8	5.7	3030	33939	28651	4045
新龙县	Xinlong County	8570	5.0	4.3	2827	18277	21855	5116
德格县	Dege County	11025	8.3	7.8	3934	47593	21823	6295
白玉县	Baiyu County	10386	5.4	4.8	2855	29050	21011	51320
石渠县	Shiqu County	24944	10.6	8.0	3046	35123	30219	2994
色达县	Seda County	9332	5.0	4.0	2350	26640	19732	3345
理塘县	Litang County	13677	6.5	5.7	3136	33613	25064	10419
巴塘县	Batang County	7852	5.2	4.5	3733	28492	18476	30275
乡城县	Xiangcheng County	5016	3.0	2.4	2440	13937	14410	17960
稻城县	Daocheng County	7323	3.2	2.7	2627	14650	13737	7064
得荣县	Derong County	2916	2.6	2.3	2247	13737	12716	9748
西昌市	Xichang City	2654	62.5	44.2	75317	256161	303278	1520453
木里藏族自治县	Muli Zang A.C.	13253	13.7	12.3	6296	78227	39981	98779
盐源县	Yanyuan County	8388	38.1	33.1	11216	206330	127801	419088
德昌县	Dechang County	2284	20.5	18.2	6974	99312	117186	204338
会理县	Huili County	4528	45.9	41.1	18537	258203	292247	1019795
会东县	Huidong County	3227	41.2	38.1	11900	221120	282148	503933
宁南县	Ningnan County	1667	18.7	17.2	6385	104295	100866	139174
普格县	Puge County	1905	17.6	14.0	6321	78931	58886	58784
布拖县	Butuo County	1686	17.7	16.6	4174	90125	50077	101610
金阳县	Jinyang County	1587	18.6	17.3	4497	83997	52314	115428
昭觉县	Zhaojue County	2698	29.2	23.0	6333	139347	68670	43840

地方财政一般预算收入(万元) Revenue of Local Governments (10 000 yuan)	地方财政一般预算支出(万元) Expenditure of Local Governments (10 000 yuan)	城乡居民储蓄存款余额(万元) Balance of Savings Deposit of Urban and Rural Households (10 000 yuan)	粮食总产量(吨) Total Grain Yield (ton)	规模以上工业总产值(现价)(万元) Gross Industrial Output Value above Designated Size (current price) (10 000 yuan)	固定资产投资额(不含农户)(万元) Investment in Fixed Assets (Excluding Rural Households) (10 000 yuan)	固定电话年末用户(户) Number of Fixed Telephone Subscribers at Year-end (subscriber)	普通中学在校学生数(人) Enrollment of Regular Secondary Schools (person)	小学在校学生数(人) Enrollment of Primary Schools (person)	医院、卫生院床位数(床) Number of Beds of Hospitals and Health Centers (bed)
40096	194886	880469		2069178	703496	50280	30313	37749	1607
100013	350000	1791860		5065835	1528485	132282	68914	77395	4179
30118	121989	208870		669055	564924	10444	7101	4959	394
8291	59059	61268		113959	241185	5959	1975	2691	171
14166	85932	151992		231280	509220	10443	6731	8413	304
8396	77255	84844		19567	417692	10245	4016	5653	232
13580	71703	116508		34743	232446	23224	4757	5445	300
2824	71339	61140			113233	5181	3473	4732	230
4107	63152	82738		30906	150680	5510	4745	5757	276
7817	59921	70150		55885	279291	4861	2434	6079	161
7512	71812	137899		9332	143844	14361	4802	4137	406
1203	81360	26269			84091	2138	1589	3986	121
1680	94966	50667			65393	3867	2459	10258	204
2782	89956	53494		16004	134368	3982	5691	10420	168
1803	73911	33539		26001	99977	3628	2166	5567	154
42677	102192	275431		114922	610074	30102	8000	28479	832
18478	74104	156961		53325	400207	11343	5947	14843	256
10618	63687	65893		12904	177898	3823	3222	9069	184
24335	68855	46284		169093	152091	4693	3774	12285	167
8276	63483	34252			220505	3208	2029	7953	113
4100	68131	24237			30683	3110	1300	6548	113
1340	71728	26159			26065	3083	1919	7303	112
2351	78805	45523			34201	3508	3771	10703	169
2199	53163	17674			15538	1530	1786	6394	109
1716	68644	23814			43052	2317	3255	11222	122
8171	63699	24643		69037	41592	1987	1576	6263	141
1497	98468	22117			72616	1418	2189	10237	86
3242	67722	49737			30278	3350	2075	6190	85
3048	87161	39967			52612	3244	1652	8644	120
4830	54207	40456		13827	107796	3273	2693	8232	142
5602	57698	21740		8471	153502	2546	1270	5066	102
2756	74159	22261			80586	2411	1290	4540	103
2504	50468	19946			47048	1892	1211	3739	88
182071	336873	1212640		3445500	2582284	171792	54809	67710	3973
25290	112102	85018		67200	550146	4738	5171	16012	356
53837	161432	164011		1055600	312066	14309	25124	44607	728
34068	102306	219661		542800	234144	24747	12755	20805	933
115100	222817	478670		2210500	520736	47538	27315	36047	1135
70218	152523	222431		1080100	138535	24541	22989	39668	759
26319	111260	121641		298400	280117	15253	10123	17468	447
10800	93918	73041		173600	70943	5736	5392	24865	268
8325	73947	67531		136000		3363	7193	21826	293
13573	101637	70495		133800	86024	5944	5879	23945	539
7824	120587	88197		71800	86066	6874	10340	35543	374

地区名称	Region	行政区域土地面积(平方公里) Land Area (sq.m)	年末总人口(万人) Total Population (year-end) (10 000 persons)	乡村人口(万人) Rural Population (10 000 persons)	年末单位从业人员数(人) Employed Persons (year-end) (person)	乡村从业人员数(人) Rural Laborers (person)	第一产业增加值(万元) Value-added of Primary Industry (10 000 yuan)	第二产业增加值(万元) Value-added of Secondary Industry (10 000 yuan)
喜德县	Xide County	2206	21.2	15.7	5493	92659	48287	73306
冕宁县	Mianning County	4423	37.8	34.1	11143	211323	139140	354782
越西县	Yuexi County	2256	32.8	27.0	6482	155375	83192	120925
甘洛县	Ganluo County	2156	21.5	18.7	7594	99037	44553	198836
美姑县	Meigu County	2573	24.6	22.3	4956	108441	58599	45667
雷波县	Leibo County	2932	25.6	23.0	7859	142937	78371	216920
贵州省	**Guizhou Province**							
开阳县	Kaiyang County	2026	43.6	33.7	39962	187745	133314	453254
息烽县	Xifeng County	1037	26.0	20.1	18673	122209	69645	381315
修文县	Xiuwen County	1072	31.0	26.3	16606	168099	87062	235097
清镇市	Qingzhen City	1492	51.7	41.8	38377	261770	114659	564715
水城县	Shuicheng County	3589	83.3	76.4	21252	402628	90010	585572
盘县	Pan County	4056	118.7	105.5	80825	592351	140000	1850041
遵义县	Zunyi County	4094	121.4	116.1	33029	716596	291575	852420
桐梓县	Tongzi County	3208	71.0	64.6	13085	368920	125700	242606
绥阳县	Suiyang County	2546	54.2	49.9	11287	314808	138700	103068
正安县	Zheng'an County	2595	64.1	59.9	12502	381698	104700	53379
道真仡佬族苗族自治县	Daozhen Gelao & Miao A.C.	2156	34.2	31.4	9681	183650	62602	33890
务川仡佬族苗族自治县	Wuchuan Gelao & Miao A.C.	2777	45.6	41.7	9875	266531	81923	38011
凤冈县	Fenggang County	1883	43.8	39.6	10297	255069	90612	49554
湄潭县	Meitan County	1866	49.5	44.4	15882	264413	98289	96456
余庆县	Yuqing County	1622	30.3	28.0	9118	173677	77664	86011
习水县	Xishui County	3128	72.1	65.5	20798	361477	108958	260291
赤水市	Chishui City	1852	31.1	23.2	24290	139032	70630	187616
仁怀市	Renhuai City	1788	67.0	57.1	299580	335340	121135	1689201
平坝县	Pingba County	999	35.9	30.1	16661	198762	61561	290660
普定县	Puding County	1091	46.7	42.3	13376	247770	63981	183065
镇宁布依族苗族自治县	Zhenning Bouyei & Miao A.C.	1717	38.0	35.1	16755	204183	50442	101470
关岭布依族苗族自治县	Guanling Bouyei & Miao A.C.	1468	37.1	34.0	8559	189329	67276	78622
紫云苗族布依族自治县	Ziyun Miao & Bouyei A.C.	2284	37.1	36.3	8394	224475	76936	31416
大方县	Dafang County	3505	104.1	88.5	24976	625547	152194	371382
黔西县	Qianxi County	2381	89.1	74.3	27490	485367	113702	383872
金沙县	Jinsha County	2528	67.8	50.1	22793	356445	111611	647383
织金县	Zhijin County	2868	111.7	98.9	20258	562351	135888	306014
纳雍县	Nayong County	2448	96.0	79.0	23053	504154	119211	498772
威宁彝族回族苗族自治县	Weining Yi, Hui & Miao A.C.	6296	143.1	129.2	30963	752329	277751	227085
赫章县	Hezhang County	3250	78.4	69.4	18900	394094	137533	116300
江口县	Jiangkou County	1877	23.7	20.5	6594	118715	57717	46869
玉屏侗族自治县	Yuping Dong A.C.	524	15.3	12.6	7060	82365	40801	171168
石阡县	Shiqian County	2169	41.0	38.3	11665	238157	99683	35136
思南县	Sinan County	2216	67.1	63.8	18720	383992	163204	111453
印江土家族苗族自治县	Yinjiang Tujia & Miao A.C.	1968	43.6	40.4	10760	238674	129021	60330
德江县	Dejiang County	2070	53.1	41.9	20020	258944	145722	74494

continued

地方财政一般预算收入(万元) Revenue of Local Governments (10 000 yuan)	地方财政一般预算支出(万元) Expenditure of Local Governments (10 000 yuan)	城乡居民储蓄存款余额(万元) Balance of Savings Deposit of Urban and Rural Households (10 000 yuan)	粮食总产量(吨) Total Grain Yield (ton)	规模以上工业总产值(现价)(万元) Gross Industrial Output Value above Designated Size (current price) (10 000 yuan)	固定资产投资额(不含农户)(万元) Investment in Fixed Assets (Excluding Rural Households) (10 000 yuan)	固定电话年末用户(户) Number of Fixed Telephone Subscribers at Year-end (subscriber)	普通中学在校学生数(人) Enrollment of Regular Secondary Schools (person)	小学在校学生数(人) Enrollment of Primary Schools (person)	医院、卫生院床位数(床) Number of Beds of Hospitals and Health Centers (bed)
9252	82142	72499		151900	50368	8498	7698	28262	326
37653	138822	276625		561700	251150	29169	22416	42277	883
17416	106031	152173		343900	140822	19307	10507	43012	585
22316	96888	112006		272300	200185	11787	9190	25989	491
10290	92988	65003		93500	90676	4945	6657	27646	380
26967	102788	149457		314400	531500	12971	10197	29840	476
71139	141284	315515	87780	1587153	756000	60424	31742	29314	1366
43944	115592	200690	60766	781548	807900	31087	15438	16683	661
38682	110409	198702	71442	764440	758906	30600	17476	16877	590
78405	172828	450425	79028	1120296	868853	33600	29276	36970	1304
98937	261376		165874	1993780	548173	31930	42655	86032	861
258719	487797	933499	226148	3473192	129819	71675	100632	93263	2485
104683	295484	874417	509953	2442697	1150154	80700	60252	78080	2110
39402	165732	420802	196170	451664	770636	63100	31494	54143	1108
24371	115967	330035	207317	270015	284204	43000	31313	41027	774
20823	150389	324098	160708	93395	207426	19168	36182	42535	1195
6820	112311	277480	110893	53480	137550	25201	14409	27411	923
24254	126181	229303	128700	54786	193791	29538	26878	41453	700
15836	111746	240960	99476	137865	121952	40036	36841	35198	885
26877	140284	385828	170495	226127	325000	51612	33428	38389	1259
21259	97270	250744	95635	23122	254658	32301	21532	24469	770
42380	186524	389010	166019	250609	669857	42800	36271	55695	1974
27168	121549	384599	111304	657882	405533	40453	15174	18919	734
161370	242171	741803	191522	2636446	668421	58254	48344	64066	710
36039	162739	339525	85537	573768	169804	35780	15979	33950	939
30000	119385	165940	86867	386436	133015	22437	22368	44975	809
24462	118049	73531	77015	103588	68168	20826	17670	38268	542
16229	109725	160158	82803	84106	105525	19854	17968	31557	760
10689	111425	120923	81218	49238	64844	45709	25375	33717	529
150684	352766	413870	244822	527233	279231	46044	67390	105646	1640
70874	214868	366623	160368	588211	412200	43901	53775	77306	1889
164971	279401	409834	174195	955204	858240	45619	37147	63369	1240
97092	270162	360952	252543	275890	435703	223473	65807	123508	1019
83448	224883	253675	188697	805901	350000	74000	45411	126733	1425
56276	391777	304752	378012	333505	423828	38000	103852	244707	172
22756	206068	278600	183455	112012	268342	29520	67529	112166	1701
12008	96971	160519	66608	73014	298554	21478	10661	21380	329
27029	88438	148976	30303	553185	247750	14423	8383	11516	417
15808	158339	195206	75151	39271	57195	31680	27580	40685	741
23219	196002	357943	163661	98116	465110	53318	40966	67253	1068
15469	140308	260004	103762	130122	297341	61200	26152	40150	505
23254	161263	218939	99537	108823	142938	33470	36603	60931	1560

地区名称	Region	行政区域土地面积（平方公里）Land Area (sq.m)	年末总人口（万人）Total Population (year-end) (10 000 persons)	乡村人口（万人）Rural Population (10 000 persons)	年末单位从业人员数（人）Employed Persons (year-end) (person)	乡村从业人员数（人）Rural Laborers (person)	第一产业增加值（万元）Value-added of Primary Industry (10 000 yuan)	第二产业增加值（万元）Value-added of Secondary Industry (10 000 yuan)
沿河土家族自治县	Yanhe Tujia A.C.	2484	66.1	60.9	14149	320532	139013	66421
松桃苗族自治县	Songtao Miao A.C.	2859	71.1	66.6	21007	414072	153243	161439
兴义市	Xingyi City	2937	82.2	68.3	59386	408400	169453	664956
兴仁县	Xingren County	1778	52.9	41.3	13510	252884	76414	197511
普安县	Puan County	1429	33.2	31.3	9301	173673	47857	143547
晴隆县	Qinglong County	1331	33.5	28.8	7754	172389	43913	96563
贞丰县	Zhenfeng County	1512	40.9	37.9	11029	227951	74183	245626
望谟县	Wangmo County	3005	32.0	30.0	8322	167631	50850	15415
册亨县	Ceheng County	2598	23.6	22.8	6442	135057	45744	20324
安龙县	Anlong County	2237	46.0	41.0	16223	297479	92776	157651
凯里市	Kaili City	1306	50.1	30.6	60364	175010	70285	347585
黄平县	Huangping County	1668	39.0	35.6	9079	210432	64542	23764
施秉县	Shibing County	1532	16.8	10.3	5828	61261	39892	41677
三穗县	Sansui County	1036	22.1	19.7	6841	124655	32095	48378
镇远县	Zhenyuan County	1878	26.6	17.9	11537	121320	67653	141257
岑巩县	Cengong County	1487	22.7	21.8	7734	125588	40538	63168
天柱县	Tianzhu County	2201	40.6	36.0	9775	224486	72440	133571
锦屏县	Jinping County	1597	22.7	20.9	7919	123747	27541	61429
剑河县	Jianhe County	1176	25.5	23.6	7349	141092	47146	31403
台江县	Taijiang County	1108	16.0	15.3	6015	89980	29095	28834
黎平县	Liping County	4441	52.8	49.9	14624	303298	69971	93806
榕江县	Rongjiang County	3296	35.4	33.4	9922	193945	82561	54894
从江县	Congjiang County	3244	34.4	32.0	8531	185431	70061	66951
雷山县	Leishan County	1219	15.3	14.7	7304	93543	28810	26621
麻江县	Majiang County	1222	21.4	20.3	7735	126050	42302	63523
丹寨县	Danzhai County	938	16.8	15.2	5882	94351	31137	30757
都匀市	Duyun City	2285	48.3	31.7	44311	191442	70222	360271
福泉市	Fuquan City	1688	32.8	25.5	19342	148634	63572	336649
荔波县	Libo County	2432	17.5	16.0	7733	99188	31683	77605
贵定县	Guiding County	1627	29.1	25.7	10093	162948	49536	165738
瓮安县	Weng'an County	1974	46.5	44.1	15353	280948	87173	215507
独山县	Dushan County	2445	34.9	32.1	12577	198212	76318	111710
平塘县	Pingtang County	2825	32.3	30.6	9123	194244	60258	42885
罗甸县	Luodian County	3013	34.0	31.0	12144	175344	70518	112442
长顺县	Changshun County	1543	25.8	24.4	7220	134007	47006	66229
龙里县	Longli County	1521	22.2	18.8	9268	113610	35917	263572
惠水县	Huishui County	2470	45.3	41.0	12651	264562	91224	135300
三都水族自治县	Sandu Shui A.C.	2400	36.0	33.7	8950	195474	57162	34182
云南省	**Yunnan Province**							
晋宁县	Jinning County	1337	27.9	23.1	30901	145743	136011	356203
富民县	Fumin County	993	14.9	12.9	28379	82277	68393	167256
宜良县	Yiliang County	1914	45.2	37.5	26177	236351	303725	298542
石林彝族自治县	Shilin Yi A.C.	1180	24.4	21.1	18103	132868	119493	139789

continued

地方财政一般预算收入(万元) Revenue of Local Governments (10 000 yuan)	地方财政一般预算支出(万元) Expenditure of Local Governments (10 000 yuan)	城乡居民储蓄存款余额(万元) Balance of Savings Deposit of Urban and Rural Households (10 000 yuan)	粮食总产量(吨) Total Grain Yield (ton)	规模以上工业总产值(现价)(万元) Gross Industrial Output Value above Designated Size (current price) (10 000 yuan)	固定资产投资额(不含农户)(万元) Investment in Fixed Assets (Excluding Rural Households) (10 000 yuan)	固定电话年末用户(户) Number of Fixed Telephone Subscribers at Year-end (subscriber)	普通中学在校学生数(人) Enrollment of Regular Secondary Schools (person)	小学在校学生数(人) Enrollment of Primary Schools (person)	医院、卫生院床位数(床)* Number of Beds of Hospitals and Health Centers (bed)
36507	187840	326340	135794	58370	415337	32589	43690	84373	650
31641	195215	329275	188727	336828	130498	39108	47361	73889	1656
160016	295671	1062417	141357	1652209	1201000	99868	68625	77200	4082
78089	130964	223523	113818	423137	351146	19500	28365	55836	934
35240	113583	161039	41706	293510	178230	18021	21173	37926	545
25582	116658	134751	48957	99906		18726	19899	35924	308
55008	147521	209928	76649	514706	246382	21514	21010	51925	712
8924	135509	91365	65185	11727	95958	21749	18722	41114	337
8413	95317	97554	34492	18283	49481	14885	15323	23654	360
23800	51539	274301	110603	329261	280000	24700	28548	39500	812
143510	229528	1016404	68994	447324	656334	85635	39323	49721	2575
14372	98725	163554	72213	65806	49417	8020	20811	33729	499
18124	78352	113358	43918	86713	43432	13442	7189	15242	500
12600	82918	141082	40060	104774	84625	29203	10711	16560	588
23615	95445	191711	61015	318258	64891	29120	13851	22336	482
10741	82546	134222	47822	307911	76800	22247	14269	20696	444
24334	86066	307838	86934	175335	275448	37652	22097	23120	630
13943	95698	174892	43479	145395	101996	21274	10553	15054	516
12463	94076	156617	48716	35128	128776	12134	13223	21852	556
10730	77090	98464	32276	63090	99000	12016	10462	14687	366
18512	160605	312011	101439	154537	434875	36485	31014	37541	1045
16366	115292	205073	61359	130568	182066	9820	16403	31851	634
15719	122715	143622	80997	57095	192791	13569	18653	31719	671
10272	84976	95912	36075	58329	76439	12041	9692	12928	416
11819	93273	134415	49390	223383	189732	23732	9291	15744	472
10084	88230	98328	33238	62252	100562	19812	8744	14568	397
89546	199581	829702	81284	480617	415892	118910	30643	31526	2559
49000	122820	283472	88659	1123710	446960	28154	15542	20827	873
16766	89420	136652	38746	150054	156282	17479	12858	14150	480
20516	107796	211288	62891	66103	196968	29122	16421	24441	542
47138	151042	357774	142613	574530	474100	19500	21312	32024	1243
17870	118906	238842	88127	423755	161874	16892	24479	19979	491
13822	113611	129241	84797	28540	191803	9381	21944	30348	409
18475	127923	131290	85584	244147	201404	11000	20490	32286	648
13063	58300	15574	81556	250017	176556	19280	13206	28912	366
27188	87310	160945	59380	581894	365100	13950	12236	17140	371
23329	134333	194934	110533	515698	303804	23127	29650	44611	641
12772	115819	150917	76447	20400	89648	15260	20587	38097	479
84316	154071	465500	57875	897500	662327	26400	14300	21925	811
26818	79907	212100	63141	307734	188768	10774	5455	11831	416
45170	116388	598600	171124	695612	449827	26739	28457	34212	1528
47330	111843	267500	134434	188418	599154	22434	15018	22367	857

地区名称	Region	行政区域土地面积(平方公里) Land Area (sq.m)	年末总人口(万人) Total Population (year-end) (10 000 persons)	乡村人口(万人) Rural Population (10 000 persons)	年末单位从业人员数(人) Employed Persons (year-end) (person)	乡村从业人员数(人) Rural Laborers (person)	第一产业增加值(万元) Value-added of Primary Industry (10 000 yuan)	第二产业增加值(万元) Value-added of Secondary Industry (10 000 yuan)
嵩明县	Songming County	831	29.7	33.6	28134	191154	91599	277955
禄劝彝族苗族自治县	Luquan Yi & Miao A.C.	4235	47.6	44.2	14710	261485	125943	106289
寻甸回族彝族自治县	Xundian Hui & Yi A.C.	3588	54.2	50.0	21857	297759	134828	136507
安宁市	Anning City	1301	26.5	12.7	82913	81598	88478	992527
马龙县	Malong County	1614	20.5	18.1	12293	110031	62417	132540
陆良县	Luliang County	2019	66.5	57.4	33040	308736	389019	462243
师宗县	Shizong County	2783	41.6	40.0	24686	231319	237835	236831
罗平县	Luoping County	3018	61.3	54.0	20173	301146	239736	369906
富源县	Fuyuan County	3251	78.8	69.2	50948	371730	240000	766570
会泽县	Huize County	5884	101.4	83.1	34494	568091	270291	610673
沾益县	Zhanyi County	2801	42.4	37.0	29892	212639	262772	618323
宣威市	Xuanwei City	6053	149.3	132.0	372607	760282	387456	820056
江川县	Jiangchuan County	850	27.5	25.1	11622	159498	118363	127296
澄江县	Chengjiang County	756	14.1	14.4	10262	96808	70105	199589
通海县	Tonghai County	721	28.2	24.7	20264	154529	104605	227682
华宁县	Huaning County	1313	21.1	18.6	11039	116126	109838	136849
易门县	Yimen County	1571	16.9	14.3	14498	90785	73130	180793
峨山彝族自治县	Eshan Yi A.C.	1972	15.2	12.6	16590	82243	61929	179603
新平彝族傣族自治县	Xinping Yi & Dai A.C.	4223	27.4	25.1	18808	159051	88308	470673
元江哈尼族彝族傣族自治县	Yuanjiang Hani, Yi & Dai A.C.	2858	20.6	18.4	14539	110699	100997	98036
施甸县	Shidian County	2009	33.9	32.0	11810	190250	107491	69439
腾冲县	Tengchong County	5845	65.8	62.1	33884	353702	218134	306088
龙陵县	Longling County	2884	28.9	26.2	14084	156531	116828	143897
昌宁县	Changning County	3888	34.8	31.6	16963	198097	201923	117083
鲁甸县	Ludian County	1487	43.2	40.2	17163	205978	70026	161650
巧家县	Qiaojia County	3245	58.0	53.5	13594	317410	123788	99971
盐津县	Yanjin County	2092	38.9	36.1	12367	178829	60049	119040
大关县	Daguan County	1692	28.2	24.8	7924	126095	44260	48387
永善县	Yongshan County	2789	45.8	40.4	12960	213483	76851	131078
绥江县	Suijiang County	777	16.7	13.6	8057	68847	27833	61945
镇雄县	Zhenxiong County	3696	151.9	140.7	42280	660639	169255	296730
彝良县	Yiliang County	2800	58.7	55.7	17298	312031	120457	171755
威信县	Weixin County	1400	42.7	36.8	13151	182743	44639	108829
水富县	Shuifu County	440	10.4	7.1	12100	37936	14946	211091
玉龙纳西族自治县	Yulong Naxi A.C.	6393	22.0	20.4	12507	137957	67723	78988
永胜县	Yongsheng County	5099	40.2	37.0	13961	222500	105144	155679
华坪县	Huaping County	2266	16.5	12.7	19211	70267	43540	218212
宁蒗彝族自治县	Ninglang Yi A.C.	6206	27.2	23.7	12578	123217	50587	63352
宁洱哈尼族彝族自治县	Ning'er Hani & Yi A.C.	3670	19.4	15.8	10960	90025	62405	96909
墨江哈尼族自治县	Mojiang Hani A.C.	5459	37.1	30.2	11933	171847	84808	107639
景东彝族自治县	Jingdong Yi A.C.	4532	36.4	33.4	19035	197342	147569	89777
景谷傣族彝族自治县	Jinggu Dai & Yi A.C.	7777	31.6	28.1	16458	174524	202150	199018
镇沅彝族哈尼族拉祜族自治县	Zhenyuan Yi, Hani & Lahu A.C.	4223	21.2	19.6	9175	114691	94405	56002
江城哈尼族彝族自治县	Jiangcheng Hani & Yi A.C.	3476	10.9	10.0	10780	63149	46115	66956

continued

地方财政一般预算收入(万元) Revenue of Local Governments (10 000 yuan)	地方财政一般预算支出(万元) Expenditure of Local Governments (10 000 yuan)	城乡居民储蓄存款余额(万元) Balance of Savings Deposit of Urban and Rural Households (10 000 yuan)	粮食总产量(吨) Total Grain Yield (ton)	规模以上工业总产值(现价)(万元) Gross Industrial Output Value above Designated Size (current price) (10 000 yuan)	固定资产投资额(不含农户)(万元) Investment in Fixed Assets (Excluding Rural Households) (10 000 yuan)	固定电话年末用户(户) Number of Fixed Telephone Subscribers at Year-end (subscriber)	普通中学在校学生数(人) Enrollment of Regular Secondary Schools (person)	小学在校学生数(人) Enrollment of Primary Schools (person)	医院、卫生院床位数(床) Number of Beds of Hospitals and Health Centers (bed)
58585	159299	357700	140538	699483	693066	23361	18005	24563	1250
35776	139738	215800	208837	119204	503093	14467	25737	37187	1738
45900	164271	271800	236404	462480	460016	11500	35835	42620	1377
214002	253449	848600	46434	5232265	1074378	38126	12451	28058	2824
30006	96954	145900	94979	569605	246637	8165	16082	20670	556
45307	192032	405700	330094	1170929	476282	37300	46471	62537	1744
37000	148384	256900	192725	527743	403030	15000	27919	44002	1075
40486	162667	286600	309558	753558	342361	23457	40287	67243	1890
103002	255888	548500	335134	2158724	831354	26009	64399	93418	1615
70218	261049	369800	427187	972825	550914	42110	55421	94405	2267
63566	152375	283000	289322	2347897	798977	9997	28606	40522	900
105000	379502	857500	696662	1722950	1175603	44521	111380	142475	3722
28899	95413	321500	42160	202586	175642	20900	19016	24008	661
33101	75828	213800	35703	267688	251893	12659	10274	14741	411
30270	101978	490100	36492	514218	131166	29412	17576	25838	1199
22657	82425	188700	63416	107222	90667	14734	11963	17696	683
28022	87370	207100	57833	439304	257120	17481	9552	13992	919
30421	81437	202100	61479	440777	199710	18464	10091	12327	661
70564	176756	231900	129449	1380168	266602	13165	10406	22464	933
20995	90540	148200	84647	140422	125863	13500	13237	17608	480
19493	123688	152709	138169	97913	135227	17100	20093	25772	444
92631	305628	852490	351448	372237	794437	36000	44712	59580	2015
20036	126921	241710	120822	242431	229442	7325	16718	23890	580
41712	150259	209397	165860	130025	264831	20800	20809	28733	810
20448	141150	98512	152104	292499	253219	10413	27543	55818	809
14025	148052	147620	217252	107989	170595	13987	25769	57499	626
11388	112479	142961	142984	127762	205061	15911	24593	42774	585
6742	88066	100845	93656	36464	96783	11658	14879	33369	343
18500	127096	194205	166953	37520	83607	17878	23860	48754	1180
14772	82698	137217	41763	40404	197057	10038	9545	13864	395
38009	331869	318083	425632	519457	383017	30021	114804	200030	1967
20663	171442	181956	187550	176024	240935	15230	35096	72283	691
16189	115188	159482	173299	90808	269791	18266	28796	48912	600
17827	58968	154621	23800	299768	173707	27693	8804	9521	245
30020	121632	110600	114290	65504	362638	18873	12777	13747	613
20159	151888	263200	166668	161348	155301	22067	22738	30407	760
40360	126221	310500	72212	412446	176066	15027	8183	12607	686
14302	136754	104400	80527	59744	215548	12406	17893	30089	598
17066	83088	161500	77568	74692	183012	28067	8525	11756	467
21797	124810	160400	138165	84487	312548	45646	13839	21666	773
25388	123621	173900	159275	86806	82000	28025	15688	27018	716
33186	137165	182400	161732	256214	193640	36366	12435	23225	715
15600	99914	133300	97204	50885	60180	16703	8824	12810	341
8030	76818	64200	41338	126977	124244	14551	5485	9346	265

地区名称	Region	行政区域土地面积(平方公里) Land Area (sq.m)	年末总人口(万人) Total Population (year-end) (10 000 persons)	乡村人口(万人) Rural Population (10 000 persons)	年末单位从业人员数(人) Employed Persons (year-end) (person)	乡村从业人员数(人) Rural Laborers (person)	第一产业增加值(万元) Value-added of Primary Industry (10 000 yuan)	第二产业增加值(万元) Value-added of Secondary Industry (10 000 yuan)
孟连傣族拉祜族佤族自治县	Menglian Dai, Lahu & Va A.C.	1957	12.7	11.8	9123	69404	54791	27167
澜沧拉祜族自治县	Lancang Lahu A.C.	8807	49.6	40.6	13847	259493	113406	122480
西盟佤族自治县	Ximeng Va A.C.	1391	9.5	7.7	7871	41071	15455	10396
凤庆县	Fengqing County	3451	43.8	42.0	21463	227944	171250	232560
云县	Yun County	3760	44.5	39.1	10889	229621	185706	206192
永德县	Yongde County	3296	35.2	30.8	14574	189624	98324	96430
镇康县	Zhenkang County	2642	17.7	15.4	8234	87018	54760	96159
双江拉祜族佤族布朗族傣族自治县	Shuangjiang Lahu, Va & Blang A.C.	2292	17.1	15.1	6144	79456	60038	64371
耿马傣族佤族自治县	Gengma Dai & Va A.C.	3937	28.5	22.8	14791	146187	178530	137446
沧源佤族自治县	Cangyuan Va A.C.	2539	17.3	14.2	11766	80588	47730	63041
楚雄市	Chuxiong City	4482	51.4	36.5	58135	225763	193278	1129586
双柏县	Shuangbai County	4045	15.5	14.1	7959	88451	68913	38829
牟定县	Mouding County	1494	20.5	18.8	8601	116498	73951	87085
南华县	Nanhua County	2343	24.0	21.5	12006	129202	91176	82691
姚安县	Yaoan County	1803	20.8	19.9	7747	118975	87496	77534
大姚县	Dayao County	4146	28.3	25.6	16378	158686	107525	122894
永仁县	Yongren County	2189	10.6	9.2	6763	56698	52799	36954
元谋县	Yuanmou County	1803	21.5	19.1	10360	120747	102600	67942
武定县	Wuding County	3322	27.5	24.9	12159	156220	107050	92012
禄丰县	Lufeng County	3631	42.4	35.3	26538	206491	198503	382910
个旧市	Gejiu City	1587	39.3	18.2	61777	115867	80647	1002282
开远市	Kaiyuan City	1950	28.1	17.3	30710	107032	122497	551344
蒙自市	Mengzi County	2228	37.6	28.2	44967	180692	148469	453305
屏边苗族自治县	Pingbian Miao A.C.	1906	15.7	12.8	7328	73038	40835	50408
建水县	Jianshui County	3759	52.7	45.1	25965	278559	166430	287773
石屏县	Shiping County	3037	30.9	28.3	20510	177115	133960	85913
弥勒县	Mile County	4004	52.6	45.6	27781	285026	138537	1297906
泸西县	Luxi County	1674	41.8	35.9	19480	215131	97096	181975
元阳县	Yuanyang County	2190	42.9	38.8	8197	222103	81608	66283
红河县	Honghe County	2029	31.9	29.0	7946	154645	70610	32050
金平苗族瑶族傣族自治县	Jinping Miao, Yao & Dai A.C.	3677	38.0	32.9	10544	186210	59505	108606
绿春县	Luchun County	3097	23.1	20.5	7444	119677	44830	55757
河口瑶族自治县	Hekou Yao A.C.	1332	9.0	4.7	10439	27599	61558	46181
文山市	Wenshan City	2977	48.3	36.7	53149	209604	126889	593243
砚山县	Yanshan County	3822	50.0	43.5	20822	255329	117337	288980
西畴县	Xichou County	1506	25.9	23.7	7603	140489	56964	20856
麻栗坡县	Malipo County	2334	29.2	25.9	13603	154188	73631	135012
马关县	Maguan County	2676	37.7	33.3	13840	201608	98104	190939
丘北县	Qiubei County	4997	53.0	44.7	13210	243373	135949	67424
广南县	Guangnan County	7810	85.0	75.9	18314	444498	197316	128784
富宁县	Funing County	5352	44.5	38.5	12394	237344	109068	146635
景洪市	Jinghong City	6959	40.4	24.1	42448	144999	255570	346153
勐海县	Menghai County	5511	32.2	26.6	20089	167098	115104	184167
勐腊县	Mengla County	7081	22.6	14.3	12583	85314	203177	91924

continued

地方财政一般预算收入(万元) Revenue of Local Governments (10 000 yuan)	地方财政一般预算支出(万元) Expenditure of Local Governments (10 000 yuan)	城乡居民储蓄存款余额(万元) Balance of Savings Deposit of Urban and Rural Households (10 000 yuan)	粮食总产量(吨) Total Grain Yield (ton)	规模以上工业总产值(现价)(万元) Gross Industrial Output Value above Designated Size (current price) (10 000 yuan)	固定资产投资额(不含农户)(万元) Investment in Fixed Assets (Excluding Rural Households) (10 000 yuan)	固定电话年末用户(户) Number of Fixed Telephone Subscribers at Year-end (subscriber)	普通中学在校学生数(人) Enrollment of Regular Secondary Schools (person)	小学在校学生数(人) Enrollment of Primary Schools (person)	医院、卫生院床位数(床) Number of Beds of Hospitals and Health Centers (bed)
6968	83925	164000	55600	27069	30576	22492	6576	11571	237
31068	232613	161100	212000	135790	503434	36245	19712	32585	779
3678	75196	31700	39167	8982	32672	9776	5231	7805	189
32218	163333	159800	161563	219907	289683	27051	21404	30679	728
30107	153908	173700	186737	314915	319979	26858	20277	34776	648
16087	150077	115700	159157	87344	313075	18727	18185	31470	465
16827	113184	100200	74680	147625	201039	19151	9453	17663	643
10107	110836	74500	63501	87032	145281	15957	9102	13591	319
19406	161398	164700	102553	154268	187663	22715	15864	29952	730
12143	113666	86200	69414	84661	189116	12640	9402	14951	468
115952	215971	1001447	189961	1778948	911100	86706	34529	43523	4413
11447	73527	120857	59401	76196	116177	11216	6938	11345	376
13025	86576	153335	92568	57146	147026	12043	9324	13337	689
17110	90206	169931	105674	146612	106958	19516	12740	20417	652
10052	76094	161954	84435	22347	119113	13821	10740	13600	642
22200	118662	207768	110308	225714	159805	23296	14875	17701	694
11369	66914	91828	45351	31274	114887	8561	5173	7439	386
9970	83798	173913	74510	87328	197609	17429	10922	15781	876
27556	108769	213973	97539	84237	165035	18758	13816	21168	855
54021	150124	461850	195300	1023346	481063	35291	22118	35450	1396
86239	231660	1038234	69089	3147244	532024		20647	33168	3087
70125	158036	553948	112176	1034823	532692		16752	26418	3690
90505	172438	602985	151633	1711828	532771		21640	34938	1964
6263	70873	76425	70603	60029	90038		6881	10312	254
60018	164260	605803	193812	368813	602760		31001	42155	2371
23037	115959	308357	113824	91524	195118		15823	25785	1353
80765	179070	506583	212221	1730462	531335		30985	44353	2147
40136	140239	353908	166147	319559	329373		27117	40957	840
14000	115471	130525	155192	47806	135391		21915	40594	552
6328	114395	80067	102733	19851	105648		18703	37308	642
19149	132995	123643	133808	161660	158882		19677	37692	575
10018	100735	61153	89949	31843	117693		13110	23489	692
11900	75965	164963	23177	23926	115305		5280	8899	745
86027	200761	873800	174090	943566	744723	66000	32952	46355	2192
34099	156533	228400	240338	561894	314508	24011	30695	48468	1075
7092	109099	108200	103158	8194	104052	13200	17356	23221	450
25033	130199	169900	111470	144563	147643	6593	15934	24051	905
35066	145283	246500	161918	318190	126776	23836	15757	29164	727
22069	167029	151200	216323	74960	214683	35600	26670	62720	810
20000	209118	244200	315275	169677	217444	47300	46888	83293	1230
23220	166146	176000	146349	130913	202694	30327	24162	44986	491
80909	263135	903000	135252	217812	930811	116191	25450	38712	3229
18546	153369	348500	194627	242545	110581	37000	13889	23855	910
26262	138350	245100	85084	78729	163335	54809	12777	25166	1263

地区名称	Region	行政区域土地面积(平方公里) Land Area (sq.m)	年末总人口(万人) Total Population (year-end) (10 000 persons)	乡村人口(万人) Rural Population (10 000 persons)	年末单位从业人员数(人) Employed Persons (year-end) (person)	乡村从业人员数(人) Rural Laborers (person)	第一产业增加值(万元) Value-added of Primary Industry (10 000 yuan)	第二产业增加值(万元) Value-added of Secondary Industry (10 000 yuan)
大理市	Dali City	1815	61.0	41.0	115517	234419	150880	1105131
漾濞彝族自治县	Yangbi Yi A.C.	1957	10.5	7.4	5279	51087	35830	65325
祥云县	Xiangyun County	2425	47.2	44.8	28098	338832	199898	421217
宾川县	Binchuan County	2627	35.5	32.5	12794	197706	252866	148520
弥渡县	Midu County	1523	32.7	30.1	10669	189790	82261	89374
南涧彝族自治县	Nanjian Yi A.C.	1732	22.7	21.1	9056	127836	78738	41094
巍山彝族回族自治县	Weishan Yi & Hui A.C.	2200	31.6	29.3	11808	175215	104375	71233
永平县	Yongping County	2884	18.3	16.5	7660	93966	85216	61489
云龙县	Yunlong County	4401	20.7	19.9	7999	104055	73284	107296
洱源县	Eryuan County	2614	29.0	27.1	11343	154018	110663	106538
剑川县	Jianchuan County	2270	17.9	16.7	8786	87519	36649	80054
鹤庆县	Heqing County	2395	27.5	25.7	11884	149681	69306	207682
瑞丽市	Ruili City	1020	12.7	9.9	25654	61494	69299	70965
芒市	Mang City	2987	37.0	31.3	42417	184929	131497	177337
梁河县	Lianghe County	1159	16.7	15.5	8364	86742	36460	37432
盈江县	Yingjiang County	4429	28.9	26.0	20251	153101	131854	245934
陇川县	Longchuan County	1931	18.3	16.2	13975	97930	84992	73114
泸水县	Lushui County	2938	17.4	13.9	21514	84622	29224	78157
福贡县	Fugong County	2756	10.2	9.0	3688	50132	12679	22621
贡山独龙族怒族自治县	Gongshan Drung & Nu A.C.	4506	3.6	2.9	2815	16986	10645	18155
兰坪白族普米族自治县	Lanping Bai & Pumi A.C.	4372	21.1	18.2	13049	110924	29645	153095
香格里拉县	Shangri-La County	11613	14.5	11.8	16426	68500	33696	249998
德钦县	Deqin County	7272	6.0	5.2	4910	29110	11886	70492
维西傈僳族自治县	Weixi Lisu A.C.	4661	15.5	14.2	7669	95216	35610	73490
西藏自治区	**Tibet A.R.**							
林周县	Lhünzhub County	4512	6.1	5.7	810	31641	16630	20921
当雄县	Damxung County	132	5.0	4.5	1715	18302	19734	22695
尼木县	Nyêmo County	3266	3.0	2.9	1120	17979	6019	16303
曲水县	Qüxü County	1624	3.5	3.2	1438	18332	9360	36050
堆龙德庆县	Doilungdêqên County	2704	6.0	4.0	7876	23969	12248	72637
达孜县	Dagzê County	1373	3.0	2.6	1698	14359	9609	27900
墨竹工卡县	Maizhokunggar County	5492	5.0	4.6	1487	18107	18008	69200
昌都县	Qamdo County	10794	11.9	7.4	3375	35646	23105	98699
江达县	Jomda County	13164	7.7	7.3	3472	43435	19438	50947
贡觉县	Konjo County	6323	4.1	3.9	1120	17539	7697	8746
类乌齐县	Riwoqê County	6355	4.9	4.6	1711	16174	12966	12228
丁青县	Dêngqên County	12408	7.1	6.8	1853	29850	20862	11628
察雅县	Chagyab County	8251	5.7	5.4	1662	24230	12159	25307
八宿县	Baxoi County	12336	4.2	3.9	1680	18271	9308	9592
左贡县	Zogang County	11837	4.5	4.3	7400	21799	13239	11129
芒康县	Markam County	11576	8.2	7.8	3463	50648	19698	39399
洛隆县	Lhorong County	8048	4.8	4.6	1200	15785	13363	17320
边坝县	Banbar County	8774	3.6	3.4	1500	17515	11860	8717

continued

地方财政一般预算收入(万元) Revenue of Local Governments (10 000 yuan)	地方财政一般预算支出(万元) Expenditure of Local Governments (10 000 yuan)	城乡居民储蓄存款余额(万元) Balance of Savings Deposit of Urban and Rural Households (10 000 yuan)	粮食总产量(吨) Total Grain Yield (ton)	规模以上工业总产值(现价)(万元) Gross Industrial Output Value above Designated Size (current price) (10 000 yuan)	固定资产投资额(不含农户)(万元) Investment in Fixed Assets (Excluding Rural Households) (10 000 yuan)	固定电话年末用户(户) Number of Fixed Telephone Subscribers at Year-end (subscriber)	普通中学在校学生数(人) Enrollment of Regular Secondary Schools (person)	小学在校学生数(人) Enrollment of Primary Schools (person)	医院、卫生院床位数(床) Number of Beds of Hospitals and Health Centers (bed)
170967	281547	1469400	165317	1903487	1250584	164117	38759	47142	4849
9138	58098	63900	59009	80548	86106	9700	3155	7730	399
41091	148020	334700	190394	905885	205839	70807	30230	41805	1466
21889	119639	236500	142979	116875	296549	26796	16769	27665	1047
17416	108321	180300	159913	70585	105828	17331	17519	25624	572
20928	87556	91300	105706	62400	55796	20952	11769	19205	408
18666	105611	153000	149744	81856	94122	18478	17492	27566	727
16242	81863	94000	89573	17421	88502	12150	7969	14801	662
15090	114913	104000	119394	61067	328958	19500	11309	15267	468
14516	107006	155000	171353	296381	152556	22230	15931	24285	566
13072	77686	113300	80557	131028	82392	13295	10093	15157	356
22669	102646	226500	138915	330840	331141	14876	10364	23043	685
51202	139388	890211	91998	47708	323794	60975	8289	15672	788
44560	166592	470988	218098	358445	430020	50515	21314	32199	1899
9628	79839	105314	62594	59413	69133	11039	8207	12688	372
43261	288634	244336	196691	308714	266947	36395	14968	28429	776
12738	103978	121141	137475	160042	78446	22592	10341	16531	708
14617	95169	144035	63977	141159	163975	48141	10342	16482	830
3446	69045	29475	34368	1822	67211	2450	5192	10968	285
3226	68113	19616	11171	6473	53785	2830	1562	3238	112
31000	113536	145391	84685	168568	186035	12530	11182	19702	629
27488	234878	240000	68725	211998	625374	25810	5833	12483	141
10006	154898	40000	25920	87508	264843	4162	2679	4342	200
14477	115450	80000	68637	18995	350528	5100	7787	12330	232
3796	35410	8120	61372	998		6898	2610	4651	70
8524	33740	8169		31781		1650	2250	4856	70
1486	20189	892	11591	5246	35046	3225	1472	2523	27
3201	25341	11538	25147	16000		6063	1480	2980	55
14637	49555	64102	24585	124126	25584	13143	1461	3892	56
2870	27733		23398	26387		4670	1254	2702	45
9768	42387		22090	73800		7630	2879	4217	57
4525	42202	8112	17539	1445		2313		8412	190
1760	29874		12735	4810		3100	3861	7331	91
1260	22733	936	12005	478		2680	2088	3897	110
1563	22949	12311	7998			3340	2149	5307	98
3016	29420	8412	24700	963		2300	3635	7791	121
1307	29747	9071	13256	120		920	3050	5900	150
1472	23957	5524	11204	220		1800	1998	4559	56
1239	24382	3920	16263			5620	1887	4777	86
2027	35000	12118	26276	1400		6380	3918	7876	141
1130	22714	6581	21829	462		2860	2205	4828	86
1076	20724	3280	10795			2342	1938	3486	83

4-1 续表 38

地区名称	Region	行政区域土地面积（平方公里）Land Area (sq.m)	年末总人口（万人）Total Population (year-end) (10 000 persons)	乡村人口（万人）Rural Population (10 000 persons)	年末单位从业人员数（人）Employed Persons (year-end) (person)	乡村从业人员数（人）Rural Laborers (person)	第一产业增加值（万元）Value-added of Primary Industry (10 000 yuan)	第二产业增加值（万元）Value-added of Secondary Industry (10 000 yuan)
乃东县	Nêdong County	2211	6.0	3.7	1579	20760	7992	65040
扎囊县	Chanang County	2157	3.8	3.5	1201	15751	4516	11009
贡嘎县	Konggar County	2386	5.0	4.6	1441	22801	4767	22694
桑日县	Sangri County	2635	1.7	1.5	912	7447	3023	40306
琼结县	Qonggyai County	1030	1.9	1.7	1095	8751	1949	8014
曲松县	Qusum County	2070	1.6	1.5	825	7126	2301	34787
措美县	Comai County	4178	1.5	1.3	759	7005	1959	5990
洛扎县	Lhozhag County	5031	1.9	1.8	982	9124	3446	9341
加查县	Gyaca County	7982	2.1	1.9	1104	7935	4663	44117
隆子县	Lhünzê County	4385	3.5	3.2	1165	22	3973	30966
错那县	Cona County	9894	1.5	1.4	874	6959	1749	7350
浪卡子县	Nagarzê County	34979	3.6	3.5	1245	20052	3494	12033
日喀则市	Xigazê Shi County	3654	11.1	6.8	3910	42847	35614	162053
南木林县	Namling County	8113	8.3	7.9	1679	41478	24597	9579
江孜县	Gyangzê County	3859	6.7	5.9	2823	31202	23552	17562
定日县	Tingri County	13858	5.2	5.0	1614	29798	13980	7207
萨迦县	Sa'gya County	7510	5.0	4.7	1588	23949	13073	8645
拉孜县	Lhazê County	4505	5.4	5.1	1578	29085	16589	10488
昂仁县	Ngamring County	20105	5.6	5.0	1450	26503	12936	11450
谢通门县	Xaitongmoin County	13960	4.7	3.8	1915	25053	13882	25408
白朗县	Bainang County	2759	4.8	4.4	1176	24578	16908	11693
仁布县	Rinbung County	2124	3.3	3.2	1220	17699	6080	9389
康马县	Kangmar County	6165	2.2	2.0	1023	9785	6380	4140
定结县	Dinggyê County	5816	2.1	1.8	1280	10740	4990	4414
仲巴县	Zhongba County	43594	2.2	2.1	1168	10795	14610	7290
亚东县	Yadong County	4306	1.3	1.1	1032	6615	4160	6104
吉隆县	Gyirong County	9009	1.5	1.2	959	7260	4531	8360
聂拉木县	Nyalam County	7903	1.8	1.5	1055	8583	6744	9592
萨嘎县	Saga County	12411	1.4	1.2	869	6559	4366	3263
岗巴县	Kamba County	4198	1.1	1.0	873	5778	2604	3903
那曲县	Nagqu County	16195	7.8	7.0	2337	37616	19605	20078
嘉黎县	Lhari County	13056	3.3	3.0	1723	13501	10669	13078
比如县	Biru County	11680	6.1	6.0	1825	23420	18913	13766
聂荣县	Nyainrong County	9017	3.4	3.2	875	15908	6064	12903
安多县	Amdo County	43411	4.1	4.0	1522	12907	7188	12393
申扎县	Xainza County	25546	2.0	2.0	1233	9290	3904	5662
索县	Sog County	5744	4.6	4.4	16900	16900	9425	10309
班戈县	BangoinCounty	2838	4.2	4.0	19116	19116	7324	9947
巴青县	Baqên County	10326	5.0	4.5	2571	20782	13051	
尼玛县	NyimaCounty	72499	3.0	2.8	987	9348	8519	6473
普兰县	Burang County	13179	1.0	0.8	715	3864	2971	1728
札达县	Zanda County	24601	0.7	0.6	906	3026	1804	3029
噶尔县	Gar County	10083	1.6	0.7	715	3834	3484	4410
日土县	Rutog County	77096	1.0	0.8	923	4669	5260	2760

continued

地方财政一般预算收入(万元) Revenue of Local Governments (10 000 yuan)	地方财政一般预算支出(万元) Expenditure of Local Governments (10 000 yuan)	城乡居民储蓄存款余额(万元) Balance of Savings Deposit of Urban and Rural Households (10 000 yuan)	粮食总产量(吨) Total Grain Yield (ton)	规模以上工业总产值(现价)(万元) Gross Industrial Output Value above Designated Size (current price) (10 000 yuan)	固定资产投资额(不含农户)(万元) Investment in Fixed Assets (Excluding Rural Households) (10 000 yuan)	固定电话年末用户(户) Number of Fixed Telephone Subscribers at Year-end (subscriber)	普通中学在校学生数(人) Enrollment of Regular Secondary Schools (person)	小学在校学生数(人) Enrollment of Primary Schools (person)	医院、卫生院床位数(床) Number of Beds of Hospitals and Health Centers (bed)
4235	25160	36567	21002				1036	2758	99
903	21564		21200			1200	1888	2856	52
4630	27670	19061	28750		72500	3500	2424	4024	71
4225	23019		7956	43042		1200	810	1455	40
813	15064	5969	11055		11858	700	731	1270	45
1930	15506	7362	7141			1513	740	1494	27
621	12392	6070	2963		7774	897	666	1182	16
761	18142	9466	9437			465	729	1660	58
4733	20889	16721	7459			870	1024	2022	55
3097	25812	13800	16706	26789	16544	4900	1664	2960	69
607	16018	9548	4091			2500	613	1074	44
863	863	22277	7822		15000	2268	1967	3311	45
6610	52384	1293	65940	15680	3200	25615	3884	6981	87
918	32893	7933	20643			3587	4617	6843	164
1655	37858	13426	60667	1465		6800	4730	5433	195
2387	30914	4163	26018			750	2948	5692	110
750	22319	4474	26943		25400	1710	2177	4204	47
880	26840	8525	36582		21799	5573	2800	4807	208
689	23874	6350	18123		20677	2895	2861	5586	168
5492	34011	6926	14898		4640	2669	2081	4005	125
940	24604	5240	40840			4213	1776	3750	78
585	17370	3652	8304		26031	1230	1190	2632	36
392	19336	16330	10308		27496	2893	708	1929	63
411	24321	687	6263		3688	1038	936	1760	55
1040	19611	5508				1400	1405	2531	86
799	24930	9706	1162		8984	1847	483	824	43
367	16941	4120	4236		15736	255	899	1740	45
1103	20896	2685	6205			3902	880	1802	120
408	15617	4512	1303			625	912	1526	62
397	16064	1386	3216			771	397	1003	34
1645	30380	7980		1100			3372	11348	89
2565	21788	7485	929	12985		415	1259	3681	89
661	23047	16844	3219			2437	3099	6710	84
501	19268	2315				678	2273	4591	101
1557	20960	4626				1241	2086	5077	104
587	15606	6352		221		2700	1261	2141	48
911	21215	6042	6228		33678	1069	1118	4795	58
710	20046				31756	750	1687	4069	65
521	20440	4979		2570	3821		1692	5120	32
697	16839	4079	205		10417		1548	2896	115
559	14937	6266	2881	851		3800	417	870	40
561	14757	5855	792	549		824	306	663	27
2158	2158	7574	680	8060		371	914	1513	250
798	15618	1731	965		5908	300	362	1218	20

地区名称	Region	行政区域土地面积（平方公里）Land Area (sq.m)	年末总人口（万人）Total Population (year-end) (10 000 persons)	乡村人口（万人）Rural Population (10 000 persons)	年末单位从业人员数（人）Employed Persons (year-end) (person)	乡村从业人员数（人）Rural Laborers (person)	第一产业增加值（万元）Value-added of Primary Industry (10 000 yuan)	第二产业增加值（万元）Value-added of Secondary Industry (10 000 yuan)
革吉县	Gê'gyai County	46117	1.6	1.5	577	13023	6177	2613
改则县	Gêrzê County	135025	2.2	2.1	895	10249	14788	3089
措勤县	Coqên County	22980	1.5	1.3	679	7653	5407	1999
林芝县	Nyingchi County	8536	5.6	1.7	16532	7656	9930	121933
工布江达县	Gongbo' gyamda County	12960	3.0	2.7	1775	13636	12425	20024
米林县	Mainling County	9507	2.2	1.7	2111	8142	10045	16900
墨脱县	Mêdog County	31395	1.2	1.0	1174	4908	1943	11693
波密县	Bomê County	16768	3.1	2.5	2209	12711	16444	24542
察隅县	Zayü County	31305	2.8	2.5	1871	12201	8301	10095
朗县	Nang County	4200	2.0	1.4	1232	7465	5993	7334
陕西省	**Shaanxi Province**							
蓝田县	Lantian County	1969	65.0	58.0	22679	344929	204908	294600
周至县	Zhouzhi County	2949	67.0	60.0	22106	346489	202996	175300
户县	Hu County	1282	60.0	48.0	36093	283245	212391	708400
高陵县	Gaoling County	294	31.0	20.0	31505	124324	169318	1509900
宜君县	Yijun County	1531	10.0	6.0	6207	49270	47100	84400
凤翔县	Fengxiang County	1179	52.0	46.0	18609	255873	192559	755498
岐山县	Qishan County	856	47.0	38.0	23599	187534	184344	668900
扶风县	Fufeng County	752	44.0	39.0	21469	206443	162092	310212
眉县	Mei County	863	31.0	26.0	16784	152716	133300	322453
陇县	Long County	2277	27.0	21.0	11152	132204	146525	112842
千阳县	Qianyang County	996	13.0	11.0	9648	55964	79606	79592
麟游县	Linyou County	1704	9.0	7.0	10113	32965	55231	102550
凤县	Feng County	3187	10.0	7.0	12097	42786	45247	693735
太白县	Taibai County	2698	5.0	4.0	7951	25375	41033	45537
三原县	Sanyuan County	577	42.0	33.0	21727	197145	235004	511600
泾阳县	Jingyang County	792	52.0	43.0	20280	211006	352267	351600
乾县	Qian County	1003	60.0	49.0	24741	248355	223290	375770
礼泉县	Liquan County	1011	50.0	43.0	21362	248210	373559	258511
永寿县	Yongshou County	889	21.0	18.0	11880	74088	108150	85240
彬县	Bin County	1183	35.0	29.0	25359	143282	125990	772370
长武县	Changwu County	567	18.0	16.0	12745	78473	109018	179330
旬邑县	Xunyi County	1811	29.0	24.0	18017	112997	211780	391610
淳化县	Chunhua County	960	20.0	18.0	10919	105711	193270	104380
武功县	Wugong County	398	46.0	33.0	27520	172369	167284	254950
兴平市	Xingping City	507	60.0	38.0	42034	208129	189846	639920
华县	Hua County	1139	35.0	27.0	24948	157765	69961	702010
潼关县	Tongguan County	526	17.0	12.0	16437	76257	26054	139727
大荔县	Dali County	1776	72.0	66.0	32716	377095	236790	194390
合阳县	Heyang County	1437	45.0	39.0	25731	206376	131513	145500
澄城县	Chengcheng County	1121	40.0	32.0	31627	190227	152792	332630
蒲城县	Pucheng County	1584	79.0	67.0	34535	373250	196835	542250
白水县	Baishui County	960	30.0	24.0	18853	134195	160233	151330

continued

地方财政一般预算收入(万元) Revenue of Local Governments (10 000 yuan)	地方财政一般预算支出(万元) Expenditure of Local Governments (10 000 yuan)	城乡居民储蓄存款余额(万元) Balance of Savings Deposit of Urban and Rural Households (10 000 yuan)	粮食总产量(吨) Total Grain Yield (ton)	规模以上工业总产值(现价)(万元) Gross Industrial Output Value above Designated Size (current price) (10 000 yuan)	固定资产投资额(不含农户)(万元) Investment in Fixed Assets (Excluding Rural Households) (10 000 yuan)	固定电话年末用户(户) Number of Fixed Telephone Subscribers at Year-end (subscriber)	普通中学在校学生数(人) Enrollment of Regular Secondary Schools (person)	小学在校学生数(人) Enrollment of Primary Schools (person)	医院、卫生院床位数(床) Number of Beds of Hospitals and Health Centers (bed)
1328	15314	2296		7129		1240	699	1577	58
730	15920	3430		701		756	1091	2900	90
647	12624	3285		62		470	822	1784	95
5115	27364	13241	11452	45870		6208	6483	4784	286
4725	27435	12893	6585		19839	7300	1029	2895	62
3683	26510	22082	9678			1800	769	2289	74
1370	20446	3901	4943			920	736	1157	89
4256	27457	8871	17036	1763	32081	7560	1340	3508	152
1887	25401	14803	18567			1700	1499	2888	120
759	17772	10903	6234		12122	950	651	1331	108
21224	155355	600640	265829	280100	456854	51089	40860	41044	1179
15510	181790	593416	226032	136700	481527	72000	42347	38047	779
44754	177764	1054386	302724	1032804	802752	103600	37939	33953	1910
70031	123775	695292	200313	4444892	1314748	46784	13535	13767	922
10056	70288	32123	84010	118114	114256	12193	3302	4514	309
29501	136611	574210	261013	1190000	917594	51305	33241	27984	1180
20044	100882	862213	263544	592532	705993	75000	28979	24336	1594
16088	125680	603500	264287	511676	568593	60210	26934	28211	1402
13143	88370	436372	132125	523000	567189	51400	20496	16865	1207
14486	89032	292604	101013	131950	382955	24433	16353	17940	625
5615	50412	162864	53625	149500	294296	9494	6585	8761	420
6890	45305	85205	53998	226200	474991	29277	5982	5326	516
33633	81526	176720	26122	1628400	743369	21772	5015	5619	463
4914	40467	84864	6269	91000	115371	4610	3868	3537	327
22840	126058	560413	193134	1278600	613549	36500	29640	22637	1134
22223	127369	490934	248685	869100	585506	34021	36687	28848	1306
14510	130190	484718	276961	727362	591901	37000	55897	53858	1030
16893	124209	494360	115603	599400	687967	66589	44763	42638	941
8048	76796	170718	75780	179309	265312	16139	13438	15176	492
89354	189528	535373	119392	1553700	780090	21010	24974	26596	965
27761	83851	227681	49743	413157	509394	15200	10532	9995	525
24070	113002	293153	98749	796400	301439	14508	23762	18811	750
6043	84086	158700	95825	194073	185076	21300	14436	27732	508
8663	110030	477489	206590	529162	250634	66513	37168	39652	1205
28585	141510	844400	230911	1762077	876561	65786	48899	40261	1534
45000	150001	466273	108749	1627700	768280	64400	16210	19532	1050
14680	80018	267804	43106	393944	236533	24921	11042	9004	449
10510	165158	517003	273329	284521	437288	89754	45326	44385	1883
14021	125800	420100	201833	243000	424518	59500	31888	27712	915
22899	135383	579065	164266	607628	660173	38000	28658	23970	1120
36000	196775	838377	336481	1127625	968811	103860	47756	41518	1695
14105	114208	333288	111129	232293	283894	42170	21105	17322	556

地区名称	Region	行政区域土地面积(平方公里) Land Area (sq.m)	年末总人口(万人) Total Population (year-end) (10 000 persons)	乡村人口(万人) Rural Population (10 000 persons)	年末单位从业人员数(人) Employed Persons (year-end) (person)	乡村从业人员数(人) Rural Laborers (person)	第一产业增加值(万元) Value-added of Primary Industry (10 000 yuan)	第二产业增加值(万元) Value-added of Secondary Industry (10 000 yuan)
富平县	Fuping County	1242	80.0	68.0	30187	426512	206045	321780
韩城市	Hancheng City	1621	40.0	25.0	47950	122317	96298	1477110
华阴市	Huayin City	817	26.0	19.0	22217	97923	44121	327000
延长县	Yanchang County	2368	16.0	11.0	9118	46691	58910	139900
延川县	Yanchuan County	1984	19.0	14.0	9661	59204	42810	657400
子长县	Zichang County	2396	27.0	19.0	15157	76827	64740	485700
安塞县	Ansai County	2949	19.0	15.0	12997	63142	51730	785930
志丹县	Zhidan County	3794	16.0	11.0	15653	52528	43630	1480920
吴起县	Wuqi County	3789	14.0	11.0	16108	48960	40320	1546630
甘泉县	Ganquan County	2272	9.0	5.0	9364	27198	30520	95500
富县	Fu County	4180	15.0	11.0	10844	60948	87310	67510
洛川县	Luochuan County	1792	22.0	17.0	15924	94379	179940	1463890
宜川县	Yichuan County	2934	12.0	9.0	6610	42340	77090	9320
黄龙县	Huanglong County	2746	5.0	3.0	5272	14381	34490	5320
黄陵县	Huangling County	2287	13.0	8.0	24185	42759	54880	651100
南郑县	Nanzheng County	2824	56.0	48.0	25621	276952	165567	501630
城固县	Chenggu County	2265	53.0	43.0	29701	199005	322656	355620
洋县	Yang County	3206	44.0	37.0	27629	173223	170042	255180
西乡县	Xixiang County	3265	41.0	34.0	13607	179255	136203	108940
勉县	Mian County	2382	42.0	32.0	31768	184012	150715	421730
宁强县	Ningqiang County	3260	33.0	29.0	16789	152088	135828	124320
略阳县	Lueyang County	2831	20.0	14.0	18907	74402	66610	246080
镇巴县	Zhenba County	3414	29.0	24.0	13201	100140	114866	86320
留坝县	Liuba County	1854	4.0	4.0	4039	21180	22136	16250
佛坪县	Foping County	1279	3.0	3.0	2695	9315	8810	12880
神木县	Shenmu County	7635	38.0	37.0	58916	126401	96677	5452650
府谷县	Fugu County	3229	26.0	17.0	18031	94116	45366	3602500
横山县	Hengshan County	4282	37.0	32.0	16606	159287	108494	559600
靖边县	Jingbian County	5088	34.0	25.0	25655	153579	146946	2422250
定边县	Dingbian County	6920	33.0	28.0	19835	162384	132860	1887500
绥德县	Suide County	1853	36.0	30.0	16824	143524	84331	67480
米脂县	Mizhi County	1212	22.0	19.0	10746	84735	47349	95780
佳县	Jia County	2029	26.0	23.0	9969	144367	76902	73700
吴堡县	Wubao County	418	8.0	7.0	6654	26500	19933	44400
清涧县	Qingjian County	1881	22.0	19.0	13261	86305	92540	68580
子洲县	Zizhou County	2040	32.0	29.0	10327	152587	73336	126596
汉阴县	Hanyin County	1364	31.0	26.0	10336	162404	88836	146760
石泉县	Shiquan County	1525	18.0	15.0	8237	87018	50759	201990
宁陕县	Ningshan County	3678	7.0	6.0	5067	33159	29910	75220
紫阳县	Ziyang County	2204	34.0	28.0	10383	163898	94923	134430
岚皋县	Langao County	1956	18.0	15.0	7768	83020	46749	86140
平利县	Pingli County	2647	24.0	19.0	9741	96502	71530	148110
镇坪县	Zhenping County	1497	6.0	5.0	3405	26257	20972	32370
旬阳县	Xunyang County	3554	45.0	34.0	18429	194247	96652	341060

continued

地方财政一般预算收入（万元） Revenue of Local Governments (10 000 yuan)	地方财政一般预算支出（万元） Expenditure of Local Governments (10 000 yuan)	城乡居民储蓄存款余额(万元) Balance of Savings Deposit of Urban and Rural Households (10 000 yuan)	粮食总产量（吨） Total Grain Yield (ton)	规模以上工业总产值(现价)(万元) Gross Industrial Output Value above Designated Size (current price) (10 000 yuan)	固定资产投资额（不含农户）（万元） Investment in Fixed Assets (Excluding Rural Households) (10 000 yuan)	固定电话年末用户（户） Number of Fixed Telephone Subscribers at Year-end (subscriber)	普通中学在校学生数（人） Enrollment of Regular Secondary Schools (person)	小学在校学生数（人） Enrollment of Primary Schools (person)	医院、卫生院床位数（床） Number of Beds of Hospitals and Health Centers (bed)
22211	203315	669531	363948	909800	503471	94990	27843	45340	1655
87065	188692	1074502	77541	4868300	1156334	85196	25686	24218	1350
22674	94208	422882	73768	617985	569293	39844	6675	13623	1105
28259	90619	164913	33263	2022	263890	12339	7183	8404	322
19200	103900	215935	40212	20730	117772	18438	10679	12600	418
92697	153731	229454	67727	360850	588943	26514	15219	19781	581
90067	134439	181951	59918	2207	602069	16647	10615	13819	465
177127	207264	246657	46012	16825	993582	14208	7977	12251	453
207388	234699	277188	49699	7698	1067603	14808	11256	11638	305
32018	63242	101337	37119	112167	76521	11710	4749	6405	213
17051	93900	183406	36807	32401	168678	15950	10511	14220	449
16927	104149	312926	88175	15580	367403	21174	17665	20069	519
7119	88595	135952	33715		91192	12920	9175	6128	301
1809	56487	63223	67014		46600	6876	2955	2810	157
79797	121781	364478	42437	1112837	632956	19860	9922	8947	720
35128	166598	651305	138018	703793	319235	56801	30905	28516	1143
12160	153850	728154	131008	765923	477370	49128	29846	34031	1114
14119	141333	510000	147023	466436	386303	58000	21245	25758	1425
12582	136382	463286	92056	175135	209299	68285	12775	19769	1128
21825	135055	668013	125106	1257241	421670	82300	25205	20024	1216
9121	112026	324209	77003	192956	272482	37500	14889	23412	909
14807	84506	303088	44004	618651	205810	35984	5863	9488	725
6128	99108	199928	81011	64480	183443	38804	15063	21710	337
2000	42800	56872	11013	8486	35400	7945	2581	2024	230
1352	35815	41406	8016	5372	46400	4326	1640	1835	125
420152	528048	2313822	111824	8912900		58684	10448	17238	1102
236423	297134	1572400	63181	5803138	2679600	46307	15255	16975	1178
20295	156051	178587	141099	690003	1069648	18966	20496	22996	869
141051	234968	339384	210964	4037617	1430000	28154	26508	29761	1256
132001	230704	464730	261791	454831	610312	41159	20738	20474	995
5188	158000	256201	80621	22983	235989	38034	20346	17319	1946
4444	111386	145782	75834	118012	251507	31202	15246	12500	576
5429	109301	69547	69325	60087	281119	30758	11552	15581	397
1743	62537	59589	16346	38974	113006	13472	5038	4746	359
3282	107085	101704	65721	85113	155758	16871	7000	9670	607
3858	121154	58116	101167	165529	91021	17260	13247	16284	482
10898	106689	299326	92555	310342	216222	27500	15402	22194	675
6853	80653	233048	62700	385910	219813	18313	10552	11535	539
3858	50504	90583	19049	106611	100398	8053	4112	3559	275
13308	118064	240677	100798	188500	229416	26755	17035	23590	459
5647	79249	137000	60598	130225	139541	22944	7997	9857	481
6860	93281	214464	69502	293417	186114	13088	11361	12246	522
3308	39349	59907	26047	55490	60515	6545	3626	4199	218
28524	176522	458815	111346	471435	403215	52104	27315	23366	1042

地区名称	Region	行政区域土地面积(平方公里) Land Area (sq.m)	年末总人口(万人) Total Population (year-end) (10 000 persons)	乡村人口(万人) Rural Population (10 000 persons)	年末单位从业人员数(人) Employed Persons (year-end) (person)	乡村从业人员数(人) Rural Laborers (person)	第一产业增加值(万元) Value-added of Primary Industry (10 000 yuan)	第二产业增加值(万元) Value-added of Secondary Industry (10 000 yuan)
白河县	Baihe County	1455	21.0	18.0	7888	109689	54200	115360
洛南县	Luonan County	2830	46.0	36.0	19244	178946	152527	248700
丹凤县	Danfeng County	2438	31.0	25.0	10504	119149	90905	176705
商南县	Shangnan County	2307	24.0	18.0	11645	104474	97823	152800
山阳县	Shanyang County	3535	46.0	40.0	22121	170893	107574	222900
镇安县	Zhen'an County	3487	30.0	24.0	16592	122486	96730	225900
柞水县	Zhashui County	2277	15.0	13.0	75335	62765	49100	227200
甘肃省	**Gansu Province**							
永登县	Yongdeng County	6090	52.3	45.5	23399	253749	98872	451266
皋兰县	Gaolan County	2556	18.3	15.3	10084	83144	50115	190718
榆中县	Yuzhong County	3302	43.7	37.9	18317	203100	112116	352384
永昌县	Yongchang County	5877	23.6	19.1	26685	110581	93457	219452
靖远县	Jingyuan County	5809	48.1	43.5	15968	224119	158670	140076
会宁县	Huining County	6439	58.7	54.5	18310	293869	122477	130190
景泰县	Jingtai County	5483	24.2	18.9	13387	109317	77216	223992
清水县	Qingshui County	2012	32.2	29.8	9779	151100	77174	54751
秦安县	Qin'an County	1602	61.6	57.3	14293	299600	125433	89201
甘谷县	Gangu County	1573	63.3	56.6	18865	308200	109452	137071
武山县	Wushan County	2011	47.3	42.2	12485	230600	128863	78476
张家川回族自治县	Zhangjiachuan Hui A.C.	1312	33.3	31.1	10505	185700	42680	44065
民勤县	Minqing County	15907	27.5	23.8	10691	118347	154607	118540
古浪县	Gulang County	5130	39.8	36.0	13945	199978	78463	121943
天祝藏族自治县	Tianzhu Tibetan A.C.	7147	21.5	17.3	10552	95394	40967	160822
肃南裕固族自治县	Su'nan Yugur A.C.	20456	3.7	2.5	7196	12754	31433	128364
民乐县	Minle County	3687	24.5	21.6	12134	129710	92536	92449
临泽县	Linze County	3148	15.0	12.5	9377	71708	104824	114202
高台县	Gaotai County	4426	15.9	13.0	8371	82235	126750	110905
山丹县	Shandan County	5402	20.2	15.4	31160	88340	64510	131491
泾川县	Jingchuan County	1409	35.2	31.9	12735	171145	118562	118834
灵台县	Lingtai County	2038	23.1	21.4	8713	112717	79146	46854
崇信县	Chongxin County	850	9.8	8.3	7575	49900	44192	180045
华亭县	Huating County	1182	18.8	13.4	32531	68900	50354	478140
庄浪县	Zhuanglang County	1553	44.3	41.2	16618	221039	80844	49051
静宁县	Jingning County	2194	48.1	44.8	23587	225650	93368	74695
金塔县	Jinta County	18798	15.0	11.0	8977	61781	136533	136176
瓜州县	Guazhou County	24130	14.9	10.6	8130	61000	68301	273384
肃北蒙古族自治县	Subei Mengolian A.C.	66748	1.2	0.6	3225	3468	3609	207672
阿克塞哈萨克族自治县	Akesai Kazak A.C.	31241	0.9	0.3	2107	1726	3551	54421
玉门市	Yumen City	13496	16.0	10.0	25901	57977	70064	848035
敦煌市	Dunhuang City	31200	14.2	9.8	13396	54300	116467	182862
庆城县	Qingcheng City	2692	29.4	24.0	11723	128400	61304	505406
环县	Huan County	9236	35.0	32.6	9197	172400	53811	204065
华池县	Huachi County	3791	13.4	11.5	7510	64300	35229	544397

continued

地方财政一般预算收入(万元) Revenue of Local Governments (10 000 yuan)	地方财政一般预算支出(万元) Expenditure of Local Governments (10 000 yuan)	城乡居民储蓄存款余额(万元) Balance of Savings Deposit of Urban and Rural Households (10 000 yuan)	粮食总产量(吨) Total Grain Yield (ton)	规模以上工业总产值(现价)(万元) Gross Industrial Output Value above Designated Size (current price) (10 000 yuan)	固定资产投资额(不含农户)(万元) Investment in Fixed Assets (Excluding Rural Households) (10 000 yuan)	固定电话年末用户(户) Number of Fixed Telephone Subscribers at Year-end (subscriber)	普通中学在校学生数(人) Enrollment of Regular Secondary Schools (person)	小学在校学生数(人) Enrollment of Primary Schools (person)	医院、卫生院床位数(床) Number of Beds of Hospitals and Health Centers (bed)
7088	88511	186859	52597	271985	158428	32997	15286	12776	394
27219	157805	489893	150530	364088	398000	55000	27783	28355	1587
16101	119188	332854	61370	152395	309970	38000	22161	20589	871
19647	120861	258144	57476	212788	292140	42000	15152	16006	599
17807	151231	418292	101795	295922	326242	50308	28869	34795	1052
14189	131414	272811	87688	176479	307000	41265	16865	17821	923
14868	89255	190725	39615	455000	283700	22488	10779	13889	424
29617	133216	537800	186805	1199000	1806000	40166	30961	29849	900
16172	79668	319119	48055	545190	160235	13020	13420	9389	320
25334	132884	593321	160076	1098535	391026	22566	26329	25864	1004
18122	95952	358275	275349	726988	215604	24502	19676	16791	784
15208	152452	282703	190371	115491	187953	29010	46817	33535	959
5855	191472	311678	309470	111108	124344	32959	60695	50540	1440
13569	114089	255453	146963	501364	264276	26000	21761	16999	654
7900	119386	173764	160971	56090	255589	17570	15006	31582	744
9197	163844	411317	197443	59559	208537	57716	42230	59997	716
17629	153125	414931	174252	159396	425429	118316	51220	82935	861
7505	130889	267181	122961	80822	349810	42800	31084	48787	1034
7100	123913	165893	111312	23917	240944	28839	23526	37030	1200
6634	173546	444904	107261	185563	617713	18378	27178	16810	754
8661	174601	256182	171645	216774	325032	35000	20402	51240	700
16809	177188	201200	47103	268427	377099	35684	14078	13042	680
19355	88330	56693	24321	242890	277946	5960	1786	2388	384
17280	110018	186414	275567	191258	96992	74305	21892	19311	1261
8529	86175	222869	145313	230099	171308	30231	11090	8237	604
9846	91097	230201	153165	169919	150052	34339	12502	8739	565
10350	101000	245043	164257	159463	169567	34400	11204	12772	895
6906	105673	333660	158100	52247	268500	24906	25445	24900	862
5250	112835	191786	175002	25985	189465	18282	16948	14634	618
19067	64266	120290	58172	366610	230200	7052	7414	6052	270
66010	123065	374893	86224	835621	586600	23741	12001	14442	775
4969	145210	277865	151700	46000	173100	19500	38443	40051	1041
6550	155026	274604	170906	104488	309200	37420	43452	37918	1485
6304	84624	243221	66669	107049	159164	18677	11024	12905	410
18021	49728	246516	30681	306823	1849251	22100	11097	12149	452
19596	51715	23789	6050	290860	226449	2145	345	745	93
4615	29959	26752	2106	126361	108766	2218	516	736	82
20229	121840	370483	63199	2591530	1063156	20012	8623	11370	960
21022	105430	884574	4166	136452	352348	39790	10249	12384	590
24602	126616	443200	124795	132624	142000	66157	17818	19647	623
18988	173888	184985	181025	41626	530990	10702	28800	33700	579
17760	99066	132076	117390	8081	443127	15900	10023	9010	499

地区名称	Region	行政区域土地面积（平方公里）Land Area (sq.m)	年末总人口（万人）Total Population (year-end) (10 000 persons)	乡村人口（万人）Rural Population (10 000 persons)	年末单位从业人员数（人）Employed Persons (year-end) (person)	乡村从业人员数（人）Rural Laborers (person)	第一产业增加值（万元）Value-added of Primary Industry (10 000 yuan)	第二产业增加值（万元）Value-added of Secondary Industry (10 000 yuan)
合水县	Heshui County	2942	17.5	15.3	6734	82400	52062	200067
正宁县	Zhengning County	1320	24.1	21.5	18995	118500	66730	17691
宁县	Ning County	2654	54.9	50.6	11931	259200	111239	116482
镇原县	Zhenyuan County	3500	51.8	48.4	12895	211500	112599	108067
通渭县	Tongwei County	2913	44.7	40.4	15675	224600	80311	25746
陇西县	Longxi County	2409	51.4	44.1	22782	229700	88356	158372
渭源县	Weiyuan County	2066	35.2	32.2	9197	166000	67187	20112
临洮县	LingTao County	2851	54.9	49.7	18870	260100	104234	123586
漳县	Zhang County	2164	20.7	18.4	6214	93500	37840	19379
岷县	Min County	3500	47.2	44.1	10607	229000	67510	50551
成县	Cheng County	1677	26.4	21.8	15818	115400	70291	136929
文县	Wen County	4994	24.7	21.4	16886	116900	39888	54332
宕昌县	Tanchang County	3331	30.9	28.4	9903	163300	32519	34039
康县	Kang County	2985	19.8	17.4	6544	102117	32848	32246
西和县	Xihe County	1856	43.4	37.3	14982	199200	48239	47100
礼县	Li County	4300	52.1	47.7	15305	247400	69184	51833
徽县	Hui County	2722	22.0	18.5	9240	102100	92829	119828
两当县	Liangdang County	1374	5.0	3.7	4096	22281	16068	4868
临夏市	Linxia City	88	24.2	9.0	43366	46100	27107	71964
临夏县	Linxia County	1212	38.7	36.1	10796	198800	51986	29250
康乐县	Kangle County	1083	26.6	24.4	8757	127000	36347	14208
永靖县	Yongjing County	1894	20.5	16.1	15120	86700	44292	183129
广河县	Guanghe County	538	24.7	20.8	7185	108800	24197	32355
和政县	Hezheng County	960	20.8	15.5	6524	96900	29037	18188
东乡族自治县	Dongxiang A.C.	1510	28.7	27.6	9046	134900	31812	20911
积石山保安族东乡族撒拉族自治县	Jishishan Bonan, Dongxiang & Salar A.C.	910	25.8	23.3	8431	123500	24535	9751
合作市	Hezuo County	2291	9.1	3.5	14541	20900	14101	37781
临潭县	Lintan County	1558	15.6	13.3	7761	75800	21880	16367
卓尼县	Zhuoni County	5420	10.2	8.9	9016	50500	26604	25019
舟曲县	Zhouqu County	3010	14.1	12.4	8336	68200	26747	14871
迭部县	Diebu County	5108	5.9	4.0	7868	21300	16300	20328
玛曲县	Maqu County	10191	5.5	3.8	5048	20000	32973	45118
碌曲县	Luqu County	5299	3.4	2.8	3530	15600	18939	21160
夏河县	Xiahe County	6274	8.7	6.8	4872	37700	32290	24157
青海省	**Qinghai Province**							
大通回族土族自治县	Datong Hui & Tu A.C.	3090	43.8	36.3	43199	209903	97424	716207
湟中县	Huangzhong County	2700	44.1	42.6	27475	256366	116520	996892
湟源县	Huangyuan County	1509	13.8	10.9	8294	58430	34224	105818
平安县	Ping'an County	750	12.4	8.0	9055	46154	31195	155469
民和回族土族自治县	Minhe Hui & Tu A.C.	1891	42.1	36.6	13053	177841	74544	175953
乐都县	Ledu County	3050	28.9	23.8	15174	129962	85617	210175
互助土族自治县	Huzhu Tu A.C.	3324	38.7	33.9	17969	181781	134401	218596
化隆回族自治县	Hualong Hui A.C.	2740	27.6	23.0	8691	110093	46022	166602

continued

地方财政一般预算收入(万元) Revenue of Local Governments (10 000 yuan)	地方财政一般预算支出(万元) Expenditure of Local Governments (10 000 yuan)	城乡居民储蓄存款余额(万元) Balance of Savings Deposit of Urban and Rural Households (10 000 yuan)	粮食总产量(吨) Total Grain Yield (ton)	规模以上工业总产值(现价)(万元) Gross Industrial Output Value above Designated Size (current price) (10 000 yuan)	固定资产投资额(不含农户)(万元) Investment in Fixed Assets (Excluding Rural Households) (10 000 yuan)	固定电话年末用户(户) Number of Fixed Telephone Subscribers at Year-end (subscriber)	普通中学在校学生数(人) Enrollment of Regular Secondary Schools (person)	小学在校学生数(人) Enrollment of Primary Schools (person)	医院、卫生院床位数(床) Number of Beds of Hospitals and Health Centers (bed)
9718	96458	150977	93406	27359	267788	20892	10571	11032	450
8909	85895	239180	90005	5520	474135	20200	16147	13832	484
26217	160839	331528	241546	47910	802030	60100	33793	35805	785
15176	150450	339785	255832	105977	392944	50000	40170	41351	843
5249	150087	165110	345983	23164	174158	29239	41643	37925	949
18054	167807	423233	144571	220611	554900	41301	46792	36327	1298
7059	126793	162171	123000	6922	255677	6323	25243	25580	1036
24020	162855	362589	207138	159136	284454	24200	41433	30686	1944
5346	78384	97008	58534	24590	162000	13604	9627	24096	382
10024	147428	213551	78603	40063	270076	27931	28978	42409	956
24009	103519	335419	143805	139700	250600	45400	11112	22103	875
13238	96704	196894	67781	79800	434156	31230	15137	18209	680
8500	113486	151415	81969	22300	174723	13120	15031	27502	511
7580	85830	133251	65946	62100	300460	26852	10063	12660	644
10607	123445	294799	168326	71100	335500	41230	28173	41845	653
11183	160337	295352	142132	57300	264409	43800	42664	60092	860
18700	90200	228305	156158	257300	240746	29630	10616	14586	506
2464	44780	57457	34556		87510	10418	2852	3334	244
17242	127434	40471	22000	63678	261410	43760	20200	19879	1591
6351	131709	143456	134808	28074	118495	32936	23159	30580	1072
3119	101770	114407	87908	11898	82490	8300	15356	27095	527
17905	128555	257075	102315	347614	301293	28990	14152	15098	600
4963	88646	106699	90100	72801	174607	12100	13774	31017	415
6306	95696	57133	54866	20418	167113	38000	10700	19000	681
2800	175700	60000	73033	24873	98885	2512	17446	32029	527
4267	130163	81714	78511	10055	93860	19714	15154	30681	296
12775	131688	71850	7616	557891	213494	25840	8608	9001	645
2765	98949	101787	14603	111748	97779	14387	8545	19556	465
5901	106047	65042	12413	346911	64059	11120	8023	11972	236
7971	172041	175633	30717	65009	379806	31625	11868	18637	367
5416	77518	65717	7124	44557	94891	5458	3837	6041	110
11881	76273	36841		774706	56321	2229	1920	6399	196
4989	70305	32813	2105	235350	56369	4082	1686	4331	195
3853	99271	62040	9479	389586	107307	11510	5094	8800	205
36101	235638	414027	81101	1779973	214967	34082	26994	38112	1315
9300	204680	265619	134676	2530432	1083196	27090	25122	34965	746
8637	110909	139371	21249	207020	101497	17048	7543	9683	468
8361	117737	270215	47146	320812	250183	16512	7736	5956	290
18345	220384	215912	210923	268893	243205	21607	29697	40115	920
14223	188888	280297	61865	418009	305111	30331	17572	18470	465
16543	236852	261814	120913	380652	205433	19106	21796	28981	628
7003	141638	104056	70897	308686	32385	11450	6268	24212	359

地区名称	Region	行政区域土地面积(平方公里) Land Area (sq.m)	年末总人口(万人) Total Population (year-end) (10 000 persons)	乡村人口(万人) Rural Population (10 000 persons)	年末单位从业人员数(人) Employed Persons (year-end) (person)	乡村从业人员数(人) Rural Laborers (person)	第一产业增加值(万元) Value-added of Primary Industry (10 000 yuan)	第二产业增加值(万元) Value-added of Secondary Industry (10 000 yuan)
循化撒拉族自治县	Xunhua Salar A.C.	1818	13.4	12.3	6147	56650	32093	48965
门源回族自治县	Menyuan Hui A.C.	6902	15.6	13.3	8549	74223	49875	76773
祁连县	Qilian County	14681	5.0	3.9	3676	20635	29819	59810
海晏县	Haiyan County	4443	3.6	2.2	13136	13358	11339	251203
刚察县	Gangcha County	8138	4.4	2.9	5054	13810	27169	71627
同仁县	Tongren County	3275	9.4	6.1	3962	35288	30938	20261
尖扎县	Jianzha County	2174	5.6	4.4	5758	21790	15271	132161
泽库县	Zeku County	6773	7.0	6.5	2141	31494	51897	13153
河南蒙古族自治县	Henan Mengolian A.C.	6997	4.0	3.1	2398	17114	46143	11862
共和县	Gonghe County	17209	12.6	8.9	12689	45691	52067	131644
同德县	Tongde County	5001	6.5	4.9	3525	26135	47219	20288
贵德县	Guide County	3504	10.1	8.6	3845	46900	20004	131693
兴海县	Xinghai County	12182	7.7	6.2	3800	26939	46572	71975
贵南县	Guinan County	6650	7.8	5.8	5509	25947	50003	21226
玛沁县	Maqin County	13307	5.0	3.0	6870	15141	15195	100267
班玛县	Banma County	6139	3.0	2.0	1465	9594	7773	6652
甘德县	Gande County	7046	3.1	2.7	1296	12979	6867	5072
达日县	Dari County	14485	3.0	2.0	1309	10491	6460	6324
久治县	Jiuzhi County	8708	3.0	2.0	1274	8476	7958	5423
玛多县	Maduo County	26541	1.4	1.1	1124	5910	4393	3555
玉树县	Yushu County	15400	10.4	8.2	7395	41764	40972	41054
杂多县	Zaduo County	35500	5.8	5.0	1592	29626	51178	7045
称多县	Chengduo County	14744	5.9	5.3	2121	24575	20137	31054
治多县	Zhiduo County	80600	3.3	2.7	1995	15201	31410	5120
囊谦县	Nangqian County	12741	9.9	9.2	2712	33861	34751	9702
曲麻莱县	Qumalai County	47516	3.1	2.6	1693	12265	28676	8057
格尔木市	Geermu City	119174	12.5	3.9	30426	20243	21416	1888969
德令哈市	Delingha City	27765	7.4	3.6	13514	18625	22791	236230
乌兰县	Wulan County	12200	3.7	2.4	4104	14875	17113	275573
都兰县	Dulan County	45200	7.3	5.8	4560	32639	50720	66923
天峻县	Tianjun County	25500	2.1	1.5	5166	8091	22265	371010
宁夏回族自治区	**Ningxia Hui A.R.**							
永宁县	Yongning County	1179	21.6	15.5	19302	91624	111339	475695
贺兰县	Helan County	1600	20.1	13.7	20118	77835	118154	416938
灵武市	Lingwu City	4539	23.3	15.4	16410	82834	82010	1894627
平罗县	Pingluo County	2086	29.4	15.7	17415	101230	150211	582787
盐池县	Yanchi County	8861	16.8	10.3	7303	61340	47105	186375
同心县	Tongxin County	4486	39.7	36.2	10444	169387	82266	121970
青铜峡市	Qingtongxia City	2525	27.0	18.4	29041	100287	131184	683147
西吉县	Xiji County	3135	51.6	42.1	13130	208767	93779	72071
隆德县	Longde County	1269	18.3	15.6	7588	72146	35319	32366
泾源县	Jingyuan County	1431	12.9	11.3	4812	57232	21901	24656
彭阳县	Pengyang County	2529	26.7	22.7	9771	125972	89895	85347
中宁县	Zhongning County	3532	32.5	26.4	15507	156754	141092	500448
海原县	Haiyuan County	6472	47.0	38.0	10753	205384	81229	49493

continued

地方财政一般预算收入(万元) Revenue of Local Governments (10 000 yuan)	地方财政一般预算支出(万元) Expenditure of Local Governments (10 000 yuan)	城乡居民储蓄存款余额(万元) Balance of Savings Deposit of Urban and Rural Households (10 000 yuan)	粮食总产量(吨) Total Grain Yield (ton)	规模以上工业总产值(现价)(万元) Gross Industrial Output Value above Designated Size (current price) (10 000 yuan)	固定资产投资额(不含农户)(万元) Investment in Fixed Assets (Excluding Rural Households) (10 000 yuan)	固定电话年末用户(户) Number of Fixed Telephone Subscribers at Year-end (subscriber)	普通中学在校学生数(人) Enrollment of Regular Secondary Schools (person)	小学在校学生数(人) Enrollment of Primary Schools (person)	医院、卫生院床位数(床) Number of Beds of Hospitals and Health Centers (bed)
4304	105775	126844	33903	47177	92980	10429	7273	14858	175
7169	106844	88352	36432	78053	132082	9987	6693	15382	262
4361	75794	50449	2994	50744	104490	4277	3086	4767	180
16352	158810	70496	4400	478658	133524	5741	936	2155	546
9626	96995	30123	1564	101280	55740	2395	1598	4315	129
2926	106012	93564	15221		55358	8817	7342	11125	66
4720	79769	59614	13908	205144	54517	5558	4342	6603	265
1072	78552	14590			16922	1000	4299	9221	126
1063	62803	22453			58797	1400	1551	4009	143
17227	182956	144953	26534	190089	126444	15100	10089	12842	829
2231	81460	26698	12783		41577	3000	3577	8440	164
9631	133737	102884	30223	193910	93614	11000	7493	9040	262
6130	100820	42870	11782	62957	99113	4279	3070	7824	125
2112	108895	40465	31730		34394	4200	3952	7742	223
3548	70114	36542	123	154333	106520	783	3750	6538	76
758	52925	7500	1295		30416	583	1371	3377	52
554	48113	10523			26046	858	1026	3726	80
637	56252	7809			23375	861	1276	3123	52
620	44443				30049	519	1228	3105	57
485	49920	4383			29731	30	1043	1584	33
4815	79610		4234		346661	2510	3104	14544	58
569	49946				62453	1590	2459	4020	125
1136	61362	17720	3519		98678	1620	2231	6869	165
699	43184	10429			56755	1300	1073	5090	93
1194	82130	15372	9825		8859	1980	2451	10413	180
581	50138	9146			28777	800	1177	4480	96
117756	240778	759540	13489	1466433	894597	55257	11300	19446	740
17064	120773	219986	25998	242408	493132	19607	3494	6260	304
8711	94274	55749	9562	557842	179620	3693	2228	2596	150
10600	107797	85033	52082	42191	85773	7524	2737	6329	225
54477	108408	43247		794926	66455	3188	1503	2377	109
75063	191577	435165	237571	946682	539303	29000	13832	20234	320
93361	163056	344692	238385	811479	429321	22719	12367	17641	315
141809	252534	603199	168623	2227064	2163534	69630	14472	21991	665
68241	202261	512851	358540	1679797	613492	64131	15154	21478	751
36470	175361	195832	100095	294667	444536	16382	10301	13491	525
12230	229261	163400	289244	200591	238538	16214	26708	42807	692
68681	218102	567002	269513	2572710	477604	55146	16072	21540	895
8460	258553	171145	249047	32234	236134	23440	30054	63120	758
4636	142897	128252	90409	7504	148665	9600	16188	18761	484
3531	102210	67908	34055	24429	64169	4535	6162	12560	233
16519	170009	110765	185044	99111	214299	21000	17998	23848	653
54660	237504	490694	275568	1451216	767093	52000	24630	37955	854
6504	234956	128297	192995	37693	247450	21765	25827	58845	780

地区名称	Region	行政区域土地面积(平方公里) Land Area (sq.m)	年末总人口(万人) Total Population (year-end) (10 000 persons)	乡村人口(万人) Rural Population (10 000 persons)	年末单位从业人员数(人) Employed Persons (year-end) (person)	乡村从业人员数(人) Rural Laborers (person)	第一产业增加值(万元) Value-added of Primary Industry (10 000 yuan)	第二产业增加值(万元) Value-added of Secondary Industry (10 000 yuan)
新疆维吾尔自治区	**Xinjiang Uygur A.R.**							
乌鲁木齐县	Wulumuqi County		5.7	4.7	3076	24100	46100	48911
吐鲁番市	Tulufan City	13589	28.3	17.8	28433	101485	104968	229202
鄯善县	Shanshan County	38282	22.9	16.1	31487	96574	101485	968461
托克逊县	Tuokexun County	16561	11.9	8.9	24748	50410	63515	182400
哈密市	Hami City	85587	45.8	11.8	70760	66471	180746	873590
巴里坤哈萨克自治县	Balikun Hasak A.C.	36901	10.3	6.0	9845	32247	78000	140000
伊吾县	Yiwu County	19519	2.3	1.6	3288	9437	33954	78225
昌吉市	Changji City	8215	36.3	11.9	65498	64311	297310	1036261
阜康市	Fukang City	11726	16.8	7.2	20603	42044	180386	650619
呼图壁县	Hutubi County	9721	21.8	8.2	70547	44806	361511	360113
玛纳斯县	Manasi County	11067	17.6	9.2	14685	51095	492659	490138
奇台县	Qitai County	19300	24.0	15.0	12812	81712	319247	224262
吉木萨尔县	Jimusaer County	8144	14.1	9.3	7676	56051	134301	154842
木垒哈萨克自治县	Mulei Hasak A.C.	22171	8.9	7.1	5366	42183	90927	29167
博乐市	Bole City	7956	26.7	8.8	17160	42178	268904	232897
精河县	Jinghe County	11187	14.4	6.9	15802	28494	201289	69349
温泉县	Wenquan County	5886	7.6	4.0	9638	22738	57632	22794
库尔勒市	Kuerle City	7267	54.2	7.4	89655	38855	318190	4497423
轮台县	Luntai County	14182	11.6	7.4	7016	33552	134103	145886
尉犁县	Weili County	59700	11.0	4.9	5561	21064	191259	73868
若羌县	Ruoqiang County	202298	3.4	2.4	5191	18483	99802	321106
且末县	Qiemo County	138645	8.4	4.0	4940	13529	66191	19756
焉耆回族自治县	Yanqi Hui A.C.	2571	16.9	7.4	8449	36108	115206	126006
和静县	Hejing County	34978	19.4	8.3	19841	46230	148427	238054
和硕县	Heshuo County	12753	7.5	3.8	6508	16991	100554	29357
博湖县	Bohu County	3581	6.1	3.3	5434	17334	66831	29959
阿克苏市	Akesu City	13564	49.6	15.9	46833	66999	147784	276743
温宿县	Wensu County	14336	24.5	17.9	22649	84676	139497	67181
库车县	Kuche County	14603	46.9	31.4	28543	166365	159555	589857
沙雅县	Shaya County	31955	25.9	19.4	13192	99995	114612	66575
新和县	Xinhe County	5818	17.0	13.3	8082	67250	89539	37981
拜城县	Baicheng County	19100	23.1	16.5	17211	71737	72697	178233
乌什县	Wushi County	8889	21.8	17.2	8123	107210	59198	18707
阿瓦提县	Awati County	13259	25.3	17.4	11318	82437	125127	42909
柯坪县	Keping County	8912	5.0	4.0	4127	17451	13901	11100
阿图什市	Atushi City	16151	25.1	17.9	20374	69277	39711	52396
阿克陶县	Aketao County	24176	20.2	16.6	9488	67449	36891	33261
阿合奇县	Aheqi County	12737	4.2	3.3	6169	7686	6816	7640
乌恰县	Wuqia County	22000	5.8	4.0	6968	13876	7569	31106
喀什市	Kashgar [Kaxgar] City	555	48.0	17.0	62047	67814	46000	369500

continued

地方财政一般预算收入(万元) Revenue of Local Governments (10 000 yuan)	地方财政一般预算支出(万元) Expenditure of Local Governments (10 000 yuan)	城乡居民储蓄存款余额(万元) Balance of Savings Deposit of Urban and Rural Households (10 000 yuan)	粮食总产量(吨) Total Grain Yield (ton)	规模以上工业总产值(现价)(万元) Gross Industrial Output Value above Designated Size (current price) (10 000 yuan)	固定资产投资额(不含农户)(万元) Investment in Fixed Assets (Excluding Rural Households) (10 000 yuan)	固定电话年末用户(户) Number of Fixed Telephone Subscribers at Year-end (subscriber)	普通中学在校学生数(人) Enrollment of Regular Secondary Schools (person)	小学在校学生数(人) Enrollment of Primary Schools (person)	医院、卫生院床位数(床) Number of Beds of Hospitals and Health Centers (bed)
24169	64589	87454	7485	46161	114215	2360	1576	3826	75
48800	136200	370100	3873	433989	229358	80897	14291	22356	1012
76775	148736	375000	5620	1511807	692815	61325	11917	19509	923
37786	118550	126532	11499	389239	95916	25609	5493	8870	427
199053	388726	1541083	33777	1044945	1271808	136545	33084	34283	3024
20716	110935	85673	77026	116437	224502	8767	3463	4871	275
15384	63247	30942	5049	44462	452526	6875	999	1431	175
161803	228683	1277001	235880	2297547	666314	214642	32912	28619	3634
85967	158386	347861	162300	1003875	742879	33523	8103	8194	550
39489	116247	412736	181676	438090	313615	32834	9373	11043	950
43289	109329	374347	130596	1012492	466275	33522	7450	9417	661
47006	169367	297162	580787	322188	488285	58000	13108	11995	882
47505	122921	177142	139291	290322	1171500	28000	6522	6819	526
14734	98737	86476	140957	49736	25764	14118	3558	4924	430
40080	120028	449139	203318	146866	210973	57564	11056	13304	819
13901	92146	232919	23870	65675	126022	33529	6716	9377	478
4664	68559	65465	218695	5011	58800	8920	1856	3659	229
210035	325879	2072652	9915	5518119	1898509	169100	24093	41217	3154
62092	100094	228752	67478	256771	206539	30369	5375	9949	650
13508	77942	178164	1108	138250	43784	23811	4011	5437	301
43864	96812	100438	10894	418786	296632	8117	1179	2200	218
30218	112473	83267	31394	2486	78001	12150	3738	4419	535
17645	89293	211300	78110	74276	116621	32900	5821	8903	621
46970	155198	218521	54482	688703	432928	24255	7437	9568	558
9946	67414	111566	24819	32615	64855	13688	3028	4313	224
8043	59391	88134	29729	25402	50240	14100	2332	3072	239
109909	213794	1321591	103151	620589	459300	137397	27489	45772	3442
22901	139187	229652	205385	111749		23825	11237	18341	755
260766	344243	546710	204341	2398729	577261	63257	29748	42360	1834
70802	140393	238653	160964	151751	141801	15260	14454	25135	698
41899	120969	150238	99549	84395	100750	21150	8242	16997	615
75445	150003	224613	211158	357932	274629	26000	13534	18170	865
6745	121291	94503	152820	11854	48659	12435	10870	21207	556
9151	120800	210259	114357	33357	100654	20451	13295	22717	638
2411	57500	24447	23751	2544	27806	4100	2924	4784	180
23059	249976	223864	63341	105470	102172	60039	19349	23954	1764
14214	150229	74005	147305	38776	143664	13100	12056	20971	699
4452	70194	25323	11399		78427	6500	1753	4591	220
13503	93374	47455	7573	34882	84486	4855	2048	4764	375
104278	416923	1000000	63409	411373	311000	103000	37749	54485	4586

4-1 续表 45

地区名称	Region	行政区域土地面积(平方公里) Land Area (sq.m)	年末总人口(万人) Total Population (year-end) (10 000 persons)	乡村人口(万人) Rural Population (10 000 persons)	年末单位从业人员数(人) Employed Persons (year-end) (person)	乡村从业人员数(人) Rural Laborers (person)	第一产业增加值(万元) Value-added of Primary Industry (10 000 yuan)	第二产业增加值(万元) Value-added of Secondary Industry (10 000 yuan)
疏附县	Shufu County	3126	33.5	27.5	10474	95000	150659	30800
疏勒县	Shule County	2398	33.5	29.3	13138	8903	148000	182032
英吉沙县	Yengisar County	3425	27.3	23.4	8835	111088	83944	36177
泽普县	Zepu [Poskam] County	988	20.8	11.3	7837	35190	89606	46836
莎车县	Shache [Yarkant] County	9036	81.3	62.5	22797	231356	266775	63446
叶城县	Yecheng [Kagilik] County	28930	45.7	32.8	17836	140303	229518	67857
麦盖提县	Makit County	15200	25.6	17.0	9659	57082	109058	37485
岳普湖县	Yopurga County	3023	16.0	12.2	6010	51472	55500	55000
伽师县	Jiashi [Payzawat] County	6528	38.7	35.2	10194	131500	174433	93703
巴楚县	Bachu [Maralbexi] County	21700	33.6	20.6	12370	80535	144786	65596
塔什库尔干塔吉克自治县	Taxkorgan Tajik Autonomous County	25000	3.8	2.6	3049	12015	8400	23789
和田市	Hotan City	496	32.1	17.3	23602	58126	33574	122552
和田县	Hotan County	40877	27.2	25.8	8803	94736	64663	35552
墨玉县	Moyu [Karakax] County	25624	53.1	47.5	13814	148298	95352	22672
皮山县	Pishan [Guma] County	39820	26.6	19.0	8697	73802	61147	16514
洛浦县	Lop County	14287	24.1	21.3	7512	98854	41823	23268
策勒县	Qira County	31343	15.5	13.1	7615	53463	40128	13958
于田县	Yutian [Keriya] County	39126	25.3	21.2	9572	89628	50332	15054
民丰县	Minfeng [Niya] County	57575	3.8	2.3	3014	7187	11857	8982
伊宁市	Yining [Gulja]City	676	50.4	14.4	67650	71473	56838	316484
奎屯市	Kuytun City	1110	15.4	0.1	15845	923	47807	494798
伊宁县	Yining [Gulja]County	4682	42.7	32.9	23786	167470	191680	175267
察布查尔锡伯自治县	Qapqal Xibe Autonomous County	4472	19.3	12.4	9799	63988	129198	58078
霍城县	Huocheng [korgas]County	5430	40.4	20.9	12849	122110	202191	124106
巩留县	Gongliu [Tokkuzlara]County	4327	20.0	11.9	8666	42405	88182	70601
新源县	Xinyuan [kunes]County	6814	31.2	20.2	20945	82145	175860	332169
昭苏县	Zhaosu [mongolkure]County	11128	18.5	11.1	10182	41820	114251	52621
特克斯县	Tekes County	7764	16.7	10.9	9797	54442	68571	25852
尼勒克县	Nilka County	10130	18.4	12.6	11045	52756	81245	148254
塔城市	Tacheng [Qoqek] City	4353	16.9	7.9	24368	38517	91442	165014
乌苏市	Usu City	13729	22.7	11.3	30791	63506	213820	555429
额敏县	Emin [Dorbiljin] County	9532	21.8	12.9	23119	48280	115649	186944
沙湾县	Shawan County	13110	21.6	16.5	16067	92563	307957	328530
托里县	Toli County	19670	9.7	5.8	8949	35359	33041	218623
裕民县	Yumin [Qagantokay] County	6220	5.4	3.2	5875	20400	34845	25496
和布克赛尔蒙古自治县	Hoboksar Mongol Autonomous County	33460	5.3	2.3	10864	15594	27502	148468
阿勒泰市	Altay City	11481	19.8	9.5	33709	47925	65967	84311
布尔津县	Burqin County	10357	7.2	5.9	11110	22712	27095	43080
富蕴县	Fuyun [Koktokay] County	33670	9.5	6.3	20408	26760	57867	290054
福海县	Fuhai [Burultokay] County	33251	6.5	4.3	6968	21291	48937	39041
哈巴河县	Habahe [Kaba] County	8186	8.3	6.4	9908	25643	54249	241492
青河县	Qinghe [Qinggil] County	15757	6.4	4.3	6153	20715	26849	56767
吉木乃县	Jeminay County	7146	3.6	2.6	6048	12849	15241	13636

continued

地方财政一般预算收入(万元) Revenue of Local Governments (10 000 yuan)	地方财政一般预算支出(万元) Expenditure of Local Governments (10 000 yuan)	城乡居民储蓄存款余额(万元) Balance of Savings Deposit of Urban and Rural Households (10 000 yuan)	粮食总产量(吨) Total Grain Yield (ton)	规模以上工业总产值(现价)(万元) Gross Industrial Output Value above Designated Size (current price) (10 000 yuan)	固定资产投资额(不含农户)(万元) Investment in Fixed Assets (Excluding Rural Households) (10 000 yuan)	固定电话年末用户(户) Number of Fixed Telephone Subscribers at Year-end (subscriber)	普通中学在校学生数(人) Enrollment of Regular Secondary Schools (person)	小学在校学生数(人) Enrollment of Primary Schools (person)	医院、卫生院床位数(床) Number of Beds of Hospitals and Health Centers (bed)
11333	154117		253384	5364	228595	23000	23418	33678	809
20167	142388	5660	204060	53208	601441	15843	21922	35330	1050
9349	134021	82274	159444	25890	249474	13500	14125	25756	901
16267	122794	236125	125898	74206	190472	16041	13292	18321	649
24006	359489	413118	509235	82485	250976	42747	48747	78818	2170
23710	246736	92470	346059	47500		17981	32811	59956	1100
15030	123942	173050	119358	42891	160585	11973	12547	20563	705
6293	101448	69668	83402	11043	78416	8200	9906	12342	535
21387	190173	114863	217766	109606	270985	9495	26257	38053	941
15612	174381	258400	176921	37547	21209	28724	14553	29184	1671
7395	77480	10213	9898	35554		1870	2044	4595	318
41865	296345	555002	83361	70262	302496	77084	19540	30140	3161
9619	138841	37754	142649	37335	190190		18826	29835	1095
12170	220989	131834	234619	1925	204103	13650	31762	55542	2309
7960	146568	85632	111844	10995	85332	16700	13018	22570	874
5938	125000	117193	123297	13545	81314	9073	10534	19257	1043
4930	116305	50696	84815		79534	11231	6169	12004	792
6625	146616	73794	131019	1735	142048	15942	14617	19875	1099
4124	66071	26092	14391		40307	3158	1567	2762	245
140904	281702	1209223	104465	368097	1091277	92531	35400	46298	3341
109119	156992	897864	5856	697890	427786	61205	18758	13075	2142
28865	182311	177936	567893	273105	446125	33000	22145	37885	1300
20003	126242	136400	289339	98678	302118	31749	9516	13508	487
23673	146876	290202	200717	105015	234082	52858	15214	24387	1150
11500	118755	109301	229318	60952	76940	18478	10084	16126	585
39403	147855	261537	288509	437751	190286	44979	19202	26242	1014
8207	120414	100114	111389	81317	46156	17000	9519	13046	636
9559	107463	73627	102945	50918	113888	21696	7921	15856	506
27071	112844	115297	165047	186944	236928	18700	8282	14534	534
27100	127047	276174	446446	122020	139630	42905	9920	10230	941
63387	178351	438330	168398	472027	264330	35200	15903	17164	1261
17335	124455	166943	381003	60042	200169	30733	9000	11790	498
40585	138446	434359	172942	403733	216954	33670	18714	15208	755
20153	94002	71175	103157	169167	97238	10123	4186	8872	236
3516	64159	71415	159409	1545	29476	16275	3257	3755	180
79961	128272	85992	6057	117093	284476	9431	3110	3804	285
24027	151201	356866	42016	107613	175401	88674	10755	11175	1116
14600	82642	79056	26174	60359	3557	11896	3731	5790	299
67381	148875	107122	50734	428257	290947	27741	4951	8531	352
13048	69488	84053	25541	23774	81131	10529	3731	4666	357
35648	108426	67049	81617	302084	197727	14610	4429	7579	334
17745	113896	49595	45901	30168	155443	9508	1872	5310	160
2930	71388	43114	22867	4454	92029	12600	1769	2910	110